Bill James presents...

STATS™ 1995 Major League Handbook

STATS, Inc. • Bill James

Published by STATS Publishing
A division of Sports Team Analysis & Tracking Systems, Inc.
Dr. Richard Cramer, Chairman • John Dewan, President

Cover by John Grimwade, New York, NY

Photo courtesy of *The Sporting News*

© Copyright 1994 by STATS, Inc. and Bill James

All rights reserved. No information contained in this book nor any part of this book may be used, reproduced or transmitted for commercial use in any form without express written consent of STATS, Inc., 8131 Monticello, Skokie, Illinois 60076. (708) 676-3322. STATS is a trademark of Sports Team Analysis and Tracking Systems, Inc.

First Edition: November, 1994

Printed in the United States of America

ISBN 1-88406407-8

This book is dedicated to

Dick Appleton, Jeff Burhans, Adam Domow, Brian Macomber, Michael Mittleman, Stan Reynolds, Lee Starr and Tanya Tyler.

MVR's (Most Valuable Reporters) in 1994.

Acknowledgments

Hi. I'm not Bill James. I'm not Sue Dewan. And I'm not Steve Moyer, either. I'm Don Zminda, STATS Director of Publications—prior to this, I was STATS Key Grip of Publications—and it's my job to write this year's Acknowledgments. Here's hoping I don't leave out anyone important, and that I spell everyone's name right.

Dr. Richard Cramer, STATS Chairman of the Board, founded STATS well over a decade ago, recording the data with his little Apple computer. How things have grown! Dick still oversees the STATS operation from his home in the St. Louis area, and his software, known as PLAYBALL, is still the foundation of our baseball data-gathering operation. Without Dick, none of this would have been possible.

John Dewan, STATS President, CEO and the man who taught me everything about managing the White Sox to victory in our computer simulation, has led STATS through a period of incredible growth over the last few years. We're now covering baseball live on a daily basis. *And* football. *And* basketball. *And* hockey. And starting next summer, women's beach volleyball! (I can dream, can't I?) John directs all these operations, yet still finds time to oversee the details of our "fall book crunch." How he does it, I'll never know.

Steve Moyer, Director of Sports Operations, is the man who's put together the fall books over the last few years. This year Steve was scheduled to turn most of those responsibilities over to me (ha ha ha), but let's face it, you don't put Secretariat out to pasture, and Steve has continued to be a major player in the production of all three books. No wonder they're so good. Steve's staff, which consists of Ethan Cooperson, Allan Spear and Peter Woelflein, assists in gathering data for all the four major sports. Like Steve's country band, Workin' Class, these guys can kick butt all night long.

Sue Dewan, STATS Vice President, manages the Computer Systems department, which has grown and grown and grown, yet still finds time to take care of little Jason and Erica Dewan. My wife Sharon says it all, and very simply: "Sue is so nice."

Bob Mecca of the Systems Department does much of the programming for this book, and for all our other baseball publications. Bob does the bulk of his work these days from his Cape Cod home, but comes into our Skokie office during the book crunch to make sure all our numbers and tables come out right. Call him "the closer."

David Pinto, of Systems did the programming for the managers section, which is even better in this, its second year. For most of the year, David works full-time at ESPN, providing data for baseball telecasts, "Sportscenter" and "Baseball Tonight." Jim Husbands, STATS' newest full-time employee, provides expertise for ESPN's NFL broadcasts.

Mike Canter, the Assistant Director of Systems, also did much of the programming for this book, when he wasn't helping put together a wild and crazy rock opera called "Captain Flywheel and the Produce Section." The rest of the Produce Section—er, Systems Department—is also heavily involved with this book. It consists of Stefan Kretschmann, Rob McQuown, Dave Mundo, Jeff Schinski and Madison Smith. This section can produce!

Rob Neyer is a guy from Kansas. No, I'm not supposed to say that. Actually, Rob is a guy from Kansas *and* one of my two great assistants in the Publications Department, the other being Michael Coulter. Michael was recently featured on CNN, managing Matt Williams in our simulation as he stepped to the plate and. . . (turn to the simulations section for the rest of *that* story). There's not a lot of prose in this book, but Rob and Michael either produce or review all of it, as well as going over each page of the manuscript to make sure everything looks okay.

Arthur Ashley, STATS Vice President, is responsible for making sure the tools of our trade—our hardware and software—are running properly. "This is what you do," says Art, explaining how I, Mr. User Unfriendly, can perform some complex computer task. I follow his directions, and to my amazement, they work! I can think of no greater praise than that.

Bob Meyerhoff, Vice President of Finances and Human Resources, manages our finances. Bob would have helped on this book, but he's out on his yacht touring the Caribbean while trying to explain why my 401-K plan is completely out of money, and. . . *just another* one of those lame old "Vice President of Finances" jokes, Bob. Bob's staff consists of Joltin' Jules Aquino, Drew "Doctor" Faust, Peppermint Patti Foy, Ginny the Giant Hamill, Marvelous Marge Morra, Blastin' Betty Moy, Powerhouse Patrick Quinn and Wallopin' Wendy Walshe. You can trust your money—or your life—with these people. An extra tip of the cap goes to Pat Quinn, a Ventura Publisher whiz who designs many of the nice-looking charts and tables in this book.

Ross Schaufelberger, Director of Marketing, helps STATS expand by selling our products and services to clients big and small. This year, among other things, Ross and his staff worked out deals to provide some of our amazing football data to the TNT and

ESPN broadcast crews. (Particularly data on Ross' beloved "Iggles.") Jim Capuano, salesman supreme, is Ross' main assistant in marketing the STATS line, and the rest of his staff—Jason Gumbs, Mike Hammer, Chuck Miller, Jim Musso, Kenn Ruby, Jeff Schwarze and Lisa Suarez—complete a team of All-Stars.

Stephanie Seburn, John's assistant, was according to Steve Moyer in the acknowledgments a year ago, going to "be married by the time the six division races are winding down." We're happy to say that Stephanie did have a wonderful wedding this September, but sad to say that there were no division races going on, due to the strike. Hey, that's baseball.

Thanks to Bob Wirz, of our publicists, Wirz and Associates, and his assistants, Lynn Luczkowksi and Matt Fischer, for their great work over the years. Thanks to Bryan Burns and Steve Heinecke of STATS in New York, for helping assure that STATS can "make it there." Thanks to Craig Wright, who represents STATS on the West Coast; it sure would be great to see you sometime soon, buddy.

Thanks to all the members of STATS' part-time staff, for all their hard work both in and out of the baseball season. And a very, very big thanks to the STATS reporter network. Without you, none of this would be possible.

A big personal thanks to my wonderful wife Sharon for all the years of support—the pennant-winning years, and the ones where we go 59-103. And thanks and much love to my step-children: Steve and Mike Cacioppo, and Mike's wife Nancy. And to all the Zmindas and Schwabs.

And, finally, as always, thanks to Bill James, and not only for his work on this book, and for STATS. It would have been great just to be what I was 10 years ago—a fan of Bill James. It would have been great just to work with Bill James. But to be a friend of Bill James, that's something truly special.

— Don Zminda

Table of Contents

Introduction 1
Career Stats 3
1994 Team Stats 225
1994 Fielding Stats 228
Pitchers Hitting and Hitters Pitching 240
Park Data 249
1994 Lefty-Righty Stats 265
1994 Leader Boards 287
Player Profiles 302
Manager Tendencies 306
1994 Projections 311
      Batters 313
      Pitchers 321
The Season That Might Have Been 326
About STATS, Inc. 338
Glossary 339

Introduction

The *Major League Handbook* returns... despite the trials and tribulations of 1994, The Season That Wasn't (Completed). Strike-shortened or not, World Series or no, the 1994 season *was* an exciting one, and this book is the most complete record you'll find anywhere of the career and 1994 exploits of Frank Thomas, Ken Griffey Jr., Albert Belle, Jeff Bagwell, Tony Gwynn, Matt Williams, Greg Maddux and their brethren. What a year!... for a while, anyway.

We at STATS were as depressed by the strike as you were, especially since so many amazing things were happening: Williams and others threatening Roger Maris' home run record, Gwynn pushing the .400 threshold, and so many other delights. We couldn't bear to see it end... so we decided it *wouldn't* end, at least to the extent that we could help matters. Starting with the first day of the strike, August 12, STATS began a computer simulation which carried on with the season, day by day, right through the end of the World Series. You probably read about it in your morning paper, or in *Baseball Weekly*, or saw the reports on CNN. How did it all come out? To find out in detail, turn to the special simulation section which begins on page 326. We won't tell everything that happened, but we will say this:

Matt Williams, eat your heart out.

The Mad Dash Resumes

Back in the 1950s and '60s, when some of us were kids, getting the yearly baseball stats was a long, slow process. To say the least. The official statistics didn't appear until sometime in December, when *The Sporting News* would finally publish them. Those numbers would include numerous surprises, because the figures which had appeared up until then were unofficial, often inaccurate and always incomplete. One year, shortly after the stats had come out, *Baseball Digest* ran an article called "Koslo: The Surprise Champion." You see, up until the time the official stats came out, hardly anyone knew that the relatively obscure Dave Koslo of the Giants had compiled the best earned run average in the National League. Amazing.

Those numbers reviewing the previous campaign wouldn't appear in book form until the next spring, when the *Official Baseball Guide* finally appeared. As for year-by-year career stats—the numbers which comprise the heart and soul of the *Major*

League Handbook—those wouldn't appear until after the start of the next baseball season, when *Who's Who in Baseball* and the *Baseball Register* would finally come out. Nice books, but again, incomplete. No batter walks or strikeouts or slugging percentage. No pitcher home runs allowed, or a lot of other things that help complete the picture of a player's career. This was the case well into the 1980s. Books take time, we were told. No need to hurry; why would anyone want baseball statistics before the start of the next season, anyway? And when you finally produce the book, make sure not to give them too many numbers. After all, don't batting average, home runs and RBI tell you all you need to know about a hitter?

This book, which is one of the major success stories in the sports publishing business, has been an effort to change all that: to bring you complete—and accurate—information as soon as we can get it to you, so you can spend all winter studying it. The day after the regular season ends, a group of dedicated STATS employees starts burning the midnight oil—we've got to replace those darned oil lamps one of these years—to verify the final numbers and then produce the various sections of the *Handbook*. And not just the standard numbers, either. We also give you left/right breakdowns, leader boards (pages and pages of them), ballpark factors, manager tendencies, and even batter and pitcher projections for 1995. Plus this year, our report on the STATS computer simulation which completed the 1994 season through the end of the World Series.

That's a lot of stuff to get together, but within 10 or 11 days, the book is on its way to the printer (along with its two companion publications, the *STATS Minor League Handbook* and *STATS Player Profiles*). Books take time? We publish the *Handbook* ourselves, and found a printer who could take a manuscript and have the finished books back in our hands within two weeks. The books are out in the mail within 24 hours. Not by the start of the next season, or in late December, but by November 1. Every year.

We think you'll agree that the effort was worth it.

— John Dewan and Don Zminda

What's Official and What's Not

The statistics in this book are technically unofficial. The Official Major League Baseball Averages are not released until December. But as usual, we (and our readers) can't wait that long. We've found in the past that if you compare these stats with the official version that comes out in December, you'll find no major differences. We take extraordinary efforts to insure accuracy.

Career Stats

The career data section of this book includes the records of all players who saw major league action in 1994. The section is a little thinner this year. Because of the strike, major league clubs didn't make their usual September call-ups; as a result, only 991 players saw major league action in 1994, compared with 1,104 in 1993. But that just makes our *STATS Minor League Handbook* thicker than ever this year! If you haven't checked out the *Minor League Handbook*, what are you waiting for?

You probably know what most of the abbreviations stand for, but just in case:

Age is seasonal age based on July 1, 1995.

For Batters, **G** = Games; **AB** = At-Bats; **H** = Hits; **2B** = Doubles; **3B** = Triples; **HR** = Home Runs; **Hm** = Home Runs at Home; **Rd** = Home Runs on the Road; **TB** = Total Bases; **R** = Runs; **RBI** = Runs Batted In; **TBB** = Total Bases on Balls; **IBB** = Intentional Bases on Ball; **SO** = Strikeouts; **HBP** = Times Hit by Pitches; **SH** = Sacrifice Hits; **SF** = Sacrifice Flies; **SB** = Stolen Bases; **CS** = Times Caught Stealing: **SB%** = Stolen Base Percentage; **GDP** = Times Grounded into Double Plays; **Avg** = Batting Average; **OBP** = On-Base Percentage; **SLG** = Slugging Percentage.

For Pitchers, **G** = Games Pitched; **GS** = Games Started; **CG** = Complete Games; **GF** = Games Finished; **IP** = Innings Pitched; **BFP** = Batters Facing Pitcher; **H** = Hits Allowed; **R** = Runs Allowed; **ER** = Earned Runs Allowed; **HR** = Home Runs Allowed; **SH** = Sacrifice Hits Allowed; **SF** = Sacrifice Flies Allowed; **HB** = Hit Batsmen; **TBB** = Total Bases on Balls; **IBB** = Intentional Bases on Ball; **SO** = Strikeouts; **WP** = Wild Pitches; **Bk**= Balks; **W** = Wins; **L** = Losses; **Pct.** = Winning Percentage; **ShO** = Shutouts; **Sv** = Saves; **ERA** = Earned Run Average.

An asterisk (*) by a player's minor league stats indicates that these are his 1994 minor league numbers only; previous minor league experience is not included. Figures in **boldface** indicate the player led the league in that category.

For pitchers, thirds of an inning were not kept officially prior to 1982. Therefore, there are no thirds of an inning for 1981 and before for older pitchers. (Farewell, Charlie Hough!)

For players who played for more than one major league team in a season, stats for each team are shown just above the bottom line career totals.

Jim Abbott

Pitches: Left **Bats:** Left **Pos:** SP **Ht:** 6' 3" **Wt:** 210 **Born:** 09/19/67 **Age:** 27

			HOW MUCH HE PITCHED					WHAT HE GAVE UP										THE RESULTS				
Year	Team	Lg	G	GS	CG	GF	IP	BFP	H	R	ER	HR	SH	SF	HB	TBB	IBB	SO	WP	Bk	W	L	Pct.	ShO	Sv	ERA
1989	California	AL	29	29	4	0	181.1	788	190	95	79	13	11	5	4	74	3	115	8	2	12	12	.500	2	0	3.92
1990	California	AL	33	33	4	0	211.2	925	246	116	106	16	9	6	5	72	6	105	4	3	10	14	.417	1	0	4.51
1991	California	AL	34	34	5	0	243	1002	222	85	78	14	7	7	5	73	6	158	1	4	18	11	.621	1	0	2.89
1992	California	AL	29	29	7	0	211	874	208	73	65	12	8	4	4	68	3	130	2	0	7	15	.318	0	0	2.77
1993	New York	AL	32	32	4	0	214	906	221	115	104	22	12	4	3	73	4	95	9	0	11	14	.440	1	0	4.37
1994	New York	AL	24	24	2	0	160.1	692	167	88	81	24	9	5	2	64	1	90	8	1	9	8	.529	0	0	4.55
	6 ML YEARS		181	181	26	0	1221.1	5187	1254	572	513	101	56	31	23	424	23	693	32	10	67	74	.475	5	0	3.78

Kurt Abbott

Bats: Right **Throws:** Right **Pos:** SS **Ht:** 6' 0" **Wt:** 185 **Born:** 06/02/69 **Age:** 26

							BATTING												BASERUNNING			PERCENTAGES		
Year	Team	Lg	G	AB	H	2B	3B	HR	(Hm	Rd)	TB	R	RBI	TBB	IBB	SO	HBP	SH	SF	SB	CS	SB%	GDP	Avg	OBP	SLG
1989	Sou Oregon	A	5	10	1	0	0	0	--	--	1	2	1	0	0	3	0	0	1	1	0	1.00	0	.100	.091	.100
	Athletics	R	36	155	42	5	3	0	--	--	53	27	25	8	2	40	2	0	4	0	1	1.00	2	.271	.308	.342
1990	Madison	A	104	362	84	18	0	0	--	--	102	38	28	47	1	74	5	0	5	21	9	.70	10	.232	.325	.282
1991	Modesto	A	58	216	55	8	2	3	--	--	76	36	25	29	0	55	1	2	4	6	3	.67	2	.255	.340	.352
	Huntsville	AA	53	182	45	6	1	0	--	--	53	18	11	17	0	39	1	1	1	6	3	.67	4	.247	.313	.291
1992	Tacoma	AAA	11	39	6	1	0	0	--	--	7	2	1	4	0	9	1	2	0	1	0	1.00	0	.154	.250	.179
	Huntsville	AA	124	452	115	14	5	9	--	--	166	64	52	31	0	75	3	4	3	16	5	.76	5	.254	.305	.367
1993	Tacoma	AAA	133	480	153	36	11	12	--	--	247	75	79	33	4	123	2	4	3	19	9	.68	8	.319	.363	.515
1993	Oakland	AL	20	61	15	1	0	3	(0	3)	25	11	9	3	0	20	0	3	0	2	0	1.00	3	.246	.281	.410
1994	Florida	NL	101	345	86	17	3	9	(4	5)	136	41	33	16	1	98	5	3	2	3	0	1.00	5	.249	.291	.394
	2 ML YEARS		121	406	101	18	3	12	(4	8)	161	52	42	19	1	118	5	6	2	5	0	1.00	8	.249	.289	.397

Mark Acre

Pitches: Right **Bats:** Right **Pos:** RP **Ht:** 6' 8" **Wt:** 240 **Born:** 09/16/68 **Age:** 26

					HOW MUCH HE PITCHED				WHAT HE GAVE UP											THE RESULTS					
Year	Team	Lg	G	GS	CG	GF	IP	BFP	H	R	ER	HR	SH	SF	HB	TBB	IBB	SO	WP	Bk	W	L	Pct.	ShO	Sv	ERA
1991	Athletics	R	6	0	0	2	10	44	10	3	3	0	0	0	0	6	0	6	0	1	2	0	1.000	0	0	2.70
1992	Reno	A	35	8	0	11	77	347	67	56	39	5	5	1	1	50	1	65	13	4	4	4	.500	0	2	4.56
1993	Madison	A	28	0	0	27	31.1	115	9	1	1	1	1	0	0	13	0	41	6	0	0	0	.000	0	20	0.29
	Huntsville	AA	19	0	0	19	22.1	89	22	10	6	2	1	1	0	3	1	21	2	0	1	1	.500	0	10	2.42
1994	Tacoma	AAA	20	0	0	16	28.2	120	24	7	6	1	2	0	1	11	1	31	1	0	1	1	.500	0	6	1.88
1994	Oakland	AL	34	0	0	6	34.1	147	24	13	13	4	3	1	0	23	3	21	1	0	5	1	.833	0	0	3.41

Rick Aguilera

Pitches: Right **Bats:** Right **Pos:** RP **Ht:** 6' 5" **Wt:** 203 **Born:** 12/31/61 **Age:** 33

					HOW MUCH HE PITCHED				WHAT HE GAVE UP											THE RESULTS					
Year	Team	Lg	G	GS	CG	GF	IP	BFP	H	R	ER	HR	SH	SF	HB	TBB	IBB	SO	WP	Bk	W	L	Pct.	ShO	Sv	ERA
1985	New York	NL	21	19	2	1	122.1	507	118	49	44	8	7	4	2	37	2	74	5	2	10	7	.588	0	0	3.24
1986	New York	NL	28	20	2	2	141.2	605	145	70	61	15	6	5	7	36	1	104	5	3	10	7	.588	0	0	3.88
1987	New York	NL	18	17	1	0	115	494	124	53	46	12	7	2	3	33	2	77	9	0	11	3	.786	0	0	3.60
1988	New York	NL	11	3	0	2	24.2	111	29	20	19	2	2	0	1	10	2	16	1	1	0	4	.000	0	0	6.93
1989	2 ML Teams		47	11	3	19	145	594	130	51	45	8	7	1	3	38	4	137	4	3	9	11	.450	0	7	2.79
1990	Minnesota	AL	56	0	0	54	65.1	268	55	27	20	5	0	0	4	19	6	61	3	0	5	3	.625	0	32	2.76
1991	Minnesota	AL	63	0	0	60	69	275	64	20	18	3	1	3	1	30	6	61	3	0	4	5	.444	0	42	2.35
1992	Minnesota	AL	64	0	0	61	66.2	273	60	28	21	7	1	2	1	17	4	52	5	0	2	6	.250	0	41	2.84
1993	Minnesota	AL	65	0	0	61	72.1	287	60	25	25	9	2	1	1	14	3	59	1	0	4	3	.571	0	34	3.11
1994	Minnesota	AL	44	0	0	40	44.2	201	57	23	18	7	4	1	0	10	3	46	2	0	1	4	.200	0	23	3.63
1989	New York	NL	36	0	0	19	69.1	284	59	19	18	3	5	1	2	21	3	80	3	3	6	6	.500	0	7	2.34
	Minnesota	AL	11	11	3	0	75.2	310	71	32	27	5	2	0	1	17	1	57	1	0	3	5	.375	0	0	3.21
	10 ML YEARS		417	70	8	300	866.2	3615	822	366	317	76	37	19	23	244	33	687	38	9	56	53	.514	0	179	3.29

Mike Aldrete

Bats: Left **Throws:** Left **Pos:** 1B/LF/RF **Ht:** 5'11" **Wt:** 185 **Born:** 01/29/61 **Age:** 34

							BATTING												BASERUNNING			PERCENTAGES		
Year	Team	Lg	G	AB	H	2B	3B	HR	(Hm | Rd)	TB	R	RBI	TBB	IBB	SO	HBP	SH	SF	SB	CS	SB%	GDP	Avg	OBP	SLG
1986	San Francisco	NL	84	216	54	18	3	2	(1 | 1)	84	27	25	33	4	34	2	4	1	1	3	.25	3	.250	.353	.389
1987	San Francisco	NL	126	357	116	18	2	9	(7 | 2)	165	50	51	43	5	50	0	4	0	6	0	1.00	6	.325	.396	.462
1988	San Francisco	NL	139	389	104	15	0	3	(1 | 2)	128	44	50	56	13	65	0	1	3	6	5	.55	10	.267	.357	.329
1989	Montreal	NL	76	136	30	8	1	1	(0 | 1)	43	12	12	19	0	30	1	1	2	1	3	.25	4	.221	.316	.316
1990	Montreal	NL	96	161	39	7	1	1	(0 | 1)	51	22	18	37	2	31	1	0	1	1	2	.33	2	.242	.385	.317
1991	2 ML Teams		97	198	48	6	1	1	(0 | 1)	59	24	20	39	1	41	0	1	1	1	3	.25	1	.242	.364	.298

Year	Team	Lg	G	AB	H	2B	3B	HR	(Hm	Rd)	TB	R	RBI	TBB	IBB	SO	HBP	SH	SF	SB	CS	SB%	GDP	Avg	OBP	SLG
1993	Oakland	AL	95	255	68	13	1	10	(5	5)	113	40	33	34	2	45	0	3	0	1	1	.50	7	.267	.353	.443
1994	Oakland	AL	76	178	43	5	0	4	(2	2)	60	23	18	20	1	35	0	0	3	2	0	1.00	2	.242	.313	.337
1991	San Diego	NL	12	15	0	0	0	0	(0	0)	0	2	1	3	0	4	0	0	0	0	1	.00	1	.000	.167	.000
	Cleveland	AL	85	183	48	6	1	1	(0	1)	59	22	19	36	1	37	0	1	0	1	2	.33	0	.262	.380	.322
	8 ML YEARS		789	1890	502	90	9	31	(18	13)	703	242	227	281	28	331	4	14	14	19	17	.53	35	.266	.360	.372

Luis Alicea

Bats: Both **Throws:** Right **Pos:** 2B **Ht:** 5' 9" **Wt:** 177 **Born:** 07/29/65 **Age:** 29

Year	Team	Lg	G	AB	H	2B	3B	HR	(Hm	Rd)	TB	R	RBI	TBB	IBB	SO	HBP	SH	SF	SB	CS	SB%	GDP	Avg	OBP	SLG
1988	St. Louis	NL	93	297	63	10	4	1	(1	0)	84	20	24	25	4	32	2	4	2	1	1	.50	12	.212	.276	.283
1991	St. Louis	NL	56	68	13	3	0	0	(0	0)	16	5	0	8	0	19	0	0	0	0	1	.00	1	.191	.276	.235
1992	St. Louis	NL	85	265	65	9	11	2	(2	0)	102	26	32	27	1	40	4	2	5	2	5	.29	5	.245	.320	.385
1993	St. Louis	NL	115	362	101	19	3	3	(2	1)	135	50	46	47	2	54	4	1	7	11	1	.92	9	.279	.362	.373
1994	St. Louis	NL	88	205	57	12	5	5	(3	2)	94	32	29	30	4	38	3	1	3	4	5	.44	1	.278	.373	.459
	5 ML YEARS		437	1197	299	53	23	11	(8	3)	431	133	131	137	11	183	13	8	16	18	13	.58	27	.250	.329	.360

Roberto Alomar

Bats: Both **Throws:** Right **Pos:** 2B **Ht:** 6' 0" **Wt:** 185 **Born:** 02/05/68 **Age:** 27

Year	Team	Lg	G	AB	H	2B	3B	HR	(Hm	Rd)	TB	R	RBI	TBB	IBB	SO	HBP	SH	SF	SB	CS	SB%	GDP	Avg	OBP	SLG
1988	San Diego	NL	143	545	145	24	6	9	(5	4)	208	84	41	47	5	83	3	16	0	24	6	.80	15	.266	.328	.382
1989	San Diego	NL	158	623	184	27	1	7	(3	4)	234	82	56	53	4	76	1	17	8	42	17	.71	10	.295	.347	.376
1990	San Diego	NL	147	586	168	27	5	6	(4	2)	223	80	60	48	1	72	2	5	5	24	7	.77	16	.287	.340	.381
1991	Toronto	AL	161	637	188	41	11	9	(6	3)	278	88	69	57	3	86	4	16	5	53	11	.83	5	.295	.354	.436
1992	Toronto	AL	152	571	177	27	8	8	(5	3)	244	105	76	87	5	52	5	6	2	49	9	.84	8	.310	.405	.427
1993	Toronto	AL	153	589	192	35	6	17	(8	9)	290	109	93	80	5	67	5	4	5	55	15	.79	13	.326	.408	.492
1994	Toronto	AL	107	392	120	25	4	8	(4	4)	177	78	38	51	2	41	2	7	3	19	8	.70	14	.306	.386	.452
	7 ML YEARS		1021	3943	1174	206	41	64	(35	29)	1654	626	433	423	25	477	22	71	28	266	73	.78	81	.298	.367	.419

Sandy Alomar Jr

Bats: Right **Throws:** Right **Pos:** C **Ht:** 6' 5" **Wt:** 215 **Born:** 06/18/66 **Age:** 29

Year	Team	Lg	G	AB	H	2B	3B	HR	(Hm	Rd)	TB	R	RBI	TBB	IBB	SO	HBP	SH	SF	SB	CS	SB%	GDP	Avg	OBP	SLG
1988	San Diego	NL	1	1	0	0	0	0	(0	0)	0	0	0	0	0	1	0	0	0	0	0	.00	0	.000	.000	.000
1989	San Diego	NL	7	19	4	1	0	1	(1	0)	8	1	6	3	1	3	0	0	0	0	0	.00	1	.211	.318	.421
1990	Cleveland	AL	132	445	129	26	2	9	(5	4)	186	60	66	25	2	46	2	5	6	4	1	.80	10	.290	.326	.418
1991	Cleveland	AL	51	184	40	9	0	0	(0	0)	49	10	7	8	1	24	4	2	1	0	4	.00	4	.217	.264	.266
1992	Cleveland	AL	89	299	75	16	0	2	(1	1)	97	22	26	13	3	32	5	3	0	3	3	.50	7	.251	.293	.324
1993	Cleveland	AL	64	215	58	7	1	6	(3	3)	85	24	32	11	0	28	6	1	4	3	1	.75	3	.270	.318	.395
1994	Cleveland	AL	80	292	84	15	1	14	(4	10)	143	44	43	25	2	31	2	0	1	8	4	.67	7	.288	.347	.490
	7 ML YEARS		424	1455	390	74	4	32	(14	18)	568	161	180	85	9	165	19	11	12	18	13	.58	32	.268	.314	.390

Moises Alou

Bats: Right **Throws:** Right **Pos:** LF/RF **Ht:** 6' 3" **Wt:** 190 **Born:** 07/03/66 **Age:** 28

Year	Team	Lg	G	AB	H	2B	3B	HR	(Hm	Rd)	TB	R	RBI	TBB	IBB	SO	HBP	SH	SF	SB	CS	SB%	GDP	Avg	OBP	SLG
1990	2 ML Teams		16	20	4	0	0	0	(0	0)	6	4	0	0	0	3	0	1	0	0	0	.00	0	.200	.200	.300
1992	Montreal	NL	115	341	96	28	2	9	(6	3)	155	53	56	25	0	46	1	5	5	16	2	.89	5	.282	.328	.455
1993	Montreal	NL	136	482	138	29	6	18	(10	8)	233	70	85	38	9	53	5	3	7	17	6	.74	9	.286	.340	.483
1994	Montreal	NL	107	422	143	31	5	22	(9	13)	250	81	78	42	10	63	2	0	5	7	6	.54	7	.339	.397	.592
1990	Pittsburgh	NL	2	5	1	0	0	0	(0	0)	1	0	0	0	0	1	0	1	0	0	0	.00	1	.200	.200	.200
	Montreal	NL	14	15	3	0	0	0	(0	0)	5	4	0	0	0	3	0	1	0	0	0	.00	0	.200	.200	.333
	4 ML YEARS		374	1265	381	88	14	49	(25	24)	644	208	219	105	19	165	8	9	17	40	14	.74	22	.301	.354	.509

Wilson Alvarez

Pitches: Left **Bats:** Left **Pos:** SP **Ht:** 6' 1" **Wt:** 235 **Born:** 03/24/70 **Age:** 25

			HOW MUCH HE PITCHED					WHAT HE GAVE UP										THE RESULTS				
Year	Team	Lg	G	GS	CG	GF	IP	BFP	H	R	ER	HR	SH	SF	HB	TBB	IBB	SO	WP	Bk	W	L	Pct.	ShO	Sv	ERA
1989	Texas	AL	1	1	0	0	0	5	3	3	3	2	0	0	0	6	0	0	0	0	0	1	.000	0	0	0.00
1991	Chicago	AL	10	9	2	0	56.1	237	47	26	22	9	3	1	0	29	0	32	2	0	3	2	.600	1	0	3.51
1992	Chicago	AL	34	9	0	4	100.1	455	103	64	58	12	3	4	4	65	2	66	2	0	5	3	.625	0	1	5.20
1993	Chicago	AL	31	31	1	0	207.2	877	168	78	68	14	13	6	7	122	8	155	2	1	15	8	.652	1	0	2.95
1994	Chicago	AL	24	24	2	0	161.2	682	147	72	62	16	6	3	0	62	1	108	3	0	12	8	.600	1	0	3.45
	5 ML YEARS		100	74	5	4	526	2256	468	243	213	53	25	14	11	280	11	361	9	1	35	22	.614	3	1	3.64

Rich Amaral

Bats: Right **Throws:** Right **Pos:** 2B/LF **Ht:** 6' 0" **Wt:** 175 **Born:** 04/01/62 **Age:** 33

Year	Team	Lg	G	AB	H	2B	3B	HR	(Hm	Rd)	TB	R	RBI	TBB	IBB	SO	HBP	SH	SF	SB	CS	SB%	GDP	Avg	OBP	SLG
1994	Calgary*	AAA	13	56	18	7	0	0	--	--	25	13	12	4	0	6	0	2	2	2	0	1.00	3	.321	.355	.446
1991	Seattle	AL	14	16	1	0	0	0	(0	0)	1	2	0	1	0	5	1	0	0	0	0	.00	1	.063	.167	.063
1992	Seattle	AL	35	100	24	3	0	1	(0	1)	30	9	7	5	0	16	0	4	0	4	2	.67	4	.240	.276	.300
1993	Seattle	AL	110	373	108	24	1	1	(0	1)	137	53	44	33	0	54	3	7	5	19	11	.63	5	.290	.348	.367
1994	Seattle	AL	77	228	60	10	2	4	(2	2)	86	37	18	24	1	28	1	7	2	5	1	.83	3	.263	.333	.377
4 ML YEARS			236	717	193	37	3	6	(2	4)	254	101	69	63	1	103	5	18	7	28	14	.67	13	.269	.330	.354

Ruben Amaro

Bats: Both **Throws:** Right **Pos:** CF **Ht:** 5'10" **Wt:** 170 **Born:** 02/12/65 **Age:** 30

Year	Team	Lg	G	AB	H	2B	3B	HR	(Hm	Rd)	TB	R	RBI	TBB	IBB	SO	HBP	SH	SF	SB	CS	SB%	GDP	Avg	OBP	SLG
1994	Charlotte*	AAA	43	181	58	12	4	3	--	--	87	39	17	15	1	16	3	3	0	9	2	.82	4	.320	.382	.481
1991	California	AL	10	23	5	1	0	0	(0	0)	6	0	2	3	1	3	0	0	0	0	0	.00	1	.217	.308	.261
1992	Philadelphia	NL	126	374	82	15	6	7	(5	2)	130	43	34	37	1	54	9	4	2	11	5	.69	11	.219	.303	.348
1993	Philadelphia	NL	25	48	16	2	2	1	(0	1)	25	7	6	6	0	5	0	3	1	0	0	.00	1	.333	.400	.521
1994	Cleveland	AL	26	23	5	1	0	2	(0	2)	12	5	5	2	0	3	0	0	0	2	1	.67	0	.217	.280	.522
4 ML YEARS			187	468	108	19	8	10	(5	5)	173	55	47	48	2	65	9	7	3	13	6	.68	13	.231	.313	.370

Larry Andersen

Pitches: Right **Bats:** Right **Pos:** RP **Ht:** 6' 3" **Wt:** 202 **Born:** 05/06/53 **Age:** 42

Year	Team	Lg	G	GS	CG	GF	IP	BFP	H	R	ER	HR	SH	SF	HB	TBB	IBB	SO	WP	Bk	W	L	Pct.	ShO	Sv	ERA
1994	Reading*	AA	1	1	0	0	2	7	0	0	0	0	0	0	0	1	0	5	0	0	0	0	.000	0	0	0.00
	Scranton-Wb*	AAA	6	3	0	2	8.1	29	3	1	0	0	1	0	0	1	1	9	0	0	0	0	.000	0	1	0.00
1975	Cleveland	AL	3	0	0	1	6	23	4	3	3	0	0	1	0	2	0	4	2	0	0	0	.000	0	0	4.50
1977	Cleveland	AL	11	0	0	7	14	62	10	7	5	1	3	0	0	9	3	8	1	0	0	1	.000	0	0	3.21
1979	Cleveland	AL	8	0	0	4	17	77	25	14	14	3	1	2	0	4	0	7	0	0	0	0	.000	0	0	7.41
1981	Seattle	AL	41	0	0	23	68	273	57	27	20	4	0	3	2	18	2	40	0	0	3	3	.500	0	5	2.65
1982	Seattle	AL	40	1	0	14	79.2	354	100	56	53	16	2	3	4	23	1	32	2	0	0	0	.000	0	1	5.99
1983	Philadelphia	NL	17	0	0	4	26.1	106	19	7	7	0	1	1	0	9	1	14	1	1	1	0	1.000	0	0	2.39
1984	Philadelphia	NL	64	0	0	25	90.2	376	85	32	24	5	4	4	0	25	6	54	2	1	3	7	.300	0	4	2.38
1985	Philadelphia	NL	57	0	0	19	73	318	78	41	35	5	3	1	3	26	4	50	1	1	3	3	.500	0	3	4.32
1986	2 ML Teams		48	0	0	8	77.1	323	83	30	26	2	10	5	1	26	10	42	1	0	2	1	.667	0	5	3.03
1987	Houston	NL	67	0	0	31	101.2	440	95	46	39	7	7	4	2	41	10	94	1	0	9	5	.643	0	5	3.45
1988	Houston	NL	53	0	0	25	82.2	350	82	29	27	3	3	3	1	20	8	66	1	2	2	4	.333	0	5	2.94
1989	Houston	NL	60	0	0	21	87.2	351	63	19	15	2	4	5	0	24	4	85	2	1	4	4	.500	0	3	1.54
1990	2 ML Teams		65	0	0	24	95.2	387	79	22	19	2	5	5	2	27	5	93	4	0	5	2	.714	0	7	2.30
1991	San Diego	NL	38	0	0	24	47	188	39	13	12	0	4	2	0	13	3	40	1	0	3	4	.429	0	13	2.30
1992	San Diego	NL	34	0	0	13	35	140	26	14	13	2	1	1	1	8	2	35	0	0	1	1	.500	0	2	3.34
1993	Philadelphia	NL	64	0	0	13	61.2	256	54	22	20	4	2	0	1	21	2	67	2	1	3	2	.600	0	0	2.92
1994	Philadelphia	NL	29	0	0	11	32.2	147	33	20	16	2	3	0	0	15	3	27	0	0	1	2	.333	0	0	4.41
1986	Philadelphia	NL	10	0	0	1	12.2	55	19	8	6	0	2	1	0	3	0	9	0	0	0	0	.000	0	0	4.26
	Houston	NL	38	0	0	7	64.2	268	64	22	20	2	8	4	1	23	10	33	1	0	2	1	.667	0	1	2.78
1990	Houston	NL	50	0	0	20	73.2	301	61	19	16	2	5	5	1	24	5	68	2	0	5	2	.714	0	6	1.95
	Boston	AL	15	0	0	4	22	86	18	3	3	0	0	0	1	3	0	25	2	0	0	0	.000	0	1	1.23
17 ML YEARS			699	1	0	267	996	4171	932	402	348	58	53	40	17	311	64	758	21	7	40	39	.506	0	49	3.14

Brady Anderson

Bats: Left **Throws:** Left **Pos:** LF/CF **Ht:** 6' 1" **Wt:** 195 **Born:** 01/18/64 **Age:** 31

Year	Team	Lg	G	AB	H	2B	3B	HR	(Hm	Rd)	TB	R	RBI	TBB	IBB	SO	HBP	SH	SF	SB	CS	SB%	GDP	Avg	OBP	SLG
1988	2 ML Teams		94	325	69	13	4	1	(1	0)	93	31	21	23	0	75	4	11	1	10	6	.63	3	.212	.272	.286
1989	Baltimore	AL	94	266	55	12	2	4	(2	2)	83	44	16	43	6	45	3	5	0	16	4	.80	4	.207	.324	.312
1990	Baltimore	AL	89	234	54	5	2	3	(1	2)	72	24	24	31	2	46	5	4	5	15	2	.88	4	.231	.327	.308
1991	Baltimore	AL	113	256	59	12	3	2	(1	1)	83	40	27	38	0	44	5	11	3	12	5	.71	1	.230	.338	.324
1992	Baltimore	AL	159	623	169	28	10	21	(15	6)	280	100	80	98	14	98	9	10	9	53	16	.77	2	.271	.373	.449
1993	Baltimore	AL	142	560	147	36	8	13	(2	11)	238	87	66	82	4	99	10	6	6	24	12	.67	4	.263	.363	.425
1994	Baltimore	AL	111	453	119	25	5	12	(7	5)	190	78	48	57	3	75	10	3	2	31	1	.97	7	.263	.356	.419
1988	Boston	AL	41	148	34	5	3	0	(0	0)	45	14	12	15	0	35	4	4	1	4	2	.67	2	.230	.315	.304
	Baltimore	AL	53	177	35	8	1	1	(1	0)	48	17	9	8	0	40	0	7	0	6	4	.60	1	.198	.232	.271
7 ML YEARS			802	2717	672	131	34	56	(29	27)	1039	404	282	372	29	482	46	50	26	161	46	.78	25	.247	.345	.382

Brian Anderson

Pitches: Left **Bats:** Both **Pos:** SP **Ht:** 6' 1" **Wt:** 190 **Born:** 04/26/72 **Age:** 23

		HOW MUCH HE PITCHED						WHAT HE GAVE UP										THE RESULTS				
Year Team	Lg	G	GS	CG	GF	IP	BFP	H	R	ER	HR	SH	SF	HB	TBB	IBB	SO	WP	Bk	W	L	Pct.	ShO	Sv	ERA
1993 Midland	AA	2	2	0	0	10.2	47	16	5	4	2	0	0	0	0	0	9	0	0	0	1	.000	0	0	3.38
Vancouver	AAA	2	2	0	0	8	42	13	12	11	3	0	2	1	6	0	2	1	1	0	1	.000	0	0	12.38
1994 Lake Elsino	A	2	2	0	0	12	42	6	4	4	1	0	0	1	0	0	9	0	0	0	1	.000	0	0	3.00
1993 California	AL	4	1	0	3	11.1	45	11	5	5	1	0	0	0	2	0	4	0	0	0	0	.000	0	0	3.97
1994 California	AL	18	18	0	0	101.2	441	120	63	59	13	3	6	5	27	0	47	5	5	7	5	.583	0	0	5.22
2 ML YEARS		22	19	0	3	113	486	131	68	64	14	3	6	5	29	0	51	5	5	7	5	.583	0	0	5.10

Garret Anderson

Bats: Left **Throws:** Left **Pos:** LF **Ht:** 6' 3" **Wt:** 190 **Born:** 06/30/72 **Age:** 23

							BATTING											BASERUNNING				PERCENTAGES		
Year Team	Lg	G	AB	H	2B	3B	HR	(Hm | Rd)	TB	R	RBI	TBB	IBB	SO	HBP	SH	SF	SB	CS	SB%	GDP	Avg	OBP	SLG
1990 Angels	R	32	127	27	2	0	0	--	--	29	5	14	2	0	24	2	0	3	3	0	1.00	3	.213	.231	.228
Boise	A	25	83	21	3	1	1	--	--	29	11	8	4	0	17	0	0	1	0	1	.00	3	.253	.284	.349
1991 Quad City	A	105	392	102	22	2	2	--	--	134	40	42	20	0	89	0	0	2	5	6	.45	16	.260	.295	.342
1992 Palm Sprngs	A	81	322	104	15	2	1	--	--	126	46	62	21	3	61	1	0	0	1	1	.50	9	.323	.366	.391
Midland	AA	39	146	40	5	0	2	--	--	51	16	19	9	2	30	0	0	0	2	1	.67	8	.274	.316	.349
1993 Vancouver	AAA	124	467	137	34	4	4	--	--	191	57	71	31	8	95	0	1	5	3	4	.43	15	.293	.334	.409
1994 Vancouver	AAA	123	505	162	42	6	12	--	--	252	75	102	28	2	93	1	0	3	3	3	.50	7	.321	.356	.499
1994 California	AL	5	13	5	0	0	0	(0 | 0)	5	1	0	1	0	2	0	0	0	0	0	.00	0	.385	.385	.385

Eric Anthony

Bats: Left **Throws:** Left **Pos:** LF **Ht:** 6' 2" **Wt:** 195 **Born:** 11/08/67 **Age:** 27

							BATTING											BASERUNNING				PERCENTAGES		
Year Team	Lg	G	AB	H	2B	3B	HR	(Hm | Rd)	TB	R	RBI	TBB	IBB	SO	HBP	SH	SF	SB	CS	SB%	GDP	Avg	OBP	SLG
1989 Houston	NL	25	61	11	2	0	4	(2 | 2)	25	7	7	9	2	16	0	0	0	0	0	.00	1	.180	.286	.410
1990 Houston	NL	84	239	46	8	0	10	(5 | 5)	84	26	29	29	3	78	2	1	6	5	0	1.00	4	.192	.279	.351
1991 Houston	NL	39	118	18	6	0	1	(0 | 1)	27	11	7	12	1	41	0	0	2	1	0	1.00	2	.153	.227	.229
1992 Houston	NL	137	440	105	15	1	19	(9 | 10)	179	45	80	38	5	98	1	0	4	5	4	.56	7	.239	.298	.407
1993 Houston	NL	145	486	121	19	4	15	(5 | 10)	193	70	66	49	2	88	2	0	2	3	5	.38	9	.249	.319	.397
1994 Seattle	AL	79	262	62	14	1	10	(3 | 7)	108	31	30	23	4	66	0	2	1	6	2	.75	7	.237	.297	.412
6 ML YEARS		509	1606	363	64	6	59	(24 | 35)	616	190	219	160	17	387	5	3	15	20	11	.65	30	.226	.296	.384

Kevin Appier

Pitches: Right **Bats:** Right **Pos:** SP **Ht:** 6' 2" **Wt:** 195 **Born:** 12/06/67 **Age:** 27

		HOW MUCH HE PITCHED						WHAT HE GAVE UP										THE RESULTS				
Year Team	Lg	G	GS	CG	GF	IP	BFP	H	R	ER	HR	SH	SF	HB	TBB	IBB	SO	WP	Bk	W	L	Pct.	ShO	Sv	ERA
1989 Kansas City	AL	6	5	0	0	21.2	106	34	22	22	3	0	3	0	12	1	10	0	0	1	4	.200	0	0	9.14
1990 Kansas City	AL	32	24	3	1	185.2	784	179	67	57	13	5	9	6	54	2	127	6	1	12	8	.600	3	0	2.76
1991 Kansas City	AL	34	31	6	1	207.2	881	205	97	79	13	8	6	2	61	3	158	7	1	13	10	.565	3	0	3.42
1992 Kansas City	AL	30	30	3	0	208.1	852	167	59	57	10	8	3	2	68	5	150	4	0	15	8	.652	0	0	2.46
1993 Kansas City	AL	34	34	5	0	238.2	953	183	74	68	8	3	5	1	81	3	186	5	0	18	8	.692	1	0	2.56
1994 Kansas City	AL	23	23	1	0	155	653	137	68	66	11	9	7	4	63	7	145	11	1	7	6	.538	0	0	3.83
6 ML YEARS		159	147	18	2	1017	4229	905	387	349	58	33	33	15	339	21	776	33	3	66	44	.600	7	0	3.09

Luis Aquino

Pitches: Right **Bats:** Right **Pos:** RP **Ht:** 6' 1" **Wt:** 190 **Born:** 05/19/65 **Age:** 30

		HOW MUCH HE PITCHED						WHAT HE GAVE UP										THE RESULTS				
Year Team	Lg	G	GS	CG	GF	IP	BFP	H	R	ER	HR	SH	SF	HB	TBB	IBB	SO	WP	Bk	W	L	Pct.	ShO	Sv	ERA
1994 Portland *	AA	2	1	0	0	2.1	11	3	4	1	0	0	0	0	0	0	4	0	0	0	1	.000	0	0	3.86
Marlins *	R	3	3	0	0	6.1	25	3	1	1	0	0	0	1	0	9	2	0	0	0	.000	0	0	1.42
1986 Toronto	AL	7	0	0	3	11.1	50	14	8	8	2	0	0	0	3	1	5	1	0	1	1	.500	0	0	6.35
1988 Kansas City	AL	7	5	1	0	29	136	33	15	9	1	0	0	1	17	0	11	1	1	1	0	1.000	1	0	2.79
1989 Kansas City	AL	34	16	2	7	141.1	591	148	62	55	6	2	4	4	35	4	68	4	6	8	.429	1	0	3.50
1990 Kansas City	AL	20	3	1	4	68.1	287	59	25	24	6	5	2	4	27	6	28	3	1	4	1	.800	0	0	3.16
1991 Kansas City	AL	38	18	1	9	157	661	152	67	60	10	2	7	4	47	5	80	1	0	8	4	.667	1	3	3.44
1992 Kansas City	AL	15	13	0	1	67.2	293	81	35	34	5	2	3	1	20	1	11	1	0	3	6	.333	0	0	4.52
1993 Florida	NL	38	13	0	5	110.2	471	115	43	42	6	7	2	5	40	4	67	4	0	6	8	.429	0	0	3.42
1994 Florida	NL	29	1	0	3	50.2	214	39	22	21	3	1	2	3	22	4	22	2	1	0	.667	0	0	3.73
8 ML YEARS		188	69	5	31	636	2703	641	277	253	39	19	22	22	211	22	292	17	3	31	29	.517	3	3	3.58

Alex Arias

Bats: Right **Throws:** Right **Pos:** SS/3B **Ht:** 6' 3" **Wt:** 185 **Born:** 11/20/67 **Age:** 27

					BATTING											BASERUNNING				PERCENTAGES		
Year	Team	Lg	G	AB	H	2B	3B	HR	(Hm | Rd)	TB	R	RBI	TBB	IBB	SO	HBP	SH	SF	SB	CS	SB%	GDP	Avg	OBP	SLG
1992	Chicago	NL	32	99	29	6	0	0	(0 | 0)	35	14	7	11	0	13	2	1	0	0	0	.00	4	.293	.375	.354
1993	Florida	NL	96	249	67	5	1	2	(1 | 1)	80	27	20	27	0	18	3	1	3	1	1	.50	5	.269	.344	.321
1994	Florida	NL	59	113	27	5	0	0	(0 | 0)	32	4	15	9	0	19	1	1	1	0	1	.00	5	.239	.298	.283
	3 ML YEARS		187	461	123	16	1	2	(1 | 1)	147	45	42	47	0	50	6	3	4	1	2	.33	14	.267	.340	.319

Jack Armstrong

Pitches: Right **Bats:** Right **Pos:** SP **Ht:** 6' 5" **Wt:** 220 **Born:** 03/07/65 **Age:** 30

			HOW MUCH HE PITCHED					WHAT HE GAVE UP									THE RESULTS					
Year	Team	Lg	G	GS	CG	GF	IP	BFP	H	R	ER	HR	SH	SF	HB	TBB	IBB	SO	WP	Bk	W	L	Pct.	ShO	Sv	ERA
1988	Cincinnati	NL	14	13	0	0	65.1	293	63	44	42	8	4	5	0	38	2	45	3	2	4	7	.364	0	0	5.79
1989	Cincinnati	NL	9	8	0	1	42.2	187	40	24	22	5	2	1	0	21	4	23	0	0	2	3	.400	0	0	4.64
1990	Cincinnati	NL	29	27	2	1	166	704	151	72	63	9	8	5	6	59	7	110	7	5	12	9	.571	1	0	3.42
1991	Cincinnati	NL	27	24	1	1	139.2	611	158	90	85	25	6	9	2	54	2	93	2	1	7	13	.350	0	0	5.48
1992	Cleveland	AL	35	23	1	5	166.2	735	176	100	86	23	6	5	3	67	0	114	6	3	6	15	.286	0	0	4.64
1993	Florida	NL	36	33	0	2	196.1	879	210	105	98	29	8	10	7	78	6	118	7	2	9	17	.346	0	0	4.49
1994	Texas	AL	2	2	0	0	10	41	9	4	4	3	0	0	0	2	0	7	1	0	0	1	.000	0	0	3.60
	7 ML YEARS		152	130	4	10	786.2	3450	807	439	400	102	34	35	18	319	21	510	26	13	40	65	.381	1	0	4.58

Rene Arocha

Pitches: Right **Bats:** Right **Pos:** RP/SP **Ht:** 6' 0" **Wt:** 180 **Born:** 02/24/66 **Age:** 29

			HOW MUCH HE PITCHED					WHAT HE GAVE UP									THE RESULTS					
Year	Team	Lg	G	GS	CG	GF	IP	BFP	H	R	ER	HR	SH	SF	HB	TBB	IBB	SO	WP	Bk	W	L	Pct.	ShO	Sv	ERA
1992	Louisville	AAA	25	25	3	0	166.2	705	145	59	50	8	9	4	6	65	0	128	3	2	12	7	.632	1	0	2.70
1993	St. Louis	NL	32	29	1	0	188	774	197	89	79	20	8	5	3	31	2	96	3	1	11	8	.579	0	0	3.78
1994	St. Louis	NL	45	7	1	25	83	360	94	42	37	9	5	1	4	21	4	62	2	0	4	4	.500	0	11	4.01
	2 ML YEARS		77	36	2	25	271	1134	291	131	116	29	13	6	7	52	6	158	5	1	15	12	.556	1	11	3.85

Andy Ashby

Pitches: Right **Bats:** Right **Pos:** SP **Ht:** 6' 5" **Wt:** 190 **Born:** 07/11/67 **Age:** 27

			HOW MUCH HE PITCHED					WHAT HE GAVE UP									THE RESULTS					
Year	Team	Lg	G	GS	CG	GF	IP	BFP	H	R	ER	HR	SH	SF	HB	TBB	IBB	SO	WP	Bk	W	L	Pct.	ShO	Sv	ERA
1991	Philadelphia	NL	8	8	0	0	42	186	41	28	28	5	1	3	3	19	0	26	6	0	1	5	.167	0	0	6.00
1992	Philadelphia	NL	10	8	0	0	37	171	42	31	31	6	2	2	1	21	0	24	2	0	1	3	.250	0	0	7.54
1993	2 ML Teams		32	21	0	3	123	577	168	100	93	19	6	7	4	56	5	77	6	3	3	10	.231	0	1	6.80
1994	San Diego	NL	24	24	4	0	164.1	682	145	75	62	16	11	3	4	43	12	121	5	0	6	11	.353	0	0	3.40
1993	Colorado	NL	20	9	0	3	54	277	89	54	51	5	3	3	3	32	4	33	2	3	0	4	.000	0	1	8.50
	San Diego	NL	12	12	0	0	69	300	79	46	42	14	3	4	1	24	1	44	4	0	3	6	.333	0	0	5.48
	4 ML YEARS		74	61	4	3	366.1	1616	396	234	214	46	20	15	11	139	17	248	19	3	11	29	.275	0	1	5.26

Billy Ashley

Bats: Right **Throws:** Right **Pos:** LF **Ht:** 6' 7" **Wt:** 230 **Born:** 07/11/70 **Age:** 24

					BATTING											BASERUNNING				PERCENTAGES		
Year	Team	Lg	G	AB	H	2B	3B	HR	(Hm	Rd)	TB	R	RBI	TBB	IBB	SO	HBP	SH	SF	SB	CS	SB%	GDP	Avg	OBP	SLG
1994	Albuquerque *	AAA	107	388	134	19	4	37	--	--	272	69	105	53	7	116	7	0	5	6	4	.60	13	.345	.428	.701
1992	Los Angeles	NL	29	95	21	5	0	2	(2	0)	32	6	6	5	0	34	0	0	0	0	0	.00	2	.221	.260	.337
1993	Los Angeles	NL	14	37	9	0	0	0	(0	0)	9	0	0	2	0	11	0	0	0	0	0	.00	0	.243	.282	.243
1994	Los Angeles	NL	2	6	2	1	0	0	(0	0)	3	0	0	0	0	2	0	0	0	0	0	.00	0	.333	.333	.500
	3 ML YEARS		45	138	32	6	0	2	(2	0)	44	6	6	7	0	47	0	0	0	0	0	.00	2	.232	.269	.319

Paul Assenmacher

Pitches: Left **Bats:** Left **Pos:** RP **Ht:** 6' 3" **Wt:** 210 **Born:** 12/10/60 **Age:** 34

			HOW MUCH HE PITCHED					WHAT HE GAVE UP									THE RESULTS					
Year	Team	Lg	G	GS	CG	GF	IP	BFP	H	R	ER	HR	SH	SF	HB	TBB	IBB	SO	WP	Bk	W	L	Pct.	ShO	Sv	ERA
1986	Atlanta	NL	61	0	0	27	68.1	287	61	23	19	5	7	1	0	26	4	56	2	3	7	3	.700	0	7	2.50
1987	Atlanta	NL	52	0	0	10	54.2	251	58	41	31	8	2	1	1	24	4	39	0	0	1	1	.500	0	2	5.10
1988	Atlanta	NL	64	0	0	32	79.1	774	72	29	27	4	8	1	1	32	11	71	7	0	8	7	.533	0	5	3.06
1989	2 ML Teams		63	0	0	17	76.2	331	74	37	34	3	9	3	3	28	6	79	3	1	3	4	.429	0	0	3.99
1990	Chicago	NL	74	1	0	21	103	426	90	33	32	10	10	3	1	36	8	95	2	0	7	2	.778	0	10	2.80
1991	Chicago	NL	75	0	0	31	102.2	427	85	41	37	10	8	4	3	31	6	117	4	0	7	8	.467	0	15	3.24
1992	Chicago	NL	70	0	0	23	68	298	72	32	31	6	1	2	3	26	5	67	4	0	4	4	.500	0	8	4.10
1993	2 ML Teams		72	0	0	21	56	237	54	21	21	5	4	0	1	22	6	45	0	0	4	3	.571	0	0	3.38
1994	Chicago	AL	44	0	0	11	33	134	26	13	13	2	1	3	1	13	2	29	1	0	1	2	.333	0	1	3.55
1989	Atlanta	NL	49	0	0	14	57.2	247	55	26	23	2	7	2	1	16	7	64	3	1	1	3	.250	0	0	3.59

8

Year	Team	Lg	G	GS	CG	GF	IP	BFP	H	R	ER	HR	SH	SF	HB	TBB	IBB	SO	WP	Bk	W	L	Pct.	ShO	Sv	ERA
	Chicago	NL	14	0	0	3	19	84	19	11	11	1	2	1	0	12	1	15	0	0	2	1	.667	0	0	5.21
1993	Chicago	NL	46	0	0	15	38.2	166	44	15	15	5	0	0	0	13	3	34	0	0	2	1	.667	0	0	3.49
	New York	AL	26	0	0	6	17.1	71	10	6	6	0	4	0	1	9	3	11	0	0	2	2	.500			3.12
	9 ML YEARS		575	1	0	193	641.2	2720	592	269	245	53	50	18	12	238	54	598	23	4	42	34	.553	0	48	3.44

Pedro Astacio

Pitches: Right **Bats:** Right **Pos:** SP **Ht:** 6'2" **Wt:** 195 **Born:** 11/28/69 **Age:** 25

Year	Team	Lg	G	GS	CG	GF	IP	BFP	H	R	ER	HR	SH	SF	HB	TBB	IBB	SO	WP	Bk	W	L	Pct.	ShO	Sv	ERA
1992	Los Angeles	NL	11	11	4	0	82	341	80	23	18	1	3	2	2	20	4	43	1	0	5	5	.500	4	0	1.98
1993	Los Angeles	NL	31	31	3	0	186.1	777	165	80	74	14	7	8	5	68	5	122	8	9	14	9	.609	2	0	3.57
1994	Los Angeles	NL	23	23	3	0	149	625	142	77	71	18	6	5	4	47	4	108	4	0	6	8	.429	1	0	4.29
	3 ML YEARS		65	65	10	0	417.1	1743	387	180	163	33	16	15	11	135	13	273	13	9	25	22	.532	7	0	3.52

Joe Ausanio

Pitches: Right **Bats:** Right **Pos:** RP **Ht:** 6'1" **Wt:** 205 **Born:** 12/09/65 **Age:** 29

Year	Team	Lg	G	GS	CG	GF	IP	BFP	H	R	ER	HR	SH	SF	HB	TBB	IBB	SO	WP	Bk	W	L	Pct.	ShO	Sv	ERA
1988	Watertown	A	28	0	0	23	47.2	200	29	10	7	1	6	1	3	27	5	56	3	0	2	4	.333	0	13	1.32
1989	Salem	A	54	0	0	51	89	368	51	29	21	9	7	2	3	44	6	97	5	0	5	4	.556	0	20	2.12
1990	Harrisburg	AA	43	0	0	38	54	211	36	15	11	2	6	1	2	16	4	49	4	0	3	2	.600	0	15	1.83
1991	Carolina	AA	3	0	0	3	3	9	0	0	0	0	0	0	0	0	0	2	0	0	0	0	.000	0	2	0.00
	Buffalo	AAA	22	0	0	14	30.1	144	33	17	13	5	1	3	0	19	3	26	2	1	2	2	.500	0	3	3.86
1992	Buffalo	AAA	53	0	0	39	83.2	352	64	35	27	5	6	2	1	40	6	66	4	0	6	4	.600	0	15	2.90
1993	Expos	R	5	0	0	0	5	18	3	1	0	0	1	0	0	1	0	6	0	0	0	0	.000	0	0	0.00
	Harrisburg	AA	19	0	0	15	22.1	86	16	3	3	1	0	0	0	4	1	30	0	0	2	0	1.000	0	6	1.21
1994	Columbus	AAA	44	0	0	29	60.1	243	45	21	16	5	2	6	1	16	1	69	3	0	3	3	.500	0	13	2.39
1994	New York	AL	13	0	0	5	15.2	69	16	9	9	3	0	0	0	6	0	15	0	0	2	1	.667	0	0	5.17

Brad Ausmus

Bats: Right **Throws:** Right **Pos:** C **Ht:** 5'11" **Wt:** 190 **Born:** 04/14/69 **Age:** 26

							BATTING													BASERUNNING				PERCENTAGES		
Year	Team	Lg	G	AB	H	2B	3B	HR	(Hm	Rd)	TB	R	RBI	TBB	IBB	SO	HBP	SH	SF	SB	CS	SB%	GDP	Avg	OBP	SLG
1988	Oneonta	A	2	4	1	0	0	0	--	--	1	0	0	0	0	0	0	0	0	0	0	.00	0	.250	.250	.250
	Yankees	R	43	133	34	2	0	0	--	--	36	22	15	11	1	25	2	4	1	5	2	.71	4	.256	.320	.271
1989	Oneonta	A	52	165	43	6	0	1	--	--	52	29	18	22	0	28	0	2	0	6	4	.60	2	.261	.348	.315
1990	Pr William	A	107	364	86	12	2	0	--	--	102	46	27	32	0	73	3	3	0	2	8	.20	7	.236	.303	.280
1991	Pr William	A	63	230	70	14	3	2	--	--	96	28	30	24	3	37	0	1	3	17	6	.74	2	.304	.366	.417
	Albany	AA	67	229	61	9	2	1	--	--	77	36	29	27	1	36	1	3	0	14	3	.82	8	.266	.345	.336
1992	Albany	AA	5	18	3	0	1	0	--	--	5	0	1	2	0	3	0	0	0	2	1	.67	1	.167	.250	.278
	Columbus	AAA	111	364	88	14	3	2	--	--	114	48	35	40	0	56	1	3	2	19	5	.79	14	.242	.317	.313
1993	Colo Spgs	AAA	76	241	65	10	4	2	--	--	89	31	33	27	1	41	1	2	3	10	6	.63	6	.270	.342	.369
1993	San Diego	NL	49	160	41	8	1	5	(4	1)	66	18	12	6	0	28	0	0	0	2	0	1.00	2	.256	.283	.413
1994	San Diego	NL	101	327	82	12	1	7	(6	1)	117	45	24	30	12	63	1	6	2	5	1	.83	8	.251	.314	.358
	2 ML YEARS		150	487	123	20	2	12	(10	2)	183	63	36	36	12	91	1	6	2	7	1	.88	10	.253	.304	.376

Steve Avery

Pitches: Left **Bats:** Left **Pos:** SP **Ht:** 6'4" **Wt:** 205 **Born:** 04/14/70 **Age:** 25

Year	Team	Lg	G	GS	CG	GF	IP	BFP	H	R	ER	HR	SH	SF	HB	TBB	IBB	SO	WP	Bk	W	L	Pct.	ShO	Sv	ERA
1990	Atlanta	NL	21	20	1	1	99	466	121	79	62	7	14	4	2	45	2	75	5	1	3	11	.214	1	0	5.64
1991	Atlanta	NL	35	35	3	0	210.1	868	189	89	79	21	8	4	3	65	3	137	6	1	18	8	.692	1	0	3.38
1992	Atlanta	NL	35	35	2	0	233.2	969	216	95	83	14	12	8	0	71	3	129	7	3	11	11	.500	2	0	3.20
1993	Atlanta	NL	35	35	3	0	223.1	891	216	81	73	14	12	8	0	43	5	125	3	1	18	6	.750	1	0	2.94
1994	Atlanta	NL	24	24	1	0	151.2	628	127	71	68	15	4	6	4	55	4	122	5	2	8	3	.727	0	0	4.04
	5 ML YEARS		150	149	10	1	918	3822	869	415	365	71	50	30	9	279	14	588	24	8	58	39	.598	5	0	3.58

Bobby Ayala

Pitches: Right **Bats:** Right **Pos:** RP **Ht:** 6'3" **Wt:** 200 **Born:** 07/08/69 **Age:** 25

Year	Team	Lg	G	GS	CG	GF	IP	BFP	H	R	ER	HR	SH	SF	HB	TBB	IBB	SO	WP	Bk	W	L	Pct.	ShO	Sv	ERA
1992	Cincinnati	NL	5	5	0	0	29	127	33	15	14	1	2	0	1	13	2	23	0	0	2	1	.667	0	0	4.34
1993	Cincinnati	NL	43	9	0	8	98	450	106	72	61	16	9	2	7	45	4	65	5	0	7	10	.412	0	3	5.60
1994	Seattle	AL	46	0	0	40	56.2	236	42	25	18	2	1	2	0	26	0	76	2	0	4	3	.571	0	18	2.86
	3 ML YEARS		94	14	0	48	183.2	813	181	112	93	19	12	4	8	84	6	164	7	0	13	14	.481	0	21	4.56

Carlos Baerga

Bats: Both **Throws:** Right **Pos:** 2B **Ht:** 5'11" **Wt:** 200 **Born:** 11/04/68 **Age:** 26

							BATTING											BASERUNNING				PERCENTAGES		
Year	Team	Lg	G	AB	H	2B	3B	HR	(Hm | Rd)	TB	R	RBI	TBB	IBB	SO	HBP	SH	SF	SB	CS	SB%	GDP	Avg	OBP	SLG
1990	Cleveland	AL	108	312	81	17	2	7	(3 | 4)	123	46	47	16	2	57	4	1	5	0	2	.00	4	.260	.300	.394
1991	Cleveland	AL	158	593	171	28	2	11	(2 | 9)	236	80	69	48	5	74	6	4	3	3	2	.60	12	.288	.346	.398
1992	Cleveland	AL	161	657	205	32	1	20	(9 | 11)	299	92	105	35	10	76	13	2	9	10	2	.83	15	.312	.354	.455
1993	Cleveland	AL	154	624	200	28	6	21	(8 | 13)	303	105	114	34	7	68	6	3	13	15	4	.79	17	.321	.355	.486
1994	Cleveland	AL	103	442	139	32	2	19	(8 | 11)	232	81	80	10	1	45	6	3	8	8	2	.80	10	.314	.333	.525
	5 ML YEARS		684	2628	796	137	13	78	(30 | 48)	1193	404	415	143	25	320	35	13	38	36	12	.75	58	.303	.342	.454

Jeff Bagwell

Bats: Right **Throws:** Right **Pos:** 1B **Ht:** 6'0" **Wt:** 195 **Born:** 05/27/68 **Age:** 27

							BATTING											BASERUNNING				PERCENTAGES		
Year	Team	Lg	G	AB	H	2B	3B	HR	(Hm | Rd)	TB	R	RBI	TBB	IBB	SO	HBP	SH	SF	SB	CS	SB%	GDP	Avg	OBP	SLG
1991	Houston	NL	156	554	163	26	4	15	(6 | 9)	242	79	82	75	5	116	13	1	7	7	4	.64	12	.294	.387	.437
1992	Houston	NL	162	586	160	34	6	18	(8 | 10)	260	87	96	84	13	97	12	2	13	10	6	.63	7	.273	.368	.444
1993	Houston	NL	142	535	171	37	4	20	(9 | 11)	276	76	88	62	6	73	3	0	9	13	4	.76	20	.320	.388	.516
1994	Houston	NL	110	400	147	32	2	39	(23 | 16)	300	104	116	65	14	65	4	0	10	15	4	.79	12	.368	.451	.750
	4 ML YEARS		570	2075	641	129	16	92	(46 | 46)	1078	346	382	286	38	351	32	3	39	45	18	.71	61	.309	.394	.520

Cory Bailey

Pitches: Right **Bats:** Right **Pos:** RP **Ht:** 6'1" **Wt:** 210 **Born:** 01/24/71 **Age:** 24

			HOW MUCH HE PITCHED						WHAT HE GAVE UP										THE RESULTS					
Year	Team	Lg	G	GS	CG	GF	IP	BFP	H	R	ER	HR	SH	SF	HB	TBB	IBB	SO	WP	Bk	W	L	Pct.	ShO	Sv	ERA
1991	Red Sox	R	1	0	0	1	2	9	2	1	0	0	0	0	0	1	0	1	0	0	0	0	.000	0	1	0.00
	Elmira	A	28	0	0	25	39	151	19	10	8	2	1	0	3	12	0	54	2	0	2	4	.333	0	15	1.85
1992	Lynchburg	A	49	0	0	43	66.1	272	43	20	18	3	6	2	2	30	2	87	5	0	5	7	.417	0	23	2.44
1993	Pawtucket	AAA	52	0	0	40	65.2	264	48	21	21	1	2	2	1	31	3	59	5	1	4	5	.444	0	20	2.88
1994	Pawtucket	AAA	53	0	0	43	61.1	264	44	25	22	4	4	0	1	38	2	52	7	0	4	3	.571	0	19	3.23
1993	Boston	AL	11	0	0	5	15.2	66	12	7	6	0	1	1	0	12	3	11	2	1	0	1	.000	0	0	3.45
1994	Boston	AL	5	0	0	2	4.1	24	10	6	6	2	0	0	1	3	1	4	0	0	0	1	.000	0	0	12.46
	2 ML YEARS		16	0	0	7	20	90	22	13	12	2	1	1	1	15	4	15	2	1	0	2	.000	0	0	5.40

Harold Baines

Bats: Left **Throws:** Left **Pos:** DH **Ht:** 6'2" **Wt:** 195 **Born:** 03/15/59 **Age:** 36

							BATTING											BASERUNNING				PERCENTAGES		
Year	Team	Lg	G	AB	H	2B	3B	HR	(Hm	Rd)	TB	R	RBI	TBB	IBB	SO	HBP	SH	SF	SB	CS	SB%	GDP	Avg	OBP	SLG
1980	Chicago	AL	141	491	125	23	6	13	(3	10)	199	55	49	19	7	65	1	2	5	2	4	.33	15	.255	.281	.405
1981	Chicago	AL	82	280	80	11	7	10	(3	7)	135	42	41	12	4	41	2	0	2	6	2	.75	6	.286	.318	.482
1982	Chicago	AL	161	608	165	29	8	25	(11	14)	285	89	105	49	10	95	0	2	9	10	3	.77	12	.271	.321	.469
1983	Chicago	AL	156	596	167	33	2	20	(12	8)	264	76	99	49	13	85	1	3	6	7	5	.58	15	.280	.333	.443
1984	Chicago	AL	147	569	173	28	10	29	(16	13)	308	72	94	54	9	75	0	1	5	1	2	.33	12	.304	.361	.541
1985	Chicago	AL	160	640	198	29	3	22	(13	9)	299	86	113	42	8	89	1	0	10	1	1	.50	23	.309	.348	.467
1986	Chicago	AL	145	570	169	29	2	21	(8	13)	265	72	88	38	9	89	2	0	8	2	1	.67	14	.296	.338	.465
1987	Chicago	AL	132	505	148	26	4	20	(12	8)	242	59	93	46	2	82	1	0	2	0	0	.00	12	.293	.352	.479
1988	Chicago	AL	158	599	166	39	1	13	(5	8)	246	55	81	67	14	109	1	0	7	0	0	.00	21	.277	.347	.411
1989	2 ML Teams		146	505	156	29	1	16	(5	11)	235	73	72	73	13	79	1	0	4	0	3	.00	15	.309	.395	.465
1990	2 ML Teams		135	415	118	15	1	16	(9	7)	183	52	65	67	10	80	0	0	7	0	3	.00	17	.284	.378	.441
1991	Oakland	AL	141	488	144	25	1	20	(11	9)	231	76	90	72	22	67	1	0	5	0	1	.00	12	.295	.383	.473
1992	Oakland	AL	140	478	121	18	0	16	(10	6)	187	58	76	59	6	61	0	0	6	1	3	.25	11	.253	.331	.391
1993	Baltimore	AL	118	416	130	22	0	20	(12	8)	212	64	78	57	9	52	0	0	1	0	0	.00	14	.313	.390	.510
1994	Baltimore	AL	94	326	96	12	1	16	(11	5)	158	44	54	30	6	49	1	0	0	0	0	.00	9	.294	.356	.485
1989	Chicago	AL	96	333	107	20	1	13	(4	9)	168	55	56	60	13	52	1	0	3	0	1	.00	4	.321	.423	.505
	Texas	AL	50	172	49	9	0	3	(1	2)	67	18	16	13	0	27	0	0	1	0	2	.00	4	.285	.333	.390
1990	Texas	AL	103	321	93	10	1	13	(6	7)	144	41	44	47	9	63	0	0	3	0	1	.00	13	.290	.377	.449
	Oakland	AL	32	94	25	5	0	3			39	11	21	20	1	17	0	0	4	0	2	.00	4	.266	.381	.415
	15 ML YEARS		2056	7486	2156	368	47	277	(141	136)	3449	973	1198	734	142	1118	12	9	82	30	28	.52	208	.288	.349	.461

Jeff Ballard

Pitches: Left **Bats:** Left **Pos:** RP **Ht:** 6'0" **Wt:** 209 **Born:** 08/13/63 **Age:** 31

			HOW MUCH HE PITCHED						WHAT HE GAVE UP										THE RESULTS					
Year	Team	Lg	G	GS	CG	GF	IP	BFP	H	R	ER	HR	SH	SF	HB	TBB	IBB	SO	WP	Bk	W	L	Pct.	ShO	Sv	ERA
1994	Buffalo *	AAA	12	10	1	0	56	247	70	37	30	4	3	2	3	16	2	24	1	0	3	7	.300	0	0	4.82
1987	Baltimore	AL	14	14	0	0	69.2	327	100	60	51	15	0	1	0	35	1	27	0	1	2	8	.200	0	0	6.59
1988	Baltimore	AL	25	25	6	0	153.1	654	167	83	75	15	3	6	2	42	2	41	2	2	8	12	.400	1	0	4.40
1989	Baltimore	AL	35	35	4	0	215.1	912	240	95	82	16	10	5	4	57	5	62	3	0	18	8	.692	1	0	3.43
1990	Baltimore	AL	44	17	0	6	133.1	578	152	79	73	22	5	2	3	42	6	50	2	1	2	11	.154	0	0	4.93
1991	Baltimore	AL	26	22	0	1	123.2	540	153	91	77	16	1	2	3	28	2	37	3	1	6	12	.333	0	0	5.60

Year Team	Lg	G	GS	CG	GF	IP	BFP	H	R	ER	HR	SH	SF	HB	TBB	IBB	SO	WP	Bk	W	L	Pct.	ShO	Sv	ERA
1993 Pittsburgh	NL	25	5	0	4	53.2	234	70	31	29	3	5	1	2	15	3	16	2	0	4	1	.800	0	0	4.86
1994 Pittsburgh	NL	28	0	0	11	24.1	112	32	19	18	5	1	1	1	10	3	11	1	0	1	1	.500	0	2	6.66
7 ML YEARS		197	118	10	22	773.1	3357	914	458	405	92	25	16	18	229	22	244	13	5	41	53	.436	2	2	4.71

Scott Bankhead

Pitches: Right **Bats:** Right **Pos:** RP   **Ht:** 5'10" **Wt:** 185 **Born:** 07/31/63 **Age:** 31

		HOW MUCH HE PITCHED						WHAT HE GAVE UP												THE RESULTS					
Year Team	Lg	G	GS	CG	GF	IP	BFP	H	R	ER	HR	SH	SF	HB	TBB	IBB	SO	WP	Bk	W	L	Pct.	ShO	Sv	ERA
1994 Pawtucket *	AAA	4	2	0	0	5.1	28	10	7	7	1	1	0	1	1	0	3	0	0	0	1	.000	0	0	11.81
1986 Kansas City	AL	24	17	0	2	121	517	121	66	62	14	5	5	3	37	7	94	1	0	8	9	.471	0	0	4.61
1987 Seattle	AL	27	25	2	1	149.1	642	168	96	90	35	3	6	3	37	0	95	2	2	9	8	.529	0	0	5.42
1988 Seattle	AL	21	21	2	0	135	572	115	53	46	8	3	1	1	38	5	102	3	1	7	9	.438	1	0	3.07
1989 Seattle	AL	33	33	3	0	210.1	862	187	84	78	19	4	8	3	63	1	140	2	0	14	6	.700	2	0	3.34
1990 Seattle	AL	4	4	0	0	13	63	18	16	16	2	0	2	0	7	0	10	1	0	0	2	.000	0	0	11.08
1991 Seattle	AL	17	9	0	2	60.2	271	73	35	33	8	0	2	2	21	2	28	0	0	3	6	.333	0	0	4.90
1992 Cincinnati	NL	54	0	0	10	70.2	299	57	26	23	4	3	3	3	29	5	53	6	0	10	4	.714	0	1	2.93
1993 Boston	AL	40	0	0	4	64.1	272	59	28	25	7	3	4	0	29	3	47	1	0	2	1	.667	0	0	3.50
1994 Boston	AL	27	0	0	3	37.2	156	34	21	19	5	0	2	0	12	3	25	7	0	3	2	.600	0	0	4.54
9 ML YEARS		247	109	7	22	862	3639	832	425	392	102	21	33	15	273	26	594	23	3	56	47	.544	3	1	4.09

Willie Banks

Pitches: Right **Bats:** Right **Pos:** SP   **Ht:** 6'1" **Wt:** 195 **Born:** 02/27/69 **Age:** 26

		HOW MUCH HE PITCHED						WHAT HE GAVE UP												THE RESULTS					
Year Team	Lg	G	GS	CG	GF	IP	BFP	H	R	ER	HR	SH	SF	HB	TBB	IBB	SO	WP	Bk	W	L	Pct.	ShO	Sv	ERA
1991 Minnesota	AL	5	3	0	2	17.1	85	21	15	11	1	0	0	0	12	0	16	3	0	1	1	.500	0	0	5.71
1992 Minnesota	AL	16	12	0	2	71	324	80	46	45	6	2	5	2	37	0	37	5	1	4	4	.500	0	0	5.70
1993 Minnesota	AL	31	30	0	1	171.1	754	186	91	77	17	4	4	3	78	2	138	9	5	11	12	.478	0	0	4.04
1994 Chicago	NL	23	23	1	0	138.1	598	139	88	83	16	5	2	2	56	3	91	8	1	8	12	.400	1	0	5.40
4 ML YEARS		75	68	1	5	398	1761	426	240	216	40	11	11	7	183	5	282	25	7	24	29	.453	1	0	4.88

Bret Barberie

Bats: Both **Throws:** Right **Pos:** 2B   **Ht:** 5'11" **Wt:** 180 **Born:** 08/16/67 **Age:** 27

		BATTING														BASERUNNING				PERCENTAGES		
Year Team	Lg	G	AB	H	2B	3B	HR	(Hm | Rd)	TB	R	RBI	TBB	IBB	SO	HBP	SH	SF	SB	CS	SB%	GDP	Avg	OBP	SLG
1991 Montreal	NL	57	136	48	12	2	2	(2 | 0)	70	16	18	20	2	22	2	1	3	0	1	.00	4	.353	.435	.515
1992 Montreal	NL	111	285	66	11	0	1	(0 | 1)	80	26	24	47	3	62	8	1	2	9	5	.64	4	.232	.354	.281
1993 Florida	NL	99	375	104	16	2	5	(2 | 3)	139	45	33	33	2	58	7	5	3	2	4	.33	7	.277	.344	.371
1994 Florida	NL	107	372	112	20	2	5	(2 | 3)	151	40	31	23	3	65	9	2	0	2	0	1.00	4	.301	.356	.406
4 ML YEARS		374	1168	330	59	6	13	(6 | 7)	440	127	106	123	10	207	26	9	8	13	9	.59	19	.283	.362	.377

Brian Barnes

Pitches: Left **Bats:** Left **Pos:** RP   **Ht:** 5'9" **Wt:** 170 **Born:** 03/25/67 **Age:** 28

		HOW MUCH HE PITCHED						WHAT HE GAVE UP												THE RESULTS					
Year Team	Lg	G	GS	CG	GF	IP	BFP	H	R	ER	HR	SH	SF	HB	TBB	IBB	SO	WP	Bk	W	L	Pct.	ShO	Sv	ERA
1994 Charlotte *	AAA	13	0	0	2	18.1	80	17	10	8	2	0	0	1	8	2	23	1	0	0	1	.000	0	1	3.93
Albuquerque *	AAA	9	9	0	0	47	221	57	38	33	9	0	1	1	23	2	44	1	0	5	1	.833	0	0	6.32
1990 Montreal	NL	4	4	1	0	28	115	25	10	9	2	2	0	0	7	0	23	2	0	1	1	.500	0	0	2.89
1991 Montreal	NL	28	27	1	0	160	684	135	82	75	16	9	5	6	84	2	117	5	1	5	8	.385	0	0	4.22
1992 Montreal	NL	21	17	0	2	100	417	77	34	33	9	5	1	3	46	2	65	1	2	6	6	.500	0	0	2.97
1993 Montreal	NL	52	8	0	8	100	442	105	53	49	9	3	0	0	48	2	60	5	1	2	6	.250	0	3	4.41
1994 2 ML Teams		11	0	0	3	18.1	96	22	14	12	3	0	1	0	19	2	10	2	0	0	1	.000	0	0	5.89
1994 Cleveland	AL	6	0	0	2	13.1	67	12	10	8	2	0	1	0	15	2	5	0	0	0	1	.000	0	0	5.40
Los Angeles	NL	5	0	0	1	5	29	10	4	4	1	0	0	0	4	1	5	2	0	0	0	.000	0	0	7.20
5 ML YEARS		116	56	2	13	406.1	1754	364	193	178	39	24	10	9	204	8	275	15	4	14	22	.389	0	3	3.94

Skeeter Barnes

Bats: Right **Throws:** Right **Pos:** 1B   **Ht:** 5'9" **Wt:** 185 **Born:** 03/07/57 **Age:** 38

		BATTING														BASERUNNING				PERCENTAGES		
Year Team	Lg	G	AB	H	2B	3B	HR	(Hm	Rd)	TB	R	RBI	TBB	IBB	SO	HBP	SH	SF	SB	CS	SB%	GDP	Avg	OBP	SLG
1994 Toledo *	AAA	36	128	33	10	0	3	--	--	52	18	16	13	0	18	0	2	1	5	1	.83	2	.258	.324	.406
1983 Cincinnati	NL	15	34	7	0	0	1	(1	0)	10	5	4	7	0	3	2	2	0	2	2	.50	0	.206	.372	.294
1984 Cincinnati	NL	32	42	5	0	0	1	(1	0)	8	5	3	4	1	6	0	0	0	0	0	.00	0	.119	.196	.190
1985 Montreal	NL	19	26	4	1	0	0	(0	0)	5	0	0	0	0	2	0	0	0	0	1	.00	1	.154	.154	.192
1987 St. Louis	NL	4	4	1	0	0	1	(0	1)	4	1	3	0	0	0	0	0	0	0	0	.00	0	.250	.250	1.000
1989 Cincinnati	NL	5	3	0	0	0	0	(0	0)	0	1	0	0	0	0	0	0	0	1	0	.00	0	.000	.000	.000
1991 Detroit	AL	75	159	46	13	2	5	(1	4)	78	28	17	9	1	24	0	2	1	10	7	.59	1	.289	.325	.491
1992 Detroit	AL	95	165	45	8	1	3	(3	0)	64	27	25	10	1	18	2	2	2	3	1	.75	4	.273	.318	.388
1993 Detroit	AL	84	160	45	8	1	2	(2	0)	61	24	27	11	0	19	0	4	5	5	5	.50	2	.281	.318	.381

			G	AB	H	2B	3B	HR	(Hm	Rd)	TB	R	RBI	TBB	IBB	SO	HBP	SH	SF	SB	CS	SB%	GDP	Avg	OBP	SLG
1994	Detroit	AL	24	21	6	0	0	1	(0	1)	9	4	4	0	0	2	0	0	0	0	1	.00	1	.286	.286	.429
	9 ML YEARS		353	614	159	30	4	14	(8	6)	239	95	83	41	3	74	4	8	8	20	18	.53	10	.259	.306	.389

Kevin Bass

Bats: Both **Throws:** Right **Pos:** RF/LF **Ht:** 6' 0" **Wt:** 190 **Born:** 05/12/59 **Age:** 36

			BATTING																	BASERUNNING				PERCENTAGES		
Year	Team	Lg	G	AB	H	2B	3B	HR	(Hm	Rd)	TB	R	RBI	TBB	IBB	SO	HBP	SH	SF	SB	CS	SB%	GDP	Avg	OBP	SLG
1982	2 ML Teams		30	33	1	0	0	0	(0	0)	1	6	1	1	0	9	0	1	0	0	0	.00	1	.030	.059	.030
1983	Houston	NL	88	195	46	7	3	2	(2	0)	65	25	18	6	1	27	0	4	1	2	2	.50	2	.236	.257	.333
1984	Houston	NL	121	331	86	17	5	2	(1	1)	119	33	29	6	1	57	3	2	0	5	5	.50	2	.260	.279	.360
1985	Houston	NL	150	539	145	27	5	16	(9	7)	230	72	68	31	1	63	6	4	2	19	8	.70	10	.269	.315	.427
1986	Houston	NL	157	591	184	33	5	20	(5	15)	287	83	79	38	11	72	6	1	4	22	13	.63	15	.311	.357	.486
1987	Houston	NL	157	592	168	31	5	19	(10	9)	266	83	85	53	13	77	4	0	5	21	8	.72	15	.284	.344	.449
1988	Houston	NL	157	541	138	27	2	14	(5	9)	211	57	72	42	10	65	6	3	3	31	6	.84	16	.255	.314	.390
1989	Houston	NL	87	313	94	19	4	5	(2	3)	136	42	44	29	3	44	1	1	4	11	4	.73	2	.300	.357	.435
1990	San Francisco	NL	61	214	54	9	1	7	(3	4)	86	25	32	14	3	26	2	2	1	2	2	.50	5	.252	.303	.402
1991	San Francisco	NL	124	361	84	10	4	10	(5	5)	132	43	40	36	8	56	4	2	3	7	4	.64	12	.233	.307	.366
1992	2 ML Teams		135	402	108	23	5	9	(7	2)	168	40	39	23	3	70	1	1	3	14	9	.61	8	.269	.308	.418
1993	Houston	NL	111	229	65	18	0	3	(2	1)	92	31	37	26	3	31	1	2	0	7	1	.88	4	.284	.359	.402
1994	Houston	NL	82	203	63	15	1	6	(3	3)	98	37	35	28	6	24	1	1	2	2	3	.40	5	.310	.393	.483
1982	Milwaukee	AL	18	9	0	0	0	0	(0	0)	0	4	0	1	0	1	0	1	0	0	0	.00	0	.000	.100	.000
	Houston	NL	12	24	1	0	0	0	(0	0)	1	2	1	0	0	8	0	0	0	0	0	.00	1	.042	.042	.042
1992	San Francisco	NL	89	265	71	11	3	7	(5	2)	109	25	30	16	1	53	1	1	2	7	7	.50	6	.268	.310	.411
	New York	NL	46	137	37	12	2	2	(2	0)	59	15	9	7	2	17	0	0	1	7	2	.78	2	.270	.303	.431
	13 ML YEARS		1460	4544	1236	236	40	113	(54	59)	1891	577	579	333	63	621	35	24	28	143	65	.69	97	.272	.325	.416

Kim Batiste

Bats: Right **Throws:** Right **Pos:** 3B/SS **Ht:** 6' 0" **Wt:** 193 **Born:** 03/15/68 **Age:** 27

			BATTING																	BASERUNNING				PERCENTAGES		
Year	Team	Lg	G	AB	H	2B	3B	HR	(Hm	Rd)	TB	R	RBI	TBB	IBB	SO	HBP	SH	SF	SB	CS	SB%	GDP	Avg	OBP	SLG
1991	Philadelphia	NL	10	27	6	0	0	0	(0	0)	6	2	1	1	1	8	0	0	0	0	1	.00	0	.222	.250	.222
1992	Philadelphia	NL	44	136	28	4	0	1	(0	1)	35	9	10	4	1	18	0	2	3	0	0	.00	1	.206	.224	.257
1993	Philadelphia	NL	79	156	44	7	1	5	(1	4)	68	14	29	3	2	29	1	0	1	0	0	.00	3	.282	.298	.436
1994	Philadelphia	NL	64	209	49	6	0	1	(1	0)	58	17	13	1	0	32	1	1	2	1	1	.50	11	.234	.239	.278
	4 ML YEARS		197	528	127	17	1	7	(2	5)	167	42	53	9	4	87	2	3	6	1	3	.25	21	.241	.253	.316

Danny Bautista

Bats: Right **Throws:** Right **Pos:** RF/CF **Ht:** 5'11" **Wt:** 170 **Born:** 05/24/72 **Age:** 23

			BATTING																	BASERUNNING				PERCENTAGES		
Year	Team	Lg	G	AB	H	2B	3B	HR	(Hm	Rd)	TB	R	RBI	TBB	IBB	SO	HBP	SH	SF	SB	CS	SB%	GDP	Avg	OBP	SLG
1990	Bristol	R	27	95	26	3	0	2	--	--	35	9	11	8	1	21	0	1	0	2	3	.40	1	.274	.330	.368
1991	Fayettevlle	A	69	234	45	6	4	1	--	--	62	21	30	21	1	64	1	4	3	6	7	.46	8	.192	.259	.265
1992	Fayettevlle	A	121	453	122	22	0	5	--	--	159	59	52	29	0	76	5	4	2	18	20	.47	9	.269	.319	.351
1993	London	AA	117	424	121	21	1	6	--	--	162	55	48	32	1	69	2	4	6	28	12	.70	6	.285	.334	.382
1994	Toledo	AAA	27	98	25	7	0	2	--	--	38	7	14	6	0	23	0	0	0	2	3	.40	2	.255	.292	.388
1993	Detroit	AL	17	61	19	3	0	1	(0	1)	25	6	9	1	0	10	0	0	1	3	1	.75	1	.311	.317	.410
1994	Detroit	AL	31	99	23	4	1	4	(1	3)	41	12	15	3	0	18	0	0	0	1	2	.33	3	.232	.255	.414
	2 ML YEARS		48	160	42	7	1	5	(1	4)	66	18	24	4	0	28	0	0	1	4	3	.57	4	.263	.279	.413

Jose Bautista

Pitches: Right **Bats:** Right **Pos:** RP **Ht:** 6' 2" **Wt:** 205 **Born:** 07/26/64 **Age:** 30

			HOW MUCH HE PITCHED						WHAT HE GAVE UP											THE RESULTS					
Year	Team	Lg	G	GS	CG	GF	IP	BFP	H	R	ER	HR	SH	SF	HB	TBB	IBB	SO	WP	Bk	W	L	Pct.	ShO	Sv	ERA
1988	Baltimore	AL	33	25	3	5	171.2	721	171	86	82	21	2	3	7	45	3	76	4	5	6	15	.286	0	0	4.30
1989	Baltimore	AL	15	10	0	4	78	325	84	46	46	17	1	1	1	15	0	30	0	0	3	4	.429	0	0	5.31
1990	Baltimore	AL	22	0	0	9	26.2	112	28	15	12	4	1	1	0	7	3	15	2	0	1	0	1.000	0	0	4.05
1991	Baltimore	AL	5	0	0	3	5.1	34	13	10	10	1	0	0	1	5	0	3	1	0	0	1	.000	0	0	16.88
1993	Chicago	NL	58	7	1	14	111.2	459	105	38	35	11	4	3	5	27	3	63	4	1	10	3	.769	0	2	2.82
1994	Chicago	NL	58	0	0	24	69.1	293	75	30	30	10	5	4	3	17	7	45	2	1	4	5	.444	0	1	3.89
	6 ML YEARS		191	42	4	59	462.2	1944	476	225	215	64	13	12	17	116	16	232	13	7	24	28	.462	0	3	4.18

Billy Bean

Bats: Left **Throws:** Left **Pos:** LF/1B/RF **Ht:** 6' 0" **Wt:** 190 **Born:** 05/11/64 **Age:** 31

				BATTING													BASERUNNING				PERCENTAGES		
Year	Team	Lg	G	AB	H	2B	3B	HR	(Hm | Rd)	TB	R	RBI	TBB	IBB	SO	HBP	SH	SF	SB	CS	SB%	GDP	Avg	OBP	SLG
1987	Detroit	AL	26	66	17	2	0	0	(0 | 0)	19	6	4	5	0	11	0	0	0	1	1	.50	1	.258	.310	.288
1988	Detroit	AL	10	11	2	0	1	0	(0 | 0)	4	2	0	0	0	2	1	0	1	0	0	.00	0	.182	.182	.364
1989	2 ML Teams		60	82	14	4	0	0	(0 | 0)	18	7	3	6	0	13	2	0	0	0	2	.00	0	.171	.244	.220
1993	San Diego	NL	88	177	46	9	0	5	(4 | 1)	70	19	32	6	1	29	2	2	5	2	4	.33	4	.260	.284	.395
1994	San Diego	NL	84	135	29	5	1	0	(0 | 0)	36	7	14	7	1	25	0	1	3	0	1	.00	4	.215	.248	.267
1989	Detroit	AL	9	11	0	0	0	0	(0 | 0)	0	0	0	2	0	3	1	0	0	0	0	.00	0	.000	.214	.000
	Los Angeles	NL	51	71	14	4	0	0	(0 | 0)	18	7	3	4	0	10	1	0	0	0	2	.00	0	.197	.250	.254
	5 ML YEARS		268	471	108	20	2	5	(4 | 1)	147	41	53	24	2	80	4	4	8	3	8	.27	9	.229	.268	.312

Rod Beck

Pitches: Right **Bats:** Right **Pos:** RP **Ht:** 6' 1" **Wt:** 236 **Born:** 08/03/68 **Age:** 26

			HOW MUCH HE PITCHED						WHAT HE GAVE UP										THE RESULTS					
Year	Team	Lg	G	GS	CG	GF	IP	BFP	H	R	ER	HR	SH	SF	HB	TBB	IBB	SO	WP	Bk	W	L	Pct.	ShO	Sv	ERA
1991	San Francisco	NL	31	0	0	10	52.1	214	53	22	22	4	4	2	1	13	2	38	0	0	1	1	.500	0	1	3.78
1992	San Francisco	NL	65	0	0	42	92	352	62	20	18	4	6	2	2	15	2	87	5	2	3	3	.500	0	17	1.76
1993	San Francisco	NL	76	0	0	71	79.1	309	57	20	19	11	6	3	3	13	4	86	4	0	3	1	.750	0	48	2.16
1994	San Francisco	NL	48	0	0	47	48.2	207	49	17	15	10	3	3	0	13	2	39	0	0	2	4	.333	0	28	2.77
	4 ML YEARS		220	0	0	170	272.1	1082	221	79	74	29	19	10	6	54	10	250	9	2	9	9	.500	0	94	2.45

Rich Becker

Bats: Both **Throws:** Left **Pos:** CF **Ht:** 5'10" **Wt:** 180 **Born:** 02/01/72 **Age:** 23

				BATTING													BASERUNNING				PERCENTAGES		
Year	Team	Lg	G	AB	H	2B	3B	HR	(Hm	Rd)	TB	R	RBI	TBB	IBB	SO	HBP	SH	SF	SB	CS	SB%	GDP	Avg	OBP	SLG
1990	Elizabethtn	R	56	194	56	5	1	6	--	--	81	54	24	53	0	54	3	5	0	16	2	.89	3	.289	.448	.418
1991	Kenosha	A	130	494	132	38	3	13	--	--	215	100	53	72	3	108	2	1	4	19	4	.83	3	.267	.360	.435
1992	Visalia	A	136	506	160	37	2	15	--	--	246	118	82	114	2	122	4	1	6	29	13	.69	5	.316	.441	.486
1993	Nashville	AA	138	516	148	25	7	15	--	--	232	93	66	94	5	117	3	2	3	29	7	.81	10	.287	.398	.450
1994	Salt Lake	AAA	71	282	89	21	3	2	--	--	122	64	38	40	0	56	0	2	0	7	1	.88	9	.316	.401	.433
1993	Minnesota	AL	3	7	2	2	0	0	(0	0)	4	3	0	5	0	4	0	0	0	1	1	.50	0	.286	.583	.571
1994	Minnesota	AL	28	98	26	3	0	1	(1	0)	32	12	8	13	0	25	0	1	0	6	1	.86	2	.265	.351	.327
	2 ML YEARS		31	105	28	5	0	1	(1	0)	36	15	8	18	0	29	0	1	0	7	2	.78	2	.267	.374	.343

Steve Bedrosian

Pitches: Right **Bats:** Right **Pos:** RP **Ht:** 6' 3" **Wt:** 205 **Born:** 12/06/57 **Age:** 37

			HOW MUCH HE PITCHED						WHAT HE GAVE UP										THE RESULTS					
Year	Team	Lg	G	GS	CG	GF	IP	BFP	H	R	ER	HR	SH	SF	HB	TBB	IBB	SO	WP	Bk	W	L	Pct.	ShO	Sv	ERA
1981	Atlanta	NL	15	1	0	5	24	106	15	14	12	2	0	1	1	15	2	9	0	0	1	2	.333	0	0	4.50
1982	Atlanta	NL	64	3	0	30	137.2	567	102	39	37	7	9	2	4	57	5	123	0	0	8	6	.571	0	11	2.42
1983	Atlanta	NL	70	1	0	52	120	504	100	50	48	11	8	4	4	51	8	114	2	0	9	10	.474	0	19	3.60
1984	Atlanta	NL	40	4	0	28	83.2	345	65	23	22	5	1	1	1	33	5	81	4	0	9	6	.600	0	11	2.37
1985	Atlanta	NL	37	37	0	0	206.2	907	198	101	88	17	6	7	5	111	6	134	6	0	7	15	.318	0	0	3.83
1986	Philadelphia	NL	68	0	0	56	90.1	381	79	39	34	12	3	3	0	34	10	82	5	2	8	6	.571	0	29	3.39
1987	Philadelphia	NL	65	0	0	56	89	366	79	31	28	11	2	1	1	28	5	74	3	1	5	3	.625	0	40	2.83
1988	Philadelphia	NL	57	0	0	49	74.1	322	75	34	31	6	0	3	0	27	5	61	0	0	6	6	.500	0	28	3.75
1989	2 ML Teams		68	0	0	60	84.2	342	56	31	27	12	1	4	1	39	5	58	2	0	3	7	.300	0	23	2.87
1990	San Francisco	NL	68	0	0	53	79.1	349	72	40	37	6	3	1	2	44	9	43	3	0	9	9	.500	0	17	4.20
1991	Minnesota	AL	56	0	0	22	77.1	332	70	42	38	11	2	4	3	35	6	44	2	0	5	3	.625	0	6	4.42
1993	Atlanta	NL	49	0	0	12	49.2	198	34	11	9	4	3	4	2	14	2	33	5	1	5	2	.714	0	0	1.63
1994	Atlanta	NL	46	0	0	9	46	196	41	20	17	4	5	2	2	18	5	43	1	0	0	2	.000	0	0	3.33
1989	Philadelphia	NL	28	0	0	27	33.2	135	21	13	12	7	0	2	1	17	1	24	0	0	2	3	.400	0	6	3.21
	San Francisco	NL	40	0	0	33	51	207	35	18	15	5	1	2	0	22	4	34	2	0	1	4	.200	0	17	2.65
	13 ML YEARS		703	46	0	432	1162.2	4915	986	475	428	108	43	37	26	506	73	899	33	4	75	77	.493	0	184	3.31

Tim Belcher

Pitches: Right **Bats:** Right **Pos:** SP **Ht:** 6' 3" **Wt:** 220 **Born:** 10/19/61 **Age:** 33

			HOW MUCH HE PITCHED						WHAT HE GAVE UP										THE RESULTS					
Year	Team	Lg	G	GS	CG	GF	IP	BFP	H	R	ER	HR	SH	SF	HB	TBB	IBB	SO	WP	Bk	W	L	Pct.	ShO	Sv	ERA
1987	Los Angeles	NL	6	5	0	1	34	135	30	11	9	2	2	1	0	7	0	23	0	0	4	2	.667	0	0	2.38
1988	Los Angeles	NL	36	27	4	5	179.2	719	143	65	58	8	6	1	2	51	7	152	4	0	12	6	.667	1	4	2.91
1989	Los Angeles	NL	39	30	10	6	230	937	182	81	72	20	6	6	7	80	5	200	7	2	15	12	.556	8	1	2.82
1990	Los Angeles	NL	24	24	5	0	153	627	136	76	68	17	5	6	2	48	0	102	6	1	9	9	.500	2	0	4.00
1991	Los Angeles	NL	33	33	2	0	209.1	880	189	76	61	10	11	3	2	75	3	156	7	0	10	9	.526	1	0	2.62
1992	Cincinnati	NL	35	34	2	1	227.2	949	201	104	99	17	12	11	3	80	2	149	3	1	15	14	.517	1	0	3.91
1993	2 ML Teams		34	33	5	0	208.2	886	198	108	103	19	8	4	8	74	4	135	6	0	12	11	.522	3	0	4.44

13

Year	Team	Lg	G	GS	CG	GF	IP	BFP	H	R	ER	HR	SH	SF	HB	TBB	IBB	SO	WP	Bk	W	L	Pct.	ShO	Sv	ERA
1994	Detroit	AL	25	25	3	0	162	750	192	124	106	21	3	3	4	78	10	76	6	1	7	15	.318	0	0	5.89
1993	Cincinnati	NL	22	22	4	0	137	590	134	72	68	11	6	3	7	47	4	101	6	0	9	6	.600	2	0	4.47
	Chicago	AL	12	11	1	0	71.2	296	64	36	35	8	2	1	1	27	0	34	0	0	3	5	.375	1	0	4.40
	8 ML YEARS		232	211	31	13	1404.1	5883	1271	645	576	114	53	35	28	493	31	993	39	6	84	78	.519	16	5	3.69

Stan Belinda

Pitches: Right **Bats:** Right **Pos:** RP **Ht:** 6' 3" **Wt:** 215 **Born:** 08/06/66 **Age:** 28

Year	Team	Lg	G	GS	CG	GF	IP	BFP	H	R	ER	HR	SH	SF	HB	TBB	IBB	SO	WP	Bk	W	L	Pct.	ShO	Sv	ERA
1989	Pittsburgh	NL	8	0	0	2	10.1	46	13	8	7	0	0	0	0	2	0	10	1	0	0	1	.000	0	0	6.10
1990	Pittsburgh	NL	55	0	0	17	58.1	245	48	23	23	4	2	2	1	29	3	55	1	0	3	4	.429	0	8	3.55
1991	Pittsburgh	NL	60	0	0	37	78.1	318	50	30	30	10	4	3	4	35	4	71	2	0	7	5	.583	0	16	3.45
1992	Pittsburgh	NL	59	0	0	42	71.1	299	58	26	25	8	4	6	0	29	5	57	1	0	6	4	.600	0	18	3.15
1993	2 ML Teams		63	0	0	44	69.2	287	65	31	30	6	3	2	2	17	4	55	2	0	4	2	.667	0	19	3.88
1994	Kansas City	AL	37	0	0	10	49	220	47	36	28	6	0	3	5	24	3	37	1	0	2	2	.500	0	1	5.14
1993	Pittsburgh	NL	40	0	0	37	42.1	171	35	18	17	4	1	2	1	11	4	30	0	0	3	1	.750	0	19	3.61
	Kansas City	AL	23	0	0	7	27.1	116	30	13	13	2	2	0	1	6	0	25	2	0	1	1	.500	0	0	4.28
	6 ML YEARS		282	0	0	152	337	1415	281	154	143	34	13	16	12	136	19	285	8	0	22	18	.550	0	62	3.82

Derek Bell

Bats: Right **Throws:** Right **Pos:** CF **Ht:** 6' 2" **Wt:** 215 **Born:** 12/11/68 **Age:** 26

Year	Team	Lg	G	AB	H	2B	3B	HR	(Hm	Rd)	TB	R	RBI	TBB	IBB	SO	HBP	SH	SF	SB	CS	SB%	GDP	Avg	OBP	SLG
1991	Toronto	AL	18	28	4	0	0	0	(0	0)	4	5	1	6	0	5	1	0	0	3	2	.60	0	.143	.314	.143
1992	Toronto	AL	61	161	39	6	3	2	(2	0)	57	23	15	15	1	34	5	2	1	7	2	.78	6	.242	.324	.354
1993	San Diego	NL	150	542	142	19	1	21	(12	9)	226	73	72	23	5	122	12	0	8	26	5	.84	7	.262	.303	.417
1994	San Diego	NL	108	434	135	20	0	14	(8	6)	197	54	54	29	5	88	1	0	2	24	8	.75	14	.311	.354	.454
	4 ML YEARS		337	1165	320	45	4	37	(22	15)	484	155	142	73	11	249	19	2	11	60	17	.78	27	.275	.325	.415

Jay Bell

Bats: Right **Throws:** Right **Pos:** SS **Ht:** 6' 0" **Wt:** 185 **Born:** 12/11/65 **Age:** 29

Year	Team	Lg	G	AB	H	2B	3B	HR	(Hm	Rd)	TB	R	RBI	TBB	IBB	SO	HBP	SH	SF	SB	CS	SB%	GDP	Avg	OBP	SLG
1986	Cleveland	AL	5	14	5	2	0	1	(0	1)	10	3	4	2	0	3	0	0	0	0	0	.00	0	.357	.438	.714
1987	Cleveland	AL	38	125	27	9	1	2	(1	1)	44	14	13	8	0	31	1	3	0	2	0	1.00	0	.216	.269	.352
1988	Cleveland	AL	73	211	46	5	1	2	(2	0)	59	23	21	21	0	53	1	1	2	4	2	.67	3	.218	.289	.280
1989	Pittsburgh	NL	78	271	70	13	3	2	(1	1)	95	33	27	19	0	47	1	10	2	5	3	.63	9	.258	.307	.351
1990	Pittsburgh	NL	159	583	148	28	7	7	(1	6)	211	93	52	65	0	109	3	39	6	10	6	.63	14	.254	.329	.362
1991	Pittsburgh	NL	157	608	164	32	8	16	(7	9)	260	96	67	52	1	99	4	30	3	10	6	.63	15	.270	.330	.428
1992	Pittsburgh	NL	159	632	167	36	6	9	(5	4)	242	87	55	55	0	103	4	19	2	7	5	.58	12	.264	.326	.383
1993	Pittsburgh	NL	154	604	187	32	9	9	(3	6)	264	102	51	77	6	122	6	13	1	16	10	.62	16	.310	.392	.437
1994	Pittsburgh	NL	110	424	117	35	4	9	(3	6)	187	68	45	49	1	82	3	8	3	2	0	1.00	15	.276	.353	.441
	9 ML YEARS		933	3472	931	192	39	57	(23	34)	1372	519	335	348	8	649	23	123	19	56	32	.64	84	.268	.337	.395

Juan Bell

Bats: Both **Throws:** Right **Pos:** 2B **Ht:** 5'11" **Wt:** 170 **Born:** 03/29/68 **Age:** 27

Year	Team	Lg	G	AB	H	2B	3B	HR	(Hm	Rd)	TB	R	RBI	TBB	IBB	SO	HBP	SH	SF	SB	CS	SB%	GDP	Avg	OBP	SLG
1994	W. Palm Bch *	A	5	20	4	1	0	1	--	--	8	1	3	3	0	2	0	0	0	0	0	.00	0	.200	.304	.400
	Harrisburg *	AA	11	45	13	4	2	0	--	--	21	7	6	9	0	6	0	1	0	1	1	.50	0	.289	.407	.467
	Ottawa *	AAA	7	24	6	1	0	0	--	--	7	5	1	4	0	6	0	2	0	1	2	.33	0	.250	.357	.292
1989	Baltimore	AL	8	4	0	0	0	0	(0	0)	0	2	0	0	0	1	0	0	0	1	0	1.00	0	.000	.000	.000
1990	Baltimore	AL	5	2	0	0	0	0	(0	0)	0	1	0	0	0	0	0	0	0	0	0	.00	0	.000	.000	.000
1991	Baltimore	AL	100	209	36	9	2	1	(0	1)	52	26	15	8	0	51	0	4	2	0	0	.00	1	.172	.201	.249
1992	Philadelphia	NL	46	147	30	3	1	1	(1	0)	38	12	8	18	5	29	1	0	2	5	0	1.00	1	.204	.292	.259
1993	2 ML Teams		115	351	80	12	3	5	(2	3)	113	47	36	41	0	76	2	5	1	6	7	.46	4	.228	.311	.322
1994	Montreal	NL	38	97	27	4	0	2	(0	2)	37	12	10	15	0	21	0	1	1	4	0	1.00	1	.278	.372	.381
1993	Philadelphia	NL	24	65	13	6	1	0	(0	0)	21	5	7	5	0	12	1	2	0	0	1	.00	0	.200	.268	.323
	Milwaukee	AL	91	286	67	6	2	5	(2	3)	92	42	29	36	0	64	1	3	1	6	6	.50	4	.234	.321	.322
	6 ML YEARS		312	810	173	28	6	9	(3	6)	240	100	69	82	5	179	3	10	6	16	7	.70	7	.214	.286	.296

Albert Belle

Bats: Right **Throws:** Right **Pos:** LF **Ht:** 6' 2" **Wt:** 210 **Born:** 08/25/66 **Age:** 28

Year	Team	Lg	G	AB	H	2B	3B	HR	(Hm	Rd)	TB	R	RBI	TBB	IBB	SO	HBP	SH	SF	SB	CS	SB%	GDP	Avg	OBP	SLG
1989	Cleveland	AL	62	218	49	8	4	7	(3	4)	86	22	37	12	0	55	2	0	2	2	2	.50	4	.225	.269	.394
1990	Cleveland	AL	9	23	4	0	0	1	(1	0)	7	1	3	1	0	6	0	1	0	0	0	.00	1	.174	.208	.304
1991	Cleveland	AL	123	461	130	31	2	28	(8	20)	249	60	95	25	2	99	5	0	5	3	1	.75	24	.282	.323	.540
1992	Cleveland	AL	153	585	152	23	1	34	(15	19)	279	81	112	52	5	128	4	1	8	8	2	.80	18	.260	.320	.477
1993	Cleveland	AL	159	594	172	36	3	38	(20	18)	328	93	**129**	76	13	96	8	1	14	23	12	.66	18	.290	.370	.552
1994	Cleveland	AL	106	412	147	35	2	36	(21	15)	**294**	90	101	58	9	71	5	1	4	9	6	.60	5	.357	.438	.714
6 ML YEARS			612	2293	654	133	12	144	(68	76)	1243	347	477	224	29	455	24	4	33	45	23	.66	70	.285	.350	.542

Rafael Belliard

Bats: Right **Throws:** Right **Pos:** SS/2B **Ht:** 5' 6" **Wt:** 160 **Born:** 10/24/61 **Age:** 33

Year	Team	Lg	G	AB	H	2B	3B	HR	(Hm	Rd)	TB	R	RBI	TBB	IBB	SO	HBP	SH	SF	SB	CS	SB%	GDP	Avg	OBP	SLG
1982	Pittsburgh	NL	9	2	1	0	0	0	(0	0)	1	3	0	0	0	0	0	0	0	1	0	1.00	0	.500	.500	.500
1983	Pittsburgh	NL	4	1	0	0	0	0	(0	0)	0	1	0	0	0	1	0	0	0	0	0	.00	0	.000	.000	.000
1984	Pittsburgh	NL	20	22	5	0	0	0	(0	0)	5	3	0	0	0	1	0	0	0	4	1	.80	0	.227	.227	.227
1985	Pittsburgh	NL	17	20	4	0	0	0	(0	0)	4	1	1	0	0	5	0	0	0	0	0	.00	0	.200	.200	.200
1986	Pittsburgh	NL	117	309	72	5	2	0	(0	0)	81	33	31	26	6	54	3	11	1	12	2	.86	8	.233	.298	.262
1987	Pittsburgh	NL	81	203	42	4	3	1	(0	1)	55	26	15	20	6	25	3	2	1	5	1	.83	4	.207	.286	.271
1988	Pittsburgh	NL	122	286	61	0	4	0	(0	0)	69	28	11	26	3	47	4	5	0	7	1	.88	10	.213	.288	.241
1989	Pittsburgh	NL	67	154	33	4	0	0	(0	0)	37	10	8	8	2	22	0	3	0	5	2	.71	1	.214	.253	.240
1990	Pittsburgh	NL	47	54	11	3	0	0	(0	0)	14	10	6	5	0	13	1	1	0	1	2	.33	2	.204	.283	.259
1991	Atlanta	NL	149	353	88	9	2	0	(0	0)	101	36	27	22	2	63	2	7	1	3	1	.75	4	.249	.296	.286
1992	Atlanta	NL	144	285	60	6	1	0	(0	0)	68	20	14	14	4	43	3	13	0	0	1	.00	6	.211	.255	.239
1993	Atlanta	NL	91	79	18	5	0	0	(0	0)	23	6	6	4	0	13	3	3	0	0	0	.00	1	.228	.291	.291
1994	Atlanta	NL	46	120	29	7	1	0	(0	0)	38	9	9	2	1	29	2	2	1	0	2	.00	4	.242	.264	.317
13 ML YEARS			914	1888	424	43	13	1	(0	1)	496	186	128	127	24	316	21	47	4	38	13	.75	40	.225	.280	.263

Esteban Beltre

Bats: Right **Throws:** Right **Pos:** SS **Ht:** 5'10" **Wt:** 155 **Born:** 12/26/67 **Age:** 27

Year	Team	Lg	G	AB	H	2B	3B	HR	(Hm	Rd)	TB	R	RBI	TBB	IBB	SO	HBP	SH	SF	SB	CS	SB%	GDP	Avg	OBP	SLG
1991	Chicago	AL	8	6	1	0	0	0	(0	0)	1	0	0	1	0	1	0	0	0	1	0	1.00	0	.167	.286	.167
1992	Chicago	AL	49	110	21	2	0	1	(1	0)	26	21	10	3	0	18	0	2	1	1	0	1.00	3	.191	.211	.236
1994	Texas	AL	48	131	37	5	0	0	(0	0)	42	12	12	16	0	25	0	5	1	2	5	.29	3	.282	.358	.321
3 ML YEARS			105	247	59	7	0	1	(1	0)	69	33	22	20	0	44	0	7	2	4	5	.44	6	.239	.294	.279

Freddie Benavides

Bats: Right **Throws:** Right **Pos:** 2B **Ht:** 6' 2" **Wt:** 185 **Born:** 04/07/66 **Age:** 29

Year	Team	Lg	G	AB	H	2B	3B	HR	(Hm	Rd)	TB	R	RBI	TBB	IBB	SO	HBP	SH	SF	SB	CS	SB%	GDP	Avg	OBP	SLG
1991	Cincinnati	NL	24	63	18	1	0	0	(0	0)	19	11	3	1	1	15	1	1	1	1	0	1.00	1	.286	.303	.302
1992	Cincinnati	NL	74	173	40	10	1	1	(1	0)	55	14	17	10	4	34	1	2	0	0	1	.00	3	.231	.277	.318
1993	Colorado	NL	74	213	61	10	3	3	(3	0)	86	20	26	6	1	27	0	3	1	3	2	.60	4	.286	.305	.404
1994	Montreal	NL	47	85	16	5	1	0	(0	0)	23	8	6	3	1	15	1	0	1	0	0	.00	2	.188	.222	.271
4 ML YEARS			219	534	135	26	5	4	(4	0)	183	53	52	20	7	91	3	6	3	4	3	.57	10	.253	.282	.343

Andy Benes

Pitches: Right **Bats:** Right **Pos:** SP **Ht:** 6' 6" **Wt:** 240 **Born:** 08/20/67 **Age:** 27

Year	Team	Lg	G	GS	CG	GF	IP	BFP	H	R	ER	HR	SH	SF	HB	TBB	IBB	SO	WP	Bk	W	L	Pct.	ShO	Sv	ERA
1989	San Diego	NL	10	10	0	0	66.2	280	51	28	26	7	6	2	1	31	0	66	0	0	6	3	.667	0	0	3.51
1990	San Diego	NL	32	31	2	1	192.1	811	177	87	77	18	5	6	1	69	5	140	2	**5**	10	11	.476	0	0	3.60
1991	San Diego	NL	33	33	4	0	223	908	194	76	75	23	5	4	4	59	7	167	3	4	15	11	.577	1	0	3.03
1992	San Diego	NL	34	34	2	0	231.1	961	**230**	90	86	14	19	6	5	61	6	169	1	1	13	14	.481	2	0	3.35
1993	San Diego	NL	34	34	4	0	230.2	968	200	111	97	23	10	6	4	86	7	179	14	2	15	15	.500	2	0	3.78
1994	San Diego	NL	25	25	2	0	172.1	717	155	82	74	20	11	1	1	51	2	**189**	4	0	6	14	.300	0	0	3.86
6 ML YEARS			168	167	14	1	1116.1	4645	1007	474	435	105	56	25	16	357	27	910	24	15	65	68	.489	7	0	3.51

Armando Benitez

Pitches: Right Bats: Right Pos: RP Ht: 6' 4" Wt: 220 Born: 11/03/72 Age: 22

		HOW MUCH HE PITCHED					WHAT HE GAVE UP										THE RESULTS				
Year	Team	Lg	G	GS	CG	GF	IP	BFP	H	R	ER	HR	SH	SF	HB	TBB	IBB	SO	WP	Bk	W	L	Pct.	ShO	Sv	ERA
1991	Orioles	R	14	3	0	6	36.1	157	35	16	11	2	2	0	4	11	0	33	2	0	3	2	.600	0	0	2.72
1992	Bluefield	R	25	0	0	18	31.1	157	35	31	15	1	1	3	3	23	0	37	7	0	1	2	.333	0	5	4.31
1993	Albany	A	40	0	0	34	53.1	209	31	10	9	2	3	1	2	19	0	83	6	0	5	1	.833	0	14	1.52
	Frederick	A	12	0	0	10	13.2	52	7	1	1	0	1	0	0	4	0	29	1	0	3	0	1.000	0	4	0.66
1994	Bowie	AA	53	0	0	36	71.2	298	41	29	25	6	0	1	2	39	0	106	3	0	8	4	.667	0	16	3.14
1994	Baltimore	AL	3	0	0	1	10	42	8	1	1	0	0	0	1	4	0	14	0	0	0	0	.000	0	0	0.90

Mike Benjamin

Bats: Right Throws: Right Pos: SS Ht: 6' 0" Wt: 169 Born: 11/22/65 Age: 29

					BATTING													BASERUNNING				PERCENTAGES		
Year	Team	Lg	G	AB	H	2B	3B	HR	(Hm | Rd)	TB	R	RBI	TBB	IBB	SO	HBP	SH	SF	SB	CS	SB%	GDP	Avg	OBP	SLG
1989	San Francisco	NL	14	6	1	0	0	0	(0 | 0)	1	6	0	0	0	1	0	0	0	0	0	.00	0	.167	.167	.167
1990	San Francisco	NL	22	56	12	3	1	2	(2 | 0)	23	7	3	3	1	10	0	0	0	1	0	1.00	2	.214	.254	.411
1991	San Francisco	NL	54	106	13	3	0	2	(0 | 2)	22	12	8	7	2	26	2	3	2	3	0	1.00	1	.123	.183	.208
1992	San Francisco	NL	40	75	13	2	1	1	(0 | 1)	20	4	3	4	1	15	0	3	0	1	0	1.00	1	.173	.215	.267
1993	San Francisco	NL	63	146	29	7	0	4	(3 | 1)	48	22	16	9	2	23	4	6	0	0	0	.00	3	.199	.264	.329
1994	San Francisco	NL	38	62	16	5	1	1	(1 | 0)	26	9	9	5	1	16	3	5	0	5	0	1.00	1	.258	.343	.419
	6 ML YEARS		231	451	84	20	3	10	(6 | 4)	140	60	39	28	7	91	9	17	2	10	0	1.00	8	.186	.247	.310

Todd Benzinger

Bats: Both Throws: Right Pos: 1B Ht: 6' 1" Wt: 195 Born: 02/11/63 Age: 32

					BATTING													BASERUNNING				PERCENTAGES		
Year	Team	Lg	G	AB	H	2B	3B	HR	(Hm | Rd)	TB	R	RBI	TBB	IBB	SO	HBP	SH	SF	SB	CS	SB%	GDP	Avg	OBP	SLG
1987	Boston	AL	73	223	62	11	1	8	(5 | 3)	99	36	43	22	3	41	2	3	3	5	4	.56	5	.278	.344	.444
1988	Boston	AL	120	405	103	28	1	13	(6 | 7)	172	47	70	22	4	80	1	6	2	2	3	.40	2	.254	.293	.425
1989	Cincinnati	NL	161	628	154	28	3	17	(6 | 11)	239	79	76	44	13	120	2	4	8	3	7	.30	5	.245	.293	.381
1990	Cincinnati	NL	118	376	95	14	2	5	(4 | 1)	128	35	46	19	4	69	4	2	7	3	4	.43	3	.253	.291	.340
1991	2 ML Teams		129	416	109	18	5	3	(2 | 1)	146	36	51	27	4	66	3	2	1	4	6	.40	7	.262	.310	.351
1992	Los Angeles	NL	121	293	70	16	2	4	(1 | 3)	102	24	31	15	1	54	0	0	5	2	4	.33	2	.239	.272	.348
1993	San Francisco	NL	86	177	51	7	2	6	(0 | 6)	80	25	26	13	1	35	0	1	3	0	0	.00	2	.288	.332	.452
1994	San Francisco	NL	107	328	87	13	2	9	(5 | 4)	131	32	31	17	4	84	2	3	2	2	1	.67	3	.265	.304	.399
1991	Cincinnati	NL	51	123	23	3	2	1	(1 | 0)	33	7	11	10	2	20	0	1	2	2	0	1.00	2	.187	.244	.268
	Kansas City	AL	78	293	86	15	3	2	(1 | 1)	113	29	40	17	2	46	3	1	2	2	6	.25	5	.294	.338	.386
	8 ML YEARS		915	2846	731	135	18	65	(29 | 36)	1097	314	374	179	34	549	14	21	33	21	29	.42	39	.257	.301	.385

Jason Bere

Pitches: Right Bats: Right Pos: SP Ht: 6' 3" Wt: 185 Born: 05/26/71 Age: 24

			HOW MUCH HE PITCHED					WHAT HE GAVE UP											THE RESULTS				
Year	Team	Lg	G	GS	CG	GF	IP	BFP	H	R	ER	HR	SH	SF	HB	TBB	IBB	SO	WP	Bk	W	L	Pct.	ShO	Sv	ERA
1990	White Sox	R	15	2	0	6	36	156	25	19	10	1	1	2	1	19	0	38	1	0	0	4	.000	0	1	2.50
1991	South Bend	A	27	27	2	0	163	686	116	66	52	8	7	4	5	100	0	158	11	1	9	12	.429	1	0	2.87
1992	Sarasota	A	18	18	1	0	116	458	84	35	31	3	4	3	1	34	3	106	6	0	7	2	.778	1	0	2.41
	Birmingham	AA	8	8	4	0	54	216	44	22	18	1	1	2	1	20	1	45	1	0	4	4	.500	2	0	3.00
	Vancouver	AAA	1	0	0	0	1	6	2	0	0	0	0	0	1	0	0	2	0	0	0	0	.000	0	0	0.00
1993	Nashville	AAA	8	8	0	0	49.1	206	36	19	13	1	3	2	1	25	1	52	2	0	5	1	.833	0	0	2.37
1993	Chicago	AL	24	24	1	0	142.2	610	109	60	55	12	4	2	5	81	0	129	8	0	12	5	.706	0	0	3.47
1994	Chicago	AL	24	24	0	0	141.2	608	119	65	60	17	4	4	4	80	0	127	2	0	12	2	.857	0	0	3.81
	2 ML YEARS		48	48	1	0	284.1	1218	228	125	115	29	8	6	6	161	0	256	10	0	24	7	.774	0	0	3.64

Sean Bergman

Pitches: Right Bats: Right Pos: SP Ht: 6' 4" Wt: 205 Born: 04/11/70 Age: 25

			HOW MUCH HE PITCHED					WHAT HE GAVE UP											THE RESULTS				
Year	Team	Lg	G	GS	CG	GF	IP	BFP	H	R	ER	HR	SH	SF	HB	TBB	IBB	SO	WP	Bk	W	L	Pct.	ShO	Sv	ERA
1991	Niagara Fls	A	15	15	0	0	84.2	384	88	57	42	1	4	2	4	42	0	77	5	7	5	7	.417	0	0	4.46
1992	Lakeland	A	13	13	0	0	83	320	61	28	23	2	3	0	2	14	0	67	2	2	5	2	.714	0	0	2.49
	London	AA	14	14	1	0	88.1	390	85	52	42	2	6	1	6	45	2	59	6	4	4	7	.364	0	0	4.28
1993	Toledo	AAA	19	19	3	0	117	503	124	62	57	9	6	3	8	53	0	91	6	2	8	9	.471	0	0	4.38
1994	Toledo	AAA	25	25	2	0	154.2	656	147	77	64	15	2	3	5	53	1	145	7	0	11	8	.579	0	0	3.72
1993	Detroit	AL	9	6	1	0	39.2	189	47	29	25	6	3	2	4	23	3	19	3	1	1	4	.200	0	0	5.67
1994	Detroit	AL	3	3	0	0	17.2	82	22	11	11	2	0	1	0	7	0	12	1	0	2	1	.667	0	0	5.60
	2 ML YEARS		12	9	1	1	57.1	271	69	40	36	8	3	3	4	30	3	31	4	1	3	5	.375	0	0	5.65

Geronimo Berroa

Bats: Right **Throws:** Right **Pos:** DH/LF **Ht:** 6' 0" **Wt:** 195 **Born:** 03/18/65 **Age:** 30

			BATTING														BASERUNNING				PERCENTAGES		
Year	Team	Lg	G	AB	H	2B	3B	HR	(Hm | Rd)	TB	R	RBI	TBB	IBB	SO	HBP	SH	SF	SB	CS	SB%	GDP	Avg	OBP	SLG
1989	Atlanta	NL	81	136	36	4	0	2	(1 | 1)	46	7	9	7	1	32	0	0	0	0	1	.00	2	.265	.301	.338
1990	Atlanta	NL	7	4	0	0	0	0	(0 | 0)	0	0	0	1	1	1	0	0	0	0	0	.00	0	.000	.200	.000
1992	Cincinnati	NL	13	15	4	1	0	0	(0 | 0)	5	2	0	2	0	1	1	0	0	0	1	.00	1	.267	.389	.333
1993	Florida	NL	14	34	4	1	0	0	(0 | 0)	5	3	0	2	0	7	0	0	0	0	0	.00	1	.118	.167	.147
1994	Oakland	AL	96	340	104	18	2	13	(4 | 9)	165	55	65	41	0	62	3	0	7	7	2	.78	5	.306	.379	.485
	5 ML YEARS		211	529	148	24	2	15	(5 | 10)	221	67	74	53	2	103	4	0	7	7	4	.64	10	.280	.346	.418

Sean Berry

Bats: Right **Throws:** Right **Pos:** 3B **Ht:** 5'11" **Wt:** 200 **Born:** 03/22/66 **Age:** 29

			BATTING														BASERUNNING				PERCENTAGES		
Year	Team	Lg	G	AB	H	2B	3B	HR	(Hm | Rd)	TB	R	RBI	TBB	IBB	SO	HBP	SH	SF	SB	CS	SB%	GDP	Avg	OBP	SLG
1990	Kansas City	AL	8	23	5	1	1	0	(0 | 0)	8	2	4	2	0	5	0	0	0	0	0	.00	0	.217	.280	.348
1991	Kansas City	AL	31	60	8	3	0	0	(0 | 0)	11	5	1	5	0	23	1	0	0	0	0	.00	1	.133	.212	.183
1992	Montreal	NL	24	57	19	1	0	1	(0 | 1)	23	5	4	1	0	11	0	0	0	2	1	.67	1	.333	.345	.404
1993	Montreal	NL	122	299	78	15	2	14	(5 | 9)	139	50	49	41	6	70	2	3	6	12	2	.86	5	.261	.348	.465
1994	Montreal	NL	103	320	89	19	2	11	(4 | 7)	145	43	41	32	7	50	3	2	2	14	0	1.0	6	.278	.347	.453
	5 ML YEARS		288	759	199	39	5	26	(9 | 17)	326	105	99	81	13	159	6	5	8	28	3	.90	13	.262	.335	.430

Damon Berryhill

Bats: Both **Throws:** Right **Pos:** C **Ht:** 6' 0" **Wt:** 205 **Born:** 12/03/63 **Age:** 31

			BATTING														BASERUNNING				PERCENTAGES		
Year	Team	Lg	G	AB	H	2B	3B	HR	(Hm | Rd)	TB	R	RBI	TBB	IBB	SO	HBP	SH	SF	SB	CS	SB%	GDP	Avg	OBP	SLG
1987	Chicago	NL	12	28	5	1	0	0	(0 | 0)	6	2	1	3	0	5	0	0	0	0	1	.00	1	.179	.258	.214
1988	Chicago	NL	95	309	80	19	1	7	(5 | 2)	122	19	38	17	5	56	0	3	3	1	0	1.00	11	.259	.295	.395
1989	Chicago	NL	91	334	86	13	0	5	(2 | 3)	114	37	41	16	4	54	2	4	5	1	0	1.00	13	.257	.291	.341
1990	Chicago	NL	17	53	10	4	0	1	(1 | 0)	17	6	9	5	1	14	0	0	1	0	0	.00	3	.189	.254	.321
1991	2 ML Teams		63	160	30	7	0	5	(3 | 2)	52	13	14	11	1	42	1	0	1	1	2	.33	2	.188	.243	.325
1992	Atlanta	NL	101	307	70	16	1	10	(6 | 4)	118	21	43	17	4	67	1	0	3	0	0	.00	4	.228	.268	.384
1993	Atlanta	NL	115	335	82	18	2	8	(6 | 2)	128	24	43	21	1	64	2	2	3	0	0	.00	7	.245	.291	.382
1994	Boston	AL	82	255	67	17	2	6	(3 | 3)	106	30	34	19	0	59	0	0	2	0	1	.00	6	.263	.312	.416
1991	Chicago	NL	62	159	30	7	0	5	(3 | 2)	52	13	14	11	1	41	1	0	1	1	2	.33	2	.189	.244	.327
	Atlanta	NL	1	1	0	0	0	0	(0 | 0)	0	0	0	0	0	1	0	0	0	0	0	.00	0	.000	.000	.000
	8 ML YEARS		576	1781	430	95	6	42	(26 | 16)	663	152	223	109	16	361	6	9	18	3	6	.33	47	.241	.285	.372

Dante Bichette

Bats: Right **Throws:** Right **Pos:** RF **Ht:** 6' 3" **Wt:** 235 **Born:** 11/18/63 **Age:** 31

			BATTING														BASERUNNING				PERCENTAGES		
Year	Team	Lg	G	AB	H	2B	3B	HR	(Hm | Rd)	TB	R	RBI	TBB	IBB	SO	HBP	SH	SF	SB	CS	SB%	GDP	Avg	OBP	SLG
1988	California	AL	21	46	12	2	0	0	(0 | 0)	14	1	8	0	0	7	0	0	0	0	0	.00	0	.261	.240	.304
1989	California	AL	48	138	29	7	0	3	(2 | 1)	45	13	15	6	0	24	0	0	2	3	0	1.00	3	.210	.240	.326
1990	California	AL	109	349	89	15	1	15	(8 | 7)	151	40	53	16	1	79	3	1	2	5	2	.71	9	.255	.292	.433
1991	Milwaukee	AL	134	445	106	18	3	15	(6 | 9)	175	53	59	22	4	107	1	1	6	14	8	.64	9	.238	.272	.393
1992	Milwaukee	AL	112	387	111	27	2	5	(3 | 2)	157	37	41	16	3	74	3	2	3	18	7	.72	13	.287	.318	.406
1993	Colorado	NL	141	538	167	43	5	21	(11 | 10)	283	93	89	28	2	99	7	0	8	14	8	.64	9	.310	.348	.526
1994	Colorado	NL	116	484	147	33	2	27	(15 | 12)	265	74	95	19	3	70	4	0	2	21	8	.72	17	.304	.334	.548
	7 ML YEARS		681	2387	661	145	13	86	(45 | 41)	1090	311	360	107	13	460	18	4	27	75	33	.69	58	.277	.310	.457

Mike Bielecki

Pitches: Right **Bats:** Right **Pos:** RP **Ht:** 6' 3" **Wt:** 195 **Born:** 07/31/59 **Age:** 35

			HOW MUCH HE PITCHED					WHAT HE GAVE UP										THE RESULTS				
Year	Team	Lg	G	GS	CG	GF	IP	BFP	H	R	ER	HR	SH	SF	HB	TBB	IBB	SO	WP	Bk	W	L	Pct.	ShO	Sv	ERA
1984	Pittsburgh	NL	4	0	0	1	4.1	17	4	0	0	0	1	0	0	0	0	1	0	1	0	0	.000	0	0	0.00
1985	Pittsburgh	NL	12	7	0	1	45.2	211	45	26	23	5	4	0	1	31	1	22	1	1	2	3	.400	0	0	4.53
1986	Pittsburgh	NL	31	27	0	0	148.2	667	149	87	77	10	7	6	2	83	3	83	7	5	6	11	.353	0	0	4.66
1987	Pittsburgh	NL	8	8	2	0	45.2	192	43	25	24	6	5	2	1	12	0	25	3	0	2	3	.400	0	0	4.73
1988	Chicago	NL	19	5	0	7	48.1	215	55	22	18	4	1	4	0	16	1	33	3	3	2	2	.500	0	0	3.35
1989	Chicago	NL	33	33	4	0	212.1	882	187	82	74	16	9	3	0	81	8	147	9	4	18	7	.720	3	0	3.14
1990	Chicago	NL	36	29	0	6	168	749	188	101	92	13	16	4	5	70	11	103	11	0	8	11	.421	0	1	4.93
1991	2 ML Teams		41	25	0	9	173.2	727	171	91	86	18	10	6	2	56	6	75	6	0	13	11	.542	0	0	4.46
1992	Atlanta	NL	19	14	1	0	80.2	336	77	27	23	2	3	2	1	27	1	62	4	0	2	4	.333	1	0	2.57
1993	Cleveland	AL	13	13	0	0	68.2	317	90	47	45	8	0	2	0	23	3	38	5	0	4	5	.444	0	0	5.90
1994	Atlanta	NL	19	1	0	7	27	115	28	12	12	2	1	1	0	12	1	18	0	1	2	0	1.000	0	0	4.00
1991	Chicago	NL	39	25	0	8	172	718	169	91	86	18	10	6	2	54	6	72	6	0	13	11	.542	0	0	4.50
	Atlanta	NL	2	0	0	1	1.2	9	2	0	0	0	0	0	0	2	0	3	0	0	0	0	.000	0	0	0.00
	11 ML YEARS		235	162	7	31	1023	4428	1037	520	474	84	57	29	15	411	35	607	45	15	59	57	.509	4	1	4.17

Craig Biggio

Bats: Right **Throws:** Right **Pos:** 2B **Ht:** 5'11" **Wt:** 180 **Born:** 12/14/65 **Age:** 29

Year	Team	Lg	G	AB	H	2B	3B	HR	(Hm	Rd)	TB	R	RBI	TBB	IBB	SO	HBP	SH	SF	SB	CS	SB%	GDP	Avg	OBP	SLG
1988	Houston	NL	50	123	26	6	1	3	(1	2)	43	14	5	7	2	29	0	1	0	6	1	.86	1	.211	.254	.350
1989	Houston	NL	134	443	114	21	2	13	(6	7)	178	64	60	49	8	64	6	6	5	21	3	.88	7	.257	.336	.402
1990	Houston	NL	150	555	153	24	2	4	(2	2)	193	53	42	53	1	79	3	9	1	25	11	.69	11	.276	.342	.348
1991	Houston	NL	149	546	161	23	4	4	(0	4)	204	79	46	53	3	71	2	5	3	19	6	.76	2	.295	.358	.374
1992	Houston	NL	162	613	170	32	3	6	(3	3)	226	96	39	94	9	95	7	5	2	38	15	.72	5	.277	.378	.369
1993	Houston	NL	155	610	175	41	5	21	(8	13)	289	98	64	77	7	93	10	4	5	15	17	.47	10	.287	.373	.474
1994	Houston	NL	114	437	139	44	5	6	(4	2)	211	88	56	62	1	58	8	2	2	39	4	.91	5	.318	.411	.483
7 ML YEARS			914	3327	938	191	22	57	(24	33)	1344	492	312	395	31	489	36	32	18	163	57	.74	41	.282	.363	.404

Bud Black

Pitches: Left **Bats:** Left **Pos:** SP **Ht:** 6'2" **Wt:** 188 **Born:** 06/30/57 **Age:** 38

Year	Team	Lg	G	GS	CG	GF	IP	BFP	H	R	ER	HR	SH	SF	HB	TBB	IBB	SO	WP	Bk	W	L	Pct.	ShO	Sv	ERA
1994	Phoenix *	AAA	3	3	0	0	15.1	65	14	4	2	2	0	0	0	7	0	8	0	0	1	0	1.000	0	0	1.17
	San Jose *	A	1	1	0	0	7	28	6	0	0	0	0	0	0	2	0	5	0	0	1	0	1.000	0	0	0.00
1981	Seattle	AL	2	0	0	0	1	7	2	0	0	0	0	0	0	3	1	0	1	0	0	0	.000	0	0	0.00
1982	Kansas City	AL	22	14	0	2	88.1	386	92	48	45	10	4	3	3	34	6	40	4	7	4	6	.400	0	0	4.58
1983	Kansas City	AL	24	24	0	0	161.1	672	159	75	68	19	4	5	2	43	1	58	4	0	10	7	.588	0	0	3.79
1984	Kansas City	AL	35	35	8	0	257	1045	226	99	89	22	6	1	4	64	2	140	2	2	17	12	.586	1	0	3.12
1985	Kansas City	AL	33	33	5	0	205.2	885	216	111	99	17	8	4	8	59	4	122	9	1	10	15	.400	2	0	4.33
1986	Kansas City	AL	56	4	0	26	121	503	100	49	43	14	4	4	7	43	5	68	2	2	5	10	.333	0	9	3.20
1987	Kansas City	AL	29	18	0	4	122.1	520	126	63	49	16	1	3	5	35	2	61	6	0	8	6	.571	0	1	3.60
1988	2 ML Teams		33	7	0	9	81	358	82	47	45	8	6	3	4	34	3	63	5	6	4	4	.500	0	1	5.00
1989	Cleveland	AL	33	32	6	0	222.1	912	213	95	83	14	9	5	1	52	0	88	13	5	12	11	.522	3	0	3.36
1990	2 ML Teams		32	31	5	1	206.2	857	181	86	82	19	6	7	5	61	1	106	6	1	13	11	.542	2	0	3.57
1991	San Francisco	NL	34	34	3	0	214.1	893	201	104	95	25	11	7	4	71	8	104	6	6	12	16	.429	3	0	3.99
1992	San Francisco	NL	28	28	2	0	177	749	178	88	78	23	8	4	1	59	11	82	3	7	10	12	.455	1	0	3.97
1993	San Francisco	NL	16	16	0	0	93.2	394	89	44	37	13	8	4	2	33	2	45	0	4	8	2	.800	0	0	3.56
1994	San Francisco	NL	10	10	0	0	54.1	227	50	31	27	9	4	3	3	16	1	28	3	1	4	2	.667	0	0	4.47
1988	Kansas City	AL	17	0	0	5	22	98	23	12	12	2	1	0	0	11	2	19	0	2	2	1	.667	0	0	4.91
	Cleveland	AL	16	7	0	4	59	260	59	35	33	6	5	3	4	23	1	44	5	4	2	3	.400	0	1	5.03
1990	Cleveland	AL	29	29	5	0	191	796	171	79	75	17	4	5	4	58	1	103	6	1	11	10	.524	2	0	3.53
	Toronto	AL	3	2	0	1	15.2	61	10	7	7	2	2	2	1	3	0	3	0	0	2	1	.667	0	0	4.02
14 ML YEARS			387	286	32	42	2006	8408	1915	940	840	209	77	52	49	607	47	1005	64	42	117	114	.506	12	11	3.77

Willie Blair

Pitches: Right **Bats:** Right **Pos:** RP **Ht:** 6'1" **Wt:** 182 **Born:** 12/18/65 **Age:** 29

Year	Team	Lg	G	GS	CG	GF	IP	BFP	H	R	ER	HR	SH	SF	HB	TBB	IBB	SO	WP	Bk	W	L	Pct.	ShO	Sv	ERA
1990	Toronto	AL	27	6	0	8	68.2	297	66	33	31	4	0	4	1	28	4	43	3	0	3	5	.375	0	0	4.06
1991	Cleveland	AL	11	5	0	1	36	168	58	27	27	7	1	2	1	10	0	13	1	0	2	3	.400	0	0	6.75
1992	Houston	NL	29	8	0	1	78.2	331	74	47	35	5	4	3	2	25	2	48	2	0	5	7	.417	0	0	4.00
1993	Colorado	NL	46	18	1	5	146	664	184	90	77	20	10	8	3	42	4	84	6	1	6	10	.375	0	0	4.75
1994	Colorado	NL	47	1	0	13	77.2	365	98	57	50	9	3	1	4	39	3	68	4	0	0	5	.000	0	3	5.79
5 ML YEARS			160	38	1	28	407	1825	480	254	220	45	18	18	11	144	13	256	16	1	16	30	.348	0	3	4.86

Lance Blankenship

Bats: Right **Throws:** Right **Pos:** CF/2B/LF **Ht:** 6'0" **Wt:** 185 **Born:** 12/06/63 **Age:** 31

Year	Team	Lg	G	AB	H	2B	3B	HR	(Hm	Rd)	TB	R	RBI	TBB	IBB	SO	HBP	SH	SF	SB	CS	SB%	GDP	Avg	OBP	SLG
1988	Oakland	AL	10	3	0	0	0	0	(0	0)	0	1	0	0	0	1	0	0	0	0	1	.00	0	.000	.000	.000
1989	Oakland	AL	58	125	29	5	1	1	(1	0)	39	22	4	8	0	31	0	3	1	5	1	.83	0	.232	.276	.312
1990	Oakland	AL	86	136	26	3	0	0	(0	0)	29	18	10	20	0	23	0	6	0	3	1	.75	6	.191	.295	.213
1991	Oakland	AL	90	185	46	8	0	3	(0	3)	63	33	21	23	0	42	3	2	3	12	3	.80	2	.249	.336	.341
1992	Oakland	AL	123	349	84	24	1	3	(1	2)	119	59	34	82	2	57	6	8	1	21	7	.75	10	.241	.393	.341
1993	Oakland	AL	94	252	48	8	1	2	(2	0)	64	43	23	67	0	64	2	6	1	13	5	.72	9	.190	.363	.254
6 ML YEARS			461	1050	233	48	3	9	(4	5)	314	176	92	200	2	218	11	25	6	54	18	.75	27	.222	.350	.299

Jeff Blauser

Bats: Right **Throws:** Right **Pos:** SS **Ht:** 6' 1" **Wt:** 180 **Born:** 11/08/65 **Age:** 29

						BATTING												BASERUNNING				PERCENTAGES		
Year	Team	Lg	G	AB	H	2B	3B	HR	(Hm | Rd)	TB	R	RBI	TBB	IBB	SO	HBP	SH	SF	SB	CS	SB%	GDP	Avg	OBP	SLG
1987	Atlanta	NL	51	165	40	6	3	2	(1 | 1)	58	11	15	18	1	34	3	1	0	7	3	.70	4	.242	.328	.352
1988	Atlanta	NL	18	67	16	3	1	2	(2 | 0)	27	7	7	2	0	11	1	3	1	0	1	.00	1	.239	.268	.403
1989	Atlanta	NL	142	456	123	24	2	12	(5 | 7)	187	63	46	38	2	101	1	8	4	5	2	.71	7	.270	.325	.410
1990	Atlanta	NL	115	386	104	24	3	8	(3 | 5)	158	46	39	35	1	70	5	3	0	3	5	.38	4	.269	.338	.409
1991	Atlanta	NL	129	352	91	14	3	11	(7 | 4)	144	49	54	54	4	59	2	4	3	5	6	.45	4	.259	.358	.409
1992	Atlanta	NL	123	343	90	19	3	14	(5 | 9)	157	61	46	46	2	82	4	7	3	5	5	.50	2	.262	.354	.458
1993	Atlanta	NL	161	597	182	29	2	15	(4 | 11)	260	110	73	85	0	109	16	5	7	16	6	.73	13	.305	.401	.436
1994	Atlanta	NL	96	380	98	21	4	6	(3 | 3)	145	56	45	38	0	64	5	5	6	1	3	.25	11	.258	.329	.382
	8 ML YEARS		835	2746	744	140	21	70	(30 | 40)	1136	403	325	316	10	530	37	36	24	42	31	.58	46	.271	.351	.414

Greg Blosser

Bats: Left **Throws:** Left **Pos:** RF **Ht:** 6' 3" **Wt:** 205 **Born:** 06/26/71 **Age:** 24

						BATTING												BASERUNNING				PERCENTAGES		
Year	Team	Lg	G	AB	H	2B	3B	HR	(Hm	Rd)	TB	R	RBI	TBB	IBB	SO	HBP	SH	SF	SB	CS	SB%	GDP	Avg	OBP	SLG
1989	Red Sox	R	40	146	42	7	3	2	--	--	61	17	20	25	1	19	1	0	2	3	0	1.00	7	.288	.391	.418
	Winter Havn	A	28	94	24	1	1	2	--	--	33	6	14	8	0	14	1	0	1	1	0	1.00	1	.255	.317	.351
1990	Lynchburg	A	119	447	126	23	1	18	--	--	205	63	62	55	3	99	1	0	1	5	4	.56	13	.282	.361	.459
1991	New Britain	AA	134	452	98	21	3	8	--	--	149	48	46	63	0	114	1	0	4	9	4	.69	16	.217	.312	.330
1992	New Britain	AA	129	434	105	23	4	22	--	--	202	59	71	64	9	122	1	0	3	0	2	.00	7	.242	.339	.465
	Pawtucket	AAA	1	0	0	0	0	0	--	--	0	1	0	1	0	0	0	0	0	0	0	.00	0	.000	1.000	.000
1993	Pawtucket	AAA	130	478	109	22	2	23	--	--	204	66	66	58	5	139	2	1	4	3	3	.50	4	.228	.312	.427
1994	Pawtucket	AAA	97	350	91	21	1	17	--	--	165	52	54	44	5	97	0	0	1	11	3	.79	9	.260	.342	.471
1993	Boston	AL	17	28	2	1	0	0	(0	0)	3	1	1	2	0	7	0	0	0	1	0	1.00	0	.071	.133	.107
1994	Boston	AL	5	11	1	0	0	0	(0	0)	1	2	1	4	0	4	0	0	0	0	0	.00	0	.091	.333	.091
	2 ML YEARS		22	39	3	1	0	0	(0	0)	4	3	2	6	0	11	0	0	0	1	0	1.00	0	.077	.200	.103

Mike Blowers

Bats: Right **Throws:** Right **Pos:** 3B/1B **Ht:** 6' 2" **Wt:** 210 **Born:** 04/24/65 **Age:** 30

						BATTING												BASERUNNING				PERCENTAGES		
Year	Team	Lg	G	AB	H	2B	3B	HR	(Hm | Rd)	TB	R	RBI	TBB	IBB	SO	HBP	SH	SF	SB	CS	SB%	GDP	Avg	OBP	SLG
1989	New York	AL	13	38	10	0	0	0	(0 | 0)	10	2	3	3	0	13	0	0	0	0	0	.00	1	.263	.317	.263
1990	New York	AL	48	144	27	4	0	5	(1 | 4)	46	16	21	12	1	50	0	0	0	1	0	1.00	3	.188	.255	.319
1991	New York	AL	15	35	7	0	0	1	(0 | 1)	10	3	1	4	0	3	0	1	0	0	0	.00	1	.200	.282	.286
1992	Seattle	AL	31	73	14	3	0	1	(0 | 1)	20	7	2	6	0	20	0	1	0	0	0	.00	3	.192	.253	.274
1993	Seattle	AL	127	379	106	23	3	15	(8 | 7)	180	55	57	44	3	98	2	3	1	1	5	.17	12	.280	.357	.475
1994	Seattle	AL	85	270	78	13	0	9	(3 | 6)	118	37	49	25	2	60	1	1	3	2	2	.50	12	.289	.348	.437
	6 ML YEARS		319	939	242	43	3	31	(12 | 19)	384	120	133	94	6	244	4	6	4	4	7	.36	32	.258	.327	.409

Joe Boever

Pitches: Right **Bats:** Right **Pos:** RP **Ht:** 6' 1" **Wt:** 205 **Born:** 10/04/60 **Age:** 34

			HOW MUCH HE PITCHED					WHAT HE GAVE UP										THE RESULTS					
Year	Team	Lg	G	GS	CG	GF	IP	BFP	H	R	ER	HR	SH	SF	HB	TBB	IBB	SO	WP	Bk	W	L	Pct.	ShO	Sv	ERA
1985	St. Louis	NL	13	0	0	5	16.1	69	17	8	8	3	1	1	0	4	1	20	1	0	0	0	.000	0	0	4.41
1986	St. Louis	NL	11	0	0	4	21.2	93	19	5	4	2	0	0	0	11	0	8	1	0	0	1	.000	0	0	1.66
1987	Atlanta	NL	14	0	0	10	18.1	93	29	15	15	4	1	1	0	12	1	18	1	0	1	0	1.000	0	1	7.36
1988	Atlanta	NL	16	0	0	13	20.1	70	12	4	4	1	2	0	1	1	0	7	0	0	0	2	.000	0	1	1.77
1989	Atlanta	NL	66	0	0	53	82.1	349	78	37	36	6	5	0	1	34	5	68	5	0	4	11	.267	0	21	3.94
1990	2 ML Teams		67	0	0	34	88.1	388	77	35	33	6	4	2	0	51	12	75	3	2	3	6	.333	0	14	3.36
1991	Philadelphia	NL	68	0	0	27	98.1	431	90	45	42	10	3	6	0	54	11	89	6	1	3	5	.375	0	0	3.84
1992	Houston	NL	81	0	0	26	111.1	479	103	38	31	3	10	4	4	45	9	67	4	0	3	6	.333	0	2	2.51
1993	2 ML Teams		61	0	0	22	102.1	449	101	50	41	9	5	7	4	44	7	63	1	0	6	3	.667	0	3	3.61
1994	Detroit	AL	46	0	0	27	81.1	349	80	40	36	12	4	2	2	37	12	49	4	0	9	2	.818	0	3	3.98
1990	Atlanta	NL	33	0	0	21	42.1	198	40	23	22	6	2	2	0	35	10	35	2	0	1	3	.250	0	8	4.68
	Philadelphia	NL	34	0	0	13	46	190	37	12	11	0	2	0	0	16	2	40	1	2	2	3	.400	0	6	2.15
1993	Oakland	AL	42	0	0	19	79.1	353	87	40	34	8	2	3	4	33	4	49	1	0	4	2	.667	0	3	3.86
	Detroit	AL	19	0	0	3	23	96	14	10	7	1	3	4	0	11	3	14	0	0	2	1	.667	0	3	2.74
	10 ML YEARS		443	0	0	221	640.2	2770	606	277	250	56	35	23	12	293	58	464	26	3	29	36	.446	0	44	3.51

Tim Bogar

Bats: Right **Throws:** Right **Pos:** 3B/1B **Ht:** 6' 2" **Wt:** 198 **Born:** 10/28/66 **Age:** 28

					BATTING												BASERUNNING				PERCENTAGES		
Year	Team	Lg	G	AB	H	2B	3B	HR	(Hm	Rd)	TB	R	RBI	TBB	IBB	SO	HBP	SH	SF	SB	CS	SB%	GDP	Avg	OBP	SLG
1987	Little Fls	A	58	205	48	9	0	0	--	--	57	31	23	18	0	39	3	0	2	2	2	.50	3	.234	.303	.278
1988	Columbia	A	45	142	40	4	2	3	--	--	57	19	21	22	0	29	3	1	2	5	3	.63	6	.282	.385	.401
	St. Lucie	A	76	236	65	7	1	2	--	--	80	34	30	34	0	57	2	4	1	9	7	.56	4	.275	.370	.339
1989	Jackson	AA	112	406	108	13	5	4	--	--	143	44	45	41	0	57	7	3	5	8	3	.73	15	.266	.340	.352
1990	Tidewater	AAA	33	117	19	2	0	0	--	--	21	10	4	8	0	22	1	4	0	1	1	.50	4	.162	.222	.179
1991	Williamsprt	AA	63	243	61	12	2	2	--	--	83	33	25	20	0	44	2	2	4	13	8	.62	5	.251	.309	.342
	Tidewater	AAA	65	218	56	11	0	1	--	--	70	23	23	20	2	35	1	4	2	1	0	1.00	8	.257	.320	.321
1992	Tidewater	AAA	129	481	134	32	1	5	--	--	183	54	38	14	1	65	3	5	0	7	7	.50	15	.279	.303	.380
1994	Norfolk	AAA	5	19	2	0	0	0	--	--	2	0	1	1	0	4	0	0	0	0	0	.00	0	.105	.150	.105
1993	New York	NL	78	205	50	13	0	3	(1	2)	72	19	25	14	2	29	3	1	1	0	1	.00	2	.244	.300	.351
1994	New York	NL	50	52	8	0	0	2	(0	2)	14	5	5	4	1	11	0	2	1	1	0	1.00	1	.154	.269	.269
	2 ML YEARS		128	257	58	13	0	5	(1	4)	86	24	30	18	3	40	3	3	2	1	1	.50	3	.226	.282	.335

Wade Boggs

Bats: Left **Throws:** Right **Pos:** 3B **Ht:** 6' 2" **Wt:** 197 **Born:** 06/15/58 **Age:** 37

					BATTING												BASERUNNING				PERCENTAGES		
Year	Team	Lg	G	AB	H	2B	3B	HR	(Hm | Rd)	TB	R	RBI	TBB	IBB	SO	HBP	SH	SF	SB	CS	SB%	GDP	Avg	OBP	SLG
1982	Boston	AL	104	338	118	14	1	5	(4 | 1)	149	51	44	35	4	21	0	4	4	1	0	1.00	9	.349	.406	.441
1983	Boston	AL	153	582	210	44	7	5	(2 | 3)	283	100	74	92	2	36	1	3	7	3	3	.50	15	.361	.444	.486
1984	Boston	AL	158	625	203	31	4	6	(5 | 1)	260	109	55	89	6	44	0	8	4	3	2	.60	13	.325	.407	.416
1985	Boston	AL	161	653	240	42	3	8	(6 | 2)	312	107	78	96	5	61	4	3	2	2	1	.67	20	.368	.450	.478
1986	Boston	AL	149	580	207	47	2	8	(3 | 5)	282	107	71	105	14	44	0	4	4	0	4	.00	11	.357	.453	.486
1987	Boston	AL	147	551	200	40	6	24	(10 | 14)	324	108	89	105	19	48	2	1	8	1	3	.25	13	.363	.461	.588
1988	Boston	AL	155	584	214	45	6	5	(4 | 1)	286	128	58	125	18	34	3	0	7	2	3	.40	23	.366	.476	.490
1989	Boston	AL	156	621	205	51	7	3	(2 | 1)	279	113	54	107	19	51	7	0	7	2	6	.25	19	.330	.430	.449
1990	Boston	AL	155	619	187	44	5	6	(3 | 3)	259	89	63	87	19	68	1	0	6	0	0	.00	14	.302	.386	.418
1991	Boston	AL	144	546	181	42	2	8	(6 | 2)	251	93	51	89	25	32	0	0	6	1	2	.33	16	.332	.421	.460
1992	Boston	AL	143	514	133	22	4	7	(4 | 3)	184	62	50	74	19	31	4	0	6	1	3	.25	10	.259	.358	.358
1993	New York	AL	143	560	169	26	1	2	(1 | 1)	203	83	59	74	4	49	0	1	9	0	1	.00	10	.302	.378	.363
1994	New York	AL	97	366	125	19	1	11	(6 | 5)	179	61	55	61	3	29	1	2	4	2	1	.67	10	.342	.433	.489
	13 ML YEARS		1865	7139	2392	467	49	98	(56 | 42)	3251	1211	801	1139	157	548	23	26	74	18	29	.38	183	.335	.424	.455

Brian Bohanon

Pitches: Left **Bats:** Left **Pos:** RP/SP **Ht:** 6' 3" **Wt:** 220 **Born:** 08/01/68 **Age:** 26

			HOW MUCH HE PITCHED					WHAT HE GAVE UP									THE RESULTS				
Year	Team	Lg	G	GS	CG	GF	IP	BFP	H	R	ER	HR	SH	SF	HB	TBB	IBB	SO	WP	Bk	W	L	Pct.	ShO	Sv	ERA
1994	Okla. City*	AAA	15	15	2	0	98.1	427	106	56	55	11	4	1	2	33	1	88	3	1	5	10	.333	1	0	4.12
1990	Texas	AL	11	6	0	1	34	158	40	30	25	6	0	3	2	18	0	15	1	0	0	3	.000	0	0	6.62
1991	Texas	AL	11	11	1	0	61.1	273	66	35	33	4	2	5	2	23	0	34	3	1	4	3	.571	0	0	4.84
1992	Texas	AL	18	7	0	3	45.2	220	57	38	32	7	0	2	1	25	0	29	2	0	1	1	.500	0	0	6.31
1993	Texas	AL	36	8	0	4	92.2	418	107	54	49	8	2	5	4	46	3	45	10	0	4	4	.500	0	0	4.76
1994	Texas	AL	11	5	0	1	37.1	169	51	31	30	7	1	0	1	8	1	26	5	0	2	2	.500	0	0	7.23
	5 ML YEARS		87	37	1	9	271	1238	321	188	169	32	5	15	10	120	4	149	21	1	11	13	.458	0	0	5.61

Tom Bolton

Pitches: Left **Bats:** Left **Pos:** RP **Ht:** 6' 2" **Wt:** 185 **Born:** 05/06/62 **Age:** 33

			HOW MUCH HE PITCHED					WHAT HE GAVE UP									THE RESULTS				
Year	Team	Lg	G	GS	CG	GF	IP	BFP	H	R	ER	HR	SH	SF	HB	TBB	IBB	SO	WP	Bk	W	L	Pct.	ShO	Sv	ERA
1994	Rochester*	AAA	16	0	0	7	20	76	13	5	5	1	0	0	0	8	0	16	2	1	2	0	1.000	0	2	2.25
1987	Boston	AL	29	0	0	5	61.2	287	83	33	30	5	3	3	2	27	2	49	3	0	1	1	1.000	0	0	4.38
1988	Boston	AL	28	0	0	8	30.1	140	35	17	16	1	2	1	0	14	1	21	2	1	1	3	.250	0	1	4.75
1989	Boston	AL	4	0	0	0	17.1	83	21	18	16	1	0	1	0	10	1	9	1	0	0	4	.000	0	0	8.31
1990	Boston	AL	21	16	3	2	119.2	501	111	46	45	6	3	5	3	47	3	65	1	1	10	5	.667	0	0	3.38
1991	Boston	AL	25	19	0	4	110	499	136	72	64	16	2	4	1	51	2	64	3	0	8	9	.471	0	0	5.24
1992	2 ML Teams		37	9	0	9	75.1	345	86	39	38	9	1	1	4	37	3	50	5	2	4	5	.444	0	0	4.54
1993	Detroit	AL	43	8	0	9	102.2	462	113	57	51	5	7	2	7	45	10	66	5	1	6	6	.500	0	0	4.47
1994	Baltimore	AL	22	0	0	3	23.1	109	29	15	14	3	1	1	0	13	1	12	1	0	0	1	.333	0	0	5.40
1992	Boston	AL	21	1	0	6	29	135	34	11	11	0	0	0	2	14	1	23	2	1	1	2	.333	0	0	3.41
	Cincinnati	NL	16	8	0	3	46.1	210	52	28	27	9	1	1	2	23	2	27	3	1	3	3	.500	0	0	5.24
	8 ML YEARS		209	56	3	40	540.1	2426	614	297	274	46	19	18	17	244	23	336	21	5	31	34	.477	0	1	4.56

Barry Bonds

Bats: Left **Throws:** Left **Pos:** LF **Ht:** 6' 1" **Wt:** 190 **Born:** 07/24/64 **Age:** 30

						BATTING											BASERUNNING				PERCENTAGES		
Year	Team	Lg	G	AB	H	2B	3B	HR	(Hm | Rd)	TB	R	RBI	TBB	IBB	SO	HBP	SH	SF	SB	CS	SB%	GDP	Avg	OBP	SLG
1986	Pittsburgh	NL	113	413	92	26	3	16	(9 | 7)	172	72	48	65	2	102	2	2	2	36	7	.84	4	.223	.330	.416
1987	Pittsburgh	NL	150	551	144	34	9	25	(12 | 13)	271	99	59	54	3	88	3	0	3	32	10	.76	4	.261	.329	.492
1988	Pittsburgh	NL	144	538	152	30	5	24	(14 | 10)	264	97	58	72	14	82	2	0	2	17	11	.61	3	.283	.368	.491
1989	Pittsburgh	NL	159	580	144	34	6	19	(7 | 12)	247	96	58	93	22	93	1	1	4	32	10	.76	9	.248	.351	.426
1990	Pittsburgh	NL	151	519	156	32	3	33	(14 | 19)	293	104	114	93	15	83	3	0	6	52	13	.80	8	.301	.406	.565
1991	Pittsburgh	NL	153	510	149	28	5	25	(12 | 13)	262	95	116	107	25	73	4	0	13	43	13	.77	8	.292	.410	.514
1992	Pittsburgh	NL	140	473	147	36	5	34	(15 | 19)	295	109	103	127	32	69	5	0	7	39	8	.83	9	.311	.456	.624
1993	San Francisco	NL	159	539	181	38	4	46	(21 | 25)	365	129	123	126	43	79	2	0	7	29	12	.71	11	.336	.458	.677
1994	San Francisco	NL	112	391	122	18	1	37	(15 | 22)	253	89	81	74	18	43	6	0	3	29	9	.76	3	.312	.426	.647
	9 ML YEARS		1281	4514	1287	276	41	259	(119 | 140)	2422	890	760	811	174	712	28	3	47	309	93	.77	59	.285	.394	.537

Ricky Bones

Pitches: Right **Bats:** Right **Pos:** SP **Ht:** 6' 0" **Wt:** 190 **Born:** 04/07/69 **Age:** 26

			HOW MUCH HE PITCHED				WHAT HE GAVE UP										THE RESULTS					
Year	Team	Lg	G	GS	CG	GF	IP	BFP	H	R	ER	HR	SH	SF	HB	TBB	IBB	SO	WP	Bk	W	L	Pct.	ShO	Sv	ERA
1991	San Diego	NL	11	11	0	0	54	234	57	33	29	3	0	4	0	18	0	31	4	0	4	6	.400	0	0	4.83
1992	Milwaukee	AL	31	28	0	0	163.1	705	169	90	83	27	2	5	9	48	0	65	3	2	9	10	.474	0	0	4.57
1993	Milwaukee	AL	32	31	3	1	203.2	883	222	122	110	28	5	7	8	63	3	63	6	1	11	11	.500	1	0	4.86
1994	Milwaukee	AL	24	24	4	0	170.2	708	166	76	65	17	4	5	3	45	1	57	8	0	10	9	.526	1	0	3.43
	4 ML YEARS		98	94	7	1	591.2	2530	614	321	287	75	11	21	20	174	4	216	21	3	34	36	.486	1	0	4.37

Bobby Bonilla

Bats: Both **Throws:** Right **Pos:** 3B **Ht:** 6' 3" **Wt:** 240 **Born:** 02/23/63 **Age:** 32

						BATTING											BASERUNNING				PERCENTAGES		
Year	Team	Lg	G	AB	H	2B	3B	HR	(Hm | Rd)	TB	R	RBI	TBB	IBB	SO	HBP	SH	SF	SB	CS	SB%	GDP	Avg	OBP	SLG
1986	2 ML Teams		138	426	109	16	4	3	(2 | 1)	142	55	43	62	3	88	2	5	1	8	5	.62	9	.256	.352	.333
1987	Pittsburgh	NL	141	466	140	33	3	15	(7 | 8)	224	58	77	39	4	64	2	0	8	3	5	.38	8	.300	.351	.481
1988	Pittsburgh	NL	159	584	160	32	7	24	(9 | 15)	278	87	100	85	19	82	4	0	8	3	5	.38	4	.274	.366	.476
1989	Pittsburgh	NL	163	616	173	37	10	24	(13 | 11)	302	96	86	76	20	93	1	0	5	8	8	.50	10	.281	.358	.490
1990	Pittsburgh	NL	160	625	175	39	7	32	(13 | 19)	324	112	120	45	9	103	1	0	15	4	3	.57	11	.280	.322	.518
1991	Pittsburgh	NL	157	577	174	44	6	18	(9 | 9)	284	102	100	90	8	67	2	0	11	2	4	.33	14	.302	.391	.492
1992	New York	NL	128	438	109	23	0	19	(5 | 14)	189	62	70	66	10	73	1	0	1	4	3	.57	11	.249	.348	.432
1993	New York	NL	139	502	133	21	3	34	(18 | 16)	262	81	87	72	11	96	0	0	8	3	3	.50	12	.265	.352	.522
1994	New York	NL	108	403	117	24	1	20	(8 | 12)	203	60	67	55	9	101	0	0	2	1	3	.25	10	.290	.374	.504
1986	Chicago	AL	75	234	63	10	2	2	(2 | 0)	83	27	26	33	2	49	1	2	1	4	1	.80	4	.269	.361	.355
	Pittsburgh	NL	63	192	46	6	2	1	(0 | 1)	59	28	17	29	1	39	1	3	0	4	4	.50	5	.240	.342	.307
	9 ML YEARS		1293	4637	1290	269	41	189	(84 | 105)	2208	713	750	590	93	767	13	5	59	36	39	.48	89	.278	.357	.476

Bret Boone

Bats: Right **Throws:** Right **Pos:** 2B **Ht:** 5'10" **Wt:** 180 **Born:** 04/06/69 **Age:** 26

						BATTING											BASERUNNING				PERCENTAGES		
Year	Team	Lg	G	AB	H	2B	3B	HR	(Hm | Rd)	TB	R	RBI	TBB	IBB	SO	HBP	SH	SF	SB	CS	SB%	GDP	Avg	OBP	SLG
1992	Seattle	AL	33	129	25	4	0	4	(2 | 2)	41	15	15	4	0	34	1	1	0	1	1	.50	4	.194	.224	.318
1993	Seattle	AL	76	271	68	12	2	12	(7 | 5)	120	31	38	17	1	52	4	6	4	2	3	.40	6	.251	.301	.443
1994	Cincinnati	NL	108	381	122	25	2	12	(5 | 7)	187	59	68	24	1	74	8	5	6	3	4	.43	10	.320	.368	.491
	3 ML YEARS		217	781	215	41	4	28	(14 | 14)	348	105	121	45	2	160	13	12	10	6	8	.43	20	.275	.322	.446

Pat Borders

Bats: Right **Throws:** Right **Pos:** C **Ht:** 6' 2" **Wt:** 195 **Born:** 05/14/63 **Age:** 32

						BATTING											BASERUNNING				PERCENTAGES		
Year	Team	Lg	G	AB	H	2B	3B	HR	(Hm | Rd)	TB	R	RBI	TBB	IBB	SO	HBP	SH	SF	SB	CS	SB%	GDP	Avg	OBP	SLG
1988	Toronto	AL	56	154	42	6	3	5	(2 | 3)	69	15	21	3	0	24	0	2	1	0	0	.00	5	.273	.285	.448
1989	Toronto	AL	94	241	62	11	1	3	(1 | 2)	84	22	29	11	2	45	1	1	2	2	1	.67	7	.257	.290	.349
1990	Toronto	AL	125	346	99	24	2	15	(10 | 5)	172	36	49	18	2	57	0	1	3	0	1	.00	17	.286	.319	.497
1991	Toronto	AL	105	291	71	17	0	5	(2 | 3)	103	22	36	11	1	45	1	6	3	0	0	.00	8	.244	.271	.354
1992	Toronto	AL	138	480	116	26	2	13	(7 | 6)	185	47	53	33	3	75	2	5	5	1	1	.50	11	.242	.290	.385
1993	Toronto	AL	138	488	124	30	0	9	(6 | 3)	181	38	55	20	2	66	2	7	3	2	2	.50	18	.254	.285	.371
1994	Toronto	AL	85	295	73	13	1	3	(3 | 0)	97	24	26	15	0	50	0	1	0	1	1	.50	7	.247	.284	.329
	7 ML YEARS		741	2295	587	127	9	53	(31 | 22)	891	204	269	111	10	362	6	19	17	6	6	.50	73	.256	.290	.388

Mike Bordick

Bats: Right **Throws:** Right **Pos:** SS **Ht:** 5'11" **Wt:** 175 **Born:** 07/21/65 **Age:** 29

					BATTING													BASERUNNING				PERCENTAGES		
Year	Team	Lg	G	AB	H	2B	3B	HR	(Hm | Rd)	TB	R	RBI	TBB	IBB	SO	HBP	SH	SF	SB	CS	SB%	GDP	Avg	OBP	SLG
1990	Oakland	AL	25	14	1	0	0	0	(0 | 0)	1	0	0	1	0	4	0	0	0	0	0	.00	0	.071	.133	.071
1991	Oakland	AL	90	235	56	5	1	0	(0 | 0)	63	21	21	14	0	37	3	12	1	3	4	.43	3	.238	.289	.268
1992	Oakland	AL	154	504	151	19	4	3	(3 | 0)	187	62	48	40	2	59	9	14	5	12	6	.67	10	.300	.358	.371
1993	Oakland	AL	159	546	136	21	2	3	(2 | 1)	170	60	48	60	2	58	11	10	6	10	10	.50	9	.249	.332	.311
1994	Oakland	AL	114	391	99	18	4	2	(1 | 1)	131	38	37	38	1	44	3	3	5	7	2	.78	9	.253	.320	.335
	5 ML YEARS		542	1690	443	63	11	8	(6 | 2)	552	181	154	153	5	202	26	39	17	32	22	.59	31	.262	.330	.327

Toby Borland

Pitches: Right **Bats:** Right **Pos:** RP **Ht:** 6'6" **Wt:** 186 **Born:** 05/29/69 **Age:** 26

			HOW MUCH HE PITCHED					WHAT HE GAVE UP										THE RESULTS					
Year	Team	Lg	G	GS	CG	GF	IP	BFP	H	R	ER	HR	SH	SF	HB	TBB	IBB	SO	WP	Bk	W	L	Pct.	ShO	Sv	ERA
1988	Martinsville	R	34	0	0	23	49	215	42	26	22	1	2	1	2	29	1	43	2	1	2	3	.400	0	12	4.04
1989	Spartanburg	A	47	0	0	46	66.2	296	62	29	22	3	2	2	7	35	1	48	15	1	4	5	.444	0	9	2.97
1990	Clearwater	A	44	0	0	23	59.2	257	44	21	15	1	7	1	3	35	4	44	6	1	1	2	.333	0	5	2.26
	Reading	AA	14	0	0	5	25	100	16	6	4	1	0	2	1	11	1	26	2	0	4	1	.800	0	0	1.44
1991	Reading	AA	59	0	0	50	76.2	358	68	31	23	2	2	5	2	56	5	72	5	3	8	3	.727	0	24	2.70
1992	Scranton/wb	AAA	27	0	0	6	27.1	131	25	23	22	2	3	1	2	26	3	25	4	0	0	1	.000	0	1	7.24
	Reading	AA	32	0	0	18	42	196	39	23	16	2	2	1	1	32	3	45	3	0	2	4	.333	0	5	3.43
1993	Scranton/wb	AAA	26	0	0	15	29.2	136	31	20	19	4	4	0	1	20	3	26	2	1	2	2	.333	0	1	5.76
	Reading	AA	44	0	0	37	53.2	219	38	17	15	2	1	2	0	20	1	74	1	0	2	2	.500	0	13	2.52
1994	Scranton-Wb	AAA	27	1	0	15	53.2	214	36	12	10	2	1	3	1	21	7	61	2	1	4	1	.800	0	4	1.68
1994	Philadelphia	NL	24	0	0	7	34.1	144	31	10	9	1	1	0	4	14	3	26	4	0	1	0	1.000	0	1	2.36

Chris Bosio

Pitches: Right **Bats:** Right **Pos:** SP **Ht:** 6'3" **Wt:** 225 **Born:** 04/03/63 **Age:** 32

			HOW MUCH HE PITCHED					WHAT HE GAVE UP										THE RESULTS					
Year	Team	Lg	G	GS	CG	GF	IP	BFP	H	R	ER	HR	SH	SF	HB	TBB	IBB	SO	WP	Bk	W	L	Pct.	ShO	Sv	ERA
1986	Milwaukee	AL	10	4	0	3	34.2	154	41	27	27	9	1	0	0	13	0	29	2	1	0	4	.000	0	0	7.01
1987	Milwaukee	AL	46	19	2	8	170	734	187	102	99	18	3	3	1	50	3	150	14	2	11	8	.579	1	2	5.24
1988	Milwaukee	AL	38	22	9	15	182	766	190	80	68	13	7	9	2	38	6	84	1	2	7	15	.318	1	6	3.36
1989	Milwaukee	AL	33	33	8	0	234.2	969	225	90	77	16	5	5	6	48	1	173	4	2	15	10	.600	2	0	2.95
1990	Milwaukee	AL	20	20	4	0	132.2	557	131	67	59	15	4	4	3	38	1	76	7	0	4	9	.308	1	0	4.00
1991	Milwaukee	AL	32	32	5	0	204.2	840	187	80	74	15	2	6	8	58	0	117	5	0	14	10	.583	1	0	3.25
1992	Milwaukee	AL	33	33	4	0	231.1	937	223	100	93	21	6	5	4	44	1	120	8	2	16	6	.727	2	0	3.62
1993	Seattle	AL	29	24	3	2	164.1	678	138	75	63	14	7	4	6	59	3	119	5	0	9	9	.500	1	1	3.45
1994	Seattle	AL	19	19	4	0	125	546	137	72	60	15	3	6	2	40	3	67	4	0	4	10	.286	0	0	4.32
	9 ML YEARS		260	206	39	28	1479.1	6181	1459	693	620	136	38	42	32	388	18	935	50	9	80	81	.497	9	9	3.77

Shawn Boskie

Pitches: Right **Bats:** Right **Pos:** SP/RP **Ht:** 6'3" **Wt:** 200 **Born:** 03/28/67 **Age:** 28

			HOW MUCH HE PITCHED					WHAT HE GAVE UP										THE RESULTS					
Year	Team	Lg	G	GS	CG	GF	IP	BFP	H	R	ER	HR	SH	SF	HB	TBB	IBB	SO	WP	Bk	W	L	Pct.	ShO	Sv	ERA
1990	Chicago	NL	15	15	1	0	97.2	415	99	42	40	8	8	2	1	31	3	49	3	2	5	6	.455	0	0	3.69
1991	Chicago	NL	28	20	0	2	129	582	150	78	75	14	8	6	5	52	4	62	1	4	4	9	.308	0	0	5.23
1992	Chicago	NL	23	18	0	2	91.2	393	96	55	51	14	9	6	4	36	3	39	5	0	5	11	.313	0	0	5.01
1993	Chicago	NL	39	2	0	10	65.2	277	63	30	25	7	4	1	7	21	2	39	5	0	5	3	.625	0	0	3.43
1994	3 ML Teams		22	15	1	1	90.2	394	92	58	51	15	2	3	3	30	3	61	7	0	4	7	.364	0	0	5.06
1994	Chicago	NL	2	0	0	0	3.2	14	3	0	0	0	0	0	0	0	0	2	1	0	0	0	.000	0	0	0.00
	Philadelphia	NL	18	14	1	1	84.1	367	85	56	49	14	2	3	3	29	2	59	6	0	4	6	.400	0	0	5.23
	Seattle	AL	2	1	0	0	2.2	13	4	2	2	1	0	0	0	1	1	0	0	0	0	1	.000	0	0	6.75
	5 ML YEARS		127	70	2	15	474.2	2061	500	263	242	58	31	18	20	170	15	250	21	4	23	36	.390	0	0	4.59

Daryl Boston

Bats: Left **Throws:** Left **Pos:** DH **Ht:** 6'3" **Wt:** 210 **Born:** 01/04/63 **Age:** 32

					BATTING													BASERUNNING				PERCENTAGES		
Year	Team	Lg	G	AB	H	2B	3B	HR	(Hm | Rd)	TB	R	RBI	TBB	IBB	SO	HBP	SH	SF	SB	CS	SB%	GDP	Avg	OBP	SLG
1984	Chicago	AL	35	83	14	3	1	0	(0 | 0)	19	8	3	4	0	20	0	0	0	6	0	1.00	0	.169	.207	.229
1985	Chicago	AL	95	232	53	13	1	3	(1 | 2)	77	20	15	14	0	44	0	0	1	8	6	.57	3	.228	.271	.332
1986	Chicago	AL	56	199	53	11	3	5	(1 | 4)	85	29	22	21	3	33	0	3	1	9	5	.64	5	.266	.335	.427
1987	Chicago	AL	103	337	87	21	2	10	(5 | 5)	142	51	29	25	2	68	0	4	3	12	6	.67	5	.258	.307	.421
1988	Chicago	AL	105	281	61	12	2	15	(6 | 9)	122	37	31	21	5	44	0	2	1	9	3	.75	5	.217	.271	.434
1989	Chicago	AL	101	218	55	3	4	5	(3 | 2)	81	34	23	24	3	31	0	4	1	7	2	.78	1	.252	.325	.372
1990	2 ML Teams		120	367	100	21	2	12	(4 | 8)	161	65	45	28	2	50	2	0	1	19	7	.73	7	.272	.327	.439
1991	New York	NL	137	255	70	16	4	4	(2 | 2)	106	40	21	30	0	42	0	0	1	15	8	.65	2	.275	.350	.416

Year	Team	Lg	G	AB	H	2B	3B	HR	(Hm	Rd)	TB	R	RBI	BB	SO	SB	CS	Avg	OBP	SLG
1992	New York	NL	130	289	72	14	2	11	(5	6)	123	37	35	38	60	3	4	.249	.338	.426
1993	Colorado	NL	124	291	76	15	1	14	(3	11)	135	46	40	26	57	2	1	.261	.325	.464
1994	New York	AL	52	77	14	2	0	4	(2	2)	28	11	14	6	20	1	0	.182	.250	.364
1990	Chicago	AL	5	1	0	0	0	0	(0	0)	0	0	0	0	0	0	0	.000	.000	.000
	New York	NL	115	366	100	21	2	12	(4	8)	161	65	45	28	50	7	0	.273	.328	.440
	11 ML YEARS		1058	2629	655	131	22	83	(32	51)	1079	378	278	237	469	50	37	.249	.312	.410

Ricky Bottalico

Pitches: Right **Bats:** Left **Pos:** RP **Ht:** 6'1" **Wt:** 200 **Born:** 08/26/69 **Age:** 25

			HOW MUCH HE PITCHED					WHAT HE GAVE UP										THE RESULTS				
Year	Team	Lg	G	GS	CG	GF	IP	BFP	H	R	ER	HR	SH	SF	HB	TBB	IBB	SO	WP	Bk	W	L	Pct.	ShO	Sv	ERA
1991	Martinsville	R	7	6	2	0	33	144	32	20	15	2	0	1	1	13	0	38	2	1	3	2	.600	1	0	4.09
	Spartanburg	A	2	2	0	0	15	52	4	0	0	0	0	0	1	2	0	11	1	0	2	0	1.000	0	0	0.00
1992	Spartanburg	A	42	11	1	24	119.2	501	94	41	32	6	6	0	3	56	0	118	5	0	5	10	.333	0	13	2.41
1993	Clearwater	A	13	0	0	9	19.2	79	19	6	6	0	0	0	0	5	0	19	0	0	1	0	1.000	0	4	2.75
	Reading	AA	49	0	0	37	72	301	63	22	18	4	4	2	2	26	3	65	3	0	3	3	.500	0	20	2.25
1994	Scranton-Wb	AAA	19	0	0	14	22.1	123	32	27	22	4	2	1	0	22	2	22	1	0	3	1	.750	0	3	8.87
	Reading	AA	38	0	0	33	42.2	165	29	13	12	6	1	1	0	10	0	51	4	0	2	2	.500	0	22	2.53
1994	Philadelphia	NL	3	0	0	3	3	13	3	0	0	0	0	0	0	1	0	3	0	0	0	0	.000	0	0	0.00

Kent Bottenfield

Pitches: Right **Bats:** Right **Pos:** RP **Ht:** 6'3" **Wt:** 237 **Born:** 11/14/68 **Age:** 26

			HOW MUCH HE PITCHED					WHAT HE GAVE UP										THE RESULTS				
Year	Team	Lg	G	GS	CG	GF	IP	BFP	H	R	ER	HR	SH	SF	HB	TBB	IBB	SO	WP	Bk	W	L	Pct.	ShO	Sv	ERA
1994	Colo. Sprng *	AAA	5	4	1	0	31	135	35	19	17	6	3	0	1	11	0	17	1	0	1	2	.333	0	0	4.94
	Phoenix *	AAA	8	5	1	0	35	143	30	13	10	3	0	0	3	11	1	11	0	0	2	1	.667	1	0	2.57
1992	Montreal	NL	10	4	0	2	32.1	135	26	9	8	1	1	2	1	11	1	14	0	0	1	2	.333	0	1	2.23
1993	2 ML Teams		37	25	1	2	159.2	710	179	102	90	24	21	4	6	71	3	63	4	1	5	10	.333	0	0	5.07
1994	2 ML Teams		16	1	0	3	26.1	121	33	18	18	2	1	0	2	10	0	15	2	0	3	1	.750	0	0	6.15
1993	Montreal	NL	23	11	0	2	83	373	93	49	38	11	11	1	5	33	2	33	4	1	2	5	.286	0	0	4.12
	Colorado	NL	14	14	1	0	76.2	337	86	53	52	13	10	3	1	38	1	30	0	0	3	5	.375	0	0	6.10
1994	Colorado	NL	15	1	0	3	24.2	112	28	16	16	1	1	0	2	10	0	15	2	0	3	1	.750	0	1	5.84
	San Francisco	NL	1	0	0	0	1.2	9	5	2	2	1	0	0	0	0	0	0	0	0	0	0	.000	0	0	10.80
	3 ML YEARS		63	30	1	7	218.1	966	238	129	116	27	23	6	9	92	4	92	6	1	9	13	.409	0	2	4.78

Denis Boucher

Pitches: Left **Bats:** Right **Pos:** RP **Ht:** 6'1" **Wt:** 195 **Born:** 03/07/68 **Age:** 27

			HOW MUCH HE PITCHED					WHAT HE GAVE UP										THE RESULTS				
Year	Team	Lg	G	GS	CG	GF	IP	BFP	H	R	ER	HR	SH	SF	HB	TBB	IBB	SO	WP	Bk	W	L	Pct.	ShO	Sv	ERA
1994	Ottawa *	AAA	18	18	0	0	114	480	110	52	47	10	3	3	2	37	1	49	1	1	7	6	.538	0	0	3.71
1991	2 ML Teams		12	12	0	0	58	270	74	41	39	12	3	1	2	24	1	29	1	4	1	7	.125	0	0	6.05
1992	Cleveland	AL	8	7	0	0	41	184	48	29	29	9	1	3	1	20	0	17	1	0	2	2	.500	0	0	6.37
1993	Montreal	NL	5	5	0	0	28.1	111	24	7	6	1	0	3	0	3	1	14	0	2	3	1	.750	0	0	1.91
1994	Montreal	NL	10	2	0	3	18.2	84	24	16	14	6	2	1	0	7	0	17	1	0	0	1	.000	0	0	6.75
1991	Toronto	AL	7	7	0	0	35.1	162	39	20	18	6	3	1	2	16	1	16	0	4	0	3	.000	0	0	4.58
	Cleveland	AL	5	5	0	0	22.2	108	35	21	21	6	0	0	0	8	0	13	1	0	1	4	.200	0	0	8.34
	4 ML YEARS		35	26	0	3	146	649	170	93	88	28	6	8	3	54	2	77	3	6	6	11	.353	0	0	5.42

Rafael Bournigal

Bats: Right **Throws:** Right **Pos:** SS **Ht:** 5'11" **Wt:** 165 **Born:** 05/12/66 **Age:** 29

			BATTING																BASERUNNING			PERCENTAGES		
Year	Team	Lg	G	AB	H	2B	3B	HR	(Hm	Rd)	TB	R	RBI	TBB	IBB	SO	HBP	SH	SF	SB	CS	SB%	GDP	Avg	OBP	SLG
1987	Great Falls	R	30	82	12	4	0	0	--	--	16	5	4	3	0	7	1	1	0	0	1	.00	1	.146	.186	.195
1988	Salem	A	70	275	86	10	1	0	--	--	98	54	25	38	0	32	0	6	2	11	6	.65	5	.313	.394	.356
1989	Vero Beach	A	132	484	128	11	1	1	--	--	144	74	37	33	0	21	3	5	3	18	13	.58	19	.264	.314	.298
1990	San Antonio	AA	69	194	41	4	2	0	--	--	49	20	14	8	0	24	0	7	2	2	1	.67	9	.211	.240	.253
1991	Vero Beach	A	20	66	16	2	0	0	--	--	18	6	3	1	0	3	0	1	1	2	1	.67	1	.242	.250	.273
	San Antonio	AA	16	65	21	2	0	0	--	--	23	6	9	2	0	7	0	1	1	2	3	.40	2	.323	.338	.354
	Albuquerque	AAA	66	215	63	5	5	0	--	--	78	34	29	14	1	10	0	8	1	4	1	.80	3	.293	.330	.363
1992	Albuquerque	AAA	122	395	128	18	1	0	--	--	148	47	34	22	5	7	5	10	4	5	3	.63	17	.324	.364	.375
1993	Albuquerque	AAA	134	465	129	25	0	4	--	--	166	75	55	29	1	18	3	8	5	3	5	.38	11	.277	.321	.357
1994	Albuquerque	AAA	61	208	69	8	0	1	--	--	80	29	22	9	1	9	0	2	1	2	3	.40	7	.332	.358	.385
1992	Los Angeles	NL	10	20	3	1	0	0	(0	0)	4	1	0	0	0	2	1	0	1	0	0	.00	0	.150	.227	.200
1993	Los Angeles	NL	8	18	9	1	0	0	(0	0)	10	0	3	0	0	2	0	0	0	0	0	.00	0	.500	.500	.556
1994	Los Angeles	NL	40	116	26	3	1	0	(0	0)	31	2	11	9	1	5	2	5	0	0	0	.00	4	.224	.291	.267
	3 ML YEARS		58	154	38	5	1	0	(0	0)	45	3	14	10	1	9	3	5	0	0	0	.00	4	.247	.305	.292

Ryan Bowen

Pitches: Right **Bats:** Right **Pos:** SP **Ht:** 6' 0" **Wt:** 185 **Born:** 02/10/68 **Age:** 27

		HOW MUCH HE PITCHED					WHAT HE GAVE UP										THE RESULTS				
Year	Team	Lg	G	GS	CG	GF	IP	BFP	H	R	ER	HR	SH	SF	HB	TBB	IBB	SO	WP	Bk	W	L	Pct.	ShO	Sv	ERA
1994	Edmonton *	AAA	5	5	0	0	19	85	22	13	13	3	0	1	0	11	0	13	1	0	1	0	1.000	0	0	6.16
	Brevard Cty *	A	2	1	0	0	6.2	28	4	3	3	0	0	0	2	3	0	5	0	0	0	1	.000	0	0	4.05
1991	Houston	NL	14	13	0	0	71.2	319	73	43	41	4	2	6	3	36	1	49	8	1	6	4	.600	0	0	5.15
1992	Houston	NL	11	9	0	2	33.2	179	48	43	41	8	3	0	2	30	3	22	5	0	0	7	.000	0	0	10.96
1993	Florida	NL	27	27	2	0	156.2	693	156	83	77	11	5	4	3	87	7	98	10	4	8	12	.400	1	0	4.42
1994	Florida	NL	8	8	1	0	47.1	208	50	28	26	9	2	2	2	19	0	32	2	0	1	5	.167	0	0	4.94
	4 ML YEARS		60	57	3	2	309.1	1399	327	197	185	32	12	12	10	172	11	201	25	5	15	28	.349	1	0	5.38

Jim Bowie

Bats: Left **Throws:** Left **Pos:** 1B **Ht:** 6' 0" **Wt:** 205 **Born:** 02/17/65 **Age:** 30

			BATTING															BASERUNNING				PERCENTAGES		
Year	Team	Lg	G	AB	H	2B	3B	HR	(Hm	Rd)	TB	R	RBI	TBB	IBB	SO	HBP	SH	SF	SB	CS	SB%	GDP	Avg	OBP	SLG
1986	Bellingham	A	72	274	76	12	1	5	--	--	105	47	68	38	1	53	2	0	11	4	1	.80	6	.277	.357	.383
1987	Wausau	A	127	448	119	26	0	10	--	--	175	56	66	56	3	67	3	3	5	8	3	.73	14	.266	.348	.391
1988	San Berndno	A	139	529	154	28	0	15	--	--	227	76	102	58	5	84	1	1	10	8	5	.62	14	.291	.356	.429
1989	Calgary	AAA	100	336	90	12	0	4	--	--	114	28	37	17	0	45	2	0	4	2	2	.50	6	.268	.304	.339
	Williamsprt	AA	11	42	11	5	0	0	--	--	16	3	1	5	0	7	0	0	0	0	0	.00	0	.262	.340	.381
1990	Williamsville	AA	128	446	122	18	0	5	--	--	155	45	48	51	6	47	3	1	3	0	2	.00	15	.274	.350	.348
1991	Jacksnville	AA	123	448	139	25	0	10	--	--	194	51	67	36	2	67	0	1	6	3	3	.50	16	.310	.357	.433
	Calgary	AAA	14	50	17	3	0	1	--	--	23	9	7	2	0	8	0	0	0	0	0	.00	1	.340	.365	.460
1992	Calgary	AAA	49	172	41	6	0	1	--	--	50	17	17	21	3	25	1	0	3	3	1	.75	6	.238	.320	.291
	Jacksnville	AA	80	276	79	16	0	10	--	--	125	36	43	41	2	40	3	1	2	0	1	.00	8	.286	.382	.453
1993	Huntsville	AA	138	501	167	33	1	14	--	--	244	77	101	56	8	52	0	1	8	8	3	.73	17	.333	.395	.487
1994	Tacoma	AAA	109	411	129	24	2	8	--	--	181	66	66	51	5	38	2	0	6	2	2	.50	17	.314	.387	.440
1994	Oakland	AL	6	14	3	0	0	0	(0	0)	3	0	0	0	0	2	0	0	1	0	0	.00	1	.214	.214	.214

Darren Bragg

Bats: Left **Throws:** Right **Pos:** LF **Ht:** 5' 9" **Wt:** 180 **Born:** 09/07/69 **Age:** 25

			BATTING															BASERUNNING				PERCENTAGES		
Year	Team	Lg	G	AB	H	2B	3B	HR	(Hm	Rd)	TB	R	RBI	TBB	IBB	SO	HBP	SH	SF	SB	CS	SB%	GDP	Avg	OBP	SLG
1991	Peninsula	A	69	237	53	14	0	3	--	--	76	42	29	66	0	72	2	1	1	21	9	.70	8	.224	.395	.321
1992	Peninsula	A	135	428	117	25	5	9	--	--	179	83	58	105	6	76	5	5	5	44	19	.70	8	.273	.418	.418
1993	Jacksnville	AA	131	451	119	26	3	11	--	--	184	74	46	81	3	82	7	4	3	19	11	.63	12	.264	.382	.408
1994	Calgary	AAA	126	500	175	33	6	17	--	--	271	112	85	68	3	72	6	3	5	28	12	.70	11	.350	.430	.542
1994	Seattle	AL	8	19	3	1	0	0	(0	0)	4	4	2	2	1	5	0	0	0	0	0	.00	0	.158	.238	.211

Jeff Branson

Bats: Left **Throws:** Right **Pos:** 2B/3B **Ht:** 6' 0" **Wt:** 180 **Born:** 01/26/67 **Age:** 28

			BATTING															BASERUNNING				PERCENTAGES		
Year	Team	Lg	G	AB	H	2B	3B	HR	(Hm | Rd)	TB	R	RBI	TBB	IBB	SO	HBP	SH	SF	SB	CS	SB%	GDP	Avg	OBP	SLG
1992	Cincinnati	NL	72	115	34	7	1	0	(0 | 0)	43	12	15	5	2	16	0	2	1	0	1	.00	4	.296	.322	.374
1993	Cincinnati	NL	125	381	92	15	1	3	(2 | 1)	118	40	22	19	2	73	0	8	4	4	1	.80	4	.241	.275	.310
1994	Cincinnati	NL	58	109	31	4	1	6	(1 | 5)	55	18	16	5	2	16	0	2	0	0	0	.00	4	.284	.316	.505
	3 ML YEARS		255	605	157	26	3	9	(3 | 6)	216	70	53	29	6	105	0	12	5	4	2	.67	12	.260	.291	.357

Jeff Brantley

Pitches: Right **Bats:** Right **Pos:** RP **Ht:** 5'10" **Wt:** 189 **Born:** 09/05/63 **Age:** 31

		HOW MUCH HE PITCHED					WHAT HE GAVE UP										THE RESULTS				
Year	Team	Lg	G	GS	CG	GF	IP	BFP	H	R	ER	HR	SH	SF	HB	TBB	IBB	SO	WP	Bk	W	L	Pct.	ShO	Sv	ERA
1988	San Francisco	NL	9	1	0	2	20.2	88	22	13	13	2	1	0	1	6	1	11	0	1	0	1	.000	0	1	5.66
1989	San Francisco	NL	59	1	0	15	97.1	422	101	50	44	10	7	3	2	37	8	69	3	2	7	1	.875	0	0	4.07
1990	San Francisco	NL	55	0	0	32	86.2	361	77	18	15	3	2	2	3	33	6	61	0	3	5	3	.625	0	19	1.56
1991	San Francisco	NL	67	0	0	39	95.1	411	78	27	26	8	4	4	5	52	10	81	6	0	5	2	.714	0	15	2.45
1992	San Francisco	NL	56	4	0	32	91.2	381	67	32	30	8	7	3	3	45	5	86	3	1	7	7	.500	0	7	2.95
1993	San Francisco	NL	53	12	0	9	113.2	496	112	60	54	19	5	5	7	46	2	76	3	4	5	6	.455	0	0	4.28
1994	Cincinnati	NL	50	0	0	35	65.1	262	46	20	18	6	5	1	0	28	5	63	1	0	6	6	.500	0	15	2.48
	7 ML YEARS		349	18	0	164	570.2	2421	503	220	200	56	31	18	21	247	37	447	16	11	35	26	.574	0	57	3.15

Sid Bream

Bats: Left **Throws:** Left **Pos:** 1B **Ht:** 6' 4" **Wt:** 220 **Born:** 08/03/60 **Age:** 34

						BATTING												BASERUNNING				PERCENTAGES		
Year	Team	Lg	G	AB	H	2B	3B	HR	(Hm | Rd)	TB	R	RBI	TBB	IBB	SO	HBP	SH	SF	SB	CS	SB%	GDP	Avg	OBP	SLG
1983	Los Angeles	NL	15	11	2	0	0	0	(0 | 0)	2	0	2	2	0	2	0	0	0	0	0	.00	1	.182	.308	.182
1984	Los Angeles	NL	27	49	9	3	0	0	(0 | 0)	12	2	6	6	2	9	0	1	2	1	0	1.00	1	.184	.263	.245
1985	2 ML Teams		50	148	34	7	0	6	(2 | 4)	59	18	21	18	5	24	0	3	2	0	2	.00	4	.230	.310	.399
1986	Pittsburgh	NL	154	522	140	37	5	16	(5 | 11)	235	73	77	60	5	73	1	1	7	13	7	.65	14	.268	.341	.450
1987	Pittsburgh	NL	149	516	142	25	3	13	(10 | 3)	212	64	65	49	11	69	0	3	4	9	8	.53	19	.275	.336	.411
1988	Pittsburgh	NL	148	462	122	37	0	10	(6 | 4)	189	50	65	47	6	64	1	4	8	9	9	.50	11	.264	.328	.409
1989	Pittsburgh	NL	19	36	8	3	0	0	(0 | 0)	11	3	4	12	0	10	0	2	0	0	4	.00	0	.222	.417	.306
1990	Pittsburgh	NL	147	389	105	23	2	15	(8 | 7)	177	39	67	48	5	65	2	4	5	8	4	.67	8	.270	.349	.455
1991	Atlanta	NL	91	265	67	12	0	11	(3 | 8)	112	32	45	25	5	31	0	4	4	0	3	.00	8	.253	.313	.423
1992	Atlanta	NL	125	372	97	25	1	10	(4 | 6)	154	30	61	46	2	51	1	3	4	6	0	1.00	3	.261	.340	.414
1993	Atlanta	NL	117	277	72	14	1	9	(5 | 4)	115	33	35	31	3	43	0	1	2	4	2	.67	6	.260	.332	.415
1994	Houston	NL	46	61	21	5	0	0	(0 | 0)	26	7	7	9	1	9	0	0	0	0	1	.00	2	.344	.429	.426
1985	Los Angeles	NL	24	53	7	0	0	3	(1 | 2)	16	4	6	7	3	10	0	2	1	0	0	.00	0	.132	.230	.302
	Pittsburgh	NL	26	95	27	7	0	3	(1 | 2)	43	14	15	11	2	14	0	1	1	0	2	.00	4	.284	.355	.453
	12 ML YEARS		1088	3108	819	191	12	90	(43 | 47)	1304	351	455	353	45	450	5	26	38	50	40	.56	75	.264	.336	.420

Billy Brewer

Pitches: Left **Bats:** Left **Pos:** RP **Ht:** 6' 1" **Wt:** 175 **Born:** 04/15/68 **Age:** 27

			HOW MUCH HE PITCHED					WHAT HE GAVE UP									THE RESULTS					
Year	Team	Lg	G	GS	CG	GF	IP	BFP	H	R	ER	HR	SH	SF	HB	TBB	IBB	SO	WP	Bk	W	L	Pct.	ShO	Sv	ERA
1990	Jamestown	A	11	2	0	4	27.2	115	23	16	9	0	1	0	1	13	0	37	2	1	2	3	.400	0	1	2.93
1991	Rockford	A	29	0	0	16	41	176	32	12	9	1	2	1	1	25	0	43	6	0	3	3	.500	0	5	1.98
1992	Wst Plm Bch	A	28	0	0	20	36.1	144	27	10	7	0	1	0	2	14	1	37	2	0	2	2	.500	0	8	1.73
	Harrisburg		20	0	0	4	23.1	114	25	15	13	1	0	1	1	18	1	18	5	0	2	0	1.000	0	0	5.01
1993	Kansas City	AL	46	0	0	14	39	157	31	16	15	6	1	1	0	20	4	28	2	1	2	2	.500	0	0	3.46
1994	Kansas City	AL	50	0	0	17	38.2	157	28	11	11	4	2	2	2	16	1	25	3	0	4	1	.800	0	3	2.56
	2 ML YEARS		96	0	0	31	77.2	314	59	27	26	10	3	3	2	36	5	53	5	1	6	3	.667	0	3	3.01

Brad Brink

Pitches: Right **Bats:** Right **Pos:** RP **Ht:** 6' 2" **Wt:** 208 **Born:** 01/20/65 **Age:** 30

			HOW MUCH HE PITCHED					WHAT HE GAVE UP									THE RESULTS					
Year	Team	Lg	G	GS	CG	GF	IP	BFP	H	R	ER	HR	SH	SF	HB	TBB	IBB	SO	WP	Bk	W	L	Pct.	ShO	Sv	ERA
1986	Reading	AA	5	4	0	0	23.2	107	22	12	10	2	3	1	1	20	2	8	0	0	0	4	.000	0	0	3.80
1987	Clearwater	A	17	17	2	0	94.1	418	99	50	40	5	4	5	2	39	0	64	1	0	4	7	.364	1	0	3.82
	Reading	AA	12	11	1	0	72	308	76	42	40	7	2	4	5	23	2	50	3	2	3	2	.600	1	0	5.00
1988	Maine	AAA	17	17	3	0	86	375	100	43	41	8	2	3	4	21	0	58	4	2	5	5	.500	1	0	4.29
1989	Scr Wil-Bar	AAA	3	3	0	0	11	49	11	7	5	0	1	1	0	6	0	3	0	0	0	1	.000	0	0	4.09
1991	Spartanburg	A	3	3	1	0	16.1	68	15	3	3	1	0	0	0	5	0	16	1	1	2	1	.667	0	0	1.65
	Clearwater	A	2	2	0	0	13	46	6	1	1	1	1	0	0	3	0	10	0	1	2	0	1.000	0	0	0.69
	Reading	AA	5	5	0	0	34	138	32	14	14	3	2	2	1	6	0	27	1	0	2	2	.500	0	0	3.71
1992	Reading	AA	3	3	0	0	13.2	59	14	6	5	0	1	0	0	3	0	12	0	0	1	1	.500	0	0	3.29
	Scranton/wb	AAA	17	17	5	0	111.1	454	100	47	43	15	0	1	2	34	0	92	3	0	8	2	.800	2	0	3.48
1993	Scranton/wb	AAA	18	18	2	0	106.2	445	104	53	50	10	6	0	5	27	1	89	0	0	7	7	.500	2	0	4.22
1994	Phoenix	AAA	23	22	0	0	128	543	140	68	59	16	4	9	3	41	3	79	2	0	7	5	.583	0	0	4.15
1992	Philadelphia	NL	8	7	0	0	41.1	187	53	27	19	2	1	0	1	13	2	16	0	0	0	4	.000	0	0	4.14
1993	Philadelphia	NL	2	0	0	1	6	24	3	2	2	1	0	0	0	3	0	8	1	0	0	0	.000	0	0	3.00
1994	San Francisco	NL	4	0	0	2	8.1	32	4	1	1	1	0	0	0	4	1	3	1	0	0	0	.000	0	0	1.08
	3 ML YEARS		14	7	0	3	55.2	243	60	30	22	4	1	0	1	20	3	27	2	0	0	4	.000	0	0	3.56

John Briscoe

Pitches: Right **Bats:** Right **Pos:** RP **Ht:** 6' 3" **Wt:** 190 **Born:** 09/22/67 **Age:** 27

			HOW MUCH HE PITCHED					WHAT HE GAVE UP									THE RESULTS					
Year	Team	Lg	G	GS	CG	GF	IP	BFP	H	R	ER	HR	SH	SF	HB	TBB	IBB	SO	WP	Bk	W	L	Pct.	ShO	Sv	ERA
1994	Modesto *	A	2	2	0	0	3	12	2	0	0	0	0	0	0	0	0	6	0	0	0	0	.000	0	0	0.00
1991	Oakland	AL	11	0	0	9	14	62	12	11	11	3	0	1	0	10	0	9	3	0	0	0	.000	0	0	7.07
1992	Oakland	AL	2	0	0	0	7	40	12	6	5	0	1	0	0	9	0	4	2	0	0	1	.000	0	0	6.43
1993	Oakland	AL	17	0	0	6	24.2	122	26	25	22	2	0	2	0	26	3	24	5	0	1	0	1.000	0	0	8.03
1994	Oakland	AL	37	0	0	8	49.1	210	31	24	22	7	1	1	1	39	2	45	8	1	4	2	.667	0	1	4.01
	4 ML YEARS		67	0	0	23	95	434	81	66	60	12	2	4	1	84	5	82	18	1	5	3	.625	0	1	5.68

Doug Brocail

Pitches: Right **Bats:** Left **Pos:** RP **Ht:** 6' 5" **Wt:** 235 **Born:** 05/16/67 **Age:** 28

			HOW MUCH HE PITCHED					WHAT HE GAVE UP											THE RESULTS				
Year	Team	Lg	G	GS	CG	GF	IP	BFP	H	R	ER	HR	SH	SF	HB	TBB	IBB	SO	WP	Bk	W	L	Pct.	ShO	Sv	ERA
1994	Wichita *	AA	2	0	0	0	4	16	3	1	0	0	0	0	0	1	0	2	0	0	0	0	.000	0	0	0.00
	Las Vegas *	AAA	7	3	0	1	12.2	59	21	12	10	1	0	0	1	2	0	8	0	0	0	0	.000	0	0	7.11
1992	San Diego	NL	3	3	0	0	14	64	17	10	10	2	2	0	0	5	0	15	0	0	0	0	.000	0	0	6.43
1993	San Diego	NL	24	24	0	0	128.1	571	143	75	65	16	10	8	4	42	4	70	4	1	4	13	.235	0	0	4.56
1994	San Diego	NL	12	0	0	4	17	78	21	13	11	1	1	1	2	5	3	11	1	1	0	0	.000	0	0	5.82
	3 ML YEARS		39	27	0	4	159.1	713	181	98	86	19	13	9	6	52	7	96	5	2	4	13	.235	0	0	4.86

Rico Brogna

Bats: Left **Throws:** Left **Pos:** 1B **Ht:** 6' 2" **Wt:** 202 **Born:** 04/18/70 **Age:** 25

						BATTING												BASERUNNING				PERCENTAGES		
Year	Team	Lg	G	AB	H	2B	3B	HR	(Hm	Rd)	TB	R	RBI	TBB	IBB	SO	HBP	SH	SF	SB	CS	SB%	GDP	Avg	OBP	SLG
1988	Bristol	R	60	209	53	11	2	7	--	--	89	37	33	25	2	42	2	2	1	3	4	.43	3	.254	.338	.426
1989	Lakeland	A	128	459	108	20	7	5	--	--	157	47	51	38	6	82	2	3	3	2	4	.33	10	.235	.295	.342
1990	London	AA	137	488	128	21	3	21	--	--	218	70	77	50	8	100	3	3	5	1	2	.33	13	.262	.332	.447
1991	London	AA	77	293	80	13	1	13	--	--	134	40	51	25	2	59	0	3	5	0	1	.00	7	.273	.325	.457
	Toledo	AAA	41	132	29	5	1	2	--	--	42	13	13	4	2	26	1	1	0	2	0	1.00	9	.220	.248	.318
1992	Toledo	AAA	121	387	101	19	4	10	--	--	158	45	58	31	2	85	1	4	5	1	1	.50	7	.261	.314	.408
1993	Toledo	AAA	129	483	132	30	3	11	--	--	201	55	59	31	2	94	2	4	4	7	4	.64	12	.273	.317	.416
1994	Norfolk	AAA	67	258	63	14	5	12	--	--	123	33	37	15	3	62	1	1	3	1	3	.25	4	.244	.285	.477
1992	Detroit	AL	9	26	5	1	0	1	(1	0)	9	3	3	3	0	5	0	0	0	0	0	.00	0	.192	.276	.346
1994	New York	NL	39	131	46	11	2	7	(2	5)	82	16	20	6	0	29	0	1	0	1	0	1.00	2	.351	.380	.626
	2 ML YEARS		48	157	51	12	2	8	(3	5)	91	19	23	9	0	34	0	1	0	1	0	1.00	2	.325	.361	.580

Jeff Bronkey

Pitches: Right **Bats:** Right **Pos:** RP **Ht:** 6' 3" **Wt:** 215 **Born:** 09/18/65 **Age:** 29

			HOW MUCH HE PITCHED					WHAT HE GAVE UP											THE RESULTS				
Year	Team	Lg	G	GS	CG	GF	IP	BFP	H	R	ER	HR	SH	SF	HB	TBB	IBB	SO	WP	Bk	W	L	Pct.	ShO	Sv	ERA
1986	Kenosha	A	14	6	1	5	49.1	221	41	24	21	5	4	2	4	30	3	25	5	0	4	6	.400	0	0	3.83
1987	Orlando	AA	24	4	1	16	48.2	239	70	40	34	5	1	5	4	28	1	23	0	0	1	6	.143	0	7	6.29
	Visalia	A	27	0	0	20	35.1	175	26	21	15	2	3	1	6	32	6	31	5	0	2	5	.286	0	5	3.82
1988	Visalia	A	43	6	1	27	85.1	382	66	44	32	0	2	1	11	67	1	58	14	1	4	6	.400	1	9	3.38
1989	Orlando	AA	16	13	0	1	61.2	294	74	53	37	2	1	3	6	35	1	47	7	3	1	2	.333	0	0	5.40
1990	Okla City	AAA	28	0	0	7	51.2	237	58	28	25	3	1	3	6	28	1	18	6	0	2	0	1.000	0	0	4.35
1991	Okla City	AAA	7	0	0	1	10	52	16	13	12	2	0	1	1	4	0	7	2	0	1	0	1.000	0	0	10.80
	Tulsa	AA	4	0	0	3	7.2	39	11	9	8	0	0	0	2	5	0	5	1	0	0	0	.000	0	0	9.39
1992	Tulsa	AA	45	0	0	34	70.2	286	51	27	20	0	6	2	3	25	4	58	6	4	2	7	.222	0	13	2.55
	Okla City	AAA	13	0	0	8	15.2	78	26	13	13	1	0	0	2	7	0	10	1	0	0	1	.000	0	3	7.47
1993	Okla City	AAA	29	0	0	26	37.1	144	29	11	11	2	0	4	0	7	2	19	2	0	2	2	.500	0	14	2.65
1993	Texas	AL	21	0	0	6	36	152	39	20	16	4	1	2	1	11	4	18	2	0	1	1	.500	0	1	4.00
1994	Milwaukee	AL	16	0	0	9	20.2	93	20	10	10	3	0	0	0	12	4	13	1	0	1	1	.500	0	1	4.35
	2 ML YEARS		37	0	0	15	56.2	245	59	30	26	7	1	2	1	23	8	31	3	0	2	2	.500	0	2	4.13

Hubie Brooks

Bats: Right **Throws:** Right **Pos:** DH **Ht:** 6' 0" **Wt:** 205 **Born:** 09/24/56 **Age:** 38

						BATTING												BASERUNNING				PERCENTAGES		
Year	Team	Lg	G	AB	H	2B	3B	HR	(Hm | Rd)	TB	R	RBI	TBB	IBB	SO	HBP	SH	SF	SB	CS	SB%	GDP	Avg	OBP	SLG
1980	New York	NL	24	81	25	2	1	1	(0 | 1)	32	8	10	5	0	9	2	1	1	1	1	.50	1	.309	.364	.395
1981	New York	NL	98	358	110	21	2	4	(2 | 2)	147	34	38	23	2	65	1	1	6	9	5	.64	9	.307	.345	.411
1982	New York	NL	126	457	114	21	2	2	(1 | 1)	146	40	40	28	5	76	5	3	5	6	3	.67	11	.249	.297	.319
1983	New York	NL	150	586	147	18	4	5	(4 | 1)	188	53	58	24	2	96	4	7	3	6	4	.60	14	.251	.284	.321
1984	New York	NL	153	561	159	23	2	16	(12 | 4)	234	61	73	48	15	79	2	0	2	6	5	.55	17	.283	.341	.417
1985	Montreal	NL	156	605	163	34	7	13	(4 | 9)	250	67	100	34	6	79	5	0	8	6	9	.40	20	.269	.310	.413
1986	Montreal	NL	80	306	104	18	5	14	(3 | 11)	174	50	58	25	3	60	2	0	5	4	2	.67	11	.340	.388	.569
1987	Montreal	NL	112	430	113	22	3	14	(9 | 5)	183	57	72	24	2	72	1	0	5	4	3	.57	7	.263	.301	.426
1988	Montreal	NL	151	588	164	35	2	20	(9 | 11)	263	61	90	35	3	108	1	0	4	7	3	.70	21	.279	.318	.447
1989	Montreal	NL	148	542	145	30	1	14	(7 | 7)	219	56	70	39	2	108	4	0	8	6	11	.35	15	.268	.317	.404
1990	Los Angeles	NL	153	568	151	28	1	20	(9 | 11)	241	74	91	33	10	108	6	0	11	2	5	.29	13	.266	.307	.424
1991	New York	NL	103	357	85	11	1	16	(4 | 12)	146	48	50	44	8	62	3	0	3	3	1	.75	7	.238	.324	.409
1992	California	AL	82	306	66	13	0	8	(2 | 6)	103	28	36	12	3	46	2	0	1	3	3	.50	10	.216	.247	.337
1993	Kansas City	AL	75	168	48	12	0	1	(0 | 1)	63	14	24	11	0	27	1	0	1	0	1	.00	5	.286	.331	.375
1994	Kansas City	AL	34	61	14	2	0	1	(0 | 1)	19	5	14	2	0	10	0	0	0	0	1	1.00	2	.230	.239	.311
	15 ML YEARS		1645	5974	1608	290	31	149	(67 | 82)	2407	656	824	387	62	1005	38	12	65	64	56	.53	163	.269	.315	.403

Scott Brosius

Bats: Right **Throws:** Right **Pos:** 3B **Ht:** 6' 1" **Wt:** 185 **Born:** 08/15/66 **Age:** 28

						BATTING												BASERUNNING				PERCENTAGES		
Year	Team	Lg	G	AB	H	2B	3B	HR	(Hm | Rd)	TB	R	RBI	TBB	IBB	SO	HBP	SH	SF	SB	CS	SB%	GDP	Avg	OBP	SLG
1991	Oakland	AL	36	68	16	5	0	2	(1 | 1)	27	9	4	3	0	11	0	1	0	3	1	.75	2	.235	.268	.397
1992	Oakland	AL	38	87	19	2	0	4	(1 | 3)	33	13	13	3	1	13	2	0	1	3	0	1.00	0	.218	.258	.379
1993	Oakland	AL	70	213	53	10	1	6	(3 | 3)	83	26	25	14	0	37	1	3	2	6	0	1.00	6	.249	.296	.390
1994	Oakland	AL	96	324	77	14	1	14	(9 | 5)	135	31	49	24	0	57	2	4	6	2	6	.25	7	.238	.289	.417
4 ML YEARS			240	692	165	31	2	26	(14 | 12)	278	79	91	44	1	118	5	8	9	14	7	.67	15	.238	.285	.402

Scott Brow

Pitches: Right **Bats:** Right **Pos:** RP **Ht:** 6' 3" **Wt:** 200 **Born:** 03/17/69 **Age:** 26

			HOW MUCH HE PITCHED						WHAT HE GAVE UP									THE RESULTS					
Year	Team	Lg	G	GS	CG	GF	IP	BFP	H	R	ER	HR	SH	SF	HB	TBB	IBB	SO	WP	Bk	W	L	Pct.	ShO	Sv	ERA
1990	St. Cath	A	9	7	0	0	39.2	165	34	18	10	2	2	0	2	11	0	39	4	0	3	1	.750	0	0	2.27
1991	Dunedin	A	15	12	0	1	69.2	306	73	50	37	5	3	3	2	28	1	31	2	5	3	7	.300	0	0	4.78
1992	Dunedin	A	25	25	3	0	170.2	690	143	53	46	8	4	5	7	44	2	107	3	3	14	2	.875	1	0	2.43
1993	Knoxville	AA	3	3	1	0	19	74	13	8	7	3	1	1	0	9	0	12	2	0	1	2	.333	0	0	3.32
	Syracuse	AAA	20	19	2	0	121.1	510	119	63	59	8	3	8	6	37	1	64	4	2	6	8	.429	0	0	4.38
1994	Syracuse	AAA	14	13	1	0	79.1	346	77	45	38	9	1	2	3	38	0	30	2	0	5	3	.625	1	0	4.31
1993	Toronto	AL	6	3	0	1	18	83	19	15	12	2	1	2	1	10	1	7	0	0	1	1	.500	0	0	6.00
1994	Toronto	AL	18	0	0	9	29	141	34	27	19	4	1	2	1	19	2	15	6	0	0	3	.000	0	2	5.90
2 ML YEARS			24	3	0	10	47	224	53	42	31	6	2	4	2	29	3	22	6	0	1	4	.200	0	2	5.94

Jarvis Brown

Bats: Right **Throws:** Right **Pos:** CF **Ht:** 5' 7" **Wt:** 170 **Born:** 03/26/67 **Age:** 28

						BATTING												BASERUNNING				PERCENTAGES		
Year	Team	Lg	G	AB	H	2B	3B	HR	(Hm	Rd)	TB	R	RBI	TBB	IBB	SO	HBP	SH	SF	SB	CS	SB%	GDP	Avg	OBP	SLG
1994	Richmond *	AAA	71	270	72	11	5	4	--	--	105	41	30	36	1	35	4	2	3	8	3	.73	4	.267	.358	.389
1991	Minnesota	AL	38	37	8	0	0	0	(0	0)	8	10	0	2	0	8	0	1	0	7	1	.88	0	.216	.256	.216
1992	Minnesota	AL	35	15	1	0	0	0	(0	0)	1	8	0	2	0	4	1	0	0	2	2	.50	0	.067	.222	.067
1993	San Diego	NL	47	133	31	9	2	0	(0	0)	44	21	8	15	0	26	6	2	1	3	3	.50	4	.233	.335	.331
1994	Atlanta	NL	17	15	2	1	0	1	(0	1)	6	3	1	0	0	2	0	1	0	0	0	.00	1	.133	.133	.400
4 ML YEARS			137	200	42	10	2	1	(0	1)	59	42	9	19	0	40	7	4	1	12	6	.67	5	.210	.300	.295

Kevin Brown

Pitches: Right **Bats:** Right **Pos:** SP **Ht:** 6' 4" **Wt:** 195 **Born:** 03/14/65 **Age:** 30

			HOW MUCH HE PITCHED						WHAT HE GAVE UP									THE RESULTS					
Year	Team	Lg	G	GS	CG	GF	IP	BFP	H	R	ER	HR	SH	SF	HB	TBB	IBB	SO	WP	Bk	W	L	Pct.	ShO	Sv	ERA
1986	Texas	AL	1	1	0	0	5	19	6	2	2	0	0	0	0	0	0	4	0	0	1	0	1.000	0	0	3.60
1988	Texas	AL	4	4	1	0	23.1	110	33	15	11	2	1	0	1	8	0	12	1	0	1	1	.500	0	0	4.24
1989	Texas	AL	28	28	7	0	191	798	167	81	71	10	3	6	4	70	2	104	7	2	12	9	.571	0	0	3.35
1990	Texas	AL	26	26	6	0	180	757	175	84	72	13	2	7	3	60	3	88	9	2	12	10	.545	2	0	3.60
1991	Texas	AL	33	33	0	0	210.2	934	233	116	103	17	6	4	13	90	5	96	12	3	9	12	.429	0	0	4.40
1992	Texas	AL	35	35	11	0	265.2	1108	262	117	98	11	7	8	10	76	2	173	8	2	21	11	.656	1	0	3.32
1993	Texas	AL	34	34	12	0	233	1001	228	105	93	14	5	3	15	74	5	142	8	1	15	12	.556	3	0	3.59
1994	Texas	AL	26	25	3	1	170	760	218	109	91	18	2	7	6	50	3	123	7	0	7	9	.438	0	0	4.82
8 ML YEARS			187	186	40	1	1278.2	5487	1322	629	541	85	26	35	52	428	20	742	52	10	78	64	.549	6	0	3.81

Jerry Browne

Bats: Both **Throws:** Right **Pos:** 3B/2B/LF **Ht:** 5'10" **Wt:** 170 **Born:** 02/03/66 **Age:** 29

						BATTING												BASERUNNING				PERCENTAGES		
Year	Team	Lg	G	AB	H	2B	3B	HR	(Hm | Rd)	TB	R	RBI	TBB	IBB	SO	HBP	SH	SF	SB	CS	SB%	GDP	Avg	OBP	SLG
1986	Texas	AL	12	24	10	2	0	0	(0 | 0)	12	6	3	1	0	4	0	0	0	0	2	.00	0	.417	.440	.500
1987	Texas	AL	132	454	123	16	6	1	(1 | 0)	154	63	38	61	0	50	2	7	2	27	17	.61	6	.271	.358	.339
1988	Texas	AL	73	214	49	9	2	1	(1 | 0)	65	26	17	25	0	32	0	3	1	7	5	.58	5	.229	.308	.304
1989	Cleveland	AL	153	598	179	31	4	5	(1 | 4)	233	83	45	68	10	64	1	14	4	14	6	.70	9	.299	.370	.390
1990	Cleveland	AL	140	513	137	26	5	6	(2 | 4)	191	92	50	72	1	46	2	12	11	12	7	.63	12	.267	.353	.372
1991	Cleveland	AL	107	290	66	5	2	1	(1 | 0)	78	28	29	27	0	29	1	12	4	2	4	.33	5	.228	.292	.269
1992	Oakland	AL	111	324	93	12	2	3	(1	2)	118	43	40	40	4	16	6	3	3	.50	7	.287	.366	.364
1993	Oakland	AL	76	260	65	13	0	2	(1 | 1)	84	27	19	22	0	17	0	2	2	4	0	1.00	9	.250	.306	.323
1994	Florida	NL	101	329	97	17	4	3	(0 | 3)	131	42	30	52	3	23	2	3	2	3	0	1.00	5	.295	.392	.398
9 ML YEARS			905	3006	819	131	25	22	(8 | 14)	1066	410	271	368	14	305	12	69	32	72	44	.62	58	.272	.351	.355

Tom Browning

Pitches: Left **Bats:** Left **Pos:** SP **Ht:** 6' 1" **Wt:** 190 **Born:** 04/28/60 **Age:** 35

		HOW MUCH HE PITCHED					WHAT HE GAVE UP										THE RESULTS			
Year Team	Lg	G	GS	CG	GF	IP	BFP	H	R	ER	HR	SH	SF	HB	TBB	IBB	SO	WP	Bk	W	L	Pct.	ShO	Sv	ERA
1984 Cincinnati	NL	3	3	0	0	23.1	95	27	4	4	0	1	0	0	5	0	14	1	0	1	0	1.000	0	0	1.54
1985 Cincinnati	NL	38	38	6	0	261.1	1083	242	111	103	29	13	7	3	73	8	155	2	0	20	9	.690	4	0	3.55
1986 Cincinnati	NL	39	39	4	0	243.1	1016	225	123	103	26	14	12	1	70	6	147	3	0	14	13	.519	2	0	3.81
1987 Cincinnati	NL	32	31	2	1	183	791	201	107	102	27	10	7	5	61	7	117	2	4	10	13	.435	0	0	5.02
1988 Cincinnati	NL	36	36	5	0	250.2	1001	205	98	95	36	6	8	7	64	3	124	2	4	18	5	.783	2	0	3.41
1989 Cincinnati	NL	37	37	9	0	249.2	1031	241	109	94	31	12	6	3	64	10	118	2	1	15	12	.556	2	0	3.39
1990 Cincinnati	NL	35	35	2	0	227.2	957	235	98	96	24	13	5	5	52	13	99	5	1	15	9	.625	1	0	3.80
1991 Cincinnati	NL	36	36	1	0	230.1	983	241	124	107	32	8	9	4	56	4	115	3	1	14	14	.500	0	0	4.18
1992 Cincinnati	NL	16	16	0	0	87	386	108	49	49	6	5	4	2	28	7	33	3	1	6	5	.545	0	0	5.07
1993 Cincinnati	NL	21	20	0	0	114	505	159	61	60	15	4	2	1	20	2	53	1	1	7	7	.500	0	0	4.74
1994 Cincinnati	NL	7	7	2	0	40.2	169	34	20	19	8	0	2	1	13	1	22	1	0	3	1	.750	1	0	4.20
11 ML YEARS		300	298	31	1	1911	8017	1918	904	832	234	86	62	32	506	61	997	25	13	123	88	.583	12	0	3.92

Jacob Brumfield

Bats: Right **Throws:** Right **Pos:** CF/LF **Ht:** 6' 0" **Wt:** 185 **Born:** 05/27/65 **Age:** 30

					BATTING													BASERUNNING				PERCENTAGES		
Year Team	Lg	G	AB	H	2B	3B	HR	(Hm | Rd)	TB	R	RBI	TBB	IBB	SO	HBP	SH	SF	SB	CS	SB%	GDP	Avg	OBP	SLG
1992 Cincinnati	NL	24	30	4	0	0	0	(0 | 0)	4	6	2	2	1	4	1	0	0	6	1	.00	0	.133	.212	.133
1993 Cincinnati	NL	103	272	73	17	3	6	(1 | 5)	114	40	23	21	4	47	1	3	2	20	8	.71	1	.268	.321	.419
1994 Cincinnati	NL	68	122	38	10	2	4	(3 | 1)	64	36	11	15	0	18	0	2	2	6	3	.67	3	.311	.381	.525
3 ML YEARS		195	424	115	27	5	10	(4 | 6)	182	82	36	38	5	69	2	5	4	32	11	.74	4	.271	.331	.429

Duff Brumley

Pitches: Right **Bats:** Right **Pos:** RP **Ht:** 6' 4" **Wt:** 220 **Born:** 08/25/70 **Age:** 24

		HOW MUCH HE PITCHED					WHAT HE GAVE UP										THE RESULTS			
Year Team	Lg	G	GS	CG	GF	IP	BFP	H	R	ER	HR	SH	SF	HB	TBB	IBB	SO	WP	Bk	W	L	Pct.	ShO	Sv	ERA
1990 Johnson Cy	R	12	11	0	0	55.2	263	61	48	40	4	0	3	3	29	0	43	0	1	2	6	.250	0	0	6.47
1991 Hamilton	A	15	15	0	0	89	384	90	49	36	7	1	4	5	24	0	80	5	2	2	6	.250	0	0	3.64
1992 Hamilton	A	9	9	2	0	59.2	234	38	19	18	3	1	3	2	21	0	83	0	1	6	0	1.000	0	0	2.72
Savannah	A	5	5	0	0	31	128	17	9	6	1	1	2	0	14	0	46	2	2	2	1	.667	0	0	1.74
1993 St.Pete	A	8	8	0	0	56	203	26	5	4	2	2	0	2	13	0	67	1	0	5	1	.833	0	0	0.64
Arkansas	AA	12	12	2	0	69.1	292	57	30	27	9	3	1	1	26	5	79	2	1	4	5	.444	1	0	3.50
Tulsa	AA	6	6	0	0	41.1	165	30	13	9	4	1	1	2	9	1	42	2	0	3	2	.600	0	0	1.96
1994 Okla. City	AAA	29	15	0	11	101.1	470	107	71	62	9	5	12	8	64	0	100	8	1	3	6	.333	0	2	5.51
1994 Texas	AL	2	0	0	1	3.1	22	6	6	6	1	0	2	0	5	0	4	0	0	0	0	.000	0	0	16.20

Mike Brumley

Bats: Both **Throws:** Right **Pos:** 2B **Ht:** 5'10" **Wt:** 175 **Born:** 04/09/63 **Age:** 32

					BATTING													BASERUNNING				PERCENTAGES		
Year Team	Lg	G	AB	H	2B	3B	HR	(Hm | Rd)	TB	R	RBI	TBB	IBB	SO	HBP	SH	SF	SB	CS	SB%	GDP	Avg	OBP	SLG
1994 Tacoma*	AAA	13	49	13	4	1	0	--	--	22	11	5	7	0	9	0	0	0	3	1	.75	3	.265	.357	.449
Edmonton*	AAA	72	263	76	20	3	11	--	--	135	43	36	29	0	58	0	1	2	5	2	.71	3	.289	.357	.513
1987 Chicago	NL	39	104	21	2	2	1	(0 | 1)	30	8	9	10	1	30	1	1	1	7	1	.88	2	.202	.276	.288
1989 Detroit	AL	92	212	42	5	2	1	(1 | 0)	54	33	11	14	0	45	1	3	0	8	4	.67	4	.198	.251	.255
1990 Seattle	AL	62	147	33	5	4	0	(0 | 0)	46	19	7	10	0	22	0	4	1	2	0	1.00	5	.224	.272	.313
1991 Boston	AL	63	118	25	5	0	0	(0 | 0)	30	16	5	10	0	22	0	4	0	2	0	1.00	1	.212	.273	.254
1992 Boston	AL	2	1	0	0	0	0	(0 | 0)	0	0	0	0	0	0	0	0	0	0	0	.00	0	.000	.000	.000
1993 Houston	NL	8	10	3	0	0	0	(0 | 0)	3	1	2	0	0	3	0	0	0	0	1	.00	0	.300	.364	.300
1994 Oakland	AL	11	25	6	0	0	0	(0 | 0)	6	0	2	1	0	8	0	0	0	0	0	.00	0	.240	.269	.240
7 ML YEARS		277	617	130	17	8	2	(1 | 1)	169	77	36	46	1	130	2	12	2	19	6	.76	11	.211	.267	.274

Tom Brunansky

Bats: Right **Throws:** Right **Pos:** RF/LF **Ht:** 6' 4" **Wt:** 220 **Born:** 08/20/60 **Age:** 34

					BATTING													BASERUNNING				PERCENTAGES		
Year Team	Lg	G	AB	H	2B	3B	HR	(Hm | Rd)	TB	R	RBI	TBB	IBB	SO	HBP	SH	SF	SB	CS	SB%	GDP	Avg	OBP	SLG
1981 California	AL	11	33	5	0	0	3	(1 | 2)	14	7	6	8	0	10	0	0	0	1	0	1.00	0	.152	.317	.424
1982 Minnesota	AL	127	463	126	30	1	20	(10 | 10)	218	77	46	71	0	101	8	1	2	2	4	.33	12	.272	.377	.471
1983 Minnesota	AL	151	542	123	24	5	28	(8 | 20)	241	70	82	61	4	95	4	1	3	2	5	.29	13	.227	.308	.445
1984 Minnesota	AL	155	567	144	21	0	32	(14 | 18)	261	75	85	57	2	94	0	0	5	4	5	.44	15	.254	.320	.460
1985 Minnesota	AL	157	567	137	28	4	27	(12 | 15)	254	71	90	71	7	86	0	0	13	5	3	.63	12	.242	.320	.448
1986 Minnesota	AL	157	593	152	28	1	23	(15 | 8)	251	69	75	53	4	98	1	1	7	12	4	.75	15	.256	.315	.423
1987 Minnesota	AL	155	532	138	22	2	32	(19 | 13)	260	83	85	74	5	104	4	0	4	11	11	.50	12	.259	.352	.489

Year	Team	Lg	G	AB	H	2B	3B	HR	(Hm	Rd)	TB	R	RBI	TBB	IBB	SO	HBP	SH	SF	SB	CS	SB%	GDP	Avg	OBP	SLG
1988	2 ML Teams		157	572	137	23	4	23	(7	16)	237	74	85	86	6	93	4	1	6	17	8	.68	17	.240	.340	.414
1989	St. Louis	NL	158	556	133	29	3	20	(4	16)	228	67	85	59	3	107	2	0	5	5	9	.36	10	.239	.312	.410
1990	2 ML Teams		148	518	132	27	5	16	(13	3)	217	66	73	66	7	115	4	0	9	5	10	.33	13	.255	.338	.419
1991	Boston	AL	142	459	105	24	1	16	(10	6)	179	54	70	49	2	72	3	0	8	1	2	.33	8	.229	.303	.390
1992	Boston	AL	138	458	122	31	3	15	(10	5)	204	47	74	66	2	96	0	2	7	2	5	.29	11	.266	.354	.445
1993	Milwaukee	AL	80	224	41	7	3	6	(2	4)	72	20	29	25	0	59	0	2	0	3	4	.43	5	.183	.265	.321
1994	2 ML Teams		64	205	48	12	1	10	(4	6)	92	24	34	24	1	57	0	0	4	0	2	.00	3	.234	.309	.449
1988	Minnesota	AL	14	49	9	1	0	1	(0	1)	13	5	6	7	0	11	0	0	0	1	2	.33	0	.184	.286	.265
	St. Louis	NL	143	523	128	22	4	22	(7	15)	224	69	79	79	6	82	4	1	6	16	6	.73	17	.245	.345	.428
1990	St. Louis	NL	19	57	9	3	0	1	(0	1)	15	5	2	12	0	10	1	0	1	0	0	.00	1	.158	.310	.263
	Boston	AL	129	461	123	24	5	15	(13	2)	202	61	71	54	7	105	3	0	8	5	10	.33	12	.267	.342	.438
1994	Milwaukee	AL	16	28	6	2	0	0	(0	0)	8	2	0	1	0	9	0	0	1	0	0	.00	0	.214	.241	.286
	Boston	AL	48	177	42	10	1	10	(4	6)	84	22	34	23	1	48	0	0	2	0	2	.00	2	.237	.319	.475
	14 ML YEARS		1800	6289	1543	306	33	271	(129	142)	2728	804	919	770	43	1187	30	8	72	69	70	.50	146	.245	.327	.434

Gary Buckels

Pitches: Right **Bats:** Both **Pos:** RP **Ht:** 6' 0" **Wt:** 185 **Born:** 07/22/65 **Age:** 29

			HOW MUCH HE PITCHED					WHAT HE GAVE UP										THE RESULTS					
Year	Team	Lg	G	GS	CG	GF	IP	BFP	H	R	ER	HR	SH	SF	HB	TBB	IBB	SO	WP	Bk	W	L	Pct.	ShO	Sv	ERA
1987	Salem	A	31	0	0	17	56	257	53	34	26	1	2	0	0	38	3	63	8	0	4	6	.400	0	0	4.18
1988	Quad City	A	46	0	0	25	79.2	334	66	32	28	3	3	3	2	29	1	109	6	5	14	3	.824	0	6	3.16
	Midland	AA	7	0	0	5	12.1	46	5	2	1	0	0	0	1	4	0	9	0	0	0	0	.000	0	1	0.73
1989	Midland	AA	32	0	0	25	36.2	141	24	7	6	0	0	0	0	14	2	32	3	0	2	1	.667	0	12	1.47
	Edmonton	AAA	24	0	0	18	24.1	116	29	23	23	4	1	2	1	19	2	14	2	0	0	3	.000	0	5	8.51
1990	Edmonton	AAA	53	0	0	29	67	290	66	38	34	8	4	4	0	32	7	61	3	0	2	7	.222	0	10	4.57
1991	Edmonton	AAA	51	0	0	21	56	244	66	27	26	5	3	1	0	20	5	34	6	0	5	3	.625	0	7	4.18
1993	Louisville	AAA	40	4	0	7	88	394	116	58	53	12	5	1	1	25	6	64	9	0	4	2	.667	0	5	5.42
1994	St. Pete	A	1	0	0	0	2	7	0	0	0	0	0	0	0	1	0	4	0	0	0	0	.000	0	0	0.00
	Louisville	AAA	48	0	0	11	77.1	313	69	32	28	4	3	1	1	21	1	69	9	0	7	2	.778	0	2	3.26
1994	St. Louis	NL	10	0	0	3	12	51	8	5	3	2	1	0	0	7	1	9	0	0	0	1	.000	0	0	2.25

Steve Buechele

Bats: Right **Throws:** Right **Pos:** 3B **Ht:** 6' 2" **Wt:** 200 **Born:** 09/26/61 **Age:** 33

									BATTING											BASERUNNING				PERCENTAGES		
Year	Team	Lg	G	AB	H	2B	3B	HR	(Hm	Rd)	TB	R	RBI	TBB	IBB	SO	HBP	SH	SF	SB	CS	SB%	GDP	Avg	OBP	SLG
1985	Texas	AL	69	219	48	6	3	6	(5	1)	78	22	21	14	2	38	2	0	1	3	2	.60	11	.219	.271	.356
1986	Texas	AL	153	461	112	19	2	18	(6	12)	189	54	54	35	1	98	5	9	3	5	8	.38	10	.243	.302	.410
1987	Texas	AL	136	363	86	20	0	13	(6	7)	145	45	50	28	3	66	1	4	4	2	2	.50	7	.237	.290	.399
1988	Texas	AL	155	503	126	21	4	16	(8	8)	203	68	58	65	6	79	5	6	0	2	4	.33	8	.250	.342	.404
1989	Texas	AL	155	486	114	22	2	16	(7	9)	188	60	59	36	0	107	5	2	1	1	3	.25	21	.235	.294	.387
1990	Texas	AL	91	251	54	10	0	7	(5	2)	85	30	30	27	1	63	2	7	2	1	0	1.00	5	.215	.294	.339
1991	2 ML Teams		152	530	139	22	3	22	(9	13)	233	74	85	49	4	97	7	11	3	0	5	.00	14	.262	.331	.440
1992	2 ML Teams		145	524	137	23	4	9	(4	5)	195	52	64	52	6	105	7	4	3	1	3	.25	10	.261	.334	.372
1993	Chicago	NL	133	460	125	27	2	15	(8	7)	201	53	65	48	5	87	5	4	3	1	1	.50	12	.272	.345	.437
1994	Chicago	NL	104	339	82	11	1	14	(7	7)	137	33	52	39	2	80	4	2	3	1	0	1.00	8	.242	.325	.404
1991	Texas	AL	121	416	111	17	2	18	(7	11)	186	58	66	39	4	69	5	10	2	0	4	.00	11	.267	.335	.447
	Pittsburgh	NL	31	114	28	5	1	4	(2	2)	47	16	19	10	0	28	2	1	1	0	1	.00	3	.246	.315	.412
1992	Pittsburgh	NL	80	285	71	14	1	8	(3	5)	111	27	43	34	4	61	2	2	2	0	2	.00	5	.249	.331	.389
	Chicago	NL	65	239	66	9	3	1	(1	0)	84	25	21	18	2	44	5	2	1	1	1	.50	5	.276	.338	.351
	10 ML YEARS		1293	4136	1023	181	21	136	(65	71)	1654	491	538	393	30	820	43	49	23	17	28	.38	106	.247	.318	.400

Damon Buford

Bats: Right **Throws:** Right **Pos:** LF **Ht:** 5'10" **Wt:** 170 **Born:** 06/12/70 **Age:** 25

									BATTING											BASERUNNING				PERCENTAGES		
Year	Team	Lg	G	AB	H	2B	3B	HR	(Hm	Rd)	TB	R	RBI	TBB	IBB	SO	HBP	SH	SF	SB	CS	SB%	GDP	Avg	OBP	SLG
1990	Wausau	A	41	160	48	7	2	1	--	--	62	31	14	21	1	32	4	1	2	15	4	.79	1	.300	.390	.388
1991	Frederick	A	133	505	138	25	6	8	--	--	199	71	54	51	1	92	10	7	2	50	14	.78	5	.273	.350	.394
1992	Hagerstown	AA	101	373	89	17	3	1	--	--	115	53	30	42	0	62	1	7	3	41	12	.77	6	.239	.315	.308
	Rochester	AAA	45	155	44	10	2	1	--	--	61	29	12	14	0	23	1	2	1	23	4	.85	5	.284	.345	.394
1993	Rochester	AAA	27	116	33	6	1	1	--	--	44	24	4	7	0	16	0	1	0	10	2	.83	0	.284	.325	.379
1994	Rochester	AAA	111	452	122	21	4	16	--	--	199	89	66	35	2	81	7	3	4	31	6	.84	3	.270	.329	.440
1993	Baltimore	AL	53	79	18	5	0	2	(0	2)	29	18	9	9	0	19	1	0	0	2	0	.50	1	.228	.315	.367
1994	Baltimore	AL	4	2	1	0	0	0	(0	0)	1	2	0	1	0	1	0	0	0	0	0	.00	0	.500	.500	.500
	2 ML YEARS		57	81	19	5	0	2	(0	2)	30	20	9	10	0	20	1	0	0	2	0	.50	1	.235	.319	.370

Jay Buhner

Bats: Right **Throws:** Right **Pos:** RF　　　　　　　　　　　　**Ht:** 6' 3" **Wt:** 210 **Born:** 08/13/64 **Age:** 30

			BATTING															BASERUNNING				PERCENTAGES		
Year Team	Lg	G	AB	H	2B	3B	HR	(Hm | Rd)	TB	R	RBI	TBB	IBB	SO	HBP	SH	SF	SB	CS	SB%	GDP	Avg	OBP	SLG
1987 New York	AL	7	22	5	2	0	0	(0 | 0)	7	0	1	1	0	6	0	0	0	0	0	.00	1	.227	.261	.318
1988 2 ML Teams		85	261	56	13	1	13	(8 | 5)	110	36	38	28	1	93	6	1	3	1	1	.50	5	.215	.302	.421
1989 Seattle	AL	58	204	56	15	1	9	(7 | 2)	100	27	33	19	0	55	2	0	1	1	4	.20	0	.275	.341	.490
1990 Seattle	AL	51	163	45	12	0	7	(2 | 5)	78	16	33	17	1	50	4	0	1	2	2	.50	6	.276	.357	.479
1991 Seattle	AL	137	406	99	14	4	27	(14 | 13)	202	64	77	53	5	117	6	2	4	0	1	.00	10	.244	.337	.498
1992 Seattle	AL	152	543	132	16	3	25	(9 | 16)	229	69	79	71	2	146	6	1	8	0	6	.00	12	.243	.333	.422
1993 Seattle	AL	158	563	153	28	3	27	(13 | 14)	268	91	98	100	11	144	2	2	8	2	5	.29	12	.272	.379	.476
1994 Seattle	AL	101	358	100	23	4	21	(8 | 13)	194	74	68	66	3	63	5	2	5	0	1	.00	7	.279	.394	.542
1988 New York	AL	25	69	13	0	0	3	(1 | 2)	22	8	13	3	0	25	3	0	1	0	0	.00	1	.188	.250	.319
Seattle	AL	60	192	43	13	1	10	(7 | 3)	88	28	25	25	1	68	3	1	2	1	1	.50	4	.224	.320	.458
8 ML YEARS		749	2520	646	123	16	129	(61 | 68)	1188	377	427	355	23	674	31	8	30	6	20	.23	53	.256	.351	.471

Jim Bullinger

Pitches: Right **Bats:** Right **Pos:** RP/SP　　　　　　　　　　　**Ht:** 6' 2" **Wt:** 185 **Born:** 08/21/65 **Age:** 29

		HOW MUCH HE PITCHED					WHAT HE GAVE UP											THE RESULTS					
Year Team	Lg	G	GS	CG	GF	IP	BFP	H	R	ER	HR	SH	SF	HB	TBB	IBB	SO	WP	Bk	W	L	Pct.	ShO	Sv	ERA
1992 Chicago	NL	39	9	1	15	85	380	72	46	44	9	9	4	4	54	6	36	4	0	2	8	.200	0	7	4.66
1993 Chicago	NL	15	0	0	6	16.2	75	18	9	8	1	0	1	0	9	0	10	0	0	1	0	1.000	0	0	4.32
1994 Chicago	NL	33	10	1	10	100	412	87	43	40	6	3	3	1	34	2	72	4	1	6	2	.750	0	2	3.60
3 ML YEARS		87	19	2	31	201.2	867	177	101	92	16	12	8	5	97	8	118	8	1	9	10	.474	0	10	4.11

Dave Burba

Pitches: Right **Bats:** Right **Pos:** RP　　　　　　　　　　　　**Ht:** 6' 4" **Wt:** 240 **Born:** 07/07/66 **Age:** 28

		HOW MUCH HE PITCHED					WHAT HE GAVE UP											THE RESULTS					
Year Team	Lg	G	GS	CG	GF	IP	BFP	H	R	ER	HR	SH	SF	HB	TBB	IBB	SO	WP	Bk	W	L	Pct.	ShO	Sv	ERA
1990 Seattle	AL	6	0	0	2	8	35	8	6	4	0	2	0	1	2	0	4	0	0	0	0	.000	0	0	4.50
1991 Seattle	AL	22	2	0	11	36.2	153	34	16	15	6	0	0	0	14	3	16	1	0	2	2	.500	0	1	3.68
1992 San Francisco	NL	23	11	0	4	70.2	318	80	43	39	4	2	4	2	31	2	47	1	1	2	7	.222	0	0	4.97
1993 San Francisco	NL	54	5	0	9	95.1	408	95	49	45	14	6	3	3	37	5	88	4	0	10	3	.769	0	0	4.25
1994 San Francisco	NL	57	0	0	13	74	322	59	39	36	5	3	1	6	45	3	84	3	0	3	6	.333	0	0	4.38
5 ML YEARS		162	18	0	39	284.2	1236	276	153	139	29	13	8	12	129	13	239	9	1	17	18	.486	0	1	4.39

John Burkett

Pitches: Right **Bats:** Right **Pos:** SP　　　　　　　　　　　　**Ht:** 6' 3" **Wt:** 211 **Born:** 11/28/64 **Age:** 30

		HOW MUCH HE PITCHED					WHAT HE GAVE UP											THE RESULTS					
Year Team	Lg	G	GS	CG	GF	IP	BFP	H	R	ER	HR	SH	SF	HB	TBB	IBB	SO	WP	Bk	W	L	Pct.	ShO	Sv	ERA
1987 San Francisco	NL	3	0	0	1	6	28	7	4	3	2	1	0	1	3	0	5	0	0	0	0	.000	0	0	4.50
1990 San Francisco	NL	33	32	2	1	204	857	201	92	86	18	6	5	4	61	7	118	3	3	14	7	.667	0	0	3.79
1991 San Francisco	NL	36	34	3	0	206.2	890	223	103	96	19	8	8	10	60	2	131	5	0	12	11	.522	1	0	4.18
1992 San Francisco	NL	32	32	3	0	189.2	799	194	96	81	13	11	4	4	45	6	107	0	0	13	9	.591	1	0	3.84
1993 San Francisco	NL	34	34	2	0	231.2	942	224	100	94	18	8	4	11	40	4	145	1	2	22	7	.759	0	0	3.65
1994 San Francisco	NL	25	25	0	0	159.1	676	176	72	64	14	12	5	7	36	7	85	2	0	6	8	.429	0	0	3.62
6 ML YEARS		163	157	10	2	997.1	4192	1025	467	424	84	46	26	37	245	26	591	11	5	67	42	.615	3	1	3.83

Ellis Burks

Bats: Right **Throws:** Right **Pos:** CF　　　　　　　　　　　　**Ht:** 6' 2" **Wt:** 205 **Born:** 09/11/64 **Age:** 30

			BATTING															BASERUNNING				PERCENTAGES		
Year Team	Lg	G	AB	H	2B	3B	HR	(Hm | Rd)	TB	R	RBI	TBB	IBB	SO	HBP	SH	SF	SB	CS	SB%	GDP	Avg	OBP	SLG
1994 Colo. Sprng *	AAA	2	8	4	1	0	1	--	--	8	4	2	2	0	1	0	0	0	0	0	.00	1	.500	.600	1.000
1987 Boston	AL	133	558	152	30	2	20	(11 | 9)	246	94	59	41	0	98	2	4	1	27	6	.82	1	.272	.324	.441
1988 Boston	AL	144	540	159	37	5	18	(8 | 10)	260	93	92	62	1	89	3	4	6	25	9	.74	8	.294	.367	.481
1989 Boston	AL	97	399	121	19	6	12	(6 | 6)	188	73	61	36	0	52	5	2	4	21	5	.81	8	.303	.365	.471
1990 Boston	AL	152	588	174	33	8	21	(10 | 11)	286	89	89	48	4	82	1	2	2	9	11	.45	18	.296	.349	.486
1991 Boston	AL	130	474	119	33	3	14	(8 | 6)	200	56	56	39	2	81	6	2	3	6	11	.35	7	.251	.314	.422
1992 Boston	AL	66	235	60	8	3	8	(4 | 4)	98	35	30	25	2	48	1	0	0	5	2	.71	5	.255	.327	.417
1993 Chicago	AL	146	499	137	24	4	17	(7 | 10)	220	75	74	60	2	97	4	3	8	6	9	.40	11	.275	.352	.441
1994 Colorado	NL	42	149	48	8	3	13	(7 | 6)	101	33	24	16	3	39	0	0	0	3	1	.75	3	.322	.388	.678
8 ML YEARS		910	3442	970	192	34	123	(61 | 62)	1599	548	485	327	16	586	22	17	26	102	54	.65	61	.282	.346	.465

Jeromy Burnitz

Bats: Left **Throws:** Right **Pos:** RF **Ht:** 6' 0" **Wt:** 190 **Born:** 04/15/69 **Age:** 26

								BATTING										BASERUNNING				PERCENTAGES		
Year	Team	Lg	G	AB	H	2B	3B	HR	(Hm	Rd)	TB	R	RBI	TBB	IBB	SO	HBP	SH	SF	SB	CS	SB%	GDP	Avg	OBP	SLG
1990	Pittsfield	A	51	173	52	6	5	6	--	--	86	37	22	45	5	39	3	0	4	12	5	.71	3	.301	.444	.497
	St. Lucie	A	11	32	5	1	0	0	--	--	6	6	3	7	0	12	4	0	0	1	0	1.00	0	.156	.372	.188
1991	Williamsprt	AA	135	457	103	16	10	31	--	--	232	80	85	104	4	127	4	0	8	31	13	.70	7	.225	.368	.508
1992	Tidewater	AAA	121	445	108	21	3	8	--	--	159	56	40	33	2	84	3	2	3	30	7	.81	7	.243	.298	.357
1993	Norfolk	AAA	65	255	58	15	3	8	--	--	103	33	44	25	2	53	2	0	3	10	7	.59	6	.227	.298	.404
1994	Norfolk	AAA	85	314	75	15	5	14	--	--	142	58	49	49	4	82	1	2	2	18	6	.75	0	.239	.340	.452
1993	New York	NL	86	263	64	10	6	13	(6	7)	125	49	38	38	4	66	1	2	2	3	6	.33	2	.243	.339	.475
1994	New York	NL	45	143	34	4	0	3	(2	1)	47	26	15	23	0	45	1	1	0	1	1	.50	2	.238	.347	.329
	2 ML YEARS		131	406	98	14	6	16	(8	8)	172	75	53	61	4	111	2	3	2	4	7	.36	4	.241	.342	.424

Terry Burrows

Pitches: Left **Bats:** Left **Pos:** RP **Ht:** 6' 0" **Wt:** 195 **Born:** 11/28/68 **Age:** 26

			HOW MUCH HE PITCHED					WHAT HE GAVE UP										THE RESULTS					
Year	Team	Lg	G	GS	CG	GF	IP	BFP	H	R	ER	HR	SH	SF	HB	TBB	IBB	SO	WP	Bk	W	L	Pct.	ShO	Sv	ERA
1990	Butte	R	14	11	1	1	62.2	275	56	35	28	1	3	1	0	35	0	64	6	2	3	6	.333	0	0	4.02
1991	Gastonia	A	27	26	0	0	147.2	614	107	79	73	11	3	0	5	78	0	151	6	6	12	8	.600	0	0	4.45
1992	Charlotte	A	14	14	0	0	80	327	71	22	18	2	2	1	0	25	1	66	5	4	4	2	.667	0	0	2.03
	Tulsa	AA	14	13	1	0	76	314	66	22	18	3	0	0	0	35	0	59	4	0	6	3	.667	0	0	2.13
	Okla City	AAA	1	1	0	0	8	30	3	1	1	1	0	0	0	5	0	0	0	0	1	0	1.000	0	0	1.13
1993	Okla City	AAA	27	25	1	0	138	645	171	101	98	19	8	7	2	76	0	74	8	5	7	15	.318	0	0	6.39
1994	Okla City	AAA	44	5	0	15	82.1	353	75	43	39	9	4	3	4	37	3	57	4	5	3	5	.375	0	1	4.26
1994	Texas	AL	1	0	0	1	1	5	1	1	1	1	0	0	0	1	0	1	0	0	0	0	.000	0	0	9.00

Mike Butcher

Pitches: Right **Bats:** Right **Pos:** RP **Ht:** 6' 1" **Wt:** 200 **Born:** 05/10/66 **Age:** 29

			HOW MUCH HE PITCHED					WHAT HE GAVE UP										THE RESULTS					
Year	Team	Lg	G	GS	CG	GF	IP	BFP	H	R	ER	HR	SH	SF	HB	TBB	IBB	SO	WP	Bk	W	L	Pct.	ShO	Sv	ERA
1994	Vancouver *	AAA	19	0	0	13	28.2	125	29	14	12	2	1	0	2	11	0	30	3	1	5	1	.833	0	5	3.77
1992	California	AL	19	0	0	6	27.2	125	29	11	10	3	0	0	2	13	1	24	0	0	2	2	.500	0	0	3.25
1993	California	AL	23	0	0	11	28.1	124	21	12	9	2	1	3	2	15	1	24	0	0	1	0	1.000	0	8	2.86
1994	California	AL	33	0	0	12	29.2	140	31	24	22	2	2	0	2	23	5	19	2	0	2	1	.667	0	1	6.67
	3 ML YEARS		75	0	0	29	85.2	389	81	47	41	7	3	3	6	51	7	67	2	0	5	3	.625	0	9	4.31

Brett Butler

Bats: Left **Throws:** Left **Pos:** CF **Ht:** 5'10" **Wt:** 161 **Born:** 06/15/57 **Age:** 38

								BATTING										BASERUNNING				PERCENTAGES		
Year	Team	Lg	G	AB	H	2B	3B	HR	(Hm | Rd)	TB	R	RBI	TBB	IBB	SO	HBP	SH	SF	SB	CS	SB%	GDP	Avg	OBP	SLG
1981	Atlanta	NL	40	126	32	2	3	0	(0 | 0)	40	17	4	19	0	17	0	0	0	9	1	.90	0	.254	.352	.317
1982	Atlanta	NL	89	240	52	2	0	0	(0 | 0)	54	35	7	25	0	35	0	3	0	21	8	.72	1	.217	.291	.225
1983	Atlanta	NL	151	549	154	21	13	5	(4 | 1)	216	84	37	54	3	56	2	3	5	39	23	.63	5	.281	.344	.393
1984	Cleveland	AL	159	602	162	25	9	3	(1 | 2)	214	108	49	86	1	62	4	11	6	52	22	.70	6	.269	.361	.355
1985	Cleveland	AL	152	591	184	28	14	5	(1 | 4)	255	106	50	63	2	42	1	8	3	47	20	.70	8	.311	.377	.431
1986	Cleveland	AL	161	587	163	17	14	4	(0 | 4)	220	92	51	70	1	65	4	17	5	32	15	.68	8	.278	.356	.375
1987	Cleveland	AL	137	522	154	25	8	9	(4 | 5)	222	91	41	91	0	55	1	2	2	33	16	.67	3	.295	.399	.425
1988	San Francisco	NL	157	568	163	27	9	6	(1 | 5)	226	109	43	97	4	64	4	8	2	43	20	.68	2	.287	.393	.398
1989	San Francisco	NL	154	594	168	22	4	4	(2 | 2)	210	100	36	59	2	69	3	13	3	31	16	.66	4	.283	.349	.354
1990	San Francisco	NL	160	622	192	20	9	3	(3 | 0)	239	108	44	90	1	62	6	7	7	51	19	.73	3	.309	.397	.384
1991	Los Angeles	NL	161	615	182	13	5	2	(2 | 0)	211	112	38	108	4	79	1	4	2	38	28	.58	3	.296	.401	.343
1992	Los Angeles	NL	157	553	171	14	11	3	(1 | 2)	216	86	39	95	2	67	3	24	1	41	21	.66	4	.309	.413	.391
1993	Los Angeles	NL	156	607	181	21	10	1	(0 | 1)	225	80	42	86	1	69	5	14	3	39	19	.67	6	.298	.387	.371
1994	Los Angeles	NL	111	417	131	13	9	8	(6 | 2)	186	79	33	68	0	52	2	7	2	27	8	.77	2	.314	.411	.446
	14 ML YEARS		1945	7193	2089	250	118	53	(21 | 32)	2734	1207	514	1011	21	794	36	121	42	503	236	.68	55	.290	.379	.380

Rob Butler

Bats: Left **Throws:** Left **Pos:** LF/CF **Ht:** 5'11" **Wt:** 185 **Born:** 04/10/70 **Age:** 25

								BATTING										BASERUNNING				PERCENTAGES		
Year	Team	Lg	G	AB	H	2B	3B	HR	(Hm	Rd)	TB	R	RBI	TBB	IBB	SO	HBP	SH	SF	SB	CS	SB%	GDP	Avg	OBP	SLG
1991	St.Cathrnes	A	76	311	105	16	5	7	--	--	152	71	45	20	5	21	2	6	3	31	15	.67	2	.338	.378	.489
1992	Dunedin	A	92	391	140	13	7	4	--	--	179	67	41	22	2	36	2	2	1	19	14	.58	7	.358	.394	.458
1993	Syracuse	AAA	55	208	59	11	2	1	--	--	77	30	14	15	2	29	3	3	2	7	5	.58	6	.284	.338	.370
1994	Syracuse	AAA	25	95	25	6	1	1	--	--	36	16	11	8	1	12	1	0	0	2	0	1.00	5	.263	.321	.379
1993	Toronto	AL	17	48	13	4	0	0	(0	0)	17	8	2	7	0	12	1	0	0	2	2	.50	2	.271	.375	.354
1994	Toronto	AL	41	74	13	0	1	0	(0	0)	15	13	5	7	0	8	1	4	2	0	1	.00	3	.176	.250	.203
	2 ML YEARS		58	122	26	4	1	0	(0	0)	32	21	7	14	0	20	2	4	2	2	3	.40	5	.213	.300	.262

Greg Cadaret

Pitches: Left **Bats:** Left **Pos:** RP **Ht:** 6' 3" **Wt:** 215 **Born:** 02/27/62 **Age:** 33

			HOW MUCH HE PITCHED					WHAT HE GAVE UP										THE RESULTS					
Year	Team	Lg	G	GS	CG	GF	IP	BFP	H	R	ER	HR	SH	SF	HB	TBB	IBB	SO	WP	Bk	W	L	Pct.	ShO	Sv	ERA
1987	Oakland	AL	29	0	0	7	39.2	176	37	22	20	6	2	2	1	24	1	30	1	0	6	2	.750	0	0	4.54
1988	Oakland	AL	58	0	0	16	71.2	311	60	26	23	2	5	3	1	36	1	64	5	3	5	2	.714	0	3	2.89
1989	2 ML Teams		46	13	3	7	120	531	130	62	54	7	3	5	2	57	4	80	6	2	5	5	.500	1	0	4.05
1990	New York	AL	54	6	0	9	121.1	525	120	62	56	8	9	4	1	64	5	80	14	0	5	4	.556	0	3	4.15
1991	New York	AL	68	5	0	17	121.2	517	110	52	49	8	6	3	2	59	6	105	3	1	8	6	.571	0	3	3.62
1992	New York	AL	46	11	1	9	103.2	471	104	53	49	12	3	3	2	74	7	73	5	1	4	8	.333	1	1	4.25
1993	2 ML Teams		47	0	0	18	48	220	54	24	23	3	4	0	2	30	5	25	2	0	3	2	.600	0	1	4.31
1994	2 ML Teams		38	0	0	17	40	191	41	24	21	4	0	0	0	33	5	29	9	0	1	1	.500	0	2	4.72
1989	Oakland	AL	26	0	0	6	27.2	119	21	9	7	0	0	2	0	19	3	14	0	0	0	0	.000	0	0	2.28
	New York	AL	20	13	3	1	92.1	412	109	53	47	7	3	3	2	38	1	66	6	2	5	5	.500	1	0	4.58
1993	Cincinnati	NL	34	0	0	15	32.2	158	40	19	18	3	3	0	1	23	5	23	2	0	2	1	.667	0	1	4.96
	Kansas City	AL	13	0	0	3	15.1	62	14	5	5	0	1	0	1	7	0	2	0	0	1	1	.500	0	0	2.93
1994	Toronto	AL	21	0	0	8	20	100	24	15	13	4	0	0	0	17	2	15	6	0	0	1	.000	0	0	5.85
	Detroit	AL	17	0	0	9	20	91	17	9	8	0	0	0	0	16	3	14	3	0	1	0	1.000	0	2	3.60
8 ML YEARS			386	35	4	100	666	2942	656	325	295	50	32	20	11	377	34	486	45	7	37	30	.552	2	13	3.99

Ken Caminiti

Bats: Both **Throws:** Right **Pos:** 3B **Ht:** 6' 0" **Wt:** 200 **Born:** 04/21/63 **Age:** 32

			BATTING															BASERUNNING				PERCENTAGES		
Year	Team	Lg	G	AB	H	2B	3B	HR	(Hm | Rd)	TB	R	RBI	TBB	IBB	SO	HBP	SH	SF	SB	CS	SB%	GDP	Avg	OBP	SLG
1987	Houston	NL	63	203	50	7	1	3	(2 | 1)	68	10	23	12	1	44	1	0	2	0	0	.00	6	.246	.287	.335
1988	Houston	NL	30	83	15	2	0	1	(0 | 1)	20	5	7	5	0	18	0	0	1	0	0	.00	3	.181	.225	.241
1989	Houston	NL	161	585	149	31	3	10	(3 | 7)	216	71	72	51	9	93	3	3	4	4	1	.80	8	.255	.316	.369
1990	Houston	NL	153	541	131	20	2	4	(2 | 2)	167	52	51	48	7	97	0	3	4	9	4	.69	15	.242	.302	.309
1991	Houston	NL	152	574	145	30	3	13	(9 | 4)	220	65	80	46	7	85	5	3	4	4	5	.44	18	.253	.312	.383
1992	Houston	NL	135	506	149	31	2	13	(7 | 6)	223	68	62	44	13	68	1	2	4	10	4	.71	14	.294	.350	.441
1993	Houston	NL	143	543	142	31	0	13	(5 | 8)	212	75	75	49	10	88	0	1	3	8	5	.62	15	.262	.321	.390
1994	Houston	NL	111	406	115	28	2	18	(6 | 12)	201	63	75	43	13	71	2	0	3	4	3	.57	8	.283	.352	.495
8 ML YEARS			948	3441	896	180	13	75	(34 | 41)	1327	409	445	298	60	564	11	14	24	39	22	.64	87	.260	.319	.386

Kevin Campbell

Pitches: Right **Bats:** Right **Pos:** RP **Ht:** 6' 2" **Wt:** 225 **Born:** 12/06/64 **Age:** 30

			HOW MUCH HE PITCHED					WHAT HE GAVE UP										THE RESULTS					
Year	Team	Lg	G	GS	CG	GF	IP	BFP	H	R	ER	HR	SH	SF	HB	TBB	IBB	SO	WP	Bk	W	L	Pct.	ShO	Sv	ERA
1994	Salt Lake *	AAA	29	0	0	23	40	175	39	17	16	1	3	4	1	14	1	35	2	0	3	2	.600	0	7	3.60
1991	Oakland	AL	14	0	0	2	23	94	13	7	7	4	1	0	1	14	0	16	0	0	1	0	1.000	0	0	2.74
1992	Oakland	AL	32	5	0	6	65	297	66	39	37	4	3	2	0	45	3	38	2	0	2	3	.400	0	1	5.12
1993	Oakland	AL	11	0	0	4	16	77	20	13	13	1	0	1	1	11	1	9	0	0	0	0	.000	0	0	7.31
1994	Minnesota	AL	14	0	0	5	24.2	97	20	8	8	2	2	3	1	5	0	15	2	0	1	0	1.000	0	0	2.92
4 ML YEARS			71	5	0	17	128.2	565	119	67	65	11	6	6	3	75	4	78	4	0	4	3	.571	0	1	4.55

Mike Campbell

Pitches: Right **Bats:** Right **Pos:** SP **Ht:** 6' 3" **Wt:** 215 **Born:** 02/17/64 **Age:** 31

			HOW MUCH HE PITCHED					WHAT HE GAVE UP										THE RESULTS					
Year	Team	Lg	G	GS	CG	GF	IP	BFP	H	R	ER	HR	SH	SF	HB	TBB	IBB	SO	WP	Bk	W	L	Pct.	ShO	Sv	ERA
1994	Las Vegas *	AAA	32	19	1	6	137	610	170	78	73	20	5	9	2	38	3	128	8	0	9	7	.563	0	0	4.80
1987	Seattle	AL	9	9	1	0	49.1	215	41	29	26	9	2	3	2	25	2	35	1	1	1	4	.200	0	0	4.74
1988	Seattle	AL	20	20	2	0	114.2	507	128	81	75	18	2	5	0	43	1	63	4	4	6	10	.375	0	0	5.89
1989	Seattle	AL	5	5	0	0	21	103	28	22	17	4	0	0	0	10	0	6	0	0	1	2	.333	0	0	7.29
1992	Texas	AL	1	0	0	0	3.2	15	3	4	4	1	0	0	0	2	0	2	0	0	1	0	1.000	0	0	9.82
1994	San Diego	NL	3	2	0	0	8.1	43	13	12	12	5	1	0	0	5	0	10	0	0	1	1	.500	0	0	12.96
5 ML YEARS			38	36	3	0	197	883	213	148	134	37	5	8	2	85	3	116	5	5	9	18	.333	0	0	6.12

Tom Candiotti

Pitches: Right **Bats:** Right **Pos:** SP **Ht:** 6' 2" **Wt:** 220 **Born:** 08/31/57 **Age:** 37

			HOW MUCH HE PITCHED					WHAT HE GAVE UP										THE RESULTS					
Year	Team	Lg	G	GS	CG	GF	IP	BFP	H	R	ER	HR	SH	SF	HB	TBB	IBB	SO	WP	Bk	W	L	Pct.	ShO	Sv	ERA
1983	Milwaukee	AL	10	8	2	1	55.2	233	62	21	20	4	0	2	2	16	0	21	0	0	4	4	.500	1	0	3.23
1984	Milwaukee	AL	8	6	0	0	32.1	147	38	21	19	5	0	0	0	10	0	23	1	0	2	2	.500	0	0	5.29
1986	Cleveland	AL	36	34	17	1	252.1	1078	234	112	100	18	3	9	8	106	0	167	12	4	16	12	.571	3	0	3.57
1987	Cleveland	AL	32	32	7	0	201.2	888	193	132	107	28	8	10	4	93	2	111	13	2	7	18	.280	2	0	4.78
1988	Cleveland	AL	31	31	11	0	216.2	903	225	86	79	15	12	5	6	53	3	137	5	7	14	8	.636	1	0	3.28
1989	Cleveland	AL	31	31	4	0	206	847	188	80	71	10	6	4	4	55	5	124	4	8	13	10	.565	0	0	3.10
1990	Cleveland	AL	31	29	3	1	202	856	207	92	82	23	4	3	6	55	1	128	9	3	15	11	.577	0	0	3.65

Year	Team	Lg	G	AB	H	2B	3B	HR	(Hm	Rd)	TB	R	RBI	TBB	IBB	SO	HBP	SH	SF	SB	CS	SB%	GDP	Avg	OBP	SLG
1991	2 ML Teams		34	34	6	0					238	981	202	82	70	12	4	11	6	73	1	167	11	0	13	13	.500	0	0	2.65
1992	Los Angeles	NL	32	30	6	1					203.2	839	177	78	68	13	20	6	3	63	5	152	9	2	11	15	.423	2	0	3.00
1993	Los Angeles	NL	33	32	2	0					213.2	898	192	86	74	12	15	9	6	71	1	155	6	0	8	10	.444	0	0	3.12
1994	Los Angeles	NL	23	22	5	0					153	652	149	77	70	9	9	8	5	54	2	102	9	0	7	7	.500	0	0	4.12
1991	Cleveland	AL	15	15	3	0					108.1	442	88	35	27	6	1	7	2	28	0	86	6	0	7	6	.538	0	0	2.24
	Toronto	AL	19	19	3	0					129.2	539	114	47	43	6	3	4	4	45	1	81	5	0	6	7	.462	0	0	2.98
	11 ML YEARS		301	289	63	4					1975	8322	1867	867	760	149	81	67	50	649	20	1287	79	26	110	110	.500	10	0	3.46

John Cangelosi

Bats: Both Throws: Left Pos: LF/CF/RF   Ht: 5' 8" Wt: 160 Born: 03/10/63 Age: 32

								BATTING												BASERUNNING			PERCENTAGES		
Year	Team	Lg	G	AB	H	2B	3B	HR	(Hm | Rd)	TB	R	RBI	TBB	IBB	SO	HBP	SH	SF	SB	CS	SB%	GDP	Avg	OBP	SLG
1985	Chicago	AL	5	2	0	0	0	0	(0 | 0)	0	2	0	0	0	1	1	1	0	0	0	.00	0	.000	.333	.000
1986	Chicago	AL	137	438	103	16	3	2	(1 | 1)	131	65	32	71	0	61	7	6	3	50	17	.75	5	.235	.349	.299
1987	Pittsburgh	NL	104	182	50	8	3	4	(2 | 2)	76	44	19	46	1	33	3	1	1	21	6	.78	3	.275	.427	.418
1988	Pittsburgh	NL	75	118	30	4	1	0	(0 | 0)	36	18	8	17	0	16	1	3	0	9	4	.69	0	.254	.353	.305
1989	Pittsburgh	NL	112	160	35	4	2	0	(0 | 0)	43	18	9	35	2	20	3	1	2	11	8	.58	1	.219	.365	.269
1990	Pittsburgh	NL	58	76	15	2	0	0	(0 | 0)	17	13	1	11	0	12	1	2	0	7	2	.78	2	.197	.307	.224
1992	Texas	AL	73	85	16	2	0	1	(0 | 1)	21	12	6	18	0	16	0	3	0	6	5	.55	0	.188	.330	.247
1994	New York	NL	62	111	28	4	0	0	(0 | 0)	32	14	4	19	1	20	2	3	0	5	1	.83	1	.252	.371	.288
	8 ML YEARS		626	1172	277	40	9	7	(3 | 4)	356	186	78	217	4	179	18	20	6	109	43	.72	12	.236	.362	.304

Jose Canseco

Bats: Right Throws: Right Pos: DH   Ht: 6' 4" Wt: 240 Born: 07/02/64 Age: 30

								BATTING												BASERUNNING			PERCENTAGES		
Year	Team	Lg	G	AB	H	2B	3B	HR	(Hm | Rd)	TB	R	RBI	TBB	IBB	SO	HBP	SH	SF	SB	CS	SB%	GDP	Avg	OBP	SLG
1985	Oakland	AL	29	96	29	3	0	5	(4 | 1)	47	16	13	4	0	31	0	0	0	1	1	.50	1	.302	.330	.490
1986	Oakland	AL	157	600	144	29	1	33	(14 | 19)	274	85	117	65	1	175	8	0	9	15	7	.68	12	.240	.318	.457
1987	Oakland	AL	159	630	162	35	3	31	(16 | 15)	296	81	113	50	2	157	2	0	9	15	3	.83	16	.257	.310	.470
1988	Oakland	AL	158	610	187	34	0	42	(16 | 26)	347	120	124	78	10	128	10	1	6	40	16	.71	15	.307	.391	.569
1989	Oakland	AL	65	227	61	9	1	17	(8 | 9)	123	40	57	23	4	69	2	0	6	6	3	.67	4	.269	.333	.542
1990	Oakland	AL	131	481	132	14	2	37	(18 | 19)	261	83	101	72	8	158	5	0	5	19	10	.66	9	.274	.371	.543
1991	Oakland	AL	154	572	152	32	1	44	(16 | 28)	318	115	122	78	8	152	9	0	6	26	6	.81	16	.266	.359	.556
1992	2 ML Teams		119	439	107	15	0	26	(15	11)	200	74	87	63	2	128	6	0	6	7	.46	16	.244	.344	.456
1993	Texas	AL	60	231	59	14	1	10	(6 | 4)	105	30	46	16	2	62	3	0	3	6	6	.50	6	.255	.308	.455
1994	Texas	AL	111	429	121	19	2	31	(16 | 15)	237	88	90	69	8	114	5	0	2	15	8	.65	20	.282	.386	.552
1992	Oakland	AL	97	366	90	11	0	22	(12 | 10)	167	66	72	48	1	104	3	0	4	5	7	.42	15	.246	.335	.456
	Texas	AL	22	73	17	4	0	4	(3 | 1)	33	8	15	15	1	24	3	0	0	1	0	1.00	1	.233	.385	.452
	10 ML YEARS		1143	4315	1154	204	11	276	(130 | 146)	2208	732	870	518	45	1174	50	1	50	149	67	.69	115	.267	.349	.512

Cris Carpenter

Pitches: Right Bats: Right Pos: RP   Ht: 6' 1" Wt: 190 Born: 04/05/65 Age: 30

			HOW MUCH HE PITCHED					WHAT HE GAVE UP									THE RESULTS					
Year	Team	Lg	G	GS	CG	GF	IP	BFP	H	R	ER	HR	SH	SF	HB	TBB	IBB	SO	WP	Bk	W	L	Pct.	ShO	Sv	ERA
1988	St. Louis	NL	8	8	1	0	47.2	203	56	27	25	3	1	4	1	9	2	24	1	0	2	3	.400	0	0	4.72
1989	St. Louis	NL	36	5	0	10	68	303	70	30	24	4	4	4	2	26	9	35	1	0	4	4	.500	0	0	3.18
1990	St. Louis	NL	4	0	0	1	8	32	5	4	4	2	0	0	0	2	1	6	0	0	0	0	.000	0	0	4.50
1991	St. Louis	NL	59	0	0	19	66	266	53	31	31	6	3	2	0	20	9	47	1	0	10	4	.714	0	0	4.23
1992	St. Louis	NL	73	0	0	21	88	355	69	29	29	10	8	3	4	27	8	46	5	0	5	4	.556	0	1	2.97
1993	2 ML Teams		56	0	0	17	69.1	293	64	30	27	5	2	4	4	25	3	53	7	0	4	2	.667	0	1	3.50
1994	Texas	AL	47	0	0	16	59	263	69	35	33	7	3	3	0	20	7	39	1	0	2	5	.286	0	5	5.03
1993	Florida	NL	29	0	0	9	37.1	154	29	15	12	1	1	1	2	13	2	26	5	0	0	1	.000	0	1	2.89
	Texas	AL	27	0	0	8	32	139	35	15	15	4	1	3	2	12	1	27	2	0	4	1	.800	0	0	4.22
	7 ML YEARS		283	13	1	84	406	1715	386	186	173	37	21	20	11	129	39	250	16	0	27	22	.551	0	7	3.83

Chuck Carr

Bats: Both Throws: Right Pos: CF   Ht: 5'10" Wt: 165 Born: 08/10/68 Age: 26

								BATTING												BASERUNNING			PERCENTAGES		
Year	Team	Lg	G	AB	H	2B	3B	HR	(Hm | Rd)	TB	R	RBI	TBB	IBB	SO	HBP	SH	SF	SB	CS	SB%	GDP	Avg	OBP	SLG
1990	New York	NL	4	2	0	0	0	0	(0 | 0)	0	0	0	0	0	2	0	0	0	1	0	1.00	0	.000	.000	.000
1991	New York	NL	12	11	2	0	0	0	(0 | 0)	2	1	1	0	0	2	0	0	0	1	0	1.00	0	.182	.182	.182
1992	St. Louis	NL	22	64	14	3	0	0	(0 | 0)	17	8	3	9	0	6	0	3	0	10	2	.83	0	.219	.315	.266
1993	Florida	NL	142	551	147	19	2	4	(3 | 1)	182	75	41	49	0	74	2	7	4	58	22	.73	6	.267	.327	.330
1994	Florida	NL	106	433	114	19	2	2	(1 | 1)	143	61	30	22	1	71	5	6	2	32	8	.80	5	.263	.305	.330
	5 ML YEARS		286	1061	277	41	4	6	(4 | 2)	344	145	75	80	1	155	7	16	6	102	32	.76	11	.261	.315	.324

Hector Carrasco

Pitches: Right **Bats:** Right **Pos:** RP **Ht:** 6' 2" **Wt:** 175 **Born:** 10/22/69 **Age:** 25

		HOW MUCH HE PITCHED					WHAT HE GAVE UP									THE RESULTS					
Year	Team	Lg	G	GS	CG	GF	IP	BFP	H	R	ER	HR	SH	SF	HB	TBB	IBB	SO	WP	Bk	W	L	Pct.	ShO	Sv	ERA
1988	Mets	R	14	2	0	3	36.2	166	37	29	17	0	1	2	1	13	0	21	5	0	0	2	.000	0	0	4.17
1989	Kingsport	R	12	10	0	1	53.1	258	69	49	34	6	2	1	1	34	1	55	4	5	1	6	.143	0	0	5.74
1990	Kingsport	R	3	1	0	0	6.2	27	8	3	3	1	0	0	0	1	0	5	2	0	0	0	.000	0	0	4.05
1991	Pittsfield	A	12	1	0	5	23.1	120	25	17	14	1	1	2	1	21	0	20	7	0	0	1	.000	0	1	5.40
1992	Asheville	A	49	0	0	30	78.1	338	66	30	26	5	6	3	3	47	6	67	11	3	5	5	.500	0	8	2.99
1993	Kane County	A	28	28	0	0	149	673	153	90	68	11	6	4	11	76	6	127	12	1	6	12	.333	0	0	4.11
1994	Cincinnati	NL	45	0	0	29	56.1	237	42	17	14	3	5	0	2	30	1	41	3	1	5	6	.455	0	6	2.24

Mark Carreon

Bats: Right **Throws:** Left **Pos:** RF **Ht:** 6' 0" **Wt:** 195 **Born:** 07/09/63 **Age:** 31

							BATTING											BASERUNNING				PERCENTAGES		
Year	Team	Lg	G	AB	H	2B	3B	HR	(Hm | Rd)	TB	R	RBI	TBB	IBB	SO	HBP	SH	SF	SB	CS	SB%	GDP	Avg	OBP	SLG
1987	New York	NL	9	12	3	0	0	0	(0 | 0)	3	0	1	0	0	1	0	0	0	0	1	.00	0	.250	.308	.250
1988	New York	NL	7	9	5	2	0	1	(0 | 1)	10	5	1	2	0	1	0	0	0	0	0	.00	0	.556	.636	1.111
1989	New York	NL	68	133	41	6	0	6	(4 | 2)	65	20	16	12	0	17	1	0	0	2	3	.40	1	.308	.370	.489
1990	New York	NL	82	188	47	6	0	10	(1 | 9)	89	30	26	15	0	29	2	0	0	1	0	1.00	1	.250	.312	.473
1991	New York	NL	106	254	66	6	0	4	(3 | 1)	84	18	21	12	2	26	2	1	1	2	1	.67	13	.260	.297	.331
1992	Detroit	AL	101	336	78	11	1	10	(5 | 5)	121	34	41	22	2	57	1	1	4	3	1	.75	12	.232	.278	.360
1993	San Francisco	NL	78	150	49	9	1	7	(2 | 5)	81	22	33	13	2	16	1	0	5	1	0	1.00	8	.327	.373	.540
1994	San Francisco	NL	51	100	27	4	0	3	(2 | 1)	40	8	20	7	0	20	2	0	2	0	0	.00	1	.270	.324	.400
	8 ML YEARS		502	1182	316	50	2	41	(17 | 24)	493	137	159	84	6	167	9	2	12	9	6	.60	36	.267	.318	.417

Matias Carrillo

Bats: Left **Throws:** Left **Pos:** RF/LF **Ht:** 5'11" **Wt:** 190 **Born:** 02/24/63 **Age:** 32

							BATTING											BASERUNNING				PERCENTAGES		
Year	Team	Lg	G	AB	H	2B	3B	HR	(Hm	Rd)	TB	R	RBI	TBB	IBB	SO	HBP	SH	SF	SB	CS	SB%	GDP	Avg	OBP	SLG
1990	Denver	AAA	21	75	20	6	2	2	--	--	36	15	10	2	0	16	0	0	1	0	2	.00	2	.267	.282	.480
1991	Denver	AAA	120	421	116	18	5	8	--	--	168	56	56	32	2	84	0	5	3	11	13	.46	11	.276	.325	.399
1991	Milwaukee	AL	3	0	0	0	0	0	(0	0)	0	0	0	0	0	0	0	0	0	0	0	.00	0	.000	.000	.000
1993	Florida	NL	24	55	14	6	0	0	(0	0)	20	4	3	1	0	7	1	1	0	0	0	.00	0	.255	.281	.364
1994	Florida	NL	80	136	34	7	0	0	(0	0)	41	13	9	9	0	31	0	0	1	3	3	.50	5	.250	.295	.301
	3 ML YEARS		107	191	48	13	0	0	(0	0)	61	17	12	10	0	38	1	1	1	3	3	.50	10	.251	.291	.319

Andy Carter

Pitches: Left **Bats:** Left **Pos:** RP **Ht:** 6' 5" **Wt:** 200 **Born:** 11/09/68 **Age:** 26

			HOW MUCH HE PITCHED						WHAT HE GAVE UP											THE RESULTS					
Year	Team	Lg	G	GS	CG	GF	IP	BFP	H	R	ER	HR	SH	SF	HB	TBB	IBB	SO	WP	Bk	W	L	Pct.	ShO	Sv	ERA
1987	Utica	A	12	1	0	1	28.2	140	27	25	18	1	1	2	4	19	0	19	2	1	0	1	.000	0	0	5.65
1988	Spartanburg	A	25	25	4	0	156.2	657	110	55	40	7	5	1	6	75	0	99	5	3	11	6	.647	1	0	2.30
1989	Clearwater	A	12	12	2	0	68.2	310	73	46	37	3	4	7	6	32	0	31	5	2	1	5	.167	0	0	4.85
	Spartanburg	A	15	15	1	0	90.2	393	73	38	33	5	2	2	3	51	0	72	7	1	6	5	.545	1	0	3.28
1990	Clearwater	A	26	26	2	0	131	582	121	82	71	8	3	7	9	69	2	90	10	1	4	14	.222	0	0	4.88
1991	Reading	AA	20	20	1	0	102.1	452	86	57	55	10	1	3	8	57	0	64	5	1	11	5	.688	0	0	4.84
1992	Reading	AA	7	6	0	0	25.1	127	37	28	26	3	2	0	1	15	0	17	3	0	0	4	.000	0	0	9.24
	Clearwater	A	16	13	1	1	87	340	60	30	18	2	3	2	4	13	1	68	9	0	3	4	.429	1	0	1.86
1993	Reading	AA	4	4	0	0	22.1	90	15	8	7	1	1	1	1	12	0	16	0	0	1	1	.500	0	0	2.82
	Scranton/wb	AAA	30	13	0	6	109	462	104	59	55	7	2	4	8	35	0	68	10	1	7	7	.500	0	1	4.54
1994	Scranton-Wb	AAA	25	0	0	14	31	125	22	10	9	1	2	0	1	13	1	27	5	0	1	0	1.000	0	2	2.61
1994	Philadelphia	NL	20	0	0	7	34.1	149	34	18	17	5	1	3	6	12	2	18	0	0	0	2	.000	0	0	4.46

Joe Carter

Bats: Right **Throws:** Right **Pos:** RF **Ht:** 6' 3" **Wt:** 215 **Born:** 03/07/60 **Age:** 35

							BATTING											BASERUNNING				PERCENTAGES		
Year	Team	Lg	G	AB	H	2B	3B	HR	(Hm | Rd)	TB	R	RBI	TBB	IBB	SO	HBP	SH	SF	SB	CS	SB%	GDP	Avg	OBP	SLG
1983	Chicago	NL	23	51	9	1	1	0	(0 | 0)	12	6	1	0	0	21	0	1	0	1	0	1.00	1	.176	.176	.235
1984	Cleveland	AL	66	244	67	6	1	13	(9 | 4)	114	32	41	11	0	48	1	0	1	2	4	.33	2	.275	.307	.467
1985	Cleveland	AL	143	489	128	27	0	15	(5 | 10)	200	64	59	25	2	74	2	3	4	24	6	.80	9	.262	.298	.409
1986	Cleveland	AL	162	663	200	36	9	29	(14 | 15)	341	108	121	32	3	95	5	1	8	29	7	.81	8	.302	.335	.514
1987	Cleveland	AL	149	588	155	27	2	32	(9 | 23)	282	83	106	27	6	105	9	1	4	31	6	.84	8	.264	.304	.480
1988	Cleveland	AL	157	621	168	36	6	27	(16 | 11)	297	85	98	35	6	82	7	1	6	27	5	.84	6	.271	.314	.478
1989	Cleveland	AL	162	651	158	32	4	35	(16 | 19)	303	84	105	39	8	112	8	2	5	13	5	.72	6	.243	.292	.465
1990	San Diego	NL	162	634	147	27	1	24	(12 | 12)	248	79	115	48	18	93	7	0	8	22	6	.79	12	.232	.290	.391

Year	Team	Lg	G	IP	H	R	ER	HR	SH	SF	HB	TBB	IBB	SO	WP	Bk	W	L	Pct.	ShO	Sv	ERA
1991	Toronto	AL	162	638 174 42 3 33 (23 10) 321	89	108	49	12			112	10	0	9	20	9	.69	6	.273	.330	.503
1992	Toronto	AL	158	622 164 30 7 34 (21 13) 310	97	119	36	4			109	11	1	13	12	5	.71	14	.264	.309	.498
1993	Toronto	AL	155	603 153 33 5 33 (21 12) 295	92	121	47	5			113	9	0	10	8	3	.73	10	.254	.312	.489
1994	Toronto	AL	111	435 118 25 2 27 (18 9) 228	70	103	33	6			64	2	0	13	11	0	1.00	6	.271	.317	.524
	12 ML YEARS		1610	6239 1641 322 41 302 (164 138) 2951	889	1097	382	70			1028	71	10	81	200	56	.78	88	.263	.309	.473

Larry Casian

Pitches: Left **Bats:** Right **Pos:** RP **Ht:** 6'0" **Wt:** 173 **Born:** 10/28/65 **Age:** 29

			HOW MUCH HE PITCHED					WHAT HE GAVE UP										THE RESULTS			
Year	Team	Lg	G	GS	CG	GF	IP	BFP	H	R	ER	HR	SH	SF	HB	TBB	IBB	SO	WP	Bk	W	L	Pct.	ShO	Sv	ERA
1990	Minnesota	AL	5	3	0	1	22.1	90	26	9	8	2	0	1	0	4	0	11	0	0	2	1	.667	0	0	3.22
1991	Minnesota	AL	15	0	0	4	18.1	87	28	16	15	4	0	0	1	7	2	6	2	0	0	0	.000	0	0	7.36
1992	Minnesota	AL	6	0	0	1	6.2	28	7	2	2	0	0	0	0	1	0	2	0	0	1	0	1.000	0	0	2.70
1993	Minnesota	AL	54	0	0	8	56.2	241	59	23	19	1	3	3	1	14	2	31	2	0	5	3	.625	0	1	3.02
1994	2 ML Teams		40	0	0	10	49	231	73	43	40	12	7	2	2	16	3	20	1	0	1	5	.167	0	1	7.35
1994	Minnesota	AL	33	0	0	8	40.2	188	57	34	32	11	6	2	2	12	2	18	0	0	1	3	.250	0	0	7.08
	Cleveland	AL	7	0	0	2	8.1	43	16	9	8	1	1	0	0	4	1	2	1	0	0	2	.000	0	0	8.64
	5 ML YEARS		120	3	0	24	153	677	193	93	84	19	10	6	4	42	7	70	5	0	9	9	.500	0	2	4.94

Vinny Castilla

Bats: Right **Throws:** Right **Pos:** SS/2B **Ht:** 6'1" **Wt:** 185 **Born:** 07/04/67 **Age:** 27

			BATTING														BASERUNNING				PERCENTAGES		
Year	Team	Lg	G	AB	H	2B	3B	HR	(Hm Rd)	TB	R	RBI	TBB	IBB	SO	HBP	SH	SF	SB	CS	SB%	GDP	Avg	OBP	SLG
1994	Colo. Sprng*	AAA	22	78	19	6	1	1	-- --	30	13	11	7	0	11	1	1	3	0	0	.00	6	.244	.303	.385
1991	Atlanta	NL	12	5	1	0	0	0	(0 0)	1	1	0	0	0	2	0	1	0	0	0	.00	0	.200	.200	.200
1992	Atlanta	NL	9	16	4	1	0	0	(0 0)	5	1	1	1	0	4	1	0	0	0	0	.00	0	.250	.333	.313
1993	Colorado	NL	105	337	86	9	7	9	(5 4)	136	36	30	13	4	45	2	0	5	2	5	.29	10	.255	.283	.404
1994	Colorado	NL	52	130	43	11	1	3	(1 2)	65	16	18	7	1	23	0	1	3	2	1	.67	3	.331	.357	.500
	4 ML YEARS		178	488	134	21	8	12	(6 6)	207	54	49	21	6	74	3	2	8	4	6	.40	13	.275	.304	.424

Frank Castillo

Pitches: Right **Bats:** Right **Pos:** SP **Ht:** 6'1" **Wt:** 190 **Born:** 04/01/69 **Age:** 26

			HOW MUCH HE PITCHED						WHAT HE GAVE UP											THE RESULTS					
Year	Team	Lg	G	GS	CG	GF	IP	BFP	H	R	ER	HR	SH	SF	HB	TBB	IBB	SO	WP	Bk	W	L	Pct.	ShO	Sv	ERA
1994	Daytona*	A	1	1	0	0	4	19	7	3	2	0	0	0	0	0	0	1	0	0	0	1	.000	0	0	4.50
	Orlando*	AA	1	1	0	0	7	27	4	2	1	0	1	0	1	1	0	2	0	0	1	0	1.000	0	0	1.29
	Iowa*	AAA	11	11	0	0	66	266	57	30	24	9	0	4	1	5	0	64	3	2	4	2	.667	0	0	3.27
1991	Chicago	NL	18	18	4	0	111.2	467	107	56	54	5	6	3	0	33	2	73	5	1	6	7	.462	0	0	4.35
1992	Chicago	NL	33	33	0	0	205.1	856	179	91	79	19	11	5	6	63	6	135	11	0	10	11	.476	0	0	3.46
1993	Chicago	NL	29	25	2	0	141.1	614	162	83	76	20	10	9	3	39	4	84	5	3	5	8	.385	0	0	4.84
1994	Chicago	NL	4	4	1	0	23	96	25	13	11	3	1	0	0	5	0	19	0	0	2	1	.667	0	0	4.30
	4 ML YEARS		84	80	7	0	481.1	2033	473	243	220	47	28	11	15	140	12	311	21	4	23	27	.460	0	0	4.11

Juan Castillo

Pitches: Right **Bats:** Right **Pos:** SP **Ht:** 6'5" **Wt:** 205 **Born:** 06/23/70 **Age:** 25

			HOW MUCH HE PITCHED						WHAT HE GAVE UP											THE RESULTS					
Year	Team	Lg	G	GS	CG	GF	IP	BFP	H	R	ER	HR	SH	SF	HB	TBB	IBB	SO	WP	Bk	W	L	Pct.	ShO	Sv	ERA
1988	Mets	R	9	3	0	3	19.2		28	19	14	2	0	1	1	9	0	16	1	3	0	2	.000	0	0	6.41
1989	Mets	R	14	14	2	0	84.1	370	84	41	27	1	3	5	7	29	0	59	13	3	4	7	.364	1	0	2.88
1990	Pittsfield	A	16	14	0	1	70.1	333	64	52	37	0	0	1	2	58	2	65	13	2	5	8	.385	0	0	4.73
1991	Columbia	A	28	27	3	1	157.2	698	148	82	67	3	10	9	8	89	0	144	15	6	12	9	.571	1	0	3.82
1992	St. Lucie	A	24	24	7	0	153.2	617	135	53	44	9	2	2	10	27	1	80	9	7	11	8	.579	3	0	2.58
1993	Binghamton	AA	26	26	2	0	165.2	716	167	93	84	27	6	2	13	55	1	118	6	1	7	11	.389	0	0	4.56
1994	Binghamton	AA	18	18	3	0	111.1	463	98	40	32	6	3	2	6	44	2	80	4	2	11	2	.846	0	0	2.59
	Norfolk	AAA	6	6	0	0	28.2	131	35	24	23	6	1	2	3	15	0	9	3	0	1	5	.167	0	0	7.22
1994	New York	NL	2	2	0	0	11.2	54	17	9	9	2	0	0	0	5	0	1	0	0	0	0	.000	0	0	6.94

Tony Castillo

Pitches: Left **Bats:** Left **Pos:** RP **Ht:** 5'10" **Wt:** 190 **Born:** 03/01/63 **Age:** 32

			HOW MUCH HE PITCHED						WHAT HE GAVE UP											THE RESULTS					
Year	Team	Lg	G	GS	CG	GF	IP	BFP	H	R	ER	HR	SH	SF	HB	TBB	IBB	SO	WP	Bk	W	L	Pct.	ShO	Sv	ERA
1988	Toronto	AL	14	0	0	6	15	54	10	5	5	2	2	0	2	2	0	14	0	0	1	0	1.000	0	0	3.00
1989	2 ML Teams		29	0	0	9	27	127	31	19	17	0	3	4	1	14	6	15	3	0	1	2	.333	0	1	5.67
1990	Atlanta	NL	52	3	0	7	76.2	337	93	41	36	5	4	4	1	20	3	64	2	2	5	1	.833	0	1	4.23
1991	2 ML Teams		17	3	0	6	32.1	148	40	16	12	4	2	1	0	11	3	18	0	0	2	1	.667	0	0	3.34
1993	Toronto	AL	51	0	0	10	50.2	211	44	19	19	4	5	2	0	22	5	28	1	0	3	2	.600	0	0	3.38
1994	Toronto	AL	41	0	0	8	68	291	66	22	19	7	3	3	3	28	1	43	0	0	5	2	.714	0	1	2.51

Year	Team	Lg	G	GS	CG	GF	IP	BFP	H	R	ER	HR	SH	SF	HB	TBB	IBB	SO	WP	Bk	W	L	Pct.	ShO	Sv	ERA
1989	Toronto	AL	17	0	0	8	17.2	86	23	14	12	0	2	4	1	10	5	10	3	0	1	1	.500	0	1	6.11
	Atlanta	NL	12	0	0	1	9.1	41	8	5	5	0	1	0	0	4	1	5	0	0	0	1	.000	0	0	4.82
1991	Atlanta	NL	7	0	0	5	8.2	44	13	9	7	3	1	0	0	5	0	8	0	0	1	1	.500	0	0	7.27
	New York	NL	10	3	0	1	23.2	104	27	7	5	1	1	1	0	6	1	10	0	0	1	0	1.000	0	0	1.90
	6 ML YEARS		204	6	0	46	269.2	1168	284	122	108	22	17	16	5	97	16	182	6	2	17	8	.680	0	3	3.60

Andujar Cedeno

Bats: Right **Throws:** Right **Pos:** SS **Ht:** 6' 1" **Wt:** 168 **Born:** 08/21/69 **Age:** 25

						BATTING												BASERUNNING				PERCENTAGES		
Year	Team	Lg	G	AB	H	2B	3B	HR	(Hm | Rd)	TB	R	RBI	TBB	IBB	SO	HBP	SH	SF	SB	CS	SB%	GDP	Avg	OBP	SLG
1990	Houston	NL	7	8	0	0	0	0	(0 | 0)	0	0	0	0	0	5	0	0	0	0	0	.00	0	.000	.000	.000
1991	Houston	NL	67	251	61	13	2	9	(4 | 5)	105	27	36	9	1	74	1	1	2	4	3	.57	3	.243	.270	.418
1992	Houston	NL	71	220	38	13	2	2	(2 | 0)	61	15	13	14	2	71	3	0	0	2	0	1.00	1	.173	.232	.277
1993	Houston	NL	149	505	143	24	4	11	(6 | 5)	208	69	56	49	9	97	3	4	5	9	7	.56	17	.283	.346	.412
1994	Houston	NL	98	342	90	26	0	9	(5 | 4)	143	38	49	29	15	79	8	0	1	1	1	.50	5	.263	.334	.418
	5 ML YEARS		392	1326	332	76	8	31	(17 | 14)	517	149	154	100	27	326	15	5	8	16	11	.59	26	.250	.308	.390

Domingo Cedeno

Bats: Both **Throws:** Right **Pos:** 2B **Ht:** 6' 0" **Wt:** 170 **Born:** 11/04/68 **Age:** 26

						BATTING												BASERUNNING				PERCENTAGES		
Year	Team	Lg	G	AB	H	2B	3B	HR	(Hm	Rd)	TB	R	RBI	TBB	IBB	SO	HBP	SH	SF	SB	CS	SB%	GDP	Avg	OBP	SLG
1989	Myrtle Bch	A	9	35	7	0	0	0	--	--	7	4	2	3	0	12	0	1	0	1	1	.50	0	.200	.263	.200
	Dunedin	A	9	28	6	0	1	0	--	--	8	3	1	3	0	10	0	0	0	0	1	.00	1	.214	.290	.286
	Medicne Hat	R	53	194	45	6	4	1	--	--	62	28	20	23	0	65	3	3	1	6	6	.50	0	.232	.321	.320
1990	Dunedin	A	124	493	109	12	10	7	--	--	162	64	61	48	2	127	2	4	8	10	6	.63	4	.221	.289	.329
1991	Knoxville	AA	100	336	75	7	6	1	--	--	97	39	26	29	1	78	1	12	1	11	6	.65	2	.223	.286	.289
1992	Knoxville	AA	106	337	76	7	7	2	--	--	103	31	21	18	0	88	4	7	0	8	9	.47	6	.226	.273	.306
	Syracuse	AAA	18	57	11	4	0	0	--	--	15	4	5	3	0	14	0	2	0	0	0	.00	1	.193	.233	.263
1993	Syracuse	AAA	103	382	104	16	10	2	--	--	146	58	28	33	2	67	1	8	2	15	10	.60	2	.272	.330	.382
1994	Syracuse	AAA	22	80	23	5	1	1	--	--	33	11	9	8	1	13	0	1	0	3	2	.60	1	.288	.352	.413
1993	Toronto	AL	15	46	8	0	0	0	(0	0)	8	5	7	1	0	10	0	2	1	1	0	1.00	2	.174	.188	.174
1994	Toronto	AL	47	97	19	2	3	0	(0	0)	27	14	10	10	0	31	0	3	4	1	2	.33	1	.196	.261	.278
	2 ML YEARS		62	143	27	2	3	0	(0	0)	35	19	17	11	0	41	0	5	5	2	2	.50	3	.189	.239	.245

Wes Chamberlain

Bats: Right **Throws:** Right **Pos:** RF/DH **Ht:** 6' 2" **Wt:** 219 **Born:** 04/13/66 **Age:** 29

						BATTING												BASERUNNING				PERCENTAGES		
Year	Team	Lg	G	AB	H	2B	3B	HR	(Hm	Rd)	TB	R	RBI	TBB	IBB	SO	HBP	SH	SF	SB	CS	SB%	GDP	Avg	OBP	SLG
1994	Clearwater*	A	6	25	9	1	0	3	--	--	19	5	6	1	1	1	1	0	0	0	1	.00	0	.360	.407	.760
1990	Philadelphia	NL	18	46	13	3	0	2	(0	2)	22	9	4	1	0	9	0	0	0	4	0	1.00	0	.283	.298	.478
1991	Philadelphia	NL	101	383	92	16	3	13	(9	4)	153	51	50	31	0	73	2	1	0	9	4	.69	8	.240	.300	.399
1992	Philadelphia	NL	76	275	71	18	0	9	(3	6)	116	26	41	10	2	55	1	1	2	4	0	1.00	7	.258	.285	.422
1993	Philadelphia	NL	96	284	80	20	2	12	(5	7)	140	34	45	17	3	51	1	0	4	2	1	.67	8	.282	.320	.493
1994	2 ML Teams		75	233	61	14	1	6	(3	3)	95	20	26	15	2	50	0	0	0	0	2	.00	9	.262	.306	.408
1994	Philadelphia	NL	24	69	19	5	0	2	(0	2)	30	7	6	3	0	12	0	0	0	0	0	.00	3	.275	.306	.435
	Boston	AL	51	164	42	9	1	4	(3	1)	65	13	20	12	2	38	0	0	0	0	2	.00	6	.256	.307	.396
	5 ML YEARS		366	1221	317	71	6	42	(20	22)	526	140	166	74	7	238	4	2	6	19	7	.73	32	.260	.303	.431

Norm Charlton

Pitches: Left **Bats:** Both **Pos:** RP **Ht:** 6' 3" **Wt:** 205 **Born:** 01/06/63 **Age:** 32

			HOW MUCH HE PITCHED						WHAT HE GAVE UP											THE RESULTS					
Year	Team	Lg	G	GS	CG	GF	IP	BFP	H	R	ER	HR	SH	SF	HB	TBB	IBB	SO	WP	Bk	W	L	Pct.	ShO	Sv	ERA
1988	Cincinnati	NL	10	10	0	0	61.1	259	60	27	27	6	1	2	2	20	2	39	3	2	4	5	.444	0	0	3.96
1989	Cincinnati	NL	69	0	0	27	95.1	393	67	38	31	5	9	2	2	40	7	98	2	4	8	3	.727	0	0	2.93
1990	Cincinnati	NL	56	16	1	13	154.1	650	131	53	47	10	7	2	2	70	4	117	9	1	12	9	.571	1	2	2.74
1991	Cincinnati	NL	39	11	0	10	108.1	438	92	37	35	6	7	1	6	34	4	77	11	0	3	5	.375	0	1	2.91
1992	Cincinnati	NL	64	0	0	46	81.1	341	79	39	27	7	7	3	3	26	4	90	8	0	4	2	.667	0	26	2.99
1993	Seattle	AL	34	0	0	29	34.2	141	22	12	9	4	0	1	0	17	0	48	6	0	1	3	.250	0	18	2.34
	6 ML YEARS		272	37	1	125	535.1	2222	451	206	176	38	31	11	17	207	21	469	39	7	32	27	.542	1	47	2.96

Archi Cianfrocco

Bats: Right **Throws:** Right **Pos:** 3B/1B **Ht:** 6' 5" **Wt:** 215 **Born:** 10/06/66 **Age:** 28

						BATTING												BASERUNNING				PERCENTAGES		
Year	Team	Lg	G	AB	H	2B	3B	HR	(Hm	Rd)	TB	R	RBI	TBB	IBB	SO	HBP	SH	SF	SB	CS	SB%	GDP	Avg	OBP	SLG
1994	Las Vegas*	AAA	32	112	34	11	1	1	--	--	50	11	21	12	0	23	0	1	0	1	0	1.00	0	.304	.368	.446
1992	Montreal	NL	86	232	56	5	2	6	(3	3)	83	25	30	11	0	66	1	1	2	3	0	1.00	2	.241	.276	.358
1993	2 ML Teams		96	296	72	11	2	12	(6	6)	123	30	48	17	1	69	3	2	5	2	0	1.00	9	.243	.287	.416
1994	San Diego	NL	59	146	32	8	0	4	(3	1)	52	9	13	3	0	39	4	1	2	2	0	1.00	2	.219	.252	.356

1993 Montreal	NL	12	17	4	1	0	1	(0	1)	8	3	1	0	0	5	0	0	0	0	0	.00	0	.235 .235 .471
San Diego	NL	84	279	68	10	2	11	(6	5)	115	27	47	17	1	64	3	2	2	2	0	1.00	9	.244 .289 .412
3 ML YEARS		241	674	160	24	4	22	(12	10)	258	64	91	31	2	174	8	4	9	7	0	1.00	13	.237 .276 .383

Frank Cimorelli

Pitches: Right **Bats:** Right **Pos:** RP   **Ht:** 6' 0" **Wt:** 175 **Born:** 08/02/68 **Age:** 26

		HOW MUCH HE PITCHED						WHAT HE GAVE UP											THE RESULTS				
Year Team	Lg	G	GS	CG	GF	IP	BFP	H	R	ER	HR	SH	SF	HB	TBB	IBB	SO	WP	Bk	W	L	Pct.	ShO	Sv	ERA
1989 Johnson Cty	R	12	12	1	0	65	286	78	40	33	2	1	1	3	17	1	36	3	3	2	4	.333	0	0	4.57
1990 Springfield	A	41	15	1	6	120.1	535	125	80	61	9	2	1	7	41	7	86	8	0	4	8	.333	0	0	4.56
1991 Springfield	A	29	29	3	0	191.2	825	203	94	73	12	4	8	9	51	1	98	10	1	8	14	.364	0	0	3.43
1992 Springfield	A	65	0	0	25	72.2	289	48	22	14	2	3	0	2	22	1	66	1	0	4	2	.667	0	9	1.73
1993 Arkansas	AA	37	0	0	9	56.2	232	44	20	16	3	4	1	3	23	5	36	2	0	1	1	.500	0	1	2.54
Louisville	AAA	27	0	0	13	43	181	34	16	14	1	4	1	3	25	5	24	7	0	2	1	.667	0	2	2.93
1994 Louisville	AAA	48	0	0	17	60.2	267	64	30	27	6	4	3	5	20	1	46	7	0	5	3	.625	0	4	4.01
1994 St. Louis	NL	11	0	0	2	13.1	73	20	14	13	0	1	2	2	10	2	1	2	0	0	0	.000	0	1	8.78

Jeff Cirillo

Bats: Right **Throws:** Right **Pos:** 3B   **Ht:** 6' 2" **Wt:** 190 **Born:** 09/23/69 **Age:** 25

				BATTING														BASERUNNING				PERCENTAGES		
Year Team	Lg	G	AB	H	2B	3B	HR	(Hm	Rd)	TB	R	RBI	TBB	IBB	SO	HBP	SH	SF	SB	CS	SB%	GDP	Avg	OBP	SLG
1991 Helena	R	70	286	100	16	2	10	--	--	150	60	51	31	3	29	4	2	2	3	1	.75	11	.350	.418	.524
1992 Stockton	A	7	27	6	1	0	0	--	--	7	2	5	2	0	2	0	0	0	0	0	.00	2	.222	.323	.259
Beloit	A	126	444	135	27	3	9	--	--	195	65	71	84	6	85	6	5	6	21	12	.64	7	.304	.417	.439
1993 El Paso	AA	67	249	85	16	2	9	--	--	132	53	41	26	1	37	5	0	3	2	3	.40	5	.341	.410	.530
New Orleans	AAA	58	215	63	13	2	3	--	--	89	31	32	29	0	33	3	4	0	2	1	.67	7	.293	.385	.414
1994 New Orleans	AAA	61	236	73	18	2	10	--	--	125	45	46	28	1	39	2	1	1	4	0	1.00	9	.309	.386	.530
1994 Milwaukee	AL	39	126	30	9	0	3	(1	2)	48	17	12	11	0	16	2	0	0	0	1	.00	4	.238	.309	.381

Dave Clark

Bats: Left **Throws:** Right **Pos:** RF   **Ht:** 6' 2" **Wt:** 209 **Born:** 09/03/62 **Age:** 32

				BATTING														BASERUNNING				PERCENTAGES		
Year Team	Lg	G	AB	H	2B	3B	HR	(Hm	Rd)	TB	R	RBI	TBB	IBB	SO	HBP	SH	SF	SB	CS	SB%	GDP	Avg	OBP	SLG
1986 Cleveland	AL	18	58	16	1	0	3	(1	2)	26	10	9	7	0	11	0	2	1	1	0	1.00	1	.276	.348	.448
1987 Cleveland	AL	29	87	18	5	0	3	(1	2)	32	11	12	2	0	24	0	0	1	1	0	1.00	4	.207	.225	.368
1988 Cleveland	AL	63	156	41	4	1	3	(2	1)	56	11	18	17	2	28	0	0	1	0	2	.00	8	.263	.333	.359
1989 Cleveland	AL	102	253	60	12	0	8	(4	4)	96	21	29	30	5	63	0	1	1	0	2	.00	7	.237	.317	.379
1990 Chicago	NL	84	171	47	4	2	5	(3	2)	70	22	20	8	1	40	0	0	2	7	1	.88	4	.275	.304	.409
1991 Kansas City	AL	11	10	2	0	0	0	(0	0)	2	1	1	1	0	1	0	0	0	0	0	.00	0	.200	.273	.200
1992 Pittsburgh	NL	23	33	7	0	0	2	(2	0)	13	3	7	6	0	8	0	0	1	0	0	.00	0	.212	.325	.394
1993 Pittsburgh	NL	110	277	75	11	2	11	(8	3)	123	43	46	38	5	58	1	0	2	1	0	1.00	10	.271	.358	.444
1994 Pittsburgh	NL	86	223	66	11	1	10	(7	3)	109	37	46	22	0	48	0	1	3	2	2	.50	5	.296	.355	.489
9 ML YEARS		526	1268	332	48	6	45	(28	17)	527	159	188	131	13	281	1	4	11	12	7	.63	39	.262	.329	.416

Mark Clark

Pitches: Right **Bats:** Right **Pos:** SP   **Ht:** 6' 5" **Wt:** 225 **Born:** 05/12/68 **Age:** 27

		HOW MUCH HE PITCHED						WHAT HE GAVE UP											THE RESULTS				
Year Team	Lg	G	GS	CG	GF	IP	BFP	H	R	ER	HR	SH	SF	HB	TBB	IBB	SO	WP	Bk	W	L	Pct.	ShO	Sv	ERA
1991 St. Louis	NL	7	2	0	1	22.1	93	17	10	10	3	2	3	0	11	0	13	2	0	1	1	.500	0	0	4.03
1992 St. Louis	NL	20	20	1	0	113.1	488	117	59	56	12	7	4	0	36	2	44	4	0	3	10	.231	0	0	4.45
1993 Cleveland	AL	26	15	1	1	109.1	454	119	55	52	18	1	1	1	25	1	57	1	0	7	5	.583	0	0	4.28
1994 Cleveland	AL	20	20	4	0	127.1	540	133	61	54	14	2	7	4	40	0	60	9	1	11	3	.786	1	0	3.82
4 ML YEARS		73	57	6	2	372.1	1575	386	185	172	47	10	15	5	112	3	174	16	1	22	19	.537	2	0	4.16

Phil Clark

Bats: Right **Throws:** Right **Pos:** 1B/LF   **Ht:** 6' 0" **Wt:** 200 **Born:** 05/06/68 **Age:** 27

				BATTING														BASERUNNING				PERCENTAGES		
Year Team	Lg	G	AB	H	2B	3B	HR	(Hm	Rd)	TB	R	RBI	TBB	IBB	SO	HBP	SH	SF	SB	CS	SB%	GDP	Avg	OBP	SLG
1992 Detroit	AL	23	54	22	4	0	1	(0	1)	29	3	5	6	1	9	0	1	0	0	0	1.00	2	.407	.467	.537
1993 San Diego	NL	102	240	75	17	0	9	(6	3)	119	33	33	8	2	31	5	1	2	2	0	1.00	2	.313	.345	.496
1994 San Diego	NL	61	149	32	6	0	5	(4	1)	53	14	20	5	1	17	3	0	3	1	2	.33	1	.215	.250	.356
3 ML YEARS		186	443	129	27	0	15	(10	5)	201	50	58	19	4	57	8	2	5	4	2	.67	5	.291	.328	.454

Will Clark

Bats: Left **Throws:** Left **Pos:** 1B **Ht:** 6' 1" **Wt:** 196 **Born:** 03/13/64 **Age:** 31

Year	Team	Lg	G	AB	H	2B	3B	HR	(Hm	Rd)	TB	R	RBI	TBB	IBB	SO	HBP	SH	SF	SB	CS	SB%	GDP	Avg	OBP	SLG
1986	San Francisco	NL	111	408	117	27	2	11	(7	4)	181	66	41	34	10	76	3	9	4	4	7	.36	3	.287	.343	.444
1987	San Francisco	NL	150	529	163	29	5	35	(22	13)	307	89	91	49	11	98	5	3	2	5	17	.23	2	.308	.371	.580
1988	San Francisco	NL	162	575	162	31	6	29	(14	15)	292	102	109	100	27	129	4	0	10	9	1	.90	9	.282	.386	.508
1989	San Francisco	NL	159	588	196	38	9	23	(9	14)	321	104	111	74	14	103	5	0	8	8	3	.73	6	.333	.407	.546
1990	San Francisco	NL	154	600	177	25	5	19	(8	11)	269	91	95	62	9	97	3	0	13	8	2	.80	7	.295	.357	.448
1991	San Francisco	NL	148	565	170	32	7	29	(17	12)	303	84	116	51	12	91	2	0	4	4	2	.67	5	.301	.359	**.536**
1992	San Francisco	NL	144	513	154	40	1	16	(11	5)	244	69	73	73	23	82	4	0	11	12	7	.63	5	.300	.384	.476
1993	San Francisco	NL	132	491	139	27	2	14	(5	9)	212	82	73	63	6	68	6	1	6	2	2	.50	10	.283	.367	.432
1994	Texas	AL	110	389	128	24	2	13	(9	4)	195	73	80	71	11	59	3	0	6	5	1	.83	5	.329	.431	.501
	9 ML YEARS		1270	4658	1406	273	39	189	(102	87)	2324	760	789	577	123	803	35	13	64	57	42	.58	52	.302	.378	.499

Royce Clayton

Bats: Right **Throws:** Right **Pos:** SS **Ht:** 6' 0" **Wt:** 183 **Born:** 01/02/70 **Age:** 25

Year	Team	Lg	G	AB	H	2B	3B	HR	(Hm	Rd)	TB	R	RBI	TBB	IBB	SO	HBP	SH	SF	SB	CS	SB%	GDP	Avg	OBP	SLG
1991	San Francisco	NL	9	26	3	1	0	0	(0	0)	4	0	2	1	0	6	0	0	0	0	0	.00	1	.115	.148	.154
1992	San Francisco	NL	98	321	72	7	4	4	(3	1)	99	31	24	26	3	63	0	3	2	8	4	.67	11	.224	.281	.308
1993	San Francisco	NL	153	549	155	21	5	6	(5	1)	204	54	70	38	2	91	5	8	7	11	10	.52	16	.282	.331	.372
1994	San Francisco	NL	108	385	91	14	6	3	(1	2)	126	38	30	30	2	74	3	3	2	23	3	.88	7	.236	.295	.327
	4 ML YEARS		368	1281	321	43	15	13	(9	4)	433	123	126	95	7	234	8	14	11	42	17	.71	35	.251	.304	.338

Roger Clemens

Pitches: Right **Bats:** Right **Pos:** SP **Ht:** 6' 4" **Wt:** 220 **Born:** 08/04/62 **Age:** 32

Year	Team	Lg	G	GS	CG	GF	IP	BFP	H	R	ER	HR	SH	SF	HB	TBB	IBB	SO	WP	Bk	W	L	Pct.	ShO	Sv	ERA
1984	Boston	AL	21	20	5	0	133.1	575	146	67	64	13	2	3	3	29	3	126	4	0	9	4	.692	1	0	4.32
1985	Boston	AL	15	15	3	0	98.1	407	83	38	36	5	1	2	3	37	0	74	1	3	7	5	.583	1	0	3.29
1986	Boston	AL	33	33	10	0	254	997	179	77	70	21	4	6	4	67	0	238	11	3	**24**	4	**.857**	1	0	**2.48**
1987	Boston	AL	36	36	**18**	0	281.2	1157	248	100	93	19	6	4	9	83	4	256	4	3	**20**	9	.690	**7**	0	2.97
1988	Boston	AL	35	35	**14**	0	264	1063	217	93	86	17	6	3	6	62	4	**291**	4	7	18	12	.600	**8**	0	2.93
1989	Boston	AL	35	35	8	0	253.1	1044	215	101	88	20	9	5	8	93	5	230	7	0	17	11	.607	3	0	3.13
1990	Boston	AL	31	31	7	0	228.1	920	193	59	49	7	7	5	7	54	3	209	8	0	21	6	.778	**4**	0	**1.93**
1991	Boston	AL	35	**35**	13	0	271.1	1077	219	93	79	15	6	8	5	65	12	**241**	6	0	18	10	.643	**4**	0	**2.62**
1992	Boston	AL	32	32	11	0	246.2	989	203	80	66	11	5	5	9	62	5	208	3	0	18	11	.621	**5**	0	**2.41**
1993	Boston	AL	29	29	2	0	191.2	808	175	99	95	17	5	7	11	67	4	160	3	1	11	14	.440	1	0	4.46
1994	Boston	AL	24	24	3	0	170.2	692	124	62	54	15	2	5	4	71	1	168	4	0	9	7	.563	1	0	2.85
	11 ML YEARS		326	325	94	0	2393.1	9729	2002	869	780	160	53	53	68	690	41	2201	55	17	172	93	.649	36	0	2.93

Greg Colbrunn

Bats: Right **Throws:** Right **Pos:** 1B **Ht:** 6' 0" **Wt:** 200 **Born:** 07/26/69 **Age:** 25

Year	Team	Lg	G	AB	H	2B	3B	HR	(Hm	Rd)	TB	R	RBI	TBB	IBB	SO	HBP	SH	SF	SB	CS	SB%	GDP	Avg	OBP	SLG
1994	Edmonton *	AAA	7	17	4	0	0	1	--	--	7	2	2	0	0	1	1	0	0	0	0	.00	1	.235	.278	.412
	Brevard Cty *	A	7	11	6	2	0	1	--	--	11	3	2	1	0	0	0	0	0	0	0	.00	0	.545	.583	1.000
1992	Montreal	NL	52	168	45	8	0	2	(1	1)	59	12	18	6	1	34	2	0	1	3	2	.60	1	.268	.294	.351
1993	Montreal	NL	70	153	39	9	0	4	(2	2)	60	15	23	6	1	33	1	1	3	4	2	.67	1	.255	.282	.392
1994	Florida	NL	47	155	47	10	0	6	(3	3)	75	17	31	9	0	27	2	0	2	1	1	.50	3	.303	.345	.484
	3 ML YEARS		169	476	131	27	0	12	(6	6)	194	44	72	21	2	94	5	1	9	8	5	.62	5	.275	.307	.408

Alex Cole

Bats: Left **Throws:** Left **Pos:** CF/LF **Ht:** 6' 0" **Wt:** 170 **Born:** 08/17/65 **Age:** 29

Year	Team	Lg	G	AB	H	2B	3B	HR	(Hm	Rd)	TB	R	RBI	TBB	IBB	SO	HBP	SH	SF	SB	CS	SB%	GDP	Avg	OBP	SLG
1990	Cleveland	AL	63	227	68	5	4	0	(0	0)	81	43	13	28	0	38	1	0	0	40	9	.82	2	.300	.379	.357
1991	Cleveland	AL	122	387	114	17	3	0	(0	0)	137	58	21	58	2	47	1	4	2	27	17	.61	8	.295	.386	.354
1992	2 ML Teams		105	302	77	4	7	0	(0	0)	95	44	15	28	1	67	1	1	2	16	6	.73	4	.255	.318	.315
1993	Colorado	NL	126	348	89	9	4	0	(0	0)	106	50	24	43	3	58	2	4	2	30	13	.70	6	.256	.339	.305
1994	Minnesota	AL	105	345	102	15	5	4	(2	2)	139	68	23	44	2	60	1	6	2	29	8	.78	3	.296	.375	.403
1992	Cleveland	AL	41	97	20	1	0	0	(0	0)	21	11	5	10	0	21	1	0	2	9	2	.82	2	.206	.284	.216
	Pittsburgh	NL	64	205	57	3	7	0	(0	0)	74	33	10	18	1	46	0	1	0	7	4	.64	2	.278	.335	.361
	5 ML YEARS		521	1609	450	50	23	4	(2	2)	558	263	96	201	8	270	6	15	8	142	53	.73	23	.280	.360	.347

Vince Coleman

Bats: Both **Throws:** Right **Pos:** LF **Ht:** 6' 1" **Wt:** 185 **Born:** 09/22/61 **Age:** 33

Year	Team	Lg	G	AB	H	2B	3B	HR	(Hm	Rd)	TB	R	RBI	TBB	IBB	SO	HBP	SH	SF	SB	CS	SB%	GDP	Avg	OBP	SLG
1985	St. Louis	NL	151	636	170	20	10	1	(1	0)	213	107	40	50	1	115	0	5	1	110	25	.81	3	.267	.320	.335
1986	St. Louis	NL	154	600	139	13	8	0	(0	0)	168	94	29	60	0	98	2	3	5	107	14	.88	4	.232	.301	.280
1987	St. Louis	NL	151	623	180	14	10	3	(3	0)	223	121	43	70	0	126	3	5	1	109	22	.83	7	.289	.363	.358
1988	St. Louis	NL	153	616	160	20	10	3	(2	1)	209	77	38	49	4	111	1	8	5	81	27	.75	1	.260	.313	.339
1989	St. Louis	NL	145	563	143	21	9	2	(1	1)	188	94	28	50	0	90	2	7	2	65	10	.87	4	.254	.316	.334
1990	St. Louis	NL	124	497	145	18	9	6	(5	1)	199	73	39	35	1	88	2	4	1	77	17	.82	6	.292	.340	.400
1991	New York	NL	72	278	71	7	5	1	(0	1)	91	45	17	39	0	47	0	1	0	37	14	.73	3	.255	.347	.327
1992	New York	NL	71	229	63	11	1	2	(2	0)	82	37	21	27	3	41	2	2	1	24	9	.73	1	.275	.355	.358
1993	New York	NL	92	373	104	14	8	2	(2	0)	140	64	25	21	1	58	0	3	2	38	13	.75	2	.279	.316	.375
1994	Kansas City	AL	104	438	105	14	12	2	(1	1)	149	61	33	29	0	72	1	4	5	50	8	.86	2	.240	.285	.340
10 ML YEARS			1217	4853	1280	152	82	22	(17	5)	1662	773	313	430	10	846	13	42	23	698	159	.81	36	.264	.324	.342

Darnell Coles

Bats: Right **Throws:** Right **Pos:** LF **Ht:** 6' 1" **Wt:** 180 **Born:** 06/02/62 **Age:** 33

Year	Team	Lg	G	AB	H	2B	3B	HR	(Hm	Rd)	TB	R	RBI	TBB	IBB	SO	HBP	SH	SF	SB	CS	SB%	GDP	Avg	OBP	SLG
1983	Seattle	AL	27	92	26	7	0	1	(0	1)	36	9	6	7	0	12	0	1	0	0	3	.00	8	.283	.333	.391
1984	Seattle	AL	48	143	23	3	1	0	(0	0)	28	15	6	17	0	26	2	3	0	2	1	.67	5	.161	.259	.196
1985	Seattle	AL	27	59	14	4	0	1	(0	1)	21	8	5	9	0	17	1	0	2	0	1	.00	0	.237	.338	.356
1986	Detroit	AL	142	521	142	30	2	20	(12	8)	236	67	86	45	3	84	6	7	8	6	2	.75	8	.273	.333	.453
1987	2 ML Teams		93	268	54	13	1	10	(8	2)	99	34	39	34	3	43	3	5	3	1	4	.20	4	.201	.295	.369
1988	2 ML Teams		123	406	106	23	2	15	(10	5)	178	52	70	37	1	67	7	2	10	4	3	.57	8	.261	.326	.438
1989	Seattle	AL	146	535	135	21	3	10	(4	6)	192	54	59	27	1	61	6	2	3	5	4	.56	13	.252	.294	.359
1990	2 ML Teams		89	215	45	7	1	3	(3	0)	63	22	20	16	2	38	1	0	1	0	4	.00	4	.209	.265	.293
1991	San Francisco	NL	11	14	3	0	0	0	(0	0)	3	1	0	0	0	2	0	1	0	0	0	.00	1	.214	.214	.214
1992	Cincinnati	NL	55	141	44	11	2	3	(1	2)	68	16	18	3	0	15	0	3	2	1	0	1.00	1	.312	.322	.482
1993	Toronto	AL	64	194	49	9	1	4	(3	1)	72	26	26	16	1	29	4	1	2	1	1	.50	3	.253	.319	.371
1994	Toronto	AL	48	143	30	6	1	4	(1	3)	50	15	15	10	0	25	1	0	2	0	0	.00	2	.210	.263	.350
1987	Detroit	AL	53	149	27	5	1	4	(3	1)	46	14	15	15	1	23	2	2	1	0	1	.00	1	.181	.263	.309
	Pittsburgh	NL	40	119	27	8	0	6	(5	1)	53	20	24	19	2	20	1	3	2	1	3	.25	3	.227	.333	.445
1988	Pittsburgh	NL	68	211	49	13	1	5	(1	4)	79	20	36	20	1	41	3	0	7	1	1	.50	3	.232	.299	.374
	Seattle	AL	55	195	57	10	1	10	(9	1)	99	32	34	17	0	26	4	2	3	3	2	.60	5	.292	.356	.508
1990	Seattle	AL	37	107	23	5	1	2	(2	0)	36	9	16	4	1	17	0	0	0	0	0	.00	1	.215	.248	.336
	Detroit	AL	52	108	22	2	0	1	(1	0)	27	13	4	12	1	21	1	0	1	0	4	.00	3	.204	.281	.250
12 ML YEARS			873	2731	671	134	14	71	(42	29)	1046	319	350	221	11	419	31	25	34	20	23	47	57	.246	.306	.383

David Cone

Pitches: Right **Bats:** Left **Pos:** SP **Ht:** 6' 1" **Wt:** 190 **Born:** 01/02/63 **Age:** 32

Year	Team	Lg	G	GS	CG	GF	IP	BFP	H	R	ER	HR	SH	SF	HB	TBB	IBB	SO	WP	Bk	W	L	Pct.	ShO	Sv	ERA
1986	Kansas City	AL	11	0	0	5	22.2	108	29	14	14	2	0	4	1	13	1	21	3	0	0	0	.000	0	0	5.56
1987	New York	NL	21	13	1	3	99.1	420	87	46	41	11	4	3	5	44	1	68	2	4	5	6	.455	0	1	3.71
1988	New York	NL	35	28	8	0	231.1	936	178	67	57	10	11	5	4	80	7	213	10	10	20	3	.870	4	0	2.22
1989	New York	NL	34	33	7	0	219.2	910	183	92	86	20	6	6	4	74	6	190	14	4	14	8	.636	2	0	3.52
1990	New York	NL	31	30	6	1	211.2	860	177	84	76	21	4	6	6	65	1	233	10	4	14	10	.583	2	0	3.23
1991	New York	NL	34	34	5	0	232.2	966	204	95	85	13	13	7	5	73	2	241	17	1	14	14	.500	2	0	3.29
1992	2 ML Teams		35	34	7	0	249.2	1055	201	91	78	15	6	9	12	111	7	261	12	1	17	10	.630	5	0	2.81
1993	Kansas City	AL	34	34	6	0	254	1060	205	102	94	20	7	9	10	114	2	191	14	2	11	14	.440	1	0	3.33
1994	Kansas City	AL	23	23	4	0	171.2	690	130	60	56	15	1	5	7	54	0	132	5	1	16	5	.762	3	0	2.94
1992	New York	NL	27	27	7	0	196.2	831	162	75	63	12	6	6	9	82	5	214	9	1	13	7	.650	5	0	2.88
	Toronto	AL	8	7	0	0	53	224	39	16	15	3	0	3	3	29	2	47	3	0	4	3	.571	0	0	2.55
9 ML YEARS			258	229	44	9	1692.2	7005	1394	651	587	127	52	48	49	628	27	1550	87	27	111	70	.613	19	1	3.12

Jeff Conine

Bats: Right **Throws:** Right **Pos:** LF/1B **Ht:** 6' 1" **Wt:** 220 **Born:** 06/27/66 **Age:** 29

Year	Team	Lg	G	AB	H	2B	3B	HR	(Hm	Rd)	TB	R	RBI	TBB	IBB	SO	HBP	SH	SF	SB	CS	SB%	GDP	Avg	OBP	SLG
1990	Kansas City	AL	9	20	5	2	0	0	(0	0)	7	3	2	2	0	5	0	0	0	0	0	.00	1	.250	.318	.350
1992	Kansas City	AL	28	91	23	5	2	0	(0	0)	32	10	9	8	1	23	0	0	0	0	0	.00	0	.253	.313	.352
1993	Florida	NL	162	595	174	24	3	12	(5	7)	240	75	79	52	2	135	5	0	6	2	2	.50	14	.292	.351	.403
1994	Florida	NL	115	451	144	27	6	18	(8	10)	237	60	82	40	4	92	1	0	4	1	2	.33	8	.319	.373	.525
4 ML YEARS			314	1157	346	58	11	30	(13	17)	516	148	172	102	7	255	6	0	10	3	4	.43	24	.299	.356	.446

Jim Converse

Pitches: Right **Bats:** Left **Pos:** SP/RP **Ht:** 5' 9" **Wt:** 180 **Born:** 08/17/71 **Age:** 23

Year	Team	Lg	G	GS	CG	GF	IP	BFP	H	R	ER	HR	SH	SF	HB	TBB	IBB	SO	WP	Bk	W	L	Pct.	ShO	Sv	ERA
1990	Bellingham	A	12	12	0	0	66.2	281	50	31	29	1	0	1	2	32	0	75	2	9	2	4	.333	0	0	3.92
1991	Peninsula	A	26	26	1	0	137.2	643	143	90	76	12	3	4	2	97	2	137	9	2	6	15	.286	0	0	4.97
1992	Jacksnville	AA	27	26	2	0	159	677	134	61	47	9	3	4	5	82	1	157	8	1	12	7	.632	0	0	2.66
1993	Calgary	AAA	23	22	4	0	121.2	565	144	86	73	6	2	7	3	64	0	78	8	0	7	8	.467	0	0	5.40
1994	Calgary	AAA	14	14	0	0	74	334	105	48	42	7	5	2	1	21	0	53	2	0	5	3	.625	0	0	5.11
1993	Seattle	AL	4	4	0	0	20.1	93	23	12	12	0	0	1	0	14	2	10	0	0	1	3	.250	0	0	5.31
1994	Seattle	AL	13	8	0	1	48.2	253	73	49	47	5	2	3	1	40	4	39	3	0	0	5	.000	0	0	8.69
	2 ML YEARS		17	12	0	1	69	346	96	61	59	5	2	4	1	54	6	49	3	0	1	8	.111	0	0	7.70

Dennis Cook

Pitches: Left **Bats:** Left **Pos:** RP **Ht:** 6' 3" **Wt:** 190 **Born:** 10/04/62 **Age:** 32

Year	Team	Lg	G	GS	CG	GF	IP	BFP	H	R	ER	HR	SH	SF	HB	TBB	IBB	SO	WP	Bk	W	L	Pct.	ShO	Sv	ERA
1988	San Francisco	NL	4	4	1	0	22	86	9	8	7	1	0	3	0	11	1	13	1	0	2	1	.667	1	0	2.86
1989	2 ML Teams		23	18	2	1	121	499	110	59	50	18	5	2	2	38	6	67	4	2	7	8	.467	1	0	3.72
1990	2 ML Teams		47	16	2	4	156	663	155	74	68	20	7	7	2	56	9	64	6	3	9	4	.692	1	1	3.92
1991	Los Angeles	NL	20	1	0	5	17.2	69	12	3	1	0	1	2	0	7	1	8	0	0	1	0	1.000	0	0	0.51
1992	Cleveland	AL	32	25	1	1	158	669	156	79	67	29	3	3	2	50	2	96	4	5	5	7	.417	0	0	3.82
1993	Cleveland	AL	25	6	0	2	54	233	62	36	34	9	3	2	2	16	1	34	0	1	5	5	.500	0	0	5.67
1994	Chicago	AL	38	0	0	8	33	143	29	17	13	4	3	0	0	14	3	26	0	1	3	1	.750	0	0	3.55
1989	San Francisco	NL	2	2	1	0	15	58	13	3	3	1	0	0	0	5	0	9	1	0	1	0	1.000	0	0	1.80
	Philadelphia	NL	21	16	1	1	106	441	97	56	47	17	5	2	2	33	6	58	3	2	6	8	.429	1	0	3.99
1990	Philadelphia	NL	42	13	2	4	141.2	594	132	61	56	13	5	5	2	54	9	58	6	3	8	3	.727	1	1	3.56
	Los Angeles	NL	5	3	0	0	14.1	69	23	13	12	7	2	2	0	2	0	6	0	0	1	1	.500	0	0	7.53
	7 ML YEARS		189	70	6	21	561.2	2362	533	276	240	81	22	19	8	192	23	308	15	12	32	26	.552	3	1	3.85

Steve Cooke

Pitches: Left **Bats:** Right **Pos:** SP **Ht:** 6' 6" **Wt:** 229 **Born:** 01/14/70 **Age:** 25

Year	Team	Lg	G	GS	CG	GF	IP	BFP	H	R	ER	HR	SH	SF	HB	TBB	IBB	SO	WP	Bk	W	L	Pct.	ShO	Sv	ERA
1992	Pittsburgh	NL	11	0	0	8	23	91	22	9	9	4	2	0	0	4	1	10	0	0	2	0	1.000	0	1	3.52
1993	Pittsburgh	NL	32	32	3	0	210.2	882	207	101	91	22	13	6	3	59	4	132	3	3	10	10	.500	1	0	3.89
1994	Pittsburgh	NL	25	23	2	1	134.1	590	157	79	75	21	9	3	5	46	7	74	3	0	4	11	.267	0	0	5.02
	3 ML YEARS		68	55	5	9	368	1563	386	189	175	45	22	9	8	109	12	216	6	3	16	21	.432	1	1	4.28

Scott Coolbaugh

Bats: Right **Throws:** Right **Pos:** 1B **Ht:** 5'11" **Wt:** 195 **Born:** 06/13/66 **Age:** 29

Year	Team	Lg	G	AB	H	2B	3B	HR	(Hm	Rd)	TB	R	RBI	TBB	IBB	SO	HBP	SH	SF	SB	CS	SB%	GDP	Avg	OBP	SLG
1994	Louisville *	AAA	94	333	101	25	6	19	--	--	195	60	75	39	10	69	10	0	4	3	5	.38	10	.303	.389	.586
1989	Texas	AL	25	51	14	1	0	2	(1	1)	21	7	7	4	0	12	0	1	1	0	0	.00	2	.275	.321	.412
1990	Texas	AL	67	180	36	6	0	2	(1	1)	48	21	13	15	0	47	1	4	1	1	0	1.00	2	.200	.264	.267
1991	San Diego	NL	60	180	39	8	1	2	(1	1)	55	12	15	19	2	45	1	4	1	0	3	.00	6	.217	.294	.306
1994	St. Louis	NL	15	21	4	0	0	2	(2	0)	10	4	6	1	0	4	0	0	1	0	0	.00	3	.190	.217	.476
	4 ML YEARS		167	432	93	15	1	8	(5	3)	134	44	41	39	2	108	2	9	4	1	3	.25	15	.215	.281	.310

Scott Cooper

Bats: Left **Throws:** Right **Pos:** 3B **Ht:** 6' 3" **Wt:** 205 **Born:** 10/13/67 **Age:** 27

Year	Team	Lg	G	AB	H	2B	3B	HR	(Hm	Rd)	TB	R	RBI	TBB	IBB	SO	HBP	SH	SF	SB	CS	SB%	GDP	Avg	OBP	SLG
1990	Boston	AL	2	1	0	0	0	0	(0	0)	0	0	0	0	0	1	0	0	0	0	0	.00	0	.000	.000	.000
1991	Boston	AL	14	35	16	4	2	0	(0	0)	24	6	7	2	0	2	0	0	0	0	0	.00	0	.457	.486	.686
1992	Boston	AL	123	337	93	21	0	5	(2	3)	129	34	33	37	0	33	0	2	2	1	1	.50	5	.276	.346	.383
1993	Boston	AL	156	526	147	29	3	9	(3	6)	209	67	63	58	15	81	5	4	3	5	2	.71	8	.279	.355	.397
1994	Boston	AL	104	369	104	16	4	13	(9	4)	167	49	53	30	2	65	1	1	5	0	3	.00	6	.282	.333	.453
	5 ML YEARS		399	1268	360	70	9	27	(14	13)	529	156	156	127	17	182	6	7	10	6	6	.50	19	.284	.349	.417

Joey Cora

Bats: Both **Throws:** Right **Pos:** 2B **Ht:** 5' 8" **Wt:** 155 **Born:** 05/14/65 **Age:** 30

Year	Team	Lg	G	AB	H	2B	3B	HR	(Hm	Rd)	TB	R	RBI	TBB	IBB	SO	HBP	SH	SF	SB	CS	SB%	GDP	Avg	OBP	SLG
1994	South Bend *	A	3	11	5	1	0	0	--	--	6	3	1	2	0	1	0	0	1	1	1	.50	0	.455	.538	.545
1987	San Diego	NL	77	241	57	7	2	0	(0	0)	68	23	13	28	1	26	1	5	1	15	11	.58	4	.237	.317	.282
1989	San Diego	NL	12	19	6	1	0	0	(0	0)	7	5	1	0	0	0	1	0	0	1	0	1.00	0	.316	.350	.368

			G	AB	H	2B	3B	HR	(Hm	Rd)	TB	R	RBI	TBB	IBB	SO	HBP	SH	SF	SB	CS	SB%	GDP	Avg	OBP	SLG
1990 San Diego	NL		51	100	27	3	0	0	(0	0)	30	12	2	6	1	9	0	0	0	8	3	.73	1	.270	.311	.300
1991 Chicago	AL		100	228	55	2	3	0	(0	0)	63	37	18	20	0	21	5	8	3	11	6	.65	1	.241	.313	.276
1992 Chicago	AL		68	122	30	7	1	0	(0	0)	39	27	9	22	1	13	4	2	3	10	3	.77	2	.246	.371	.320
1993 Chicago	AL		153	579	155	15	13	2	(0	2)	202	95	51	67	0	63	9	19	4	20	8	.71	14	.268	.351	.349
1994 Chicago	AL		90	312	86	13	4	2	(2	0)	113	55	30	38	0	32	2	11	5	8	4	.67	8	.276	.353	.362
7 ML YEARS			551	1601	416	48	23	4	(2	2)	522	254	124	182	2	164	21	45	16	73	35	.68	30	.260	.340	.326

Wil Cordero

Bats: Right **Throws:** Right **Pos:** SS **Ht:** 6' 2" **Wt:** 190 **Born:** 10/03/71 **Age:** 23

			G	AB	H	2B	3B	HR	(Hm	Rd)	TB	R	RBI	TBB	IBB	SO	HBP	SH	SF	SB	CS	SB%	GDP	Avg	OBP	SLG
1992 Montreal	NL		45	126	38	4	1	2	(1	1)	50	17	8	9	0	31	1	1	0	0	0	.00	3	.302	.353	.397
1993 Montreal	NL		138	475	118	32	2	10	(8	2)	184	56	58	34	8	60	7	4	1	12	3	.80	12	.248	.308	.387
1994 Montreal	NL		110	415	122	30	3	15	(5	10)	203	65	63	41	3	62	6	2	3	16	3	.84	8	.294	.363	.489
3 ML YEARS			293	1016	278	66	6	27	(14	13)	437	138	129	84	11	153	14	7	4	28	6	.82	23	.274	.336	.430

Rheal Cormier

Pitches: Left **Bats:** Left **Pos:** SP **Ht:** 5'10" **Wt:** 185 **Born:** 04/23/67 **Age:** 28

Year Team	Lg	G	GS	CG	GF	IP	BFP	H	R	ER	HR	SH	SF	HB	TBB	IBB	SO	WP	Bk	W	L	Pct.	ShO	Sv	ERA
1994 Arkansas*	AA	2	2	0	0	9.1	35	9	2	2	0	0	0	0	0	0	11	0	0	1	0	1.000	0	0	1.93
Louisville*	AAA	3	3	1	0	22	95	21	11	11	3	0	0	3	8	1	13	2	0	1	2	.333	0	0	4.50
1991 St. Louis	NL	11	10	2	1	67.2	281	74	35	31	5	1	3	2	8	1	38	2	1	4	5	.444	0	0	4.12
1992 St. Louis	NL	31	30	3	1	186	772	194	83	76	15	11	3	5	33	2	117	4	2	10	10	.500	0	0	3.68
1993 St. Louis	NL	38	21	1	4	145.1	619	163	80	70	18	10	4	4	27	3	75	6	0	7	6	.538	0	0	4.33
1994 St. Louis	NL	7	7	0	0	39.2	169	40	24	24	6	1	2	3	7	0	26	2	0	3	2	.600	0	0	5.45
4 ML YEARS		87	68	6	6	438.2	1841	471	222	201	44	23	12	14	75	6	256	14	3	24	23	.511	0	0	4.12

Brad Cornett

Pitches: Right **Bats:** Right **Pos:** RP/SP **Ht:** 6' 3" **Wt:** 188 **Born:** 02/04/69 **Age:** 26

Year Team	Lg	G	GS	CG	GF	IP	BFP	H	R	ER	HR	SH	SF	HB	TBB	IBB	SO	WP	Bk	W	L	Pct.	ShO	Sv	ERA
1992 St.Cathrnes	A	25	0	0	13	60	241	54	30	24	6	1	0	3	10	0	64	5	0	4	1	.800	0	1	3.60
1993 Hagerstown	A	31	21	3	7	172.1	711	164	77	46	6	5	5	5	31	2	161	6	1	10	8	.556	1	3	2.40
1994 Knoxville	AA	7	7	1	0	37.1	151	34	18	10	2	1	0	1	6	0	26	3	0	2	3	.400	0	0	2.41
Syracuse	AAA	3	3	0	0	19	85	18	8	3	0	0	1	0	9	1	12	0	0	1	2	.333	0	0	1.42
1994 Toronto	AL	9	4	0	0	31	141	40	25	23	1	4	2	3	11	2	22	2	0	1	3	.250	0	0	6.68

Rod Correia

Bats: Right **Throws:** Right **Pos:** 2B **Ht:** 5'11" **Wt:** 185 **Born:** 09/13/67 **Age:** 27

Year Team	Lg	G	AB	H	2B	3B	HR	(Hm	Rd)	TB	R	RBI	TBB	IBB	SO	HBP	SH	SF	SB	CS	SB%	GDP	Avg	OBP	SLG
1988 Sou Oregon	A	56	207	52	7	3	1	--	--	68	23	19	18	0	42	3	1	1	6	1	.86	9	.251	.319	.329
1989 Modesto	A	107	339	71	9	3	0	--	--	86	31	26	34	0	64	12	4	1	7	7	.50	10	.209	.303	.254
1990 Modesto	A	87	246	60	6	3	0	--	--	72	27	16	22	0	41	4	5	1	4	6	.40	6	.244	.315	.293
1991 Modesto	A	5	19	5	0	0	0	--	--	5	8	3	2	0	1	0	1	0	1	0	1.00	1	.263	.333	.263
Tacoma	AAA	17	56	14	0	0	1	--	--	17	9	7	4	0	6	1	3	0	0	0	.00	1	.250	.311	.304
Huntsville	AA	87	290	64	10	1	1	--	--	79	25	22	31	0	50	6	8	1	2	4	.33	11	.221	.308	.272
1992 Midland	AA	123	482	140	23	1	6	--	--	183	73	56	28	2	72	8	5	6	20	11	.65	14	.290	.336	.380
1993 Vancouver	AAA	60	207	56	10	4	4	--	--	86	43	28	15	1	25	1	3	5	11	4	.73	5	.271	.316	.415
1994 Vancouver	AAA	106	376	103	12	3	6	--	--	139	54	49	25	0	54	6	4	3	8	7	.53	11	.274	.324	.370
1993 California	AL	64	128	34	5	0	0	(0	0)	39	12	9	6	0	20	4	5	0	2	4	.33	0	.266	.319	.305
1994 California	AL	6	17	4	1	0	0	(0 | 0)	5	4	0	0	0	0	0	0	2	0	0	0	.00	0	.235	.316	.294
2 ML YEARS		70	145	38	6	0	0	(0	0)	44	16	9	6	0	20	6	5	0	2	4	.33	1	.262	.318	.303

Danny Cox

Pitches: Right **Bats:** Right **Pos:** RP **Ht:** 6' 4" **Wt:** 250 **Born:** 09/21/59 **Age:** 35

Year Team	Lg	G	GS	CG	GF	IP	BFP	H	R	ER	HR	SH	SF	HB	TBB	IBB	SO	WP	Bk	W	L	Pct.	ShO	Sv	ERA
1994 Dunedin*	A	4	4	0	0	8	28	1	0	0	0	0	0	0	4	0	8	0	1	0	0	.000	0	0	0.00
1983 St. Louis	NL	12	12	0	0	83	352	92	38	30	6	6	1	0	23	2	36	1	0	3	6	.333	0	0	3.25
1984 St. Louis	NL	29	27	1	0	156.1	668	171	81	70	9	10	5	7	54	6	70	2	4	9	11	.450	1	0	4.03
1985 St. Louis	NL	35	35	10	0	241	989	226	91	77	19	12	9	3	64	5	131	3	1	18	9	.667	4	0	2.88
1986 St. Louis	NL	32	32	8	0	220	881	189	85	71	14	8	3	2	60	6	108	5	3	12	13	.480	2	0	2.90
1987 St. Louis	NL	31	31	2	0	199.1	864	224	99	86	17	14	7	3	71	6	101	5	1	11	9	.550	0	0	3.88
1988 St. Louis	NL	13	13	0	0	86	361	89	40	38	6	5	3	1	25	7	47	4	3	3	8	.273	0	0	3.98
1991 Philadelphia	NL	23	17	0	2	102.1	433	98	57	52	14	6	7	1	39	2	46	7	1	4	6	.400	0	0	4.57

41

Year	Team	Lg	G	GS	CG	GF	IP	BFP	H	R	ER	HR	SH	SF	HB	TBB	IBB	SO	WP	Bk	W	L	Pct.	ShO	Sv	ERA
1992	2 ML Teams		25	7	0	8	62.2	278	66	37	32	5	5	3	0	27	2	48	1	0	5	3	.625	0	3	4.60
1993	Toronto	AL	44	0	0	13	83.2	348	73	31	29	8	0	1	0	29	5	84	5	0	7	6	.538	0	2	3.12
1994	Toronto	AL	10	0	0	5	18.2	72	7	3	3	0	1	1	1	7	1	14	1	0	1	1	.500	0	3	1.45
1992	Philadelphia	NL	9	7	0	0	38.1	178	46	28	23	3	3	2	0	19	1	30	0	0	2	2	.500	0	0	5.40
	Pittsburgh	NL	16	0	0	8	24.1	100	20	9	9	2	2	1	0	8	1	18	1	0	3	1	.750	0	3	3.33
	10 ML YEARS		254	174	21	28	1253	5246	1235	562	488	98	67	37	18	399	42	685	33	14	73	72	.503	5	8	3.51

Chuck Crim

Pitches: Right **Bats:** Right **Pos:** RP **Ht:** 6' 0" **Wt:** 185 **Born:** 07/23/61 **Age:** 33

			HOW MUCH HE PITCHED						WHAT HE GAVE UP											THE RESULTS					
Year	Team	Lg	G	GS	CG	GF	IP	BFP	H	R	ER	HR	SH	SF	HB	TBB	IBB	SO	WP	Bk	W	L	Pct.	ShO	Sv	ERA
1994	Iowa *	AAA	2	0	0	0	2.1	12	4	2	2	1	0	0	0	2	0	1	0	0	0	0	.000	0	0	7.71
1987	Milwaukee	AL	53	5	0	18	130	549	133	60	53	15	6	1	3	39	5	56	2	1	6	8	.429	0	12	3.67
1988	Milwaukee	AL	70	0	0	25	105	425	95	38	34	11	5	6	2	28	3	58	9	2	7	6	.538	0	9	2.91
1989	Milwaukee	AL	76	0	0	31	117.2	487	114	42	37	7	3	6	2	36	9	59	5	0	9	7	.563	0	7	2.83
1990	Milwaukee	AL	67	0	0	25	85.2	367	88	39	33	7	1	4	2	23	4	39	0	1	3	5	.375	0	11	3.47
1991	Milwaukee	AL	66	0	0	29	91.1	408	115	52	47	9	3	1	2	25	9	39	3	3	8	5	.615	0	3	4.63
1992	California	AL	57	0	0	16	87	383	100	56	50	11	3	4	6	29	6	30	4	0	7	6	.538	0	1	5.17
1993	California	AL	11	0	0	3	15.1	67	17	11	10	2	2	1	2	5	1	10	0	0	2	2	.500	0	0	5.87
1994	Chicago	NL	49	1	0	16	64.1	283	69	36	32	9	3	0	1	24	6	43	2	1	5	4	.556	0	2	4.48
	8 ML YEARS		449	6	0	163	696.1	2969	731	334	296	71	26	23	20	209	43	334	25	8	47	43	.522	0	45	3.83

Tripp Cromer

Bats: Right **Throws:** Right **Pos:** SS **Ht:** 6' 2" **Wt:** 165 **Born:** 11/21/67 **Age:** 27

							BATTING											BASERUNNING				PERCENTAGES		
Year	Team	Lg	G	AB	H	2B	3B	HR	(Hm	Rd)	TB	R	RBI	TBB	IBB	SO	HBP	SH	SF	SB	CS	SB%	GDP	Avg	OBP	SLG
1989	Hamilton	A	35	137	36	6	3	0	--	--	48	18	6	17	0	30	1	2	1	4	4	.50	5	.263	.346	.350
1990	St. Pete	A	121	408	88	12	5	5	--	--	125	53	38	46	2	79	5	3	5	7	12	.37	11	.216	.300	.306
1991	St. Pete	A	43	137	28	3	1	0	--	--	33	11	10	9	0	17	1	3	1	0	0	.00	1	.204	.257	.241
	Arkansas	AA	73	227	52	12	1	1	--	--	69	28	18	15	1	37	3	2	3	0	1	.00	7	.229	.282	.304
1992	Arkansas	AA	110	339	81	16	6	7	--	--	130	30	29	22	1	82	4	4	2	4	6	.40	9	.239	.292	.383
	Louisville	AAA	6	25	5	1	1	1	--	--	11	5	7	1	0	6	0	0	0	0	0	.00	0	.200	.222	.440
1993	Louisville	AAA	86	309	85	8	4	11	--	--	134	39	33	15	3	60	2	2	0	1	3	.25	10	.275	.313	.434
1994	Louisville	AAA	124	419	115	23	9	9	--	--	183	45	50	33	2	85	3	6	2	5	6	.45	12	.274	.330	.437
1993	St. Louis	NL	10	23	2	0	0	0	(0	0)	2	1	0	1	0	6	0	0	0	0	0	.00	0	.087	.125	.087
1994	St. Louis	NL	2	0	0	0	0	0	(0	0)	0	1	2	0	0	0	0	0	0	0	0	.00	0	.000	.000	.000
	2 ML YEARS		12	23	2	0	0	0	(0	0)	2	2	2	1	0	6	0	0	0	0	0	.00	0	.087	.125	.087

Fausto Cruz

Bats: Right **Throws:** Right **Pos:** SS **Ht:** 5'10" **Wt:** 165 **Born:** 05/01/72 **Age:** 23

							BATTING											BASERUNNING				PERCENTAGES		
Year	Team	Lg	G	AB	H	2B	3B	HR	(Hm	Rd)	TB	R	RBI	TBB	IBB	SO	HBP	SH	SF	SB	CS	SB%	GDP	Avg	OBP	SLG
1991	Modesto	A	18	58	12	1	0	0	--	--	13	9	0	8	0	13	1	0	0	1	2	.33	1	.207	.313	.224
	Athletics	R	52	180	49	2	1	2	--	--	59	38	36	32	0	23	3	3	7	3	0	1.00	10	.272	.378	.328
1992	Reno	A	127	489	156	22	11	9	--	--	227	86	90	70	1	66	7	3	7	8	7	.53	17	.319	.407	.464
1993	Modesto	A	43	165	39	3	0	1	--	--	45	21	20	25	0	34	0	5	4	6	4	.60	2	.236	.330	.273
	Huntsville	AA	63	251	84	15	2	3	--	--	112	45	31	20	0	42	1	4	2	2	4	.33	8	.335	.383	.446
	Tacoma	AAA	21	74	18	2	1	0	--	--	22	13	6	5	0	16	0	2	0	3	3	.50	7	.243	.291	.297
1994	Tacoma	AAA	65	218	70	19	0	1	--	--	92	27	17	17	0	32	3	4	1	2	2	.50	7	.321	.377	.422
1994	Oakland	AL	17	28	3	0	0	0	(0	0)	3	2	0	4	0	6	0	0	0	0	0	.00	0	.107	.219	.107

John Cummings

Pitches: Left **Bats:** Left **Pos:** RP/SP **Ht:** 6' 3" **Wt:** 200 **Born:** 05/10/69 **Age:** 26

			HOW MUCH HE PITCHED						WHAT HE GAVE UP											THE RESULTS					
Year	Team	Lg	G	GS	CG	GF	IP	BFP	H	R	ER	HR	SH	SF	HB	TBB	IBB	SO	WP	Bk	W	L	Pct.	ShO	Sv	ERA
1990	Bellingham	A	6	6	0	0	34	129	25	11	8	1	1	1	0	8	0	39	2	3	1	1	.500	0	0	2.12
	San Berndno	A	7	7	1	0	40.2	186	47	27	19	3	0	1	0	20	0	30	3	0	2	4	.333	0	0	4.20
1991	San Berndno	A	29	20	0	2	124	567	129	79	56	7	1	6	3	61	1	120	15	0	4	10	.286	0	1	4.06
1992	Peninsula	A	27	27	4	0	168.1	712	149	71	48	11	7	5	10	63	6	144	4	1	16	6	.727	1	0	2.57
1993	Jacksnville	AA	7	7	1	0	45.2	194	50	24	16	1	2	0	1	9	0	35	1	2	2	2	.500	0	0	3.15
	Calgary	AAA	11	10	0	0	65.1	280	69	40	30	6	0	1	2	21	2	42	7	0	3	4	.429	0	0	4.13
1994	Appleton	A	1	1	0	0	3	11	2	1	1	0	0	0	0	0	0	6	0	1	0	0	.000	0	0	3.00
	Calgary	AAA	1	1	0	0	6	23	3	1	1	1	0	0	0	2	0	4	0	0	1	0	1.000	0	0	1.50
	Riverside	A	1	1	0	0	2.2	14	5	2	2	0	0	0	0	1	0	2	1	0	0	0	.000	0	0	6.75
1993	Seattle	AL	10	8	1	0	46.1	207	59	34	31	6	0	2	1	16	2	19	1	1	0	6	.000	0	0	6.02
1994	Seattle	AL	17	8	0	2	64	285	66	43	40	7	1	3	0	37	2	33	3	1	2	4	.333	0	0	5.63
	2 ML YEARS		27	16	1	2	110.1	492	125	77	71	13	1	5	2	53	4	52	4	2	2	10	.167	0	0	5.79

Midre Cummings

Bats: Left **Throws:** Right **Pos:** LF **Ht:** 6' 0" **Wt:** 196 **Born:** 10/14/71 **Age:** 23

					BATTING												BASERUNNING				PERCENTAGES		
Year	Team	Lg	G	AB	H	2B	3B	HR	(Hm	Rd)	TB	R	RBI	TBB	IBB	SO	HBP	SH	SF	SB	CS	SB%	GDP	Avg	OBP	SLG
1990	Twins	R	47	177	56	3	4	5	--	--	82	28	28	13	1	32	2	0	4	13	9	.59	1	.316	.362	.463
1991	Kenosha	A	106	382	123	20	4	4	--	--	163	59	54	22	2	66	6	4	2	28	10	.74	7	.322	.367	.427
1992	Salem	A	113	420	128	20	5	14	--	--	200	55	75	35	2	67	4	0	3	23	9	.72	2	.305	.361	.476
1993	Carolina	AA	63	237	70	17	2	6	--	--	109	33	26	14	1	23	1	2	0	5	3	.63	3	.295	.337	.460
	Buffalo	AAA	60	232	64	12	1	9	--	--	105	36	21	22	4	45	0	0	2	5	1	.83	4	.276	.336	.453
1994	Buffalo	AAA	49	183	57	12	4	2			83	23	22	13	0	26	2	0	0	5	0	1.00	11	.311	.360	.454
1993	Pittsburgh	NL	13	36	4	0	0	0	(0	0)	5	5	3	4	0	9	0	0	1	0	0	.00	1	.111	.195	.139
1994	Pittsburgh	NL	24	86	21	4	0	1	(1	0)	28	11	12	4	0	18	1	0	1	0	0	.00	0	.244	.283	.326
	2 ML YEARS		37	122	25	5	0	1	(1	0)	33	16	15	8	0	27	1	0	2	0	0	.00	2	.205	.256	.270

Chad Curtis

Bats: Right **Throws:** Right **Pos:** CF **Ht:** 5'10" **Wt:** 175 **Born:** 11/06/68 **Age:** 26

					BATTING												BASERUNNING				PERCENTAGES		
Year	Team	Lg	G	AB	H	2B	3B	HR	(Hm | Rd)	TB	R	RBI	TBB	IBB	SO	HBP	SH	SF	SB	CS	SB%	GDP	Avg	OBP	SLG
1992	California	AL	139	441	114	16	2	10	(5 | 5)	164	59	46	51	2	71	6	5	4	43	18	.70	10	.259	.341	.372
1993	California	AL	152	583	166	25	3	6	(3 | 3)	215	94	59	70	2	89	4	7	7	48	24	.67	16	.285	.361	.369
1994	California	AL	114	453	116	23	4	11	(8 | 3)	180	67	50	37	0	69	5	7	4	25	11	.69	10	.256	.317	.397
	3 ML YEARS		405	1477	396	64	9	27	(16 | 11)	559	220	155	158	4	229	15	19	15	116	53	.69	36	.268	.342	.378

Milt Cuyler

Bats: Both **Throws:** Right **Pos:** CF/LF **Ht:** 5'10" **Wt:** 185 **Born:** 10/07/68 **Age:** 26

					BATTING												BASERUNNING				PERCENTAGES		
Year	Team	Lg	G	AB	H	2B	3B	HR	(Hm	Rd)	TB	R	RBI	TBB	IBB	SO	HBP	SH	SF	SB	CS	SB%	GDP	Avg	OBP	SLG
1994	Toledo *	AAA	15	64	22	4	1	0	--	--	28	8	2	3	0	11	1	0	0	4	4	.50	0	.344	.382	.438
1990	Detroit	AL	19	51	13	3	1	0	(0	0)	18	8	8	5	0	10	0	2	1	1	2	.33	1	.255	.316	.353
1991	Detroit	AL	154	475	122	15	7	3	(1	2)	160	77	33	52	0	92	5	12	2	41	10	.80	4	.257	.335	.337
1992	Detroit	AL	89	291	70	11	1	3	(1	2)	92	39	28	10	0	62	4	8	0	8	5	.62	4	.241	.275	.316
1993	Detroit	AL	82	249	53	11	7	0	(0	0)	78	46	19	19	0	53	3	4	1	13	2	.87	2	.213	.276	.313
1994	Detroit	AL	48	116	28	3	1	1	(1	0)	36	20	11	13	0	21	1	2	2	5	3	.63	3	.241	.318	.310
	5 ML YEARS		392	1182	286	43	17	7	(3	4)	384	190	99	99	0	238	13	28	6	68	22	.76	14	.242	.306	.325

Jim Czajkowski

Pitches: Right **Bats:** Both **Pos:** RP **Ht:** 6' 4" **Wt:** 215 **Born:** 12/18/63 **Age:** 31

			HOW MUCH HE PITCHED					WHAT HE GAVE UP										THE RESULTS				
Year	Team	Lg	G	GS	CG	GF	IP	BFP	H	R	ER	HR	SH	SF	HB	TBB	IBB	SO	WP	Bk	W	L	Pct.	ShO	Sv	ERA
1986	Idaho Falls	R	16	13	3	1	88.2	0	90	44	36	5	0	0	3	16	0	46	3	0	7	5	.583	0	0	3.65
1987	Sumter	A	50	0	0	40	68.2	288	63	26	17	2	2	1	2	17	3	59	4	0	4	6	.400	0	20	2.23
1988	Durham	A	48	0	0	39	58.1	263	65	26	22	4	5	3	0	24	5	26	5	2	8	5	.615	0	17	3.39
1989	Durham	A	32	0	0	23	45.1	178	33	8	5	2	2	4	2	10	2	34	2	0	2	3	.400	0	14	0.99
	Greenville	AA	17	4	0	3	34	161	39	31	21	4	1	2	1	16	0	18	0	0	1	6	.143	0	0	5.56
1990	Harrisburg	AA	9	0	0	4	14.2	67	17	7	7	1	0	1	1	6	0	6	1	0	0	0	.000	0	0	4.30
	Salem	A	18	0	0	17	28	113	17	10	8	3	3	2	3	11	3	26	1	0	1	1	.500	0	6	2.57
	Beloit	A	21	0	0	21	27.1	110	16	7	5	1	1	2	3	8	4	37	0	0	2	0	1.000	0	11	1.65
	Stockton	A	2	0	0	1	2.2	10	1	0	0	0	1	0	0	2	0	2	0	0	0	0	.000	0	1	0.00
1991	El Paso	AA	43	0	0	32	78.1	366	100	54	43	5	4	2	3	29	4	69	5	1	5	2	.714	0	11	4.94
1992	El Paso	AA	57	2	0	28	79.1	351	92	44	43	8	4	1	7	26	4	62	1	0	5	7	.417	0	10	4.88
1993	Orlando	AA	10	0	0	4	19	76	15	7	6	0	0	1	1	3	1	16	0	1	1	2	.333	0	1	2.84
	Iowa	AAA	42	0	0	18	70.1	304	64	31	30	3	4	3	4	32	2	43	4	0	7	5	.583	0	5	3.84
1994	Colo. Sprng	AAA	44	1	0	21	63	254	53	24	19	4	3	5	1	16	1	36	3	1	5	4	.556	0	3	2.71
1994	Colorado	NL	5	0	0	2	8.2	42	9	4	4	1	2	0	1	6	1	2	0	0	0	0	.000	0	0	4.15

Omar Daal

Pitches: Left **Bats:** Left **Pos:** RP **Ht:** 6' 3" **Wt:** 185 **Born:** 03/01/72 **Age:** 23

			HOW MUCH HE PITCHED					WHAT HE GAVE UP										THE RESULTS				
Year	Team	Lg	G	GS	CG	GF	IP	BFP	H	R	ER	HR	SH	SF	HB	TBB	IBB	SO	WP	Bk	W	L	Pct.	ShO	Sv	ERA
1992	Albuquerque	AAA	12	0	0	4	10.1	54	14	9	9	1	2	0	0	11	1	9	0	2	0	2	.000	0	0	7.84
	San Antonio	AA	35	5	0	16	57.1	257	60	39	32	3	6	2	4	33	1	52	7	3	2	6	.250	0	5	5.02
1993	Albuquerque	AAA	6	0	0	4	5.1	23	5	2	2	1	0	0	0	3	1	2	0	1	1	1	.500	0	2	3.38
1994	Albuquerque	AAA	11	5	0	3	34.2	149	38	20	20	6	2	0	3	16	0	28	1	1	4	2	.667	0	1	5.19
1993	Los Angeles	NL	47	0	0	12	35.1	155	36	20	20	5	2	2	0	21	3	19	1	2	2	3	.400	0	1	5.09
1994	Los Angeles	NL	24	0	0	5	13.2	55	12	5	5	1	1	0	1	5	0	9	1	1	0	0	.000	0	0	3.29
	2 ML YEARS		71	0	0	17	49	210	48	25	25	6	3	2	0	26	3	28	2	3	2	3	.400	0	0	4.59

Mark Dalesandro

Bats: Right **Throws:** Right **Pos:** C **Ht:** 6' 0" **Wt:** 185 **Born:** 05/14/68 **Age:** 27

								BATTING										BASERUNNING				PERCENTAGES		
Year	Team	Lg	G	AB	H	2B	3B	HR	(Hm	Rd)	TB	R	RBI	TBB	IBB	SO	HBP	SH	SF	SB	CS	SB%	GDP	Avg	OBP	SLG
1990	Boise	A	55	223	75	10	2	6	--	--	107	35	44	19	2	42	1	0	1	6	1	.86	6	.336	.389	.480
1991	Quad City	A	125	487	133	17	8	5	--	--	181	63	69	34	1	58	6	0	4	1	2	.33	10	.273	.326	.372
1992	Palm Sprngs	A	126	492	146	30	3	7	--	--	203	72	92	33	6	50	5	0	6	6	2	.75	20	.297	.343	.413
1993	Palm Sprngs	A	46	176	43	5	3	1	--	--	57	22	25	15	1	20	0	0	1	3	2	.60	9	.244	.293	.324
	Midland	AA	57	235	69	9	0	2	--	--	84	33	36	8	2	30	4	0	5	1	1	.50	4	.294	.321	.357
	Vancouver	AAA	26	107	32	8	1	2	--	--	48	16	15	6	1	13	1	0	1	1	0	1.00	4	.299	.339	.449
1994	Vancouver	AAA	51	199	63	9	1	1	--	--	77	29	31	7	0	19	1	0	2	1	0	1.00	6	.317	.340	.387
1994	California	AL	19	25	5	1	0	1	(1	0)	9	5	2	2	0	4	0	0	0	0	0	.00	2	.200	.259	.360

Ron Darling

Pitches: Right **Bats:** Right **Pos:** SP **Ht:** 6' 3" **Wt:** 195 **Born:** 08/19/60 **Age:** 34

			HOW MUCH HE PITCHED					WHAT HE GAVE UP									THE RESULTS					
Year	Team	Lg	G	GS	CG	GF	IP	BFP	H	R	ER	HR	SH	SF	HB	TBB	IBB	SO	WP	Bk	W	L	Pct.	ShO	Sv	ERA
1983	New York	NL	5	5	1	0	35.1	148	31	11	11	0	3	0	3	17	1	23	3	2	1	3	.250	0	0	2.80
1984	New York	NL	33	33	2	0	205.2	884	179	97	87	17	7	6	3	104	2	136	7	1	12	9	.571	2	0	3.81
1985	New York	NL	36	35	4	1	248	1043	214	93	80	21	13	4	3	114	1	167	7	1	16	6	.727	2	0	2.90
1986	New York	NL	34	34	4	0	237	967	203	84	74	21	10	6	3	81	2	184	7	3	15	6	.714	2	0	2.81
1987	New York	NL	32	32	2	0	207.2	891	183	111	99	24	5	3	3	96	3	167	6	3	12	8	.600	0	0	4.29
1988	New York	NL	34	34	7	0	240.2	971	218	97	87	24	10	8	5	60	2	161	7	2	17	9	.654	4	0	3.25
1989	New York	NL	33	33	4	0	217.1	922	214	100	85	19	7	13	3	70	7	153	12	4	14	14	.500	2	0	3.52
1990	New York	NL	33	18	1	3	126	554	135	73	63	20	7	3	5	44	4	99	5	1	7	9	.438	0	0	4.50
1991	3 ML Teams		32	32	0	0	194.1	827	185	100	92	22	12	8	9	71	3	129	16	5	8	15	.348	1	0	4.26
1992	Oakland	AL	33	33	4	0	206.1	866	198	84	84	15	4	3	4	72	5	99	13	0	15	10	.600	3	0	3.66
1993	Oakland	AL	31	29	3	1	178	793	198	107	102	22	5	6	6	72	5	95	3	1	5	9	.357	0	0	5.16
1994	Oakland	AL	25	25	4	0	160	682	162	89	80	18	5	5	7	59	3	108	6	0	10	11	.476	0	0	4.50
1991	New York	NL	17	17	0	0	102.1	427	96	50	44	9	7	4	6	28	1	58	9	4	5	6	.455	0	0	3.87
	Montreal	NL	3	3	0	0	17	81	25	16	14	6	0	0	1	5	0	11	4	0	0	2	.000	0	0	7.41
	Oakland	AL	12	12	0	0	75	319	64	34	34	7	5	4	2	38	2	60	3	1	3	7	.300	1	0	4.08
	12 ML YEARS		361	343	36	5	2256.1	9548	2120	1060	944	223	88	65	55	860	38	1521	92	24	132	109	.548	13	0	3.77

Danny Darwin

Pitches: Right **Bats:** Right **Pos:** SP **Ht:** 6' 3" **Wt:** 202 **Born:** 10/25/55 **Age:** 39

			HOW MUCH HE PITCHED					WHAT HE GAVE UP									THE RESULTS					
Year	Team	Lg	G	GS	CG	GF	IP	BFP	H	R	ER	HR	SH	SF	HB	TBB	IBB	SO	WP	Bk	W	L	Pct.	ShO	Sv	ERA
1978	Texas	AL	3	1	0	2	9	36	11	4	4	0	0	1	0	1	0	8	0	0	1	0	1.000	0	0	4.00
1979	Texas	AL	20	6	1	4	78	313	50	36	35	5	3	6	3	30	2	58	0	1	4	4	.500	0	0	4.04
1980	Texas	AL	53	2	0	35	110	468	98	37	32	4	5	7	2	50	7	104	3	0	13	4	.765	0	8	2.62
1981	Texas	AL	22	22	6	0	146	601	115	67	59	12	8	3	6	57	5	98	1	0	9	9	.500	2	0	3.64
1982	Texas	AL	56	1	0	41	89	394	95	38	34	6	10	5	2	37	8	61	2	1	10	8	.556	0	7	3.44
1983	Texas	AL	28	26	9	0	183	780	175	86	71	9	7	7	3	62	3	92	2	0	8	13	.381	2	0	3.49
1984	Texas	AL	35	32	5	2	223.2	955	249	110	98	19	3	3	4	54	2	123	3	0	8	12	.400	1	0	3.94
1985	Milwaukee	AL	39	29	11	6	217.2	919	212	112	92	34	7	9	4	65	4	125	6	0	8	18	.308	1	2	3.80
1986	2 ML Teams		39	22	6	6	184.2	759	170	81	65	16	6	9	4	44	1	120	7	1	11	10	.524	1	0	3.17
1987	Houston	NL	33	30	3	0	195.2	833	184	87	78	17	8	3	5	69	12	134	3	1	9	10	.474	1	0	3.59
1988	Houston	NL	44	20	3	9	192	804	189	86	82	20	10	9	7	48	9	129	1	2	8	13	.381	0	3	3.84
1989	Houston	NL	68	0	0	26	122	482	92	34	32	8	8	5	2	33	9	104	2	3	11	4	.733	0	7	2.36
1990	Houston	NL	48	17	3	14	162.2	646	136	42	40	11	4	2	4	31	4	109	0	2	11	4	.733	0	2	2.21
1991	Boston	AL	12	12	0	0	68	292	71	39	39	15	1	2	2	15	0	42	2	0	3	6	.333	0	0	5.16
1992	Boston	AL	51	15	2	21	161.1	688	159	76	71	11	7	5	5	53	9	124	5	0	9	9	.500	0	3	3.96
1993	Boston	AL	34	34	2	0	229.1	919	196	93	83	31	6	9	3	49	8	130	5	1	15	11	.577	1	0	3.26
1994	Boston	AL	13	13	0	0	75.2	350	101	54	53	13	5	1	5	24	6	54	0	0	7	5	.583	0	0	6.30
1986	Milwaukee	AL	27	14	6	4	130.1	537	120	62	51	13	5	6	3	35	1	80	5	0	6	8	.429	1	0	3.52
	Houston	NL	12	8	0	2	54.1	222	50	19	14	3	1	3	1	9	0	40	2	1	5	2	.714	0	0	2.32
	17 ML YEARS		598	282	51	168	2447.2	10239	2303	1082	968	231	94	90	60	722	90	1615	42	12	145	140	.509	9	32	3.56

Jeff Darwin

Pitches: Right **Bats:** Right **Pos:** RP **Ht:** 6' 3" **Wt:** 180 **Born:** 07/06/69 **Age:** 25

			HOW MUCH HE PITCHED					WHAT HE GAVE UP									THE RESULTS					
Year	Team	Lg	G	GS	CG	GF	IP	BFP	H	R	ER	HR	SH	SF	HB	TBB	IBB	SO	WP	Bk	W	L	Pct.	ShO	Sv	ERA
1989	Bellingham	A	12	12	0	0	64	286	73	42	35	1	3	2	3	24	0	47	4	0	1	7	.125	0	0	4.92
1990	Peninsula	A	25	25	1	0	150.1	651	153	86	67	12	6	2	4	57	0	89	6	9	8	14	.364	0	0	4.01
1991	San Berndno	A	16	14	0	1	74	323	80	53	51	14	2	4	4	31	0	58	1	1	3	9	.250	0	0	6.20

Year	Team	Lg	G	AB	H	2B	3B	HR	IP	ER	R	RBI	TBB	IBB	SO	HBP	SH	SF	SB	CS	SB%	GDP	Avg	OBP	SLG
1992	Peninsula	A	32	20	4	9			139.2	583	132	58	52	13	5	3	4	40	5	122	6	5	5	11	.313	2	3	3.35
1993	Jacksnville	AA	27	0	0	22			36.1	159	29	17	12	1	1	0	3	17	3	39	0	0	3	5	.375	0	7	2.97
	Edmonton	AAA	25	0	0	14			30.2	151	50	34	29	5	1	2	0	10	2	22	1	0	2	2	.500	0	2	8.51
1994	Calgary	AAA	42	0	0	21			70.2	299	60	32	27	9	3	2	2	28	3	54	5	0	1	2	.333	0	11	3.44
1994	Seattle	AL	2	0	0	1			4	22	7	6	6	1	0	0	1	3	1	1	0	0	0	0	.000	0	0	13.50

Darren Daulton

Bats: Left   **Throws:** Right   **Pos:** C   **Ht:** 6' 2"   **Wt:** 202   **Born:** 01/03/62   **Age:** 33

					BATTING															BASERUNNING				PERCENTAGES		
Year	Team	Lg	G	AB	H	2B	3B	HR	(Hm	Rd)	TB	R	RBI	TBB	IBB	SO	HBP	SH	SF	SB	CS	SB%	GDP	Avg	OBP	SLG
1983	Philadelphia	NL	2	3	1	0	0	0	(0	0)	1	1	0	1	0	1	0	0	0	0	0	.00	0	.333	.500	.333
1985	Philadelphia	NL	36	103	21	3	1	4	(0	4)	38	14	11	16	0	37	0	0	0	3	0	1.00	1	.204	.311	.369
1986	Philadelphia	NL	49	138	31	4	0	8	(4	4)	59	18	21	38	3	41	1	2	2	2	3	.40	1	.225	.391	.428
1987	Philadelphia	NL	53	129	25	6	0	3	(1	2)	40	10	13	16	1	37	0	4	1	0	0	.00	0	.194	.281	.310
1988	Philadelphia	NL	58	144	30	6	0	1	(0	1)	39	13	12	17	1	26	0	0	2	2	1	.67	2	.208	.288	.271
1989	Philadelphia	NL	131	368	74	12	2	8	(2	6)	114	29	44	52	8	58	2	1	1	2	1	.67	4	.201	.303	.310
1990	Philadelphia	NL	143	459	123	30	1	12	(5	7)	191	62	57	72	9	72	2	3	4	7	1	.88	6	.268	.367	.416
1991	Philadelphia	NL	89	285	56	12	0	12	(8	4)	104	36	42	41	4	66	2	2	5	5	0	1.00	1	.196	.297	.365
1992	Philadelphia	NL	145	485	131	32	5	27	(17	10)	254	80	**109**	88	11	103	6	0	6	11	2	.85	3	.270	.385	.524
1993	Philadelphia	NL	147	510	131	35	4	24	(10	14)	246	90	105	117	12	111	2	0	8	5	0	1.00	2	.257	.392	.482
1994	Philadelphia	NL	69	257	77	17	1	15	(7	8)	141	43	56	33	2	43	1	0	1	4	1	.80	3	.300	.380	.549
	11 ML YEARS		922	2881	700	157	14	114	(54	60)	1227	396	470	491	51	595	16	12	30	41	9	.82	26	.243	.353	.426

Butch Davis

Bats: Right   **Throws:** Right   **Pos:** RF   **Ht:** 6' 0"   **Wt:** 193   **Born:** 06/19/58   **Age:** 37

					BATTING															BASERUNNING				PERCENTAGES		
Year	Team	Lg	G	AB	H	2B	3B	HR	(Hm	Rd)	TB	R	RBI	TBB	IBB	SO	HBP	SH	SF	SB	CS	SB%	GDP	Avg	OBP	SLG
1994	Okla. City *	AAA	106	381	116	23	9	6	--	--	175	60	55	20	2	44	4	4	2	19	5	.79	15	.304	.344	.459
1983	Kansas City	AL	33	122	42	2	6	2	(0	2)	62	13	18	4	0	19	0	2	2	4	3	.57	3	.344	.359	.508
1984	Kansas City	AL	41	116	17	3	0	2	(1	1)	26	11	12	10	0	19	0	0	2	4	3	.57	2	.147	.211	.224
1987	Pittsburgh	NL	7	7	1	1	0	0	(0	0)	2	3	0	1	0	3	0	0	0	0	0	.00	0	.143	.250	.286
1988	Baltimore	AL	13	25	6	1	0	0	(0	0)	7	2	0	0	0	8	0	0	0	1	0	1.00	2	.240	.240	.280
1989	Baltimore	AL	5	6	1	1	0	0	(0	0)	2	1	0	0	0	3	0	0	0	0	0	.00	0	.167	.167	.333
1991	Los Angeles	NL	1	1	0	0	0	0	(0	0)	0	0	0	0	0	0	0	0	0	0	0	.00	0	.000	.000	.000
1993	Texas	AL	62	159	39	10	4	3	(0	3)	66	24	20	5	1	28	1	5	0	3	1	.75	0	.245	.273	.415
1994	Texas	AL	4	17	4	3	0	0	(0	0)	7	2	0	0	0	3	0	0	0	1	0	1.00	0	.235	.235	.412
	8 ML YEARS		166	453	110	21	10	7	(1	6)	172	56	50	20	1	83	1	7	4	13	7	.65	7	.243	.274	.380

Chili Davis

Bats: Both   **Throws:** Right   **Pos:** DH   **Ht:** 6' 3"   **Wt:** 217   **Born:** 01/17/60   **Age:** 35

					BATTING															BASERUNNING				PERCENTAGES		
Year	Team	Lg	G	AB	H	2B	3B	HR	(Hm	Rd)	TB	R	RBI	TBB	IBB	SO	HBP	SH	SF	SB	CS	SB%	GDP	Avg	OBP	SLG
1981	San Francisco	NL	8	15	2	0	0	0	(0	0)	2	1	0	1	0	2	0	0	0	2	0	1.00	1	.133	.188	.133
1982	San Francisco	NL	154	641	167	27	6	19	(6	13)	263	86	76	45	2	115	2	7	6	24	13	.65	13	.261	.308	.410
1983	San Francisco	NL	137	486	113	21	2	11	(7	4)	171	54	59	55	6	108	0	3	9	10	12	.45	9	.233	.305	.352
1984	San Francisco	NL	137	499	157	21	6	21	(7	14)	253	87	81	42	6	74	1	2	2	12	8	.60	13	.315	.368	.507
1985	San Francisco	NL	136	481	130	25	2	13	(7	6)	198	53	56	62	12	74	1	0	7	15	7	.68	16	.270	.349	.412
1986	San Francisco	NL	153	526	146	28	3	13	(7	6)	219	71	70	84	23	96	1	2	5	16	13	.55	11	.278	.375	.416
1987	San Francisco	NL	149	500	125	22	1	24	(9	15)	221	80	76	72	15	109	2	0	4	16	9	.64	8	.250	.344	.442
1988	California	AL	158	600	161	29	3	21	(11	10)	259	81	93	56	14	118	0	1	10	9	10	.47	13	.268	.326	.432
1989	California	AL	154	560	152	24	1	22	(6	16)	244	81	90	61	12	109	0	3	6	3	0	1.00	11	.271	.340	.436
1990	California	AL	113	412	109	17	2	12	(10	2)	164	58	58	61	4	89	0	0	3	1	2	.33	14	.265	.357	.398
1991	Minnesota	AL	153	534	148	34	1	29	(14	15)	271	84	93	95	13	117	1	0	4	5	6	.45	9	.277	.385	.507
1992	Minnesota	AL	138	444	128	27	2	12	(6	6)	195	63	66	73	11	76	3	0	9	4	5	.44	11	.288	.386	.439
1993	California	AL	153	573	139	32	0	19	(13	14)	252	74	112	71	12	135	1	0	0	4	1	.80	18	.243	.327	.440
1994	California	AL	108	392	122	18	1	26	(14	12)	220	72	84	69	11	84	1	0	6	3	2	.60	12	.311	.410	.561
	14 ML YEARS		1851	6663	1799	325	29	250	(117	133)	2932	945	1014	847	141	1306	12	19	71	124	88	.58	169	.270	.350	.440

Eric Davis

Bats: Right   **Throws:** Right   **Pos:** CF   **Ht:** 6' 3"   **Wt:** 190   **Born:** 05/29/62   **Age:** 33

					BATTING															BASERUNNING				PERCENTAGES		
Year	Team	Lg	G	AB	H	2B	3B	HR	(Hm	Rd)	TB	R	RBI	TBB	IBB	SO	HBP	SH	SF	SB	CS	SB%	GDP	Avg	OBP	SLG
1984	Cincinnati	NL	57	174	39	10	1	10	(3	7)	81	33	30	24	0	48	1	0	1	10	2	.83	1	.224	.320	.466
1985	Cincinnati	NL	56	122	30	3	3	8	(1	7)	63	26	18	7	0	39	0	2	0	16	3	.84	1	.246	.287	.516
1986	Cincinnati	NL	132	415	115	15	3	27	(12	15)	217	97	71	68	5	100	1	0	3	80	11	.88	6	.277	.378	.523
1987	Cincinnati	NL	129	474	139	23	4	37	(17	20)	281	120	100	84	8	134	1	0	3	50	6	.89	6	.293	.399	.593

Year	Team	Lg	G	AB	H	2B	3B	HR	(Hm	Rd)	TB	R	RBI	TBB	IBB	SO	HBP	SH	SF	SB	CS	SB%	GDP	Avg	OBP	SLG
1988	Cincinnati	NL	135	472	129	18	3	26	(14	12)	231	81	93	65	10	124	3	0	3	35	3	.92	11	.273	.363	.489
1989	Cincinnati	NL	131	462	130	14	2	34	(15	19)	250	74	101	68	12	116	1	0	11	21	7	.75	16	.281	.367	.541
1990	Cincinnati	NL	127	453	118	26	2	24	(13	11)	220	84	86	60	6	100	2	0	3	21	3	.88	7	.260	.347	.486
1991	Cincinnati	NL	89	285	67	10	0	11	(5	6)	110	39	33	48	5	92	5	0	2	14	2	.88	4	.235	.353	.386
1992	Los Angeles	NL	76	267	61	8	1	5	(1	4)	86	21	32	36	2	71	3	0	2	19	1	.95	9	.228	.325	.322
1993	2 ML Teams		131	451	107	18	1	20	(10	10)	187	71	68	55	7	106	1	0	4	35	7	.83	12	.237	.319	.415
1994	Detroit	AL	37	120	22	4	0	3	(3	0)	35	19	13	18	0	45	0	0	0	5	0	1.00	4	.183	.290	.292
1993	Los Angeles	NL	108	376	88	17	0	14	(7	7)	147	57	53	41	6	88	1	0	4	33	5	.87	8	.234	.308	.391
	Detroit	AL	23	75	19	1	1	6	(3	3)	40	14	15	14	1	18	0	0	0	2	2	.50	4	.253	.371	.533
	11 ML YEARS		1100	3695	957	149	20	205	(94	111)	1761	665	645	533	55	975	18	2	32	306	45	.87	77	.259	.353	.477

Mark Davis

Pitches: Left **Bats:** Left **Pos:** RP **Ht:** 6' 4" **Wt:** 215 **Born:** 10/19/60 **Age:** 34

			HOW MUCH HE PITCHED					WHAT HE GAVE UP										THE RESULTS					
Year	Team	Lg	G	GS	CG	GF	IP	BFP	H	R	ER	HR	SH	SF	HB	TBB	IBB	SO	WP	Bk	W	L	Pct.	ShO	Sv	ERA
1980	Philadelphia	NL	2	1	0	0	7	30	4	2	2	0	0	0	0	5	0	5	0	0	0	0	.000	0	0	2.57
1981	Philadelphia	NL	9	9	0	0	43	194	49	37	37	7	2	4	0	24	0	29	1	1	1	4	.200	0	0	7.74
1983	San Francisco	NL	20	20	2	0	111	469	93	51	43	14	2	4	3	50	4	83	8	1	6	4	.600	2	0	3.49
1984	San Francisco	NL	46	27	1	6	174.2	766	201	113	104	25	10	10	5	54	12	124	8	4	5	17	.227	0	0	5.36
1985	San Francisco	NL	77	1	0	38	114.1	465	89	49	45	13	13	1	3	41	7	131	6	1	5	12	.294	0	7	3.54
1986	San Francisco	NL	67	2	0	20	84.1	342	63	33	28	6	5	5	1	34	7	90	3	0	5	7	.417	0	4	2.99
1987	2 ML Teams		63	11	1	18	133	566	123	64	59	14	7	2	6	59	8	98	6	2	9	8	.529	0	2	3.99
1988	San Diego	NL	62	0	0	52	98.1	402	70	24	22	2	7	1	0	42	11	102	9	1	5	10	.333	0	28	2.01
1989	San Diego	NL	70	0	0	65	92.2	370	66	21	19	6	3	4	2	31	1	92	8	0	4	3	.571	0	44	1.85
1990	Kansas City	AL	53	3	0	28	68.2	334	71	43	39	9	2	2	4	52	3	73	6	0	2	7	.222	0	6	5.11
1991	Kansas City	AL	29	5	0	8	62.2	276	55	36	31	6	2	5	1	39	0	47	1	0	6	3	.667	0	1	4.45
1992	2 ML Teams		27	6	0	11	53	261	64	44	42	9	1	5	1	41	2	34	5	1	2	3	.400	0	0	7.13
1993	2 ML Teams		60	0	0	13	69.2	327	79	37	33	10	4	1	1	44	7	70	2	1	1	5	.167	0	4	4.26
1994	San Diego	NL	20	0	0	3	16.1	81	20	18	16	4	1	0	0	13	1	15	0	0	0	1	.000	0	0	8.82
1987	San Francisco	NL	20	11	1	1	70.2	301	72	38	37	9	3	2	4	28	1	51	4	2	4	5	.444	0	0	4.71
	San Diego	NL	43	0	0	17	62.1	265	51	26	22	5	4	0	2	31	7	47	2	0	5	3	.625	0	2	3.18
1992	Kansas City	AL	13	6	0	4	36.1	176	42	31	29	6	1	4	0	28	0	19	1	0	1	3	.250	0	0	7.18
	Atlanta	NL	14	0	0	7	16.2	85	22	13	13	3	0	1	1	13	2	15	4	1	1	0	1.000	0	0	7.02
1993	Philadelphia	NL	25	0	0	4	31.1	154	35	22	18	4	1	0	1	24	1	28	1	0	1	2	.333	0	1	5.17
	San Diego	NL	35	0	0	9	38.1	173	44	15	15	6	3	1	0	20	6	42	1	1	0	3	.000	0	3	3.52
	14 ML YEARS		605	85	4	262	1128.2	4883	1047	572	520	125	59	44	27	529	63	993	63	12	51	84	.378	2	96	4.15

Russ Davis

Bats: Right **Throws:** Right **Pos:** 3B **Ht:** 6' 0" **Wt:** 170 **Born:** 09/13/69 **Age:** 25

								BATTING											BASERUNNING				PERCENTAGES		
Year	Team	Lg	G	AB	H	2B	3B	HR	(Hm | Rd)	TB	R	RBI	TBB	IBB	SO	HBP	SH	SF	SB	CS	SB%	GDP	Avg	OBP	SLG
1988	Yankees	R	58	213	49	11	3	2	--	--	72	33	30	16	0	39	1	2	3	6	2	.75	2	.230	.283	.338
1989	Ft.Laudrdle	A	48	147	27	5	1	2	--	--	40	8	22	11	0	38	0	4	0	3	1	.75	4	.184	.241	.272
	Oneonta	A	65	236	68	7	5	7	--	--	106	33	42	19	0	44	1	1	2	3	3	.50	3	.288	.341	.449
1990	Pr William	A	137	510	127	37	3	16	--	--	218	55	71	37	1	136	5	0	6	3	1	.75	6	.249	.303	.427
1991	Albany	AA	135	473	103	23	3	8	--	--	156	57	58	50	1	102	5	1	3	3	0	1.00	8	.218	.296	.330
1992	Albany	AA	132	491	140	23	4	22	--	--	237	77	71	49	0	93	7	0	5	3	3	.50	11	.285	.355	.483
1993	Columbus	AAA	113	424	108	24	1	26	--	--	212	63	83	40	2	117	3	2	6	1	1	.50	7	.255	.319	.500
1994	Columbus	AAA	117	416	115	30	2	25	--	--	224	76	69	62	2	93	5	0	3	3	7	.30	5	.276	.374	.538
1994	New York	AL	4	14	2	0	0	0	(0 | 0)	2	0	1	0	0	4	0	0	0	0	0	.00	1	.143	.143	.143

Storm Davis

Pitches: Right **Bats:** Right **Pos:** RP **Ht:** 6' 4" **Wt:** 210 **Born:** 12/26/61 **Age:** 33

			HOW MUCH HE PITCHED					WHAT HE GAVE UP										THE RESULTS					
Year	Team	Lg	G	GS	CG	GF	IP	BFP	H	R	ER	HR	SH	SF	HB	TBB	IBB	SO	WP	Bk	W	L	Pct.	ShO	Sv	ERA
1982	Baltimore	AL	29	8	1	9	100.2	412	96	40	39	8	4	6	0	28	4	67	2	1	8	4	.667	0	0	3.49
1983	Baltimore	AL	34	29	6	0	200.1	831	180	90	80	14	5	4	2	64	4	125	7	2	13	7	.650	1	0	3.59
1984	Baltimore	AL	35	31	10	3	225	923	205	86	78	7	7	9	5	71	6	105	6	1	14	9	.609	2	1	3.12
1985	Baltimore	AL	31	28	8	0	175	750	172	92	88	11	3	3	1	70	5	93	6	1	10	8	.556	1	0	4.53
1986	Baltimore	AL	25	25	2	0	154	657	166	70	62	16	3	2	0	49	2	96	5	0	9	12	.429	0	0	3.62
1987	2 ML Teams		26	15	0	5	93	420	98	61	54	8	2	3	2	47	2	65	9	1	3	8	.273	0	0	5.23
1988	Oakland	AL	33	33	1	0	201.2	872	211	86	83	16	3	8	3	91	2	127	16	2	16	7	.696	0	0	3.70
1989	Oakland	AL	31	31	0	0	169.1	733	187	91	82	19	5	7	3	68	1	91	8	1	19	7	.731	0	0	4.36
1990	Kansas City	AL	21	20	0	0	112	498	129	66	59	9	1	3	0	35	1	62	8	1	7	10	.412	0	0	4.74
1991	Kansas City	AL	51	9	1	22	114.1	515	140	69	63	11	6	4	1	46	9	53	1	0	3	9	.250	1	2	4.96
1992	Baltimore	AL	48	2	0	24	89.1	372	79	35	34	5	6	4	2	36	6	53	4	0	7	3	.700	0	4	3.43
1993	2 ML Teams		43	8	0	12	98	428	93	57	55	9	2	3	2	48	6	73	3	0	2	8	.200	0	4	5.05

Year Team	Lg	G	GS	CG	GF	IP	BFP	H	R	ER	HR	SH	SF	HB	TBB	IBB	SO	WP	Bk	W	L	Pct.	ShO	Sv	ERA
1994 Detroit	AL	35	0	0	10	48	212	36	23	19	3	3	1	0	34	7	38	10	0	2	4	.333	0	0	3.56
1987 San Diego	NL	21	10	0	5	62.2	292	70	48	43	5	2	2	2	36	6	37	7	1	2	7	.222	0	0	6.18
Oakland	AL	5	5	0	0	30.1	128	28	13	11	3	0	1	0	11	0	28	2	0	1	1	.500	0	0	3.26
1993 Oakland	AL	19	8	0	2	62.2	284	68	45	43	5	1	2	2	33	2	37	2	0	2	6	.250	0	0	6.18
Detroit	AL	24	0	0	10	35.1	144	25	12	12	4	1	1	1	15	4	36	1	0	0	2	.000	0	4	3.06
13 ML YEARS		442	239	30	85	1780.2	7623	1792	866	796	136	50	57	20	687	59	1048	81	10	113	96	.541	5	11	4.02

Tim Davis

Pitches: Left **Bats:** Left **Pos:** RP **Ht:** 5'11" **Wt:** 165 **Born:** 07/14/70 **Age:** 24

		HOW MUCH HE PITCHED						WHAT HE GAVE UP											THE RESULTS					
Year Team	Lg	G	GS	CG	GF	IP	BFP	H	R	ER	HR	SH	SF	HB	TBB	IBB	SO	WP	Bk	W	L	Pct.	ShO	Sv	ERA
1993 Appleton	A	16	10	3	4	77.2	313	54	20	16	5	1	2	2	33	0	89	4	2	10	2	.833	2	2	1.85
Riverside	A	18	0	0	17	30.2	117	14	6	6	1	0	1	1	9	0	56	1	0	3	0	1.000	0	7	1.76
1994 Calgary	AAA	6	6	1	0	39.2	161	35	13	8	1	1	0	1	8	0	43	0	0	3	1	.750	0	0	1.82
1994 Seattle	AL	42	1	0	12	49.1	225	57	25	22	4	3	3	1	25	5	28	6	0	2	2	.500	0	2	4.01

Andre Dawson

Bats: Right **Throws:** Right **Pos:** DH **Ht:** 6' 3" **Wt:** 197 **Born:** 07/10/54 **Age:** 40

		BATTING															BASERUNNING				PERCENTAGES		
Year Team	Lg	G	AB	H	2B	3B	HR	(Hm | Rd)	TB	R	RBI	TBB	IBB	SO	HBP	SH	SF	SB	CS	SB%	GDP	Avg	OBP	SLG
1976 Montreal	NL	24	85	20	4	1	0	(0 | 0)	26	9	7	5	1	13	0	2	0	1	2	.33	0	.235	.278	.306
1977 Montreal	NL	139	525	148	26	9	19	(7 | 12)	249	64	65	34	4	93	2	1	4	21	7	.75	6	.282	.326	.474
1978 Montreal	NL	157	609	154	24	8	25	(12 | 13)	269	84	72	30	3	128	12	4	5	28	11	.72	7	.253	.299	.442
1979 Montreal	NL	155	639	176	24	12	25	(13 | 12)	299	90	92	27	5	115	6	8	4	35	10	.78	10	.275	.309	.468
1980 Montreal	NL	151	577	178	41	7	17	(7 | 10)	284	96	87	44	7	69	6	1	10	34	9	.79	9	.308	.358	.492
1981 Montreal	NL	103	394	119	21	3	24	(9 | 15)	218	71	64	35	14	50	7	0	5	26	4	.87	6	.302	.365	.553
1982 Montreal	NL	148	608	183	37	7	23	(9 | 14)	303	107	83	34	4	96	8	4	6	39	10	.80	8	.301	.343	.498
1983 Montreal	NL	159	633	189	36	10	32	(10 | 22)	341	104	113	38	12	81	9	0	18	25	11	.69	14	.299	.338	.539
1984 Montreal	NL	138	533	132	23	6	17	(6 | 11)	218	73	86	41	2	80	2	1	6	13	5	.72	12	.248	.301	.409
1985 Montreal	NL	139	529	135	27	2	23	(11 | 12)	235	65	91	29	8	92	4	1	7	13	4	.76	12	.255	.295	.444
1986 Montreal	NL	130	496	141	32	2	20	(11 | 9)	237	65	78	37	11	79	6	1	6	18	12	.60	13	.284	.338	.478
1987 Chicago	NL	153	621	178	24	2	49	(27 | 22)	353	90	137	32	7	103	7	0	2	11	3	.79	15	.287	.328	.568
1988 Chicago	NL	157	591	179	31	8	24	(12 | 12)	298	78	79	37	12	73	4	1	7	12	4	.75	13	.303	.344	.504
1989 Chicago	NL	118	416	105	18	6	21	(6 | 15)	198	62	77	35	13	62	1	0	7	8	5	.62	16	.252	.307	.476
1990 Chicago	NL	147	529	164	28	5	27	(14 | 13)	283	72	100	42	21	65	2	0	8	16	2	.89	12	.310	.358	.535
1991 Chicago	NL	149	563	153	21	4	31	(22 | 9)	275	69	104	22	3	80	5	0	6	4	5	.44	10	.272	.302	.488
1992 Chicago	NL	143	542	150	27	2	22	(13 | 9)	247	60	90	30	8	70	4	0	6	6	2	.75	13	.277	.316	.456
1993 Boston	AL	121	461	126	29	1	13	(8 | 5)	196	44	67	17	4	49	13	0	7	2	1	.67	18	.273	.313	.425
1994 Boston	AL	75	292	70	18	0	16	(7 | 9)	136	34	48	9	3	53	4	0	1	2	2	.50	15	.240	.271	.466
19 ML YEARS		2506	9643	2700	491	95	428	(204 | 224)	4665	1337	1540	578	142	1451	102	24	115	314	109	.74	209	.280	.324	.484

Jose DeJesus

Pitches: Right **Bats:** Right **Pos:** SP **Ht:** 6' 5" **Wt:** 195 **Born:** 01/06/65 **Age:** 30

		HOW MUCH HE PITCHED						WHAT HE GAVE UP											THE RESULTS					
Year Team	Lg	G	GS	CG	GF	IP	BFP	H	R	ER	HR	SH	SF	HB	TBB	IBB	SO	WP	Bk	W	L	Pct.	ShO	Sv	ERA
1994 Omaha *	AAA	30	2	0	10	58	254	51	29	26	6	4	1	4	37	1	54	3	1	4	4	.500	0	4	4.03
1988 Kansas City	AL	2	2	0	0	2.2	19	6	10	8	0	0	0	0	5	1	2	0	0	0	1	.000	0	0	27.00
1989 Kansas City	AL	3	1	0	1	8	37	7	4	4	1	0	0	0	8	0	2	0	0	0	0	.000	0	0	4.50
1990 Philadelphia	NL	22	22	3	0	130	544	97	63	54	10	8	0	2	73	3	87	4	0	7	8	.467	1	0	3.74
1991 Philadelphia	NL	31	29	3	1	181.2	801	147	74	69	7	11	3	4	128	4	118	10	0	10	9	.526	0	1	3.42
1994 Kansas City	AL	5	4	0	0	26.2	112	27	14	14	2	1	0	0	13	0	12	3	0	3	1	.750	0	0	4.72
5 ML YEARS		63	57	6	2	349	1513	284	165	149	20	20	3	6	227	8	221	17	0	20	19	.513	1	1	3.84

Jose DeLeon

Pitches: Right **Bats:** Right **Pos:** RP **Ht:** 6' 3" **Wt:** 226 **Born:** 12/20/60 **Age:** 34

		HOW MUCH HE PITCHED						WHAT HE GAVE UP											THE RESULTS					
Year Team	Lg	G	GS	CG	GF	IP	BFP	H	R	ER	HR	SH	SF	HB	TBB	IBB	SO	WP	Bk	W	L	Pct.	ShO	Sv	ERA
1983 Pittsburgh	NL	15	15	3	0	108	438	75	36	34	5	4	3	1	47	2	118	5	2	7	3	.700	2	0	2.83
1984 Pittsburgh	NL	30	28	5	0	192.1	795	147	86	80	10	7	7	3	92	5	153	6	2	7	13	.350	1	0	3.74
1985 Pittsburgh	NL	31	25	1	5	162.2	700	138	93	85	15	7	4	3	89	7	149	7	1	2	19	.095	0	3	4.70
1986 2 ML Teams		22	14	1	5	95.1	408	66	46	41	9	5	1	5	59	2	79	7	0	5	8	.385	0	1	3.87
1987 Chicago	AL	33	31	2	0	206	889	177	106	92	24	6	4	10	97	4	153	6	1	11	12	.478	0	0	4.02
1988 St. Louis	NL	34	34	3	0	225.1	940	198	95	92	13	10	7	2	86	7	208	10	0	13	10	.565	1	0	3.67
1989 St. Louis	NL	36	36	5	0	244.2	972	173	96	83	16	5	3	6	80	5	201	2	0	16	12	.571	3	0	3.05
1990 St. Louis	NL	32	32	0	0	182.2	793	168	96	90	15	11	8	5	86	9	164	5	0	7	19	.269	0	0	4.43
1991 St. Louis	NL	28	28	1	0	162.2	679	144	57	49	15	5	4	6	61	1	118	1	1	5	9	.357	0	0	2.71
1992 2 ML Teams		32	18	0	3	117.1	506	111	63	57	7	6	6	2	48	1	79	1	0	2	8	.200	0	0	4.37
1993 2 ML Teams		35	3	0	7	57.1	244	44	27	19	7	3	2	6	30	2	40	5	0	3	0	1.000	0	0	2.98

Year	Team	Lg	G				IP	BFP	H	R	ER	HR	SH	SF	HB	TBB	IBB	SO	WP	Bk	W	L	Pct.	ShO	Sv	ERA
1994	Chicago	AL	42	0	0	11	67	288	48	28	25	5	6	5	6	31	5	67	1	0	3	2	.600	0	2	3.36
1986	Pittsburgh	NL	9	1	0	5	16.1	83	17	16	15	2	1	0	1	17	3	11	1	0	1	3	.250	0	1	8.27
	Chicago	AL	13	13	1	0	79	325	49	30	26	7	4	1	4	42	0	68	6	0	4	5	.444	0	0	2.96
1992	St. Louis	NL	29	15	0	3	102.1	443	95	56	52	7	5	6	2	43	1	72	3	0	2	7	.222	0	0	4.57
	Philadelphia	NL	3	3	0	0	15	63	16	7	5	0	1	0	0	5	0	7	0	0	0	1	.000	0	0	3.00
1993	Philadelphia	NL	24	3	0	6	47	207	39	25	17	5	3	2	5	27	3	34	5	0	3	0	1.000	0	0	3.26
	Chicago	AL	11	0	0	1	10.1	37	5	2	2	2	0	0	1	3	0	6	0	0	0	0	.000	0	0	1.74
	12 ML YEARS		370	264	21	31	1821.1	7652	1489	829	747	141	75	56	55	806	48	1529	58	7	81	115	.413	7	6	3.69

Carlos Delgado

Bats: Left **Throws:** Right **Pos:** LF **Ht:** 6' 3" **Wt:** 206 **Born:** 06/25/72 **Age:** 23

						BATTING												BASERUNNING				PERCENTAGES		
Year	Team	Lg	G	AB	H	2B	3B	HR	(Hm	Rd)	TB	R	RBI	TBB	IBB	SO	HBP	SH	SF	SB	CS	SB%	GDP	Avg	OBP	SLG
1989	St.Cathmes	A	31	89	16	5	0	0	--	--	21	9	11	23	1	39	0	0	1	0	0	.00	4	.180	.345	.236
1990	St. Cath	A	67	226	64	13	0	6	--	--	95	29	39	35	2	65	5	1	4	2	7	.22	2	.283	.385	.420
1991	Myrtle Bch	A	132	441	126	18	2	18	--	--	202	72	71	74	2	97	8	1	4	9	10	.47	7	.286	.395	.458
	Syracuse	AAA	1	3	0	0	0	0	--	--	0	0	0	0	0	2	0	0	0	0	0	.00	0	.000	.000	.000
1992	Dunedin	A	133	485	157	30	2	30	--	--	281	83	100	59	11	91	6	0	2	2	5	.29	8	.324	.402	.579
1993	Knoxville	AA	140	468	142	28	0	25	--	--	245	91	102	102	18	98	6	0	5	10	3	.77	11	.303	.430	.524
1994	Syracuse	AAA	85	307	98	11	0	19	--	--	166	52	58	42	8	58	3	0	2	1	0	1.00	3	.319	.404	.541
1993	Toronto	AL	2	1	0	0	0	0	(0	0)	0	0	0	1	0	0	0	0	0	0	0	.00	0	.000	.500	.000
1994	Toronto	AL	43	130	28	2	0	9	(5	4)	57	17	24	25	4	46	3	0	1	1	1	.50	5	.215	.352	.438
	2 ML YEARS		45	131	28	2	0	9	(5	4)	57	17	24	26	4	46	3	0	1	1	1	.50	5	.214	.354	.435

Rich DeLucia

Pitches: Right **Bats:** Right **Pos:** RP **Ht:** 6' 0" **Wt:** 185 **Born:** 10/07/64 **Age:** 30

			HOW MUCH HE PITCHED						WHAT HE GAVE UP												THE RESULTS					
Year	Team	Lg	G	GS	CG	GF	IP	BFP	H	R	ER	HR	SH	SF	HB	TBB	IBB	SO	WP	Bk	W	L	Pct.	ShO	Sv	ERA
1994	Indianapols *	AAA	36	0	0	31	43	172	22	12	11	2	3	0	1	24	1	52	1	0	5	1	.833	0	19	2.30
1990	Seattle	AL	5	5	1	0	36	144	30	9	8	2	2	0	0	9	0	20	0	0	1	2	.333	0	0	2.00
1991	Seattle	AL	32	31	0	0	182	779	176	107	103	31	5	14	4	78	4	98	10	0	12	13	.480	0	0	5.09
1992	Seattle	AL	30	11	0	6	83.2	382	100	55	51	13	2	2	2	35	1	66	1	0	3	6	.333	0	1	5.49
1993	Seattle	AL	30	1	0	11	42.2	195	46	24	22	5	1	1	1	23	3	48	4	0	3	6	.333	0	1	4.64
1994	Cincinnati	NL	8	0	0	2	10.2	47	9	6	5	4	0	0	0	5	0	15	1	0	0	0	.000	0	0	4.22
	5 ML YEARS		105	48	1	19	355	1547	361	201	189	55	10	17	7	150	8	247	16	0	19	27	.413	0	1	4.79

Jim Deshaies

Pitches: Left **Bats:** Left **Pos:** SP **Ht:** 6' 5" **Wt:** 220 **Born:** 06/23/60 **Age:** 35

			HOW MUCH HE PITCHED						WHAT HE GAVE UP												THE RESULTS					
Year	Team	Lg	G	GS	CG	GF	IP	BFP	H	R	ER	HR	SH	SF	HB	TBB	IBB	SO	WP	Bk	W	L	Pct.	ShO	Sv	ERA
1984	New York	AL	2	2	0	0	7	40	14	9	9	1	0	1	0	7	0	5	0	0	0	1	.000	0	0	11.57
1985	Houston	NL	2	0	0	0	3	10	1	0	0	0	0	0	0	0	0	2	0	0	0	0	.000	0	0	0.00
1986	Houston	NL	26	26	1	0	144	599	124	58	52	16	4	3	2	59	2	128	0	7	12	5	.706	1	0	3.25
1987	Houston	NL	26	25	1	0	152	648	149	81	78	22	9	3	0	57	7	104	4	5	11	6	.647	0	0	4.62
1988	Houston	NL	31	31	3	0	207	847	164	77	69	20	8	13	2	72	5	127	1	6	11	14	.440	2	0	3.00
1989	Houston	NL	34	34	6	0	225.2	928	180	80	73	15	11	5	4	79	8	153	8	1	15	10	.600	3	0	2.91
1990	Houston	NL	34	34	2	0	209.1	881	186	93	88	21	17	12	8	84	9	119	3	3	7	12	.368	0	0	3.78
1991	Houston	NL	28	28	1	0	161	686	156	90	89	19	4	7	1	72	5	98	0	5	5	12	.294	0	0	4.98
1992	San Diego	NL	15	15	0	0	96	395	92	40	35	6	3	2	1	33	2	46	1	2	4	7	.364	0	0	3.28
1993	2 ML Teams		32	31	1	1	184.1	770	183	94	90	26	5	7	7	57	1	85	1	4	13	15	.464	0	0	4.39
1994	Minnesota	AL	25	25	0	0	130.1	596	170	109	107	30	5	5	2	54	0	78	1	2	6	12	.333	0	0	7.39
1993	Minnesota	AL	27	27	1	0	167.1	693	159	85	82	24	4	7	6	51	1	80	0	4	11	13	.458	0	0	4.41
	San Francisco	NL	5	4	0	1	17	77	24	9	8	2	1	0	1	6	0	5	1	0	2	2	.500	0	0	4.24
	11 ML YEARS		255	251	15	1	1519.2	6400	1419	731	690	176	66	58	27	574	39	945	19	35	84	94	.472	6	0	4.09

Delino DeShields

Bats: Left **Throws:** Right **Pos:** 2B **Ht:** 6' 1" **Wt:** 175 **Born:** 01/15/69 **Age:** 26

						BATTING												BASERUNNING				PERCENTAGES		
Year	Team	Lg	G	AB	H	2B	3B	HR	(Hm | Rd)	TB	R	RBI	TBB	IBB	SO	HBP	SH	SF	SB	CS	SB%	GDP	Avg	OBP	SLG
1990	Montreal	NL	129	499	144	28	6	4	(3 | 1)	196	69	45	66	3	96	4	1	2	42	22	.66	10	.289	.375	.393
1991	Montreal	NL	151	563	134	15	4	10	(3 | 7)	187	83	51	95	2	151	2	8	5	56	23	.71	6	.238	.347	.332
1992	Montreal	NL	135	530	155	19	8	7	(1 | 6)	211	82	56	54	4	108	3	9	3	46	15	.75	10	.292	.359	.398
1993	Montreal	NL	123	481	142	17	7	2	(2 | 0)	179	75	29	72	3	64	3	4	2	43	10	.81	6	.295	.389	.372
1994	Los Angeles	NL	89	320	80	11	3	2	(1 | 1)	103	51	33	54	0	53	0	1	1	27	7	.79	9	.250	.357	.322
	5 ML YEARS		627	2393	655	90	28	25	(10 | 15)	876	360	214	341	12	472	12	23	13	214	77	.74	41	.274	.365	.366

Orestes Destrade

Bats: Both **Throws:** Right **Pos:** 1B **Ht:** 6'4" **Wt:** 230 **Born:** 05/08/62 **Age:** 33

						BATTING												BASERUNNING				PERCENTAGES		
Year	Team	Lg	G	AB	H	2B	3B	HR	(Hm | Rd)	TB	R	RBI	TBB	IBB	SO	HBP	SH	SF	SB	CS	SB%	GDP	Avg	OBP	SLG
1987	New York	AL	9	19	5	0	0	0	(0 | 0)	5	5	1	5	0	5	0	0	0	0	0	.00	1	.263	.417	.263
1988	Pittsburgh	NL	36	47	7	1	0	1	(1 | 0)	11	2	3	5	0	17	0	0	1	0	0	.00	0	.149	.226	.234
1993	Florida	NL	153	569	145	20	3	20	(9 | 11)	231	61	87	58	8	130	3	1	6	0	2	.00	17	.255	.324	.406
1994	Florida	NL	39	130	27	4	0	5	(3 | 2)	46	12	15	19	1	32	2	0	1	0	1	1.00	2	.208	.316	.354
	4 ML YEARS		237	765	184	25	3	26	(13 | 13)	293	80	106	87	9	184	5	1	8	1	2	.33	20	.241	.319	.383

John Dettmer

Pitches: Right **Bats:** Right **Pos:** SP **Ht:** 6'0" **Wt:** 185 **Born:** 03/04/70 **Age:** 25

			HOW MUCH HE PITCHED					WHAT HE GAVE UP										THE RESULTS					
Year	Team	Lg	G	GS	CG	GF	IP	BFP	H	R	ER	HR	SH	SF	HB	TBB	IBB	SO	WP	Bk	W	L	Pct.	ShO	Sv	ERA
1992	Gastonia	A	15	15	3	0	98	374	74	25	22	1	0	4	2	17	0	102	2	2	10	1	.909	1	0	2.02
1993	Charlotte	A	27	27	5	0	163	648	132	44	39	6	4	1	7	33	0	128	2	5	16	3	.842	2	0	2.15
1994	Tulsa	AA	10	10	2	0	74.2	288	57	23	20	3	1	2	1	12	1	65	1	0	6	1	.857	0	0	2.41
	Okla. City	AAA	8	8	1	0	46.1	209	59	33	29	7	1	4	2	11	0	26	1	0	3	2	.600	1	0	5.63
1994	Texas	AL	11	9	0	0	54	250	63	42	26	10	2	5	3	20	3	27	1	0	0	6	.000	0	0	4.33

Mike Devereaux

Bats: Right **Throws:** Right **Pos:** CF **Ht:** 6'0" **Wt:** 195 **Born:** 04/10/63 **Age:** 32

						BATTING												BASERUNNING				PERCENTAGES		
Year	Team	Lg	G	AB	H	2B	3B	HR	(Hm | Rd)	TB	R	RBI	TBB	IBB	SO	HBP	SH	SF	SB	CS	SB%	GDP	Avg	OBP	SLG
1987	Los Angeles	NL	19	54	12	3	0	0	(0 | 0)	15	7	4	3	0	10	0	1	0	3	1	.75	0	.222	.263	.278
1988	Los Angeles	NL	30	43	5	1	0	0	(0 | 0)	6	4	2	2	0	10	0	0	0	0	0	1.00	0	.116	.156	.140
1989	Baltimore	AL	122	391	104	14	3	8	(4 | 4)	148	55	46	36	0	60	2	2	3	22	11	.67	7	.266	.329	.379
1990	Baltimore	AL	108	367	88	18	1	12	(6 | 6)	144	48	49	28	0	48	0	4	4	13	12	.52	10	.240	.291	.392
1991	Baltimore	AL	149	608	158	27	10	19	(10 | 9)	262	82	59	47	2	115	2	7	4	16	9	.64	13	.260	.313	.431
1992	Baltimore	AL	156	653	180	29	11	24	(14 | 10)	303	76	107	44	1	94	4	0	9	10	8	.56	14	.276	.321	.464
1993	Baltimore	AL	131	527	132	31	3	14	(8 | 6)	211	72	75	43	0	99	1	2	4	3	3	.50	13	.250	.306	.400
1994	Baltimore	AL	85	301	61	8	2	9	(5 | 4)	100	35	33	22	0	72	1	2	4	1	2	.33	6	.203	.256	.332
	8 ML YEARS		800	2944	740	131	30	86	(47 | 39)	1189	379	375	225	3	508	10	18	28	68	47	.59	63	.251	.304	.404

Mark Dewey

Pitches: Right **Bats:** Right **Pos:** RP **Ht:** 6'0" **Wt:** 216 **Born:** 01/03/65 **Age:** 30

			HOW MUCH HE PITCHED					WHAT HE GAVE UP										THE RESULTS					
Year	Team	Lg	G	GS	CG	GF	IP	BFP	H	R	ER	HR	SH	SF	HB	TBB	IBB	SO	WP	Bk	W	L	Pct.	ShO	Sv	ERA
1990	San Francisco	NL	14	0	0	5	22.2	92	22	7	7	1	2	0	0	5	1	11	0	1	1	1	.500	0	0	2.78
1992	New York	NL	20	0	0	6	33.1	143	37	16	16	2	0	0	0	10	2	24	0	1	1	0	1.000	0	0	4.32
1993	Pittsburgh	NL	21	0	0	17	26.2	108	14	8	7	0	3	3	3	10	1	14	0	0	1	2	.333	0	7	2.36
1994	Pittsburgh	NL	45	0	0	18	51.1	226	61	22	21	4	2	1	3	19	3	30	0	0	2	1	.667	0	1	3.68
	4 ML YEARS		100	0	0	46	134	569	134	53	51	7	8	4	6	44	7	79	0	2	5	4	.556	0	8	3.43

Alex Diaz

Bats: Both **Throws:** Right **Pos:** CF/RF **Ht:** 5'11" **Wt:** 180 **Born:** 10/05/68 **Age:** 26

						BATTING												BASERUNNING				PERCENTAGES		
Year	Team	Lg	G	AB	H	2B	3B	HR	(Hm	Rd)	TB	R	RBI	TBB	IBB	SO	HBP	SH	SF	SB	CS	SB%	GDP	Avg	OBP	SLG
1987	Kingsport	R	54	212	56	9	1	0	--	--	67	29	13	16	0	31	1	4	1	34	9	.79	4	.264	.317	.316
	Little Fls	A	12	47	16	4	1	0	--	--	22	7	8	2	0	3	0	0	0	2	2	.50	1	.340	.367	.468
1988	Columbia	A	123	481	126	14	11	0	--	--	162	82	37	21	3	49	2	9	2	28	8	.78	4	.262	.294	.337
	St. Lucie	A	3	6	0	0	0	0	--	--	0	2	1	0	0	4	2	0	0	0	0	.00	1	.000	.250	.000
1989	St.Lucie	A	102	416	106	11	10	1	--	--	140	54	33	20	2	38	3	5	3	43	16	.73	8	.255	.292	.337
	Jackson	AA	23	95	26	5	1	2	--	--	39	11	9	3	0	11	0	0	0	3	4	.43	1	.274	.296	.411
1990	Tidewater	AAA	124	437	112	15	2	1	--	--	134	55	36	30	4	39	1	7	4	23	13	.64	7	.256	.303	.307
1991	Indianapols	AAA	108	370	90	14	4	1	--	--	115	48	21	27	2	46	1	3	2	16	3	.84	6	.243	.295	.311
1992	Denver	AAA	106	455	122	17	4	1	--	--	150	67	41	24	0	36	5	5	5	42	12	.78	12	.268	.309	.330
1993	New Orleans	AAA	16	55	16	2	0	0	--	--	18	8	5	3	1	6	0	1	0	7	0	1.00	1	.291	.328	.327
1992	Milwaukee	AL	22	9	1	0	0	0	(0	0)	1	5	1	0	0	0	0	0	0	3	2	.60	0	.111	.111	.111
1993	Milwaukee	AL	32	69	22	2	0	0	(0	0)	24	9	1	0	0	12	0	3	0	5	3	.63	3	.319	.319	.348
1994	Milwaukee	AL	79	187	47	5	1	0	(0	0)	69	17	17	10	1	19	0	3	3	5	5	.50	5	.251	.285	.369
	3 ML YEARS		133	265	70	7	1	0	(0	0)	94	31	19	10	1	31	0	6	3	13	10	.57	8	.264	.288	.355

Mario Diaz

Bats: Right **Throws:** Right **Pos:** 3B   **Ht:** 5'10" **Wt:** 160 **Born:** 01/10/62 **Age:** 33

						BATTING											BASERUNNING				PERCENTAGES		
Year	Team	Lg	G	AB	H	2B	3B	HR	(Hm	Rd)	TB	R	RBI	TBB	IBB	SO	HBP	SH	SF	SB	CS	SB%	GDP	Avg	OBP	SLG
1994	Pawtucket *	AAA	30	120	40	6	1	3	--	--	57	14	19	4	1	7	0	0	3	0	1	.00	2	.333	.346	.475
1987	Seattle	AL	11	23	7	0	1	0	(0	0)	9	4	3	0	0	4	0	0	0	0	0	.00	0	.304	.304	.391
1988	Seattle	AL	28	72	22	5	0	0	(0	0)	27	6	9	3	0	5	0	0	1	0	0	.00	3	.306	.329	.375
1989	Seattle	AL	52	74	10	0	0	1	(0	1)	13	9	7	0	0	7	0	5	0	0	0	.00	0	.135	.210	.176
1990	New York	NL	16	22	3	1	0	0	(0	0)	4	0	1	0	0	3	0	0	1	0	0	.00	0	.136	.130	.182
1991	Texas	AL	96	182	48	7	0	1	(1	0)	58	24	22	15	0	18	0	4	1	0	1	.00	5	.264	.318	.319
1992	Texas	AL	19	31	7	1	0	0	(0	0)	8	2	1	1	0	2	0	1	0	0	1	.00	2	.226	.250	.258
1993	Texas	AL	71	205	56	10	1	2	(1	1)	74	24	24	8	0	13	1	7	5	1	0	1.00	6	.273	.297	.361
1994	Florida	NL	32	77	25	4	2	0	(0	0)	33	10	11	6	0	6	1	0	1	0	0	.00	1	.325	.376	.429
	8 ML YEARS		325	686	178	28	4	4	(2	2)	226	79	78	40	0	58	2	17	9	1	2	.33	19	.259	.299	.329

Jerry DiPoto

Pitches: Right **Bats:** Right **Pos:** RP   **Ht:** 6'2" **Wt:** 200 **Born:** 05/24/68 **Age:** 27

			HOW MUCH HE PITCHED					WHAT HE GAVE UP									THE RESULTS					
Year	Team	Lg	G	GS	CG	GF	IP	BFP	H	R	ER	HR	SH	SF	HB	TBB	IBB	SO	WP	Bk	W	L	Pct.	ShO	Sv	ERA
1989	Watertown	A	14	14	1	0	87.1	373	75	42	35	3	4	2	4	39	0	98	10	4	6	5	.545	0	0	3.61
1990	Kinston	A	24	24	1	0	145.1	636	129	75	65	6	5	4	10	77	1	143	12	3	11	4	.733	0	0	3.78
	Canton-Akrn	AA	3	2	0	0	14	59	11	5	4	0	0	0	2	4	0	12	1	0	1	0	1.000	0	0	2.57
1991	Canton-Akrn	AA	28	26	2	0	156	670	143	83	66	10	1	9	2	74	2	97	15	3	6	11	.353	0	0	3.81
1992	Colo Spngs	AAA	50	9	0	21	122	568	148	78	67	6	9	2	6	66	3	62	9	6	9	9	.500	0	2	4.94
1993	Charlotte	AAA	34	0	0	27	46.2	177	34	10	10	2	1	1	1	13	2	44	4	0	6	3	.667	0	12	1.93
1994	Charlotte	AAA	25	2	0	20	34.1	149	37	13	12	1	3	0	0	12	1	26	3	0	3	2	.600	0	3	3.15
1993	Cleveland	AL	46	0	0	26	56.1	247	57	21	15	0	3	2	1	30	7	41	0	0	4	4	.500	0	11	2.40
1994	Cleveland	AL	7	0	0	1	15.2	79	26	14	14	1	0	4	1	10	0	9	0	0	0	0	.000	0	0	8.04
	2 ML YEARS		53	0	0	27	72	326	83	35	29	1	3	6	2	40	7	50	0	0	4	4	.500	0	11	3.63

Gary DiSarcina

Bats: Right **Throws:** Right **Pos:** SS   **Ht:** 6'1" **Wt:** 178 **Born:** 11/19/67 **Age:** 27

						BATTING											BASERUNNING				PERCENTAGES		
Year	Team	Lg	G	AB	H	2B	3B	HR	(Hm | Rd)	TB	R	RBI	TBB	IBB	SO	HBP	SH	SF	SB	CS	SB%	GDP	Avg	OBP	SLG
1989	California	AL	0	0	0	0	0	0	(0 | 0)	0	0	0	0	0	0	0	0	0	0	0	.000	0	.000	.000	.000
1990	California	AL	18	57	8	1	1	0	(0 | 0)	11	8	0	3	0	10	0	1	0	1	0	1.00	3	.140	.183	.193
1991	California	AL	18	57	12	2	0	0	(0 | 0)	14	5	3	3	0	4	2	2	0	0	0	.00	0	.211	.274	.246
1992	California	AL	157	518	128	19	0	3	(2 | 1)	156	48	42	20	0	50	7	5	3	9	7	.56	15	.247	.283	.301
1993	California	AL	126	416	99	20	1	3	(2 | 1)	130	44	45	15	0	38	6	5	3	5	7	.42	13	.238	.273	.313
1994	California	AL	112	389	101	14	2	3	(2 | 1)	128	53	33	18	0	28	2	10	2	3	7	.30	10	.260	.294	.329
	6 ML YEARS		433	1437	348	56	4	9	(6 | 3)	439	158	123	59	0	130	17	23	8	18	21	.46	41	.242	.279	.305

Steve Dixon

Pitches: Left **Bats:** Left **Pos:** RP   **Ht:** 6'0" **Wt:** 190 **Born:** 08/03/69 **Age:** 25

			HOW MUCH HE PITCHED					WHAT HE GAVE UP									THE RESULTS					
Year	Team	Lg	G	GS	CG	GF	IP	BFP	H	R	ER	HR	SH	SF	HB	TBB	IBB	SO	WP	Bk	W	L	Pct.	ShO	Sv	ERA
1989	Johnson Cty	R	18	3	0	5	43.1	200	50	34	29	1	4	3	2	23	2	29	4	2	1	3	.250	0	0	6.02
1990	Savannah	A	64	0	0	21	83.2	355	59	34	18	1	8	0	4	38	5	92	4	0	7	3	.700	0	1	1.94
1991	St. Pete	A	53	0	0	23	64.1	269	54	32	27	3	7	4	0	24	1	54	2	2	5	4	.556	0	1	3.78
1992	Arkansas	AA	40	0	0	20	49	192	34	11	10	2	3	2	0	15	4	65	2	0	2	1	.667	0	2	1.84
	Louisville	AAA	18	0	0	8	19.2	94	20	12	11	0	0	0	1	19	2	16	0	1	1	2	.333	0	2	5.03
1993	Louisville	AAA	57	0	0	41	67.2	292	57	38	37	8	4	2	4	33	7	61	2	0	5	7	.417	0	20	4.92
1994	Louisville	AAA	59	0	0	29	60.2	270	51	25	17	4	1	1	8	30	2	62	3	0	3	2	.600	0	11	2.52
1993	St. Louis	NL	4	0	0	3	2.2	20	7	10	10	1	2	0	0	5	0	2	0	0	0	0	.000	0	0	33.75
1994	St. Louis	NL	2	0	0	0	2.1	18	3	6	6	0	0	0	1	8	0	1	0	0	0	0	.000	0	0	23.14
	2 ML YEARS		6	0	0	0	5	38	10	16	16	1	2	0	1	13	0	3	0	0	0	0	.000	0	0	28.80

John Doherty

Pitches: Right **Bats:** Right **Pos:** SP   **Ht:** 6'4" **Wt:** 215 **Born:** 06/11/67 **Age:** 28

			HOW MUCH HE PITCHED					WHAT HE GAVE UP									THE RESULTS					
Year	Team	Lg	G	GS	CG	GF	IP	BFP	H	R	ER	HR	SH	SF	HB	TBB	IBB	SO	WP	Bk	W	L	Pct.	ShO	Sv	ERA
1992	Detroit	AL	47	11	0	9	116	491	131	61	50	4	3	2	4	25	5	37	5	0	7	4	.636	0	3	3.88
1993	Detroit	AL	32	31	3	1	184.2	780	205	104	91	19	5	4	5	48	7	63	4	1	14	11	.560	2	0	4.44
1994	Detroit	AL	18	17	2	1	101.1	454	139	75	73	13	5	7	3	26	6	28	4	0	6	7	.462	0	0	6.48
	3 ML YEARS		97	59	5	11	402	1725	475	240	214	36	13	13	12	99	18	128	13	1	27	22	.551	2	3	4.79

Chris Donnels

Bats: Left   Throws: Right   Pos: 3B   Ht: 6' 0" Wt: 185 Born: 04/21/66 Age: 29

					BATTING											BASERUNNING				PERCENTAGES		
Year	Team	Lg	G	AB	H	2B	3B	HR	(Hm | Rd)	TB	R	RBI	TBB	IBB	SO	HBP	SH	SF	SB	CS	SB%	GDP	Avg	OBP	SLG
1991	New York	NL	37	89	20	2	0	0	(0 | 0)	22	7	5	14	1	19	0	1	0	1	1	.50	0	.225	.330	.247
1992	New York	NL	45	121	21	4	0	0	(0 | 0)	25	8	6	17	0	25	0	1	0	1	0	1.00	1	.174	.275	.207
1993	Houston	NL	88	179	46	14	2	2	(0 | 2)	70	18	24	19	0	33	0	0	1	2	0	1.00	6	.257	.327	.391
1994	Houston	NL	54	86	23	5	0	3	(2 | 1)	37	12	5	13	0	18	0	0	0	1	0	1.00	1	.267	.364	.430
4 ML YEARS			224	475	110	25	2	5	(2 | 3)	154	45	40	63	1	95	0	2	1	5	1	.83	8	.232	.321	.324

John Dopson

Pitches: Right   Bats: Left   Pos: RP/SP   Ht: 6' 4" Wt: 230 Born: 07/14/63 Age: 31

			HOW MUCH HE PITCHED					WHAT HE GAVE UP										THE RESULTS					
Year	Team	Lg	G	GS	CG	GF	IP	BFP	H	R	ER	HR	SH	SF	HB	TBB	IBB	SO	WP	Bk	W	L	Pct.	ShO	Sv	ERA
1985	Montreal	NL	4	3	0	0	13	70	25	17	16	4	0	0	0	4	0	4	2	0	0	2	.000	0	0	11.08
1988	Montreal	NL	26	26	1	0	168.2	704	150	69	57	15	5	2	1	58	3	101	3	1	3	11	.214	0	0	3.04
1989	Boston	AL	29	28	2	0	169.1	727	166	84	75	14	5	4	2	69	0	95	7	15	12	8	.600	0	0	3.99
1990	Boston	AL	4	4	0	0	17.2	75	13	7	4	2	0	1	0	9	0	9	0	0	0	0	.000	0	0	2.04
1991	Boston	AL	1	0	0	1	1	6	2	2	2	0	0	1	0	1	0	0	0	0	0	0	.000	0	0	18.00
1992	Boston	AL	25	25	0	0	141.1	598	159	78	64	17	2	2	2	38	2	55	3	3	7	11	.389	0	0	4.08
1993	Boston	AL	34	28	1	3	155.2	681	170	93	86	16	8	8	2	59	12	89	1	3	7	11	.389	1	0	4.97
1994	California	AL	21	5	0	4	58.2	264	67	41	40	6	1	1	3	26	3	33	4	1	1	4	.200	0	1	6.14
8 ML YEARS			144	119	4	8	725.1	3125	752	391	344	74	21	19	10	264	20	386	20	23	30	47	.390	1	1	4.27

Brian Dorsett

Bats: Right   Throws: Right   Pos: C   Ht: 6' 4" Wt: 222 Born: 04/09/61 Age: 34

					BATTING											BASERUNNING				PERCENTAGES		
Year	Team	Lg	G	AB	H	2B	3B	HR	(Hm | Rd)	TB	R	RBI	TBB	IBB	SO	HBP	SH	SF	SB	CS	SB%	GDP	Avg	OBP	SLG
1987	Cleveland	AL	5	11	3	0	0	1	(1 | 0)	6	2	3	0	0	3	1	0	0	0	0	.00	0	.273	.333	.545
1988	California	AL	7	11	1	0	0	0	(0 | 0)	1	0	2	1	0	5	0	0	0	0	0	.00	0	.091	.167	.091
1989	New York	AL	8	22	8	1	0	0	(0 | 0)	9	3	4	1	0	3	0	0	0	0	0	.00	0	.364	.391	.409
1990	New York	AL	14	35	5	2	0	0	(0 | 0)	7	2	0	2	0	4	0	0	0	0	0	.00	2	.143	.189	.200
1991	San Diego	NL	11	12	1	0	0	0	(0 | 0)	1	0	1	0	0	3	0	0	0	0	0	.00	0	.083	.083	.083
1993	Cincinnati	NL	25	63	16	4	0	2	(2 | 0)	26	7	12	3	0	14	0	0	0	0	0	.00	1	.254	.288	.413
1994	Cincinnati	NL	76	216	53	8	0	5	(2 | 3)	76	21	26	21	7	33	1	1	2	0	0	.00	10	.245	.313	.352
7 ML YEARS			146	370	87	15	0	8	(5 | 3)	126	35	48	28	7	65	2	1	2	0	0	.00	13	.235	.291	.341

Doug Drabek

Pitches: Right   Bats: Right   Pos: SP   Ht: 6' 1" Wt: 185 Born: 07/25/62 Age: 32

			HOW MUCH HE PITCHED					WHAT HE GAVE UP										THE RESULTS					
Year	Team	Lg	G	GS	CG	GF	IP	BFP	H	R	ER	HR	SH	SF	HB	TBB	IBB	SO	WP	Bk	W	L	Pct.	ShO	Sv	ERA
1986	New York	AL	27	21	0	2	131.2	561	126	64	60	13	5	2	3	50	1	76	2	0	7	8	.467	0	0	4.10
1987	Pittsburgh	NL	29	28	1	0	176.1	721	165	86	76	22	3	4	0	46	2	120	5	1	11	12	.478	1	0	3.88
1988	Pittsburgh	NL	33	32	3	0	219.1	880	194	83	75	21	7	5	6	50	4	127	4	1	15	7	.682	1	0	3.08
1989	Pittsburgh	NL	35	34	8	1	244.1	994	215	83	76	21	13	7	3	69	3	123	3	0	14	12	.538	5	0	2.80
1990	Pittsburgh	NL	33	33	9	0	231.1	918	190	78	71	15	10	3	3	56	2	131	6	0	22	6	.786	3	0	2.76
1991	Pittsburgh	NL	35	35	5	0	234.2	977	245	92	80	16	12	6	3	62	6	142	5	0	15	14	.517	2	0	3.07
1992	Pittsburgh	NL	34	34	10	0	256.2	1021	218	84	79	17	8	8	6	54	8	177	11	1	15	11	.577	4	0	2.77
1993	Houston	NL	34	34	7	0	237.2	991	242	108	100	18	14	8	3	60	12	157	12	0	9	18	.333	0	0	3.79
1994	Houston	NL	23	23	6	0	164.2	657	132	58	52	14	5	6	2	45	2	121	2	0	12	6	.667	2	0	2.84
9 ML YEARS			283	274	49	3	1896.2	7720	1727	736	669	157	77	49	29	492	40	1174	50	3	120	94	.561	20	0	3.17

Brian Drahman

Pitches: Right   Bats: Right   Pos: RP   Ht: 6' 3" Wt: 231 Born: 11/07/66 Age: 28

			HOW MUCH HE PITCHED					WHAT HE GAVE UP										THE RESULTS					
Year	Team	Lg	G	GS	CG	GF	IP	BFP	H	R	ER	HR	SH	SF	HB	TBB	IBB	SO	WP	Bk	W	L	Pct.	ShO	Sv	ERA
1994	Edmonton *	AAA	45	0	0	35	60.1	261	60	38	32	9	2	2	1	25	0	62	4	0	3	2	.600	0	13	4.77
1991	Chicago	AL	28	0	0	8	30.2	125	21	12	11	4	2	1	0	13	1	18	0	0	3	2	.600	0	0	3.23
1992	Chicago	AL	5	0	0	2	7	29	6	3	2	0	0	0	0	2	0	1	1	0	0	0	.000	0	0	2.57
1993	Chicago	AL	5	0	0	4	5.1	23	7	0	0	0	0	0	0	2	0	3	0	0	0	0	.000	0	1	0.00
1994	Florida	NL	9	0	0	3	13	59	15	9	9	2	1	2	0	6	1	7	2	0	0	0	.000	0	0	6.23
4 ML YEARS			47	0	0	17	56	236	49	24	22	6	3	3	0	23	2	29	3	0	3	2	.600	0	1	3.54

Darren Dreifort

Pitches: Right **Bats:** Right **Pos:** RP **Ht:** 6' 2" **Wt:** 200 **Born:** 05/18/72 **Age:** 23

			HOW MUCH HE PITCHED				WHAT HE GAVE UP									THE RESULTS					
Year	Team	Lg	G	GS	CG	GF	IP	BFP	H	R	ER	HR	SH	SF	HB	TBB	IBB	SO	WP	Bk	W	L	Pct.	ShO	Sv	ERA
1994	San Antonio	AA	8	8	0	0	35.1	146	32	14	11	0	1	0	2	13	0	32	3	0	3	1	.750	0	0	2.80
	Albuquerque	AAA	1	1	0	0	6.1	26	8	4	4	0	0	0	0	3	0	3	0	0	1	0	1.000	0	0	5.68
1994	Los Angeles	NL	27	0	0	15	29	148	45	21	20	0	3	0	4	15	3	22	1	0	0	5	.000	0	6	6.21

Steve Dreyer

Pitches: Right **Bats:** Right **Pos:** SP **Ht:** 6' 3" **Wt:** 188 **Born:** 11/19/69 **Age:** 25

			HOW MUCH HE PITCHED				WHAT HE GAVE UP									THE RESULTS					
Year	Team	Lg	G	GS	CG	GF	IP	BFP	H	R	ER	HR	SH	SF	HB	TBB	IBB	SO	WP	Bk	W	L	Pct.	ShO	Sv	ERA
1990	Butte	R	8	8	0	0	35.2	146	29	21	18	2	0	0	0	10	0	29	1	0	1	1	.500	0	0	4.54
1991	Gastonia	A	25	25	3	0	162	661	137	51	43	5	5	4	5	62	1	122	4	0	7	10	.412	1	0	2.39
1992	Charlotte	A	26	26	4	0	168.2	675	164	54	45	8	10	0	6	37	2	111	4	0	11	7	.611	3	0	2.40
1993	Tulsa	AA	5	5	1	0	31.1	128	26	13	13	4	0	1	0	8	1	27	0	0	2	2	.500	1	0	3.73
	Okla City	AAA	16	16	1	0	107	445	108	39	36	5	4	3	2	31	1	59	4	0	4	6	.400	0	0	3.03
1994	Okla. City	AAA	4	4	0	0	23	103	26	14	9	2	0	0	0	9	0	16	1	0	0	1	.000	0	0	3.52
1993	Texas	AL	10	6	0	1	41	186	48	26	26	7	0	0	1	20	1	23	0	0	1	3	.500	0	0	5.71
1994	Texas	AL	5	3	0	0	17.1	80	19	15	11	1	0	1	1	8	0	11	1	0	1	1	.500	0	0	5.71
	2 ML YEARS		15	9	0	1	58.1	266	67	41	37	8	0	1	2	28	1	34	1	0	4	4	.500	0	0	5.71

Rob Ducey

Bats: Left **Throws:** Right **Pos:** RF **Ht:** 6' 2" **Wt:** 180 **Born:** 05/24/65 **Age:** 30

			BATTING															BASERUNNING				PERCENTAGES		
Year	Team	Lg	G	AB	H	2B	3B	HR	(Hm	Rd)	TB	R	RBI	TBB	IBB	SO	HBP	SH	SF	SB	CS	SB%	GDP	Avg	OBP	SLG
1994	Okla. City *	AAA	115	403	108	27	9	17	--	--	204	69	65	75	1	91	5	0	3	9	5	.64	3	.268	.387	.506
1987	Toronto	AL	34	48	9	1	0	1	(1	0)	13	12	6	8	0	10	0	0	1	2	0	1.00	0	.188	.298	.271
1988	Toronto	AL	27	54	17	4	1	0	(0	0)	23	15	6	5	0	7	0	2	2	1	0	1.00	1	.315	.361	.426
1989	Toronto	AL	41	76	16	4	0	0	(0	0)	20	5	7	9	1	25	0	1	0	2	1	.67	2	.211	.294	.263
1990	Toronto	AL	19	53	16	5	0	0	(0	0)	21	7	7	7	0	15	1	0	1	1	1	.50	0	.302	.387	.396
1991	Toronto	AL	39	68	16	2	2	1	(0	1)	25	8	4	6	0	26	0	1	0	2	0	1.00	1	.235	.297	.368
1992	2 ML Teams		54	80	15	4	0	0	(0	0)	19	7	2	5	0	22	0	0	1	2	4	.33	1	.188	.233	.238
1993	Texas	AL	27	85	24	6	3	2	(2	0)	42	15	9	10	2	17	0	2	2	2	3	.40	1	.282	.351	.494
1994	Texas	AL	11	29	5	1	0	0	(0	0)	6	1	1	2	0	1	0	0	0	0	0	.00	1	.172	.226	.207
1992	Toronto	AL	23	21	1	1	0	0	(0	0)	2	3	0	0	0	10	0	0	0	0	1	.00	0	.048	.048	.095
	California	AL	31	59	14	3	0	0	(0	0)	17	4	2	5	0	12	0	0	1	2	3	.40	1	.237	.292	.288
	8 ML YEARS		252	493	118	27	6	4	(3	1)	169	70	42	52	3	123	1	6	7	12	9	.57	7	.239	.309	.343

Mariano Duncan

Bats: Right **Throws:** Right **Pos:** 2B/3B/SS **Ht:** 6' 0" **Wt:** 185 **Born:** 03/13/63 **Age:** 32

			BATTING															BASERUNNING				PERCENTAGES		
Year	Team	Lg	G	AB	H	2B	3B	HR	(Hm | Rd)	TB	R	RBI	TBB	IBB	SO	HBP	SH	SF	SB	CS	SB%	GDP	Avg	OBP	SLG
1985	Los Angeles	NL	142	562	137	24	6	6	(1 | 5)	191	74	39	38	1	113	3	13	4	38	8	.83	9	.244	.293	.340
1986	Los Angeles	NL	109	407	93	7	0	8	(2 | 6)	124	47	30	30	1	78	2	5	4	48	13	.79	6	.229	.284	.305
1987	Los Angeles	NL	76	261	56	8	1	6	(3 | 3)	84	31	18	17	1	62	2	6	1	11	1	.92	4	.215	.267	.322
1989	2 ML Teams		94	258	64	15	2	3	(2 | 1)	92	32	21	8	0	51	5	2	0	9	5	.64	3	.248	.284	.357
1990	Cincinnati	NL	125	435	133	22	11	10	(5 | 5)	207	67	55	24	4	67	4	4	4	13	7	.65	10	.306	.345	.476
1991	Cincinnati	NL	100	333	86	7	4	12	(10 | 2)	137	46	40	12	0	57	3	5	3	5	4	.56	0	.258	.288	.411
1992	Philadelphia	NL	142	574	153	40	3	8	(3 | 5)	223	71	50	17	0	108	5	5	4	23	3	.88	15	.267	.292	.389
1993	Philadelphia	NL	124	496	140	26	4	11	(5 | 6)	207	68	73	12	0	88	4	4	2	6	5	.55	13	.282	.304	.417
1994	Philadelphia	NL	88	347	93	22	1	8	(6 | 2)	141	49	48	17	1	72	4	2	4	10	2	.83	6	.268	.306	.406
1989	Los Angeles	NL	49	84	21	5	1	0	(0 | 0)	28	9	8	0	0	15	2	1	0	3	3	.50	1	.250	.267	.333
	Cincinnati		45	174	43	10	1	3	(2 | 1)	64	23	13	8	0	36	3	1	0	6	2	.75	2	.247	.292	.368
	9 ML YEARS		1000	3673	955	171	32	72	(37 | 35)	1406	485	374	175	11	696	32	46	23	163	48	.77	70	.260	.298	.383

Steve Dunn

Bats: Left **Throws:** Left **Pos:** 1B **Ht:** 6' 4" **Wt:** 225 **Born:** 04/18/70 **Age:** 25

			BATTING															BASERUNNING				PERCENTAGES		
Year	Team	Lg	G	AB	H	2B	3B	HR	(Hm	Rd)	TB	R	RBI	TBB	IBB	SO	HBP	SH	SF	SB	CS	SB%	GDP	Avg	OBP	SLG
1988	Elizabethtn	R	26	95	27	4	0	2	--	--	37	9	14	8	0	22	0	0	0	0	0	.00	0	.284	.340	.389
1989	Kenosha	A	63	219	48	8	0	0	--	--	56	17	23	18	4	55	1	1	2	2	1	.67	2	.219	.279	.256
	Elizabethtn	R	57	210	64	12	3	6	--	--	100	34	42	22	0	41	0	0	2	0	0	.00	1	.305	.364	.476
1990	Kenosha	A	130	478	142	29	1	10	--	--	203	48	72	49	8	104	6	0	6	13	6	.68	4	.297	.365	.425
1991	Visalia	A	125	458	105	16	1	13	--	--	162	64	59	58	6	103	6	0	3	9	6	.60	12	.229	.320	.354
1992	Visalia	A	125	492	150	36	3	26	--	--	270	93	113	41	6	103	7	0	4	8	3	.73	13	.305	.364	.549
1993	Nashville	AA	97	366	96	20	2	14	--	--	162	48	60	35	3	88	1	0	4	1	2	.33	4	.262	.325	.443
1994	Salt Lake	AAA	90	330	102	21	2	15	--	--	172	61	73	24	6	75	2	0	8	0	0	.00	5	.309	.352	.521
1994	Minnesota	AL	14	35	8	5	0	0	(0	0)	13	2	4	1	0	12	0	0	0	0	0	.00	1	.229	.250	.371

Shawon Dunston

Bats: Right **Throws:** Right **Pos:** SS **Ht:** 6'1" **Wt:** 180 **Born:** 03/21/63 **Age:** 32

					BATTING														BASERUNNING				PERCENTAGES		
Year	Team	Lg	G	AB	H	2B	3B	HR	(Hm | Rd)	TB	R	RBI	TBB	IBB	SO	HBP	SH	SF	SB	CS	SB%	GDP	Avg	OBP	SLG
1985	Chicago	NL	74	250	65	12	4	4	(3 | 1)	97	40	18	19	3	42	0	1	2	11	3	.79	3	.260	.310	.388
1986	Chicago	NL	150	581	145	37	3	17	(10 | 7)	239	66	68	21	5	114	3	4	2	13	11	.54	5	.250	.278	.411
1987	Chicago	NL	95	346	85	18	3	5	(3 | 2)	124	40	22	10	1	68	1	0	2	12	3	.80	6	.246	.267	.358
1988	Chicago	NL	155	575	143	23	6	9	(5 | 4)	205	69	56	16	8	108	2	4	2	30	9	.77	6	.249	.271	.357
1989	Chicago	NL	138	471	131	20	6	9	(3 | 6)	190	52	60	30	15	86	1	6	4	19	11	.63	7	.278	.320	.403
1990	Chicago	NL	146	545	143	22	8	17	(7 | 10)	232	73	66	15	1	87	3	4	6	25	5	.83	9	.262	.283	.426
1991	Chicago	NL	142	492	128	22	7	12	(7 | 5)	200	59	50	23	5	64	4	4	11	21	6	.78	9	.260	.292	.407
1992	Chicago	NL	18	73	23	3	1	0	(0 | 0)	28	8	2	3	0	13	0	0	0	2	3	.40	0	.315	.342	.384
1993	Chicago	NL	7	10	4	2	0	0	(0 | 0)	6	3	2	0	0	1	0	0	0	0	0	.00	0	.400	.400	.600
1994	Chicago	NL	88	331	92	19	0	11	(2 | 9)	144	38	35	16	3	48	2	5	2	3	8	.27	4	.278	.313	.435
10 ML YEARS			1013	3674	959	178	38	84	(40 | 44)	1465	448	379	153	41	631	16	28	31	136	59	.70	49	.261	.291	.399

Mike Dyer

Pitches: Right **Bats:** Right **Pos:** RP **Ht:** 6'3" **Wt:** 195 **Born:** 09/08/66 **Age:** 28

			HOW MUCH HE PITCHED					WHAT HE GAVE UP										THE RESULTS					
Year	Team	Lg	G	GS	CG	GF	IP	BFP	H	R	ER	HR	SH	SF	HB	TBB	IBB	SO	WP	Bk	W	L	Pct.	ShO	Sv	ERA
1986	Elizabethtn	R	14	14	3	0	72.1	332	70	50	28	6	1	1	3	42	1	62	5	1	5	7	.417	1	0	3.48
1987	Kenosha	A	27	27	2	0	167	704	124	72	57	9	2	6	8	84	1	163	7	2	16	5	.762	0	0	3.07
1988	Orlando	AA	27	27	3	0	162.1	698	155	84	72	6	2	6	5	86	2	125	6	7	11	13	.458	0	0	3.99
1989	Portland	AAA	15	15	2	0	89.1	386	80	56	44	8	3	4	2	51	0	63	3	4	3	6	.333	0	0	4.43
1990	Portland	AAA	2	2	0	0	2.1	21	6	10	9	1	0	1	0	9	0	0	0	0	0	1	.000	0	0	34.71
1992	Portland	AAA	27	16	0	4	105	480	119	62	59	7	2	1	7	56	2	85	14	1	7	6	.538	0	1	5.06
1993	Iowa	AAA	14	0	0	3	24.1	110	18	14	13	4	0	1	0	20	0	18	2	2	1	0	1.000	0	0	4.81
	Canton-Akrn	AA	17	17	0	0	94	415	90	64	58	8	2	5	4	55	0	75	13	0	7	4	.636	0	0	5.55
1994	Buffalo	AAA	29	0	0	24	34.2	152	33	11	9	2	3	2	2	16	1	26	2	0	3	3	.500	0	12	2.34
1989	Minnesota	AL	16	12	1	0	71	317	74	43	38	2	5	2	2	37	0	37	1	1	4	7	.364	0	0	4.82
1994	Pittsburgh	NL	14	0	0	7	15.1	74	15	12	10	1	1	2	3	12	4	13	0	1	1	1	.500	0	4	5.87
2 ML YEARS			30	12	1	7	86.1	391	89	55	48	3	6	4	5	49	4	50	1	2	5	8	.385	0	4	5.00

Lenny Dykstra

Bats: Left **Throws:** Left **Pos:** CF **Ht:** 5'10" **Wt:** 185 **Born:** 02/10/63 **Age:** 32

					BATTING														BASERUNNING				PERCENTAGES		
Year	Team	Lg	G	AB	H	2B	3B	HR	(Hm | Rd)	TB	R	RBI	TBB	IBB	SO	HBP	SH	SF	SB	CS	SB%	GDP	Avg	OBP	SLG
1994	Scranton-Wb*	AAA	3	7	2	1	0	0	--	--	5	1	1	0	1	0	0	0	0	0	0	.00	0	.286	.375	.714
1985	New York	NL	83	236	60	9	3	1	(0 | 1)	78	40	19	30	0	24	1	4	2	15	2	.88	4	.254	.338	.331
1986	New York	NL	147	431	127	27	7	8	(4 | 4)	192	77	45	58	1	55	0	7	2	31	7	.82	9	.295	.377	.445
1987	New York	NL	132	431	123	37	3	10	(7 | 3)	196	86	43	40	3	67	4	4	0	27	7	.79	1	.285	.352	.455
1988	New York	NL	126	429	116	19	3	8	(3 | 5)	165	57	33	30	2	43	3	2	2	30	8	.79	3	.270	.321	.385
1989	2 ML Teams		146	511	121	32	4	7	(5 | 2)	182	66	32	60	1	53	3	5	5	30	12	.71	7	.237	.318	.356
1990	Philadelphia	NL	149	590	**192**	35	3	9	(6 | 3)	260	106	60	89	14	48	7	2	3	33	5	.87	5	.325	**.418**	.441
1991	Philadelphia	NL	63	246	73	13	5	3	(2 | 1)	105	48	12	37	1	20	1	0	0	24	4	**.86**	1	.297	.391	.427
1992	Philadelphia	NL	85	345	104	18	0	6	(5 | 1)	140	53	39	40	4	32	3	0	4	30	5	.86	1	.301	.375	.406
1993	Philadelphia	NL	161	**637**	**194**	44	6	19	(12 | 7)	307	**143**	66	**129**	9	64	2	0	5	37	12	.76	8	.305	.420	.482
1994	Philadelphia	NL	84	315	86	26	5	5	(3 | 2)	137	68	24	68	11	44	2	0	1	15	4	.79	3	.273	.404	.435
1989	New York	NL	56	159	43	12	1	3	(2 | 1)	66	27	13	23	0	15	2	4	4	13	1	.93	2	.270	.362	.415
	Philadelphia	NL	90	352	78	20	3	4	(3 | 1)	116	39	19	37	1	38	1	1	1	17	11	.61	5	.222	.297	.330
10 ML YEARS			1176	4171	1196	260	39	76	(48 | 28)	1762	744	373	581	46	450	26	24	24	272	66	.80	37	.287	.375	.422

Damion Easley

Bats: Right **Throws:** Right **Pos:** 3B/2B **Ht:** 5'11" **Wt:** 185 **Born:** 11/11/69 **Age:** 25

					BATTING														BASERUNNING				PERCENTAGES		
Year	Team	Lg	G	AB	H	2B	3B	HR	(Hm | Rd)	TB	R	RBI	TBB	IBB	SO	HBP	SH	SF	SB	CS	SB%	GDP	Avg	OBP	SLG
1992	California	AL	47	151	39	5	0	1	(1 | 0)	47	14	12	8	0	26	3	2	1	9	5	.64	2	.258	.307	.311
1993	California	AL	73	230	72	13	2	2	(0 | 2)	95	33	22	28	2	35	3	1	2	6	6	.50	5	.313	.392	.413
1994	California	AL	88	316	68	16	1	6	(4 | 2)	104	41	30	29	0	48	4	4	2	4	5	.44	8	.215	.288	.329
3 ML YEARS			208	697	179	34	3	9	(5 | 4)	246	88	64	65	2	109	10	7	5	19	16	.54	15	.257	.327	.353

Dennis Eckersley

Pitches: Right **Bats:** Right **Pos:** RP **Ht:** 6' 2" **Wt:** 195 **Born:** 10/03/54 **Age:** 40

			HOW MUCH HE PITCHED					WHAT HE GAVE UP										THE RESULTS				
Year	Team	Lg	G	GS	CG	GF	IP	BFP	H	R	ER	HR	SH	SF	HB	TBB	IBB	SO	WP	Bk	W	L	Pct.	ShO	Sv	ERA
1975	Cleveland	AL	34	24	6	5	187	794	147	61	54	16	6	7	7	90	8	152	4	2	13	7	.650	2	2	2.60
1976	Cleveland	AL	36	30	9	3	199	821	155	82	76	13	10	4	5	78	2	200	6	1	13	12	.520	3	1	3.44
1977	Cleveland	AL	33	33	12	0	247	1006	214	100	97	31	11	6	7	54	11	191	3	0	14	13	.519	3	0	3.53
1978	Boston	AL	35	35	16	0	268	1121	258	99	89	30	7	8	7	71	8	162	3	0	20	8	.714	3	0	2.99
1979	Boston	AL	33	33	17	0	247	1018	234	89	82	29	10	6	6	59	4	150	1	1	17	10	.630	2	0	2.99
1980	Boston	AL	30	30	8	0	198	818	188	101	94	25	7	8	2	44	7	121	0	0	12	14	.462	0	0	4.27
1981	Boston	AL	23	23	8	0	154	649	160	82	73	9	6	5	3	35	2	79	0	0	9	8	.529	2	0	4.27
1982	Boston	AL	33	33	11	0	224.1	926	228	101	93	31	4	4	2	43	3	127	1	0	13	13	.500	3	0	3.73
1983	Boston	AL	28	28	2	0	176.1	787	223	119	110	27	1	5	6	39	4	77	1	0	9	13	.409	0	0	5.61
1984	2 ML Teams		33	33	4	0	225	932	223	97	90	21	11	9	5	49	9	114	3	2	14	12	.538	0	0	3.60
1985	Chicago	NL	25	25	6	0	169.1	664	145	61	58	15	6	2	3	19	4	117	0	3	11	7	.611	2	0	3.08
1986	Chicago	NL	33	32	1	0	201	862	226	109	102	21	13	10	3	43	3	137	2	5	6	11	.353	0	0	4.57
1987	Oakland	AL	54	2	0	33	115.2	460	99	41	39	11	3	3	3	17	3	113	1	0	6	8	.429	0	16	3.03
1988	Oakland	AL	60	0	0	53	72.2	279	52	20	19	5	1	3	1	11	2	70	0	2	4	2	.667	0	45	2.35
1989	Oakland	AL	51	0	0	46	57.2	206	32	10	10	5	0	4	1	3	0	55	0	0	4	0	1.000	0	33	1.56
1990	Oakland	AL	63	0	0	61	73.1	262	41	9	5	2	0	1	0	4	1	73	0	0	4	2	.667	0	48	0.61
1991	Oakland	AL	67	0	0	59	76	299	60	26	25	11	1	0	1	9	3	87	0	0	5	4	.556	0	43	2.96
1992	Oakland	AL	69	0	0	65	80	309	62	17	17	5	3	0	1	11	6	93	0	0	7	1	.875	0	51	1.91
1993	Oakland	AL	64	0	0	52	67	276	67	32	31	7	2	2	2	13	4	80	0	0	2	4	.333	0	36	4.16
1994	Oakland	AL	45	0	0	39	44.1	193	49	26	21	5	1	0	1	13	2	47	0	0	4	4	.556	0	19	4.26
1984	Boston	AL	9	9	2	0	64.2	270	71	38	36	10	3	3	1	13	2	33	2	0	4	4	.500	0	0	5.01
	Chicago	NL	24	24	2	0	160.1	662	152	59	54	11	8	6	4	36	7	81	1	2	10	8	.556	0	0	3.03
	20 ML YEARS		849	361	100	416	3082.2	12682	2863	1282	1185	319	103	87	66	705	86	2245	26	16	188	153	.551	20	294	3.46

Tom Edens

Pitches: Right **Bats:** Right **Pos:** RP **Ht:** 6' 2" **Wt:** 188 **Born:** 06/09/61 **Age:** 34

			HOW MUCH HE PITCHED					WHAT HE GAVE UP										THE RESULTS				
Year	Team	Lg	G	GS	CG	GF	IP	BFP	H	R	ER	HR	SH	SF	HB	TBB	IBB	SO	WP	Bk	W	L	Pct.	ShO	Sv	ERA
1987	New York	NL	2	2	0	0	8	42	15	6	6	2	2	0	0	4	0	4	2	0	0	0	.000	0	0	6.75
1990	Milwaukee	AL	35	6	0	9	89	387	89	52	44	8	6	4	4	33	3	40	1	0	4	5	.444	0	2	4.45
1991	Minnesota	AL	8	6	0	0	33	143	34	15	15	2	0	0	0	10	1	19	1	0	2	2	.500	0	0	4.09
1992	Minnesota	AL	52	0	0	14	76.1	317	65	26	24	1	4	0	2	36	3	57	5	0	6	3	.667	0	3	2.83
1993	Houston	NL	38	0	0	20	49	203	47	17	17	4	4	1	0	19	7	21	3	0	1	1	.500	0	0	3.12
1994	2 ML Teams		42	0	0	15	54	231	59	26	26	3	3	3	2	18	4	39	5	1	5	1	.833	0	1	4.33
1994	Houston	NL	39	0	0	13	50	214	55	25	25	3	2	3	2	17	4	38	5	1	4	1	.800	0	1	4.50
	Philadelphia	NL	3	0	0	2	4	17	4	1	1	0	1	0	0	1	0	1	0	0	1	0	1.000	0	0	2.25
	6 ML YEARS		177	14	0	58	309.1	1323	309	142	132	20	19	8	8	120	18	180	17	1	18	12	.600	0	6	3.84

Jim Edmonds

Bats: Left **Throws:** Left **Pos:** LF/1B/RF **Ht:** 6' 1" **Wt:** 190 **Born:** 06/27/70 **Age:** 25

			BATTING															BASERUNNING				PERCENTAGES		
Year	Team	Lg	G	AB	H	2B	3B	HR	(Hm	Rd)	TB	R	RBI	TBB	IBB	SO	HBP	SH	SF	SB	CS	SB%	GDP	Avg	OBP	SLG
1988	Bend	A	35	122	27	4	0	0	--	--	31	23	13	20	0	44	0	0	1	4	0	1.00	2	.221	.329	.254
1989	Quad City	A	31	92	24	4	0	1	--	--	31	11	4	7	0	34	0	0	0	1	0	1.00	3	.261	.313	.337
1990	Palm Sprngs	A	91	314	92	18	6	3	--	--	131	36	56	27	3	75	2	1	2	5	2	.71	10	.293	.351	.417
1991	Palm Sprngs	A	60	187	55	15	1	2	--	--	78	28	27	40	3	57	0	3	1	2	2	.50	2	.294	.417	.417
1992	Midland	AA	70	246	77	15	2	8	--	--	120	42	32	41	1	83	1	1	0	3	4	.43	8	.313	.413	.488
	Edmonton	AAA	50	194	58	15	2	6	--	--	95	37	36	14	2	55	0	2	2	3	1	.75	2	.299	.343	.490
1993	Vancouver	AAA	95	356	112	28	4	9	--	--	175	59	74	41	4	81	0	2	4	6	8	.43	5	.315	.382	.492
1993	California	AL	18	61	15	4	1	0	(0	0)	21	5	4	2	1	16	0	0	0	0	2	.00	1	.246	.270	.344
1994	California	AL	94	289	79	13	1	5	(3	2)	109	35	37	30	3	72	1	1	1	4	2	.67	3	.273	.343	.377
	2 ML YEARS		112	350	94	17	2	5	(3	2)	130	40	41	32	4	88	1	1	1	4	4	.50	4	.269	.331	.371

Robert Eenhoorn

Bats: Right **Throws:** Right **Pos:** SS **Ht:** 6' 3" **Wt:** 185 **Born:** 02/09/68 **Age:** 27

			BATTING															BASERUNNING				PERCENTAGES		
Year	Team	Lg	G	AB	H	2B	3B	HR	(Hm	Rd)	TB	R	RBI	TBB	IBB	SO	HBP	SH	SF	SB	CS	SB%	GDP	Avg	OBP	SLG
1990	Oneonta	A	57	220	59	9	3	2	--	--	80	30	18	18	0	29	1	2	2	9	4	.69	2	.268	.324	.364
1991	Yankees	R	13	39	14	4	1	1	--	--	23	6	7	4	0	8	0	0	1	1	0	1.00	1	.359	.419	.590
	Pr William	A	29	108	26	6	1	1	--	--	37	15	12	14	0	21	0	1	0	0	0	.00	4	.241	.325	.343
1992	Ft. Laud	A	57	203	62	5	2	2	--	--	83	23	33	19	2	25	4	2	4	6	2	.75	3	.305	.370	.409
	Albany	AA	60	196	46	11	2	1	--	--	64	24	23	10	1	17	1	3	3	2	1	.67	7	.235	.271	.327
1993	Albany	AA	82	314	88	24	3	6	--	--	136	48	46	21	1	39	1	3	3	3	4	.43	11	.280	.324	.433

Year	Team	Lg	G	AB	H	2B	3B	5	-	-	111	38	39	14	0	43	1	3	1	2	2	.50	7	.239	.270	.324
1994	Columbus	AAA	99	343	82	10	2	5	-	-	111	38	39	14	0	43	1	3	1	2	2	.50	7	.239	.270	.324
1994	New York	AL	3	4	2	1	0	0	(0	0)	3	1	0	0	0	0	0	0	0	0	0	.00	0	.500	.500	.750

Mark Eichhorn

Pitches: Right **Bats:** Right **Pos:** RP **Ht:** 6' 3" **Wt:** 210 **Born:** 11/21/60 **Age:** 34

			HOW MUCH HE PITCHED						WHAT HE GAVE UP									THE RESULTS					
Year	Team	Lg	G	GS	CG	GF	IP	BFP	H	R	ER	HR	SH	SF	HB	TBB	IBB	SO	WP	Bk	W	L	Pct.	ShO	Sv	ERA
1982	Toronto	AL	7	7	0	0	38	171	40	28	23	4	1	2	0	14	1	16	3	0	0	3	.000	0	0	5.45
1986	Toronto	AL	69	0	0	38	157	612	105	32	30	8	9	2	7	45	14	166	2	1	14	6	.700	0	10	1.72
1987	Toronto	AL	89	0	0	27	127.2	540	110	47	45	14	7	4	6	52	13	96	3	1	10	6	.625	0	4	3.17
1988	Toronto	AL	37	0	0	17	66.2	302	79	32	31	3	8	1	6	27	4	28	3	6	0	3	.000	0	1	4.18
1989	Atlanta	NL	45	0	0	13	68.1	286	70	36	33	6	7	4	1	19	8	49	0	1	5	5	.500	0	0	4.35
1990	California	AL	60	0	0	40	84.2	374	98	36	29	2	2	4	6	23	0	69	2	0	2	5	.286	0	13	3.08
1991	California	AL	70	0	0	23	81.2	311	63	21	18	2	5	3	2	13	1	49	0	0	3	3	.500	0	1	1.98
1992	2 ML Teams		65	0	0	26	87.2	372	86	34	30	3	3	5	2	25	8	61	9	1	4	4	.500	0	2	3.08
1993	Toronto	AL	54	0	0	16	72.2	309	76	26	22	3	3	2	3	22	7	47	2	0	3	1	.750	0	0	2.72
1994	Baltimore	AL	43	0	0	20	71	290	62	19	17	1	4	4	5	19	4	35	1	0	6	5	.545	0	1	2.15
1992	California	AL	42	0	0	19	56.2	237	51	19	15	2	2	3	0	18	8	42	3	1	2	4	.333	0	2	2.38
	Toronto	AL	23	0	0	7	31	135	35	15	15	1	1	2	2	7	0	19	6	0	2	0	1.000	0	0	4.35
10 ML YEARS			539	7	0	220	855.1	3567	789	311	278	46	49	31	38	259	60	616	25	10	47	41	.534	0	32	2.93

Joey Eischen

Pitches: Left **Bats:** Left **Pos:** RP **Ht:** 6' 1" **Wt:** 190 **Born:** 05/25/70 **Age:** 25

			HOW MUCH HE PITCHED						WHAT HE GAVE UP									THE RESULTS					
Year	Team	Lg	G	GS	CG	GF	IP	BFP	H	R	ER	HR	SH	SF	HB	TBB	IBB	SO	WP	Bk	W	L	Pct.	ShO	Sv	ERA
1989	Butte	R	12	12	0	0	52.2	248	50	45	31	4	1	0	6	38	0	57	13	11	3	7	.300	0	0	5.30
1990	Gastonia	A	17	14	0	0	73.1	311	51	36	22	0	3	4	3	40	0	69	9	0	3	7	.300	0	0	2.70
1991	Charlotte	A	18	18	1	0	108.1	467	99	59	40	5	6	3	4	55	1	80	8	1	4	10	.286	0	0	3.32
	Wst Plm Bch	A	8	8	1	0	38.1	177	34	27	22	3	3	1	2	24	0	26	3	0	4	2	.667	1	0	5.17
1992	Wst Plm Bch	A	27	26	3	0	169.2	705	128	68	58	5	4	3	8	83	2	167	6	0	9	8	.529	2	0	3.08
1993	Harrisburg	AA	20	20	0	0	119.1	533	122	62	48	11	3	6	4	60	0	110	9	1	14	4	.778	0	0	3.62
	Ottawa	AAA	6	6	0	0	40.2	166	34	18	16	3	1	2	0	15	0	29	1	0	2	2	.500	0	0	3.54
1994	Ottawa	AAA	48	2	0	20	62	274	54	38	34	7	3	4	0	40	4	57	10	0	2	6	.250	0	2	4.94
1994	Montreal	NL	1	0	0	0	0.2	7	4	4	4	0	0	0	1	0	0	1	0	0	0	0	.000	0	0	54.00

Jim Eisenreich

Bats: Left **Throws:** Left **Pos:** RF **Ht:** 5'11" **Wt:** 200 **Born:** 04/18/59 **Age:** 36

			BATTING																BASERUNNING				PERCENTAGES		
Year	Team	Lg	G	AB	H	2B	3B	HR	(Hm | Rd)	TB	R	RBI	TBB	IBB	SO	HBP	SH	SF	SB	CS	SB%	GDP	Avg	OBP	SLG
1982	Minnesota	AL	34	99	30	6	0	2	(1 | 1)	42	10	9	11	0	13	1	0	0	0	0	.00	1	.303	.378	.424
1983	Minnesota	AL	2	7	2	1	0	0	(0 | 0)	3	1	0	1	0	1	0	0	0	0	0	.00	0	.286	.375	.429
1984	Minnesota	AL	12	32	7	1	0	0	(0 | 0)	8	1	3	2	0	4	0	0	2	2	0	1.00	0	.219	.250	.250
1987	Kansas City	AL	44	105	25	8	2	4	(3 | 1)	49	10	21	7	2	13	0	0	3	1	1	.50	2	.238	.278	.467
1988	Kansas City	AL	82	202	44	8	1	1	(0 | 1)	57	26	19	6	1	31	0	0	2	9	3	.75	3	.218	.236	.282
1989	Kansas City	AL	134	475	139	33	7	9	(4 | 5)	213	64	59	37	9	44	0	3	3	27	8	.77	8	.293	.341	.448
1990	Kansas City	AL	142	496	139	29	7	5	(2 | 3)	197	61	51	42	2	51	1	2	4	12	14	.46	7	.280	.335	.397
1991	Kansas City	AL	135	375	113	22	3	2	(2 | 0)	147	47	47	20	1	35	1	3	6	5	3	.63	10	.301	.333	.392
1992	Kansas City	AL	113	353	95	13	3	2	(1 | 1)	120	31	28	24	4	36	0	0	3	11	6	.65	6	.269	.313	.340
1993	Philadelphia	NL	153	362	115	17	4	7	(3 | 4)	161	51	54	26	5	36	1	0	3	5	0	1.00	6	.318	.363	.445
1994	Philadelphia	NL	104	290	87	15	4	4	(3 | 1)	122	42	43	33	3	31	1	3	2	6	2	.75	8	.300	.371	.421
11 ML YEARS			955	2796	796	153	31	36	(19 | 17)	1119	344	334	209	28	295	5	16	30	78	37	.68	51	.285	.332	.400

Cal Eldred

Pitches: Right **Bats:** Right **Pos:** SP **Ht:** 6' 4" **Wt:** 235 **Born:** 11/24/67 **Age:** 27

			HOW MUCH HE PITCHED						WHAT HE GAVE UP									THE RESULTS					
Year	Team	Lg	G	GS	CG	GF	IP	BFP	H	R	ER	HR	SH	SF	HB	TBB	IBB	SO	WP	Bk	W	L	Pct.	ShO	Sv	ERA
1991	Milwaukee	AL	3	3	0	0	16	73	20	9	8	2	0	0	0	6	0	10	0	0	2	0	1.000	0	0	4.50
1992	Milwaukee	AL	14	14	2	0	100.1	394	76	21	20	4	1	0	2	23	0	62	3	0	11	2	.846	1	0	1.79
1993	Milwaukee	AL	36	36	8	0	258	1087	232	120	115	32	5	12	10	91	5	180	2	0	16	16	.500	1	0	4.01
1994	Milwaukee	AL	25	25	6	0	179	769	158	96	93	23	5	7	4	84	0	98	2	0	11	11	.500	0	0	4.68
4 ML YEARS			78	78	16	0	553.1	2323	486	246	236	61	11	19	16	204	5	350	7	0	40	29	.580	2	0	3.84

Donnie Elliott

Pitches: Right **Bats:** Right **Pos:** RP **Ht:** 6' 5" **Wt:** 225 **Born:** 09/20/68 **Age:** 26

			HOW MUCH HE PITCHED					WHAT HE GAVE UP									THE RESULTS					
Year	Team	Lg	G	GS	CG	GF	IP	BFP	H	R	ER	HR	SH	SF	HB	TBB	IBB	SO	WP	Bk	W	L	Pct.	ShO	Sv	ERA
1988	Martinsvlle	R	15	10	0	2	59	257	47	37	24	4	0	0	3	31	0	77	4	9	4	2	.667	0	1	3.66
1989	Batavia	A	8	8	0	0	57	231	45	21	9	2	1	0	0	14	0	48	4	0	4	1	.800	0	0	1.42
	Spartanburg	A	7	7	1	0	43.2	183	46	19	12	1	1	1	0	14	0	36	4	0	2	3	.400	1	0	2.47
1990	Spartanburg	A	20	20	0	0	105.1	450	101	52	41	6	3	5	2	46	0	109	7	1	4	8	.333	0	0	3.50
1991	Spartanburg	A	10	10	0	0	51	235	42	37	24	1	1	0	3	36	0	81	8	0	3	4	.429	0	0	4.24
	Clearwater	A	18	18	1	0	107	435	78	34	33	1	4	4	1	51	0	103	10	1	8	5	.615	1	0	2.78
1992	Clearwater	A	3	3	0	0	18	71	12	6	6	1	0	0	0	8	0	12	2	0	1	1	.500	0	0	3.00
	Reading	AA	6	6	0	0	35.2	153	37	10	10	2	2	1	0	11	1	23	0	0	3	3	.500	0	0	2.52
	Greenville	AA	19	17	0	0	103.2	416	76	28	24	8	1	3	5	35	1	100	4	0	7	2	.778	0	0	2.08
1993	Richmond	AAA	18	18	1	0	103	449	108	65	54	16	3	2	0	39	0	99	5	0	8	5	.615	0	0	4.72
	Las Vegas	AAA	8	7	0	0	41	198	48	32	29	6	1	2	1	24	0	44	3	0	2	5	.286	0	0	6.37
1994	Las Vegas	AAA	6	0	0	1	13.1	65	13	11	8	3	0	1	0	11	2	12	5	0	2	0	1.000	0	0	5.40
1994	San Diego	NL	30	1	0	10	33	148	31	12	12	3	2	0	1	21	2	24	2	0	0	1	.000	0	0	3.27

Kevin Elster

Bats: Right **Throws:** Right **Pos:** SS **Ht:** 6' 2" **Wt:** 200 **Born:** 08/03/64 **Age:** 30

			BATTING															BASERUNNING				PERCENTAGES		
Year	Team	Lg	G	AB	H	2B	3B	HR	(Hm	Rd)	TB	R	RBI	TBB	IBB	SO	HBP	SH	SF	SB	CS	SB%	GDP	Avg	OBP	SLG
1994	Tampa*	A	3	11	2	1	0	0	--	--	3	2	2	2	0	2	0	0	0	0	0	.00	0	.182	.308	.273
	Albany-Colo*	AA	41	135	33	7	0	2	--	--	46	19	21	21	0	16	0	0	3	2	0	1.00	3	.244	.340	.341
1986	New York	NL	19	30	5	1	0	0	(0	0)	6	3	0	3	1	8	0	0	0	0	0	.00	0	.167	.242	.200
1987	New York	NL	5	10	4	2	0	0	(0	0)	6	1	1	0	0	1	0	0	0	0	0	.00	1	.400	.400	.600
1988	New York	NL	149	406	87	11	1	9	(6	3)	127	41	37	35	12	47	3	6	0	2	0	1.00	5	.214	.282	.313
1989	New York	NL	151	458	106	25	2	10	(5	5)	165	52	55	34	11	77	2	6	8	4	3	.57	13	.231	.283	.360
1990	New York	NL	92	314	65	20	1	9	(2	7)	114	36	45	30	2	54	1	1	6	2	0	1.00	4	.207	.274	.363
1991	New York	NL	115	348	84	16	2	6	(3	3)	122	33	36	40	6	53	1	1	4	2	3	.40	4	.241	.318	.351
1992	New York	NL	6	18	4	0	0	0	(0	0)	4	0	0	0	0	2	0	1	0	0	0	.00	1	.222	.222	.222
1994	New York	AL	7	20	0	0	0	0	(0	0)	0	0	0	1	0	6	0	0	0	0	0	.00	0	.000	.048	.000
	8 ML YEARS		544	1604	355	75	6	34	(16	18)	544	166	174	143	32	248	7	15	18	10	6	.63	28	.221	.285	.339

Scott Erickson

Pitches: Right **Bats:** Right **Pos:** SP **Ht:** 6' 4" **Wt:** 222 **Born:** 02/02/68 **Age:** 27

			HOW MUCH HE PITCHED					WHAT HE GAVE UP									THE RESULTS					
Year	Team	Lg	G	GS	CG	GF	IP	BFP	H	R	ER	HR	SH	SF	HB	TBB	IBB	SO	WP	Bk	W	L	Pct.	ShO	Sv	ERA
1990	Minnesota	AL	19	17	1	1	113	485	108	49	36	9	5	2	5	51	4	53	3	0	8	4	.667	0	0	2.87
1991	Minnesota	AL	32	32	5	0	204	851	189	80	72	13	5	7	6	71	3	108	4	0	20	8	.714	3	0	3.18
1992	Minnesota	AL	32	32	5	0	212	888	197	86	80	18	9	7	8	83	3	101	6	1	13	12	.520	3	0	3.40
1993	Minnesota	AL	34	34	1	0	218.2	976	266	138	126	17	10	13	10	71	1	116	5	0	8	19	.296	0	0	5.19
1994	Minnesota	AL	23	23	2	0	144	654	173	95	87	15	3	4	9	59	0	104	10	0	8	11	.421	1	0	5.44
	5 ML YEARS		140	138	14	1	891.2	3854	933	448	401	72	32	33	38	335	11	482	28	1	57	54	.514	7	0	4.05

Alvaro Espinoza

Bats: Right **Throws:** Right **Pos:** 3B/2B/SS **Ht:** 6' 0" **Wt:** 190 **Born:** 02/19/62 **Age:** 33

			BATTING															BASERUNNING				PERCENTAGES		
Year	Team	Lg	G	AB	H	2B	3B	HR	(Hm | Rd)	TB	R	RBI	TBB	IBB	SO	HBP	SH	SF	SB	CS	SB%	GDP	Avg	OBP	SLG
1984	Minnesota	AL	1	0	0	0	0	0	(0 | 0)	0	0	0	0	0	0	0	0	0	0	0	.00	0	.000	.000	.000
1985	Minnesota	AL	32	57	15	2	0	0	(0 | 0)	17	5	9	1	0	9	1	3	0	0	1	.00	2	.263	.288	.298
1986	Minnesota	AL	37	42	9	1	0	0	(0 | 0)	10	4	1	1	0	10	0	2	0	0	1	.00	0	.214	.233	.238
1988	New York	AL	3	3	0	0	0	0	(0 | 0)	0	0	0	0	0	0	0	0	0	0	0	.00	0	.000	.000	.000
1989	New York	AL	146	503	142	23	1	0	(0 | 0)	167	51	41	14	0	60	1	23	3	3	3	.50	14	.282	.301	.332
1990	New York	AL	150	438	98	12	2	2	(0 | 2)	120	31	20	16	0	54	5	11	2	1	2	.33	13	.224	.258	.274
1991	New York	AL	148	480	123	23	2	5	(2 | 3)	165	51	33	16	0	57	2	9	2	4	1	.80	10	.256	.282	.344
1993	Cleveland	AL	129	263	73	15	0	4	(3 | 1)	100	34	27	8	0	36	1	8	3	2	2	.50	7	.278	.298	.380
1994	Cleveland	AL	90	231	55	13	0	1	(0 | 1)	71	27	19	6	0	33	1	4	2	1	3	.25	7	.238	.258	.307
	9 ML YEARS		736	2017	515	89	5	12	(5 | 6)	650	203	150	62	0	259	11	60	12	11	13	.46	53	.255	.280	.322

Tony Eusebio

Bats: Right **Throws:** Right **Pos:** C **Ht:** 6' 2" **Wt:** 180 **Born:** 04/27/67 **Age:** 28

			BATTING															BASERUNNING				PERCENTAGES		
Year	Team	Lg	G	AB	H	2B	3B	HR	(Hm	Rd)	TB	R	RBI	TBB	IBB	SO	HBP	SH	SF	SB	CS	SB%	GDP	Avg	OBP	SLG
1985	Astros	R	1	1	0	0	0	0	--	--	0	0	0	0	0	0	0	0	0	0	0	.00	0	.000	.000	.000
1987	Astros	R	42	125	26	1	2	1	--	--	34	26	15	18	0	19	7	0	0	8	2	.80	4	.208	.340	.272
1988	Osceola	A	118	392	96	6	3	0	--	--	108	45	40	40	2	69	6	1	3	20	13	.61	18	.245	.322	.276

Year	Team	Lg	G	AB	H	2B	3B	HR	(Hm	Rd)	TB	R	RBI	TBB	IBB	SO	HBP	SH	SF	SB	CS	SB%	GDP	Avg	OBP	SLG
1989	Columbus	AA	65	203	38	6	1	0	--	--	46	20	18	38	1	47	3	0	0	7	3	.70	7	.187	.324	.227
	Osceola	A	52	175	50	6	3	0	--	--	62	22	30	19	0	27	1	1	3	5	3	.63	10	.286	.354	.354
1990	Columbus	AA	92	318	90	18	0	4	--	--	120	36	37	21	0	80	4	1	0	6	2	.75	4	.283	.334	.377
1991	Tucson	AAA	5	20	8	1	0	0	--	--	9	5	2	3	0	3	0	0	0	1	1	.50	2	.400	.478	.450
	Jackson	AA	66	222	58	8	3	2	--	--	78	27	31	25	5	54	4	4	2	3	3	.50	7	.261	.344	.351
1992	Jackson	AA	94	339	104	9	3	5	--	--	134	33	44	25	2	58	4	1	1	1	2	.33	10	.307	.360	.395
1993	Tucson	AAA	78	281	91	20	1	1	--	--	116	39	43	22	0	40	1	1	1	1	1	.50	8	.324	.375	.413
1991	Houston	NL	10	19	2	1	0	0	(0	0)	3	4	0	6	0	8	0	0	0	0	0	.00	1	.105	.320	.158
1994	Houston	NL	55	159	47	9	1	5	(1	4)	73	18	30	8	0	33	0	2	5	0	1	.00	4	.296	.320	.459
	2 ML YEARS		65	178	49	10	1	5	(1	4)	76	22	30	14	0	41	0	2	5	0	1	.00	5	.275	.320	.427

Carl Everett

Bats: Both   Throws: Right   Pos: CF   Ht: 6' 0"   Wt: 190   Born: 06/03/70   Age: 25

Year	Team	Lg	G	AB	H	2B	3B	HR	(Hm	Rd)	TB	R	RBI	TBB	IBB	SO	HBP	SH	SF	SB	CS	SB%	GDP	Avg	OBP	SLG
1990	Yankees	R	48	185	48	8	5	1	--	--	69	28	14	15	0	38	6	2	1	15	2	.88	1	.259	.333	.373
1991	Greensboro	A	123	468	127	18	0	4	--	--	157	97	40	57	2	122	23	2	3	28	19	.60	1	.271	.376	.335
1992	Ft. Laud	A	46	183	42	8	2	2	--	--	60	30	9	12	1	40	4	4	0	11	3	.79	1	.230	.291	.328
	Pr William	A	6	22	7	0	0	4	--	--	19	7	9	5	0	7	0	0	0	1	0	1.00	1	.318	.444	.864
1993	High Desert	A	59	253	73	12	6	10	--	--	127	48	52	22	0	73	6	0	1	24	9	.73	3	.289	.358	.502
	Edmonton	AAA	35	136	42	13	4	6	--	--	81	28	16	19	0	45	2	1	0	12	1	.92	1	.309	.401	.596
1994	Edmonton	AAA	78	321	108	17	2	11	--	--	162	63	47	19	1	65	4	0	1	16	13	.55	7	.336	.380	.505
1993	Florida	NL	11	19	2	0	0	0	(0	0)	2	0	0	1	0	9	0	0	0	1	0	1.00	0	.105	.150	.105
1994	Florida	NL	16	51	11	1	0	2	(2	0)	18	7	6	3	0	15	0	0	0	4	0	1.00	0	.216	.259	.353
	2 ML YEARS		27	70	13	1	0	2	(2	0)	20	7	6	4	0	24	0	0	0	5	0	1.00	0	.186	.230	.286

Bryan Eversgerd

Pitches: Left   Bats: Right   Pos: RP   Ht: 6' 1"   Wt: 190   Born: 02/11/69   Age: 26

			HOW MUCH HE PITCHED				WHAT HE GAVE UP										THE RESULTS					
Year	Team	Lg	G	GS	CG	GF	IP	BFP	H	R	ER	HR	SH	SF	HB	TBB	IBB	SO	WP	Bk	W	L	Pct.	ShO	Sv	ERA
1989	Johnson Cty	R	16	1	0	5	29.2	127	30	16	12	1	2	6	0	12	1	19	2	0	2	3	.400	0	0	3.64
1990	Springfield	A	20	15	2	2	104.1	457	123	60	48	6	5	4	4	26	1	55	2	0	6	8	.429	0	0	4.14
1991	Savannah	A	72	0	0	22	93.1	390	71	43	36	7	2	0	3	34	4	98	11	0	1	5	.167	0	1	3.47
1992	St. Pete	A	57	1	0	13	74	305	65	25	22	0	9	4	2	25	4	57	1	1	3	2	.600	0	0	2.68
	Arkansas	AA	6	0	0	2	5.1	25	7	4	4	0	1	0	0	2	1	4	0	0	0	1	.000	0	0	6.75
1993	Arkansas	AA	62	0	0	32	66	269	60	24	16	3	2	1	1	19	4	68	7	1	4	4	.500	0	0	2.18
1994	Louisville	AAA	9	0	0	2	12	54	11	7	6	0	1	1	0	8	0	8	1	0	1	1	.500	0	0	4.50
1994	St. Louis	NL	40	1	0	8	67.2	283	75	36	34	8	5	2	2	20	1	47	3	1	2	3	.400	0	0	4.52

Jorge Fabregas

Bats: Left   Throws: Right   Pos: C   Ht: 6' 3"   Wt: 205   Born: 03/13/70   Age: 25

Year	Team	Lg	G	AB	H	2B	3B	HR	(Hm	Rd)	TB	R	RBI	TBB	IBB	SO	HBP	SH	SF	SB	CS	SB%	GDP	Avg	OBP	SLG
1992	Palm Sprngs	A	70	258	73	13	0	0	--	--	86	35	40	30	1	27	1	1	3	0	4	.00	13	.283	.356	.333
1993	Midland	AA	113	409	118	26	3	6	--	--	168	63	56	31	5	60	1	1	0	3	1	.50	15	.289	.338	.411
	Vancouver	AAA	4	13	3	1	0	0	--	--	4	1	1	1	0	3	0	0	0	0	0	.00	0	.231	.286	.308
1994	Vancouver	AAA	66	211	47	6	1	1	--	--	58	17	24	12	0	25	1	2	3	1	1	.50	12	.223	.264	.275
1994	California	AL	43	127	36	3	0	0	(0	0)	39	12	16	7	1	18	0	1	0	2	1	.67	5	.283	.321	.307

Hector Fajardo

Pitches: Right   Bats: Right   Pos: SP/RP   Ht: 6' 4"   Wt: 200   Born: 11/06/70   Age: 24

			HOW MUCH HE PITCHED					WHAT HE GAVE UP											THE RESULTS					
Year	Team	Lg	G	GS	CG	GF	IP	BFP	H	R	ER	HR	SH	SF	HB	TBB	IBB	SO	WP	Bk	W	L	Pct.	ShO	Sv	ERA
1989	Pirates	R	10	6	0	0	34.2	154	38	24	23	0	0	0	0	20	0	19	0	0	0	5	.000	0	0	5.97
1990	Pirates	R	5	4	0	0	21	92	23	10	9	0	0	1	3	8	0	17	1	0	1	1	.500	0	0	3.86
	Augusta	A	7	7	0	0	39.2	173	41	18	17	1	1	0	2	15	0	28	0	1	2	2	.500	0	0	3.86
1991	Augusta	A	11	11	1	0	60.1	250	44	26	18	1	1	2	2	24	0	79	3	1	4	3	.571	1	0	2.69
	Salem	A	1	1	1	0	7.2	30	4	3	2	1	1	0	1	1	1	7	0	0	0	1	.000	0	0	2.35
	Carolina	AA	10	10	1	0	61	258	55	32	28	4	2	3	0	24	0	53	3	2	3	4	.429	0	0	4.13
	Buffalo	AAA	8	0	0	4	9.1	36	6	1	1	0	0	0	0	3	0	12	0	0	1	0	1.000	0	0	0.96
1992	Rangers	R	1	1	0	0	6.1	27	5	4	4	0	0	0	1	2	0	9	1	0	0	1	.000	0	0	5.68
	Charlotte	A	4	4	0	0	22.2	95	22	9	7	0	2	1	0	8	0	12	0	0	2	2	.500	0	0	2.78
	Tulsa	AA	5	4	0	0	25	99	19	6	6	2	0	0	1	8	0	26	1	0	2	1	.667	0	0	2.16
	Okla City	AAA	1	1	0	0	7	30	8	0	0	0	0	0	0	2	0	6	0	0	1	0	1.000	0	0	0.00
1993	Rangers	R	6	6	0	0	30	114	21	8	6	0	1	0	0	5	0	27	0	0	3	1	.750	0	0	1.80
	Charlotte	A	2	1	0	0	5	21	5	1	1	0	0	0	0	1	0	3	0	0	0	0	.000	0	0	1.80
1994	Okla. City	AAA	8	8	1	0	51.1	208	44	16	14	5	1	0	3	12	0	43	2	1	5	1	.833	1	0	2.45

Year	Team	Lg	G	GS	CG	GF	IP	BFP	H	R	ER	HR	SH	SF	HB	TBB	IBB	SO	WP	Bk	W	L	Pct.	ShO	Sv	ERA
1991	2 ML Teams		6	5	0	1	25.1	119	35	20	19	2	0	3	1	11	0	23	3	0	0	2	.000	0	0	6.75
1993	Texas	AL	1	0	0	1	0.2	2	0	0	0	0	0	0	0	0	0	1	0	0	0	0	.000	0	0	0.00
1994	Texas	AL	18	12	0	0	83.1	370	95	67	64	15	4	4	2	26	0	45	4	0	5	7	.417	0	0	6.91
1991	Pittsburgh	NL	2	2	0	0	6.1	35	10	7	7	0	0	0	0	7	0	8	3	0	0	0	.000	0	0	9.95
	Texas	AL	4	3	0	1	19	84	25	13	12	2	0	3	1	4	0	15	0	0	0	2	.000	0	0	5.68
	3 ML YEARS		25	17	0	2	109.1	491	130	87	83	17	4	7	3	37	0	69	7	0	5	9	.357	0	0	6.83

Rikkert Faneyte

Bats: Right **Throws:** Right **Pos:** RF **Ht:** 6' 1" **Wt:** 170 **Born:** 05/31/69 **Age:** 26

							BATTING											BASERUNNING				PERCENTAGES		
Year	Team	Lg	G	AB	H	2B	3B	HR	(Hm	Rd)	TB	R	RBI	TBB	IBB	SO	HBP	SH	SF	SB	CS	SB%	GDP	Avg	OBP	SLG
1991	Clinton	A	107	384	98	14	7	6	--	--	144	73	52	61	1	106	9	3	4	18	11	.62	8	.255	.367	.375
1992	San Jose	A	94	342	90	13	2	9	--	--	134	69	43	73	5	65	6	4	3	17	9	.65	7	.263	.399	.392
1993	Phoenix	AAA	115	426	133	23	2	11	--	--	193	71	71	40	1	72	8	2	3	15	9	.63	8	.312	.379	.453
1994	Phoenix	AAA	94	365	122	17	6	6	--	--	169	62	57	30	1	63	8	1	5	15	6	.71	4	.334	.392	.463
1993	San Francisco	NL	7	15	2	0	0	0	(0	0)	2	2	0	2	0	4	0	0	0	0	0	.00	1	.133	.235	.133
1994	San Francisco	NL	19	26	3	3	0	0	(0	0)	6	1	4	3	0	11	0	0	0	0	0	.00	0	.115	.207	.231
	2 ML YEARS		26	41	5	3	0	0	(0	0)	8	3	4	5	0	15	0	0	0	0	0	.00	1	.122	.217	.195

Steve Farr

Pitches: Right **Bats:** Right **Pos:** RP **Ht:** 5'11" **Wt:** 204 **Born:** 12/12/56 **Age:** 38

			HOW MUCH HE PITCHED						WHAT HE GAVE UP											THE RESULTS					
Year	Team	Lg	G	GS	CG	GF	IP	BFP	H	R	ER	HR	SH	SF	HB	TBB	IBB	SO	WP	Bk	W	L	Pct.	ShO	Sv	ERA
1984	Cleveland	AL	31	16	0	4	116	488	106	61	59	14	2	3	5	46	3	83	2	2	3	11	.214	0	1	4.58
1985	Kansas City	AL	16	3	0	5	37.2	164	34	15	13	2	1	2	0	20	4	36	3	0	2	1	.667	0	1	3.11
1986	Kansas City	AL	56	0	0	33	109.1	443	90	39	38	10	3	2	4	39	8	83	4	1	8	4	.667	0	8	3.13
1987	Kansas City	AL	47	0	0	19	91	408	97	47	42	9	0	3	2	44	4	88	2	0	4	3	.571	0	1	4.15
1988	Kansas City	AL	62	0	0	49	82.2	344	74	25	23	5	1	3	2	30	6	72	4	2	5	4	.556	0	20	2.50
1989	Kansas City	AL	51	2	0	40	63.1	279	75	35	29	5	0	3	1	22	5	56	2	0	2	5	.286	0	18	4.12
1990	Kansas City	AL	57	6	1	20	127	515	99	32	28	6	10	1	5	48	9	94	2	0	13	7	.650	1	1	1.98
1991	New York	AL	60	0	0	48	70	285	57	19	17	4	0	0	5	20	3	60	2	0	5	5	.500	0	23	2.19
1992	New York	AL	50	0	0	42	52	207	34	10	9	2	1	2	2	19	0	37	0	0	2	2	.500	0	30	1.56
1993	New York	AL	49	0	0	37	47	211	44	22	22	8	3	4	2	28	4	39	2	0	2	2	.500	0	25	4.21
1994	2 ML Teams		30	0	0	16	28.1	143	41	21	18	5	2	1	2	18	1	20	2	0	2	1	.667	0	4	5.72
1994	Cleveland	AL	19	0	0	12	15.1	79	17	12	9	3	0	1	2	15	1	12	2	0	1	1	.500	0	4	5.28
	Boston	AL	11	0	0	4	13	64	24	9	9	2	2	0	0	3	0	8	0	0	1	0	1.000	0	0	6.23
	11 ML YEARS		509	28	1	313	824.1	3487	751	326	298	70	23	24	32	334	47	668	25	5	48	45	.516	1	132	3.25

John Farrell

Pitches: Right **Bats:** Right **Pos:** SP **Ht:** 6' 4" **Wt:** 210 **Born:** 08/04/62 **Age:** 32

			HOW MUCH HE PITCHED						WHAT HE GAVE UP											THE RESULTS					
Year	Team	Lg	G	GS	CG	GF	IP	BFP	H	R	ER	HR	SH	SF	HB	TBB	IBB	SO	WP	Bk	W	L	Pct.	ShO	Sv	ERA
1994	Vancouver *	AAA	8	8	4	0	61	251	60	24	22	4	4	1	2	16	1	35	0	0	4	4	.500	1	0	3.25
	Charlotte *	AAA	15	14	1	1	78.2	322	72	51	49	11	1	2	6	21	0	55	2	0	4	7	.364	1	0	5.61
1987	Cleveland	AL	10	9	1	1	69	297	68	29	26	7	3	1	5	22	1	28	1	1	5	1	.833	0	0	3.39
1988	Cleveland	AL	31	30	4	0	210.1	895	216	106	99	15	9	6	9	67	3	92	2	3	14	10	.583	0	0	4.24
1989	Cleveland	AL	31	31	7	0	208	895	196	97	84	14	8	6	7	71	4	132	4	0	9	14	.391	2	0	3.63
1990	Cleveland	AL	17	17	1	0	96.2	418	108	49	46	10	5	2	1	33	1	44	1	0	4	5	.444	0	0	4.28
1993	California	AL	21	17	0	1	90.2	420	110	74	74	22	2	2	7	44	3	45	3	0	3	12	.200	0	0	7.35
1994	California	AL	3	3	0	0	13	61	16	14	13	2	0	0	1	8	0	10	0	0	1	2	.333	0	0	9.00
	6 ML YEARS		113	107	13	2	687.2	2986	714	369	342	70	27	17	30	245	12	351	11	4	36	44	.450	2	0	4.48

Jeff Fassero

Pitches: Left **Bats:** Left **Pos:** SP **Ht:** 6' 1" **Wt:** 195 **Born:** 01/05/63 **Age:** 32

			HOW MUCH HE PITCHED						WHAT HE GAVE UP											THE RESULTS					
Year	Team	Lg	G	GS	CG	GF	IP	BFP	H	R	ER	HR	SH	SF	HB	TBB	IBB	SO	WP	Bk	W	L	Pct.	ShO	Sv	ERA
1991	Montreal	NL	51	0	0	30	55.1	223	39	17	15	1	6	0	1	17	1	42	4	0	2	5	.286	0	8	2.44
1992	Montreal	NL	70	0	0	22	85.2	368	81	35	27	1	5	2	2	34	6	63	7	1	8	7	.533	0	1	2.84
1993	Montreal	NL	56	15	1	10	149.2	616	119	50	38	7	7	4	0	54	0	140	5	0	12	5	.706	0	1	2.29
1994	Montreal	NL	21	21	1	0	138.2	569	119	54	46	13	7	2	1	40	4	119	6	0	8	6	.571	0	0	2.99
	4 ML YEARS		198	36	2	62	429.1	1776	358	156	126	22	25	8	4	145	11	364	22	1	30	23	.566	0	10	2.64

Mike Felder

Bats: Both **Throws:** Right **Pos:** RF **Ht:** 5' 9" **Wt:** 175 **Born:** 11/18/62 **Age:** 32

Year	Team	Lg	G	AB	H	2B	3B	HR	(Hm	Rd)	TB	R	RBI	TBB	IBB	SO	HBP	SH	SF	SB	CS	SB%	GDP	Avg	OBP	SLG
1985	Milwaukee	AL	15	56	11	1	0	0	(0	0)	12	8	0	5	0	6	0	1	0	4	1	.80	2	.196	.262	.214
1986	Milwaukee	AL	44	155	37	2	4	1	(1	0)	50	24	13	13	1	16	0	1	5	16	2	.89	2	.239	.289	.323
1987	Milwaukee	AL	108	289	77	5	7	2	(1	1)	102	48	31	28	0	23	0	9	2	34	8	.81	3	.266	.329	.353
1988	Milwaukee	AL	50	81	14	1	0	0	(0	0)	15	14	5	0	0	11	1	3	0	8	2	.80	1	.173	.183	.185
1989	Milwaukee	AL	117	315	76	11	3	0	(1	2)	102	50	23	23	2	38	0	7	0	26	5	.84	4	.241	.293	.324
1990	Milwaukee	AL	121	237	65	7	2	3	(1	2)	85	38	27	22	0	17	0	8	5	20	9	.69	0	.274	.330	.359
1991	San Francisco	NL	132	348	92	10	6	0	(0	0)	114	51	18	30	2	31	1	4	0	21	6	.78	1	.264	.325	.328
1992	San Francisco	NL	145	322	92	13	3	4	(1	3)	123	44	23	21	1	29	2	3	3	14	4	.78	3	.286	.330	.382
1993	Seattle	AL	109	342	72	7	5	1	(0	1)	92	31	20	22	2	34	2	7	1	15	9	.63	2	.211	.262	.269
1994	Houston	NL	58	117	28	2	2	0	(0	0)	34	10	13	4	0	12	0	2	0	3	0	1.00	1	.239	.264	.291
10 ML YEARS			899	2262	564	59	32	14	(5	9)	729	318	173	168	8	217	6	45	16	161	46	.78	19	.249	.301	.322

Junior Felix

Bats: Both **Throws:** Right **Pos:** RF **Ht:** 5'11" **Wt:** 165 **Born:** 10/03/67 **Age:** 27

Year	Team	Lg	G	AB	H	2B	3B	HR	(Hm	Rd)	TB	R	RBI	TBB	IBB	SO	HBP	SH	SF	SB	CS	SB%	GDP	Avg	OBP	SLG
1989	Toronto	AL	110	415	107	14	8	9	(4	5)	164	62	46	33	2	101	3	0	3	18	12	.60	5	.258	.315	.395
1990	Toronto	AL	127	463	122	23	7	15	(7	8)	204	73	65	45	0	99	2	2	5	13	8	.62	4	.263	.328	.441
1991	California	AL	66	230	65	10	2	2	(2	0)	85	32	26	11	0	55	3	0	2	7	5	.58	5	.283	.321	.370
1992	California	AL	139	509	125	22	5	9	(5	4)	184	63	72	33	5	128	2	5	9	8	8	.50	9	.246	.289	.361
1993	Florida	NL	57	214	51	11	1	7	(3	4)	85	25	22	10	1	50	1	0	0	2	1	.67	6	.238	.276	.397
1994	Detroit	AL	86	301	92	25	1	13	(4	9)	158	54	49	26	2	76	8	0	4	1	6	.14	6	.306	.372	.525
6 ML YEARS			585	2132	562	105	24	55	(25	30)	880	309	280	158	10	509	19	7	23	49	40	.55	35	.264	.317	.413

Felix Fermin

Bats: Right **Throws:** Right **Pos:** SS/2B **Ht:** 5'11" **Wt:** 170 **Born:** 10/09/63 **Age:** 31

Year	Team	Lg	G	AB	H	2B	3B	HR	(Hm	Rd)	TB	R	RBI	TBB	IBB	SO	HBP	SH	SF	SB	CS	SB%	GDP	Avg	OBP	SLG
1987	Pittsburgh	NL	23	68	17	0	0	0	(0	0)	17	6	4	4	1	9	1	2	0	0	0	.00	3	.250	.301	.250
1988	Pittsburgh	NL	43	87	24	0	2	0	(0	0)	28	9	2	8	1	10	3	1	1	3	1	.75	3	.276	.354	.322
1989	Cleveland	AL	156	484	115	9	1	0	(0	0)	126	50	21	41	0	27	4	32	1	6	4	.60	15	.238	.302	.260
1990	Cleveland	AL	148	414	106	13	2	1	(1	0)	126	47	40	26	0	22	0	13	5	3	3	.50	13	.256	.297	.304
1991	Cleveland	AL	129	424	111	13	2	0	(0	0)	128	30	31	26	0	27	3	13	3	5	4	.56	17	.262	.307	.302
1992	Cleveland	AL	79	215	58	7	2	0	(0	0)	69	27	13	18	1	10	1	9	2	0	0	.00	7	.270	.326	.321
1993	Cleveland	AL	140	480	126	16	2	2	(0	2)	152	48	45	24	1	14	4	5	1	4	5	.44	12	.263	.317	.317
1994	Seattle	AL	101	379	120	21	0	1	(0	1)	144	52	35	11	0	22	4	12	5	4	4	.50	9	.317	.338	.380
8 ML YEARS			819	2551	677	79	11	4	(1	3)	790	269	191	158	4	141	20	87	18	25	21	.54	79	.265	.311	.310

Alex Fernandez

Pitches: Right **Bats:** Right **Pos:** SP **Ht:** 6' 1" **Wt:** 215 **Born:** 08/13/69 **Age:** 25

			HOW MUCH HE PITCHED						WHAT HE GAVE UP										THE RESULTS					
Year	Team	Lg	G	GS	CG	GF	IP	BFP	H	R	ER	HR	SH	SF	HB	TBB	IBB	SO	WP	Bk	W	L	Pct.	ShO	Sv	ERA
1990	Chicago	AL	13	13	3	0	87.2	378	89	40	37	6	5	0	3	34	0	61	1	0	5	5	.500	0	0	3.80
1991	Chicago	AL	34	32	2	1	191.2	827	186	100	96	16	7	11	2	88	2	145	4	1	9	13	.409	0	0	4.51
1992	Chicago	AL	29	29	4	0	187.2	804	199	100	89	21	6	4	4	50	3	95	3	0	8	11	.421	2	0	4.27
1993	Chicago	AL	34	34	3	0	247.1	1004	221	95	86	27	9	3	6	67	5	169	8	0	18	9	.667	1	0	3.13
1994	Chicago	AL	24	24	4	0	170.1	712	163	83	73	25	4	6	1	50	4	122	3	1	11	7	.611	3	0	3.86
5 ML YEARS			134	132	16	1	884.2	3725	858	418	381	95	31	24	20	289	14	592	19	2	51	45	.531	6	0	3.88

Sid Fernandez

Pitches: Left **Bats:** Left **Pos:** SP **Ht:** 6' 1" **Wt:** 225 **Born:** 10/12/62 **Age:** 32

			HOW MUCH HE PITCHED						WHAT HE GAVE UP										THE RESULTS					
Year	Team	Lg	G	GS	CG	GF	IP	BFP	H	R	ER	HR	SH	SF	HB	TBB	IBB	SO	WP	Bk	W	L	Pct.	ShO	Sv	ERA
1994	Albany *	A	1	1	0	0	3	11	0	0	0	0	0	0	0	2	0	4	0	0	0	0	.000	0	0	0.00
	Rochester *	AAA	1	1	0	0	4	16	3	2	2	0	0	0	0	1	0	4	0	0	0	0	.000	0	0	4.50
1983	Los Angeles	NL	2	1	0	0	6	33	7	4	4	0	0	0	1	7	0	9	0	0	0	1	.000	0	0	6.00
1984	New York	NL	15	15	0	0	90	371	74	40	35	8	5	5	0	34	3	62	1	4	6	6	.500	0	0	3.50
1985	New York	NL	26	26	3	0	170.1	685	108	56	53	14	4	3	2	80	3	180	3	0	9	9	.500	0	0	2.80
1986	New York	NL	32	31	2	1	204.1	855	161	82	80	13	9	7	2	91	1	200	6	0	16	6	.727	1	1	3.52
1987	New York	NL	28	27	3	0	156	665	130	75	66	16	3	6	3	67	8	134	2	0	12	8	.600	1	0	3.81
1988	New York	NL	31	31	1	0	187	751	127	69	63	15	2	7	0	70	1	189	4	9	12	10	.545	1	0	3.03
1989	New York	NL	35	32	6	0	219.1	883	157	73	69	21	4	4	0	75	3	198	1	3	14	5	**.737**	2	0	2.83
1990	New York	NL	30	30	2	0	179.1	735	130	79	69	18	7	6	5	67	4	181	1	0	9	14	.391	1	0	3.46

Year	Team	Lg	G	GS	CG	GF	IP	BFP	H	R	ER	HR	SH	SF	HB	TBB	IBB	SO	WP	Bk	W	L	Pct.	ShO	Sv	ERA
1991	New York	NL	8	8	0	0	44	177	36	18	14	4	5	1	0	9	0	31	0	0	1	3	.250	0	0	2.86
1992	New York	NL	32	32	5	0	214.2	865	162	67	65	12	12	11	4	67	4	193	0	0	14	11	.560	2	0	2.73
1993	New York	NL	18	18	1	0	119.2	469	82	42	39	17	3	1	3	36	0	81	2	0	5	6	.455	1	0	2.93
1994	Baltimore	AL	19	19	2	0	115.1	494	109	66	66	27	4	3	2	46	2	95	1	0	6	6	.500	0	0	5.15
	12 ML YEARS		276	270	25	1	1706	6983	1283	671	623	165	58	54	39	649	29	1553	21	18	104	85	.550	9	1	3.29

Tony Fernandez

Bats: Both **Throws:** Right **Pos:** 3B **Ht:** 6' 2" **Wt:** 175 **Born:** 06/30/62 **Age:** 33

						BATTING												BASERUNNING				PERCENTAGES		
Year	Team	Lg	G	AB	H	2B	3B	HR	(Hm | Rd)	TB	R	RBI	TBB	IBB	SO	HBP	SH	SF	SB	CS	SB%	GDP	Avg	OBP	SLG
1983	Toronto	AL	15	34	9	1	1	0	(0 | 0)	12	5	2	2	0	2	1	1	0	0	1	.00	1	.265	.324	.353
1984	Toronto	AL	88	233	63	5	3	3	(1 | 2)	83	29	19	17	0	15	0	2	2	5	7	.42	3	.270	.317	.356
1985	Toronto	AL	161	564	163	31	10	2	(1 | 1)	220	71	51	43	2	41	2	7	2	13	6	.68	12	.289	.340	.390
1986	Toronto	AL	163	687	213	33	9	10	(4 | 6)	294	91	65	27	0	52	4	5	4	25	12	.68	8	.310	.338	.428
1987	Toronto	AL	146	578	186	29	8	5	(1 | 4)	246	90	67	51	3	48	5	4	4	32	12	.73	14	.322	.379	.426
1988	Toronto	AL	154	648	186	41	4	5	(3 | 2)	250	76	70	45	3	65	4	3	4	15	5	.75	9	.287	.335	.386
1989	Toronto	AL	140	573	147	25	9	11	(2 | 9)	223	64	64	29	1	51	3	2	10	22	6	.79	9	.257	.291	.389
1990	Toronto	AL	161	635	175	27	17	4	(2 | 2)	248	84	66	71	4	70	7	2	6	26	13	.67	17	.276	.352	.391
1991	San Diego	NL	145	558	152	27	5	4	(1 | 3)	201	81	38	55	0	74	0	7	1	23	9	.72	12	.272	.337	.360
1992	San Diego	NL	155	622	171	32	4	4	(3 | 1)	223	84	37	56	4	62	4	9	3	20	20	.50	6	.275	.337	.359
1993	2 ML Teams		142	526	147	23	11	5	(1 | 4)	207	65	64	56	3	45	1	8	3	21	10	.68	16	.279	.348	.394
1994	Cincinnati	NL	104	366	102	18	6	8	(3 | 5)	156	50	50	44	8	40	5	4	3	12	7	.63	5	.279	.361	.426
1993	New York	NL	48	173	39	5	2	1	(0 | 1)	51	20	14	25	0	19	1	3	2	6	2	.75	3	.225	.323	.295
	Toronto	AL	94	353	108	18	9	4	(1 | 3)	156	45	50	31	3	26	0	5	1	15	8	.65	13	.306	.361	.442
	12 ML YEARS		1574	6024	1714	292	87	61	(22 | 39)	2363	790	593	496	28	565	36	54	42	214	108	.66	112	.285	.340	.392

Mike Fetters

Pitches: Right **Bats:** Right **Pos:** RP **Ht:** 6' 4" **Wt:** 215 **Born:** 12/19/64 **Age:** 30

				HOW MUCH HE PITCHED					WHAT HE GAVE UP										THE RESULTS					
Year	Team	Lg	G	GS	CG	GF	IP	BFP	H	R	ER	HR	SH	SF	HB	TBB	IBB	SO	WP	Bk	W	L	Pct.	ShO	Sv	ERA
1989	California	AL	1	0	0	0	3.1	16	5	4	3	1	0	0	0	4	0	4	2	0	0	0	.000	0	0	8.10
1990	California	AL	26	2	0	10	67.2	291	77	33	31	9	1	0	2	20	0	35	3	0	1	1	.500	0	1	4.12
1991	California	AL	19	4	0	8	44.2	206	53	29	24	4	1	0	3	28	2	24	4	0	2	5	.286	0	0	4.84
1992	Milwaukee	AL	50	0	0	11	62.2	243	38	15	13	3	5	2	7	24	2	43	4	1	5	1	.833	0	2	1.87
1993	Milwaukee	AL	45	0	0	14	59.1	246	59	29	22	4	5	5	2	22	4	23	0	0	3	3	.500	0	0	3.34
1994	Milwaukee	AL	42	0	0	31	46	202	41	16	13	0	2	3	1	27	5	31	3	1	1	4	.200	0	17	2.54
	6 ML YEARS		183	6	0	74	283.2	1204	273	126	106	21	14	10	15	122	13	160	16	2	12	14	.462	0	20	3.36

Cecil Fielder

Bats: Right **Throws:** Right **Pos:** 1B **Ht:** 6' 3" **Wt:** 250 **Born:** 09/21/63 **Age:** 31

						BATTING												BASERUNNING				PERCENTAGES		
Year	Team	Lg	G	AB	H	2B	3B	HR	(Hm | Rd)	TB	R	RBI	TBB	IBB	SO	HBP	SH	SF	SB	CS	SB%	GDP	Avg	OBP	SLG
1985	Toronto	AL	30	74	23	4	0	4	(2 | 2)	39	6	16	6	0	16	0	0	1	0	0	.00	0	.311	.358	.527
1986	Toronto	AL	34	83	13	2	0	4	(0 | 4)	27	7	13	6	0	27	1	0	0	0	0	.00	3	.157	.222	.325
1987	Toronto	AL	82	175	47	7	1	14	(10 | 4)	98	30	32	20	2	48	1	0	1	0	1	.00	6	.269	.345	.560
1988	Toronto	AL	74	174	40	6	1	9	(6 | 3)	75	24	23	14	0	53	1	0	1	0	1	.00	6	.230	.289	.431
1990	Detroit	AL	159	573	159	25	1	51	(25 | 26)	339	104	132	90	11	182	5	0	5	0	1	.00	15	.277	.377	.592
1991	Detroit	AL	162	624	163	25	0	44	(27 | 17)	320	102	133	78	12	151	6	0	4	0	0	.00	17	.261	.347	.513
1992	Detroit	AL	155	594	145	22	0	35	(18 | 17)	272	80	124	73	8	151	2	0	7	0	0	.00	14	.244	.325	.458
1993	Detroit	AL	154	573	153	23	0	30	(20 | 10)	266	80	117	90	15	125	4	0	5	0	1	.00	22	.267	.368	.464
1994	Detroit	AL	109	425	110	16	2	28	(12 | 16)	214	67	90	50	4	110	2	0	4	0	0	.00	17	.259	.337	.504
	9 ML YEARS		959	3295	853	130	5	219	(120 | 99)	1650	500	680	427	52	863	22	0	28	0	4	.00	102	.259	.345	.501

Chuck Finley

Pitches: Left **Bats:** Left **Pos:** SP **Ht:** 6' 6" **Wt:** 214 **Born:** 11/26/62 **Age:** 32

				HOW MUCH HE PITCHED					WHAT HE GAVE UP										THE RESULTS					
Year	Team	Lg	G	GS	CG	GF	IP	BFP	H	R	ER	HR	SH	SF	HB	TBB	IBB	SO	WP	Bk	W	L	Pct.	ShO	Sv	ERA
1986	California	AL	25	0	0	7	46.1	198	40	17	17	2	4	0	1	23	1	37	2	0	3	1	.750	0	0	3.30
1987	California	AL	35	3	0	17	90.2	405	102	54	47	7	2	2	3	43	3	63	4	3	2	7	.222	0	0	4.67
1988	California	AL	31	31	2	0	194.1	831	191	95	90	15	7	10	6	82	7	111	5	8	9	15	.375	0	0	4.17
1989	California	AL	29	29	9	0	199.2	827	171	64	57	13	7	3	3	82	0	156	4	2	16	9	.640	1	0	2.57
1990	California	AL	32	32	7	0	236	962	210	77	63	17	12	3	2	81	3	177	9	0	18	9	.667	2	0	2.40
1991	California	AL	34	34	4	0	227.1	955	205	102	96	23	4	3	8	101	1	171	6	3	18	9	.667	2	0	3.80
1992	California	AL	31	31	4	0	204.1	885	212	99	90	24	10	10	3	98	2	124	6	0	7	12	.368	1	0	3.96
1993	California	AL	35	35	13	0	251.1	1065	243	108	88	22	11	7	6	82	1	187	8	1	16	14	.533	2	0	3.15
1994	California	AL	25	25	7	0	183.1	774	178	95	88	21	9	6	2	71	0	148	10	0	10	10	.500	2	0	4.32
	9 ML YEARS		277	220	46	24	1633.1	6902	1552	711	636	144	66	44	34	663	18	1174	54	17	99	86	.535	10	0	3.50

Steve Finley

Bats: Left **Throws:** Left **Pos:** CF **Ht:** 6' 2" **Wt:** 180 **Born:** 03/12/65 **Age:** 30

Year	Team	Lg	G	AB	H	2B	3B	HR	(Hm	Rd)	TB	R	RBI	TBB	IBB	SO	HBP	SH	SF	SB	CS	SB%	GDP	Avg	OBP	SLG
1994	Jackson *	AA	5	13	4	0	0	0	--	--	4	3	0	4	0	0	0	0	0	1	0	1.00	0	.308	.471	.308
1989	Baltimore	AL	81	217	54	5	2	2	(0	2)	69	35	25	15	1	30	1	6	2	17	3	.85	3	.249	.298	.318
1990	Baltimore	AL	142	464	119	16	4	3	(1	2)	152	46	37	32	3	53	2	10	5	22	9	.71	8	.256	.304	.328
1991	Houston	NL	159	596	170	28	10	8	(0	8)	242	84	54	42	5	65	2	10	6	34	18	.65	8	.285	.331	.406
1992	Houston	NL	162	607	177	29	13	5	(5	0)	247	84	55	58	6	63	3	16	2	44	9	.83	10	.292	.355	.407
1993	Houston	NL	142	545	145	15	13	8	(1	7)	210	69	44	28	1	65	3	6	3	19	6	.76	8	.266	.304	.385
1994	Houston	NL	94	373	103	16	5	11	(4	7)	162	64	33	28	0	52	2	13	1	13	7	.65	3	.276	.329	.434
	6 ML YEARS		780	2802	768	109	47	37	(11	26)	1082	382	248	203	16	328	13	61	19	149	52	.74	40	.274	.324	.386

Gar Finnvold

Pitches: Right **Bats:** Right **Pos:** SP **Ht:** 6' 5" **Wt:** 195 **Born:** 03/11/68 **Age:** 27

Year	Team	Lg	G	GS	CG	GF	IP	BFP	H	R	ER	HR	SH	SF	HB	TBB	IBB	SO	WP	Bk	W	L	Pct.	ShO	Sv	ERA
1990	Elmira	A	15	15	5	0	95	400	91	43	33	2	3	5	5	22	0	89	6	5	5	5	.500	1	0	3.13
1991	Lynchburg	A	6	6	0	0	38	157	30	16	14	3	2	1	1	7	1	29	2	0	2	3	.400	0	0	3.32
	Pawtucket	AAA	3	3	0	0	15	71	19	13	11	4	0	0	0	7	0	12	0	0	1	2	.333	0	0	6.60
	New Britain	AA	16	16	0	0	101.1	426	97	46	43	7	1	3	3	36	2	80	8	1	5	8	.385	0	0	3.82
1992	New Britain	AA	25	25	3	0	165	695	156	69	64	6	6	2	6	52	4	135	6	4	7	13	.350	0	0	3.49
1993	Pawtucket	AAA	24	24	0	0	136	581	128	68	57	21	2	2	4	51	0	123	3	0	5	9	.357	0	0	3.77
1994	Pawtucket	AAA	7	7	0	0	42.1	173	32	19	17	5	0	1	2	15	0	32	1	0	5	1	.833	0	0	3.61
1994	Boston	AL	8	8	0	0	36.1	167	45	27	24	4	0	1	3	15	0	17	0	0	0	4	.000	0	0	5.94

John Flaherty

Bats: Right **Throws:** Right **Pos:** C **Ht:** 6' 1" **Wt:** 202 **Born:** 10/21/67 **Age:** 27

Year	Team	Lg	G	AB	H	2B	3B	HR	(Hm	Rd)	TB	R	RBI	TBB	IBB	SO	HBP	SH	SF	SB	CS	SB%	GDP	Avg	OBP	SLG
1994	Toledo *	AAA	44	151	39	10	2	7	--	--	74	20	17	6	1	21	0	0	1	3	1	.75	1	.258	.285	.490
1992	Boston	AL	35	66	13	2	0	0	(0	0)	15	3	2	3	0	7	0	1	1	0	0	.00	0	.197	.229	.227
1993	Boston	AL	13	25	3	2	0	0	(0	0)	5	3	2	2	0	6	1	1	0	0	0	.00	0	.120	.214	.200
1994	Detroit	AL	34	40	6	1	0	0	(0	0)	7	2	4	1	0	11	0	2	1	0	1	.00	1	.150	.167	.175
	3 ML YEARS		82	131	22	5	0	0	(0	0)	27	8	8	6	0	24	1	4	2	0	1	.00	1	.168	.207	.206

Dave Fleming

Pitches: Left **Bats:** Left **Pos:** SP **Ht:** 6' 3" **Wt:** 200 **Born:** 11/07/69 **Age:** 25

Year	Team	Lg	G	GS	CG	GF	IP	BFP	H	R	ER	HR	SH	SF	HB	TBB	IBB	SO	WP	Bk	W	L	Pct.	ShO	Sv	ERA
1991	Seattle	AL	9	3	0	3	17.2	73	19	13	13	3	0	0	3	3	0	11	1	0	1	0	1.000	0	0	6.62
1992	Seattle	AL	33	33	7	0	228.1	946	225	95	86	13	3	2	4	60	3	112	8	1	17	10	.630	4	0	3.39
1993	Seattle	AL	26	26	1	0	167.1	737	189	84	81	15	4	8	6	67	6	75	2	0	12	5	.706	1	0	4.36
1994	Seattle	AL	23	23	0	0	117	561	152	93	84	17	4	3	1	65	4	65	4	0	7	11	.389	0	0	6.46
	4 ML YEARS		91	85	8	3	530.1	2317	585	285	264	48	11	13	14	195	13	263	15	1	37	26	.587	5	0	4.48

Darrin Fletcher

Bats: Left **Throws:** Right **Pos:** C **Ht:** 6' 1" **Wt:** 198 **Born:** 10/03/66 **Age:** 28

Year	Team	Lg	G	AB	H	2B	3B	HR	(Hm	Rd)	TB	R	RBI	TBB	IBB	SO	HBP	SH	SF	SB	CS	SB%	GDP	Avg	OBP	SLG
1989	Los Angeles	NL	5	8	4	0	0	1	(1	0)	7	1	2	1	0	0	0	0	0	0	0	.00	0	.500	.556	.875
1990	2 ML Teams		11	23	3	1	0	0	(0	0)	4	2	1	0	0	6	0	0	0	0	0	.00	0	.130	.167	.174
1991	Philadelphia	NL	46	136	31	8	0	1	(1	0)	42	5	12	5	0	15	0	1	0	0	1	.00	0	.228	.255	.309
1992	Montreal	NL	83	222	54	10	2	2	(0	2)	74	13	26	14	3	28	2	2	4	0	2	.00	8	.243	.289	.333
1993	Montreal	NL	133	396	101	20	1	9	(5	4)	150	33	60	34	2	40	6	5	4	0	0	.00	7	.255	.320	.379
1994	Montreal	NL	94	285	74	18	1	10	(4	6)	124	28	57	25	4	23	3	0	12	0	0	.00	6	.260	.314	.435
1990	Los Angeles	NL	2	1	0	0	0	0	(0	0)	0	1	0	0	0	1	0	0	0	0	0	.00	0	.000	.000	.000
	Philadelphia	NL	9	22	3	1	0	0	(0	0)	4	1	1	0	0	5	0	0	0	0	0	.00	0	.136	.174	.182
	6 ML YEARS		372	1070	267	57	4	23	(11	12)	401	83	158	80	9	112	11	8	20	0	3	.00	23	.250	.303	.375

Scott Fletcher

Bats: Right **Throws:** Right **Pos:** 2B **Ht:** 5'11" **Wt:** 172 **Born:** 07/30/58 **Age:** 36

						BATTING											BASERUNNING				PERCENTAGES		
Year	Team	Lg	G	AB	H	2B	3B	HR	(Hm	Rd)	TB	R	RBI	TBB	IBB	SO	HBP	SH	SF	SB	CS	SB%	GDP	Avg	OBP	SLG
1994	Pawtucket*	AAA	2	9	2	0	0	0	--	--	2	0	0	0	0	1	0	0	0	0	0	.00	1	.222	.222	.222
1981	Chicago	NL	19	46	10	4	0	0	(0	0)	14	6	1	2	0	4	0	0	0	0	0	.00	0	.217	.250	.304
1982	Chicago	NL	11	24	4	0	0	0	(0	0)	4	4	1	4	0	5	0	0	0	1	0	1.00	0	.167	.286	.167
1983	Chicago	AL	114	262	62	16	5	3	(1	2)	97	42	31	29	0	22	2	7	2	5	1	.83	8	.237	.315	.370
1984	Chicago	AL	149	456	114	13	3	3	(2	1)	142	46	35	46	2	46	8	9	2	10	4	.71	5	.250	.328	.311
1985	Chicago	AL	119	301	77	8	1	2	(0	2)	93	38	31	35	0	47	0	11	1	5	5	.50	9	.256	.332	.309
1986	Texas	AL	147	530	159	34	5	3	(2	1)	212	82	50	47	0	59	4	10	3	12	11	.52	10	.300	.360	.400
1987	Texas	AL	156	588	169	28	4	5	(4	1)	220	82	63	61	3	66	5	12	2	13	12	.52	14	.287	.358	.374
1988	Texas	AL	140	515	142	19	4	0	(0	0)	169	59	47	62	1	34	12	15	5	8	5	.62	13	.276	.364	.328
1989	2 ML Teams		142	546	138	25	2	1	(0	1)	170	77	43	64	1	60	3	11	5	2	1	.67	12	.253	.332	.311
1990	Chicago	AL	151	509	123	18	3	4	(1	3)	159	54	56	45	3	63	3	11	5	1	3	.25	10	.242	.304	.312
1991	Chicago	AL	90	248	51	10	1	1	(0	1)	66	14	28	17	0	26	3	6	3	0	2	.00	3	.206	.262	.266
1992	Milwaukee	AL	123	386	106	18	3	3	(2	1)	139	53	51	30	1	33	7	6	4	17	10	.63	4	.275	.335	.360
1993	Boston	AL	121	480	137	31	5	5	(2	3)	193	81	45	37	1	35	5	6	3	16	3	.84	12	.285	.341	.402
1994	Boston	AL	63	185	42	9	1	3	(2	1)	62	31	11	16	1	14	2	3	0	8	1	.89	7	.227	.296	.335
1989	Texas	AL	83	314	75	14	1	0	(0	0)	91	47	22	38	1	41	2	2	2	1	0	1.00	8	.239	.323	.290
	Chicago	AL	59	232	63	11	1	1	(0	1)	79	30	21	26	0	19	1	9	3	1	1	.50	4	.272	.344	.341
	14 ML YEARS		1545	5076	1334	233	37	33	(16	17)	1740	669	493	495	13	514	54	107	35	98	58	.63	107	.263	.333	.343

Bryce Florie

Pitches: Right **Bats:** Right **Pos:** RP **Ht:** 5'11" **Wt:** 190 **Born:** 05/21/70 **Age:** 25

			HOW MUCH HE PITCHED					WHAT HE GAVE UP										THE RESULTS					
Year	Team	Lg	G	GS	CG	GF	IP	BFP	H	R	ER	HR	SH	SF	HB	TBB	IBB	SO	WP	Bk	W	L	Pct.	ShO	Sv	ERA
1988	Padres	R	11	6	0	2	38.1	190	52	44	34	1	2	1	2	22	0	29	5	0	4	5	.444	0	0	7.98
1989	Chston-Sc	A	12	12	0	0	44	234	54	47	34	2	4	2	1	42	0	22	10	2	1	7	.125	0	0	6.95
	Spokane	A	14	14	0	0	61	301	79	66	48	2	0	4	1	40	1	50	11	1	4	5	.444	0	0	7.08
1990	Waterloo	A	14	14	1	0	65.2	292	60	37	32	3	2	4	8	37	0	38	6	3	4	5	.444	0	0	4.39
1991	Waterloo	A	23	23	2	0	133	581	119	66	58	3	1	4	9	79	0	90	9	1	7	6	.538	0	0	3.92
1992	High Desert	A	26	24	0	0	137.2	612	99	79	63	8	1	6	12	114	2	106	10	2	9	7	.563	0	0	4.12
	Chston-Sc	A	1	1	0	0	5	21	5	3	1	1	0	0	1	0	0	5	0	0	0	1	.000	0	0	1.80
1993	Wichita	AA	27	27	0	0	154.2	672	128	80	68	8	4	3	10	100	2	133	24	2	11	8	.579	0	0	3.96
1994	Las Vegas	AAA	50	0	0	15	71.2	336	76	47	41	3	3	3	8	47	2	67	9	2	2	5	.286	0	1	5.15
1994	San Diego	NL	9	0	0	4	9.1	37	8	1	1	0	0	0	0	3	0	8	1	0	0	0	.000	0	0	0.96

Cliff Floyd

Bats: Left **Throws:** Right **Pos:** 1B/LF **Ht:** 6'4" **Wt:** 220 **Born:** 12/05/72 **Age:** 22

						BATTING											BASERUNNING				PERCENTAGES		
Year	Team	Lg	G	AB	H	2B	3B	HR	(Hm	Rd)	TB	R	RBI	TBB	IBB	SO	HBP	SH	SF	SB	CS	SB%	GDP	Avg	OBP	SLG
1991	Expos	R	56	214	56	9	2	6	--	--	89	35	30	19	1	36	5	1	1	13	3	.81	3	.262	.335	.416
1992	Albany	A	134	516	157	24	16	16	--	--	261	83	97	45	9	75	9	0	3	32	11	.74	4	.304	.368	.506
	Wst Plm Bch	A	1	4	0	0	0	0	--	--	0	0	0	1	0	0	0	0	0	0	0	.00	0	.000	.000	.000
1993	Harrisburg	AA	101	380	125	17	4	26	--	--	228	82	101	54	12	71	5	0	2	31	10	.76	8	.329	.417	.600
	Ottawa	AAA	32	125	30	2	2	2	--	--	42	12	18	16	3	34	1	0	1	2	2	.50	3	.240	.329	.336
1993	Montreal	NL	10	31	7	0	0	1	(0	1)	10	3	2	0	0	9	0	0	0	0	0	.00	0	.226	.226	.323
1994	Montreal	NL	100	334	94	19	4	4	(2	2)	133	43	41	24	0	63	3	2	3	10	3	.77	3	.281	.332	.398
	2 ML YEARS		110	365	101	19	4	5	(2	3)	143	46	43	24	0	72	3	2	3	10	3	.77	3	.277	.324	.392

Tom Foley

Bats: Left **Throws:** Right **Pos:** 2B/3B **Ht:** 6'1" **Wt:** 185 **Born:** 09/09/59 **Age:** 35

						BATTING											BASERUNNING				PERCENTAGES		
Year	Team	Lg	G	AB	H	2B	3B	HR	(Hm | Rd)	TB	R	RBI	TBB	IBB	SO	HBP	SH	SF	SB	CS	SB%	GDP	Avg	OBP	SLG
1983	Cincinnati	NL	68	98	20	4	1	0	(0 | 0)	26	7	9	13	2	17	0	2	0	1	0	1.00	1	.204	.297	.265
1984	Cincinnati	NL	106	277	70	8	3	5	(2 | 3)	99	26	27	24	7	36	0	6	2	3	2	.60	2	.253	.310	.357
1985	2 ML Teams		89	250	60	13	1	3	(2 | 1)	84	24	23	19	8	34	0	0	0	2	3	.40	2	.240	.294	.336
1986	2 ML Teams		103	263	70	15	3	1	(1 | 0)	94	26	23	30	6	37	0	2	4	10	3	.77	6	.266	.337	.357
1987	Montreal	NL	106	280	82	18	3	5	(3 | 2)	121	35	28	11	0	40	1	1	0	6	10	.38	6	.293	.322	.432
1988	Montreal	NL	127	377	100	21	3	5	(3 | 2)	142	33	43	30	10	49	1	0	3	2	7	.22	11	.265	.319	.377
1989	Montreal	NL	122	375	86	19	2	7	(4 | 3)	130	34	39	45	4	53	3	4	2	2	3	.40	2	.229	.314	.347
1990	Montreal	NL	73	164	35	2	1	0	(0 | 0)	39	11	12	12	2	22	0	1	1	0	1	.00	4	.213	.266	.238
1991	Montreal	NL	86	168	35	11	1	0	(0 | 0)	48	12	14	14	3	30	1	1	3	2	0	1.00	4	.208	.269	.286
1992	Montreal	NL	72	115	20	3	1	0	(0 | 0)	25	7	5	8	2	21	1	3	2	3	0	1.00	6	.174	.230	.217
1993	Pittsburgh	NL	86	194	49	11	1	3	(1 | 2)	71	18	22	11	1	26	0	2	4	0	0	.00	4	.253	.287	.366
1994	Pittsburgh	NL	59	123	29	7	0	3	(2 | 1)	45	13	15	13	2	18	0	0	1	0	0	.00	1	.236	.307	.366

Year	Team	Lg	G																							
1985	Cincinnati	NL	43	92	18	5	1	0	(0	0)	25	7	6	6	1	16	0	0	0	1	0	1.00	0	.196	.245	.272
	Philadelphia	NL	46	158	42	8	0	3	(2	1)	59	17	17	13	7	18	0	0	0	1	3	.25	2	.266	.322	.373
1986	Philadelphia	NL	39	61	18	2	1	0	(0	0)	22	8	5	10	1	11	0	0	1	2	0	1.00	1	.295	.389	.361
	Montreal	NL	64	202	52	13	0	1	(1	0)	72	18	18	20	5	26	0	0	2	3	3	.73	3	.257	.320	.356
	12 ML YEARS		1097	2684	656	132	20	32	(18	14)	924	246	261	230	48	383	7	17	24	31	29	.52	47	.244	.303	.344

Tim Fortugno

Pitches: Left **Bats:** Left **Pos:** RP **Ht:** 6' 0" **Wt:** 185 **Born:** 04/11/62 **Age:** 33

			HOW MUCH HE PITCHED						WHAT HE GAVE UP										THE RESULTS					
Year	Team	Lg	G	GS	CG	GF	IP	BFP	H	R	ER	HR	SH	SF	HB	TBB	IBB	SO	WP	Bk	W	L	Pct.	ShO	Sv	ERA
1986	Bellingham	A	6	0	0	4	8	0	2	2	1	0	0	0	1	12	1	11	1	0	0	0	.000	0	1	1.13
	Wausau	A	19	0	0	13	31	139	18	17	9	0	2	2	0	26	0	38	6	1	1	1	.500	0	3	2.61
1987	Salinas	A	46	4	1	17	93.1	409	43	36	29	1	3	3	3	84	1	141	19	3	8	2	.800	1	6	2.80
1988	Reading	AA	29	4	0	11	50.2	229	42	29	25	5	1	4	1	36	0	48	5	6	1	5	.167	0	0	4.44
	Clearwater	A	9	3	0	2	26	109	17	10	7	1	1	1	0	15	0	28	2	3	1	3	.250	0	0	2.42
1989	Reno	A	5	5	1	0	35.2	161	28	20	10	2	2	0	3	20	2	38	2	2	2	3	.400	0	0	2.52
	El Paso	AA	10	4	0	2	26	126	29	24	23	3	1	1	1	21	2	22	4	0	0	3	.000	0	0	7.96
	Stockton	A	13	2	0	3	33	134	9	6	5	0	1	0	4	20	1	52	2	1	2	1	.667	0	1	1.36
1990	Beloit	A	31	0	0	29	63.1	263	38	16	11	1	3	0	0	38	3	106	4	0	8	4	.667	0	7	1.56
	El Paso	AA	12	2	0	4	28.2	133	23	12	10	0	2	3	1	22	2	24	4	0	2	3	.400	0	2	3.14
1991	El Paso	AA	20	3	0	13	54.1	227	40	15	12	1	0	2	0	25	1	73	3	1	5	1	.833	0	1	1.99
	Denver	AAA	26	0	0	10	35.1	152	30	15	14	1	3	2	3	20	2	39	1	0	0	1	.000	0	2	3.57
1992	Edmonton	AAA	26	7	0	4	73.1	318	69	36	29	5	0	1	2	33	0	82	3	1	6	4	.600	0	1	3.56
1993	Ottawa	AAA	28	4	0	7	40	175	28	17	16	4	0	1	4	31	4	42	7	1	2	1	.667	0	1	3.60
1994	Chattanooga	AA	22	0	0	17	26.2	115	19	15	8	0	2	1	1	16	1	36	4	1	0	0	.000	0	8	2.70
1992	California	AL	14	5	1	5	41.2	177	37	24	24	5	0	1	0	19	0	31	2	1	1	1	.500	1	1	5.18
1994	Cincinnati	NL	25	0	0	9	30	132	32	14	14	2	3	1	3	14	0	29	4	2	1	0	1.000	0	0	4.20
	2 ML YEARS		39	5	1	14	71.2	309	69	38	38	7	3	2	3	33	0	60	6	3	2	1	.667	1	1	4.77

Tony Fossas

Pitches: Left **Bats:** Left **Pos:** RP **Ht:** 6' 0" **Wt:** 187 **Born:** 09/23/57 **Age:** 37

			HOW MUCH HE PITCHED						WHAT HE GAVE UP										THE RESULTS					
Year	Team	Lg	G	GS	CG	GF	IP	BFP	H	R	ER	HR	SH	SF	HB	TBB	IBB	SO	WP	Bk	W	L	Pct.	ShO	Sv	ERA
1994	Pawtucket *	AAA	11	0	0	2	9.2	36	4	1	0	0	0	0	0	3	0	8	0	0	2	0	1.000	0	0	0.00
1988	Texas	AL	5	0	0	1	5.2	28	11	3	3	0	0	0	0	2	0	1	0	0	0	0	.000	0	0	4.76
1989	Milwaukee	AL	51	0	0	16	61	256	57	27	24	3	7	3	1	22	7	42	1	3	2	2	.500	0	1	3.54
1990	Milwaukee	AL	32	0	0	9	29.1	146	44	23	21	5	2	1	0	10	2	24	0	0	2	3	.400	0	0	6.44
1991	Boston	AL	64	0	0	18	57	244	49	27	22	3	5	0	3	28	9	29	2	0	3	2	.600	0	1	3.47
1992	Boston	AL	60	0	0	17	29.2	129	31	9	8	1	3	0	1	14	3	19	0	0	1	2	.333	0	2	2.43
1993	Boston	AL	71	0	0	19	40	175	38	28	23	4	0	1	2	15	4	39	1	1	1	1	.500	0	0	5.18
1994	Boston	AL	44	0	0	14	34	151	35	18	18	6	2	0	1	15	1	31	1	0	2	0	1.000	0	1	4.76
	7 ML YEARS		327	0	0	94	256.2	1129	265	135	119	22	19	5	8	106	26	184	6	4	11	10	.524	0	5	4.17

Kevin Foster

Pitches: Right **Bats:** Right **Pos:** SP **Ht:** 6' 1" **Wt:** 160 **Born:** 01/13/69 **Age:** 26

			HOW MUCH HE PITCHED						WHAT HE GAVE UP										THE RESULTS					
Year	Team	Lg	G	GS	CG	GF	IP	BFP	H	R	ER	HR	SH	SF	HB	TBB	IBB	SO	WP	Bk	W	L	Pct.	ShO	Sv	ERA
1990	Expos	R	4	0	0	1	10.2	47	9	6	6	0	1	0	1	6	0	11	0	0	2	0	1.000	0	0	5.06
	Gate City	R	10	10	0	0	55	248	43	42	28	3	0	1	6	34	0	52	10	0	1	7	.125	0	0	4.58
1991	Sumter	A	34	11	1	9	102	445	62	36	31	3	1	5	9	68	3	114	5	4	10	4	.714	1	1	2.74
1992	Wst Plm Bch	A	16	11	0	2	69.1	279	45	19	15	4	0	2	3	31	1	66	1	1	7	2	.778	1	0	1.95
1993	Jacksonville	AA	12	12	1	0	65.2	278	53	32	29	2	0	2	4	29	0	72	4	1	4	4	.500	1	0	3.97
	Scranton/wb	AAA	17	9	1	0	71	304	63	32	31	3	7	0	0	29	0	59	5	0	1	1	.500	0	0	3.93
1994	Reading	AA	1	1	0	0	6	26	7	4	4	1	0	0	0	1	0	3	0	0	0	1	.000	0	0	6.00
	Orlando	AA	3	3	0	0	19	66	8	2	2	2	1	0	0	2	0	21	0	0	1	0	1.000	1	0	0.95
	Iowa	AAA	6	6	0	0	33.2	140	28	17	16	6	2	0	0	14	0	35	0	0	3	1	.750	0	0	4.28
1993	Philadelphia	NL	2	1	0	0	6.2	40	13	11	11	3	0	0	0	7	0	6	2	0	0	1	.000	0	0	14.85
1994	Chicago	NL	13	13	0	0	81	337	70	31	26	7	1	1	0	35	1	75	1	0	3	4	.429	0	0	2.89
	2 ML YEARS		15	14	0	0	87.2	377	83	42	37	10	1	1	0	42	1	81	3	0	3	5	.375	0	0	3.80

Eric Fox

Bats: Both **Throws:** Left **Pos:** CF **Ht:** 5'10" **Wt:** 180 **Born:** 08/15/63 **Age:** 31

			BATTING															BASERUNNING				PERCENTAGES		
Year	Team	Lg	G	AB	H	2B	3B	HR	(Hm	Rd)	TB	R	RBI	TBB	IBB	SO	HBP	SH	SF	SB	CS	SB%	GDP	Avg	OBP	SLG
1994	Tacoma *	AAA	52	191	60	15	2	3	--	--	88	30	19	20	2	28	2	4	1	7	2	.78	4	.314	.383	.461
1992	Oakland	AL	51	143	34	6	2	3	(0	3)	52	24	13	13	0	29	0	6	1	3	4	.43	1	.238	.299	.364
1993	Oakland	AL	29	56	8	1	0	0	(1	0)	12	5	5	2	0	7	0	3	0	0	2	.00	2	.143	.172	.214
1994	Oakland	AL	26	44	9	2	0	1	(0	1)	14	7	1	3	0	8	0	0	0	2	0	1.00	0	.205	.255	.318
	3 ML YEARS		106	243	51	8	2	5	(1	4)	78	36	19	18	0	44	0	9	1	5	6	.45	1	.210	.263	.321

63

John Franco

Pitches: Left **Bats:** Left **Pos:** RP **Ht:** 5'10" **Wt:** 185 **Born:** 09/17/60 **Age:** 34

			HOW MUCH HE PITCHED				WHAT HE GAVE UP										THE RESULTS				
Year	Team	Lg	G	GS	CG	GF	IP	BFP	H	R	ER	HR	SH	SF	HB	TBB	IBB	SO	WP	Bk	W	L	Pct.	ShO	Sv	ERA
1984	Cincinnati	NL	54	0	0	30	79.1	335	74	28	23	3	4	4	2	36	4	55	2	0	6	2	.750	0	4	2.61
1985	Cincinnati	NL	67	0	0	33	99	407	83	27	24	5	11	1	1	40	8	61	4	0	12	3	.800	0	12	2.18
1986	Cincinnati	NL	74	0	0	52	101	429	90	40	33	7	8	3	2	44	12	84	4	2	6	6	.500	0	29	2.94
1987	Cincinnati	NL	68	0	0	60	82	344	76	26	23	6	5	2	0	27	6	61	1	0	8	5	.615	0	32	2.52
1988	Cincinnati	NL	70	0	0	61	86	336	60	18	15	3	5	1	0	27	3	46	1	2	6	6	.500	0	39	1.57
1989	Cincinnati	NL	60	0	0	50	80.2	345	77	35	28	3	7	3	0	36	8	60	3	2	4	8	.333	0	32	3.12
1990	New York	NL	55	0	0	48	67.2	287	66	22	19	4	3	1	0	21	2	56	7	2	5	3	.625	0	33	2.53
1991	New York	NL	52	0	0	48	55.1	247	61	27	18	2	3	0	1	18	4	45	6	0	5	9	.357	0	30	2.93
1992	New York	NL	31	0	0	30	33	128	24	6	6	1	0	2	0	11	2	20	0	0	6	2	.750	0	15	1.64
1993	New York	NL	35	0	0	30	36.1	172	46	24	21	6	4	1	1	19	3	29	5	0	4	3	.571	0	10	5.20
1994	New York	NL	47	0	0	43	50	216	47	20	15	2	2	1	2	19	0	42	1	0	1	4	.200	0	30	2.70
11 ML YEARS			613	0	0	485	770.1	3246	704	273	225	42	52	19	8	298	52	559	34	8	63	51	.553	0	266	2.63

Julio Franco

Bats: Right **Throws:** Right **Pos:** DH/1B **Ht:** 6'1" **Wt:** 190 **Born:** 08/23/61 **Age:** 33

						BATTING													BASERUNNING				PERCENTAGES		
Year	Team	Lg	G	AB	H	2B	3B	HR	(Hm | Rd)	TB	R	RBI	TBB	IBB	SO	HBP	SH	SF	SB	CS	SB%	GDP	Avg	OBP	SLG
1982	Philadelphia	NL	16	29	8	1	0	0	(0 | 0)	9	3	3	2	1	4	0	1	0	0	2	.00	1	.276	.323	.310
1983	Cleveland	AL	149	560	153	24	8	8	(6 | 2)	217	68	80	27	1	50	2	3	6	32	12	.73	21	.273	.306	.388
1984	Cleveland	AL	160	658	188	22	5	3	(1 | 2)	229	82	79	43	1	68	6	1	10	19	10	.66	23	.286	.331	.348
1985	Cleveland	AL	160	636	183	33	4	6	(3 | 3)	242	97	90	54	2	74	4	0	9	13	9	.59	26	.288	.343	.381
1986	Cleveland	AL	149	599	183	30	5	10	(4 | 6)	253	80	74	32	1	66	0	0	5	10	7	.59	28	.306	.338	.422
1987	Cleveland	AL	128	495	158	24	3	8	(5 | 3)	212	86	52	57	2	56	3	0	5	32	9	.78	23	.319	.389	.428
1988	Cleveland	AL	152	613	186	23	6	10	(3 | 7)	251	88	54	56	4	72	2	1	4	25	11	.69	17	.303	.361	.409
1989	Texas	AL	150	548	173	31	5	13	(9 | 4)	253	80	92	66	11	69	1	0	6	21	3	.88	27	.316	.386	.462
1990	Texas	AL	157	582	172	27	1	11	(4 | 7)	234	96	69	82	3	83	2	2	2	31	10	.76	12	.296	.383	.402
1991	Texas	AL	146	589	201	27	3	15	(7 | 8)	279	108	78	65	8	78	3	0	2	36	9	.80	13	**.341**	.408	.474
1992	Texas	AL	35	107	25	7	0	2	(2 | 0)	38	19	8	15	2	17	0	1	0	1	1	.50	3	.234	.328	.355
1993	Texas	AL	144	532	154	31	3	14	(6 | 8)	233	85	84	62	4	95	1	5	7	9	3	.75	16	.289	.360	.438
1994	Chicago	AL	112	433	138	19	2	20	(10 | 10)	221	72	98	62	4	75	5	0	5	8	1	.89	14	.319	.406	.510
13 ML YEARS			1658	6381	1922	299	45	120	(60 | 60)	2671	964	861	623	44	807	29	14	61	237	87	.73	224	.301	.363	.419

John Frascatore

Pitches: Right **Bats:** Right **Pos:** SP **Ht:** 6'1" **Wt:** 200 **Born:** 02/04/70 **Age:** 25

			HOW MUCH HE PITCHED				WHAT HE GAVE UP										THE RESULTS				
Year	Team	Lg	G	GS	CG	GF	IP	BFP	H	R	ER	HR	SH	SF	HB	TBB	IBB	SO	WP	Bk	W	L	Pct.	ShO	Sv	ERA
1991	Hamilton	A	30	1	0	7	30.1	162	44	38	31	3	3	1	2	22	1	18	1	2	2	7	.222	0	1	9.20
1992	Savannah	A	50	0	0	44	58.2	266	49	32	25	4	8	1	3	29	2	56	4	5	5	7	.417	0	23	3.84
1993	Springfield	A	27	26	2	1	157.1	654	157	84	66	6	7	5	3	33	0	126	2	3	7	12	.368	1	0	3.78
1994	Arkansas	AA	12	12	4	0	78.1	324	76	37	27	3	1	2	3	15	0	63	3	0	7	3	.700	1	0	3.10
	Louisville	AAA	13	12	2	0	85	366	82	34	32	3	6	4	2	33	2	58	2	0	8	3	.727	1	0	3.39
1994	St. Louis	NL	1	1	0	0	3.1	18	7	6	6	2	0	0	0	2	0	2	1	0	0	1	.000	0	0	16.20

Willie Fraser

Pitches: Right **Bats:** Right **Pos:** RP **Ht:** 6'1" **Wt:** 206 **Born:** 05/26/64 **Age:** 31

			HOW MUCH HE PITCHED				WHAT HE GAVE UP										THE RESULTS				
Year	Team	Lg	G	GS	CG	GF	IP	BFP	H	R	ER	HR	SH	SF	HB	TBB	IBB	SO	WP	Bk	W	L	Pct.	ShO	Sv	ERA
1994	Edmonton *	AAA	41	0	0	24	54	240	65	36	30	8	2	1	0	14	0	53	5	0	1	5	.167	0	3	5.00
1986	California	AL	1	1	0	0	4.1	20	6	4	4	0	1	1	0	1	0	2	0	0	0	0	.000	0	0	8.31
1987	California	AL	36	23	5	6	176.2	744	160	85	77	26	5	4	4	63	3	106	12	0	10	10	.500	1	1	3.92
1988	California	AL	34	32	2	0	194.2	861	203	129	117	33	2	9	9	80	7	86	12	6	12	13	.480	0	0	5.41
1989	California	AL	44	0	0	21	91.2	375	80	33	33	6	4	3	5	23	4	46	5	0	4	7	.364	0	2	3.24
1990	California	AL	45	0	0	20	76	315	69	29	26	4	2	3	0	24	3	32	5	0	5	4	.556	0	2	3.08
1991	2 ML Teams		48	1	0	22	75.2	333	77	48	45	13	1	3	6	32	5	37	6	0	3	5	.375	0	0	5.35
1994	Florida	NL	9	0	0	4	12.1	63	20	9	8	1	2	1	0	6	3	7	2	0	2	0	1.000	0	0	5.84
1991	Toronto	AL	13	1	0	6	26.1	123	33	20	18	4	0	0	3	11	2	12	2	0	0	2	.000	0	0	6.15
	St. Louis	NL	35	0	0	16	49.1	210	44	28	27	9	1	3	3	21	3	25	4	0	3	3	.500	0	0	4.93
7 ML YEARS			217	57	7	73	631.1	2711	615	337	310	83	17	24	26	229	25	316	38	7	36	39	.480	1	5	4.42

Lou Frazier

Bats: Both **Throws:** Right **Pos:** LF **Ht:** 6' 2" **Wt:** 175 **Born:** 01/26/65 **Age:** 30

								BATTING										BASERUNNING				PERCENTAGES		
Year	Team	Lg	G	AB	H	2B	3B	HR	(Hm	Rd)	TB	R	RBI	TBB	IBB	SO	HBP	SH	SF	SB	CS	SB%	GDP	Avg	OBP	SLG
1986	Astros	R	51	178	51	7	2	1	--	--	65	39	23	32	0	25	1	3	1	17	8	.68	3	.287	.396	.365
1987	Asheville	A	108	399	103	9	2	1	--	--	119	83	33	68	1	89	2	4	3	75	24	.76	3	.258	.367	.298
1988	Osceola	A	130	468	110	11	3	0	--	--	127	79	34	90	5	104	4	5	1	87	16	.84	9	.235	.362	.271
1989	Columbus	AA	135	460	106	10	1	4	--	--	130	65	31	76	2	101	1	2	2	43	14	.75	7	.230	.340	.283
1990	London	AA	81	242	53	4	1	0	--	--	59	29	15	27	0	52	0	1	1	20	3	.87	5	.219	.296	.244
1991	London	AA	122	439	105	9	4	3	--	--	131	69	40	77	5	86	1	3	1	42	17	.71	8	.239	.353	.298
1992	London	AA	129	477	120	16	3	0	--	--	142	85	34	95	1	107	0	2	2	58	23	.72	3	.252	.375	.298
1993	Montreal	NL	112	189	54	7	1	1	(1	0)	66	27	16	16	0	24	0	5	1	17	2	.89	3	.286	.340	.349
1994	Montreal	NL	76	140	38	3	1	0	--	--	43	25	14	18	0	23	1	1	0	20	4	.83	1	.271	.358	.307
	2 ML YEARS		188	329	92	10	2	1	(1	0)	109	52	30	34	0	47	1	6	1	37	6	.86	4	.280	.348	.331

Scott Fredrickson

Pitches: Right **Bats:** Right **Pos:** RP **Ht:** 6' 3" **Wt:** 215 **Born:** 08/19/67 **Age:** 27

			HOW MUCH HE PITCHED					WHAT HE GAVE UP										THE RESULTS					
Year	Team	Lg	G	GS	CG	GF	IP	BFP	H	R	ER	HR	SH	SF	HB	TBB	IBB	SO	WP	Bk	W	L	Pct.	ShO	Sv	ERA
1990	Spokane	A	26	1	0	15	46.2	197	35	22	17	3	4	1	2	17	1	61	6	4	3	3	.500	0	8	3.28
1991	Waterloo	A	26	0	0	22	38.1	153	24	9	5	1	1	2	1	15	3	40	3	2	3	5	.375	0	6	1.17
	High Desert	A	23	0	0	19	35	154	31	15	9	2	2	1	1	18	2	26	6	0	4	1	.800	0	7	2.31
1992	Wichita	AA	56	0	0	22	73.1	303	50	29	26	9	2	5	2	38	3	66	11	0	4	7	.364	0	5	3.19
1993	Colo Sprngs	AAA	23	0	0	18	26.1	119	25	16	16	3	2	1	2	10	1	9	3	0	1	3	.250	0	7	5.47
1993	Colorado	NL	25	0	0	4	29	137	33	25	20	3	2	2	1	17	2	20	4	1	0	0	.000	0	0	6.21

Marvin Freeman

Pitches: Right **Bats:** Right **Pos:** SP **Ht:** 6' 7" **Wt:** 222 **Born:** 04/10/63 **Age:** 32

			HOW MUCH HE PITCHED					WHAT HE GAVE UP										THE RESULTS					
Year	Team	Lg	G	GS	CG	GF	IP	BFP	H	R	ER	HR	SH	SF	HB	TBB	IBB	SO	WP	Bk	W	L	Pct.	ShO	Sv	ERA
1986	Philadelphia	NL	3	3	0	0	16	61	6	4	4	0	0	1	0	10	0	8	1	0	2	0	1.000	0	0	2.25
1988	Philadelphia	NL	11	11	0	0	51.2	249	55	36	35	2	5	1	1	43	2	37	3	1	2	3	.400	0	0	6.10
1989	Philadelphia	NL	1	1	0	0	3	16	2	2	2	0	0	0	0	5	0	0	0	0	0	0	.000	0	0	6.00
1990	2 ML Teams		25	3	0	5	48	207	41	24	23	5	2	0	5	17	2	38	4	0	1	2	.333	0	1	4.31
1991	Atlanta	NL	34	0	0	6	48	190	37	19	16	2	1	1	2	13	1	34	4	0	1	0	1.000	0	1	3.00
1992	Atlanta	NL	58	0	0	15	64.1	276	61	26	23	7	2	1	1	29	7	41	4	0	7	5	.583	0	3	3.22
1993	Atlanta	NL	21	0	0	5	23.2	103	24	16	16	1	0	0	1	10	2	25	3	0	2	0	1.000	0	0	6.08
1994	Colorado	NL	19	18	0	0	112.2	465	113	39	35	10	4	1	5	23	2	67	4	0	10	2	.833	0	0	2.80
1990	Philadelphia	NL	16	3	0	4	32.1	147	34	21	20	5	1	0	3	14	2	26	4	0	0	2	.000	0	1	5.57
	Atlanta	NL	9	0	0	1	15.2	60	7	3	3	0	1	0	2	3	0	12	0	0	1	0	1.000	0	0	1.72
	8 ML YEARS		172	36	0	31	367.1	1567	339	166	154	27	14	5	15	150	16	250	23	2	25	12	.676	0	5	3.77

Steve Frey

Pitches: Left **Bats:** Left **Pos:** RP **Ht:** 5' 9" **Wt:** 170 **Born:** 07/29/63 **Age:** 31

			HOW MUCH HE PITCHED					WHAT HE GAVE UP										THE RESULTS					
Year	Team	Lg	G	GS	CG	GF	IP	BFP	H	R	ER	HR	SH	SF	HB	TBB	IBB	SO	WP	Bk	W	L	Pct.	ShO	Sv	ERA
1989	Montreal	NL	20	0	0	11	21.1	103	29	15	13	4	0	2	1	11	1	15	1	1	3	2	.600	0	0	5.48
1990	Montreal	NL	51	0	0	21	55.2	236	44	15	13	4	3	2	1	29	6	29	0	0	8	2	.800	0	9	2.10
1991	Montreal	NL	31	0	0	5	39.2	182	43	31	22	3	2	1	2	23	4	21	3	1	0	1	.000	0	0	4.99
1992	California	AL	51	0	0	20	45.1	193	39	18	18	6	2	3	2	22	3	24	1	0	4	2	.667	0	4	3.57
1993	California	AL	55	0	0	28	48.1	212	41	20	16	1	4	1	3	26	1	22	3	0	2	3	.400	0	13	2.98
1994	San Francisco	NL	44	0	0	12	31	137	37	17	17	6	1	4	2	15	3	20	1	0	1	0	1.000	0	0	4.94
	6 ML YEARS		252	0	0	97	241.1	1063	233	116	99	24	13	14	10	126	18	131	9	2	18	10	.643	0	27	3.69

Todd Frohwirth

Pitches: Right **Bats:** Right **Pos:** RP **Ht:** 6' 4" **Wt:** 205 **Born:** 09/28/62 **Age:** 32

			HOW MUCH HE PITCHED					WHAT HE GAVE UP										THE RESULTS					
Year	Team	Lg	G	GS	CG	GF	IP	BFP	H	R	ER	HR	SH	SF	HB	TBB	IBB	SO	WP	Bk	W	L	Pct.	ShO	Sv	ERA
1994	Pawtucket*	AAA	34	0	0	10	52	225	49	21	18	5	1	0	0	19	3	55	4	0	2	0	1.000	0	6	3.12
1987	Philadelphia	NL	10	0	0	2	11	43	12	0	0	0	0	0	0	2	0	9	0	0	1	0	1.000	0	0	0.00
1988	Philadelphia	NL	12	0	0	6	12	62	16	11	11	2	1	1	0	11	6	11	1	0	1	2	.333	0	0	8.25
1989	Philadelphia	NL	45	0	0	11	62.2	258	56	26	25	4	3	1	3	18	0	39	1	1	1	0	1.000	0	0	3.59
1990	Philadelphia	NL	5	0	0	0	1	12	3	2	2	0	0	0	0	6	2	1	0	0	0	1	.000	0	0	18.00
1991	Baltimore	AL	51	0	0	10	96.1	372	64	24	20	2	4	7	0	29	3	77	0	0	7	3	.700	0	3	1.87
1992	Baltimore	AL	65	0	0	23	106	444	97	33	29	4	7	1	3	41	4	58	1	0	4	3	.571	0	4	2.46
1993	Baltimore	AL	70	0	0	30	96.1	411	91	47	41	7	7	2	3	44	8	50	1	0	6	7	.462	0	3	3.83
1994	Boston	AL	22	0	0	8	26.2	141	40	36	32	3	4	0	3	17	2	13	1	0	0	3	.000	0	0	10.80
	8 ML YEARS		280	0	0	90	412	1743	379	179	160	22	26	6	12	168	25	258	6	1	20	19	.513	0	11	3.50

Jeff Frye

Bats: Right **Throws:** Right **Pos:** 2B **Ht:** 5' 9" **Wt:** 165 **Born:** 08/31/66 **Age:** 28

Year	Team	Lg	G	AB	H	2B	3B	HR	(Hm	Rd)	TB	R	RBI	TBB	IBB	SO	HBP	SH	SF	SB	CS	SB%	GDP	Avg	OBP	SLG
1988	Butte	R	55	185	53	7	1	0	--	--	62	47	14	35	0	24	1	1	1	16	1	.94	2	.286	.401	.335
1989	Gastonia	A	125	464	145	26	3	1	--	--	180	85	40	72	5	53	1	5	1	33	13	.72	4	.313	.405	.388
1990	Charlotte	A	131	503	137	16	7	0	--	--	167	77	50	80	5	66	2	7	4	28	6	.82	5	.272	.372	.332
1991	Tulsa	AA	131	503	152	32	11	4	--	--	218	92	41	71	0	60	1	5	3	15	8	.65	8	.302	.388	.433
1992	Okla City	AAA	87	337	101	26	2	2	--	--	137	64	28	51	0	39	11	8	0	11	9	.55	9	.300	.409	.407
1994	Okla. City	AAA	17	68	19	3	0	1	--	--	25	7	5	6	0	7	0	2	1	2	0	1.00	1	.279	.333	.368
1992	Texas	AL	67	199	51	9	1	1	(0	1)	65	24	12	16	0	27	3	11	1	1	3	.25	2	.256	.320	.327
1994	Texas	AL	57	205	67	20	3	0	(0	0)	93	37	18	29	0	23	1	5	3	6	1	.86	1	.327	.408	.454
	2 ML YEARS		124	404	118	29	4	1	(0	1)	158	61	30	45	0	50	4	16	4	7	4	.64	3	.292	.365	.391

Travis Fryman

Bats: Right **Throws:** Right **Pos:** 3B **Ht:** 6' 1" **Wt:** 194 **Born:** 03/25/69 **Age:** 26

Year	Team	Lg	G	AB	H	2B	3B	HR	(Hm	Rd)	TB	R	RBI	TBB	IBB	SO	HBP	SH	SF	SB	CS	SB%	GDP	Avg	OBP	SLG
1990	Detroit	AL	66	232	69	11	1	9	(5	4)	109	32	27	17	0	51	1	1	0	3	3	.50	3	.297	.348	.470
1991	Detroit	AL	149	557	144	36	3	21	(8	13)	249	65	91	40	2	149	3	6	6	12	5	.71	13	.259	.309	.447
1992	Detroit	AL	161	659	175	31	4	20	(9	11)	274	87	96	45	1	144	6	5	6	8	4	.67	13	.266	.316	.416
1993	Detroit	AL	151	607	182	37	5	22	(13	9)	295	98	97	77	1	128	4	1	6	9	4	.69	8	.300	.379	.486
1994	Detroit	AL	114	464	122	34	5	18	(10	8)	220	66	85	45	1	128	5	1	13	2	2	.50	6	.263	.326	.474
	5 ML YEARS		641	2519	692	149	18	90	(45	45)	1147	348	396	224	3	600	19	14	31	34	18	.65	43	.275	.335	.455

Gary Gaetti

Bats: Right **Throws:** Right **Pos:** 3B **Ht:** 6' 0" **Wt:** 200 **Born:** 08/19/58 **Age:** 36

Year	Team	Lg	G	AB	H	2B	3B	HR	(Hm	Rd)	TB	R	RBI	TBB	IBB	SO	HBP	SH	SF	SB	CS	SB%	GDP	Avg	OBP	SLG
1981	Minnesota	AL	9	26	5	0	0	2	(1	1)	11	4	3	0	0	6	0	0	0	0	0	.00	1	.192	.192	.423
1982	Minnesota	AL	145	508	117	25	4	25	(15	10)	225	59	84	37	2	107	3	4	13	0	4	.00	16	.230	.280	.443
1983	Minnesota	AL	157	584	143	30	3	21	(7	14)	242	81	78	54	2	121	4	0	8	7	1	.88	18	.245	.309	.414
1984	Minnesota	AL	162	588	154	29	4	5	(2	3)	206	55	65	44	1	81	4	3	5	11	5	.69	9	.262	.315	.350
1985	Minnesota	AL	160	560	138	31	0	20	(10	10)	229	71	63	37	3	89	7	3	1	13	5	.72	5	.246	.301	.409
1986	Minnesota	AL	157	596	171	34	1	34	(16	18)	309	91	108	52	0	108	6	1	6	14	15	.48	18	.287	.347	.518
1987	Minnesota	AL	154	584	150	36	2	31	(18	13)	283	95	109	37	7	92	3	1	3	10	7	.59	25	.257	.303	.485
1988	Minnesota	AL	133	468	141	29	2	28	(9	19)	258	66	88	36	5	85	5	1	6	7	4	.64	10	.301	.353	.551
1989	Minnesota	AL	130	498	125	11	4	19	(10	9)	201	63	75	25	5	87	3	1	9	6	2	.75	12	.251	.286	.404
1990	Minnesota	AL	154	577	132	27	5	16	(7	9)	217	61	85	36	1	101	3	1	8	6	1	.86	22	.229	.274	.376
1991	California	AL	152	586	144	22	1	18	(12	6)	222	58	66	33	3	104	8	2	5	5	5	.50	13	.246	.293	.379
1992	California	AL	130	456	103	13	2	12	(8	4)	156	41	48	21	4	79	6	0	3	3	1	.75	9	.226	.267	.342
1993	2 ML Teams		102	331	81	20	1	14	(6	8)	145	40	50	21	0	87	8	2	7	1	3	.25	5	.245	.300	.438
1994	Kansas City	AL	90	327	94	15	3	12	(5	7)	151	53	57	19	2	63	2	1	3	0	2	.00	9	.287	.328	.462
1993	California	AL	20	50	9	2	0	0	(0	0)	11	3	4	5	0	12	0	0	1	0	1	1.00	3	.180	.250	.220
	Kansas City	AL	82	281	72	18	1	14	(6	8)	134	37	46	16	0	75	8	2	6	0	3	.00	2	.256	.309	.477
	14 ML YEARS		1835	6689	1698	322	32	257	(126	131)	2855	838	979	452	40	1210	62	20	77	83	55	.60	182	.254	.304	.427

Greg Gagne

Bats: Right **Throws:** Right **Pos:** SS **Ht:** 5'11" **Wt:** 180 **Born:** 11/12/61 **Age:** 33

Year	Team	Lg	G	AB	H	2B	3B	HR	(Hm	Rd)	TB	R	RBI	TBB	IBB	SO	HBP	SH	SF	SB	CS	SB%	GDP	Avg	OBP	SLG
1983	Minnesota	AL	10	27	3	1	0	0	(0	0)	4	2	3	0	0	6	0	0	2	0	0	.00	0	.111	.103	.148
1984	Minnesota	AL	2	1	0	0	0	0	(0	0)	0	0	0	0	0	0	0	0	0	0	0	.00	0	.000	.000	.000
1985	Minnesota	AL	114	293	66	15	3	2	(0	2)	93	37	23	20	0	57	3	3	3	10	4	.71	5	.225	.279	.317
1986	Minnesota	AL	156	472	118	22	6	12	(10	2)	188	63	54	30	0	108	6	13	3	12	10	.55	9	.250	.301	.398
1987	Minnesota	AL	137	437	116	28	7	10	(7	3)	188	68	40	25	0	84	4	10	2	6	6	.50	3	.265	.310	.430
1988	Minnesota	AL	149	461	109	20	6	14	(5	9)	183	70	48	27	2	110	7	11	1	15	7	.68	13	.236	.288	.397
1989	Minnesota	AL	149	460	125	29	7	9	(5	4)	195	69	48	17	0	80	2	7	5	11	4	.73	10	.272	.298	.424
1990	Minnesota	AL	138	388	91	22	9	7	(3	4)	140	38	38	24	0	76	1	8	2	8	8	.50	5	.235	.280	.361
1991	Minnesota	AL	139	408	108	23	3	8	(3	5)	161	52	42	26	0	72	3	5	5	11	9	.55	15	.265	.310	.395
1992	Minnesota	AL	146	439	108	23	0	7	(1	6)	152	53	39	19	0	83	2	12	1	6	7	.46	11	.246	.280	.346
1993	Kansas City	AL	159	540	151	32	3	10	(3	7)	219	66	57	33	1	93	0	4	4	10	12	.45	7	.280	.319	.406
1994	Kansas City	AL	107	375	97	23	3	7	(2	5)	147	39	51	27	0	79	4	2	1	10	17	.37	8	.259	.314	.392
	12 ML YEARS		1406	4301	1092	238	41	86	(39	47)	1670	557	443	248	3	848	32	75	29	99	84	.54	81	.254	.298	.388

Andres Galarraga

Bats: Right **Throws:** Right **Pos:** 1B **Ht:** 6' 3" **Wt:** 245 **Born:** 06/18/61 **Age:** 34

					BATTING													BASERUNNING				PERCENTAGES		
Year	Team	Lg	G	AB	H	2B	3B	HR	(Hm | Rd)	TB	R	RBI	TBB	IBB	SO	HBP	SH	SF	SB	CS	SB%	GDP	Avg	OBP	SLG
1985	Montreal	NL	24	75	14	1	0	2	(0 | 2)	21	9	4	3	0	18	1	0	0	1	2	.33	0	.187	.228	.280
1986	Montreal	NL	105	321	87	13	0	10	(4 | 6)	130	39	42	30	5	79	3	1	1	6	5	.55	8	.271	.338	.405
1987	Montreal	NL	147	551	168	40	3	13	(7 | 6)	253	72	90	41	13	127	10	0	4	7	10	.41	11	.305	.361	.459
1988	Montreal	NL	157	609	184	42	8	29	(14 | 15)	329	99	92	39	9	153	10	0	3	13	4	.76	12	.302	.352	.540
1989	Montreal	NL	152	572	147	30	1	23	(13 | 10)	248	76	85	48	10	158	13	0	3	12	5	.71	12	.257	.327	.434
1990	Montreal	NL	155	579	148	29	0	20	(6 | 14)	237	65	87	40	8	169	4	0	5	10	1	.91	14	.256	.306	.409
1991	Montreal	NL	107	375	82	13	2	9	(3 | 6)	126	34	33	23	5	86	2	0	0	5	6	.45	6	.219	.268	.336
1992	St. Louis	NL	95	325	79	14	2	10	(4 | 6)	127	38	39	11	0	69	8	0	3	5	4	.56	7	.243	.282	.391
1993	Colorado	NL	120	470	174	35	4	22	(13 | 9)	283	71	98	24	12	73	6	0	6	2	4	.33	9	.370	.403	.602
1994	Colorado	NL	103	417	133	21	0	31	(16 | 15)	247	77	85	19	8	93	8	0	5	8	3	.73	11	.319	.356	.592
10 ML YEARS			1165	4294	1216	238	20	169	(80 | 89)	2001	580	655	278	70	1025	65	1	30	69	44	.61	90	.283	.334	.466

Dave Gallagher

Bats: Right **Throws:** Right **Pos:** LF **Ht:** 6' 0" **Wt:** 185 **Born:** 09/20/60 **Age:** 34

					BATTING													BASERUNNING				PERCENTAGES		
Year	Team	Lg	G	AB	H	2B	3B	HR	(Hm | Rd)	TB	R	RBI	TBB	IBB	SO	HBP	SH	SF	SB	CS	SB%	GDP	Avg	OBP	SLG
1987	Cleveland	AL	15	36	4	1	1	0	(0 | 0)	7	2	1	2	0	5	0	1	0	2	0	1.00	1	.111	.158	.194
1988	Chicago	AL	101	347	105	15	3	5	(1 | 4)	141	59	31	29	3	40	0	6	2	5	4	.56	8	.303	.354	.406
1989	Chicago	AL	161	601	160	22	2	1	(1 | 0)	189	74	46	46	1	79	2	16	2	5	6	.45	9	.266	.320	.314
1990	2 ML Teams		68	126	32	4	1	0	(0 | 0)	38	12	7	7	0	12	1	7	1	1	2	.33	3	.254	.296	.302
1991	California	AL	90	270	79	17	0	1	(0 | 1)	99	32	30	24	0	43	2	10	0	2	4	.33	6	.293	.355	.367
1992	New York	NL	98	175	42	11	1	1	(1 | 0)	58	20	21	19	0	16	1	3	7	4	5	.44	7	.240	.307	.331
1993	New York	NL	99	201	55	12	2	6	(1 | 5)	89	34	28	20	1	18	0	7	1	1	1	.50	7	.274	.338	.443
1994	Atlanta	NL	89	152	34	5	0	2	(1 | 1)	45	27	14	22	2	17	1	2	0	0	2	.00	5	.224	.326	.296
1990	Chicago	AL	45	74	21	3	1	0	(0 | 0)	26	5	5	3	0	9	1	5	0	0	1	.00	3	.280	.316	.347
	Baltimore	AL	23	51	11	1	0	0	(0 | 0)	12	7	2	4	0	3	0	2	1	1	1	.50	0	.216	.268	.235
8 ML YEARS			721	1908	511	87	10	16	(5 | 11)	666	260	178	169	7	230	7	52	13	20	24	.45	46	.268	.328	.349

Mike Gallego

Bats: Right **Throws:** Right **Pos:** SS/2B **Ht:** 5' 8" **Wt:** 175 **Born:** 10/31/60 **Age:** 34

					BATTING													BASERUNNING				PERCENTAGES		
Year	Team	Lg	G	AB	H	2B	3B	HR	(Hm | Rd)	TB	R	RBI	TBB	IBB	SO	HBP	SH	SF	SB	CS	SB%	GDP	Avg	OBP	SLG
1985	Oakland	AL	76	77	16	5	1	1	(0 | 1)	26	13	9	12	0	14	1	2	1	1	1	.50	2	.208	.319	.338
1986	Oakland	AL	20	37	10	2	0	0	(0 | 0)	12	2	4	1	0	6	0	2	0	0	1	.00	5	.270	.289	.324
1987	Oakland	AL	72	124	31	6	0	2	(0 | 2)	43	18	14	12	0	21	0	1	5	0	1	.00	5	.250	.319	.347
1988	Oakland	AL	129	277	58	8	0	2	(2 | 0)	72	38	20	34	0	53	1	8	0	2	3	.40	6	.209	.298	.260
1989	Oakland	AL	133	357	90	14	2	3	(2 | 1)	117	45	30	35	0	43	6	8	3	7	5	.58	10	.252	.327	.328
1990	Oakland	AL	140	389	80	13	2	3	(1 | 2)	106	36	34	35	0	50	4	17	2	5	5	.50	13	.206	.277	.272
1991	Oakland	AL	159	482	119	15	4	12	(6 | 6)	178	67	49	67	3	84	5	10	3	6	9	.40	8	.247	.343	.369
1992	New York	AL	53	173	44	7	1	3	(2 | 1)	62	24	14	20	0	22	4	3	1	0	1	.00	5	.254	.343	.358
1993	New York	AL	119	403	114	20	1	10	(5 | 5)	166	63	54	50	0	65	4	3	5	3	2	.60	16	.283	.364	.412
1994	New York	AL	89	306	73	17	1	6	(0 | 4)	110	39	41	38	1	46	4	5	4	0	1	.00	4	.239	.327	.359
10 ML YEARS			990	2625	635	107	12	42	(19 | 23)	892	345	269	304	4	404	30	63	20	24	30	.44	69	.242	.325	.340

Ron Gant

Bats: Right **Throws:** Right **Pos:** LF **Ht:** 6' 0" **Wt:** 172 **Born:** 03/02/65 **Age:** 30

					BATTING													BASERUNNING				PERCENTAGES		
Year	Team	Lg	G	AB	H	2B	3B	HR	(Hm | Rd)	TB	R	RBI	TBB	IBB	SO	HBP	SH	SF	SB	CS	SB%	GDP	Avg	OBP	SLG
1987	Atlanta	NL	21	83	22	4	0	2	(1 | 1)	32	9	9	1	0	11	0	1	1	4	2	.67	3	.265	.271	.386
1988	Atlanta	NL	146	563	146	28	8	19	(7 | 12)	247	85	60	46	4	118	3	2	4	19	10	.66	7	.259	.317	.439
1989	Atlanta	NL	75	260	46	8	3	9	(5 | 4)	87	26	25	20	0	63	1	2	2	9	6	.60	0	.177	.237	.335
1990	Atlanta	NL	152	575	174	34	3	32	(18 | 14)	310	107	84	50	0	86	1	1	4	33	16	.67	8	.303	.357	.539
1991	Atlanta	NL	154	561	141	35	3	32	(18 | 14)	278	101	105	71	8	104	5	0	5	34	15	.69	6	.251	.338	.496
1992	Atlanta	NL	153	544	141	22	6	17	(10 | 7)	226	74	80	45	5	101	7	0	6	32	10	.76	10	.259	.321	.415
1993	Atlanta	NL	157	606	166	27	4	36	(17 | 19)	309	113	117	67	2	117	2	0	7	26	9	.74	14	.274	.345	.510
7 ML YEARS			858	3192	836	158	27	147	(76 | 71)	1489	515	480	300	19	600	19	6	29	157	68	.70	48	.262	.326	.466

Keith Garagozzo

Pitches: Left **Bats:** Left **Pos:** RP **Ht:** 6' 0" **Wt:** 170 **Born:** 10/25/69 **Age:** 25

			HOW MUCH HE PITCHED						WHAT HE GAVE UP									THE RESULTS				
Year	Team	Lg	G	GS	CG	GF	IP	BFP	H	R	ER	HR	SH	SF	HB	TBB	IBB	SO	WP	Bk	W	L	Pct.	ShO	Sv	ERA
1991	Oneonta	A	15	15	0	0	75.2	355	66	50	37	1	3	4	2	62	0	55	9	0	4	2	.667	0	0	4.40
1992	Greensboro	A	28	28	2	0	174	726	153	77	55	15	4	2	1	70	0	137	11	2	14	8	.636	0	0	2.84

Year	Team	Lg	G				IP	BFP	H	R	ER	HR	SH	SF	HB	TBB	IBB	SO	WP	Bk	W	L	Pct.	ShO	Sv	ERA
1993	Pr William	A	11	11	1	0	66	260	44	23	19	3	4	3	4	21	0	52	4	1	5	4	.556	0	0	2.59
	Albany	AA	17	14	1	1	86.1	368	88	49	43	7	5	5	1	24	1	71	1	0	4	6	.400	0	0	4.48
1994	Albany-Colo	AA	3	3	0	0	15	63	13	4	4	1	0	0	0	7	0	17	1	0	1	0	1.000	0	0	2.40
	Columbus	AAA	17	4	0	6	43.1	204	44	31	26	2	0	2	1	31	0	22	8	2	1	1	.500	0	0	5.40
1994	Minnesota	AL	7	0	0	4	9.1	48	9	10	10	3	1	1	0	13	2	3	2	0	0	0	.000	0	0	9.64

Carlos Garcia

Bats: Right **Throws:** Right **Pos:** 2B **Ht:** 6' 1" **Wt:** 193 **Born:** 10/15/67 **Age:** 27

									BATTING									BASERUNNING				PERCENTAGES		
Year	Team	Lg	G	AB	H	2B	3B	HR	(Hm | Rd)	TB	R	RBI	TBB	IBB	SO	HBP	SH	SF	SB	CS	SB%	GDP	Avg	OBP	SLG
1990	Pittsburgh	NL	4	4	2	0	0	0	(0 | 0)	2	1	0	0	0	2	0	0	0	0	0	.00	0	.500	.500	.500
1991	Pittsburgh	NL	12	24	6	0	2	0	(0 | 0)	10	2	1	0	0	8	0	0	0	0	0	.00	1	.250	.280	.417
1992	Pittsburgh	NL	22	39	8	1	0	0	(0 | 0)	9	4	4	0	0	9	0	1	2	0	0	.00	1	.205	.195	.231
1993	Pittsburgh	NL	141	546	147	25	5	12	(7 | 5)	218	77	47	31	2	67	9	6	5	18	11	.62	9	.269	.316	.399
1994	Pittsburgh	NL	98	412	114	15	2	6	(4 | 2)	151	49	28	16	2	67	4	1	1	18	9	.67	6	.277	.309	.367
	5 ML YEARS		277	1025	277	41	9	18	(11 | 7)	390	133	80	48	4	153	13	8	8	36	20	.64	17	.270	.309	.380

Mike Gardiner

Pitches: Right **Bats:** Both **Pos:** RP **Ht:** 6' 0" **Wt:** 200 **Born:** 10/19/65 **Age:** 29

			HOW MUCH HE PITCHED						WHAT HE GAVE UP											THE RESULTS					
Year	Team	Lg	G	GS	CG	GF	IP	BFP	H	R	ER	HR	SH	SF	HB	TBB	IBB	SO	WP	Bk	W	L	Pct.	ShO	Sv	ERA
1990	Seattle	AL	5	3	0	1	12.2	66	22	17	15	1	0	1	2	5	0	6	0	0	0	2	.000	0	0	10.66
1991	Boston	AL	22	22	0	0	130	562	140	79	70	18	1	3	0	47	2	91	1	0	9	10	.474	0	0	4.85
1992	Boston	AL	28	18	0	3	130.2	566	126	78	69	12	3	5	2	58	2	79	8	0	4	10	.286	0	0	4.75
1993	2 ML Teams		34	2	0	14	49.1	224	52	33	27	3	2	3	1	26	3	25	2	0	2	3	.400	0	0	4.93
1994	Detroit	AL	38	1	0	14	58.2	254	53	35	27	10	2	2	0	23	5	31	1	0	2	2	.500	0	0	4.14
1993	Montreal	NL	24	2	0	3	38	173	40	28	22	3	1	3	1	19	2	21	0	0	2	3	.400	0	0	5.21
	Detroit	AL	10	0	0	1	11.1	51	12	5	5	0	1	0	0	7	1	4	2	0	0	0	.000	0	0	3.97
	5 ML YEARS		127	46	0	22	381.1	1672	393	242	208	44	8	14	5	159	12	232	12	0	17	27	.386	0	5	4.91

Jeff Gardner

Bats: Left **Throws:** Right **Pos:** 3B **Ht:** 5'11" **Wt:** 175 **Born:** 02/04/64 **Age:** 31

									BATTING									BASERUNNING				PERCENTAGES		
Year	Team	Lg	G	AB	H	2B	3B	HR	(Hm	Rd)	TB	R	RBI	TBB	IBB	SO	HBP	SH	SF	SB	CS	SB%	GDP	Avg	OBP	SLG
1994	Ottawa *	AAA	59	191	49	8	1	0	--	--	59	24	16	22	1	22	0	0	2	6	0	1.00		.257	.330	.309
1991	New York	NL	13	37	6	0	0	0	(0	0)	6	3	1	4	0	6	0	0	1	0	0	.00	0	.162	.238	.162
1992	San Diego	NL	15	19	2	0	0	0	(0	0)	2	0	1	0	0	8	0	0	0	0	0	.00	0	.105	.150	.105
1993	San Diego	NL	140	404	106	21	7	1	(1	0)	144	53	24	45	0	69	1	1	1	2	6	.25	3	.262	.337	.356
1994	Montreal	NL	18	32	7	0	1	0	(0	0)	9	4	1	3	0	5	0	0	0	0	0	.00	1	.219	.286	.281
	4 ML YEARS		186	492	121	21	8	1	(1	0)	161	60	26	53	0	88	1	1	2	2	6	.25	4	.246	.319	.327

Mark Gardner

Pitches: Right **Bats:** Right **Pos:** SP/RP **Ht:** 6' 1" **Wt:** 205 **Born:** 03/01/62 **Age:** 33

			HOW MUCH HE PITCHED						WHAT HE GAVE UP											THE RESULTS					
Year	Team	Lg	G	GS	CG	GF	IP	BFP	H	R	ER	HR	SH	SF	HB	TBB	IBB	SO	WP	Bk	W	L	Pct.	ShO	Sv	ERA
1994	Edmonton *	AAA	1	1	0	0	6	23	4	0	0	0	0	0	0	1	0	11	0	0	1	0	1.000	0	0	0.00
	Brevard City *	A	1	1	0	0	5	16	1	0	0	0	0	0	0	0	3	0	0	0	1	0	1.000	0	0	0.00
1989	Montreal	NL	7	4	0	1	26.1	117	26	16	15	2	0	0	2	11	1	21	0	0	3	3	.000	0	0	5.13
1990	Montreal	NL	27	26	3	1	152.2	642	129	62	58	13	4	7	9	61	5	135	2	2	7	9	.438	3	0	3.42
1991	Montreal	NL	27	27	0	0	168.1	692	139	78	72	17	7	2	4	75	1	107	2	1	9	11	.450	0	0	3.85
1992	Montreal	NL	33	30	0	1	179.2	778	179	91	87	15	12	7	9	60	2	132	2	0	12	10	.545	0	0	4.36
1993	Kansas City	AL	17	16	0	0	91.2	387	92	65	63	17	1	7	4	36	0	54	2	0	4	6	.400	0	0	6.19
1994	Florida	NL	20	14	0	3	92.1	391	97	53	50	14	4	5	1	30	2	57	3	0	4	4	.500	0	0	4.87
	6 ML YEARS		131	117	3	6	711	3007	662	365	345	78	28	28	29	273	11	506	11	6	36	43	.456	3	0	4.37

Brent Gates

Bats: Both **Throws:** Right **Pos:** 2B **Ht:** 6' 1" **Wt:** 180 **Born:** 03/14/70 **Age:** 25

									BATTING									BASERUNNING				PERCENTAGES		
Year	Team	Lg	G	AB	H	2B	3B	HR	(Hm	Rd)	TB	R	RBI	TBB	IBB	SO	HBP	SH	SF	SB	CS	SB%	GDP	Avg	OBP	SLG
1991	Sou Oregon	A	58	219	63	11	0	3	--	--	83	41	26	30	2	33	2	5	2	8	2	.80	5	.288	.375	.379
	Madison	A	4	12	4	2	0	0	--	--	6	4	1	3	0	2	0	0	0	1	0	1.00	0	.333	.467	.500
1992	Modesto	A	133	505	162	39	2	10	--	--	235	94	88	85	9	60	2	2	9	9	7	.56	9	.321	.414	.465
1993	Huntsville	AA	12	45	15	4	0	1	--	--	22	7	11	7	0	9	0	1	0	0	0	.00	3	.333	.423	.489
	Tacoma	AAA	12	44	15	7	0	1	--	--	25	7	4	4	1	6	1	0	0	1	0	1.00	0	.341	.408	.568
1993	Oakland	AL	139	535	155	29	2	7	(4	3)	209	64	69	56	4	75	4	6	8	7	3	.70	17	.290	.357	.391
1994	Oakland	AL	64	233	66	11	1	2	(0	2)	85	29	24	21	1	32	1	3	6	3	0	1.00	8	.283	.337	.365
	2 ML YEARS		203	768	221	40	3	9	(4	5)	294	93	93	77	5	107	5	9	14	10	3	.77	25	.288	.351	.383

Kirk Gibson

Bats: Left **Throws:** Left **Pos:** DH/CF/RF **Ht:** 6' 3" **Wt:** 225 **Born:** 05/28/57 **Age:** 38

Year	Team	Lg	G	AB	H	2B	3B	HR	(Hm	Rd)	TB	R	RBI	TBB	IBB	SO	HBP	SH	SF	SB	CS	SB%	GDP	Avg	OBP	SLG
1979	Detroit	AL	12	38	9	3	0	1	(0	1)	15	3	4	1	0	3	0	0	0	3	3	.50	0	.237	.256	.395
1980	Detroit	AL	51	175	46	2	1	9	(3	6)	77	23	16	10	0	45	1	1	2	4	7	.36	0	.263	.303	.440
1981	Detroit	AL	83	290	95	11	3	9	(4	5)	139	41	40	18	1	64	2	1	2	17	5	.77	2	.328	.369	.479
1982	Detroit	AL	69	266	74	16	2	8	(4	4)	118	34	35	25	2	41	1	1	1	9	7	.56	2	.278	.341	.444
1983	Detroit	AL	128	401	91	12	9	15	(5	10)	166	60	51	53	3	96	4	5	4	14	3	.82	2	.227	.320	.414
1984	Detroit	AL	149	531	150	23	10	27	(11	16)	274	92	91	63	6	103	8	3	6	29	9	.76	4	.282	.363	.516
1985	Detroit	AL	154	581	167	37	5	29	(18	11)	301	96	97	71	16	137	5	3	10	30	4	.88	5	.287	.364	.518
1986	Detroit	AL	119	441	118	11	2	28	(15	13)	217	84	86	68	4	107	7	1	4	34	6	.85	8	.268	.371	.492
1987	Detroit	AL	128	487	135	25	3	24	(14	10)	238	95	79	71	8	117	5	1	6	26	7	.79	5	.277	.372	.489
1988	Los Angeles	NL	150	542	157	28	1	25	(14	11)	262	106	76	73	14	120	7	3	7	31	4	.89	8	.290	.377	.483
1989	Los Angeles	NL	71	253	54	8	2	9	(4	5)	93	35	28	35	5	55	2	0	2	12	3	.80	5	.213	.312	.368
1990	Los Angeles	NL	89	315	82	20	0	8	(2	6)	126	59	38	39	0	65	3	0	2	26	2	.93	4	.260	.345	.400
1991	Kansas City	AL	132	462	109	17	6	16	(4	12)	186	81	55	69	3	103	6	1	2	18	4	.82	9	.236	.341	.403
1992	Pittsburgh	NL	16	56	11	0	0	2	(0	2)	17	6	5	3	0	12	0	1	0	3	1	.75	1	.196	.237	.304
1993	Detroit	AL	116	403	105	18	6	13	(5	8)	174	62	62	44	4	87	4	0	3	15	6	.71	2	.261	.337	.432
1994	Detroit	AL	98	330	91	17	2	23	(9	14)	181	71	72	42	3	69	3	2	5	4	5	.44	2	.276	.358	.548
16 ML YEARS			1565	5571	1494	248	52	246	(112	134)	2584	948	835	685	69	1224	58	23	54	275	76	.78	66	.268	.351	.464

Paul Gibson

Pitches: Left **Bats:** Right **Pos:** RP **Ht:** 6' 1" **Wt:** 195 **Born:** 01/04/60 **Age:** 35

Year	Team	Lg	G	GS	CG	GF	IP	BFP	H	R	ER	HR	SH	SF	HB	TBB	IBB	SO	WP	Bk	W	L	Pct.	ShO	Sv	ERA
1994	Columbus *	AAA	5	0	0	4	5.1	24	5	2	2	1	0	0	0	4	0	3	0	0	0	0	.000	0	1	3.38
1988	Detroit	AL	40	1	0	18	92	390	83	33	30	6	3	5	2	34	8	50	3	1	4	2	.667	0	0	2.93
1989	Detroit	AL	45	13	0	16	132	573	129	71	68	11	7	5	6	57	12	77	4	1	4	8	.333	0	0	4.64
1990	Detroit	AL	61	0	0	17	97.1	422	99	36	33	10	4	5	1	44	12	56	1	1	5	4	.556	0	3	3.05
1991	Detroit	AL	68	0	0	28	96	432	112	51	49	10	2	2	3	48	8	52	4	0	5	7	.417	0	8	4.59
1992	New York	NL	43	1	0	12	62	273	70	37	36	7	3	1	0	25	0	49	1	0	0	1	.000	0	0	5.23
1993	2 ML Teams		28	0	0	10	44	184	45	21	17	5	0	3	0	11	0	37	1	0	3	1	.750	0	0	3.48
1994	New York	AL	30	0	0	15	29	130	26	17	16	5	0	2	1	17	3	21	1	0	1	1	.500	0	0	4.97
1993	New York	NL	8	0	0	1	8.2	42	14	6	5	1	0	0	0	2	0	12	1	0	1	1	.500	0	0	5.19
	New York	AL	20	0	0	9	35.1	142	31	15	12	4	0	3	0	9	0	25	0	0	2	0	1.000	0	0	3.06
7 ML YEARS			315	15	0	116	552.1	2404	564	266	249	54	19	23	13	236	43	342	15	4	22	24	.478	0	11	4.06

Bernard Gilkey

Bats: Right **Throws:** Right **Pos:** LF **Ht:** 6' 0" **Wt:** 190 **Born:** 09/24/66 **Age:** 28

Year	Team	Lg	G	AB	H	2B	3B	HR	(Hm	Rd)	TB	R	RBI	TBB	IBB	SO	HBP	SH	SF	SB	CS	SB%	GDP	Avg	OBP	SLG
1990	St. Louis	NL	18	64	19	5	2	1	(0	1)	31	11	3	8	0	5	0	0	0	6	1	.86	1	.297	.375	.484
1991	St. Louis	NL	81	268	58	7	2	5	(2	3)	84	28	20	39	0	33	1	1	2	14	8	.64	14	.216	.316	.313
1992	St. Louis	NL	131	384	116	19	4	7	(3	4)	164	56	43	39	1	52	1	3	4	18	12	.60	5	.302	.364	.427
1993	St. Louis	NL	137	557	170	40	5	16	(7	9)	268	99	70	56	2	66	4	0	5	15	10	.60	16	.305	.370	.481
1994	St. Louis	NL	105	380	96	22	1	6	(0	6)	138	52	45	39	2	65	10	0	2	15	8	.65	6	.253	.336	.363
5 ML YEARS			472	1653	459	93	14	35	(12	23)	685	246	181	181	5	221	16	4	13	68	39	.64	42	.278	.352	.414

Joe Girardi

Bats: Right **Throws:** Right **Pos:** C **Ht:** 5'11" **Wt:** 200 **Born:** 10/14/64 **Age:** 30

Year	Team	Lg	G	AB	H	2B	3B	HR	(Hm	Rd)	TB	R	RBI	TBB	IBB	SO	HBP	SH	SF	SB	CS	SB%	GDP	Avg	OBP	SLG
1989	Chicago	NL	59	157	39	10	0	1	(0	1)	52	15	14	11	5	26	2	1	1	2	1	.67	4	.248	.304	.331
1990	Chicago	NL	133	419	113	24	2	1	(1	0)	144	36	38	17	11	50	3	4	4	8	3	.73	13	.270	.300	.344
1991	Chicago	NL	21	47	9	2	0	0	(0	0)	11	3	6	6	1	6	0	1	0	0	0	.00	0	.191	.283	.234
1992	Chicago	NL	91	270	73	3	1	1	(1	0)	81	19	12	19	3	38	1	0	1	0	2	.00	8	.270	.320	.300
1993	Colorado	NL	86	310	90	14	5	3	(2	1)	123	35	31	24	0	41	3	12	1	6	6	.50	6	.290	.346	.397
1994	Colorado	NL	93	330	91	9	4	4	(1	3)	120	47	34	21	1	48	2	6	2	3	3	.50	13	.276	.321	.364
6 ML YEARS			483	1533	415	62	12	10	(5	5)	531	155	135	98	21	209	11	24	9	19	15	.56	44	.271	.317	.346

Tom Glavine

Pitches: Left **Bats:** Left **Pos:** SP **Ht:** 6' 1" **Wt:** 185 **Born:** 03/25/66 **Age:** 29

Year	Team	Lg	HOW MUCH HE PITCHED						WHAT HE GAVE UP										THE RESULTS					
			G	GS	CG	GF	IP	BFP	H	R	ER	HR	SH	SF	HB	TBB	IBB	SO	WP	Bk	W	L	Pct.	ShO	Sv	ERA
1987	Atlanta	NL	9	9	0	0	50.1	238	55	34	31	5	2	3	3	33	4	20	1	1	2	4	.333	0	0	5.54
1988	Atlanta	NL	34	34	1	0	195.1	844	201	111	99	12	17	11	8	63	7	84	2	2	7	17	.292	0	0	4.56
1989	Atlanta	NL	29	29	6	0	186	766	172	88	76	20	11	4	2	40	3	90	2	0	14	8	.636	4	0	3.68
1990	Atlanta	NL	33	33	1	0	214.1	929	232	111	102	18	21	2	1	78	10	129	8	1	10	12	.455	0	0	4.28
1991	Atlanta	NL	34	34	9	0	246.2	989	201	83	70	17	7	6	2	69	6	192	10	2	20	11	.645	1	0	2.55
1992	Atlanta	NL	33	33	7	0	225	919	197	81	69	6	2	6	2	70	7	129	5	0	20	8	.714	5	0	2.76
1993	Atlanta	NL	36	36	4	0	239.1	1014	236	91	85	16	10	2	2	90	7	120	4	0	22	6	.786	2	0	3.20
1994	Atlanta	NL	25	25	2	0	165.1	731	173	76	73	10	9	6	1	70	10	140	8	1	13	9	.591	0	0	3.97
	8 ML YEARS		233	233	30	0	1522.1	6430	1467	675	605	104	79	40	21	513	54	904	40	7	108	75	.590	12	0	3.58

George Glinatsis

Pitches: Right **Bats:** Right **Pos:** SP **Ht:** 6' 4" **Wt:** 195 **Born:** 06/29/69 **Age:** 26

Year	Team	Lg	HOW MUCH HE PITCHED						WHAT HE GAVE UP										THE RESULTS					
			G	GS	CG	GF	IP	BFP	H	R	ER	HR	SH	SF	HB	TBB	IBB	SO	WP	Bk	W	L	Pct.	ShO	Sv	ERA
1991	Mariners	R	12	12	0	0	74	322	62	35	18	1	0	1	8	32	0	80	17	8	10	2	.833	0	0	2.19
1992	San Berndno	A	28	18	1	5	125.2	564	123	83	64	14	3	4	3	67	1	117	19	1	3	12	.200	0	2	4.58
1993	Jacksnville	AA	9	5	0	0	34.2	152	39	26	26	4	0	1	0	15	0	25	1	1	5	2	.714	0	0	6.75
	Riverside	A	14	3	0	6	35.2	159	40	24	18	1	0	3	1	9	0	30	2	0	1	0	1.000	0	2	4.54
1994	Riverside	A	14	14	1	0	88.2	363	84	33	29	5	1	5	0	17	0	80	2	1	7	3	.700	0	0	2.94
	Jacksonville	AA	9	8	3	1	54.1	218	44	17	14	2	2	2	3	16	2	44	4	0	5	2	.714	1	0	2.32
1994	Seattle	AL	2	2	0	0	5.1	28	9	8	8	2	0	1	0	6	0	1	1	0	0	1	.000	0	0	13.50

Jerry Goff

Bats: Left **Throws:** Right **Pos:** C **Ht:** 6' 3" **Wt:** 207 **Born:** 04/12/64 **Age:** 31

Year	Team	Lg	BATTING														BASERUNNING				PERCENTAGES		
			G	AB	H	2B	3B	HR	(Hm	Rd)	TB	R	RBI	TBB	IBB	SO	HBP	SH	SF	SB	CS	SB%	GDP	Avg	OBP	SLG
1994	Buffalo *	AAA	79	277	70	19	1	4	--	--	103	28	32	32	4	64	1	1	2	0	0	.00	5	.253	.330	.372
1990	Montreal	NL	52	119	27	1	0	3	(0	3)	37	14	7	21	4	36	0	1	0	0	2	.00	0	.227	.343	.311
1992	Montreal	NL	3	3	0	0	0	0	(0	0)	0	0	0	0	0	3	0	0	0	0	0	.00	0	.000	.000	.000
1993	Pittsburgh	NL	14	37	11	2	0	2	(2	0)	19	5	6	8	1	9	0	1	0	0	0	.00	0	.297	.422	.514
1994	Pittsburgh	NL	8	25	2	0	0	0	(0	0)	2	0	1	0	0	11	0	1	0	0	0	.00	1	.080	.080	.080
	4 ML YEARS		77	184	40	3	0	5	(2	3)	58	19	14	29	5	59	0	3	0	0	2	.00	1	.217	.324	.315

Greg Gohr

Pitches: Right **Bats:** Right **Pos:** SP **Ht:** 6' 3" **Wt:** 205 **Born:** 10/29/67 **Age:** 27

Year	Team	Lg	HOW MUCH HE PITCHED						WHAT HE GAVE UP										THE RESULTS					
			G	GS	CG	GF	IP	BFP	H	R	ER	HR	SH	SF	HB	TBB	IBB	SO	WP	Bk	W	L	Pct.	ShO	Sv	ERA
1989	Fayetteville	A	4	4	0	0	11.1	50	11	9	9	3	0	1	0	6	0	10	0	0	0	2	.000	0	0	7.15
1990	Lakeland	A	25	25	0	0	137.2	577	125	52	40	0	2	1	5	50	0	90	11	6	13	5	.722	0	0	2.62
1991	London	AA	2	2	0	0	11	42	9	0	0	0	0	0	0	2	0	10	0	0	0	0	.000	0	0	0.00
	Toledo	AAA	26	26	2	0	148.1	627	125	86	76	11	9	5	3	66	0	96	14	3	10	8	.556	1	0	4.61
1992	Toledo	AAA	22	20	2	0	130.2	551	124	65	58	9	3	3	3	46	1	94	5	1	8	10	.444	0	0	3.99
1993	Toledo	AAA	18	17	2	1	107	484	127	74	69	16	1	8	5	38	2	77	5	0	3	10	.231	0	0	5.80
1994	Toledo	AAA	12	12	0	0	73.1	310	75	34	29	7	1	2	2	18	1	56	0	0	6	4	.600	0	0	3.56
1993	Detroit	AL	16	0	0	9	22.2	108	26	15	15	1	1	1	2	14	2	23	1	0	0	0	.000	0	0	5.96
1994	Detroit	AL	8	6	0	1	34	159	36	19	17	3	0	1	0	21	1	21	2	0	2	2	.500	0	0	4.50
	2 ML YEARS		24	6	0	10	56.2	267	62	34	32	4	1	2	2	35	3	44	3	0	2	2	.500	0	0	5.08

Chris Gomez

Bats: Right **Throws:** Right **Pos:** SS/2B **Ht:** 6' 1" **Wt:** 188 **Born:** 06/16/71 **Age:** 24

Year	Team	Lg	BATTING														BASERUNNING				PERCENTAGES		
			G	AB	H	2B	3B	HR	(Hm	Rd)	TB	R	RBI	TBB	IBB	SO	HBP	SH	SF	SB	CS	SB%	GDP	Avg	OBP	SLG
1992	London	AA	64	220	59	13	2	1	--	--	79	20	19	20	0	34	3	0	0	1	3	.25	11	.268	.337	.359
1993	Toledo	AAA	87	277	68	12	2	0	--	--	84	29	20	23	0	37	3	6	2	6	2	.75	8	.245	.308	.303
1993	Detroit	AL	46	128	32	7	1	0	(0	0)	41	11	11	9	0	17	1	3	0	2	2	.50	2	.250	.304	.320
1994	Detroit	AL	84	296	76	19	0	8	(5	3)	119	32	53	33	0	64	3	3	1	5	3	.63	8	.257	.336	.402
	2 ML YEARS		130	424	108	26	1	8	(5	3)	160	43	64	42	0	81	4	6	1	7	5	.58	10	.255	.327	.377

Leo Gomez

Bats: Right **Throws:** Right **Pos:** 3B **Ht:** 6' 0" **Wt:** 208 **Born:** 03/02/67 **Age:** 28

					BATTING													BASERUNNING				PERCENTAGES		
Year	Team	Lg	G	AB	H	2B	3B	HR	(Hm | Rd)	TB	R	RBI	TBB	IBB	SO	HBP	SH	SF	SB	CS	SB%	GDP	Avg	OBP	SLG
1990	Baltimore	AL	12	39	9	0	0	0	(0 | 0)	9	3	1	8	0	7	0	1	0	0	0	.00	2	.231	.362	.231
1991	Baltimore	AL	118	391	91	17	2	16	(7 | 9)	160	40	45	40	0	82	2	5	7	1	1	.50	11	.233	.302	.409
1992	Baltimore	AL	137	468	124	24	0	17	(6 | 11)	199	62	64	63	4	78	8	5	8	2	3	.40	14	.265	.356	.425
1993	Baltimore	AL	71	244	48	7	0	10	(7 | 3)	85	30	25	32	1	60	3	3	2	0	1	.00	2	.197	.295	.348
1994	Baltimore	AL	84	285	78	20	0	15	(11 | 4)	143	46	56	41	0	55	3	0	4	0	0	.00	5	.274	.366	.502
	5 ML YEARS		422	1427	350	68	2	58	(31 | 27)	596	181	191	184	5	282	16	14	21	3	5	.38	34	.245	.334	.418

Pat Gomez

Pitches: Left **Bats:** Left **Pos:** RP **Ht:** 5'11" **Wt:** 185 **Born:** 03/17/68 **Age:** 27

			HOW MUCH HE PITCHED					WHAT HE GAVE UP											THE RESULTS					
Year	Team	Lg	G	GS	CG	GF	IP	BFP	H	R	ER	HR	SH	SF	HB	TBB	IBB	SO	WP	Bk	W	L	Pct.	ShO	Sv	ERA
1986	Wytheville	R	11	11	0	0	54	265	57	51	31	4	2	6	1	46	0	55	13	3	3	6	.333	0	0	5.17
1987	Peoria	A	20	17	1	3	94	435	88	55	45	4	5	3	1	71	2	95	13	3	3	6	.333	0	0	4.31
1988	Chston-Wv	A	36	9	0	14	78.2	357	75	53	47	1	5	1	3	52	0	97	3	14	2	7	.222	0	5	5.38
1989	Winston-Sal	A	23	21	3	0	137.2	579	115	59	42	6	7	3	5	60	2	127	8	6	11	6	.647	1	0	2.75
	Charlotte	AA	2	2	0	0	14.1	57	14	5	4	0	1	0	0	3	0	11	4	2	1	0	1.000	0	0	2.51
1990	Richmond	AAA	4	4	0	0	15.1	74	19	16	15	1	0	0	0	10	1	8	3	1	1	1	.500	0	0	8.80
	Greenville	AA	23	21	0	1	124.1	557	126	75	62	9	4	3	2	71	1	94	16	12	6	8	.429	1	0	4.49
1991	Greenville	AA	13	13	0	0	79.2	318	58	20	16	1	3	2	3	31	1	71	7	1	5	2	.714	0	0	1.81
	Richmond	AAA	16	14	0	0	82	376	99	55	40	3	3	2	2	41	0	41	3	1	2	9	.182	0	0	4.39
1992	Richmond	AAA	23	11	0	3	71	330	79	47	43	10	1	1	2	42	2	48	3	2	3	5	.375	0	0	5.45
	Greenville	AA	8	8	1	0	47.2	177	25	8	6	1	1	0	0	19	0	38	3	0	7	0	1.000	1	0	1.13
1994	Phoenix	AAA	11	0	0	9	11.1	50	14	6	6	0	0	0	0	4	0	10	0	0	1	0	1.000	0	1	4.76
1993	San Diego	NL	27	1	0	6	31.2	144	35	19	18	2	1	4	0	19	4	26	2	0	1	2	.333	0	0	5.12
1994	San Francisco	NL	26	0	0	11	33.1	133	23	14	14	2	2	2	0	20	1	14	5	0	0	1	.000	0	0	3.78
	2 ML YEARS		53	1	0	17	65	277	58	33	32	4	3	6	0	39	5	40	7	0	1	3	.250	0	0	4.43

Rene Gonzales

Bats: Right **Throws:** Right **Pos:** 3B **Ht:** 6' 3" **Wt:** 220 **Born:** 09/03/61 **Age:** 33

					BATTING													BASERUNNING				PERCENTAGES		
Year	Team	Lg	G	AB	H	2B	3B	HR	(Hm	Rd)	TB	R	RBI	TBB	IBB	SO	HBP	SH	SF	SB	CS	SB%	GDP	Avg	OBP	SLG
1994	Charlotte *	AAA	42	133	30	4	0	2	--	--	40	26	17	38	1	21	3	1	1	1	2	.33	4	.226	.406	.301
1984	Montreal	NL	29	30	7	1	0	0	(0	0)	8	5	2	2	0	5	1	0	0	0	0	.00	0	.233	.303	.267
1986	Montreal	NL	11	26	3	0	0	0	(0	0)	3	1	0	2	0	7	0	0	0	0	2	.00	0	.115	.179	.115
1987	Baltimore	AL	37	60	16	2	1	1	(1	0)	23	14	7	3	0	11	0	2	0	1	0	1.00	2	.267	.302	.383
1988	Baltimore	AL	92	237	51	6	0	2	(1	1)	63	13	15	13	0	32	3	5	2	2	0	1.00	5	.215	.263	.266
1989	Baltimore	AL	71	166	36	4	0	1	(0	1)	43	16	11	12	0	30	0	6	1	5	3	.63	6	.217	.268	.259
1990	Baltimore	AL	67	103	22	3	1	1	(1	0)	30	13	12	12	0	14	0	6	0	1	2	.33	3	.214	.296	.291
1991	Toronto	AL	71	118	23	3	0	1	(1	0)	29	16	6	12	0	22	4	6	1	0	0	.00	5	.195	.289	.246
1992	California	AL	104	329	91	17	1	7	(6	1)	131	47	38	41	1	46	4	5	1	7	4	.64	12	.277	.363	.398
1993	California	AL	118	335	84	17	0	2	(1	1)	107	34	31	49	2	45	1	2	2	5	5	.50	12	.251	.346	.319
1994	Cleveland	AL	22	23	8	1	1	1	(0	1)	14	6	5	5	0	3	0	1	0	2	0	1.00	0	.348	.448	.609
	10 ML YEARS		622	1427	341	54	4	16	(11	5)	451	165	127	151	3	215	13	33	8	23	16	.59	50	.239	.316	.316

Alex Gonzalez

Bats: Right **Throws:** Right **Pos:** SS **Ht:** 6' 0" **Wt:** 182 **Born:** 04/08/73 **Age:** 22

					BATTING													BASERUNNING				PERCENTAGES		
Year	Team	Lg	G	AB	H	2B	3B	HR	(Hm	Rd)	TB	R	RBI	TBB	IBB	SO	HBP	SH	SF	SB	CS	SB%	GDP	Avg	OBP	SLG
1991	Blue Jays	R	53	192	40	5	4	0	--	--	53	29	16	12	0	41	3	1	0	7	2	.78	5	.208	.266	.276
1992	Myrtle Bch	A	134	535	145	22	9	10	--	--	215	83	62	38	2	119	3	3	2	26	14	.65	9	.271	.322	.402
1993	Knoxville	AA	142	561	162	29	7	16	--	--	253	93	69	39	2	110	6	0	4	38	13	.75	9	.289	.339	.451
1994	Syracuse	AAA	110	437	124	22	4	12	--	--	190	69	57	53	1	92	1	4	2	23	6	.79	9	.284	.361	.435
1994	Toronto	AL	15	53	8	3	1	0	(0	0)	13	7	1	4	0	17	1	1	0	3	0	1.00	2	.151	.224	.245

Juan Gonzalez

Bats: Right **Throws:** Right **Pos:** LF **Ht:** 6' 3" **Wt:** 210 **Born:** 10/16/69 **Age:** 25

					BATTING													BASERUNNING				PERCENTAGES		
Year	Team	Lg	G	AB	H	2B	3B	HR	(Hm | Rd)	TB	R	RBI	TBB	IBB	SO	HBP	SH	SF	SB	CS	SB%	GDP	Avg	OBP	SLG
1989	Texas	AL	24	60	9	3	0	1	(1 | 0)	15	6	7	6	0	17	0	2	0	0	0	.00	4	.150	.227	.250
1990	Texas	AL	25	90	26	7	1	4	(3 | 1)	47	11	12	2	0	18	2	0	1	0	1	.00	2	.289	.316	.522
1991	Texas	AL	142	545	144	34	1	27	(7 | 20)	261	78	102	42	7	118	5	0	3	4	4	.50	10	.264	.321	.479
1992	Texas	AL	155	584	152	24	2	43	(19 | 24)	309	77	109	35	1	143	5	0	1	0	1	.00	16	.260	.304	.529
1993	Texas	AL	140	536	166	33	1	46	(24 | 22)	339	105	118	37	7	99	13	0	1	4	1	.80	12	.310	.368	**.632**
1994	Texas	AL	107	422	116	18	4	19	(6 | 13)	199	57	85	30	10	66	7	0	4	6	4	.60	18	.275	.330	.472
	6 ML YEARS		593	2237	613	119	9	140	(60 | 80)	1170	334	433	152	25	461	32	2	17	14	11	.56	62	.274	.327	.523

Luis Gonzalez

Bats: Left **Throws:** Right **Pos:** LF **Ht:** 6' 2" **Wt:** 180 **Born:** 09/03/67 **Age:** 27

			BATTING														BASERUNNING				PERCENTAGES		
Year	Team	Lg	G	AB	H	2B	3B	HR	(Hm | Rd)	TB	R	RBI	TBB	IBB	SO	HBP	SH	SF	SB	CS	SB%	GDP	Avg	OBP	SLG
1990	Houston	NL	12	21	4	2	0	0	(0 | 0)	6	1	0	2	1	5	0	0	0	0	0	.00	0	.190	.261	.286
1991	Houston	NL	137	473	120	28	9	13	(4 | 9)	205	51	69	40	4	101	8	1	4	10	7	.59	9	.254	.320	.433
1992	Houston	NL	122	387	94	19	3	10	(4 | 6)	149	40	55	24	3	52	2	1	2	7	7	.50	6	.243	.289	.385
1993	Houston	NL	154	540	162	34	3	15	(8 | 7)	247	82	72	47	7	83	10	3	10	20	9	.69	9	.300	.361	.457
1994	Houston	NL	112	392	107	29	4	8	(3 | 5)	168	57	67	49	6	57	3	0	6	15	13	.54	10	.273	.353	.429
	5 ML YEARS		537	1813	487	112	19	46	(19 | 27)	775	231	263	162	21	298	23	5	22	52	36	.59	34	.269	.333	.427

Dwight Gooden

Pitches: Right **Bats:** Right **Pos:** SP **Ht:** 6' 3" **Wt:** 210 **Born:** 11/16/64 **Age:** 30

			HOW MUCH HE PITCHED					WHAT HE GAVE UP										THE RESULTS					
Year	Team	Lg	G	GS	CG	GF	IP	BFP	H	R	ER	HR	SH	SF	HB	TBB	IBB	SO	WP	Bk	W	L	Pct.	ShO	Sv	ERA
1994	Norfolk*	AAA	1	1	0	0	3	10	0	0	0	0	0	0	0	1	0	4	0	0	0	0	.000	0	0	0.00
	Binghamton*	AA	1	1	0	0	5	18	2	0	0	0	0	0	0	1	0	1	0	0	1	0	1.000	0	0	0.00
1984	New York	NL	31	31	7	0	218	879	161	72	63	7	3	2	2	73	2	276	3	7	17	9	.654	3	0	2.60
1985	New York	NL	35	35	16	0	276.2	1065	198	51	47	13	6	2	2	69	4	268	6	2	24	4	.857	8	0	1.53
1986	New York	NL	33	33	12	0	250	1020	197	92	79	17	10	8	4	80	3	200	4	4	17	6	.739	2	0	2.84
1987	New York	NL	25	25	7	0	179.2	730	162	68	64	11	5	5	2	53	2	148	1	1	15	7	.682	3	0	3.21
1988	New York	NL	34	34	10	0	248.1	1024	242	98	88	8	10	6	6	57	4	175	5	5	18	9	.667	3	0	3.19
1989	New York	NL	19	17	0	1	118.1	497	93	42	38	9	4	3	2	47	2	101	7	5	9	4	.692	0	1	2.89
1990	New York	NL	34	34	2	0	232.2	983	229	106	99	10	10	7	7	70	3	223	6	3	19	7	.731	1	0	3.83
1991	New York	NL	27	27	3	0	190	789	185	80	76	12	5	4	3	56	2	150	5	2	13	7	.650	1	0	3.60
1992	New York	NL	31	31	3	0	206	863	197	93	84	11	10	7	3	70	7	145	3	1	10	13	.435	0	0	3.67
1993	New York	NL	29	29	7	0	208.2	866	188	89	80	16	11	7	9	61	1	149	5	2	12	15	.444	2	0	3.45
1994	New York	NL	7	7	0	0	41.1	182	46	32	29	9	3	0	1	15	1	40	2	0	3	4	.429	0	0	6.31
	11 ML YEARS		305	303	67	1	2169.2	8898	1898	823	747	123	77	51	41	651	31	1875	47	32	157	85	.649	23	1	3.10

Tom Goodwin

Bats: Left **Throws:** Right **Pos:** RF **Ht:** 6' 1" **Wt:** 170 **Born:** 07/27/68 **Age:** 26

			BATTING														BASERUNNING				PERCENTAGES		
Year	Team	Lg	G	AB	H	2B	3B	HR	(Hm	Rd)	TB	R	RBI	TBB	IBB	SO	HBP	SH	SF	SB	CS	SB%	GDP	Avg	OBP	SLG
1994	Omaha*	AAA	113	429	132	17	7	2	--	--	169	67	34	23	0	60	4	5	3	50	20	.71	1	.308	.346	.394
1991	Los Angeles	NL	16	7	1	0	0	0	(0	0)	1	3	0	0	0	0	0	0	0	1	1	.50	0	.143	.143	.143
1992	Los Angeles	NL	57	73	17	1	1	0	(0	0)	20	15	3	6	0	10	0	0	0	7	3	.70	0	.233	.291	.274
1993	Los Angeles	NL	30	17	5	1	0	0	(0	0)	6	6	1	1	0	4	0	0	0	1	2	.33	1	.294	.333	.353
1994	Kansas City	AL	2	2	0	0	0	0	(0	0)	0	0	0	0	0	1	0	0	0	0	0	.00	0	.000	.000	.000
	4 ML YEARS		105	99	23	2	1	0	(0	0)	27	24	4	7	0	15	0	0	0	9	6	.60	1	.232	.283	.273

Tom Gordon

Pitches: Right **Bats:** Right **Pos:** SP **Ht:** 5' 9" **Wt:** 180 **Born:** 11/18/67 **Age:** 27

			HOW MUCH HE PITCHED					WHAT HE GAVE UP										THE RESULTS					
Year	Team	Lg	G	GS	CG	GF	IP	BFP	H	R	ER	HR	SH	SF	HB	TBB	IBB	SO	WP	Bk	W	L	Pct.	ShO	Sv	ERA
1988	Kansas City	AL	5	2	0	0	15.2	67	16	9	9	1	0	0	0	7	0	18	0	0	0	2	.000	0	0	5.17
1989	Kansas City	AL	49	16	1	16	163	677	122	67	66	10	4	4	1	86	4	153	12	0	17	9	.654	1	1	3.64
1990	Kansas City	AL	32	32	6	0	195.1	858	192	99	81	17	8	2	3	99	1	175	11	0	12	11	.522	1	0	3.73
1991	Kansas City	AL	45	14	1	11	158	684	129	76	68	16	5	3	4	87	6	167	5	0	9	14	.391	0	1	3.87
1992	Kansas City	AL	40	11	0	13	117.2	516	116	67	60	9	2	6	4	55	0	98	5	2	6	10	.375	0	0	4.59
1993	Kansas City	AL	48	14	2	18	155.2	651	125	65	62	11	6	6	1	77	5	143	17	0	12	6	.667	0	1	3.58
1994	Kansas City	AL	24	24	0	0	155.1	675	136	79	75	15	3	8	3	87	3	126	12	1	11	7	.611	0	0	4.35
	7 ML YEARS		243	113	10	58	960.2	4128	836	462	421	79	28	29	16	498	23	880	62	3	67	59	.532	2	3	3.94

Goose Gossage

Pitches: Right **Bats:** Right **Pos:** RP **Ht:** 6' 3" **Wt:** 225 **Born:** 07/05/51 **Age:** 43

			HOW MUCH HE PITCHED					WHAT HE GAVE UP										THE RESULTS					
Year	Team	Lg	G	GS	CG	GF	IP	BFP	H	R	ER	HR	SH	SF	HB	TBB	IBB	SO	WP	Bk	W	L	Pct.	ShO	Sv	ERA
1972	Chicago	AL	36	1	0	7	80	352	72	44	38	2	10	2	4	44	3	57	7	0	7	1	.875	0	2	4.28
1973	Chicago	AL	20	4	1	4	50	232	57	44	41	9	5	4	3	37	2	33	6	0	0	4	.000	0	0	7.38
1974	Chicago	AL	39	3	0	19	89	397	92	45	41	4	6	4	2	47	7	64	2	1	4	6	.400	0	1	4.15
1975	Chicago	AL	62	0	0	49	142	582	99	32	29	3	15	0	5	70	15	130	3	0	9	8	.529	0	26	1.84
1976	Chicago	AL	31	29	15	1	224	956	214	104	98	16	7	7	9	90	3	135	6	0	9	17	.346	1	1	3.94
1977	Pittsburgh	NL	72	0	0	55	133	525	78	29	24	9	7	6	2	49	6	151	2	0	11	9	.550	0	26	1.62
1978	New York	AL	63	0	0	55	134	543	87	41	30	9	9	8	2	59	8	122	5	0	10	11	.476	0	27	2.01
1979	New York	AL	36	0	0	33	58	234	48	18	17	5	4	0	0	19	4	41	3	0	5	3	.625	0	18	2.64
1980	New York	AL	64	0	0	58	99	401	74	29	25	8	4	1	37	3	103	4	0	6	2	.750	0	33	2.27

Year	Team	Lg	G	GS	CG	GF	IP	BFP	H	R	ER	HR	SH	SF	HB	TBB	IBB	SO	WP	Bk	W	L	Pct.	ShO	Sv	ERA
1981	New York	AL	32	0	0	30	47	173	22	6	4	2	1	1		14	1	48	1	0	3	2	.600	0	20	0.77
1982	New York	AL	56	0	0	43	93	356	63	23	23	5	5	2	0	28	5	102	1	0	4	5	.444	0	30	2.23
1983	New York	AL	57	0	0	47	87.1	367	82	27	22	5	5	6	1	25	5	90	0	0	13	5	.722	0	22	2.27
1984	San Diego	NL	62	0	0	51	102.1	412	75	34	33	6	4	3	1	36	4	84	2	2	10	6	.625	0	25	2.90
1985	San Diego	NL	50	0	0	38	79	308	64	21	16	1	3	4	1	17	1	52	0	0	5	3	.625	0	26	1.82
1986	San Diego	NL	45	0	0	38	64.2	281	69	36	32	8	2	4	2	20	0	63	4	0	5	7	.417	0	21	4.45
1987	San Diego	NL	40	0	0	30	52	217	47	18	18	4	2	3	0	19	6	44	2	0	5	4	.556	0	11	3.12
1988	Chicago	NL	46	0	0	33	43.2	194	50	23	21	3	3	1	3	15	5	30	3	2	4	4	.500	0	13	4.33
1989	2 ML Teams		42	0	0	28	58	238	46	22	19	2	3	2	1	30	4	30	3	0	3	1	.750	0	5	2.95
1991	Texas	AL	44	0	0	16	40.1	167	33	16	16	4	3	0	3	16	1	28	3	0	4	2	.667	0	1	3.57
1992	Oakland	AL	30	0	0	13	38	163	32	13	12	5	1	2	2	19	4	26	0	0	0	2	.000	0	0	2.84
1993	Oakland	AL	39	0	0	12	47.2	213	49	24	24	6	0	2	1	26	2	40	4	0	4	5	.444	0	1	4.53
1994	Seattle	AL	36	0	0	21	47.1	197	44	23	22	6	2	2	3	15	1	29	2	0	3	0	1.000	0	1	4.18
1989	San Francisco	NL	31	0	0	22	43.2	182	32	16	13	2	2	2	0	27	3	24	2	0	2	1	.667	0	4	2.68
	New York	AL	11	0	0	6	14.1	56	14	6	6	0	1	0	1	3	1	6	1	0	1	0	1.000	0	1	3.77
22 ML YEARS			1002	37	16	681	1809.1	7506	1497	670	605	119	106	67	47	732	90	1502	63	5	124	107	.537	0	310	3.01

Jim Gott

Pitches: Right **Bats:** Right **Pos:** RP **Ht:** 6' 4" **Wt:** 230 **Born:** 08/03/59 **Age:** 35

	HOW MUCH HE PITCHED						WHAT HE GAVE UP												THE RESULTS					
Year Team	Lg	G	GS	CG	GF	IP	BFP	H	R	ER	HR	SH	SF	HB	TBB	IBB	SO	WP	Bk	W	L	Pct.	ShO	Sv	ERA
1994 Bakersfield*	A	3	2	0	1	5	19	5	1	1	1	0	0	0	0	0	4	0	0	0	0	.000	0	1	1.80
1982 Toronto	AL	30	23	1	4	136	600	134	76	67	15	3	2	3	66	0	82	8	0	5	10	.333	1	0	4.43
1983 Toronto	AL	34	30	6	2	176.2	776	195	103	93	15	4	3	5	68	5	121	2	0	9	14	.391	1	0	4.74
1984 Toronto	AL	35	12	1	11	109.2	464	93	54	49	7	7	6	3	49	3	73	1	0	7	6	.538	1	2	4.02
1985 San Francisco	NL	26	26	2	0	148.1	629	144	73	64	10	6	1	4	51	3	78	3	2	7	10	.412	0	0	3.88
1986 San Francisco	NL	9	2	0	3	13	66	16	12	11	0	1	1	0	13	2	9	1	1	0	0	.000	0	1	7.62
1987 2 ML Teams		55	3	0	30	87	382	81	43	33	4	2	1	2	40	7	90	5	0	1	2	.333	0	13	3.41
1988 Pittsburgh	NL	67	0	0	59	77.1	314	68	30	30	9	7	3	2	22	5	76	1	6	6	6	.500	0	34	3.49
1989 Pittsburgh	NL	1	0	0	0	0.2	4	1	0	0	0	0	0	1	1	0	1	0	0	0	0	.000	0	0	0.00
1990 Los Angeles	NL	50	0	0	24	62	270	59	27	20	5	2	4	0	34	7	44	4	0	3	5	.375	0	3	2.90
1991 Los Angeles	NL	55	0	0	26	76	322	63	28	25	5	6	1	1	32	7	73	6	3	4	3	.571	0	2	2.96
1992 Los Angeles	NL	68	0	0	28	88	369	72	27	24	4	6	1	1	41	13	75	9	3	3	3	.500	0	6	2.45
1993 Los Angeles	NL	62	0	0	45	77.2	313	71	23	20	6	7	2	1	17	5	67	5	0	4	8	.333	0	25	2.32
1994 Los Angeles	NL	37	0	0	17	36.1	172	46	24	24	3	5	1	3	20	4	29	4	0	5	3	.625	0	2	5.94
1987 San Francisco	NL	30	3	0	8	56	253	53	32	28	4	1	1	2	32	5	63	3	0	1	0	1.000	0	0	4.50
Pittsburgh	NL	25	0	0	22	31	129	28	11	5	0	1	0	0	8	2	27	2	0	0	2	.000	0	13	1.45
13 ML YEARS		529	96	10	249	1088.2	4681	1043	520	460	83	56	29	22	454	61	818	49	15	54	70	.435	3	88	3.80

Mauro Gozzo

Pitches: Right **Bats:** Right **Pos:** RP/SP **Ht:** 6' 3" **Wt:** 212 **Born:** 03/07/66 **Age:** 29

	HOW MUCH HE PITCHED						WHAT HE GAVE UP												THE RESULTS					
Year Team	Lg	G	GS	CG	GF	IP	BFP	H	R	ER	HR	SH	SF	HB	TBB	IBB	SO	WP	Bk	W	L	Pct.	ShO	Sv	ERA
1994 Norfolk*	AAA	4	4	2	0	29	112	22	7	6	2	1	1	1	4	0	12	0	0	2	2	.500	0	0	1.86
1989 Toronto	AL	9	3	0	2	31.2	133	35	19	17	1	0	2	1	9	1	10	0	0	4	1	.800	0	0	4.83
1990 Cleveland	AL	2	0	0	1	3	13	2	0	0	0	0	0	0	2	0	2	0	0	0	0	.000	0	0	0.00
1991 Cleveland	AL	2	2	0	0	4.2	28	9	10	10	0	0	0	1	7	0	3	2	0	0	0	.000	0	0	19.29
1992 Minnesota	AL	2	0	0	0	1.2	12	7	5	5	2	0	0	0	0	0	1	1	0	0	0	.000	0	0	27.00
1993 New York	NL	10	0	0	5	14	57	11	5	4	1	0	0	0	5	1	6	0	0	0	1	.000	0	1	2.57
1994 New York	NL	23	8	0	5	69	323	86	48	37	5	6	5	1	28	10	33	5	0	3	5	.375	0	0	4.83
6 ML YEARS		48	13	0	13	124	566	150	87	73	9	6	8	2	51	12	55	8	0	7	7	.500	0	1	5.30

Mark Grace

Bats: Left **Throws:** Left **Pos:** 1B **Ht:** 6' 2" **Wt:** 190 **Born:** 06/28/64 **Age:** 31

	BATTING																BASERUNNING				PERCENTAGES		
Year Team	Lg	G	AB	H	2B	3B	HR	(Hm | Rd)	TB	R	RBI	TBB	IBB	SO	HBP	SH	SF	SB	CS	SB%	GDP	Avg	OBP	SLG
1988 Chicago	NL	134	486	144	23	4	7	(0 | 7)	196	65	57	60	5	43	0	0	4	3	3	.50	12	.296	.371	.403
1989 Chicago	NL	142	510	160	28	3	13	(8 | 5)	233	74	79	80	13	42	0	3	3	14	7	.67	13	.314	.405	.457
1990 Chicago	NL	157	589	182	32	1	9	(4 | 5)	243	72	82	59	5	54	5	1	8	15	6	.71	10	.309	.372	.413
1991 Chicago	NL	160	619	169	28	5	8	(5 | 3)	231	87	58	70	7	53	3	4	7	3	4	.43	6	.273	.346	.373
1992 Chicago	NL	158	603	185	37	5	9	(5 | 4)	259	72	79	72	8	36	4	2	8	6	1	.86	14	.307	.380	.430
1993 Chicago	NL	155	594	193	39	4	14	(5 | 9)	282	86	98	71	14	32	1	1	9	8	4	.67	25	.325	.393	.475
1994 Chicago	NL	106	403	120	23	3	6	(5 | 1)	167	55	44	48	5	41	0	0	3	0	1	.00	10	.298	.370	.414
7 ML YEARS		1012	3804	1153	210	25	66	(32 | 34)	1611	511	497	460	57	301	13	11	42	49	26	.65	90	.303	.376	.424

Joe Grahe

Pitches: Right **Bats:** Right **Pos:** RP **Ht:** 6' 0" **Wt:** 200 **Born:** 08/14/67 **Age:** 27

		HOW MUCH HE PITCHED						WHAT HE GAVE UP										THE RESULTS				
Year	Team	Lg	G	GS	CG	GF	IP	BFP	H	R	ER	HR	SH	SF	HB	TBB	IBB	SO	WP	Bk	W	L	Pct.	ShO	Sv	ERA
1990	California	AL	8	8	0	0	43.1	200	51	30	24	3	0	0	3	23	1	25	1	0	3	4	.429	0	0	4.98
1991	California	AL	18	10	1	2	73	330	84	43	39	2	1	1	3	33	0	40	0	0	3	7	.300	0	0	4.81
1992	California	AL	46	7	0	31	94.2	399	85	37	37	5	4	4	6	39	2	39	3	0	5	6	.455	0	21	3.52
1993	California	AL	45	0	0	32	56.2	247	54	22	18	5	2	3	2	25	4	31	3	0	4	1	.800	0	11	2.86
1994	California	AL	40	0	0	32	43.1	218	68	33	32	5	3	3	6	18	4	26	4	1	2	5	.286	0	13	6.65
	5 ML YEARS		157	25	1	97	311	1394	342	165	150	20	10	11	20	138	11	161	13	1	17	23	.425	0	45	4.34

Jeff Granger

Pitches: Left **Bats:** Left **Pos:** SP **Ht:** 6' 4" **Wt:** 190 **Born:** 12/16/71 **Age:** 23

		HOW MUCH HE PITCHED						WHAT HE GAVE UP										THE RESULTS				
Year	Team	Lg	G	GS	CG	GF	IP	BFP	H	R	ER	HR	SH	SF	HB	TBB	IBB	SO	WP	Bk	W	L	Pct.	ShO	Sv	ERA
1993	Eugene	A	8	7	0	0	36	146	28	17	12	2	1	0	1	10	1	56	1	0	3	3	.500	0	0	3.00
1994	Memphis	AA	25	25	0	0	139.2	615	155	72	60	8	3	3	0	61	0	112	14	3	7	7	.500	0	0	3.87
1993	Kansas City	AL	1	0	0	0	1	8	3	3	3	0	0	0	0	2	0	1	0	0	0	0	.000	0	0	27.00
1994	Kansas City	AL	2	2	0	0	9.1	47	13	8	7	2	0	1	0	6	0	3	0	0	0	1	.000	0	0	6.75
	2 ML YEARS		3	2	0	0	10.1	55	16	11	10	2	0	1	0	8	0	4	0	0	0	1	.000	0	0	8.71

Craig Grebeck

Bats: Right **Throws:** Right **Pos:** 2B/SS **Ht:** 5' 7" **Wt:** 148 **Born:** 12/29/64 **Age:** 30

						BATTING												BASERUNNING				PERCENTAGES		
Year	Team	Lg	G	AB	H	2B	3B	HR	(Hm	Rd)	TB	R	RBI	TBB	IBB	SO	HBP	SH	SF	SB	CS	SB%	GDP	Avg	OBP	SLG
1994	Nashville *	AAA	5	15	6	2	0	0	--	--	8	3	4	1	0	2	1	0	0	0	0	.00	2	.400	.471	.533
1990	Chicago	AL	59	119	20	3	1	1	(1	0)	28	7	9	8	0	24	2	3	3	0	0	.00	2	.168	.227	.235
1991	Chicago	AL	107	224	63	16	3	6	(3	3)	103	37	31	38	0	40	1	4	1	1	3	.25	3	.281	.386	.460
1992	Chicago	AL	88	287	77	21	2	3	(2	1)	111	24	35	30	0	34	3	10	3	0	3	.00	5	.268	.341	.387
1993	Chicago	AL	72	190	43	5	0	1	(0	1)	51	25	12	26	0	26	0	7	0	1	2	.33	9	.226	.319	.268
1994	Chicago	AL	35	97	30	5	0	0	(0	0)	35	17	5	12	0	5	1	3	0	0	0	.00	1	.309	.391	.361
	5 ML YEARS		361	917	233	50	6	11	(6	5)	328	110	92	114	0	129	7	27	7	2	8	.20	20	.254	.339	.358

Shawn Green

Bats: Left **Throws:** Left **Pos:** LF **Ht:** 6' 4" **Wt:** 190 **Born:** 11/10/72 **Age:** 22

						BATTING												BASERUNNING				PERCENTAGES		
Year	Team	Lg	G	AB	H	2B	3B	HR	(Hm	Rd)	TB	R	RBI	TBB	IBB	SO	HBP	SH	SF	SB	CS	SB%	GDP	Avg	OBP	SLG
1992	Dunedin	A	114	417	114	21	3	1	--	--	144	44	49	28	0	66	4	5	8	22	9	.71	8	.273	.319	.345
1993	Knoxville	AA	99	360	102	14	2	4	--	--	132	40	34	26	2	72	5	6	1	4	9	.31	6	.283	.339	.367
1994	Syracuse	AAA	109	433	149	27	3	13	--	--	221	82	61	40	2	54	4	2	4	19	7	.73	5	.344	.401	.510
1993	Toronto	AL	3	6	0	0	0	0	(0	0)	0	0	0	0	0	1	0	0	0	0	0	.00	0	.000	.000	.000
1994	Toronto	AL	14	33	3	1	0	0	(0	0)	4	1	1	1	0	8	0	0	0	1	0	1.00	1	.091	.118	.121
	2 ML YEARS		17	39	3	1	0	0	(0	0)	4	1	1	1	0	9	0	0	0	1	0	1.00	1	.077	.100	.103

Tommy Greene

Pitches: Right **Bats:** Right **Pos:** SP **Ht:** 6' 5" **Wt:** 222 **Born:** 04/06/67 **Age:** 28

		HOW MUCH HE PITCHED						WHAT HE GAVE UP										THE RESULTS				
Year	Team	Lg	G	GS	CG	GF	IP	BFP	H	R	ER	HR	SH	SF	HB	TBB	IBB	SO	WP	Bk	W	L	Pct.	ShO	Sv	ERA
1994	Clearwater *	A	1	1	0	0	5	17	2	0	0	0	0	0	0	1	0	4	0	0	0	0	.000	0	0	0.00
	Scranton-Wb *	AAA	1	1	0	0	4	15	3	1	0	0	0	0	0	1	0	6	0	0	0	0	.000	0	0	0.00
	Reading *	AA	2	2	0	0	10.1	46	12	5	5	1	0	0	1	3	0	12	2	0	1	0	1.000	0	0	4.35
1989	Atlanta	NL	4	4	0	0	26.1	103	22	12	12	5	1	2	0	6	0	17	1	0	1	2	.333	1	0	4.10
1990	2 ML Teams		15	9	0	1	51.1	227	50	31	29	8	5	0	1	26	1	21	1	0	3	3	.500	0	0	5.08
1991	Philadelphia	NL	36	27	3	3	207.2	857	177	85	78	19	9	11	3	66	4	154	9	1	13	7	.650	2	0	3.38
1992	Philadelphia	NL	13	12	0	0	64.1	298	75	39	38	5	4	2	0	34	2	39	1	0	3	3	.500	0	0	5.32
1993	Philadelphia	NL	31	30	7	0	200	834	175	84	76	12	9	9	3	62	3	167	15	0	16	4	.800	2	0	3.42
1994	Philadelphia	NL	7	7	0	0	35.2	164	37	20	18	5	5	1	0	22	0	28	2	0	2	0	1.000	0	0	4.54
1990	Atlanta	NL	5	2	0	0	12.1	61	14	11	11	3	2	0	1	9	0	4	0	0	1	0	1.000	0	0	8.03
	Philadelphia	NL	10	7	0	1	39	166	36	20	18	5	3	0	0	17	1	17	1	0	2	3	.400	0	0	4.15
	6 ML YEARS		106	89	11	4	585.1	2483	536	271	251	54	33	25	7	216	11	426	29	1	38	19	.667	5	0	3.86

Willie Greene

Bats: Left **Throws:** Right **Pos:** 3B **Ht:** 5'11" **Wt:** 184 **Born:** 09/23/71 **Age:** 23

							BATTING											BASERUNNING				PERCENTAGES		
Year	Team	Lg	G	AB	H	2B	3B	HR	(Hm	Rd)	TB	R	RBI	TBB	IBB	SO	HBP	SH	SF	SB	CS	SB%	GDP	Avg	OBP	SLG
1994	Indianapols*	AAA	114	435	124	24	1	23	--	--	219	77	80	56	1	88	3	0	4	8	4	.67	6	.285	.367	.503
1992	Cincinnati	NL	29	93	25	5	2	2	(2	0)	40	10	13	10	0	23	0	0	1	0	2	.00	1	.269	.337	.430
1993	Cincinnati	NL	15	50	8	1	1	2	(2	0)	17	7	5	2	0	19	0	0	1	0	0	.00	1	.160	.189	.340
1994	Cincinnati	NL	16	37	8	2	0	0	(0	0)	10	5	3	6	1	14	0	0	1	0	0	.00	1	.216	.318	.270
	3 ML YEARS		60	180	41	8	3	4	(4	0)	67	22	21	18	1	56	0	0	3	0	2	.00	3	.228	.294	.372

Mike Greenwell

Bats: Left **Throws:** Right **Pos:** LF **Ht:** 6' 0" **Wt:** 200 **Born:** 07/18/63 **Age:** 31

							BATTING											BASERUNNING				PERCENTAGES		
Year	Team	Lg	G	AB	H	2B	3B	HR	(Hm | Rd)	TB	R	RBI	TBB	IBB	SO	HBP	SH	SF	SB	CS	SB%	GDP	Avg	OBP	SLG
1985	Boston	AL	17	31	10	1	0	4	(1 | 3)	23	7	8	3	1	4	0	0	0	1	0	1.00	0	.323	.382	.742
1986	Boston	AL	31	35	11	2	0	0	(0 | 0)	13	4	4	5	0	7	0	0	0	0	0	.00	1	.314	.400	.371
1987	Boston	AL	125	412	135	31	6	19	(8 | 11)	235	71	89	35	1	40	6	0	3	5	4	.56	7	.328	.386	.570
1988	Boston	AL	158	590	192	39	8	22	(12 | 10)	313	86	119	87	18	38	9	0	7	16	8	.67	11	.325	.416	.531
1989	Boston	AL	145	578	178	36	0	14	(6 | 8)	256	87	95	56	15	44	3	0	4	13	5	.72	21	.308	.370	.443
1990	Boston	AL	159	610	181	30	6	14	(6 | 8)	265	71	73	65	12	43	4	0	3	8	7	.53	19	.297	.367	.434
1991	Boston	AL	147	544	163	26	6	9	(5 | 4)	228	76	83	43	6	35	3	1	7	15	5	.75	11	.300	.350	.419
1992	Boston	AL	49	180	42	2	0	2	(0 | 2)	50	16	18	18	1	19	2	0	2	2	3	.40	8	.233	.307	.278
1993	Boston	AL	146	540	170	38	6	13	(6 | 7)	259	77	72	54	12	46	4	2	3	5	4	.56	17	.315	.379	.480
1994	Boston	AL	95	327	88	25	1	11	(10 | 1)	148	60	45	38	6	26	4	0	5	2	2	.50	12	.269	.348	.453
	10 ML YEARS		1072	3847	1170	230	33	108	(54 | 54)	1790	555	606	404	72	302	35	3	34	67	38	.64	107	.304	.372	.465

Rusty Greer

Bats: Left **Throws:** Left **Pos:** RF/LF/CF **Ht:** 6' 0" **Wt:** 190 **Born:** 01/21/69 **Age:** 26

							BATTING											BASERUNNING				PERCENTAGES		
Year	Team	Lg	G	AB	H	2B	3B	HR	(Hm	Rd)	TB	R	RBI	TBB	IBB	SO	HBP	SH	SF	SB	CS	SB%	GDP	Avg	OBP	SLG
1990	Butte	R	62	226	78	12	6	10	--	--	132	48	50	41	2	23	1	0	2	9	7	.56	6	.345	.444	.584
1991	Charlotte	A	111	388	114	24	1	5	--	--	155	52	48	66	4	47	2	1	5	12	6	.67	15	.294	.395	.399
	Tulsa	AA	20	64	19	3	2	3	--	--	35	12	12	17	1	6	1	0	0	2	0	1.00	5	.297	.451	.547
1992	Tulsa	AA	106	359	96	22	4	5	--	--	141	47	37	60	6	63	5	0	4	2	2	.50	11	.267	.376	.393
1993	Tulsa	AA	129	474	138	25	6	15	--	--	220	76	59	53	4	79	4	1	3	10	5	.67	11	.291	.365	.464
	Okla City	AAA	8	27	6	2	0	1	--	--	11	6	4	6	0	7	0	0	0	0	0	.00	0	.222	.364	.407
1994	Okla. City	AAA	31	111	35	12	1	3	--	--	58	18	13	18	1	24	1	0	1	1	1	.50	2	.315	.412	.523
1994	Texas	AL	80	277	87	16	1	10	(3	7)	135	36	46	46	2	46	2	2	4	0	0	.00	3	.314	.410	.487

Ken Griffey Jr

Bats: Left **Throws:** Left **Pos:** CF **Ht:** 6' 3" **Wt:** 205 **Born:** 11/21/69 **Age:** 25

							BATTING											BASERUNNING				PERCENTAGES		
Year	Team	Lg	G	AB	H	2B	3B	HR	(Hm | Rd)	TB	R	RBI	TBB	IBB	SO	HBP	SH	SF	SB	CS	SB%	GDP	Avg	OBP	SLG
1989	Seattle	AL	127	455	120	23	0	16	(10 | 6)	191	61	61	44	8	83	2	1	4	16	7	.70	4	.264	.329	.420
1990	Seattle	AL	155	597	179	28	7	22	(8 | 14)	287	91	80	63	12	81	2	0	4	16	11	.59	12	.300	.366	.481
1991	Seattle	AL	154	548	179	42	1	22	(16 | 6)	289	76	100	71	21	82	1	4	9	18	6	.75	10	.327	.399	.527
1992	Seattle	AL	142	565	174	39	4	27	(16 | 11)	302	83	103	44	15	67	5	0	3	10	5	.67	15	.308	.361	.535
1993	Seattle	AL	156	582	180	38	3	45	(21 | 24)	359	113	109	96	25	91	6	0	7	17	9	.65	14	.309	.408	.617
1994	Seattle	AL	111	433	140	24	4	40	(18 | 22)	292	94	90	56	19	73	2	0	2	11	3	.79	9	.323	.402	.674
	6 ML YEARS		845	3180	972	194	19	172	(89 | 83)	1720	518	543	374	100	477	18	5	29	88	41	.68	64	.306	.379	.541

Jason Grimsley

Pitches: Right **Bats:** Right **Pos:** SP **Ht:** 6' 3" **Wt:** 180 **Born:** 08/07/67 **Age:** 27

			HOW MUCH HE PITCHED					WHAT HE GAVE UP										THE RESULTS					
Year	Team	Lg	G	GS	CG	GF	IP	BFP	H	R	ER	HR	SH	SF	HB	TBB	IBB	SO	WP	Bk	W	L	Pct.	ShO	Sv	ERA
1994	Charlotte*	AAA	10	10	2	0	71	291	58	36	27	10	2	3	3	17	0	60	9	1	7	0	1.000	0	0	3.42
1989	Philadelphia	NL	4	4	0	0	18.1	91	19	13	12	2	1	0	0	19	1	7	2	0	1	3	.250	0	0	5.89
1990	Philadelphia	NL	11	11	0	0	57.1	255	47	21	21	1	2	1	2	43	0	41	6	1	3	2	.600	0	0	3.30
1991	Philadelphia	NL	12	12	0	0	61	272	54	34	33	4	3	2	3	41	3	42	14	0	1	7	.125	0	0	4.87
1993	Cleveland	AL	10	6	0	1	42.1	194	52	26	25	3	1	0	1	20	1	27	2	0	3	4	.429	0	0	5.31
1994	Cleveland	AL	14	13	1	0	82.2	368	91	47	42	7	4	2	6	34	1	59	6	1	5	2	.714	0	0	4.57
	5 ML YEARS		51	46	1	1	261.2	1180	263	141	133	17	11	5	12	157	6	176	30	2	13	18	.419	0	0	4.57

Marquis Grissom

Bats: Right **Throws:** Right **Pos:** CF   **Ht:** 5'11" **Wt:** 190 **Born:** 04/17/67 **Age:** 28

			BATTING														BASERUNNING				PERCENTAGES		
Year	Team	Lg	G	AB	H	2B	3B	HR	(Hm | Rd)	TB	R	RBI	TBB	IBB	SO	HBP	SH	SF	SB	CS	SB%	GDP	Avg	OBP	SLG
1989	Montreal	NL	26	74	19	2	0	1	(0 | 1)	24	16	2	12	0	21	0	1	0	1	0	1.00	1	.257	.360	.324
1990	Montreal	NL	98	288	74	14	2	3	(2 | 1)	101	42	29	27	2	40	0	4	1	22	2	.92	3	.257	.320	.351
1991	Montreal	NL	148	558	149	23	9	6	(3 | 3)	208	73	39	34	0	89	1	4	0	76	17	.82	8	.267	.310	.373
1992	Montreal	NL	159	653	180	39	6	14	(8 | 6)	273	99	66	42	6	81	5	3	4	78	13	.86	12	.276	.322	.418
1993	Montreal	NL	157	630	188	27	2	19	(9 | 10)	276	104	95	52	6	76	3	0	8	53	10	.84	9	.298	.351	.438
1994	Montreal	NL	110	475	137	25	4	11	(4 | 7)	203	96	45	41	4	66	1	0	4	36	6	.86	10	.288	.344	.427
	6 ML YEARS		698	2678	747	130	23	54	(26 | 28)	1085	430	276	208	18	373	10	12	17	266	48	.85	43	.279	.331	.405

Buddy Groom

Pitches: Left **Bats:** Left **Pos:** RP   **Ht:** 6' 2" **Wt:** 200 **Born:** 07/10/65 **Age:** 29

			HOW MUCH HE PITCHED						WHAT HE GAVE UP								THE RESULTS					
Year	Team	Lg	G	GS	CG	GF	IP	BFP	H	R	ER	HR	SH	SF	HB	TBB	IBB	SO	WP	Bk	W	L	Pct.	ShO	Sv	ERA
1994	Toledo *	AAA	5	0	0	2	4	14	2	1	1	0	1	0	0	0	0	6	0	0	0	1	.000	0	0	2.25
1992	Detroit	AL	12	7	0	3	38.2	177	48	28	25	4	3	2	0	22	4	15	0	1	0	5	.000	0	1	5.82
1993	Detroit	AL	19	3	0	8	36.2	170	48	25	25	4	2	4	2	13	5	15	2	1	0	2	.000	0	0	6.14
1994	Detroit	AL	40	0	0	10	32	139	31	14	14	4	0	3	2	13	2	27	0	0	0	1	.000	0	1	3.94
	3 ML YEARS		71	10	0	21	107.1	486	127	67	64	12	5	9	4	48	11	57	2	2	0	8	.000	0	2	5.37

Kevin Gross

Pitches: Right **Bats:** Right **Pos:** SP   **Ht:** 6' 5" **Wt:** 227 **Born:** 06/08/61 **Age:** 34

			HOW MUCH HE PITCHED						WHAT HE GAVE UP								THE RESULTS					
Year	Team	Lg	G	GS	CG	GF	IP	BFP	H	R	ER	HR	SH	SF	HB	TBB	IBB	SO	WP	Bk	W	L	Pct.	ShO	Sv	ERA
1983	Philadelphia	NL	17	17	1	0	96	418	100	46	38	13	2	1	3	35	3	66	4	1	4	6	.400	1	0	3.56
1984	Philadelphia	NL	44	14	1	9	129	566	140	66	59	8	9	3	5	44	4	84	4	4	8	5	.615	0	1	4.12
1985	Philadelphia	NL	38	31	6	0	205.2	873	194	86	78	11	7	5	7	81	6	151	2	0	15	13	.536	2	0	3.41
1986	Philadelphia	NL	37	36	7	0	241.2	1040	240	115	108	28	8	6	8	94	2	154	2	1	12	12	.500	2	0	4.02
1987	Philadelphia	NL	34	33	3	1	200.2	878	205	107	97	26	8	6	10	87	7	110	3	7	9	16	.360	1	0	4.35
1988	Philadelphia	NL	33	33	5	0	231.2	989	209	101	95	18	9	4	11	89	5	162	5	7	12	14	.462	1	0	3.69
1989	Montreal	NL	31	31	4	0	201.1	867	188	105	98	20	10	3	6	88	6	158	5	5	11	12	.478	3	0	4.38
1990	Montreal	NL	31	26	2	3	163.1	712	171	86	83	9	6	9	4	65	7	111	4	1	9	12	.429	1	0	4.57
1991	Los Angeles	NL	46	10	0	16	115.2	509	123	55	46	10	6	4	2	50	6	95	3	0	10	11	.476	0	3	3.58
1992	Los Angeles	NL	34	30	4	0	204.2	856	182	82	72	11	14	6	3	77	10	158	4	2	8	13	.381	3	0	3.17
1993	Los Angeles	NL	33	32	3	1	202.1	892	224	110	93	15	11	6	5	74	7	150	2	5	13	13	.500	0	0	4.14
1994	Los Angeles	NL	25	23	1	2	157.1	665	162	64	63	11	4	1	2	43	2	124	4	1	9	7	.563	0	1	3.60
	12 ML YEARS		403	316	37	32	2149.1	9265	2138	1023	930	180	94	53	66	827	65	1523	42	34	120	134	.472	14	5	3.89

Eddie Guardado

Pitches: Left **Bats:** Right **Pos:** SP   **Ht:** 6' 0" **Wt:** 193 **Born:** 10/02/70 **Age:** 24

			HOW MUCH HE PITCHED						WHAT HE GAVE UP								THE RESULTS					
Year	Team	Lg	G	GS	CG	GF	IP	BFP	H	R	ER	HR	SH	SF	HB	TBB	IBB	SO	WP	Bk	W	L	Pct.	ShO	Sv	ERA
1991	Elizabethtn	R	14	13	3	1	92	376	67	30	19	5	5	1	2	31	0	106	6	2	8	4	.667	1	0	1.86
1992	Kenosha	A	18	18	2	0	101	429	106	57	49	5	6	2	4	30	0	103	2	7	5	10	.333	1	0	4.37
	Visalia	A	7	7	1	0	49.1	195	47	13	9	1	2	1	0	10	0	39	0	1	7	0	1.000	1	0	1.64
1993	Nashville	AA	10	10	2	0	65.1	255	63	10	9	1	2	1	2	10	0	57	2	0	4	0	1.000	2	0	1.24
1994	Salt Lake	AAA	24	24	2	0	151	654	171	90	81	23	5	7	2	51	0	87	3	1	12	7	.632	0	0	4.83
1993	Minnesota	AL	19	16	0	2	94.2	426	123	68	65	13	1	3	1	36	2	46	0	0	3	8	.273	0	0	6.18
1994	Minnesota	AL	4	4	0	0	17	81	26	16	16	3	1	2	0	4	0	8	0	0	0	2	.000	0	0	8.47
	2 ML YEARS		23	20	0	2	111.2	507	149	84	81	16	2	5	1	40	2	54	0	0	3	10	.231	0	0	6.53

Mark Gubicza

Pitches: Right **Bats:** Right **Pos:** SP   **Ht:** 6' 5" **Wt:** 230 **Born:** 08/14/62 **Age:** 32

			HOW MUCH HE PITCHED						WHAT HE GAVE UP								THE RESULTS					
Year	Team	Lg	G	GS	CG	GF	IP	BFP	H	R	ER	HR	SH	SF	HB	TBB	IBB	SO	WP	Bk	W	L	Pct.	ShO	Sv	ERA
1984	Kansas City	AL	29	29	4	0	189	800	172	90	85	13	4	9	5	75	0	111	3	1	10	14	.417	2	0	4.05
1985	Kansas City	AL	29	28	0	0	177.1	760	160	88	80	14	1	6	5	77	0	99	12	0	14	10	.583	0	0	4.06
1986	Kansas City	AL	35	24	3	2	180.2	765	155	77	73	8	4	8	5	84	2	118	15	0	12	6	.667	2	0	3.64
1987	Kansas City	AL	35	35	10	0	241.2	1036	231	114	107	18	6	11	6	120	3	166	14	1	13	18	.419	2	0	3.98
1988	Kansas City	AL	35	35	8	0	269.2	1111	237	94	81	11	3	6	6	83	3	183	9	4	20	8	.714	4	0	2.70
1989	Kansas City	AL	36	36	8	0	255	1060	252	100	86	10	11	8	5	63	8	173	9	0	15	11	.577	2	0	3.04
1990	Kansas City	AL	16	16	2	0	94	409	101	48	47	5	6	4	4	38	4	71	2	1	4	7	.364	0	0	4.50
1991	Kansas City	AL	26	26	0	0	133	601	168	90	84	10	3	5	0	42	1	89	5	0	9	12	.429	0	0	5.68
1992	Kansas City	AL	18	18	2	0	111.1	470	110	47	46	8	5	3	6	36	3	81	5	1	7	6	.538	1	0	3.72
1993	Kansas City	AL	49	6	0	12	104.1	474	128	61	54	2	6	6	2	43	8	80	12	0	5	8	.385	0	2	4.66

Year	Team	Lg	G	GS	CG	GF	IP	BFP	H	R	ER	HR	SH	SF	HB	TBB	IBB	SO	WP	Bk	W	L	Pct.	ShO	Sv	ERA
1994	Kansas City	AL	22	22	0	0	130	561	158	74	65	11	5	5	0	26	5	59	9	2	7	9	.438	0	0	4.50
	11 ML YEARS		330	275	37	14	1886	8047	1872	883	808	110	54	71	45	687	37	1230	98	10	116	109	.516	13	2	3.86

Ozzie Guillen

Bats: Left **Throws:** Right **Pos:** SS **Ht:** 5'11" **Wt:** 164 **Born:** 01/20/64 **Age:** 31

						BATTING												BASERUNNING				PERCENTAGES		
Year	Team	Lg	G	AB	H	2B	3B	HR	(Hm | Rd)	TB	R	RBI	TBB	IBB	SO	HBP	SH	SF	SB	CS	SB%	GDP	Avg	OBP	SLG
1985	Chicago	AL	150	491	134	21	9	1	(1 | 0)	176	71	33	12	1	36	1	8	1	7	4	.64	5	.273	.291	.358
1986	Chicago	AL	159	547	137	19	4	2	(1 | 1)	170	58	47	12	1	52	1	12	5	8	4	.67	14	.250	.265	.311
1987	Chicago	AL	149	560	156	22	7	2	(2 | 0)	198	64	51	22	2	52	1	13	8	25	8	.76	10	.279	.303	.354
1988	Chicago	AL	156	566	148	16	7	0	(0 | 0)	178	58	39	25	3	40	2	10	3	25	13	.66	14	.261	.294	.314
1989	Chicago	AL	155	597	151	20	8	1	(0 | 1)	190	63	54	15	3	48	0	11	3	36	17	.68	8	.253	.270	.318
1990	Chicago	AL	160	516	144	21	4	1	(1 | 0)	176	61	58	26	8	37	1	15	5	13	17	.43	6	.279	.312	.341
1991	Chicago	AL	154	524	143	20	3	3	(1 | 2)	178	52	49	11	1	38	0	13	7	21	15	.58	7	.273	.284	.340
1992	Chicago	AL	12	40	8	4	0	0	(0 | 0)	12	5	7	1	0	5	0	1	1	1	0	1.00	1	.200	.214	.300
1993	Chicago	AL	134	457	128	23	4	4	(3 | 1)	171	44	50	10	0	41	0	13	6	5	4	.56	6	.280	.292	.374
1994	Chicago	AL	100	365	105	9	5	1	(0 | 1)	127	46	39	14	2	35	0	7	4	5	4	.56	5	.288	.311	.348
	10 ML YEARS		1329	4663	1254	175	51	15	(9 | 6)	1576	522	427	148	21	384	6	103	43	146	86	.63	76	.269	.290	.338

Bill Gullickson

Pitches: Right **Bats:** Right **Pos:** SP **Ht:** 6'3" **Wt:** 225 **Born:** 02/20/59 **Age:** 36

			HOW MUCH HE PITCHED						WHAT HE GAVE UP											THE RESULTS					
Year	Team	Lg	G	GS	CG	GF	IP	BFP	H	R	ER	HR	SH	SF	HB	TBB	IBB	SO	WP	Bk	W	L	Pct.	ShO	Sv	ERA
1979	Montreal	NL	1	0	0	1	1	4	2	0	0	0	0	0	0	0	0	0	0	0	0	0	.000	0	0	0.00
1980	Montreal	NL	24	19	5	1	141	593	127	53	47	6	3	4	2	50	2	120	5	0	10	5	.667	2	0	3.00
1981	Montreal	NL	22	22	3	0	157	640	142	54	49	3	5	2	4	34	4	115	4	0	7	9	.438	2	0	2.81
1982	Montreal	NL	34	34	6	0	236.2	990	231	101	94	25	9	6	4	61	2	155	11	3	12	14	.462	0	0	3.57
1983	Montreal	NL	34	34	10	0	242.1	990	230	108	101	19	4	7	4	59	4	120	4	1	17	12	.586	1	0	3.75
1984	Montreal	NL	32	32	3	0	226.2	919	230	100	91	27	8	4	1	37	7	100	5	0	12	9	.571	0	0	3.61
1985	Montreal	NL	29	29	4	0	181.1	759	187	78	71	8	12	8	1	47	9	68	1	1	14	12	.538	1	0	3.52
1986	Cincinnati	NL	37	37	6	0	244.2	1014	245	103	92	24	12	13	2	60	10	121	3	0	15	12	.556	2	0	3.38
1987	2 ML Teams		35	35	4	0	213	896	218	128	115	40	8	8	3	50	7	117	4	1	14	13	.519	1	0	4.86
1990	Houston	NL	32	32	2	0	193.1	846	221	100	82	21	6	8	2	61	14	73	3	2	10	14	.417	1	0	3.82
1991	Detroit	AL	35	35	4	0	226.1	954	256	109	98	22	8	8	4	44	13	91	4	0	20	9	.690	0	0	3.90
1992	Detroit	AL	34	34	4	0	221.2	919	228	109	107	35	7	9	0	50	5	64	6	0	14	13	.519	1	0	4.34
1993	Detroit	AL	28	28	2	0	159.1	699	186	106	95	28	6	7	3	44	3	70	2	0	13	9	.591	0	0	5.37
1994	Detroit	AL	21	19	1	1	115.1	521	156	79	76	24	7	1	4	25	2	65	4	0	4	5	.444	0	0	5.93
1987	Cincinnati	NL	27	27	3	0	165	698	172	99	89	33	6	6	2	39	6	89	4	1	10	11	.476	1	0	4.85
	New York	AL	8	8	1	0	48	198	46	29	26	7	2	2	1	11	1	28	0	0	4	2	.667	0	0	4.88
	14 ML YEARS		398	390	54	3	2559.2	10744	2659	1228	1118	282	95	85	34	622	82	1279	56	8	162	136	.544	11	0	3.93

Eric Gunderson

Pitches: Left **Bats:** Right **Pos:** RP **Ht:** 6'0" **Wt:** 175 **Born:** 03/29/66 **Age:** 29

			HOW MUCH HE PITCHED						WHAT HE GAVE UP											THE RESULTS					
Year	Team	Lg	G	GS	CG	GF	IP	BFP	H	R	ER	HR	SH	SF	HB	TBB	IBB	SO	WP	Bk	W	L	Pct.	ShO	Sv	ERA
1987	Everett	A	15	15	5	0	98.2	406	80	34	27	4	2	2	3	34	1	99	4	3	8	4	.667	3	0	2.46
1988	San Jose	A	20	20	5	0	149.1	640	131	56	44	2	7	3	17	52	0	151	14	6	12	5	.706	4	0	2.65
	Shreveport	AA	7	6	0	1	36.2	166	45	25	21	1	1	1	1	13	0	28	0	1	1	2	.333	0	0	5.15
1989	Shreveport	AA	11	11	2	0	72.2	298	68	24	22	1	1	3	1	23	0	61	1	1	8	2	.800	1	0	2.72
	Phoenix	AAA	14	14	2	0	85.2	375	93	51	48	7	5	6	2	36	2	56	7	1	2	4	.333	1	0	5.04
1990	Phoenix	AAA	16	16	0	0	82	418	137	87	75	11	5	3	3	46	1	41	4	2	5	7	.417	0	0	8.23
	Shreveport	AA	8	8	1	0	52.2	225	51	24	19	7	1	3	2	17	1	44	1	0	2	2	.500	1	0	3.25
1991	Phoenix	AAA	40	14	0	8	107	511	153	85	73	10	3	4	3	44	4	53	3	0	7	6	.538	0	3	6.14
1992	Jacksonville	AA	15	0	0	8	23.1	93	18	10	6	2	1	0	0	7	0	23	0	0	2	0	1.000	0	0	2.31
	Calgary	AAA	27	1	0	12	52.1	244	57	37	35	6	4	7	3	31	3	50	5	0	0	2	.000	0	5	6.02
1993	Calgary	AAA	5	0	0	1	6.2	40	14	15	14	1	0	2	2	8	0	3	1	0	0	1	.000	0	0	18.90
	Binghamton	AA	20	1	0	7	22.1	104	20	14	13	1	3	1	2	14	2	26	1	0	2	1	.667	0	1	5.24
	Norfolk	AAA	6	5	1	0	34	149	41	16	14	5	0	0	2	9	1	20	1	0	3	2	.600	0	0	3.71
1994	St. Lucie	A	3	0	0	1	4.2	17	4	0	0	0	0	0	0	0	0	6	0	0	1	0	1.000	0	1	0.00
	Norfolk	AAA	19	2	1	2	36.2	151	25	16	15	0	1	0	0	17	2	31	2	0	3	1	.750	1	1	3.68
1990	San Francisco	NL	7	4	0	1	19.2	94	24	14	12	2	0	0	0	11	1	14	0	0	1	2	.333	0	0	5.49
1991	San Francisco	NL	2	0	0	1	3.1	18	6	4	2	0	0	0	0	1	0	2	0	0	0	0	.000	0	1	5.40
1992	Seattle	AL	9	0	0	4	9.1	45	12	12	9	1	0	2	1	5	3	2	0	2	2	1	.667	0	0	8.68
1994	New York	NL	14	0	0	3	9	31	5	0	0	0	2	0	0	4	0	7	0	0	0	0	.000	0	0	0.00
	4 ML YEARS		32	4	0	9	41.1	188	47	30	23	3	2	2	1	21	4	22	0	2	3	3	.500	0	1	5.01

Mark Guthrie

Pitches: Left **Bats:** Right **Pos:** RP **Ht:** 6' 4" **Wt:** 206 **Born:** 09/22/65 **Age:** 29

			HOW MUCH HE PITCHED					WHAT HE GAVE UP									THE RESULTS				
Year	Team	Lg	G	GS	CG	GF	IP	BFP	H	R	ER	HR	SH	SF	HB	TBB	IBB	SO	WP	Bk	W	L	Pct.	ShO	Sv	ERA
1989	Minnesota	AL	13	8	0	2	57.1	254	66	32	29	7	1	5	1	21	1	38	1	0	2	4	.333	0	0	4.55
1990	Minnesota	AL	24	21	3	0	144.2	603	154	65	61	8	6	0	1	39	3	101	9	0	7	9	.438	1	0	3.79
1991	Minnesota	AL	41	12	0	13	98	432	116	52	47	11	4	3	1	41	2	72	7	0	7	5	.583	0	2	4.32
1992	Minnesota	AL	54	0	0	15	75	303	59	27	24	7	4	2	0	23	7	76	2	0	2	3	.400	0	5	2.88
1993	Minnesota	AL	22	0	0	2	21	94	20	11	11	2	1	2	0	16	2	15	1	3	2	1	.667	0	0	4.71
1994	Minnesota	AL	50	2	0	13	51.1	234	65	43	35	8	2	6	2	18	2	38	7	0	4	2	.667	0	1	6.14
	6 ML YEARS		204	43	3	45	447.1	1920	480	230	207	43	18	18	5	158	17	340	27	3	24	24	.500	1	8	4.16

Ricky Gutierrez

Bats: Right **Throws:** Right **Pos:** SS **Ht:** 6' 1" **Wt:** 175 **Born:** 05/23/70 **Age:** 25

							BATTING											BASERUNNING				PERCENTAGES		
Year	Team	Lg	G	AB	H	2B	3B	HR	(Hm	Rd)	TB	R	RBI	TBB	IBB	SO	HBP	SH	SF	SB	CS	SB%	GDP	Avg	OBP	SLG
1988	Bluefield	R	62	208	51	8	2	0	--	--	69	35	19	44	0	40	5	2	4	5	3	.63	4	.245	.383	.332
1989	Frederick	A	127	456	106	16	2	3	--	--	135	48	41	39	2	86	3	1	5	15	10	.60	12	.232	.294	.296
1990	Hagerstown	AA	20	64	15	0	1	0	--	--	17	4	6	3	0	8	0	1	1	2	0	1.00	2	.234	.265	.266
	Frederick	A	112	425	117	16	4	1	--	--	144	54	46	38	0	59	6	9	3	12	6	.67	11	.275	.341	.339
1991	Hagerstown	AA	84	292	69	6	4	0	--	--	83	47	30	57	0	52	2	3	2	11	0	1.00	8	.236	.363	.284
	Rochester	AAA	49	157	48	5	3	0	--	--	59	23	15	24	1	27	0	3	1	4	1	.80	3	.306	.396	.376
1992	Rochester	AAA	125	431	109	9	3	0	--	--	124	54	41	53	2	77	0	3	5	14	12	.54	12	.253	.331	.288
	Las Vegas	AAA	3	6	1	0	0	0	--	--	1	0	1	1	0	3	0	0	0	0	0	.00	0	.167	.250	.167
1993	Las Vegas	AAA	5	24	10	4	0	0	--	--	14	4	4	0	0	4	0	0	0	4	0	1.00	0	.417	.417	.583
1993	San Diego	NL	133	438	110	10	5	5	(5	0)	145	76	26	50	2	97	5	1	1	4	3	.57	7	.251	.334	.331
1994	San Diego	NL	90	275	66	11	2	1	(1	0)	84	27	28	32	1	54	2	2	3	2	6	.25	8	.240	.321	.305
	2 ML YEARS		223	713	176	21	7	6	(6	0)	229	103	54	82	3	151	7	3	4	6	9	.40	15	.247	.329	.321

Jose Guzman

Pitches: Right **Bats:** Right **Pos:** SP **Ht:** 6' 3" **Wt:** 195 **Born:** 04/09/63 **Age:** 32

			HOW MUCH HE PITCHED					WHAT HE GAVE UP									THE RESULTS				
Year	Team	Lg	G	GS	CG	GF	IP	BFP	H	R	ER	HR	SH	SF	HB	TBB	IBB	SO	WP	Bk	W	L	Pct.	ShO	Sv	ERA
1994	Orlando *	AA	1	1	0	0	5	19	3	1	1	0	0	0	0	3	0	4	0	0	0	0	.000	0	0	1.80
1985	Texas	AL	5	5	0	0	32.2	143	27	13	10	3	0	0	0	14	1	24	1	0	3	2	.600	0	0	2.76
1986	Texas	AL	29	29	2	0	172.1	757	199	101	87	23	7	4	6	60	2	87	3	0	9	15	.375	0	0	4.54
1987	Texas	AL	37	30	6	1	208.1	880	196	115	108	30	6	8	3	82	0	143	6	5	14	14	.500	0	0	4.67
1988	Texas	AL	30	30	6	0	206.2	876	180	99	85	20	4	6	5	82	3	157	10	12	11	13	.458	2	0	3.70
1991	Texas	AL	25	25	5	0	169.2	730	152	67	58	10	2	3	4	84	1	125	8	1	13	7	.650	1	0	3.08
1992	Texas	AL	33	33	5	0	224	947	229	103	91	17	9	7	4	73	0	179	6	0	16	11	.593	0	0	3.66
1993	Chicago	NL	30	30	2	0	191	819	188	98	92	25	8	5	3	74	6	163	6	5	12	10	.545	1	0	4.34
1994	Chicago	NL	4	4	0	0	19.2	93	22	20	20	1	2	1	1	13	0	11	1	0	2	2	.500	0	0	9.15
	8 ML YEARS		193	186	26	1	1224.1	5242	1193	616	551	129	38	34	26	482	13	889	41	23	80	74	.519	4	0	4.05

Juan Guzman

Pitches: Right **Bats:** Right **Pos:** SP **Ht:** 5'11" **Wt:** 195 **Born:** 10/28/66 **Age:** 28

			HOW MUCH HE PITCHED					WHAT HE GAVE UP									THE RESULTS				
Year	Team	Lg	G	GS	CG	GF	IP	BFP	H	R	ER	HR	SH	SF	HB	TBB	IBB	SO	WP	Bk	W	L	Pct.	ShO	Sv	ERA
1991	Toronto	AL	23	23	1	0	138.2	574	98	53	46	6	2	5	4	66	0	123	10	0	10	3	.769	0	0	2.99
1992	Toronto	AL	28	28	1	0	180.2	733	135	56	53	6	5	3	3	72	2	165	14	2	16	5	.762	0	0	2.64
1993	Toronto	AL	33	33	2	0	221	963	211	107	98	17	5	9	3	110	2	194	26	1	14	3	.824	1	0	3.99
1994	Toronto	AL	25	25	2	0	147.1	671	165	102	93	20	1	6	1	76	1	124	13	1	12	11	.522	0	0	5.68
	4 ML YEARS		109	109	6	0	687.2	2941	609	318	290	49	13	23	11	324	5	606	63	4	52	22	.703	1	0	3.80

Chris Gwynn

Bats: Left **Throws:** Left **Pos:** LF **Ht:** 6' 0" **Wt:** 220 **Born:** 10/13/64 **Age:** 30

							BATTING											BASERUNNING				PERCENTAGES		
Year	Team	Lg	G	AB	H	2B	3B	HR	(Hm | Rd)	TB	R	RBI	TBB	IBB	SO	HBP	SH	SF	SB	CS	SB%	GDP	Avg	OBP	SLG
1987	Los Angeles	NL	17	32	7	1	0	0	(0 | 0)	8	2	2	1	0	7	0	1	0	0	0	.00	0	.219	.242	.250
1988	Los Angeles	NL	12	11	2	0	0	0	(0 | 0)	2	1	1	0	0	2	0	0	0	0	0	.00	0	.182	.250	.182
1989	Los Angeles	NL	32	68	16	4	1	0	(0 | 0)	22	8	7	2	0	9	0	2	1	1	0	1.00	1	.235	.254	.324
1990	Los Angeles	NL	101	141	40	2	1	5	(0 | 5)	59	19	22	7	2	28	0	0	3	0	1	.00	2	.284	.311	.418
1991	Los Angeles	NL	94	139	35	5	1	5	(3 | 2)	57	18	22	10	1	23	1	1	3	1	0	1.00	5	.252	.301	.410
1992	Kansas City	AL	34	84	24	3	2	1	(0 | 1)	34	10	7	3	0	10	0	1	2	0	0	.00	0	.286	.303	.405
1993	Kansas City	AL	103	287	86	14	4	1	(0 | 1)	111	36	25	24	5	34	1	2	2	0	1	.00	7	.300	.354	.387
1994	Los Angeles	NL	58	71	19	0	0	3	(0 | 3)	28	9	13	7	0	7	0	0	0	0	2	.00	1	.268	.333	.394
	8 ML YEARS		451	833	229	29	9	15	(3 | 12)	321	103	98	55	8	120	2	7	11	2	4	.33	17	.275	.317	.385

Tony Gwynn

Bats: Left **Throws:** Left **Pos:** RF **Ht:** 5'11" **Wt:** 215 **Born:** 05/09/60 **Age:** 35

Year	Team	Lg	G	AB	H	2B	3B	HR	(Hm	Rd)	TB	R	RBI	TBB	IBB	SO	HBP	SH	SF	SB	CS	SB%	GDP	Avg	OBP	SLG
1982	San Diego	NL	54	190	55	12	2	1	(0	1)	74	33	17	14	0	16	0	4	1	8	3	.73	5	.289	.337	.389
1983	San Diego	NL	86	304	94	12	2	1	(0	1)	113	34	37	23	5	21	0	4	3	7	4	.64	9	.309	.355	.372
1984	San Diego	NL	158	606	213	21	10	5	(3	2)	269	88	71	59	13	23	2	6	2	33	18	.65	15	.351	.410	.444
1985	San Diego	NL	154	622	197	29	5	6	(3	3)	254	90	46	45	4	33	2	1	1	14	11	.56	17	.317	.364	.408
1986	San Diego	NL	160	642	211	33	7	14	(8	6)	300	107	59	52	11	35	3	2	2	37	9	.80	20	.329	.381	.467
1987	San Diego	NL	157	589	218	36	13	7	(5	2)	301	119	54	82	26	35	3	2	4	56	12	.82	13	.370	.447	.511
1988	San Diego	NL	133	521	163	22	5	7	(3	4)	216	64	70	51	13	40	0	4	2	26	11	.70	11	.313	.373	.415
1989	San Diego	NL	158	604	203	27	7	4	(3	1)	256	82	62	56	16	30	1	11	7	40	16	.71	12	.336	.389	.424
1990	San Diego	NL	141	573	177	29	10	4	(2	2)	238	79	72	44	20	23	1	7	4	17	8	.68	13	.309	.357	.415
1991	San Diego	NL	134	530	168	27	11	4	(1	3)	229	69	62	34	8	19	0	0	5	8	8	.50	11	.317	.355	.432
1992	San Diego	NL	128	520	165	27	3	6	(4	2)	216	77	41	46	12	16	0	0	3	3	6	.33	13	.317	.371	.415
1993	San Diego	NL	122	489	175	41	3	7	(4	3)	243	70	59	36	11	19	1	1	7	14	1	.93	18	.358	.398	.497
1994	San Diego	NL	110	419	165	35	1	12	(4	8)	238	79	64	48	16	19	2	1	5	5	0	1.00	20	.394	.454	.568
	13 ML YEARS		1695	6609	2204	351	79	78	(40	38)	2947	991	714	590	155	329	15	43	46	268	107	.71	177	.333	.387	.446

John Habyan

Pitches: Right **Bats:** Right **Pos:** RP **Ht:** 6'2" **Wt:** 195 **Born:** 01/29/64 **Age:** 31

Year	Team	Lg	G	GS	CG	GF	IP	BFP	H	R	ER	HR	SH	SF	HB	TBB	IBB	SO	WP	Bk	W	L	Pct.	ShO	Sv	ERA
1985	Baltimore	AL	2	0	0	1	2.2	12	3	1	0	0	0	0	0	0	0	2	0	0	1	0	1.000	0	0	0.00
1986	Baltimore	AL	6	5	0	1	26.1	117	24	17	13	3	2	1	0	18	2	14	1	0	1	3	.250	0	0	4.44
1987	Baltimore	AL	27	13	0	4	116.1	493	110	67	62	20	4	4	2	40	1	64	3	0	6	7	.462	0	1	4.80
1988	Baltimore	AL	7	0	0	1	14.2	68	22	10	7	2	0	2	0	4	0	4	1	1	1	0	1.000	0	0	4.30
1990	New York	AL	6	0	0	1	8.2	37	10	2	2	0	0	0	1	2	0	4	1	0	0	0	.000	0	0	2.08
1991	New York	AL	66	0	0	16	90	349	73	28	23	2	2	1	2	20	2	70	1	2	4	2	.667	0	2	2.30
1992	New York	AL	56	0	0	20	72.2	316	84	32	31	6	5	3	2	21	5	44	2	1	5	6	.455	0	7	3.84
1993	2 ML Teams		48	0	0	23	56.1	239	59	27	26	6	0	2	0	20	4	39	0	2	2	1	.667	0	1	4.15
1994	St. Louis	NL	52	0	0	10	47.1	204	50	17	17	2	2	0	0	20	8	46	4	0	1	0	1.000	0	1	3.23
1993	New York	AL	36	0	0	21	42.1	181	45	20	19	5	0	2	0	16	2	29	0	2	2	1	.667	0	1	4.04
	Kansas City	AL	12	0	0	2	14	58	14	7	7	1	0	0	0	4	2	10	0	0	0	0	.000	0	0	4.50
	9 ML YEARS		270	18	0	77	435	1835	435	201	181	41	15	13	7	145	22	287	13	6	21	19	.525	0	12	3.74

Chip Hale

Bats: Left **Throws:** Right **Pos:** 3B **Ht:** 5'11" **Wt:** 191 **Born:** 12/02/64 **Age:** 30

Year	Team	Lg	G	AB	H	2B	3B	HR	(Hm	Rd)	TB	R	RBI	TBB	IBB	SO	HBP	SH	SF	SB	CS	SB%	GDP	Avg	OBP	SLG
1989	Minnesota	AL	28	67	14	3	0	0	(0	0)	17	6	4	1	0	6	0	1	2	0	0	.00	0	.209	.214	.254
1990	Minnesota	AL	1	2	0	0	0	0	(0	0)	0	0	2	0	0	1	0	0	2	0	0	.00	0	.000	.000	.000
1993	Minnesota	AL	69	186	62	6	1	3	(1	2)	79	25	27	18	0	17	6	2	1	2	1	.67	3	.333	.408	.425
1994	Minnesota	AL	67	118	31	9	0	1	(0	1)	43	13	11	16	1	14	1	1	2	0	2	.00	2	.263	.350	.364
	4 ML YEARS		165	373	107	18	1	4	(1	3)	139	44	44	35	1	38	7	4	7	2	3	.40	5	.287	.353	.373

Darren Hall

Pitches: Right **Bats:** Right **Pos:** RP **Ht:** 6'3" **Wt:** 205 **Born:** 07/14/64 **Age:** 30

Year	Team	Lg	G	GS	CG	GF	IP	BFP	H	R	ER	HR	SH	SF	HB	TBB	IBB	SO	WP	Bk	W	L	Pct.	ShO	Sv	ERA
1986	Medicne Hat	R	17	16	1	0	89.1	0	91	64	38	3	0	0	3	47	0	60	12	0	5	7	.417	1	0	3.83
1987	Myrtle Bch	A	41	0	0	28	66.2	288	57	31	26	7	7	2	0	28	5	68	1	0	5	5	.500	0	6	3.51
1988	Dunedin	A	4	0	0	2	9.1	39	6	2	2	0	0	0	1	5	3	15	2	0	1	1	.500	0	1	1.93
	Knoxville	AA	37	0	0	35	40.1	172	28	11	10	3	2	2	2	17	1	33	6	1	3	2	.600	0	17	2.23
1989	Dunedin	A	16	14	0	0	51	222	46	25	20	2	1	1	3	21	0	42	3	1	1	4	.200	0	0	3.53
	Knoxville	AA	13	0	0	8	19.2	92	21	12	8	2	1	0	1	10	0	10	3	0	0	2	.000	0	1	3.66
1990	Knoxville	AA	28	0	0	13	33.1	161	29	23	18	6	4	1	1	33	6	28	7	1	3	5	.375	0	1	4.86
1991	Knoxville	AA	42	0	0	24	69.1	287	56	23	20	4	6	3	2	27	2	78	9	0	5	3	.625	0	2	2.60
1992	Syracuse	AAA	55	0	0	26	69	301	62	36	33	5	3	1	2	35	2	49	11	0	4	6	.400	0	5	4.30
1993	Syracuse	AAA	60	0	0	41	79.1	347	75	51	47	10	7	4	4	31	2	68	5	1	6	7	.462	0	13	5.33
1994	Syracuse	AAA	6	0	0	6	5.2	25	5	2	1	0	0	0	1	2	0	7	0	0	1	0	1.000	0	3	1.59
1994	Toronto	AL	30	0	0	28	31.2	131	26	12	12	3	0	1	0	14	1	28	1	0	2	3	.400	0	17	3.41

Joe Hall

Bats: Right **Throws:** Right **Pos:** LF **Ht:** 6' 0" **Wt:** 180 **Born:** 03/06/66 **Age:** 29

					BATTING													BASERUNNING				PERCENTAGES		
Year	Team	Lg	G	AB	H	2B	3B	HR	(Hm	Rd)	TB	R	RBI	TBB	IBB	SO	HBP	SH	SF	SB	CS	SB%	GDP	Avg	OBP	SLG
1988	Hamilton	A	70	274	78	9	1	2	--	--	95	46	37	30	1	37	5	1	2	30	8	.79	6	.285	.363	.347
	Springfield	A	1	1	0	0	0	0	--	--	0	0	0	0	0	1	0	0	0	0	0	.00	0	.000	.000	.000
1989	St.Pete	A	134	504	147	9	3	0	--	--	162	72	54	60	2	57	8	3	9	45	28	.62	11	.292	.370	.321
1990	Arkansas	AA	115	399	108	14	4	4	--	--	142	44	44	35	4	41	3	2	6	21	14	.60	7	.271	.330	.356
1991	Vancouver	AAA	118	427	106	16	1	4	--	--	136	41	39	23	2	45	4	3	4	11	11	.50	18	.248	.290	.319
1992	Vancouver	AAA	112	367	104	19	7	6	--	--	155	46	56	60	1	44	4	10	3	11	5	.69	15	.283	.387	.422
1993	Nashville	AAA	116	424	123	33	5	10	--	--	196	66	58	52	3	56	4	1	2	10	9	.53	14	.290	.371	.462
1994	Birmingham	AA	19	67	14	6	0	0	--	--	20	9	6	15	0	11	1	0	1	0	0	.00	4	.209	.357	.299
	Nashville	AAA	22	72	21	7	0	4	--	--	40	14	21	16	1	10	2	0	2	0	0	.00	1	.292	.424	.556
1994	Chicago	AL	17	28	11	3	0	1	(1	0)	17	6	5	2	0	4	1	0	0	0	0	.00	2	.393	.452	.607

Bob Hamelin

Bats: Left **Throws:** Left **Pos:** DH/1B **Ht:** 6' 0" **Wt:** 235 **Born:** 11/29/67 **Age:** 27

					BATTING													BASERUNNING				PERCENTAGES		
Year	Team	Lg	G	AB	H	2B	3B	HR	(Hm	Rd)	TB	R	RBI	TBB	IBB	SO	HBP	SH	SF	SB	CS	SB%	GDP	Avg	OBP	SLG
1988	Eugene	A	70	235	70	19	1	17	--	--	142	42	61	56	4	67	5	0	8	9	1	.90	7	.298	.431	.604
1989	Memphis	AA	68	211	65	12	5	16	--	--	135	45	47	52	7	52	5	0	1	3	6	.33	2	.308	.454	.640
1990	Omaha	AAA	90	271	63	11	2	8	--	--	102	31	30	62	5	78	4	1	2	2	2	.50	1	.232	.381	.376
1991	Omaha	AAA	37	127	24	3	1	4	--	--	41	13	19	16	0	32	0	1	4	0	0	.00	4	.189	.272	.323
1992	Baseball Cy	A	11	44	12	0	1	1	--	--	17	7	6	2	0	11	0	0	0	0	0	.00	0	.273	.304	.386
	Memphis	AA	35	120	40	8	0	6	--	--	66	23	22	26	2	17	0	0	0	0	1	.00	2	.333	.452	.550
	Omaha	AAA	27	95	19	3	1	5	--	--	39	9	15	14	0	15	0	0	3	0	0	.00	1	.200	.295	.411
1993	Omaha	AAA	137	479	124	19	3	29	--	--	236	77	84	82	9	94	5	0	9	8	3	.73	6	.259	.367	.493
1993	Kansas City	AL	16	49	11	3	0	2	(1	1)	20	2	5	6	0	15	0	0	0	0	0	.00	2	.224	.309	.408
1994	Kansas City	AL	101	312	88	25	1	24	(13	11)	187	64	65	56	3	62	1	0	5	4	3	.57	4	.282	.388	.599
	2 ML YEARS		117	361	99	28	1	26	(14	12)	207	66	70	62	3	77	1	0	5	4	3	.57	6	.274	.378	.573

Darryl Hamilton

Bats: Left **Throws:** Right **Pos:** CF **Ht:** 6' 1" **Wt:** 180 **Born:** 12/03/64 **Age:** 30

					BATTING													BASERUNNING				PERCENTAGES		
Year	Team	Lg	G	AB	H	2B	3B	HR	(Hm | Rd)	TB	R	RBI	TBB	IBB	SO	HBP	SH	SF	SB	CS	SB%	GDP	Avg	OBP	SLG
1988	Milwaukee	AL	44	103	19	4	0	1	(1 | 0)	26	14	11	12	0	9	1	0	1	7	3	.70	2	.184	.274	.252
1990	Milwaukee	AL	89	156	46	5	0	1	(1 | 0)	54	27	18	9	0	12	0	3	0	10	3	.77	2	.295	.333	.346
1991	Milwaukee	AL	122	405	126	15	6	1	(0 | 1)	156	64	57	33	2	38	0	7	3	16	6	.73	10	.311	.361	.385
1992	Milwaukee	AL	128	470	140	19	7	5	(1 | 4)	188	67	62	45	0	42	1	4	7	41	14	.75	10	.298	.356	.400
1993	Milwaukee	AL	135	520	161	21	1	9	(5 | 4)	211	74	48	45	5	62	3	4	1	21	13	.62	9	.310	.367	.406
1994	Milwaukee	AL	36	141	37	10	1	1	(0 | 1)	52	23	13	15	1	17	0	2	1	3	0	1.00	2	.262	.331	.369
	6 ML YEARS		554	1795	529	74	15	18	(8 | 10)	687	269	209	159	8	180	5	20	13	98	39	.72	35	.295	.351	.383

Joey Hamilton

Pitches: Right **Bats:** Right **Pos:** SP **Ht:** 6' 4" **Wt:** 220 **Born:** 09/09/70 **Age:** 24

			HOW MUCH HE PITCHED					WHAT HE GAVE UP										THE RESULTS					
Year	Team	Lg	G	GS	CG	GF	IP	BFP	H	R	ER	HR	SH	SF	HB	TBB	IBB	SO	WP	Bk	W	L	Pct.	ShO	Sv	ERA
1992	Chston-Sc	A	7	7	0	0	34.2	146	37	24	13	2	0	0	4	0	35	6	4	2	2	.500	0	0	3.37
	High Desert	A	9	8	0	0	49.1	211	46	20	15	0	1	0	0	18	0	43	2	2	4	3	.571	0	0	2.74
	Wichita	AA	6	6	0	0	34.2	141	33	12	11	2	0	1	1	11	1	26	1	0	3	0	1.000	0	0	2.86
1993	Rancho Cuca	A	2	2	0	0	11	49	11	5	5	0	0	1	1	2	0	6	0	0	1	0	1.000	0	0	4.09
	Wichita	AA	15	15	0	0	90.2	408	101	55	40	3	1	1	5	36	2	50	2	1	4	9	.308	0	0	3.97
	Las Vegas	AAA	8	8	0	0	47	213	49	25	23	0	2	1	4	22	1	33	6	0	3	2	.600	0	0	4.40
1994	Las Vegas	AAA	9	9	1	0	59.1	256	69	25	18	2	0	1	0	22	0	32	3	0	3	5	.375	1	0	2.73
1994	San Diego	NL	16	16	1	0	108.2	447	98	40	36	7	4	2	6	29	3	61	6	0	9	6	.600	1	0	2.98

Atlee Hammaker

Pitches: Left **Bats:** Both **Pos:** RP **Ht:** 6' 2" **Wt:** 204 **Born:** 01/24/58 **Age:** 37

			HOW MUCH HE PITCHED					WHAT HE GAVE UP										THE RESULTS					
Year	Team	Lg	G	GS	CG	GF	IP	BFP	H	R	ER	HR	SH	SF	HB	TBB	IBB	SO	WP	Bk	W	L	Pct.	ShO	Sv	ERA
1994	Birmingham *	AA	13	0	0	5	18	80	13	11	4	1	0	0	1	10	1	17	1	0	1	0	1.000	0	0	2.00
	Nashville *	AAA	21	0	0	9	29	123	24	9	9	2	2	0	0	7	1	29	0	0	2	1	.667	0	3	2.79
1981	Kansas City	AL	10	6	0	2	39	169	44	24	24	2	1	0	0	12	1	11	0	1	1	3	.250	0	0	5.54
1982	San Francisco	NL	29	27	4	0	175	725	189	86	80	16	12	4	2	28	8	102	2	4	12	8	.600	1	0	4.11
1983	San Francisco	NL	23	23	8	0	172.1	695	147	57	43	9	10	4	3	32	12	127	6	2	10	9	.526	3	0	**2.25**
1984	San Francisco	NL	6	6	0	0	33	139	32	10	8	2	3	2	0	9	1	24	0	2	2	0	1.000	0	0	2.18
1985	San Francisco	NL	29	29	1	0	170.2	713	161	81	71	17	8	6	0	47	5	100	4	0	5	12	.294	1	0	3.74

Year Team	Lg	G	GS	CG	GF	IP	BFP	H	R	ER	HR	SH	SF	HB	TBB	IBB	SO	WP	Bk	W	L	Pct.	ShO	Sv	ERA
1987 San Francisco	NL	31	27	2	1	168.1	706	159	73	67	22	3	3	3	57	10	107	8	7	10	10	.500	0	0	3.58
1988 San Francisco	NL	43	17	3	11	144.2	607	136	68	60	11	10	4	3	41	9	65	1	2	9	9	.500	1	5	3.73
1989 San Francisco	NL	28	9	0	5	76.2	322	78	34	32	5	6	4	1	23	2	30	1	2	6	6	.500	0	0	3.76
1990 2 ML Teams		34	7	0	8	86.2	363	85	44	42	8	4	4	0	27	5	44	4	2	4	9	.308	0	0	4.36
1991 San Diego	NL	1	1	0	0	4.2	27	8	7	3	0	2	0	0	3	0	1	1	0	0	1	.000	0	0	5.79
1994 Chicago	AL	2	0	0	0	1.1	5	1	0	0	0	0	0	0	0	0	1	1	0	0	0	.000	0	0	0.00
1990 San Francisco	NL	25	6	0	5	67.1	282	69	33	32	7	4	4	0	21	4	28	3	1	4	5	.444	0	0	4.28
San Diego	NL	9	1	0	3	19.1	81	16	11	10	1	0	0	0	6	1	16	1	1	0	4	.000	0	0	4.66
11 ML YEARS		236	152	18	27	1072.1	4471	1040	484	430	92	60	32	12	279	53	612	28	26	59	67	.468	6	5	3.61

Chris Hammond

Pitches: Left **Bats:** Left **Pos:** SP **Ht:** 6' 1" **Wt:** 195 **Born:** 01/21/66 **Age:** 29

Year Team	Lg	G	GS	CG	GF	IP	BFP	H	R	ER	HR	SH	SF	HB	TBB	IBB	SO	WP	Bk	W	L	Pct.	ShO	Sv	ERA
1994 Portland *	AA	1	1	0	0	2	7	0	0	0	0	0	0	0	0	0	2	0	0	0	0	.000	0	0	0.00
Brevard Cty *	A	2	2	0	0	7.1	30	4	3	1	0	0	2	0	3	0	5	0	0	0	0	.000	0	0	1.23
1990 Cincinnati	NL	3	3	0	0	11.1	56	13	9	8	2	1	0	0	12	1	4	1	3	0	2	.000	0	0	6.35
1991 Cincinnati	NL	20	18	0	0	99.2	425	92	51	45	4	6	1	2	48	3	50	3	0	7	7	.500	0	0	4.06
1992 Cincinnati	NL	28	26	0	1	147.1	627	149	75	69	13	5	3	3	55	6	79	6	0	7	10	.412	0	0	4.21
1993 Florida	NL	32	32	1	0	191	826	207	106	99	18	10	3	2	66	2	108	10	5	11	12	.478	0	0	4.66
1994 Florida	NL	13	13	1	0	73.1	312	79	30	25	5	5	2	1	23	1	40	3	0	4	4	.500	1	0	3.07
5 ML YEARS		96	92	2	1	522.2	2246	540	271	246	42	27	8	7	204	13	281	23	8	29	35	.453	1	0	4.24

Jeffrey Hammonds

Bats: Right **Throws:** Right **Pos:** RF **Ht:** 6' 0" **Wt:** 195 **Born:** 03/05/71 **Age:** 24

Year Team	Lg	G	AB	H	2B	3B	HR	(Hm	Rd)	TB	R	RBI	TBB	IBB	SO	HBP	SH	SF	SB	CS	SB%	GDP	Avg	OBP	SLG
1993 Rochester	AAA	36	151	47	9	1	5	--	--	73	25	23	5	0	27	2	2	1	6	3	.67	1	.311	.338	.483
Bowie	AA	24	92	26	3	0	3	--	--	38	13	10	9	0	18	2	1	1	4	3	.57	1	.283	.356	.413
1993 Baltimore	AL	33	105	32	8	0	3	(2	1)	49	10	19	2	1	16	0	1	2	4	0	1.00	3	.305	.312	.467
1994 Baltimore	AL	68	250	74	18	2	8	(6	2)	120	45	31	17	1	39	2	0	5	5	0	1.00	3	.296	.339	.480
2 ML YEARS		101	355	106	26	2	11	(8	3)	169	55	50	19	2	55	2	1	7	9	0	1.00	6	.299	.332	.476

Mike Hampton

Pitches: Left **Bats:** Right **Pos:** RP **Ht:** 5'10" **Wt:** 180 **Born:** 09/09/72 **Age:** 22

Year Team	Lg	G	GS	CG	GF	IP	BFP	H	R	ER	HR	SH	SF	HB	TBB	IBB	SO	WP	Bk	W	L	Pct.	ShO	Sv	ERA
1990 Mariners	R	14	13	0	0	64.1	292	49	32	19	0	1	2	5	40	0	60	10	6	7	2	.778	0	0	2.66
1991 San Berndno	A	18	15	1	1	73.2	341	71	58	43	3	2	1	6	47	1	57	12	3	1	7	.125	0	0	5.25
Bellingham	A	9	9	0	0	57	225	32	15	10	0	2	0	0	26	0	65	6	3	5	2	.714	0	0	1.58
1992 San Berndno	A	25	25	6	0	170	720	163	75	59	8	4	8	3	66	1	132	10	4	13	8	.619	2	0	3.12
Jacksonville	AA	2	2	1	0	10.1	42	13	5	5	0	0	0	0	1	0	6	0	0	0	1	.000	0	0	4.35
1993 Jacksonville	AA	15	14	1	1	87.1	356	71	43	36	3	2	1	4	33	1	84	6	1	6	4	.600	0	0	3.71
1993 Seattle	AL	13	3	0	2	17	95	28	20	18	3	1	1	0	17	3	8	1	1	1	3	.250	0	1	9.53
1994 Houston	NL	44	0	0	7	41.1	181	46	19	17	4	0	0	2	16	1	24	5	1	2	1	.667	0	0	3.70
2 ML YEARS		57	3	0	9	58.1	276	74	39	35	7	1	1	2	33	4	32	6	2	3	4	.429	0	1	5.40

Chris Haney

Pitches: Left **Bats:** Left **Pos:** SP **Ht:** 6' 3" **Wt:** 195 **Born:** 11/16/68 **Age:** 26

Year Team	Lg	G	GS	CG	GF	IP	BFP	H	R	ER	HR	SH	SF	HB	TBB	IBB	SO	WP	Bk	W	L	Pct.	ShO	Sv	ERA
1994 Omaha *	AAA	18	18	1	0	104.2	483	125	67	61	1	2	6	2	37	0	78	12	1	8	7	.533	0	0	5.25
1991 Montreal	NL	16	16	0	0	84.2	387	94	49	38	6	6	1	1	43	1	51	9	0	3	7	.300	0	0	4.04
1992 2 ML Teams		16	13	2	2	80	339	75	43	41	11	0	6	4	26	2	54	5	1	4	6	.400	2	0	4.61
1993 Kansas City	AL	23	23	1	0	124	556	141	83	83	13	3	4	3	53	2	65	6	1	9	9	.500	1	0	6.02
1994 Kansas City	AL	6	6	0	0	28.1	127	36	25	23	2	3	4	1	11	1	18	2	0	2	2	.500	0	0	7.31
1992 Montreal	NL	9	6	1	0	38	165	40	25	23	6	0	3	4	10	0	27	5	1	2	3	.400	1	0	5.45
Kansas City	AL	7	7	1	0	42	174	35	18	18	5	0	3	0	16	2	27	0	0	2	3	.400	1	0	3.86
4 ML YEARS		61	58	3	2	317	1409	346	204	185	32	12	15	9	133	6	188	22	2	18	24	.429	3	0	5.25

Todd Haney

Bats: Right **Throws:** Right **Pos:** 2B **Ht:** 5' 9" **Wt:** 165 **Born:** 07/30/65 **Age:** 29

Year Team	Lg	G	AB	H	2B	3B	HR	(Hm	Rd)	TB	R	RBI	TBB	IBB	SO	HBP	SH	SF	SB	CS	SB%	GDP	Avg	OBP	SLG
1987 Bellingham	A	66	252	64	11	2	5	--	--	94	57	27	44	0	33	2	1	2	18	10	.64	1	.254	.367	.373
1988 Wausau	A	132	452	127	23	2	7	--	--	175	66	52	56	0	54	7	8	2	35	10	.78	7	.281	.368	.387
1989 San Berndno	A	25	107	27	5	0	0	--	--	32	10	7	7	0	14	0	0	1	2	3	.40	2	.252	.296	.299
Williamsport	AA	115	401	108	20	4	2	--	--	142	59	31	49	2	43	5	7	3	13	8	.62	7	.269	.354	.354

Year	Team	Lg	G	AB	H	2B	3B	HR	(Hm	Rd)	TB	R	RBI	TBB	IBB	SO	HBP	SH	SF	SB	CS	SB%	GDP	Avg	OBP	SLG
1990	Williamsprt	AA	1	2	1	1	0	0	--	--	2	0	0	1	0	0	0	0	0	0	0	.00	1	.500	.667	1.000
	Calgary	AAA	108	419	142	15	6	1	--	--	172	81	36	37	1	38	4	6	0	16	11	.59	11	.339	.398	.411
1991	Indianapols	AAA	132	510	159	32	3	2	--	--	203	68	39	47	3	49	9	7	4	11	10	.52	7	.312	.377	.398
1992	Indianapols	AAA	57	200	53	14	0	6	--	--	85	30	33	37	0	34	1	3	2	1	0	1.00	2	.265	.379	.425
1993	Ottawa	AAA	136	506	147	30	4	3	--	--	194	69	46	36	1	56	3	5	2	11	8	.58	15	.291	.340	.383
1994	Iowa	AAA	83	305	89	22	1	3	--	--	122	48	35	28	0	29	8	3	2	9	6	.60	8	.292	.364	.400
1992	Montreal	NL	7	10	3	1	0	0	(0	0)	4	0	1	0	0	0	0	1	0	0	0	.00	1	.300	.300	.400
1994	Chicago	NL	17	37	6	0	0	1	(0	1)	9	6	2	3	0	3	1	1	1	2	1	.67	0	.162	.238	.243
	2 ML YEARS		24	47	9	1	0	1	(0	1)	13	6	3	3	0	3	1	2	1	2	1	.67	1	.191	.250	.277

Dave Hansen

Bats: Left Throws: Right Pos: 3B Ht: 6' 0" Wt: 195 Born: 11/24/68 Age: 26

Year	Team	Lg	G	AB	H	2B	3B	HR	(Hm	Rd)	TB	R	RBI	TBB	IBB	SO	HBP	SH	SF	SB	CS	SB%	GDP	Avg	OBP	SLG
1990	Los Angeles	NL	5	7	1	0	0	0	(0	0)	1	0	1	0	0	3	0	0	0	0	0	.00	0	.143	.143	.143
1991	Los Angeles	NL	53	56	15	4	0	1	(0	1)	22	3	5	2	0	12	0	0	0	1	0	1.00	2	.268	.293	.393
1992	Los Angeles	NL	132	341	73	11	0	6	(1	5)	102	30	22	34	3	49	1	0	2	0	2	.00	9	.214	.286	.299
1993	Los Angeles	NL	84	105	38	3	0	4	(2	2)	53	13	30	21	3	13	0	0	1	0	1	.00	0	.362	.465	.505
1994	Los Angeles	NL	40	44	15	3	0	0	(0	0)	18	3	5	5	0	5	0	0	0	0	0	.00	0	.341	.408	.409
	5 ML YEARS		314	553	142	21	0	11	(3	8)	196	49	63	62	6	82	1	0	3	1	3	.25	11	.257	.331	.354

Erik Hanson

Pitches: Right Bats: Right Pos: SP Ht: 6' 6" Wt: 215 Born: 05/18/65 Age: 30

Year	Team	Lg	G	GS	CG	GF	IP	BFP	H	R	ER	HR	SH	SF	HB	TBB	IBB	SO	WP	Bk	W	L	Pct.	ShO	Sv	ERA
1988	Seattle	AL	6	6	0	0	41.2	168	35	17	15	4	3	0	1	12	1	36	2	2	2	3	.400	0	0	3.24
1989	Seattle	AL	17	17	1	0	113.1	465	103	44	40	7	4	1	5	32	1	75	3	0	9	5	.643	0	0	3.18
1990	Seattle	AL	33	33	5	0	236	964	205	88	85	15	5	6	2	68	6	211	10	1	18	9	.667	1	0	3.24
1991	Seattle	AL	27	27	2	0	174.2	744	182	82	74	16	2	8	2	56	2	143	14	1	8	8	.500	1	0	3.81
1992	Seattle	AL	31	30	6	0	186.2	809	209	110	100	14	8	9	7	57	1	112	6	0	8	17	.320	1	0	4.82
1993	Seattle	AL	31	30	7	0	215	898	215	91	83	17	10	4	5	60	6	163	8	0	11	12	.478	0	0	3.47
1994	Cincinnati	NL	22	21	0	1	122.2	519	137	60	56	10	5	4	3	23	3	101	8	1	5	5	.500	0	0	4.11
	7 ML YEARS		167	164	21	1	1090	4567	1086	492	453	83	37	32	25	308	20	841	51	5	61	59	.508	3	0	3.74

Shawn Hare

Bats: Left Throws: Left Pos: LF Ht: 6' 2" Wt: 200 Born: 03/26/67 Age: 28

Year	Team	Lg	G	AB	H	2B	3B	HR	(Hm	Rd)	TB	R	RBI	TBB	IBB	SO	HBP	SH	SF	SB	CS	SB%	GDP	Avg	OBP	SLG
1994	Toledo *	AAA	29	99	30	6	0	5	--	--	51	19	17	9	0	28	2	0	0	5	2	.71	0	.303	.415	.515
	Norfolk *	AAA	64	209	58	15	1	6	--	--	93	26	28	33	5	42	1	0	3	4	4	.50	2	.278	.374	.445
1991	Detroit	AL	9	19	1	0	0	0	(0	0)	2	0	0	2	0	2	0	0	0	0	0	.00	3	.053	.143	.105
1992	Detroit	AL	15	26	3	1	0	0	(0	0)	4	0	5	2	0	4	0	0	0	0	0	.00	0	.115	.172	.154
1994	New York	NL	22	40	9	1	1	0	(0	0)	12	7	2	4	0	11	0	0	1	0	0	.00	4	.225	.295	.300
	3 ML YEARS		46	85	13	3	1	0	(0	0)	18	7	7	8	0	16	0	0	1	0	0	.00	7	.153	.223	.212

Mike Harkey

Pitches: Right Bats: Right Pos: SP/RP Ht: 6' 5" Wt: 235 Born: 10/25/66 Age: 28

Year	Team	Lg	G	GS	CG	GF	IP	BFP	H	R	ER	HR	SH	SF	HB	TBB	IBB	SO	WP	Bk	W	L	Pct.	ShO	Sv	ERA
1994	Colo. Sprng *	AAA	2	2	0	0	10	58	14	14	14	2	0	1	2	3	0	4	1	0	1	1	.500	0	0	12.60
1988	Chicago	NL	5	5	0	0	34.2	155	33	14	10	0	5	0	1	15	3	18	2	0	0	3	.000	0	0	2.60
1990	Chicago	NL	27	27	2	0	173.2	728	153	71	63	14	5	4	7	59	8	94	8	1	12	6	.667	1	0	3.26
1991	Chicago	NL	4	4	0	0	18.2	84	21	11	11	3	0	1	0	6	1	15	1	0	0	2	.000	0	0	5.30
1992	Chicago	NL	7	7	0	0	38	159	34	13	8	4	1	2	1	15	0	21	3	1	4	0	1.000	0	0	1.89
1993	Chicago	NL	28	28	1	0	157.1	676	187	100	92	17	8	8	3	43	4	67	1	3	10	10	.500	0	0	5.26
1994	Colorado	NL	24	13	0	3	91.2	415	125	61	59	10	5	2	1	35	4	39	0	2	1	6	.143	0	0	5.79
	6 ML YEARS		95	84	3	3	514	2217	553	270	243	48	24	17	14	173	20	254	15	8	27	27	.500	1	0	4.25

Pete Harnisch

Pitches: Right Bats: Right Pos: SP Ht: 6' 0" Wt: 207 Born: 09/23/66 Age: 28

Year	Team	Lg	G	GS	CG	GF	IP	BFP	H	R	ER	HR	SH	SF	HB	TBB	IBB	SO	WP	Bk	W	L	Pct.	ShO	Sv	ERA
1994	Tucson *	AAA	1	1	0	0	5	18	2	0	0	0	0	0	0	1	0	1	0	0	0	0	.000	0	0	0.00
1988	Baltimore	AL	2	2	0	0	13	61	13	8	8	1	2	0	0	9	1	10	1	0	0	2	.000	0	0	5.54
1989	Baltimore	AL	18	17	2	0	103.1	468	97	55	53	10	4	5	5	64	3	70	5	1	5	9	.357	0	0	4.62
1990	Baltimore	AL	31	31	3	0	188.2	821	189	96	91	17	6	5	1	86	5	122	2	2	11	11	.500	0	0	4.34
1991	Houston	NL	33	33	4	0	216.2	900	169	71	65	14	9	7	5	83	3	172	5	2	12	9	.571	2	0	2.70

82

Year	Team	Lg	G	AB	H	2B	3B	HR	(Hm	Rd)	TB	R	RBI	TBB	IBB	SO	HBP	SH	SF	SB	CS	SB%	GDP	Avg	OBP	SLG
1992	Houston	NL	34	34	0	0	206.2	859	182	92	85	18	5	5	5	64	3	164	4	1	9	10	.474	0	0	3.70
1993	Houston	NL	33	33	5	0	217.2	896	171	84	72	20	9	4	6	79	5	185	3	1	16	9	.640	4	0	2.98
1994	Houston	NL	17	17	1	0	95	419	100	59	57	13	5	2	3	39	1	62	2	0	8	5	.615	0	0	5.40
	7 ML YEARS		168	167	15	1	1041	4424	921	465	431	93	38	28	25	424	21	785	22	7	61	55	.526	6	0	3.73

Brian Harper

Bats: Right **Throws:** Right **Pos:** DH/C **Ht:** 6' 2" **Wt:** 206 **Born:** 10/16/59 **Age:** 35

						BATTING														BASERUNNING				PERCENTAGES		
Year	Team	Lg	G	AB	H	2B	3B	HR	(Hm	Rd)	TB	R	RBI	TBB	IBB	SO	HBP	SH	SF	SB	CS	SB%	GDP	Avg	OBP	SLG
1979	California	AL	1	2	0	0	0	0	(0	0)	0	0	0	0	0	1	0	0	0	0	0	.00	0	.000	.000	.000
1981	California	AL	4	11	3	0	0	0	(0	0)	3	1	1	0	0	0	0	0	1	1	0	1.00	0	.273	.250	.273
1982	Pittsburgh	NL	20	29	8	1	0	2	(0	2)	15	4	4	1	0	4	0	0	1	0	0	.00	1	.276	.300	.517
1983	Pittsburgh	NL	61	131	29	4	1	7	(5	2)	56	16	20	2	0	15	1	2	4	0	0	.00	3	.221	.232	.427
1984	Pittsburgh	NL	46	112	29	4	0	2	(1	1)	39	4	11	5	0	11	2	1	1	0	0	.00	4	.259	.300	.348
1985	St. Louis	NL	43	52	13	4	0	0	(0	0)	17	5	8	2	0	3	0	0	1	0	0	.00	2	.250	.273	.327
1986	Detroit	AL	19	36	5	1	0	0	(0	0)	6	2	3	3	0	3	0	1	0	0	0	.00	1	.139	.200	.167
1987	Oakland	AL	11	17	4	1	0	0	(0	0)	5	1	3	0	0	4	0	1	0	0	0	.00	1	.235	.222	.294
1988	Minnesota	AL	60	166	49	11	1	3	(0	3)	71	15	20	10	1	12	3	2	1	0	3	.00	12	.295	.344	.428
1989	Minnesota	AL	126	385	125	24	0	8	(4	4)	173	43	57	13	3	16	6	4	4	2	4	.33	11	.325	.353	.449
1990	Minnesota	AL	134	479	141	42	3	6	(1	5)	207	61	54	19	2	27	7	0	6	3	2	.60	20	.294	.328	.432
1991	Minnesota	AL	123	441	137	28	1	10	(4	6)	197	54	69	14	3	22	6	2	6	1	2	.33	14	.311	.336	.447
1992	Minnesota	AL	140	502	154	25	0	9	(3	6)	206	58	73	26	7	22	7	1	0	0	1	.00	15	.307	.343	.410
1993	Minnesota	AL	147	530	161	26	1	12	(6	6)	225	52	73	29	9	29	9	0	5	1	3	.25	15	.304	.347	.425
1994	Milwaukee	AL	64	251	73	15	0	4	(2	2)	100	23	32	9	1	18	3	0	4	0	2	.00	8	.291	.318	.398
	15 ML YEARS		999	3144	931	186	7	63	(26	37)	1320	339	428	133	27	187	44	15	43	8	17	.32	107	.296	.329	.420

Gene Harris

Pitches: Right **Bats:** Right **Pos:** RP **Ht:** 5'11" **Wt:** 195 **Born:** 12/05/64 **Age:** 30

			HOW MUCH HE PITCHED						WHAT HE GAVE UP									THE RESULTS					
Year	Team	Lg	G	GS	CG	GF	IP	BFP	H	R	ER	HR	SH	SF	HB	TBB	IBB	SO	WP	Bk	W	L	Pct.	ShO	Sv	ERA
1994	Toledo *	AAA	7	1	0	2	8.2	36	11	6	5	0	0	0	0	1	0	6	2	0	0	1	.000	0	0	5.19
1989	2 ML Teams		21	6	0	9	53.1	236	63	38	35	4	7	4	1	25	1	25	3	0	2	5	.286	0	0	5.91
1990	Seattle	AL	25	0	0	12	38	176	31	25	20	5	0	2	1	30	5	43	2	0	1	2	.333	0	0	4.74
1991	Seattle	AL	8	0	0	3	13.1	66	15	8	6	1	1	0	0	10	3	6	1	0	0	0	.000	0	1	4.05
1992	2 ML Teams		22	1	0	4	30.1	130	23	15	14	3	3	0	1	15	0	25	1	2	0	2	.000	0	0	4.15
1993	San Diego	NL	59	0	0	48	59.1	269	57	27	20	3	5	2	1	37	8	39	7	0	6	6	.500	0	23	3.03
1994	2 ML Teams		24	0	0	6	23.2	117	34	21	20	3	2	2	1	12	3	19	4	0	1	1	.500	0	1	7.61
1989	Montreal	NL	11	0	0	7	20	84	16	11	11	1	7	1	0	10	0	11	3	0	1	1	.500	0	0	4.95
	Seattle	AL	10	6	0	2	33.1	152	47	27	24	3	0	3	1	15	1	14	0	0	1	4	.200	0	1	6.48
1992	Seattle	AL	8	0	0	2	9	40	8	7	7	3	0	0	0	6	0	6	0	1	0	0	.000	0	0	7.00
	San Diego	NL	14	1	0	2	21.1	90	15	8	7	0	3	0	1	9	0	19	1	1	0	2	.000	0	0	2.95
1994	San Diego	NL	13	0	0	3	12.1	64	21	11	11	2	2	0	0	8	2	9	3	0	1	1	.500	0	0	8.03
	Detroit	AL	11	0	0	3	11.1	53	13	10	9	1	0	2	1	4	1	10	1	0	0	0	.000	0	1	7.15
	6 ML YEARS		159	7	0	82	218	994	223	134	115	19	18	8	5	129	20	157	18	2	10	16	.385	0	26	4.75

Greg Harris

Pitches: Right **Bats:** Both **Pos:** RP **Ht:** 6' 0" **Wt:** 175 **Born:** 11/02/55 **Age:** 39

			HOW MUCH HE PITCHED						WHAT HE GAVE UP									THE RESULTS					
Year	Team	Lg	G	GS	CG	GF	IP	BFP	H	R	ER	HR	SH	SF	HB	TBB	IBB	SO	WP	Bk	W	L	Pct.	ShO	Sv	ERA
1981	New York	NL	16	14	0	2	69	300	65	36	34	8	4	1	2	28	2	54	3	2	3	5	.375	0	1	4.43
1982	Cincinnati	NL	34	10	1	9	91.1	398	96	56	49	12	5	3	2	37	1	67	2	2	2	6	.250	0	1	4.83
1983	Cincinnati	NL	1	0	0	0	1	9	2	3	3	0	1	0	0	3	2	1	0	0	0	0	.000	0	0	27.00
1984	2 ML Teams		34	1	0	14	54.1	226	38	18	15	3	2	3	4	25	1	45	3	0	2	2	.500	0	3	2.48
1985	Texas	AL	58	0	0	35	113	450	74	35	31	7	3	2	7	43	3	111	2	1	5	4	.556	0	11	2.47
1986	Texas	AL	73	0	0	63	111.1	462	103	40	35	12	3	6	1	42	6	95	2	1	10	8	.556	0	20	2.83
1987	Texas	AL	42	19	0	14	140.2	629	157	92	76	18	7	3	4	56	3	106	4	2	5	10	.333	0	0	4.86
1988	Philadelphia	NL	66	1	0	19	107	446	80	34	28	7	6	2	4	52	14	71	8	2	4	6	.400	0	1	2.36
1989	2 ML Teams		59	0	0	24	103.1	442	85	46	38	8	4	3	2	58	9	76	12	0	4	4	.500	0	1	3.31
1990	Boston	AL	34	30	1	3	184.1	803	186	90	82	13	8	9	6	77	7	117	8	1	13	9	.591	0	0	4.00
1991	Boston	AL	53	21	1	15	173	731	157	79	74	13	4	8	5	69	5	127	6	1	11	12	.478	0	2	3.85
1992	Boston	AL	70	2	1	22	107.2	459	82	38	30	6	8	5	4	60	11	73	5	0	4	9	.308	0	4	2.51
1993	Boston	AL	80	0	0	24	112.1	494	95	55	47	7	10	4	10	60	14	103	8	0	6	7	.462	0	8	3.77
1994	2 ML Teams		38	0	0	10	50.2	240	64	49	45	4	2	3	6	26	7	48	6	0	3	5	.375	0	2	7.99
1984	Montreal	NL	15	0	0	4	17.2	68	10	4	4	0	1	0	2	7	1	15	0	0	0	0	.000	0	2	2.04
	San Diego	NL	19	1	0	10	36.2	158	28	14	11	3	1	3	2	18	0	30	3	0	2	2	.667	0	1	2.70
1989	Philadelphia	NL	44	0	0	17	75.1	324	64	34	30	7	3	2	2	43	7	51	10	0	2	2	.500	0	1	3.58
	Boston	AL	15	0	0	7	28	118	21	12	8	1	1	1	0	15	2	25	2	0	2	2	.500	0	0	2.57
1994	Boston	AL	35	0	0	9	45.2	215	60	44	42	4	2	3	6	23	6	44	6	0	3	4	.429	0	2	8.28

New York	AL	3	0	0	1	5	25	4	5	3	1	1	1	2	3	1	4	0	0	0	1	.000	0	0	5.40
14 ML YEARS		658	98	4	254	1419	6089	1284	671	587	123	69	51	53	636	85	1094	69	13	72	87	.453	0	54	3.72

Greg W. Harris

Pitches: Right **Bats:** Right **Pos:** SP/RP **Ht:** 6' 2" **Wt:** 191 **Born:** 12/01/63 **Age:** 31

		HOW MUCH HE PITCHED						WHAT HE GAVE UP											THE RESULTS					
Year	Team	Lg	G	GS	CG	GF	IP	BFP	H	R	ER	HR	SH	SF	HB	TBB	IBB	SO	WP	Bk	W	L	Pct.	ShO	Sv	ERA
1988	San Diego	NL	3	1	1	2	18	68	13	3	3	0	0	0	0	9	0	15	0	0	2	0	1.000	0	0	1.50
1989	San Diego	NL	56	8	0	25	135	554	106	43	39	8	5	2	2	52	9	106	3	3	8	9	.471	0	6	2.60
1990	San Diego	NL	73	0	0	33	117.1	488	92	35	30	6	9	7	4	49	13	97	2	3	8	8	.500	0	9	2.30
1991	San Diego	NL	20	20	3	0	133	537	116	42	33	9	6	2	1	27	6	95	2	0	9	5	.643	2	0	2.23
1992	San Diego	NL	20	20	1	0	118	496	113	62	54	13	8	3	2	35	2	66	2	1	4	8	.333	0	0	4.12
1993	2 ML Teams		35	35	4	0	225.1	975	239	127	115	33	14	4	7	69	9	123	6	6	11	17	.393	0	0	4.59
1994	Colorado	NL	29	19	1	2	130	588	154	99	96	22	12	6	5	52	4	82	5	1	3	12	.200	0	1	6.65
1993	San Diego	NL	22	22	4	0	152	639	151	65	62	18	8	2	3	39	6	83	2	3	10	9	.526	0	0	3.67
	Colorado	NL	13	13	0	0	73.1	336	88	62	53	15	6	2	4	30	3	40	4	3	1	8	.111	0	0	6.50
	7 ML YEARS		236	103	10	62	876.2	3706	833	411	370	98	57	24	21	287	43	584	20	14	45	59	.433	2	16	3.80

Lenny Harris

Bats: Left **Throws:** Right **Pos:** 3B **Ht:** 5'10" **Wt:** 212 **Born:** 10/28/64 **Age:** 30

					BATTING														BASERUNNING				PERCENTAGES		
Year	Team	Lg	G	AB	H	2B	3B	HR	(Hm	Rd)	TB	R	RBI	TBB	IBB	SO	HBP	SH	SF	SB	CS	SB%	GDP	Avg	OBP	SLG
1988	Cincinnati	NL	16	43	16	1	0	0	(0	0)	17	7	8	5	0	4	0	1	2	4	1	.80	0	.372	.420	.395
1989	2 ML Teams		115	335	79	10	1	3	(1	2)	100	36	26	20	0	33	2	1	0	14	9	.61	14	.236	.283	.299
1990	Los Angeles	NL	137	431	131	16	4	2	(0	2)	161	61	29	29	2	31	1	3	1	15	10	.60	18	.304	.348	.374
1991	Los Angeles	NL	145	429	123	16	1	3	(1	2)	150	59	38	37	5	32	5	12	2	12	3	.80	16	.287	.349	.350
1992	Los Angeles	NL	135	347	94	11	0	0	(0	0)	105	28	30	24	3	24	1	6	2	19	7	.73	10	.271	.318	.303
1993	Los Angeles	NL	107	160	38	6	1	2	(0	2)	52	20	11	15	4	15	0	1	0	3	1	.75	4	.238	.303	.325
1994	Cincinnati	NL	66	100	31	3	1	0	(0	0)	36	13	14	5	0	13	0	0	1	7	2	.78	0	.310	.340	.360
1989	Cincinnati	NL	61	188	42	4	0	2	(0	2)	52	17	11	9	0	20	1	1	0	10	6	.63	5	.223	.263	.277
	Los Angeles	NL	54	147	37	6	1	1	(1	0)	48	19	15	11	0	13	1	0	0	4	3	.57	9	.252	.308	.327
	7 ML YEARS		721	1845	512	63	8	10	(2	8)	621	224	156	135	14	152	9	24	8	74	33	.69	52	.278	.328	.337

Bryan Harvey

Pitches: Right **Bats:** Right **Pos:** RP **Ht:** 6' 2" **Wt:** 212 **Born:** 06/02/63 **Age:** 32

			HOW MUCH HE PITCHED						WHAT HE GAVE UP											THE RESULTS					
Year	Team	Lg	G	GS	CG	GF	IP	BFP	H	R	ER	HR	SH	SF	HB	TBB	IBB	SO	WP	Bk	W	L	Pct.	ShO	Sv	ERA
1994	Brevard Cty *	A	7	1	0	2	6	22	2	1	1	0	0	0	0	2	0	6	0	0	0	0	.000	0	0	1.50
1987	California	AL	3	0	0	2	5	22	6	0	0	0	0	0	0	2	0	3	3	0	0	0	.000	0	0	0.00
1988	California	AL	50	0	0	38	76	303	59	22	18	4	3	3	1	20	6	67	4	1	7	5	.583	0	17	2.13
1989	California	AL	51	0	0	42	55	245	36	21	21	6	5	2	0	41	1	78	5	0	3	3	.500	0	25	3.44
1990	California	AL	54	0	0	47	64.1	267	45	24	23	4	4	4	0	35	6	82	7	1	4	4	.500	0	25	3.22
1991	California	AL	67	0	0	**63**	78.2	309	51	20	14	6	3	2	1	17	3	101	2	2	2	4	.333	0	**46**	1.60
1992	California	AL	25	0	0	22	28.2	122	22	12	9	4	2	3	0	11	1	34	4	0	0	4	.000	0	13	2.83
1993	Florida	NL	59	0	0	54	69	264	45	14	13	4	3	6	0	13	2	73	0	1	1	5	.167	0	45	1.70
1994	Florida	NL	12	0	0	10	10.1	47	12	6	6	1	0	0	0	4	0	10	0	0	0	0	.000	0	6	5.23
	8 ML YEARS		321	0	0	278	387	1579	276	119	104	29	20	20	2	143	19	448	25	5	17	25	.405	0	177	2.42

Bill Haselman

Bats: Right **Throws:** Right **Pos:** C **Ht:** 6' 3" **Wt:** 220 **Born:** 05/25/66 **Age:** 29

						BATTING														BASERUNNING				PERCENTAGES		
Year	Team	Lg	G	AB	H	2B	3B	HR	(Hm	Rd)	TB	R	RBI	TBB	IBB	SO	HBP	SH	SF	SB	CS	SB%	GDP	Avg	OBP	SLG
1994	Calgary *	AAA	44	163	54	10	0	15	--	--	109	44	46	30	1	33	1	0	1	1	0	1.00	5	.331	.436	.669
1990	Texas	AL	7	13	2	0	0	0	(0	0)	2	0	3	1	0	5	0	0	0	0	0	.00	0	.154	.214	.154
1992	Seattle	AL	8	19	5	0	0	0	(0	0)	5	1	0	0	0	7	0	0	0	0	0	.00	1	.263	.263	.263
1993	Seattle	AL	58	137	35	8	0	5	(3	2)	58	21	16	12	0	19	1	2	2	2	1	.67	5	.255	.316	.423
1994	Seattle	AL	38	83	16	7	1	1	(1	0)	28	11	8	9	0	11	0	1	0	0	1	1.00	2	.193	.230	.337
	4 ML YEARS		111	252	58	15	1	6	(4	2)	93	33	27	16	0	42	2	3	2	3	1	.75	8	.230	.279	.369

Billy Hatcher

Bats: Right **Throws:** Right **Pos:** RF/CF **Ht:** 5'10" **Wt:** 190 **Born:** 10/04/60 **Age:** 34

						BATTING														BASERUNNING				PERCENTAGES		
Year	Team	Lg	G	AB	H	2B	3B	HR	(Hm	Rd)	TB	R	RBI	TBB	IBB	SO	HBP	SH	SF	SB	CS	SB%	GDP	Avg	OBP	SLG
1984	Chicago	NL	8	9	1	0	0	0	(0	0)	1	1	0	1	1	0	0	0	0	2	0	1.00	0	.111	.200	.111
1985	Chicago	NL	53	163	40	12	1	2	(2	0)	60	24	10	8	0	12	3	2	2	2	4	.33	9	.245	.290	.368
1986	Houston	NL	127	419	108	15	4	6	(2	4)	149	55	36	22	0	52	5	6	3	38	14	.73	6	.258	.302	.356
1987	Houston	NL	141	564	167	28	3	11	(3	8)	234	96	63	42	0	70	9	7	7	53	9	.85	11	.296	.352	.415

84

Year	Team	Lg	G	AB	H	2B	3B	HR	(Hm	Rd)	TB	R	RBI	TBB	IBB	SO	HBP	SH	SF	SB	CS	SB%	GDP	Avg	OBP	SLG
1988	Houston	NL	145	530	142	25	4	7	(3	4)	196	79	52	37	4	56	8	8	8	32	13	.71	6	.268	.321	.370
1989	2 ML Teams		135	481	111	19	3	4	(0	4)	148	59	51	30	2	62	2	3	4	24	7	.77	4	.231	.277	.308
1990	Cincinnati	NL	139	504	139	28	5	5	(2	3)	192	68	25	33	5	42	6	1	1	30	10	.75	4	.276	.327	.381
1991	Cincinnati	NL	138	442	116	25	3	4	(2	2)	159	45	41	26	4	55	7	4	3	11	9	.55	9	.262	.312	.360
1992	2 ML Teams		118	409	102	19	2	3	(1	2)	134	47	33	22	1	52	3	6	4	4	8	.33	11	.249	.290	.328
1993	Boston	AL	136	508	146	24	3	9	(5	4)	203	71	57	28	4	46	11	11	4	14	7	.67	14	.287	.336	.400
1994	2 ML Teams		87	298	73	14	2	3	(0	3)	100	39	31	17	0	28	1	5	6	8	6	.57	5	.245	.281	.336
1989	Houston	NL	108	395	90	15	3	3	(0	3)	120	49	44	30	2	53	1	3	4	22	6	.79	3	.228	.281	.304
	Pittsburgh	NL	27	86	21	4	0	1	(0	1)	28	10	7	0	0	9	1	0	0	2	1	.67	1	.244	.253	.326
1992	Cincinnati	NL	43	94	27	3	0	2	(0	2)	36	10	10	5	0	11	0	0	3	0	2	.00	2	.287	.314	.383
	Boston	AL	75	315	75	16	2	1	(1	0)	98	37	23	17	1	41	3	6	1	4	6	.40	9	.238	.283	.311
1994	Boston	AL	44	164	40	9	1	1	(0	0)	54	24	18	11	0	14	1	3	2	4	5	.44	3	.244	.292	.329
	Philadelphia	NL	43	134	33	5	1	2	(0	2)	46	15	13	6	0	14	0	2	4	4	1	.80	2	.246	.271	.343
	11 ML YEARS		1227	4327	1145	209	30	54	(20	34)	1576	584	399	266	23	475	55	53	38	218	87	.71	76	.265	.313	.364

Charlie Hayes

Bats: Right **Throws:** Right **Pos:** 3B   **Ht:** 6' 0" **Wt:** 224 **Born:** 05/29/65 **Age:** 30

Year	Team	Lg	G	AB	H	2B	3B	HR	(Hm	Rd)	TB	R	RBI	TBB	IBB	SO	HBP	SH	SF	SB	CS	SB%	GDP	Avg	OBP	SLG
1988	San Francisco	NL	7	11	1	0	0	0	(0	0)	1	0	0	0	0	3	0	0	0	0	0	.00	0	.091	.091	.091
1989	2 ML Teams		87	304	78	15	1	8	(3	5)	119	26	43	11	1	50	0	2	3	3	1	.75	6	.257	.280	.391
1990	Philadelphia	NL	152	561	145	20	0	10	(3	7)	195	56	57	28	3	91	2	0	6	4	4	.50	12	.258	.293	.348
1991	Philadelphia	NL	142	460	106	23	1	12	(6	6)	167	34	53	16	3	75	1	2	1	3	3	.50	13	.230	.257	.363
1992	New York	AL	142	509	131	19	2	18	(7	11)	208	52	66	28	0	100	3	3	6	3	5	.38	12	.257	.297	.409
1993	Colorado	NL	157	573	175	45	2	25	(17	8)	299	89	98	43	6	82	5	1	8	11	6	.65	25	.305	.355	.522
1994	Colorado	NL	113	423	122	23	4	10	(4	6)	183	46	50	36	4	71	3	0	1	3	6	.33	11	.288	.348	.433
1989	San Francisco	NL	3	5	1	0	0	0	(0	0)	1	0	0	0	0	1	0	0	0	0	0	.00	0	.200	.200	.200
	Philadelphia	NL	84	299	77	15	1	8	(3	5)	118	26	43	11	1	49	0	2	3	3	1	.75	6	.258	.281	.395
	7 ML YEARS		800	2841	758	145	10	83	(40	43)	1172	303	367	162	17	472	14	8	25	27	25	.52	79	.267	.307	.413

Heath Haynes

Pitches: Right **Bats:** Right **Pos:** RP   **Ht:** 6' 0" **Wt:** 175 **Born:** 11/30/68 **Age:** 26

Year	Team	Lg	G	GS	CG	GF	IP	BFP	H	R	ER	HR	SH	SF	HB	TBB	IBB	SO	WP	Bk	W	L	Pct.	ShO	Sv	ERA
1991	Jamestown	A	29	0	0	23	56.1	221	31	15	13	3	5	1	4	18	4	93	4	3	10	1	.909	0	11	2.08
1992	Rockford	A	45	0	0	36	57	239	49	19	12	0	4	1	4	15	3	78	1	3	3	1	.750	0	15	1.89
	Harrisburg	AA	3	0	0	1	4.2	17	2	1	1	1	0	0	0	1	0	6	0	0	2	0	1.000	0	5	1.93
1993	Harrisburg	AA	57	0	0	22	66	270	46	27	19	2	5	3	2	19	4	78	4	2	8	0	1.000	0	5	2.59
1994	Ottawa	AAA	56	0	0	25	87	350	72	32	23	7	7	2	1	15	7	75	3	0	6	7	.462	0	4	2.38
1994	Montreal	NL	4	0	0	2	3.2	17	3	1	0	0	0	0	1	3	0	1	0	0	0	0	.000	0	0	0.00

Eric Helfand

Bats: Left **Throws:** Right **Pos:** C   **Ht:** 6' 0" **Wt:** 195 **Born:** 03/25/69 **Age:** 26

Year	Team	Lg	G	AB	H	2B	3B	HR	(Hm	Rd)	TB	R	RBI	TBB	IBB	SO	HBP	SH	SF	SB	CS	SB%	GDP	Avg	OBP	SLG
1990	Sou Oregon	A	57	207	59	12	0	2	--	--	77	29	39	20	1	49	7	0	1	4	0	1.00	3	.285	.366	.372
1991	Modesto	A	67	242	62	15	1	7	--	--	100	35	38	37	2	56	2	2	2	0	1	.00	6	.256	.357	.413
1992	Modesto	A	72	249	72	15	0	10	--	--	117	40	44	47	4	46	6	1	3	0	1	.00	5	.289	.410	.470
	Huntsville	AA	37	114	26	7	0	2	--	--	39	13	9	5	0	32	1	0	0	0	0	.00	4	.228	.267	.342
1993	Huntsville	AA	100	302	69	15	2	10	--	--	118	38	48	43	2	78	8	3	0	1	1	.50	5	.228	.333	.391
1994	Tacoma	AAA	57	178	36	10	0	2	--	--	52	22	25	23	2	37	2	1	3	0	0	.00	3	.202	.296	.292
1993	Oakland	AL	8	13	3	0	0	0	(0	0)	3	1	1	0	0	1	0	0	0	0	0	.00	0	.231	.231	.231
1994	Oakland	AL	7	6	1	0	0	0	(0	0)	1	1	1	2	0	1	0	0	0	0	0	.00	0	.167	.167	.167
	2 ML YEARS		15	19	4	0	0	0	(0	0)	4	2	2	2	0	2	0	0	0	0	0	.00	0	.211	.211	.211

Rick Helling

Pitches: Right **Bats:** Right **Pos:** SP   **Ht:** 6' 3" **Wt:** 215 **Born:** 12/15/70 **Age:** 24

Year	Team	Lg	G	GS	CG	GF	IP	BFP	H	R	ER	HR	SH	SF	HB	TBB	IBB	SO	WP	Bk	W	L	Pct.	ShO	Sv	ERA
1992	Charlotte	A	3	3	0	0	19.2	79	13	5	5	1	0	2	4	0	20	1	1	1	1	.500	0	0	2.29
1993	Tulsa	AA	26	26	2	0	177.1	725	150	76	71	14	4	3	10	46	1	188	3	3	12	8	.600	2	0	3.60
	Okla City	AAA	2	2	1	0	11	41	5	3	2	0	0	1	0	5	0	7	1	0	1	1	.500	0	0	1.64
1994	Okla. City	AAA	20	20	3	0	132.1	585	153	93	85	17	7	9	6	43	2	85	8	2	4	12	.250	0	0	5.78
1994	Texas	AL	9	9	1	0	52	228	62	34	34	14	0	0	1	18	0	25	4	1	3	2	.600	1	0	5.88

Scott Hemond

Bats: Right **Throws:** Right **Pos:** C/2B/3B **Ht:** 6' 0" **Wt:** 215 **Born:** 11/18/65 **Age:** 29

Year	Team	Lg	G	AB	H	2B	3B	HR	(Hm	Rd)	TB	R	RBI	TBB	IBB	SO	HBP	SH	SF	SB	CS	SB%	GDP	Avg	OBP	SLG
1989	Oakland	AL	4	0	0	0	0	0	(0	0)	0	2	0	0	0	0	0	0	0	0	0	.00	0	.000	.000	.000
1990	Oakland	AL	7	13	2	0	0	0	(0	0)	2	0	1	0	0	5	0	0	0	0	0	.00	0	.154	.154	.154
1991	Oakland	AL	23	23	5	0	0	0	(0	0)	5	4	0	1	0	7	0	0	0	1	2	.33	0	.217	.250	.217
1992	2 ML Teams		25	40	9	2	0	0	(0	0)	11	8	2	4	0	13	0	0	1	1	0	1.00	2	.225	.289	.275
1993	Oakland	AL	91	215	55	16	0	6	(3	3)	89	31	26	32	0	55	1	6	1	14	5	.74	2	.256	.353	.414
1994	Oakland	AL	91	198	44	11	0	3	(2	1)	64	23	20	16	0	51	0	2	0	7	6	.54	5	.222	.280	.323
1992	Oakland	AL	17	27	6	1	0	0	(0	0)	7	7	1	3	0	7	0	0	0	1	0	1.00	2	.222	.300	.259
	Chicago	AL	8	13	3	1	0	0	(0	0)	4	1	1	1	0	6	0	0	1	0	0	.00	0	.231	.267	.308
	6 ML YEARS		241	489	115	29	0	9	(5	4)	171	68	49	53	0	131	1	8	2	23	13	.64	9	.235	.310	.350

Dave Henderson

Bats: Right **Throws:** Right **Pos:** LF/RF/DH **Ht:** 6' 2" **Wt:** 220 **Born:** 07/21/58 **Age:** 36

Year	Team	Lg	G	AB	H	2B	3B	HR	(Hm	Rd)	TB	R	RBI	TBB	IBB	SO	HBP	SH	SF	SB	CS	SB%	GDP	Avg	OBP	SLG
1981	Seattle	AL	59	126	21	3	0	6	(5	1)	42	17	13	16	1	24	1	1	1	2	1	.67	4	.167	.264	.333
1982	Seattle	AL	104	324	82	17	1	14	(8	6)	143	47	48	36	2	67	0	1	1	2	5	.29	5	.253	.327	.441
1983	Seattle	AL	137	484	130	24	5	17	(9	8)	215	50	55	28	3	93	1	2	6	9	3	.75	5	.269	.306	.444
1984	Seattle	AL	112	350	98	23	0	14	(8	6)	163	42	43	19	0	56	2	2	1	5	5	.50	4	.280	.320	.466
1985	Seattle	AL	139	502	121	28	2	14	(8	6)	195	70	68	48	2	104	3	1	2	6	1	.86	11	.241	.310	.388
1986	2 ML Teams		139	388	103	22	4	15	(10	5)	178	59	47	39	4	110	2	2	1	2	3	.40	6	.265	.335	.459
1987	2 ML Teams		90	205	48	12	0	8	(4	4)	84	32	26	30	0	53	0	1	2	3	1	.75	3	.234	.329	.410
1988	Oakland	AL	146	507	154	38	1	24	(12	12)	266	100	94	47	1	92	4	5	7	2	4	.33	14	.304	.363	.525
1989	Oakland	AL	152	579	145	24	3	15	(10	5)	220	77	80	54	1	131	3	1	6	8	5	.62	13	.250	.315	.380
1990	Oakland	AL	127	450	122	28	0	20	(11	9)	210	65	63	40	1	105	1	1	5	3	1	.75	5	.271	.331	.467
1991	Oakland	AL	150	572	158	33	0	25	(15	10)	266	86	85	58	3	113	4	1	2	6	6	.50	9	.276	.346	.465
1992	Oakland	AL	20	63	9	1	0	0	(0	0)	10	1	2	2	0	16	0	0	0	0	0	.00	0	.143	.169	.159
1993	Oakland	AL	107	382	84	19	0	20	(7	13)	163	37	53	32	0	113	0	0	8	0	3	.00	1	.220	.275	.427
1994	Kansas City	AL	56	198	49	14	1	5	(2	3)	80	27	31	16	1	28	1	1	2	2	0	1.00	5	.247	.304	.404
1986	Seattle	AL	103	337	93	19	4	14	(10	4)	162	51	44	37	4	95	2	1	1	1	3	.25	5	.276	.350	.481
	Boston	AL	36	51	10	3	0	1	(0	1)	16	8	3	2	0	15	0	1	0	1	0	1.00	1	.196	.226	.314
1987	Boston	AL	75	184	43	10	0	8	(4	4)	77	30	25	22	0	48	0	1	2	1	1	.50	3	.234	.313	.418
	San Francisco	NL	15	21	5	2	0	0	(0	0)	7	2	1	8	0	5	0	0	0	2	0	1.00	0	.238	.448	.333
	14 ML YEARS		1538	5130	1324	286	17	197	(109	88)	2235	710	708	465	19	1105	22	19	41	50	38	.57	83	.258	.320	.436

Rickey Henderson

Bats: Right **Throws:** Left **Pos:** LF/DH **Ht:** 5'10" **Wt:** 190 **Born:** 12/25/58 **Age:** 36

Year	Team	Lg	G	AB	H	2B	3B	HR	(Hm	Rd)	TB	R	RBI	TBB	IBB	SO	HBP	SH	SF	SB	CS	SB%	GDP	Avg	OBP	SLG
1979	Oakland	AL	89	351	96	13	3	1	(1	0)	118	49	26	34	0	39	2	8	3	33	11	.75	4	.274	.338	.336
1980	Oakland	AL	158	591	179	22	4	9	(3	6)	236	111	53	117	7	54	5	6	3	100	26	.79	6	.303	.420	.399
1981	Oakland	AL	108	423	135	18	7	6	(5	1)	185	89	35	64	4	68	2	0	4	56	22	.72	7	.319	.408	.437
1982	Oakland	AL	149	536	143	24	4	10	(5	5)	205	119	51	116	1	94	2	0	2	130	42	.76	5	.267	.398	.382
1983	Oakland	AL	145	513	150	25	7	9	(5	4)	216	105	48	103	8	80	4	1	1	108	19	.85	11	.292	.414	.421
1984	Oakland	AL	142	502	147	27	4	16	(7	9)	230	113	58	86	1	81	5	1	3	66	18	.79	7	.293	.399	.458
1985	New York	AL	143	547	172	28	5	24	(8	16)	282	146	72	99	1	65	3	0	5	80	10	.89	8	.314	.419	.516
1986	New York	AL	153	608	160	31	5	28	(13	15)	285	130	74	89	2	81	2	0	2	87	18	.83	12	.263	.358	.469
1987	New York	AL	95	358	104	17	3	17	(10	7)	178	78	37	80	1	52	2	0	0	41	8	.84	9	.291	.423	.497
1988	New York	AL	140	554	169	30	2	6	(2	4)	221	118	50	82	1	54	3	2	6	93	13	.88	6	.305	.394	.399
1989	2 ML Teams		150	541	148	26	3	12	(7	5)	216	113	57	126	5	68	3	0	4	77	14	.85	8	.274	.411	.399
1990	Oakland	AL	136	489	159	33	3	28	(8	20)	282	119	61	97	2	60	4	2	2	65	10	.87	13	.325	**.439**	.577
1991	Oakland	AL	134	470	126	17	1	18	(8	10)	199	105	57	98	7	73	7	0	3	58	18	.76	7	.268	.400	.423
1992	Oakland	AL	117	396	112	18	3	15	(10	5)	181	77	46	95	5	56	6	0	3	48	11	.81	5	.283	.426	.457
1993	2 ML Teams		134	481	139	22	2	21	(10	11)	228	114	59	120	7	65	4	1	2	53	8	.87	9	.289	.432	.474
1994	Oakland	AL	87	296	77	13	0	6	(4	2)	108	66	20	72	1	45	5	1	2	22	7	.76	0	.260	.411	.365
1989	New York	AL	65	235	58	13	1	3	(1	2)	82	41	22	56	0	29	1	0	1	25	8	.76	0	.247	.392	.349
	Oakland	AL	85	306	90	13	2	9	(6	3)	134	72	35	70	5	39	2	0	3	52	6	.90	8	.294	.425	.438
1993	Oakland	AL	90	318	104	19	1	17	(8	9)	176	77	47	85	6	46	2	0	2	31	6	.84	8	.327	.469	.553
	Toronto	AL	44	163	35	3	1	4	(2	2)	52	37	12	35	1	19	2	1	2	22	2	.92	1	.215	.356	.319
	16 ML YEARS		2080	7656	2216	364	56	226	(106	120)	3370	1652	804	1478	53	1035	59	22	47	1117	255	.81	118	.289	.406	.440

Rodney Henderson

Pitches: Right **Bats:** Right **Pos:** SP **Ht:** 6' 4" **Wt:** 193 **Born:** 03/11/71 **Age:** 24

			HOW MUCH HE PITCHED					WHAT HE GAVE UP									THE RESULTS				
Year	Team	Lg	G	GS	CG	GF	IP	BFP	H	R	ER	HR	SH	SF	HB	TBB	IBB	SO	WP	Bk	W	L	Pct.	ShO	Sv	ERA
1992	Jamestown	A	1	1	0	0	3	13	2	3	2	0	0	0	0	5	0	2	0	0	0	0	.000	0	0	6.00
1993	Wst Plm Bch	A	22	22	1	0	143	580	110	50	46	3	4	5	6	44	0	127	8	6	12	7	.632	1	0	2.90
	Harrisburg	AA	5	5	0	0	29.2	125	20	10	6	0	1	0	0	15	0	25	2	1	5	0	1.000	0	0	1.82
1994	Harrisburg	AA	2	2	0	0	12	44	5	2	2	1	0	0	0	4	0	16	0	0	2	0	1.000	0	0	1.50
	Ottawa	AAA	23	21	0	1	122.2	545	123	67	63	16	2	5	2	67	3	100	1	0	6	9	.400	0	1	4.62
1994	Montreal	NL	3	2	0	0	6.2	37	9	9	7	1	3	0	0	7	0	3	0	0	0	1	.000	0	0	9.45

Tom Henke

Pitches: Right **Bats:** Right **Pos:** RP **Ht:** 6' 5" **Wt:** 228 **Born:** 12/21/57 **Age:** 37

			HOW MUCH HE PITCHED					WHAT HE GAVE UP									THE RESULTS				
Year	Team	Lg	G	GS	CG	GF	IP	BFP	H	R	ER	HR	SH	SF	HB	TBB	IBB	SO	WP	Bk	W	L	Pct.	ShO	Sv	ERA
1982	Texas	AL	8	0	0	6	15.2	67	14	2	2	0	1	0	1	8	2	9	0	0	1	0	1.000	0	0	1.15
1983	Texas	AL	8	0	0	5	16	65	16	6	6	1	0	0	0	4	0	17	0	0	1	0	1.000	0	1	3.38
1984	Texas	AL	25	0	0	13	28.1	141	36	21	20	0	1	4	1	20	2	25	2	2	1	1	.500	0	2	6.35
1985	Toronto	AL	28	0	0	22	40	153	29	12	9	4	2	2	0	8	2	42	0	0	3	3	.500	0	13	2.03
1986	Toronto	AL	63	0	0	51	91.1	370	63	39	34	6	2	6	1	32	4	118	3	1	9	5	.643	0	27	3.35
1987	Toronto	AL	72	0	0	62	94	363	62	27	26	10	3	5	0	25	3	128	5	0	0	6	.000	0	34	2.49
1988	Toronto	AL	52	0	0	44	68	285	60	23	22	6	4	2	2	24	3	66	0	0	4	4	.500	0	25	2.91
1989	Toronto	AL	64	0	0	56	89	356	66	20	19	5	4	3	2	25	4	116	2	0	8	3	.727	0	20	1.92
1990	Toronto	AL	61	0	0	58	74.2	297	58	18	18	8	4	1	1	19	2	75	6	0	2	4	.333	0	32	2.17
1991	Toronto	AL	49	0	0	43	50.1	190	33	13	13	4	0	0	0	11	2	53	1	0	0	2	.000	0	32	2.32
1992	Toronto	AL	57	0	0	50	55.2	228	40	19	14	5	0	3	0	22	2	46	4	0	3	2	.600	0	34	2.26
1993	Texas	AL	66	0	0	60	74.1	302	55	25	24	7	3	3	1	27	3	79	3	0	5	5	.500	0	40	2.91
1994	Texas	AL	37	0	0	31	38	156	33	16	16	6	1	1	0	12	0	39	3	0	3	6	.333	0	15	3.79
	13 ML YEARS		590	0	0	501	735.2	2973	565	241	223	62	25	30	9	237	29	813	29	3	40	41	.494	0	275	2.73

Mike Henneman

Pitches: Right **Bats:** Right **Pos:** RP **Ht:** 6' 3" **Wt:** 212 **Born:** 12/11/61 **Age:** 33

			HOW MUCH HE PITCHED					WHAT HE GAVE UP									THE RESULTS				
Year	Team	Lg	G	GS	CG	GF	IP	BFP	H	R	ER	HR	SH	SF	HB	TBB	IBB	SO	WP	Bk	W	L	Pct.	ShO	Sv	ERA
1987	Detroit	AL	55	0	0	28	96.2	399	86	36	32	8	2	2	3	30	5	75	7	0	11	3	.786	0	7	2.98
1988	Detroit	AL	65	0	0	51	91.1	364	72	23	19	7	5	2	2	24	10	58	8	1	9	6	.600	0	22	1.87
1989	Detroit	AL	60	0	0	35	90	401	84	46	37	4	7	3	5	51	15	69	0	1	11	4	.733	0	8	3.70
1990	Detroit	AL	69	0	0	53	94.1	399	90	36	32	4	5	2	3	33	12	50	3	0	8	6	.571	0	22	3.05
1991	Detroit	AL	60	0	0	50	84.1	358	81	29	27	2	5	5	0	34	8	61	5	0	10	2	.833	0	21	2.88
1992	Detroit	AL	60	0	0	53	77.1	321	75	36	34	6	3	5	0	20	10	58	7	0	2	6	.250	0	24	3.96
1993	Detroit	AL	63	0	0	50	71.2	316	69	28	21	4	5	2	2	32	8	58	4	0	5	3	.625	0	24	2.64
1994	Detroit	AL	30	0	0	23	34.2	167	43	27	20	5	2	1	2	17	7	27	5	0	1	3	.250	0	8	5.19
	8 ML YEARS		462	0	0	343	640.1	2725	600	261	222	40	34	22	17	241	75	456	39	2	57	33	.633	0	136	3.12

Butch Henry

Pitches: Left **Bats:** Left **Pos:** SP/RP **Ht:** 6' 1" **Wt:** 195 **Born:** 10/07/68 **Age:** 26

			HOW MUCH HE PITCHED					WHAT HE GAVE UP									THE RESULTS				
Year	Team	Lg	G	GS	CG	GF	IP	BFP	H	R	ER	HR	SH	SF	HB	TBB	IBB	SO	WP	Bk	W	L	Pct.	ShO	Sv	ERA
1994	Ottawa *	AAA	2	2	1	0	14	54	11	0	0	0	0	0	0	2	1	11	2	0	2	0	1.000	1	0	0.00
1992	Houston	NL	28	28	2	0	165.2	710	185	81	74	16	12	7	1	41	7	96	2	2	6	9	.400	1	0	4.02
1993	2 ML Teams		30	16	1	4	103	467	135	76	70	15	6	6	1	28	2	47	1	0	3	9	.250	0	1	6.12
1994	Montreal	NL	24	15	0	1	107.1	433	97	30	29	10	5	3	2	20	1	70	1	0	8	3	.727	0	1	2.43
1993	Colorado	NL	20	15	1	1	84.2	390	117	66	62	14	6	5	1	24	2	39	1	0	2	8	.200	0	0	6.59
	Montreal	NL	10	1	0	3	18.1	77	18	10	8	1	0	1	0	4	0	8	0	0	1	1	.500	0	1	3.93
	3 ML YEARS		82	59	3	5	376	1610	417	187	173	41	23	16	4	89	10	213	4	2	17	21	.447	1	1	4.14

Doug Henry

Pitches: Right **Bats:** Right **Pos:** RP **Ht:** 6' 4" **Wt:** 205 **Born:** 12/10/63 **Age:** 31

			HOW MUCH HE PITCHED					WHAT HE GAVE UP									THE RESULTS				
Year	Team	Lg	G	GS	CG	GF	IP	BFP	H	R	ER	HR	SH	SF	HB	TBB	IBB	SO	WP	Bk	W	L	Pct.	ShO	Sv	ERA
1994	El Paso *	AA	6	0	0	4	8.1	35	7	5	5	1	0	0	0	2	0	10	1	0	1	0	1.000	0	3	5.40
	New Orleans *	AAA	10	0	0	6	14.2	54	5	3	3	1	0	0	0	10	0	10	1	0	1	0	1.000	0	3	1.84
1991	Milwaukee	AL	32	0	0	25	36	137	16	4	4	1	1	2	0	14	1	28	0	0	2	1	.667	0	15	1.00
1992	Milwaukee	AL	68	0	0	56	65	277	64	34	29	6	1	2	0	24	4	52	4	0	1	4	.200	0	29	4.02
1993	Milwaukee	AL	54	0	0	41	55	260	67	37	34	7	5	4	3	25	8	38	4	0	4	4	.500	0	17	5.56
1994	Milwaukee	AL	25	0	0	7	31.1	143	32	17	16	7	1	0	1	23	1	20	3	0	2	3	.400	0	0	4.60
	4 ML YEARS		179	0	0	129	187.1	817	179	92	83	21	8	8	4	86	14	138	11	0	9	12	.429	0	61	3.99

Pat Hentgen

Pitches: Right **Bats:** Right **Pos:** SP **Ht:** 6' 2" **Wt:** 200 **Born:** 11/13/68 **Age:** 26

Year	Team	Lg	G	GS	CG	GF	IP	BFP	H	R	ER	HR	SH	SF	HB	TBB	IBB	SO	WP	Bk	W	L	Pct.	ShO	Sv	ERA
1991	Toronto	AL	3	1	0	1	7.1	30	5	2	2	1	1	0	2	3	0	3	1	0	0	0	.000	0	0	2.45
1992	Toronto	AL	28	2	0	10	50.1	229	49	30	30	7	2	2	0	32	5	39	2	1	5	2	.714	0	0	5.36
1993	Toronto	AL	34	32	3	0	216.1	926	215	103	93	27	6	5	7	74	0	122	11	1	19	9	.679	0	0	3.87
1994	Toronto	AL	24	24	6	0	174.2	728	158	74	66	21	6	3	3	59	1	147	5	1	13	8	.619	3	0	3.40
	4 ML YEARS		89	59	9	11	448.2	1913	427	209	191	56	15	10	12	168	6	311	19	3	37	19	.661	3	0	3.83

Gil Heredia

Pitches: Right **Bats:** Right **Pos:** RP/SP **Ht:** 6' 1" **Wt:** 205 **Born:** 10/26/65 **Age:** 29

Year	Team	Lg	G	GS	CG	GF	IP	BFP	H	R	ER	HR	SH	SF	HB	TBB	IBB	SO	WP	Bk	W	L	Pct.	ShO	Sv	ERA
1991	San Francisco	NL	7	4	0	1	33	126	27	14	14	4	2	1	0	7	2	13	1	0	0	2	.000	0	0	3.82
1992	2 ML Teams		20	5	0	4	44.2	187	44	23	21	4	2	1	1	20	1	22	1	0	2	3	.400	0	0	4.23
1993	Montreal	NL	20	9	1	2	57.1	246	66	28	25	4	4	1	2	14	2	40	0	0	4	2	.667	0	2	3.92
1994	Montreal	NL	39	3	0	8	75.1	325	85	34	29	7	3	4	2	13	3	62	4	1	6	3	.667	0	0	3.46
1992	San Francisco	NL	13	4	0	3	30	132	32	20	18	3	0	0	1	16	1	15	1	0	2	3	.400	0	0	5.40
	Montreal	NL	7	1	0	1	14.2	55	12	3	3	1	2	1	0	4	0	7	0	0	0	0	.000	0	0	1.84
	4 ML YEARS		86	21	1	15	210.1	884	222	99	89	19	11	7	5	54	8	137	6	1	12	10	.545	0	2	3.81

Carlos Hernandez

Bats: Right **Throws:** Right **Pos:** C **Ht:** 5'11" **Wt:** 210 **Born:** 05/24/67 **Age:** 28

Year	Team	Lg	G	AB	H	2B	3B	HR	(Hm	Rd)	TB	R	RBI	TBB	IBB	SO	HBP	SH	SF	SB	CS	SB%	GDP	Avg	OBP	SLG
1990	Los Angeles	NL	10	20	4	1	0	0	(0	0)	5	2	1	0	0	2	0	0	0	0	0	.00	0	.200	.200	.250
1991	Los Angeles	NL	15	14	4	0	0	0	(0	0)	4	1	1	0	0	5	1	0	1	1	0	1.00	2	.214	.250	.286
1992	Los Angeles	NL	69	173	45	4	0	3	(1	2)	58	11	17	11	1	21	4	0	2	0	1	.00	8	.260	.316	.335
1993	Los Angeles	NL	50	99	25	5	0	2	(1	1)	36	6	7	2	0	11	0	1	0	0	0	.00	0	.253	.267	.364
1994	Los Angeles	NL	32	64	14	2	0	2	(0	2)	22	6	6	1	0	14	0	0	0	0	0	.00	0	.219	.231	.344
	5 ML YEARS		176	370	91	13	0	7	(2	5)	125	26	32	14	1	53	5	1	3	1	1	.50	10	.246	.281	.338

Jeremy Hernandez

Pitches: Right **Bats:** Right **Pos:** RP **Ht:** 6' 4" **Wt:** 195 **Born:** 07/06/66 **Age:** 28

Year	Team	Lg	G	GS	CG	GF	IP	BFP	H	R	ER	HR	SH	SF	HB	TBB	IBB	SO	WP	Bk	W	L	Pct.	ShO	Sv	ERA
1991	San Diego	NL	9	0	0	7	14.1	56	8	1	0	0	0	0	0	5	0	9	2	0	0	0	.000	0	2	0.00
1992	San Diego	NL	26	0	0	11	36.2	157	39	17	17	4	6	5	1	11	5	25	0	0	1	4	.200	0	1	4.17
1993	2 ML Teams		70	0	0	31	111.2	467	116	52	45	14	4	6	0	34	7	70	2	2	6	7	.462	0	8	3.63
1994	Florida	NL	21	0	0	17	23.1	97	16	9	7	0	2	1	2	14	2	13	1	0	3	3	.500	0	9	2.70
1993	San Diego	NL	21	0	0	9	34.1	146	41	19	18	2	2	1	0	7	1	26	0	2	0	0	.000	0	0	4.72
	Cleveland	AL	49	0	0	22	77.1	321	75	33	27	12	2	5	0	27	6	44	2	0	6	5	.545	0	8	3.14
	4 ML YEARS		126	0	0	66	186	777	179	79	69	18	12	12	3	64	15	117	5	2	10	14	.417	0	20	3.34

Jose Hernandez

Bats: Right **Throws:** Right **Pos:** 3B/SS **Ht:** 6' 1" **Wt:** 180 **Born:** 07/14/69 **Age:** 25

Year	Team	Lg	G	AB	H	2B	3B	HR	(Hm	Rd)	TB	R	RBI	TBB	IBB	SO	HBP	SH	SF	SB	CS	SB%	GDP	Avg	OBP	SLG
1991	Texas	AL	45	98	18	2	1	0	(0	0)	22	8	4	3	0	31	0	6	0	0	1	.00	2	.184	.208	.224
1992	Cleveland	AL	3	4	0	0	0	0	(0	0)	0	0	0	0	0	2	0	0	0	0	0	.00	0	.000	.000	.000
1994	Chicago	NL	56	132	32	2	3	1	(0	1)	43	18	9	8	0	29	1	5	0	2	2	.50	4	.242	.291	.326
	3 ML YEARS		104	234	50	4	4	1	(0	1)	65	26	13	11	0	62	1	11	0	2	3	.40	6	.214	.252	.278

Roberto Hernandez

Pitches: Right **Bats:** Right **Pos:** RP **Ht:** 6' 4" **Wt:** 235 **Born:** 11/11/64 **Age:** 30

Year	Team	Lg	G	GS	CG	GF	IP	BFP	H	R	ER	HR	SH	SF	HB	TBB	IBB	SO	WP	Bk	W	L	Pct.	ShO	Sv	ERA
1991	Chicago	AL	9	3	0	1	15	69	18	15	13	1	0	0	0	7	0	6	1	0	1	0	1.000	0	0	7.80
1992	Chicago	AL	43	0	0	27	71	277	45	15	13	4	0	3	4	20	1	68	2	0	7	3	.700	0	12	1.65
1993	Chicago	AL	70	0	0	67	78.2	314	66	21	20	6	2	2	0	20	1	71	2	0	3	4	.429	0	38	2.29
1994	Chicago	AL	45	0	0	43	47.2	206	44	29	26	5	0	1	1	19	1	50	1	0	4	4	.500	0	14	4.91
	4 ML YEARS		167	3	0	138	212.1	866	173	80	72	16	2	6	5	66	3	195	6	0	15	11	.577	0	64	3.05

Xavier Hernandez

Pitches: Right **Bats:** Left **Pos:** RP **Ht:** 6' 2" **Wt:** 195 **Born:** 08/16/65 **Age:** 29

			HOW MUCH HE PITCHED				WHAT HE GAVE UP										THE RESULTS				
Year	Team	Lg	G	GS	CG	GF	IP	BFP	H	R	ER	HR	SH	SF	HB	TBB	IBB	SO	WP	Bk	W	L	Pct.	ShO	Sv	ERA
1989	Toronto	AL	7	0	0	2	22.2	101	25	15	12	2	0	2	1	8	0	7	1	0	1	0	1.000	0	0	4.76
1990	Houston	NL	34	1	0	10	62.1	268	60	34	32	8	2	4	4	24	5	24	6	0	2	1	.667	0	0	4.62
1991	Houston	NL	32	6	0	8	63	285	66	34	33	6	1	1	0	32	7	55	0	0	2	7	.222	0	3	4.71
1992	Houston	NL	77	0	0	25	111	454	81	31	26	5	3	2	3	42	7	96	5	0	9	1	.900	0	7	2.11
1993	Houston	NL	72	0	0	29	96.2	389	75	37	28	6	3	3	1	28	3	101	6	0	4	5	.444	0	9	2.61
1994	New York	AL	31	0	0	14	40	187	48	27	26	7	2	2	2	21	3	37	3	0	4	4	.500	0	6	5.85
	6 ML YEARS		253	7	0	88	395.2	1684	355	178	157	34	11	14	11	155	25	320	21	0	22	18	.550	0	25	3.57

Orel Hershiser

Pitches: Right **Bats:** Right **Pos:** SP **Ht:** 6' 3" **Wt:** 195 **Born:** 09/16/58 **Age:** 36

			HOW MUCH HE PITCHED				WHAT HE GAVE UP										THE RESULTS				
Year	Team	Lg	G	GS	CG	GF	IP	BFP	H	R	ER	HR	SH	SF	HB	TBB	IBB	SO	WP	Bk	W	L	Pct.	ShO	Sv	ERA
1983	Los Angeles	NL	8	0	0	2	8	37	7	6	3	1	1	0	0	6	0	5	1	0	0	0	.000	0	1	3.38
1984	Los Angeles	NL	45	20	8	10	189.2	771	160	65	56	9	2	3	4	50	8	150	8	1	11	8	.579	4	2	2.66
1985	Los Angeles	NL	36	34	9	1	239.2	953	179	72	54	8	5	4	6	68	5	157	5	0	19	3	.864	5	0	2.03
1986	Los Angeles	NL	35	35	8	0	231.1	988	213	112	99	13	14	6	5	86	11	153	12	3	14	14	.500	1	0	3.85
1987	Los Angeles	NL	37	35	10	2	264.2	1093	247	105	90	17	8	2	9	74	5	190	11	2	16	16	.500	1	1	3.06
1988	Los Angeles	NL	35	34	15	1	267	1068	208	73	67	18	9	6	4	73	10	178	6	5	23	8	.742	8	1	2.26
1989	Los Angeles	NL	35	33	8	0	256.2	1047	226	75	66	9	19	6	3	77	14	178	8	4	15	15	.500	4	0	2.31
1990	Los Angeles	NL	4	4	0	0	25.1	106	26	12	12	1	1	0	1	4	0	16	0	1	1	1	.500	0	0	4.26
1991	Los Angeles	NL	21	21	0	0	112	473	112	43	43	3	2	1	5	32	6	73	2	4	7	2	.778	0	0	3.46
1992	Los Angeles	NL	33	33	1	0	210.2	910	209	101	86	15	15	6	8	69	13	130	10	0	10	15	.400	0	0	3.67
1993	Los Angeles	NL	33	33	5	0	215.2	913	201	106	86	17	12	4	7	72	13	141	7	0	12	14	.462	1	0	3.59
1994	Los Angeles	NL	21	21	1	0	135.1	575	146	67	57	15	4	3	2	42	6	72	6	2	6	6	.500	0	0	3.79
	12 ML YEARS		343	303	65	18	2156	8934	1934	837	719	126	92	41	54	653	91	1443	76	22	134	102	.568	24	5	3.00

Joe Hesketh

Pitches: Left **Bats:** Left **Pos:** SP/RP **Ht:** 6' 2" **Wt:** 173 **Born:** 02/15/59 **Age:** 36

			HOW MUCH HE PITCHED				WHAT HE GAVE UP										THE RESULTS				
Year	Team	Lg	G	GS	CG	GF	IP	BFP	H	R	ER	HR	SH	SF	HB	TBB	IBB	SO	WP	Bk	W	L	Pct.	ShO	Sv	ERA
1984	Montreal	NL	11	5	1	2	45	182	38	12	9	2	2	2	0	15	3	32	1	3	2	2	.500	1	0	1.80
1985	Montreal	NL	25	25	2	0	155.1	618	125	52	43	10	8	2	2	45	2	113	3	3	10	5	.667	1	0	2.49
1986	Montreal	NL	15	15	0	0	82.2	362	92	46	46	11	2	2	2	31	4	67	4	3	6	5	.545	0	0	5.01
1987	Montreal	NL	18	0	0	3	28.2	128	23	12	10	2	2	0	2	15	3	31	1	0	0	0	.000	0	1	3.14
1988	Montreal	NL	60	0	0	23	72.2	304	63	30	23	1	5	4	0	35	9	64	5	1	4	3	.571	0	9	2.85
1989	Montreal	NL	43	0	0	17	48.1	219	54	34	31	5	6	2	0	26	6	44	1	3	6	4	.600	0	3	5.77
1990	3 ML Teams		45	2	0	19	59.2	269	69	35	30	7	0	1	1	25	2	50	8	0	1	6	.143	0	5	4.53
1991	Boston	AL	39	17	0	5	153.1	631	142	59	56	19	7	3	0	53	3	104	8	0	12	4	.750	0	1	3.29
1992	Boston	AL	30	25	1	1	148.2	659	162	84	72	15	5	6	2	58	0	104	6	0	8	9	.471	0	1	4.36
1993	Boston	AL	28	5	0	8	53.1	246	62	35	30	4	4	4	2	29	4	34	4	2	3	4	.429	0	1	5.06
1994	Boston	AL	25	20	0	1	114	495	117	70	54	9	1	8	2	46	3	83	6	1	8	5	.615	0	0	4.26
1990	Montreal	NL	2	0	0	0	3	12	2	0	0	0	0	0	0	2	1	3	0	0	1	0	1.000	0	0	0.00
	Atlanta	NL	31	0	0	15	31	135	30	23	20	5	0	1	1	12	0	21	5	0	0	2	.000	0	5	5.81
	Boston	AL	12	2	0	4	25.2	122	37	12	10	2	0	0	0	11	1	26	3	0	0	4	.000	0	0	3.51
	11 ML YEARS		339	114	4	79	961.2	4113	947	469	404	85	42	32	9	378	48	726	47	16	60	47	.561	2	21	3.78

Greg Hibbard

Pitches: Left **Bats:** Left **Pos:** SP **Ht:** 6' 0" **Wt:** 185 **Born:** 09/13/64 **Age:** 30

			HOW MUCH HE PITCHED				WHAT HE GAVE UP										THE RESULTS				
Year	Team	Lg	G	GS	CG	GF	IP	BFP	H	R	ER	HR	SH	SF	HB	TBB	IBB	SO	WP	Bk	W	L	Pct.	ShO	Sv	ERA
1989	Chicago	AL	23	23	2	0	137.1	581	142	58	49	5	5	4	2	41	0	55	4	0	6	7	.462	0	0	3.21
1990	Chicago	AL	33	33	3	0	211	871	202	80	74	11	8	10	6	55	2	92	2	1	14	9	.609	1	0	3.16
1991	Chicago	AL	32	29	5	1	194	806	196	107	93	23	8	2	2	57	1	71	1	0	11	11	.500	0	0	4.31
1992	Chicago	AL	31	28	0	2	176	755	187	92	86	17	10	6	7	57	2	69	1	1	10	7	.588	0	1	4.40
1993	Chicago	NL	31	31	1	0	191	800	209	96	84	19	9	10	3	47	9	82	1	2	15	11	.577	0	0	3.96
1994	Seattle	AL	15	14	0	0	80.2	392	115	78	60	11	6	2	2	31	1	39	5	0	1	5	.167	0	0	6.69
	6 ML YEARS		165	158	11	3	990	4205	1051	511	446	86	46	34	22	288	15	408	14	4	57	50	.533	1	1	4.05

Bryan Hickerson

Pitches: Left **Bats:** Left **Pos:** SP/RP **Ht:** 6' 2" **Wt:** 203 **Born:** 10/13/63 **Age:** 31

			HOW MUCH HE PITCHED					WHAT HE GAVE UP									THE RESULTS				
Year	Team	Lg	G	GS	CG	GF	IP	BFP	H	R	ER	HR	SH	SF	HB	TBB	IBB	SO	WP	Bk	W	L	Pct.	ShO	Sv	ERA
1991	San Francisco	NL	17	6	0	4	50	212	53	20	20	3	2	0	0	17	3	43	2	0	2	2	.500	0	0	3.60
1992	San Francisco	NL	61	1	0	8	87.1	345	74	31	30	7	4	5	1	21	2	68	4	1	5	3	.625	0	0	3.09
1993	San Francisco	NL	47	15	0	5	120.1	525	137	58	57	14	11	4	1	39	3	69	4	0	7	5	.583	0	0	4.26
1994	San Francisco	NL	28	14	0	1	98.1	436	118	60	59	20	4	1	1	38	6	59	2	1	4	8	.333	0	1	5.40
	4 ML YEARS		153	36	0	18	356	1518	382	169	166	44	21	10	3	115	14	239	12	2	18	18	.500	0	1	4.20

Teddy Higuera

Pitches: Left **Bats:** Both **Pos:** SP/RP **Ht:** 5'10" **Wt:** 180 **Born:** 11/09/58 **Age:** 36

			HOW MUCH HE PITCHED					WHAT HE GAVE UP									THE RESULTS				
Year	Team	Lg	G	GS	CG	GF	IP	BFP	H	R	ER	HR	SH	SF	HB	TBB	IBB	SO	WP	Bk	W	L	Pct.	ShO	Sv	ERA
1985	Milwaukee	AL	32	30	7	2	212.1	874	186	105	92	22	5	10	3	63	0	127	4	3	15	8	.652	0	0	3.90
1986	Milwaukee	AL	34	34	15	0	248.1	1031	226	84	77	26	7	11	3	74	5	207	3	0	20	11	.645	4	0	2.79
1987	Milwaukee	AL	35	35	14	0	261.2	1084	236	120	112	24	6	9	2	87	2	240	4	2	18	10	.643	3	0	3.85
1988	Milwaukee	AL	31	31	8	0	227.1	895	168	66	62	15	10	7	6	59	4	192	0	6	16	9	.640	1	0	2.45
1989	Milwaukee	AL	22	22	2	0	135.1	567	125	56	52	9	6	5	4	48	2	91	0	1	9	6	.600	1	0	3.46
1990	Milwaukee	AL	27	27	4	0	170	720	167	80	71	16	10	4	3	50	2	129	2	1	11	10	.524	1	0	3.76
1991	Milwaukee	AL	7	6	0	1	36.1	153	37	18	18	2	0	1	1	10	0	33	0	0	3	2	.600	0	0	4.46
1993	Milwaukee	AL	8	8	0	0	30	148	43	24	24	4	1	1	1	16	2	27	0	3	1	3	.250	0	0	7.20
1994	Milwaukee	AL	17	12	0	4	58.2	280	74	55	46	13	2	2	2	36	0	35	0	1	1	5	.167	0	0	7.06
	9 ML YEARS		213	205	50	7	1380	5752	1262	608	554	131	47	50	25	443	17	1081	13	17	94	64	.595	12	0	3.61

Glenallen Hill

Bats: Right **Throws:** Right **Pos:** CF/LF **Ht:** 6' 2" **Wt:** 220 **Born:** 03/22/65 **Age:** 30

			BATTING															BASERUNNING				PERCENTAGES		
Year	Team	Lg	G	AB	H	2B	3B	HR	(Hm | Rd)	TB	R	RBI	TBB	IBB	SO	HBP	SH	SF	SB	CS	SB%	GDP	Avg	OBP	SLG
1989	Toronto	AL	19	52	15	0	0	1	(1 | 0)	18	4	7	3	0	12	0	0	0	2	1	.67	0	.288	.327	.346
1990	Toronto	AL	84	260	60	11	3	12	(7 | 5)	113	47	32	18	0	62	0	0	0	8	3	.73	5	.231	.281	.435
1991	2 ML Teams		72	221	57	8	2	8	(3 | 5)	93	29	25	23	0	54	0	0	3	6	4	.60	7	.258	.324	.421
1992	Cleveland	AL	102	369	89	16	1	18	(7 | 11)	161	38	49	20	0	73	4	0	1	9	6	.60	4	.241	.287	.436
1993	2 ML Teams		97	261	69	14	2	15	(5 | 10)	132	33	47	17	1	71	1	1	4	8	3	.73	6	.264	.307	.506
1994	Chicago	NL	89	269	80	12	1	10	(3 | 7)	124	48	38	29	0	57	0	0	1	19	6	.76	5	.297	.365	.461
1991	Toronto	AL	35	99	25	5	2	3	(2 | 1)	43	14	11	7	0	24	0	0	2	2	2	.50	2	.253	.296	.434
	Cleveland	AL	37	122	32	3	0	5	(1 | 4)	50	15	14	16	0	30	0	0	1	4	2	.67	5	.262	.345	.410
1993	Cleveland	AL	66	174	39	7	2	5	(0 | 5)	65	19	25	11	1	50	1	1	4	7	3	.70	3	.224	.268	.374
	Chicago	NL	31	87	30	7	0	10	(5 | 5)	67	14	22	6	0	21	0	0	0	1	0	1.00	1	.345	.387	.770
	6 ML YEARS		463	1432	370	61	9	64	(26 | 38)	641	199	198	110	1	329	5	2	9	52	23	.69	32	.258	.312	.448

Ken Hill

Pitches: Right **Bats:** Right **Pos:** SP **Ht:** 6' 2" **Wt:** 200 **Born:** 12/14/65 **Age:** 29

			HOW MUCH HE PITCHED					WHAT HE GAVE UP									THE RESULTS				
Year	Team	Lg	G	GS	CG	GF	IP	BFP	H	R	ER	HR	SH	SF	HB	TBB	IBB	SO	WP	Bk	W	L	Pct.	ShO	Sv	ERA
1988	St. Louis	NL	4	1	0	0	14	62	16	9	8	0	0	0	0	6	0	6	1	0	0	1	.000	0	0	5.14
1989	St. Louis	NL	33	33	2	0	196.2	862	186	92	83	9	14	5	5	99	6	112	11	2	7	15	.318	1	0	3.80
1990	St. Louis	NL	17	14	1	1	78.2	343	79	49	48	7	5	5	1	33	1	58	5	0	5	6	.455	0	0	5.49
1991	St. Louis	NL	30	30	0	0	181.1	743	147	76	72	15	7	7	6	67	4	121	7	1	11	10	.524	0	0	3.57
1992	Montreal	NL	33	33	3	0	218	908	187	76	65	13	15	3	3	75	4	150	11	4	16	9	.640	3	0	2.68
1993	Montreal	NL	28	28	2	0	183.2	780	163	84	66	7	9	7	6	74	7	90	6	2	9	7	.563	0	0	3.23
1994	Montreal	NL	23	23	2	0	154.2	647	145	61	57	12	6	6	6	44	7	85	3	0	16	5	.762	1	0	3.32
	7 ML YEARS		168	162	10	1	1027	4345	923	447	399	63	56	33	27	398	29	622	44	9	64	53	.547	5	0	3.50

Milt Hill

Pitches: Right **Bats:** Right **Pos:** RP **Ht:** 6' 0" **Wt:** 180 **Born:** 08/22/65 **Age:** 29

			HOW MUCH HE PITCHED					WHAT HE GAVE UP									THE RESULTS				
Year	Team	Lg	G	GS	CG	GF	IP	BFP	H	R	ER	HR	SH	SF	HB	TBB	IBB	SO	WP	Bk	W	L	Pct.	ShO	Sv	ERA
1994	Jacksonville*	AA	7	7	1	0	39.1	166	37	27	20	6	2	1	1	12	1	26	1	0	4	2	.667	0	0	4.58
1991	Cincinnati	NL	22	0	0	8	33.1	137	36	14	14	4	3	0	0	8	2	20	1	0	1	1	.500	0	0	3.78
1992	Cincinnati	NL	14	0	0	5	20	80	15	9	7	1	2	1	0	5	2	10	1	0	0	0	.000	0	1	3.15
1993	Cincinnati	NL	19	0	0	2	28.2	125	34	18	18	5	0	3	0	9	1	23	1	0	3	0	1.000	0	0	5.65
1994	2 ML Teams		23	0	0	7	35	167	48	29	27	7	2	1	0	17	4	26	1	0	1	0	1.000	0	1	6.94
1994	Atlanta	NL	10	0	0	5	11.1	56	18	10	10	3	1	0	0	6	1	10	1	0	0	0	.000	0	0	7.94
	Seattle	AL	13	0	0	2	23.2	111	30	19	17	4	1	1	0	11	3	16	0	0	1	0	1.000	0	1	6.46
	4 ML YEARS		78	0	0	22	117	509	133	70	66	14	8	8	1	39	9	79	3	0	5	1	.833	0	1	5.08

Eric Hillman

Pitches: Left **Bats:** Left **Pos:** SP/RP **Ht:** 6'10" **Wt:** 225 **Born:** 04/27/66 **Age:** 29

		HOW MUCH HE PITCHED					WHAT HE GAVE UP									THE RESULTS				
Year	Team	Lg	G	GS	CG	GF	IP	BFP	H	R	ER	HR	SH	SF	HB	TBB	IBB	SO	WP	Bk	W	L	Pct.	ShO	Sv	ERA
1994	Norfolk*	AAA	16	16	6	0	106	421	103	39	34	12	3	2	3	19	0	55	5	0	10	1	.909	1	0	2.89
1992	New York	NL	11	8	0	2	52.1	227	67	31	31	9	3	1	2	10	2	16	1	0	2	2	.500	0	0	5.33
1993	New York	NL	27	22	3	1	145	627	173	83	64	12	10	10	4	24	2	60	0	1	2	9	.182	1	0	3.97
1994	New York	NL	11	6	0	1	34.2	156	45	30	30	9	2	1	2	11	3	20	1	1	0	3	.000	0	0	7.79
	3 ML YEARS		49	36	3	3	232	1010	285	144	125	30	15	12	8	45	7	96	2	2	4	14	.222	1	0	4.85

Sterling Hitchcock

Pitches: Left **Bats:** Left **Pos:** RP/SP **Ht:** 6'1" **Wt:** 192 **Born:** 04/29/71 **Age:** 24

		HOW MUCH HE PITCHED					WHAT HE GAVE UP									THE RESULTS				
Year	Team	Lg	G	GS	CG	GF	IP	BFP	H	R	ER	HR	SH	SF	HB	TBB	IBB	SO	WP	Bk	W	L	Pct.	ShO	Sv	ERA
1989	Yankees	R	13	13	0	0	76.2	299	48	16	14	1	3	1	4	27	0	98	5	0	9	1	.900	0	0	1.64
1990	Greensboro	A	27	27	6	0	173.1	694	122	68	56	7	5	2	8	60	1	171	6	2	12	12	.500	5	0	2.91
1991	Pr William	A	19	19	2	0	119.1	500	81	42	35	2	3	4	3	26	0	101	5	2	7	7	.500	2	0	2.64
1992	Albany	AA	24	24	2	0	146.2	600	116	51	42	6	3	1	9	42	0	155	9	2	6	9	.400	1	0	2.58
1993	Oneonta	A	1	0	0	0	1	3	0	0	0	0	0	0	0	0	0	0	0	0	0	0	.000	0	0	0.00
	Columbus	AAA	16	16	0	0	76.2	334	80	43	41	8	0	0	6	28	0	85	1	0	3	5	.375	0	0	4.81
1994	Albany-Colo	AA	1	1	0	0	5	18	4	1	1	0	1	0	0	0	0	7	2	0	1	0	1.000	0	0	1.80
	Columbus	AAA	10	9	1	0	50	220	53	30	24	4	0	0	2	18	0	47	1	0	3	4	.429	0	0	4.32
1992	New York	AL	3	3	0	0	13	68	23	12	12	2	0	0	1	6	0	6	0	0	0	2	.000	0	0	8.31
1993	New York	AL	6	6	0	0	31	135	32	18	16	4	0	2	1	14	1	26	3	2	1	2	.333	0	0	4.65
1994	New York	AL	23	5	1	4	49.1	218	48	24	23	3	1	7	0	29	1	37	5	0	4	1	.800	0	0	4.20
	3 ML YEARS		32	14	1	4	93.1	421	103	54	51	9	1	9	2	49	2	69	8	2	5	5	.500	0	2	4.92

Denny Hocking

Bats: Both **Throws:** Right **Pos:** SS **Ht:** 5'10" **Wt:** 155 **Born:** 04/02/70 **Age:** 25

			BATTING															BASERUNNING				PERCENTAGES		
Year	Team	Lg	G	AB	H	2B	3B	HR	(Hm	Rd)	TB	R	RBI	TBB	IBB	SO	HBP	SH	SF	SB	CS	SB%	GDP	Avg	OBP	SLG
1990	Elizabethtn	R	54	201	59	6	2	6	--	--	87	45	30	40	1	25	6	1	2	13	4	.76	6	.294	.422	.433
1991	Kenosha	A	125	432	110	17	8	2	--	--	149	72	36	74	4	69	6	3	4	22	10	.69	6	.255	.372	.345
1992	Visalia	A	135	550	182	34	9	7	--	--	255	117	81	72	1	77	8	2	2	38	18	.68	7	.331	.415	.464
1993	Nashville	AA	107	409	109	9	4	8	--	--	150	54	50	34	0	66	4	3	2	15	5	.75	12	.267	.327	.367
1994	Salt Lake	AAA	112	394	110	14	6	5	--	--	151	61	57	28	1	57	2	5	4	13	7	.65	6	.279	.327	.383
1993	Minnesota	AL	15	36	5	1	0	0	(0	0)	6	7	0	6	0	8	0	0	0	1	0	1.00	1	.139	.262	.167
1994	Minnesota	AL	11	31	10	3	0	0	(0	0)	13	3	2	0	0	4	0	0	0	2	0	1.00	1	.323	.323	.419
	2 ML YEARS		26	67	15	4	0	0	(0	0)	19	10	2	6	0	12	0	0	0	3	0	1.00	2	.224	.288	.284

Trevor Hoffman

Pitches: Right **Bats:** Right **Pos:** RP **Ht:** 6'0" **Wt:** 205 **Born:** 10/13/67 **Age:** 27

		HOW MUCH HE PITCHED					WHAT HE GAVE UP									THE RESULTS				
Year	Team	Lg	G	GS	CG	GF	IP	BFP	H	R	ER	HR	SH	SF	HB	TBB	IBB	SO	WP	Bk	W	L	Pct.	ShO	Sv	ERA
1991	Cedar Rapids	A	27	0	0	25	33.2	133	22	8	7	0	2	0	1	13	0	52	2	1	1	1	.500	0	12	1.87
	Chattanooga	AA	14	0	0	13	14	59	10	4	3	0	0	0	0	7	0	23	1	0	1	0	1.000	0	8	1.93
1992	Chattanooga	AA	6	6	0	0	29.2	118	22	6	5	1	1	1	1	11	1	31	3	0	3	0	1.000	0	0	1.52
	Nashville	AAA	42	5	0	23	65.1	278	57	32	31	6	1	0	1	32	3	63	4	0	4	6	.400	0	6	4.27
1993	2 ML Teams		67	0	0	26	90	391	80	43	39	10	4	5	1	39	13	79	5	0	4	6	.400	0	5	3.90
1994	San Diego	NL	47	0	0	41	56	225	39	16	16	4	1	2	0	20	6	68	2	0	4	4	.500	0	20	2.57
1993	Florida	NL	28	0	0	13	35.2	152	24	13	13	5	2	1	0	19	7	26	3	0	2	2	.500	0	2	3.28
	San Diego	NL	39	0	0	13	54.1	239	56	30	26	5	2	4	1	20	6	53	2	0	2	4	.333	0	3	4.31
	2 ML YEARS		114	0	0	67	146	616	119	59	55	14	5	7	1	59	19	147	8	0	8	10	.444	0	25	3.39

Chris Hoiles

Bats: Right **Throws:** Right **Pos:** C **Ht:** 6'0" **Wt:** 213 **Born:** 03/20/65 **Age:** 30

			BATTING															BASERUNNING				PERCENTAGES		
Year	Team	Lg	G	AB	H	2B	3B	HR	(Hm | Rd)	TB	R	RBI	TBB	IBB	SO	HBP	SH	SF	SB	CS	SB%	GDP	Avg	OBP	SLG
1989	Baltimore	AL	6	9	1	0	0	0	(0 | 0)	1	0	1	0	0	3	0	0	0	0	0	.00	0	.111	.200	.222
1990	Baltimore	AL	23	63	12	3	0	1	(1 | 0)	18	7	6	5	1	12	0	0	1	0	0	.00	0	.190	.250	.286
1991	Baltimore	AL	107	341	83	15	0	11	(5 | 6)	131	36	31	29	1	61	1	0	1	0	2	.00	11	.243	.304	.384
1992	Baltimore	AL	96	310	85	10	1	20	(8 | 12)	157	49	40	55	2	60	2	1	3	0	0	.00	8	.274	.384	.506
1993	Baltimore	AL	126	419	130	28	0	29	(16 | 13)	245	80	82	69	4	94	9	3	3	1	1	.50	10	.310	.416	.585
1994	Baltimore	AL	99	332	82	10	0	19	(11 | 8)	149	45	53	63	2	73	5	1	4	2	0	1.00	6	.247	.371	.449
	6 ML YEARS		457	1474	393	67	1	80	(41 | 39)	702	217	213	222	10	303	17	5	11	3	5	.38	35	.267	.367	.476

Ray Holbert

Bats: Right **Throws:** Right **Pos:** SS **Ht:** 6' 0" **Wt:** 175 **Born:** 09/25/70 **Age:** 24

				BATTING													BASERUNNING				PERCENTAGES		
Year	Team	Lg	G	AB	H	2B	3B	HR	(Hm	Rd)	TB	R	RBI	TBB	IBB	SO	HBP	SH	SF	SB	CS	SB%	GDP	Avg	OBP	SLG
1988	Padres	R	49	170	44	1	0	3	--	--	54	38	19	37	0	32	2	1	0	20	7	.74	4	.259	.397	.318
1989	Waterloo	A	117	354	55	7	1	0	--	--	64	37	20	41	0	99	2	1	1	13	13	.50	9	.155	.246	.181
1990	Waterloo	A	133	411	84	10	1	3	--	--	105	51	37	51	0	117	4	9	1	16	16	.50	10	.204	.298	.255
1991	High Desert	A	122	386	102	14	2	4	--	--	132	76	51	56	1	83	6	9	3	19	6	.76	10	.264	.364	.342
1992	Wichita	AA	95	304	86	7	3	2	--	--	105	46	23	42	2	68	1	3	1	26	8	.76	7	.283	.371	.345
1993	Wichita	AA	112	388	101	13	5	5	--	--	139	56	48	54	0	87	2	3	9	30	17	.64	6	.260	.347	.358
1994	Las Vegas	AAA	118	426	128	21	5	8	--	--	183	68	52	50	2	99	2	10	4	27	11	.71	9	.300	.373	.430
1994	San Diego	NL	5	5	1	0	0	0	(0	0)	1	1	0	0	0	4	0	0	0	0	0	.00	0	.200	.200	.200

Dave Hollins

Bats: Both **Throws:** Right **Pos:** 3B **Ht:** 6' 1" **Wt:** 207 **Born:** 05/25/66 **Age:** 29

				BATTING													BASERUNNING				PERCENTAGES		
Year	Team	Lg	G	AB	H	2B	3B	HR	(Hm	Rd)	TB	R	RBI	TBB	IBB	SO	HBP	SH	SF	SB	CS	SB%	GDP	Avg	OBP	SLG
1994	Scranton-Wb*	AAA	6	19	4	0	0	1	--	--	7	6	3	5	0	4	0	0	0	0	0	.00	1	.211	.375	.368
1990	Philadelphia	NL	72	114	21	0	0	5	(2	3)	36	14	15	10	3	28	1	0	2	0	0	.00	3	.184	.252	.316
1991	Philadelphia	NL	56	151	45	10	2	6	(3	3)	77	18	21	17	1	26	3	0	1	1	1	.50	2	.298	.378	.510
1992	Philadelphia	NL	156	586	158	28	4	27	(14	13)	275	104	93	76	4	110	19	0	4	9	6	.60	8	.270	.369	.469
1993	Philadelphia	NL	143	543	148	30	4	18	(9	9)	240	104	93	85	5	109	5	0	7	2	3	.40	15	.273	.372	.442
1994	Philadelphia	NL	44	162	36	7	1	4	(1	3)	57	28	26	23	0	32	4	0	3	1	0	1.00	6	.222	.328	.352
	5 ML YEARS		471	1556	408	75	11	60	(29	31)	685	268	248	211	13	305	32	0	17	13	10	.57	32	.262	.358	.440

Darren Holmes

Pitches: Right **Bats:** Right **Pos:** RP **Ht:** 6' 0" **Wt:** 203 **Born:** 04/25/66 **Age:** 29

			HOW MUCH HE PITCHED					WHAT HE GAVE UP										THE RESULTS					
Year	Team	Lg	G	GS	CG	GF	IP	BFP	H	R	ER	HR	SH	SF	HB	TBB	IBB	SO	WP	Bk	W	L	Pct.	ShO	Sv	ERA
1994	Asheville*	A	2	1	0	0	3	10	1	0	0	0	0	0	0	0	0	7	0	0	0	0	.000	0	0	0.00
	Colo. Sprng*	AAA	4	2	0	1	7.2	37	11	7	7	1	0	0	0	3	0	12	1	0	0	1	.000	0	0	8.22
1990	Los Angeles	NL	14	0	0	1	17.1	77	15	10	10	1	1	2	0	11	3	19	1	0	0	1	.000	0	0	5.19
1991	Milwaukee	AL	40	0	0	9	76.1	344	90	43	40	6	8	3	1	27	1	59	6	0	1	4	.200	0	3	4.72
1992	Milwaukee	AL	41	0	0	25	42.1	173	35	12	12	1	4	0	2	11	4	31	0	0	4	4	.500	0	6	2.55
1993	Colorado	NL	62	0	0	51	66.2	274	56	31	30	6	0	0	2	20	1	60	2	1	3	3	.500	0	25	4.05
1994	Colorado	NL	29	0	0	14	28.1	142	35	25	20	5	4	1	1	24	4	33	2	0	0	3	.000	0	3	6.35
	5 ML YEARS		186	0	0	100	231	1010	231	121	112	19	17	6	6	93	13	202	11	1	8	15	.348	0	37	4.36

Rick Honeycutt

Pitches: Left **Bats:** Left **Pos:** RP **Ht:** 6' 1" **Wt:** 195 **Born:** 06/29/54 **Age:** 41

			HOW MUCH HE PITCHED					WHAT HE GAVE UP										THE RESULTS					
Year	Team	Lg	G	GS	CG	GF	IP	BFP	H	R	ER	HR	SH	SF	HB	TBB	IBB	SO	WP	Bk	W	L	Pct.	ShO	Sv	ERA
1977	Seattle	AL	10	3	0	2	29	125	26	16	14	7	2	3	3	11	2	17	2	1	0	1	.000	0	0	4.34
1978	Seattle	AL	26	24	4	0	134	594	150	81	73	12	9	7	3	49	5	50	3	0	5	11	.313	1	0	4.90
1979	Seattle	AL	33	28	9	2	194	839	201	103	87	22	11	6	6	67	7	83	5	1	11	12	.478	1	0	4.04
1980	Seattle	AL	30	30	9	0	203	871	221	99	89	22	11	7	3	60	7	79	4	0	10	17	.370	1	0	3.95
1981	Texas	AL	20	20	8	0	128	509	120	49	47	12	5	0	0	17	1	40	1	0	11	6	.647	2	0	3.30
1982	Texas	AL	30	26	4	3	164	728	201	103	96	20	4	8	2	54	4	64	3	1	5	17	.227	1	0	5.27
1983	2 ML Teams		34	32	6	0	213.2	865	214	85	72	15	5	6	6	50	6	74	1	3	16	11	.593	2	0	3.03
1984	Los Angeles	NL	29	28	6	0	183.2	762	180	72	58	11	6	5	2	51	11	75	1	2	10	9	.526	2	0	2.84
1985	Los Angeles	NL	31	25	1	2	142	600	141	71	54	9	5	4	1	49	7	67	2	0	8	12	.400	0	1	3.42
1986	Los Angeles	NL	32	28	0	2	171	713	164	71	63	9	6	1	3	45	4	100	4	1	11	9	.550	0	0	3.32
1987	2 ML Teams		34	24	1	1	139.1	631	158	91	73	13	1	3	3	54	4	102	5	1	3	16	.158	1	0	4.72
1988	Oakland	AL	55	0	0	17	79.2	330	74	36	31	6	3	6	3	25	2	47	3	8	3	2	.600	0	7	3.50
1989	Oakland	AL	64	0	0	24	76.2	305	56	26	20	5	5	2	1	26	3	52	6	1	2	2	.500	0	12	2.35
1990	Oakland	AL	63	0	0	13	63.1	256	46	23	19	2	2	6	1	22	2	38	1	1	2	2	.500	0	7	2.70
1991	Oakland	AL	43	0	0	7	37.2	167	37	16	15	3	2	1	2	20	3	26	0	0	2	4	.333	0	0	3.58
1992	Oakland	AL	54	0	0	7	39	169	41	19	16	2	4	1	3	10	3	32	2	0	1	4	.200	0	3	3.69
1993	Oakland	AL	52	0	0	17	41.2	174	30	18	13	2	7	4	1	20	6	21	0	0	1	4	.200	0	1	2.81
1994	Texas	AL	42	0	0	9	25	122	37	21	20	4	5	0	2	9	1	18	0	0	1	2	.333	0	1	7.20
1983	Texas	AL	25	25	5	0	174.2	693	168	59	47	9	3	6	6	37	2	56	1	2	14	8	.636	2	0	2.42
	Los Angeles	NL	9	7	1	0	39	172	46	26	25	6	2	0	2	13	4	18	0	1	2	3	.400	0	0	5.77
1987	Los Angeles	NL	27	20	1	0	115.2	525	133	74	59	10	0	1	1	45	4	92	4	0	2	12	.143	1	0	4.59
	Oakland	AL	7	4	0	1	23.2	106	25	17	14	3	1	2	2	9	0	10	1	1	1	4	.200	0	0	5.32
	18 ML YEARS		682	268	47	97	2064.2	8760	2097	1000	860	176	91	69	49	639	78	985	43	20	102	141	.420	11	32	3.75

John Hope

Pitches: Right **Bats:** Right **Pos:** RP **Ht:** 6' 3" **Wt:** 206 **Born:** 12/21/70 **Age:** 24

		HOW MUCH HE PITCHED						WHAT HE GAVE UP										THE RESULTS					
Year	Team	Lg	G	GS	CG	GF	IP	BFP	H	R	ER	HR	SH	SF	HB	TBB	IBB	SO	WP	Bk	W	L	Pct.	ShO	Sv	ERA
1989	Pirates	R	4	3	0	0	15	68	15	12	8	0	1	3	1	6	0	14	0	1	0	1	.000	0	0	4.80
1991	Welland	A	3	3	0	0	17	67	12	1	1	0	0	0	2	3	0	15	0	0	2	0	1.000	0	0	0.53
	Augusta	A	7	7	0	0	46.1	188	29	20	18	1	0	1	4	19	0	37	2	1	4	2	.667	0	0	3.50
	Salem	A	6	5	0	1	27.2	122	38	20	19	5	0	1	0	4	0	18	0	0	2	2	.500	0	0	6.18
1992	Salem	A	27	27	4	0	176.1	726	169	75	68	13	2	4	10	46	0	106	10	3	11	8	.579	0	0	3.47
1993	Carolina	AA	21	20	0	0	111.1	478	123	69	54	7	2	6	8	29	4	66	10	2	9	4	.692	0	0	4.37
	Buffalo	AAA	4	4	0	0	21.1	92	30	16	15	4	0	0	1	2	0	6	2	0	2	1	.667	0	0	6.33
1994	Buffalo	AAA	18	17	0	0	100	423	98	56	43	8	4	3	5	23	1	54	1	2	4	9	.308	0	0	3.87
1993	Pittsburgh	NL	7	7	0	0	38	166	47	19	17	2	5	1	2	8	3	8	1	0	0	2	.000	0	0	4.03
1994	Pittsburgh	NL	9	0	0	1	14	64	18	12	9	1	0	0	2	4	0	6	1	0	0	0	.000	0	0	5.79
	2 ML YEARS		16	7	0	1	52	230	65	31	26	3	5	1	4	12	3	14	2	0	0	2	.000	0	0	4.50

Vince Horsman

Pitches: Left **Bats:** Right **Pos:** RP **Ht:** 6' 2" **Wt:** 180 **Born:** 03/09/67 **Age:** 28

		HOW MUCH HE PITCHED						WHAT HE GAVE UP										THE RESULTS					
Year	Team	Lg	G	GS	CG	GF	IP	BFP	H	R	ER	HR	SH	SF	HB	TBB	IBB	SO	WP	Bk	W	L	Pct.	ShO	Sv	ERA
1994	Tacoma *	AAA	7	0	0	2	7	26	5	2	2	1	1	0	1	0	0	6	0	0	1	0	1.000	0	0	2.57
1991	Toronto	AL	4	0	0	2	4	16	2	0	0	0	1	0	0	3	1	2	0	0	0	0	.000	0	0	0.00
1992	Oakland	AL	58	0	0	9	43.1	180	39	13	12	3	3	1	0	21	4	18	1	0	2	1	.667	0	1	2.49
1993	Oakland	AL	40	0	0	5	25	116	25	15	15	2	0	3	0	15	1	17	1	0	2	0	1.000	0	0	5.40
1994	Oakland	AL	33	0	0	6	29.1	127	29	17	16	2	3	3	1	11	2	20	1	1	0	1	.000	0	0	4.91
	4 ML YEARS		135	0	0	22	101.2	439	95	45	43	7	7	4	4	50	8	57	3	1	4	2	.667	0	1	3.81

Charlie Hough

Pitches: Right **Bats:** Right **Pos:** SP **Ht:** 6' 2" **Wt:** 190 **Born:** 01/05/48 **Age:** 47

		HOW MUCH HE PITCHED						WHAT HE GAVE UP										THE RESULTS					
Year	Team	Lg	G	GS	CG	GF	IP	BFP	H	R	ER	HR	SH	SF	HB	TBB	IBB	SO	WP	Bk	W	L	Pct.	ShO	Sv	ERA
1970	Los Angeles	NL	8	0	0	5	17	79	18	11	10	7	0	0	0	11	0	8	0	0	0	0	.000	0	2	5.29
1971	Los Angeles	NL	4	0	0	3	4	19	3	2	2	1	1	0	0	3	0	4	0	0	0	0	.000	0	0	4.50
1972	Los Angeles	NL	2	0	0	2	3	13	2	1	1	0	0	0	1	2	0	4	0	0	0	0	.000	0	0	3.00
1973	Los Angeles	NL	37	0	0	18	72	309	52	24	22	3	4	3	6	45	2	70	2	0	4	2	.667	0	5	2.75
1974	Los Angeles	NL	49	0	0	16	96	389	65	45	40	12	6	8	4	40	2	63	4	0	9	4	.692	0	1	3.75
1975	Los Angeles	NL	38	0	0	24	61	266	43	25	20	3	3	0	8	34	0	34	4	1	3	7	.300	0	4	2.95
1976	Los Angeles	NL	77	0	0	55	143	600	102	43	35	6	4	1	8	77	3	81	9	0	12	8	.600	0	18	2.20
1977	Los Angeles	NL	70	1	0	53	127	551	98	53	47	10	10	4	7	70	6	105	8	0	6	12	.333	0	22	3.33
1978	Los Angeles	NL	55	0	0	31	93	390	69	38	34	6	0	0	5	48	4	66	6	0	5	5	.500	0	7	3.29
1979	Los Angeles	NL	42	14	0	10	151	662	152	88	80	16	9	4	8	66	2	76	9	1	7	5	.583	0	0	4.77
1980	2 ML Teams		35	2	2	12	93	426	91	51	47	6	7	4	5	58	2	72	11	0	3	5	.375	1	1	4.55
1981	Texas	AL	21	5	2	9	82	330	61	30	27	4	1	1	3	31	1	69	4	0	4	1	.800	0	1	2.96
1982	Texas	AL	34	34	12	0	228	954	217	111	100	21	7	4	2	72	5	128	9	0	16	13	.552	2	0	3.95
1983	Texas	AL	34	33	11	1	252	1030	219	96	89	22	5	5	3	95	0	152	6	1	15	13	.536	3	0	3.18
1984	Texas	AL	36	**36**	**17**	0	266	**1133**	**260**	**127**	111	26	5	7	3	82	3	164	7	0	16	14	.533	1	0	3.76
1985	Texas	AL	34	34	14	0	250.1	1018	198	102	92	23	1	7	7	83	1	141	11	3	14	16	.467	1	0	3.31
1986	Texas	AL	33	33	7	0	230.1	958	188	115	97	32	9	1	9	89	2	146	16	0	17	10	.630	2	0	3.79
1987	Texas	AL	40	**40**	13	0	**285.1**	**1231**	238	**159**	120	36	5	**14**	**19**	**124**	1	**223**	12	**9**	18	13	.581	0	0	3.79
1988	Texas	AL	34	34	10	0	252	1067	202	111	93	20	8	8	12	**126**	1	**174**	10	10	15	16	.484	0	0	3.32
1989	Texas	AL	30	30	5	0	182	795	168	97	88	**28**	3	6	6	95	2	94	7	5	10	13	.435	1	0	4.35
1990	Texas	AL	32	32	5	0	218.2	950	190	108	99	24	2	**11**	**11**	119	2	114	4	0	12	12	.500	0	0	4.07
1991	Chicago	AL	31	29	4	1	199.1	858	167	98	89	21	8	**16**	11	94	0	107	5	1	9	10	.474	1	0	4.02
1992	Chicago	AL	27	27	0	3	176.1	751	160	88	77	19	2	6	7	62	2	76	10	1	7	12	.368	0	0	3.93
1993	Florida	NL	34	34	0	0	204.1	876	202	109	97	20	11	7	8	71	2	126	11	4	9	16	.360	0	0	4.27
1994	Florida	NL	21	21	1	0	113.2	515	118	74	65	17	14	**9**	10	52	1	65	9	4	5	9	.357	1	0	5.15
1980	Los Angeles	NL	19	1	0	5	32	156	37	21	20	4	3	3	2	21	0	25	3	0	1	3	.250	0	1	5.63
	Texas	AL	16	2	2	7	61	270	54	30	27	2	4	1	3	37	2	47	8	0	2	2	.500	1	0	3.98
	25 ML YEARS		858	440	107	240	3800.1	16170	3283	1807	1582	383	125	126	174	1665	44	2362	179	42	216	216	.500	13	61	3.75

Chris Howard

Bats: Right **Throws:** Right **Pos:** C **Ht:** 6' 2" **Wt:** 200 **Born:** 02/27/66 **Age:** 29

					BATTING													BASERUNNING				PERCENTAGES		
Year	Team	Lg	G	AB	H	2B	3B	HR	(Hm	Rd)	TB	R	RBI	TBB	IBB	SO	HBP	SH	SF	SB	CS	SB%	GDP	Avg	OBP	SLG
1988	Bellingham	A	2	9	3	0	0	1	--	--	6	3	3	1	0	2	0	0	0	0	0	.00	0	.333	.400	.667
	Wausau	A	61	187	45	10	1	7	--	--	78	20	20	18	0	60	3	0	1	1	3	.25	4	.241	.316	.417
1989	Wausau	A	36	125	30	8	0	4	--	--	50	13	32	13	1	35	1	0	1	0	0	.00	2	.240	.314	.400

	Team	Lg	G	AB	H	2B	3B	HR	(Hm	Rd)	TB	R	RBI	TBB	IBB	SO	HBP	SH	SF	SB	CS	SB%	GDP	Avg	OBP	SLG
	Williamsprt	AA	86	296	75	13	0	9	--	--	115	30	36	28	0	79	5	2	0	0	1	.00	10	.253	.328	.389
1990	Williamsprt	AA	118	401	95	19	1	5	--	--	131	48	49	37	1	91	3	4	4	3	1	.75	16	.237	.303	.327
1991	Calgary	AAA	82	293	72	12	1	8	--	--	110	32	36	16	1	56	2	3	1	1	1	.50	10	.246	.288	.375
1992	Calgary	AAA	97	319	76	16	0	8	--	--	116	29	45	14	0	73	5	3	2	3	7	.30	9	.238	.279	.364
1993	Calgary	AAA	94	331	106	23	0	6	--	--	147	40	55	23	1	62	5	5	2	1	5	.17	4	.320	.371	.444
1994	Calgary	AAA	75	266	67	10	0	11	--	--	110	41	44	27	2	66	1	2	3	0	1	1.00	11	.252	.320	.414
1991	Seattle	AL	9	6	1	1	0	0	(0	0)	2	1	0	1	0	2	0	0	0	0	0	.00	0	.167	.286	.333
1993	Seattle	AL	4	1	0	0	0	0	(0	0)	0	0	0	0	0	0	0	0	0	0	0	.00	0	.000	.000	.000
1994	Seattle	AL	9	25	5	1	0	0	(0	0)	6	2	2	1	0	6	0	1	1	0	0	.00	0	.200	.250	.240
	3 ML YEARS		22	32	6	2	0	0	(0	0)	8	3	2	2	0	8	0	1	1	0	0	.00	0	.188	.250	.250

Chris Howard

Pitches: Left **Bats:** Right **Pos:** RP **Ht:** 6' 0" **Wt:** 185 **Born:** 11/18/65 **Age:** 29

			HOW MUCH HE PITCHED				WHAT HE GAVE UP										THE RESULTS					
Year	Team	Lg	G	GS	CG	GF	IP	BFP	H	R	ER	HR	SH	SF	HB	TBB	IBB	SO	WP	Bk	W	L	Pct.	ShO	Sv	ERA
1990	Albany	AA	2	0	0	1	5	30	9	8	8	0	0	1	0	7	0	2	0	0	0	0	.000	0	0	14.40
	Kinston	A	8	0	0	3	14.2	73	4	0	0	0	0	2	6	0	16	0	2	1	1	.500	0	0	2.45
1991	Birmingham	AA	38	0	0	24	53	219	43	14	12	2	6	2	3	16	1	52	2	1	6	1	.857	0	9	2.04
1992	White Sox	R	1	0	0	0	2	9	3	1	1	0	0	0	0	0	0	3	0	1	0	0	.000	0	0	4.50
	Vancouver	AAA	20	0	0	5	24.2	111	18	9	8	3	6	2	0	22	3	23	0	1	3	1	.750	0	0	2.92
1993	Nashville	AAA	43	0	0	17	66.2	271	55	32	25	9	3	5	0	16	4	53	7	2	4	3	.571	0	3	3.38
1994	Pawtucket	AAA	13	0	0	0	24.1	95	14	6	6	2	1	0	0	10	0	21	1	0	1	0	1.000	0	0	2.22
1993	Chicago	AL	3	0	0	0	2.1	10	2	0	0	0	0	0	0	3	1	1	0	0	1	0	1.000	0	0	0.00
1994	Boston	AL	37	0	0	5	39.2	166	35	17	16	5	2	2	0	12	4	22	1	0	1	0	1.000	0	1	3.63
	2 ML YEARS		40	0	0	5	42	176	37	17	16	5	2	2	0	15	5	23	1	0	2	0	1.000	0	1	3.43

Dave Howard

Bats: Both **Throws:** Right **Pos:** 3B/SS **Ht:** 6' 0" **Wt:** 175 **Born:** 02/26/67 **Age:** 28

			BATTING																BASERUNNING				PERCENTAGES		
Year	Team	Lg	G	AB	H	2B	3B	HR	(Hm	Rd)	TB	R	RBI	TBB	IBB	SO	HBP	SH	SF	SB	CS	SB%	GDP	Avg	OBP	SLG
1991	Kansas City	AL	94	236	51	7	2	1	(0	1)	61	20	17	16	0	45	1	9	2	3	2	.60	1	.216	.267	.258
1992	Kansas City	AL	74	219	49	6	2	1	(1	0)	62	19	18	15	0	43	0	8	2	3	4	.43	3	.224	.271	.283
1993	Kansas City	AL	15	24	8	0	1	0	(0	0)	10	5	2	2	0	5	0	2	1	1	0	1.00	0	.333	.370	.417
1994	Kansas City	AL	46	83	19	4	0	1	(0	1)	26	9	13	11	0	23	0	3	3	3	2	.60	1	.229	.309	.313
	4 ML YEARS		229	562	127	17	3	3	(1	2)	159	53	50	44	0	116	1	22	8	10	8	.56	5	.226	.280	.283

Thomas Howard

Bats: Both **Throws:** Right **Pos:** LF/RF **Ht:** 6' 2" **Wt:** 205 **Born:** 12/11/64 **Age:** 30

			BATTING																BASERUNNING				PERCENTAGES		
Year	Team	Lg	G	AB	H	2B	3B	HR	(Hm	Rd)	TB	R	RBI	TBB	IBB	SO	HBP	SH	SF	SB	CS	SB%	GDP	Avg	OBP	SLG
1990	San Diego	NL	20	44	12	2	0	0	(0	0)	14	4	0	0	0	11	0	1	0	0	1	.00	1	.273	.273	.318
1991	San Diego	NL	106	281	70	12	3	4	(4	0)	100	30	22	24	4	57	1	2	1	10	7	.59	6	.249	.309	.356
1992	2 ML Teams		122	361	100	15	2	2	(1	1)	125	37	32	17	1	60	0	11	2	15	8	.65	4	.277	.308	.346
1993	2 ML Teams		112	319	81	15	3	7	(5	2)	123	48	36	24	0	63	0	0	5	10	7	.59	9	.254	.302	.386
1994	Cincinnati	NL	83	178	47	11	0	5	(4	1)	73	24	24	10	0	30	0	0	3	4	2	.67	2	.264	.302	.410
1992	San Diego	NL	5	3	1	0	0	0	(0	0)	1	1	0	0	0	0	0	1	0	0	0	.00	0	.333	.333	.333
	Cleveland	AL	117	358	99	15	2	2	(1	1)	124	36	32	17	1	60	0	10	2	15	8	.65	4	.277	.308	.346
1993	Cleveland	AL	74	178	42	7	0	3	(3	0)	58	26	23	12	0	42	0	0	4	5	1	.83	5	.236	.278	.326
	Cincinnati	NL	38	141	39	8	3	4	(2	2)	65	22	13	12	0	21	0	0	1	5	6	.45	4	.277	.331	.461
	5 ML YEARS		443	1183	310	55	8	18	(14	4)	435	143	114	75	6	221	1	17	9	39	25	.61	20	.262	.304	.368

Steve Howe

Pitches: Left **Bats:** Left **Pos:** RP **Ht:** 6' 2" **Wt:** 198 **Born:** 03/10/58 **Age:** 37

			HOW MUCH HE PITCHED						WHAT HE GAVE UP											THE RESULTS					
Year	Team	Lg	G	GS	CG	GF	IP	BFP	H	R	ER	HR	SH	SF	HB	TBB	IBB	SO	WP	Bk	W	L	Pct.	ShO	Sv	ERA
1994	Albany-Colo*	AA	1	1	0	0	1.1	7	2	2	0	0	0	0	0	0	0	2	0	0	0	0	.000	0	0	0.00
1980	Los Angeles	NL	59	0	0	36	85	359	83	33	25	1	8	3	2	22	10	39	1	0	7	9	.438	0	17	2.65
1981	Los Angeles	NL	41	0	0	25	54	227	51	17	15	2	4	4	0	18	7	32	0	0	5	3	.625	0	8	2.50
1982	Los Angeles	NL	66	0	0	41	99.1	393	87	27	23	3	10	3	0	17	11	49	1	0	7	5	.583	0	13	2.08
1983	Los Angeles	NL	46	0	0	33	68.2	274	55	15	11	2	5	3	1	12	7	52	3	0	4	7	.364	0	18	1.44
1985	2 ML Teams		32	0	0	19	41	198	58	33	25	3	2	5	1	12	4	21	3	0	3	4	.429	0	3	5.49
1987	Texas	AL	24	0	0	15	31.1	131	33	15	15	2	2	0	3	8	1	19	2	0	3	3	.500	0	1	4.31
1991	New York	AL	37	0	0	10	48.1	189	39	12	9	1	2	1	3	7	2	34	2	0	3	1	.750	0	3	1.68
1992	New York	AL	20	0	0	10	22	79	9	7	6	1	1	1	0	3	1	12	1	0	3	0	1.000	0	6	2.45
1993	New York	AL	51	0	0	19	50.2	215	58	31	28	7	5	2	0	10	4	19	0	0	3	5	.375	0	4	4.97
1994	New York	AL	40	0	0	25	40	152	26	9	8	2	1	0	0	7	1	18	1	0	3	0	1.000	0	15	1.80
1985	Los Angeles	NL	19	0	0	14	22	104	30	17	12	2	2	2	1	5	2	11	2	0	1	1	.500	0	3	4.91
	Minnesota	AL	13	0	0	5	19	94	28	16	13	1	0	3	0	7	2	10	1	0	2	3	.400	0	0	6.16
	10 ML YEARS		416	0	0	233	540.1	2217	501	198	165	24	40	22	13	116	48	295	14	1	41	37	.526	0	88	2.75

Jay Howell

Pitches: Right **Bats:** Right **Pos:** RP **Ht:** 6' 3" **Wt:** 215 **Born:** 11/26/55 **Age:** 39

			HOW MUCH HE PITCHED						WHAT HE GAVE UP									THE RESULTS					
Year	Team	Lg	G	GS	CG	GF	IP	BFP	H	R	ER	HR	SH	SF	HB	TBB	IBB	SO	WP	Bk	W	L	Pct.	ShO	Sv	ERA
1980	Cincinnati	NL	5	0	0	1	3	19	8	5	5	0	0	1	1	0	0	1	0	0	0	0	.000	0	0	15.00
1981	Chicago	NL	10	2	0	1	22	97	23	13	12	3	1	1	2	10	2	10	0	0	2	0	1.000	0	0	4.91
1982	New York	AL	6	6	0	0	28	138	42	25	24	1	0	2	0	13	0	21	1	0	2	3	.400	0	0	7.71
1983	New York	AL	19	12	2	3	82	368	89	53	49	7	1	5	3	35	0	61	2	1	1	5	.167	0	0	5.38
1984	New York	AL	61	1	0	23	103.2	426	86	33	31	5	3	3	0	34	3	109	4	0	9	4	.692	0	7	2.69
1985	Oakland	AL	63	0	0	58	98	414	98	32	31	5	3	4	1	31	3	68	4	1	9	8	.529	0	29	2.85
1986	Oakland	AL	38	0	0	33	53.1	230	53	23	20	3	3	1	1	23	4	42	4	0	3	6	.333	0	16	3.38
1987	Oakland	AL	36	0	0	27	44.1	200	48	30	29	6	3	2	1	21	1	35	4	0	3	4	.429	0	16	5.89
1988	Los Angeles	NL	50	0	0	38	65	262	44	16	15	1	3	3	1	21	2	70	2	2	5	3	.625	0	21	2.08
1989	Los Angeles	NL	56	0	0	41	79.2	312	60	15	14	3	4	2	0	22	6	55	1	0	5	3	.625	0	28	1.58
1990	Los Angeles	NL	45	0	0	35	66	271	59	17	16	5	1	0	6	20	3	59	4	0	5	5	.500	0	16	2.18
1991	Los Angeles	NL	44	0	0	35	51	202	39	19	18	3	5	2	1	11	3	40	0	0	6	5	.545	0	16	3.18
1992	Los Angeles	NL	41	0	0	26	46.2	203	41	9	8	2	5	1	1	18	5	36	3	1	1	3	.250	0	4	1.54
1993	Atlanta	NL	54	0	0	22	58.1	233	48	16	15	3	3	4	0	16	4	37	0	2	3	3	.500	0	0	2.31
1994	Texas	AL	40	0	0	17	43	189	44	29	26	10	1	3	1	16	2	22	2	0	4	1	.800	0	2	5.44
	15 ML YEARS		568	21	2	360	844	3564	782	335	313	57	36	34	19	291	38	666	31	8	58	53	.523	0	155	3.34

Dann Howitt

Bats: Left **Throws:** Right **Pos:** RF **Ht:** 6' 5" **Wt:** 205 **Born:** 02/13/64 **Age:** 31

						BATTING												BASERUNNING				PERCENTAGES		
Year	Team	Lg	G	AB	H	2B	3B	HR	(Hm	Rd)	TB	R	RBI	TBB	IBB	SO	HBP	SH	SF	SB	CS	SB%	GDP	Avg	OBP	SLG
1994	Nashville *	AAA	66	231	59	15	1	8	--	--	100	30	36	19	1	48	2	0	1	4	0	1.00	4	.255	.316	.433
1989	Oakland	AL	3	3	0	0	0	0	(0	0)	0	0	0	0	0	2	0	0	0	0	0	.00	0	.000	.000	.000
1990	Oakland	AL	14	22	3	0	1	0	(0	0)	5	3	1	3	0	12	0	0	0	0	0	.00	0	.136	.240	.227
1991	Oakland	AL	21	42	7	1	0	1	(0	1)	11	5	3	1	0	12	0	0	1	0	0	.00	1	.167	.182	.262
1992	2 ML Teams		35	85	16	4	1	2	(1	1)	28	7	10	8	1	9	0	1	3	1	1	.50	6	.188	.250	.329
1993	Seattle	AL	32	76	16	3	1	2	(1	1)	27	6	8	4	0	18	0	0	0	0	0	.00	0	.211	.250	.355
1994	Chicago	AL	10	14	5	3	0	0	(0	0)	8	4	0	1	0	7	0	0	0	0	0	.00	1	.357	.400	.571
1992	Oakland	AL	22	48	6	0	0	1	(0	1)	9	1	2	5	1	4	0	1	0	0	0	.00	4	.125	.208	.188
	Seattle	AL	13	37	10	4	1	1	(1	0)	19	6	8	3	0	5	0	0	3	1	1	.50	2	.270	.302	.514
	6 ML YEARS		115	242	47	11	3	5	(2	3)	79	25	22	17	1	60	0	1	4	1	1	.50	8	.194	.243	.326

Kent Hrbek

Bats: Left **Throws:** Right **Pos:** 1B **Ht:** 6' 4" **Wt:** 260 **Born:** 05/21/60 **Age:** 35

						BATTING												BASERUNNING				PERCENTAGES		
Year	Team	Lg	G	AB	H	2B	3B	HR	(Hm | Rd)	TB	R	RBI	TBB	IBB	SO	HBP	SH	SF	SB	CS	SB%	GDP	Avg	OBP	SLG
1981	Minnesota	AL	24	67	16	5	0	1	(0 | 1)	24	5	7	5	1	9	1	0	0	0	0	.00	0	.239	.301	.358
1982	Minnesota	AL	140	532	160	21	4	23	(11 | 12)	258	82	92	54	12	80	0	1	4	3	1	.75	12	.301	.363	.485
1983	Minnesota	AL	141	515	153	41	5	16	(7 | 9)	252	75	84	57	5	71	3	0	7	4	6	.40	12	.297	.366	.489
1984	Minnesota	AL	149	559	174	31	3	27	(15 | 12)	292	80	107	65	15	87	4	1	6	1	1	.50	17	.311	.383	.522
1985	Minnesota	AL	158	593	165	31	2	21	(10 | 11)	263	78	93	67	12	87	2	0	4	1	1	.50	12	.278	.351	.444
1986	Minnesota	AL	149	550	147	27	1	29	(18 | 11)	263	85	91	71	9	81	6	0	7	2	2	.50	15	.267	.353	.478
1987	Minnesota	AL	143	477	136	20	1	34	(20 | 14)	260	85	90	84	12	60	0	0	5	5	2	.71	13	.285	.389	.545
1988	Minnesota	AL	143	510	159	31	0	25	(13 | 12)	265	75	76	67	7	54	0	2	7	0	3	.00	9	.312	.387	.520
1989	Minnesota	AL	109	375	102	17	0	25	(17 | 8)	194	59	84	53	4	35	1	1	4	3	0	1.00	6	.272	.360	.517
1990	Minnesota	AL	143	492	141	26	0	22	(8 | 14)	233	61	79	69	8	45	7	2	8	5	2	.71	17	.287	.377	.474
1991	Minnesota	AL	132	462	131	20	1	20	(11 | 9)	213	72	89	67	4	48	0	3	2	4	4	.50	15	.284	.373	.461
1992	Minnesota	AL	112	394	96	20	0	15	(10 | 5)	161	52	58	71	9	56	0	2	3	5	2	.71	12	.244	.357	.409
1993	Minnesota	AL	123	392	95	11	1	25	(12 | 13)	183	60	83	71	6	57	1	3	4	2	1	.67	12	.242	.357	.467
1994	Minnesota	AL	81	274	74	11	0	10	(4 | 6)	115	34	53	37	6	28	1	0	5	0	0	.00	8	.270	.353	.420
	14 ML YEARS		1747	6192	1749	312	18	293	(156 | 137)	2976	903	1086	838	110	798	26	15	66	37	26	.59	165	.282	.367	.481

Trent Hubbard

Bats: Right **Throws:** Right **Pos:** CF **Ht:** 5' 8" **Wt:** 180 **Born:** 05/11/66 **Age:** 29

						BATTING												BASERUNNING				PERCENTAGES		
Year	Team	Lg	G	AB	H	2B	3B	HR	(Hm	Rd)	TB	R	RBI	TBB	IBB	SO	HBP	SH	SF	SB	CS	SB%	GDP	Avg	OBP	SLG
1986	Auburn	A	70	242	75	12	1	1	--	--	92	42	32	28	0	42	1	2	2	35	5	.88	5	.310	.381	.380
1987	Asheville	A	101	284	67	8	1	1	--	--	80	39	35	28	1	42	0	0	7	28	13	.68	4	.236	.298	.282
1988	Osceola	A	130	446	116	15	1	3	--	--	162	68	65	61	0	72	3	1	3	44	18	.71	10	.260	.351	.363
1989	Tucson	AAA	21	50	11	2	0	0	--	--	13	3	2	1	0	10	1	0	3	3	3	.50	2	.220	.250	.260
	Columbus	AA	104	348	92	7	8	3	--	--	124	55	37	43	3	53	2	4	2	28	6	.82	8	.264	.347	.356
1990	Tucson	AAA	12	27	6	2	2	0	--	--	12	5	2	3	0	6	0	0	0	1	1	.50	1	.222	.300	.444

Year	Team	Lg	G	AB	H	2B	3B	HR	(Hm	Rd)	TB	R	RBI	TBB	IBB	SO	HBP	SH	SF	SB	CS	SB%	GDP	Avg	OBP	SLG
	Columbus	AA	95	335	84	14	4	4	--	--	118	39	35	37	0	51	3	8	2	17	8	.68	7	.251	.329	.352
1991	Jackson	AA	126	455	135	21	3	2	--	--	168	78	41	65	2	81	9	3	2	39	17	.70	3	.297	.394	.369
	Tucson	AAA	2	4	0	0	0	0	--	--	0	0	0	0	0	0	0	0	0	0	0	.00	0	.000	.000	.000
1992	Tucson	AAA	115	420	130	16	4	2	--	--	160	69	33	45	1	68	4	9	2	34	10	.77	7	.310	.380	.381
1993	Colo Sprngs	AAA	117	439	138	24	8	7	--	--	199	83	56	47	3	57	6	5	1	33	18	.65	4	.314	.387	.453
1994	Colo. Sprng	AAA	79	320	116	22	5	8	--	--	172	78	38	44	1	40	2	2	1	28	10	.74	7	.363	.441	.538
1994	Colorado	NL	18	25	7	1	1	1	(1	0)	13	3	3	3	0	4	0	0	0	0	0	.00	1	.280	.357	.520

John Hudek

Pitches: Right **Bats:** Both **Pos:** RP **Ht:** 6' 1" **Wt:** 200 **Born:** 08/08/66 **Age:** 28

			HOW MUCH HE PITCHED					WHAT HE GAVE UP									THE RESULTS					
Year	Team	Lg	G	GS	CG	GF	IP	BFP	H	R	ER	HR	SH	SF	HB	TBB	IBB	SO	WP	Bk	W	L	Pct.	ShO	Sv	ERA
1988	South Bend	A	26	0	0	18	54.2	234	45	19	12	4	3	1	3	21	3	35	3	0	7	2	.778	0	8	1.98
1989	Sarasota	A	27	0	0	25	43	165	22	10	8	1	2	4	2	13	2	39	1	1	1	3	.250	0	15	1.67
	Birmingham	AA	18	0	0	16	17	72	14	8	8	2	1	0	0	9	0	10	0	0	1	1	.500	0	11	4.24
1990	Birmingham	AA	42	10	0	23	92.1	418	84	59	47	9	2	8	6	52	3	67	5	0	6	6	.500	0	4	4.58
1991	Birmingham	AA	51	0	0	42	65.2	292	58	39	28	4	7	5	6	28	7	49	5	0	5	10	.333	0	13	3.84
1992	Birmingham	AA	5	0	0	4	11.2	55	9	4	3	0	2	0	0	11	2	9	0	0	0	1	.000	0	1	2.31
	Vancouver	AAA	39	3	1	19	85.1	367	69	36	30	4	6	5	4	45	9	61	6	0	8	1	.889	1	2	3.16
1993	Toledo	AAA	16	5	0	2	38.2	180	44	26	25	2	2	3	1	22	0	32	2	0	1	3	.250	0	0	5.82
	Tucson	AAA	13	1	0	3	19	83	17	11	8	1	0	1	2	11	1	18	1	0	3	1	.750	0	0	3.79
1994	Tucson	AAA	6	0	0	4	7.1	28	3	4	4	0	0	0	0	3	0	14	1	0	0	0	.000	0	2	4.91
1994	Houston	NL	42	0	0	33	39.1	159	24	14	13	5	0	2	1	18	2	39	0	0	0	2	.000	0	16	2.97

Rex Hudler

Bats: Right **Throws:** Right **Pos:** 2B/LF **Ht:** 6' 0" **Wt:** 195 **Born:** 09/02/60 **Age:** 34

								BATTING												BASERUNNING				PERCENTAGES		
Year	Team	Lg	G	AB	H	2B	3B	HR	(Hm	Rd)	TB	R	RBI	TBB	IBB	SO	HBP	SH	SF	SB	CS	SB%	GDP	Avg	OBP	SLG
1984	New York	AL	9	7	1	1	0	0	(0	0)	2	2	0	1	0	5	1	0	0	0	0	.00	0	.143	.333	.286
1985	New York	AL	20	51	8	0	1	0	(0	0)	10	4	1	1	0	9	0	5	0	0	1	.00	0	.157	.173	.196
1986	Baltimore	AL	14	1	0	0	0	0	(0	0)	0	1	0	0	0	0	0	0	0	1	0	1.00	0	.000	.000	.000
1988	Montreal	NL	77	216	59	14	2	4	(1	3)	89	38	14	10	6	34	0	1	2	29	7	.81	2	.273	.303	.412
1989	Montreal	NL	92	155	38	7	0	6	(3	3)	63	21	13	6	2	23	1	0	0	15	4	.79	2	.245	.278	.406
1990	2 ML Teams		93	220	62	11	2	7	(2	5)	98	31	22	12	1	32	2	2	1	18	10	.64	3	.282	.323	.445
1991	St. Louis	NL	101	207	47	10	2	1	(1	0)	64	21	15	10	1	29	0	2	2	12	8	.60	1	.227	.260	.309
1992	St. Louis	NL	61	98	24	4	0	3	(2	1)	37	17	5	2	0	23	1	1	1	2	6	.25	0	.245	.265	.378
1994	California	AL	56	124	37	8	0	8	(4	4)	69	17	20	6	0	28	0	4	2	2	2	.50	7	.298	.326	.556
1990	Montreal	NL	4	3	1	0	0	0	(0	0)	1	1	0	0	0	1	0	0	0	0	0	.00	0	.333	.333	.333
	St. Louis	NL	89	217	61	11	2	7	(2	5)	97	30	22	12	1	31	2	2	1	18	10	.64	3	.281	.323	.447
	9 ML YEARS		523	1079	276	55	7	29	(13	16)	432	152	90	48	10	183	5	15	8	79	38	.68	15	.256	.289	.400

Michael Huff

Bats: Right **Throws:** Right **Pos:** LF/CF **Ht:** 6' 1" **Wt:** 190 **Born:** 08/11/63 **Age:** 31

								BATTING												BASERUNNING				PERCENTAGES		
Year	Team	Lg	G	AB	H	2B	3B	HR	(Hm	Rd)	TB	R	RBI	TBB	IBB	SO	HBP	SH	SF	SB	CS	SB%	GDP	Avg	OBP	SLG
1994	Syracuse *	AAA	2	8	0	0	0	0	(0	0)	0	2	0	1	0	2	0	0	0	1	0	1.00	0	.000	.111	.000
1989	Los Angeles	NL	12	25	5	1	0	1	(0	1)	9	4	2	3	0	6	1	1	0	0	1	.00	0	.200	.310	.360
1991	2 ML Teams		102	243	61	10	2	3	(1	2)	84	42	25	37	2	48	6	6	2	14	4	.78	7	.251	.361	.346
1992	Chicago	AL	60	115	24	5	0	0	(0	0)	29	13	8	10	1	24	1	2	2	1	2	.33	2	.209	.273	.252
1993	Chicago	AL	43	44	8	2	0	1	(0	1)	13	4	6	9	0	15	1	1	2	1	0	1.00	2	.182	.321	.295
1994	Toronto	AL	80	207	63	15	3	3	(1	2)	93	31	25	27	2	27	3	0	0	2	1	.67	6	.304	.392	.449
1991	Cleveland	AL	51	146	35	6	1	2	(1	1)	49	28	10	25	0	30	4	3	1	11	2	.85	2	.240	.364	.336
	Chicago	AL	51	97	26	4	1	1	(0	1)	35	14	15	12	2	18	2	3	1	3	2	.60	5	.268	.357	.361
	5 ML YEARS		297	634	161	33	5	8	(2	6)	228	94	66	86	5	120	12	10	6	18	8	.69	15	.254	.351	.360

Tim Hulett

Bats: Right **Throws:** Right **Pos:** 2B **Ht:** 6' 0" **Wt:** 199 **Born:** 01/12/60 **Age:** 35

								BATTING												BASERUNNING				PERCENTAGES		
Year	Team	Lg	G	AB	H	2B	3B	HR	(Hm	Rd)	TB	R	RBI	TBB	IBB	SO	HBP	SH	SF	SB	CS	SB%	GDP	Avg	OBP	SLG
1983	Chicago	AL	6	5	1	0	0	0	(0	0)	1	0	0	0	0	0	0	0	0	1	0	1.00	0	.200	.200	.200
1984	Chicago	AL	8	7	0	0	0	0	(0	0)	0	1	0	1	0	4	0	0	0	1	0	1.00	0	.000	.125	.000
1985	Chicago	AL	141	395	106	19	4	5	(2	3)	148	52	37	30	1	81	4	4	3	6	4	.60	8	.268	.324	.375
1986	Chicago	AL	150	520	120	16	5	17	(7	10)	197	53	44	21	0	91	1	6	4	4	1	.80	11	.231	.260	.379
1987	Chicago	AL	68	240	52	10	0	7	(3	4)	83	20	28	10	1	41	0	5	2	0	2	.00	6	.217	.246	.346
1989	Baltimore	AL	33	97	27	5	0	3	(2	1)	41	12	18	10	0	17	0	1	1	0	0	.00	3	.278	.343	.423
1990	Baltimore	AL	53	153	39	7	1	3	(2	1)	57	16	16	15	0	41	0	1	0	0	1	1.00	2	.255	.321	.373
1991	Baltimore	AL	79	206	42	9	0	7	(1	6)	72	29	18	13	0	49	1	1	0	0	1	.00	3	.204	.255	.350
1992	Baltimore	AL	57	142	41	7	2	2	(1	1)	58	17	21	10	1	31	1	0	0	0	1	.00	7	.289	.340	.408

Year Team	Lg	G	AB	H	2B	3B	HR	(Hm	Rd)	TB	R	RBI	TBB	IBB	SO	HBP	SH	SF	SB	CS	SB%	GDP	Avg	OBP	SLG
1993 Baltimore	AL	85	260	78	15	0	2	(2	0)	99	40	23	23	1	56	3	1	2	1	2	.33	5	.300	.361	.381
1994 Baltimore	AL	36	92	21	2	1	2	(2	0)	31	11	15	12	0	24	0	1	1	0	0	.00	2	.228	.314	.337
11 ML YEARS		716	2117	527	90	13	48	(22	26)	787	245	220	145	4	435	10	20	13	14	11	.56	47	.249	.298	.372

David Hulse

Bats: Left **Throws:** Left **Pos:** CF   **Ht:** 5'11" **Wt:** 175 **Born:** 02/25/68 **Age:** 27

						BATTING													BASERUNNING				PERCENTAGES		
Year Team	Lg	G	AB	H	2B	3B	HR	(Hm	Rd)	TB	R	RBI	TBB	IBB	SO	HBP	SH	SF	SB	CS	SB%	GDP	Avg	OBP	SLG
1994 Okla. City *	AAA	25	99	28	1	1	0	--	--	37	10	6	1	0	21	1	0	0	6	0	1.00	0	.283	.330	.374
1992 Texas	AL	32	92	28	4	0	0	(0	0)	32	14	2	3	0	18	0	2	0	3	1	.75	0	.304	.326	.348
1993 Texas	AL	114	407	118	9	10	1	(0	1)	150	71	29	26	1	57	1	5	2	29	9	.76	9	.290	.333	.369
1994 Texas	AL	77	310	79	8	4	1	(1	0)	98	58	19	21	0	53	2	7	1	18	2	.90	1	.255	.305	.316
3 ML YEARS		223	809	225	21	14	2	(1	1)	280	143	50	50	1	128	3	14	3	50	12	.81	10	.278	.321	.346

Todd Hundley

Bats: Both **Throws:** Right **Pos:** C   **Ht:** 5'11" **Wt:** 185 **Born:** 05/27/69 **Age:** 26

						BATTING													BASERUNNING				PERCENTAGES		
Year Team	Lg	G	AB	H	2B	3B	HR	(Hm	Rd)	TB	R	RBI	TBB	IBB	SO	HBP	SH	SF	SB	CS	SB%	GDP	Avg	OBP	SLG
1990 New York	NL	36	67	14	6	0	0	(0	0)	20	8	2	6	0	18	0	1	0	0	0	.00	1	.209	.274	.299
1991 New York	NL	21	60	8	0	1	1	(0	1)	13	5	7	6	0	14	1	1	0	0	0	.00	3	.133	.221	.217
1992 New York	NL	123	358	75	17	0	7	(2	5)	113	32	32	19	2	76	4	7	2	3	0	1.00	8	.209	.256	.316
1993 New York	NL	130	417	95	17	2	11	(5	6)	149	40	53	23	7	62	2	2	4	1	1	.50	10	.228	.269	.357
1994 New York	NL	91	291	69	10	1	16	(8	8)	129	45	42	25	4	73	3	3	1	2	1	.67	3	.237	.303	.443
5 ML YEARS		401	1193	261	50	4	35	(16	19)	424	130	136	79	15	243	10	14	8	6	2	.75	25	.219	.271	.355

Brian Hunter

Bats: Right **Throws:** Left **Pos:** 1B   **Ht:** 6' 0" **Wt:** 195 **Born:** 03/04/68 **Age:** 27

						BATTING													BASERUNNING				PERCENTAGES		
Year Team	Lg	G	AB	H	2B	3B	HR	(Hm	Rd)	TB	R	RBI	TBB	IBB	SO	HBP	SH	SF	SB	CS	SB%	GDP	Avg	OBP	SLG
1991 Atlanta	NL	97	271	68	16	1	12	(7	5)	122	32	50	17	0	48	1	0	2	0	2	.00	6	.251	.296	.450
1992 Atlanta	NL	102	238	57	13	2	14	(9	5)	116	34	41	21	3	50	0	1	8	1	2	.33	2	.239	.292	.487
1993 Atlanta	NL	37	80	11	3	1	0	(0	0)	16	4	8	2	1	15	0	0	0	0	0	.00	1	.138	.153	.200
1994 2 ML Teams		85	256	60	16	1	15	(4	11)	123	34	57	17	2	56	0	0	5	0	0	.00	3	.234	.277	.480
1994 Pittsburgh	NL	76	233	53	15	1	11	(4	7)	103	28	47	15	2	55	0	0	4	0	0	.00	3	.227	.270	.442
Cincinnati	NL	9	23	7	1	0	4	(0	4)	20	6	10	2	0	1	0	0	1	0	0	.00	0	.304	.346	.870
4 ML YEARS		321	845	196	48	5	41	(20	21)	377	104	156	57	6	169	1	1	18	1	4	.20	12	.232	.276	.446

Brian L. Hunter

Bats: Right **Throws:** Right **Pos:** CF   **Ht:** 6' 4" **Wt:** 180 **Born:** 03/05/71 **Age:** 24

						BATTING													BASERUNNING				PERCENTAGES		
Year Team	Lg	G	AB	H	2B	3B	HR	(Hm	Rd)	TB	R	RBI	TBB	IBB	SO	HBP	SH	SF	SB	CS	SB%	GDP	Avg	OBP	SLG
1989 Astros	R	51	206	35	2	0	0	--	--	37	15	13	7	0	42	1	0	0	12	6	.67	1	.170	.201	.180
1990 Asheville	A	127	445	111	14	6	0	--	--	137	84	16	60	1	72	8	1	0	45	13	.78	3	.249	.348	.308
1991 Osceola	A	118	392	94	15	3	1	--	--	118	51	30	45	2	75	1	5	5	32	9	.78	6	.240	.316	.301
1992 Osceola	A	131	489	146	18	9	1	--	--	185	62	62	31	0	76	5	6	4	39	19	.67	7	.299	.344	.378
1993 Jackson	AA	133	523	154	22	5	10	--	--	216	84	52	34	4	85	1	5	2	35	18	.66	11	.294	.338	.413
1994 Tucson	AAA	128	513	191	28	9	10	--	--	267	113	51	52	5	52	5	3	4	49	14	.78	11	.372	.432	.520
1994 Houston	NL	6	24	6	1	0	0	(0	0)	7	2	0	1	0	6	0	1	0	2	1	.67	0	.250	.280	.292

Bruce Hurst

Pitches: Left **Bats:** Left **Pos:** SP   **Ht:** 6' 3" **Wt:** 220 **Born:** 03/24/58 **Age:** 37

		HOW MUCH HE PITCHED						WHAT HE GAVE UP									THE RESULTS					
Year Team	Lg	G	GS	CG	GF	IP	BFP	H	R	ER	HR	SH	SF	HB	TBB	IBB	SO	WP	Bk	W	L	Pct.	ShO	Sv	ERA
1994 Charlotte *	A	2	2	0	0	14	52	11	2	2	1	0	0	0	1	0	13	0	0	1	1	.500	0	0	1.29
Okla. City *	AAA	1	1	0	0	5.2	27	5	2	2	1	0	0	2	3	0	5	0	0	1	0	1.000	0	0	3.18
1980 Boston	AL	12	7	0	2	31	147	39	33	31	4	0	2	2	16	0	16	4	2	2	2	.500	0	0	9.00
1981 Boston	AL	5	5	0	0	23	104	23	11	11	1	0	2	1	12	2	11	0	0	2	0	1.000	0	0	4.30
1982 Boston	AL	28	19	0	3	117	535	161	87	75	16	2	7	3	40	2	53	5	0	3	7	.300	0	0	5.77
1983 Boston	AL	33	32	6	0	211.1	903	241	102	96	22	3	4	3	62	5	115	1	2	12	12	.500	2	0	4.09
1984 Boston	AL	33	33	9	0	218	958	232	106	95	25	4	4	6	88	3	136	1	1	12	12	.500	2	0	3.92
1985 Boston	AL	35	31	6	0	229.1	973	243	123	115	31	6	4	3	70	4	189	3	4	11	13	.458	1	0	4.51
1986 Boston	AL	25	25	11	0	174.1	721	169	63	58	18	5	3	3	50	2	167	6	0	13	8	.619	4	0	2.99
1987 Boston	AL	33	33	15	0	238.2	1001	239	124	117	35	5	8	1	76	5	190	3	1	15	13	.536	3	0	4.41
1988 Boston	AL	33	33	7	0	216.2	922	222	98	88	21	8	5	2	65	1	166	5	3	18	6	.750	1	0	3.66
1989 San Diego	NL	33	33	10	0	244.2	990	214	84	73	16	18	3	0	66	7	179	8	0	15	11	.577	2	0	2.69
1990 San Diego	NL	33	33	9	0	223.2	903	188	85	78	21	15	1	1	63	5	162	7	1	11	9	.550	4	0	3.14

Year	Team	Lg	G	GS	CG	GF	IP	BFP	H	R	ER	HR	SH	SF	HB	TBB	IBB	SO	WP	Bk	W	L	Pct.	ShO	Sv	ERA
1991	San Diego	NL	31	31	4	0	221.2	909	201	89	81	17	8	4	3	59	3	141	5	1	15	8	.652	0	0	3.29
1992	San Diego	NL	32	32	6	0	217.1	902	223	96	93	22	12	4	0	51	3	131	4	3	14	9	.609	4	0	3.85
1993	2 ML Teams		5	5	0	0	13	60	15	12	11	1	1	0	0	6	0	9	1	0	0	2	.000	0	0	7.62
1994	Texas	AL	8	8	0	0	38	176	53	30	30	8	1	4	0	16	0	24	1	0	2	1	.667	0	0	7.11
1993	San Diego	NL	2	2	0	0	4.1	26	9	7	6	0	1	0	0	3	0	3	0	0	0	1	.000	0	0	12.46
	Colorado	NL	3	3	0	0	8.2	34	6	5	5	1	0	0	0	3	0	6	1	0	0	1	.000	0	0	5.19
	15 ML YEARS		379	359	83	5	2417.2	10204	2463	1143	1052	258	87	55	28	740	42	1689	56	19	145	113	.562	23	0	3.92

James Hurst

Pitches: Left Bats: Left Pos: RP Ht: 6' 0" Wt: 170 Born: 06/01/67 Age: 28

Year	Team	Lg	G	GS	CG	GF	IP	BFP	H	R	ER	HR	SH	SF	HB	TBB	IBB	SO	WP	Bk	W	L	Pct.	ShO	Sv	ERA
1990	Reno	A	25	21	1	1	131.2	613	165	102	80	19	6	3	4	68	0	90	8	2	4	11	.267	0	0	5.47
1991	Gastonia	A	11	8	0	1	51.2	207	41	18	13	0	3	2	1	14	1	44	0	2	3	3	.500	0	0	2.26
1992	Charlotte	A	32	1	0	11	54.1	232	60	29	23	2	5	1	2	12	0	49	3	0	3	2	.600	0	1	3.81
	Tulsa	AA	8	0	0	2	15.2	56	10	2	1	0	1	1	0	3	0	12	0	0	1	0	1.000	0	0	0.57
1993	Tulsa	AA	11	7	0	2	49.2	199	41	21	18	6	1	1	0	12	0	44	0	0	2	3	.400	0	1	3.26
	Okla City	AAA	16	14	2	0	91.1	401	106	50	46	13	4	6	3	29	1	60	1	0	4	6	.400	0	0	4.53
1994	Okla. City	AAA	16	2	0	6	25.2	132	41	33	29	2	1	6	1	17	2	14	5	0	1	2	.333	0	0	10.17
	Tulsa	AA	12	12	2	0	80.1	340	83	46	41	10	3	1	2	26	1	59	8	0	4	6	.400	1	0	4.59
1994	Texas	AL	8	0	0	0	10.2	56	17	12	12	1	0	1	0	8	1	5	1	0	0	0	.000	0	0	10.13

Jon Hurst

Pitches: Right Bats: Right Pos: RP Ht: 6' 3" Wt: 190 Born: 10/20/66 Age: 28

Year	Team	Lg	G	GS	CG	GF	IP	BFP	H	R	ER	HR	SH	SF	HB	TBB	IBB	SO	WP	Bk	W	L	Pct.	ShO	Sv	ERA
1987	Rangers	R	12	12	0	0	57.1	233	34	19	12	0	1	2	2	32	1	59	0	0	4	3	.571	0	0	1.88
1988	Rangers	R	5	1	0	3	15.1	53	5	1	1	0	1	0	1	4	1	13	0	0	1	0	1.000	0	0	0.59
	Charlotte	A	7	2	0	1	16	62	8	4	3	0	0	2	3	6	0	20	2	2	1	0	1.000	0	0	1.69
	Okla City	AAA	1	1	0	0	1.2	11	1	2	2	0	0	0	0	5	0	2	0	0	0	0	.000	0	0	10.80
1989	Charlotte	A	19	11	0	4	58.2	270	67	44	29	5	3	4	3	32	0	37	6	0	4	6	.400	0	1	4.45
1990	Gastonia	A	15	3	0	3	61.1	247	48	21	18	2	1	3	4	19	0	49	3	0	8	1	.889	0	1	2.64
	Tulsa	AA	8	3	0	2	25.2	124	29	30	27	4	2	1	0	16	1	23	1	0	0	2	.000	0	0	9.47
	Charlotte	A	6	0	0	3	12.1	50	8	3	3	1	1	0	0	5	1	8	0	0	0	1	.000	0	0	2.19
1991	Miami	A	15	15	0	0	99.1	413	89	41	32	6	7	5	6	31	2	91	2	0	8	2	.800	0	0	2.90
	Tulsa	AA	5	2	1	3	25	92	18	6	6	1	1	0	2	6	0	17	1	0	2	1	.667	0	1	2.16
	Harrisburg	AA	6	6	1	0	42	160	26	4	4	3	1	1	1	12	1	34	1	0	5	0	1.000	1	0	0.86
1992	Indianapols	AAA	23	23	2	0	119.1	511	135	59	50	7	9	3	3	29	1	70	4	0	4	8	.333	0	0	3.77
1993	Ottawa	AAA	8	8	0	0	36.2	172	44	31	27	6	0	3	2	17	0	28	0	0	1	5	.167	0	0	6.63
	Albuquerque	AAA	18	15	0	0	86.2	387	101	47	40	12	4	5	1	29	0	62	2	0	7	2	.778	0	0	4.15
1994	Norfolk	AAA	41	1	0	12	66.2	285	63	30	28	7	6	3	4	27	4	48	2	1	5	4	.556	0	1	3.78
1992	Montreal	NL	3	3	0	0	16.1	72	18	10	10	1	0	1	0	7	0	4	1	0	1	1	.500	0	0	5.51
1994	New York	NL	7	0	0	5	10	50	15	14	14	5	0	1	0	5	0	6	1	0	0	1	.000	0	0	12.60
	2 ML YEARS		10	3	0	5	26.1	122	33	24	24	6	0	1	0	12	0	10	2	0	1	2	.333	0	0	8.20

Mark Hutton

Pitches: Right Bats: Right Pos: RP Ht: 6' 6" Wt: 240 Born: 02/06/70 Age: 25

Year	Team	Lg	G	GS	CG	GF	IP	BFP	H	R	ER	HR	SH	SF	HB	TBB	IBB	SO	WP	Bk	W	L	Pct.	ShO	Sv	ERA
1989	Oneonta	A	12	12	0	0	66.1	283	70	39	30	1	2	4	4	24	0	62	5	2	6	1	.750	0	0	4.07
1990	Greensboro	A	21	19	0	1	81.1	394	77	78	57	2	2	3	7	62	0	72	14	1	1	10	.091	0	0	6.31
1991	Ft.Laudrdle	A	24	24	3	0	147	606	98	54	40	5	6	1	11	65	5	117	4	4	5	8	.385	0	0	2.45
	Columbus	AAA	1	1	0	0	6	24	3	2	1	0	0	0	0	5	0	5	0	0	1	0	1.000	0	0	1.50
1992	Albany	AA	25	25	1	0	165.1	703	146	75	66	6	2	3	11	66	1	128	2	0	13	7	.650	0	0	3.59
	Columbus	AAA	1	1	0	0	5	22	7	4	3	0	0	0	0	2	0	4	0	0	0	1	.000	0	0	5.40
1993	Columbus	AAA	21	21	0	0	133	544	98	52	47	14	2	0	10	53	0	112	2	1	10	4	.714	0	0	3.18
1994	Columbus	AAA	22	5	0	12	34.2	146	31	16	14	5	1	2	2	12	0	27	0	0	2	5	.286	0	3	3.63
1993	New York	AL	7	4	0	2	22	104	24	17	14	2	2	2	1	17	0	12	0	0	1	1	.500	0	0	5.73
1994	New York	AL	2	0	0	1	3.2	16	4	3	2	0	0	0	1	0	0	1	1	0	0	0	.000	0	0	4.91
	2 ML YEARS		9	4	0	3	25.2	120	28	20	16	2	2	2	2	17	0	13	1	0	1	1	.500	0	0	5.61

Tim Hyers

Bats: Left Throws: Left Pos: 1B Ht: 6' 1" Wt: 195 Born: 10/03/71 Age: 23

Year	Team	Lg	G	AB	H	2B	3B	HR	(Hm	Rd)	TB	R	RBI	TBB	IBB	SO	HBP	SH	SF	SB	CS	SB%	GDP	Avg	OBP	SLG
1990	Medicne Hat	R	61	224	49	7	2	0	--	--	66	29	19	29	1	22	1	0	2	4	1	.80	5	.219	.309	.295
1991	Myrtle Bch	A	132	398	80	8	0	3	--	--	97	31	37	27	0	52	2	4	3	4	4	.50	10	.201	.253	.244
1992	Dunedin	A	124	464	114	24	3	8	--	--	168	54	59	41	4	54	3	2	5	2	1	.67	9	.246	.308	.362

Year	Team	Lg	G	AB	H	2B	3B	HR	(Hm	Rd)	TB	R	RBI	TBB	IBB	SO	HBP	SH	SF	SB	CS	SB%	GDP	Avg	OBP	SLG
1993	Knoxville	AA	140	487	149	26	3	3	--	--	190	72	61	53	5	51	2	5	2	12	3	.80	7	.306	.375	.390
1994	Las Vegas	AAA	14	47	12	1	0	1	--	--	16	4	5	4	0	4	0	0	0	0	0	.00	2	.255	.314	.340
1994	San Diego	NL	52	118	30	3	0	0	(0	0)	33	13	7	9	0	15	0	2	0	3	0	1.00	1	.254	.307	.280

Mike Ignasiak

Pitches: Right Bats: Both Pos: RP/SP Ht: 5'11" Wt: 190 Born: 03/12/66 Age: 29

Year	Team	Lg	G	GS	CG	GF	IP	BFP	H	R	ER	HR	SH	SF	HB	TBB	IBB	SO	WP	Bk	W	L	Pct.	ShO	Sv	ERA
1994	New Orleans *	AAA	8	2	0	2	21	93	25	13	12	0	1	2	1	4	0	16	1	0	0	1	.000	0	0	5.14
1991	Milwaukee	AL	4	1	0	0	12.2	51	7	8	8	2	0	0	0	8	0	10	0	0	2	1	.667	0	0	5.68
1993	Milwaukee	AL	27	0	0	4	37	158	32	17	15	2	1	1	2	21	4	28	0	0	1	1	.500	0	0	3.65
1994	Milwaukee	AL	23	5	0	5	47.2	201	51	25	24	5	1	1	1	13	2	24	1	1	3	1	.750	0	0	4.53
	3 ML YEARS		54	6	0	9	97.1	410	90	50	47	9	2	2	3	42	6	62	1	1	6	3	.667	0	0	4.35

Blaise Ilsley

Pitches: Left Bats: Left Pos: RP Ht: 6'1" Wt: 195 Born: 04/09/64 Age: 31

Year	Team	Lg	G	GS	CG	GF	IP	BFP	H	R	ER	HR	SH	SF	HB	TBB	IBB	SO	WP	Bk	W	L	Pct.	ShO	Sv	ERA
1985	Auburn	A	13	12	2	1	90	354	55	18	14	1	5	0	3	32	0	116	0	0	9	1	.900	0	0	1.40
1986	Asheville	A	15	15	9	0	120	453	74	27	26	11	2	2	2	23	0	146	2	2	12	2	.857	3	0	1.95
	Osceola	A	14	13	6	1	86.2	337	67	24	17	1	3	4	0	19	0	74	6	1	8	4	.667	2	0	1.77
1987	Columbus	AA	26	26	3	0	167.2	712	162	84	72	13	8	7	4	63	1	130	6	2	10	11	.476	0	0	3.86
1988	Columbus	AA	8	8	0	0	39.1	187	49	28	26	4	0	0	0	21	0	38	2	0	3	1	.750	0	0	5.95
1989	Osceola	A	2	2	0	0	7	28	8	5	5	2	0	0	0	0	0	6	0	0	0	0	.000	0	0	6.43
	Columbus	AA	4	4	0	0	20.2	87	19	10	3	2	1	0	0	5	0	11	2	1	1	1	.500	0	0	1.31
	Tucson	AAA	20	17	1	0	103	443	120	68	67	12	2	3	6	23	2	49	2	0	4	9	.308	0	0	5.85
1990	Columbus	AA	12	12	3	0	83.2	324	70	26	18	5	4	0	3	13	1	70	1	0	6	4	.600	3	0	1.94
	Tucson	AAA	20	6	1	4	62.2	295	87	50	45	4	1	2	3	24	0	39	8	0	2	1	.667	0	2	6.46
1991	Tucson	AAA	46	4	0	17	86.1	383	105	51	41	7	9	6	3	27	1	52	2	0	8	6	.571	0	0	4.27
1992	Louisville	AAA	33	10	1	10	98.1	429	114	56	47	15	7	4	4	23	2	56	3	0	5	4	.556	0	1	4.30
1993	Iowa	AAA	48	16	0	13	134.2	565	147	61	59	10	5	3	4	32	2	78	7	0	12	7	.632	0	4	3.94
1994	Iowa	AAA	22	16	2	0	116	487	120	68	57	11	1	7	3	21	0	51	2	1	10	4	.714	0	0	4.42
1994	Chicago	NL	10	0	0	1	15	74	25	13	13	2	0	0	0	9	2	9	1	0	0	0	.000	0	0	7.80

Pete Incaviglia

Bats: Right Throws: Right Pos: LF Ht: 6'1" Wt: 225 Born: 04/02/64 Age: 31

Year	Team	Lg	G	AB	H	2B	3B	HR	(Hm	Rd)	TB	R	RBI	TBB	IBB	SO	HBP	SH	SF	SB	CS	SB%	GDP	Avg	OBP	SLG
1986	Texas	AL	153	540	135	21	2	30	(17	13)	250	82	88	55	2	185	4	0	7	3	2	.60	9	.250	.320	.463
1987	Texas	AL	139	509	138	26	4	27	(11	16)	253	85	80	48	1	168	1	0	5	9	3	.75	8	.271	.332	.497
1988	Texas	AL	116	418	104	19	3	22	(12	10)	195	59	54	39	3	153	7	0	3	6	4	.60	3	.249	.321	.467
1989	Texas	AL	133	453	107	27	4	21	(13	8)	205	48	81	32	0	136	6	0	4	5	7	.42	12	.236	.293	.453
1990	Texas	AL	153	529	123	27	0	24	(15	9)	222	59	85	45	5	146	9	0	4	3	4	.43	18	.233	.302	.420
1991	Detroit	AL	97	337	72	12	1	11	(6	5)	119	38	38	36	0	92	1	1	2	1	3	.25	6	.214	.290	.353
1992	Houston	NL	113	349	93	22	1	11	(6	5)	150	31	44	25	2	99	3	0	2	2	2	.50	6	.266	.319	.430
1993	Philadelphia	NL	116	368	101	16	3	24	(15	9)	195	60	89	21	1	82	6	0	7	1	1	.50	9	.274	.318	.530
1994	Philadelphia	NL	80	244	56	10	1	13	(6	7)	107	28	32	16	3	71	1	0	0	1.00			3	.230	.278	.439
	9 ML YEARS		1100	3747	929	180	19	183	(101	82)	1696	490	591	317	17	1132	38	1	36	31	26	.54	77	.248	.310	.453

Garey Ingram

Bats: Right Throws: Right Pos: 2B Ht: 5'11" Wt: 180 Born: 07/25/70 Age: 24

Year	Team	Lg	G	AB	H	2B	3B	HR	(Hm	Rd)	TB	R	RBI	TBB	IBB	SO	HBP	SH	SF	SB	CS	SB%	GDP	Avg	OBP	SLG
1990	Great Falls	R	56	198	68	12	8	2	--	--	102	43	21	22	0	37	3	0	1	10	6	.63	3	.343	.415	.515
1991	Bakersfield	A	118	445	132	16	4	9	--	--	183	75	61	52	4	70	14	5	6	30	13	.70	5	.297	.383	.411
	San Antonio	AA	1	1	0	0	0	0	--	--	0	0	0	1	0	1	0	0	0	0	0	.00	0	.000	.000	.000
1992	San Antonio	AA	65	198	57	9	5	2	--	--	82	34	17	28	2	43	12	2	1	11	6	.65	4	.288	.406	.414
1993	San Antonio	AA	84	305	82	14	5	6	--	--	124	43	33	31	0	50	5	2	2	19	6	.76	3	.269	.344	.407
1994	San Antonio	AA	99	345	89	24	3	8	--	--	143	68	28	43	3	61	9	2	0	19	5	.79	5	.258	.355	.414
	Albuquerque	AAA	2	8	2	0	0	0	--	--	2	2	0	1	0	0	0	0	0	0	0	1.00	3	.250	.250	.250
1994	Los Angeles	NL	26	78	22	1	0	3	(1	2)	32	10	8	7	3	22	0	1	0	0	0	.00	3	.282	.341	.410

Riccardo Ingram

Bats: Right **Throws:** Right **Pos:** LF **Ht:** 6' 0" **Wt:** 205 **Born:** 09/10/66 **Age:** 28

						BATTING												BASERUNNING				PERCENTAGES		
Year	Team	Lg	G	AB	H	2B	3B	HR	(Hm	Rd)	TB	R	RBI	TBB	IBB	SO	HBP	SH	SF	SB	CS	SB%	GDP	Avg	OBP	SLG
1988	Lakeland	A	37	117	24	3	1	0	--	--	29	10	10	10	0	30	0	1	0	2	0	1.00	1	.205	.268	.248
1989	Lakeland	A	109	365	88	13	3	6	--	--	125	40	30	29	1	56	1	0	3	5	2	.71	13	.241	.296	.342
1990	London	AA	92	271	69	10	2	0	--	--	83	27	26	27	1	49	4	1	0	3	1	.75	8	.255	.331	.306
1991	London	AA	118	421	114	14	1	18	--	--	184	57	64	40	0	77	4	5	3	6	5	.55	15	.271	.338	.437
1992	Toledo	AAA	121	410	103	15	6	8	--	--	154	45	41	31	4	52	5	4	5	8	6	.57	11	.251	.308	.376
1993	Toledo	AAA	123	415	112	20	4	13	--	--	179	41	62	32	5	66	5	0	5	9	7	.56	6	.270	.326	.431
1994	Toledo	AAA	90	314	90	16	4	9	--	--	141	39	56	24	3	45	5	0	3	11	6	.65	9	.287	.344	.449
1994	Detroit	AL	12	23	5	0	0	0	(0	0)	5	3	2	1	0	2	0	0	1	0	1	.00	0	.217	.240	.217

Bo Jackson

Bats: Right **Throws:** Right **Pos:** LF **Ht:** 6' 1" **Wt:** 228 **Born:** 11/30/62 **Age:** 32

						BATTING												BASERUNNING				PERCENTAGES		
Year	Team	Lg	G	AB	H	2B	3B	HR	(Hm | Rd)	TB	R	RBI	TBB	IBB	SO	HBP	SH	SF	SB	CS	SB%	GDP	Avg	OBP	SLG
1986	Kansas City	AL	25	82	17	2	1	2	(1 | 1)	27	9	9	7	0	34	2	0	0	3	1	.75	1	.207	.286	.329
1987	Kansas City	AL	116	396	93	17	2	22	(14 | 8)	180	46	53	30	0	158	5	1	2	10	4	.71	3	.235	.296	.455
1988	Kansas City	AL	124	439	108	16	4	25	(10 | 15)	207	63	68	25	6	146	1	1	0	27	6	.82	6	.246	.287	.472
1989	Kansas City	AL	135	515	132	15	6	32	(11 | 21)	255	86	105	39	8	**172**	3	0	4	26	9	.74	10	.256	.310	.495
1990	Kansas City	AL	111	405	110	16	1	28	(12 | 16)	212	74	78	44	2	128	2	0	5	15	9	.63	10	.272	.342	.523
1991	Chicago	AL	23	71	16	4	0	3	(3 | 0)	29	8	14	12	1	25	0	0	1	0	1	.00	3	.225	.333	.408
1993	Chicago	AL	85	284	66	9	0	16	(9 | 7)	123	32	45	23	1	106	0	0	1	0	2	.00	5	.232	.289	.433
1994	California	AL	75	201	56	7	0	13	(10 | 3)	102	23	43	20	2	72	1	0	2	1	0	1.00	2	.279	.344	.507
	8 ML YEARS		694	2393	598	86	14	141	(70 | 71)	1135	341	415	200	20	841	14	2	17	82	32	.72	40	.250	.309	.474

Chuck Jackson

Bats: Right **Throws:** Right **Pos:** 3B **Ht:** 6' 0" **Wt:** 185 **Born:** 03/19/63 **Age:** 32

						BATTING												BASERUNNING				PERCENTAGES		
Year	Team	Lg	G	AB	H	2B	3B	HR	(Hm	Rd)	TB	R	RBI	TBB	IBB	SO	HBP	SH	SF	SB	CS	SB%	GDP	Avg	OBP	SLG
1994	Okla. City *	AAA	97	352	98	22	1	8	--	--	146	45	48	40	1	52	1	1	8	2	3	.40	18	.278	.347	.415
1987	Houston	NL	35	71	15	3	0	1	(0	1)	21	3	6	7	0	19	0	3	0	1	1	.50	1	.211	.282	.296
1988	Houston	NL	46	83	19	5	1	1	(0	1)	29	7	8	7	4	16	0	2	1	1	1	.50	2	.229	.286	.349
1994	Texas	AL	1	2	0	0	0	0	(0	0)	0	0	0	0	0	0	0	0	0	0	0	.00	0	.000	.000	.000
	3 ML YEARS		82	156	34	8	1	2	(0	2)	50	10	14	14	4	35	0	5	1	2	2	.50	3	.218	.281	.321

Danny Jackson

Pitches: Left **Bats:** Right **Pos:** SP **Ht:** 6' 0" **Wt:** 220 **Born:** 01/05/62 **Age:** 33

			HOW MUCH HE PITCHED					WHAT HE GAVE UP										THE RESULTS					
Year	Team	Lg	G	GS	CG	GF	IP	BFP	H	R	ER	HR	SH	SF	HB	TBB	IBB	SO	WP	Bk	W	L	Pct.	ShO	Sv	ERA
1983	Kansas City	AL	4	3	0	0	19	87	26	12	11	1	0	0	0	6	0	9	0	0	1	1	.500	0	0	5.21
1984	Kansas City	AL	15	11	1	3	76	338	84	41	36	4	3	0	5	35	0	40	3	2	2	6	.250	0	0	4.26
1985	Kansas City	AL	32	32	4	0	208	893	209	94	79	7	5	4	6	76	2	114	4	2	14	12	.538	3	0	3.42
1986	Kansas City	AL	32	27	4	3	185.2	789	177	83	66	13	10	4	4	79	1	115	7	0	11	12	.478	1	1	3.20
1987	Kansas City	AL	36	34	11	1	224	981	219	115	100	11	8	7	7	109	1	152	5	0	9	18	.333	2	0	4.02
1988	Cincinnati	NL	35	35	**15**	0	260.2	1034	206	86	79	13	13	5	2	71	6	161	5	2	**23**	8	.742	6	0	2.73
1989	Cincinnati	NL	20	20	1	0	115.2	519	122	78	72	10	6	4	1	57	7	70	3	2	6	11	.353	0	0	5.60
1990	Cincinnati	NL	22	21	0	1	117.1	499	119	54	47	11	4	5	2	40	4	76	3	1	6	6	.500	0	0	3.61
1991	Chicago	NL	17	14	0	0	70.2	347	89	59	53	8	8	2	1	48	4	31	1	1	1	5	.167	0	0	6.75
1992	2 ML Teams		34	34	0	0	201.1	883	211	99	86	6	17	10	4	77	6	97	2	2	8	13	.381	0	0	3.84
1993	Philadelphia	NL	32	32	2	0	210.1	919	214	105	88	12	14	8	4	80	2	120	4	0	12	11	.522	1	0	3.77
1994	Philadelphia	NL	25	25	4	0	179.1	755	183	71	65	13	14	6	2	46	1	129	2	0	14	6	.700	1	0	3.26
1992	Chicago	NL	19	19	0	0	113	501	117	59	53	5	11	5	3	48	3	51	0	2	4	9	.308	0	0	4.22
	Pittsburgh	NL	15	15	0	0	88.1	382	94	40	33	1	6	5	1	29	3	46	1	0	4	4	.500	0	0	3.36
	12 ML YEARS		304	288	42	8	1868	8044	1859	897	782	109	103	55	38	724	34	1114	39	12	107	109	.495	14	1	3.77

Darrin Jackson

Bats: Right **Throws:** Right **Pos:** RF/CF **Ht:** 6' 0" **Wt:** 185 **Born:** 08/22/63 **Age:** 31

						BATTING												BASERUNNING				PERCENTAGES		
Year	Team	Lg	G	AB	H	2B	3B	HR	(Hm | Rd)	TB	R	RBI	TBB	IBB	SO	HBP	SH	SF	SB	CS	SB%	GDP	Avg	OBP	SLG
1985	Chicago	NL	5	11	1	0	0	0	(0 | 0)	1	0	0	0	0	3	0	0	0	0	0	.00	0	.091	.091	.091
1987	Chicago	NL	7	5	4	1	0	0	(0 | 0)	5	2	0	0	0	0	0	0	0	0	0	.00	0	.800	.800	1.000
1988	Chicago	NL	100	188	50	11	3	6	(3 | 3)	85	29	20	5	1	28	1	2	1	4	1	.80	3	.266	.287	.452
1989	2 ML Teams		70	170	37	7	0	4	(1 | 3)	56	17	20	13	5	34	0	0	1	1	4	.20	2	.218	.270	.329
1990	San Diego	NL	58	113	29	3	0	3	(1 | 2)	41	10	9	1	0	24	0	1	1	3	0	1.00	1	.257	.286	.363

Year	Team	Lg	G	AB	H	2B	3B	HR	(Hm	Rd)	TB	R	RBI	TBB	IBB	SO	HBP	SH	SF	SB	CS	SB%	GDP	Avg	OBP	SLG
1991	San Diego	NL	122	359	94	12	1	21	(12	9)	171	51	49	27	2	66	2	3	3	5	3	.63	5	.262	.315	.476
1992	San Diego	NL	155	587	146	23	5	17	(11	6)	230	72	70	26	4	106	4	6	5	14	3	.82	21	.249	.283	.392
1993	2 ML Teams		77	263	55	9	0	6	(4	2)	82	19	26	10	0	75	0	6	1	0	2	.00	9	.209	.237	.312
1994	Chicago	AL	104	369	115	17	3	10	(4	6)	168	43	51	27	3	56	3	2	2	7	1	.88	5	.312	.362	.455
1989	Chicago	NL	45	83	19	4	0	1	(0	1)	26	7	8	6	1	17	0	0	0	1	2	.33	1	.229	.281	.313
	San Diego	NL	25	87	18	3	0	3	(1	2)	30	10	12	7	4	17	0	0	2	0	2	.00	1	.207	.260	.345
1993	Toronto	AL	46	176	38	8	0	5	(4	1)	61	15	19	8	0	53	0	5	0	0	2	.00	9	.216	.250	.347
	New York	NL	31	87	17	1	0	1	(0	1)	21	4	7	2	0	22	0	1	0	0	0	.00	0	.195	.211	.241
	9 ML YEARS		698	2065	531	83	12	67	(36	31)	839	243	245	113	16	392	10	20	15	34	14	.71	46	.257	.297	.406

Mike Jackson

Pitches: Right **Bats:** Right **Pos:** RP   **Ht:** 6' 2" **Wt:** 223 **Born:** 12/22/64 **Age:** 30

Year	Team	Lg	G	GS	CG	GF	IP	BFP	H	R	ER	HR	SH	SF	HB	TBB	IBB	SO	WP	Bk	W	L	Pct.	ShO	Sv	ERA
1986	Philadelphia	NL	9	0	0	4	13.1	54	12	5	5	2	0	0	2	4	1	3	0	0	0	0	.000	0	0	3.38
1987	Philadelphia	NL	55	7	0	8	109.1	468	88	55	51	16	3	4	3	56	6	93	6	8	3	10	.231	0	1	4.20
1988	Seattle	AL	62	0	0	29	99.1	412	74	37	29	10	3	10	2	43	10	76	6	6	6	5	.545	0	4	2.63
1989	Seattle	AL	65	0	0	27	99.1	431	81	43	35	8	6	2	6	54	6	94	1	2	4	6	.400	0	7	3.17
1990	Seattle	AL	63	0	0	28	77.1	338	64	42	39	8	8	5	2	44	12	69	9	2	5	7	.417	0	3	4.54
1991	Seattle	AL	72	0	0	35	88.2	363	64	35	32	5	4	0	6	34	11	74	3	0	7	7	.500	0	14	3.25
1992	San Francisco	NL	67	0	0	24	82	346	76	35	34	7	5	2	4	33	10	80	1	0	6	6	.500	0	2	3.73
1993	San Francisco	NL	81	0	0	17	77.1	317	58	28	26	7	4	2	3	24	6	70	2	2	6	6	.500	0	1	3.03
1994	San Francisco	NL	36	0	0	12	42.1	158	23	8	7	4	4	1	2	11	0	51	0	0	3	2	.600	0	4	1.49
	9 ML YEARS		510	7	0	184	689	2887	540	288	258	67	37	26	30	303	62	610	28	20	40	49	.449	0	36	3.37

Jason Jacome

Pitches: Left **Bats:** Left **Pos:** SP   **Ht:** 6' 1" **Wt:** 155 **Born:** 11/24/70 **Age:** 24

Year	Team	Lg	G	GS	CG	GF	IP	BFP	H	R	ER	HR	SH	SF	HB	TBB	IBB	SO	WP	Bk	W	L	Pct.	ShO	Sv	ERA
1991	Kingsport	R	12	7	3	5	55.1	210	35	18	10	1	3	2	0	13	2	48	6	1	5	4	.556	1	2	1.63
1992	Columbia	A	8	8	1	0	52.2	209	40	7	6	2	0	0	0	15	0	49	4	1	4	1	.800	0	0	1.03
	St. Lucie	A	17	17	5	0	114.1	454	98	45	36	7	4	3	3	30	0	66	6	0	6	7	.462	1	0	2.83
1993	St. Lucie	A	14	14	2	0	99.1	409	106	37	34	2	1	1	0	23	1	66	2	4	6	3	.667	2	0	3.08
	Binghamton	AA	14	14	0	0	87	374	85	36	31	6	4	5	2	38	1	56	3	0	8	4	.667	0	0	3.21
1994	Norfolk	AAA	19	19	4	0	126.2	540	138	57	40	8	3	5	3	42	1	80	3	0	8	6	.571	1	0	2.84
1994	New York	NL	8	8	1	0	54	222	54	17	16	3	3	1	0	17	2	30	2	0	4	3	.571	1	0	2.67

John Jaha

Bats: Right **Throws:** Right **Pos:** 1B/DH   **Ht:** 6' 1" **Wt:** 205 **Born:** 05/27/66 **Age:** 29

Year	Team	Lg	G	AB	H	2B	3B	HR	(Hm	Rd)	TB	R	RBI	TBB	IBB	SO	HBP	SH	SF	SB	CS	SB%	GDP	Avg	OBP	SLG
1994	New Orleans *	AAA	18	62	25	7	1	2			40	8	16	12	2	8	2	3	0	2	0	1.00	1	.403	.513	.645
1992	Milwaukee	AL	47	133	30	3	1	2	(1	1)	41	17	10	12	1	30	2	1	4	10	0	1.00	1	.226	.291	.308
1993	Milwaukee	AL	153	515	136	21	0	19	(5	14)	214	78	70	51	4	109	8	4	7	13	9	.59	6	.264	.337	.416
1994	Milwaukee	AL	84	291	70	14	0	12	(5	7)	120	45	39	32	3	75	10	1	4	3	3	.50	8	.241	.332	.412
	3 ML YEARS		284	939	236	38	1	33	(11	22)	375	140	119	95	8	214	20	6	12	26	12	.68	15	.251	.329	.399

Chris James

Bats: Right **Throws:** Right **Pos:** RF   **Ht:** 6' 1" **Wt:** 202 **Born:** 10/04/62 **Age:** 32

Year	Team	Lg	G	AB	H	2B	3B	HR	(Hm	Rd)	TB	R	RBI	TBB	IBB	SO	HBP	SH	SF	SB	CS	SB%	GDP	Avg	OBP	SLG
1986	Philadelphia	NL	16	46	13	3	0	1	(0	1)	19	5	5	1	0	13	0	1	0	0	0	.00	1	.283	.298	.413
1987	Philadelphia	NL	115	358	105	20	6	17	(9	8)	188	48	54	27	0	67	2	1	3	3	1	.75	4	.293	.344	.525
1988	Philadelphia	NL	150	566	137	24	1	19	(10	9)	220	57	66	31	2	73	3	0	5	7	4	.64	15	.242	.283	.389
1989	2 ML Teams		132	482	117	17	2	13	(7	6)	177	55	65	26	2	68	1	4	3	5	2	.71	20	.243	.281	.367
1990	Cleveland	AL	140	528	158	32	4	12	(6	6)	234	62	70	31	4	71	4	3	3	4	3	.57	11	.299	.341	.443
1991	Cleveland	AL	115	437	104	16	2	5	(1	4)	139	31	41	18	2	61	4	2	0	3	4	.43	9	.238	.273	.318
1992	San Francisco	NL	111	248	60	10	4	5	(3	2)	93	25	32	14	2	45	2	0	3	2	3	.40	2	.242	.285	.375
1993	2 ML Teams		73	160	44	11	1	9	(6	3)	84	24	26	18	2	40	1	1	2	2	0	1.00	2	.275	.348	.525
1994	Texas	AL	52	133	34	8	4	7	(4	3)	71	28	19	20	0	38	3	1	1	0	0	.00	3	.256	.361	.534
1989	Philadelphia	NL	45	179	37	4	0	2	(1	1)	47	14	19	4	0	23	0	1	1	3	1	.75	9	.207	.223	.263
	San Diego	NL	87	303	80	13	2	11	(6	5)	130	41	46	22	2	45	1	3	2	2	1	.67	11	.264	.314	.429
1993	Houston	NL	65	129	33	10	1	6	(6	0)	63	19	19	15	2	34	1	1	2	2	0	1.00	2	.256	.333	.488
	Texas	AL	8	31	11	1	0	3			21	5	7	3	0	6	0	0	0	0	0	.00	0	.355	.412	.677
	9 ML YEARS		904	2958	772	141	24	88	(46	42)	1225	335	378	186	14	476	20	13	23	26	17	.60	67	.261	.307	.414

Kevin Jarvis

Pitches: Right Bats: Left Pos: SP Ht: 6' 2" Wt: 200 Born: 08/01/69 Age: 25

		HOW MUCH HE PITCHED						WHAT HE GAVE UP									THE RESULTS					
Year	Team	Lg	G	GS	CG	GF	IP	BFP	H	R	ER	HR	SH	SF	HB	TBB	IBB	SO	WP	Bk	W	L	Pct.	ShO	Sv	ERA
1991	Princeton	R	13	13	4	0	85.2	365	73	34	23	6	1	0	3	29	3	79	6	4	5	6	.455	1	0	2.42
1992	Cedar Rapds	A	1	0	0	0	1	3	1	0	0	0	0	0	0	0	0	0	0	0	0	0	.000	0	0	0.00
	Chston-Vw	A	28	18	2	3	133	550	123	59	46	3	3	3	1	37	1	131	9	2	6	8	.429	1	0	3.11
1993	Winston-Sal	A	21	20	2	0	145	609	133	68	55	13	6	4	0	48	2	101	6	2	8	7	.533	1	0	3.41
	Chattanooga	AA	7	3	2	0	37.1	141	26	7	7	0	1	0	1	11	0	18	1	0	3	1	.750	0	0	1.69
1994	Indianapols	AAA	21	20	2	0	132.1	562	136	55	52	13	4	1	1	34	2	90	9	1	10	2	.833	0	0	3.54
1994	Cincinnati	NL	6	3	0	0	17.2	79	22	14	14	4	1	0	0	5	0	10	1	0	1	1	.500	0	0	7.13

Stan Javier

Bats: Both Throws: Right Pos: CF/LF Ht: 6' 0" Wt: 185 Born: 01/09/64 Age: 31

					BATTING													BASERUNNING				PERCENTAGES		
Year	Team	Lg	G	AB	H	2B	3B	HR	(Hm | Rd)	TB	R	RBI	TBB	IBB	SO	HBP	SH	SF	SB	CS	SB%	GDP	Avg	OBP	SLG
1984	New York	AL	7	7	1	0	0	0	(0 | 0)	1	1	0	0	0	1	0	0	0	0	0	.00	0	.143	.143	.143
1986	Oakland	AL	59	114	23	8	0	0	(0 | 0)	31	13	8	16	0	27	1	0	0	8	0	1.00	2	.202	.305	.272
1987	Oakland	AL	81	151	28	3	1	2	(1 | 1)	39	22	9	19	3	33	0	6	0	3	2	.60	2	.185	.276	.258
1988	Oakland	AL	125	397	102	13	3	2	(0 | 2)	127	49	35	32	1	63	2	6	3	20	1	.95	13	.257	.313	.320
1989	Oakland	AL	112	310	77	12	3	1	(1 | 0)	98	42	28	31	1	45	1	4	2	12	2	.86	6	.248	.317	.316
1990	2 ML Teams		123	309	92	9	6	3	(1 | 2)	122	60	27	40	2	50	0	6	2	15	7	.68	6	.298	.376	.395
1991	Los Angeles	NL	121	176	36	5	3	1	(0 | 1)	50	21	11	16	0	36	0	3	2	7	1	.88	4	.205	.268	.284
1992	2 ML Teams		130	334	83	17	1	1	(0 | 1)	105	42	29	37	2	54	3	3	2	18	3	.86	4	.249	.327	.314
1993	California	AL	92	237	69	10	4	3	(0 | 3)	96	33	28	27	1	33	1	1	3	12	2	.86	7	.291	.362	.405
1994	Oakland	AL	109	419	114	23	0	10	(1 | 9)	167	75	44	49	1	76	2	7	3	24	7	.77	7	.272	.349	.399
1990	Oakland	AL	19	33	8	0	2	0	(0 | 0)	12	4	3	3	0	6	0	0	0	0	0	.00	0	.242	.306	.364
	Los Angeles	NL	104	276	84	9	4	3	(1 | 2)	110	56	24	37	2	44	0	6	2	15	7	.68	6	.304	.384	.399
1992	Los Angeles	NL	56	58	11	3	0	1	(0 | 1)	17	6	5	6	2	11	1	1	0	1	2	.33	0	.190	.277	.293
	Philadelphia	NL	74	276	72	14	1	0	(0 | 0)	88	36	24	31	0	43	2	2	2	17	1	.94	4	.261	.338	.319
10 ML YEARS			959	2454	625	100	21	23	(5 | 18)	836	358	219	267	11	418	10	36	17	119	25	.83	51	.255	.328	.341

Mike Jeffcoat

Pitches: Left Bats: Left Pos: RP Ht: 6' 2" Wt: 190 Born: 08/03/59 Age: 35

			HOW MUCH HE PITCHED					WHAT HE GAVE UP										THE RESULTS					
Year	Team	Lg	G	GS	CG	GF	IP	BFP	H	R	ER	HR	SH	SF	HB	TBB	IBB	SO	WP	Bk	W	L	Pct.	ShO	Sv	ERA
1994	Edmonton*	AAA	23	0	0	10	35.1	140	31	10	8	3	1	1	1	8	1	26	1	1	4	0	1.000	0	2	2.04
	Omaha*	AAA	3	0	0	0	4.1	22	6	4	4	0	0	0	0	2	0	2	0	0	1	0	1.000	0	0	8.31
1983	Cleveland	AL	11	2	0	1	32.2	140	32	13	12	1	1	0	1	13	1	9	1	1	1	3	.250	0	0	3.31
1984	Cleveland	AL	63	1	0	12	75.1	327	82	28	25	7	3	7	1	24	7	41	8	1	5	2	.714	0	1	2.99
1985	2 ML Teams		28	1	0	10	31.2	143	35	18	16	5	4	3	2	12	4	14	1	0	0	2	.000	0	0	4.55
1987	Texas	AL	2	2	0	0	7	35	11	10	10	4	0	0	0	4	0	1	0	0	0	1	.000	0	0	12.86
1988	Texas	AL	5	2	0	2	10	52	19	13	13	1	1	0	2	5	1	5	0	0	0	2	.000	0	0	11.70
1989	Texas	AL	22	22	2	0	130.2	559	139	65	52	7	3	5	4	33	0	64	0	1	9	6	.600	2	0	3.58
1990	Texas	AL	44	12	1	11	110.2	466	122	57	55	12	3	2	2	28	5	58	1	0	5	6	.455	0	5	4.47
1991	Texas	AL	70	0	0	21	79.2	363	104	46	41	8	5	4	4	25	3	43	3	0	5	3	.625	0	1	4.63
1992	Texas	AL	6	3	0	2	19.2	89	28	17	16	2	2	2	2	5	0	6	0	0	0	1	.000	0	0	7.32
1994	Florida	NL	4	0	0	1	2.2	12	4	3	3	2	0	1	0	0	0	1	1	0	0	0	.000	0	0	10.13
1985	Cleveland	AL	9	0	0	3	9.2	44	8	5	3	1	2	2	0	6	1	4	0	0	0	0	.000	0	0	2.79
	San Francisco	NL	19	1	0	7	22	99	27	13	13	4	2	1	2	6	3	10	1	0	0	2	.000	0	0	5.32
10 ML YEARS			255	45	3	60	500	2186	576	270	243	49	22	24	16	149	21	242	15	3	25	26	.490	2	7	4.37

Gregg Jefferies

Bats: Both Throws: Right Pos: 1B Ht: 5'10" Wt: 185 Born: 08/01/67 Age: 27

					BATTING													BASERUNNING				PERCENTAGES		
Year	Team	Lg	G	AB	H	2B	3B	HR	(Hm | Rd)	TB	R	RBI	TBB	IBB	SO	HBP	SH	SF	SB	CS	SB%	GDP	Avg	OBP	SLG
1987	New York	NL	6	6	3	1	0	0	(0 | 0)	4	0	2	0	0	0	0	0	0	0	0	.00	0	.500	.500	.667
1988	New York	NL	29	109	35	8	2	6	(3 | 3)	65	19	17	8	0	10	0	0	1	5	1	.83	1	.321	.364	.596
1989	New York	NL	141	508	131	28	2	12	(7 | 5)	199	72	56	39	8	46	5	2	5	21	6	.78	16	.258	.314	.392
1990	New York	NL	153	604	171	40	3	15	(9 | 6)	262	96	68	46	2	40	5	0	4	11	2	.85	12	.283	.337	.434
1991	New York	NL	136	486	132	19	2	9	(5 | 4)	182	59	62	47	2	38	2	1	3	26	5	.84	12	.272	.336	.374
1992	Kansas City	AL	152	604	172	36	3	10	(3 | 7)	244	66	75	43	4	29	1	0	9	19	9	.68	24	.285	.329	.404
1993	St. Louis	NL	142	544	186	24	3	16	(10 | 6)	264	89	83	62	7	32	2	0	4	46	9	.84	15	.342	.408	.485
1994	St. Louis	NL	103	397	129	27	1	12	(7 | 5)	194	52	55	45	12	26	1	0	4	12	5	.71	9	.325	.391	.489
8 ML YEARS			862	3258	959	183	16	80	(44 | 36)	1414	453	418	290	35	221	16	3	30	140	37	.79	89	.294	.352	.434

Reggie Jefferson

Bats: Both **Throws:** Right **Pos:** DH/1B **Ht:** 6' 4" **Wt:** 215 **Born:** 09/25/68 **Age:** 26

Year	Team	Lg	G	AB	H	2B	3B	HR	(Hm	Rd)	TB	R	RBI	TBB	IBB	SO	HBP	SH	SF	SB	CS	SB%	GDP	Avg	OBP	SLG
1991	2 ML Teams		31	108	21	3	0	3	(2	1)	33	11	13	4	0	24	0	0	1	0	0	.00	1	.194	.221	.306
1992	Cleveland	AL	24	89	30	6	2	1	(1	0)	43	8	6	1	0	17	1	0	0	0	0	.00	2	.337	.352	.483
1993	Cleveland	AL	113	366	91	11	2	10	(4	6)	136	35	34	28	7	78	5	3	1	1	3	.25	7	.249	.310	.372
1994	Seattle	AL	63	162	53	11	0	8	(4	4)	88	24	32	17	5	32	1	0	1	0	0	.00	6	.327	.392	.543
1991	Cincinnati	NL	5	7	1	0	0	1	(1	0)	4	1	1	1	0	2	0	0	0	0	0	.00	1	.143	.250	.571
	Cleveland	AL	26	101	20	3	0	2	(1	1)	29	10	12	3	0	22	0	0	1	0	0	.00	0	.198	.219	.287
	4 ML YEARS		231	725	195	31	4	22	(11	11)	300	78	85	50	12	151	7	3	3	1	3	.25	16	.269	.321	.414

Miguel Jimenez

Pitches: Right **Bats:** Right **Pos:** SP **Ht:** 6' 2" **Wt:** 205 **Born:** 08/19/69 **Age:** 25

Year	Team	Lg	G	GS	CG	GF	IP	BFP	H	R	ER	HR	SH	SF	HB	TBB	IBB	SO	WP	Bk	W	L	Pct.	ShO	Sv	ERA
1991	Sou Oregon	A	10	9	0	0	34.2	159	22	21	12	0	0	0	2	34	0	39	6	6	0	2	.000	0	0	3.12
1992	Madison	A	26	19	2	0	120.1	514	78	48	39	3	2	2	8	78	1	135	12	14	7	7	.500	1	0	2.92
	Huntsville	AA	1	1	0	0	5	19	3	1	1	1	0	0	0	3	0	8	0	0	1	0	1.000	0	0	1.80
1993	Huntsville	AA	20	19	0	0	107	476	92	49	35	10	2	1	4	64	0	105	6	2	10	6	.625	0	0	2.94
	Tacoma	AAA	8	8	0	0	37.2	164	32	23	20	4	2	1	0	24	0	34	3	0	2	3	.400	0	0	4.78
1994	Tacoma	AAA	23	15	0	2	74	372	82	83	75	9	1	4	4	79	0	64	12	2	3	9	.250	0	0	9.12
1993	Oakland	AL	5	4	0	0	27	120	27	12	12	5	0	0	1	16	0	13	0	0	1	0	1.000	0	0	4.00
1994	Oakland	AL	8	7	0	0	34	173	38	33	28	9	1	1	1	32	2	22	3	3	1	4	.200	0	0	7.41
	2 ML YEARS		13	11	0	0	61	293	65	45	40	14	1	1	2	48	2	35	3	3	2	4	.333	0	0	5.90

Brian Johnson

Bats: Right **Throws:** Right **Pos:** C **Ht:** 6' 2" **Wt:** 210 **Born:** 01/08/68 **Age:** 27

Year	Team	Lg	G	AB	H	2B	3B	HR	(Hm	Rd)	TB	R	RBI	TBB	IBB	SO	HBP	SH	SF	SB	CS	SB%	GDP	Avg	OBP	SLG
1989	Yankees	R	17	61	22	1	1	0	--	--	25	7	8	4	0	5	1	0	0	0	1	.00	1	.361	.409	.410
1990	Greensboro	A	137	496	118	15	0	7	--	--	154	58	51	57	4	65	4	2	4	4	6	.40	18	.238	.319	.310
1991	Ft.Laudrdle	A	113	394	94	19	0	1	--	--	116	35	44	34	2	67	6	2	3	4	6	.40	0	.239	.307	.294
	Albany	AA	2	8	0	0	0	0	--	--	0	0	0	0	0	2	0	0	0	0	0	.00	0	.000	.000	.000
1992	Wichita	AA	75	245	71	20	0	3	--	--	100	30	26	22	1	32	3	1	1	3	0	1.00	8	.290	.354	.408
1993	Las Vegas	AAA	115	416	141	35	6	10	--	--	218	58	71	41	2	53	5	0	5	0	0	.00	18	.339	.400	.524
1994	Las Vegas	AAA	15	51	11	1	0	2	--	--	18	6	9	8	1	6	1	0	0	0	1	.00	2	.216	.333	.353
1994	San Diego	NL	36	93	23	4	1	3	(3	0)	38	7	16	5	0	21	0	2	1	0	0	.00	4	.247	.283	.409

Charles Johnson

Bats: Right **Throws:** Right **Pos:** C **Ht:** 6' 2" **Wt:** 215 **Born:** 07/20/71 **Age:** 23

Year	Team	Lg	G	AB	H	2B	3B	HR	(Hm	Rd)	TB	R	RBI	TBB	IBB	SO	HBP	SH	SF	SB	CS	SB%	GDP	Avg	OBP	SLG
1993	Kane County	A	135	488	134	29	5	16	--	--	230	74	94	62	9	111	2	0	6	9	1	.90	12	.275	.356	.471
1994	Portland	AA	132	443	117	29	1	28	--	--	232	64	80	74	2	97	3	0	3	4	5	.44	14	.264	.371	.524
1994	Florida	NL	4	11	5	1	0	1	(1	0)	9	5	4	1	0	4	0	0	1	0	0	.00	1	.455	.462	.818

Dane Johnson

Pitches: Right **Bats:** Right **Pos:** RP **Ht:** 6' 5" **Wt:** 205 **Born:** 02/10/63 **Age:** 32

Year	Team	Lg	G	GS	CG	GF	IP	BFP	H	R	ER	HR	SH	SF	HB	TBB	IBB	SO	WP	Bk	W	L	Pct.	ShO	Sv	ERA
1993	El Paso	AA	15	1	0	10	25.1	106	23	12	11	2	0	1	0	10	1	26	1	2	2	2	.500	0	1	3.91
	New Orleans	AAA	13	0	0	8	15	56	11	4	4	2	1	0	0	4	0	10	1	0	0	0	.000	0	6	2.40
1994	Nashville	AAA	39	0	0	36	44	186	40	13	11	2	3	0	0	18	7	40	4	0	1	5	.167	0	24	2.25
1994	Chicago	AL	15	0	0	4	12.1	61	16	9	9	2	0	1	0	11	1	7	0	0	2	1	.667	0	0	6.57

Erik Johnson

Bats: Right **Throws:** Right **Pos:** 2B **Ht:** 5'11" **Wt:** 165 **Born:** 10/11/65 **Age:** 29

Year	Team	Lg	G	AB	H	2B	3B	HR	(Hm	Rd)	TB	R	RBI	TBB	IBB	SO	HBP	SH	SF	SB	CS	SB%	GDP	Avg	OBP	SLG
1987	Pocatello	R	43	129	34	7	0	4	--	--	53	19	12	13	0	21	0	3	0	6	2	.75	0	.264	.331	.411
	Shreveport	AA	9	21	2	1	0	0	--	--	3	1	3	0	0	5	0	0	0	0	1	.00	0	.095	.095	.143
1988	Clinton	A	90	322	72	12	3	5	--	--	105	29	38	28	3	39	3	4	2	4	7	.36	6	.224	.290	.326
	San Jose	A	44	160	40	3	1	1	--	--	48	25	16	18	0	29	2	1	0	4	2	.67	5	.250	.333	.300
1989	Shreveport	AA	87	246	56	5	4	3	--	--	78	28	29	23	1	37	1	4	4	3	2	.60	10	.228	.292	.317
1990	Phoenix	AAA	2	3	0	0	0	0	--	--	0	0	0	0	0	1	0	0	0	0	0	.00	1	.000	.250	.000
	Shreveport	AA	91	270	60	6	0	1	--	--	69	35	15	22	3	38	3	3	0	6	6	.50	8	.222	.288	.256

Year	Team	Lg	G	AB	H	2B	3B	HR	(Hm	Rd)	TB	R	RBI	TBB	IBB	SO	HBP	SH	SF	SB	CS	SB%	GDP	Avg	OBP	SLG
1991	Phoenix	AAA	16	34	11	1	1	0	--	--	14	6	4	3	1	5	0	0	1	0	0	.00	0	.324	.368	.412
	Shreveport	AA	58	146	32	7	0	2	--	--	45	27	20	16	4	20	1	1	4	6	2	.75	3	.219	.301	.308
1992	Phoenix	AAA	90	229	55	5	1	0	--	--	62	24	19	20	2	38	2	5	1	8	10	.44	9	.240	.306	.271
1993	Phoenix	AAA	101	363	90	8	5	0	--	--	108	33	33	29	2	51	1	2	3	9	25	.25	13	.248	.303	.298
1994	Phoenix	AAA	106	384	112	19	3	1	--	--	140	43	45	35	3	57	3	1	5	2	6	.25	16	.292	.351	.365
1993	San Francisco	NL	4	5	2	2	0	0	(0	0)	4	1	0	0	0	1	0	0	0	0	0	.00	0	.400	.400	.800
1994	San Francisco	NL	5	13	2	0	0	0	(0	0)	2	0	0	0	0	4	0	0	0	0	0	.00	0	.154	.154	.154
	2 ML YEARS		9	18	4	2	0	0	(0	0)	6	1	0	0	0	5	0	0	0	0	0	.00	0	.222	.222	.333

Howard Johnson

Bats: Both **Throws:** Right **Pos:** LF **Ht:** 5'10" **Wt:** 195 **Born:** 11/29/60 **Age:** 34

Year	Team	Lg	G	AB	H	2B	3B	HR	(Hm	Rd)	TB	R	RBI	TBB	IBB	SO	HBP	SH	SF	SB	CS	SB%	GDP	Avg	OBP	SLG
1982	Detroit	AL	54	155	49	5	0	4	(1	3)	66	23	14	16	1	30	1	1	0	7	4	.64	3	.316	.384	.426
1983	Detroit	AL	27	66	14	0	0	3	(2	1)	23	11	5	7	0	10	1	0	0	0	0	.00	1	.212	.297	.348
1984	Detroit	AL	116	355	88	14	1	12	(4	8)	140	43	50	40	1	67	1	4	2	10	6	.63	6	.248	.324	.394
1985	New York	NL	126	389	94	18	4	11	(5	6)	153	38	46	34	10	78	0	1	4	6	4	.60	6	.242	.300	.393
1986	New York	NL	88	220	54	14	0	10	(5	5)	98	30	39	31	8	64	1	1	0	8	1	.89	2	.245	.341	.445
1987	New York	NL	157	554	147	22	1	36	(13	23)	279	93	99	83	18	113	5	0	3	32	10	.76	8	.265	.364	.504
1988	New York	NL	148	495	114	21	1	24	(9	15)	209	85	68	86	25	104	3	2	8	23	7	.77	6	.230	.343	.422
1989	New York	NL	153	571	164	41	3	36	(19	17)	319	104	101	77	8	126	1	0	6	41	8	.84	4	.287	.369	.559
1990	New York	NL	154	590	144	37	3	23	(13	10)	256	89	90	69	12	100	0	0	9	34	8	.81	7	.244	.319	.434
1991	New York	NL	156	564	146	34	4	38	(21	17)	302	108	117	78	12	120	1	0	15	30	16	.65	4	.259	.342	.535
1992	New York	NL	100	350	78	19	0	7	(2	5)	118	48	43	55	5	79	2	0	3	22	5	.81	7	.223	.329	.337
1993	New York	NL	72	235	56	8	2	7	(3	4)	89	32	26	43	3	43	0	0	2	6	4	.60	3	.238	.354	.379
1994	Colorado	NL	93	227	48	10	2	10	(3	7)	92	30	40	39	2	73	0	0	3	11	3	.79	2	.211	.323	.405
	13 ML YEARS		1444	4771	1196	243	21	221	(100	121)	2144	734	738	658	105	1007	16	9	55	230	76	.75	59	.251	.340	.449

Lance Johnson

Bats: Left **Throws:** Left **Pos:** CF **Ht:** 5'11" **Wt:** 160 **Born:** 07/06/63 **Age:** 31

Year	Team	Lg	G	AB	H	2B	3B	HR	(Hm	Rd)	TB	R	RBI	TBB	IBB	SO	HBP	SH	SF	SB	CS	SB%	GDP	Avg	OBP	SLG
1987	St. Louis	NL	33	59	13	2	1	0	(0	0)	17	4	7	4	1	6	0	0	0	6	1	.86	2	.220	.270	.288
1988	Chicago	AL	33	124	23	4	1	0	(0	0)	29	11	6	6	0	11	0	2	0	6	2	.75	1	.185	.223	.234
1989	Chicago	AL	50	180	54	8	2	0	(0	0)	66	28	16	17	0	24	0	2	0	16	3	.84	1	.300	.360	.367
1990	Chicago	AL	151	541	154	18	9	1	(0	1)	193	76	51	33	2	45	1	8	4	36	22	.62	12	.285	.325	.357
1991	Chicago	AL	160	588	161	14	13	0	(0	0)	201	72	49	26	2	58	1	6	3	26	11	.70	14	.274	.304	.342
1992	Chicago	AL	157	567	158	15	12	3	(2	1)	206	67	47	34	4	33	1	4	5	41	14	.75	20	.279	.318	.363
1993	Chicago	AL	147	540	168	18	14	0	(0	0)	214	75	47	36	1	33	0	3	0	35	7	.83	10	.311	.354	.396
1994	Chicago	AL	106	412	114	11	14	3	(1	2)	162	56	54	26	5	23	2	0	3	26	6	.81	8	.277	.321	.393
	8 ML YEARS		837	3011	845	90	66	7	(3	4)	1088	389	277	182	15	233	5	25	15	192	66	.74	68	.281	.321	.361

Randy Johnson

Pitches: Left **Bats:** Right **Pos:** SP **Ht:** 6'10" **Wt:** 225 **Born:** 09/10/63 **Age:** 31

Year	Team	Lg	G	GS	CG	GF	IP	BFP	H	R	ER	HR	SH	SF	HB	TBB	IBB	SO	WP	Bk	W	L	Pct.	ShO	Sv	ERA
1988	Montreal	NL	4	4	1	0	26	109	23	8	7	3	0	0	0	7	0	25	3	0	3	0	1.000	0	0	2.42
1989	2 ML Teams		29	28	2	1	160.2	715	147	100	86	13	10	13	3	96	2	130	7	7	7	13	.350	0	0	4.82
1990	Seattle	AL	33	33	5	0	219.2	944	174	103	89	26	7	6	5	120	2	194	4	2	14	11	.560	2	0	3.65
1991	Seattle	AL	33	33	2	0	201.1	889	151	96	89	15	9	8	12	152	0	228	12	2	13	10	.565	1	0	3.98
1992	Seattle	AL	31	31	6	0	210.1	922	154	104	88	13	3	8	18	144	1	241	13	1	12	14	.462	2	0	3.77
1993	Seattle	AL	35	34	10	1	255.1	1043	185	97	92	22	8	7	16	99	1	308	8	2	19	8	.704	3	1	3.24
1994	Seattle	AL	23	23	9	0	172	694	132	65	61	14	3	1	6	72	2	204	5	0	13	6	.684	4	0	3.19
1989	Montreal	NL	7	6	0	1	29.2	143	29	25	22	2	3	4	0	26	1	26	2	2	0	4	.000	0	0	6.67
	Seattle	AL	22	22	2	0	131	572	118	75	64	11	7	9	3	70	1	104	5	5	7	9	.438	0	0	4.40
	7 ML YEARS		188	186	35	2	1245.1	5316	966	573	512	106	40	43	60	690	8	1330	52	14	81	62	.566	12	1	3.70

Joel Johnston

Pitches: Right **Bats:** Right **Pos:** RP **Ht:** 6'4" **Wt:** 234 **Born:** 03/08/67 **Age:** 28

Year	Team	Lg	G	GS	CG	GF	IP	BFP	H	R	ER	HR	SH	SF	HB	TBB	IBB	SO	WP	Bk	W	L	Pct.	ShO	Sv	ERA
1994	Buffalo *	AAA	13	0	0	8	14	61	8	8	2	0	0	5	1	14	0	11	2	0	0	0	.000	0	2	5.14
	Syracuse *	AAA	11	2	0	2	20	97	20	18	15	3	0	1	2	18	1	17	2	0	0	2	.000	0	0	6.75
1991	Kansas City	AL	13	0	0	1	22.1	85	9	1	1	0	1	0	1	9	3	21	0	0	1	0	1.000	0	0	0.40
1992	Kansas City	AL	5	0	0	1	2.2	13	3	4	4	2	0	0	0	1	0	0	1	0	0	0	.000	0	0	13.50
1993	Pittsburgh	NL	33	0	0	16	53.1	210	38	20	20	7	4	0	0	19	5	31	1	0	2	4	.333	0	0	3.38
1994	Pittsburgh	NL	4	0	0	0	3.1	30	14	12	11	0	0	2	2	4	0	5	1	0	0	0	.000	0	0	29.70
	4 ML YEARS		55	0	0	18	81.2	338	64	37	36	9	5	2	3	34	8	57	3	0	3	4	.429	0	2	3.97

John Johnstone

Pitches: Right **Bats:** Right **Pos:** RP **Ht:** 6' 3" **Wt:** 195 **Born:** 11/25/68 **Age:** 26

		HOW MUCH HE PITCHED						WHAT HE GAVE UP										THE RESULTS				
Year	Team	Lg	G	GS	CG	GF	IP	BFP	H	R	ER	HR	SH	SF	HB	TBB	IBB	SO	WP	Bk	W	L	Pct.	ShO	Sv	ERA
1987	Kingsport	R	17	1	0	4	29	144	42	28	24	3	0	3	0	20	0	21	4	1	1	1	.500	0	0	7.45
1988	Mets	R	12	12	3	0	74	314	65	29	22	4	3	4	2	25	0	57	5	1	3	4	.429	0	0	2.68
1989	Pittsfield	A	15	15	2	0	104	444	101	47	32	4	1	3	3	28	1	60	4	1	11	2	.846	1	0	2.77
1990	St. Lucie	A	25	25	9	0	172.2	708	145	53	43	3	4	5	5	60	1	120	16	2	15	6	.714	3	0	2.24
1991	Williamsprt	AA	27	27	2	0	165.1	720	159	94	73	5	7	6	5	79	1	99	8	0	7	9	.438	0	0	3.97
1992	Binghamton	AA	24	24	2	0	149.1	615	132	66	62	8	7	4	9	36	0	121	3	0	7	7	.500	0	0	3.74
1993	Edmonton	AAA	30	21	1	6	144.1	645	167	95	83	16	5	8	6	59	2	126	9	2	4	15	.211	0	4	5.18
1994	Edmonton	AAA	29	0	0	17	42.1	177	46	23	21	3	2	1	0	9	0	43	1	0	5	3	.625	0	4	4.46
1993	Florida	NL	7	0	0	3	10.2	54	16	8	7	1	0	0	0	2	0	5	1	0	0	2	.000	0	0	5.91
1994	Florida	NL	17	0	0	7	21.1	105	23	20	14	4	1	0	1	16	5	23	0	0	1	2	.333	0	0	5.91
	2 ML YEARS		24	0	0	10	32	159	39	28	21	5	1	0	1	23	5	28	1	0	1	4	.200	0	0	5.91

Bobby Jones

Pitches: Right **Bats:** Right **Pos:** SP **Ht:** 6' 4" **Wt:** 225 **Born:** 02/10/70 **Age:** 25

		HOW MUCH HE PITCHED						WHAT HE GAVE UP										THE RESULTS				
Year	Team	Lg	G	GS	CG	GF	IP	BFP	H	R	ER	HR	SH	SF	HB	TBB	IBB	SO	WP	Bk	W	L	Pct.	ShO	Sv	ERA
1991	Columbia	A	5	5	0	0	24.1	98	20	5	5	2	1	0	2	3	0	35	0	4	3	1	.750	0	0	1.85
1992	Binghamton	AA	24	24	4	0	158	625	118	40	33	4	6	8	3	43	0	143	3	1	12	4	.750	4	0	1.88
1993	Norfolk	AAA	24	24	6	0	166	671	149	72	67	9	3	5	11	32	2	126	11	0	12	10	.545	3	0	3.63
1993	New York	NL	9	9	0	0	61.2	265	61	35	25	6	5	3	2	22	3	35	1	0	2	4	.333	1	0	3.65
1994	New York	NL	24	24	1	0	160	685	157	75	56	10	11	4	4	56	9	80	1	3	12	7	.632	1	0	3.15
	2 ML YEARS		33	33	1	0	221.2	950	218	110	81	16	16	7	6	78	12	115	2	3	14	11	.560	1	0	3.29

Chipper Jones

Bats: Both **Throws:** Right **Pos:** SS **Ht:** 6' 3" **Wt:** 185 **Born:** 04/24/72 **Age:** 23

			BATTING														BASERUNNING				PERCENTAGES		
Year	Team	Lg	G	AB	H	2B	3B	HR	(Hm	Rd)	TB	R	RBI	TBB	IBB	SO	HBP	SH	SF	SB	CS	SB%	GDP	Avg	OBP	SLG
1990	Braves	R	44	140	32	1	1	1	--	--	38	20	18	14	1	25	6	2	2	5	3	.63	3	.229	.321	.271
1991	Macon	A	136	473	153	24	11	15	--	--	244	104	98	69	4	70	3	1	10	39	11	.78	6	.323	.405	.516
1992	Durham	A	70	264	73	22	1	4	--	--	109	43	31	31	1	34	2	1	3	10	8	.56	5	.277	.353	.413
	Greenville	AA	67	266	92	17	11	9	--	--	158	43	42	11	1	32	0	4	4	14	1	.93	5	.346	.367	.594
1993	Richmond	AAA	139	536	174	31	12	13	--	--	268	97	89	57	5	70	1	3	6	23	7	.77	8	.325	.387	.500
1993	Atlanta	NL	8	3	2	1	0	0	(0	0)	3	2	0	1	0	1	0	0	0	0	0	.00	0	.667	.750	1.000

Chris Jones

Bats: Right **Throws:** Right **Pos:** CF **Ht:** 6' 2" **Wt:** 205 **Born:** 12/16/65 **Age:** 29

			BATTING														BASERUNNING				PERCENTAGES		
Year	Team	Lg	G	AB	H	2B	3B	HR	(Hm	Rd)	TB	R	RBI	TBB	IBB	SO	HBP	SH	SF	SB	CS	SB%	GDP	Avg	OBP	SLG
1994	Colo. Sprng.*	AAA	98	386	124	22	4	20	--	--	214	77	75	35	3	72	2	0	1	12	2	.86	9	.321	.380	.554
1991	Cincinnati	NL	52	89	26	1	2	2	(0	2)	37	14	6	2	0	31	0	0	1	2	1	.67	2	.292	.304	.416
1992	Houston	NL	54	63	12	2	1	1	(1	0)	19	7	4	7	0	21	0	3	0	3	0	1.00	1	.190	.271	.302
1993	Colorado	NL	86	209	57	11	4	6	(2	4)	94	29	31	10	1	48	0	5	0	9	4	.69	6	.273	.305	.450
1994	Colorado	NL	21	40	12	2	1	0	(0	0)	16	6	2	2	1	14	0	0	0	0	1	.00	1	.300	.333	.400
	4 ML YEARS		213	401	107	16	8	9	(3	6)	166	56	43	21	2	114	0	8	2	14	6	.70	10	.267	.302	.414

Doug Jones

Pitches: Right **Bats:** Right **Pos:** RP **Ht:** 6' 2" **Wt:** 195 **Born:** 06/24/57 **Age:** 38

		HOW MUCH HE PITCHED						WHAT HE GAVE UP										THE RESULTS				
Year	Team	Lg	G	GS	CG	GF	IP	BFP	H	R	ER	HR	SH	SF	HB	TBB	IBB	SO	WP	Bk	W	L	Pct.	ShO	Sv	ERA
1982	Milwaukee	AL	4	0	0	2	2.2	14	5	3	3	1	0	0	0	1	0	1	0	0	0	0	.000	0	0	10.13
1986	Cleveland	AL	11	0	0	5	18	79	18	5	5	0	1	1	1	6	1	12	0	0	1	0	1.000	0	1	2.50
1987	Cleveland	AL	49	0	0	29	91.1	455	101	45	32	4	5	5	6	24	5	87	0	0	6	5	.545	0	8	3.15
1988	Cleveland	AL	51	0	0	46	83.1	338	69	26	21	1	3	0	2	16	3	72	2	3	3	4	.429	0	37	2.27
1989	Cleveland	AL	59	0	0	53	80.2	331	76	25	21	4	8	6	1	13	4	65	1	1	7	10	.412	0	32	2.34
1990	Cleveland	AL	66	0	0	64	84.1	331	66	26	24	5	2	2	2	22	4	55	2	0	5	5	.500	0	43	2.56
1991	Cleveland	AL	36	4	0	29	63.1	293	87	42	39	7	2	2	0	17	5	48	1	0	4	8	.333	0	7	5.54
1992	Houston	NL	80	0	0	70	111.2	440	96	29	23	5	9	0	5	17	5	93	2	1	11	8	.579	0	36	1.85
1993	Houston	NL	71	0	0	60	85.1	381	102	46	43	7	9	4	5	21	6	66	3	0	4	10	.286	0	26	4.54
1994	Philadelphia	NL	47	0	0	42	54	226	55	14	13	2	4	0	0	6	0	38	1	0	2	4	.333	0	27	2.17
	10 ML YEARS		474	4	0	400	674.2	2833	675	261	224	36	43	20	22	143	33	537	12	5	43	54	.443	0	217	2.99

Todd Jones

Pitches: Right **Bats:** Left **Pos:** RP **Ht:** 6' 3" **Wt:** 200 **Born:** 04/24/68 **Age:** 27

			HOW MUCH HE PITCHED					WHAT HE GAVE UP										THE RESULTS				
Year	Team	Lg	G	GS	CG	GF	IP	BFP	H	R	ER	HR	SH	SF	HB	TBB	IBB	SO	WP	Bk	W	L	Pct.	ShO	Sv	ERA
1989	Auburn	A	11	9	1	1	49.2	241	47	39	30	2	1	0	2	42	1	71	9	1	2	3	.400	0	0	5.44
1990	Osceola	A	27	27	1	0	151.1	678	124	81	59	2	7	2	3	109	1	106	16	3	12	10	.545	0	0	3.51
1991	Osceola	A	14	14	0	0	72.1	311	68	38	35	2	2	1	2	35	0	52	4	0	4	4	.500	0	0	4.35
	Jackson	AA	10	10	0	0	55.1	258	51	37	30	2	2	1	4	39	1	37	6	2	4	3	.571	0	0	4.88
1992	Jackson	AA	61	0	0	48	66	295	52	28	23	3	5	0	2	44	3	60	5	1	3	7	.300	0	25	3.14
	Tucson	AAA	3	0	0	2	4	23	1	2	2	0	0	0	0	10	1	4	1	0	0	1	.000	0	0	4.50
1993	Tucson	AAA	41	0	0	28	48.2	220	49	26	24	5	3	1	0	31	2	45	5	0	4	2	.667	0	12	4.44
1993	Houston	NL	27	0	0	8	37.1	150	28	14	13	4	2	1	1	15	2	25	1	1	1	2	.333	0	2	3.13
1994	Houston	NL	48	0	0	20	72.2	288	52	23	22	3	3	1	1	26	4	63	1	0	5	2	.714	0	5	2.72
	2 ML YEARS		75	0	0	28	110	438	80	37	35	7	5	2	2	41	6	88	2	1	6	4	.600	0	7	2.86

Brian Jordan

Bats: Right **Throws:** Right **Pos:** RF/LF **Ht:** 6' 1" **Wt:** 205 **Born:** 03/29/67 **Age:** 28

							BATTING											BASERUNNING				PERCENTAGES		
Year	Team	Lg	G	AB	H	2B	3B	HR	(Hm | Rd)	TB	R	RBI	TBB	IBB	SO	HBP	SH	SF	SB	CS	SB%	GDP	Avg	OBP	SLG
1992	St. Louis	NL	55	193	40	9	4	5	(3 | 2)	72	17	22	10	1	48	1	0	0	7	2	.78	6	.207	.250	.373
1993	St. Louis	NL	67	223	69	10	6	10	(4 | 6)	121	33	44	12	0	35	4	0	3	6	6	.50	6	.309	.351	.543
1994	St. Louis	NL	53	178	46	8	2	5	(4 | 1)	73	14	15	16	0	40	1	0	2	4	3	.57	6	.258	.320	.410
	3 ML YEARS		175	594	155	27	12	20	(11 | 9)	266	64	81	38	1	123	6	0	5	17	11	.61	18	.261	.309	.448

Ricky Jordan

Bats: Right **Throws:** Right **Pos:** 1B **Ht:** 6' 3" **Wt:** 205 **Born:** 05/26/65 **Age:** 30

							BATTING											BASERUNNING				PERCENTAGES		
Year	Team	Lg	G	AB	H	2B	3B	HR	(Hm | Rd)	TB	R	RBI	TBB	IBB	SO	HBP	SH	SF	SB	CS	SB%	GDP	Avg	OBP	SLG
1988	Philadelphia	NL	69	273	84	15	1	11	(6 | 5)	134	41	43	7	2	39	0	0	1	1	1	.50	5	.308	.324	.491
1989	Philadelphia	NL	144	523	149	22	3	12	(7 | 5)	213	63	75	23	5	62	5	0	8	4	3	.57	19	.285	.317	.407
1990	Philadelphia	NL	92	324	78	21	0	5	(2 | 3)	114	32	44	13	6	39	5	0	4	2	0	1.00	11	.241	.277	.352
1991	Philadelphia	NL	101	301	82	21	3	9	(5 | 4)	136	38	49	14	2	49	2	0	5	0	2	.00	11	.272	.304	.452
1992	Philadelphia	NL	94	276	84	19	0	4	(2 | 2)	115	33	34	5	0	44	0	0	3	3	0	1.00	8	.304	.313	.417
1993	Philadelphia	NL	90	159	46	4	1	5	(3 | 2)	67	21	18	8	1	32	1	0	2	0	0	.00	2	.289	.324	.421
1994	Philadelphia	NL	72	220	62	14	2	8	(5 | 3)	104	29	37	6	1	32	1	0	1	0	0	.00	7	.282	.303	.473
	7 ML YEARS		662	2076	585	116	10	54	(30 | 24)	883	257	300	76	17	297	14	0	24	10	6	.63	61	.282	.308	.425

Felix Jose

Bats: Both **Throws:** Right **Pos:** RF **Ht:** 6' 1" **Wt:** 220 **Born:** 05/08/65 **Age:** 30

							BATTING											BASERUNNING				PERCENTAGES		
Year	Team	Lg	G	AB	H	2B	3B	HR	(Hm	Rd)	TB	R	RBI	TBB	IBB	SO	HBP	SH	SF	SB	CS	SB%	GDP	Avg	OBP	SLG
1994	Memphis *	AA	6	21	7	2	0	0	--	--	9	3	6	5	2	6	0	0	0	1	1	.50	0	.333	.462	.429
1988	Oakland	AL	8	6	2	1	0	0	(0	0)	3	2	1	0	0	1	0	0	0	1	0	1.00	0	.333	.333	.500
1989	Oakland	AL	20	57	11	2	0	0	(0	0)	13	3	5	4	0	13	0	0	0	0	1	.00	2	.193	.246	.228
1990	2 ML Teams		126	426	113	16	1	11	(5	6)	164	54	52	24	0	81	5	2	1	12	6	.67	9	.265	.311	.385
1991	St. Louis	NL	154	568	173	40	6	8	(3	5)	249	69	77	50	8	113	2	0	5	20	12	.63	12	.305	.360	.438
1992	St. Louis	NL	131	509	150	22	3	14	(12	2)	220	62	75	40	8	100	1	0	1	28	12	.70	9	.295	.347	.432
1993	Kansas City	AL	149	499	126	24	3	6	(2	4)	174	64	43	36	5	95	1	1	2	31	13	.70	5	.253	.303	.349
1994	Kansas City	AL	99	366	111	28	1	11	(1	10)	174	56	55	35	6	75	0	0	2	10	12	.45	9	.303	.362	.475
1990	Oakland	AL	101	341	90	12	0	8	(3	5)	126	42	39	16	0	65	5	2	1	8	2	.80	8	.264	.306	.370
	St. Louis	NL	25	85	23	4	1	3	(2	1)	38	12	13	8	0	16	0	0	0	4	4	.50	1	.271	.333	.447
	7 ML YEARS		687	2431	686	133	14	50	(23	27)	997	310	308	189	27	478	9	3	11	102	56	.65	46	.282	.335	.410

Wally Joyner

Bats: Left **Throws:** Left **Pos:** 1B/DH **Ht:** 6' 2" **Wt:** 200 **Born:** 06/16/62 **Age:** 33

							BATTING											BASERUNNING				PERCENTAGES		
Year	Team	Lg	G	AB	H	2B	3B	HR	(Hm | Rd)	TB	R	RBI	TBB	IBB	SO	HBP	SH	SF	SB	CS	SB%	GDP	Avg	OBP	SLG
1986	California	AL	154	593	172	27	3	22	(11 | 11)	271	82	100	57	8	58	2	10	12	5	2	.71	11	.290	.348	.457
1987	California	AL	149	564	161	33	1	34	(19 | 15)	298	100	117	72	12	64	5	2	10	8	2	.80	14	.285	.366	.528
1988	California	AL	158	597	176	31	2	13	(6 | 7)	250	81	85	55	14	51	5	0	6	8	2	.80	14	.295	.356	.419
1989	California	AL	159	593	167	30	2	16	(8 | 8)	249	78	79	46	7	58	6	1	8	3	2	.60	15	.282	.335	.420
1990	California	AL	83	310	83	15	0	8	(5 | 3)	122	35	41	41	4	34	1	1	5	2	1	.67	10	.268	.350	.394
1991	California	AL	143	551	166	34	3	21	(10 | 11)	269	79	96	52	4	66	1	2	2	2	0	1.00	11	.301	.360	.488
1992	Kansas City	AL	149	572	154	36	2	9	(1 | 8)	221	66	66	55	4	50	4	0	2	11	5	.69	19	.269	.336	.386
1993	Kansas City	AL	141	497	145	36	3	15	(4 | 11)	232	83	65	66	13	67	3	2	5	9	16	.36	6	.292	.375	.467
1994	Kansas City	AL	97	363	113	20	3	8	(2 | 6)	163	52	57	47	3	43	0	2	2	3	2	.60	12	.311	.386	.449
	9 ML YEARS		1233	4640	1337	262	19	146	(66 | 80)	2075	656	706	491	69	491	27	20	58	47	25	.65	114	.288	.356	.447

Jeff Juden

Pitches: Right **Bats:** Right **Pos:** SP **Ht:** 6' 8" **Wt:** 265 **Born:** 01/19/71 **Age:** 24

		HOW MUCH HE PITCHED					WHAT HE GAVE UP											THE RESULTS				
Year	Team	Lg	G	GS	CG	GF	IP	BFP	H	R	ER	HR	SH	SF	HB	TBB	IBB	SO	WP	Bk	W	L	Pct.	ShO	Sv	ERA
1989	Astros	R	9	8	0	0	39.2	177	33	21	15	0	1	3	3	17	0	49	7	2	1	4	.200	0	0	3.40
1990	Osceola	A	15	15	2	0	91	390	72	37	23	2	3	1	5	42	0	85	7	4	10	1	.909	0	0	2.27
	Columbus	AA	11	11	0	0	52	250	55	36	31	2	2	1	4	42	2	40	9	2	1	3	.250	0	0	5.37
1991	Jackson	AA	16	16	0	0	95.2	408	84	43	33	4	8	4	3	44	0	75	5	2	6	3	.667	0	0	3.10
	Tucson	AAA	10	10	0	0	56.2	245	56	28	20	2	4	3	0	25	0	51	7	0	3	2	.600	0	0	3.18
1992	Tucson	AAA	26	26	0	0	147	655	149	84	66	11	12	7	7	71	0	120	12	1	9	10	.474	0	0	4.04
1993	Tucson	AAA	27	27	0	0	169	755	174	102	87	8	5	5	9	76	0	156	15	0	11	6	.647	0	0	4.63
1994	Scranton-Wb	AAA	6	6	0	0	25.1	126	30	28	24	5	0	4	4	19	0	28	3	2	2	2	.500	0	0	8.53
1991	Houston	NL	4	3	0	0	18	81	19	14	12	3	2	3	0	7	1	11	0	1	0	2	.000	0	0	6.00
1993	Houston	NL	2	0	0	0	5	23	4	3	3	1	0	1	0	4	1	7	0	0	0	1	.000	0	0	5.40
1994	Philadelphia	NL	6	5	0	0	27.2	121	29	25	19	4	1	2	1	12	0	22	0	2	1	4	.200	0	0	6.18
	3 ML YEARS		12	8	0	1	50.2	225	52	42	34	8	3	6	1	23	2	40	0	3	1	7	.125	0	0	6.04

Dave Justice

Bats: Left **Throws:** Left **Pos:** RF **Ht:** 6' 3" **Wt:** 200 **Born:** 04/14/66 **Age:** 29

					BATTING													BASERUNNING				PERCENTAGES		
Year	Team	Lg	G	AB	H	2B	3B	HR	(Hm | Rd)	TB	R	RBI	TBB	IBB	SO	HBP	SH	SF	SB	CS	SB%	GDP	Avg	OBP	SLG
1989	Atlanta	NL	16	51	12	3	0	1	(1 | 0)	18	7	3	3	1	9	1	1	0	2	1	.67	1	.235	.291	.353
1990	Atlanta	NL	127	439	124	23	2	28	(19 | 9)	235	76	78	64	4	92	0	0	1	11	6	.65	2	.282	.373	.535
1991	Atlanta	NL	109	396	109	25	1	21	(11 | 10)	199	67	87	65	9	81	3	0	5	8	8	.50	4	.275	.377	.503
1992	Atlanta	NL	144	484	124	19	5	21	(10 | 11)	216	78	72	79	8	85	2	0	6	2	4	.33	1	.256	.359	.446
1993	Atlanta	NL	157	585	158	15	4	40	(18 | 22)	301	90	120	78	12	90	3	0	4	3	5	.38	9	.270	.357	.515
1994	Atlanta	NL	104	352	110	16	2	19	(9 | 10)	187	61	59	69	5	45	2	0	1	2	4	.33	8	.313	.427	.531
	6 ML YEARS		657	2307	637	101	14	130	(68 | 62)	1156	379	419	358	39	402	11	1	17	28	28	.50	25	.276	.374	.501

Scott Kamieniecki

Pitches: Right **Bats:** Right **Pos:** SP/RP **Ht:** 6' 0" **Wt:** 195 **Born:** 04/19/64 **Age:** 31

				HOW MUCH HE PITCHED					WHAT HE GAVE UP											THE RESULTS				
Year	Team	Lg	G	GS	CG	GF	IP	BFP	H	R	ER	HR	SH	SF	HB	TBB	IBB	SO	WP	Bk	W	L	Pct.	ShO	Sv	ERA
1991	New York	AL	9	9	0	0	55.1	239	54	24	24	8	2	1	3	22	1	34	1	0	4	4	.500	0	0	3.90
1992	New York	AL	28	28	4	0	188	804	193	100	91	13	3	5	5	74	9	88	9	1	6	14	.300	0	0	4.36
1993	New York	AL	30	20	2	4	154.1	659	163	73	70	17	3	5	3	59	7	72	2	0	10	7	.588	0	1	4.08
1994	New York	AL	22	16	1	2	117.1	509	115	53	49	13	4	3	3	59	5	71	4	0	8	6	.571	0	0	3.76
	4 ML YEARS		89	73	7	6	515	2211	525	250	234	51	12	14	14	214	22	265	16	1	28	31	.475	0	1	4.09

Ron Karkovice

Bats: Right **Throws:** Right **Pos:** C **Ht:** 6' 1" **Wt:** 219 **Born:** 08/08/63 **Age:** 31

					BATTING													BASERUNNING				PERCENTAGES		
Year	Team	Lg	G	AB	H	2B	3B	HR	(Hm | Rd)	TB	R	RBI	TBB	IBB	SO	HBP	SH	SF	SB	CS	SB%	GDP	Avg	OBP	SLG
1986	Chicago	AL	37	97	24	7	0	4	(1 | 3)	43	13	13	9	0	37	1	1	1	1	0	1.00	3	.247	.315	.443
1987	Chicago	AL	39	85	6	0	0	2	(1 | 1)	12	7	7	7	0	40	2	1	0	3	0	1.00	2	.071	.160	.141
1988	Chicago	AL	46	115	20	4	0	3	(1 | 2)	33	10	9	7	0	30	1	3	0	4	2	.67	1	.174	.228	.287
1989	Chicago	AL	71	182	48	9	2	3	(0 | 3)	70	21	24	10	0	56	2	7	2	0	0	.00	0	.264	.306	.385
1990	Chicago	AL	68	183	45	10	0	6	(0 | 6)	73	30	20	16	1	52	1	7	1	2	0	1.00	1	.246	.308	.399
1991	Chicago	AL	75	167	41	13	0	5	(0 | 5)	69	25	22	15	1	42	1	9	1	0	0	.00	2	.246	.310	.413
1992	Chicago	AL	123	342	81	12	1	13	(5 | 8)	134	39	50	30	1	89	3	4	2	10	4	.71	3	.237	.302	.392
1993	Chicago	AL	128	403	92	17	1	20	(6 | 14)	171	60	54	29	1	126	6	1	4	2	2	.50	12	.228	.287	.424
1994	Chicago	AL	77	207	44	9	1	11	(6 | 5)	88	33	29	36	2	68	0	2	3	0	3	.00	0	.213	.325	.425
	9 ML YEARS		664	1781	401	81	5	67	(20 | 47)	693	238	228	159	6	540	17	45	14	22	11	.67	24	.225	.293	.389

Eric Karros

Bats: Right **Throws:** Right **Pos:** 1B **Ht:** 6' 4" **Wt:** 216 **Born:** 11/04/67 **Age:** 27

					BATTING													BASERUNNING				PERCENTAGES		
Year	Team	Lg	G	AB	H	2B	3B	HR	(Hm | Rd)	TB	R	RBI	TBB	IBB	SO	HBP	SH	SF	SB	CS	SB%	GDP	Avg	OBP	SLG
1991	Los Angeles	NL	14	14	1	1	0	0	(0 | 0)	2	0	1	1	0	6	0	0	0	0	0	.00	0	.071	.133	.143
1992	Los Angeles	NL	149	545	140	30	1	20	(6 | 14)	232	63	88	37	3	103	2	0	5	2	4	.33	15	.257	.304	.426
1993	Los Angeles	NL	158	619	153	27	2	23	(13 | 10)	253	74	80	34	2	82	2	0	3	0	1	.00	17	.247	.287	.409
1994	Los Angeles	NL	111	406	108	21	1	14	(5 | 9)	173	51	46	29	1	53	2	0	11	2	0	1.00	13	.266	.310	.426
	4 ML YEARS		432	1584	402	79	4	57	(24 | 33)	660	188	215	101	6	244	6	0	19	4	5	.44	45	.254	.298	.417

Steve Karsay

Pitches: Right **Bats:** Right **Pos:** SP **Ht:** 6' 3" **Wt:** 205 **Born:** 03/24/72 **Age:** 23

Year	Team	Lg	G	GS	CG	GF	IP	BFP	H	R	ER	HR	SH	SF	HB	TBB	IBB	SO	WP	Bk	W	L	Pct.	ShO	Sv	ERA
1990	St. Cath	A	5	5	0	0	22.2	90	11	4	2	0	0	0	0	12	0	25	0	3	1	1	.500	0	0	0.79
1991	Myrtle Bch	A	20	20	1	0	110.2	460	96	58	44	7	4	3	5	48	0	100	8	5	4	9	.308	0	0	3.58
1992	Dunedin	A	16	16	3	0	85.2	334	56	32	26	6	1	1	4	29	0	87	2	3	6	3	.667	2	0	2.73
1993	Knoxville	AA	19	18	1	0	104	434	98	42	39	9	3	3	6	32	1	100	5	2	8	4	.667	0	0	3.38
	Huntsville	AA	2	2	0	0	14	56	13	8	8	2	1	0	1	3	0	22	0	0	0	0	.000	0	0	5.14
1993	Oakland	AL	8	8	0	0	49	210	49	23	22	4	0	2	2	16	1	33	1	0	3	3	.500	0	0	4.04
1994	Oakland	AL	4	4	1	0	28	115	26	8	8	1	2	1	1	8	0	15	0	0	1	1	.500	0	0	2.57
	2 ML YEARS		12	12	1	0	77	325	75	31	30	5	2	3	3	24	1	48	1	0	4	4	.500	0	0	3.51

Mike Kelly

Bats: Right **Throws:** Right **Pos:** LF **Ht:** 6' 4" **Wt:** 195 **Born:** 06/02/70 **Age:** 25

Year	Team	Lg	G	AB	H	2B	3B	HR	(Hm	Rd)	TB	R	RBI	TBB	IBB	SO	HBP	SH	SF	SB	CS	SB%	GDP	Avg	OBP	SLG
1991	Durham	A	35	124	31	6	1	6	--	--	57	29	17	19	0	47	2	0	1	6	2	.75	0	.250	.356	.460
1992	Greenville	AA	133	471	108	18	4	25	--	--	209	83	71	65	2	162	6	0	3	22	11	.67	7	.229	.328	.444
1993	Richmond	AAA	123	424	103	13	1	19	--	--	175	63	58	36	1	109	14	0	1	11	7	.61	3	.243	.322	.413
1994	Richmond	AAA	82	313	82	14	4	15	--	--	149	46	45	32	0	96	3	0	2	9	6	.60	5	.262	.334	.476
1994	Atlanta	NL	30	77	21	10	1	2	(0	2)	39	14	9	2	0	17	1	0	0	0	1	.00	1	.273	.300	.506

Pat Kelly

Bats: Right **Throws:** Right **Pos:** 2B **Ht:** 6' 0" **Wt:** 182 **Born:** 10/14/67 **Age:** 27

Year	Team	Lg	G	AB	H	2B	3B	HR	(Hm	Rd)	TB	R	RBI	TBB	IBB	SO	HBP	SH	SF	SB	CS	SB%	GDP	Avg	OBP	SLG
1994	Albany-Colo*	AA	1	4	1	0	0	0	--	--	1	0	0	0	0	0	0	0	0	0	1	1.00	0	.250	.250	.250
1991	New York	AL	96	298	72	12	4	3	(3	0)	101	35	23	15	0	52	5	2	2	12	1	.92	5	.242	.288	.339
1992	New York	AL	106	318	72	22	2	7	(3	4)	119	38	27	25	1	72	10	6	3	8	5	.62	6	.226	.301	.374
1993	New York	AL	127	406	111	24	1	7	(4	3)	158	49	51	24	0	68	5	10	6	14	11	.56	9	.273	.317	.389
1994	New York	AL	93	286	80	21	2	3	(1	2)	114	35	41	19	1	51	5	14	5	6	5	.55	10	.280	.330	.399
	4 ML YEARS		422	1308	335	79	9	20	(11	9)	492	157	142	83	2	243	25	32	16	40	22	.65	30	.256	.309	.376

Roberto Kelly

Bats: Right **Throws:** Right **Pos:** CF **Ht:** 6' 2" **Wt:** 202 **Born:** 10/01/64 **Age:** 30

Year	Team	Lg	G	AB	H	2B	3B	HR	(Hm	Rd)	TB	R	RBI	TBB	IBB	SO	HBP	SH	SF	SB	CS	SB%	GDP	Avg	OBP	SLG
1987	New York	AL	23	52	14	3	0	1	(0	1)	20	12	7	5	0	15	0	1	1	9	3	.75	0	.269	.328	.385
1988	New York	AL	38	77	19	4	1	1	(1	0)	28	9	7	3	0	15	0	3	1	5	2	.71	0	.247	.272	.364
1989	New York	AL	137	441	133	18	3	9	(2	7)	184	65	48	41	3	89	6	8	0	35	12	.74	9	.302	.369	.417
1990	New York	AL	162	641	183	32	4	15	(5	10)	268	85	61	33	0	148	4	4	4	42	17	.71	7	.285	.323	.418
1991	New York	AL	126	486	130	22	2	20	(11	9)	216	68	69	45	2	77	5	2	5	32	9	.78	14	.267	.333	.444
1992	New York	AL	152	580	158	31	2	10	(6	4)	223	81	66	41	4	96	4	1	6	28	5	.85	19	.272	.322	.384
1993	Cincinnati	NL	78	320	102	17	3	9	(4	5)	152	44	35	17	0	43	2	0	3	21	5	.81	10	.319	.354	.475
1994	2 ML Teams		110	434	127	23	3	9	(4	5)	183	73	45	35	1	71	3	0	5	19	11	.63	9	.293	.347	.422
1994	Cincinnati	NL	47	179	54	8	0	3	(1	2)	71	29	21	11	1	35	3	0	1	9	8	.53	3	.302	.351	.397
	Atlanta	NL	63	255	73	15	3	6	(3	3)	112	44	24	24	0	36	0	0	2	10	3	.77	6	.286	.345	.439
	8 ML YEARS		826	3031	866	150	18	74	(33	41)	1274	437	338	220	10	554	24	19	23	191	64	.75	67	.286	.337	.420

Jeff Kent

Bats: Right **Throws:** Right **Pos:** 2B **Ht:** 6' 1" **Wt:** 185 **Born:** 03/07/68 **Age:** 27

Year	Team	Lg	G	AB	H	2B	3B	HR	(Hm	Rd)	TB	R	RBI	TBB	IBB	SO	HBP	SH	SF	SB	CS	SB%	GDP	Avg	OBP	SLG
1992	2 ML Teams		102	305	73	21	2	11	(4	7)	131	52	50	27	0	76	7	0	4	2	3	.40	5	.239	.312	.430
1993	New York	NL	140	496	134	24	0	21	(9	12)	221	65	80	30	2	88	8	6	4	4	4	.50	11	.270	.320	.446
1994	New York	NL	107	415	121	24	5	14	(10	4)	197	53	68	23	3	84	10	1	3	1	4	.20	7	.292	.341	.475
1992	Toronto	AL	65	192	46	13	1	8	(2	6)	85	36	35	20	0	47	6	0	4	2	1	.67	3	.240	.324	.443
	New York	NL	37	113	27	8	1	3	(2	1)	46	16	15	7	0	29	1	0	0	0	2	.00	2	.239	.289	.407
	3 ML YEARS		349	1216	328	69	7	46	(23	23)	549	170	198	80	5	248	25	7	11	7	11	.39	23	.270	.325	.451

Jimmy Key

Pitches: Left **Bats:** Right **Pos:** SP **Ht:** 6' 1" **Wt:** 185 **Born:** 04/22/61 **Age:** 34

Year	Team	Lg	G	GS	CG	GF	IP	BFP	H	R	ER	HR	SH	SF	HB	TBB	IBB	SO	WP	Bk	W	L	Pct.	ShO	Sv	ERA
1984	Toronto	AL	63	0	0	24	62	285	70	37	32	8	6	1	1	32	8	44	3	1	4	5	.444	0	10	4.65
1985	Toronto	AL	35	32	3	0	212.2	856	188	77	71	22	5	5	2	50	1	85	6	1	14	6	.700	0	0	3.00
1986	Toronto	AL	36	35	4	0	232	959	222	98	92	24	10	6	3	74	1	141	3	0	14	11	.560	2	0	3.57

Year	Team	Lg	G	GS	CG	GF	IP	BFP	H	R	ER	HR	SH	SF	HB	TBB	IBB	SO	WP	Bk	W	L	Pct.	ShO	Sv	ERA
1987	Toronto	AL	36	36	8	0	261	1033	210	93	80	24	11	3	2	66	6	161	8	5	17	8	.680	1	0	2.76
1988	Toronto	AL	21	21	2	0	131.1	551	127	55	48	13	4	3	5	30	2	65	1	0	12	5	.706	2	0	3.29
1989	Toronto	AL	33	33	5	0	216	886	226	99	93	18	9	9	3	27	2	118	4	1	13	14	.481	1	0	3.88
1990	Toronto	AL	27	27	0	0	154.2	636	169	79	73	20	5	6	1	22	2	88	0	1	13	7	.650	0	0	4.25
1991	Toronto	AL	33	33	2	0	209.1	877	207	84	71	12	10	5	3	44	3	125	1	0	16	12	.571	2	0	3.05
1992	Toronto	AL	33	33	4	0	216.2	900	205	88	85	24	2	7	4	59	0	117	5	0	13	13	.500	2	0	3.53
1993	New York	AL	34	34	4	0	236.2	948	219	84	79	26	6	9	3	43	1	173	3	0	18	6	.750	2	0	3.00
1994	New York	AL	25	25	1	0	168	710	177	68	61	10	4	2	3	52	0	97	8	1	17	4	.810	0	0	3.27
	11 ML YEARS		376	309	33	24	2100.1	8641	2020	862	785	201	72	56	28	499	26	1214	42	10	151	91	.624	12	10	3.36

Mark Kiefer

Pitches: Right Bats: Right Pos: RP   Ht: 6' 4" Wt: 184 Born: 11/13/68 Age: 26

Year	Team	Lg	G	GS	CG	GF	IP	BFP	H	R	ER	HR	SH	SF	HB	TBB	IBB	SO	WP	Bk	W	L	Pct.	ShO	Sv	ERA
1988	Helena	R	15	9	2	2	68	296	76	30	20	3	3	0	6	17	0	51	4	3	4	4	.500	0	0	2.65
1989	Beloit	A	30	15	7	5	131.2	533	106	44	34	4	1	4	8	32	2	100	6	0	9	6	.600	2	1	2.32
1990	Brewers	R	1	1	0	0	2.1	10	3	1	1	0	0	0	0	1	0	2	0	0	0	0	.000	0	0	3.86
	Stockton	A	11	10	0	1	60	261	65	23	22	5	0	1	8	17	0	37	3	1	5	2	.714	0	0	3.30
1991	El Paso	AA	12	12	0	0	75.2	325	62	33	28	4	2	2	1	43	2	72	6	0	7	1	.875	0	0	3.33
	Denver	AAA	17	17	3	0	101.1	449	104	55	52	7	4	1	9	41	0	68	6	0	9	5	.643	2	0	4.62
1992	Denver	AAA	27	26	1	0	162.2	706	168	95	83	25	3	4	9	65	1	145	8	3	7	13	.350	0	0	4.59
1993	El Paso	AA	11	11	0	0	51.2	221	48	29	23	5	1	0	2	19	0	44	6	3	3	4	.429	0	0	4.01
	New Orleans	AAA	5	5	0	0	28.1	126	28	20	16	4	1	1	0	17	0	23	4	0	3	2	.600	0	0	5.08
1994	New Orleans	AAA	21	21	0	0	124.2	531	111	61	54	17	2	3	15	48	0	116	13	0	9	7	.563	0	0	3.90
1993	Milwaukee	AL	6	0	0	4	9.1	37	3	0	0	0	0	1	0	5	0	7	0	0	0	0	.000	0	1	0.00
1994	Milwaukee	AL	7	0	0	1	10.2	52	15	12	10	4	0	2	0	8	0	8	0	0	1	0	1.000	0	0	8.44
	2 ML YEARS		13	0	0	5	20	89	18	12	10	4	0	2	1	13	0	15	0	0	1	0	1.000	0	1	4.50

Darryl Kile

Pitches: Right Bats: Right Pos: SP   Ht: 6' 5" Wt: 185 Born: 12/02/68 Age: 26

Year	Team	Lg	G	GS	CG	GF	IP	BFP	H	R	ER	HR	SH	SF	HB	TBB	IBB	SO	WP	Bk	W	L	Pct.	ShO	Sv	ERA
1991	Houston	NL	37	22	0	5	153.2	689	144	81	63	16	9	5	6	84	4	100	5	4	7	11	.389	0	0	3.69
1992	Houston	NL	22	22	2	0	125.1	554	124	61	55	8	5	6	4	63	4	90	3	4	5	10	.333	0	0	3.95
1993	Houston	NL	32	26	4	0	171.2	733	152	73	67	12	5	7	15	69	1	141	9	3	15	8	.652	2	0	3.51
1994	Houston	NL	24	24	0	0	147.2	664	153	84	75	13	14	2	9	82	6	105	10	0	9	6	.600	0	0	4.57
	4 ML YEARS		115	94	6	5	598.1	2640	573	299	260	49	33	20	34	298	15	436	27	11	36	35	.507	2	0	3.91

Jeff King

Bats: Right Throws: Right Pos: 3B   Ht: 6' 1" Wt: 183 Born: 12/26/64 Age: 30

Year	Team	Lg	G	AB	H	2B	3B	HR	(Hm	Rd)	TB	R	RBI	TBB	IBB	SO	HBP	SH	SF	SB	CS	SB%	GDP	Avg	OBP	SLG
1989	Pittsburgh	NL	75	215	42	13	3	5	(3	2)	76	31	19	20	1	34	2	2	4	4	2	.67	3	.195	.266	.353
1990	Pittsburgh	NL	127	371	91	17	1	14	(9	5)	152	46	53	21	1	50	1	2	7	3	3	.50	12	.245	.283	.410
1991	Pittsburgh	NL	33	109	26	1	1	4	(3	1)	41	16	18	14	3	15	1	0	1	3	1	.75	3	.239	.328	.376
1992	Pittsburgh	NL	130	480	111	21	2	14	(6	8)	178	56	65	27	3	56	2	8	5	4	6	.40	8	.231	.272	.371
1993	Pittsburgh	NL	158	611	180	35	3	9	(4	5)	248	82	98	59	4	54	4	1	8	8	6	.57	17	.295	.356	.406
1994	Pittsburgh	NL	94	339	89	23	0	5	(2	3)	127	36	42	30	1	38	0	2	7	3	2	.60	7	.263	.316	.375
	6 ML YEARS		617	2125	539	110	10	51	(27	24)	822	267	295	171	13	247	10	15	32	25	20	.56	50	.254	.308	.387

Kevin King

Pitches: Left Bats: Left Pos: RP   Ht: 6' 4" Wt: 200 Born: 02/11/69 Age: 26

Year	Team	Lg	G	GS	CG	GF	IP	BFP	H	R	ER	HR	SH	SF	HB	TBB	IBB	SO	WP	Bk	W	L	Pct.	ShO	Sv	ERA
1990	Bellingham	A	6	6	0	0	32	140	37	18	17	3	1	0	0	10	0	27	1	0	3	2	.600	0	0	4.78
	Peninsula	A	7	7	0	0	36.1	159	42	23	18	2	2	1	5	13	0	20	2	3	4	2	.667	0	0	4.46
1991	Peninsula	A	17	17	2	0	92.2	405	99	55	45	8	5	2	0	38	0	59	5	2	6	7	.462	1	0	4.37
1992	San Berndno	A	27	27	0	0	165.2	744	226	118	98	14	2	11	2	55	0	101	10	2	7	16	.304	0	0	5.32
1993	Riverside	A	25	0	0	14	46	184	37	10	8	0	1	3	1	20	1	28	1	0	3	2	.600	0	5	1.57
	Jacksonville	AA	16	0	0	8	28.2	116	25	10	10	3	3	1	1	7	2	13	3	0	2	0	1.000	0	1	3.14
1994	Calgary	AAA	25	0	0	4	36.2	178	46	24	23	3	4	2	2	18	3	29	9	0	1	2	.333	0	1	5.65
1993	Seattle	AL	13	0	0	3	11.2	49	9	8	8	3	3	2	1	4	1	8	0	0	0	0	.000	0	0	6.17
1994	Seattle	AL	19	0	0	1	15.1	81	21	13	12	0	0	0	1	17	3	6	0	0	0	0	.000	0	0	7.04
	2 ML YEARS		32	0	0	4	27	130	30	21	20	3	3	2	2	21	4	14	0	0	0	3	.000	0	0	6.67

Mike Kingery

Bats: Left **Throws:** Left **Pos:** CF/LF **Ht:** 6' 0" **Wt:** 185 **Born:** 03/29/61 **Age:** 34

		BATTING															BASERUNNING				PERCENTAGES		
Year	Team	Lg	G	AB	H	2B	3B	HR	(Hm | Rd)	TB	R	RBI	TBB	IBB	SO	HBP	SH	SF	SB	CS	SB%	GDP	Avg	OBP	SLG
1986	Kansas City	AL	62	209	54	8	5	3	(1 | 2)	81	25	14	12	2	30	0	0	2	7	3	.70	4	.258	.296	.388
1987	Seattle	AL	120	354	99	25	4	9	(5 | 4)	159	38	52	27	0	43	2	1	6	7	9	.44	4	.280	.329	.449
1988	Seattle	AL	57	123	25	6	0	1	(1 | 0)	34	21	9	19	1	23	1	1	1	3	1	.75	1	.203	.313	.276
1989	Seattle	AL	31	76	17	3	0	2	(2 | 0)	26	14	6	7	0	14	0	0	1	1	1	.50	2	.224	.286	.342
1990	San Francisco	NL	105	207	61	7	1	0	(0 | 0)	70	24	24	12	0	19	1	5	1	6	1	.86	1	.295	.335	.338
1991	San Francisco	NL	91	110	20	2	2	0	(0 | 0)	26	13	8	15	1	21	0	0	0	1	0	1.00	3	.182	.280	.236
1992	Oakland	AL	12	28	3	0	0	0	(0 | 0)	3	3	1	1	0	3	0	0	0	0	0	.00	1	.107	.138	.107
1994	Colorado	NL	105	301	105	27	8	4	(0 | 4)	160	56	41	30	2	26	2	5	8	5	7	.42	8	.349	.402	.532
	8 ML YEARS		583	1408	384	78	20	19	(9 | 10)	559	194	155	123	6	179	6	12	19	30	22	.58	24	.273	.330	.397

Wayne Kirby

Bats: Left **Throws:** Right **Pos:** RF **Ht:** 5'10" **Wt:** 190 **Born:** 01/22/64 **Age:** 31

		BATTING															BASERUNNING				PERCENTAGES		
Year	Team	Lg	G	AB	H	2B	3B	HR	(Hm	Rd)	TB	R	RBI	TBB	IBB	SO	HBP	SH	SF	SB	CS	SB%	GDP	Avg	OBP	SLG
1991	Cleveland	AL	21	43	9	2	0	0	(0	0)	11	4	5	2	0	6	0	1	1	1	2	.33	2	.209	.239	.256
1992	Cleveland	AL	21	18	3	1	0	1	(0	1)	7	9	1	3	0	2	0	0	0	0	3	.00	1	.167	.286	.389
1993	Cleveland	AL	131	458	123	19	5	6	(4	2)	170	71	60	37	2	58	3	7	6	17	5	.77	8	.269	.323	.371
1994	Cleveland	AL	78	191	56	6	0	5			77	33	23	13	0	30	1	2	0	11	4	.73	1	.293	.341	.403
	4 ML YEARS		251	710	191	28	5	12	(7	5)	265	117	89	55	2	96	4	10	7	29	14	.67	12	.269	.322	.373

Ryan Klesko

Bats: Left **Throws:** Left **Pos:** LF **Ht:** 6' 3" **Wt:** 220 **Born:** 06/12/71 **Age:** 24

		BATTING															BASERUNNING				PERCENTAGES		
Year	Team	Lg	G	AB	H	2B	3B	HR	(Hm	Rd)	TB	R	RBI	TBB	IBB	SO	HBP	SH	SF	SB	CS	SB%	GDP	Avg	OBP	SLG
1989	Braves	R	17	57	23	5	4	1	--	--	39	14	16	6	2	6	0	0	1	4	3	.57	2	.404	.453	.684
	Sumter	A	25	90	26	6	0	1	--	--	35	12	11	1	0	14	0	1	1	1	0	1.00	5	.289	.363	.389
1990	Sumter	A	63	231	85	15	1	10	--	--	132	41	38	31	5	30	1	0	5	13	1	.93	6	.368	.437	.571
	Durham	A	77	292	80	16	1	7	--	--	119	40	47	32	4	53	2	0	6	10	5	.67	8	.274	.343	.408
1991	Greenville	AA	126	419	122	22	3	14	--	--	192	64	67	75	14	60	6	3	3	14	17	.45	5	.291	.404	.458
1992	Richmond	AAA	123	418	105	22	2	17	--	--	182	63	59	41	6	72	4	1	2	3	5	.38	14	.251	.323	.435
1993	Richmond	AAA	98	343	94	14	2	22	--	--	178	59	74	47	4	69	2	0	4	4	3	.57	7	.274	.361	.519
1992	Atlanta	NL	13	14	0	0	0	0	(0	0)	0	0	1	0	0	5	0	0	0	0	0	.00	0	.000	.067	.000
1993	Atlanta	NL	22	17	6	1	0	2	(2	0)	13	3	5	3	1	4	0	0	0	0	0	.00	0	.353	.450	.765
1994	Atlanta	NL	92	245	68	13	3	17	(7	10)	138	42	47	26	3	48	1	0	4	1	0	1.00	8	.278	.344	.563
	3 ML YEARS		127	276	74	14	3	19	(9	10)	151	45	53	29	4	57	2	0	4	1	0	1.00	8	.268	.338	.547

Scott Klingenbeck

Pitches: Right **Bats:** Right **Pos:** SP **Ht:** 6' 2" **Wt:** 205 **Born:** 02/03/71 **Age:** 24

		HOW MUCH HE PITCHED					WHAT HE GAVE UP									THE RESULTS				
Year	Team	Lg	G	GS	CG	GF	IP	BFP	H	R	ER	HR	SH	SF	HB	TBB	IBB	SO	WP	Bk	W	L	Pct.	ShO	Sv	ERA
1992	Kane County	A	11	11	0	0	68.1	283	50	31	20	3	2	1	0	28	1	64	0	0	3	4	.429	0	0	2.63
1993	Frederick	A	23	23	0	0	139	593	151	62	46	7	2	2	2	35	1	146	5	2	13	4	.765	0	0	2.98
1994	Bowie	AA	25	25	3	0	143.2	613	151	76	58	15	2	4	5	37	2	120	6	3	7	5	.583	0	0	3.63
1994	Baltimore	AL	1	1	0	0	7	31	6	4	3	1	0	1	1	4	1	5	0	0	1	0	1.000	0	0	3.86

Chuck Knoblauch

Bats: Right **Throws:** Right **Pos:** 2B **Ht:** 5' 9" **Wt:** 181 **Born:** 07/07/68 **Age:** 26

		BATTING															BASERUNNING				PERCENTAGES		
Year	Team	Lg	G	AB	H	2B	3B	HR	(Hm | Rd)	TB	R	RBI	TBB	IBB	SO	HBP	SH	SF	SB	CS	SB%	GDP	Avg	OBP	SLG
1991	Minnesota	AL	151	565	159	24	6	1	(1 | 0)	198	78	50	59	0	40	4	1	5	25	5	.83	8	.281	.351	.350
1992	Minnesota	AL	155	600	178	19	6	2	(0 | 2)	215	104	56	88	1	60	5	2	12	34	13	.72	8	.297	.384	.358
1993	Minnesota	AL	153	602	167	27	4	2	(2 | 0)	208	82	41	65	1	44	9	4	5	29	11	.73	11	.277	.354	.346
1994	Minnesota	AL	109	445	139	45	3	5	(1 | 4)	205	85	51	41	2	56	10	0	3	35	6	.85	13	.312	.381	.461
	4 ML YEARS		568	2212	643	115	19	10	(4 | 6)	826	349	198	253	4	200	28	7	25	123	35	.78	40	.291	.367	.373

Randy Knorr

Bats: Right **Throws:** Right **Pos:** C **Ht:** 6' 2" **Wt:** 215 **Born:** 11/12/68 **Age:** 26

		BATTING															BASERUNNING				PERCENTAGES		
Year	Team	Lg	G	AB	H	2B	3B	HR	(Hm | Rd)	TB	R	RBI	TBB	IBB	SO	HBP	SH	SF	SB	CS	SB%	GDP	Avg	OBP	SLG
1991	Toronto	AL	3	1	0	0	0	0	(0 | 0)	0	0	0	1	0	1	0	0	0	0	0	.00	0	.000	.500	.000
1992	Toronto	AL	8	19	5	0	0	1	(0 | 1)	8	1	2	1	1	5	0	0	0	0	0	.00	1	.263	.300	.421
1993	Toronto	AL	39	101	25	3	2	4	(2 | 2)	44	11	20	9	0	29	0	2	0	0	0	.00	2	.248	.309	.436
1994	Toronto	AL	40	124	30	2	0	7	(4 | 3)	53	20	19	10	0	35	1	0	0	0	0	.00	7	.242	.301	.427
	4 ML YEARS		90	245	60	5	2	12	(6 | 6)	105	32	41	21	1	70	1	2	0	0	0	.00	9	.245	.306	.429

Kurt Knudsen

Pitches: Right **Bats:** Right **Pos:** RP **Ht:** 6' 3" **Wt:** 200 **Born:** 02/20/67 **Age:** 28

		HOW MUCH HE PITCHED						WHAT HE GAVE UP										THE RESULTS					
Year Team	Lg	G	GS	CG	GF	IP	BFP	H	R	ER	HR	SH	SF	HB	TBB	IBB	SO	WP	Bk	W	L	Pct.	ShO	Sv	ERA
1994 Toledo*	AAA	37	7	0	22	67.1	299	56	38	30	8	1	4	3	42	1	64	0	1	2	5	.286	0	4	4.01
1992 Detroit	AL	48	1	0	14	70.2	313	70	39	36	9	4	2	1	41	9	51	5	0	2	3	.400	0	5	4.58
1993 Detroit	AL	30	0	0	7	37.2	171	41	22	20	9	2	3	4	16	2	29	2	0	3	2	.600	0	2	4.78
1994 Detroit	AL	4	0	0	0	5.1	34	7	8	8	2	0	0	0	11	1	1	0	0	1	0	1.000	0	0	13.50
3 ML YEARS		82	1	0	21	113.2	518	118	69	64	20	6	5	5	68	12	81	7	0	6	5	.545	0	7	5.07

Kevin Koslofski

Bats: Left **Throws:** Right **Pos:** CF **Ht:** 5' 8" **Wt:** 175 **Born:** 09/24/66 **Age:** 28

		BATTING															BASERUNNING				PERCENTAGES		
Year Team	Lg	G	AB	H	2B	3B	HR	(Hm	Rd)	TB	R	RBI	TBB	IBB	SO	HBP	SH	SF	SB	CS	SB%	GDP	Avg	OBP	SLG
1994 Omaha*	AAA	93	307	66	8	3	6	--	--	98	43	39	37	4	90	1	4	3	10	4	.71	1	.215	.299	.319
1992 Kansas City	AL	55	133	33	0	2	3	(1	2)	46	20	13	12	0	23	1	3	1	2	1	.67	2	.248	.313	.346
1993 Kansas City	AL	15	26	7	0	0	1	(0	1)	10	4	2	4	0	5	1	1	0	0	1	.00	1	.269	.387	.385
1994 Kansas City	AL	2	4	1	0	0	0	(0	0)	1	2	0	2	1	1	0	0	0	0	0	.00	0	.250	.500	.250
3 ML YEARS		72	163	41	0	2	4	(1	3)	57	26	15	18	1	29	2	4	1	2	2	.50	3	.252	.332	.350

Chad Kreuter

Bats: Both **Throws:** Right **Pos:** C **Ht:** 6' 2" **Wt:** 200 **Born:** 08/26/64 **Age:** 30

		BATTING															BASERUNNING				PERCENTAGES		
Year Team	Lg	G	AB	H	2B	3B	HR	(Hm | Rd)	TB	R	RBI	TBB	IBB	SO	HBP	SH	SF	SB	CS	SB%	GDP	Avg	OBP	SLG
1988 Texas	AL	16	51	14	2	1	1	(0 | 1)	21	3	5	7	0	13	0	0	0	0	0	.00	1	.275	.362	.412
1989 Texas	AL	87	158	24	3	0	5	(2 | 3)	42	16	9	27	0	40	0	6	1	0	1	.00	4	.152	.274	.266
1990 Texas	AL	22	22	1	0	0	0	(0 | 0)	2	2	2	8	0	9	0	1	1	0	0	.00	0	.045	.290	.091
1991 Texas	AL	3	4	0	0	0	0	(0 | 0)	0	0	0	0	0	1	0	0	0	0	0	.00	0	.000	.000	.000
1992 Detroit	AL	67	190	48	9	0	2	(2 | 0)	63	22	16	20	1	38	0	3	2	0	1	.00	8	.253	.321	.332
1993 Detroit	AL	119	374	107	23	3	15	(9 | 6)	181	59	51	49	4	92	3	2	3	2	1	.67	5	.286	.371	.484
1994 Detroit	AL	65	170	38	8	0	1	(1 | 0)	49	17	19	28	0	36	0	2	4	0	1	.00	3	.224	.327	.288
7 ML YEARS		379	969	232	46	4	24	(14 | 10)	358	119	102	139	5	229	3	14	11	2	4	.33	21	.239	.333	.369

Bill Krueger

Pitches: Left **Bats:** Left **Pos:** RP/SP **Ht:** 6' 5" **Wt:** 215 **Born:** 04/24/58 **Age:** 37

		HOW MUCH HE PITCHED						WHAT HE GAVE UP										THE RESULTS					
Year Team	Lg	G	GS	CG	GF	IP	BFP	H	R	ER	HR	SH	SF	HB	TBB	IBB	SO	WP	Bk	W	L	Pct.	ShO	Sv	ERA
1994 Las Vegas*	AAA	3	3	0	0	16.2	70	19	7	5	0	2	1	1	2	0	19	0	0	1	0	1.000	0	0	2.70
1983 Oakland	AL	17	16	2	0	109.2	473	104	54	44	7	0	5	2	53	1	58	1	0	7	6	.538	0	0	3.61
1984 Oakland	AL	26	24	1	0	142	647	156	95	75	9	4	8	2	85	2	61	5	1	10	10	.500	0	0	4.75
1985 Oakland	AL	32	23	2	4	151.1	674	165	95	76	13	1	5	2	69	1	56	6	3	9	10	.474	0	0	4.52
1986 Oakland	AL	11	3	0	4	34.1	149	40	25	23	4	1	2	0	13	0	10	3	1	1	2	.333	0	1	6.03
1987 2 ML Teams		11	0	0	1	8	46	12	9	6	0	0	0	0	9	3	4	0	1	0	3	.000	0	0	6.75
1988 Los Angeles	NL	1	1	0	0	2.1	14	4	3	3	0	0	0	1	2	1	1	0	0	0	0	.000	0	0	11.57
1989 Milwaukee	AL	34	5	0	8	93.2	403	96	43	40	9	5	1	0	33	3	72	10	1	3	2	.600	0	3	3.84
1990 Milwaukee	AL	30	17	0	4	129	566	137	70	57	10	3	10	3	54	6	64	8	0	6	8	.429	0	0	3.98
1991 Seattle	AL	35	25	1	2	175	751	194	82	70	15	6	9	4	60	4	91	10	1	11	8	.579	0	0	3.60
1992 2 ML Teams		36	29	2	3	178.2	765	189	95	90	18	4	1	4	53	2	99	12	0	10	8	.556	2	0	4.53
1993 Detroit	AL	32	7	0	7	82	356	90	43	31	6	3	3	4	30	5	60	8	0	6	4	.600	0	0	3.40
1994 2 ML Teams		24	9	1	0	60.2	276	68	48	43	8	3	4	2	24	2	47	4	1	3	4	.429	0	0	6.38
1987 Oakland	AL	9	0	0	1	5.2	33	9	7	6	0	0	0	0	8	3	2	0	1	0	3	.000	0	0	9.53
Los Angeles	NL	2	0	0	0	2.1	13	3	2	0	0	0	0	0	1	0	2	0	0	0	0	.000	0	0	0.00
1992 Minnesota	AL	27	27	2	0	161.1	684	166	82	77	18	4	1	3	46	2	86	11	0	10	6	.625	2	0	4.30
Montreal	NL	9	2	0	3	17.1	81	23	13	13	0	0	0	1	7	0	13	1	0	0	2	.000	0	0	6.75
1994 Detroit	AL	16	2	0	0	19.2	104	26	24	21	3	2	3	1	17	1	17	2	0	0	2	.000	0	0	9.61
San Diego	NL	8	7	1	0	41	172	42	24	22	5	1	1	1	7	1	30	2	1	3	2	.600	0	0	4.83
12 ML YEARS		289	159	9	33	1166.2	5120	1255	662	558	99	30	48	24	485	30	623	67	10	66	65	.504	2	4	4.30

John Kruk

Bats: Left **Throws:** Left **Pos:** 1B **Ht:** 5'10" **Wt:** 214 **Born:** 02/09/61 **Age:** 34

		BATTING															BASERUNNING				PERCENTAGES		
Year Team	Lg	G	AB	H	2B	3B	HR	(Hm	Rd)	TB	R	RBI	TBB	IBB	SO	HBP	SH	SF	SB	CS	SB%	GDP	Avg	OBP	SLG
1994 Reading*	AA	3	9	3	0	0	0	--	--	5	0	2	2	0	1	0	0	0	0	0	.00	1	.333	.455	.556
Scranton-Wb*	AAA	4	16	2	0	0	1	--	--	5	2	3	0	0	3	0	0	0	0	0	.00	1	.125	.125	.313
1986 San Diego	NL	122	278	86	16	2	4	(1	3)	118	33	38	45	0	58	0	2	2	2	4	.33	11	.309	.403	.424
1987 San Diego	NL	138	447	140	14	2	20	(8	12)	218	72	91	73	15	93	0	3	4	18	10	.64	7	.313	.406	.488
1988 San Diego	NL	120	378	91	17	1	9	(8	1)	137	54	44	80	12	68	0	3	5	5	3	.63	7	.241	.369	.362
1989 2 ML Teams		112	357	107	13	6	8	(6	2)	156	53	44	44	2	53	0	2	3	3	0	1.00	10	.300	.374	.437

111

Year	Team	Lg	G	AB	H	2B	3B	HR	(Hm	Rd)	TB	R	RBI	TBB	IBB	SO	HBP	SH	SF	SB	CS	SB%	GDP	Avg	OBP	SLG
1990	Philadelphia	NL	142	443	129	25	8	7	(2	5)	191	52	67	69	16	70	0	2	1	10	5	.67	11	.291	.386	.431
1991	Philadelphia	NL	152	538	158	27	6	21	(8	13)	260	84	92	67	16	100	1	0	9	7	0	1.00	11	.294	.367	.483
1992	Philadelphia	NL	144	507	164	30	4	10	(7	3)	232	86	70	92	8	88	1	0	7	3	5	.38	11	.323	.423	.458
1993	Philadelphia	NL	150	535	169	33	5	14	(8	6)	254	100	85	111	10	87	0	0	5	6	2	.75	11	.316	.430	.475
1994	Philadelphia	NL	75	255	77	17	0	5	(3	2)	109	35	38	42	4	51	0	0	4	4	1	.80	9	.302	.395	.427
1989	San Diego	NL	31	76	14	0	0	3	(2	1)	23	7	6	17	0	14	0	1	0	0	0	.00	5	.184	.333	.303
	Philadelphia	NL	81	281	93	13	6	5	(4	1)	133	46	38	27	2	39	0	1	3	3	0	1.00	5	.331	.386	.473
	9 ML YEARS		1155	3738	1121	192	34	98	(51	47)	1675	569	569	623	83	668	2	12	40	58	30	.66	87	.300	.397	.448

Mark Langston

Pitches: Left **Bats:** Right **Pos:** SP **Ht:** 6' 2" **Wt:** 184 **Born:** 08/20/60 **Age:** 34

			HOW MUCH HE PITCHED						WHAT HE GAVE UP									THE RESULTS					
Year	Team	Lg	G	GS	CG	GF	IP	BFP	H	R	ER	HR	SH	SF	HB	TBB	IBB	SO	WP	Bk	W	L	Pct.	ShO	Sv	ERA
1984	Seattle	AL	35	33	5	0	225	965	188	99	85	16	13	7	8	118	5	204	4	2	17	10	.630	2	0	3.40
1985	Seattle	AL	24	24	2	0	126.2	577	122	85	77	22	3	2	2	91	2	72	3	3	7	14	.333	0	0	5.47
1986	Seattle	AL	37	36	9	1	239.1	1057	234	142	129	30	5	8	4	123	1	245	10	3	12	14	.462	0	0	4.85
1987	Seattle	AL	35	35	14	0	272	1152	242	132	116	30	12	6	5	114	0	262	9	2	19	13	.594	3	0	3.84
1988	Seattle	AL	35	35	9	0	261.1	1078	222	108	97	32	6	5	3	110	2	235	7	4	15	11	.577	3	0	3.34
1989	2 ML Teams		34	34	8	0	250	1037	198	87	76	16	9	7	4	112	6	235	6	4	16	14	.533	5	0	2.74
1990	California	AL	33	33	5	0	223	950	215	120	109	13	6	6	5	104	1	195	8	0	10	17	.370	1	0	4.40
1991	California	AL	34	34	7	0	246.1	992	190	89	82	30	4	6	2	96	3	183	6	0	19	8	.704	0	0	3.00
1992	California	AL	32	32	9	0	229	941	206	103	93	14	4	5	6	74	2	174	5	0	13	14	.481	2	0	3.66
1993	California	AL	35	35	7	0	256.1	1039	220	100	91	22	3	8	1	85	2	196	10	2	16	11	.593	0	0	3.20
1994	California	AL	18	18	2	0	119.1	517	121	67	62	19	3	8	0	54	1	109	6	0	7	8	.467	1	0	4.68
1989	Seattle	AL	10	10	2	0	73.1	297	60	30	29	3	0	3	4	19	0	60	1	2	4	5	.444	1	0	3.56
	Montreal	NL	24	24	6	0	176.2	740	138	57	47	13	9	4	0	93	6	175	5	2	12	9	.571	4	0	2.39
	11 ML YEARS		352	349	77	1	2448.1	10305	2158	1132	1017	244	68	68	40	1081	25	2110	74	20	151	134	.530	17	0	3.74

Ray Lankford

Bats: Left **Throws:** Left **Pos:** CF **Ht:** 5'11" **Wt:** 198 **Born:** 06/05/67 **Age:** 28

						BATTING													BASERUNNING				PERCENTAGES		
Year	Team	Lg	G	AB	H	2B	3B	HR	(Hm | Rd)	TB	R	RBI	TBB	IBB	SO	HBP	SH	SF	SB	CS	SB%	GDP	Avg	OBP	SLG
1990	St. Louis	NL	39	126	36	10	1	3	(2 | 1)	57	12	12	13	0	27	0	0	0	8	2	.80	1	.286	.353	.452
1991	St. Louis	NL	151	566	142	23	15	9	(4 | 5)	222	83	69	41	1	114	1	4	3	44	20	.69	4	.251	.301	.392
1992	St. Louis	NL	153	598	175	40	6	20	(13 | 7)	287	87	86	72	6	147	5	2	5	42	24	.64	5	.293	.371	.480
1993	St. Louis	NL	127	407	97	17	3	7	(6 | 1)	141	64	45	81	7	111	3	1	3	14	14	.50	5	.238	.366	.346
1994	St. Louis	NL	109	416	111	25	5	19	(8 | 11)	203	89	57	58	3	113	4	0	4	11	10	.52	0	.267	.359	.488
	5 ML YEARS		579	2113	561	115	30	58	(33 | 25)	910	335	269	265	17	512	13	7	15	119	70	.63	15	.265	.349	.431

Mike Lansing

Bats: Right **Throws:** Right **Pos:** 2B/3B/SS **Ht:** 6' 0" **Wt:** 180 **Born:** 04/03/68 **Age:** 27

						BATTING													BASERUNNING				PERCENTAGES		
Year	Team	Lg	G	AB	H	2B	3B	HR	(Hm | Rd)	TB	R	RBI	TBB	IBB	SO	HBP	SH	SF	SB	CS	SB%	GDP	Avg	OBP	SLG
1990	Miami	A	61	207	50	5	2	2	--	--	65	20	11	29	0	35	1	3	0	15	5	.75	3	.242	.338	.314
1991	Miami	A	103	384	110	20	7	6	--	--	162	54	55	40	1	75	4	1	6	29	6	.83	3	.286	.355	.422
1992	Harrisburg	AA	128	483	135	20	6	6	--	--	185	66	54	52	3	64	4	1	3	46	9	.84	5	.280	.352	.383
1993	Montreal	NL	141	491	141	29	1	3	(1 | 2)	181	64	45	46	2	56	5	10	3	23	5	.82	16	.287	.352	.369
1994	Montreal	NL	106	394	105	21	2	5	(3 | 2)	145	44	35	30	3	37	7	2	2	12	8	.60	10	.266	.328	.368
	2 ML YEARS		247	885	246	50	3	8	(4 | 4)	326	108	80	76	5	93	12	12	5	35	13	.73	26	.278	.342	.368

Barry Larkin

Bats: Right **Throws:** Right **Pos:** SS **Ht:** 6' 0" **Wt:** 196 **Born:** 04/28/64 **Age:** 31

						BATTING													BASERUNNING				PERCENTAGES		
Year	Team	Lg	G	AB	H	2B	3B	HR	(Hm | Rd)	TB	R	RBI	TBB	IBB	SO	HBP	SH	SF	SB	CS	SB%	GDP	Avg	OBP	SLG
1986	Cincinnati	NL	41	159	45	4	3	3	(3 | 0)	64	27	19	9	1	21	0	0	1	8	0	1.00	5	.283	.320	.403
1987	Cincinnati	NL	125	439	107	16	2	12	(6 | 6)	163	64	43	36	3	52	5	5	3	21	6	.78	8	.244	.306	.371
1988	Cincinnati	NL	151	588	174	32	5	12	(9 | 3)	252	91	56	41	3	24	8	10	5	40	7	.85	7	.296	.347	.429
1989	Cincinnati	NL	97	325	111	14	4	4	(1 | 3)	145	47	36	20	5	23	2	2	8	10	5	.67	7	.342	.375	.446
1990	Cincinnati	NL	158	614	185	25	6	7	(4 | 3)	243	85	67	49	3	49	7	7	4	30	5	.86	14	.301	.358	.396
1991	Cincinnati	NL	123	464	140	27	4	20	(16 | 4)	235	88	69	55	1	64	3	3	2	24	6	.80	7	.302	.378	.506
1992	Cincinnati	NL	140	533	162	32	6	12	(8 | 4)	242	76	78	63	8	58	4	2	7	15	4	.79	13	.304	.377	.454
1993	Cincinnati	NL	100	384	121	20	3	8	(4 | 4)	171	57	51	51	6	33	1	1	3	14	1	.93	13	.315	.393	.445
1994	Cincinnati	NL	110	427	119	23	5	9	(3 | 6)	179	78	52	64	3	58	0	5	5	26	2	.93	6	.279	.369	.419
	9 ML YEARS		1045	3933	1164	193	38	87	(54 | 33)	1694	613	471	388	33	382	30	35	38	188	36	.84	77	.296	.360	.431

Mike LaValliere

Bats: Left **Throws:** Right **Pos:** C **Ht:** 5' 9" **Wt:** 205 **Born:** 08/18/60 **Age:** 34

					BATTING														BASERUNNING				PERCENTAGES		
Year	Team	Lg	G	AB	H	2B	3B	HR	(Hm	Rd)	TB	R	RBI	TBB	IBB	SO	HBP	SH	SF	SB	CS	SB%	GDP	Avg	OBP	SLG
1984	Philadelphia	NL	6	7	0	0	0	0	(0	0)	0	0	0	2	0	2	0	0	0	0	0	.00	0	.000	.222	.000
1985	St. Louis	NL	12	34	5	1	0	0	(0	0)	6	2	6	7	0	3	0	0	3	0	0	.00	2	.147	.273	.176
1986	St. Louis	NL	110	303	71	10	2	3	(1	2)	94	18	30	36	5	37	1	10	0	0	1	.00	7	.234	.318	.310
1987	Pittsburgh	NL	121	340	102	19	0	1	(1	0)	124	33	36	43	9	32	1	3	3	0	0	.00	4	.300	.377	.365
1988	Pittsburgh	NL	120	352	92	18	0	2	(0	2)	116	24	47	50	10	34	2	1	4	3	2	.60	8	.261	.353	.330
1989	Pittsburgh	NL	68	190	60	10	0	2	(2	0)	76	15	23	29	7	24	0	4	0	0	2	.00	6	.316	.406	.400
1990	Pittsburgh	NL	96	279	72	15	0	3	(2	1)	96	27	31	44	8	20	2	4	1	0	3	.00	6	.258	.362	.344
1991	Pittsburgh	NL	108	336	97	11	2	3	(1	2)	121	25	41	33	4	27	2	1	5	2	1	.67	10	.289	.351	.360
1992	Pittsburgh	NL	95	293	75	13	1	2	(1	1)	96	22	29	44	14	21	1	0	5	0	3	.00	8	.256	.350	.328
1993	2 ML Teams		38	102	26	2	0	0	(0	0)	28	6	8	4	0	14	0	7	2	0	1	.00	1	.255	.278	.275
1994	Chicago	AL	59	139	39	4	0	1	(0	1)	46	6	24	20	0	15	1	9	3	0	2	.00	4	.281	.368	.331
1993	Pittsburgh	NL	1	5	1	0	0	0	(0	0)	1	0	0	0	0	0	0	0	0	0	0	.00	0	.200	.200	.200
	Chicago	AL	37	97	25	2	0	0	(0	0)	27	6	8	4	0	14	0	7	2	0	1	.00	1	.258	.282	.278
11 ML YEARS			833	2375	639	103	5	17	(8	9)	803	178	275	312	57	229	10	39	26	5	15	.25	54	.269	.353	.338

Tim Leary

Pitches: Right **Bats:** Right **Pos:** SP **Ht:** 6' 3" **Wt:** 220 **Born:** 12/23/58 **Age:** 36

			HOW MUCH HE PITCHED						WHAT HE GAVE UP									THE RESULTS					
Year	Team	Lg	G	GS	CG	GF	IP	BFP	H	R	ER	HR	SH	SF	HB	TBB	IBB	SO	WP	Bk	W	L	Pct.	ShO	Sv	ERA
1994	Ottawa*	AAA	10	10	0	0	53	241	72	36	32	8	2	1	8	10	1	23	7	0	2	4	.333	0	0	5.43
1981	New York	NL	1	1	0	0	2	7	0	0	0	0	0	0	0	1	0	3	0	0	0	0	.000	0	0	0.00
1983	New York	NL	2	2	1	0	10.2	53	15	10	4	0	1	1	0	4	0	9	0	1	1	1	.500	0	0	3.38
1984	New York	NL	20	7	0	3	53.2	237	61	28	24	2	1	2	2	18	3	29	2	3	3	3	.500	0	0	4.02
1985	Milwaukee	AL	5	5	0	0	33.1	146	40	18	15	5	2	0	1	8	0	29	1	0	1	4	.200	0	0	4.05
1986	Milwaukee	AL	33	30	3	2	188.1	817	216	97	88	20	4	6	7	53	4	110	7	0	12	12	.500	2	0	4.21
1987	Los Angeles	NL	39	12	0	11	107.2	469	121	62	57	15	6	1	2	36	5	61	3	1	3	11	.214	0	1	4.76
1988	Los Angeles	NL	35	34	9	0	228.2	932	201	87	74	13	7	3	6	56	4	180	9	6	17	11	.607	6	0	2.91
1989	2 ML Teams		33	31	2	0	207	874	205	84	81	17	7	8	5	68	15	123	10	0	8	14	.364	1	0	3.52
1990	New York	AL	31	31	6	0	208	881	202	105	95	18	7	4	7	78	1	138	23	0	9	19	.321	1	0	4.11
1991	New York	AL	28	18	1	4	120.2	551	150	89	87	20	7	2	4	57	1	83	10	0	4	10	.286	0	0	6.49
1992	2 ML Teams		26	23	3	2	141	624	131	89	84	12	6	11	9	87	5	46	9	0	8	10	.444	0	0	5.36
1993	Seattle	AL	33	27	0	6	169.1	746	202	104	95	21	5	1	8	58	5	68	6	2	11	9	.550	0	0	5.05
1994	Texas	AL	6	3	0	0	21	100	26	19	19	4	0	3	1	11	2	6	6	0	1	1	.500	0	0	8.14
1989	Los Angeles	NL	19	17	2	0	117.1	481	107	45	44	9	4	4	2	37	7	59	6	0	6	7	.462	0	0	3.38
	Cincinnati	NL	14	14	0	0	89.2	393	98	39	37	8	3	4	3	31	8	64	6	0	2	7	.222	0	0	3.71
1992	New York	AL	18	15	2	2	97	414	84	62	60	9	4	6	4	57	2	34	7	0	5	6	.455	0	0	5.57
	Seattle	AL	8	8	1	0	44	210	47	27	24	3	2	5	5	30	3	12	2	0	3	4	.429	0	0	4.91
13 ML YEARS			292	224	25	28	1491.1	6437	1570	792	723	147	53	42	52	535	45	888	87	13	78	105	.426	9	1	4.36

Manuel Lee

Bats: Both **Throws:** Right **Pos:** SS/2B **Ht:** 5' 9" **Wt:** 161 **Born:** 06/17/65 **Age:** 30

					BATTING														BASERUNNING				PERCENTAGES		
Year	Team	Lg	G	AB	H	2B	3B	HR	(Hm	Rd)	TB	R	RBI	TBB	IBB	SO	HBP	SH	SF	SB	CS	SB%	GDP	Avg	OBP	SLG
1985	Toronto	AL	64	40	8	0	0	0	(0	0)	8	9	0	2	0	9	0	1	0	1	4	.20	2	.200	.238	.200
1986	Toronto	AL	35	78	16	0	1	1	(1	0)	21	8	7	4	0	10	0	2	0	0	0	.00	5	.205	.241	.269
1987	Toronto	AL	56	121	31	2	3	1	(0	1)	42	14	11	6	0	13	0	1	1	2	0	1.00	1	.256	.289	.347
1988	Toronto	AL	116	381	111	16	3	2	(2	0)	139	38	38	26	1	64	0	4	4	3	3	.50	13	.291	.333	.365
1989	Toronto	AL	99	300	78	9	2	3	(1	2)	100	27	34	20	1	60	0	1	1	4	2	.67	8	.260	.305	.333
1990	Toronto	AL	117	391	95	12	4	6	(2	4)	133	45	41	26	0	90	0	0	1	3	1	.75	9	.243	.288	.340
1991	Toronto	AL	138	445	104	18	3	0	(0	0)	128	41	29	24	2	107	2	10	4	7	2	.78	11	.234	.274	.288
1992	Toronto	AL	128	396	104	10	1	3	(1	2)	125	49	39	50	0	73	0	9	3	6	2	.75	8	.263	.343	.316
1993	Texas	AL	73	205	45	3	1	1	(0	1)	53	31	12	22	3	39	2	9	1	2	4	.33	2	.220	.300	.259
1994	Texas	AL	95	335	93	18	2	2	(1	1)	121	41	38	21	0	66	0	6	1	3	1	.75	8	.278	.319	.361
10 ML YEARS			921	2692	685	88	20	19	(8	11)	870	303	249	201	5	531	4	43	19	31	20	.61	67	.254	.305	.323

Craig Lefferts

Pitches: Left **Bats:** Left **Pos:** RP **Ht:** 6' 1" **Wt:** 210 **Born:** 09/29/57 **Age:** 37

			HOW MUCH HE PITCHED						WHAT HE GAVE UP									THE RESULTS					
Year	Team	Lg	G	GS	CG	GF	IP	BFP	H	R	ER	HR	SH	SF	HB	TBB	IBB	SO	WP	Bk	W	L	Pct.	ShO	Sv	ERA
1983	Chicago	NL	56	0	0	10	89	367	80	35	31	13	7	0	2	29	5	60	2	0	3	4	.429	0	1	3.13
1984	San Diego	NL	62	0	0	29	105.2	420	88	29	25	4	4	6	1	24	1	56	2	2	3	4	.429	0	10	2.13
1985	San Diego	NL	60	0	0	24	83.1	345	75	34	31	7	7	1	0	30	4	48	2	0	7	6	.538	0	2	3.35
1986	San Diego	NL	83	0	0	36	107.2	446	98	41	37	7	9	5	0	44	11	72	1	0	9	8	.529	0	4	3.09

Year	Team	Lg	G	GS	CG	GF	IP	BFP	H	R	ER	HR	SH	SF	HB	TBB	IBB	SO	WP	Bk	W	L	Pct.	ShO	Sv	ERA
1987	2 ML Teams		77	0	0	22	98.2	416	92	47	42	13	6	2	2	33	11	57	6	3	5	5	.500	0	6	3.83
1988	San Francisco	NL	64	0	0	30	92.1	362	74	33	30	7	6	3	1	23	5	58	4	0	3	8	.273	0	11	2.92
1989	San Francisco	NL	70	0	0	32	107	430	93	38	32	11	4	4	1	22	5	71	4	1	2	4	.333	0	20	2.69
1990	San Diego	NL	56	0	0	44	78.2	327	68	26	22	10	5	1	1	22	4	60	1	0	7	5	.583	0	23	2.52
1991	San Diego	NL	54	0	0	40	69	290	74	35	30	5	10	5	1	14	3	48	3	1	1	6	.143	0	23	3.91
1992	2 ML Teams		32	32	1	0	196.1	820	214	95	82	19	14	6	0	41	2	104	5	1	14	12	.538	0	0	3.76
1993	Texas	AL	52	8	0	9	83.1	373	102	57	56	17	6	3	1	28	3	58	0	1	3	9	.250	0	0	6.05
1994	California	AL	30	0	0	10	34.2	158	50	20	18	7	0	3	0	12	3	27	1	0	1	1	.500	0	1	4.67
1987	San Diego	NL	33	0	0	8	51.1	225	56	29	25	9	2	0	2	15	5	39	5	2	2	2	.500	0	2	4.38
	San Francisco	NL	44	0	0	14	47.1	191	36	18	17	4	4	2	0	18	6	18	1	1	3	3	.500	0	4	3.23
1992	San Diego	NL	27	27	0	0	163.1	684	180	76	67	16	12	5	0	35	2	81	4	1	13	9	.591	0	0	3.69
	Baltimore	AL	5	5	1	0	33	136	34	19	15	3	2	1	0	6	0	23	1	0	1	3	.250	0	0	4.09
	12 ML YEARS		696	45	1	286	1145.2	4754	1108	490	436	120	78	39	11	322	55	719	31	10	58	72	.446	0	101	3.43

Phil Leftwich

Pitches: Right **Bats:** Right **Pos:** SP **Ht:** 6' 5" **Wt:** 205 **Born:** 05/19/69 **Age:** 26

Year	Team	Lg	G	GS	CG	GF	IP	BFP	H	R	ER	HR	SH	SF	HB	TBB	IBB	SO	WP	Bk	W	L	Pct.	ShO	Sv	ERA
1990	Boise	A	15	15	0	0	92	373	88	36	19	0	0	4	1	23	1	81	3	2	8	2	.800	0	0	1.86
1991	Quad City	A	26	26	5	0	173	716	158	70	63	6	7	2	3	59	0	163	8	2	11	9	.550	1	0	3.28
	Midland	AA	1	1	0	0	6	27	5	2	2	0	0	0	0	5	0	3	0	0	1	0	1.000	0	0	3.00
1992	Midland	AA	21	21	0	0	121	546	156	90	79	10	6	3	4	37	1	85	2	1	6	9	.400	0	0	5.88
1993	Vancouver	AAA	20	20	3	0	126	552	138	74	65	8	3	4	2	45	1	102	4	0	7	7	.500	1	0	4.64
1994	Lake Elsino	A	1	1	0	0	6	20	3	0	0	1	0	0	0	1	0	4	0	0	1	0	1.000	0	0	0.00
1993	California	AL	12	12	1	0	80.2	343	81	35	34	5	3	1	3	27	1	31	1	0	4	6	.400	0	0	3.79
1994	California	AL	20	20	1	0	114	499	127	75	72	16	2	4	3	42	2	67	3	1	5	10	.333	0	0	5.68
	2 ML YEARS		32	32	2	0	194.2	842	208	110	106	21	5	5	6	69	3	98	4	1	9	16	.360	0	0	4.90

Dave Leiper

Pitches: Left **Bats:** Left **Pos:** RP **Ht:** 6' 1" **Wt:** 172 **Born:** 06/18/62 **Age:** 33

Year	Team	Lg	G	GS	CG	GF	IP	BFP	H	R	ER	HR	SH	SF	HB	TBB	IBB	SO	WP	Bk	W	L	Pct.	ShO	Sv	ERA
1994	Tacoma *	AAA	17	0	0	10	26.1	108	25	8	6	0	0	1	0	8	0	24	2	0	1	1	.500	0	4	2.05
1984	Oakland	AL	8	0	0	2	7	39	12	7	7	2	0	0	0	5	0	3	1	0	1	0	1.000	0	0	9.00
1986	Oakland	AL	33	0	0	9	31.2	136	28	17	17	3	2	3	0	18	4	15	2	0	2	2	.500	0	1	4.83
1987	2 ML Teams		57	0	0	7	68.1	291	65	36	30	8	4	4	1	23	0	43	3	1	3	1	.750	0	2	3.95
1988	San Diego	NL	35	0	0	10	54	217	45	19	13	1	3	5	0	14	5	33	2	0	3	0	1.000	0	1	2.17
1989	San Diego	NL	22	0	0	11	28.2	143	40	19	16	2	1	0	2	20	4	7	2	1	0	1	.000	0	1	5.02
1994	Oakland	AL	26	0	0	8	18.2	75	13	4	4	0	3	2	1	6	0	14	0	0	0	0	.000	0	1	1.93
1987	Oakland	AL	45	0	0	6	52.1	224	49	28	22	6	2	4	1	18	0	33	3	0	2	1	.667	0	1	3.78
	San Diego	NL	12	0	0	1	16	67	16	8	8	2	2	0	0	5	0	10	0	1	1	0	1.000	0	1	4.50
	6 ML YEARS		181	0	0	47	208.1	901	203	102	87	16	13	14	6	86	14	115	10	2	9	4	.692	0	5	3.76

Al Leiter

Pitches: Left **Bats:** Left **Pos:** SP **Ht:** 6' 3" **Wt:** 215 **Born:** 10/23/65 **Age:** 29

Year	Team	Lg	G	GS	CG	GF	IP	BFP	H	R	ER	HR	SH	SF	HB	TBB	IBB	SO	WP	Bk	W	L	Pct.	ShO	Sv	ERA
1987	New York	AL	4	4	0	0	22.2	104	24	16	16	2	1	0	0	15	0	28	4	0	2	2	.500	0	0	6.35
1988	New York	AL	14	14	0	0	57.1	251	49	27	25	7	1	0	5	33	0	60	1	4	4	4	.500	0	0	3.92
1989	2 ML Teams		5	5	0	0	33.1	154	32	23	21	2	1	1	2	23	0	26	2	1	1	2	.333	0	0	5.67
1990	Toronto	AL	4	0	0	2	6.1	22	1	0	0	0	0	0	0	2	0	5	0	0	0	0	.000	0	0	0.00
1991	Toronto	AL	3	0	0	1	1.2	13	3	5	5	0	0	0	0	5	0	1	0	0	0	0	.000	0	0	27.00
1992	Toronto	AL	1	0	0	0	1	7	1	1	1	0	0	0	0	2	0	0	0	0	0	0	.000	0	0	9.00
1993	Toronto	AL	34	12	1	4	105	454	93	52	48	8	3	3	4	56	2	66	2	2	9	6	.600	1	2	4.11
1994	Toronto	AL	20	20	1	0	111.2	516	125	68	63	6	3	8	2	65	3	100	7	5	6	7	.462	0	0	5.08
1989	New York	AL	4	4	0	0	26.2	123	23	20	18	1	1	1	2	21	0	22	1	1	1	2	.333	0	0	6.08
	Toronto	AL	1	1	0	0	6.2	31	9	3	3	1	0	0	0	2	0	4	1	0	0	0	.000	0	0	4.05
	8 ML YEARS		85	55	2	7	339	1521	328	192	179	25	10	12	13	201	5	286	16	12	22	21	.512	1	2	4.75

Mark Leiter

Pitches: Right **Bats:** Right **Pos:** RP/SP **Ht:** 6' 3" **Wt:** 210 **Born:** 04/13/63 **Age:** 32

Year	Team	Lg	G	GS	CG	GF	IP	BFP	H	R	ER	HR	SH	SF	HB	TBB	IBB	SO	WP	Bk	W	L	Pct.	ShO	Sv	ERA
1990	New York	AL	8	3	0	2	26.1	119	33	20	20	5	2	1	2	9	0	21	0	0	1	1	.500	0	0	6.84
1991	Detroit	AL	38	15	1	7	134.2	578	125	66	63	16	5	6	6	50	4	103	2	0	9	7	.563	0	1	4.21
1992	Detroit	AL	35	14	1	7	112	475	116	57	52	9	2	8	3	43	5	75	3	0	8	5	.615	0	0	4.18
1993	Detroit	AL	27	13	1	4	106.2	471	111	61	56	17	3	5	3	44	5	70	5	0	6	6	.500	0	0	4.72
1994	California	AL	40	7	0	15	95.1	425	99	56	50	13	4	4	9	35	6	71	2	0	4	7	.364	0	2	4.72
	5 ML YEARS		148	52	3	35	475	2068	484	260	241	60	16	24	23	181	20	340	12	0	28	26	.519	0	3	4.57

Scott Leius

Bats: Right **Throws:** Right **Pos:** 3B **Ht:** 6' 3" **Wt:** 208 **Born:** 09/24/65 **Age:** 29

Year	Team	Lg	G	AB	H	2B	3B	HR	(Hm	Rd)	TB	R	RBI	TBB	IBB	SO	HBP	SH	SF	SB	CS	SB%	GDP	Avg	OBP	SLG
1990	Minnesota	AL	14	25	6	1	0	1	(0	1)	10	4	4	2	0	2	0	1	0	0	0	.00	2	.240	.296	.400
1991	Minnesota	AL	109	199	57	7	2	5	(2	3)	83	35	20	30	1	35	0	5	1	5	5	.50	4	.286	.378	.417
1992	Minnesota	AL	129	409	102	18	2	2	(2	0)	130	50	35	34	0	61	1	5	0	6	5	.55	10	.249	.309	.318
1993	Minnesota	AL	10	18	3	0	0	0	(0	0)	3	4	2	0	0	4	0	0	2	0	0	.00	1	.167	.227	.167
1994	Minnesota	AL	97	350	86	16	1	14	(7	7)	146	57	49	37	0	58	1	1	2	2	4	.33	9	.246	.318	.417
	5 ML YEARS		359	1001	254	42	5	22	(11	11)	372	150	110	105	1	160	2	12	5	13	14	.48	26	.254	.324	.372

Mark Lemke

Bats: Both **Throws:** Right **Pos:** 2B **Ht:** 5' 9" **Wt:** 167 **Born:** 08/13/65 **Age:** 29

Year	Team	Lg	G	AB	H	2B	3B	HR	(Hm	Rd)	TB	R	RBI	TBB	IBB	SO	HBP	SH	SF	SB	CS	SB%	GDP	Avg	OBP	SLG
1988	Atlanta	NL	16	58	13	4	0	0	(0	0)	17	8	2	4	0	5	0	2	0	0	2	.00	1	.224	.274	.293
1989	Atlanta	NL	14	55	10	2	1	2	(1	1)	20	4	10	5	0	7	0	0	0	0	1	.00	1	.182	.250	.364
1990	Atlanta	NL	102	239	54	13	0	0	(0	0)	67	22	21	21	3	22	0	4	2	0	1	.00	6	.226	.286	.280
1991	Atlanta	NL	136	269	63	11	2	2	(2	0)	84	36	23	29	2	27	0	6	4	1	2	.33	9	.234	.305	.312
1992	Atlanta	NL	155	427	97	7	4	6	(4	2)	130	38	26	50	11	39	0	12	2	0	3	.00	9	.227	.307	.304
1993	Atlanta	NL	151	493	124	19	2	7	(3	4)	168	52	49	65	13	50	0	5	6	1	2	.33	21	.252	.335	.341
1994	Atlanta	NL	104	350	103	15	0	3	(2	1)	127	40	31	38	12	37	0	6	0	0	3	.00	11	.294	.363	.363
	7 ML YEARS		678	1891	464	71	9	20	(12	8)	613	200	162	212	41	187	0	35	14	2	14	.13	58	.245	.319	.324

Mark Leonard

Bats: Left **Throws:** Right **Pos:** LF **Ht:** 6' 0" **Wt:** 195 **Born:** 08/14/64 **Age:** 30

Year	Team	Lg	G	AB	H	2B	3B	HR	(Hm	Rd)	TB	R	RBI	TBB	IBB	SO	HBP	SH	SF	SB	CS	SB%	GDP	Avg	OBP	SLG
1994	Phoenix *	AAA	89	314	93	19	2	11	--	--	149	51	49	50	2	53	0	0	3	2	2	.50	13	.296	.390	.475
1990	San Francisco	NL	11	17	3	1	0	1	(0	1)	7	3	2	3	0	8	0	0	0	0	0	.00	0	.176	.300	.412
1991	San Francisco	NL	64	129	31	7	1	2	(0	2)	46	14	14	12	1	25	1	1	2	0	1	.00	1	.240	.306	.357
1992	San Francisco	NL	55	128	30	7	0	4	(3	1)	49	13	16	16	0	31	3	0	1	0	1	.00	3	.234	.331	.383
1993	Baltimore	AL	10	15	1	1	0	0	(0	0)	2	1	3	3	0	7	0	0	3	0	0	.00	0	.067	.190	.133
1994	San Francisco	NL	14	11	4	1	1	0	(0	0)	7	2	2	3	0	2	0	0	0	0	0	.00	0	.364	.500	.636
	5 ML YEARS		154	300	69	17	2	7	(3	4)	111	33	37	37	1	73	4	1	6	0	2	.00	6	.230	.317	.370

Curt Leskanic

Pitches: Right **Bats:** Right **Pos:** RP/SP **Ht:** 6' 0" **Wt:** 180 **Born:** 04/02/68 **Age:** 27

Year	Team	Lg	G	GS	CG	GF	IP	BFP	H	R	ER	HR	SH	SF	HB	TBB	IBB	SO	WP	Bk	W	L	Pct.	ShO	Sv	ERA
1990	Kinston	A	14	14	2	0	73.1	303	61	34	30	6	2	2	4	30	1	71	10	8	6	5	.545	0	0	3.68
1991	Kinston	A	28	28	7	0	174.1	730	143	63	54	10	1	1	3	91	0	163	16	1	15	8	.652	0	0	2.79
1992	Orlando	AA	26	23	3	1	152.2	664	158	84	73	15	2	3	6	64	0	126	10	1	9	11	.450	0	0	4.30
	Portland	AAA	5	3	0	2	15.1	68	16	17	17	1	1	0	0	8	0	14	0	1	1	2	.333	0	0	9.98
1993	Wichita	AA	7	7	0	0	44.1	185	37	20	17	3	2	2	3	17	0	42	4	0	3	2	.600	0	0	3.45
	Colo Spmgs	AAA	9	7	1	1	44.1	195	39	24	22	3	2	2	2	26	2	38	1	2	4	3	.571	1	0	4.47
1994	Colo. Spmg	AAA	21	21	2	0	130.1	558	129	60	48	7	6	4	3	54	2	98	6	2	5	7	.417	0	0	3.31
1993	Colorado	NL	18	8	0	3	57	260	59	40	34	7	5	4	2	27	1	30	8	2	1	5	.167	0	0	5.37
1994	Colorado	NL	8	3	0	2	22.1	98	27	14	14	2	2	0	0	10	0	17	2	0	1	1	.500	0	0	5.64
	2 ML YEARS		26	11	0	3	79.1	358	86	54	48	9	7	4	2	37	1	47	10	2	2	6	.250	0	0	5.45

Jesse Levis

Bats: Left **Throws:** Right **Pos:** PH **Ht:** 5' 9" **Wt:** 180 **Born:** 04/14/68 **Age:** 27

Year	Team	Lg	G	AB	H	2B	3B	HR	(Hm	Rd)	TB	R	RBI	TBB	IBB	SO	HBP	SH	SF	SB	CS	SB%	GDP	Avg	OBP	SLG
1994	Charlotte *	AAA	111	375	107	20	0	10	--	--	157	55	59	55	6	39	1	0	5	2	0	1.00	14	.285	.374	.419
1992	Cleveland	AL	28	43	12	4	0	1	(0	1)	19	2	3	0	0	5	0	0	0	0	0	.00	1	.279	.279	.442
1993	Cleveland	AL	31	63	11	2	0	0	(0	0)	13	7	4	2	0	10	0	1	1	0	0	.00	0	.175	.197	.206
1994	Cleveland	AL	1	1	1	1	0	0	(0	0)	1	0	0	0	0	0	0	0	0	0	0	.00	0	1.000	1.000	1.000
	3 ML YEARS		60	107	24	6	0	1	(0	1)	33	9	7	2	0	15	0	1	1	0	0	.00	1	.224	.236	.308

Darren Lewis

Bats: Right **Throws:** Right **Pos:** CF **Ht:** 6' 0" **Wt:** 189 **Born:** 08/28/67 **Age:** 27

Year	Team	Lg	G	AB	H	2B	3B	HR	(Hm	Rd)	TB	R	RBI	TBB	IBB	SO	HBP	SH	SF	SB	CS	SB%	GDP	Avg	OBP	SLG
1990	Oakland	AL	25	35	8	0	0	0	(0	0)	8	4	1	7	0	4	1	3	0	2	0	1.00	2	.229	.372	.229
1991	San Francisco	NL	72	222	55	5	3	1	(0	1)	69	41	15	36	0	30	2	7	0	13	7	.65	1	.248	.358	.311

Year	Team	Lg	G	AB	H	2B	3B	HR	(Hm	Rd)	TB	R	RBI	TBB	IBB	SO	HBP	SH	SF	SB	CS	SB%	GDP	Avg	OBP	SLG
1992	San Francisco	NL	100	320	74	8	1	1	(1	0)	87	38	18	29	0	46	1	10	2	28	8	.78	3	.231	.295	.272
1993	San Francisco	NL	136	522	132	17	7	2	(2	0)	169	84	48	30	0	40	7	12	1	46	15	.75	4	.253	.302	.324
1994	San Francisco	NL	114	451	116	15	9	4	(4	0)	161	70	29	53	0	50	4	4	1	30	13	.70	6	.257	.340	.357
	5 ML YEARS		447	1550	385	45	20	8	(7	1)	494	237	111	155	0	170	15	36	4	119	43	.73	16	.248	.322	.319

Mark Lewis

Bats: Right **Throws:** Right **Pos:** SS **Ht:** 6' 1" **Wt:** 190 **Born:** 11/30/69 **Age:** 25

Year	Team	Lg	G	AB	H	2B	3B	HR	(Hm	Rd)	TB	R	RBI	TBB	IBB	SO	HBP	SH	SF	SB	CS	SB%	GDP	Avg	OBP	SLG
1994	Charlotte*	AAA	86	328	85	16	1	8	--	--	127	56	34	35	0	48	2	3	2	4	.33		6	.259	.332	.387
1991	Cleveland	AL	84	314	83	15	1	0	(0	0)	100	29	30	15	0	45	0	2	5	2	2	.50	12	.264	.293	.318
1992	Cleveland	AL	122	413	109	21	0	5	(2	3)	145	44	30	25	1	69	3	1	4	4	5	.44	12	.264	.308	.351
1993	Cleveland	AL	14	52	13	2	0	1	(1	0)	18	6	5	0	0	7	0	1	0	3	0	1.00	1	.250	.250	.346
1994	Cleveland	AL	20	73	15	5	0	1	(1	0)	23	6	8	2	0	13	0	1	0	0	1.00		2	.205	.227	.315
	4 ML YEARS		240	852	220	43	1	7	(4	3)	286	85	73	42	1	134	3	5	9	10	7	.59	27	.258	.292	.336

Richie Lewis

Pitches: Right **Bats:** Right **Pos:** RP **Ht:** 5'10" **Wt:** 175 **Born:** 01/25/66 **Age:** 29

Year	Team	Lg	G	GS	CG	GF	IP	BFP	H	R	ER	HR	SH	SF	HB	TBB	IBB	SO	WP	Bk	W	L	Pct.	ShO	Sv	ERA
1992	Baltimore	AL	2	2	0	0	6.2	40	13	8	8	1	0	1	0	7	0	4	0	0	1	1	.500	0	0	10.80
1993	Florida	NL	57	0	0	14	77.1	341	68	37	28	7	8	4	1	43	6	65	9	1	6	3	.667	0	0	3.26
1994	Florida	NL	45	0	0	9	54	261	62	44	34	7	3	1	1	38	9	45	10	1	1	4	.200	0	0	5.67
	3 ML YEARS		104	2	0	23	138	642	143	89	70	15	11	6	2	88	15	114	19	2	8	8	.500	0	0	4.57

Scott Lewis

Pitches: Right **Bats:** Right **Pos:** RP **Ht:** 6' 3" **Wt:** 178 **Born:** 12/05/65 **Age:** 29

Year	Team	Lg	G	GS	CG	GF	IP	BFP	H	R	ER	HR	SH	SF	HB	TBB	IBB	SO	WP	Bk	W	L	Pct.	ShO	Sv	ERA
1994	Lake Elsino*	A	2	0	0	1	4	19	5	3	2	0	0	0	0	1	0	5	0	0	0	0	.000	0	0	4.50
	Vancouver*	AAA	4	0	0	1	6.2	23	2	2	2	1	1	0	0	1	0	4	1	0	2	0	1.000	0	1	2.70
	Tucson*	AAA	8	0	0	4	8.1	41	11	7	6	0	0	1	0	5	2	8	1	0	1	1	.500	0	0	6.48
1990	California	AL	2	2	1	0	16.1	60	10	4	4	2	0	0	0	2	0	9	0	0	1	1	.500	0	0	2.20
1991	California	AL	16	11	0	0	60.1	281	81	43	42	9	2	0	2	21	0	37	3	0	3	5	.375	0	0	6.27
1992	California	AL	21	2	0	7	38.1	160	36	18	17	3	0	3	2	14	1	18	1	1	4	0	1.000	0	0	3.99
1993	California	AL	15	4	0	2	32	142	37	16	15	3	2	7	2	12	1	10	1	0	1	2	.333	0	0	4.22
1994	California	AL	20	0	0	6	31	143	46	23	21	5	3	0	2	10	2	10	0	0	0	1	.000	0	0	6.10
	5 ML YEARS		74	19	1	15	178	786	210	104	99	22	7	10	8	59	4	84	5	1	9	9	.500	0	0	5.01

Jim Leyritz

Bats: Right **Throws:** Right **Pos:** C/DH **Ht:** 6' 0" **Wt:** 195 **Born:** 12/27/63 **Age:** 31

Year	Team	Lg	G	AB	H	2B	3B	HR	(Hm	Rd)	TB	R	RBI	TBB	IBB	SO	HBP	SH	SF	SB	CS	SB%	GDP	Avg	OBP	SLG
1990	New York	AL	92	303	78	13	0	5	(1	4)	108	28	25	27	1	51	7	1	1	2	3	.40	11	.257	.331	.356
1991	New York	AL	32	77	14	3	0	0	(0	0)	17	8	4	13	0	15	0	1	0	1	0	1.00	2	.182	.300	.221
1992	New York	AL	63	144	37	6	0	7	(3	4)	64	17	26	14	1	22	6	0	3	0	1	.00	2	.257	.341	.444
1993	New York	AL	95	259	80	14	0	14	(6	8)	136	43	53	37	3	59	8	0	1	0	0	.00	12	.309	.410	.525
1994	New York	AL	75	249	66	12	0	17	(4	13)	129	47	58	35	1	61	6	0	3	0	0	.00	9	.265	.365	.518
	5 ML YEARS		357	1032	275	48	1	43	(14	29)	454	143	166	126	6	208	27	2	8	2	5	.29	34	.266	.359	.440

Jon Lieber

Pitches: Right **Bats:** Left **Pos:** SP **Ht:** 6' 3" **Wt:** 220 **Born:** 04/02/70 **Age:** 25

Year	Team	Lg	G	GS	CG	GF	IP	BFP	H	R	ER	HR	SH	SF	HB	TBB	IBB	SO	WP	Bk	W	L	Pct.	ShO	Sv	ERA
1992	Eugene	A	5	5	0	0	31	117	26	6	4	1	0	0	0	2	0	23	0	1	3	0	1.000	0	0	1.16
	Baseball Cy	A	7	6	0	1	31	142	45	20	16	2	1	1	1	8	0	19	0	0	3	3	.500	0	0	4.65
1993	Wilmington	A	17	16	2	0	114.2	476	125	47	34	4	4	1	2	9	1	89	3	1	9	3	.750	0	0	2.67
	Memphis	AA	4	4	0	0	21	100	32	16	16	4	0	0	0	6	0	17	0	0	2	1	.667	0	0	6.86
	Carolina	AA	6	6	0	0	34	146	39	15	15	3	3	1	1	10	0	28	3	1	4	2	.667	0	0	3.97
1994	Carolina	AA	3	3	0	0	21	78	13	4	3	0	0	0	0	2	0	21	0	0	2	0	1.000	1	0	1.29
	Buffalo	AAA	3	3	0	0	21.1	79	16	4	4	1	0	1	0	1	0	21	0	0	1	1	.500	0	0	1.69
1994	Pittsburgh	NL	17	17	1	0	108.2	460	116	62	45	12	3	3	1	25	3	71	2	3	6	7	.462	0	0	3.73

Mike Lieberthal

Bats: Right **Throws:** Right **Pos:** C   **Ht:** 6' 0" **Wt:** 179 **Born:** 01/18/72 **Age:** 23

						BATTING											BASERUNNING				PERCENTAGES		
Year	Team	Lg	G	AB	H	2B	3B	HR	(Hm	Rd)	TB	R	RBI	TBB	IBB	SO	HBP	SH	SF	SB	CS	SB%	GDP	Avg	OBP	SLG
1990	Martinsvlle	R	49	184	42	9	0	4	--	--	63	26	22	11	0	40	2	0	0	2	0	1.00	3	.228	.279	.342
1991	Spartanburg	A	72	243	74	17	0	0	--	--	91	34	31	23	0	25	5	0	3	1	2	.33	4	.305	.372	.374
	Clearwater	A	16	52	15	2	0	0	--	--	17	7	7	3	0	12	1	1	1	0	0	.00	2	.288	.333	.327
1992	Reading	AA	86	309	88	16	1	2	--	--	112	30	37	19	0	26	10	1	4	4	1	.80	15	.285	.342	.362
	Scranton/wb	AAA	16	45	9	1	0	0	--	--	10	4	4	2	0	5	1	1	1	0	0	.00	2	.200	.245	.222
1993	Scranton/wb	AAA	112	382	100	17	0	7	--	--	138	35	40	24	3	32	6	1	4	2	0	1.00	15	.262	.313	.361
1994	Scranton-Wb	AAA	84	296	69	16	0	1	--	--	88	23	32	21	2	29	2	0	3	1	1	.50	7	.233	.286	.297
1994	Philadelphia	NL	24	79	21	3	1	1	(1	0)	29	6	5	3	0	5	1	1	0	0	0	.00	4	.266	.301	.367

Derek Lilliquist

Pitches: Left **Bats:** Left **Pos:** RP   **Ht:** 5'10" **Wt:** 195 **Born:** 02/20/66 **Age:** 29

			HOW MUCH HE PITCHED					WHAT HE GAVE UP											THE RESULTS				
Year	Team	Lg	G	GS	CG	GF	IP	BFP	H	R	ER	HR	SH	SF	HB	TBB	IBB	SO	WP	Bk	W	L	Pct.	ShO	Sv	ERA
1989	Atlanta	NL	32	30	0	0	165.2	718	202	87	73	16	8	3	2	34	5	79	4	3	8	10	.444	0	0	3.97
1990	2 ML Teams		28	18	1	3	122	537	136	74	72	16	9	5	3	42	5	63	2	3	5	11	.313	1	0	5.31
1991	San Diego	NL	6	2	0	1	14.1	70	25	14	14	3	0	0	0	4	1	7	0	0	0	2	.000	0	0	8.79
1992	Cleveland	AL	71	0	0	22	61.2	239	39	13	12	5	5	4	2	18	6	47	2	0	5	3	.625	0	6	1.75
1993	Cleveland	AL	56	2	0	28	64	271	64	20	16	5	6	2	1	19	5	40	1	0	4	4	.500	0	10	2.25
1994	Cleveland	AL	36	0	0	12	29.1	127	34	17	16	6	3	3	1	8	1	15	0	0	1	3	.250	0	1	4.91
1990	Atlanta	NL	12	11	0	1	61.2	279	75	45	43	10	6	4	1	19	4	34	0	2	2	8	.200	0	0	6.28
	San Diego	NL	16	7	1	2	60.1	258	61	29	29	6	3	1	2	23	1	29	2	1	3	3	.500	1	0	4.33
	6 ML YEARS		229	52	1	66	457	1962	500	225	203	51	31	17	9	125	23	251	9	6	23	33	.411	1	17	4.00

Jose Lima

Pitches: Right **Bats:** Right **Pos:** RP   **Ht:** 6' 2" **Wt:** 170 **Born:** 09/30/72 **Age:** 22

			HOW MUCH HE PITCHED					WHAT HE GAVE UP											THE RESULTS				
Year	Team	Lg	G	GS	CG	GF	IP	BFP	H	R	ER	HR	SH	SF	HB	TBB	IBB	SO	WP	Bk	W	L	Pct.	ShO	Sv	ERA
1990	Bristol	R	14	12	1	2	75.1	328	89	49	42	9	5	0	3	22	3	64	4	1	3	8	.273	0	1	5.02
1991	Lakeland	A	4	1	0	2	8.2	43	16	10	10	1	2	1	0	2	0	5	1	2	0	1	.000	0	0	10.38
	Fayetteville	A	18	7	0	4	58	249	53	38	32	4	0	3	1	25	0	60	2	4	1	3	.250	0	0	4.97
1992	Lakeland	A	25	25	5	0	151	587	132	57	53	14	3	2	5	21	2	137	3	4	5	11	.313	2	0	3.16
1993	London	AA	27	27	2	0	177	744	160	96	80	19	2	6	5	59	4	138	7	13	8	13	.381	0	0	4.07
1994	Toledo	AAA	23	22	3	0	142.1	582	124	70	57	16	3	2	2	48	1	117	4	1	7	9	.438	2	0	3.60
1994	Detroit	AL	3	1	0	1	6.2	34	11	10	10	2	0	0	0	3	1	7	1	0	0	1	.000	0	0	13.50

Jose Lind

Bats: Right **Throws:** Right **Pos:** 2B   **Ht:** 5'11" **Wt:** 180 **Born:** 05/01/64 **Age:** 31

						BATTING											BASERUNNING				PERCENTAGES		
Year	Team	Lg	G	AB	H	2B	3B	HR	(Hm | Rd)	TB	R	RBI	TBB	IBB	SO	HBP	SH	SF	SB	CS	SB%	GDP	Avg	OBP	SLG
1987	Pittsburgh	NL	35	143	46	8	4	0	(0 | 0)	62	21	11	8	1	12	0	6	0	2	1	.67	5	.322	.358	.434
1988	Pittsburgh	NL	154	611	160	24	4	2	(1 | 1)	198	82	49	42	0	75	0	12	3	15	4	.79	11	.262	.308	.324
1989	Pittsburgh	NL	153	578	134	21	3	2	(2 | 0)	167	52	48	39	7	64	2	13	5	15	1	.94	13	.232	.280	.289
1990	Pittsburgh	NL	152	514	134	28	5	1	(1 | 0)	175	46	48	35	19	52	1	4	7	8	0	1.00	20	.261	.305	.340
1991	Pittsburgh	NL	150	502	133	16	6	3	(2 | 1)	170	53	54	30	10	56	2	5	6	7	4	.64	20	.265	.306	.339
1992	Pittsburgh	NL	135	468	110	14	1	0	(0 | 0)	126	38	39	26	12	29	1	7	4	3	1	.75	14	.235	.275	.269
1993	Kansas City	AL	136	431	107	13	2	0	(0	0)	124	33	37	13	0	36	2	13	5	2	.60	7	.248	.271	.288
1994	Kansas City	AL	85	290	78	16	2	1	(0 | 1)	101	34	31	16	1	34	0	8	1	9	5	.64	7	.269	.306	.348
	8 ML YEARS		1000	3537	902	140	27	9	(6 | 3)	1123	359	317	209	50	358	8	68	31	62	18	.78	97	.255	.296	.318

Jim Lindeman

Bats: Right **Throws:** Right **Pos:** LF/RF   **Ht:** 6' 1" **Wt:** 200 **Born:** 01/10/62 **Age:** 33

						BATTING											BASERUNNING				PERCENTAGES		
Year	Team	Lg	G	AB	H	2B	3B	HR	(Hm	Rd)	TB	R	RBI	TBB	IBB	SO	HBP	SH	SF	SB	CS	SB%	GDP	Avg	OBP	SLG
1994	Norfolk *	AAA	32	123	45	11	2	4	--	--	72	23	18	14	1	27	3	0	0	1	1	.50	3	.366	.443	.585
1986	St. Louis	NL	19	55	14	1	0	1	(0	1)	18	7	6	2	0	10	0	0	1	1	1	.50	2	.255	.276	.327
1987	St. Louis	NL	75	207	43	13	0	8	(2	6)	80	20	28	11	0	56	3	2	4	3	1	.75	4	.208	.253	.386
1988	St. Louis	NL	17	43	9	1	0	2	(0	2)	16	3	7	2	0	9	0	1	0	0	0	.00	1	.209	.244	.372
1989	St. Louis	NL	73	45	5	1	0	0	(0	0)	6	8	2	3	0	18	0	1	0	0	0	.00	2	.111	.163	.133
1990	Detroit	AL	12	32	7	1	0	2	(2	0)	14	5	8	2	0	13	0	0	0	0	0	.00	0	.219	.265	.438
1991	Philadelphia	NL	65	95	32	5	0	0	(0	0)	37	13	12	13	1	14	0	0	2	0	1	.00	1	.337	.413	.389
1992	Philadelphia	NL	29	39	10	1	0	1	(1	0)	14	6	6	3	0	11	0	0	0	0	0	.00	1	.256	.310	.359
1993	Houston	NL	9	23	8	0	0	1	(0	1)	11	2	0	0	0	7	0	0	0	0	0	.00	0	.348	.348	.478
1994	New York	NL	52	137	37	8	1	7	(3	4)	68	18	20	6	2	35	1	0	0	0	0	.00	0	.270	.303	.496
	9 ML YEARS		351	676	165	34	1	21	(8	13)	264	82	89	42	3	173	4	6	8	4	3	.57	11	.244	.289	.391

Doug Linton

Pitches: Right **Bats:** Right **Pos:** RP/SP **Ht:** 6'1" **Wt:** 190 **Born:** 09/02/65 **Age:** 29

		HOW MUCH HE PITCHED					WHAT HE GAVE UP										THE RESULTS				
Year	Team	Lg	G	GS	CG	GF	IP	BFP	H	R	ER	HR	SH	SF	HB	TBB	IBB	SO	WP	Bk	W	L	Pct.	ShO	Sv	ERA
1994	Norfolk*	AAA	3	3	0	0	18	66	11	6	4	1	0	0	1	1	0	15	0	0	2	1	.667	0	0	2.00
1992	Toronto	AL	8	3	0	2	24	116	31	23	23	5	1	2	0	17	0	16	2	0	1	3	.250	0	0	8.63
1993	2 ML Teams		23	1	0	6	36.2	178	46	30	30	8	0	3	1	23	1	23	2	0	2	1	.667	0	0	7.36
1994	New York	NL	32	3	0	8	50.1	241	74	27	25	4	3	1	0	20	3	29	2	0	6	2	.750	0	0	4.47
1993	Toronto	AL	4	1	0	0	11	55	11	8	8	0	0	2	1	9	0	4	0	0	0	1	.000	0	0	6.55
	California	AL	19	0	0	6	25.2	123	35	22	22	8	0	1	0	14	1	19	2	0	2	0	1.000	0	0	7.71
	3 ML YEARS		63	7	0	16	111	535	151	80	78	17	4	6	1	60	4	68	6	0	9	6	.600	0	0	6.32

Nelson Liriano

Bats: Both **Throws:** Right **Pos:** 2B **Ht:** 5'10" **Wt:** 178 **Born:** 06/03/64 **Age:** 31

			BATTING															BASERUNNING				PERCENTAGES		
Year	Team	Lg	G	AB	H	2B	3B	HR	(Hm | Rd)	TB	R	RBI	TBB	IBB	SO	HBP	SH	SF	SB	CS	SB%	GDP	Avg	OBP	SLG
1987	Toronto	AL	37	158	38	6	2	0	(1 | 1)	54	29	10	16	2	22	0	2	0	13	2	.87	3	.241	.310	.342
1988	Toronto	AL	99	276	73	6	2	3	(0 | 3)	92	36	23	11	0	40	2	5	1	12	5	.71	4	.264	.297	.333
1989	Toronto	AL	132	418	110	26	3	5	(3 | 2)	157	51	53	43	0	51	2	10	5	16	7	.70	10	.263	.331	.376
1990	2 ML Teams		103	355	83	12	9	1	(1 | 0)	116	46	28	38	0	44	1	4	2	8	7	.53	8	.234	.308	.327
1991	Kansas City	AL	10	22	9	0	0	0	(0 | 0)	9	5	1	0	0	2	0	1	0	0	1	.00	0	.409	.409	.409
1993	Colorado	NL	48	151	46	6	3	2	(0 | 2)	64	28	15	18	2	22	0	5	1	6	4	.60	6	.305	.376	.424
1994	Colorado	NL	87	255	65	17	5	3	(2 | 1)	101	39	31	42	5	44	0	3	3	0	2	.00	4	.255	.357	.396
1990	Toronto	AL	50	170	36	7	2	1	(1 | 0)	50	16	15	16	0	20	1	1	1	3	5	.38	5	.212	.282	.294
	Minnesota	AL	53	185	47	5	7	0	(0 | 0)	66	30	13	22	0	24	0	3	1	5	2	.71	3	.254	.332	.357
	7 ML YEARS		516	1635	424	73	24	16	(7 | 9)	593	234	161	168	9	225	5	30	12	55	28	.66	35	.259	.328	.363

Pat Listach

Bats: Both **Throws:** Right **Pos:** SS **Ht:** 5'9" **Wt:** 170 **Born:** 09/12/67 **Age:** 27

			BATTING															BASERUNNING				PERCENTAGES		
Year	Team	Lg	G	AB	H	2B	3B	HR	(Hm	Rd)	TB	R	RBI	TBB	IBB	SO	HBP	SH	SF	SB	CS	SB%	GDP	Avg	OBP	SLG
1994	New Orleans*	AAA	2	5	2	0	0	0	--	--	2	1	0	0	0	0	0	0	0	0	0	.00	0	.400	.400	.400
1992	Milwaukee	AL	149	579	168	19	6	1	(0	1)	202	93	47	55	0	124	1	12	2	54	18	.75	3	.290	.352	.349
1993	Milwaukee	AL	98	356	87	15	1	3	(0	3)	113	50	30	37	0	70	3	5	2	18	9	.67	7	.244	.319	.317
1994	Milwaukee	AL	16	54	16	3	0	0	(0	0)	19	8	2	3	0	8	0	0	0	2	1	.67	1	.296	.333	.352
	3 ML YEARS		263	989	271	37	7	4	(0	4)	334	151	79	95	0	202	4	17	4	74	28	.73	11	.274	.339	.338

Greg Litton

Bats: Right **Throws:** Right **Pos:** 2B **Ht:** 6'0" **Wt:** 175 **Born:** 07/13/64 **Age:** 30

			BATTING															BASERUNNING				PERCENTAGES		
Year	Team	Lg	G	AB	H	2B	3B	HR	(Hm	Rd)	TB	R	RBI	TBB	IBB	SO	HBP	SH	SF	SB	CS	SB%	GDP	Avg	OBP	SLG
1994	Pawtucket*	AAA	74	257	70	19	2	9	--	--	120	42	48	25	2	42	3	1	2	2	1	.67	9	.272	.341	.467
1989	San Francisco	NL	71	143	36	5	3	4	(3	1)	59	12	17	7	0	29	1	4	0	0	2	.00	3	.252	.291	.413
1990	San Francisco	NL	93	204	50	9	1	1	(0	1)	64	17	24	11	0	45	1	2	2	1	0	1.00	5	.245	.284	.314
1991	San Francisco	NL	59	127	23	7	1	1	(0	1)	35	13	15	11	0	25	1	3	1	0	2	.00	2	.181	.250	.276
1992	San Francisco	NL	68	140	32	5	0	4	(2	2)	49	9	15	11	0	33	0	3	0	0	0	.00	2	.229	.285	.350
1993	Seattle	AL	72	174	52	17	0	3	(3	0)	78	25	25	18	2	30	1	5	1	0	1	.00	6	.299	.366	.448
1994	Boston	AL	11	21	2	0	0	0	(0	0)	2	2	1	0	0	5	0	0	1	0	0	.00	0	.095	.091	.095
	6 ML YEARS		374	809	195	43	5	13	(8	5)	287	78	97	58	2	167	4	17	5	1	6	.14	18	.241	.293	.355

Scott Livingstone

Bats: Left **Throws:** Right **Pos:** 3B **Ht:** 6'0" **Wt:** 198 **Born:** 07/15/65 **Age:** 29

			BATTING															BASERUNNING				PERCENTAGES		
Year	Team	Lg	G	AB	H	2B	3B	HR	(Hm | Rd)	TB	R	RBI	TBB	IBB	SO	HBP	SH	SF	SB	CS	SB%	GDP	Avg	OBP	SLG
1991	Detroit	AL	44	127	37	5	0	2	(1 | 1)	48	19	11	10	0	25	0	1	1	2	1	.67	6	.291	.341	.378
1992	Detroit	AL	117	354	100	21	0	4	(2 | 2)	133	43	46	21	1	36	0	3	4	1	3	.25	8	.282	.319	.376
1993	Detroit	AL	98	304	89	10	2	2	(1 | 1)	109	39	39	19	1	32	0	1	6	1	3	.25	4	.293	.328	.359
1994	2 ML Teams		72	203	54	13	1	2	(1 | 1)	75	11	11	7	0	26	0	0	1	2	2	.50	5	.266	.289	.369
1994	Detroit	AL	15	23	5	1	0	0	(0 | 0)	6	0	1	1	0	4	0	0	0	0	0	.00	0	.217	.250	.261
	San Diego	NL	57	180	49	12	1	2	(1 | 1)	69	11	10	6	0	22	0	0	1	2	2	.50	5	.272	.294	.383
	4 ML YEARS		331	988	280	49	3	10	(5 | 5)	365	112	107	57	2	119	0	5	12	6	9	.40	17	.283	.319	.369

Graeme Lloyd

Pitches: Left **Bats:** Left **Pos:** RP **Ht:** 6' 7" **Wt:** 230 **Born:** 04/09/67 **Age:** 28

			HOW MUCH HE PITCHED					WHAT HE GAVE UP										THE RESULTS				
Year	Team	Lg	G	GS	CG	GF	IP	BFP	H	R	ER	HR	SH	SF	HB	TBB	IBB	SO	WP	Bk	W	L	Pct.	ShO	Sv	ERA
1988	Myrtle Bch	A	41	0	0	18	59.2	281	71	33	24	2	1	0	6	30	5	43	5	2	3	2	.600	0	2	3.62
1989	Dunedin	A	2	0	0	0	2.2	14	6	3	3	0	0	0	0	1	0	0	1	0	0	0	.000	0	0	10.13
	Myrtle Bch	A	1	1	0	0	5	21	5	4	3	1	0	0	0	0	0	3	1	0	0	0	.000	0	0	5.40
1990	Myrtle Bch	A	19	6	0	8	49.2	216	51	20	15	3	0	0	0	16	1	42	1	1	5	2	.714	0	6	2.72
1991	Dunedin	A	50	0	0	39	60.1	260	54	17	15	1	2	0	1	25	2	39	4	0	2	5	.286	0	24	2.24
	Knoxville	AA	2	0	0	1	1.2	7	1	0	0	0	0	0	0	1	0	2	2	0	0	0	.000	0	0	0.00
1992	Knoxville	AA	49	7	1	33	92	376	79	30	20	2	1	2	3	25	2	65	8	0	4	8	.333	0	14	1.96
1993	Milwaukee	AL	55	0	0	12	63.2	269	64	24	20	5	1	2	3	13	3	31	4	0	3	4	.429	0	0	2.83
1994	Milwaukee	AL	43	0	0	21	47	203	49	28	27	4	1	2	3	15	6	31	2	0	2	3	.400	0	3	5.17
	2 ML YEARS		98	0	0	33	110.2	472	113	52	47	9	2	4	6	28	9	62	6	0	5	7	.417	0	3	3.82

Keith Lockhart

Bats: Left **Throws:** Right **Pos:** 3B **Ht:** 5'10" **Wt:** 170 **Born:** 11/10/64 **Age:** 30

					BATTING													BASERUNNING				PERCENTAGES		
Year	Team	Lg	G	AB	H	2B	3B	HR	(Hm | Rd)	TB	R	RBI	TBB	IBB	SO	HBP	SH	SF	SB	CS	SB%	GDP	Avg	OBP	SLG
1986	Billings	R	53	202	70	11	3	7	--	--	108	51	31	35	0	22	4	0	3	4	2	.67	0	.347	.447	.535
	Cedar Rapds	A	13	42	8	2	0	0	--	--	10	4	1	6	0	6	1	0	1	1	1	.50	0	.190	.306	.238
1987	Cedar Rapds	A	140	511	160	37	5	23	--	--	276	101	84	86	7	70	13	1	6	20	8	.71	6	.313	.420	.540
1988	Chattanooga	AA	139	515	137	27	3	12	--	--	206	74	67	61	4	59	5	3	11	7	5	.58	9	.266	.343	.400
1989	Nashville	AAA	131	479	128	21	6	14	--	--	203	77	58	61	4	41	6	2	4	4	3	.57	9	.267	.355	.424
1990	Nashville	AAA	126	431	112	25	4	9	--	--	172	48	63	51	3	74	5	1	4	8	7	.53	4	.260	.342	.399
1991	Nashville	AAA	116	411	107	25	3	8	--	--	162	53	36	24	2	64	2	2	1	3	7	.30	5	.260	.304	.394
1992	Tacoma	AAA	107	363	101	25	3	5	--	--	147	44	37	29	1	21	3	2	3	5	3	.63	3	.278	.334	.405
1993	Louisville	AAA	132	467	140	24	3	13	--	--	209	66	68	60	4	43	7	2	6	3	3	.50	6	.300	.383	.448
1994	Las Vegas	AAA	89	331	106	15	5	7	--	--	152	61	26	26	3	37	2	1	4	3	4	.43	6	.320	.369	.459
1994	San Diego	NL	27	43	9	0	0	2	(2 | 0)	15	4	6	4	0	10	1	1	1	1	0	1.00	2	.209	.286	.349

Kenny Lofton

Bats: Left **Throws:** Left **Pos:** CF **Ht:** 6' 0" **Wt:** 180 **Born:** 05/31/67 **Age:** 28

					BATTING													BASERUNNING				PERCENTAGES		
Year	Team	Lg	G	AB	H	2B	3B	HR	(Hm | Rd)	TB	R	RBI	TBB	IBB	SO	HBP	SH	SF	SB	CS	SB%	GDP	Avg	OBP	SLG
1991	Houston	NL	20	74	15	1	0	0	(0 | 0)	16	9	0	5	0	19	0	0	0	2	1	.67	0	.203	.253	.216
1992	Cleveland	AL	148	576	164	15	8	5	(3 | 2)	210	96	42	68	3	54	2	4	1	66	12	.85	7	.285	.362	.365
1993	Cleveland	AL	148	569	185	28	8	1	(1 | 0)	232	116	42	81	6	83	1	2	4	70	14	.83	8	.325	.408	.408
1994	Cleveland	AL	112	459	160	32	9	12	(10 | 2)	246	105	57	52	5	56	2	4	6	60	12	.83	5	.349	.412	.536
	4 ML YEARS		428	1678	524	76	25	18	(14 | 4)	704	326	141	206	14	212	5	10	11	198	39	.84	20	.312	.387	.420

Tony Longmire

Bats: Left **Throws:** Right **Pos:** RF/LF **Ht:** 6' 1" **Wt:** 197 **Born:** 08/12/68 **Age:** 26

					BATTING													BASERUNNING				PERCENTAGES		
Year	Team	Lg	G	AB	H	2B	3B	HR	(Hm | Rd)	TB	R	RBI	TBB	IBB	SO	HBP	SH	SF	SB	CS	SB%	GDP	Avg	OBP	SLG
1986	Pirates	R	15	40	11	2	1	0	--	--	15	6	6	2	0	2	1	0	1	1	2	.33	2	.275	.318	.375
1987	Macon	A	127	445	117	15	4	5	--	--	155	63	62	41	6	73	5	3	6	18	7	.72	8	.263	.328	.348
1988	Harrisburg	AA	32	94	14	2	2	0	--	--	20	7	4	9	0	12	1	0	1	0	2	.00	3	.149	.231	.213
	Salem	A	64	218	60	12	2	11	--	--	109	46	40	36	1	44	1	1	0	4	3	.57	5	.275	.380	.500
1989	Pirates	R	2	5	0	0	0	0	--	--	0	0	0	1	0	1	0	0	0	0	0	.00	0	.000	.167	.000
	Salem	A	14	62	20	3	1	1	--	--	28	8	6	1	0	13	0	0	0	0	0	.00	1	.323	.333	.452
	Harrisburg	AA	37	127	37	7	0	3	--	--	53	15	22	12	0	21	1	1	0	1	0	1.00	2	.291	.357	.417
1990	Harrisburg	AA	24	91	27	6	0	1	--	--	36	9	13	7	0	11	0	0	1	5	1	.83	1	.297	.343	.396
1991	Scranton-Wb	AAA	36	111	29	3	2	0	--	--	36	19	9	8	1	20	0	1	0	4	4	.50	4	.261	.311	.324
	Reading	AA	85	323	93	23	1	9	--	--	145	43	56	32	2	45	2	1	4	10	7	.59	9	.288	.352	.449
1993	Scranton/wb	AAA	120	447	136	36	4	6	--	--	198	63	67	41	3	71	3	2	8	12	4	.75	6	.304	.364	.443
1993	Philadelphia	NL	11	13	3	0	0	0	(0 | 0)	3	1	1	0	0	1	0	0	0	0	0	.00	0	.231	.231	.231
1994	Philadelphia	NL	69	139	33	11	0	0	(0 | 0)	44	10	17	10	1	27	1	1	2	2	1	.67	5	.237	.289	.317
	2 ML YEARS		80	152	36	11	0	0	(0 | 0)	47	11	18	10	1	28	1	1	2	2	1	.67	5	.237	.285	.309

Brian Looney

Pitches: Left **Bats:** Left **Pos:** RP **Ht:** 5'10" **Wt:** 185 **Born:** 09/26/69 **Age:** 25

			HOW MUCH HE PITCHED					WHAT HE GAVE UP										THE RESULTS				
Year	Team	Lg	G	GS	CG	GF	IP	BFP	H	R	ER	HR	SH	SF	HB	TBB	IBB	SO	WP	Bk	W	L	Pct.	ShO	Sv	ERA
1991	Jamestown	A	11	11	2	0	62.1	246	42	12	8	0	2	2	0	28	0	64	6	0	7	1	.875	1	0	1.16
1992	Rockford	A	17	0	0	5	31.1	141	28	13	11	0	2	0	1	23	0	34	1	0	3	1	.750	0	0	3.16
	Albany	A	11	11	1	0	67.1	265	51	22	16	1	1	3	0	30	0	56	4	0	3	2	.600	1	0	2.14
1993	Wst Plm Bch	A	18	16	0	1	106	451	108	48	37	2	7	3	5	29	0	109	2	1	4	6	.400	0	0	3.14

			G	GS	CG	GF	IP	BFP	H	R	ER	HR	SH	SF	HB	TBB	IBB	SO	WP	Bk	W	L	Pct.	ShO	Sv	ERA
	Harrisburg	AA	8	8	1	0	56.2	221	36	15	15	2	1	1	1	17	1	76	0	0	3	2	.600	1	0	2.38
1994	Ottawa	AAA	27	16	0	2	124.2	565	134	71	60	10	3	6	3	67	4	90	2	0	7	7	.500	0	0	4.33
1993	Montreal	NL	3	1	0	1	6	28	8	2	2	0	0	0	0	2	0	7	0	1	0	0	.000	0	0	3.00
1994	Montreal	NL	1	0	0	0	2	11	4	5	5	1	0	0	1	0	0	2	0	0	0	0	.000	0	0	22.50
	2 ML YEARS		4	1	0	1	8	39	12	7	7	1	0	0	1	2	0	9	0	1	0	0	.000	0	0	7.88

Albie Lopez

Pitches: Right **Bats:** Right **Pos:** SP **Ht:** 6' 1" **Wt:** 205 **Born:** 08/18/71 **Age:** 23

			HOW MUCH HE PITCHED						WHAT HE GAVE UP												THE RESULTS					
Year	Team	Lg	G	GS	CG	GF	IP	BFP	H	R	ER	HR	SH	SF	HB	TBB	IBB	SO	WP	Bk	W	L	Pct.	ShO	Sv	ERA
1991	Burlington	R	13	13	0	0	73.1	302	61	33	28	4	2	2	3	23	0	81	4	0	4	5	.444	0	0	3.44
1992	Columbus	A	16	16	1	0	97	402	80	41	31	4	0	4	2	33	0	117	9	7	7	2	.778	0	0	2.88
	Kinston	A	10	10	1	0	64	268	56	28	25	5	1	2	1	26	1	44	4	0	5	2	.714	1	0	3.52
1993	Canton-Akrn	AA	16	16	2	0	110	449	79	44	38	10	1	6	5	47	0	80	6	1	9	4	.692	0	0	3.11
	Charlotte	AAA	3	2	0	0	12	47	8	3	3	1	0	0	2	2	0	7	0	0	1	0	1.000	0	0	2.25
1994	Charlotte	AAA	22	22	3	0	144	599	136	68	63	20	1	10	3	42	0	105	5	0	13	3	.813	0	0	3.94
1993	Cleveland	AL	9	9	0	0	49.2	222	49	34	33	7	1	1	1	32	1	25	0	0	3	1	.750	0	0	5.98
1994	Cleveland	AL	4	4	1	0	17	76	20	11	8	3	0	0	1	6	0	18	3	0	1	2	.333	1	0	4.24
	2 ML YEARS		13	13	1	0	66.2	298	69	45	41	10	1	1	2	38	1	43	3	0	4	3	.571	1	0	5.54

Javy Lopez

Bats: Right **Throws:** Right **Pos:** C **Ht:** 6' 3" **Wt:** 185 **Born:** 11/05/70 **Age:** 24

						BATTING													BASERUNNING				PERCENTAGES		
Year	Team	Lg	G	AB	H	2B	3B	HR	(Hm	Rd)	TB	R	RBI	TBB	IBB	SO	HBP	SH	SF	SB	CS	SB%	GDP	Avg	OBP	SLG
1988	Braves	R	31	94	18	4	0	1	--	--	25	8	9	3	0	19	0	1	1	1	0	1.00	0	.191	.214	.266
1989	Pulaski	R	51	153	40	8	1	3	--	--	59	27	27	5	0	35	1	0	3	3	2	.60	8	.261	.284	.386
1990	Burlington	A	116	422	112	17	3	11	--	--	168	48	55	14	2	84	5	4	0	0	2	.00	10	.265	.297	.398
1991	Durham	A	113	384	94	14	2	11	--	--	145	43	51	25	4	87	3	0	3	10	3	.77	10	.245	.294	.378
1992	Greenville	AA	115	442	142	28	3	16	--	--	224	63	60	24	1	47	5	1	2	7	3	.70	8	.321	.362	.507
1993	Richmond	AAA	100	380	116	23	2	17	--	--	194	56	74	12	1	53	6	0	3	1	6	.14	8	.305	.334	.511
1992	Atlanta	NL	9	16	6	2	0	0	(0	0)	8	3	2	0	0	1	0	0	0	0	0	.00	0	.375	.375	.500
1993	Atlanta	NL	8	16	6	1	1	1	(0	1)	12	1	2	0	0	2	1	0	0	0	0	.00	0	.375	.412	.750
1994	Atlanta	NL	80	277	68	9	0	13	(4	9)	116	27	35	17	0	61	5	2	2	0	2	.00	12	.245	.299	.419
	3 ML YEARS		97	309	80	12	1	14	(4	10)	136	31	39	17	0	64	6	2	2	0	2	.00	12	.259	.308	.440

Luis Lopez

Bats: Both **Throws:** Right **Pos:** SS/2B **Ht:** 5'11" **Wt:** 175 **Born:** 09/04/70 **Age:** 24

						BATTING													BASERUNNING				PERCENTAGES		
Year	Team	Lg	G	AB	H	2B	3B	HR	(Hm	Rd)	TB	R	RBI	TBB	IBB	SO	HBP	SH	SF	SB	CS	SB%	GDP	Avg	OBP	SLG
1988	Spokane	A	70	312	95	13	1	0	--	--	110	50	35	10	0	59	4	2	2	14	5	.74	7	.304	.348	.353
1989	Chston-Sc	A	127	460	102	15	1	1	--	--	122	50	29	17	0	85	2	7	3	12	9	.57	9	.222	.251	.265
1990	Riverside	A	14	46	17	3	1	1	--	--	25	5	4	3	2	3	0	1	0	4	2	.67	1	.370	.408	.543
1991	Wichita	AA	125	452	121	17	1	1	--	--	143	43	41	18	3	70	8	4	4	6	7	.46	8	.268	.305	.316
1992	Las Vegas	AAA	120	395	92	8	8	1	--	--	119	44	31	19	1	65	3	7	3	6	4	.60	12	.233	.271	.301
1993	Las Vegas	AAA	131	491	150	36	6	6	--	--	216	52	58	27	3	62	5	13	3	8	0	1.00	7	.305	.346	.440
1994	Las Vegas	AAA	12	49	10	2	2	0	--	--	16	2	6	1	0	5	0	1	0	0	0	.00	0	.204	.216	.327
1993	San Diego	NL	17	43	5	1	0	0	(0	0)	6	1	1	0	0	8	0	0	0	0	0	.00	0	.116	.114	.140
1994	San Diego	NL	77	235	65	16	1	2	(2	0)	89	29	20	15	2	39	3	2	2	3	2	.60	7	.277	.325	.379
	2 ML YEARS		94	278	70	17	1	2	(2	0)	95	30	21	15	2	47	3	2	3	3	2	.60	7	.252	.294	.342

Andrew Lorraine

Pitches: Left **Bats:** Left **Pos:** SP **Ht:** 6' 3" **Wt:** 195 **Born:** 08/11/72 **Age:** 22

			HOW MUCH HE PITCHED						WHAT HE GAVE UP												THE RESULTS					
Year	Team	Lg	G	GS	CG	GF	IP	BFP	H	R	ER	HR	SH	SF	HB	TBB	IBB	SO	WP	Bk	W	L	Pct.	ShO	Sv	ERA
1993	Boise	A	6	6	3	0	42	159	33	6	6	3	0	0	2	6	0	39	0	0	4	1	.800	1	0	1.29
1994	Vancouver	AAA	22	22	4	0	142	599	156	63	54	13	2	4	11	34	1	90	0	1	12	4	.750	2	0	3.42
1994	California	AL	4	3	0	0	18.2	96	30	23	22	7	2	1	0	11	0	10	0	0	0	2	.000	0	0	10.61

Torey Lovullo

Bats: Both **Throws:** Right **Pos:** 2B **Ht:** 6' 0" **Wt:** 185 **Born:** 07/25/65 **Age:** 29

						BATTING													BASERUNNING				PERCENTAGES		
Year	Team	Lg	G	AB	H	2B	3B	HR	(Hm	Rd)	TB	R	RBI	TBB	IBB	SO	HBP	SH	SF	SB	CS	SB%	GDP	Avg	OBP	SLG
1994	Calgary *	AAA	54	211	62	18	1	11	--	--	115	43	47	34	1	28	1	2	2	2	1	.67	3	.294	.391	.545
1988	Detroit	AL	12	21	8	1	1	1	(0	1)	14	2	2	1	0	2	0	1	0	0	0	.00	1	.381	.409	.667
1989	Detroit	AL	29	87	10	2	0	1	(0	1)	15	8	4	14	0	20	0	1	2	0	0	.00	3	.115	.233	.172
1991	New York	AL	22	51	9	2	0	0	--	--	11	0	2	5	1	7	0	3	0	0	0	.00	0	.176	.250	.216
1993	California	AL	116	367	92	20	0	6	(4	2)	130	42	30	36	1	49	0	1	3	7	6	.54	8	.251	.318	.354
1994	Seattle	AL	36	72	16	5	0	2	(2	0)	27	9	7	9	1	13	0	0	0	1	0	1.00	2	.222	.309	.375
	5 ML YEARS		215	598	135	30	1	10	(6	4)	197	61	45	65	3	91	1	8	4	8	6	.57	14	.226	.301	.329

John Mabry

Bats: Left **Throws:** Right **Pos:** RF **Ht:** 6' 4" **Wt:** 195 **Born:** 10/17/70 **Age:** 24

Year	Team	Lg	G	AB	H	2B	3B	HR	(Hm	Rd)	TB	R	RBI	TBB	IBB	SO	HBP	SH	SF	SB	CS	SB%	GDP	Avg	OBP	SLG
1991	Hamilton	A	49	187	58	12	0	1	--	--	73	25	31	17	2	18	2	0	2	9	3	.75	6	.310	.370	.390
	Savannah	A	22	86	20	6	1	0	--	--	28	10	8	7	2	12	0	0	2	1	0	1.00	2	.233	.284	.326
1992	Springfield	A	115	438	115	13	6	11	--	--	173	63	57	24	2	39	0	0	1	2	8	.20	12	.263	.300	.395
1993	Arkansas	AA	136	528	153	32	2	16	--	--	237	68	72	27	2	68	4	3	5	7	15	.32	17	.290	.326	.449
	Louisville	AAA	4	7	1	0	0	0	--	--	1	0	1	0	0	1	0	0	0	0	0	.00	1	.143	.143	.143
1994	Louisville	AAA	122	477	125	30	1	15	--	--	202	76	68	32	1	67	3	1	2	2	6	.25	14	.262	.311	.423
1994	St. Louis	NL	6	23	7	3	0	0	(0	0)	10	2	3	2	0	4	0	0	0	0	0	.00	0	.304	.360	.435

Mike Macfarlane

Bats: Right **Throws:** Right **Pos:** C **Ht:** 6' 1" **Wt:** 205 **Born:** 04/12/64 **Age:** 31

Year	Team	Lg	G	AB	H	2B	3B	HR	(Hm	Rd)	TB	R	RBI	TBB	IBB	SO	HBP	SH	SF	SB	CS	SB%	GDP	Avg	OBP	SLG
1987	Kansas City	AL	8	19	4	1	0	0	(0	0)	5	0	3	2	0	2	0	0	0	0	0	.00	1	.211	.286	.263
1988	Kansas City	AL	70	211	56	15	0	4	(2	2)	83	25	26	21	2	37	1	1	2	0	0	.00	5	.265	.332	.393
1989	Kansas City	AL	69	157	35	6	0	2	(0	2)	47	13	19	7	0	27	2	0	1	0	0	.00	8	.223	.263	.299
1990	Kansas City	AL	124	400	102	24	4	6	(1	5)	152	37	58	25	2	69	7	1	6	1	0	1.00	9	.255	.306	.380
1991	Kansas City	AL	84	267	74	18	2	13	(6	7)	135	34	41	17	0	52	6	1	4	1	0	1.00	4	.277	.330	.506
1992	Kansas City	AL	129	402	94	28	3	17	(7	10)	179	51	48	30	2	89	15	1	2	1	5	.17	8	.234	.310	.445
1993	Kansas City	AL	117	388	106	27	0	20	(7	13)	193	55	67	40	2	83	16	1	6	2	5	.29	8	.273	.360	.497
1994	Kansas City	AL	92	314	80	17	3	14	(9	5)	145	53	47	35	1	71	18	0	3	1	0	1.00	9	.255	.359	.462
8 ML YEARS			693	2158	551	136	12	76	(32	44)	939	268	309	177	9	430	65	5	24	6	10	.38	52	.255	.327	.435

Quinn Mack

Bats: Left **Throws:** Left **Pos:** LF **Ht:** 5'10" **Wt:** 185 **Born:** 09/11/65 **Age:** 29

Year	Team	Lg	G	AB	H	2B	3B	HR	(Hm	Rd)	TB	R	RBI	TBB	IBB	SO	HBP	SH	SF	SB	CS	SB%	GDP	Avg	OBP	SLG
1987	Burlington	A	59	164	44	10	1	2	--	--	62	15	15	11	1	22	2	0	0	3	.00	7	.268	.322	.378	
1988	Wst Plm Bch	A	100	349	97	10	5	2	--	--	123	51	25	21	1	42	2	3	4	10	5	.67	4	.278	.319	.352
1989	Jacksonville	AA	122	378	97	19	3	6	--	--	140	46	40	27	2	55	1	4	5	7	.42	12	.257	.305	.370	
1990	Indianapols	AAA	121	392	108	25	2	7	--	--	158	55	53	25	5	46	5	2	1	11	6	.65	20	.276	.326	.403
1991	Indianapols	AAA	120	416	113	19	8	5	--	--	163	35	49	12	0	42	3	1	3	4	6	.40	13	.272	.295	.392
1992	Indianapols	AAA	103	301	85	19	0	4	--	--	116	33	36	20	2	44	1	2	2	5	4	.56	10	.282	.327	.385
1993	Ottawa	AAA	8	21	2	0	0	0	--	--	2	1	0	1	0	3	0	1	0	0	0	.00	3	.095	.136	.095
	Calgary	AAA	84	325	100	25	1	6	--	--	145	48	39	17	2	41	0	1	0	9	6	.60	12	.308	.340	.446
1994	Calgary	AAA	114	404	117	30	1	5	--	--	164	63	51	31	0	50	1	1	1	10	7	.59	19	.290	.341	.406
1994	Seattle	AL	5	21	5	3	0	0	(0	0)	8	1	2	1	0	3	0	0	0	2	0	1.00	0	.238	.273	.381

Shane Mack

Bats: Right **Throws:** Right **Pos:** LF/CF **Ht:** 6' 0" **Wt:** 190 **Born:** 12/07/63 **Age:** 31

Year	Team	Lg	G	AB	H	2B	3B	HR	(Hm	Rd)	TB	R	RBI	TBB	IBB	SO	HBP	SH	SF	SB	CS	SB%	GDP	Avg	OBP	SLG
1987	San Diego	NL	105	238	57	11	3	4	(2	2)	86	28	25	18	0	47	3	6	2	4	6	.40	11	.239	.299	.361
1988	San Diego	NL	56	119	29	3	0	0	(0	0)	32	13	12	14	0	21	3	3	1	5	1	.83	2	.244	.336	.269
1990	Minnesota	AL	125	313	102	10	4	8	(5	3)	144	50	44	29	1	69	5	6	0	13	4	.76	7	.326	.392	.460
1991	Minnesota	AL	143	442	137	27	8	18	(4	14)	234	79	74	34	1	79	6	2	5	13	9	.59	14	.310	.363	.529
1992	Minnesota	AL	156	600	189	31	6	16	(10	6)	280	101	75	64	1	106	15	11	2	26	14	.65	8	.315	.394	.467
1993	Minnesota	AL	128	503	139	30	4	10	(3	7)	207	66	61	41	1	76	4	3	2	15	5	.75	13	.276	.335	.412
1994	Minnesota	AL	81	303	101	21	2	15	(8	7)	171	55	61	32	1	51	6	1	4	4	1	.80	11	.333	.402	.564
7 ML YEARS			794	2518	754	133	27	71	(32	39)	1154	392	352	232	5	449	42	32	17	80	40	.67	63	.299	.366	.458

Greg Maddux

Pitches: Right **Bats:** Right **Pos:** SP **Ht:** 6' 0" **Wt:** 175 **Born:** 04/14/66 **Age:** 29

Year	Team	Lg	G	GS	CG	GF	IP	BFP	H	R	ER	HR	SH	SF	HB	TBB	IBB	SO	WP	Bk	W	L	Pct.	ShO	Sv	ERA
1986	Chicago	NL	6	5	1	1	31	144	44	20	19	3	1	0	1	11	2	20	0	0	2	4	.333	0	0	5.52
1987	Chicago	NL	30	27	1	2	155.2	701	181	111	97	17	7	1	4	74	13	101	4	7	6	14	.300	1	0	5.61
1988	Chicago	NL	34	34	9	0	249	1047	230	97	88	13	11	2	9	81	16	140	3	6	18	8	.692	3	0	3.18
1989	Chicago	NL	35	35	7	0	238.1	1002	222	90	78	13	18	6	6	82	13	135	3	3	19	12	.613	1	0	2.95
1990	Chicago	NL	35	35	8	0	237	1011	242	116	91	11	18	5	4	71	10	144	3	0	15	15	.500	2	0	3.46
1991	Chicago	NL	37	37	7	0	263	1070	232	113	98	18	16	3	6	66	9	198	6	3	15	11	.577	2	0	3.35
1992	Chicago	NL	35	35	9	0	268	1061	201	68	65	7	15	3	14	70	7	199	5	0	20	11	.645	4	0	2.18
1993	Atlanta	NL	36	36	8	0	267	1064	228	85	70	14	15	7	6	52	7	197	5	1	20	10	.667	1	0	2.36
1994	Atlanta	NL	25	25	10	0	202	774	150	44	35	4	6	3	1	31	3	156	3	1	16	6	.727	3	0	1.56
9 ML YEARS			273	269	60	3	1911	7874	1730	744	641	100	107	32	56	538	80	1290	36	24	131	91	.590	17	0	3.02

Mike Maddux

Pitches: Right **Bats:** Left **Pos:** RP **Ht:** 6' 2" **Wt:** 190 **Born:** 08/27/61 **Age:** 33

			HOW MUCH HE PITCHED					WHAT HE GAVE UP									THE RESULTS				
Year	Team	Lg	G	GS	CG	GF	IP	BFP	H	R	ER	HR	SH	SF	HB	TBB	IBB	SO	WP	Bk	W	L	Pct.	ShO	Sv	ERA
1986	Philadelphia	NL	16	16	0	0	78	351	88	56	47	6	3	3	3	34	4	44	4	2	3	7	.300	0	0	5.42
1987	Philadelphia	NL	7	2	0	0	17	72	17	5	5	0	0	0	0	5	0	15	1	0	2	0	1.000	0	0	2.65
1988	Philadelphia	NL	25	11	0	4	88.2	380	91	41	37	6	7	3	5	34	4	59	4	2	4	3	.571	0	0	3.76
1989	Philadelphia	NL	16	4	2	1	43.2	191	52	29	25	3	3	1	2	14	3	26	3	1	1	3	.250	1	1	5.15
1990	Los Angeles	NL	11	2	0	3	20.2	88	24	15	15	3	0	1	1	4	0	11	2	0	0	1	.000	0	0	6.53
1991	San Diego	NL	64	1	0	27	98.2	388	78	30	27	4	5	2	1	27	3	57	5	0	7	2	.778	0	5	2.46
1992	San Diego	NL	50	1	0	14	79.2	330	71	25	21	2	2	3	0	24	4	60	4	1	2	2	.500	0	5	2.37
1993	New York	NL	58	0	0	31	75	320	67	34	30	3	7	6	4	27	7	57	4	1	3	8	.273	0	5	3.60
1994	New York	NL	27	0	0	12	44	186	45	25	25	7	0	2	0	13	4	32	2	0	2	1	.667	0	2	5.11
	9 ML YEARS		274	37	2	92	545.1	2306	533	260	232	34	27	21	16	182	29	361	29	7	24	27	.471	1	18	3.83

Dave Magadan

Bats: Left **Throws:** Right **Pos:** 3B/1B **Ht:** 6' 3" **Wt:** 205 **Born:** 09/30/62 **Age:** 32

			BATTING																BASERUNNING				PERCENTAGES		
Year	Team	Lg	G	AB	H	2B	3B	HR	(Hm | Rd)	TB	R	RBI	TBB	IBB	SO	HBP	SH	SF	SB	CS	SB%	GDP	Avg	OBP	SLG
1986	New York	NL	10	18	8	0	0	0	(0 | 0)	8	3	3	3	0	1	0	0	0	0	0	.00	1	.444	.524	.444
1987	New York	NL	85	192	61	13	1	3	(2 | 1)	85	21	24	22	2	22	0	1	1	0	0	.00	5	.318	.386	.443
1988	New York	NL	112	314	87	15	0	1	(1 | 0)	105	39	35	60	4	39	2	1	3	0	1	.00	9	.277	.393	.334
1989	New York	NL	127	374	107	22	3	4	(3 | 1)	147	47	41	49	6	37	1	1	4	1	0	1.00	2	.286	.367	.393
1990	New York	NL	144	451	148	28	6	6	(2 | 4)	206	74	72	74	4	55	2	4	10	2	1	.67	11	.328	.417	.457
1991	New York	NL	124	418	108	23	0	4	(2 | 2)	143	58	51	83	3	50	2	7	7	1	1	.50	5	.258	.378	.342
1992	New York	NL	99	321	91	9	1	3	(2 | 1)	111	33	28	56	3	44	0	2	0	1	0	1.00	6	.283	.390	.346
1993	2 ML Teams		137	455	124	23	0	5	(3 | 2)	162	49	50	80	7	63	1	2	6	2	1	.67	12	.273	.378	.356
1994	Florida	NL	74	211	58	7	0	1	(1 | 0)	68	30	17	39	0	25	1	0	3	0	0	.00	8	.275	.386	.322
1993	Florida	NL	66	227	65	12	0	4	(3 | 1)	89	22	29	44	4	30	1	0	3	0	1	.00	3	.286	.400	.392
	Seattle	AL	71	228	59	11	0	1			73	27	21	36	3	33	0	2	3	2	0	1.00	9	.259	.356	.320
	9 ML YEARS		912	2754	792	140	11	27	(16 | 11)	1035	354	321	466	29	336	9	18	34	7	4	.64	59	.288	.388	.376

Mike Magnante

Pitches: Left **Bats:** Left **Pos:** RP **Ht:** 6' 1" **Wt:** 190 **Born:** 06/17/65 **Age:** 30

			HOW MUCH HE PITCHED					WHAT HE GAVE UP									THE RESULTS				
Year	Team	Lg	G	GS	CG	GF	IP	BFP	H	R	ER	HR	SH	SF	HB	TBB	IBB	SO	WP	Bk	W	L	Pct.	ShO	Sv	ERA
1991	Kansas City	AL	38	0	0	10	55	236	55	19	15	3	2	1	0	23	3	42	1	0	0	1	.000	0	0	2.45
1992	Kansas City	AL	44	12	0	11	89.1	403	115	53	49	5	5	7	2	35	5	31	2	0	4	9	.308	0	0	4.94
1993	Kansas City	AL	7	6	0	0	35.1	145	37	16	16	3	1	1	1	11	1	16	1	0	1	2	.333	0	0	4.08
1994	Kansas City	AL	36	1	0	10	47	211	55	27	24	5	2	3	0	16	1	21	3	0	2	3	.400	0	0	4.60
	4 ML YEARS		125	19	0	31	226.2	995	262	115	104	16	10	12	3	85	10	110	7	0	7	15	.318	0	0	4.13

Joe Magrane

Pitches: Left **Bats:** Right **Pos:** SP/RP **Ht:** 6' 6" **Wt:** 230 **Born:** 07/02/64 **Age:** 30

			HOW MUCH HE PITCHED					WHAT HE GAVE UP									THE RESULTS				
Year	Team	Lg	G	GS	CG	GF	IP	BFP	H	R	ER	HR	SH	SF	HB	TBB	IBB	SO	WP	Bk	W	L	Pct.	ShO	Sv	ERA
1994	Lake Elsino *	A	2	2	0	0	10.2	47	9	3	3	0	1	1	0	4	0	8	1	0	0	0	.000	0	0	2.53
	Vancouver *	AAA	2	2	0	0	10	45	13	5	5	1	0	0	1	4	0	5	2	0	1	1	.500	0	0	4.50
1987	St. Louis	NL	27	26	4	0	170.1	722	157	75	67	9	9	3	10	60	6	101	9	7	9	7	.563	2	0	3.54
1988	St. Louis	NL	24	24	4	0	165.1	677	133	57	40	6	8	4	2	51	4	100	8	8	5	9	.357	3	0	2.18
1989	St. Louis	NL	34	33	9	0	234.2	971	219	81	76	5	14	8	6	72	7	127	14	5	18	9	.667	3	0	2.91
1990	St. Louis	NL	31	31	3	0	203.1	855	204	86	81	10	8	6	8	59	7	100	11	1	10	17	.370	2	0	3.59
1992	St. Louis	NL	5	5	0	0	31.1	143	34	15	14	2	3	1	2	15	0	20	4	0	1	2	.333	0	0	4.02
1993	2 ML Teams		30	28	0	2	164	708	175	95	85	19	10	10	5	58	3	62	8	0	11	12	.478	0	0	4.66
1994	California	AL	20	11	1	4	74	357	89	63	60	18	0	3	6	51	0	33	7	0	2	6	.250	0	0	7.30
1993	St. Louis	NL	22	20	0	2	116	499	127	68	64	15	6	7	5	37	3	38	4	0	8	10	.444	0	0	4.97
	California	AL	8	8	0	0	48	209	48	27	21	4	4	3	0	21	0	24	4	0	3	2	.600	0	0	3.94
	7 ML YEARS		171	158	21	7	1043	4433	1011	472	423	69	52	35	39	366	27	543	61	21	56	62	.475	10	0	3.65

Pat Mahomes

Pitches: Right **Bats:** Right **Pos:** SP **Ht:** 6' 4" **Wt:** 210 **Born:** 08/09/70 **Age:** 24

			HOW MUCH HE PITCHED					WHAT HE GAVE UP									THE RESULTS				
Year	Team	Lg	G	GS	CG	GF	IP	BFP	H	R	ER	HR	SH	SF	HB	TBB	IBB	SO	WP	Bk	W	L	Pct.	ShO	Sv	ERA
1992	Minnesota	AL	14	13	0	1	69.2	302	73	41	39	5	0	3	3	37	0	44	2	1	3	4	.429	0	0	5.04
1993	Minnesota	AL	12	5	0	4	37.1	173	47	34	32	8	1	3	1	16	0	23	3	0	1	5	.167	0	0	7.71
1994	Minnesota	AL	21	21	0	0	120	517	121	68	63	22	1	4	1	62	1	53	3	0	9	5	.643	0	0	4.72
	3 ML YEARS		47	39	0	5	227	992	241	143	134	35	2	10	2	115	1	120	8	1	13	14	.481	0	0	5.31

Mike Maksudian

Bats: Left **Throws:** Right **Pos:** 1B **Ht:** 5'11" **Wt:** 200 **Born:** 05/28/66 **Age:** 29

Year	Team	Lg	G	AB	H	2B	3B	HR	(Hm	Rd)	TB	R	RBI	TBB	IBB	SO	HBP	SH	SF	SB	CS	SB%	GDP	Avg	OBP	SLG
1987	White Sox	R	34	109	38	11	3	1	--	--	58	23	28	19	4	13	1	0	2	7	2	.78	2	.349	.443	.532
1988	South Bend	A	102	366	111	26	3	4	--	--	155	51	50	60	9	59	3	0	2	5	3	.63	5	.303	.404	.423
	Tampa	A	1	3	2	1	0	0	--	--	3	1	2	0	0	1	0	0	0	0	0	.00	0	.667	.667	1.000
	St. Lucie	A	13	42	9	2	1	0	--	--	13	7	1	8	0	6	0	0	1	0	0	.00	1	.214	.333	.310
1989	Miami	A	83	288	90	18	4	9	--	--	143	36	42	28	2	42	0	0	2	6	4	.60	11	.313	.371	.497
1990	Knoxville	AA	121	422	121	22	5	8	--	--	177	51	55	50	6	66	2	0	1	6	4	.60	9	.287	.364	.419
1991	Syracuse	AAA	31	97	32	6	3	1	--	--	47	13	13	10	0	17	0	1	0	0	0	.00	2	.330	.393	.485
	Knoxville	AA	71	231	59	12	3	5	--	--	92	32	35	37	5	43	0	0	5	2	2	.50	3	.255	.352	.398
1992	Syracuse	AAA	101	339	95	17	1	13	--	--	153	38	58	32	6	63	1	0	1	4	1	.80	7	.280	.343	.451
1993	Portland	AAA	76	264	83	16	7	10	--	--	143	57	49	45	3	51	0	0	4	5	1	.83	1	.314	.409	.542
1994	Iowa	AAA	58	198	63	18	2	8	--	--	109	45	38	33	5	39	0	0	3	1	1	.50	0	.318	.410	.551
1992	Toronto	AL	3	3	0	0	0	0	(0	0)	0	0	0	0	0	0	0	0	0	0	0	.00	0	.000	.000	.000
1993	Minnesota	AL	5	12	2	1	0	0	(0	0)	3	2	2	4	0	2	0	0	1	0	0	.00	2	.167	.353	.250
1994	Chicago	NL	26	26	7	2	0	0	(0	0)	9	6	4	10	0	4	0	0	0	0	1	.00	0	.269	.472	.346
	3 ML YEARS		34	41	9	3	0	0	(0	0)	12	8	6	14	0	6	0	0	1	0	1	.00	2	.220	.411	.293

Candy Maldonado

Bats: Right **Throws:** Right **Pos:** DH **Ht:** 6'0" **Wt:** 220 **Born:** 09/05/60 **Age:** 34

Year	Team	Lg	G	AB	H	2B	3B	HR	(Hm	Rd)	TB	R	RBI	TBB	IBB	SO	HBP	SH	SF	SB	CS	SB%	GDP	Avg	OBP	SLG
1981	Los Angeles	NL	11	12	1	0	0	0	(0	0)	1	0	0	0	0	5	0	0	0	0	0	.00	0	.083	.083	.083
1982	Los Angeles	NL	6	4	0	0	0	0	(0	0)	0	0	0	1	0	2	0	0	0	0	0	.00	0	.000	.200	.000
1983	Los Angeles	NL	42	62	12	1	1	1	(1	0)	18	5	6	5	0	14	0	1	0	0	0	.00	1	.194	.254	.290
1984	Los Angeles	NL	116	254	68	14	0	5	(1	4)	97	25	28	19	0	29	1	1	3	0	3	.00	6	.268	.318	.382
1985	Los Angeles	NL	121	213	48	7	1	5	(2	3)	72	20	19	19	4	40	0	0	2	1	1	.50	3	.225	.288	.338
1986	San Francisco	NL	133	405	102	31	3	18	(6	12)	193	49	85	20	4	77	3	0	4	4	4	.50	12	.252	.289	.477
1987	San Francisco	NL	118	442	129	28	4	20	(14	6)	225	69	85	34	4	78	6	0	7	8	8	.50	9	.292	.346	.509
1988	San Francisco	NL	142	499	127	23	1	12	(5	7)	188	53	68	37	1	89	7	3	6	6	5	.55	13	.255	.311	.377
1989	San Francisco	NL	129	345	75	23	0	9	(1	8)	125	39	41	37	4	69	3	1	3	4	1	.80	8	.217	.296	.362
1990	Cleveland	AL	155	590	161	32	2	22	(12	10)	263	76	95	49	4	134	5	0	7	3	5	.38	13	.273	.330	.446
1991	2 ML Teams		86	288	72	15	0	12	(7	5)	123	37	48	36	4	76	6	0	3	4	0	1.00	8	.250	.342	.427
1992	Toronto	AL	137	489	133	25	4	20	(8	12)	226	64	66	59	3	112	7	2	3	2	2	.50	13	.272	.357	.462
1993	2 ML Teams		98	221	46	7	0	8	(5	3)	77	19	35	24	2	58	1	1	1	0	1	.00	5	.208	.287	.348
1994	Cleveland	AL	42	92	18	5	1	5	(4	1)	40	14	12	19	1	31	0	0	0	1	1	.50	1	.196	.333	.435
1991	Milwaukee	AL	34	111	23	6	0	5	(3	2)	44	11	20	13	0	23	0	0	1	1	0	1.00	4	.207	.288	.396
	Toronto	AL	52	177	49	9	0	7	(4	3)	79	26	28	23	4	53	6	0	2	3	0	1.00	4	.277	.375	.446
1993	Chicago	NL	70	140	26	5	0	3	(1	2)	40	8	15	13	0	40	1	0	0	0	0	.00	3	.186	.260	.286
	Cleveland	AL	28	81	20	2	0	5	(4	1)	37	11	20	11	2	18	0	1	1	0	1	.00	2	.247	.333	.457
	14 ML YEARS		1336	3916	992	211	17	137	(66	71)	1648	470	588	359	32	814	39	11	38	33	31	.52	92	.253	.319	.421

Kirt Manwaring

Bats: Right **Throws:** Right **Pos:** C **Ht:** 5'11" **Wt:** 203 **Born:** 07/15/65 **Age:** 29

Year	Team	Lg	G	AB	H	2B	3B	HR	(Hm	Rd)	TB	R	RBI	TBB	IBB	SO	HBP	SH	SF	SB	CS	SB%	GDP	Avg	OBP	SLG
1987	San Francisco	NL	6	7	1	0	0	0	(0	0)	1	0	0	0	0	1	1	0	0	0	0	.00	1	.143	.250	.143
1988	San Francisco	NL	40	116	29	7	0	1	(0	1)	39	12	15	2	0	21	3	1	1	0	1	.00	1	.250	.279	.336
1989	San Francisco	NL	85	200	42	4	2	0	(0	0)	50	14	18	11	1	28	4	7	1	2	1	.67	5	.210	.264	.250
1990	San Francisco	NL	8	13	2	0	1	0	(0	0)	4	0	1	0	0	3	0	0	0	0	0	.00	0	.154	.154	.308
1991	San Francisco	NL	67	178	40	9	0	0	(0	0)	49	16	19	9	0	22	3	7	2	1	1	.50	2	.225	.271	.275
1992	San Francisco	NL	109	349	85	10	5	4	(1	3)	117	24	26	29	0	42	5	6	0	2	1	.67	12	.244	.311	.335
1993	San Francisco	NL	130	432	119	15	1	5	(3	2)	151	48	49	41	13	76	6	5	2	1	3	.25	14	.275	.345	.350
1994	San Francisco	NL	97	316	79	17	1	1	(0	1)	101	30	29	25	3	50	3	4	3	1	1	.50	10	.250	.308	.320
	8 ML YEARS		542	1611	397	62	10	11	(4	7)	512	144	157	117	17	243	25	30	9	7	8	.47	45	.246	.306	.318

Josias Manzanillo

Pitches: Right **Bats:** Right **Pos:** RP **Ht:** 6'0" **Wt:** 190 **Born:** 10/16/67 **Age:** 27

			HOW MUCH HE PITCHED					WHAT HE GAVE UP									THE RESULTS					
Year	Team	Lg	G	GS	CG	GF	IP	BFP	H	R	ER	HR	SH	SF	HB	TBB	IBB	SO	WP	Bk	W	L	Pct.	ShO	Sv	ERA
1994	Norfolk *	AAA	8	0	0	1	12.1	54	12	6	6	1	0	0	0	6	1	10	0	0	0	1	.000	0	3	4.38
1991	Boston	AL	1	0	0	1	1	8	2	2	2	0	0	0	0	3	0	1	0	0	0	0	.000	0	0	18.00
1993	2 ML Teams		16	1	0	6	29	140	30	27	22	2	3	3	2	19	3	21	1	0	1	1	.500	0	0	6.83
1994	New York	NL	37	0	0	14	47.1	186	34	15	14	4	0	0	3	13	2	48	2	0	3	2	.600	0	2	2.66
1993	Milwaukee	AL	10	0	0	4	17	86	22	20	18	1	2	2	2	10	3	10	1	0	1	1	.500	0	1	9.53
	New York	NL	6	1	0	2	12	54	8	7	4	1	1	1	0	9	0	11	0	0	0	0	.000	0	0	3.00
	3 ML YEARS		54	1	0	21	77.1	334	66	44	38	6	3	3	5	35	5	70	3	0	4	3	.571	0	3	4.42

Ravelo Manzanillo

Pitches: Left **Bats:** Left **Pos:** RP **Ht:** 5'10" **Wt:** 190 **Born:** 10/17/63 **Age:** 31

			HOW MUCH HE PITCHED					WHAT HE GAVE UP									THE RESULTS					
Year	Team	Lg	G	GS	CG	GF	IP	BFP	H	R	ER	HR	SH	SF	HB	TBB	IBB	SO	WP	Bk	W	L	Pct.	ShO	Sv	ERA
1984	Nashua	AA	14	13	2	0	74.1	333	56	40	35	6	3	2	1	62	1	50	6	1	4	4	.500	1	0	4.24
1985	Nashua	AA	33	17	2	10	123.1	553	99	70	64	4	10	8	3	96	3	62	11	0	6	10	.375	0	5	4.67
1988	Tampa	A	24	20	2	3	130.1	526	93	53	44	2	1	2	4	49	0	140	10	10	10	6	.625	2	0	3.04
1989	Birmingham	AA	22	22	2	0	129.1	557	105	66	56	11	5	6	6	72	0	89	2	8	8	7	.533	0	0	3.90
1990	Vancouver	AAA	38	6	0	18	92.1	394	74	41	37	2	4	2	3	60	1	64	3	3	7	3	.700	0	4	3.61
1991	Syracuse	AAA	12	0	0	4	23.2	108	26	10	9	3	0	1	0	14	0	20	4	1	3	0	1.000	0	1	3.42
1988	Chicago	AL	2	2	0	0	9.1	46	7	6	6	1	0	0	1	12	0	10	1	0	0	1	.000	0	0	5.79
1994	Pittsburgh	NL	46	0	0	11	50	236	45	30	23	4	2	5	3	42	5	39	2	5	4	2	.667	0	1	4.14
	2 ML YEARS		48	2	0	11	59.1	282	52	36	29	5	2	5	4	54	5	49	3	5	4	3	.571	0	1	4.40

Tom Marsh

Bats: Right **Throws:** Right **Pos:** RF **Ht:** 6'2" **Wt:** 180 **Born:** 12/27/65 **Age:** 29

						BATTING												BASERUNNING				PERCENTAGES		
Year	Team	Lg	G	AB	H	2B	3B	HR	(Hm | Rd)	TB	R	RBI	TBB	IBB	SO	HBP	SH	SF	SB	CS	SB%	GDP	Avg	OBP	SLG
1988	Batavia	A	62	216	55	14	1	8	--	--	95	35	27	18	0	54	3	1	2	6	4	.60	2	.255	.318	.440
1989	Spartanburg	A	79	288	73	18	1	10	--	--	123	42	42	29	2	66	3	2	5	8	5	.62	2	.253	.323	.427
	Clearwater	A	43	141	24	2	1	1	--	--	31	12	10	7	0	30	2	4	0	5	2	.71	1	.170	.220	.220
1990	Spartanburg	A	24	75	21	2	1	4	--	--	37	14	15	8	1	21	3	0	0	5	2	.71	0	.280	.372	.493
	Reading	AA	41	132	34	6	1	1	--	--	45	13	10	8	0	27	3	4	1	5	0	1.00	3	.258	.313	.341
1991	Reading	AA	67	236	62	12	5	7	--	--	105	27	35	11	0	47	1	3	3	8	4	.67	7	.263	.295	.445
1992	Scranton/wb	AAA	45	158	38	7	2	8	--	--	73	26	25	10	0	30	2	1	0	5	4	.56	5	.241	.294	.462
1993	Scranton/wb	AAA	78	315	90	16	8	12	--	--	158	45	57	14	2	47	4	1	3	10	4	.71	12	.286	.321	.502
1994	Scranton-Wb	AAA	114	448	120	31	5	9	--	--	188	52	59	13	2	58	4	1	6	5	6	.45	7	.268	.291	.420
1992	Philadelphia	NL	42	125	25	3	2	2	(1 | 1)	38	7	16	2	0	23	1	2	2	0	1	.00	2	.200	.215	.304
1994	Philadelphia	NL	8	18	5	1	1	0	(0 | 0)	8	3	3	1	0	1	0	0	0	0	0	.00	0	.278	.316	.444
	2 ML YEARS		50	143	30	4	3	2	(1 | 1)	46	10	19	3	0	24	1	3	2	0	1	.00	2	.210	.228	.322

Al Martin

Bats: Left **Throws:** Left **Pos:** LF/CF **Ht:** 6'2" **Wt:** 210 **Born:** 11/24/67 **Age:** 27

						BATTING												BASERUNNING				PERCENTAGES		
Year	Team	Lg	G	AB	H	2B	3B	HR	(Hm | Rd)	TB	R	RBI	TBB	IBB	SO	HBP	SH	SF	SB	CS	SB%	GDP	Avg	OBP	SLG
1992	Pittsburgh	NL	12	12	2	0	1	0	(0 | 0)	4	1	2	0	0	5	0	0	1	0	0	.00	0	.167	.154	.333
1993	Pittsburgh	NL	143	480	135	26	8	18	(15 | 3)	231	85	64	42	5	122	1	2	3	16	9	.64	5	.281	.338	.481
1994	Pittsburgh	NL	82	276	79	12	4	9	(6 | 3)	126	48	33	34	3	56	2	0	1	15	6	.71	3	.286	.367	.457
	3 ML YEARS		237	768	216	38	13	27	(21 | 6)	361	134	99	76	8	183	3	2	5	31	15	.67	8	.281	.346	.470

Norberto Martin

Bats: Right **Throws:** Right **Pos:** 2B **Ht:** 5'10" **Wt:** 164 **Born:** 12/10/66 **Age:** 28

						BATTING												BASERUNNING				PERCENTAGES		
Year	Team	Lg	G	AB	H	2B	3B	HR	(Hm | Rd)	TB	R	RBI	TBB	IBB	SO	HBP	SH	SF	SB	CS	SB%	GDP	Avg	OBP	SLG
1984	White Sox	R	56	205	56	8	2	1	--	--	71	36	30	21	0	31	4	1	4	18	5	.78	3	.273	.346	.346
1985	Appleton	A	30	96	19	2	0	0	--	--	21	15	5	9	0	23	0	3	0	2	2	.50	1	.198	.267	.219
	Niagara Fls	A	60	217	55	9	0	1	--	--	67	22	13	7	0	41	1	5	0	6	4	.60	2	.253	.280	.309
1986	Appleton	A	9	33	10	2	0	0	--	--	12	4	2	2	0	5	0	0	0	1	0	1.00	1	.303	.343	.364
1987	Chston-Wv	A	68	250	78	14	1	5	--	--	109	44	35	17	1	40	4	4	3	14	4	.78	1	.312	.361	.436
	Peninsula	A	41	162	42	6	1	1	--	--	53	21	18	18	0	19	1	0	4	11	6	.65	3	.259	.335	.327
1988	Tampa	A	101	360	93	10	4	2	--	--	117	44	33	17	0	49	3	7	3	24	5	.83	13	.258	.295	.325
1990	Vancouver	AAA	130	508	135	20	4	3	--	--	172	77	45	27	0	63	5	8	6	10	7	.59	14	.266	.306	.339
1991	Vancouver	AAA	93	338	94	9	0	0	--	--	103	39	20	21	0	38	3	10	2	11	7	.61	14	.278	.324	.305
1992	Vancouver	AAA	135	497	143	12	7	0	--	--	169	72	29	29	1	44	2	14	2	29	12	.71	11	.288	.328	.340
1993	Nashville	AAA	137	580	179	21	6	9	--	--	239	87	74	26	2	59	2	12	6	31	6	.83	17	.309	.337	.412
1994	Nashville	AAA	43	172	44	8	0	2	--	--	58	26	12	10	2	14	1	3	2	4	6	.40	6	.256	.297	.337
1993	Chicago	AL	8	14	5	0	0	0	(0 | 0)	5	3	2	1	0	1	0	0	0	0	0	.00	0	.357	.400	.357
1994	Chicago	AL	45	131	36	7	1	1	(0 | 1)	48	19	16	9	0	16	0	3	2	4	2	.67	2	.275	.317	.366
	2 ML YEARS		53	145	41	7	1	1	(0 | 1)	53	22	18	10	0	17	0	3	2	4	2	.67	2	.283	.325	.366

Dave Martinez

Bats: Left **Throws:** Left **Pos:** RF/1B **Ht:** 5'10" **Wt:** 175 **Born:** 09/26/64 **Age:** 30

						BATTING												BASERUNNING				PERCENTAGES		
Year	Team	Lg	G	AB	H	2B	3B	HR	(Hm | Rd)	TB	R	RBI	TBB	IBB	SO	HBP	SH	SF	SB	CS	SB%	GDP	Avg	OBP	SLG
1986	Chicago	NL	53	108	15	1	1	1	(1 | 0)	21	13	7	6	0	22	1	0	1	4	2	.67	1	.139	.190	.194
1987	Chicago	NL	142	459	134	18	8	8	(5 | 3)	192	70	36	57	4	96	2	1	1	16	8	.67	4	.292	.372	.418
1988	2 ML Teams		138	447	114	13	6	6	(2 | 4)	157	51	46	38	8	94	2	2	5	23	9	.72	3	.255	.313	.351

Year	Team	Lg	G	AB	H	2B	3B	HR	(Hm	Rd)	TB	R	RBI	TBB	IBB	SO	HBP	SH	SF	SB	CS	SB%	GDP	Avg	OBP	SLG
1989	Montreal	NL	126	361	99	16	7	3	(1	2)	138	41	27	27	2	57	0	7	1	23	4	.85	1	.274	.324	.382
1990	Montreal	NL	118	391	109	13	5	11	(5	6)	165	60	39	24	2	48	1	3	2	13	11	.54	8	.279	.321	.422
1991	Montreal	NL	124	396	117	18	5	7	(3	4)	166	47	42	20	3	54	3	5	3	16	7	.70	3	.295	.332	.419
1992	Cincinnati	NL	135	393	100	20	5	3	(3	0)	139	47	31	42	4	54	0	6	4	12	8	.60	6	.254	.323	.354
1993	San Francisco	NL	91	241	58	12	1	5	(1	4)	87	28	27	27	3	39	0	0	0	6	3	.67	5	.241	.317	.361
1994	San Francisco	NL	97	235	58	9	3	4	(1	3)	85	23	27	21	1	22	2	2	0	3	4	.43	6	.247	.314	.362
1988	Chicago	NL	75	256	65	10	1	4	(2	2)	89	27	34	21	5	46	2	0	4	7	3	.70	2	.254	.311	.348
	Montreal	NL	63	191	49	3	5	2	(0	2)	68	24	12	17	3	48	0	0	2	16	6	.73	1	.257	.316	.356
9 ML YEARS			1024	3031	804	120	41	48	(22	26)	1150	380	282	262	27	486	11	26	17	116	56	.67	37	.265	.324	.379

Dennis Martinez

Pitches: Right **Bats:** Right **Pos:** SP **Ht:** 6' 1" **Wt:** 180 **Born:** 05/14/55 **Age:** 40

			HOW MUCH HE PITCHED					WHAT HE GAVE UP									THE RESULTS					
Year	Team	Lg	G	GS	CG	GF	IP	BFP	H	R	ER	HR	SH	SF	HB	TBB	IBB	SO	WP	Bk	W	L	Pct.	ShO	Sv	ERA
1976	Baltimore	AL	4	2	1	1	28	106	23	8	8	1	1	0	0	8	0	18	1	0	1	2	.333	0	0	2.57
1977	Baltimore	AL	42	13	5	19	167	709	157	86	76	10	8	8	8	64	5	107	5	0	14	7	.667	0	4	4.10
1978	Baltimore	AL	40	38	15	0	276	1140	257	121	108	20	8	7	3	93	4	142	8	0	16	11	.593	2	0	3.52
1979	Baltimore	AL	40	39	18	0	292	1206	279	129	119	28	12	12	1	78	1	132	9	2	15	16	.484	3	0	3.67
1980	Baltimore	AL	25	12	2	8	100	428	103	44	44	12	1	3	2	44	6	42	0	1	6	4	.600	0	1	3.96
1981	Baltimore	AL	25	24	9	0	179	753	173	84	66	10	2	5	2	62	1	88	6	1	**14**	5	.737	2	0	3.32
1982	Baltimore	AL	40	39	10	0	252	1093	262	123	118	30	11	7	7	87	2	111	7	1	16	12	.571	2	0	4.21
1983	Baltimore	AL	32	25	4	3	153	688	209	108	94	21	3	5	2	45	0	71	2	0	7	16	.304	0	0	5.53
1984	Baltimore	AL	34	20	2	4	141.2	599	145	81	79	26	0	5	5	37	2	77	13	0	6	9	.400	0	0	5.02
1985	Baltimore	AL	33	31	3	1	180	789	203	110	103	29	0	11	9	63	3	68	4	1	13	11	.542	1	0	5.15
1986	2 ML Teams		23	15	1	2	104.2	449	114	57	55	11	8	2	3	30	4	65	3	2	3	6	.333	1	0	4.73
1987	Montreal	NL	22	22	2	0	144.2	599	133	59	53	9	4	3	6	40	2	84	4	2	11	4	**.733**	1	0	3.30
1988	Montreal	NL	34	34	9	0	235.1	968	215	94	71	21	2	6	6	55	3	120	5	**10**	15	13	.536	2	0	2.72
1989	Montreal	NL	34	33	5	1	232	950	227	88	82	21	8	2	7	49	4	142	5	2	16	7	.696	2	0	3.18
1990	Montreal	NL	32	32	7	0	226	908	191	80	74	16	11	3	6	49	9	156	1	1	10	11	.476	2	0	2.95
1991	Montreal	NL	31	31	9	0	222	905	187	70	59	9	7	3	4	62	3	123	3	0	14	11	.560	5	0	**2.39**
1992	Montreal	NL	32	32	6	0	226.1	900	172	75	62	12	12	5	9	60	3	147	2	0	16	11	.593	0	0	2.47
1993	Montreal	NL	35	34	2	1	224.2	945	211	110	96	27	10	4	11	64	7	138	2	4	15	9	.625	0	1	3.85
1994	Cleveland	AL	24	24	7	0	176.2	730	166	75	69	14	3	5	7	44	2	92	4	3	11	6	.647	3	0	3.52
1986	Baltimore	AL	4	0	0	1	6.2	33	11	5	5	0	0	1	0	2	0	2	1	0	0	0	.000	0	0	6.75
	Montreal	NL	19	15	1	1	98	416	103	52	50	11	8	1	3	28	4	63	2	2	3	6	.333	1	0	4.59
19 ML YEARS			582	500	117	40	3561	14865	3427	1602	1436	327	111	96	98	1034	61	1923	84	30	219	171	.562	26	6	3.63

Edgar Martinez

Bats: Right **Throws:** Right **Pos:** 3B/DH **Ht:** 5'11" **Wt:** 190 **Born:** 01/02/63 **Age:** 32

									BATTING											BASERUNNING				PERCENTAGES		
Year	Team	Lg	G	AB	H	2B	3B	HR	(Hm	Rd)	TB	R	RBI	TBB	IBB	SO	HBP	SH	SF	SB	CS	SB%	GDP	Avg	OBP	SLG
1987	Seattle	AL	13	43	16	5	2	0	(0	0)	25	6	5	2	0	5	1	0	0	0	0	.00	0	.372	.413	.581
1988	Seattle	AL	14	32	9	4	0	0	(0	0)	13	0	5	4	0	7	0	1	0	0	0	.00	0	.281	.351	.406
1989	Seattle	AL	65	171	41	5	0	2	(0	2)	52	20	20	17	1	26	3	2	3	2	1	.67	3	.240	.314	.304
1990	Seattle	AL	144	487	147	27	2	11	(3	8)	211	71	49	74	3	62	5	1	3	1	4	.20	13	.302	.397	.433
1991	Seattle	AL	150	544	167	35	1	14	(8	6)	246	98	52	84	9	72	8	2	4	0	3	.00	19	.307	.405	.452
1992	Seattle	AL	135	528	181	**46**	3	18	(11	7)	287	100	73	54	2	61	4	1	5	14	4	.78	15	**.343**	.404	.544
1993	Seattle	AL	42	135	32	7	0	4	(1	3)	51	20	13	28	1	19	0	1	1	0	0	.00	4	.237	.366	.378
1994	Seattle	AL	89	326	93	23	1	13	(4	9)	157	47	51	53	3	42	3	2	3	6	2	.75	2	.285	.387	.482
8 ML YEARS			652	2266	686	152	9	62	(27	35)	1042	362	268	316	19	294	24	10	20	23	14	.62	56	.303	.391	.460

Jose Martinez

Pitches: Right **Bats:** Right **Pos:** RP **Ht:** 6' 2" **Wt:** 155 **Born:** 04/01/71 **Age:** 24

			HOW MUCH HE PITCHED					WHAT HE GAVE UP									THE RESULTS					
Year	Team	Lg	G	GS	CG	GF	IP	BFP	H	R	ER	HR	SH	SF	HB	TBB	IBB	SO	WP	Bk	W	L	Pct.	ShO	Sv	ERA
1989	Mets	R	11	4	1	4	34.1	162	54	35	25	2	1	0	1	4	1	22	2	0	1	4	.200	0	0	6.55
1990	Mets	R	13	13	4	0	92	357	68	27	16	1	2	4	1	9	0	90	3	2	8	3	.727	2	0	1.57
1991	Columbia	A	26	26	9	0	193.1	754	162	51	32	3	5	2	0	30	1	158	6	1	20	4	.833	1	0	1.49
1992	St. Lucie	A	17	17	4	0	123	489	107	44	28	6	2	2	0	11	0	114	4	0	6	5	.545	1	0	2.05
	Binghamton	AA	9	8	3	1	58	229	47	16	11	1	0	3	1	13	1	38	0	1	5	2	.714	1	0	1.71
1993	Edmonton	AAA	13	13	3	0	80	343	92	49	38	10	4	5	1	24	0	29	2	0	6	4	.600	0	0	4.28
	Las Vegas	AAA	14	5	0	2	35.1	174	56	39	39	8	0	2	1	15	0	16	3	0	2	3	.400	0	0	9.93
1994	Wichita	AA	25	24	1	0	133.2	584	154	82	76	12	7	6	4	50	5	68	1	0	4	11	.267	1	0	5.12
1994	San Diego	NL	4	1	0	0	12	54	18	9	9	2	1	0	0	5	2	7	1	0	0	2	.000	0	0	6.75

Pedro Martinez

Pitches: Right **Bats:** Right **Pos:** SP **Ht:** 5'11" **Wt:** 170 **Born:** 07/25/71 **Age:** 23

			HOW MUCH HE PITCHED					WHAT HE GAVE UP								THE RESULTS					
Year	Team	Lg	G	GS	CG	GF	IP	BFP	H	R	ER	HR	SH	SF	HB	TBB	IBB	SO	WP	Bk	W	L	Pct.	ShO	Sv	ERA
1992	Los Angeles	NL	2	1	0	1	8	31	6	2	2	0	0	0	1	1	0	8	0	0	0	1	.000	0	0	2.25
1993	Los Angeles	NL	65	2	0	20	107	444	76	34	31	5	0	5	4	57	4	119	3	1	10	5	.667	0	2	2.61
1994	Montreal	NL	24	23	1	1	144.2	584	115	58	55	11	2	3	11	45	3	142	6	0	11	5	.688	1	1	3.42
	3 ML YEARS		91	26	1	22	259.2	1059	197	94	88	16	2	8	15	103	7	269	9	1	21	11	.656	1	3	3.05

Pedro A. Martinez

Pitches: Left **Bats:** Right **Pos:** RP **Ht:** 6'2" **Wt:** 185 **Born:** 09/29/68 **Age:** 26

			HOW MUCH HE PITCHED					WHAT HE GAVE UP								THE RESULTS					
Year	Team	Lg	G	GS	CG	GF	IP	BFP	H	R	ER	HR	SH	SF	HB	TBB	IBB	SO	WP	Bk	W	L	Pct.	ShO	Sv	ERA
1987	Spokane	A	18	5	1	4	51.2	240	57	31	22	1	3	2	0	36	1	42	5	2	4	1	.800	0	0	3.83
1988	Spokane	A	15	15	1	0	99.2	433	108	55	47	1	2	6	2	32	0	89	4	5	8	3	.727	0	0	4.24
1989	Chston-Sc	A	27	27	5	0	187	750	147	53	41	5	4	5	2	64	1	158	4	2	14	8	.636	2	0	1.97
1990	Wichita	AA	24	23	2	0	129.1	576	139	83	69	14	5	2	3	70	2	88	4	0	6	10	.375	0	0	4.80
1991	Wichita	AA	26	26	3	0	156.2	677	169	99	91	21	8	6	3	57	2	95	7	0	11	10	.524	2	0	5.23
1992	Wichita	AA	26	26	1	0	168.1	694	153	66	56	12	4	4	3	52	0	142	3	0	11	7	.611	0	0	2.99
1993	Las Vegas	AAA	15	14	1	0	87.2	381	94	49	46	8	2	4	1	40	4	65	3	1	3	5	.375	0	0	4.72
1993	San Diego	NL	32	0	0	9	37	148	23	11	10	4	0	0	1	13	1	32	0	0	3	1	.750	0	0	2.43
1994	San Diego	NL	48	1	0	18	68.1	308	52	31	22	4	9	1	1	49	9	52	2	1	3	2	.600	0	3	2.90
	2 ML YEARS		80	1	0	27	105.1	456	75	42	32	8	9	1	2	62	10	84	2	1	6	3	.667	0	3	2.73

Ramon Martinez

Pitches: Right **Bats:** Left **Pos:** SP **Ht:** 6'4" **Wt:** 176 **Born:** 03/22/68 **Age:** 27

			HOW MUCH HE PITCHED					WHAT HE GAVE UP								THE RESULTS					
Year	Team	Lg	G	GS	CG	GF	IP	BFP	H	R	ER	HR	SH	SF	HB	TBB	IBB	SO	WP	Bk	W	L	Pct.	ShO	Sv	ERA
1988	Los Angeles	NL	9	6	0	0	35.2	151	27	17	15	0	4	0	0	22	1	23	1	0	1	3	.250	0	0	3.79
1989	Los Angeles	NL	15	15	2	0	98.2	410	79	39	35	11	4	0	5	41	1	89	1	0	6	4	.600	2	0	3.19
1990	Los Angeles	NL	33	33	12	0	234.1	950	191	89	76	22	7	5	4	67	5	223	3	3	20	6	.769	3	0	2.92
1991	Los Angeles	NL	33	33	6	0	220.1	916	190	89	80	18	8	4	7	69	4	150	6	0	17	13	.567	4	0	3.27
1992	Los Angeles	NL	25	25	1	0	150.2	662	141	82	67	11	12	1	5	69	4	101	9	0	8	11	.421	1	0	4.00
1993	Los Angeles	NL	32	32	4	0	211.2	918	202	88	81	15	12	5	4	104	9	127	2	2	10	12	.455	3	0	3.44
1994	Los Angeles	NL	24	24	4	0	170	718	160	83	75	18	6	8	6	56	2	119	2	0	12	7	.632	3	0	3.97
	7 ML YEARS		171	168	29	0	1121.1	4725	990	487	429	95	53	23	31	428	26	832	24	5	74	56	.569	16	0	3.44

Tino Martinez

Bats: Left **Throws:** Right **Pos:** 1B **Ht:** 6'2" **Wt:** 210 **Born:** 12/07/67 **Age:** 27

			BATTING																BASERUNNING				PERCENTAGES		
Year	Team	Lg	G	AB	H	2B	3B	HR	(Hm | Rd)	TB	R	RBI	TBB	IBB	SO	HBP	SH	SF	SB	CS	SB%	GDP	Avg	OBP	SLG
1990	Seattle	AL	24	68	15	4	0	0	(0 | 0)	19	4	5	9	0	9	0	0	1	0	0	.00	0	.221	.308	.279
1991	Seattle	AL	36	112	23	2	0	4	(3 | 1)	37	11	9	11	0	24	0	0	2	0	0	.00	2	.205	.272	.330
1992	Seattle	AL	136	460	118	19	2	16	(10 | 6)	189	53	66	42	9	77	2	1	8	2	1	.67	24	.257	.316	.411
1993	Seattle	AL	109	408	108	25	1	17	(9 | 8)	186	48	60	45	9	56	5	3	3	0	3	.00	7	.265	.343	.456
1994	Seattle	AL	97	329	86	21	0	20	(8 | 12)	167	42	61	29	2	52	1	4	3	1	2	.33	9	.261	.320	.508
	5 ML YEARS		402	1377	350	71	3	57	(30 | 27)	598	158	201	136	20	218	8	8	17	3	6	.33	42	.254	.321	.434

Roger Mason

Pitches: Right **Bats:** Right **Pos:** RP **Ht:** 6'6" **Wt:** 226 **Born:** 09/18/58 **Age:** 36

			HOW MUCH HE PITCHED					WHAT HE GAVE UP								THE RESULTS					
Year	Team	Lg	G	GS	CG	GF	IP	BFP	H	R	ER	HR	SH	SF	HB	TBB	IBB	SO	WP	Bk	W	L	Pct.	ShO	Sv	ERA
1984	Detroit	AL	5	2	0	2	22	97	23	11	11	1	0	2	0	10	0	15	2	0	1	1	.500	0	1	4.50
1985	San Francisco	NL	5	5	1	0	29.2	128	28	13	7	1	2	0	0	11	1	26	0	0	1	3	.250	1	0	2.12
1986	San Francisco	NL	11	11	1	0	60	262	56	35	32	5	2	3	3	30	3	43	1	0	3	4	.429	0	0	4.80
1987	San Francisco	NL	5	5	0	0	26	110	30	15	13	4	1	0	0	10	0	18	1	1	1	1	.500	0	0	4.50
1989	Houston	NL	2	0	0	1	1.1	8	2	3	3	0	0	0	0	2	0	3	0	0	0	0	.000	0	0	20.25
1991	Pittsburgh	NL	24	0	0	6	29.2	114	21	11	10	2	1	1	1	6	1	21	2	0	3	2	.600	0	3	3.03
1992	Pittsburgh	NL	65	0	0	26	88	374	80	41	40	11	8	4	4	33	8	56	3	0	5	7	.417	0	8	4.09
1993	2 ML Teams		68	0	0	29	99.2	417	90	48	45	10	7	5	2	34	5	71	2	3	5	12	.294	0	0	4.06
1994	2 ML Teams		47	0	0	12	60	256	55	29	25	8	2	1	2	25	5	33	0	0	3	5	.375	0	1	3.75
1993	San Diego	NL	34	0	0	14	50	207	43	20	18	1	6	3	2	18	4	39	1	2	0	7	.000	0	0	3.24
	Philadelphia	NL	34	0	0	15	49.2	210	47	28	27	9	1	2	0	16	1	32	1	1	5	5	.500	0	0	4.89
1994	Philadelphia	NL	6	0	0	1	8.2	41	11	6	5	2	0	0	0	5	1	7	0	0	1	1	.500	0	0	5.19
	New York	NL	41	0	0	11	51.1	215	44	23	20	6	2	1	2	20	4	26	0	0	2	4	.333	0	1	3.51
	9 ML YEARS		232	23	2	76	416.1	1766	385	206	186	42	23	16	12	161	23	286	11	4	22	35	.386	1	13	4.02

Mike Matheny

Bats: Right **Throws:** Right **Pos:** C **Ht:** 6' 3" **Wt:** 205 **Born:** 09/22/70 **Age:** 24

							BATTING										BASERUNNING				PERCENTAGES		
Year	Team	Lg	G	AB	H	2B	3B	HR	(Hm	Rd)	TB	R	RBI	TBB	IBB	SO	HBP	SH	SF	SB	CS	SB%	GDP	Avg	OBP	SLG
1991	Helena	R	64	255	72	14	0	2	--	--	92	35	34	19	0	51	6	3	1	2	4	.33	10	.282	.345	.361
1992	Stockton	A	106	333	73	13	2	6	--	--	108	42	46	35	1	81	3	5	3	2	2	.50	11	.219	.297	.324
1993	El Paso	AA	107	339	86	21	2	2	--	--	117	39	28	17	2	73	2	13	1	1	4	.20	6	.254	.292	.345
1994	New Orleans	AAA	57	177	39	10	1	4	--	--	63	20	21	16	1	39	4	6	0	1	1	.50	5	.220	.299	.356
1994	Milwaukee	AL	28	53	12	3	0	1	(1	0)	18	3	2	3	0	13	2	1	0	0	1	.00	1	.226	.293	.340

Terry Mathews

Pitches: Right **Bats:** Left **Pos:** RP **Ht:** 6' 2" **Wt:** 225 **Born:** 10/05/64 **Age:** 30

			HOW MUCH HE PITCHED					WHAT HE GAVE UP									THE RESULTS					
Year	Team	Lg	G	GS	CG	GF	IP	BFP	H	R	ER	HR	SH	SF	HB	TBB	IBB	SO	WP	Bk	W	L	Pct.	ShO	Sv	ERA
1994	Edmonton *	AAA	13	12	3	0	84	358	88	43	40	4	1	4	3	22	1	46	3	0	4	4	.500	0	1	4.29
1991	Texas	AL	34	2	0	8	57.1	236	54	24	23	5	2	0	1	18	3	51	5	0	4	0	1.000	0	1	3.61
1992	Texas	AL	40	0	0	11	42.1	199	48	29	28	4	1	3	1	31	3	26	2	1	2	4	.333	0	0	5.95
1994	Florida	NL	24	2	0	5	43	179	45	16	16	4	1	0	1	9	1	21	1	0	2	1	.667	0	0	3.35
	3 ML YEARS		98	4	0	24	142.2	614	147	69	67	13	4	3	3	58	7	98	8	1	8	5	.615	0	1	4.23

Francisco Matos

Bats: Right **Throws:** Right **Pos:** 2B **Ht:** 6' 1" **Wt:** 160 **Born:** 07/23/69 **Age:** 25

							BATTING										BASERUNNING				PERCENTAGES		
Year	Team	Lg	G	AB	H	2B	3B	HR	(Hm	Rd)	TB	R	RBI	TBB	IBB	SO	HBP	SH	SF	SB	CS	SB%	GDP	Avg	OBP	SLG
1989	Modesto	A	65	200	41	5	1	1	--	--	51	14	23	12	0	41	0	0	1	6	5	.55	5	.205	.249	.255
1990	Modesto	A	83	321	88	12	1	1	--	--	105	46	20	15	0	65	5	7	2	26	5	.84	2	.274	.315	.327
	Huntsville	AA	45	180	41	3	3	0	--	--	50	18	12	9	1	18	1	2	1	7	4	.64	3	.228	.267	.278
1991	Huntsville	AA	55	191	37	1	2	0	--	--	42	18	19	17	1	28	2	5	0	12	2	.86	8	.194	.267	.220
	Modesto	A	50	189	53	4	0	1	--	--	60	32	22	30	1	24	1	4	1	19	8	.70	5	.280	.380	.317
1992	Huntsville	AA	44	150	33	5	1	1	--	--	43	11	14	11	0	27	2	1	1	4	4	.50	4	.220	.280	.287
1993	Huntsville	AA	123	461	127	12	3	1	--	--	148	69	32	22	1	54	4	4	3	16	6	.73	6	.275	.312	.321
1994	Tacoma	AAA	86	336	103	10	1	0	--	--	115	40	30	14	0	32	0	4	3	16	9	.64	13	.307	.331	.342
1994	Oakland	AL	14	28	7	1	0	0	(0	0)	8	1	2	1	0	2	0	0	1	1	0	1.00	1	.250	.267	.286

Don Mattingly

Bats: Left **Throws:** Left **Pos:** 1B **Ht:** 6' 0" **Wt:** 200 **Born:** 04/20/61 **Age:** 34

							BATTING										BASERUNNING				PERCENTAGES		
Year	Team	Lg	G	AB	H	2B	3B	HR	(Hm | Rd)	TB	R	RBI	TBB	IBB	SO	HBP	SH	SF	SB	CS	SB%	GDP	Avg	OBP	SLG
1982	New York	AL	7	12	2	0	0	0	(0 | 0)	2	0	1	0	0	1	0	0	1	0	0	.00	0	.167	.154	.167
1983	New York	AL	91	279	79	15	4	4	(0 | 4)	114	34	32	21	5	31	1	2	2	0	0	.00	8	.283	.333	.409
1984	New York	AL	153	603	207	44	2	23	(12 | 11)	324	91	110	41	8	33	1	8	9	1	1	.50	15	.343	.381	.537
1985	New York	AL	159	652	211	48	3	35	(22 | 13)	370	107	145	56	13	41	2	2	15	2	2	.50	15	.324	.371	.567
1986	New York	AL	162	677	238	53	2	31	(17 | 14)	388	117	113	53	11	35	1	0	10	0	0	.00	17	.352	.394	.573
1987	New York	AL	141	569	186	38	2	30	(17 | 13)	318	93	115	51	13	38	1	0	8	1	4	.20	16	.327	.378	.559
1988	New York	AL	144	599	186	37	0	18	(11 | 7)	277	94	88	41	14	29	3	0	8	1	0	1.00	13	.311	.353	.462
1989	New York	AL	158	631	191	37	2	23	(19 | 4)	301	79	113	51	18	30	1	0	10	3	0	1.00	15	.303	.351	.477
1990	New York	AL	102	394	101	16	0	5	(4 | 1)	132	40	42	28	13	20	3	0	3	1	0	1.00	13	.256	.308	.335
1991	New York	AL	152	587	169	35	0	9	(7 | 2)	231	64	68	46	11	42	4	0	9	2	0	1.00	21	.288	.339	.394
1992	New York	AL	157	640	184	40	0	14	(6 | 8)	266	89	86	39	7	43	1	0	6	3	0	1.00	11	.288	.327	.416
1993	New York	AL	134	530	154	27	2	17	(8 | 9)	236	78	86	61	9	42	2	0	3	0	0	.00	20	.291	.364	.445
1994	New York	AL	97	372	113	20	1	6	(3 | 3)	153	62	51	60	7	24	0	0	4	0	0	.00	8	.304	.397	.411
	13 ML YEARS		1657	6545	2021	410	18	215	(126 | 89)	3112	948	1050	548	129	409	20	13	88	14	7	.67	174	.309	.360	.475

Tim Mauser

Pitches: Right **Bats:** Right **Pos:** RP **Ht:** 6' 0" **Wt:** 195 **Born:** 10/04/66 **Age:** 28

			HOW MUCH HE PITCHED					WHAT HE GAVE UP									THE RESULTS					
Year	Team	Lg	G	GS	CG	GF	IP	BFP	H	R	ER	HR	SH	SF	HB	TBB	IBB	SO	WP	Bk	W	L	Pct.	ShO	Sv	ERA
1991	Philadelphia	NL	3	0	0	1	10.2	53	18	10	9	3	1	0	0	3	0	6	0	0	0	0	.000	0	0	7.59
1993	2 ML Teams		36	0	0	16	54	235	51	28	24	6	1	1	1	24	5	46	2	0	0	1	.000	0	0	4.00
1994	San Diego	NL	35	0	0	12	49	211	50	21	19	3	2	3	1	19	3	32	5	1	2	4	.333	0	2	3.49
1993	Philadelphia	NL	8	0	0	1	16.1	71	15	9	9	1	0	1	0	7	0	14	1	0	0	0	.000	0	0	4.96
	San Diego	NL	28	0	0	15	37.2	164	36	19	15	5	1	0	1	17	5	32	1	0	0	1	.000	0	0	3.58
	3 ML YEARS		74	0	0	29	113.2	499	119	59	52	12	4	4	2	46	8	84	7	1	2	5	.286	0	2	4.12

Derrick May

Bats: Left **Throws:** Right **Pos:** LF **Ht:** 6' 4" **Wt:** 225 **Born:** 07/14/68 **Age:** 26

							BATTING										BASERUNNING				PERCENTAGES		
Year	Team	Lg	G	AB	H	2B	3B	HR	(Hm | Rd)	TB	R	RBI	TBB	IBB	SO	HBP	SH	SF	SB	CS	SB%	GDP	Avg	OBP	SLG
1990	Chicago	NL	17	61	15	3	0	1	(1 | 0)	21	8	11	2	0	7	0	0	0	1	0	1.00	1	.246	.270	.344
1991	Chicago	NL	15	22	5	2	0	1	(1 | 0)	10	4	3	2	0	1	0	0	1	0	0	.00	1	.227	.280	.455
1992	Chicago	NL	124	351	96	11	0	8	(3 | 5)	131	33	45	14	4	40	3	2	1	5	3	.63	10	.274	.306	.373
1993	Chicago	NL	128	465	137	25	2	10	(3 | 7)	196	62	77	31	6	41	1	0	6	10	3	.77	15	.295	.336	.422
1994	Chicago	NL	100	345	98	19	2	8	(5 | 3)	145	43	51	30	4	34	0	1	2	3	2	.60	11	.284	.340	.420
	5 ML YEARS		384	1244	351	60	4	28	(13 | 15)	503	150	187	79	14	123	4	3	10	19	8	.70	38	.282	.325	.404

Brent Mayne

Bats: Left **Throws:** Right **Pos:** C **Ht:** 6' 1" **Wt:** 190 **Born:** 04/19/68 **Age:** 27

							BATTING										BASERUNNING				PERCENTAGES		
Year	Team	Lg	G	AB	H	2B	3B	HR	(Hm | Rd)	TB	R	RBI	TBB	IBB	SO	HBP	SH	SF	SB	CS	SB%	GDP	Avg	OBP	SLG
1990	Kansas City	AL	5	13	3	0	0	0	(0 | 0)	3	2	1	3	0	3	0	0	0	0	1	.00	0	.231	.375	.231
1991	Kansas City	AL	85	231	58	8	0	3	(2 | 1)	75	22	31	23	4	42	0	2	3	2	4	.33	6	.251	.315	.325
1992	Kansas City	AL	82	213	48	10	0	0	(0 | 0)	58	16	18	11	0	26	0	2	3	0	4	.00	5	.225	.260	.272
1993	Kansas City	AL	71	205	52	9	1	2	(0 | 2)	69	22	22	18	7	31	1	3	0	3	2	.60	6	.254	.317	.337
1994	Kansas City	AL	46	144	37	5	1	2	(1 | 1)	50	19	20	14	1	27	0	0	0	1	0	1.00	3	.257	.323	.347
	5 ML YEARS		289	806	198	32	2	7	(3 | 4)	255	81	92	69	12	129	1	7	6	6	11	.35	20	.246	.304	.316

Dave McCarty

Bats: Right **Throws:** Left **Pos:** 1B **Ht:** 6' 5" **Wt:** 207 **Born:** 11/23/69 **Age:** 25

							BATTING										BASERUNNING				PERCENTAGES		
Year	Team	Lg	G	AB	H	2B	3B	HR	(Hm	Rd)	TB	R	RBI	TBB	IBB	SO	HBP	SH	SF	SB	CS	SB%	GDP	Avg	OBP	SLG
1991	Visalia	A	15	50	19	3	0	3	--	--	31	16	8	13	0	7	3	0	0	3	1	.75	0	.380	.530	.620
	Orlando	AA	28	88	23	4	0	3	--	--	36	18	11	10	0	20	2	0	0	0	1	.00	1	.261	.350	.409
1992	Orlando	AA	129	456	124	16	2	18	--	--	198	75	79	55	5	89	8	1	6	6	6	.50	8	.272	.356	.434
	Portland	AAA	7	26	13	2	0	1	--	--	18	7	8	5	0	3	1	1	0	1	0	1.00	1	.500	.594	.692
1993	Portland	AAA	40	143	55	11	0	8	--	--	90	42	31	27	2	25	1	0	3	5	2	.71	3	.385	.477	.629
1994	Salt Lake	AAA	55	186	47	9	3	3	--	--	71	32	19	35	0	34	4	1	2	1	3	.25	9	.253	.379	.382
1993	Minnesota	AL	98	350	75	15	2	2	(2	0)	100	36	21	19	0	80	1	1	0	2	6	.25	13	.214	.257	.286
1994	Minnesota	AL	44	131	34	8	2	1	(1	0)	49	21	12	7	1	32	5	0	0	2	1	.67	3	.260	.322	.374
	2 ML YEARS		142	481	109	23	4	3	(3	0)	149	57	33	26	1	112	6	1	0	4	7	.36	16	.227	.275	.310

Kirk McCaskill

Pitches: Right **Bats:** Right **Pos:** RP **Ht:** 6' 1" **Wt:** 205 **Born:** 04/09/61 **Age:** 34

			HOW MUCH HE PITCHED					WHAT HE GAVE UP										THE RESULTS					
Year	Team	Lg	G	GS	CG	GF	IP	BFP	H	R	ER	HR	SH	SF	HB	TBB	IBB	SO	WP	Bk	W	L	Pct.	ShO	Sv	ERA
1985	California	AL	30	29	6	0	189.2	807	189	105	99	23	2	5	4	64	1	102	5	0	12	12	.500	1	0	4.70
1986	California	AL	34	33	10	1	246.1	1013	207	98	92	19	5	5	5	92	1	202	10	2	17	10	.630	2	0	3.36
1987	California	AL	14	13	1	0	74.2	334	84	52	47	14	3	1	2	34	0	56	1	0	4	6	.400	1	0	5.67
1988	California	AL	23	23	4	0	146.1	635	155	78	70	9	1	6	1	61	3	98	13	2	8	6	.571	2	0	4.31
1989	California	AL	32	32	6	0	212	864	202	73	69	16	3	4	3	59	1	107	7	2	15	10	.600	4	0	2.93
1990	California	AL	29	29	2	0	174.1	738	161	77	63	9	3	1	2	72	1	78	6	1	12	11	.522	1	0	3.25
1991	California	AL	30	30	1	0	177.2	762	193	93	84	19	6	6	3	66	1	71	6	0	10	19	.345	0	0	4.26
1992	Chicago	AL	34	34	0	0	209	911	193	116	97	11	7	7	6	95	5	109	6	1	12	13	.480	0	0	4.18
1993	Chicago	AL	30	14	0	6	113.2	502	144	71	66	12	2	3	1	36	6	65	6	0	4	8	.333	0	2	5.23
1994	Chicago	AL	40	0	0	18	52.2	228	51	22	20	6	1	3	0	22	4	37	1	0	1	4	.200	0	3	3.42
	10 ML YEARS		296	237	30	25	1596.1	6794	1579	785	707	138	34	41	27	601	23	925	61	9	95	99	.490	11	5	3.99

Lloyd McClendon

Bats: Right **Throws:** Right **Pos:** LF **Ht:** 6' 0" **Wt:** 208 **Born:** 01/11/59 **Age:** 36

							BATTING										BASERUNNING				PERCENTAGES		
Year	Team	Lg	G	AB	H	2B	3B	HR	(Hm	Rd)	TB	R	RBI	TBB	IBB	SO	HBP	SH	SF	SB	CS	SB%	GDP	Avg	OBP	SLG
1987	Cincinnati	NL	45	72	15	5	0	2	(0	2)	26	8	13	4	0	15	0	0	1	1	0	1.00	1	.208	.247	.361
1988	Cincinnati	NL	72	137	30	4	0	3	(0	3)	43	9	14	15	1	22	2	1	2	4	0	1.00	6	.219	.301	.314
1989	Chicago	NL	92	259	74	12	1	12	(9	3)	124	47	40	37	3	31	1	1	7	6	4	.60	3	.286	.368	.479
1990	2 ML Teams		53	110	18	3	0	2	(0	2)	27	6	12	14	2	22	0	0	1	1	0	1.00	2	.164	.256	.245
1991	Pittsburgh	NL	85	163	47	7	0	7	(2	5)	75	24	24	18	0	23	2	0	1	2	1	.67	2	.288	.366	.460
1992	Pittsburgh	NL	84	190	48	8	1	3	(3	0)	67	26	20	28	0	24	2	1	3	1	3	.25	5	.253	.350	.353
1993	Pittsburgh	NL	88	181	40	11	1	2	(1	1)	59	21	19	23	1	17	0	1	2	0	3	.00	4	.221	.306	.326
1994	Pittsburgh	NL	51	92	22	4	0	4	(2	2)	38	9	12	4	0	11	1	0	0	1	0	1.00	1	.239	.278	.413
1990	Chicago	NL	49	107	17	3	0	1	(0	1)	23	5	10	14	2	21	0	0	1	1	0	1.00	2	.159	.254	.215
	Pittsburgh	NL	4	3	1	0	0	1			4	1	2	0	0	1	0	0	0	0	0	.00	0	.333	.333	1.333
	8 ML YEARS		570	1204	294	54	3	35	(17	18)	459	150	154	143	7	165	8	4	16	15	12	.56	24	.244	.325	.381

Ray McDavid

Bats: Left **Throws:** Right **Pos:** LF **Ht:** 6' 2" **Wt:** 200 **Born:** 07/20/71 **Age:** 23

						BATTING												BASERUNNING				PERCENTAGES		
Year	Team	Lg	G	AB	H	2B	3B	HR	(Hm	Rd)	TB	R	RBI	TBB	IBB	SO	HBP	SH	SF	SB	CS	SB%	GDP	Avg	OBP	SLG
1990	Padres	R	13	41	6	0	2	0	--	--	10	4	1	6	1	5	0	1	0	3	2	.60	1	.146	.255	.244
1991	Chston-Sc	A	127	425	105	16	9	10	--	--	169	93	45	106	1	119	8	0	0	60	14	.81	3	.247	.406	.398
1992	High Desert	A	123	428	118	22	5	24	--	--	222	94	94	94	1	126	7	3	6	43	9	.83	3	.276	.409	.519
1993	Wichita	AA	126	441	119	18	5	11	--	--	180	65	55	70	6	104	6	0	8	33	17	.66	6	.270	.371	.408
1994	Las Vegas	AAA	128	476	129	24	6	13	--	--	204	85	62	67	4	110	8	1	1	24	15	.62	9	.271	.370	.429
1994	San Diego	NL	9	28	7	1	0	0	(0	0)	8	2	2	1	0	8	0	0	0	1	0	1.00	0	.250	.276	.286

Ben McDonald

Pitches: Right **Bats:** Right **Pos:** SP **Ht:** 6' 7" **Wt:** 214 **Born:** 11/24/67 **Age:** 27

			HOW MUCH HE PITCHED					WHAT HE GAVE UP										THE RESULTS					
Year	Team	Lg	G	GS	CG	GF	IP	BFP	H	R	ER	HR	SH	SF	HB	TBB	IBB	SO	WP	Bk	W	L	Pct.	ShO	Sv	ERA
1989	Baltimore	AL	6	0	0	2	7.1	33	8	7	7	2	0	1	0	4	0	3	1	1	1	0	1.000	0	0	8.59
1990	Baltimore	AL	21	15	3	2	118.2	472	88	36	32	9	3	5	0	35	0	65	5	0	8	5	.615	2	0	2.43
1991	Baltimore	AL	21	21	1	0	126.1	532	126	71	68	16	2	3	1	43	2	85	3	0	6	8	.429	0	0	4.84
1992	Baltimore	AL	35	35	4	0	227	958	213	113	107	32	6	6	9	74	5	158	3	2	13	13	.500	2	0	4.24
1993	Baltimore	AL	34	34	7	0	220.1	914	185	92	83	17	7	4	5	86	4	171	7	1	13	14	.481	1	0	3.39
1994	Baltimore	AL	24	24	5	0	157.1	655	151	75	71	14	6	1	2	54	2	94	3	1	14	7	.667	1	0	4.06
	6 ML YEARS		141	129	20	4	857	3564	771	394	368	90	24	20	17	296	13	576	22	5	55	47	.539	6	0	3.86

Jack McDowell

Pitches: Right **Bats:** Right **Pos:** SP **Ht:** 6' 5" **Wt:** 188 **Born:** 01/16/66 **Age:** 29

			HOW MUCH HE PITCHED					WHAT HE GAVE UP										THE RESULTS					
Year	Team	Lg	G	GS	CG	GF	IP	BFP	H	R	ER	HR	SH	SF	HB	TBB	IBB	SO	WP	Bk	W	L	Pct.	ShO	Sv	ERA
1987	Chicago	AL	4	4	0	0	28	103	16	6	6	1	0	0	2	6	0	15	0	0	3	0	1.000	0	0	1.93
1988	Chicago	AL	26	26	1	0	158.2	687	147	85	70	12	6	7	7	68	5	84	11	1	5	10	.333	0	0	3.97
1990	Chicago	AL	33	33	4	0	205	866	189	93	87	20	1	5	7	77	0	165	7	1	14	9	.609	0	0	3.82
1991	Chicago	AL	35	35	15	0	253.2	1028	212	97	96	19	8	4	4	82	2	191	10	1	17	10	.630	3	0	3.41
1992	Chicago	AL	34	34	13	0	260.2	1079	247	95	92	21	8	6	7	75	9	178	6	0	20	10	.667	1	0	3.18
1993	Chicago	AL	34	34	10	0	256.2	1067	261	104	96	20	8	6	3	69	6	158	8	1	**22**	10	.688	**4**	0	3.37
1994	Chicago	AL	25	25	6	0	181	755	186	82	75	12	4	4	5	42	2	127	4	0	10	9	.526	2	0	3.73
	7 ML YEARS		191	191	49	0	1343.2	5585	1258	562	522	105	35	32	35	419	24	918	46	4	91	58	.611	10	0	3.50

Oddibe McDowell

Bats: Left **Throws:** Left **Pos:** CF/RF **Ht:** 5' 9" **Wt:** 165 **Born:** 08/25/62 **Age:** 32

						BATTING												BASERUNNING				PERCENTAGES		
Year	Team	Lg	G	AB	H	2B	3B	HR	(Hm	Rd)	TB	R	RBI	TBB	IBB	SO	HBP	SH	SF	SB	CS	SB%	GDP	Avg	OBP	SLG
1994	Okla. City *	AAA	16	52	14	3	1	0	--	--	19	9	2	8	1	14	1	1	0	2	3	.40	0	.269	.377	.365
1985	Texas	AL	111	406	97	14	5	18	(10	8)	175	63	42	36	2	85	3	5	2	25	7	.78	6	.239	.304	.431
1986	Texas	AL	154	572	152	24	7	18	(8	10)	244	105	49	65	2	112	1	3	2	33	15	.69	12	.266	.341	.427
1987	Texas	AL	128	407	98	26	4	14	(5	9)	174	65	52	51	0	99	0	3	2	24	2	.92	3	.241	.324	.428
1988	Texas	AL	120	437	108	19	5	6	(4	2)	155	55	37	41	2	89	2	2	5	33	10	.77	3	.247	.311	.355
1989	2 ML Teams		145	519	138	23	6	10	(3	7)	203	89	46	52	2	73	1	4	2	27	15	.64	3	.266	.333	.391
1990	Atlanta	NL	113	305	74	14	0	7	(4	3)	109	47	25	21	0	53	2	0	1	13	2	.87	3	.243	.295	.357
1994	Texas	AL	59	183	48	5	1	1	(1	0)	58	34	15	28	2	39	0	6	3	14	2	.88	3	.262	.355	.317
1989	Cleveland	AL	69	239	53	5	2	3	(1	2)	71	33	22	25	0	36	1	3	2	12	5	.71	3	.222	.296	.297
	Atlanta	NL	76	280	85	18	4	7	(2	5)	132	56	24	27	2	37	0	1	0	15	10	.60	0	.304	.365	.471
	7 ML YEARS		830	2829	715	125	28	74	(35	39)	1118	458	266	294	12	550	9	23	17	169	53	.76	38	.253	.323	.395

Roger McDowell

Pitches: Right **Bats:** Right **Pos:** RP **Ht:** 6' 1" **Wt:** 195 **Born:** 12/21/60 **Age:** 34

			HOW MUCH HE PITCHED					WHAT HE GAVE UP										THE RESULTS					
Year	Team	Lg	G	GS	CG	GF	IP	BFP	H	R	ER	HR	SH	SF	HB	TBB	IBB	SO	WP	Bk	W	L	Pct.	ShO	Sv	ERA
1985	New York	NL	62	2	0	36	127.1	516	108	43	40	9	6	2	1	37	8	70	6	2	6	5	.545	0	17	2.83
1986	New York	NL	75	0	0	52	128	524	107	48	43	4	7	3	3	42	5	65	3	3	14	9	.609	0	22	3.02
1987	New York	NL	56	0	0	45	88.2	384	95	41	41	7	5	5	2	28	4	32	3	1	7	5	.583	0	25	4.16
1988	New York	NL	62	0	0	41	89	378	80	31	26	1	3	5	3	31	7	46	6	1	5	5	.500	0	16	2.63
1989	2 ML Teams		69	0	0	56	92	387	79	36	20	3	6	1	3	38	8	47	3	1	4	8	.333	0	23	1.96
1990	Philadelphia	NL	72	0	0	60	86.1	373	92	41	37	2	10	4	2	35	9	39	1	1	6	8	.429	0	22	3.86
1991	2 ML Teams		71	0	0	34	101.1	445	100	40	33	4	11	3	2	48	**20**	50	2	0	9	9	.500	0	10	2.93
1992	Los Angeles	NL	65	0	0	39	83.2	393	103	46	38	3	10	3	1	42	**13**	50	4	1	6	10	.375	0	14	4.09
1993	Los Angeles	NL	54	0	0	19	68	300	76	32	17	2	3	1	2	30	10	27	5	0	5	3	.625	0	2	2.25
1994	Los Angeles	NL	32	0	0	11	41.1	193	50	25	24	3	5	0	1	22	6	29	3	0	0	3	.000	0	0	5.23
1989	New York	NL	25	0	0	15	35.1	156	34	21	13	1	3	0	2	16	3	15	3	1	1	5	.167	0	4	3.31

	Lg	G	GS	CG	GF	IP	BFP	H	R	ER	HR	SH	SF	HB	TBB	IBB	SO	WP	Bk	W	L	Pct.	ShO	Sv	ERA
Philadelphia	NL	44	0	0	41	56.2	231	45	15	7	2	3	0	1	22	5	32	0	0	3	3	.500	0	19	1.11
1991 Philadelphia	NL	38	0	0	16	59	271	61	28	21	1	7	1	2	32	12	28	1	0	3	6	.333	0	3	3.20
Los Angeles	NL	33	0	0	18	42.1	174	39	12	12	3	4	2	0	16	8	22	1	0	6	3	.667	0	7	2.55
10 ML YEARS		618	2	0	393	905.2	3893	890	383	319	38	66	27	20	353	90	455	36	10	62	65	.488	0	151	3.17

Chuck McElroy

Pitches: Left **Bats:** Left **Pos:** RP   **Ht:** 6' 0" **Wt:** 195 **Born:** 10/01/67 **Age:** 27

		HOW MUCH HE PITCHED						WHAT HE GAVE UP												THE RESULTS					
Year Team	Lg	G	GS	CG	GF	IP	BFP	H	R	ER	HR	SH	SF	HB	TBB	IBB	SO	WP	Bk	W	L	Pct.	ShO	Sv	ERA
1989 Philadelphia	NL	11	0	0	4	10.1	46	12	2	2	0	0	0	0	4	1	8	0	0	0	0	.000	0	0	1.74
1990 Philadelphia	NL	16	0	0	8	14	76	24	13	12	0	0	1	0	10	2	16	0	0	0	1	.000	0	0	7.71
1991 Chicago	NL	71	0	0	12	101.1	419	73	33	22	7	9	6	0	57	7	92	1	0	6	2	.750	0	3	1.95
1992 Chicago	NL	72	0	0	30	83.2	369	73	40	33	5	5	5	0	51	10	83	3	0	4	7	.364	0	6	3.55
1993 Chicago	NL	49	0	0	11	47.1	214	51	30	24	4	5	1	1	25	5	31	3	0	2	2	.500	0	0	4.56
1994 Cincinnati	NL	52	0	0	13	57.2	230	52	15	15	3	2	0	0	15	2	38	4	0	1	2	.333	0	5	2.34
6 ML YEARS		271	0	0	78	314.1	1354	285	133	108	20	21	13	1	162	27	268	11	0	13	14	.481	0	14	3.09

Willie McGee

Bats: Both **Throws:** Right **Pos:** RF   **Ht:** 6' 1" **Wt:** 185 **Born:** 11/02/58 **Age:** 36

								BATTING									BASERUNNING				PERCENTAGES		
Year Team	Lg	G	AB	H	2B	3B	HR	(Hm | Rd)	TB	R	RBI	TBB	IBB	SO	HBP	SH	SF	SB	CS	SB%	GDP	Avg	OBP	SLG
1982 St. Louis	NL	123	422	125	12	8	4	(2 | 2)	165	43	56	12	2	58	3	2	1	24	12	.67	9	.296	.318	.391
1983 St. Louis	NL	147	601	172	22	8	5	(4 | 1)	225	75	75	26	2	98	0	1	3	39	8	.83	8	.286	.314	.374
1984 St. Louis	NL	145	571	166	19	11	6	(2 | 4)	225	82	50	29	2	80	1	0	3	43	10	.81	12	.291	.325	.394
1985 St. Louis	NL	152	612	**216**	26	**18**	10	(3 | 7)	308	114	82	34	2	86	0	1	5	56	16	.78	3	**.353**	.384	.503
1986 St. Louis	NL	124	497	127	22	7	7	(7 | 0)	184	65	48	37	7	82	1	0	4	19	16	.54	8	.256	.306	.370
1987 St. Louis	NL	153	620	177	37	11	11	(6 | 5)	269	76	105	24	5	90	2	1	5	16	4	.80	**24**	.285	.312	.434
1988 St. Louis	NL	137	562	164	24	6	3	(1 | 2)	209	73	50	32	5	84	1	2	3	41	6	.87	10	.292	.329	.372
1989 St. Louis	NL	58	199	47	10	2	3	(1 | 2)	70	23	17	10	0	34	1	0	1	8	6	.57	2	.236	.275	.352
1990 2 ML Teams		154	614	199	35	7	3	(1 | 2)	257	99	77	48	6	104	1	0	2	31	9	.78	13	**.324**	.373	.419
1991 San Francisco	NL	131	497	155	30	3	4	(2 | 2)	203	67	43	34	2	74	2	8	2	17	9	.65	11	.312	.357	.408
1992 San Francisco	NL	138	474	141	20	2	1	(0 | 1)	168	56	36	29	3	88	1	5	1	13	4	.76	7	.297	.339	.354
1993 San Francisco	NL	130	475	143	28	1	4	(0 | 4)	185	53	46	38	7	67	1	3	2	10	9	.53	12	.301	.353	.389
1994 San Francisco	NL	45	156	44	3	0	5	(2 | 3)	62	19	23	15	2	24	0	1	4	3	0	1.00	8	.282	.337	.397
1990 St. Louis	NL	125	501	168	32	5	3	(1 | 2)	219	76	62	38	6	86	1	0	2	28	9	.76	9	.335	.382	.437
Oakland	AL	29	113	31	3	2	0	(0 | 0)	38	23	15	10	0	18	0	0	0	3	0	1.00	4	.274	.333	.336
13 ML YEARS		1637	6300	1876	288	84	66	(31 | 35)	2530	845	708	368	46	969	13	24	36	320	109	.75	127	.298	.336	.402

Fred McGriff

Bats: Left **Throws:** Left **Pos:** 1B   **Ht:** 6' 3" **Wt:** 215 **Born:** 10/31/63 **Age:** 31

								BATTING									BASERUNNING				PERCENTAGES		
Year Team	Lg	G	AB	H	2B	3B	HR	(Hm | Rd)	TB	R	RBI	TBB	IBB	SO	HBP	SH	SF	SB	CS	SB%	GDP	Avg	OBP	SLG
1986 Toronto	AL	3	5	1	0	0	0	(0 | 0)	1	1	0	0	0	2	0	0	0	0	0	.00	0	.200	.200	.200
1987 Toronto	AL	107	295	73	16	0	20	(7 | 13)	149	58	43	60	4	104	1	0	0	3	2	.60	3	.247	.376	.505
1988 Toronto	AL	154	536	151	35	4	34	(18 | 16)	296	100	82	79	3	149	4	0	4	6	1	.86	15	.282	.376	.552
1989 Toronto	AL	161	551	148	27	3	**36**	(18 | 18)	289	98	92	119	12	132	4	1	5	7	4	.64	14	.269	.399	.525
1990 Toronto	AL	153	557	167	21	1	35	(14 | 21)	295	91	88	94	12	108	2	1	4	5	3	.63	7	.300	.400	.530
1991 San Diego	NL	153	528	147	19	1	31	(18 | 13)	261	84	106	105	**26**	135	2	0	7	4	1	.80	14	.278	.396	.494
1992 San Diego	NL	152	531	152	30	4	**35**	(21 | 14)	295	79	104	96	23	108	1	0	4	8	6	.57	14	.286	.394	.556
1993 2 ML Teams		151	557	162	29	2	37	(15 | 22)	306	111	101	76	6	106	2	0	5	5	3	.63	14	.291	.375	.549
1994 Atlanta	NL	113	424	135	25	1	34	(13 | 21)	264	81	94	50	8	76	1	0	7	7	3	.70	8	.318	.389	.623
1993 San Diego	NL	83	302	83	11	2	18	(7 | 11)	150	52	46	42	4	55	1	0	4	4	3	.57	9	.275	.361	.497
Atlanta	NL	68	255	79	18	0	19	(8 | 11)	156	59	55	34	2	51	1	0	1	1	0	1.00	5	.310	.392	.612
9 ML YEARS		1147	3984	1136	202	16	262	(124 | 138)	2156	703	710	679	94	920	17	2	32	45	23	.66	89	.285	.389	.541

Terry McGriff

Bats: Right **Throws:** Right **Pos:** C   **Ht:** 6' 2" **Wt:** 195 **Born:** 09/23/63 **Age:** 31

								BATTING									BASERUNNING				PERCENTAGES		
Year Team	Lg	G	AB	H	2B	3B	HR	(Hm | Rd)	TB	R	RBI	TBB	IBB	SO	HBP	SH	SF	SB	CS	SB%	GDP	Avg	OBP	SLG
1987 Cincinnati	NL	34	89	20	3	0	2	(1 | 1)	29	6	11	8	0	17	0	0	0	0	0	.00	3	.225	.289	.326
1988 Cincinnati	NL	35	96	19	3	0	1	(1 | 0)	25	9	4	12	0	31	0	0	1	0	1	1.00	5	.198	.284	.260
1989 Cincinnati	NL	6	11	3	0	0	0	(0 | 0)	3	1	2	2	1	3	0	0	0	0	0	.00	0	.273	.385	.273
1990 2 ML Teams		6	9	0	0	0	0	(0 | 0)	0	0	0	1	0	6	0	0	0	0	0	.00	0	.000	.000	.000
1993 Florida	NL	3	7	0	0	0	0	(0 | 0)	0	0	0	1	0	2	0	0	0	0	0	.00	0	.000	.125	.000
1994 St. Louis	NL	42	114	25	6	0	0	(0 | 0)	31	10	13	13	1	11	2	1	1	0	0	.00	8	.219	.308	.272
1990 Cincinnati	NL	2	4	0	0	0	0	(0 | 0)	0	0	0	1	0	2	0	0	0	0	0	.00	0	.000	.000	.000
Houston	NL	4	5	0	0	0	0	(0 | 0)	0	0	0	0	0	4	0	0	0	0	0	.00	0	.000	.000	.000
6 ML YEARS		126	326	67	12	0	3	(2 | 1)	88	26	30	36	2	65	2	1	2	0	1	1.00	14	.206	.287	.270

Mark McGwire

Bats: Right **Throws:** Right **Pos:** 1B **Ht:** 6'5" **Wt:** 250 **Born:** 10/01/63 **Age:** 31

Year	Team	Lg	G	AB	H	2B	3B	HR	(Hm	Rd)	TB	R	RBI	TBB	IBB	SO	HBP	SH	SF	SB	CS	SB%	GDP	Avg	OBP	SLG
1986	Oakland	AL	18	53	10	1	0	3	(1	2)	20	10	9	4	0	18	1	0	0	0	1	.00	0	.189	.259	.377
1987	Oakland	AL	151	557	161	28	4	49	(21	28)	344	97	118	71	8	131	5	0	8	1	1	.50	6	.289	.370	.618
1988	Oakland	AL	155	550	143	22	1	32	(12	20)	263	87	99	76	4	117	4	1	4	0	0	.00	15	.260	.352	.478
1989	Oakland	AL	143	490	113	17	0	33	(12	21)	229	74	95	83	5	94	3	0	11	1	1	.50	23	.231	.339	.467
1990	Oakland	AL	156	523	123	16	0	39	(14	25)	256	87	108	110	9	116	7	1	9	2	1	.67	13	.235	.370	.489
1991	Oakland	AL	154	483	97	22	0	22	(15	7)	185	62	75	93	3	116	3	1	5	2	1	.67	13	.201	.330	.383
1992	Oakland	AL	139	467	125	22	0	42	(24	18)	273	87	104	90	12	105	5	0	9	0	1	.00	10	.268	.385	.585
1993	Oakland	AL	27	84	28	6	0	9	(5	4)	61	16	24	21	5	19	1	0	1	0	1	.00	0	.333	.467	.726
1994	Oakland	AL	47	135	34	3	0	9	(6	3)	64	26	25	37	3	40	0	0	0	0	0	.00	3	.252	.413	.474
9 ML YEARS			990	3342	834	137	5	238	(110	128)	1695	546	657	585	49	756	29	3	47	6	7	.46	83	.250	.362	.507

Jeff McKnight

Bats: Both **Throws:** Right **Pos:** 1B **Ht:** 6'0" **Wt:** 180 **Born:** 02/18/63 **Age:** 32

Year	Team	Lg	G	AB	H	2B	3B	HR	(Hm	Rd)	TB	R	RBI	TBB	IBB	SO	HBP	SH	SF	SB	CS	SB%	GDP	Avg	OBP	SLG
1994	Norfolk *	AAA	8	26	9	1	0	0	--	--	10	5	2	3	0	2	1	0	0	0	2	.00	0	.346	.400	.385
1989	New York	NL	6	12	3	0	0	0	(0	0)	3	2	0	2	0	1	0	0	0	0	0	.00	1	.250	.357	.250
1990	Baltimore	AL	29	75	15	2	0	1	(1	0)	20	11	4	5	0	17	1	3	0	0	0	.00	0	.200	.259	.267
1991	Baltimore	AL	16	41	7	0	0	0	(0	0)	8	2	2	2	0	7	0	0	0	1	0	1.00	2	.171	.209	.195
1992	New York	NL	31	85	23	3	1	2	(1	1)	34	10	13	2	0	8	0	0	0	0	1	.00	2	.271	.287	.400
1993	New York	NL	105	164	42	3	1	2	(2	0)	53	19	13	13	0	31	1	3	2	0	0	.00	3	.256	.311	.323
1994	New York	NL	31	27	4	1	0	0	(0	0)	5	1	2	4	0	12	0	0	1	0	0	.00	0	.148	.250	.185
6 ML YEARS			218	404	94	10	2	5	(4	1)	123	45	34	28	0	76	2	6	3	1	1	.50	8	.233	.284	.304

Mark McLemore

Bats: Both **Throws:** Right **Pos:** 2B **Ht:** 5'11" **Wt:** 207 **Born:** 10/04/64 **Age:** 30

Year	Team	Lg	G	AB	H	2B	3B	HR	(Hm	Rd)	TB	R	RBI	TBB	IBB	SO	HBP	SH	SF	SB	CS	SB%	GDP	Avg	OBP	SLG
1986	California	AL	5	4	0	0	0	0	(0	0)	0	0	0	1	0	2	0	1	0	0	1	.00	0	.000	.200	.000
1987	California	AL	138	433	102	13	3	3	(3	0)	130	61	41	48	0	72	0	15	3	25	8	.76	7	.236	.310	.300
1988	California	AL	77	233	56	11	2	2	(1	1)	77	38	16	25	0	28	0	5	2	13	7	.65	6	.240	.312	.330
1989	California	AL	32	103	25	3	1	0	(0	0)	30	12	14	7	0	19	1	3	1	6	1	.86	2	.243	.295	.291
1990	2 ML Teams		28	60	9	2	0	0	(0	0)	11	6	2	4	0	15	0	1	0	1	0	1.00	1	.150	.203	.183
1991	Houston	NL	21	61	9	1	0	0	(0	0)	10	6	2	6	0	13	0	0	1	0	1	.00	1	.148	.221	.164
1992	Baltimore	AL	101	228	56	7	2	0	(0	0)	67	40	27	21	0	26	0	6	1	11	5	.69	6	.246	.308	.294
1993	Baltimore	AL	148	581	165	27	5	4	(2	2)	214	81	72	64	4	92	1	11	6	21	15	.58	21	.284	.353	.368
1994	Baltimore	AL	104	343	88	11	1	3	(2	1)	110	44	29	51	3	50	1	4	1	20	5	.80	7	.257	.354	.321
1990	California	AL	20	48	7	2	0	0	(0	0)	9	4	2	4	0	9	0	1	0	1	0	1.00	1	.146	.212	.188
	Cleveland	AL	8	12	2	0	0	0	(0	0)	2	2	0	0	0	6	0	0	0	0	0	.00	0	.167	.167	.167
9 ML YEARS			654	2046	510	75	14	12	(8	4)	649	288	203	227	8	317	3	46	15	97	43	.69	51	.249	.323	.317

Greg McMichael

Pitches: Right **Bats:** Right **Pos:** RP **Ht:** 6'3" **Wt:** 215 **Born:** 12/01/66 **Age:** 28

Year	Team	Lg	G	GS	CG	GF	IP	BFP	H	R	ER	HR	SH	SF	HB	TBB	IBB	SO	WP	Bk	W	L	Pct.	ShO	Sv	ERA
1988	Burlington	R	3	3	1	0	21	86	17	9	6	0	0	0	0	4	0	20	1	1	2	0	1.000	1	0	2.57
	Kinston	A	11	11	2	0	77.1	307	57	31	23	3	3	6	3	18	1	35	4	1	4	2	.667	0	0	2.68
1989	Canton-Akrn	AA	26	26	8	0	170	704	164	81	66	10	3	5	6	64	1	101	9	1	11	11	.500	5	0	3.49
1990	Canton-Akrn	AA	13	4	0	0	40.1	172	39	17	15	3	2	2	1	17	1	19	3	0	2	3	.400	0	0	3.35
	Colo Spngs	AAA	12	12	1	0	59	279	72	45	38	5	2	4	0	30	0	34	6	0	2	3	.400	1	0	5.80
1991	Durham	A	36	6	0	13	79.2	350	83	34	32	3	6	2	3	29	6	82	6	2	5	6	.455	0	2	3.62
1992	Greenville	AA	15	4	0	4	46.1	186	37	14	7	2	1	2	0	13	2	53	2	0	4	2	.667	0	1	1.36
	Richmond	AAA	19	13	0	2	90.1	382	89	52	44	5	6	2	1	34	0	86	1	1	6	5	.545	0	2	4.38
1993	Atlanta	NL	74	0	0	40	91.2	365	68	22	21	3	4	2	1	29	4	89	6	1	2	3	.400	0	19	2.06
1994	Atlanta	NL	51	0	0	41	58.2	259	66	29	25	1	3	1	0	19	6	47	3	1	4	6	.400	0	21	3.84
2 ML YEARS			125	0	0	81	150.1	624	134	51	46	4	7	3	1	48	10	136	9	2	6	9	.400	0	40	2.75

Brian McRae

Bats: Both **Throws:** Right **Pos:** CF **Ht:** 6' 0" **Wt:** 185 **Born:** 08/27/67 **Age:** 27

					BATTING											BASERUNNING				PERCENTAGES		
Year	Team	Lg	G	AB	H	2B	3B	HR	(Hm | Rd)	TB	R	RBI	TBB	IBB	SO	HBP	SH	SF	SB	CS	SB%	GDP	Avg	OBP	SLG
1990	Kansas City	AL	46	168	48	8	3	2	(1 | 1)	68	21	23	9	0	29	0	3	2	4	3	.57	5	.286	.318	.405
1991	Kansas City	AL	152	629	164	28	9	8	(3 | 5)	234	86	64	24	1	99	2	3	5	20	11	.65	12	.261	.288	.372
1992	Kansas City	AL	149	533	119	23	5	4	(2 | 2)	164	63	52	42	1	88	6	7	4	18	5	.78	10	.223	.285	.308
1993	Kansas City	AL	153	627	177	28	9	12	(5 | 7)	259	78	69	37	1	105	4	14	3	23	14	.62	8	.282	.325	.413
1994	Kansas City	AL	114	436	119	22	6	4	(2 | 2)	165	71	40	54	1	67	6	6	3	28	8	.78	3	.273	.359	.378
5 ML YEARS			614	2393	627	109	32	30	(13 | 17)	890	319	248	166	6	388	18	33	17	93	41	.69	38	.262	.313	.372

Kevin McReynolds

Bats: Right **Throws:** Right **Pos:** LF **Ht:** 6' 1" **Wt:** 225 **Born:** 10/16/59 **Age:** 35

					BATTING											BASERUNNING				PERCENTAGES		
Year	Team	Lg	G	AB	H	2B	3B	HR	(Hm | Rd)	TB	R	RBI	TBB	IBB	SO	HBP	SH	SF	SB	CS	SB%	GDP	Avg	OBP	SLG
1983	San Diego	NL	39	140	31	3	1	4	(3 | 1)	48	15	14	12	1	29	0	0	3	2	1	.67	1	.221	.277	.343
1984	San Diego	NL	147	525	146	26	6	20	(10 | 10)	244	68	75	34	8	69	0	3	9	3	6	.33	14	.278	.317	.465
1985	San Diego	NL	152	564	132	24	4	15	(6 | 9)	209	61	75	43	6	81	3	2	4	4	0	1.00	17	.234	.290	.371
1986	San Diego	NL	158	560	161	31	6	26	(14 | 12)	282	89	96	66	6	83	1	5	9	8	6	.57	9	.288	.358	.504
1987	New York	NL	151	590	163	32	5	29	(18 | 11)	292	86	95	39	5	70	1	1	8	14	1	.93	13	.276	.318	.495
1988	New York	NL	147	552	159	30	2	27	(13 | 14)	274	82	99	38	3	56	4	1	5	21	0	1.00	6	.288	.336	.496
1989	New York	NL	148	545	148	25	3	22	(12 | 10)	245	74	85	46	10	74	1	0	7	15	7	.68	8	.272	.326	.450
1990	New York	NL	147	521	140	23	1	24	(11 | 13)	237	75	82	71	11	61	1	0	8	9	2	.82	8	.269	.353	.455
1991	New York	NL	143	522	135	32	1	16	(7 | 9)	217	65	74	49	7	46	2	1	4	6	6	.50	8	.259	.322	.416
1992	Kansas City	AL	109	373	92	25	0	13	(4 | 9)	156	45	49	67	3	48	0	0	5	7	1	.88	8	.247	.357	.418
1993	Kansas City	AL	110	351	86	22	4	11	(8 | 3)	149	44	42	37	6	56	1	1	3	2	2	.50	8	.245	.316	.425
1994	New York	NL	51	180	46	11	2	4	(3 | 1)	73	23	21	20	1	34	0	0	1	2	0	1.00	2	.256	.328	.406
12 ML YEARS			1502	5423	1439	284	35	211	(109 | 102)	2426	727	807	522	67	707	14	14	66	93	32	.74	100	.265	.328	.447

Rusty Meacham

Pitches: Right **Bats:** Right **Pos:** RP **Ht:** 6' 2" **Wt:** 175 **Born:** 01/27/68 **Age:** 27

			HOW MUCH HE PITCHED					WHAT HE GAVE UP										THE RESULTS					
Year	Team	Lg	G	GS	CG	GF	IP	BFP	H	R	ER	HR	SH	SF	HB	TBB	IBB	SO	WP	Bk	W	L	Pct.	ShO	Sv	ERA
1994	Omaha *	AAA	8	0	0	5	9	40	9	7	7	0	0	1	0	3	0	16	1	1	1	1	.500	0	1	7.00
1991	Detroit	AL	10	4	0	1	27.2	126	35	17	16	4	1	3	0	11	0	14	0	1	2	1	.667	0	0	5.20
1992	Kansas City	AL	64	0	0	20	101.2	412	88	39	31	5	3	9	1	21	5	64	4	0	10	4	.714	0	2	2.74
1993	Kansas City	AL	15	0	0	11	21	104	31	15	13	2	0	1	3	5	1	13	0	0	2	2	.500	0	0	5.57
1994	Kansas City	AL	36	0	0	15	50.2	213	51	23	21	7	1	4	2	12	1	36	4	0	3	3	.500	0	4	3.73
4 ML YEARS			125	4	0	47	201	855	205	94	81	18	5	17	6	49	7	127	8	1	17	10	.630	0	6	3.63

Pat Meares

Bats: Right **Throws:** Right **Pos:** SS **Ht:** 6' 0" **Wt:** 184 **Born:** 09/06/68 **Age:** 26

					BATTING											BASERUNNING				PERCENTAGES		
Year	Team	Lg	G	AB	H	2B	3B	HR	(Hm	Rd)	TB	R	RBI	TBB	IBB	SO	HBP	SH	SF	SB	CS	SB%	GDP	Avg	OBP	SLG
1990	Kenosha	A	52	197	47	10	2	4	--	--	73	26	22	25	2	45	4	2	1	2	1	.67	1	.239	.335	.371
1991	Visalia	A	89	360	109	21	4	6	--	--	156	53	44	24	0	63	5	0	4	15	5	.75	11	.303	.351	.433
1992	Orlando	AA	81	300	76	19	0	3	--	--	104	42	23	11	1	57	7	0	2	5	5	.50	6	.253	.294	.347
1993	Portland	AAA	18	54	16	5	0	0	--	--	21	6	3	3	0	11	1	2	0	0	0	.00	0	.296	.345	.389
1993	Minnesota	AL	111	346	87	14	3	0	(0	0)	107	33	33	7	0	52	1	4	3	4	5	.44	11	.251	.266	.309
1994	Minnesota	AL	80	229	61	12	1	2	(0	2)	81	29	24	14	0	50	2	6	3	5	1	.83	3	.266	.310	.354
2 ML YEARS			191	575	148	26	4	2	(0	2)	188	62	57	21	0	102	3	10	6	9	6	.60	14	.257	.284	.327

Roberto Mejia

Bats: Right **Throws:** Right **Pos:** 2B **Ht:** 5'11" **Wt:** 183 **Born:** 04/14/72 **Age:** 23

					BATTING											BASERUNNING				PERCENTAGES		
Year	Team	Lg	G	AB	H	2B	3B	HR	(Hm	Rd)	TB	R	RBI	TBB	IBB	SO	HBP	SH	SF	SB	CS	SB%	GDP	Avg	OBP	SLG
1991	Great Falls	R	23	84	22	6	2	2	--	--	38	17	14	7	0	22	1	0	1	3	1	.75	0	.262	.323	.452
1992	Vero Beach	A	96	330	82	17	1	12	--	--	137	42	40	37	4	60	2	0	5	14	10	.58	6	.248	.324	.415
1993	Colo Sprngs	AAA	77	291	87	15	2	14	--	--	148	51	48	18	0	56	1	0	3	12	5	.71	6	.299	.339	.509
1994	Colo. Sprng	AAA	73	283	80	24	2	6	--	--	126	54	37	21	2	49	4	4	2	7	4	.64	5	.283	.339	.445
1993	Colorado	NL	65	229	53	14	5	5	(3	2)	92	31	20	13	1	63	1	4	3	4	1	.80	2	.231	.275	.402
1994	Colorado	NL	38	116	28	8	1	4	(1	3)	50	11	14	15	2	33	0	0	1	3	1	.75	1	.241	.326	.431
2 ML YEARS			103	345	81	22	6	9	(4	5)	142	42	34	28	3	96	1	4	4	7	2	.78	3	.235	.293	.412

Jose Melendez

Pitches: Right **Bats:** Right **Pos:** RP **Ht:** 6' 2" **Wt:** 190 **Born:** 09/02/65 **Age:** 29

		HOW MUCH HE PITCHED					WHAT HE GAVE UP										THE RESULTS					
Year	Team	Lg	G	GS	CG	GF	IP	BFP	H	R	ER	HR	SH	SF	HB	TBB	IBB	SO	WP	Bk	W	L	Pct.	ShO	Sv	ERA
1994	Pawtucket*	AAA	28	5	1	10	73.2	314	74	42	40	13	0	5	2	25	2	65	2	0	1	5	.167	0	4	4.89
1990	Seattle	AL	3	0	0	1	5.1	28	8	8	7	2	0	0	1	3	0	7	1	0	0	0	.000	0	0	11.81
1991	San Diego	NL	31	9	0	10	93.2	381	77	35	34	11	2	6	1	24	3	60	3	2	8	5	.615	0	3	3.27
1992	San Diego	NL	56	3	0	18	89.1	363	82	32	29	9	7	4	3	20	7	82	1	1	6	7	.462	0	0	2.92
1993	Boston	AL	9	0	0	5	16	63	10	4	4	2	0	2	0	5	3	14	0	0	2	1	.667	0	0	2.25
1994	Boston	AL	10	0	0	3	16.1	76	20	11	11	3	4	0	2	8	2	9	0	0	0	0	.000	0	0	6.06
	5 ML YEARS		109	12	0	37	220.2	911	197	90	85	27	13	12	7	60	15	172	5	3	16	14	.533	0	3	3.47

Bob Melvin

Bats: Right **Throws:** Right **Pos:** C **Ht:** 6' 4" **Wt:** 205 **Born:** 10/28/61 **Age:** 33

							BATTING												BASERUNNING				PERCENTAGES		
Year	Team	Lg	G	AB	H	2B	3B	HR	(Hm | Rd)	TB	R	RBI	TBB	IBB	SO	HBP	SH	SF	SB	CS	SB%	GDP	Avg	OBP	SLG
1994	Columbus*	AAA	17	62	17	5	0	1	--	--	25	5	15	1	0	9	0	0	0	0	0	.00	1	.274	.286	.403
1985	Detroit	AL	41	82	18	4	1	0	(0 | 0)	24	10	4	3	0	21	0	0	2	0	0	.00	1	.220	.247	.293
1986	San Francisco	NL	89	268	60	14	2	5	(2 | 3)	93	24	25	15	1	69	0	3	3	3	2	.60	7	.224	.262	.347
1987	San Francisco	NL	84	246	49	8	0	11	(6 | 5)	90	31	31	17	3	44	0	0	2	0	4	.00	7	.199	.249	.366
1988	San Francisco	NL	92	273	64	13	1	8	(4 | 4)	103	23	27	13	0	46	0	1	1	0	2	.00	5	.234	.268	.377
1989	Baltimore	AL	85	278	67	10	1	1	(0 | 1)	82	22	32	15	3	53	0	7	1	1	4	.20	10	.241	.279	.295
1990	Baltimore	AL	93	301	73	14	1	5	(3 | 2)	104	30	37	11	1	53	0	3	3	0	1	.00	8	.243	.267	.346
1991	Baltimore	AL	79	228	57	10	0	1	(0 | 1)	70	11	23	11	2	46	0	1	5	0	0	.00	5	.250	.279	.307
1992	Kansas City	AL	32	70	22	5	0	0	(0 | 0)	27	5	6	5	0	13	0	0	2	0	0	.00	3	.314	.351	.386
1993	Boston	AL	77	176	39	7	0	3	(1 | 2)	55	13	23	7	0	44	1	3	2	0	0	.00	2	.222	.251	.313
1994	2 ML Teams		20	33	7	0	0	1	(1 | 0)	10	5	4	1	0	7	0	1	0	0	0	.00	2	.212	.235	.303
1994	New York	AL	9	14	4	0	0	1	(1 | 0)	7	2	3	0	0	3	0	0	0	0	0	.00	1	.286	.286	.500
	Chicago	AL	11	19	3	0	0	0	(0 | 0)	3	3	1	1	0	4	0	1	0	0	0	.00	1	.158	.200	.158
	10 ML YEARS		692	1955	456	85	6	35	(17 | 18)	658	174	212	98	10	396	1	21	20	4	13	.24	50	.233	.268	.337

Tony Menendez

Pitches: Right **Bats:** Right **Pos:** RP **Ht:** 6' 2" **Wt:** 195 **Born:** 02/20/65 **Age:** 30

			HOW MUCH HE PITCHED						WHAT HE GAVE UP												THE RESULTS				
Year	Team	Lg	G	GS	CG	GF	IP	BFP	H	R	ER	HR	SH	SF	HB	TBB	IBB	SO	WP	Bk	W	L	Pct.	ShO	Sv	ERA
1984	White Sox	R	6	6	0	0	37	148	26	19	13	2	0	1	0	13	0	30	2	0	3	2	.600	0	0	3.16
1985	Buffalo	AAA	1	1	0	0	2.1	15	9	5	5	0	0	0	0	1	1	2	0	0	0	1	.000	0	0	19.29
	Appleton	A	24	24	2	0	148	620	134	67	45	8	6	3	4	55	0	100	11	1	13	4	.765	0	0	2.74
1986	Peninsula	A	11	10	1	1	63	279	58	35	32	9	1	6	4	29	0	43	6	0	4	4	.500	1	0	4.57
	Birmingham	AA	17	17	1	0	96.1	470	132	71	61	17	0	3	7	50	0	52	14	0	7	8	.467	0	0	5.70
1987	Birmingham	AA	27	27	4	0	173.1	776	193	111	93	19	3	7	7	76	1	102	12	2	10	10	.500	1	0	4.83
1988	Birmingham	AA	24	24	3	0	153	642	131	79	67	14	4	8	2	64	0	112	6	4	6	11	.353	0	0	3.94
1989	Birmingham	AA	27	18	2	6	144	596	123	61	51	14	5	1	4	53	2	115	7	2	10	4	.714	1	1	3.19
1990	Vancouver	AAA	24	9	2	2	72.2	307	63	34	30	6	3	5	6	28	1	48	1	0	2	5	.286	1	0	3.72
1991	Tulsa	AA	3	2	0	1	14	54	9	2	2	0	0	0	0	4	0	14	0	0	3	0	1.000	0	0	1.29
	Okla City	AAA	21	19	0	1	116	504	107	70	67	6	5	8	6	62	3	82	8	1	5	5	.500	0	0	5.20
1992	Nashville	AAA	50	2	0	11	106.2	458	98	53	48	10	8	5	3	47	6	92	3	0	3	5	.375	0	1	4.05
1993	Buffalo	AAA	54	0	0	39	63.1	255	50	20	17	5	1	3	3	21	2	48	5	0	4	5	.444	0	24	2.42
1994	Phoenix	AAA	28	0	0	27	28.1	117	24	8	7	2	3	1	0	11	1	31	1	0	0	2	.000	0	12	2.22
1992	Cincinnati	NL	3	0	0	1	4.2	15	1	1	1	1	0	0	0	0	0	5	0	0	1	0	1.000	0	0	1.93
1993	Pittsburgh	NL	14	0	0	3	21	85	20	8	7	4	1	1	1	4	0	13	0	0	2	0	1.000	0	0	3.00
1994	San Francisco	NL	6	0	0	2	3.1	19	8	8	8	2	0	0	0	2	0	2	0	0	0	1	.000	0	0	21.60
	3 ML YEARS		23	0	0	6	29	119	29	17	16	7	1	1	1	6	0	20	0	0	3	1	.750	0	0	4.97

Orlando Merced

Bats: Left **Throws:** Right **Pos:** RF/1B **Ht:** 5'11" **Wt:** 185 **Born:** 11/02/66 **Age:** 28

								BATTING												BASERUNNING				PERCENTAGES		
Year	Team	Lg	G	AB	H	2B	3B	HR	(Hm | Rd)	TB	R	RBI	TBB	IBB	SO	HBP	SH	SF	SB	CS	SB%	GDP	Avg	OBP	SLG
1990	Pittsburgh	NL	25	24	5	1	0	0	(0 | 0)	6	3	0	1	0	9	0	0	0	0	0	.00	1	.208	.240	.250
1991	Pittsburgh	NL	120	411	113	17	2	10	(5 | 5)	164	83	50	64	4	81	1	1	5	8	4	.67	6	.275	.373	.399
1992	Pittsburgh	NL	134	405	100	28	5	6	(4 | 2)	156	50	60	52	8	63	2	1	5	5	4	.56	6	.247	.332	.385
1993	Pittsburgh	NL	137	447	140	26	4	8	(3 | 5)	198	68	70	77	10	64	1	0	2	3	3	.50	9	.313	.414	.443
1994	Pittsburgh	NL	108	386	105	21	3	9	(4 | 5)	159	48	51	42	5	58	1	0	2	4	1	.80	17	.272	.343	.412
	5 ML YEARS		524	1673	463	93	14	33	(16 | 17)	683	252	231	236	27	275	5	2	10	20	12	.63	39	.277	.366	.408

Jose Mercedes

Pitches: Right **Bats:** Right **Pos:** RP **Ht:** 6' 1" **Wt:** 180 **Born:** 03/05/71 **Age:** 24

			HOW MUCH HE PITCHED				WHAT HE GAVE UP									THE RESULTS				
Year	Team	Lg	G	GS	CG	GF	IP	BFP	H	R	ER	HR	SH	SF	HB	TBB	IBB	SO	WP	Bk	W	L	Pct.	ShO	Sv	ERA
1992	Orioles	R	8	5	2	1	35.1	143	31	12	7	0	0	1	1	13	0	21	5	1	2	3	.400	0	0	1.78
	Kane County	A	8	8	2	0	47.1	199	40	26	14	1	2	0	0	15	0	45	6	2	3	2	.600	2	0	2.66
1993	Bowie	AA	26	23	3	0	147	659	170	86	78	13	6	3	2	65	0	75	9	1	6	8	.429	0	0	4.78
1994	El Paso	AA	3	0	0	0	9.2	44	13	6	5	1	0	1	0	4	0	8	1	0	2	0	1.000	0	0	4.66
	New Orleans	AAA	3	3	0	0	18.1	81	19	10	10	1	0	0	2	8	0	7	1	0	0	0	.000	0	0	4.91
1994	Milwaukee	AL	19	0	0	5	31	120	22	9	8	4	0	0	2	16	1	11	0	1	2	0	1.000	0	0	2.32

Kent Mercker

Pitches: Left **Bats:** Left **Pos:** SP **Ht:** 6' 2" **Wt:** 195 **Born:** 02/01/68 **Age:** 27

			HOW MUCH HE PITCHED				WHAT HE GAVE UP									THE RESULTS				
Year	Team	Lg	G	GS	CG	GF	IP	BFP	H	R	ER	HR	SH	SF	HB	TBB	IBB	SO	WP	Bk	W	L	Pct.	ShO	Sv	ERA
1989	Atlanta	NL	2	1	0	1	4.1	26	8	6	6	0	0	0	0	6	0	4	0	0	0	0	.000	0	0	12.46
1990	Atlanta	NL	36	0	0	28	48.1	210	43	22	17	6	1	2	2	24	3	39	2	0	4	7	.364	0	7	3.17
1991	Atlanta	NL	50	4	0	28	73.1	306	56	23	21	5	2	2	1	35	4	62	6	1	5	3	.625	0	6	2.58
1992	Atlanta	NL	53	0	0	18	68.1	289	51	27	26	4	4	1	3	35	1	49	6	0	3	2	.600	0	6	3.42
1993	Atlanta	NL	43	6	0	9	66	283	52	24	21	2	0	0	2	36	3	59	5	1	3	1	.750	0	0	2.86
1994	Atlanta	NL	20	17	2	0	112.1	461	90	46	43	16	4	3	0	45	3	111	4	1	9	4	.692	1	0	3.45
	6 ML YEARS		204	28	2	84	372.2	1576	300	148	134	33	11	8	8	181	13	324	21	3	24	17	.585	1	19	3.24

Brett Merriman

Pitches: Right **Bats:** Right **Pos:** RP **Ht:** 6' 2" **Wt:** 216 **Born:** 07/15/66 **Age:** 28

			HOW MUCH HE PITCHED				WHAT HE GAVE UP									THE RESULTS				
Year	Team	Lg	G	GS	CG	GF	IP	BFP	H	R	ER	HR	SH	SF	HB	TBB	IBB	SO	WP	Bk	W	L	Pct.	ShO	Sv	ERA
1988	Burlington	R	8	8	0	0	45.1	190	39	20	13	1	2	2	1	13	1	45	6	4	0	4	.000	0	0	2.58
1989	Miami	A	5	5	0	0	19	105	30	21	17	1	1	3	4	17	0	8	3	0	0	4	.000	0	0	8.05
	Watertown	A	14	14	2	0	92	402	75	50	27	1	5	2	8	44	2	64	3	0	7	5	.583	2	0	2.64
1990	Palm Sprngs	A	24	16	0	0	100.2	460	106	60	42	2	3	1	9	55	2	53	8	0	3	10	.231	0	0	3.75
	Midland	AA	2	0	0	1	4	18	7	1	1	0	0	0	0	0	0	1	0	0	1	0	1.000	0	0	2.25
1991	Palm Sprngs	A	34	0	0	17	41.1	188	36	20	9	0	3	1	2	30	5	23	4	0	4	1	.800	0	2	1.96
1992	Midland	AA	38	0	0	27	53.1	214	49	26	16	3	1	2	3	10	1	32	7	0	3	4	.429	0	9	2.70
	Edmonton	AAA	22	0	0	14	31.2	136	31	10	5	0	0	1	2	10	3	15	2	0	1	3	.250	0	4	1.42
1993	Portland	AAA	39	0	0	33	48	206	46	19	16	0	1	2	3	18	0	29	2	0	5	0	1.000	0	15	3.00
1994	Salt Lake	AAA	17	0	0	8	20.1	100	18	18	16	1	0	0	4	16	0	12	3	0	0	1	.000	0	2	7.08
1993	Minnesota	AL	19	0	0	10	17	135	36	29	29	3	2	2	3	23	2	14	1	0	1	1	.500	0	0	9.67
1994	Minnesota	AL	15	0	0	5	17	87	18	13	12	0	0	2	4	14	0	10	1	0	0	1	.000	0	0	6.35
	2 ML YEARS		34	0	0	15	44	222	54	42	41	3	2	4	7	37	2	24	2	0	1	2	.333	0	0	8.39

Matt Merullo

Bats: Left **Throws:** Right **Pos:** C **Ht:** 6' 2" **Wt:** 200 **Born:** 08/04/65 **Age:** 29

			BATTING														BASERUNNING				PERCENTAGES		
Year	Team	Lg	G	AB	H	2B	3B	HR	(Hm	Rd)	TB	R	RBI	TBB	IBB	SO	HBP	SH	SF	SB	CS	SB%	GDP	Avg	OBP	SLG
1994	Charlotte*	AAA	112	417	125	20	6	12	--	--	193	52	75	25	4	47	4	2	7	2	0	1.00	15	.300	.340	.463
1989	Chicago	AL	31	81	18	1	0	0	(1	0)	22	5	8	6	0	14	0	2	1	0	1	.00	2	.222	.273	.272
1991	Chicago	AL	80	140	32	1	0	5	(1	4)	48	8	21	9	1	18	0	1	4	0	0	.00	5	.229	.268	.343
1992	Chicago	AL	24	50	9	1	1	0	(0	0)	12	3	3	1	0	8	1	0	1	0	0	.00	0	.180	.208	.240
1993	Chicago	AL	8	20	1	0	0	0	(0	0)	1	1	0	0	0	1	0	1	0	0	0	.00	0	.050	.050	.050
1994	Cleveland	AL	4	10	1	0	0	0	(0	0)	1	1	0	2	0	1	0	0	0	0	0	.00	0	.100	.250	.100
	5 ML YEARS		147	301	61	3	1	6	(2	4)	84	18	32	18	1	42	1	5	6	0	1	.00	4	.203	.245	.279

Jose Mesa

Pitches: Right **Bats:** Right **Pos:** RP **Ht:** 6' 3" **Wt:** 225 **Born:** 05/22/66 **Age:** 29

			HOW MUCH HE PITCHED				WHAT HE GAVE UP									THE RESULTS				
Year	Team	Lg	G	GS	CG	GF	IP	BFP	H	R	ER	HR	SH	SF	HB	TBB	IBB	SO	WP	Bk	W	L	Pct.	ShO	Sv	ERA
1987	Baltimore	AL	6	5	0	0	31.1	143	38	23	21	7	0	0	0	15	0	17	4	0	1	3	.250	0	0	6.03
1990	Baltimore	AL	7	7	0	0	46.2	202	37	20	20	2	2	2	1	27	2	24	1	0	3	2	.600	0	0	3.86
1991	Baltimore	AL	23	23	2	0	123.2	566	151	86	82	11	5	4	3	62	2	64	3	0	6	11	.353	1	0	5.97
1992	2 ML Teams		28	27	1	1	160.2	700	169	86	82	14	2	5	4	70	1	62	2	0	7	12	.368	1	0	4.59
1993	Cleveland	AL	34	33	3	0	208.2	897	232	122	114	21	9	9	7	62	2	118	8	2	10	12	.455	0	0	4.92
1994	Cleveland	AL	51	0	0	22	73	315	71	33	31	3	3	4	3	26	7	63	3	0	7	5	.583	0	2	3.82
1992	Baltimore	AL	13	12	0	1	67.2	300	77	41	39	9	0	3	2	27	1	22	2	0	3	8	.273	0	0	5.19
	Cleveland	AL	15	15	1	0	93	400	92	45	43	5	2	2	2	43	0	40	0	0	4	4	.500	1	0	4.16
	6 ML YEARS		149	95	6	23	644	2823	698	370	350	58	21	24	18	262	14	348	21	3	34	45	.430	2	2	4.89

Danny Miceli

Pitches: Right **Bats:** Right **Pos:** RP   **Ht:** 6' 0" **Wt:** 207 **Born:** 09/09/70 **Age:** 24

		HOW MUCH HE PITCHED					WHAT HE GAVE UP										THE RESULTS				
Year	Team	Lg	G	GS	CG	GF	IP	BFP	H	R	ER	HR	SH	SF	HB	TBB	IBB	SO	WP	Bk	W	L	Pct.	ShO	Sv	ERA
1990	Royals	R	27	0	0	13	53	228	45	27	23	0	4	1	2	29	5	48	4	0	3	4	.429	0	4	3.91
1991	Eugene	A	25	0	0	21	33.2	135	18	8	8	1	1	1	1	18	0	43	2	0	0	1	.000	0	10	2.14
1992	Appleton	A	23	0	0	22	23.1	89	12	6	5	0	1	0	1	4	1	44	1	0	1	1	.500	0	9	1.93
	Memphis	AA	32	0	0	16	37.2	145	20	10	8	5	2	4	1	13	0	46	1	0	3	0	1.000	0	4	1.91
1993	Memphis	AA	40	0	0	29	58.2	271	54	30	30	7	2	3	4	39	3	68	4	1	6	4	.600	0	7	4.60
	Carolina	AA	13	0	0	12	12.1	51	11	8	7	2	0	0	0	4	1	19	0	0	0	2	.000	0	10	5.11
1994	Buffalo	AAA	19	0	0	13	24	92	15	5	5	2	2	2	1	6	0	31	0	0	1	1	.500	0	2	1.88
1993	Pittsburgh	NL	9	0	0	1	5.1	25	6	3	3	0	0	0	1	3	0	4	0	1	0	0	.000	0	0	5.06
1994	Pittsburgh	NL	28	0	0	9	27.1	121	28	19	18	5	1	2	1	11	2	27	2	0	2	1	.667	0	2	5.93
	2 ML YEARS		37	0	0	10	32.2	146	34	22	21	5	1	2	2	14	2	31	2	1	2	1	.667	0	2	5.79

Matt Mieske

Bats: Right **Throws:** Right **Pos:** RF   **Ht:** 6' 0" **Wt:** 185 **Born:** 02/13/68 **Age:** 27

							BATTING											BASERUNNING				PERCENTAGES		
Year	Team	Lg	G	AB	H	2B	3B	HR	(Hm	Rd)	TB	R	RBI	TBB	IBB	SO	HBP	SH	SF	SB	CS	SB%	GDP	Avg	OBP	SLG
1990	Spokane	A	76	291	99	20	0	12	--	--	155	59	63	45	3	43	6	1	6	25	12	.68	6	.340	.431	.533
1991	High Desert	A	133	492	168	36	6	15	--	--	261	108	119	94	6	82	13	0	4	39	12	.76	13	.341	.456	.530
1992	Denver	AAA	134	524	140	29	11	19	--	--	248	80	77	39	2	90	3	4	5	13	9	.59	15	.267	.319	.473
1993	New Orleans	AAA	60	219	57	14	2	8	--	--	99	36	22	27	3	46	3	0	0	6	4	.60	5	.260	.349	.452
1994	New Orleans	AAA	2	8	2	0	0	1	--	--	5	2	3	1	0	1	0	0	0	0	1	.00	0	.250	.333	.625
1993	Milwaukee	AL	23	58	14	0	0	3	(1	2)	23	9	7	4	0	14	0	1	0	0	2	.00	2	.241	.290	.397
1994	Milwaukee	AL	84	259	67	13	1	10	(7	3)	112	39	38	21	0	62	3	2	1	3	5	.38	6	.259	.320	.432
	2 ML YEARS		107	317	81	13	1	13	(8	5)	135	48	45	25	0	76	3	3	1	3	7	.30	8	.256	.315	.426

Bob Milacki

Pitches: Right **Bats:** Right **Pos:** SP   **Ht:** 6' 4" **Wt:** 232 **Born:** 07/28/64 **Age:** 30

			HOW MUCH HE PITCHED					WHAT HE GAVE UP											THE RESULTS					
Year	Team	Lg	G	GS	CG	GF	IP	BFP	H	R	ER	HR	SH	SF	HB	TBB	IBB	SO	WP	Bk	W	L	Pct.	ShO	Sv	ERA
1994	Omaha *	AAA	16	14	1	1	86	386	91	54	48	11	5	5	6	42	0	59	2	0	4	3	.571	0	0	5.02
1988	Baltimore	AL	3	3	1	0	25	91	9	2	2	1	0	0	0	9	0	18	0	0	2	0	1.000	1	0	0.72
1989	Baltimore	AL	37	36	3	1	243	1022	233	105	101	21	7	6	2	88	4	113	1	0	14	12	.538	2	0	3.74
1990	Baltimore	AL	27	24	1	0	135.1	594	143	73	67	18	5	5	0	61	2	60	2	0	5	8	.385	1	0	4.46
1991	Baltimore	AL	31	26	3	1	184	758	175	86	82	17	7	5	1	53	3	108	1	2	10	9	.526	1	0	4.01
1992	Baltimore	AL	23	20	0	1	115.2	525	140	78	75	16	3	3	2	44	2	51	7	1	6	8	.429	0	0	5.84
1993	Cleveland	AL	5	2	0	0	16	74	19	8	6	3	0	0	0	11	0	7	0	0	1	1	.500	0	0	3.38
1994	Kansas City	AL	10	10	0	0	55.2	254	68	43	38	6	1	4	1	20	3	17	2	0	0	5	.000	0	0	6.14
	7 ML YEARS		136	121	8	3	774.2	3318	787	395	371	82	23	23	6	286	14	374	13	5	38	43	.469	5	1	4.31

Keith Miller

Bats: Right **Throws:** Right **Pos:** LF   **Ht:** 5'11" **Wt:** 185 **Born:** 06/12/63 **Age:** 32

							BATTING											BASERUNNING				PERCENTAGES		
Year	Team	Lg	G	AB	H	2B	3B	HR	(Hm	Rd)	TB	R	RBI	TBB	IBB	SO	HBP	SH	SF	SB	CS	SB%	GDP	Avg	OBP	SLG
1994	Omaha *	AAA	15	49	9	2	1	0	--	--	13	7	3	6	0	10	2	0	0	2	1	.67	0	.184	.298	.265
1987	New York	NL	25	51	19	2	2	0	(0	0)	25	14	1	2	0	6	1	0	3	8	1	.89	1	.373	.407	.490
1988	New York	NL	40	70	15	1	1	1	(1	0)	21	9	5	6	0	10	0	0	0	5	0	.00	0	.214	.276	.300
1989	New York	NL	57	143	33	7	0	1	(0	1)	43	15	7	5	0	27	1	3	0	6	0	1.00	3	.231	.262	.301
1990	New York	NL	88	233	60	8	0	1	(1	0)	71	42	12	23	1	46	2	2	2	16	3	.84	2	.258	.327	.305
1991	New York	NL	98	275	77	22	1	4	(2	2)	113	41	23	23	0	44	5	0	1	14	4	.78	2	.280	.345	.411
1992	Kansas City	AL	106	416	118	24	4	4	(1	3)	162	57	38	31	0	46	14	1	2	16	6	.73	1	.284	.352	.389
1993	Kansas City	AL	37	108	18	3	0	0	(0	0)	21	9	3	8	0	19	1	0	1	3	1	.75	3	.167	.229	.194
1994	Kansas City	AL	5	15	2	0	0	0	(0	0)	2	1	0	0	0	3	0	0	0	0	0	.00	0	.133	.133	.133
	8 ML YEARS		456	1311	342	67	8	11	(5	6)	458	188	89	98	1	201	24	6	9	63	20	.76	13	.261	.322	.349

Kurt Miller

Pitches: Right **Bats:** Right **Pos:** SP   **Ht:** 6' 5" **Wt:** 205 **Born:** 08/24/72 **Age:** 22

			HOW MUCH HE PITCHED					WHAT HE GAVE UP											THE RESULTS					
Year	Team	Lg	G	GS	CG	GF	IP	BFP	H	R	ER	HR	SH	SF	HB	TBB	IBB	SO	WP	Bk	W	L	Pct.	ShO	Sv	ERA
1990	Welland	A	14	12	0	0	65.2	292	59	39	24	3	4	0	1	37	0	61	5	1	3	2	.600	0	0	3.29
1991	Augusta	A	21	21	2	0	115.1	492	89	49	32	6	1	3	4	57	0	103	12	6	6	7	.462	2	0	2.50
1992	Charlotte	A	12	12	0	0	75.1	294	51	23	20	2	1	2	2	29	0	58	5	2	4	4	.556	0	0	2.39
	Tulsa	AA	16	15	0	0	88	371	82	42	36	9	0	4	2	35	1	73	7	4	7	5	.583	0	0	3.68
1993	Tulsa	AA	18	18	0	0	96	438	102	69	54	8	2	5	5	45	2	68	8	0	6	8	.429	0	0	5.06
	Edmonton	AAA	9	9	0	0	48	201	42	24	24	2	1	3	0	34	0	19	5	1	3	3	.500	0	0	4.50
1994	Edmonton	AAA	23	23	0	0	125.2	592	164	105	96	18	3	7	2	64	1	58	10	0	7	13	.350	0	0	6.88
1994	Florida	NL	4	4	0	0	20	92	26	18	18	3	0	2	1	7	0	11	0	0	1	3	.250	0	0	8.10

Orlando Miller

Bats: Right **Throws:** Right **Pos:** SS **Ht:** 6' 1" **Wt:** 180 **Born:** 01/13/69 **Age:** 26

						BATTING												BASERUNNING				PERCENTAGES		
Year	Team	Lg	G	AB	H	2B	3B	HR	(Hm	Rd)	TB	R	RBI	TBB	IBB	SO	HBP	SH	SF	SB	CS	SB%	GDP	Avg	OBP	SLG
1988	Ft.Laudrdle	A	3	11	3	0	0	0	--	--	3	0	1	0	0	1	0	0	0	0	0	.00	1	.273	.273	.273
	Yankees	R	14	44	8	1	0	0	--	--	9	5	5	3	1	10	0	0	0	1	0	1.00	0	.182	.234	.205
1989	Oneonta	A	58	213	62	5	2	1	--	--	74	29	25	6	0	38	3	3	1	8	2	.80	3	.291	.318	.347
1990	Asheville	A	121	438	137	29	6	4	--	--	190	60	62	25	2	52	10	2	4	12	5	.71	12	.313	.361	.434
1991	Jackson	AA	23	70	13	6	0	1	--	--	22	5	5	5	1	13	2	2	0	0	0	.00	2	.186	.260	.314
	Osceola	A	74	272	81	11	2	0	--	--	96	27	36	13	0	30	8	2	3	1	3	.25	5	.298	.345	.353
1992	Jackson	AA	115	379	100	26	5	5	--	--	151	51	53	16	0	75	4	2	4	7	5	.58	5	.264	.298	.398
	Tucson	AAA	10	37	9	0	0	2	--	--	15	4	8	1	0	2	0	0	1	0	0	.00	1	.243	.256	.405
1993	Tucson	AAA	122	471	143	29	16	16	--	--	252	86	89	20	0	95	7	1	4	2	4	.33	12	.304	.339	.535
1994	Tucson	AAA	93	338	87	16	6	10	--	--	145	54	55	16	1	77	6	3	7	3	3	.50	8	.257	.297	.429
1994	Houston	NL	16	40	13	0	1	2	(0	2)	21	3	9	2	2	12	2	0	0	1	0	1.00	0	.325	.386	.525

Randy Milligan

Bats: Right **Throws:** Right **Pos:** 1B **Ht:** 6' 1" **Wt:** 225 **Born:** 11/27/61 **Age:** 33

						BATTING												BASERUNNING				PERCENTAGES		
Year	Team	Lg	G	AB	H	2B	3B	HR	(Hm | Rd)	TB	R	RBI	TBB	IBB	SO	HBP	SH	SF	SB	CS	SB%	GDP	Avg	OBP	SLG
1987	New York	NL	3	1	0	0	0	0	(0 | 0)	0	0	0	1	0	1	0	0	0	0	0	.00	0	.000	.500	.000
1988	Pittsburgh	NL	40	82	18	5	0	3	(1 | 2)	32	10	8	20	0	24	1	0	0	1	2	.33	2	.220	.379	.390
1989	Baltimore	AL	124	365	98	23	5	12	(6 | 6)	167	56	45	74	2	75	3	0	2	9	5	.64	12	.268	.394	.458
1990	Baltimore	AL	109	362	96	20	1	20	(11 | 9)	178	64	60	88	3	68	2	0	4	6	3	.67	11	.265	.408	.492
1991	Baltimore	AL	141	483	127	17	2	16	(8 | 8)	196	57	70	84	4	108	2	0	2	0	5	.00	23	.263	.373	.406
1992	Baltimore	AL	137	462	111	21	1	11	(7 | 4)	167	71	53	106	0	81	4	0	5	0	1	.00	15	.240	.383	.361
1993	2 ML Teams		102	281	84	18	1	6	(5 | 1)	122	37	36	60	0	53	1	0	1	0	2	.00	3	.299	.423	.434
1994	Montreal	NL	47	82	19	2	0	2	(1 | 1)	27	10	12	14	1	21	0	0	0	0	0	.00	0	.232	.337	.329
1993	Cincinnati	NL	83	234	64	11	1	6	(5 | 1)	95	30	29	46	0	49	1	0	1	0	2	.00	3	.274	.394	.406
	Cleveland	AL	19	47	20	7	0	0	(0 | 0)	27	7	7	14	0	4	0	0	0	0	0	.00	0	.426	.557	.574
8 ML YEARS			703	2118	553	106	10	70	(39 | 31)	889	305	284	447	10	431	13	0	16	16	18	.47	67	.261	.391	.420

Alan Mills

Pitches: Right **Bats:** Both **Pos:** RP **Ht:** 6' 1" **Wt:** 192 **Born:** 10/18/66 **Age:** 28

			HOW MUCH HE PITCHED					WHAT HE GAVE UP										THE RESULTS					
Year	Team	Lg	G	GS	CG	GF	IP	BFP	H	R	ER	HR	SH	SF	HB	TBB	IBB	SO	WP	Bk	W	L	Pct.	ShO	Sv	ERA
1990	New York	AL	36	0	0	18	41.2	200	48	21	19	4	4	1	1	33	6	24	3	0	1	5	.167	0	0	4.10
1991	New York	AL	6	2	0	3	16.1	72	16	9	8	1	0	1	0	8	0	11	2	0	1	1	.500	0	0	4.41
1992	Baltimore	AL	35	3	0	12	103.1	428	78	33	30	5	6	5	1	54	10	60	2	0	10	4	.714	0	2	2.61
1993	Baltimore	AL	45	0	0	18	100.1	421	80	39	36	14	4	6	4	51	5	68	3	0	5	4	.556	0	4	3.23
1994	Baltimore	AL	47	0	0	16	45.1	199	43	26	26	7	1	1	2	24	2	44	2	0	3	3	.500	0	2	5.16
5 ML YEARS			169	5	0	67	307	1320	265	128	119	31	15	14	8	170	23	207	12	0	20	17	.541	0	8	3.49

Nate Minchey

Pitches: Right **Bats:** Right **Pos:** SP **Ht:** 6' 7" **Wt:** 210 **Born:** 08/31/69 **Age:** 25

			HOW MUCH HE PITCHED					WHAT HE GAVE UP										THE RESULTS					
Year	Team	Lg	G	GS	CG	GF	IP	BFP	H	R	ER	HR	SH	SF	HB	TBB	IBB	SO	WP	Bk	W	L	Pct.	ShO	Sv	ERA
1987	Expos	R	12	11	2	0	54.2	252	62	45	30	1	0	0	2	28	0	61	6	0	3	4	.429	0	0	4.94
1988	Rockford	A	28	27	0	0	150.1	673	148	93	80	4	4	8	8	87	1	63	14	5	11	12	.478	0	0	4.79
1989	Rockford	A	15	15	0	0	87	395	85	51	46	2	4	2	3	54	0	53	14	1	3	6	.333	0	0	4.76
	Burlington	A	11	11	1	0	69	294	69	37	35	6	2	5	2	28	0	34	8	0	2	6	.250	0	0	4.57
1990	Durham	A	25	24	2	0	133	579	143	75	56	11	4	3	5	46	0	100	13	2	4	11	.267	2	0	3.79
1991	Miami	A	13	13	4	0	95.1	378	81	31	20	1	2	1	4	32	0	61	1	2	5	3	.625	1	0	1.89
	Durham	A	15	12	3	0	89	354	72	31	28	3	0	1	3	29	0	77	6	0	6	6	.500	0	0	2.83
1992	Greenville	AA	28	25	5	1	172	684	137	51	44	7	3	3	7	40	2	115	9	0	13	6	.684	4	0	2.30
	Pawtucket	AAA	2	0	0	2	7	23	3	0	0	0	0	0	0	0	4	0	0	0	2	0	1.000	0	0	0.00
1993	Pawtucket	AAA	29	29	7	0	194.2	814	182	103	87	22	7	5	10	50	1	113	8	0	7	14	.333	2	0	4.02
1994	Pawtucket	AAA	23	22	6	1	151.1	622	128	65	51	14	1	4	5	51	0	93	7	1	11	5	.688	2	0	3.03
1993	Boston	AL	5	5	1	0	33	141	35	16	13	5	1	0	0	8	2	18	2	0	1	2	.333	0	0	3.55
1994	Boston	AL	6	5	0	0	23	121	44	26	22	1	1	3	0	14	2	15	3	0	2	3	.400	0	0	8.61
2 ML YEARS			11	10	1	0	56	262	79	42	35	6	2	3	0	22	4	33	5	0	3	5	.375	0	0	5.63

Blas Minor

Pitches: Right **Bats:** Right **Pos:** RP **Ht:** 6' 3" **Wt:** 203 **Born:** 03/20/66 **Age:** 29

		HOW MUCH HE PITCHED					WHAT HE GAVE UP										THE RESULTS				
Year	Team	Lg	G	GS	CG	GF	IP	BFP	H	R	ER	HR	SH	SF	HB	TBB	IBB	SO	WP	Bk	W	L	Pct.	ShO	Sv	ERA
1994	Buffalo*	AAA	33	3	0	20	51.1	212	47	17	17	6	2	0	1	12	0	61	1	0	1	2	.333	0	11	2.98
1992	Pittsburgh	NL	1	0	0	0	2	9	3	2	1	0	0	0	0	0	0	1	0	0	0	0	.000	0	0	4.50
1993	Pittsburgh	NL	65	0	0	18	94.1	398	94	43	43	8	6	4	4	26	3	84	5	0	8	6	.571	0	2	4.10
1994	Pittsburgh	NL	17	0	0	2	19	90	27	17	17	4	2	1	1	9	2	17	0	0	0	1	.000	0	1	8.05
	3 ML YEARS		83	0	0	20	115.1	497	124	62	61	12	8	5	5	35	5	101	6	0	8	7	.533	0	3	4.76

Angel Miranda

Pitches: Left **Bats:** Left **Pos:** SP **Ht:** 6' 1" **Wt:** 195 **Born:** 11/09/69 **Age:** 25

		HOW MUCH HE PITCHED					WHAT HE GAVE UP										THE RESULTS				
Year	Team	Lg	G	GS	CG	GF	IP	BFP	H	R	ER	HR	SH	SF	HB	TBB	IBB	SO	WP	Bk	W	L	Pct.	ShO	Sv	ERA
1987	Butte	R	12	0	0	5	21.2	91	15	13	9	3	1	0	1	10	0	28	1	1	1	1	.500	0	0	3.74
	Helena	R	13	0	0	8	21.2	95	12	9	6	1	2	0	0	16	2	32	0	0	0	1	.000	0	3	2.49
1988	Stockton	A	16	0	0	5	26.1	139	20	30	21	1	2	0	2	37	0	36	7	0	0	1	.000	0	2	7.18
	Helena	R	14	11	0	1	60.2	284	54	32	26	2	0	1	4	58	0	75	6	3	5	2	.714	0	0	3.86
1989	Beloit	A	43	0	0	40	63	264	39	13	6	1	7	5	1	32	6	88	3	1	6	5	.545	0	16	0.86
1990	Stockton	A	52	9	2	40	108.1	443	75	37	32	7	6	4	2	49	1	138	2	1	9	4	.692	1	24	2.66
1991	El Paso	AA	38	0	0	24	74.1	317	55	27	21	2	1	4	3	41	1	86	7	0	4	2	.667	0	11	2.54
	Denver	AAA	11	0	0	8	11.2	60	10	9	8	0	2	0	0	17	1	14	1	0	0	1	.000	0	2	6.17
1992	Denver	AAA	28	27	1	0	160.1	714	183	100	85	16	6	3	1	77	0	122	9	6	6	12	.333	1	0	4.77
1993	New Orleans	AAA	9	2	0	1	18.1	72	11	8	7	3	1	0	0	10	0	24	2	0	0	1	.000	0	0	3.44
1994	Beloit	A	2	2	0	0	10	42	11	3	3	0	1	1	1	1	0	14	1	1	0	0	.000	0	0	2.70
	New Orleans	AAA	3	3	0	0	13	55	11	5	5	0	0	1	1	7	0	9	1	0	0	1	.000	0	0	3.46
1993	Milwaukee	AL	22	17	2	0	120	502	100	53	44	12	3	3	2	52	4	88	4	2	4	5	.444	0	0	3.30
1994	Milwaukee	AL	8	8	1	0	46	196	39	28	27	8	1	1	0	27	0	24	1	1	2	5	.286	0	0	5.28
	2 ML YEARS		30	25	3	0	166	698	139	81	71	20	4	4	2	79	4	112	5	3	6	10	.375	0	0	3.85

Keith Mitchell

Bats: Right **Throws:** Right **Pos:** LF/RF **Ht:** 5'10" **Wt:** 180 **Born:** 08/06/69 **Age:** 25

		BATTING														BASERUNNING				PERCENTAGES		
Year	Team	Lg	G	AB	H	2B	3B	HR	(Hm	Rd)	TB	R	RBI	TBB	IBB	SO	HBP	SH	SF	SB	CS	SB%	GDP	Avg	OBP	SLG
1987	Braves	R	57	208	50	12	1	2	--	--	70	24	21	29	0	50	2	0	2	7	2	.78	4	.240	.336	.337
1988	Sumter	A	98	341	85	16	1	5	--	--	118	35	33	41	0	50	4	3	2	9	6	.60	8	.249	.335	.346
1989	Burlington	A	127	448	117	23	0	10	--	--	170	64	49	70	1	65	5	0	4	12	7	.63	9	.261	.364	.379
1990	Durham	A	129	456	134	24	3	6	--	--	182	81	48	92	2	48	4	1	7	18	17	.51	16	.294	.411	.399
1991	Greenville	AA	60	214	70	15	3	10	--	--	121	46	47	29	0	29	1	3	5	12	8	.60	5	.327	.402	.565
	Richmond	AAA	25	95	31	6	1	2			45	16	17	9	0	13	1	2	3	0	2	.00	3	.326	.380	.474
1992	Richmond	AAA	121	403	91	19	1	4			124	45	50	66	2	55	4	2	4	14	9	.61	6	.226	.338	.308
1993	Richmond	AAA	110	353	82	23	1	4			119	59	44	40	0	48	2	3	3	9	5	.64	11	.232	.313	.337
1994	Calgary	AAA	9	39	10	0	0	4	--	--	22	6	12	2	0	4	0	0	1	0	0	.00	0	.256	.286	.564
1991	Atlanta	NL	48	66	21	0	0	2	(1	1)	27	11	5	8	0	12	0	1	0	0	0	.75	1	.318	.392	.409
1994	Seattle	AL	46	128	29	2	0	5	(2	3)	46	21	15	18	0	22	1	1	1	0	0	.00	2	.227	.324	.359
	2 ML YEARS		94	194	50	2	0	7	(3	4)	73	32	20	26	0	34	1	1	1	3	1	.75	3	.258	.347	.376

Kevin Mitchell

Bats: Right **Throws:** Right **Pos:** LF **Ht:** 5'11" **Wt:** 244 **Born:** 01/13/62 **Age:** 33

		BATTING														BASERUNNING				PERCENTAGES		
Year	Team	Lg	G	AB	H	2B	3B	HR	(Hm | Rd)	TB	R	RBI	TBB	IBB	SO	HBP	SH	SF	SB	CS	SB%	GDP	Avg	OBP	SLG
1984	New York	NL	7	14	3	0	0	0	(0 | 0)	3	0	1	0	0	3	0	0	0	0	1	.00	1	.214	.214	.214
1986	New York	NL	108	328	91	22	2	12	(4 | 8)	153	51	43	33	0	61	1	1	1	3	3	.50	6	.277	.344	.466
1987	2 ML Teams		131	464	130	20	2	22	(9 | 13)	220	68	70	48	4	88	2	0	5	9	6	.60	10	.280	.350	.474
1988	San Francisco	NL	148	505	127	25	7	19	(10 | 9)	223	60	80	48	7	85	5	0	1	5	5	.50	9	.251	.319	.442
1989	San Francisco	NL	154	543	158	34	6	47	(22 | 25)	345	100	125	87	32	115	3	0	7	3	4	.43	6	.291	.388	.635
1990	San Francisco	NL	140	524	152	24	2	35	(15 | 20)	285	90	93	58	9	87	2	0	5	4	7	.36	8	.290	.360	.544
1991	San Francisco	NL	113	371	95	13	1	27	(9 | 18)	191	52	69	43	8	57	5	0	4	2	3	.40	4	.256	.338	.515
1992	Seattle	AL	99	360	103	24	0	9	(5 | 4)	154	48	67	35	4	46	3	0	4	0	2	.00	4	.286	.351	.428
1993	Cincinnati	NL	93	323	110	21	3	19	(10 | 9)	194	56	64	25	4	48	1	0	4	1	0	1.00	14	.341	.385	.601
1994	Cincinnati	NL	95	310	101	18	1	30	(18 | 12)	211	57	77	59	15	62	3	0	8	2	0	1.00	12	.326	.429	.681
1987	San Diego	NL	62	196	48	7	1	7	(2 | 5)	78	19	26	20	3	38	0	0	1	0	0	.00	5	.245	.313	.398
	San Francisco	NL	69	268	82	13	1	15	(7 | 8)	142	49	44	28	1	50	2	0	2	9	6	.60	5	.306	.376	.530
	10 ML YEARS		1088	3742	1070	201	24	220	(102 | 118)	1979	582	689	436	83	652	25	2	41	29	31	.48	75	.286	.361	.529

Mike Mohler

Pitches: Left **Bats:** Right **Pos:** SP **Ht:** 6' 2" **Wt:** 195 **Born:** 07/26/68 **Age:** 26

			HOW MUCH HE PITCHED					WHAT HE GAVE UP										THE RESULTS				
Year	Team	Lg	G	GS	CG	GF	IP	BFP	H	R	ER	HR	SH	SF	HB	TBB	IBB	SO	WP	Bk	W	L	Pct.	ShO	Sv	ERA
1990	Madison	A	42	2	0	10	63.1	280	56	34	24	2	8	2	2	32	0	72	4	1	1	1	.500	0	1	3.41
1991	Modesto	A	21	20	1	0	122.2	505	106	48	39	5	2	3	2	45	1	98	7	1	9	4	.692	0	0	2.86
	Huntsville	AA	8	8	0	0	53	225	55	22	21	5	2	0	2	20	0	27	3	0	4	2	.667	0	0	3.57
1992	Huntsville	AA	44	6	0	19	80.1	346	72	41	32	5	5	4	3	39	1	56	2	1	3	8	.273	0	3	3.59
1994	Modesto	A	7	5	0	2	29.1	117	21	9	9	1	1	1	0	6	0	29	0	1	1	1	.500	0	1	2.76
	Tacoma	AAA	17	11	0	3	63.2	277	66	31	25	7	1	0	1	21	0	50	0	1	3	1	.250	0	0	3.53
1993	Oakland	AL	42	9	0	4	64.1	290	57	45	40	10	5	2	2	44	4	42	0	1	1	6	.143	0	0	5.60
1994	Oakland	AL	1	1	0	0	2.1	14	2	3	2	1	0	0	0	2	0	4	0	0	0	1	.000	0	0	7.71
	2 ML YEARS		43	10	0	4	66.2	304	59	48	42	11	5	2	2	46	4	46	0	1	1	7	.125	0	0	5.67

Paul Molitor

Bats: Right **Throws:** Right **Pos:** DH **Ht:** 6' 0" **Wt:** 180 **Born:** 08/22/56 **Age:** 38

			BATTING															BASERUNNING				PERCENTAGES		
Year	Team	Lg	G	AB	H	2B	3B	HR	(Hm | Rd)	TB	R	RBI	TBB	IBB	SO	HBP	SH	SF	SB	CS	SB%	GDP	Avg	OBP	SLG
1978	Milwaukee	AL	125	521	142	26	4	6	(4 | 2)	194	73	45	19	2	54	4	7	5	30	12	.71	6	.273	.301	.372
1979	Milwaukee	AL	140	584	188	27	16	9	(3 | 6)	274	88	62	48	5	48	2	6	5	33	13	.72	9	.322	.372	.469
1980	Milwaukee	AL	111	450	137	29	2	9	(2 | 7)	197	81	37	48	4	48	3	6	5	34	7	.83	9	.304	.372	.438
1981	Milwaukee	AL	64	251	67	11	0	2	(1 | 1)	84	45	19	25	1	29	3	5	0	10	6	.63	3	.267	.341	.335
1982	Milwaukee	AL	160	666	201	26	8	19	(9 | 10)	300	136	71	69	1	93	1	10	5	41	9	.82	9	.302	.366	.450
1983	Milwaukee	AL	152	608	164	28	6	15	(9 | 6)	249	95	47	59	4	74	2	7	6	41	8	.84	12	.270	.333	.410
1984	Milwaukee	AL	13	46	10	1	0	0	(0 | 0)	11	3	6	2	0	8	0	0	1	1	0	1.00	0	.217	.245	.239
1985	Milwaukee	AL	140	576	171	28	3	10	(6 | 4)	235	93	48	54	6	80	1	7	4	21	7	.75	12	.297	.356	.408
1986	Milwaukee	AL	105	437	123	24	6	9	(5 | 4)	186	62	55	40	0	81	0	2	3	20	5	.80	9	.281	.340	.426
1987	Milwaukee	AL	118	465	164	41	5	16	(7 | 9)	263	114	75	69	2	67	2	5	1	45	10	.82	4	.353	.438	.566
1988	Milwaukee	AL	154	609	190	34	6	13	(9 | 4)	275	115	60	71	8	54	2	5	3	41	10	.80	10	.312	.384	.452
1989	Milwaukee	AL	155	615	194	35	4	11	(6 | 5)	270	84	56	64	4	67	4	4	9	27	11	.71	11	.315	.379	.439
1990	Milwaukee	AL	103	418	119	27	6	12	(6 | 6)	194	64	45	37	4	51	1	0	2	18	3	.86	7	.285	.343	.464
1991	Milwaukee	AL	158	665	216	32	13	17	(7 | 10)	325	133	75	77	16	62	6	0	1	19	8	.70	11	.325	.399	.489
1992	Milwaukee	AL	158	609	195	36	7	12	(4 | 8)	281	89	89	73	12	66	3	4	11	31	6	.84	13	.320	.389	.461
1993	Toronto	AL	160	636	211	37	5	22	(13 | 9)	324	121	111	77	3	71	3	1	8	22	4	.85	13	.332	.402	.509
1994	Toronto	AL	115	454	155	30	4	14	(8 | 6)	235	86	75	55	4	48	1	0	5	20	0	1.0	13	.341	.410	.518
	17 ML YEARS		2131	8610	2647	472	95	196	(99 | 97)	3897	1482	976	887	76	1001	38	69	74	454	119	.79	151	.307	.372	.453

Raul Mondesi

Bats: Right **Throws:** Right **Pos:** RF/CF **Ht:** 5'11" **Wt:** 210 **Born:** 03/12/71 **Age:** 24

			BATTING															BASERUNNING				PERCENTAGES		
Year	Team	Lg	G	AB	H	2B	3B	HR	(Hm	Rd)	TB	R	RBI	TBB	IBB	SO	HBP	SH	SF	SB	CS	SB%	GDP	Avg	OBP	SLG
1990	Great Falls	R	44	175	53	10	4	8	--	--	95	35	31	11	1	30	2	0	1	30	6	.83	1	.303	.349	.543
1991	Bakersfield	A	28	106	30	7	2	3	--	--	50	23	13	5	1	21	3	0	1	9	4	.69	1	.283	.330	.472
	San Antonio	AA	53	213	58	10	5	5	--	--	93	32	26	8	0	47	4	0	3	7	3	.70	1	.272	.307	.437
	Albuquerque	AAA	2	9	3	0	1	0	--	--	5	3	0	0	0	1	0	0	0	1	0	1.00	0	.333	.333	.556
1992	Albuquerque	AAA	35	138	43	4	7	4	--	--	73	23	15	9	4	35	1	0	0	2	3	.40	0	.312	.358	.529
	San Antonio	AA	18	68	18	2	2	2	--	--	30	8	14	1	0	24	0	0	3	3	2	.60	1	.265	.264	.441
1993	Albuquerque	AAA	110	425	119	22	7	12	--	--	191	65	65	18	4	85	2	0	5	13	10	.57	4	.280	.309	.449
1993	Los Angeles	NL	42	86	25	3	1	4	(2	2)	42	13	10	4	0	16	0	1	0	4	1	.80	1	.291	.322	.488
1994	Los Angeles	NL	112	434	133	27	8	16	(10	6)	224	63	56	16	5	78	2	0	2	11	8	.58	9	.306	.333	.516
	2 ML YEARS		154	520	158	30	9	20	(12	8)	266	76	66	20	5	94	2	1	2	15	9	.63	10	.304	.331	.512

Rich Monteleone

Pitches: Right **Bats:** Right **Pos:** RP **Ht:** 6' 3" **Wt:** 214 **Born:** 03/22/63 **Age:** 32

			HOW MUCH HE PITCHED					WHAT HE GAVE UP										THE RESULTS				
Year	Team	Lg	G	GS	CG	GF	IP	BFP	H	R	ER	HR	SH	SF	HB	TBB	IBB	SO	WP	Bk	W	L	Pct.	ShO	Sv	ERA
1987	Seattle	AL	3	0	0	1	7	34	10	5	5	2	0	0	1	4	0	2	0	0	0	0	.000	0	0	6.43
1988	California	AL	3	0	0	2	4.1	20	4	0	0	0	0	1	1	1	1	3	0	1	0	0	.000	0	0	0.00
1989	California	AL	24	0	0	8	39.2	170	39	15	14	3	1	2	1	13	1	27	2	0	2	2	.500	0	0	3.18
1990	New York	AL	5	0	0	2	7.1	31	8	5	5	0	0	0	0	2	0	8	0	0	0	1	.000	0	0	6.14
1991	New York	AL	26	0	0	10	47	201	42	27	19	5	2	2	0	19	3	34	1	1	3	1	.750	0	0	3.64
1992	New York	AL	47	0	0	15	92.2	380	82	35	34	7	3	1	0	27	2	62	0	3	7	3	.700	0	0	3.30
1993	New York	AL	42	0	0	11	85.2	369	85	52	47	14	4	5	0	35	10	50	1	0	7	4	.636	0	0	4.94
1994	San Francisco	NL	39	0	0	8	45.1	189	43	18	16	6	2	4	0	13	2	16	1	2	4	3	.571	0	3	3.18
	8 ML YEARS		189	0	0	57	329	1394	313	157	140	37	12	14	3	114	20	202	5	7	23	14	.622	0	3	3.83

Jeff Montgomery

Pitches: Right **Bats:** Right **Pos:** RP **Ht:** 5'11" **Wt:** 180 **Born:** 01/07/62 **Age:** 33

			HOW MUCH HE PITCHED					WHAT HE GAVE UP										THE RESULTS				
Year	Team	Lg	G	GS	CG	GF	IP	BFP	H	R	ER	HR	SH	SF	HB	TBB	IBB	SO	WP	Bk	W	L	Pct.	ShO	Sv	ERA
1987	Cincinnati	NL	14	1	0	6	19.1	89	25	15	14	2	0	0	0	9	1	13	1	1	2	2	.500	0	0	6.52
1988	Kansas City	AL	45	0	0	13	62.2	271	54	25	24	6	3	2	2	30	1	47	3	6	7	2	.778	0	1	3.45
1989	Kansas City	AL	63	0	0	39	92	363	66	16	14	3	1	1	2	25	4	94	6	1	7	3	.700	0	18	1.37
1990	Kansas City	AL	73	0	0	59	94.1	400	81	36	25	6	2	2	5	34	8	94	3	0	6	5	.545	0	24	2.39
1991	Kansas City	AL	67	0	0	55	90	376	83	32	29	6	6	2	2	28	2	77	6	0	4	4	.500	0	33	2.90
1992	Kansas City	AL	65	0	0	62	82.2	333	61	23	20	5	4	2	3	27	2	69	2	0	1	6	.143	0	39	2.18
1993	Kansas City	AL	69	0	0	63	87.1	347	65	22	22	3	5	1	2	23	4	66	3	0	7	5	.583	0	45	2.27
1994	Kansas City	AL	42	0	0	38	44.2	193	48	21	20	5	2	1	1	15	1	50	2	0	2	3	.400	0	27	4.03
	8 ML YEARS		438	1	0	335	573	2372	483	190	168	36	23	11	17	191	23	510	26	8	36	30	.545	0	187	2.64

Marcus Moore

Pitches: Right **Bats:** Both **Pos:** RP **Ht:** 6'5" **Wt:** 204 **Born:** 11/02/70 **Age:** 24

			HOW MUCH HE PITCHED					WHAT HE GAVE UP										THE RESULTS				
Year	Team	Lg	G	GS	CG	GF	IP	BFP	H	R	ER	HR	SH	SF	HB	TBB	IBB	SO	WP	Bk	W	L	Pct.	ShO	Sv	ERA
1989	Bend	A	14	14	1	0	81.2	373	84	55	41	2	3	4	5	51	1	74	14	6	2	5	.286	0	0	4.52
1990	Quad City	A	27	27	2	0	160.1	717	150	83	59	6	2	7	3	106	0	160	13	9	16	5	.762	1	0	3.31
1991	Dunedin	A	27	25	2	1	160.2	694	139	78	66	3	9	5	4	99	3	115	12	9	6	13	.316	0	0	3.70
1992	Knoxville	AA	36	14	1	18	106.1	493	110	82	66	10	3	7	5	79	0	85	17	5	5	10	.333	0	0	5.59
1993	Central Val	A	8	0	0	8	12	53	27	7	3	1	0	1	0	9	0	15	1	0	1	0	1.000	0	2	0.75
	Colo Sprngs	AAA	30	0	0	14	44.1	209	54	26	22	3	3	5	1	29	0	38	4	0	1	5	.167	0	4	4.47
1994	Colo. Spmg	AAA	19	8	0	5	54	283	67	59	48	5	1	1	1	61	0	54	2	0	3	4	.429	0	0	8.00
1993	Colorado	NL	27	0	0	8	26.1	128	30	25	20	4	0	4	1	20	0	13	4	0	3	1	.750	0	0	6.84
1994	Colorado	NL	29	0	0	13	33.2	158	33	26	23	4	1	0	5	21	2	33	4	1	1	1	.500	0	0	6.15
	2 ML YEARS		56	0	0	21	60	286	63	51	43	8	1	4	6	41	2	46	8	1	4	2	.667	0	0	6.45

Mike Moore

Pitches: Right **Bats:** Right **Pos:** SP **Ht:** 6'4" **Wt:** 215 **Born:** 11/26/59 **Age:** 35

			HOW MUCH HE PITCHED					WHAT HE GAVE UP										THE RESULTS				
Year	Team	Lg	G	GS	CG	GF	IP	BFP	H	R	ER	HR	SH	SF	HB	TBB	IBB	SO	WP	Bk	W	L	Pct.	ShO	Sv	ERA
1982	Seattle	AL	28	27	1	0	144.1	651	159	91	86	21	8	4	2	79	0	73	6	0	7	14	.333	1	0	5.36
1983	Seattle	AL	22	21	3	1	128	556	130	75	67	10	1	6	3	60	4	108	7	0	6	8	.429	2	0	4.71
1984	Seattle	AL	34	33	6	0	212	937	236	127	117	16	5	6	5	85	10	158	7	2	7	17	.292	0	0	4.97
1985	Seattle	AL	35	34	14	1	247	1016	230	100	95	18	2	7	4	70	2	155	10	3	17	10	.630	2	0	3.46
1986	Seattle	AL	38	37	11	1	266	1145	279	141	127	28	10	6	12	94	6	146	4	0	11	13	.458	1	1	4.30
1987	Seattle	AL	33	33	12	0	231	1020	268	145	121	29	9	8	0	84	3	115	4	2	9	19	.321	0	0	4.71
1988	Seattle	AL	37	32	9	3	228.2	918	196	104	96	24	3	3	3	63	6	182	4	3	9	15	.375	3	1	3.78
1989	Oakland	AL	35	35	6	0	241.2	976	193	82	70	14	5	6	2	83	4	172	17	0	19	11	.633	3	0	2.61
1990	Oakland	AL	33	33	3	0	199.1	862	204	113	103	14	4	7	3	84	2	73	13	0	13	15	.464	0	0	4.65
1991	Oakland	AL	33	33	3	0	210	887	176	75	69	11	5	4	5	105	1	153	14	0	17	8	.680	1	0	2.96
1992	Oakland	AL	36	36	2	0	223	982	229	113	102	20	7	11	8	103	5	117	22	0	17	12	.586	0	0	4.12
1993	Detroit	AL	36	36	4	0	213.2	942	227	135	124	35	4	8	3	89	10	89	9	0	13	9	.591	3	0	5.22
1994	Detroit	AL	25	25	4	0	154.1	679	152	97	93	27	4	4	3	89	8	62	10	0	11	10	.524	0	0	5.42
	13 ML YEARS		425	415	78	6	2699	11571	2679	1398	1270	267	67	80	53	1088	58	1603	127	11	156	161	.492	16	2	4.23

Mickey Morandini

Bats: Left **Throws:** Right **Pos:** 2B **Ht:** 5'11" **Wt:** 171 **Born:** 04/22/66 **Age:** 29

			BATTING															BASERUNNING				PERCENTAGES		
Year	Team	Lg	G	AB	H	2B	3B	HR	(Hm | Rd)	TB	R	RBI	TBB	IBB	SO	HBP	SH	SF	SB	CS	SB%	GDP	Avg	OBP	SLG
1990	Philadelphia	NL	25	79	19	4	0	1	(1 | 0)	26	9	3	6	0	19	0	2	0	3	0	1.00	1	.241	.294	.329
1991	Philadelphia	NL	98	325	81	11	4	1	(1 | 0)	103	38	20	29	2	45	2	6	2	13	2	.87	1	.249	.313	.317
1992	Philadelphia	NL	127	422	112	8	8	3	(2 | 1)	145	47	30	25	2	64	0	6	6	8	3	.73	6	.265	.305	.344
1993	Philadelphia	NL	120	425	105	19	9	3	(2 | 1)	151	57	33	34	2	73	5	4	2	13	2	.87	7	.247	.309	.355
1994	Philadelphia	NL	87	274	80	16	5	2	(1 | 1)	112	40	26	34	3	33	4	4	4	10	5	.67	4	.292	.378	.409
	5 ML YEARS		457	1525	397	58	26	10	(7 | 3)	537	191	112	128	9	234	11	22	6	47	12	.80	23	.260	.321	.352

Mike Mordecai

Bats: Both **Throws:** Right **Pos:** SS **Ht:** 5'11" **Wt:** 175 **Born:** 12/13/67 **Age:** 27

			BATTING															BASERUNNING				PERCENTAGES		
Year	Team	Lg	G	AB	H	2B	3B	HR	(Hm	Rd)	TB	R	RBI	TBB	IBB	SO	HBP	SH	SF	SB	CS	SB%	GDP	Avg	OBP	SLG
1989	Burlington	A	65	241	61	11	1	1	--	--	77	39	22	33	0	43	5	4	2	12	5	.71	2	.253	.352	.320
	Greenville	AA	4	8	3	0	0	0	--	--	3	0	1	1	0	0	0	0	0	0	0	.00	0	.375	.444	.375
1990	Durham	A	72	271	76	11	7	3	--	--	110	42	36	42	2	45	2	2	2	10	6	.63	9	.280	.379	.406
1991	Durham	A	109	397	104	15	2	4	--	--	135	52	42	39	0	58	2	2	6	30	16	.65	7	.262	.328	.340

Year	Team	Lg	G	AB	H	2B	3B	HR	-	-	TB	R	RBI	TBB	IBB	SO	WP	Bk	W	L	Pct.	ShO	Sv	ERA
1992	Greenville	AA	65	222	58	13	1	4	--	--	85	31	31	29	2	31	0	1	2	9	6	.60	6	.261	.344	.383
	Richmond	AAA	36	118	29	3	0	1	--	--	35	12	6	5	0	19	0	1	2	0	4	.00	0	.246	.272	.297
1993	Richmond	AAA	72	205	55	8	1	2	--	--	71	29	14	14	0	33	1	1	0	10	2	.83	4	.268	.318	.346
1994	Richmond	AAA	99	382	107	25	1	14	--	--	176	67	57	35	1	50	2	3	5	14	7	.67	5	.280	.340	.461
1994	Atlanta	NL	4	4	1	0	0	1	(1	0)	4	1	3	1	0	0	0	0	0	0	0	.00	0	.250	.400	1.000

Mike Morgan

Pitches: Right **Bats:** Right **Pos:** SP **Ht:** 6' 2" **Wt:** 220 **Born:** 10/08/59 **Age:** 35

Year	Team	Lg	G	GS	CG	GF	IP	BFP	H	R	ER	HR	SH	SF	HB	TBB	IBB	SO	WP	Bk	W	L	Pct.	ShO	Sv	ERA
1978	Oakland	AL	3	3	1	0	12	60	19	12	10	1	1	0	0	8	0	0	0	0	0	3	.000	0	0	7.50
1979	Oakland	AL	13	13	2	0	77	368	102	57	51	7	4	4	3	50	0	17	7	0	2	10	.167	0	0	5.96
1982	New York	AL	30	23	2	2	150.1	661	167	77	73	15	2	4	2	67	5	71	6	0	7	11	.389	0	0	4.37
1983	Toronto	AL	16	4	0	2	45.1	198	48	26	26	6	0	1	0	21	0	22	3	0	0	3	.000	0	0	5.16
1985	Seattle	AL	2	2	0	0	6	33	11	8	8	2	0	0	0	5	0	2	1	0	1	1	.500	0	0	12.00
1986	Seattle	AL	37	33	9	2	216.1	951	243	122	109	24	7	3	6	86	3	116	8	1	11	**17**	.393	1	1	4.53
1987	Seattle	AL	34	31	8	2	207	898	245	117	107	25	8	5	5	53	3	85	11	0	12	17	.414	2	0	4.65
1988	Baltimore	AL	22	10	2	6	71.1	299	70	45	43	6	1	0	1	23	1	29	5	0	1	6	.143	0	1	5.43
1989	Los Angeles	NL	40	19	0	7	152.2	604	130	51	43	6	8	6	2	33	4	72	6	0	8	11	.421	0	0	2.53
1990	Los Angeles	NL	33	33	6	0	211	891	216	100	88	19	11	4	4	60	5	106	4	1	11	15	.423	**4**	0	3.75
1991	Los Angeles	NL	34	33	5	1	236.1	949	197	85	73	12	10	4	3	61	10	140	6	0	14	10	.583	1	1	2.78
1992	Chicago	NL	34	34	6	0	240	966	203	80	68	14	10	5	3	79	10	123	11	0	16	8	.667	1	0	2.55
1993	Chicago	NL	32	32	1	0	207.2	883	206	100	93	15	11	5	7	74	8	111	8	2	10	15	.400	1	0	4.03
1994	Chicago	NL	15	15	1	0	80.2	380	111	65	60	12	7	6	4	35	2	57	5	0	2	10	.167	0	0	6.69
	14 ML YEARS		345	285	43	22	1913.2	8141	1968	945	852	164	80	47	39	655	55	951	81	4	95	137	.409	10	3	4.01

Russ Morman

Bats: Right **Throws:** Right **Pos:** 1B **Ht:** 6' 4" **Wt:** 220 **Born:** 04/28/62 **Age:** 33

Year	Team	Lg	G	AB	H	2B	3B	HR	(Hm	Rd)	TB	R	RBI	TBB	IBB	SO	HBP	SH	SF	SB	CS	SB%	GDP	Avg	OBP	SLG
1994	Edmonton *	AAA	114	406	142	30	2	19	--	--	233	69	82	36	0	62	1	0	4	9	0	1.00	6	.350	.400	.574
1986	Chicago	AL	49	159	40	5	0	4	(1	3)	57	18	17	16	0	36	2	1	2	1	0	1.00	5	.252	.324	.358
1988	Chicago	AL	40	75	18	2	0	0	(0	0)	20	8	3	3	0	17	0	1	2	0	0	.00	0	.240	.269	.267
1989	Chicago	AL	37	58	13	2	0	0	(0	0)	15	5	8	6	1	16	0	2	1	1	0	1.00	1	.224	.292	.259
1990	Kansas City	AL	12	37	10	4	2	1	(0	1)	21	5	3	3	0	3	0	0	1	0	0	.00	0	.270	.317	.568
1991	Kansas City	AL	12	23	6	0	0	0	(0	0)	6	1	1	1	1	5	0	0	0	0	0	.00	0	.261	.292	.261
1994	Florida	NL	13	33	7	0	1	1	(0	1)	12	2	2	2	0	9	1	0	0	0	0	.00	1	.212	.278	.364
	6 ML YEARS		163	385	94	13	3	6	(1	5)	131	39	34	31	2	86	3	5	4	2	0	1.00	12	.244	.303	.340

Hal Morris

Bats: Left **Throws:** Left **Pos:** 1B **Ht:** 6' 4" **Wt:** 210 **Born:** 04/09/65 **Age:** 30

Year	Team	Lg	G	AB	H	2B	3B	HR	(Hm	Rd)	TB	R	RBI	TBB	IBB	SO	HBP	SH	SF	SB	CS	SB%	GDP	Avg	OBP	SLG
1988	New York	AL	15	20	2	0	0	0	(0	0)	2	1	0	0	0	9	0	0	0	0	0	.00	0	.100	.100	.100
1989	New York	AL	15	18	5	0	0	0	(0	0)	5	2	4	1	0	4	0	0	0	0	0	.00	0	.278	.316	.278
1990	Cincinnati	NL	107	309	105	22	3	7	(3	4)	154	50	36	21	4	32	1	3	2	9	3	.75	12	.340	.381	.498
1991	Cincinnati	NL	136	478	152	33	1	14	(9	5)	229	72	59	46	7	61	1	5	7	10	4	.71	4	.318	.374	.479
1992	Cincinnati	NL	115	395	107	21	3	6	(3	3)	152	41	53	45	8	53	2	2	2	6	6	.50	12	.271	.347	.385
1993	Cincinnati	NL	101	379	120	18	0	7	(2	5)	159	48	49	34	4	51	2	0	6	2	2	.50	5	.317	.371	.420
1994	Cincinnati	NL	112	436	146	30	4	10	(5	5)	214	60	78	34	8	62	5	2	6	6	2	.75	16	.335	.385	.491
	7 ML YEARS		601	2035	637	124	11	44	(22	22)	915	274	279	181	31	272	11	12	23	33	17	.66	51	.313	.368	.450

Jack Morris

Pitches: Right **Bats:** Right **Pos:** SP **Ht:** 6' 3" **Wt:** 200 **Born:** 05/16/55 **Age:** 40

Year	Team	Lg	G	GS	CG	GF	IP	BFP	H	R	ER	HR	SH	SF	HB	TBB	IBB	SO	WP	Bk	W	L	Pct.	ShO	Sv	ERA
1977	Detroit	AL	7	6	1	0	46	189	38	20	19	4	3	1	0	23	0	28	2	0	1	1	.500	0	0	3.72
1978	Detroit	AL	28	7	0	10	106	469	107	57	51	8	8	9	3	49	5	48	4	0	3	5	.375	0	0	4.33
1979	Detroit	AL	27	27	9	0	198	806	179	76	72	19	3	6	4	59	4	113	9	1	17	7	.708	1	0	3.27
1980	Detroit	AL	36	36	11	0	250	1074	252	125	116	20	10	**13**	4	87	5	112	6	2	16	15	.516	2	0	4.18
1981	Detroit	AL	25	25	15	0	198	798	153	69	67	14	8	**9**	2	**78**	11	97	2	2	**14**	7	.667	1	0	3.05
1982	Detroit	AL	37	37	17	0	266.1	1107	247	131	120	37	4	5	2	96	7	135	10	0	17	16	.515	3	0	4.06
1983	Detroit	AL	37	37	20	0	293.2	1204	257	117	109	30	8	9	3	83	5	**232**	18	0	20	13	.606	1	0	3.34
1984	Detroit	AL	35	35	9	0	240.1	1015	221	108	96	20	5	3	2	87	7	148	**14**	0	19	11	.633	1	0	3.60
1985	Detroit	AL	35	35	13	0	257	1077	212	102	95	21	11	7	5	110	7	191	**15**	3	16	11	.593	4	0	3.33
1986	Detroit	AL	35	35	15	0	267	1092	229	105	97	40	7	3	0	82	7	223	12	0	21	8	.724	**6**	0	3.27

Year	Team	Lg	G	AB	H	2B	3B	HR			TB	R	RBI	TBB	IBB	SO	HBP	SH	SF	SB	CS	SB%	GDP	Avg	OBP	SLG
1987	Detroit	AL	34	34	13	0			266	1101	227	111	100	39	6	5	1	93	7	208	24	1	18	11	.621	0	0	3.38
1988	Detroit	AL	34	34	10	0			235	997	225	115	103	20	12	3	4	83	7	168	11	11	15	13	.536	2	0	3.94
1989	Detroit	AL	24	24	10	0			170.1	743	189	102	92	23	6	7	2	59	3	115	12	1	6	14	.300	0	0	4.86
1990	Detroit	AL	36	36	11	0			249.2	1073	231	144	125	26	7	10	6	97	13	162	16	2	15	18	.455	3	0	4.51
1991	Minnesota	AL	35	35	10	0			246.2	1032	226	107	94	18	5	8	5	92	5	163	15	1	18	12	.600	2	0	3.43
1992	Toronto	AL	34	34	6	0			240.2	1005	222	114	108	18	4	7	10	80	2	132	9	2	21	6	.778	1	0	4.04
1993	Toronto	AL	27	27	4	0			152.2	702	189	116	105	18	4	5	3	65	2	103	14	1	7	12	.368	1	0	6.19
1994	Cleveland	AL	23	23	1	0			141.1	636	163	96	88	14	2	4	4	67	2	100	13	0	10	6	.625	0	0	5.60
	18 ML YEARS		549	527	175	10			3824.2	16120	3567	1815	1657	389	113	114	58	1390	99	2478	206	27	254	186	.577	28	0	3.90

James Mouton

Bats: Right **Throws:** Right **Pos:** RF/CF **Ht:** 5' 9" **Wt:** 175 **Born:** 12/29/68 **Age:** 26

			BATTING																BASERUNNING				PERCENTAGES		
Year	Team	Lg	G	AB	H	2B	3B	HR	(Hm | Rd)	TB	R	RBI	TBB	IBB	SO	HBP	SH	SF	SB	CS	SB%	GDP	Avg	OBP	SLG
1991	Auburn	A	76	288	76	15	10	2	--	--	117	71	40	55	1	32	7	2	4	60	18	.77	5	.264	.390	.406
1992	Osceola	A	133	507	143	30	6	11	--	--	218	110	62	71	3	78	8	9	5	51	11	.82	3	.282	.376	.430
1993	Tucson	AAA	134	546	172	42	12	16	--	--	286	126	92	72	0	82	8	7	9	40	18	.69	6	.315	.397	.524
1994	Tucson	AAA	4	17	7	1	0	1	--	--	11	2	1	2	0	3	0	0	0	1	0	1.00	1	.412	.474	.647
1994	Houston	NL	99	310	76	11	0	2	(1 | 1)	93	43	16	27	0	69	5	2	1	24	5	.83	6	.245	.315	.300

Jamie Moyer

Pitches: Left **Bats:** Left **Pos:** SP **Ht:** 6' 0" **Wt:** 170 **Born:** 11/18/62 **Age:** 32

			HOW MUCH HE PITCHED					WHAT HE GAVE UP									THE RESULTS					
Year	Team	Lg	G	GS	CG	GF	IP	BFP	H	R	ER	HR	SH	SF	HB	TBB	IBB	SO	WP	Bk	W	L	Pct.	ShO	Sv	ERA
1986	Chicago	NL	16	16	1	0	87.1	395	107	52	49	10	3	3	3	42	1	45	3	3	7	4	.636	1	0	5.05
1987	Chicago	NL	35	33	1	1	201	899	210	127	114	28	14	7	5	97	9	147	11	2	12	15	.444	0	0	5.10
1988	Chicago	NL	34	30	3	1	202	855	212	84	78	20	14	4	4	55	7	121	4	0	9	15	.375	1	0	3.48
1989	Texas	AL	15	15	1	0	76	337	84	51	41	10	1	4	2	33	0	44	1	0	4	9	.308	0	0	4.86
1990	Texas	AL	33	10	1	6	102.1	447	115	59	53	6	1	7	4	39	4	58	1	0	2	6	.250	0	0	4.66
1991	St. Louis	NL	8	7	0	1	31.1	142	38	21	20	5	4	2	1	16	0	20	2	1	0	5	.000	0	0	5.74
1993	Baltimore	AL	25	25	3	0	152	630	154	63	58	11	3	1	6	38	2	90	1	1	12	9	.571	1	0	3.43
1994	Baltimore	AL	23	23	0	0	149	631	158	81	79	23	5	2	2	38	3	87	1	0	5	7	.417	0	0	4.77
	8 ML YEARS		189	159	10	9	1001	4336	1078	538	492	113	45	30	27	358	26	612	24	7	51	70	.421	3	0	4.42

Terry Mulholland

Pitches: Left **Bats:** Right **Pos:** SP/RP **Ht:** 6' 3" **Wt:** 212 **Born:** 03/09/63 **Age:** 32

			HOW MUCH HE PITCHED					WHAT HE GAVE UP									THE RESULTS					
Year	Team	Lg	G	GS	CG	GF	IP	BFP	H	R	ER	HR	SH	SF	HB	TBB	IBB	SO	WP	Bk	W	L	Pct.	ShO	Sv	ERA
1986	San Francisco	NL	15	10	0	1	54.2	245	51	34	30	3	5	1	1	35	2	27	6	0	1	7	.125	0	0	4.94
1988	San Francisco	NL	9	6	0	1	46	191	50	20	19	3	5	0	1	7	0	18	1	0	2	1	.667	1	0	3.72
1989	2 ML Teams		25	18	2	4	115.1	513	137	66	63	8	7	1	4	36	3	66	3	0	4	7	.364	1	0	4.92
1990	Philadelphia	NL	33	26	6	2	180.2	746	172	78	67	15	7	12	2	42	7	75	7	2	9	10	.474	1	0	3.34
1991	Philadelphia	NL	34	34	8	0	232	956	231	100	93	15	11	6	3	49	2	142	3	0	16	13	.552	3	0	3.61
1992	Philadelphia	NL	32	32	12	0	229	937	227	101	97	14	10	7	3	46	3	125	3	0	13	11	.542	2	0	3.81
1993	Philadelphia	NL	29	28	7	0	191	786	177	80	69	20	5	4	3	40	2	116	5	0	12	9	.571	2	0	3.25
1994	New York	NL	24	19	2	4	120.2	542	150	94	87	24	3	4	3	37	1	72	5	0	6	7	.462	0	0	6.49
1989	San Francisco	NL	5	1	0	2	11	51	15	5	5	0	0	0	0	4	0	6	0	0	0	0	.000	0	0	4.09
	Philadelphia	NL	20	17	2	2	104.1	462	122	61	58	8	7	1	4	32	3	60	3	0	4	7	.364	1	0	5.00
	8 ML YEARS		201	173	39	12	1169.1	4916	1195	572	525	102	53	35	20	292	20	641	33	2	63	65	.492	10	0	4.04

Bobby Munoz

Pitches: Right **Bats:** Right **Pos:** SP/RP **Ht:** 6' 7" **Wt:** 237 **Born:** 03/03/68 **Age:** 27

			HOW MUCH HE PITCHED					WHAT HE GAVE UP									THE RESULTS					
Year	Team	Lg	G	GS	CG	GF	IP	BFP	H	R	ER	HR	SH	SF	HB	TBB	IBB	SO	WP	Bk	W	L	Pct.	ShO	Sv	ERA
1989	Yankees	R	2	2	0	0	10.1	41	5	4	4	0	0	0	0	4	0	13	1	1	1	1	.500	0	0	3.48
	Ft.Laudrdle	A	3	3	0	0	13.1	58	16	8	7	2	0	0	0	7	0	2	1	0	1	2	.333	0	0	4.72
1990	Greensboro	A	25	24	0	0	132.2	581	134	70	55	4	2	2	5	58	1	100	4	6	5	12	.294	0	0	3.73
1991	Ft.Laudrdle	A	19	19	4	0	108	443	91	45	28	4	2	4	4	40	0	53	6	2	5	8	.385	2	0	2.33
	Columbus	AAA	1	1	0	0	3	21	8	8	8	0	0	0	0	3	0	2	0	0	0	1	.000	0	0	24.00
1992	Albany	AA	22	22	0	0	112.1	491	96	55	41	2	2	4	4	70	0	66	8	0	7	5	.583	0	0	3.28
1993	Columbus	AAA	22	1	0	18	31.1	124	24	6	5	0	1	0	0	8	0	16	1	0	3	1	.750	0	10	1.44
1994	Scranton-Wb	AAA	6	5	0	0	34	138	27	8	8	2	0	1	0	14	1	24	3	0	2	3	.400	0	0	2.12
1993	New York	AL	38	0	0	12	45.2	208	48	27	27	1	1	3	0	26	5	33	2	0	3	3	.500	0	0	5.32
1994	Philadelphia	NL	21	14	1	1	104.1	447	101	40	31	8	4	2	5	35	0	59	5	1	7	5	.583	0	1	2.67
	2 ML YEARS		59	14	1	13	150	655	149	67	58	9	5	5	5	61	5	92	7	1	10	8	.556	0	1	3.48

Mike Munoz

Pitches: Left **Bats:** Left **Pos:** RP **Ht:** 6' 2" **Wt:** 196 **Born:** 07/12/65 **Age:** 29

		HOW MUCH HE PITCHED					WHAT HE GAVE UP										THE RESULTS				
Year	Team	Lg	G	GS	CG	GF	IP	BFP	H	R	ER	HR	SH	SF	HB	TBB	IBB	SO	WP	Bk	W	L	Pct.	ShO	Sv	ERA
1989	Los Angeles	NL	3	0	0	1	2.2	14	5	5	5	1	0	0	0	2	0	3	0	0	0	0	.000	0	0	16.88
1990	Los Angeles	NL	8	0	0	3	5.2	24	6	2	2	0	1	0	0	3	0	2	0	0	0	1	.000	0	0	3.18
1991	Detroit	AL	6	0	0	4	9.1	46	14	10	10	0	0	1	0	5	0	3	1	0	0	0	.000	0	0	9.64
1992	Detroit	AL	65	0	0	15	48	210	44	16	16	3	4	2	0	25	6	23	2	0	1	2	.333	0	2	3.00
1993	2 ML Teams		29	0	0	10	21	101	25	14	11	2	3	2	0	15	4	17	2	0	2	2	.500	0	0	4.71
1994	Colorado	NL	57	0	0	8	45.2	200	37	22	19	3	2	1	0	31	5	32	2	0	4	2	.667	0	1	3.74
1993	Detroit	AL	8	0	0	3	3	19	4	2	2	1	0	0	0	6	1	1	0	0	0	1	.000	0	0	6.00
	Colorado	NL	21	0	0	7	18	82	21	12	9	1	3	2	0	9	3	16	2	0	2	1	.667	0	0	4.50
	6 ML YEARS		168	0	0	41	132.1	595	131	69	63	9	10	6	0	81	15	80	7	0	7	7	.500	0	3	4.28

Pedro Munoz

Bats: Right **Throws:** Right **Pos:** LF/RF/DH **Ht:** 5'10" **Wt:** 203 **Born:** 09/19/68 **Age:** 26

					BATTING													BASERUNNING				PERCENTAGES		
Year	Team	Lg	G	AB	H	2B	3B	HR	(Hm | Rd)	TB	R	RBI	TBB	IBB	SO	HBP	SH	SF	SB	CS	SB%	GDP	Avg	OBP	SLG
1990	Minnesota	AL	22	85	23	4	1	0	(0 | 0)	29	13	5	2	0	16	0	1	2	3	0	1.00	3	.271	.281	.341
1991	Minnesota	AL	51	138	39	7	1	7	(4 | 3)	69	15	26	9	0	31	1	1	2	3	0	1.00	2	.283	.327	.500
1992	Minnesota	AL	127	418	113	16	3	12	(8 | 4)	171	44	71	17	1	90	1	0	3	4	5	.44	18	.270	.298	.409
1993	Minnesota	AL	104	326	76	11	1	13	(2 | 11)	128	34	38	25	2	97	3	0	0	1	2	.33	7	.233	.294	.393
1994	Minnesota	AL	75	244	72	15	2	11	(5 | 6)	124	35	36	19	0	67	2	0	2	0	0	.00	4	.295	.348	.508
	5 ML YEARS		379	1211	323	53	8	43	(19 | 24)	521	141	176	72	3	301	7	2	9	11	7	.61	34	.267	.309	.430

Rob Murphy

Pitches: Left **Bats:** Left **Pos:** RP **Ht:** 6' 2" **Wt:** 215 **Born:** 05/26/60 **Age:** 35

			HOW MUCH HE PITCHED						WHAT HE GAVE UP												THE RESULTS					
Year	Team	Lg	G	GS	CG	GF	IP	BFP	H	R	ER	HR	SH	SF	HB	TBB	IBB	SO	WP	Bk	W	L	Pct.	ShO	Sv	ERA
1985	Cincinnati	NL	2	0	0	2	3	12	2	2	2	1	0	0	0	2	0	1	0	0	0	0	.000	0	0	6.00
1986	Cincinnati	NL	34	0	0	12	50.1	195	26	4	4	0	3	3	0	21	2	36	5	0	6	0	1.000	0	1	0.72
1987	Cincinnati	NL	87	0	0	21	100.2	415	91	37	34	7	1	2	0	32	5	99	1	0	8	5	.615	0	3	3.04
1988	Cincinnati	NL	76	0	0	28	84.2	350	69	31	29	3	9	1	1	38	6	74	5	1	0	6	.000	0	3	3.08
1989	Boston	AL	74	0	0	37	105	438	97	38	32	7	7	3	1	41	8	107	6	0	5	7	.417	0	9	2.74
1990	Boston	AL	68	0	0	20	57	285	85	46	40	10	4	4	1	32	3	54	4	0	0	6	.000	0	7	6.32
1991	Seattle	AL	57	0	0	26	48	211	47	17	16	4	0	3	1	19	4	34	4	0	0	1	.000	0	0	3.00
1992	Houston	NL	59	0	0	6	55.2	242	56	28	25	2	3	3	0	21	6	42	4	0	3	1	.750	0	0	4.04
1993	St. Louis	NL	73	0	0	23	64.2	279	73	37	35	8	4	2	1	20	6	41	5	0	5	7	.417	0	1	4.87
1994	2 ML Teams		53	0	0	15	42	174	38	21	20	9	1	0	0	13	2	25	2	0	4	3	.571	0	2	4.29
1994	St. Louis	NL	50	0	0	15	40.1	166	35	18	17	7	1	0	0	13	2	25	2	0	4	3	.571	0	2	3.79
	New York	AL	3	0	0	0	1.2	8	3	3	3	2	0	0	0	0	0	0	0	0	0	0	.000	0	0	16.20
	10 ML YEARS		583	0	0	180	611	2601	584	261	237	51	35	18	5	239	40	513	36	1	31	36	.463	0	30	3.49

Eddie Murray

Bats: Both **Throws:** Right **Pos:** DH/1B **Ht:** 6' 2" **Wt:** 220 **Born:** 02/24/56 **Age:** 39

						BATTING													BASERUNNING				PERCENTAGES		
Year	Team	Lg	G	AB	H	2B	3B	HR	(Hm | Rd)	TB	R	RBI	TBB	IBB	SO	HBP	SH	SF	SB	CS	SB%	GDP	Avg	OBP	SLG
1977	Baltimore	AL	160	611	173	29	2	27	(14 | 13)	287	81	88	48	6	104	1	0	6	0	1	.00	22	.283	.333	.470
1978	Baltimore	AL	161	610	174	32	3	27	(10 | 17)	293	85	95	70	7	97	1	1	8	6	5	.55	15	.285	.356	.480
1979	Baltimore	AL	159	606	179	30	2	25	(10 | 15)	288	90	99	72	9	78	2	1	6	10	2	.83	16	.295	.369	.475
1980	Baltimore	AL	158	621	186	36	2	32	(10 | 22)	322	100	116	54	10	71	2	0	6	7	2	.78	18	.300	.354	.519
1981	Baltimore	AL	99	378	111	21	2	**22**	(12 | 10)	202	57	**78**	40	10	43	1	0	3	2	3	.40	10	.294	.360	.534
1982	Baltimore	AL	151	550	174	30	1	32	(18 | 14)	302	87	110	70	**18**	82	1	0	6	7	2	.78	17	.316	.391	.549
1983	Baltimore	AL	156	582	178	30	3	33	(16 | 17)	313	115	111	86	13	90	3	0	9	5	1	.83	13	.306	.393	.538
1984	Baltimore	AL	**162**	588	180	26	3	29	(18 | 11)	299	97	110	**107**	**25**	87	2	0	8	10	2	.83	9	.306	**.410**	.509
1985	Baltimore	AL	156	583	173	37	1	31	(15 | 16)	305	111	124	84	12	68	2	0	8	5	2	.71	8	.297	.383	.523
1986	Baltimore	AL	137	495	151	25	1	17	(9 | 8)	229	61	84	78	7	49	0	0	5	3	0	1.00	5	.305	.396	.463
1987	Baltimore	AL	160	618	171	28	3	30	(14 | 16)	295	89	91	73	6	80	0	0	3	1	2	.33	15	.277	.352	.477
1988	Baltimore	AL	161	603	171	27	2	28	(14 | 14)	286	75	84	75	8	78	0	0	5	5	2	.71	20	.284	.361	.474
1989	Los Angeles	NL	160	594	147	29	1	20	(4 | 16)	238	66	88	87	24	85	2	0	7	7	2	.78	12	.247	.342	.401
1990	Los Angeles	NL	155	558	184	22	3	26	(12 | 14)	290	96	95	82	**21**	64	1	0	4	8	5	.62	19	.330	.414	.520
1991	Los Angeles	NL	153	576	150	23	1	19	(11 | 8)	232	69	96	55	17	74	0	0	5	10	3	.77	17	.260	.321	.403
1992	New York	NL	156	551	144	37	2	16	(7 | 9)	233	64	93	66	8	74	0	0	8	4	2	.67	15	.261	.336	.423
1993	New York	NL	154	610	174	28	1	27	(15 | 12)	285	77	100	40	4	61	0	0	9	2	2	.50	24	.285	.325	.467
1994	Cleveland	AL	108	433	110	21	1	17	(7 | 10)	184	57	76	31	6	53	0	0	3	8	4	.67	8	.254	.302	.425
	18 ML YEARS		2706	10167	2930	511	34	458	(216 | 242)	4883	1477	1738	1218	211	1338	18	2	110	100	42	.70	275	.288	.362	.480

Mike Mussina

Pitches: Right **Bats:** Right **Pos:** SP **Ht:** 6' 2" **Wt:** 185 **Born:** 12/08/68 **Age:** 26

		HOW MUCH HE PITCHED					WHAT HE GAVE UP											THE RESULTS					
Year Team	Lg	G	GS	CG	GF	IP	BFP	H	R	ER	HR	SH	SF	HB	TBB	IBB	SO	WP	Bk	W	L	Pct.	ShO	Sv	ERA
1991 Baltimore	AL	12	12	2	0	87.2	349	77	31	28	7	3	2	1	21	0	52	3	1	4	5	.444	0	0	2.87
1992 Baltimore	AL	32	32	8	0	241	957	212	70	68	16	13	6	2	48	2	130	6	0	18	5	.783	4	0	2.54
1993 Baltimore	AL	25	25	3	0	167.2	693	163	84	83	20	6	4	3	44	2	117	5	0	14	6	.700	2	0	4.46
1994 Baltimore	AL	24	24	3	0	176.1	712	163	63	60	19	3	9	1	42	1	99	0	0	16	5	.762	0	0	3.06
4 ML YEARS		93	93	16	0	672.2	2711	615	248	239	62	25	21	7	155	5	398	14	1	52	21	.712	6	0	3.20

Jeff Mutis

Pitches: Left **Bats:** Left **Pos:** RP **Ht:** 6' 2" **Wt:** 195 **Born:** 12/20/66 **Age:** 28

		HOW MUCH HE PITCHED					WHAT HE GAVE UP											THE RESULTS					
Year Team	Lg	G	GS	CG	GF	IP	BFP	H	R	ER	HR	SH	SF	HB	TBB	IBB	SO	WP	Bk	W	L	Pct.	ShO	Sv	ERA
1994 Edmonton*	AAA	13	4	0	5	26.2	127	36	26	25	1	0	2	0	13	0	18	1	1	0	3	.000	0	0	8.44
1991 Cleveland	AL	3	3	0	0	12.1	68	23	16	16	1	2	1	0	7	1	6	1	0	0	3	.000	0	0	11.68
1992 Cleveland	AL	3	2	0	0	11.1	64	24	14	12	4	0	2	0	6	0	8	2	0	0	2	.000	0	0	9.53
1993 Cleveland	AL	17	13	1	1	81	364	93	56	52	14	0	2	7	33	2	29	1	0	3	6	.333	1	0	5.78
1994 Florida	NL	35	0	0	7	38.1	177	51	25	23	6	5	2	1	15	3	30	0	1	1	0	1.000	0	0	5.40
4 ML YEARS		58	18	1	8	143	673	191	111	103	25	7	7	8	61	6	73	4	1	4	11	.267	1	0	6.48

Greg Myers

Bats: Left **Throws:** Right **Pos:** C **Ht:** 6' 2" **Wt:** 215 **Born:** 04/14/66 **Age:** 29

		BATTING																BASERUNNING				PERCENTAGES		
Year Team	Lg	G	AB	H	2B	3B	HR	(Hm | Rd)	TB	R	RBI	TBB	IBB	SO	HBP	SH	SF	SB	CS	SB%	GDP	Avg	OBP	SLG
1994 Lake Elsino*	A	10	32	8	2	0	0	--	--	10	4	5	2	0	6	0	0	1	0	0	.00	2	.250	.286	.313
1987 Toronto	AL	7	9	1	0	0	0	(0 | 0)	1	1	0	0	0	3	0	0	0	0	0	.00	2	.111	.111	.111
1989 Toronto	AL	17	44	5	2	0	0	(0 | 0)	7	0	1	2	0	9	0	0	0	0	0	.00	2	.114	.152	.159
1990 Toronto	AL	87	250	59	7	1	5	(3 | 2)	83	33	22	22	0	33	0	1	4	0	1	.00	12	.236	.293	.332
1991 Toronto	AL	107	309	81	22	0	8	(5 | 3)	127	25	36	21	4	45	0	0	4	0	3	.00	13	.262	.306	.411
1992 2 ML Teams		30	78	18	7	0	1	(0 | 1)	28	4	13	5	0	11	0	1	2	0	0	.00	2	.231	.271	.359
1993 California	AL	108	290	74	10	0	7	(4 | 3)	105	27	40	17	2	47	2	3	3	3	3	.50	8	.255	.298	.362
1994 California	AL	45	126	31	6	0	2	(1 | 1)	43	10	8	10	3	27	0	5	1	0	2	.00	3	.246	.299	.341
1992 Toronto	AL	22	61	14	6	0	1	(0 | 1)	23	4	13	5	0	5	0	1	2	0	0	.00	2	.230	.279	.377
California	AL	8	17	4	1	0	0	(0 | 0)	5	0	0	0	0	6	0	0	0	0	0	.00	0	.235	.235	.294
7 ML YEARS		401	1106	269	54	1	23	(13 | 10)	394	100	120	77	9	175	2	10	13	3	7	.30	42	.243	.290	.356

Randy Myers

Pitches: Left **Bats:** Left **Pos:** RP **Ht:** 6' 1" **Wt:** 230 **Born:** 09/19/62 **Age:** 32

		HOW MUCH HE PITCHED					WHAT HE GAVE UP											THE RESULTS					
Year Team	Lg	G	GS	CG	GF	IP	BFP	H	R	ER	HR	SH	SF	HB	TBB	IBB	SO	WP	Bk	W	L	Pct.	ShO	Sv	ERA
1985 New York	NL	1	0	0	1	2	7	0	0	0	0	0	0	0	1	0	2	0	0	0	0	.000	0	0	0.00
1986 New York	NL	10	0	0	5	10.2	53	11	5	5	1	0	0	0	9	1	13	0	0	0	0	.000	0	0	4.22
1987 New York	NL	54	0	0	18	75	314	61	36	33	6	7	6	0	30	5	92	3	0	3	6	.333	0	6	3.96
1988 New York	NL	55	0	0	44	68	261	45	15	13	5	3	2	2	17	2	69	2	0	7	3	.700	0	26	1.72
1989 New York	NL	65	0	0	47	84.1	349	62	23	22	4	6	2	0	40	4	88	3	0	7	4	.636	0	24	2.35
1990 Cincinnati	NL	66	0	0	59	86.2	353	59	24	20	6	4	2	3	38	8	98	2	1	4	6	.400	0	31	2.08
1991 Cincinnati	NL	58	12	1	18	132	575	116	61	52	8	8	6	1	80	5	108	2	1	6	13	.316	0	6	3.55
1992 San Diego	NL	66	0	0	57	79.2	348	84	38	38	7	7	5	1	34	3	66	5	0	3	6	.333	0	38	4.29
1993 Chicago	NL	73	0	0	69	75.1	313	65	26	26	7	1	2	0	26	2	86	3	0	2	4	.333	0	53	3.11
1994 Chicago	NL	38	0	0	34	40.1	174	40	18	17	3	3	1	0	16	1	32	2	0	1	5	.167	0	21	3.79
10 ML YEARS		486	12	1	352	654	2747	543	246	226	47	39	26	9	291	31	654	22	2	33	47	.413	0	205	3.11

Chris Nabholz

Pitches: Left **Bats:** Left **Pos:** SP **Ht:** 6' 5" **Wt:** 210 **Born:** 01/05/67 **Age:** 28

		HOW MUCH HE PITCHED					WHAT HE GAVE UP											THE RESULTS					
Year Team	Lg	G	GS	CG	GF	IP	BFP	H	R	ER	HR	SH	SF	HB	TBB	IBB	SO	WP	Bk	W	L	Pct.	ShO	Sv	ERA
1994 Charlotte*	AAA	4	4	0	0	23.2	90	20	8	7	1	1	2	0	3	0	11	2	0	3	1	.750	0	0	2.66
1990 Montreal	NL	11	11	1	0	70	282	43	23	22	6	1	2	2	32	1	53	1	1	6	2	.750	1	0	2.83
1991 Montreal	NL	24	24	1	0	153.2	631	134	66	62	5	2	4	0	57	4	99	3	1	8	7	.533	0	0	3.63
1992 Montreal	NL	32	32	1	0	195	812	176	80	72	11	7	4	5	74	2	130	5	1	11	12	.478	1	0	3.32
1993 Montreal	NL	26	21	1	2	116.2	505	100	57	53	9	7	4	8	63	4	74	7	0	9	8	.529	0	0	4.09
1994 2 ML Teams		14	12	0	1	53	254	67	48	45	6	0	2	5	38	1	28	6	0	3	5	.375	0	0	7.64
1994 Cleveland	AL	6	4	0	0	11	66	23	16	14	1	0	1	1	9	0	5	1	0	0	1	.000	0	0	11.45
Boston	AL	8	8	0	1	42	188	44	32	31	5	0	1	4	29	1	23	5	0	3	4	.429	0	0	6.64
5 ML YEARS		107	100	4	3	588.1	2484	520	274	254	37	17	16	20	264	12	384	22	6	37	34	.521	2	0	3.89

Tim Naehring

Bats: Right **Throws:** Right **Pos:** 2B/3B **Ht:** 6' 2" **Wt:** 200 **Born:** 02/01/67 **Age:** 28

Year	Team	Lg	G	AB	H	2B	3B	HR	(Hm	Rd)	TB	R	RBI	TBB	IBB	SO	HBP	SH	SF	SB	CS	SB%	GDP	Avg	OBP	SLG
1994	Pawtucket*	AAA	4	15	2	2	0	0	--	--	4	2	3	1	0	2	0	0	0	0	0	.00	3	.133	.188	.267
1990	Boston	AL	24	85	23	6	0	2	(2	0)	35	10	12	8	1	15	0	0	0	0	0	.00	2	.271	.333	.412
1991	Boston	AL	20	55	6	1	0	0	(0	0)	7	1	3	6	0	15	0	4	0	0	0	.00	0	.109	.197	.127
1992	Boston	AL	72	186	43	8	0	3	(0	3)	60	12	14	18	0	31	3	6	1	0	0	.00	1	.231	.308	.323
1993	Boston	AL	39	127	42	10	0	1	(0	1)	55	14	17	10	0	26	0	3	1	1	0	1.00	3	.331	.377	.433
1994	Boston	AL	80	297	82	18	1	7	(4	3)	123	41	42	30	1	56	4	7	1	1	3	.25	11	.276	.349	.414
	5 ML YEARS		235	750	196	43	1	13	(6	7)	280	78	88	72	2	143	7	20	3	2	3	.40	17	.261	.331	.373

Charles Nagy

Pitches: Right **Bats:** Left **Pos:** SP **Ht:** 6' 3" **Wt:** 200 **Born:** 05/05/67 **Age:** 28

Year	Team	Lg	G	GS	CG	GF	IP	BFP	H	R	ER	HR	SH	SF	HB	TBB	IBB	SO	WP	Bk	W	L	Pct.	ShO	Sv	ERA
1990	Cleveland	AL	9	8	0	1	45.2	208	58	31	30	7	1	1	1	21	1	26	1	1	2	4	.333	0	0	5.91
1991	Cleveland	AL	33	33	6	0	211.1	914	228	103	97	15	5	9	6	66	7	109	6	2	10	15	.400	1	0	4.13
1992	Cleveland	AL	33	33	10	0	252	1018	245	91	83	11	6	9	2	57	7	169	7	0	17	10	.630	3	0	2.96
1993	Cleveland	AL	9	9	1	0	48.2	223	66	38	34	6	2	1	2	13	1	30	2	0	2	6	.250	0	0	6.29
1994	Cleveland	AL	23	23	3	0	169.1	717	175	76	65	15	2	2	5	48	1	108	5	1	10	8	.556	0	0	3.45
	5 ML YEARS		107	106	20	1	727	3080	772	339	309	54	16	22	16	205	11	442	21	4	41	43	.488	4	0	3.83

Bob Natal

Bats: Right **Throws:** Right **Pos:** C **Ht:** 5'11" **Wt:** 190 **Born:** 11/13/65 **Age:** 29

Year	Team	Lg	G	AB	H	2B	3B	HR	(Hm	Rd)	TB	R	RBI	TBB	IBB	SO	HBP	SH	SF	SB	CS	SB%	GDP	Avg	OBP	SLG
1994	Edmonton*	AAA	37	115	32	5	2	3	--	--	50	12	19	9	0	18	1	0	3	1	1	.50	1	.278	.328	.435
1992	Montreal	NL	5	6	0	0	0	0	(0	0)	0	0	0	1	0	1	0	0	0	0	0	.00	1	.000	.143	.000
1993	Florida	NL	41	117	25	4	1	1	(0	1)	34	3	6	6	0	22	4	3	1	1	0	1.00	6	.214	.273	.291
1994	Florida	NL	10	29	8	2	0	0	(0	0)	10	2	2	5	0	5	0	0	0	1	0	1.00	1	.276	.382	.345
	3 ML YEARS		56	152	33	6	1	1	(0	1)	44	5	8	12	0	28	4	3	1	2	0	1.00	8	.217	.290	.289

Jaime Navarro

Pitches: Right **Bats:** Right **Pos:** RP/SP **Ht:** 6' 4" **Wt:** 225 **Born:** 03/27/68 **Age:** 27

Year	Team	Lg	G	GS	CG	GF	IP	BFP	H	R	ER	HR	SH	SF	HB	TBB	IBB	SO	WP	Bk	W	L	Pct.	ShO	Sv	ERA
1989	Milwaukee	AL	19	17	1	1	109.2	470	119	47	38	6	5	2	1	32	2	56	3	0	7	8	.467	0	0	3.12
1990	Milwaukee	AL	32	22	3	2	149.1	654	176	83	74	11	4	5	4	41	3	75	6	5	8	7	.533	0	1	4.46
1991	Milwaukee	AL	34	34	10	0	234	1002	237	117	102	18	7	8	6	73	3	114	10	0	15	12	.556	2	0	3.92
1992	Milwaukee	AL	34	34	5	0	246	1004	224	98	91	14	9	13	6	64	4	100	6	0	17	11	.607	3	0	3.33
1993	Milwaukee	AL	35	34	5	0	214.1	955	254	135	127	21	6	17	11	73	4	114	11	0	11	12	.478	1	0	5.33
1994	Milwaukee	AL	29	10	0	7	89.2	411	115	71	66	10	2	4	4	35	4	65	3	0	4	9	.308	0	0	6.62
	6 ML YEARS		183	151	24	10	1043	4496	1125	551	498	80	33	49	32	318	21	524	39	5	62	59	.512	6	1	4.30

Denny Neagle

Pitches: Left **Bats:** Left **Pos:** SP **Ht:** 6' 2" **Wt:** 217 **Born:** 09/13/68 **Age:** 26

Year	Team	Lg	G	GS	CG	GF	IP	BFP	H	R	ER	HR	SH	SF	HB	TBB	IBB	SO	WP	Bk	W	L	Pct.	ShO	Sv	ERA
1991	Minnesota	AL	7	3	0	2	20	92	28	9	9	3	0	0	0	7	2	14	1	0	0	1	.000	0	0	4.05
1992	Pittsburgh	NL	55	6	0	8	86.1	380	81	46	43	9	4	3	2	43	8	77	3	2	4	6	.400	0	2	4.48
1993	Pittsburgh	NL	50	7	0	13	81.1	360	82	49	48	10	1	1	3	37	3	73	5	0	3	5	.375	0	1	5.31
1994	Pittsburgh	NL	24	24	2	0	137	587	135	80	78	18	7	6	3	49	3	122	2	0	9	10	.474	0	0	5.12
	4 ML YEARS		136	40	2	23	324.2	1419	326	184	178	40	12	10	8	136	16	286	11	2	16	22	.421	0	3	4.93

Troy Neel

Bats: Left **Throws:** Right **Pos:** 1B/DH **Ht:** 6' 4" **Wt:** 215 **Born:** 09/14/65 **Age:** 29

Year	Team	Lg	G	AB	H	2B	3B	HR	(Hm	Rd)	TB	R	RBI	TBB	IBB	SO	HBP	SH	SF	SB	CS	SB%	GDP	Avg	OBP	SLG
1992	Oakland	AL	24	53	14	3	0	3	(2	1)	26	8	9	5	0	15	0	0	0	0	0	.00	0	.264	.339	.491
1993	Oakland	AL	123	427	124	21	0	19	(11	8)	202	59	63	49	5	101	4	0	2	3	5	.38	7	.290	.367	.473
1994	Oakland	AL	83	278	74	13	0	15	(6	9)	132	43	48	38	5	61	2	1	1	2	3	.40	4	.266	.357	.475
	3 ML YEARS		230	758	212	37	0	37	(19	18)	360	110	120	92	10	177	7	1	3	5	9	.36	12	.280	.362	.475

Jeff Nelson

Pitches: Right **Bats:** Right **Pos:** RP **Ht:** 6' 8" **Wt:** 235 **Born:** 11/17/66 **Age:** 28

		HOW MUCH HE PITCHED					WHAT HE GAVE UP										THE RESULTS					
Year	Team	Lg	G	GS	CG	GF	IP	BFP	H	R	ER	HR	SH	SF	HB	TBB	IBB	SO	WP	Bk	W	L	Pct.	ShO	Sv	ERA
1994	Calgary *	AAA	18	0	0	16	25.1	100	21	9	8	1	2	1	1	7	1	30	2	0	1	4	.200	0	8	2.84
1992	Seattle	AL	66	0	0	27	81	352	71	34	31	7	9	3	6	44	12	46	2	0	1	7	.125	0	6	3.44
1993	Seattle	AL	71	0	0	13	60	269	57	30	29	5	2	4	4	34	10	61	2	0	5	3	.625	0	1	4.35
1994	Seattle	AL	28	0	0	7	42.1	185	35	18	13	3	1	1	8	20	4	44	2	0	0	0	.000	0	0	2.76
	3 ML YEARS		165	0	0	47	183.1	806	163	82	73	15	12	8	22	98	26	151	6	0	6	10	.375	0	7	3.58

Robb Nen

Pitches: Right **Bats:** Right **Pos:** RP **Ht:** 6' 4" **Wt:** 190 **Born:** 11/28/69 **Age:** 25

		HOW MUCH HE PITCHED					WHAT HE GAVE UP										THE RESULTS					
Year	Team	Lg	G	GS	CG	GF	IP	BFP	H	R	ER	HR	SH	SF	HB	TBB	IBB	SO	WP	Bk	W	L	Pct.	ShO	Sv	ERA
1987	Rangers	R	2	0	0	0	2.1	13	4	2	2	0	0	0	0	3	1	4	0	0	0	0	.000	0	0	7.71
1988	Gastonia	A	14	10	0	1	48.1	269	69	57	40	5	1	4	2	45	0	36	5	2	0	5	.000	0	0	7.45
	Butte	R	14	13	0	0	48.1	257	65	55	47	4	0	2	1	45	0	30	12	1	4	5	.444	0	0	8.75
1989	Gastonia	A	24	24	1	0	138.1	580	96	47	37	7	2	3	6	76	0	146	15	4	7	4	.636	1	0	2.41
1990	Charlotte	A	11	11	1	0	53.2	231	44	28	22	1	2	2	0	36	0	38	6	0	1	4	.200	0	0	3.69
	Tulsa	AA	7	7	0	0	26.2	120	23	20	15	1	1	2	0	21	0	21	3	0	0	5	.000	0	0	5.06
1991	Tulsa	AA	6	6	0	0	28	124	24	21	18	6	1	2	2	20	0	23	3	1	0	2	.000	0	0	5.79
1992	Tulsa	AA	4	4	1	0	25	98	21	7	6	1	0	1	1	2	0	20	4	0	1	1	.500	0	0	2.16
1993	Okla City	AAA	6	5	0	0	28.1	141	45	22	21	3	2	1	2	18	0	12	2	0	0	2	.000	0	0	6.67
1993	2 ML Teams		24	4	0	5	56	272	63	45	42	6	1	2	0	46	2	39	6	1	2	1	.667	0	0	6.75
1994	Florida	NL	44	0	0	28	58	228	46	20	19	6	3	1	0	17	2	60	3	2	5	5	.500	0	15	2.95
1993	Texas	AL	9	3	0	3	22.2	113	28	17	16	1	0	1	0	26	0	12	2	1	1	1	.500	0	0	6.35
	Florida	NL	15	1	0	2	33.1	159	35	28	26	5	1	1	0	20	2	27	4	0	1	0	1.000	0	0	7.02
	2 ML YEARS		68	4	0	33	114	500	109	65	61	12	4	3	0	63	2	99	9	3	7	6	.538	0	15	4.82

Marc Newfield

Bats: Right **Throws:** Right **Pos:** DH **Ht:** 6' 4" **Wt:** 205 **Born:** 10/19/72 **Age:** 22

			BATTING															BASERUNNING				PERCENTAGES		
Year	Team	Lg	G	AB	H	2B	3B	HR	(Hm	Rd)	TB	R	RBI	TBB	IBB	SO	HBP	SH	SF	SB	CS	SB%	GDP	Avg	OBP	SLG
1990	Mariners	R	49	185	60	13	2	6	--	--	95	34	38	23	0	20	2	0	2	4	4	.50	3	.324	.401	.514
1991	San Berndno	A	125	440	132	22	3	11	--	--	193	64	68	59	9	90	10	0	5	12	6	.67	14	.300	.391	.439
	Jacksnville	AA	6	26	6	3	0	0	--	--	9	4	2	0	0	8	1	0	0	0	0	.00	0	.231	.259	.346
1992	Jacksnville	AA	45	162	40	12	0	4	--	--	64	15	19	12	0	34	3	1	1	1	5	.17	3	.247	.309	.395
1993	Jacksnville	AA	91	336	103	18	0	19	--	--	178	48	51	33	1	35	5	0	3	1	1	.50	12	.307	.374	.530
1994	Calgary	AAA	107	430	150	44	2	19	--	--	255	89	83	42	2	58	7	0	3	0	3	.00	13	.349	.413	.593
1993	Seattle	AL	22	66	15	3	0	1	(1	0)	21	5	7	2	0	8	1	0	1	0	1	.00	2	.227	.257	.318
1994	Seattle	AL	12	38	7	1	0	1	(0	1)	11	3	4	2	0	4	0	0	0	0	0	.00	2	.184	.225	.289
	2 ML YEARS		34	104	22	4	0	2	(1	1)	32	8	11	4	0	12	1	0	1	0	1	.00	4	.212	.245	.308

Warren Newson

Bats: Left **Throws:** Left **Pos:** RF **Ht:** 5' 7" **Wt:** 202 **Born:** 07/03/64 **Age:** 30

			BATTING															BASERUNNING				PERCENTAGES		
Year	Team	Lg	G	AB	H	2B	3B	HR	(Hm | Rd)	TB	R	RBI	TBB	IBB	SO	HBP	SH	SF	SB	CS	SB%	GDP	Avg	OBP	SLG
1991	Chicago	AL	71	132	39	5	0	4	(1 | 3)	56	20	25	28	1	34	0	0	0	2	2	.50	4	.295	.419	.424
1992	Chicago	AL	63	136	30	3	0	1	(1 | 0)	36	19	17	37	2	38	0	0	0	3	0	1.00	2	.221	.387	.265
1993	Chicago	AL	26	40	12	0	0	2	(2 | 0)	18	9	6	9	1	12	0	0	0	0	0	.00	2	.300	.429	.450
1994	Chicago	AL	63	102	26	5	0	2	(2 | 0)	37	16	7	14	1	23	0	2	0	1	0	1.00	3	.255	.345	.363
	4 ML YEARS		223	410	107	13	0	9	(6 | 3)	147	64	49	88	5	107	0	2	0	6	2	.75	13	.261	.392	.359

Dave Nied

Pitches: Right **Bats:** Right **Pos:** SP **Ht:** 6' 2" **Wt:** 188 **Born:** 12/22/68 **Age:** 26

		HOW MUCH HE PITCHED					WHAT HE GAVE UP										THE RESULTS					
Year	Team	Lg	G	GS	CG	GF	IP	BFP	H	R	ER	HR	SH	SF	HB	TBB	IBB	SO	WP	Bk	W	L	Pct.	ShO	Sv	ERA
1992	Atlanta	NL	6	2	0	0	23	83	10	3	3	0	1	0	0	5	0	19	0	0	3	0	1.000	0	0	1.17
1993	Colorado	NL	16	16	1	0	87	394	99	53	50	8	9	7	1	42	4	46	1	1	5	9	.357	0	0	5.17
1994	Colorado	NL	22	22	2	0	122	538	137	70	65	15	7	3	4	47	5	74	7	2	9	7	.563	1	0	4.80
	3 ML YEARS		44	40	3	0	232	1015	246	126	118	23	17	10	5	94	9	139	8	3	17	16	.515	1	0	4.58

Melvin Nieves

Bats: Both **Throws:** Right **Pos:** RF **Ht:** 6' 2" **Wt:** 210 **Born:** 12/28/71 **Age:** 23

Year	Team	Lg	G	AB	H	2B	3B	HR	(Hm	Rd)	TB	R	RBI	TBB	IBB	SO	HBP	SH	SF	SB	CS	SB%	GDP	Avg	OBP	SLG
1988	Braves	R	56	176	30	6	0	1	--	--	39	16	12	20	0	53	2	1	1	5	4	.56	2	.170	.261	.222
1989	Pulaski	R	64	231	64	16	3	9	--	--	113	43	46	30	4	59	1	3	4	6	4	.60	2	.277	.357	.489
1990	Sumter	A	126	459	130	24	7	9	--	--	195	60	59	53	4	125	9	1	9	10	6	.63	7	.283	.362	.425
1991	Durham	A	64	201	53	11	0	9	--	--	91	31	25	40	2	53	5	0	1	3	8	.27	1	.264	.397	.453
1992	Durham	A	31	106	32	9	1	8	--	--	67	18	32	17	3	33	2	0	4	4	2	.67	1	.302	.395	.632
	Greenville	AA	100	350	99	23	5	18	--	--	186	61	76	52	2	98	6	2	4	6	4	.60	4	.283	.381	.531
1993	Richmond	AAA	78	273	76	10	3	10	--	--	122	38	36	25	4	84	2	1	1	4	3	.57	4	.278	.342	.447
	Las Vegas	AAA	43	159	49	10	1	7	--	--	82	31	24	18	0	42	2	0	0	2	2	.50	1	.308	.385	.516
1994	Las Vegas	AAA	111	406	125	17	6	25	--	--	229	81	92	58	3	138	8	0	2	1	2	.33	10	.308	.403	.564
1992	Atlanta	NL	12	19	4	1	0	0	(0	0)	5	0	1	2	0	7	0	0	0	0	0	.00	0	.211	.286	.263
1993	San Diego	NL	19	47	9	0	0	2	(2	0)	15	4	3	3	0	21	1	0	0	0	0	.00	0	.191	.255	.319
1994	San Diego	NL	10	19	5	1	0	1	(0	1)	9	2	4	3	0	10	0	0	0	0	0	.00	0	.263	.364	.474
	3 ML YEARS		41	85	18	2	0	3	(2	1)	29	6	8	8	0	38	1	0	0	0	0	.00	0	.212	.287	.341

Dave Nilsson

Bats: Left **Throws:** Right **Pos:** C/DH **Ht:** 6' 3" **Wt:** 215 **Born:** 12/14/69 **Age:** 25

Year	Team	Lg	G	AB	H	2B	3B	HR	(Hm	Rd)	TB	R	RBI	TBB	IBB	SO	HBP	SH	SF	SB	CS	SB%	GDP	Avg	OBP	SLG
1992	Milwaukee	AL	51	164	38	8	0	4	(1	3)	58	15	25	17	1	18	0	2	0	2	2	.50	1	.232	.304	.354
1993	Milwaukee	AL	100	296	76	10	2	7	(5	2)	111	35	40	37	5	36	0	4	3	3	6	.33	10	.257	.336	.375
1994	Milwaukee	AL	109	397	109	28	3	12	(4	8)	179	51	69	34	9	61	0	1	8	1	0	1.00	7	.275	.326	.451
	3 ML YEARS		260	857	223	46	5	23	(10	13)	348	101	134	88	15	115	0	7	11	6	8	.43	18	.260	.325	.406

Otis Nixon

Bats: Both **Throws:** Right **Pos:** CF **Ht:** 6' 2" **Wt:** 180 **Born:** 01/09/59 **Age:** 36

Year	Team	Lg	G	AB	H	2B	3B	HR	(Hm	Rd)	TB	R	RBI	TBB	IBB	SO	HBP	SH	SF	SB	CS	SB%	GDP	Avg	OBP	SLG
1983	New York	AL	13	14	2	0	0	0	(0	0)	2	2	0	1	0	5	0	0	0	2	0	1.00	0	.143	.200	.143
1984	Cleveland	AL	49	91	14	0	0	0	(0	0)	14	16	1	8	0	11	0	3	1	12	6	.67	2	.154	.220	.154
1985	Cleveland	AL	104	162	38	4	0	3	(1	2)	51	34	9	8	0	27	0	4	0	20	11	.65	2	.235	.271	.315
1986	Cleveland	AL	105	95	25	4	1	0	(0	0)	31	33	8	13	0	12	0	2	0	23	6	.79	1	.263	.352	.326
1987	Cleveland	AL	19	17	1	0	0	0	(0	0)	1	2	1	3	0	4	0	0	0	2	3	.40	0	.059	.200	.059
1988	Montreal	NL	90	271	66	8	2	0	(0	0)	78	47	15	28	0	42	0	4	2	46	13	.78	0	.244	.312	.288
1989	Montreal	NL	126	258	56	7	2	0	(0	0)	67	41	21	33	1	36	0	2	0	37	12	.76	4	.217	.306	.260
1990	Montreal	NL	119	231	58	6	2	1	(0	1)	71	46	20	28	0	33	0	3	1	50	13	.79	2	.251	.331	.307
1991	Atlanta	NL	124	401	119	10	1	0	(0	0)	131	81	26	47	3	40	2	7	3	72	21	.77	5	.297	.371	.327
1992	Atlanta	NL	120	456	134	14	2	2	(1	1)	158	79	22	39	0	54	0	5	2	41	18	.69	4	.294	.348	.346
1993	Atlanta	NL	134	461	124	12	3	1	(1	0)	145	77	24	61	2	63	0	5	5	47	13	.78	10	.269	.351	.315
1994	Boston	AL	103	398	109	15	1	0	(0	0)	126	60	25	55	1	65	0	6	2	42	10	.81	0	.274	.360	.317
	12 ML YEARS		1106	2855	746	80	14	7	(3	4)	875	518	172	324	7	392	2	41	16	394	126	.76	30	.261	.335	.306

Junior Noboa

Bats: Right **Throws:** Right **Pos:** 2B **Ht:** 5'10" **Wt:** 170 **Born:** 11/10/64 **Age:** 30

Year	Team	Lg	G	AB	H	2B	3B	HR	(Hm	Rd)	TB	R	RBI	TBB	IBB	SO	HBP	SH	SF	SB	CS	SB%	GDP	Avg	OBP	SLG
1994	Buffalo *	AAA	67	240	69	9	1	0	--	--	80	26	18	14	5	11	1	3	0	4	6	.40	6	.288	.329	.333
1984	Cleveland	AL	23	11	4	0	0	0	(0	0)	4	3	0	0	0	2	0	1	0	1	0	1.00	1	.364	.364	.364
1987	Cleveland	AL	39	80	18	2	1	0	(0	0)	22	7	7	3	1	6	0	5	0	1	0	1.00	1	.225	.253	.275
1988	California	AL	21	16	1	0	0	0	(0	0)	1	4	0	0	0	1	0	0	0	0	0	.00	2	.063	.063	.063
1989	Montreal	NL	21	44	10	0	0	0	(0	0)	10	3	1	1	0	3	0	0	0	0	0	.00	0	.227	.244	.227
1990	Montreal	NL	81	158	42	7	2	0	(0	0)	53	15	14	7	2	14	1	3	4	4	1	.80	2	.266	.294	.335
1991	Montreal	NL	67	95	23	3	0	1	(0	1)	29	5	2	1	1	8	0	0	1	2	3	.40	1	.242	.250	.305
1992	New York	NL	46	47	7	0	0	0	(0	0)	7	7	3	3	0	8	1	0	1	0	0	.00	2	.149	.212	.149
1994	2 ML Teams		19	42	13	1	1	0	(0	0)	16	3	6	2	0	5	0	0	0	1	0	1.00	0	.310	.341	.381
1994	Oakland	AL	17	40	13	1	1	0	(0	0)	16	3	6	2	0	5	0	0	0	1	0	1.00	0	.325	.357	.400
	Pittsburgh	NL	2	2	0	0	0	0	(0	0)	0	0	0	0	0	0	0	0	0	0	0	.00	0	.000	.000	.000
	8 ML YEARS		317	493	118	13	4	1	(0	1)	142	47	33	17	4	47	2	9	5	9	4	.69	9	.239	.265	.288

Matt Nokes

Bats: Left **Throws:** Right **Pos:** C **Ht:** 6' 1" **Wt:** 210 **Born:** 10/31/63 **Age:** 31

Year	Team	Lg	G	AB	H	2B	3B	HR	(Hm	Rd)	TB	R	RBI	TBB	IBB	SO	HBP	SH	SF	SB	CS	SB%	GDP	Avg	OBP	SLG
1994	Albany-Colo*	AA	3	11	4	1	0	0	--	--	5	1	3	1	0	1	0	0	0	0	0	.00	0	.364	.417	.455
	Columbus*	AAA	11	38	11	1	0	5	--	--	27	8	11	2	0	6	0	0	0	0	0	.00	0	.289	.317	.711
1985	San Francisco	NL	19	53	11	2	0	2	(1	1)	19	3	5	1	0	9	1	0	1	0	0	.00	2	.208	.236	.358
1986	Detroit	AL	7	24	8	1	0	1	(0	1)	12	2	2	1	1	1	0	0	0	0	0	.00	1	.333	.360	.500
1987	Detroit	AL	135	461	133	14	2	32	(14	18)	247	69	87	35	2	70	6	3	3	2	1	.67	13	.289	.345	.536
1988	Detroit	AL	122	382	96	18	0	16	(9	7)	162	53	53	34	3	58	1	6	2	0	1	.00	11	.251	.313	.424
1989	Detroit	AL	87	268	67	10	0	9	(7	2)	104	15	39	17	1	37	2	1	2	1	0	1.00	7	.250	.298	.388
1990	2 ML Teams		136	351	87	9	1	11	(4	7)	131	33	40	24	6	47	6	0	7	2	2	.50	11	.248	.306	.373
1991	New York	AL	135	456	122	20	0	24	(13	11)	214	52	77	25	5	49	5	0	7	3	2	.60	6	.268	.308	.469
1992	New York	AL	121	384	86	9	0	22	(18	4)	163	42	59	37	11	62	3	0	6	0	1	.00	13	.224	.293	.424
1993	New York	AL	76	217	54	8	0	10	(4	6)	92	25	35	16	2	31	0	0	3	0	0	.00	4	.249	.303	.424
1994	New York	AL	28	79	23	3	0	7	(6	1)	47	11	19	5	0	16	0	0	0	0	0	.00	1	.291	.329	.595
1990	Detroit	AL	44	111	30	5	1	3	(1	2)	46	12	8	4	3	14	2	0	1	0	0	.00	5	.270	.305	.414
	New York	AL	92	240	57	4	0	8	(3	5)	85	21	32	20	3	33	4	0	0	2	2	.50	6	.238	.307	.354
	10 ML YEARS		866	2675	687	94	4	134	(76	58)	1191	305	416	195	31	380	26	10	25	8	7	.53	69	.257	.311	.445

Edwin Nunez

Pitches: Right **Bats:** Right **Pos:** RP **Ht:** 6' 5" **Wt:** 240 **Born:** 05/27/63 **Age:** 32

			HOW MUCH HE PITCHED					WHAT HE GAVE UP										THE RESULTS					
Year	Team	Lg	G	GS	CG	GF	IP	BFP	H	R	ER	HR	SH	SF	HB	TBB	IBB	SO	WP	Bk	W	L	Pct.	ShO	Sv	ERA
1982	Seattle	AL	8	5	0	0	35.1	153	36	18	18	7	3	0	0	16	0	27	0	2	1	2	.333	0	0	4.58
1983	Seattle	AL	14	5	0	4	37	170	40	21	18	3	1	0	3	22	1	35	0	2	0	4	.000	0	0	4.38
1984	Seattle	AL	37	0	0	23	67.2	280	55	26	24	8	1	3	3	21	2	57	1	0	2	2	.500	0	7	3.19
1985	Seattle	AL	70	0	0	53	90.1	378	79	36	31	13	4	3	0	34	5	58	2	1	7	3	.700	0	16	3.09
1986	Seattle	AL	14	1	0	6	21.2	93	25	15	14	5	0	0	0	5	1	17	0	0	1	2	.333	0	0	5.82
1987	Seattle	AL	48	0	0	40	47.1	198	45	20	20	7	3	4	0	18	3	34	2	0	3	4	.429	0	12	3.80
1988	2 ML Teams		24	3	0	6	43.1	210	66	40	33	5	2	4	2	17	3	27	1	1	2	4	.333	0	0	6.85
1989	Detroit	AL	27	0	0	12	54	238	49	33	25	6	6	3	0	36	13	41	2	1	3	4	.429	0	1	4.17
1990	Detroit	AL	42	0	0	15	80.1	343	65	26	20	4	5	1	2	37	6	66	4	0	3	1	.750	0	6	2.24
1991	Milwaukee	AL	23	0	0	18	25.1	119	28	20	17	6	3	2	0	13	2	24	0	1	2	1	.667	0	8	6.04
1992	2 ML Teams		49	0	0	16	59.1	263	63	34	32	6	0	4	2	22	0	49	5	0	1	3	.250	0	3	4.85
1993	Oakland	AL	56	0	0	16	75.2	341	89	36	32	2	5	2	6	29	2	58	4	2	3	6	.333	0	1	3.81
1994	Oakland	AL	15	0	0	2	15	80	26	20	20	2	1	0	0	10	0	15	2	0	0	0	.000	0	0	12.00
1988	Seattle	AL	14	3	0	2	29.1	145	45	33	26	4	2	4	2	14	3	19	0	1	1	4	.200	0	0	7.98
	New York	NL	10	0	0	4	14	65	21	7	7	1	0	0	0	3	0	8	1	0	1	0	1.000	0	0	4.50
1992	Milwaukee	AL	10	0	0	5	13.2	58	12	5	4	1	0	0	0	6	0	10	0	0	1	1	.500	0	0	2.63
	Texas	AL	39	0	0	11	45.2	205	51	29	28	5	0	4	2	16	0	39	5	0	0	2	.000	0	3	5.52
	13 ML YEARS		427	14	0	211	652.1	2866	666	345	304	74	34	27	19	280	38	508	23	10	28	36	.438	0	54	4.19

Charlie O'Brien

Bats: Right **Throws:** Right **Pos:** C **Ht:** 6' 2" **Wt:** 205 **Born:** 05/01/61 **Age:** 34

Year	Team	Lg	G	AB	H	2B	3B	HR	(Hm	Rd)	TB	R	RBI	TBB	IBB	SO	HBP	SH	SF	SB	CS	SB%	GDP	Avg	OBP	SLG
1985	Oakland	AL	16	11	3	1	0	0	(0	0)	4	3	1	3	0	3	0	0	0	0	0	.00	0	.273	.429	.364
1987	Milwaukee	AL	10	35	7	3	1	0	(0	0)	12	2	0	4	0	4	0	1	0	0	1	.00	0	.200	.282	.343
1988	Milwaukee	AL	40	118	26	6	0	2	(2	0)	38	12	9	5	0	16	0	4	0	0	1	.00	3	.220	.252	.322
1989	Milwaukee	AL	62	188	44	10	0	6	(4	2)	72	22	35	21	1	11	9	8	0	0	0	.00	11	.234	.339	.383
1990	2 ML Teams		74	213	38	10	2	0	(0	0)	52	17	20	21	3	34	3	10	2	0	0	.00	4	.178	.259	.244
1991	New York	NL	69	168	31	6	0	2	(1	1)	43	16	14	17	1	25	4	0	2	0	2	.00	5	.185	.272	.256
1992	New York	NL	68	156	33	12	0	2	(1	1)	51	15	13	16	1	18	1	4	0	0	1	.00	0	.212	.289	.327
1993	New York	NL	67	188	48	11	0	4	(1	3)	71	15	23	14	1	14	2	3	1	1	1	.50	2	.255	.312	.378
1994	Atlanta	NL	51	152	37	11	0	8	(6	2)	72	24	28	15	2	24	3	1	1	0	0	.00	5	.243	.322	.474
1990	Milwaukee	AL	46	145	27	7	2	0	(0	0)	38	11	11	11	1	26	2	8	0	0	0	.00	0	.186	.253	.262
	New York	NL	28	68	11	3	0	0	(0	0)	14	6	9	10	2	8	1	2	2	0	0	.00	1	.162	.277	.206
	9 ML YEARS		457	1229	267	70	3	24	(15	9)	415	126	143	116	9	149	22	31	6	1	6	.14	36	.217	.295	.338

Greg O'Halloran

Bats: Left **Throws:** Right **Pos:** C **Ht:** 6' 2" **Wt:** 205 **Born:** 05/21/68 **Age:** 27

Year	Team	Lg	G	AB	H	2B	3B	HR	(Hm	Rd)	TB	R	RBI	TBB	IBB	SO	HBP	SH	SF	SB	CS	SB%	GDP	Avg	OBP	SLG
1989	St.Cathmes	A	69	265	75	13	2	5	--	--	107	31	27	21	2	33	1	0	0	7	4	.64	4	.283	.338	.404
1990	Dunedin	A	121	465	132	26	4	11	--	--	199	70	75	37	7	70	3	1	3	2	3	.40	4	.284	.339	.428
1991	Dunedin	A	20	74	21	3	1	0	--	--	26	7	4	7	1	8	0	0	0	1	1	.50	1	.284	.346	.351
	Knoxville	AA	110	350	89	13	3	8	--	--	132	37	53	27	3	46	0	2	6	11	6	.65	14	.254	.303	.377

Year	Team	Lg	G	AB	H	2B	3B	HR	(Hm	Rd)	TB	R	RBI	TBB	IBB	SO	HBP	SH	SF	SB	CS	SB%	GDP	Avg	OBP	SLG
1992	Knoxville	AA	117	409	111	20	5	2	--	--	147	44	34	31	2	64	0	2	5	7	7	.50	10	.271	.319	.359
1993	Syracuse	AAA	109	322	86	14	3	3	--	--	115	32	35	13	3	54	2	0	4	2	1	.67	13	.267	.296	.357
1994	Portland	AA	104	388	102	22	6	7	--	--	157	52	53	37	1	71	3	0	1	2	3	.40	9	.263	.331	.405
1994	Florida	NL	12	11	2	0	0	0	(0	0)	2	1	1	0	0	1	0	0	1	0	0	.00	0	.182	.167	.182

Troy O'Leary

Bats: Left **Throws:** Left **Pos:** LF **Ht:** 6' 0" **Wt:** 190 **Born:** 08/04/69 **Age:** 25

Year	Team	Lg	G	AB	H	2B	3B	HR	(Hm	Rd)	TB	R	RBI	TBB	IBB	SO	HBP	SH	SF	SB	CS	SB%	GDP	Avg	OBP	SLG
1987	Helena	R	3	5	2	0	0	0	--	--	2	0	1	0	0	0	0	0	0	0	0	.00	0	.400	.400	.400
1988	Helena	R	67	203	70	11	1	0	--	--	83	40	27	30	1	32	2	3	5	10	8	.56	4	.345	.425	.409
1989	Beloit	A	42	115	21	4	0	0	--	--	25	7	8	15	1	20	0	0	0	1	7	.13	3	.183	.277	.217
	Helena	R	68	263	89	16	3	11	--	--	144	54	56	28	1	43	2	9	3	9	8	.53	6	.338	.402	.548
1990	Beloit	A	118	436	130	29	1	6	--	--	179	73	62	41	2	90	0	6	3	12	12	.50	4	.298	.356	.411
	Stockton	A	2	6	3	1	0	0	--	--	4	1	0	2	1	1	0	0	0	0	0	.00	0	.500	.625	.667
1991	Stockton	A	126	418	110	20	4	5	--	--	153	63	46	73	5	96	5	1	3	4	9	.31	6	.263	.377	.366
1992	El Paso	AA	135	506	169	27	8	5	--	--	227	92	79	59	6	87	1	3	8	28	16	.64	7	.334	.399	.449
1993	New Orleans	AAA	111	388	106	32	1	7	--	--	161	65	59	43	7	61	2	6	5	6	3	.67	7	.273	.345	.415
1994	New Orleans	AAA	63	225	74	18	5	8	--	--	126	44	43	32	1	37	2	1	4	10	2	.83	10	.329	.411	.560
1993	Milwaukee	AL	19	41	12	3	0	0	(0	0)	15	3	3	5	0	9	0	3	0	0	0	.00	1	.293	.370	.366
1994	Milwaukee	AL	27	66	18	1	1	2	(0	2)	27	9	7	5	0	12	1	0	1	1	1	.50	0	.273	.329	.409
2 ML YEARS			46	107	30	4	1	2	(0	2)	42	12	10	10	0	21	1	3	1	1	1	.50	1	.280	.345	.393

Paul O'Neill

Bats: Left **Throws:** Left **Pos:** RF/LF **Ht:** 6' 4" **Wt:** 215 **Born:** 02/25/63 **Age:** 32

Year	Team	Lg	G	AB	H	2B	3B	HR	(Hm	Rd)	TB	R	RBI	TBB	IBB	SO	HBP	SH	SF	SB	CS	SB%	GDP	Avg	OBP	SLG
1985	Cincinnati	NL	5	12	4	1	0	0	(0	0)	5	1	1	0	0	2	0	0	0	0	0	.00	0	.333	.333	.417
1986	Cincinnati	NL	3	2	0	0	0	0	(0	0)	0	0	0	1	0	1	0	0	0	0	0	.00	0	.000	.333	.000
1987	Cincinnati	NL	84	160	41	14	1	7	(4	3)	78	24	28	18	1	29	0	0	0	2	1	.67	3	.256	.331	.488
1988	Cincinnati	NL	145	485	122	25	3	16	(12	4)	201	58	73	38	5	65	2	3	5	8	6	.57	7	.252	.306	.414
1989	Cincinnati	NL	117	428	118	24	2	15	(11	4)	191	49	74	46	8	64	2	0	4	20	5	.80	7	.276	.346	.446
1990	Cincinnati	NL	145	503	136	28	0	16	(10	6)	212	59	78	53	13	103	2	1	5	13	11	.54	12	.270	.339	.421
1991	Cincinnati	NL	152	532	136	36	0	28	(20	8)	256	71	91	73	14	107	1	0	1	12	7	.63	8	.256	.346	.481
1992	Cincinnati	NL	148	496	122	19	1	14	(6	8)	185	59	66	77	15	85	2	3	6	6	3	.67	10	.246	.346	.373
1993	New York	AL	141	498	155	34	1	20	(8	12)	251	71	75	44	5	69	2	0	3	2	4	.33	7	.311	.367	.504
1994	New York	AL	103	368	132	25	1	21	(10	11)	222	68	83	72	13	56	0	0	3	5	4	.56	16	.359	.460	.603
10 ML YEARS			1043	3484	966	206	9	137	(81	56)	1601	460	569	422	74	581	11	7	27	68	41	.62	76	.277	.355	.460

Jose Offerman

Bats: Both **Throws:** Right **Pos:** SS **Ht:** 6' 0" **Wt:** 185 **Born:** 11/08/68 **Age:** 26

Year	Team	Lg	G	AB	H	2B	3B	HR	(Hm	Rd)	TB	R	RBI	TBB	IBB	SO	HBP	SH	SF	SB	CS	SB%	GDP	Avg	OBP	SLG
1994	Albuquerque *	AAA	56	224	74	7	5	1	--	--	94	43	31	37	0	48	0	2	4	9	4	.69	4	.330	.419	.420
1990	Los Angeles	NL	29	58	9	0	0	0	(1	0)	12	7	7	4	0	14	0	1	0	0	1	1.00	0	.155	.210	.207
1991	Los Angeles	NL	52	113	22	2	0	0	(0	0)	24	10	3	25	2	32	1	1	0	3	2	.60	5	.195	.345	.212
1992	Los Angeles	NL	149	534	139	20	8	1	(1	0)	178	67	30	57	4	98	0	5	2	23	16	.59	5	.260	.331	.333
1993	Los Angeles	NL	158	590	159	21	6	1	(1	0)	195	77	62	71	7	75	2	25	8	30	13	.70	12	.269	.346	.331
1994	Los Angeles	NL	72	243	51	8	4	1	(0	1)	70	27	25	38	4	38	0	6	2	2	1	.67	6	.210	.314	.288
5 ML YEARS			460	1538	380	51	18	4	(3	1)	479	188	127	195	18	257	3	38	12	59	32	.65	28	.247	.331	.311

Chad Ogea

Pitches: Right **Bats:** Right **Pos:** RP **Ht:** 6' 2" **Wt:** 200 **Born:** 11/09/70 **Age:** 24

Year	Team	Lg	G	GS	CG	GF	IP	BFP	H	R	ER	HR	SH	SF	HB	TBB	IBB	SO	WP	Bk	W	L	Pct.	ShO	Sv	ERA
1992	Kinston	A	21	21	5	0	139.1	573	135	61	54	6	6	4	5	29	0	123	7	4	13	3	.813	2	0	3.49
	Canton-Akm	AA	7	7	1	0	49	195	38	12	12	2	1	0	4	12	0	40	3	0	6	1	.857	1	0	2.20
1993	Charlotte	AAA	29	29	2	0	181.2	751	169	91	77	26	4	3	2	54	0	135	6	4	13	8	.619	0	0	3.81
1994	Charlotte	AAA	24	23	6	1	163.2	658	146	80	70	21	4	8	4	34	0	113	3	1	9	10	.474	0	1	3.85
1994	Cleveland	AL	4	1	0	0	16.1	80	21	11	11	2	0	0	1	10	2	11	0	0	0	1	.000	0	0	6.06

Bobby Ojeda

Pitches: Left **Bats:** Left **Pos:** SP **Ht:** 6' 1" **Wt:** 195 **Born:** 12/17/57 **Age:** 37

		HOW MUCH HE PITCHED					WHAT HE GAVE UP										THE RESULTS				
Year Team	Lg	G	GS	CG	GF	IP	BFP	H	R	ER	HR	SH	SF	HB	TBB	IBB	SO	WP	Bk	W	L	Pct.	ShO	Sv	ERA
1994 Columbus*	AAA	1	1	0	0	5.2	25	7	6	6	1	0	0	0	2	0	5	0	0	0	1	.000	0	0	9.53
1980 Boston	AL	7	7	0	0	26	122	39	20	20	2	0	0	0	14	1	12	1	0	1	1	.500	0	0	6.92
1981 Boston	AL	10	10	2	0	66	267	50	25	23	6	3	1	2	25	2	28	0	0	6	2	.750	0	0	3.14
1982 Boston	AL	22	14	0	6	78.1	352	95	53	49	13	0	1	1	29	0	52	5	0	4	6	.400	0	0	5.63
1983 Boston	AL	29	28	5	0	173.2	746	173	85	78	15	6	11	3	73	2	94	2	0	12	7	.632	0	0	4.04
1984 Boston	AL	33	32	8	0	216.2	928	211	106	96	17	8	6	2	96	2	137	0	1	12	12	.500	5	0	3.99
1985 Boston	AL	39	22	5	10	157.2	671	166	74	70	11	10	3	2	48	9	102	3	3	9	11	.450	0	1	4.00
1986 New York	NL	32	30	7	1	217.1	871	185	72	62	15	10	3	2	52	3	148	2	1	18	5	**.783**	2	0	2.57
1987 New York	NL	10	7	0	0	46.1	192	45	23	20	5	3	1	0	10	1	21	1	0	3	5	.375	0	0	3.88
1988 New York	NL	29	29	5	0	190.1	752	158	74	61	6	6	6	4	33	2	133	4	7	10	13	.435	5	0	2.88
1989 New York	NL	31	31	5	0	192	824	179	83	74	16	6	7	2	78	5	95	0	2	13	11	.542	2	0	3.47
1990 New York	NL	38	12	0	9	118	500	123	53	48	10	3	3	2	40	4	62	2	3	7	6	.538	0	0	3.66
1991 Los Angeles	NL	31	31	2	0	189.1	802	181	78	67	15	15	9	3	70	9	120	4	2	12	9	.571	1	0	3.18
1992 Los Angeles	NL	29	29	2	0	166.1	731	169	80	67	8	11	7	1	81	8	94	3	0	6	9	.400	1	0	3.63
1993 Cleveland	AL	9	7	0	0	43	194	48	22	21	5	4	3	0	21	0	27	3	0	2	1	.667	0	0	4.40
1994 New York	AL	2	2	0	0	3	25	11	8	8	1	0	1	0	6	0	3	0	0	0	0	.000	0	0	24.00
15 ML YEARS		351	291	41	26	1884	7977	1833	856	764	145	85	62	24	676	48	1128	30	19	115	98	.540	16	1	3.65

John Olerud

Bats: Left **Throws:** Left **Pos:** 1B **Ht:** 6' 5" **Wt:** 218 **Born:** 08/05/68 **Age:** 26

		BATTING															BASERUNNING				PERCENTAGES		
Year Team	Lg	G	AB	H	2B	3B	HR	(Hm | Rd)	TB	R	RBI	TBB	IBB	SO	HBP	SH	SF	SB	CS	SB%	GDP	Avg	OBP	SLG
1989 Toronto	AL	6	8	3	0	0	1	(0 | 0)	3	2	0	0	0	1	0	0	0	0	0	.00	0	.375	.375	.375
1990 Toronto	AL	111	358	95	15	1	14	(11 | 3)	154	43	48	57	6	75	1	1	4	0	2	.00	5	.265	.364	.430
1991 Toronto	AL	139	454	116	30	1	17	(7 | 10)	199	64	68	68	9	84	6	3	10	0	2	.00	12	.256	.353	.438
1992 Toronto	AL	138	458	130	28	0	16	(4 | 12)	206	68	66	70	11	61	1	1	7	1	0	1.00	15	.284	.375	.450
1993 Toronto	AL	158	551	200	54	2	24	(9 | 15)	330	109	107	114	**33**	65	7	0	7	0	2	.00	12	**.363**	**.473**	.599
1994 Toronto	AL	108	384	114	29	2	12	(6 | 6)	183	47	67	61	12	53	3	0	5	1	2	.33	11	.297	.393	.477
6 ML YEARS		660	2213	658	156	6	83	(37 | 46)	1075	333	356	370	71	339	18	5	33	2	8	.20	55	.297	.397	.486

Jose Oliva

Bats: Right **Throws:** Right **Pos:** 3B **Ht:** 6' 1" **Wt:** 150 **Born:** 03/03/71 **Age:** 24

		BATTING															BASERUNNING				PERCENTAGES		
Year Team	Lg	G	AB	H	2B	3B	HR	(Hm	Rd)	TB	R	RBI	TBB	IBB	SO	HBP	SH	SF	SB	CS	SB%	GDP	Avg	OBP	SLG
1988 Rangers	R	27	70	15	3	0	1	--	--	21	5	11	3	1	14	0	0	1	0	0	.00	1	.214	.243	.300
1989 Butte	R	41	114	24	2	3	4	--	--	44	13	14	41	1	22	1	0	2	4	3	.57	0	.211	.298	.386
1990 Gastonia	A	119	383	80	24	1	10	--	--	136	44	52	26	0	104	4	3	8	9	3	.75	5	.209	.261	.355
1991 Rangers	R	3	11	1	1	0	0	--	--	2	0	1	2	0	3	0	0	1	0	0	.00	0	.091	.214	.182
Charlotte	A	108	384	92	17	4	14	--	--	159	55	59	44	3	107	5	1	6	9	9	.50	15	.240	.321	.414
1992 Tulsa	AA	124	445	120	28	6	16	--	--	208	57	75	40	3	135	2	2	7	4	0	1.00	7	.270	.328	.467
1993 Richmond	AAA	125	412	97	20	6	21	--	--	192	63	65	35	2	134	4	0	1	1	5	.17	10	.235	.301	.466
1994 Richmond	AAA	99	371	94	17	0	24	--	--	183	52	64	25	3	92	2	0	3	2	2	.50	7	.253	.302	.493
1994 Atlanta	NL	19	59	17	5	0	6	(4	2)	40	9	11	7	0	10	0	0	0	0	1	.00	2	.288	.364	.678

Omar Olivares

Pitches: Right **Bats:** Right **Pos:** SP **Ht:** 6' 1" **Wt:** 193 **Born:** 07/06/67 **Age:** 27

		HOW MUCH HE PITCHED						WHAT HE GAVE UP												THE RESULTS					
Year Team	Lg	G	GS	CG	GF	IP	BFP	H	R	ER	HR	SH	SF	HB	TBB	IBB	SO	WP	Bk	W	L	Pct.	ShO	Sv	ERA
1994 Louisville*	AAA	9	9	0	0	47.1	209	47	24	23	4	0	0	4	16	2	38	6	0	2	1	.667	0	0	4.37
1990 St. Louis	NL	9	6	0	0	49.1	201	45	17	16	2	1	0	2	17	0	20	1	1	1	1	.500	0	0	2.92
1991 St. Louis	NL	28	24	0	2	167.1	688	148	72	69	13	11	2	5	61	1	91	3	1	11	7	.611	0	1	3.71
1992 St. Louis	NL	32	30	1	1	197	818	189	84	84	20	8	7	4	63	5	124	2	0	9	9	.500	0	0	3.84
1993 St. Louis	NL	58	9	0	11	118.2	537	134	60	55	10	4	4	0	54	7	63	4	3	5	3	.625	0	1	4.17
1994 St. Louis	NL	14	12	1	2	73.2	333	84	53	47	10	3	3	4	37	0	26	5	0	3	4	.429	0	1	5.74
5 ML YEARS		141	81	2	16	606	2577	600	286	271	55	27	16	24	232	13	324	15	5	29	24	.547	0	3	4.02

Darren Oliver

Pitches: Left **Bats:** Right **Pos:** RP **Ht:** 6' 2" **Wt:** 200 **Born:** 10/06/70 **Age:** 24

		HOW MUCH HE PITCHED						WHAT HE GAVE UP												THE RESULTS					
Year Team	Lg	G	GS	CG	GF	IP	BFP	H	R	ER	HR	SH	SF	HB	TBB	IBB	SO	WP	Bk	W	L	Pct.	ShO	Sv	ERA
1988 Rangers	R	12	9	0	0	54.1	216	39	16	13	0	2	1	2	18	0	59	3	2	5	1	.833	0	0	2.15
1989 Gastonia	A	24	23	2	0	122.1	525	86	54	43	4	3	3	5	82	1	108	15	2	8	7	.533	1	0	3.16
1990 Rangers	R	3	3	0	0	6	21	1	1	0	0	0	0	0	1	0	7	1	0	0	0	.000	0	0	0.00

Year	Team	Lg	G	GS	CG	GF	IP	BFP	H	R	ER	HR	SH	SF	HB	TBB	IBB	SO	WP	Bk	W	L	Pct.	ShO	Sv	ERA
	Gastonia	A	1	1	0	0	2	11	1	3	3	0	0	0	0	4	0	2	0	1	0	0	.000	0	0	13.50
1991	Charlotte	A	2	2	0	0	8	33	6	4	4	1	0	0	0	3	0	12	1	0	0	1	.000	0	0	4.50
1992	Charlotte	A	8	2	1	2	25	95	11	2	2	0	0	0	2	10	2	33	3	0	1	0	1.000	1	2	0.72
	Tulsa	AA	3	3	0	0	14.1	66	15	9	5	1	1	0	0	4	0	14	0	0	0	1	.000	0	0	3.14
1993	Tulsa	AA	46	0	0	25	73.1	315	51	18	16	1	5	1	9	41	5	77	9	0	7	5	.583	0	6	1.96
1994	Okla. City	AAA	6	0	0	4	7.1	26	1	0	0	0	0	1	0	3	2	6	0	0	0	0	.000	0	0	0.00
1993	Texas	AL	2	0	0	0	3.1	14	2	1	1	0	0	0	0	1	1	4	0	0	0	0	.000	0	0	2.70
1994	Texas	AL	43	0	0	10	50	226	40	24	19	4	6	0	6	35	4	50	2	2	4	0	1.000	0	2	3.42
	2 ML YEARS		45	0	0	10	53.1	240	42	25	20	5	6	0	6	36	5	54	2	2	4	0	1.000	0	2	3.38

Joe Oliver

Bats: Right **Throws:** Right **Pos:** C **Ht:** 6' 3" **Wt:** 220 **Born:** 07/24/65 **Age:** 29

						BATTING													BASERUNNING				PERCENTAGES		
Year	Team	Lg	G	AB	H	2B	3B	HR	(Hm | Rd)	TB	R	RBI	TBB	IBB	SO	HBP	SH	SF	SB	CS	SB%	GDP	Avg	OBP	SLG
1989	Cincinnati	NL	49	151	41	8	0	3	(1 | 2)	58	13	23	6	1	28	1	1	2	0	0	.00	3	.272	.300	.384
1990	Cincinnati	NL	121	364	84	23	0	8	(3 | 5)	131	34	52	37	15	75	2	5	1	1	1	.50	6	.231	.304	.360
1991	Cincinnati	NL	94	269	58	11	0	11	(7 | 4)	102	21	41	18	5	53	0	4	0	0	0	.00	14	.216	.265	.379
1992	Cincinnati	NL	143	485	131	25	1	10	(7 | 3)	188	42	57	35	19	75	1	6	7	2	3	.40	12	.270	.316	.388
1993	Cincinnati	NL	139	482	115	28	0	14	(7 | 7)	185	40	75	27	2	91	1	2	9	0	0	.00	13	.239	.276	.384
1994	Cincinnati	NL	6	19	4	0	0	1	(1 | 0)	7	1	5	2	1	3	0	0	0	0	0	.00	1	.211	.286	.368
	6 ML YEARS		552	1770	433	95	1	47	(26 | 21)	671	151	253	125	43	325	5	18	19	3	4	.43	49	.245	.293	.379

Gregg Olson

Pitches: Right **Bats:** Right **Pos:** RP **Ht:** 6' 4" **Wt:** 212 **Born:** 10/11/66 **Age:** 28

			HOW MUCH HE PITCHED						WHAT HE GAVE UP											THE RESULTS					
Year	Team	Lg	G	GS	CG	GF	IP	BFP	H	R	ER	HR	SH	SF	HB	TBB	IBB	SO	WP	Bk	W	L	Pct.	ShO	Sv	ERA
1994	Richmond *	AAA	8	2	0	4	11.1	49	8	3	2	1	0	1	0	8	0	13	0	0	0	0	.000	0	2	1.59
1988	Baltimore	AL	10	0	0	4	11	51	10	4	4	1	0	0	0	10	1	9	0	1	1	1	.500	0	0	3.27
1989	Baltimore	AL	64	0	0	52	85	356	57	17	16	1	4	1	1	46	10	90	9	3	5	2	.714	0	27	1.69
1990	Baltimore	AL	64	0	0	58	74.1	305	57	20	20	3	1	2	3	31	3	74	5	0	6	5	.545	0	37	2.42
1991	Baltimore	AL	72	0	0	62	73.2	319	74	28	26	1	5	1	1	29	5	72	8	1	4	6	.400	0	31	3.18
1992	Baltimore	AL	60	0	0	56	61.1	244	46	14	14	3	0	2	0	24	0	58	4	0	1	5	.167	0	36	2.05
1993	Baltimore	AL	50	0	0	45	45	188	37	9	8	1	2	2	0	18	3	44	5	0	0	2	.000	0	29	1.60
1994	Atlanta	NL	16	0	0	6	14.2	77	19	15	15	1	2	1	1	13	3	10	0	2	0	2	.000	0	1	9.20
	7 ML YEARS		336	0	0	283	365	1540	300	107	103	11	14	9	6	171	25	357	31	7	17	23	.425	0	161	2.54

Steve Ontiveros

Pitches: Right **Bats:** Right **Pos:** RP/SP **Ht:** 6' 0" **Wt:** 190 **Born:** 03/05/61 **Age:** 34

			HOW MUCH HE PITCHED						WHAT HE GAVE UP											THE RESULTS					
Year	Team	Lg	G	GS	CG	GF	IP	BFP	H	R	ER	HR	SH	SF	HB	TBB	IBB	SO	WP	Bk	W	L	Pct.	ShO	Sv	ERA
1985	Oakland	AL	39	0	0	18	74.2	284	45	17	16	4	2	6	2	19	2	36	1	0	1	3	.250	0	3	1.93
1986	Oakland	AL	46	0	0	27	72.2	305	72	40	38	10	1	6	1	25	3	54	4	0	2	2	.500	0	10	4.71
1987	Oakland	AL	35	22	2	6	150.2	645	141	78	67	19	6	2	4	50	3	97	4	1	10	8	.556	1	1	4.00
1988	Oakland	AL	10	10	0	0	54.2	241	57	32	28	4	5	0	0	21	1	30	5	5	3	4	.429	0	0	4.61
1989	Philadelphia	NL	6	5	0	0	30.2	134	34	15	13	2	1	0	0	15	1	12	2	0	2	1	.667	0	0	3.82
1990	Philadelphia	NL	5	0	0	1	10	43	9	3	3	1	0	0	0	3	0	6	0	0	0	0	.000	0	0	2.70
1993	Seattle	AL	14	0	0	8	18	72	18	3	2	0	1	0	0	6	2	13	1	0	0	2	.000	0	0	1.00
1994	Oakland	AL	27	13	2	5	115.1	463	93	39	34	7	2	1	6	26	1	56	5	0	6	4	.600	0	0	**2.65**
	8 ML YEARS		182	50	4	65	526.2	2187	469	227	201	47	18	11	13	165	13	304	22	6	24	24	.500	1	19	3.43

Jose Oquendo

Bats: Both **Throws:** Right **Pos:** SS/2B **Ht:** 5'10" **Wt:** 171 **Born:** 07/04/63 **Age:** 31

						BATTING													BASERUNNING				PERCENTAGES		
Year	Team	Lg	G	AB	H	2B	3B	HR	(Hm | Rd)	TB	R	RBI	TBB	IBB	SO	HBP	SH	SF	SB	CS	SB%	GDP	Avg	OBP	SLG
1983	New York	NL	120	328	70	7	2	1	(0 | 1)	80	29	17	19	2	60	2	3	1	8	9	.47	10	.213	.260	.244
1984	New York	NL	81	189	42	5	0	0	(0 | 0)	47	23	10	15	2	26	2	3	2	10	1	.91	2	.222	.284	.249
1986	St. Louis	NL	76	138	41	4	1	0	(0 | 0)	47	20	13	15	4	20	0	2	3	2	3	.40	3	.297	.359	.341
1987	St. Louis	NL	116	248	71	9	0	1	(0 | 1)	83	43	24	54	6	29	0	6	4	4	4	.50	6	.286	.408	.335
1988	St. Louis	NL	148	451	125	10	1	7	(4 | 3)	158	36	46	52	7	40	0	12	3	4	6	.40	8	.277	.350	.350
1989	St. Louis	NL	**163**	556	162	28	7	1	(0 | 1)	207	59	48	79	7	59	0	7	8	3	5	.38	12	.291	.375	.372
1990	St. Louis	NL	156	469	118	13	5	1	(1 | 0)	148	38	37	74	8	46	0	5	5	1	1	.50	7	.252	.350	.316
1991	St. Louis	NL	127	366	88	11	4	1	(0 | 1)	110	37	26	67	13	48	1	4	3	1	2	.33	5	.240	.357	.301
1992	St. Louis	NL	14	35	9	3	1	0	(0 | 0)	14	3	3	5	1	3	0	0	0	0	0	.00	0	.257	.350	.400
1993	St. Louis	NL	46	73	15	0	0	0	(0 | 0)	15	7	4	12	1	8	0	3	1	0	0	.00	5	.205	.314	.205
1994	St. Louis	NL	55	129	34	2	2	0	(0 | 0)	40	13	9	21	4	16	0	1	1	1	1	.50	6	.264	.364	.310
	11 ML YEARS		1102	2982	775	96	21	12	(5 | 7)	949	308	237	413	55	355	5	46	31	34	32	.52	64	.260	.348	.318

Mike Oquist

Pitches: Right **Bats:** Right **Pos:** SP/RP **Ht:** 6' 2" **Wt:** 170 **Born:** 05/30/68 **Age:** 27

			HOW MUCH HE PITCHED					WHAT HE GAVE UP										THE RESULTS				
Year	Team	Lg	G	GS	CG	GF	IP	BFP	H	R	ER	HR	SH	SF	HB	TBB	IBB	SO	WP	Bk	W	L	Pct.	ShO	Sv	ERA
1989	Erie	A	15	15	1	0	97.2	402	86	43	39	7	2	1	3	25	0	109	1	1	7	4	.636	1	0	3.59
1990	Frederick	A	25	25	3	0	166.1	678	134	64	52	11	6	6	4	48	3	170	9	1	9	8	.529	1	0	2.81
1991	Hagerstown	AA	27	26	1	1	166.1	717	168	82	75	15	4	7	0	62	4	136	7	1	10	9	.526	0	0	4.06
1992	Rochester	AAA	26	24	5	0	153.1	665	164	80	70	17	5	4	5	45	1	111	6	1	10	12	.455	0	0	4.11
1993	Rochester	AAA	28	21	2	1	149.1	617	144	62	58	20	5	1	2	41	1	128	5	1	9	8	.529	1	0	3.50
1994	Rochester	AAA	13	0	0	4	50.2	213	54	23	21	5	0	1	1	15	0	36	3	1	3	2	.600	0	3	3.73
1993	Baltimore	AL	5	0	0	2	11.2	50	12	5	5	0	0	0	0	4	1	8	0	0	0	0	.000	0	0	3.86
1994	Baltimore	AL	15	9	0	3	58.1	278	75	41	40	7	3	4	6	30	4	39	3	0	3	3	.500	0	0	6.17
	2 ML YEARS		20	9	0	5	70	328	87	46	45	7	3	4	6	34	5	47	3	0	3	3	.500	0	0	5.79

Jesse Orosco

Pitches: Left **Bats:** Right **Pos:** RP **Ht:** 6' 2" **Wt:** 205 **Born:** 04/21/57 **Age:** 38

			HOW MUCH HE PITCHED					WHAT HE GAVE UP										THE RESULTS				
Year	Team	Lg	G	GS	CG	GF	IP	BFP	H	R	ER	HR	SH	SF	HB	TBB	IBB	SO	WP	Bk	W	L	Pct.	ShO	Sv	ERA
1979	New York	NL	18	2	0	6	35	154	33	20	19	4	3	0	2	22	0	22	0	0	1	2	.333	0	0	4.89
1981	New York	NL	8	0	0	4	17	69	13	4	3	2	2	0	0	6	2	18	0	1	0	1	.000	0	1	1.59
1982	New York	NL	54	2	0	22	109.1	451	92	37	33	7	5	4	2	40	2	89	3	2	4	10	.286	0	4	2.72
1983	New York	NL	62	0	0	42	110	432	76	27	18	3	4	3	1	38	7	84	1	2	13	7	.650	0	17	1.47
1984	New York	NL	60	0	0	52	87	355	58	29	25	7	3	3	2	34	6	85	1	1	10	6	.625	0	31	2.59
1985	New York	NL	54	0	0	39	79	331	66	26	24	6	1	1	0	34	7	68	4	0	8	6	.571	0	17	2.73
1986	New York	NL	58	0	0	40	81	338	64	23	21	6	2	3	3	35	3	62	2	0	8	6	.571	0	21	2.33
1987	New York	NL	58	0	0	41	77	335	78	41	38	5	5	4	2	31	9	78	2	0	3	9	.250	0	16	4.44
1988	Los Angeles	NL	55	0	0	21	53	229	41	18	16	4	3	3	2	30	3	43	1	0	3	2	.600	0	9	2.72
1989	Cleveland	AL	69	0	0	29	78	312	54	20	18	7	8	3	2	26	4	79	0	0	3	4	.429	0	3	2.08
1990	Cleveland	AL	55	0	0	28	64.2	289	58	35	28	9	5	3	0	38	7	55	1	0	5	4	.556	0	2	3.90
1991	Cleveland	AL	47	0	0	20	45.2	202	52	20	19	4	1	3	1	15	8	36	1	1	2	0	1.000	0	0	3.74
1992	Milwaukee	AL	59	0	0	14	39	158	33	15	14	5	0	2	1	13	1	40	2	0	3	1	.750	0	1	3.23
1993	Milwaukee	AL	57	0	0	27	56.2	233	47	25	20	2	1	2	3	17	3	67	3	1	3	5	.375	0	8	3.18
1994	Milwaukee	AL	40	0	0	5	39	174	32	26	22	4	0	2	2	26	2	36	0	0	3	1	.750	0	0	5.08
	15 ML YEARS		754	4	0	390	971.1	4062	797	366	318	75	43	36	23	405	64	862	21	8	69	64	.519	0	130	2.95

Joe Orsulak

Bats: Left **Throws:** Left **Pos:** RF/LF/CF **Ht:** 6' 1" **Wt:** 205 **Born:** 05/31/62 **Age:** 33

			BATTING															BASERUNNING				PERCENTAGES		
Year	Team	Lg	G	AB	H	2B	3B	HR	(Hm | Rd)	TB	R	RBI	TBB	IBB	SO	HBP	SH	SF	SB	CS	SB%	GDP	Avg	OBP	SLG
1983	Pittsburgh	NL	7	11	2	0	0	0	(0 | 0)	2	0	1	0	0	2	0	0	0	0	1	.00	0	.182	.167	.182
1984	Pittsburgh	NL	32	67	17	1	2	0	(0 | 0)	22	12	3	1	0	7	1	3	1	3	1	.75	0	.254	.271	.328
1985	Pittsburgh	NL	121	397	119	14	6	0	(0 | 0)	145	54	21	26	3	27	1	9	3	24	11	.69	5	.300	.342	.365
1986	Pittsburgh	NL	138	401	100	19	6	2	(0 | 2)	137	60	19	28	2	38	1	6	1	24	11	.69	4	.249	.299	.342
1988	Baltimore	AL	125	379	109	21	3	8	(3 | 5)	160	48	27	23	2	30	3	8	3	9	8	.53	7	.288	.331	.422
1989	Baltimore	AL	123	390	111	22	5	7	(0 | 7)	164	59	55	41	6	35	2	7	6	5	3	.63	8	.285	.351	.421
1990	Baltimore	AL	124	413	111	14	3	11	(9 | 2)	164	49	57	46	9	48	1	4	4	6	8	.43	7	.269	.343	.397
1991	Baltimore	AL	143	486	135	22	1	5	(3 | 2)	174	57	43	28	1	45	4	0	3	6	2	.75	9	.278	.321	.358
1992	Baltimore	AL	117	391	113	18	3	4	(2 | 2)	149	45	39	28	5	34	4	4	1	5	4	.56	3	.289	.342	.381
1993	New York	NL	134	409	116	15	4	8	(5 | 3)	163	59	35	28	1	25	2	0	2	5	4	.56	6	.284	.331	.399
1994	New York	NL	96	292	76	3	0	8	(4 | 4)	103	39	42	16	2	21	3	0	7	4	2	.67	11	.260	.299	.353
	11 ML YEARS		1160	3636	1009	149	33	53	(26 | 27)	1383	482	342	265	31	312	22	41	29	91	55	.62	60	.278	.328	.380

Junior Ortiz

Bats: Right **Throws:** Right **Pos:** C **Ht:** 5'11" **Wt:** 185 **Born:** 10/24/59 **Age:** 35

			BATTING															BASERUNNING				PERCENTAGES		
Year	Team	Lg	G	AB	H	2B	3B	HR	(Hm | Rd)	TB	R	RBI	TBB	IBB	SO	HBP	SH	SF	SB	CS	SB%	GDP	Avg	OBP	SLG
1982	Pittsburgh	NL	7	15	3	1	0	0	(0 | 0)	4	1	0	1	0	3	0	0	0	0	0	.00	0	.200	.250	.267
1983	2 ML Teams		73	193	48	5	0	0	(0 | 0)	53	11	12	4	0	34	1	2	0	1	0	1.00	1	.249	.268	.275
1984	New York	NL	40	91	18	3	0	0	(0 | 0)	21	6	11	5	0	15	0	0	2	1	0	1.00	2	.198	.235	.231
1985	Pittsburgh	NL	23	72	21	2	0	1	(0 | 1)	26	4	5	3	1	17	0	1	0	1	0	1.00	1	.292	.320	.361
1986	Pittsburgh	NL	49	110	37	6	0	0	(0 | 0)	43	11	14	9	0	13	0	1	2	0	1	.00	4	.336	.380	.391
1987	Pittsburgh	NL	75	192	52	8	1	1	(0 | 1)	65	16	22	15	1	23	0	5	1	0	2	.00	6	.271	.322	.339
1988	Pittsburgh	NL	49	118	33	6	0	2	(1 | 1)	45	8	18	9	2	9	2	1	2	1	4	.20	6	.280	.336	.381
1989	Pittsburgh	NL	91	230	50	6	1	1	(0 | 1)	61	16	22	20	4	28	2	3	3	2	2	.50	9	.217	.282	.265
1990	Minnesota	AL	71	170	57	7	1	0	(0 | 0)	66	18	18	12	0	16	2	2	1	0	4	.00	6	.335	.384	.388
1991	Minnesota	AL	61	134	28	5	1	0	(0 | 0)	35	9	11	15	0	12	1	1	0	0	0	.00	6	.209	.293	.261

Year	Team	Lg	G	AB	H	2B	3B	HR	(Hm	Rd)	TB	R	RBI	TBB	IBB	SO	HBP	SH	SF	SB	CS	SB%	GDP	Avg	OBP	SLG
1992	Cleveland	AL	86	244	61	7	0	0	(0	0)	68	20	24	12	0	23	4	2	0	1	3	.25	7	.250	.296	.279
1993	Cleveland	AL	95	249	55	13	0	0	(0	0)	68	19	20	11	1	26	5	4	1	1	0	1.00	10	.221	.267	.273
1994	Texas	AL	29	76	21	2	0	0	(0	0)	23	3	9	5	0	11	1	4	0	0	1	.00	1	.276	.329	.303
1983	Pittsburgh	NL	5	8	1	0	0	0	(0	0)	1	1	0	1	0	0	0	1	0	0	0	.00	0	.125	.222	.125
	New York	NL	68	185	47	5	0	0	(0	0)	52	10	12	3	0	34	1	1	0	1	0	1.00	1	.254	.270	.281
	13 ML YEARS		749	1894	484	71	4	5	(1	4)	578	142	186	121	7	222	18	26	12	8	18	.31	58	.256	.305	.305

Luis Ortiz

Bats: Right **Throws:** Right **Pos:** DH **Ht:** 6' 0" **Wt:** 195 **Born:** 05/25/70 **Age:** 25

Year	Team	Lg	G	AB	H	2B	3B	HR	(Hm	Rd)	TB	R	RBI	TBB	IBB	SO	HBP	SH	SF	SB	CS	SB%	GDP	Avg	OBP	SLG
1991	Red Sox	R	42	153	51	11	2	4	--	--	78	21	29	7	0	9	1	1	1	2	1	.67	1	.333	.368	.510
1992	Lynchburg	A	94	355	103	27	1	10	--	--	162	43	61	22	3	55	2	0	5	4	2	.67	8	.290	.331	.456
1993	Pawtucket	AAA	102	402	118	28	1	18	--	--	202	45	81	13	3	74	2	0	4	1	1	.50	10	.294	.316	.502
1994	Pawtucket	AAA	81	317	99	15	3	6	--	--	138	47	36	29	5	29	0	0	0	1	4	.20	9	.312	.370	.435
1993	Boston	AL	9	12	3	0	0	0	(0	0)	3	0	1	0	0	2	0	0	0	0	0	.00	0	.250	.250	.250
1994	Boston	AL	7	18	3	2	0	0	(0	0)	5	3	6	1	0	5	0	1	3	0	0	.00	0	.167	.182	.278
	2 ML YEARS		16	30	6	2	0	0	(0	0)	8	3	7	1	0	7	0	1	3	0	0	.00	0	.200	.206	.267

Donovan Osborne

Pitches: Left **Bats:** Left **Pos:** SP **Ht:** 6' 2" **Wt:** 195 **Born:** 06/21/69 **Age:** 26

Year	Team	Lg	G	GS	CG	GF	IP	BFP	H	R	ER	HR	SH	SF	HB	TBB	IBB	SO	WP	Bk	W	L	Pct.	ShO	Sv	ERA
1992	St. Louis	NL	34	29	0	2	179	754	193	91	75	14	7	4	2	38	2	104	6	0	11	9	.550	0	0	3.77
1993	St. Louis	NL	26	26	1	0	155.2	657	153	73	65	18	6	2	7	47	4	83	4	0	10	7	.588	0	0	3.76
	2 ML YEARS		60	55	1	2	334.2	1411	346	164	140	32	13	6	9	85	6	187	10	0	21	16	.568	0	0	3.76

Al Osuna

Pitches: Left **Bats:** Right **Pos:** RP **Ht:** 6' 3" **Wt:** 200 **Born:** 08/10/65 **Age:** 29

Year	Team	Lg	G	GS	CG	GF	IP	BFP	H	R	ER	HR	SH	SF	HB	TBB	IBB	SO	WP	Bk	W	L	Pct.	ShO	Sv	ERA
1994	Albuquerque *	AAA	39	0	0	13	44.2	184	39	24	14	2	0	0	0	14	1	41	4	1	1	2	.333	0	3	2.82
1990	Houston	NL	12	0	0	2	11.1	48	10	6	6	1	0	2	3	6	1	6	3	0	2	0	1.000	0	0	4.76
1991	Houston	NL	71	0	0	32	81.2	353	59	39	31	5	6	5	3	46	5	68	3	1	7	6	.538	0	12	3.42
1992	Houston	NL	66	0	0	17	61.2	270	52	29	29	8	5	6	1	38	5	37	3	1	6	3	.667	0	0	4.23
1993	Houston	NL	44	0	0	6	25.1	107	17	10	9	3	4	4	1	13	2	21	3	0	1	1	.500	0	2	3.20
1994	Los Angeles	NL	15	0	0	4	8.2	43	13	6	6	0	0	0	0	4	0	7	0	1	2	0	1.000	0	0	6.23
	5 ML YEARS		208	0	0	61	188.2	821	151	90	81	17	15	17	8	107	13	139	12	3	18	10	.643	0	14	3.86

Dave Otto

Pitches: Left **Bats:** Left **Pos:** RP **Ht:** 6' 7" **Wt:** 210 **Born:** 11/12/64 **Age:** 30

Year	Team	Lg	G	GS	CG	GF	IP	BFP	H	R	ER	HR	SH	SF	HB	TBB	IBB	SO	WP	Bk	W	L	Pct.	ShO	Sv	ERA
1994	Iowa *	AAA	5	1	0	3	17.2	66	10	2	2	1	1	1	0	4	1	15	0	0	2	0	1.000	0	1	1.02
1987	Oakland	AL	3	0	0	3	6	24	7	6	6	1	0	0	0	1	0	3	0	0	0	0	.000	0	0	9.00
1988	Oakland	AL	3	2	0	1	10	43	9	2	2	0	0	0	0	6	0	7	0	1	0	0	.000	0	0	1.80
1989	Oakland	AL	1	1	0	0	6.2	26	6	2	2	0	1	0	0	2	0	4	0	0	0	0	.000	0	0	2.70
1990	Oakland	AL	2	0	0	2	2.1	13	3	3	2	0	0	0	0	3	0	2	0	0	0	0	.000	0	0	7.71
1991	Cleveland	AL	18	14	1	0	100	425	108	52	47	7	8	4	4	27	6	47	3	0	2	8	.200	0	0	4.23
1992	Cleveland	AL	18	16	0	0	80.1	368	110	64	63	12	3	1	4	33	0	32	5	0	5	9	.357	0	0	7.06
1993	Pittsburgh	NL	28	8	0	7	68	306	85	40	38	9	6	1	3	28	1	30	4	0	3	4	.429	0	0	5.03
1994	Chicago	NL	36	0	0	7	45	200	49	20	19	4	4	0	1	22	4	19	3	0	0	1	.000	0	0	3.80
	8 ML YEARS		109	41	1	20	318.1	1405	377	189	179	33	22	6	9	122	11	144	15	1	10	22	.313	0	0	5.06

Spike Owen

Bats: Both **Throws:** Right **Pos:** 3B **Ht:** 5'10" **Wt:** 170 **Born:** 04/19/61 **Age:** 34

Year	Team	Lg	G	AB	H	2B	3B	HR	(Hm	Rd)	TB	R	RBI	TBB	IBB	SO	HBP	SH	SF	SB	CS	SB%	GDP	Avg	OBP	SLG
1983	Seattle	AL	80	306	60	11	3	2	(1	1)	83	36	21	24	0	44	2	5	3	10	6	.63	2	.196	.257	.271
1984	Seattle	AL	152	530	130	18	8	3	(2	1)	173	67	43	46	0	63	3	9	2	16	8	.67	5	.245	.308	.326
1985	Seattle	AL	118	352	91	10	6	6	(3	3)	131	41	37	34	0	27	0	5	2	11	5	.69	5	.259	.322	.372
1986	2 ML Teams		154	528	122	24	7	1	(0	1)	163	67	45	51	1	51	2	9	3	4	4	.50	13	.231	.300	.309
1987	Boston	AL	132	437	113	17	7	2	(2	0)	150	50	48	53	2	43	1	9	4	11	8	.58	9	.259	.337	.343
1988	Boston	AL	89	257	64	14	1	5	(2	3)	95	40	18	27	0	27	2	7	1	0	1	.00	7	.249	.324	.370
1989	Montreal	NL	142	437	102	17	4	6	(5	1)	145	52	41	76	25	44	3	3	3	3	2	.60	11	.233	.349	.332
1990	Montreal	NL	149	453	106	24	5	5	(2	3)	155	55	35	70	12	60	0	5	5	8	6	.57	6	.234	.333	.342
1991	Montreal	NL	139	424	108	22	8	3	(1	2)	155	39	26	42	11	61	1	4	2	2	6	.25	11	.255	.321	.366

Year	Team	Lg	G	AB	H	2B	3B	HR	(Hm	Rd)	TB	R	RBI	TBB	IBB	SO	HBP	SH	SF	SB	CS	SB%	GDP	Avg	OBP	SLG
1992	Montreal	NL	122	386	104	16	3	7	(3	4)	147	52	40	50	3	30	0	4	6	9	4	.69	10	.269	.348	.381
1993	New York	AL	103	334	78	16	2	2	(1	1)	104	41	20	29	2	30	0	3	1	3	2	.60	6	.234	.294	.311
1994	California	AL	82	268	83	17	2	3	(2	1)	113	30	37	49	0	17	1	3	0	2	8	.20	4	.310	.418	.422
1986	Seattle	AL	112	402	99	22	6	0	(0	0)	133	46	35	34	1	42	1	7	2	1	3	.25	11	.246	.305	.331
	Boston	AL	42	126	23	2	1	1	(0	1)	30	21	10	17	0	9	1	2	1	3	1	.75	2	.183	.283	.238
	12 ML YEARS		1462	4712	1161	206	56	45	(24	21)	1614	570	411	551	56	497	15	66	34	79	60	.57	89	.246	.325	.343

Jayhawk Owens

Bats: Right **Throws:** Right **Pos:** C   **Ht:** 6' 1" **Wt:** 200 **Born:** 02/10/69 **Age:** 26

Year	Team	Lg	G	AB	H	2B	3B	HR	(Hm	Rd)	TB	R	RBI	TBB	IBB	SO	HBP	SH	SF	SB	CS	SB%	GDP	Avg	OBP	SLG
1990	Kenosha	A	66	216	51	9	2	5	--	--	79	31	30	39	1	59	13	1	1	15	7	.68	8	.236	.383	.366
1991	Visalia	A	65	233	57	16	1	6	--	--	93	33	33	35	1	70	8	0	2	14	6	.70	4	.245	.360	.399
1992	Orlando	AA	102	330	88	24	0	4	--	--	124	50	30	36	0	67	11	0	5	10	2	.83	5	.267	.353	.376
1993	Colo Sprngs	AAA	55	174	54	11	3	6	--	--	89	24	43	21	0	56	5	0	3	5	3	.63	3	.310	.394	.511
1994	Colo. Sprng	AAA	77	257	69	11	7	6	--	--	112	43	44	32	2	66	6	3	3	3	3	.50	7	.268	.359	.436
1993	Colorado	NL	33	86	18	5	0	3	(2	1)	32	12	6	6	1	30	2	0	0	1	0	1.00	1	.209	.277	.372
1994	Colorado	NL	6	12	3	0	1	0	(0	0)	5	4	1	3	0	3	0	0	0	0	0	.00	1	.250	.400	.417
	2 ML YEARS		39	98	21	5	1	3	(2	1)	37	16	7	9	1	33	2	0	0	1	0	1.00	2	.214	.294	.378

Tom Pagnozzi

Bats: Right **Throws:** Right **Pos:** C   **Ht:** 6' 1" **Wt:** 190 **Born:** 07/30/62 **Age:** 32

Year	Team	Lg	G	AB	H	2B	3B	HR	(Hm	Rd)	TB	R	RBI	TBB	IBB	SO	HBP	SH	SF	SB	CS	SB%	GDP	Avg	OBP	SLG
1994	Louisville *	AAA	10	25	6	3	0	0	--	--	9	4	3	6	0	6	0	0	1	0	0	.00	4	.240	.387	.360
1987	St. Louis	NL	27	48	9	1	0	2	(2	0)	16	8	9	4	2	13	0	1	0	1	0	1.00	0	.188	.250	.333
1988	St. Louis	NL	81	195	55	9	0	0	(0	0)	64	17	15	11	1	32	0	2	1	0	0	.00	5	.282	.319	.328
1989	St. Louis	NL	52	80	12	2	0	0	(0	0)	14	3	3	6	2	19	1	0	1	0	0	.00	7	.150	.216	.175
1990	St. Louis	NL	69	220	61	15	0	2	(2	0)	82	20	23	14	1	37	1	0	2	1	1	.50	2	.277	.321	.373
1991	St. Louis	NL	140	459	121	24	5	2	(2	0)	161	38	57	36	6	63	4	6	5	9	13	.41	10	.264	.319	.351
1992	St. Louis	NL	139	485	121	26	3	7	(3	4)	174	33	44	28	9	64	1	6	3	2	5	.29	15	.249	.290	.359
1993	St. Louis	NL	92	330	85	15	1	7	(1	6)	123	31	41	19	6	30	1	0	5	1	0	1.00	7	.258	.296	.373
1994	St. Louis	NL	70	243	66	12	1	7	(2	5)	101	21	40	21	5	39	0	0	2	0	0	.00	3	.272	.327	.416
	8 ML YEARS		670	2060	530	104	10	27	(12	15)	735	171	232	139	32	297	8	15	19	14	19	.42	47	.257	.304	.357

Lance Painter

Pitches: Left **Bats:** Left **Pos:** SP   **Ht:** 6' 1" **Wt:** 194 **Born:** 07/21/67 **Age:** 27

Year	Team	Lg	G	GS	CG	GF	IP	BFP	H	R	ER	HR	SH	SF	HB	TBB	IBB	SO	WP	Bk	W	L	Pct.	ShO	Sv	ERA
1990	Spokane	A	23	1	0	10	71.2	281	45	18	12	4	5	1	2	16	0	104	3	2	7	3	.700	0	3	1.51
1991	Waterloo	A	28	28	7	0	200	788	162	64	51	14	5	4	2	57	7	201	3	1	14	8	.636	4	0	2.30
1992	Wichita	AA	27	27	1	0	163.1	680	138	74	64	11	8	3	10	55	1	137	6	3	10	5	.667	1	0	3.53
1993	Colo Sprngs	AAA	23	22	4	0	138	610	165	90	66	10	10	5	5	44	2	91	6	2	9	7	.563	1	0	4.30
1994	Colo. Sprng	AAA	13	13	1	0	71.1	324	83	42	38	5	2	4	5	28	2	59	3	0	4	3	.571	0	0	4.79
1993	Colorado	NL	10	6	1	2	39	166	52	26	26	5	1	0	0	9	0	16	0	0	2	2	.500	0	0	6.00
1994	Colorado	NL	15	14	0	1	73.2	336	91	51	50	9	3	5	1	26	2	41	3	1	4	6	.400	0	0	6.11
	2 ML YEARS		25	20	1	3	112.2	502	143	77	76	14	4	5	1	35	2	57	5	1	6	8	.429	0	0	6.07

Vincente Palacios

Pitches: Right **Bats:** Right **Pos:** SP/RP   **Ht:** 6' 3" **Wt:** 175 **Born:** 07/19/63 **Age:** 31

Year	Team	Lg	G	GS	CG	GF	IP	BFP	H	R	ER	HR	SH	SF	HB	TBB	IBB	SO	WP	Bk	W	L	Pct.	ShO	Sv	ERA
1987	Pittsburgh	NL	6	4	0	0	29.1	120	27	14	14	1	2	0	1	9	1	13	0	2	2	1	.667	0	0	4.30
1988	Pittsburgh	NL	7	3	0	0	24.1	113	28	18	18	3	2	1	0	15	1	15	2	3	1	2	.333	0	0	6.66
1990	Pittsburgh	NL	7	0	0	4	15	50	4	0	0	0	0	0	0	2	0	8	2	0	0	0	.000	0	3	0.00
1991	Pittsburgh	NL	36	7	1	8	81.2	347	69	34	34	12	4	1	1	38	2	64	6	2	6	3	.667	1	3	3.75
1992	Pittsburgh	NL	20	8	0	4	53	232	56	25	25	1	4	1	0	27	1	33	7	0	3	2	.600	0	0	4.25
1994	St. Louis	NL	31	17	1	5	117.2	484	104	60	58	16	7	7	3	43	2	95	4	0	3	8	.273	1	1	4.44
	6 ML YEARS		107	39	2	21	321	1346	288	151	149	33	19	10	5	134	7	228	21	7	15	16	.484	2	7	4.18

Donn Pall

Pitches: Right **Bats:** Right **Pos:** RP   **Ht:** 6' 1" **Wt:** 180 **Born:** 01/11/62 **Age:** 33

Year	Team	Lg	G	GS	CG	GF	IP	BFP	H	R	ER	HR	SH	SF	HB	TBB	IBB	SO	WP	Bk	W	L	Pct.	ShO	Sv	ERA
1988	Chicago	AL	17	0	0	6	28.2	130	39	11	11	1	2	1	0	8	1	16	1	0	0	2	.000	0	0	3.45
1989	Chicago	AL	53	0	0	27	87	370	90	35	32	9	8	2	8	19	3	58	4	1	4	5	.444	0	6	3.31
1990	Chicago	AL	56	0	0	11	76	306	63	33	28	7	4	2	4	24	8	39	2	0	3	5	.375	0	2	3.32

Year	Team	Lg	G	AB	H	2B	3B	HR	(Hm	Rd)	TB	R	RBI	TBB	IBB	SO	HBP	SH	SF	SB	CS	SB%	GDP	Avg	OBP	SLG
1991	Chicago	AL	51	0	0	7			71		282	59	22	19	7	4	0	3	20	3	40	2	0	7	2	.778	0	0	2.41
1992	Chicago	AL	39	0	0	12			73		323	79	43	40	9	1	3	2	27	8	27	1	2	5	2	.714	0	1	4.93
1993	2 ML Teams		47	0	0	11			76.1		320	77	32	26	6	7	1	2	14	3	40	3	1	3	3	.500	0	1	3.07
1994	2 ML Teams		28	0	0	7			39		176	51	20	16	4	0	1	1	10	0	23	2	0	1	2	.333	0	0	3.69
1993	Chicago	AL	39	0	0	9			58.2		251	62	25	21	5	6	1	2	11	3	29	3	0	2	3	.400	0	1	3.22
	Philadelphia	NL	8	0	0	2			17.2		69	15	7	5	1	1	0	0	3	0	11	0	1	1	0	1.000	0	0	2.55
1994	New York	AL	26	0	0	7			35		157	43	18	14	3	0	1	1	9	0	21	2	0	1	2	.333	0	0	3.60
	Chicago	NL	2	0	0	0			4		19	8	2	2	1	0	0	0	1	0	2	0	0	0	0	.000	0	0	4.50
	7 ML YEARS		291	0	0	81			451		1907	458	196	172	43	26	10	20	122	26	243	15	4	23	21	.523	0	10	3.43

Rafael Palmeiro

Bats: Left **Throws:** Left **Pos:** 1B **Ht:** 6' 0" **Wt:** 188 **Born:** 09/24/64 **Age:** 30

Year	Team	Lg	G	AB	H	2B	3B	HR	(Hm	Rd)	TB	R	RBI	TBB	IBB	SO	HBP	SH	SF	SB	CS	SB%	GDP	Avg	OBP	SLG
1986	Chicago	NL	22	73	18	4	0	3	(1	2)	31	9	12	4	0	6	1	0	0	1	1	.50	4	.247	.295	.425
1987	Chicago	NL	84	221	61	15	1	14	(5	9)	120	32	30	20	1	26	1	0	2	2	2	.50	4	.276	.336	.543
1988	Chicago	NL	152	580	178	41	5	8	(8	0)	253	75	53	38	6	34	3	2	6	12	2	.86	11	.307	.349	.436
1989	Texas	AL	156	559	154	23	4	8	(4	4)	209	76	64	63	3	48	6	2	2	4	3	.57	18	.275	.354	.374
1990	Texas	AL	154	598	191	35	6	14	(9	5)	280	72	89	40	6	59	3	2	8	3	3	.50	24	.319	.361	.468
1991	Texas	AL	159	631	203	49	3	26	(12	14)	336	115	88	68	10	72	6	2	7	4	3	.57	17	.322	.389	.532
1992	Texas	AL	159	608	163	27	4	22	(8	14)	264	84	85	72	8	83	10	5	6	2	3	.40	10	.268	.352	.434
1993	Texas	AL	160	597	176	40	2	37	(22	15)	331	124	105	73	22	85	5	2	9	22	3	.88	8	.295	.371	.554
1994	Baltimore	AL	111	436	139	32	0	23	(11	12)	240	82	76	54	1	63	2	0	6	7	3	.70	11	.319	.392	.550
	9 ML YEARS		1157	4303	1283	266	25	155	(80	75)	2064	669	602	432	57	476	37	15	46	57	23	.71	107	.298	.364	.480

Dean Palmer

Bats: Right **Throws:** Right **Pos:** 3B **Ht:** 6' 2" **Wt:** 195 **Born:** 12/27/68 **Age:** 26

Year	Team	Lg	G	AB	H	2B	3B	HR	(Hm	Rd)	TB	R	RBI	TBB	IBB	SO	HBP	SH	SF	SB	CS	SB%	GDP	Avg	OBP	SLG
1989	Texas	AL	16	19	2	2	0	0	(0	0)	4	0	1	0	0	12	0	0	1	0	0	.00	0	.105	.100	.211
1991	Texas	AL	81	268	50	9	2	15	(6	9)	108	38	37	32	0	98	3	1	0	0	2	.00	4	.187	.281	.403
1992	Texas	AL	152	541	124	25	0	26	(11	15)	227	74	72	62	2	154	4	2	4	10	4	.71	9	.229	.311	.420
1993	Texas	AL	148	519	127	31	2	33	(12	21)	261	88	96	53	4	154	8	0	5	11	10	.52	5	.245	.321	.503
1994	Texas	AL	93	342	84	14	2	19	(11	8)	159	50	59	26	0	89	2	0	1	3	4	.43	7	.246	.302	.465
	5 ML YEARS		490	1689	387	81	6	93	(40	53)	759	250	265	173	6	507	17	3	11	24	20	.55	25	.229	.305	.449

Erik Pappas

Bats: Right **Throws:** Right **Pos:** C **Ht:** 6' 0" **Wt:** 190 **Born:** 04/25/66 **Age:** 29

Year	Team	Lg	G	AB	H	2B	3B	HR	(Hm	Rd)	TB	R	RBI	TBB	IBB	SO	HBP	SH	SF	SB	CS	SB%	GDP	Avg	OBP	SLG
1994	Louisville *	AAA	64	206	41	7	2	7	--	--	73	33	30	29	0	44	5	0	3	2	3	.40	5	.199	.309	.354
1991	Chicago	NL	7	17	3	0	0	0	(0	0)	3	1	2	1	0	5	0	0	0	0	0	.00	0	.176	.222	.176
1993	St. Louis	NL	82	228	63	12	0	1	(1	0)	78	25	28	35	2	35	0	0	3	1	3	.25	7	.276	.368	.342
1994	St. Louis	NL	15	44	4	1	0	0	(0	0)	5	8	5	10	0	13	1	0	3	0	0	.00	1	.091	.259	.114
	3 ML YEARS		104	289	70	13	0	1	(1	0)	86	34	35	46	2	53	1	0	6	1	3	.25	8	.242	.342	.298

Craig Paquette

Bats: Right **Throws:** Right **Pos:** 3B **Ht:** 6' 0" **Wt:** 190 **Born:** 03/28/69 **Age:** 26

Year	Team	Lg	G	AB	H	2B	3B	HR	(Hm	Rd)	TB	R	RBI	TBB	IBB	SO	HBP	SH	SF	SB	CS	SB%	GDP	Avg	OBP	SLG
1989	Sou Oregon	A	71	277	93	22	3	14	--	--	163	53	56	30	4	46	2	0	6	9	4	.69	6	.336	.403	.588
1990	Modesto	A	130	495	118	23	4	15	--	--	194	65	59	47	1	123	3	0	4	8	5	.62	10	.238	.306	.392
1991	Huntsville	AA	102	378	99	18	1	8	--	--	143	50	60	28	0	87	3	2	5	0	5	.00	16	.262	.314	.378
1992	Huntsville	AA	115	450	116	25	4	17	--	--	200	59	71	29	0	118	2	1	3	13	10	.57	12	.258	.304	.444
	Tacoma	AAA	17	66	18	7	0	2	--	--	31	10	11	2	0	16	0	0	0	3	1	.75	3	.273	.294	.470
1993	Tacoma	AAA	50	183	49	8	0	8	--	--	81	29	29	14	0	54	1	0	2	3	3	.50	6	.268	.320	.443
1994	Tacoma	AAA	65	245	70	12	3	17	--	--	139	39	48	14	3	48	3	0	5	3	3	.50	4	.286	.326	.567
1993	Oakland	AL	105	393	86	20	4	12	(8	4)	150	35	46	14	2	108	0	1	1	4	2	.67	7	.219	.245	.382
1994	Oakland	AL	14	49	7	2	0	0	(0	0)	9	0	0	0	0	14	0	1	0	1	0	1.00	0	.143	.143	.184
	2 ML YEARS		119	442	93	22	4	12	(8	4)	159	35	46	14	2	122	0	2	1	5	2	.71	7	.210	.234	.360

Mark Parent

Bats: Right **Throws:** Right **Pos:** C **Ht:** 6' 5" **Wt:** 240 **Born:** 09/16/61 **Age:** 33

							BATTING												BASERUNNING				PERCENTAGES		
Year	Team	Lg	G	AB	H	2B	3B	HR	(Hm | Rd)	TB	R	RBI	TBB	IBB	SO	HBP	SH	SF	SB	CS	SB%	GDP	Avg	OBP	SLG
1986	San Diego	NL	8	14	2	0	0	0	(0 | 0)	2	1	0	1	0	3	0	0	0	0	0	.00	1	.143	.200	.143
1987	San Diego	NL	12	25	2	0	0	0	(0 | 0)	2	0	2	0	0	9	0	0	0	0	0	.00	0	.080	.080	.080
1988	San Diego	NL	41	118	23	3	0	6	(4 | 2)	44	9	15	6	0	23	0	0	1	0	0	.00	1	.195	.232	.373
1989	San Diego	NL	52	141	27	4	0	7	(6 | 1)	52	12	21	8	2	34	0	1	4	1	0	1.00	5	.191	.229	.369
1990	San Diego	NL	65	189	42	11	0	3	(1 | 2)	62	13	16	16	3	29	0	3	0	1	0	1.00	2	.222	.283	.328
1991	Texas	AL	3	1	0	0	0	0	(0 | 0)	0	0	0	0	0	1	0	0	0	0	0	.00	0	.000	.000	.000
1992	Baltimore	AL	17	34	8	1	0	2	(0 | 2)	15	4	4	3	0	7	1	2	0	0	0	.00	0	.235	.316	.441
1993	Baltimore	AL	22	54	14	2	0	4	(1 | 3)	28	7	12	3	0	14	0	3	1	0	0	.00	1	.259	.293	.519
1994	Chicago	NL	44	99	26	4	0	3	(0 | 3)	39	8	16	13	1	24	1	1	2	0	1	.00	5	.263	.348	.394
	9 ML YEARS		264	675	144	25	0	25	(12 | 13)	244	54	86	50	6	144	2	10	8	2	1	.67	15	.213	.267	.361

Chan Ho Park

Pitches: Right **Bats:** Right **Pos:** RP **Ht:** 6' 2" **Wt:** 185 **Born:** 06/30/73 **Age:** 22

			HOW MUCH HE PITCHED					WHAT HE GAVE UP										THE RESULTS					
Year	Team	Lg	G	GS	CG	GF	IP	BFP	H	R	ER	HR	SH	SF	HB	TBB	IBB	SO	WP	Bk	W	L	Pct.	ShO	Sv	ERA
1994	San Antonio	AA	20	20	0	0	101.1	446	91	52	40	4	5	3	4	57	0	100	7	2	5	7	.417	0	0	3.55
1994	Los Angeles	NL	2	0	0	1	4	23	5	5	5	1	0	0	1	5	0	6	0	0	0	0	.000	0	0	11.25

Rick Parker

Bats: Right **Throws:** Right **Pos:** LF **Ht:** 6' 0" **Wt:** 185 **Born:** 03/20/63 **Age:** 32

							BATTING												BASERUNNING				PERCENTAGES		
Year	Team	Lg	G	AB	H	2B	3B	HR	(Hm | Rd)	TB	R	RBI	TBB	IBB	SO	HBP	SH	SF	SB	CS	SB%	GDP	Avg	OBP	SLG
1994	Norfolk *	AAA	73	228	61	9	0	2	--	--	76	29	16	29	1	39	6	4	1	9	5	.64	7	.268	.364	.333
1990	San Francisco	NL	54	107	26	5	0	2	(0 | 2)	37	19	14	10	0	15	1	3	0	6	1	.86	1	.243	.314	.346
1991	San Francisco	NL	13	14	1	0	0	0	(0 | 0)	1	1	1	0	0	5	0	0	0	0	0	.00	0	.071	.133	.071
1993	Houston	NL	45	45	15	3	0	0	(0 | 0)	18	11	4	3	0	8	0	1	0	1	2	.33	2	.333	.375	.400
1994	New York	NL	8	16	1	0	0	0	(0 | 0)	1	1	0	0	0	2	0	2	0	0	0	.00	0	.063	.063	.063
	4 ML YEARS		120	182	43	8	0	2	(0 | 2)	57	31	19	14	0	30	1	6	0	7	3	.70	3	.236	.294	.313

Derek Parks

Bats: Right **Throws:** Right **Pos:** C **Ht:** 6' 0" **Wt:** 217 **Born:** 09/29/68 **Age:** 26

							BATTING												BASERUNNING				PERCENTAGES		
Year	Team	Lg	G	AB	H	2B	3B	HR	(Hm | Rd)	TB	R	RBI	TBB	IBB	SO	HBP	SH	SF	SB	CS	SB%	GDP	Avg	OBP	SLG
1986	Elizabethtn	R	62	224	53	10	1	10	--	--	95	39	40	23	0	58	5	0	3	1	0	1.00	3	.237	.318	.424
1987	Kenosha	A	129	466	115	19	2	24	--	--	210	70	94	77	5	111	10	0	6	1	1	.50	12	.247	.361	.451
1988	Orlando	AA	118	400	94	15	0	7	--	--	130	52	42	49	1	81	15	0	5	1	1	.50	12	.235	.337	.325
1989	Orlando	AA	31	95	18	3	0	2	--	--	27	16	10	19	0	27	6	0	0	1	0	1.00	1	.189	.358	.284
1990	Portland	AAA	76	231	41	8	1	11	--	--	84	27	27	18	0	56	8	0	1	0	0	.00	6	.177	.260	.364
1991	Orlando	AA	92	256	55	14	0	6	--	--	87	31	31	31	1	64	12	2	3	0	0	.00	4	.215	.325	.340
1992	Portland	AAA	79	249	61	12	0	12	--	--	109	33	49	25	0	47	4	4	6	0	2	.00	6	.245	.317	.438
1993	Portland	AAA	107	363	113	23	1	17	--	--	189	63	71	48	1	57	4	0	6	0	0	.00	12	.311	.392	.521
1992	Minnesota	AL	7	6	2	0	0	0	(0 | 0)	2	1	0	1	0	1	1	0	0	0	0	.00	0	.333	.500	.333
1993	Minnesota	AL	7	20	4	0	0	0	(0 | 0)	4	3	1	1	0	2	0	0	0	0	0	.00	0	.200	.238	.200
1994	Minnesota	AL	31	89	17	6	0	1	(0 | 1)	26	6	9	4	0	20	2	1	0	0	1	.00	2	.191	.242	.292
	3 ML YEARS		45	115	23	6	0	1	(0 | 1)	32	10	10	6	0	23	3	1	0	0	1	.00	2	.200	.258	.278

Lance Parrish

Bats: Right **Throws:** Right **Pos:** C **Ht:** 6' 3" **Wt:** 224 **Born:** 06/15/56 **Age:** 39

							BATTING												BASERUNNING				PERCENTAGES		
Year	Team	Lg	G	AB	H	2B	3B	HR	(Hm | Rd)	TB	R	RBI	TBB	IBB	SO	HBP	SH	SF	SB	CS	SB%	GDP	Avg	OBP	SLG
1994	Toledo *	AAA	15	51	17	3	0	1	--	--	23	6	5	5	0	7	0	0	0	0	0	.00	2	.333	.393	.451
1977	Detroit	AL	12	46	9	2	0	3	(2 | 1)	20	10	7	5	0	12	0	0	0	0	0	.00	0	.196	.275	.435
1978	Detroit	AL	85	288	63	11	3	14	(7 | 7)	122	37	41	11	0	71	3	1	3	0	0	.00	8	.219	.254	.424
1979	Detroit	AL	143	493	136	26	3	19	(8 | 11)	225	65	65	49	2	105	2	3	1	6	7	.46	15	.276	.343	.456
1980	Detroit	AL	144	553	158	34	6	24	(7 | 17)	276	79	82	31	3	109	3	2	3	6	4	.60	24	.286	.325	.499
1981	Detroit	AL	96	348	85	18	2	10	(8 | 2)	137	39	46	34	6	52	0	1	1	2	3	.40	16	.244	.311	.394
1982	Detroit	AL	133	486	138	19	2	32	(22 | 10)	257	75	87	40	5	99	1	0	2	3	4	.43	5	.284	.338	.529
1983	Detroit	AL	155	605	163	42	3	27	(12 | 15)	292	80	114	44	7	106	1	0	13	1	3	.25	21	.269	.314	.483
1984	Detroit	AL	147	578	137	16	2	33	(13 | 20)	256	75	98	41	6	120	2	2	6	2	4	.33	10	.237	.287	.443
1985	Detroit	AL	140	549	150	27	1	28	(11 | 17)	263	64	98	41	2	90	2	3	5	2	6	.25	10	.273	.323	.479
1986	Detroit	AL	91	327	84	6	1	22	(8 | 14)	158	53	62	38	3	83	5	1	3	0	0	.00	3	.257	.340	.483
1987	Philadelphia	NL	130	466	114	21	0	17	(5 | 12)	186	42	67	47	2	104	1	1	3	0	0	.00	23	.245	.313	.399
1988	Philadelphia	NL	123	424	91	17	2	15	(11 | 4)	157	44	60	47	7	93	2	0	5	0	0	.00	11	.215	.293	.370

155

Year	Team	Lg	G	AB	H	2B	3B	HR	(Hm	Rd)	TB	R	RBI	TBB	IBB	SO	HBP	SH	SF	SB	CS	SB%	GDP	Avg	OBP	SLG
1989	California	AL	124	433	103	12	1	17	(8	9)	168	48	50	42	6	104	2	1	4	1	1	.50	10	.238	.306	.388
1990	California	AL	133	470	126	14	0	24	(14	10)	212	54	70	46	4	107	5	0	2	2	2	.50	12	.268	.338	.451
1991	California	AL	119	402	87	12	0	19	(9	10)	156	38	51	35	2	117	5	0	3	0	1	.00	7	.216	.285	.388
1992	2 ML Teams		93	275	64	13	1	12	(7	5)	115	26	32	24	3	70	1	1	3	1	1	.50	7	.233	.294	.418
1993	Cleveland	AL	10	20	4	1	0	1	(1	0)	8	2	2	4	0	5	0	0	0	1	0	1.00	2	.200	.333	.400
1994	Pittsburgh	NL	40	126	34	5	0	3	(3	0)	48	10	16	18	1	28	0	1	1	1	1	.50	5	.270	.363	.381
1992	California	AL	24	83	19	2	0	4	(1	3)	33	7	11	5	1	22	0	1	1	0	0	.00	1	.229	.270	.398
	Seattle	AL	69	192	45	11	1	8	(6	2)	82	19	21	19	2	48	1	0	2	1	1	.50	6	.234	.304	.427
	18 ML YEARS		1918	6889	1746	296	27	320	(156	164)	3056	841	1048	597	62	1475	36	17	56	28	37	.43	193	.253	.314	.444

Dan Pasqua

Bats: Left **Throws:** Left **Pos:** RF **Ht:** 6' 0" **Wt:** 218 **Born:** 10/17/61 **Age:** 33

Year	Team	Lg	G	AB	H	2B	3B	HR	(Hm	Rd)	TB	R	RBI	TBB	IBB	SO	HBP	SH	SF	SB	CS	SB%	GDP	Avg	OBP	SLG
1994	Birmingham*	AA	4	11	0	0	0	0	--	--	0	1	0	4	0	5	0	0	0	0	0	.00	0	.000	.267	.000
1985	New York	AL	60	148	31	3	1	9	(7	2)	63	17	25	16	4	38	1	0	1	0	0	.00	1	.209	.289	.426
1986	New York	AL	102	280	82	17	0	16	(9	7)	147	44	45	47	3	78	3	1	1	2	0	1.00	4	.293	.399	.525
1987	New York	AL	113	318	74	7	1	17	(6	11)	134	42	42	40	3	99	1	2	1	0	2	.00	7	.233	.319	.421
1988	Chicago	AL	129	422	96	16	2	20	(11	9)	176	48	50	46	5	100	3	2	2	1	0	1.00	10	.227	.307	.417
1989	Chicago	AL	73	246	61	9	1	11	(5	6)	105	26	47	25	1	58	1	1	4	1	2	.33	0	.248	.315	.427
1990	Chicago	AL	112	325	89	27	3	13	(4	9)	161	43	58	37	7	66	2	0	5	1	1	.50	4	.274	.347	.495
1991	Chicago	AL	134	417	108	22	5	18	(10	8)	194	71	66	62	4	86	3	1	1	0	2	.00	9	.259	.358	.465
1992	Chicago	AL	93	265	56	16	1	6	(2	4)	92	26	33	36	1	57	1	1	3	0	1	.00	4	.211	.305	.347
1993	Chicago	AL	78	176	36	10	1	5	(2	3)	63	22	20	26	1	51	0	1	3	2	2	.50	3	.205	.302	.358
1994	Chicago	AL	11	23	5	2	0	2	(1	1)	13	2	4	0	0	9	0	0	0	0	0	.00	1	.217	.217	.565
	10 ML YEARS		905	2620	638	129	15	117	(57	60)	1148	341	390	335	29	642	15	9	21	7	10	.41	43	.244	.330	.438

Bob Patterson

Pitches: Left **Bats:** Right **Pos:** RP **Ht:** 6' 2" **Wt:** 192 **Born:** 05/16/59 **Age:** 36

Year	Team	Lg	G	GS	CG	GF	IP	BFP	H	R	ER	HR	SH	SF	HB	TBB	IBB	SO	WP	Bk	W	L	Pct.	ShO	Sv	ERA
1985	San Diego	NL	3	0	0	2	4	26	13	11	11	2	0	0	0	3	0	1	0	0	0	0	.000	0	0	24.75
1986	Pittsburgh	NL	11	5	0	2	36.1	159	49	20	20	0	1	1	0	5	2	20	0	1	2	3	.400	0	0	4.95
1987	Pittsburgh	NL	15	7	0	2	43	201	49	34	32	5	6	3	1	22	4	27	1	0	1	4	.200	0	0	6.70
1989	Pittsburgh	NL	12	3	0	2	26.2	109	23	13	12	3	1	1	0	8	2	20	0	0	4	3	.571	0	1	4.05
1990	Pittsburgh	NL	55	5	0	19	94.2	386	88	33	31	9	5	3	3	21	7	70	1	2	8	5	.615	0	5	2.95
1991	Pittsburgh	NL	54	1	0	19	65.2	270	67	32	30	7	2	2	0	15	1	57	0	0	4	3	.571	0	2	4.11
1992	Pittsburgh	NL	60	0	0	26	64.2	268	59	22	21	7	3	2	0	23	6	43	3	0	6	3	.667	0	9	2.92
1993	Texas	AL	52	0	0	29	52.2	224	59	28	28	8	1	2	1	11	0	46	0	0	2	4	.333	0	1	4.78
1994	California	AL	47	0	0	11	42	170	35	21	19	6	0	0	2	15	2	30	1	0	2	3	.400	0	1	4.07
	9 ML YEARS		309	21	0	112	429.2	1813	442	214	204	47	19	14	7	123	24	314	6	4	29	28	.509	0	19	4.27

John Patterson

Bats: Both **Throws:** Right **Pos:** 2B **Ht:** 5' 9" **Wt:** 168 **Born:** 02/11/67 **Age:** 28

Year	Team	Lg	G	AB	H	2B	3B	HR	(Hm	Rd)	TB	R	RBI	TBB	IBB	SO	HBP	SH	SF	SB	CS	SB%	GDP	Avg	OBP	SLG
1988	Everett	A	58	232	58	10	4	0	--	--	76	37	26	18	0	27	0	0	1	21	3	.88	1	.250	.303	.328
1990	San Jose	A	131	530	160	23	6	4	--	--	207	91	66	46	2	74	9	5	6	29	17	.63	7	.302	.364	.391
1991	Shreveport	AA	117	464	137	31	13	4	--	--	206	81	56	30	3	63	11	3	3	40	19	.68	9	.295	.350	.444
1992	Phoenix	AAA	93	362	109	20	6	2	--	--	147	52	37	33	4	45	5	0	2	22	18	.55	3	.301	.366	.406
1993	San Jose	A	16	68	16	7	0	1	--	--	26	8	14	7	1	12	2	0	0	6	0	1.00	0	.235	.325	.382
1992	San Francisco	NL	32	103	19	1	1	0	(0	0)	22	10	4	5	0	24	1	0	0	5	1	.83	2	.184	.229	.214
1993	San Francisco	NL	16	16	3	0	0	1	(0	1)	6	1	2	0	0	5	0	0	0	0	1	.00	0	.188	.188	.375
1994	San Francisco	NL	85	240	57	10	1	3	(2	1)	78	36	32	16	0	43	11	7	0	13	3	.81	4	.238	.315	.325
	3 ML YEARS		133	359	79	11	2	4	(2	2)	106	47	38	21	0	72	12	7	0	18	5	.78	6	.220	.286	.295

Ken Patterson

Pitches: Left **Bats:** Left **Pos:** RP **Ht:** 6' 4" **Wt:** 222 **Born:** 07/08/64 **Age:** 30

Year	Team	Lg	G	GS	CG	GF	IP	BFP	H	R	ER	HR	SH	SF	HB	TBB	IBB	SO	WP	Bk	W	L	Pct.	ShO	Sv	ERA
1994	Vancouver*	AAA	3	0	0	1	5.2	30	5	7	6	0	1	0	0	6	0	5	0	0	0	0	.000	0	0	9.53
1988	Chicago	AL	9	2	0	3	20.2	92	25	11	11	2	0	0	0	7	0	8	1	1	0	2	.000	0	1	4.79
1989	Chicago	AL	50	1	0	18	65.2	284	64	37	33	11	1	4	2	28	3	43	3	1	6	1	.857	0	2	4.52
1990	Chicago	AL	43	0	0	15	66.1	283	58	27	25	6	2	5	2	34	1	40	2	0	2	1	.667	0	2	3.39
1991	Chicago	AL	43	0	0	13	63.2	265	48	22	20	5	3	2	1	35	1	32	2	0	3	0	1.000	0	1	2.83
1992	Chicago	NL	32	1	0	4	41.2	191	41	25	18	6	7	6	1	27	6	23	3	0	2	3	.400	0	0	3.89
1993	California	AL	46	0	0	9	59	255	54	30	30	7	2	1	0	35	5	36	2	1	1	1	.500	0	1	4.58
1994	California	AL	1	0	0	0	0.2	2	0	0	0	0	0	0	0	0	0	1	0	0	0	0	.000	0	0	0.00
	7 ML YEARS		224	4	0	62	317.2	1372	290	152	137	38	14	16	6	166	16	183	13	3	14	8	.636	0	5	3.88

Roger Pavlik

Pitches: Right **Bats:** Right **Pos:** SP **Ht:** 6' 3" **Wt:** 220 **Born:** 10/04/67 **Age:** 27

		HOW MUCH HE PITCHED					WHAT HE GAVE UP										THE RESULTS				
Year	Team	Lg	G	GS	CG	GF	IP	BFP	H	R	ER	HR	SH	SF	HB	TBB	IBB	SO	WP	Bk	W	L	Pct.	ShO	Sv	ERA
1994	Charlotte*	A	3	3	0	0	16.2	62	13	2	2	1	0	0	0	2	0	15	1	0	2	1	.667	0	0	1.08
	Okla. City*	AAA	5	5	0	0	29	117	26	11	10	3	0	0	0	7	0	38	0	1	2	2	.500	0	0	3.10
1992	Texas	AL	13	12	1	0	62	275	66	32	29	3	0	2	3	34	0	45	9	0	4	4	.500	0	0	4.21
1993	Texas	AL	26	26	2	0	166.1	712	151	65	63	18	6	4	5	80	3	131	6	0	12	6	.667	0	0	3.41
1994	Texas	AL	11	11	0	0	50.1	245	61	45	43	8	4	4	4	30	1	31	5	1	2	5	.286	0	0	7.69
	3 ML YEARS		50	49	3	0	278.2	1232	278	144	135	29	10	10	12	144	4	207	20	1	18	15	.545	0	0	4.36

Bill Pecota

Bats: Right **Throws:** Right **Pos:** 3B **Ht:** 6' 2" **Wt:** 195 **Born:** 02/16/60 **Age:** 35

							BATTING												BASERUNNING				PERCENTAGES		
Year	Team	Lg	G	AB	H	2B	3B	HR	(Hm | Rd)	TB	R	RBI	TBB	IBB	SO	HBP	SH	SF	SB	CS	SB%	GDP	Avg	OBP	SLG
1986	Kansas City	AL	12	29	6	2	0	0	(0 | 0)	8	3	2	3	0	3	1	0	1	0	2	.00	1	.207	.294	.276
1987	Kansas City	AL	66	156	43	5	1	3	(0 | 3)	59	22	14	15	0	25	1	0	0	5	0	1.00	3	.276	.343	.378
1988	Kansas City	AL	90	178	37	3	3	1	(0 | 1)	49	25	15	18	0	34	2	7	1	7	2	.78	1	.208	.286	.275
1989	Kansas City	AL	65	83	17	4	2	3	(0 | 3)	34	21	5	7	1	9	1	1	0	5	0	1.00	4	.205	.275	.410
1990	Kansas City	AL	87	240	58	15	2	5	(3 | 2)	92	43	20	33	0	39	1	6	0	8	5	.62	5	.242	.336	.383
1991	Kansas City	AL	125	398	114	23	2	6	(4 | 2)	159	53	45	41	6	45	2	7	0	16	7	.70	12	.286	.356	.399
1992	New York	NL	117	269	61	13	0	2	(1 | 1)	80	28	26	25	3	40	1	5	2	9	3	.75	7	.227	.293	.297
1993	Atlanta	NL	72	62	20	2	1	0	(0 | 0)	24	17	5	2	0	5	0	1	0	1	1	.50	1	.323	.344	.387
1994	Atlanta	NL	64	112	24	5	0	2	(1 | 1)	35	11	16	16	1	16	0	1	1	0	1	.00	3	.214	.310	.313
	9 ML YEARS		698	1527	380	72	11	22	(9 | 13)	540	223	148	160	11	216	9	28	5	52	20	.72	36	.249	.323	.354

Steve Pegues

Bats: Right **Throws:** Right **Pos:** LF **Ht:** 6' 2" **Wt:** 190 **Born:** 05/21/68 **Age:** 27

							BATTING												BASERUNNING				PERCENTAGES		
Year	Team	Lg	G	AB	H	2B	3B	HR	(Hm | Rd)	TB	R	RBI	TBB	IBB	SO	HBP	SH	SF	SB	CS	SB%	GDP	Avg	OBP	SLG
1987	Bristol	R	59	236	67	6	5	2	--	--	89	36	23	16	0	43	0	0	2	22	7	.76	8	.284	.327	.377
1988	Fayetteville	A	118	437	112	17	5	6	--	--	157	50	46	21	3	90	3	2	4	21	11	.66	6	.256	.292	.359
1989	Fayetteville	A	70	269	83	11	6	1	--	--	109	35	38	15	2	52	2	1	3	16	10	.62	5	.309	.346	.405
	Lakeland	A	55	193	49	7	2	0	--	--	60	24	15	7	0	19	2	0	1	12	4	.75	5	.254	.286	.311
1990	London	AA	126	483	131	22	5	8	--	--	187	48	63	12	1	58	3	3	4	17	8	.68	17	.271	.291	.387
1991	London	AA	56	216	65	3	2	6	--	--	90	24	26	8	0	24	6	0	2	4	7	.36	6	.301	.341	.417
	Toledo	AAA	68	222	50	13	3	4	--	--	81	21	23	3	0	31	3	1	0	8	5	.62	7	.225	.246	.365
1992	Las Vegas	AAA	123	376	99	21	4	9	--	--	155	51	56	7	1	64	6	3	9	12	3	.80	8	.263	.281	.412
1993	Las Vegas	AAA	68	270	95	20	5	9	--	--	152	52	50	7	0	43	1	0	3	12	6	.67	8	.352	.367	.563
1994	Indianapols	AAA	63	245	71	16	11	6	--	--	127	36	29	6	0	44	3	1	2	10	3	.77	9	.290	.313	.518
1994	2 ML Teams		18	36	13	2	0	0	(0 | 0)	15	2	2	2	0	5	0	0	1	1	0	1.00	3	.361	.395	.417
1994	Cincinnati	NL	11	10	3	0	0	0	(0 | 0)	3	1	0	1	0	3	0	0	0	0	0	.00	0	.300	.364	.300
	Pittsburgh	NL	7	26	10	2	0	0	(0 | 0)	12	1	2	1	0	2	0	0	1	1	0	1.00	3	.385	.407	.462

Alejandro Pena

Pitches: Right **Bats:** Right **Pos:** RP **Ht:** 6' 1" **Wt:** 228 **Born:** 06/25/59 **Age:** 36

			HOW MUCH HE PITCHED						WHAT HE GAVE UP											THE RESULTS				
Year	Team	Lg	G	GS	CG	GF	IP	BFP	H	R	ER	HR	SH	SF	HB	TBB	IBB	SO	WP	Bk	W	L	Pct.	ShO	Sv	ERA
1994	Buffalo*	AAA	2	2	0	0	2	7	1	0	0	0	0	0	0	0	0	4	0	0	0	0	.000	0	0	0.00
1981	Los Angeles	NL	14	0	0	7	25	104	18	8	8	2	0	0	0	11	1	14	0	0	1	1	.500	0	2	2.88
1982	Los Angeles	NL	29	0	0	11	35.2	160	37	24	19	2	2	0	1	21	7	20	1	1	0	2	.000	0	0	4.79
1983	Los Angeles	NL	34	26	4	4	177	730	152	67	54	7	8	5	1	51	7	120	2	1	12	9	.571	3	1	2.75
1984	Los Angeles	NL	28	28	8	0	199.1	813	186	67	55	7	6	2	3	46	7	135	5	1	12	6	.667	4	0	2.48
1985	Los Angeles	NL	2	1	0	0	4.1	23	7	5	4	1	0	0	0	3	1	2	0	0	0	1	.000	0	0	8.31
1986	Los Angeles	NL	24	10	0	6	70	309	74	40	38	6	3	1	1	30	5	46	1	1	1	2	.333	0	1	4.89
1987	Los Angeles	NL	37	7	0	17	87.1	377	82	41	34	9	5	6	2	37	5	76	0	1	2	7	.222	0	11	3.50
1988	Los Angeles	NL	60	0	0	31	94.1	378	75	29	20	4	3	3	1	27	6	83	3	2	6	7	.462	0	12	1.91
1989	Los Angeles	NL	53	0	0	28	76	306	62	20	18	6	3	1	2	18	4	75	1	1	4	3	.571	0	5	2.13
1990	New York	NL	52	0	0	32	76	320	71	31	27	4	1	6	1	22	5	76	0	0	3	3	.500	0	5	3.20
1991	2 ML Teams		59	0	0	36	82.1	331	74	23	22	6	3	4	0	22	4	62	1	2	8	1	.889	0	15	2.40
1992	Atlanta	NL	41	0	0	31	42	173	40	19	19	7	2	1	0	13	5	34	0	0	1	6	.143	0	15	4.07
1994	Pittsburgh	NL	22	0	0	15	28.2	118	22	16	16	4	0	0	1	10	2	27	2	0	3	2	.600	0	7	5.02
1991	New York	NL	44	0	0	24	63	261	63	20	19	5	2	4	0	19	4	49	1	2	6	1	.857	0	4	2.71
	Atlanta	NL	15	0	0	12	19.1	70	11	3	3	1	1	0	0	3	0	13	0	0	2	0	1.000	0	11	1.40
	13 ML YEARS		455	72	12	218	998	4142	900	390	334	65	36	29	13	311	59	770	16	10	53	50	.515	7	74	3.01

Geronimo Pena

Bats: Both **Throws:** Right **Pos:** 2B **Ht:** 6' 1" **Wt:** 195 **Born:** 03/29/67 **Age:** 28

Year	Team	Lg	G	AB	H	2B	3B	HR	(Hm	Rd)	TB	R	RBI	TBB	IBB	SO	HBP	SH	SF	SB	CS	SB%	GDP	Avg	OBP	SLG
1990	St. Louis	NL	18	45	11	2	0	0	(0	0)	13	5	2	4	0	14	1	0	1	1	1	.50	0	.244	.314	.289
1991	St. Louis	NL	104	185	45	8	3	5	(1	4)	74	38	17	18	1	45	5	1	3	15	5	.75	0	.243	.322	.400
1992	St. Louis	NL	62	203	62	12	1	7	(4	3)	97	31	31	24	0	37	5	0	4	13	8	.62	1	.305	.386	.478
1993	St. Louis	NL	74	254	65	19	2	5	(2	3)	103	34	30	25	0	71	4	4	2	13	5	.72	3	.256	.330	.406
1994	St. Louis	NL	83	213	54	13	1	11	(7	4)	102	33	34	24	1	54	6	4	1	9	1	.90	3	.254	.344	.479
	5 ML YEARS		341	900	237	54	7	28	(14	14)	389	141	114	95	2	221	21	9	11	51	20	.72	7	.263	.344	.432

Tony Pena

Bats: Right **Throws:** Right **Pos:** C **Ht:** 6' 0" **Wt:** 185 **Born:** 06/04/57 **Age:** 38

Year	Team	Lg	G	AB	H	2B	3B	HR	(Hm	Rd)	TB	R	RBI	TBB	IBB	SO	HBP	SH	SF	SB	CS	SB%	GDP	Avg	OBP	SLG
1980	Pittsburgh	NL	8	21	9	1	1	0	(0	0)	12	1	1	0	0	4	0	0	0	0	1	.00	1	.429	.429	.571
1981	Pittsburgh	NL	66	210	63	9	1	2	(1	1)	80	16	17	8	2	23	1	2	2	1	2	.33	4	.300	.326	.381
1982	Pittsburgh	NL	138	497	147	28	4	11	(5	6)	216	53	63	17	3	57	4	3	2	2	5	.29	17	.296	.323	.435
1983	Pittsburgh	NL	151	542	163	22	3	15	(8	7)	236	51	70	31	8	73	0	6	1	6	7	.46	13	.301	.338	.435
1984	Pittsburgh	NL	147	546	156	27	2	15	(7	8)	232	77	78	36	5	79	4	4	2	12	8	.60	14	.286	.333	.425
1985	Pittsburgh	NL	147	546	136	27	2	10	(2	8)	197	53	59	29	4	67	0	7	5	12	8	.60	19	.249	.284	.361
1986	Pittsburgh	NL	144	510	147	26	2	10	(5	5)	207	56	52	53	6	69	1	0	1	9	10	.47	21	.288	.356	.406
1987	St. Louis	NL	116	384	82	13	4	5	(1	4)	118	40	44	36	9	54	1	2	2	6	1	.86	19	.214	.281	.307
1988	St. Louis	NL	149	505	133	23	1	10	(4	6)	188	55	51	33	11	60	1	3	4	6	2	.75	12	.263	.308	.372
1989	St. Louis	NL	141	424	110	17	2	4	(3	1)	143	36	37	35	19	33	2	2	1	5	3	.63	19	.259	.318	.337
1990	Boston	AL	143	491	129	19	1	7	(3	4)	171	62	56	43	3	71	1	2	3	8	6	.57	23	.263	.322	.348
1991	Boston	AL	141	464	107	23	2	5	(2	3)	149	45	48	37	1	53	4	4	3	8	3	.73	23	.231	.291	.321
1992	Boston	AL	133	410	99	21	1	1	(1	0)	125	39	38	24	0	61	1	13	2	3	2	.60	11	.241	.284	.305
1993	Boston	AL	126	304	55	11	0	4	(2	2)	78	20	19	25	0	46	2	13	3	1	3	.25	12	.181	.246	.257
1994	Cleveland	AL	40	112	33	8	1	2	(1	1)	49	18	10	9	0	11	0	3	2	0	1	.00	6	.295	.341	.438
	15 ML YEARS		1790	5966	1569	275	27	101	(45	56)	2201	622	643	416	71	761	22	64	33	79	62	.56	214	.263	.312	.369

Terry Pendleton

Bats: Both **Throws:** Right **Pos:** 3B **Ht:** 5' 9" **Wt:** 195 **Born:** 07/16/60 **Age:** 34

Year	Team	Lg	G	AB	H	2B	3B	HR	(Hm	Rd)	TB	R	RBI	TBB	IBB	SO	HBP	SH	SF	SB	CS	SB%	GDP	Avg	OBP	SLG
1994	Greenville *	AA	2	6	3	1	0	0	--	--	4	0	2	0	0	1	0	0	0	0	0	.00	0	.500	.500	.667
1984	St. Louis	NL	67	262	85	16	3	1	(0	1)	110	37	33	16	3	32	0	0	5	20	5	.80	7	.324	.357	.420
1985	St. Louis	NL	149	559	134	16	3	5	(3	2)	171	56	69	37	4	75	0	3	3	17	12	.59	18	.240	.285	.306
1986	St. Louis	NL	159	578	138	26	5	1	(0	1)	177	56	59	34	10	59	1	6	7	24	6	.80	12	.239	.279	.306
1987	St. Louis	NL	159	583	167	29	4	12	(5	7)	240	82	96	70	6	74	2	3	9	19	12	.61	18	.286	.360	.412
1988	St. Louis	NL	110	391	99	20	2	6	(3	3)	141	44	53	21	4	51	2	4	3	3	3	.50	9	.253	.293	.361
1989	St. Louis	NL	162	613	162	28	5	13	(8	5)	239	83	74	44	3	81	0	2	2	9	5	.64	16	.264	.313	.390
1990	St. Louis	NL	121	447	103	20	2	6	(6	0)	145	46	58	30	8	58	1	0	6	7	5	.58	12	.230	.277	.324
1991	Atlanta	NL	153	586	187	34	8	22	(13	9)	303	94	86	43	8	70	1	7	7	10	2	.83	16	.319	.363	.517
1992	Atlanta	NL	160	640	199	39	1	21	(13	8)	303	98	105	37	8	67	0	5	7	5	2	.71	16	.311	.345	.473
1993	Atlanta	NL	161	633	172	33	1	17	(9	8)	258	81	84	36	5	97	3	3	7	5	1	.83	18	.272	.311	.408
1994	Atlanta	NL	77	309	78	18	3	7	(3	4)	123	25	30	12	3	57	0	3	0	2	0	1.00	8	.252	.280	.398
	11 ML YEARS		1478	5601	1524	279	37	111	(63	48)	2210	702	747	380	62	721	10	36	56	121	53	.70	150	.272	.317	.395

Brad Pennington

Pitches: Left **Bats:** Left **Pos:** RP **Ht:** 6' 6" **Wt:** 215 **Born:** 04/14/69 **Age:** 26

Year	Team	Lg	G	GS	CG	GF	IP	BFP	H	R	ER	HR	SH	SF	HB	TBB	IBB	SO	WP	Bk	W	L	Pct.	ShO	Sv	ERA
1989	Bluefield	R	15	14	0	0	64.1	319	50	58	47	2	1	3	6	74	0	81	14	8	2	7	.222	0	0	6.58
1990	Wausau	A	32	18	1	7	106	523	81	89	61	12	6	4	4	121	1	142	10	1	4	9	.308	0	0	5.18
1991	Kane County	A	23	0	0	19	23	112	16	17	15	1	0	0	0	25	0	43	6	0	0	2	.000	0	4	5.87
	Frederick	A	36	0	0	27	43.2	203	32	23	19	4	3	2	2	44	0	58	4	0	1	4	.200	0	13	3.92
1992	Frederick	A	8	0	0	6	9	38	5	3	2	0	1	1	1	4	0	16	1	0	1	0	1.000	0	2	2.00
	Hagerstown	AA	19	0	0	16	28.1	121	20	9	8	0	4	3	3	17	0	33	4	0	1	2	.333	0	7	2.54
	Rochester	AAA	29	0	0	17	39	158	12	10	9	2	4	1	1	33	2	56	2	0	1	3	.250	0	5	2.08
1993	Rochester	AAA	17	0	0	14	15.2	73	12	11	6	0	0	0	1	13	0	19	1	1	1	2	.333	0	8	3.45
1994	Rochester	AAA	35	0	0	17	86.1	396	68	59	51	11	2	5	4	74	1	89	7	0	6	8	.429	0	5	5.32
1993	Baltimore	AL	34	0	0	16	33	158	34	25	24	7	2	1	2	25	0	39	3	0	3	2	.600	0	4	6.55
1994	Baltimore	AL	8	0	0	3	6	35	9	8	8	2	1	0	0	8	0	7	2	0	0	1	.000	0	0	12.00
	2 ML YEARS		42	0	0	19	39	193	43	33	32	9	3	1	2	33	0	46	5	0	3	3	.500	0	4	7.38

William Pennyfeather

Bats: Right **Throws:** Right **Pos:** LF **Ht:** 6' 2" **Wt:** 215 **Born:** 05/25/68 **Age:** 27

Year	Team	Lg	G	AB	H	2B	3B	HR	(Hm	Rd)	TB	R	RBI	TBB	IBB	SO	HBP	SH	SF	SB	CS	SB%	GDP	Avg	OBP	SLG
1988	Pirates	R	17	74	18	2	1	1	--	--	25	6	7	2	0	18	0	0	1	3	3	.50	0	.243	.260	.338
	Princeton	R	16	57	19	2	0	1	--	--	24	11	5	6	0	15	0	0	0	7	2	.78	0	.333	.397	.421
1989	Welland	A	75	289	55	10	1	3	--	--	76	34	26	12	1	75	2	1	6	18	5	.78	6	.190	.223	.263
1990	Augusta	A	122	465	122	14	4	4	--	--	156	69	48	23	0	85	3	3	3	21	10	.68	7	.262	.300	.335
1991	Salem	A	81	319	85	17	3	8	--	--	132	35	46	8	0	52	1	1	2	11	8	.58	9	.266	.285	.414
	Carolina	AA	42	149	41	5	0	0	--	--	46	13	9	7	0	17	1	1	1	3	2	.60	8	.275	.310	.309
1992	Carolina	AA	51	199	67	13	1	6	--	--	100	28	25	9	1	34	0	0	3	7	6	.54	5	.337	.360	.503
	Buffalo	AAA	55	160	38	6	2	1	--	--	51	19	12	2	0	24	3	2	0	3	2	.60	4	.238	.261	.319
1993	Buffalo	AAA	112	457	114	18	3	14	--	--	180	54	41	18	2	92	0	8	1	10	12	.45	3	.249	.277	.394
1994	Buffalo	AAA	10	36	9	2	0	0	--	--	11	2	3	3	0	9	0	1	0	0	0	.00	1	.250	.308	.306
	Indianapols	AAA	93	361	98	25	3	7	--	--	150	52	45	23	1	58	1	4	5	14	4	.78	5	.271	.313	.416
1992	Pittsburgh	NL	15	9	2	0	0	0	(0	0)	2	2	0	0	0	0	0	1	0	0	0	.00	1	.222	.222	.222
1993	Pittsburgh	NL	21	34	7	1	0	0	(0	0)	8	4	2	0	0	6	0	0	0	0	1	.00	1	.206	.206	.235
1994	Pittsburgh	NL	4	3	0	0	0	0	(0	0)	0	0	0	0	0	0	0	0	0	0	0	.00	0	.000	.000	.000
	3 ML YEARS		40	46	9	1	0	0	(0	0)	10	6	2	0	0	6	0	1	0	0	1	.00	2	.196	.196	.217

Eduardo Perez

Bats: Right **Throws:** Right **Pos:** 1B **Ht:** 6' 4" **Wt:** 215 **Born:** 09/11/69 **Age:** 25

Year	Team	Lg	G	AB	H	2B	3B	HR	(Hm	Rd)	TB	R	RBI	TBB	IBB	SO	HBP	SH	SF	SB	CS	SB%	GDP	Avg	OBP	SLG
1991	Boise	A	46	160	46	13	0	1	--	--	62	35	22	19	0	39	4	1	1	12	3	.80	4	.288	.375	.388
1992	Palm Sprngs	A	54	204	64	8	4	3	--	--	89	37	35	23	0	33	3	0	3	14	3	.82	5	.314	.386	.436
	Midland	AA	62	235	54	8	1	3	--	--	73	27	23	22	1	49	1	1	3	19	7	.73	7	.230	.295	.311
1993	Vancouver	AAA	96	363	111	23	6	12	--	--	182	66	70	28	5	83	3	1	0	21	7	.75	5	.306	.360	.501
1994	Angels	R	1	3	0	0	0	0	--	--	0	0	0	1	0	1	0	0	0	0	0	.00	0	.000	.250	.000
	Vancouver	AAA	61	219	65	14	3	7	--	--	106	37	38	34	1	53	3	0	3	9	4	.69	7	.297	.394	.484
1993	California	AL	52	180	45	6	2	4	(2	2)	67	16	30	9	0	39	2	0	1	5	4	.56	4	.250	.292	.372
1994	California	AL	38	129	27	7	0	5	(3	2)	49	10	16	12	1	29	0	1	1	3	0	1.00	5	.209	.275	.380
	2 ML YEARS		90	309	72	13	2	9	(5	4)	116	26	46	21	1	68	2	1	2	8	4	.67	9	.233	.284	.375

Melido Perez

Pitches: Right **Bats:** Right **Pos:** SP **Ht:** 6' 4" **Wt:** 210 **Born:** 02/15/66 **Age:** 29

Year	Team	Lg	G	GS	CG	GF	IP	BFP	H	R	ER	HR	SH	SF	HB	TBB	IBB	SO	WP	Bk	W	L	Pct.	ShO	Sv	ERA
1987	Kansas City	AL	3	3	0	0	10.1	53	18	12	9	2	0	0	0	5	0	5	0	0	1	1	.500	0	0	7.84
1988	Chicago	AL	32	32	3	0	197	836	186	105	83	26	5	8	2	72	0	138	13	3	12	10	.545	1	0	3.79
1989	Chicago	AL	31	31	2	0	183.1	810	187	106	102	23	5	4	3	90	3	141	12	5	11	14	.440	0	0	5.01
1990	Chicago	AL	35	35	3	0	197	833	177	111	101	14	4	6	2	86	0	161	8	4	13	14	.481	3	0	4.61
1991	Chicago	AL	49	8	0	16	135.2	553	111	49	47	15	4	1	0	52	0	128	11	1	8	7	.533	0	1	3.12
1992	New York	AL	33	33	10	0	247.2	1013	212	94	79	16	6	8	5	93	5	218	13	0	13	16	.448	1	0	2.87
1993	New York	AL	25	25	0	0	163	718	173	103	94	22	4	2	1	64	5	148	3	1	6	14	.300	0	0	5.19
1994	New York	AL	22	22	1	0	151.1	632	134	74	69	16	5	3	3	58	5	109	7	1	9	4	.692	0	0	4.10
	8 ML YEARS		230	189	19	16	1285.1	5448	1198	654	584	134	33	32	17	520	19	1048	67	15	73	80	.477	5	1	4.09

Mike Perez

Pitches: Right **Bats:** Right **Pos:** RP **Ht:** 6' 0" **Wt:** 187 **Born:** 10/19/64 **Age:** 30

Year	Team	Lg	G	GS	CG	GF	IP	BFP	H	R	ER	HR	SH	SF	HB	TBB	IBB	SO	WP	Bk	W	L	Pct.	ShO	Sv	ERA
1990	St. Louis	NL	13	0	0	7	13.2	55	12	6	6	0	0	0	0	3	0	5	0	0	1	0	1.000	0	1	3.95
1991	St. Louis	NL	14	0	0	2	17	75	19	11	11	1	1	0	0	7	2	7	0	1	0	2	.000	0	0	5.82
1992	St. Louis	NL	77	0	0	22	93	377	70	23	19	4	7	4	1	32	9	46	4	0	9	3	.750	0	0	1.84
1993	St. Louis	NL	65	0	0	25	72.2	298	65	24	20	4	5	5	1	20	1	58	2	0	7	2	.778	0	7	2.48
1994	St. Louis	NL	36	0	0	18	31	155	52	32	30	5	4	5	3	10	1	20	0	0	2	3	.400	0	12	8.71
	5 ML YEARS		205	0	0	74	227.1	960	218	96	86	14	17	16	6	72	13	136	6	1	19	10	.655	0	20	3.40

Robert Perez

Bats: Right **Throws:** Right **Pos:** LF **Ht:** 6' 3" **Wt:** 205 **Born:** 06/04/69 **Age:** 26

Year	Team	Lg	G	AB	H	2B	3B	HR	(Hm	Rd)	TB	R	RBI	TBB	IBB	SO	HBP	SH	SF	SB	CS	SB%	GDP	Avg	OBP	SLG
1990	St. Cath	A	52	207	54	10	2	5	--	--	83	29	25	8	1	34	2	0	0	7	5	.58	7	.261	.295	.401
	Myrtle Bch	A	21	72	21	2	0	1	--	--	26	8	10	3	0	9	2	0	1	2	1	.67	3	.292	.333	.361
1991	Dunedin	A	127	480	145	28	6	4	--	--	197	50	50	22	3	72	5	7	2	8	8	.50	19	.302	.338	.410
	Syracuse	AAA	4	20	4	1	0	0	--	--	5	2	1	0	0	2	0	0	0	0	0	.00	0	.200	.200	.250

Year	Team	Lg	G			GF	IP	BFP	H	R	ER	HR	SH	SF	HB	TBB	IBB	SO	WP	Bk	W	L	Pct.	ShO	Sv	ERA
1992	Knoxville	AA	139	526	137	25	5	9	--	--	199	59	59	13	0	87	2	3	7		11	10	.52	10	.260	.277	.378
1993	Syracuse	AAA	138	524	154	26	10	12	--	--	236	72	64	24	1	65	4	5	1		13	15	.46	19	.294	.329	.450
1994	Syracuse	AAA	128	510	155	28	3	10	--	--	219	63	65	27	7	76	2	4	8		4	7	.36	21	.304	.336	.429
1994	Toronto	AL	4	8	1	0	0	0	(0 | 0)	1	0	0	0	0	1	0	0	0		0	0	.00	1	.125	.125	.125

Yorkis Perez

Pitches: Left **Bats:** Left **Pos:** RP **Ht:** 6' 0" **Wt:** 180 **Born:** 09/30/67 **Age:** 27

			HOW MUCH HE PITCHED						WHAT HE GAVE UP											THE RESULTS					
Year	Team	Lg	G	GS	CG	GF	IP	BFP	H	R	ER	HR	SH	SF	HB	TBB	IBB	SO	WP	Bk	W	L	Pct.	ShO	Sv	ERA
1984	Elizabethtn	R	1	0	0	0	1.1	6	1	0	0	0	0	0	0	1	0	1	1	0	0	0	.000	0	0	0.00
1986	Kenosha	A	31	18	3	9	131	591	120	81	75	9	4	4	3	88	1	144	13	1	4	11	.267	0	0	5.15
1987	Jacksnville	AA	12	10	1	1	60	263	61	34	27	4	0	5	1	30	0	60	4	0	2	7	.222	1	1	4.05
	Wst Plm Bch	A	15	15	3	0	100	413	78	36	26	4	2	3	0	46	0	111	8	1	6	2	.750	0	0	2.34
1988	Jacksnville	AA	27	25	2	1	130	618	142	96	84	11	2	6	4	94	0	105	13	9	8	12	.400	1	0	5.82
1989	Wst Plm Bch	A	18	12	0	3	94.2	385	62	34	29	2	1	2	3	54	0	85	5	4	7	6	.538	0	1	2.76
	Jacksnville	AA	20	0	0	3	35	164	21	16	14	0	1	0	0	34	1	50	1	2	4	3	.571	0	0	3.60
1990	Jacksnville	AA	28	2	0	8	42	200	36	34	28	5	2	1	1	34	2	39	4	0	2	2	.500	0	1	6.00
	Indianapols	AAA	9	0	0	2	11.2	49	8	5	3	1	2	0	0	6	0	8	0	0	1	1	.500	0	0	2.31
1991	Richmond	AAA	36	10	0	5	107	459	99	47	45	7	3	7	2	53	1	102	7	2	12	3	.800	0	1	3.79
1993	Harrisburg	AA	34	0	0	15	44.1	201	49	26	17	3	1	2	0	20	1	58	5	3	4	2	.667	0	0	3.45
	Ottawa	AAA	20	0	0	12	20	84	14	12	8	0	1	3	0	7	0	17	3	0	0	1	.000	0	5	3.60
1994	Portland	AA	2	0	0	0	2	6	1	0	0	0	0	0	0	0	0	2	0	0	0	0	.000	0	0	0.00
1991	Chicago	NL	3	0	0	0	4.1	16	2	1	1	0	0	2	0	2	0	3	2	0	1	0	1.000	0	0	2.08
1994	Florida	NL	44	0	0	11	40.2	167	33	18	16	4	2	0	1	14	3	41	4	1	3	0	1.000	0	0	3.54
	2 ML YEARS		47	0	0	11	45	183	35	19	17	4	2	2	1	16	3	44	6	1	4	0	1.000	0	0	3.40

Gerald Perry

Bats: Left **Throws:** Right **Pos:** 1B **Ht:** 6' 0" **Wt:** 201 **Born:** 10/30/60 **Age:** 34

			BATTING															BASERUNNING				PERCENTAGES		
Year	Team	Lg	G	AB	H	2B	3B	HR	(Hm | Rd)	TB	R	RBI	TBB	IBB	SO	HBP	SH	SF	SB	CS	SB%	GDP	Avg	OBP	SLG
1983	Atlanta	NL	27	39	14	2	0	1	(0 | 1)	19	5	6	5	0	4	0	0	1	0	1	.00	1	.359	.422	.487
1984	Atlanta	NL	122	347	92	12	2	7	(3 | 4)	129	52	47	61	5	38	2	2	1	15	12	.56	9	.265	.372	.372
1985	Atlanta	NL	110	238	51	5	0	3	(3 | 0)	65	22	13	23	1	28	0	0	1	9	5	.64	3	.214	.282	.273
1986	Atlanta	NL	29	70	19	2	0	2	(2 | 0)	27	6	11	8	1	4	0	1	1	0	1	.00	4	.271	.342	.386
1987	Atlanta	NL	142	533	144	35	2	12	(2 | 10)	219	77	74	48	1	63	1	3	5	42	16	.72	18	.270	.329	.411
1988	Atlanta	NL	141	547	164	29	1	8	(4 | 4)	219	61	74	36	9	49	1	1	10	29	14	.67	18	.300	.338	.400
1989	Atlanta	NL	72	266	67	11	0	4	(2 | 2)	90	24	21	32	5	28	3	0	2	10	6	.63	5	.252	.337	.338
1990	Kansas City	AL	133	465	118	22	2	8	(3 | 5)	168	57	57	39	4	56	3	0	5	17	4	.81	14	.254	.313	.361
1991	St. Louis	NL	109	242	58	8	4	6	(1 | 5)	92	29	36	22	1	34	0	0	3	15	8	.65	2	.240	.300	.380
1992	St. Louis	NL	87	143	34	8	0	1	(1 | 0)	45	13	18	15	4	23	1	0	1	3	6	.33	3	.238	.311	.315
1993	St. Louis	NL	96	98	33	5	0	4	(3 | 1)	50	21	16	18	2	23	0	0	0	1	1	.50	4	.337	.440	.510
1994	St. Louis	NL	60	77	25	7	0	3	(1 | 2)	41	12	18	5	1	12	0	0	0	1	1	.50	4	.325	.435	.532
	12 ML YEARS		1128	3065	819	146	11	59	(25 | 34)	1164	379	391	322	34	362	11	7	37	142	75	.65	89	.267	.335	.380

Herbert Perry

Bats: Right **Throws:** Right **Pos:** 1B **Ht:** 6' 2" **Wt:** 215 **Born:** 09/15/69 **Age:** 25

			BATTING															BASERUNNING				PERCENTAGES		
Year	Team	Lg	G	AB	H	2B	3B	HR	(Hm | Rd)	TB	R	RBI	TBB	IBB	SO	HBP	SH	SF	SB	CS	SB%	GDP	Avg	OBP	SLG
1991	Watertown	A	14	53	11	2	0	0	--	--	13	3	5	7	0	7	2	0	0	0	0	.00	3	.208	.323	.245
1992	Kinston	A	121	449	125	16	1	19	--	--	200	74	77	46	8	89	12	4	4	12	0	1.00	9	.278	.358	.445
1993	Canton-Akrn	AA	89	327	88	21	1	9	--	--	138	52	55	37	2	47	15	0	6	7	4	.64	5	.269	.364	.422
1994	Charlotte	AAA	102	376	123	20	4	13	--	--	190	67	70	41	7	55	5	0	4	9	4	.69	10	.327	.397	.505
1994	Cleveland	AL	4	9	1	0	0	0	(0 | 0)	1	1	3	1	1	1	0	0	0	0	0	.00	0	.111	.357	.111

Roberto Petagine

Bats: Left **Throws:** Left **Pos:** 1B **Ht:** 6' 1" **Wt:** 172 **Born:** 06/07/71 **Age:** 24

			BATTING															BASERUNNING				PERCENTAGES		
Year	Team	Lg	G	AB	H	2B	3B	HR	(Hm | Rd)	TB	R	RBI	TBB	IBB	SO	HBP	SH	SF	SB	CS	SB%	GDP	Avg	OBP	SLG
1990	Astros	R	55	187	54	5	4	2	--	--	73	35	24	26	2	23	2	1	2	9	6	.60	4	.289	.378	.390
1991	Burlington	A	124	432	112	24	1	12	--	--	174	72	57	71	3	73	4	1	1	6	5	.55	9	.259	.368	.403
1992	Osceola	A	86	307	90	22	4	7	--	--	141	52	49	43	3	47	5	0	4	3	1	.75	5	.293	.391	.459
	Jackson	AA	21	70	21	4	0	4	--	--	37	8	12	6	1	15	2	0	0	2	0	1.00	3	.300	.363	.529
1993	Jackson	AA	128	437	146	36	2	15	--	--	231	73	90	84	14	89	8	0	5	6	5	.55	4	.334	.442	.529
1994	Tucson	AAA	65	247	78	19	0	10	--	--	127	53	44	35	6	54	1	0	3	3	1	.75	7	.316	.399	.514
1994	Houston	NL	8	7	0	0	0	0	(0 | 0)	0	1	0	1	0	3	0	0	0	0	0	.00	0	.000	.125	.000

J.R. Phillips

Bats: Left **Throws:** Left **Pos:** 1B **Ht:** 6' 1" **Wt:** 185 **Born:** 04/29/70 **Age:** 25

Year	Team	Lg	G	AB	H	2B	3B	HR	(Hm	Rd)	TB	R	RBI	TBB	IBB	SO	HBP	SH	SF	SB	CS	SB%	GDP	Avg	OBP	SLG
1988	Bend	A	56	210	40	8	2	4	--	--	60	24	23	21	1	70	1	1	3	3	1	.75	5	.190	.264	.286
1989	Quad City	A	125	442	85	29	1	8	--	--	140	41	50	49	2	146	4	4	4	3	3	.50	5	.192	.277	.317
1990	Palm Sprngs	A	46	162	32	4	1	1	--	--	41	14	15	10	1	58	1	1	1	3	1	.75	7	.198	.247	.253
	Boise	A	68	238	46	6	0	10	--	--	82	30	34	19	0	78	0	1	2	1	1	.50	4	.193	.251	.345
1991	Palm Sprngs	A	130	471	117	22	2	20	--	--	203	64	70	57	4	144	3	1	2	15	13	.54	8	.248	.332	.431
1992	Midland	AA	127	497	118	32	4	14	--	--	200	58	77	32	4	165	2	1	4	5	3	.63	9	.237	.284	.402
1993	Phoenix	AAA	134	506	133	35	2	27	--	--	253	80	94	53	9	127	6	0	6	7	5	.58	2	.263	.336	.500
1994	Phoenix	AAA	95	360	108	28	5	27	--	--	227	69	79	45	4	96	4	0	2	4	5	.44	4	.300	.382	.631
1993	San Francisco	NL	11	16	5	1	1	1	(0	1)	11	1	4	0	0	5	0	0	0	0	0	.00	0	.313	.313	.688
1994	San Francisco	NL	15	38	5	0	0	1	(0	1)	8	1	3	1	0	13	0	0	1	1	0	1.00	1	.132	.150	.211
	2 ML YEARS		26	54	10	1	1	2	(0	2)	19	2	7	1	0	18	0	0	1	1	0	1.00	1	.185	.196	.352

Tony Phillips

Bats: Both **Throws:** Right **Pos:** LF/2B **Ht:** 5'10" **Wt:** 175 **Born:** 04/25/59 **Age:** 36

Year	Team	Lg	G	AB	H	2B	3B	HR	(Hm	Rd)	TB	R	RBI	TBB	IBB	SO	HBP	SH	SF	SB	CS	SB%	GDP	Avg	OBP	SLG
1982	Oakland	AL	40	81	17	2	2	0	(0	0)	23	11	8	12	0	26	2	5	0	2	3	.40	1	.210	.326	.284
1983	Oakland	AL	148	412	102	12	3	4	(1	3)	132	54	35	48	1	70	2	11	3	16	5	.76	5	.248	.327	.320
1984	Oakland	AL	154	451	120	24	3	4	(2	2)	162	62	37	42	1	86	0	7	5	10	6	.63	5	.266	.325	.359
1985	Oakland	AL	42	161	45	12	2	4	(2	2)	73	23	17	13	0	34	0	3	1	3	2	.60	1	.280	.331	.453
1986	Oakland	AL	118	441	113	14	5	5	(3	2)	152	76	52	76	0	82	3	9	3	15	10	.60	2	.256	.367	.345
1987	Oakland	AL	111	379	91	20	0	10	(5	5)	141	48	46	57	1	76	0	2	3	7	6	.54	9	.240	.337	.372
1988	Oakland	AL	79	212	43	8	4	2	(2	0)	65	32	17	36	0	50	1	1	1	0	2	.00	6	.203	.320	.307
1989	Oakland	AL	143	451	118	15	6	4	(2	2)	157	48	47	58	2	66	3	5	7	3	8	.27	17	.262	.345	.348
1990	Detroit	AL	152	573	144	23	5	8	(4	4)	201	97	55	99	0	85	4	9	2	19	9	.68	10	.251	.364	.351
1991	Detroit	AL	146	564	160	28	4	17	(9	8)	247	87	72	79	5	95	3	3	6	10	5	.67	8	.284	.371	.438
1992	Detroit	AL	159	606	167	32	3	10	(3	7)	235	114	64	114	2	93	1	5	7	12	10	.55	13	.276	.387	.388
1993	Detroit	AL	151	566	177	27	0	7	(3	4)	225	113	57	132	5	102	4	1	4	16	11	.59	11	.313	.443	.398
1994	Detroit	AL	114	438	123	19	3	19	(12	7)	205	91	61	95	3	105	2	0	3	13	5	.72	8	.281	.409	.468
	13 ML YEARS		1557	5335	1420	236	40	94	(48	46)	2018	856	568	861	20	970	25	61	45	126	82	.61	95	.266	.368	.378

Steve Phoenix

Pitches: Right **Bats:** Right **Pos:** RP **Ht:** 6' 2" **Wt:** 175 **Born:** 01/31/68 **Age:** 27

Year	Team	Lg	G	GS	CG	GF	IP	BFP	H	R	ER	HR	SH	SF	HB	TBB	IBB	SO	WP	Bk	W	L	Pct.	ShO	Sv	ERA
1990	Athletics	R	6	6	0	0	31	128	25	14	5	0	0	0	1	4	0	31	0	2	3	1	.750	0	0	1.45
	Modesto	A	6	6	0	0	37.1	164	43	21	19	2	0	1	2	10	0	23	3	0	4	1	.800	0	0	4.58
1991	Huntsville	AA	2	0	0	1	3	18	7	3	2	1	0	0	0	1	0	3	0	0	0	0	.000	0	0	6.00
	Madison	A	7	2	0	3	21.1	96	26	8	7	0	2	0	0	10	0	19	0	0	3	0	1.000	0	2	2.95
	Modesto	A	27	3	1	10	84.1	372	87	44	35	13	3	1	5	33	4	65	3	0	5	2	.714	1	2	3.74
1992	Huntsville	AA	32	24	0	1	174	722	179	68	54	8	4	5	7	36	1	124	5	1	11	5	.688	0	0	2.79
1993	Tacoma	AAA	11	5	0	1	31	159	42	27	24	4	1	0	0	27	2	21	2	0	0	2	.000	0	0	6.97
	Huntsville	AA	11	0	0	7	19.1	73	13	5	3	0	0	1	0	5	2	15	0	0	2	2	.500	0	1	1.40
1994	Tacoma	AAA	20	0	0	17	22	83	16	5	3	0	2	0	1	4	1	16	2	0	0	2	.000	0	9	1.23
	Huntsville	AA	38	0	0	33	48.2	202	42	9	7	1	3	2	1	16	1	40	0	0	6	2	.750	0	20	1.29
1994	Oakland	AL	2	0	0	0	4.1	19	4	3	3	0	0	0	0	2	0	3	0	0	0	0	.000	0	0	6.23

Mike Piazza

Bats: Right **Throws:** Right **Pos:** C **Ht:** 6' 3" **Wt:** 210 **Born:** 09/04/68 **Age:** 26

Year	Team	Lg	G	AB	H	2B	3B	HR	(Hm	Rd)	TB	R	RBI	TBB	IBB	SO	HBP	SH	SF	SB	CS	SB%	GDP	Avg	OBP	SLG
1992	Los Angeles	NL	21	69	16	3	0	1	(1	0)	22	5	7	4	0	12	1	0	0	0	0	.00	1	.232	.284	.319
1993	Los Angeles	NL	149	547	174	24	2	35	(21	14)	307	81	112	46	6	86	3	0	6	3	4	.43	10	.318	.370	.561
1994	Los Angeles	NL	107	405	129	18	0	24	(13	11)	219	64	92	33	10	65	1	0	2	1	3	.25	11	.319	.370	.541
	3 ML YEARS		277	1021	319	45	2	60	(35	25)	548	150	211	83	16	163	5	0	8	4	7	.36	22	.312	.364	.537

Hipolito Pichardo

Pitches: Right **Bats:** Right **Pos:** RP **Ht:** 6' 1" **Wt:** 185 **Born:** 08/22/69 **Age:** 25

Year	Team	Lg	G	GS	CG	GF	IP	BFP	H	R	ER	HR	SH	SF	HB	TBB	IBB	SO	WP	Bk	W	L	Pct.	ShO	Sv	ERA
1992	Kansas City	AL	31	24	1	0	143.2	615	148	71	63	9	4	5	3	49	1	59	3	1	9	6	.600	1	0	3.95
1993	Kansas City	AL	30	25	2	2	165	720	183	85	74	10	3	8	6	53	2	70	5	3	7	8	.467	0	0	4.04
1994	Kansas City	AL	45	0	0	19	67.2	303	82	42	37	4	4	2	7	24	5	36	3	0	5	3	.625	0	3	4.92
	3 ML YEARS		106	49	3	21	376.1	1638	413	198	174	23	11	15	16	126	8	165	11	4	21	17	.553	1	3	4.16

Greg Pirkl

Bats: Right **Throws:** Right **Pos:** DH **Ht:** 6' 5" **Wt:** 240 **Born:** 08/07/70 **Age:** 24

							BATTING											BASERUNNING				PERCENTAGES		
Year	Team	Lg	G	AB	H	2B	3B	HR	(Hm	Rd)	TB	R	RBI	TBB	IBB	SO	HBP	SH	SF	SB	CS	SB%	GDP	Avg	OBP	SLG
1988	Bellingham	A	65	246	59	6	0	6	--	--	83	22	35	12	0	59	6	0	2	1	1	.50	8	.240	.289	.337
1989	Bellingham	A	70	265	68	6	0	8	--	--	98	31	36	23	2	51	3	1	3	4	1	.80	8	.257	.320	.370
1990	San Berndno	A	58	207	61	10	0	5	--	--	86	37	28	13	0	34	3	0	1	3	0	1.00	4	.295	.344	.415
1991	Peninsula	A	64	239	63	16	0	6	--	--	97	20	41	9	0	41	7	0	3	0	0	.00	9	.264	.306	.406
	San Berndno	A	63	239	75	13	1	14	--	--	132	32	53	12	1	43	2	0	6	4	0	1.00	8	.314	.344	.552
1992	Jacksonville	AA	59	227	66	11	1	10	--	--	109	25	29	9	1	45	7	0	4	0	0	.00	10	.291	.332	.480
	Calgary	AAA	79	286	76	21	3	6	--	--	121	30	32	14	0	64	3	0	2	4	3	.57	8	.266	.305	.423
1993	Calgary	AAA	115	445	137	24	1	21	--	--	226	67	94	13	1	50	6	1	10	3	3	.50	15	.308	.329	.508
1994	Calgary	AAA	87	353	112	21	0	22	--	--	199	69	72	24	0	58	5	1	2	1	1	.50	12	.317	.367	.564
1993	Seattle	AL	7	23	4	0	0	1	(1	0)	7	1	4	0	0	4	0	0	0	0	0	.00	2	.174	.174	.304
1994	Seattle	AL	19	53	14	3	0	6	(2	4)	35	7	11	1	1	12	1	0	1	0	0	.00	1	.264	.286	.660
	2 ML YEARS		26	76	18	3	0	7	(3	4)	42	8	15	1	1	16	1	0	1	0	0	.00	3	.237	.253	.553

Erik Plantenberg

Pitches: Left **Bats:** Right **Pos:** RP **Ht:** 6' 1" **Wt:** 180 **Born:** 10/30/68 **Age:** 26

			HOW MUCH HE PITCHED					WHAT HE GAVE UP										THE RESULTS				
Year	Team	Lg	G	GS	CG	GF	IP	BFP	H	R	ER	HR	SH	SF	HB	TBB	IBB	SO	WP	Bk	W	L	Pct.	ShO	Sv	ERA
1990	Elmira	A	16	5	0	4	40.1	186	44	26	18	2	6	1	0	19	0	36	4	1	2	3	.400	0	1	4.02
1991	Lynchburg	A	20	20	0	0	103	461	116	59	43	3	4	2	4	51	1	73	8	0	11	5	.688	0	0	3.76
1992	Lynchburg	A	21	12	0	4	81.2	384	112	69	47	7	2	4	5	36	0	62	6	0	2	3	.400	0	0	5.18
1993	Jacksonville	AA	34	0	0	13	44.2	182	38	11	10	0	1	0	0	14	1	49	1	0	2	1	.667	0	1	2.01
1994	Jacksonville	AA	14	0	0	7	20.1	85	19	6	3	0	1	1	0	8	2	23	0	0	0	1	.000	0	4	1.33
	Calgary	AAA	19	19	0	0	101.2	480	122	82	66	10	2	3	2	62	1	69	14	0	6	7	.462	1	0	5.84
1993	Seattle	AL	20	0	0	4	9.2	53	11	7	7	0	1	1	0	12	1	3	1	0	0	0	.000	0	1	6.52
1994	Seattle	AL	6	0	0	2	7	31	4	0	0	0	0	0	1	7	0	1	0	0	0	0	.000	0	0	0.00
	2 ML YEARS		26	0	0	6	16.2	84	15	7	7	0	1	1	1	19	1	4	1	0	0	0	.000	0	1	3.78

Phil Plantier

Bats: Left **Throws:** Right **Pos:** LF **Ht:** 5'11" **Wt:** 195 **Born:** 01/27/69 **Age:** 26

							BATTING											BASERUNNING				PERCENTAGES		
Year	Team	Lg	G	AB	H	2B	3B	HR	(Hm | Rd)	TB	R	RBI	TBB	IBB	SO	HBP	SH	SF	SB	CS	SB%	GDP	Avg	OBP	SLG
1990	Boston	AL	14	15	2	1	0	0	(0 | 0)	3	1	3	4	0	6	1	0	1	0	0	.00	1	.133	.333	.200
1991	Boston	AL	53	148	49	7	1	11	(6 | 5)	91	27	35	23	2	38	1	0	2	1	0	1.00	2	.331	.420	.615
1992	Boston	AL	108	349	86	19	0	7	(5 | 2)	126	46	30	44	8	83	2	2	2	2	3	.40	4	.246	.332	.361
1993	San Diego	NL	138	462	111	20	1	34	(16 | 18)	235	67	100	61	7	124	7	1	5	4	5	.44	4	.240	.335	.509
1994	San Diego	NL	96	341	75	21	0	18	(7 | 11)	150	44	41	36	6	91	5	1	2	3	1	.75	13	.220	.302	.440
	5 ML YEARS		409	1315	323	68	2	70	(34 | 36)	605	185	209	168	23	342	16	4	12	10	9	.53	24	.246	.336	.460

Dan Plesac

Pitches: Left **Bats:** Left **Pos:** RP **Ht:** 6' 5" **Wt:** 215 **Born:** 02/04/62 **Age:** 33

			HOW MUCH HE PITCHED					WHAT HE GAVE UP										THE RESULTS				
Year	Team	Lg	G	GS	CG	GF	IP	BFP	H	R	ER	HR	SH	SF	HB	TBB	IBB	SO	WP	Bk	W	L	Pct.	ShO	Sv	ERA
1986	Milwaukee	AL	51	0	0	33	91	377	81	34	30	5	6	5	0	29	1	75	4	0	10	7	.588	0	14	2.97
1987	Milwaukee	AL	57	0	0	47	79.1	325	63	30	23	8	1	2	3	23	1	89	6	0	5	6	.455	0	23	2.61
1988	Milwaukee	AL	50	0	0	48	52.1	211	46	14	14	2	2	0	0	12	2	52	4	6	1	2	.333	0	30	2.41
1989	Milwaukee	AL	52	0	0	51	61.1	242	47	16	16	6	0	4	0	17	1	52	0	0	3	4	.429	0	33	2.35
1990	Milwaukee	AL	66	0	0	52	69	299	67	36	34	5	2	2	0	31	6	65	2	0	3	7	.300	0	24	4.43
1991	Milwaukee	AL	45	10	0	25	92.1	402	92	49	44	12	3	7	3	39	1	61	2	1	2	7	.222	0	8	4.29
1992	Milwaukee	AL	44	4	0	13	79	330	64	28	26	5	8	4	3	35	5	54	3	1	5	4	.556	0	1	2.96
1993	Chicago	NL	57	0	0	12	62.2	276	74	37	33	10	4	3	0	21	6	47	5	2	2	1	.667	0	0	4.74
1994	Chicago	NL	54	0	0	14	54.2	235	61	30	28	9	1	1	0	13	0	53	0	0	2	3	.400	0	1	4.61
	9 ML YEARS		476	14	0	295	641.2	2697	595	274	248	62	27	28	13	220	23	548	26	10	33	41	.446	0	134	3.48

Eric Plunk

Pitches: Right **Bats:** Right **Pos:** RP **Ht:** 6' 6" **Wt:** 220 **Born:** 09/03/63 **Age:** 31

			HOW MUCH HE PITCHED					WHAT HE GAVE UP										THE RESULTS				
Year	Team	Lg	G	GS	CG	GF	IP	BFP	H	R	ER	HR	SH	SF	HB	TBB	IBB	SO	WP	Bk	W	L	Pct.	ShO	Sv	ERA
1986	Oakland	AL	26	15	0	2	120.1	537	91	75	71	14	2	3	5	102	2	98	9	6	4	7	.364	0	0	5.31
1987	Oakland	AL	32	11	0	11	95	432	91	53	50	8	3	5	2	62	3	90	5	2	4	6	.400	0	2	4.74
1988	Oakland	AL	49	0	0	22	78	331	62	27	26	6	3	2	4	39	2	79	6	4	7	2	.778	0	5	3.00
1989	2 ML Teams		50	7	0	17	104.1	445	82	43	38	10	3	4	4	64	2	85	10	3	8	6	.571	0	1	3.28
1990	New York	AL	47	0	0	16	72.2	310	58	27	22	6	7	0	2	43	4	67	4	2	6	3	.667	0	0	2.72
1991	New York	AL	43	8	0	6	111.2	521	128	69	59	18	6	4	1	62	1	103	6	2	2	5	.286	0	0	4.76

Year	Team	Lg	G	GS	CG	GF	IP	BFP	H	R	ER	HR	SH	SF	HB	TBB	IBB	SO	WP	Bk	W	L	Pct.	ShO	Sv	ERA
1992	Cleveland	AL	58	0	0	20	71.2	309	61	31	29	5	3	2	0	38	2	50	5	0	9	6	.600	0	4	3.64
1993	Cleveland	AL	70	0	0	40	71	306	61	29	22	5	4	2	0	30	4	77	6	0	4	5	.444	0	15	2.79
1994	Cleveland	AL	41	0	0	18	71	306	61	25	20	3	2	1	2	37	5	73	7	0	7	2	.778	0	3	2.54
1989	Oakland	AL	23	0	0	12	28.2	113	17	7	7	1	1	0	1	12	0	24	4	0	1	1	.500	0	1	2.20
	New York	AL	27	7	0	5	75.2	332	65	36	31	9	2	4	0	52	2	61	6	3	7	5	.583	0	0	3.69
	9 ML YEARS		416	41	0	152	795.2	3497	695	379	337	75	33	23	14	477	27	722	56	22	51	42	.548	0	30	3.81

Luis Polonia

Bats: Left **Throws:** Left **Pos:** LF **Ht:** 5'8" **Wt:** 160 **Born:** 12/10/64 **Age:** 30

					BATTING														BASERUNNING				PERCENTAGES		
Year	Team	Lg	G	AB	H	2B	3B	HR	(Hm	Rd)	TB	R	RBI	TBB	IBB	SO	HBP	SH	SF	SB	CS	SB%	GDP	Avg	OBP	SLG
1987	Oakland	AL	125	435	125	16	10	4	(1	3)	173	78	49	32	1	64	0	1	1	29	7	.81	4	.287	.335	.398
1988	Oakland	AL	84	288	84	11	4	2	(1	1)	109	51	27	21	0	40	0	2	3	24	9	.73	3	.292	.338	.378
1989	2 ML Teams		125	433	130	17	6	3	(1	2)	168	70	46	25	1	44	2	2	4	22	8	.73	13	.300	.338	.388
1990	2 ML Teams		120	403	135	7	9	2	(2	0)	166	52	35	25	0	43	1	3	4	21	14	.60	9	.335	.372	.412
1991	California	AL	150	604	179	28	8	2	(1	1)	229	92	50	52	4	74	1	2	3	48	23	.68	11	.296	.352	.379
1992	California	AL	149	577	165	17	4	0	(0	0)	190	83	35	45	6	64	1	8	4	51	21	.71	18	.286	.337	.329
1993	California	AL	152	576	156	17	6	1	(0	1)	188	75	32	48	7	53	2	8	3	55	24	.70	7	.271	.328	.326
1994	New York	AL	95	350	109	18	6	1	(0	1)	145	62	36	37	1	36	4	2	1	20	12	.63	7	.311	.383	.414
1989	Oakland	AL	59	206	59	6	4	1	(0	1)	76	31	17	9	0	15	0	2	1	13	4	.76	5	.286	.315	.369
	New York	AL	66	227	71	11	2	2	(1	1)	92	39	29	16	1	29	2	0	3	9	4	.69	8	.313	.359	.405
1990	New York	AL	11	22	7	0	0	0	(0	0)	7	2	3	0	0	1	0	0	1	1	0	1.00	1	.318	.304	.318
	California	AL	109	381	128	7	9	2	(2	0)	159	50	32	25	0	42	1	3	3	20	14	.59	8	.336	.376	.417
	8 ML YEARS		1000	3666	1083	134	53	15	(6	9)	1368	563	310	285	21	418	11	28	22	270	118	.70	72	.295	.346	.373

Jim Poole

Pitches: Left **Bats:** Left **Pos:** RP **Ht:** 6'2" **Wt:** 203 **Born:** 04/28/66 **Age:** 29

			HOW MUCH HE PITCHED					WHAT HE GAVE UP												THE RESULTS					
Year	Team	Lg	G	GS	CG	GF	IP	BFP	H	R	ER	HR	SH	SF	HB	TBB	IBB	SO	WP	Bk	W	L	Pct.	ShO	Sv	ERA
1990	Los Angeles	NL	16	0	0	4	10.2	46	7	5	5	1	0	0	0	8	4	6	1	0	0	0	.000	0	0	4.22
1991	2 ML Teams		29	0	0	5	42	166	29	14	11	3	3	3	0	12	2	38	2	0	3	2	.600	0	1	2.36
1992	Baltimore	AL	6	0	0	2	3.1	14	3	3	0	0	0	0	0	1	0	3	0	0	0	0	.000	0	0	0.00
1993	Baltimore	AL	55	0	0	11	50.1	197	30	18	12	2	3	2	0	21	5	29	0	0	2	1	.667	0	2	2.15
1994	Baltimore	AL	38	0	0	10	20.1	100	32	15	15	4	0	3	0	11	2	18	1	0	0	1	.000	0	0	6.64
1991	Texas	AL	5	0	0	2	6	31	10	4	3	0	0	1	0	3	0	4	0	0	0	0	.000	0	1	4.50
	Baltimore	AL	24	0	0	3	36	135	19	10	8	3	3	2	0	9	2	34	2	0	3	2	.600	0	0	2.00
	5 ML YEARS		144	0	0	31	126.2	523	101	55	43	10	6	8	0	53	13	94	4	0	6	3	.667	0	3	3.06

Mark Portugal

Pitches: Right **Bats:** Right **Pos:** SP **Ht:** 6'0" **Wt:** 190 **Born:** 10/30/62 **Age:** 32

			HOW MUCH HE PITCHED					WHAT HE GAVE UP												THE RESULTS					
Year	Team	Lg	G	GS	CG	GF	IP	BFP	H	R	ER	HR	SH	SF	HB	TBB	IBB	SO	WP	Bk	W	L	Pct.	ShO	Sv	ERA
1985	Minnesota	AL	6	4	0	0	24.1	105	24	16	15	3	0	2	0	14	0	12	1	1	1	3	.250	0	0	5.55
1986	Minnesota	AL	27	15	3	7	112.2	481	112	56	54	10	5	3	1	50	1	67	5	0	6	10	.375	0	1	4.31
1987	Minnesota	AL	13	7	0	3	44	204	58	40	38	13	0	1	1	24	1	28	2	0	1	3	.250	0	0	7.77
1988	Minnesota	AL	26	0	0	9	57.2	242	60	30	29	11	2	3	1	17	1	31	2	2	3	3	.500	0	3	4.53
1989	Houston	NL	20	15	2	1	108	440	91	34	33	7	8	1	2	37	0	86	3	0	7	1	.875	1	0	2.75
1990	Houston	NL	32	32	1	0	196.2	831	187	90	79	21	7	6	4	67	4	136	6	0	11	10	.524	0	0	3.62
1991	Houston	NL	32	27	1	3	168.1	710	163	91	84	19	6	6	2	59	5	120	4	1	10	12	.455	0	1	4.49
1992	Houston	NL	18	16	1	0	101.1	405	76	32	30	7	5	1	1	41	3	62	1	1	6	3	.667	1	0	2.66
1993	Houston	NL	33	33	1	0	208	876	194	75	64	10	11	3	4	77	3	131	9	2	18	4	.818	1	0	2.77
1994	San Francisco	NL	21	21	0	0	137.1	580	135	68	60	17	6	4	6	45	2	87	5	0	10	8	.556	0	0	3.93
	10 ML YEARS		228	170	10	23	1158.1	4874	1100	532	486	118	50	30	22	431	20	760	38	7	73	57	.562	3	5	3.78

Ross Powell

Pitches: Left **Bats:** Left **Pos:** RP **Ht:** 6'0" **Wt:** 180 **Born:** 01/24/68 **Age:** 27

			HOW MUCH HE PITCHED					WHAT HE GAVE UP												THE RESULTS					
Year	Team	Lg	G	GS	CG	GF	IP	BFP	H	R	ER	HR	SH	SF	HB	TBB	IBB	SO	WP	Bk	W	L	Pct.	ShO	Sv	ERA
1989	Cedar Rapids	A	13	13	1	0	76.1	319	68	37	30	4	1	1	1	23	0	58	4	3	7	4	.636	0	0	3.54
1990	Chattanooga	AA	29	27	6	1	185	783	172	89	73	10	11	8	6	57	5	132	11	2	8	14	.364	1	0	3.55
	Nashville	AAA	3	0	0	1	2.2	9	1	1	1	0	2	0	0	0	0	4	0	0	0	0	.000	0	0	3.38
1991	Nashville	AAA	24	24	1	0	129.2	568	125	74	63	10	5	2	2	63	1	82	3	0	8	8	.500	0	0	4.37
1992	Chattanooga	AA	14	5	0	2	57.1	224	43	9	8	2	3	2	0	17	1	56	3	1	4	1	.800	0	1	1.26
	Nashville	AAA	25	12	0	4	93.1	403	89	37	35	5	4	2	3	42	1	84	2	1	4	8	.333	0	0	3.38
1993	Indianapols	AAA	28	27	4	1	179.2	764	159	89	82	27	1	2	5	71	1	133	13	2	10	10	.500	0	0	4.11
1994	Indianapols	AAA	4	1	0	0	9.2	57	16	10	7	1	2	0	0	11	0	11	1	0	1	1	.500	0	0	6.52
	Tucson	AAA	16	10	0	1	67.2	302	81	47	45	8	3	0	0	27	1	45	5	0	4	2	.667	0	0	5.99
1993	Cincinnati	NL	9	1	0	2	16.1	66	13	8	8	1	2	0	0	6	0	17	0	0	0	3	.000	0	0	4.41
1994	Houston	NL	12	0	0	0	7.1	32	6	1	1	0	1	0	1	5	0	5	0	0	0	0	.000	0	0	1.23
	2 ML YEARS		21	1	0	2	23.2	98	19	9	9	1	3	0	1	11	0	22	0	0	0	3	.000	0	0	3.42

Todd Pratt

Bats: Right **Throws:** Right **Pos:** C   **Ht:** 6' 3" **Wt:** 225 **Born:** 02/09/67 **Age:** 28

Year	Team	Lg	G	AB	H	2B	3B	HR	(Hm	Rd)	TB	R	RBI	TBB	IBB	SO	HBP	SH	SF	SB	CS	SB%	GDP	Avg	OBP	SLG
1992	Philadelphia	NL	16	46	13	1	0	2	(2	0)	20	6	10	4	0	12	0	0	0	0	0	.00	2	.283	.340	.435
1993	Philadelphia	NL	33	87	25	6	0	5	(4	1)	46	8	13	5	0	19	1	1	1	0	0	.00	2	.287	.330	.529
1994	Philadelphia	NL	28	102	20	6	1	2	(1	1)	34	10	9	12	0	29	0	0	0	0	0	.00	3	.196	.281	.333
	3 ML YEARS		77	235	58	13	1	9	(7	2)	100	24	32	21	0	60	1	1	1	0	1	.00	7	.247	.310	.426

Tom Prince

Bats: Right **Throws:** Right **Pos:** C   **Ht:** 5'11" **Wt:** 185 **Born:** 08/13/64 **Age:** 30

Year	Team	Lg	G	AB	H	2B	3B	HR	(Hm	Rd)	TB	R	RBI	TBB	IBB	SO	HBP	SH	SF	SB	CS	SB%	GDP	Avg	OBP	SLG
1994	Albuquerque *	AAA	103	330	94	31	2	20	--	--	189	61	54	51	4	67	12	2	3	2	2	.50	9	.285	.396	.573
1987	Pittsburgh	NL	4	9	2	1	0	1	(0	1)	6	1	2	0	0	2	0	0	0	0	0	.00	0	.222	.222	.667
1988	Pittsburgh	NL	29	74	13	2	0	0	(0	0)	15	3	6	4	0	15	0	2	0	0	0	.00	5	.176	.218	.203
1989	Pittsburgh	NL	21	52	7	4	0	0	(0	0)	11	1	5	6	1	12	0	0	1	1	1	.50	1	.135	.220	.212
1990	Pittsburgh	NL	4	10	1	0	0	0	(0	0)	1	1	0	1	0	2	0	0	0	0	0	.00	0	.100	.182	.100
1991	Pittsburgh	NL	26	34	9	3	0	1	(0	1)	15	4	2	7	0	3	1	0	0	0	0	.00	3	.265	.405	.441
1992	Pittsburgh	NL	27	44	4	2	0	0	(0	0)	6	1	5	6	0	9	0	0	2	1	1	.50	2	.091	.192	.136
1993	Pittsburgh	NL	66	179	35	14	0	2	(2	0)	55	14	24	13	2	38	7	2	3	1	1	.50	5	.196	.272	.307
1994	Los Angeles	NL	3	6	2	0	0	0	(0	0)	2	2	1	1	0	3	0	0	0	0	0	.00	0	.333	.429	.333
	8 ML YEARS		180	408	73	26	0	4	(2	2)	111	27	45	38	3	84	8	4	6	3	4	.43	16	.179	.259	.272

Kirby Puckett

Bats: Right **Throws:** Right **Pos:** RF/DH   **Ht:** 5' 9" **Wt:** 215 **Born:** 03/14/61 **Age:** 34

Year	Team	Lg	G	AB	H	2B	3B	HR	(Hm	Rd)	TB	R	RBI	TBB	IBB	SO	HBP	SH	SF	SB	CS	SB%	GDP	Avg	OBP	SLG
1984	Minnesota	AL	128	557	165	12	5	0	(0	0)	187	63	31	16	1	69	4	4	2	14	7	.67	11	.296	.320	.336
1985	Minnesota	AL	161	691	199	29	13	4	(2	2)	266	80	74	41	0	87	4	5	3	21	12	.64	9	.288	.330	.385
1986	Minnesota	AL	161	680	223	37	6	31	(14	17)	365	119	96	34	0	99	7	2	0	20	12	.63	14	.328	.366	.537
1987	Minnesota	AL	157	624	207	32	5	28	(18	10)	333	96	99	32	7	91	6	0	6	12	7	.63	16	.332	.367	.534
1988	Minnesota	AL	158	657	234	42	5	24	(13	11)	358	109	121	23	4	83	2	0	9	6	7	.46	17	.356	.375	.545
1989	Minnesota	AL	159	635	215	45	4	9	(7	2)	295	75	85	41	9	59	3	0	5	11	4	.73	21	**.339**	.379	.465
1990	Minnesota	AL	146	551	164	40	3	12	(6	6)	246	82	80	57	11	73	3	1	3	5	4	.56	15	.298	.365	.446
1991	Minnesota	AL	152	611	195	29	6	15	(7	8)	281	92	89	31	4	78	4	8	7	11	5	.69	27	.319	.352	.460
1992	Minnesota	AL	160	639	210	38	4	19	(9	10)	313	104	110	44	13	97	6	1	6	17	7	.71	17	.329	.374	.490
1993	Minnesota	AL	156	622	184	39	3	22	(12	10)	295	89	89	47	7	93	7	1	5	8	6	.57	15	.296	.349	.474
1994	Minnesota	AL	108	439	139	32	3	20	(12	8)	237	79	112	28	7	47	7	1	7	6	3	.67	11	.317	.362	.540
	11 ML YEARS		1646	6706	2135	375	57	184	(100	84)	3176	988	986	394	67	876	53	23	53	131	74	.64	173	.318	.358	.474

Tim Pugh

Pitches: Right **Bats:** Right **Pos:** SP   **Ht:** 6' 6" **Wt:** 230 **Born:** 01/26/67 **Age:** 28

Year	Team	Lg	G	GS	CG	GF	IP	BFP	H	R	ER	HR	SH	SF	HB	TBB	IBB	SO	WP	Bk	W	L	Pct.	ShO	Sv	ERA
1994	Indianapols *	AAA	9	7	1	0	45	201	50	26	23	7	4	0	3	15	0	21	1	0	2	3	.400	1	0	4.60
1992	Cincinnati	NL	7	7	0	0	45.1	187	47	15	13	2	2	1	1	13	3	18	0	0	4	2	.667	0	0	2.58
1993	Cincinnati	NL	31	27	3	3	164.1	738	200	102	96	19	6	5	7	59	1	94	3	2	10	15	.400	1	0	5.26
1994	Cincinnati	NL	10	9	1	0	47.2	227	60	37	32	5	2	5	3	26	0	24	4	0	3	3	.500	0	0	6.04
	3 ML YEARS		48	43	4	3	257.1	1152	307	154	141	26	10	11	11	98	4	136	7	2	17	20	.459	1	0	4.93

Carlos Pulido

Pitches: Left **Bats:** Left **Pos:** SP/RP   **Ht:** 6' 0" **Wt:** 190 **Born:** 08/05/71 **Age:** 23

Year	Team	Lg	G	GS	CG	GF	IP	BFP	H	R	ER	HR	SH	SF	HB	TBB	IBB	SO	WP	Bk	W	L	Pct.	ShO	Sv	ERA
1989	Twins	R	22	0	0	11	36	143	22	9	9	0	0	2	3	14	0	46	6	3	3	0	1.000	0	2	2.25
1990	Kenosha	A	56	0	0	29	61.2	270	55	21	16	2	2	1	4	36	3	70	3	4	5	5	.500	0	6	2.34
1991	Visalia	A	57	0	0	32	80.2	334	77	34	18	2	5	2	0	23	2	102	3	1	1	5	.167	0	17	2.01
	Portland	AAA	2	0	0	2	1.2	10	4	3	3	1	0	0	0	1	0	2	0	0	0	0	.000	0	0	16.20
1992	Orlando	AA	52	5	0	20	100.1	432	99	52	49	7	1	6	3	37	0	87	4	1	6	2	.750	0	1	4.40
1993	Portland	AAA	33	22	1	5	146	625	169	74	68	8	3	4	2	45	1	79	8	1	10	6	.625	0	0	4.19
1994	Minnesota	AL	19	14	0	1	84.1	366	87	57	56	17	2	4	1	40	1	32	3	2	3	7	.300	0	0	5.98

Eddie Pye

Bats: Right **Throws:** Right **Pos:** 2B   **Ht:** 5'10" **Wt:** 175 **Born:** 02/13/67 **Age:** 28

					BATTING														BASERUNNING				PERCENTAGES		
Year	Team	Lg	G	AB	H	2B	3B	HR	(Hm	Rd)	TB	R	RBI	TBB	IBB	SO	HBP	SH	SF	SB	CS	SB%	GDP	Avg	OBP	SLG
1988	Great Falls	R	61	237	71	8	4	2	--	--	93	50	30	29	0	26	4	2	1	19	9	.68	6	.300	.384	.392
1989	Bakersfield	A	129	488	126	21	2	8	--	--	175	59	47	41	1	87	6	3	0	19	9	.68	6	.258	.323	.359
1990	San Antonio	AA	119	455	113	18	7	2	--	--	151	67	44	45	1	68	6	3	5	19	6	.76	7	.248	.321	.332
1991	Albuquerque	AAA	12	30	13	1	0	1	--	--	17	4	8	4	0	4	0	1	0	1	2	.33	0	.433	.500	.567
1992	Albuquerque	AAA	72	222	67	11	2	1	--	--	85	30	25	13	0	41	2	5	2	6	4	.60	4	.302	.343	.383
1993	Albuquerque	AAA	101	365	120	21	7	7	--	--	176	53	66	32	0	43	7	4	3	5	9	.36	13	.329	.391	.482
1994	Albuquerque	AAA	100	361	121	19	6	2	--	--	158	79	42	48	2	43	7	2	1	11	6	.65	5	.335	.419	.438
1994	Los Angeles	NL	7	10	1	0	0	0	(0	0)	1	2	0	1	0	4	0	1	0	0	0	.00	0	.100	.182	.100

Paul Quantrill

Pitches: Right **Bats:** Left **Pos:** RP   **Ht:** 6'1" **Wt:** 185 **Born:** 11/03/68 **Age:** 26

			HOW MUCH HE PITCHED					WHAT HE GAVE UP										THE RESULTS					
Year	Team	Lg	G	GS	CG	GF	IP	BFP	H	R	ER	HR	SH	SF	HB	TBB	IBB	SO	WP	Bk	W	L	Pct.	ShO	Sv	ERA
1994	Scranton-Wb*	AAA	8	8	1	0	57	228	55	25	22	5	2	1	2	6	0	36	1	0	3	3	.500	1	0	3.47
1992	Boston	AL	27	0	0	10	49.1	213	55	18	12	1	4	2	1	15	5	24	1	0	2	3	.400	0	1	2.19
1993	Boston	AL	49	14	1	8	138	594	151	73	60	13	4	2	2	44	14	66	0	1	6	12	.333	1	1	3.91
1994	2 ML Teams		35	1	0	9	53	236	64	31	29	7	5	3	5	15	4	28	0	2	3	3	.500	0	1	4.92
1994	Boston	AL	17	0	0	4	23	101	25	10	9	4	2	2	2	5	1	15	0	0	1	1	.500	0	0	3.52
	Philadelphia	NL	18	1	0	5	30	135	39	21	20	3	3	1	3	10	3	13	0	2	2	2	.500	0	1	6.00
	3 ML YEARS		111	15	1	27	240.1	1043	270	122	101	21	13	7	8	74	23	118	1	3	11	18	.379	1	3	3.78

Tom Quinlan

Bats: Right **Throws:** Right **Pos:** 3B   **Ht:** 6'3" **Wt:** 214 **Born:** 03/27/68 **Age:** 27

					BATTING														BASERUNNING				PERCENTAGES		
Year	Team	Lg	G	AB	H	2B	3B	HR	(Hm	Rd)	TB	R	RBI	TBB	IBB	SO	HBP	SH	SF	SB	CS	SB%	GDP	Avg	OBP	SLG
1987	Myrtle Bch	A	132	435	97	20	3	5	--	--	138	42	51	34	0	130	6	3	6	0	2	.00	4	.223	.285	.317
1988	Knoxville	AA	98	326	71	19	1	8	--	--	116	33	47	35	1	99	5	3	2	4	9	.31	5	.218	.302	.356
1989	Knoxville	AA	139	452	95	21	3	16	--	--	170	62	57	41	0	118	9	3	3	6	4	.60	11	.210	.287	.376
1990	Knoxville	AA	141	481	124	24	6	15	--	--	205	70	51	49	2	157	14	7	1	8	9	.47	5	.258	.343	.426
1991	Syracuse	AAA	132	466	112	24	6	10	--	--	178	56	49	72	3	163	5	3	2	9	4	.69	7	.240	.347	.382
1992	Syracuse	AAA	107	349	75	17	1	6	--	--	112	43	36	43	0	112	10	1	2	1	3	.25	11	.215	.317	.321
1993	Syracuse	AAA	141	461	109	20	5	16	--	--	187	63	53	56	2	156	19	2	6	6	1	.86	7	.236	.339	.406
1994	Scranton-Wb	AAA	76	262	63	12	2	9	--	--	106	38	23	28	0	91	4	1	1	4	2	.67	7	.240	.322	.405
1990	Toronto	AL	1	2	1	0	0	0	(0	0)	1	0	0	0	0	1	1	0	0	0	0	.00	0	.500	.667	.500
1992	Toronto	AL	13	15	1	1	0	0	(0	0)	2	2	2	2	0	9	0	0	0	0	0	.00	0	.067	.176	.133
1994	Philadelphia	NL	24	35	7	2	0	1	(1	0)	12	6	3	3	1	13	0	1	0	0	0	.00	0	.200	.263	.343
	3 ML YEARS		38	52	9	3	0	1	(1	0)	15	8	5	5	1	23	1	1	0	0	0	.00	0	.173	.259	.288

Scott Radinsky

Pitches: Left **Bats:** Left **Pos:** RP   **Ht:** 6'3" **Wt:** 204 **Born:** 03/03/68 **Age:** 27

			HOW MUCH HE PITCHED					WHAT HE GAVE UP										THE RESULTS					
Year	Team	Lg	G	GS	CG	GF	IP	BFP	H	R	ER	HR	SH	SF	HB	TBB	IBB	SO	WP	Bk	W	L	Pct.	ShO	Sv	ERA
1990	Chicago	AL	62	0	0	18	52.1	237	47	29	28	1	2	2	2	36	1	46	2	1	6	1	.857	0	4	4.82
1991	Chicago	AL	67	0	0	19	71.1	289	53	18	16	4	4	4	1	23	2	49	0	0	5	5	.500	0	8	2.02
1992	Chicago	AL	68	0	0	33	59.1	261	54	21	18	3	2	1	2	34	5	48	3	0	3	7	.300	0	15	2.73
1993	Chicago	AL	73	0	0	24	54.2	250	61	33	26	3	2	0	1	19	3	44	0	4	8	2	.800	0	4	4.28
	4 ML YEARS		270	0	0	94	237.2	1037	215	101	88	11	10	7	6	112	11	187	5	5	22	15	.595	0	31	3.33

Tim Raines

Bats: Both **Throws:** Right **Pos:** LF   **Ht:** 5'8" **Wt:** 186 **Born:** 09/16/59 **Age:** 35

					BATTING														BASERUNNING				PERCENTAGES		
Year	Team	Lg	G	AB	H	2B	3B	HR	(Hm	Rd)	TB	R	RBI	TBB	IBB	SO	HBP	SH	SF	SB	CS	SB%	GDP	Avg	OBP	SLG
1979	Montreal	NL	6	0	0	0	0	0	(0	0)	0	3	0	0	0	0	0	0	0	2	0	1.00	0	.000	.000	.000
1980	Montreal	NL	15	20	1	0	0	0	(0	0)	1	5	0	6	0	3	0	1	0	5	0	1.00	0	.050	.269	.050
1981	Montreal	NL	88	313	95	13	7	5	(3	2)	137	61	37	45	5	31	2	0	3	71	11	.87	7	.304	.391	.438
1982	Montreal	NL	156	647	179	32	8	4	(1	3)	239	90	43	75	9	83	2	6	1	78	16	.83	6	.277	.353	.369
1983	Montreal	NL	156	615	183	32	8	11	(5	6)	264	133	71	97	9	70	2	2	4	90	14	.87	12	.298	.393	.429
1984	Montreal	NL	160	622	192	38	9	8	(2	6)	272	106	60	87	7	69	2	3	4	75	10	.88	7	.309	.393	.437
1985	Montreal	NL	150	575	184	30	13	11	(4	7)	273	115	41	81	13	60	3	3	3	70	9	.89	4	.320	.405	.475
1986	Montreal	NL	151	580	194	35	10	9	(4	5)	276	91	62	78	9	60	2	1	3	70	9	.89	5	.334	.413	.476
1987	Montreal	NL	139	530	175	34	8	18	(9	9)	279	123	68	90	26	52	4	0	3	50	5	.91	9	.330	.429	.526
1988	Montreal	NL	109	429	116	19	7	12	(5	7)	185	66	48	53	14	44	2	0	4	33	7	.83	8	.270	.350	.431
1989	Montreal	NL	145	517	148	29	6	9	(6	3)	216	76	60	93	18	48	3	0	5	41	9	.82	8	.286	.395	.418

Year	Team	Lg	G	AB	H	2B	3B	HR	(Hm	Rd)	TB	R	RBI	TBB	IBB	SO	HBP	SH	SF	SB	CS	SB%	GDP	Avg	OBP	SLG
1990	Montreal	NL	130	457	131	11	5	9	(6	3)	179	65	62	70	8	43	3	0	8	49	16	.75	9	.287	.379	.392
1991	Chicago	AL	155	609	163	20	6	5	(1	4)	210	102	50	83	9	68	5	9	3	51	15	.77	7	.268	.359	.345
1992	Chicago	AL	144	551	162	22	9	7	(4	3)	223	102	54	81	4	48	0	4	8	45	6	.88	5	.294	.380	.405
1993	Chicago	AL	115	415	127	16	4	16	(7	9)	199	75	54	64	4	35	3	2	2	21	7	.75	7	.306	.401	.480
1994	Chicago	AL	101	384	102	15	5	10	(5	5)	157	80	52	61	3	43	1	4	3	13	0	1.00	10	.266	.365	.409
16 ML YEARS			1920	7264	2152	346	105	134	(62	72)	3110	1293	762	1064	138	757	34	35	54	764	134	.85	110	.296	.386	.428

Manny Ramirez

Bats: Right **Throws:** Right **Pos:** RF **Ht:** 6' 0" **Wt:** 190 **Born:** 05/30/72 **Age:** 23

Year	Team	Lg	G	AB	H	2B	3B	HR	(Hm	Rd)	TB	R	RBI	TBB	IBB	SO	HBP	SH	SF	SB	CS	SB%	GDP	Avg	OBP	SLG
1991	Burlington	R	59	215	70	11	4	19	--	--	146	44	63	34	5	41	6	0	3	7	8	.47	4	.326	.426	.679
1992	Kinston	A	81	291	81	18	4	13	--	--	146	52	63	45	3	74	4	1	3	1	3	.25	9	.278	.379	.502
1993	Canton-Akrn	AA	89	344	117	32	0	17	--	--	200	67	79	45	10	68	2	0	5	2	2	.50	11	.340	.414	.581
	Charlotte	AAA	40	145	46	12	0	14	--	--	100	38	36	27	1	35	2	0	3	1	1	.50		.317	.424	.690
1993	Cleveland	AL	22	53	9	1	0	2	(0	2)	16	5	5	2	0	8	0	0	0	0	0	.00	3	.170	.200	.302
1994	Cleveland	AL	91	290	78	22	0	17	(9	8)	151	51	60	42	4	72	0	0	4	4	2	.67	6	.269	.357	.521
2 ML YEARS			113	343	87	23	0	19	(9	10)	167	56	65	44	4	80	0	0	4	4	2	.67	9	.254	.335	.487

Pat Rapp

Pitches: Right **Bats:** Right **Pos:** SP **Ht:** 6' 3" **Wt:** 215 **Born:** 07/13/67 **Age:** 27

Year	Team	Lg	G	GS	CG	GF	IP	BFP	H	R	ER	HR	SH	SF	HB	TBB	IBB	SO	WP	Bk	W	L	Pct.	ShO	Sv	ERA
1992	San Francisco	NL	3	2	0	1	10	43	8	8	8	0	2	0	1	6	1	3	0	0	0	2	.000	0	0	7.20
1993	Florida	NL	16	16	1	0	94	412	101	49	42	7	8	4	2	39	1	57	6	0	4	6	.400	0	0	4.02
1994	Florida	NL	24	23	2	1	133.1	584	132	67	57	13	8	4	7	69	3	75	5	1	7	8	.467	1	0	3.85
3 ML YEARS			43	41	3	2	237.1	1039	241	124	107	20	18	8	10	114	5	135	11	1	11	16	.407	1	0	4.06

Randy Ready

Bats: Right **Throws:** Right **Pos:** 2B **Ht:** 5'11" **Wt:** 180 **Born:** 01/08/60 **Age:** 35

Year	Team	Lg	G	AB	H	2B	3B	HR	(Hm	Rd)	TB	R	RBI	TBB	IBB	SO	HBP	SH	SF	SB	CS	SB%	GDP	Avg	OBP	SLG
1994	Ottawa *	AAA	39	127	26	3	2	2	--	--	39	16	16	22	1	0	14	1	0	0	2	1.00	0	.205	.322	.307
1983	Milwaukee	AL	12	37	15	3	2	1	(0	1)	25	8	6	6	1	3	0	0	0	0	0	.00	0	.405	.488	.676
1984	Milwaukee	AL	37	123	23	6	1	3	(3	0)	40	13	13	14	0	18	0	3	0	0	0	.00	2	.187	.270	.325
1985	Milwaukee	AL	48	181	48	9	5	1	(0	1)	70	29	21	14	0	23	1	2	2	0	0	.00	6	.265	.318	.387
1986	2 ML Teams		24	82	15	4	0	1	(0	1)	22	8	4	9	0	10	0	0	1	2	0	1.00	3	.183	.264	.268
1987	San Diego	NL	124	350	108	26	6	12	(7	5)	182	69	54	67	2	44	3	2	1	7	3	.70	7	.309	.423	.520
1988	San Diego	NL	114	331	88	16	2	7	(3	4)	129	43	39	39	1	38	3	4	3	6	2	.75	3	.266	.346	.390
1989	2 ML Teams		100	254	67	13	2	8	(3	5)	108	37	26	42	0	37	2	1	4	4	3	.57	4	.264	.368	.425
1990	Philadelphia	NL	101	217	53	9	1	1	(0	1)	67	26	26	29	0	35	1	3	3	3	2	.60	3	.244	.332	.309
1991	Philadelphia	NL	76	205	51	10	1	1	(1	0)	66	32	20	47	3	25	1	1	4	2	1	.67	5	.249	.385	.322
1992	Oakland	AL	61	125	25	2	0	3	(1	2)	36	17	17	25	1	23	0	2	2	1	0	1.00	1	.200	.329	.288
1993	Montreal	NL	40	134	34	8	1	1	(0	1)	47	22	10	23	0	8	1	1	0	1	0	.67	4	.254	.367	.351
1994	Philadelphia	NL	17	42	16	1	0	1	(1	0)	20	5	3	8	0	6	0	0	0	0	1	.00	1	.381	.480	.476
1986	Milwaukee	AL	23	79	15	4	0	1	(0	1)	22	8	4	9	0	9	0	1	0	2	0	1.00	3	.190	.273	.278
	San Diego	NL	1	3	0	0	0	0	(0	0)	0	0	0	0	0	1	0	0	0	0	0	.00	0	.000	.000	.000
1989	San Diego	NL	28	67	17	2	1	0	(0	0)	21	4	5	11	0	6	0	1	1	0	0	.00	2	.254	.354	.313
	Philadelphia	NL	72	187	50	11	1	8	(3	5)	87	33	21	31	0	31	2	0	3	4	3	.57	2	.267	.372	.465
12 ML YEARS			754	2081	543	107	21	40	(18	22)	812	309	239	323	8	270	12	20	19	27	14	.66	39	.261	.361	.390

Jeff Reardon

Pitches: Right **Bats:** Right **Pos:** RP **Ht:** 6' 0" **Wt:** 205 **Born:** 10/01/55 **Age:** 39

Year	Team	Lg	G	GS	CG	GF	IP	BFP	H	R	ER	HR	SH	SF	HB	TBB	IBB	SO	WP	Bk	W	L	Pct.	ShO	Sv	ERA
1979	New York	NL	18	0	0	10	21	81	12	4	4	2	2	1	0	9	3	10	2	0	1	2	.333	0	2	1.71
1980	New York	NL	61	0	0	35	110	475	96	36	32	10	8	5	0	47	15	101	2	0	8	7	.533	0	6	2.62
1981	2 ML Teams		43	0	0	33	70.1	279	48	17	17	5	3	1	2	21	4	49	1	0	3	0	1.000	0	8	2.18
1982	Montreal	NL	75	0	0	53	109	444	87	28	25	6	8	4	2	36	4	86	2	0	7	4	.636	0	26	2.06
1983	Montreal	NL	66	0	0	53	92	403	87	34	31	7	8	2	1	44	9	78	2	0	7	9	.438	0	21	3.03
1984	Montreal	NL	68	0	0	58	87	363	70	31	28	5	3	2	3	37	7	79	4	0	7	7	.500	0	23	2.90
1985	Montreal	NL	63	0	0	50	87.2	356	68	31	31	7	3	1	1	26	4	67	2	0	2	8	.200	0	41	3.18
1986	Montreal	NL	62	0	0	48	89	368	83	42	39	12	9	1	1	26	2	67	0	0	7	9	.438	0	35	3.94
1987	Minnesota	AL	63	0	0	58	80.1	337	70	41	40	14	1	3	3	28	2	83	2	0	8	8	.500	0	31	4.48
1988	Minnesota	AL	63	0	0	58	73	299	68	21	20	6	4	1	2	15	2	56	0	3	2	4	.333	0	42	2.47
1989	Minnesota	AL	65	0	0	61	73	297	68	33	33	8	1	5	3	12	3	46	1	1	5	4	.556	0	31	4.07
1990	Boston	AL	47	0	0	37	51.1	210	39	19	18	5	1	0	1	19	4	33	0	0	5	3	.625	0	21	3.16

Year	Team	Lg	G	AB	H																		
1991	Boston	AL	57	0	0	51	59.1	248	54	21	20	9	0	2	1	16	3	44	0	0	1	4	.200	0	40	3.03
1992	2 ML Teams		60	0	0	50	58	245	67	22	22	6	2	2	2	9	1	39	0	0	5	2	.714	0	30	3.41
1993	Cincinnati	NL	58	0	0	32	61.2	267	66	34	28	4	4	4	5	10	0	35	2	0	4	6	.400	0	8	4.09
1994	New York	AL	11	0	0	8	9.2	48	17	9	9	3	1	0	0	3	0	4	0	0	1	0	1.000	0	2	8.38
1981	New York	NL	18	0	0	14	28.2	124	27	11	11	2	0	1	1	12	4	28	0	0	1	0	1.000	0	2	3.45
	Montreal	NL	25	0	0	19	41.2	155	21	6	6	3	3	0	1	9	0	21	1	0	2	0	1.000	0	6	1.30
1992	Boston	AL	46	0	0	39	42.1	183	53	20	20	6	1	2	1	7	0	32	0	0	2	2	.500	0	27	4.25
	Atlanta	NL	14	0	0	11	15.2	62	14	2	2	0	1	0	1	2	1	7	0	0	3	0	1.000	0	3	1.15
16 ML YEARS			880	0	0	695	1132.1	4720	1000	426	397	109	58	34	27	358	65	877	20	4	73	77	.487	0	367	3.16

Jeff Reboulet

Bats: Right **Throws:** Right **Pos:** SS/2B   **Ht:** 6' 0" **Wt:** 169 **Born:** 04/30/64 **Age:** 31

						BATTING												BASERUNNING				PERCENTAGES		
Year	Team	Lg	G	AB	H	2B	3B	HR	(Hm | Rd)	TB	R	RBI	TBB	IBB	SO	HBP	SH	SF	SB	CS	SB%	GDP	Avg	OBP	SLG
1992	Minnesota	AL	73	137	26	7	1	1	(1 | 0)	38	15	16	23	0	26	1	7	0	3	2	.60	0	.190	.311	.277
1993	Minnesota	AL	109	240	62	8	0	1	(0 | 1)	73	33	15	35	0	37	2	5	1	5	5	.50	6	.258	.356	.304
1994	Minnesota	AL	74	189	49	11	1	3	(2 | 1)	71	28	23	18	0	23	1	2	0	0	0	.00	6	.259	.327	.376
3 ML YEARS			256	566	137	26	2	5	(3 | 2)	182	76	54	76	0	86	4	14	1	8	7	.53	12	.242	.335	.322

Gary Redus

Bats: Right **Throws:** Right **Pos:** 1B   **Ht:** 6' 1" **Wt:** 185 **Born:** 11/01/56 **Age:** 38

						BATTING												BASERUNNING				PERCENTAGES		
Year	Team	Lg	G	AB	H	2B	3B	HR	(Hm | Rd)	TB	R	RBI	TBB	IBB	SO	HBP	SH	SF	SB	CS	SB%	GDP	Avg	OBP	SLG
1982	Cincinnati	NL	20	83	18	3	2	1	(1 | 0)	28	12	7	5	0	21	0	0	1	11	2	.85	0	.217	.258	.337
1983	Cincinnati	NL	125	453	112	20	9	17	(6 | 11)	201	90	51	71	4	111	3	2	2	39	14	.74	6	.247	.352	.444
1984	Cincinnati	NL	123	394	100	21	3	7	(4 | 3)	148	69	22	52	3	71	1	3	5	48	11	.81	4	.254	.338	.376
1985	Cincinnati	NL	101	246	62	14	4	6	(4 | 2)	102	51	28	44	2	52	1	2	1	48	12	.80	0	.252	.366	.415
1986	Philadelphia	NL	90	340	84	22	4	11	(8 | 3)	147	62	33	47	2	78	3	1	1	25	7	.78	2	.247	.343	.432
1987	Chicago	AL	130	475	112	26	6	12	(4 | 8)	186	78	48	69	0	90	0	3	7	52	11	.83	7	.236	.328	.392
1988	2 ML Teams		107	333	83	12	4	8	(3 | 5)	127	54	38	48	1	71	3	0	8	31	4	.89	6	.249	.342	.381
1989	Pittsburgh	NL	98	279	79	18	7	6	(3 | 3)	129	42	33	40	3	51	1	1	3	25	6	.81	5	.283	.372	.462
1990	Pittsburgh	NL	96	227	56	15	3	6	(2 | 4)	95	32	23	33	0	38	2	1	5	11	5	.69	1	.247	.341	.419
1991	Pittsburgh	NL	98	252	62	12	2	7	(3 | 4)	99	45	24	28	2	39	3	1	3	17	3	.85	0	.246	.324	.393
1992	Pittsburgh	NL	76	176	45	7	3	3	(1 | 2)	67	26	12	17	0	25	0	0	0	11	4	.73	1	.256	.321	.381
1993	Texas	AL	77	222	64	12	4	6	(2 | 4)	102	28	31	23	1	35	0	0	3	4	4	.50	3	.288	.351	.459
1994	Texas	AL	18	33	9	1	0	0	(0 | 0)	10	2	2	4	1	6	0	0	0	0	0	.00	1	.273	.351	.303
1988	Chicago	AL	77	262	69	10	4	6	(1 | 5)	105	42	34	33	1	52	2	0	7	26	2	.93	5	.263	.342	.401
	Pittsburgh	NL	30	71	14	2	0	2	(2 | 0)	22	12	4	15	0	19	1	0	1	5	2	.71	1	.197	.341	.310
13 ML YEARS			1159	3513	886	183	51	90	(41 | 49)	1441	591	352	481	21	688	17	14	40	322	83	.80	38	.252	.342	.410

Jeff Reed

Bats: Left **Throws:** Right **Pos:** C   **Ht:** 6' 2" **Wt:** 190 **Born:** 11/12/62 **Age:** 32

						BATTING												BASERUNNING				PERCENTAGES		
Year	Team	Lg	G	AB	H	2B	3B	HR	(Hm | Rd)	TB	R	RBI	TBB	IBB	SO	HBP	SH	SF	SB	CS	SB%	GDP	Avg	OBP	SLG
1984	Minnesota	AL	18	21	3	3	0	0	(0 | 0)	6	3	1	2	0	6	0	1	0	0	0	.00	0	.143	.217	.286
1985	Minnesota	AL	7	10	2	0	0	0	(0 | 0)	2	2	0	0	0	3	0	0	0	0	0	.00	0	.200	.200	.200
1986	Minnesota	AL	68	165	39	6	1	2	(1 | 1)	53	13	9	16	0	19	1	3	0	1	0	1.00	0	.236	.308	.321
1987	Montreal	NL	75	207	44	11	0	1	(0 | 1)	58	15	21	12	1	20	1	4	4	0	1	.00	8	.213	.254	.280
1988	2 ML Teams		92	265	60	9	2	1	(1 | 0)	76	20	16	28	1	41	0	1	1	1	0	1.00	5	.226	.299	.287
1989	Cincinnati	NL	102	287	64	11	0	3	(1 | 2)	84	16	23	34	5	46	2	3	4	0	0	.00	6	.223	.306	.293
1990	Cincinnati	NL	72	175	44	8	1	3	(2 | 1)	63	12	16	24	5	26	0	5	1	0	0	.00	4	.251	.340	.360
1991	Cincinnati	NL	91	270	72	15	2	3	(1 | 2)	100	20	31	23	3	38	1	1	5	0	1	.00	6	.267	.321	.370
1992	Cincinnati	NL	15	25	4	0	0	0	(0 | 0)	4	2	2	1	1	4	0	0	0	0	0	.00	1	.160	.192	.160
1993	San Francisco	NL	66	119	31	3	0	6	(5 | 1)	52	10	12	16	2	22	0	0	1	0	0	.00	2	.261	.346	.437
1994	San Francisco	NL	50	103	18	3	0	1	(0 | 1)	24	11	7	11	4	21	0	0	0	0	0	.00	3	.175	.254	.233
1988	Montreal	NL	43	123	27	3	2	0	(0 | 0)	34	10	9	13	1	22	0	1	1	1	0	1.00	3	.220	.292	.276
	Cincinnati	NL	49	142	33	6	0	1	(1 | 0)	42	10	7	15	0	19	0	0	0	0	0	.00	2	.232	.306	.296
11 ML YEARS			656	1647	381	69	6	20	(12 | 8)	522	124	138	167	24	246	5	18	16	2	3	.40	37	.231	.301	.317

Jody Reed

Bats: Right **Throws:** Right **Pos:** 2B   **Ht:** 5' 9" **Wt:** 165 **Born:** 07/26/62 **Age:** 32

						BATTING												BASERUNNING				PERCENTAGES		
Year	Team	Lg	G	AB	H	2B	3B	HR	(Hm | Rd)	TB	R	RBI	TBB	IBB	SO	HBP	SH	SF	SB	CS	SB%	GDP	Avg	OBP	SLG
1987	Boston	AL	9	30	9	1	1	0	(0 | 0)	12	4	8	4	0	0	0	1	0	1	1	.50	0	.300	.382	.400
1988	Boston	AL	109	338	99	23	1	1	(1 | 0)	127	60	28	45	1	21	4	11	2	1	3	.25	9	.293	.380	.376
1989	Boston	AL	146	524	151	42	2	3	(2 | 1)	206	76	40	73	0	44	4	13	5	4	5	.44	12	.288	.376	.393
1990	Boston	AL	155	598	173	45	0	5	(3 | 2)	233	70	51	75	4	65	4	11	3	4	4	.50	19	.289	.371	.390

167

Year	Team	Lg	G	AB	H	2B	3B	HR	(Hm	Rd)	TB	R	RBI	TBB	IBB	SO	4	11	3	6	5	.55	15	.283	.349	.382
1991	Boston	AL	153	618	175	42	2	5	(3	2)	236	87	60	60	2	53	4	11	3	6	5	.55	15	.283	.349	.382
1992	Boston	AL	143	550	136	27	1	3	(2	1)	174	64	40	62	2	44	0	10	4	7	8	.47	17	.247	.321	.316
1993	Los Angeles	NL	132	445	123	21	2	2	(0	2)	154	48	31	38	10	40	1	17	3	1	3	.25	16	.276	.333	.346
1994	Milwaukee	AL	108	399	108	22	0	2	(1	1)	136	48	37	57	7	34	2	4	3	5	4	.56	8	.271	.362	.341
	8 ML YEARS		955	3502	974	223	9	21	(12	9)	1278	457	295	414	20	301	19	78	23	29	33	.47	92	.278	.355	.365

Rick Reed

Pitches: Right Bats: Right Pos: SP   Ht: 6' 1" Wt: 190 Born: 08/16/64 Age: 30

			HOW MUCH HE PITCHED					WHAT HE GAVE UP									THE RESULTS					
Year	Team	Lg	G	GS	CG	GF	IP	BFP	H	R	ER	HR	SH	SF	HB	TBB	IBB	SO	WP	Bk	W	L	Pct.	ShO	Sv	ERA
1994	Okla. City *	AAA	2	2	0	0	11.2	45	10	5	5	0	0	0	0	0	8	0	0	1	1	.500	0	0	3.86
	Indianapols *	AAA	21	21	3	0	140.1	590	162	80	73	20	3	4	5	19	0	79	2	2	9	5	.643	1	0	4.68
1988	Pittsburgh	NL	2	2	0	0	12	47	10	4	4	1	2	0	0	2	0	6	0	0	1	0	1.000	0	0	3.00
1989	Pittsburgh	NL	15	7	0	2	54.2	232	62	35	34	5	2	3	2	11	3	34	0	3	1	4	.200	0	0	5.60
1990	Pittsburgh	NL	13	8	1	2	53.2	238	62	32	26	6	2	1	1	12	6	27	0	0	2	3	.400	1	1	4.36
1991	Pittsburgh	NL	1	1	0	0	4.1	21	8	6	5	1	0	0	1	1	0	2	0	0	0	0	.000	0	0	10.38
1992	Kansas City	AL	19	18	1	0	100.1	419	105	47	41	10	2	5	5	20	3	49	0	0	3	7	.300	1	0	3.68
1993	2 ML Teams		3	0	0	0	7.2	36	12	5	5	1	0	0	2	2	0	5	0	0	1	0	1.000	0	0	5.87
1994	Texas	AL	4	3	0	0	16.2	75	17	13	11	3	0	0	1	7	0	12	0	0	1	1	.500	0	0	5.94
1993	Kansas City	AL	1	0	0	0	3.2	18	6	4	4	0	0	0	1	1	0	3	0	0	0	0	.000	0	0	9.82
	Texas	AL	2	0	0	0	4	18	6	1	1	1	0	0	1	1	0	2	0	0	1	0	1.000	0	0	2.25
	7 ML YEARS		57	39	2	4	249.1	1068	276	142	126	27	8	9	11	55	12	135	0	3	9	15	.375	2	1	4.55

Steve Reed

Pitches: Right Bats: Right Pos: RP   Ht: 6' 2" Wt: 202 Born: 03/11/66 Age: 29

			HOW MUCH HE PITCHED					WHAT HE GAVE UP									THE RESULTS					
Year	Team	Lg	G	GS	CG	GF	IP	BFP	H	R	ER	HR	SH	SF	HB	TBB	IBB	SO	WP	Bk	W	L	Pct.	ShO	Sv	ERA
1992	San Francisco	NL	18	0	0	2	15.2	63	13	5	4	2	0	1	0	3	0	11	0	0	1	0	1.000	0	0	2.30
1993	Colorado	NL	64	0	0	14	84.1	347	80	47	42	13	2	3	3	30	5	51	1	0	9	5	.643	0	3	4.48
1994	Colorado	NL	61	0	0	11	64	297	79	33	28	9	0	7	6	26	3	51	1	0	3	2	.600	0	3	3.94
	3 ML YEARS		143	0	0	27	164	707	172	85	74	24	2	10	10	59	8	113	2	0	13	7	.650	0	6	4.06

Mike Remlinger

Pitches: Left Bats: Left Pos: SP   Ht: 6' 0" Wt: 195 Born: 03/23/66 Age: 29

			HOW MUCH HE PITCHED					WHAT HE GAVE UP									THE RESULTS					
Year	Team	Lg	G	GS	CG	GF	IP	BFP	H	R	ER	HR	SH	SF	HB	TBB	IBB	SO	WP	Bk	W	L	Pct.	ShO	Sv	ERA
1987	Everett	A	2	1	0	0	5	19	1	2	2	0	0	0	0	5	0	11	1	0	0	0	.000	0	0	3.60
	Clinton	A	6	5	0	0	30	124	21	12	11	2	1	1	1	14	0	43	3	1	2	1	.667	0	0	3.30
	Shreveport	AA	6	6	0	0	34.1	142	14	11	9	2	0	0	3	22	0	51	2	0	4	2	.667	0	0	2.36
1988	Shreveport	AA	3	3	0	0	13	50	7	4	1	0	0	0	0	4	0	18	1	3	1	0	1.000	0	0	0.69
1989	Shreveport	AA	16	16	0	0	90.2	399	68	43	30	2	1	1	3	73	0	92	16	2	4	6	.400	0	0	2.98
	Phoenix	AAA	11	10	0	0	43	233	51	47	44	8	1	2	2	52	0	28	5	0	1	6	.143	0	0	9.21
1990	Shreveport	AA	25	25	2	0	147.2	644	149	82	64	9	8	4	8	72	1	75	16	0	9	11	.450	1	0	3.90
1991	Phoenix	AAA	19	19	1	0	108.2	508	134	86	77	15	4	5	1	59	0	68	6	1	5	5	.500	1	0	6.38
1992	Calgary	AAA	21	11	0	1	70.1	345	97	65	52	7	4	4	4	48	1	24	9	0	1	7	.125	0	0	6.65
	Jacksonville	AA	5	5	0	0	26	111	25	15	10	1	0	0	0	11	0	21	2	1	1	1	.500	0	0	3.46
1993	Calgary	AAA	19	18	0	0	84.2	390	100	57	52	8	1	2	2	52	0	51	5	2	4	3	.571	0	0	5.53
	Jacksonville	AA	7	7	0	0	39.2	174	40	30	29	7	1	1	0	19	0	23	2	0	1	3	.250	0	0	6.58
1994	Norfolk	AAA	12	9	0	2	63	268	57	29	22	5	2	0	5	25	0	45	4	0	2	4	.333	0	0	3.14
1991	San Francisco	NL	8	6	1	1	35	155	36	17	17	5	1	1	0	20	1	19	2	1	2	1	.667	1	0	4.37
1994	New York	NL	10	9	0	0	54.2	252	55	30	28	9	2	3	1	35	4	33	3	0	1	5	.167	0	0	4.61
	2 ML YEARS		18	15	1	1	89.2	407	91	47	45	14	3	4	1	55	5	52	5	1	3	6	.333	1	0	4.52

Rich Renteria

Bats: Right Throws: Right Pos: 3B   Ht: 5' 9" Wt: 175 Born: 12/25/61 Age: 33

			BATTING															BASERUNNING			PERCENTAGES		
Year	Team	Lg	G	AB	H	2B	3B	HR	(Hm	Rd)	TB	R	RBI	TBB	IBB	SO	HBP	SH	SF	SB	CS	SB%	GDP	Avg	OBP	SLG
1994	Marlins *	R	3	7	0	0	0	0	--	--	0	0	0	2	0	0	0	0	0	0	1	.00	1	.000	.222	.000
	Edmonton *	AAA	10	35	6	4	0	0	--	--	10	3	5	1	0	4	0	0	0	0	0	.00	3	.171	.189	.286
1986	Pittsburgh	NL	10	12	3	1	0	0	(0	0)	4	2	1	0	0	4	0	0	0	0	0	.00	0	.250	.250	.333
1987	Seattle	AL	12	10	1	0	0	0	(0	0)	1	2	0	1	0	2	0	0	0	0	1	1.00	1	.100	.182	.200
1988	Seattle	AL	31	88	18	9	0	0	(0	0)	27	6	6	2	0	8	0	1	0	1	3	.25	3	.205	.222	.307
1993	Florida	NL	103	263	67	9	2	2	(2	0)	86	27	30	21	1	31	2	3	1	0	2	.00	8	.255	.314	.327
1994	Florida	NL	28	49	11	1	0	0	(0	0)	17	5	4	1	0	4	2	0	0	1	0	.00	1	.224	.269	.347
	5 ML YEARS		184	422	100	20	2	4	(4	0)	136	42	41	25	1	49	4	4	1	2	6	.25	13	.237	.285	.322

Carlos Reyes

Pitches: Right **Bats:** Both **Pos:** RP/SP　　　**Ht:** 6'1" **Wt:** 190 **Born:** 04/04/69 **Age:** 26

		HOW MUCH HE PITCHED					WHAT HE GAVE UP										THE RESULTS				
Year Team	Lg	G	GS	CG	GF	IP	BFP	H	R	ER	HR	SH	SF	HB	TBB	IBB	SO	WP	Bk	W	L	Pct.	ShO	Sv	ERA
1991 Braves	R	20	0	0	13	45.2	195	44	15	9	0	1	1	0	9	1	37	1	3	3	2	.600	0	5	1.77
1992 Macon	A	23	0	0	7	60	241	57	16	14	2	1	1	5	11	1	57	2	2	2	3	.400	0	2	2.10
Durham	A	21	0	0	12	40.2	158	31	11	11	1	2	1	0	10	0	33	2	0	2	1	.667	0	5	2.43
1993 Greenville	AA	33	2	0	10	70	290	64	22	16	5	2	2	3	24	1	57	2	0	8	1	.889	0	2	2.06
Richmond	AAA	18	1	0	11	28.2	130	30	12	12	2	2	0	3	11	3	30	2	1	1	0	1.000	0	1	3.77
1994 Modesto	A	3	3	0	0	5	17	0	0	0	0	0	0	0	0	0	3	1	0	0	0	.000	0	0	0.00
1994 Oakland	AL	27	9	0	8	78	344	71	38	36	10	2	3	2	44	1	57	3	0	0	3	.000	0	1	4.15

Harold Reynolds

Bats: Both **Throws:** Right **Pos:** 2B　　　**Ht:** 5'11" **Wt:** 165 **Born:** 11/26/60 **Age:** 34

					BATTING													BASERUNNING				PERCENTAGES		
Year Team	Lg	G	AB	H	2B	3B	HR	(Hm | Rd)	TB	R	RBI	TBB	IBB	SO	HBP	SH	SF	SB	CS	SB%	GDP	Avg	OBP	SLG
1983 Seattle	AL	20	59	12	4	1	0	(0 | 0)	18	8	1	2	0	9	0	1	1	0	2	.00	1	.203	.226	.305
1984 Seattle	AL	10	10	3	0	0	0	(0 | 0)	3	3	0	0	0	1	1	1	0	1	1	.50	0	.300	.364	.300
1985 Seattle	AL	67	104	15	3	1	0	(0 | 0)	20	15	6	17	0	14	0	1	0	3	2	.60	0	.144	.264	.192
1986 Seattle	AL	126	445	99	19	4	1	(1 | 0)	129	46	24	29	0	42	3	9	0	30	12	.71	6	.222	.275	.290
1987 Seattle	AL	160	530	146	31	8	1	(1 | 0)	196	73	35	39	0	34	2	8	5	60	20	.75	7	.275	.325	.370
1988 Seattle	AL	158	598	169	26	11	4	(4 | 0)	229	61	41	51	1	51	2	10	2	35	29	.55	9	.283	.340	.383
1989 Seattle	AL	153	613	184	24	9	0	(0 | 0)	226	87	43	55	1	45	3	3	3	25	18	.58	4	.300	.359	.369
1990 Seattle	AL	160	642	162	36	5	5	(0 | 5)	223	100	55	81	0	52	3	5	6	31	16	.66	9	.252	.336	.347
1991 Seattle	AL	161	631	160	34	6	3	(1 | 2)	215	95	57	72	2	63	5	14	6	28	8	.78	11	.254	.332	.341
1992 Seattle	AL	140	458	113	23	3	3	(2 | 1)	151	55	33	45	1	41	3	11	4	15	12	.56	12	.247	.316	.330
1993 Baltimore	AL	145	485	122	20	4	4	(2 | 2)	162	64	47	66	3	47	4	10	5	12	11	.52	4	.252	.343	.334
1994 California	AL	74	207	48	10	1	0	(0 | 0)	60	33	11	23	0	18	1	3	1	10	7	.59	5	.232	.310	.290
12 ML YEARS		1374	4782	1233	230	53	21	(11 | 10)	1632	640	353	480	11	417	27	76	33	250	138	.64	68	.258	.327	.341

Shane Reynolds

Pitches: Right **Bats:** Right **Pos:** RP/SP　　　**Ht:** 6'3" **Wt:** 210 **Born:** 03/26/68 **Age:** 27

		HOW MUCH HE PITCHED					WHAT HE GAVE UP										THE RESULTS				
Year Team	Lg	G	GS	CG	GF	IP	BFP	H	R	ER	HR	SH	SF	HB	TBB	IBB	SO	WP	Bk	W	L	Pct.	ShO	Sv	ERA
1989 Auburn	A	6	6	1	0	35	150	36	16	9	1	1	0	4	14	0	23	1	1	3	2	.600	0	0	2.31
Asheville	A	8	8	2	0	51.1	224	53	25	21	2	2	2	1	21	0	33	1	4	5	3	.625	1	0	3.68
1990 Columbus	AA	29	27	2	1	155.1	710	182	104	83	14	11	5	5	70	1	92	6	6	9	10	.474	1	0	4.81
1991 Jackson	AA	27	27	2	0	151	673	165	93	75	8	8	7	2	62	1	116	3	3	8	9	.471	0	0	4.47
1992 Tucson	AAA	25	22	2	1	142	605	156	73	58	4	3	4	4	34	2	106	4	1	9	8	.529	0	1	3.68
1993 Tucson	AAA	25	20	2	1	139.1	584	147	74	56	4	6	5	3	21	0	106	4	0	10	6	.625	0	1	3.62
1992 Houston	NL	8	5	0	0	25.1	122	42	22	20	2	6	1	0	6	1	10	1	1	1	3	.250	0	0	7.11
1993 Houston	NL	5	1	0	0	11	49	11	4	1	0	0	0	0	6	1	10	0	0	0	0	.000	0	0	0.82
1994 Houston	NL	33	14	1	5	124	517	128	46	42	10	4	5	6	21	3	110	3	2	8	5	.615	1	0	3.05
3 ML YEARS		46	20	1	5	160.1	688	181	72	63	12	10	6	6	33	5	130	4	3	9	8	.529	1	0	3.54

Armando Reynoso

Pitches: Right **Bats:** Right **Pos:** SP　　　**Ht:** 6'0" **Wt:** 196 **Born:** 05/01/66 **Age:** 29

		HOW MUCH HE PITCHED					WHAT HE GAVE UP										THE RESULTS				
Year Team	Lg	G	GS	CG	GF	IP	BFP	H	R	ER	HR	SH	SF	HB	TBB	IBB	SO	WP	Bk	W	L	Pct.	ShO	Sv	ERA
1991 Atlanta	NL	6	5	0	1	23.1	103	26	16	16	4	3	0	3	10	1	10	2	0	2	1	.667	0	0	6.17
1992 Atlanta	NL	3	1	0	2	7.2	32	11	4	4	2	1	0	1	2	1	2	0	0	1	0	1.000	0	1	4.70
1993 Colorado	NL	30	30	4	0	189	830	206	101	84	22	5	8	9	63	7	117	7	6	12	11	.522	0	0	4.00
1994 Colorado	NL	9	9	1	0	52.1	226	54	30	28	5	2	2	6	22	1	25	2	2	3	4	.429	0	0	4.82
4 ML YEARS		48	45	5	2	272.1	1191	297	153	132	33	11	10	19	97	10	154	11	8	18	16	.529	0	1	4.36

Arthur Rhodes

Pitches: Left **Bats:** Left **Pos:** SP　　　**Ht:** 6'2" **Wt:** 206 **Born:** 10/24/69 **Age:** 25

		HOW MUCH HE PITCHED					WHAT HE GAVE UP										THE RESULTS				
Year Team	Lg	G	GS	CG	GF	IP	BFP	H	R	ER	HR	SH	SF	HB	TBB	IBB	SO	WP	Bk	W	L	Pct.	ShO	Sv	ERA
1994 Frederick*	A	1	1	0	0	5	17	3	0	0	0	0	0	0	0	0	7	0	0	0	0	.000	0	0	0.00
Rochester*	AAA	15	15	3	0	90.1	371	70	41	28	7	1	0	0	34	0	86	6	0	7	5	.583	0	0	2.79
1991 Baltimore	AL	8	8	0	0	36	174	47	35	32	4	1	3	0	23	0	23	2	0	0	3	.000	0	0	8.00
1992 Baltimore	AL	15	15	2	0	94.1	394	87	39	38	6	5	1	0	38	2	77	2	1	7	5	.583	1	0	3.63
1993 Baltimore	AL	17	17	0	1	85.2	387	91	62	62	16	2	3	1	49	1	49	2	0	5	6	.455	0	0	6.51
1994 Baltimore	AL	10	10	3	0	52.2	238	51	34	34	8	2	3	2	30	1	47	3	0	3	5	.375	2	0	5.81
4 ML YEARS		50	50	5	0	268.2	1193	276	170	166	34	10	10	4	140	4	196	9	1	15	19	.441	3	0	5.56

Karl Rhodes

Bats: Left **Throws:** Left **Pos:** CF/LF **Ht:** 6' 0" **Wt:** 195 **Born:** 08/21/68 **Age:** 26

Year	Team	Lg	G	AB	H	2B	3B	HR	(Hm	Rd)	TB	R	RBI	TBB	IBB	SO	HBP	SH	SF	SB	CS	SB%	GDP	Avg	OBP	SLG
1990	Houston	NL	38	86	21	6	1	1	(0	1)	32	12	3	13	3	12	0	1	1	4	1	.80	1	.244	.340	.372
1991	Houston	NL	44	136	29	3	1	1	(0	1)	37	7	12	14	3	26	1	0	1	2	2	.50	3	.213	.289	.272
1992	Houston	NL	5	4	0	0	0	0	(0	0)	0	0	0	0	0	2	0	0	0	0	0	.00	0	.000	.000	.000
1993	2 ML Teams		20	54	15	2	1	3	(0	3)	28	12	7	11	0	9	0	0	0	2	0	1.00	0	.278	.400	.519
1994	Chicago	NL	95	269	63	17	0	8	(4	4)	104	39	19	33	1	64	1	3	2	6	4	.60	1	.234	.318	.387
1993	Houston	NL	5	2	0	0	0	0	(0	0)	0	0	0	0	0	0	0	0	0	0	0	.00	0	.000	.000	.000
	Chicago	NL	15	52	15	2	1	3	(0	3)	28	12	7	11	0	9	0	0	0	2	0	1.00	0	.288	.413	.538
	5 ML YEARS		202	549	128	28	3	13	(4	9)	201	70	41	71	7	113	2	4	4	14	7	.67	5	.233	.321	.366

Dave Righetti

Pitches: Left **Bats:** Left **Pos:** RP **Ht:** 6' 4" **Wt:** 220 **Born:** 11/28/58 **Age:** 36

			HOW MUCH HE PITCHED					WHAT HE GAVE UP									THE RESULTS					
Year	Team	Lg	G	GS	CG	GF	IP	BFP	H	R	ER	HR	SH	SF	HB	TBB	IBB	SO	WP	Bk	W	L	Pct.	ShO	Sv	ERA
1994	Knoxville*	AA	7	4	0	1	20.1	87	20	12	5	0	1	4	0	4	0	18	0	0	1	1	.500	0	0	2.21
1979	New York	AL	3	3	0	0	17	67	10	7	7	2	1	0	1	10	0	13	0	0	0	1	.000	0	0	3.71
1981	New York	AL	15	15	2	0	105	422	75	25	24	1	0	2	0	38	0	89	1	1	8	4	.667	0	0	2.06
1982	New York	AL	33	27	4	3	183	804	155	88	77	11	8	5	6	108	4	163	9	5	11	10	.524	0	1	3.79
1983	New York	AL	31	31	7	0	217	900	194	96	83	12	10	4	2	67	2	169	10	1	14	8	.636	2	0	3.44
1984	New York	AL	64	0	0	53	96.1	406	79	29	25	5	4	4	0	37	7	90	0	2	5	6	.455	0	31	2.34
1985	New York	AL	74	0	0	60	107	452	96	36	33	5	6	3	0	45	3	92	7	0	12	7	.632	0	29	2.78
1986	New York	AL	74	0	0	68	106.2	435	88	31	29	4	5	4	2	35	7	83	1	0	8	8	.500	0	46	2.45
1987	New York	AL	60	0	0	54	95	419	95	45	37	9	6	5	2	44	4	77	1	3	8	6	.571	0	31	3.51
1988	New York	AL	60	0	0	41	87	377	86	35	34	5	4	0	1	37	2	70	2	4	5	4	.556	0	25	3.52
1989	New York	AL	55	0	0	53	69	300	73	32	23	3	7	2	1	26	6	51	0	0	2	6	.250	0	25	3.00
1990	New York	AL	53	0	0	47	53	235	48	24	21	8	1	1	2	26	2	43	2	0	1	1	.500	0	36	3.57
1991	San Francisco	NL	61	0	0	49	71.2	304	64	29	27	4	4	2	3	28	6	51	1	1	2	7	.222	0	24	3.39
1992	San Francisco	NL	54	4	0	23	78.1	340	79	47	44	4	6	4	0	36	5	47	5	2	2	7	.222	0	3	5.06
1993	San Francisco	NL	51	0	0	15	47.1	210	58	31	30	11	2	0	1	17	0	31	1	0	1	1	.500	0	1	5.70
1994	2 ML Teams		20	0	0	7	20.1	102	22	23	23	5	1	2	1	19	0	14	0	0	0	1	.000	0	0	10.18
1994	Oakland	AL	7	0	0	1	7	42	13	13	13	3	0	1	1	9	0	4	0	0	0	0	.000	0	0	16.71
	Toronto	AL	13	0	0	6	13.1	60	9	10	10	2	1	1	0	10	0	10	0	0	0	1	.000	0	0	6.75
	15 ML YEARS		708	80	13	473	1353.2	5767	1222	578	517	89	65	39	21	573	48	1083	40	19	79	77	.506	2	252	3.44

Jose Rijo

Pitches: Right **Bats:** Right **Pos:** SP **Ht:** 6' 3" **Wt:** 215 **Born:** 05/13/65 **Age:** 30

			HOW MUCH HE PITCHED					WHAT HE GAVE UP									THE RESULTS					
Year	Team	Lg	G	GS	CG	GF	IP	BFP	H	R	ER	HR	SH	SF	HB	TBB	IBB	SO	WP	Bk	W	L	Pct.	ShO	Sv	ERA
1984	New York	AL	24	5	0	8	62.1	289	74	40	33	5	6	1	1	33	1	47	2	1	2	8	.200	0	2	4.76
1985	Oakland	AL	12	9	0	1	63.2	272	57	26	25	6	5	0	1	28	2	65	0	0	6	4	.600	0	0	3.53
1986	Oakland	AL	39	26	4	9	193.2	856	172	116	100	24	10	9	4	108	7	176	6	6	9	11	.450	0	1	4.65
1987	Oakland	AL	21	14	1	3	82.1	394	106	67	54	10	0	3	2	41	1	67	5	2	2	7	.222	0	0	5.90
1988	Cincinnati	NL	49	19	0	12	162	653	120	47	43	7	8	5	3	63	7	160	1	4	13	8	.619	0	0	2.39
1989	Cincinnati	NL	19	19	1	0	111	464	101	39	35	6	3	6	2	48	3	86	4	3	7	6	.538	1	0	2.84
1990	Cincinnati	NL	29	29	7	0	197	801	151	65	59	10	8	1	2	78	1	152	2	5	14	8	.636	1	0	2.70
1991	Cincinnati	NL	30	30	3	0	204.1	825	165	69	57	8	4	8	3	55	4	172	2	2	15	6	.714	1	0	2.51
1992	Cincinnati	NL	33	33	2	0	211	836	185	67	60	15	9	4	3	44	1	171	2	1	15	10	.600	0	0	2.56
1993	Cincinnati	NL	36	36	2	0	257.1	1029	218	76	71	19	13	3	2	62	2	227	0	1	14	9	.609	1	0	2.48
1994	Cincinnati	NL	26	26	2	0	172.1	733	177	73	59	16	7	2	4	52	1	171	1	2	9	6	.600	0	0	3.08
	11 ML YEARS		318	246	22	33	1717	7152	1526	685	596	126	73	42	27	612	30	1494	25	27	106	83	.561	4	3	3.12

Billy Ripken

Bats: Right **Throws:** Right **Pos:** 3B/2B **Ht:** 6' 1" **Wt:** 187 **Born:** 12/16/64 **Age:** 30

Year	Team	Lg	G	AB	H	2B	3B	HR	(Hm	Rd)	TB	R	RBI	TBB	IBB	SO	HBP	SH	SF	SB	CS	SB%	GDP	Avg	OBP	SLG
1987	Baltimore	AL	58	234	72	9	0	2	(0	2)	87	27	20	21	0	23	0	1	1	4	1	.80	5	.308	.363	.372
1988	Baltimore	AL	150	512	106	18	1	2	(0	2)	132	52	34	33	0	63	5	6	3	8	2	.80	14	.207	.260	.258
1989	Baltimore	AL	115	318	76	11	2	2	(0	2)	97	31	26	22	0	53	0	19	5	1	2	.33	12	.239	.284	.305
1990	Baltimore	AL	129	406	118	28	1	3	(2	1)	157	48	38	28	2	43	4	17	1	5	2	.71	7	.291	.342	.387
1991	Baltimore	AL	104	287	62	11	1	0	(0	0)	75	24	14	15	0	31	0	11	2	0	1	.00	14	.216	.253	.261
1992	Baltimore	AL	111	330	76	15	0	4	(3	1)	103	35	36	18	1	26	3	10	2	2	3	.40	10	.230	.275	.312
1993	Texas	AL	50	132	25	4	0	0	(0	0)	29	12	11	11	0	19	4	5	1	0	2	.00	6	.189	.270	.220
1994	Texas	AL	32	81	25	5	0	0	(0	0)	30	9	6	3	0	11	0	1	0	2	0	1.00	2	.309	.333	.370
	8 ML YEARS		749	2300	560	101	5	13	(5	8)	710	69	185	151	3	269	16	70	15	22	13	.63	68	.243	.293	.309

Cal Ripken

Bats: Right **Throws:** Right **Pos:** SS **Ht:** 6' 4" **Wt:** 220 **Born:** 08/24/60 **Age:** 34

Year	Team	Lg	G	AB	H	2B	3B	HR	(Hm	Rd)	TB	R	RBI	TBB	IBB	SO	HBP	SH	SF	SB	CS	SB%	GDP	Avg	OBP	SLG
1981	Baltimore	AL	23	39	5	0	0	0	(0	0)	5	1	0	1	0	8	0	0	0	0	0	.00	4	.128	.150	.128
1982	Baltimore	AL	160	598	158	32	5	28	(11	17)	284	90	93	46	3	95	3	2	6	3	3	.50	16	.264	.317	.475
1983	Baltimore	AL	162	663	211	47	2	27	(12	15)	343	121	102	58	0	97	0	0	5	0	4	.00	24	.318	.371	.517
1984	Baltimore	AL	162	641	195	37	7	27	(16	11)	327	103	86	71	1	89	2	0	2	2	1	.67	16	.304	.374	.510
1985	Baltimore	AL	161	642	181	32	5	26	(15	11)	301	116	110	67	1	68	1	0	8	2	3	.40	32	.282	.347	.469
1986	Baltimore	AL	162	627	177	35	1	25	(10	15)	289	98	81	70	5	60	4	0	6	4	2	.67	19	.282	.355	.461
1987	Baltimore	AL	162	624	157	28	3	27	(17	10)	272	97	98	81	0	77	1	0	11	3	5	.38	19	.252	.333	.436
1988	Baltimore	AL	161	575	152	25	1	23	(11	12)	248	87	81	102	7	69	2	0	10	2	2	.50	10	.264	.372	.431
1989	Baltimore	AL	162	646	166	30	0	21	(13	8)	259	80	93	57	5	72	3	0	6	3	2	.60	22	.257	.317	.401
1990	Baltimore	AL	161	600	150	28	4	21	(8	13)	249	78	84	82	18	66	5	0	7	3	1	.75	12	.250	.341	.415
1991	Baltimore	AL	162	650	210	46	5	34	(16	18)	368	99	114	53	15	46	5	0	9	6	1	.86	19	.323	.374	.566
1992	Baltimore	AL	162	637	160	29	1	14	(5	9)	233	73	72	64	14	50	7	0	7	4	3	.57	13	.251	.323	.366
1993	Baltimore	AL	162	641	165	26	3	24	(14	10)	269	87	90	65	19	58	6	0	6	1	4	.20	17	.257	.329	.420
1994	Baltimore	AL	112	444	140	19	3	13	(5	8)	204	71	75	32	3	41	4	0	4	1	0	1.00	17	.315	.364	.459
14 ML YEARS			2074	8027	2227	414	40	310	(153	157)	3651	1201	1179	849	91	896	43	3	87	34	31	.52	240	.277	.346	.455

Bill Risley

Pitches: Right **Bats:** Right **Pos:** RP **Ht:** 6' 2" **Wt:** 215 **Born:** 05/29/67 **Age:** 28

Year	Team	Lg	G	GS	CG	GF	IP	BFP	H	R	ER	HR	SH	SF	HB	TBB	IBB	SO	WP	Bk	W	L	Pct.	ShO	Sv	ERA
1987	Reds	R	11	11	0	0	52.1	226	38	24	11	0	1	3	3	26	3	50	6	2	1	4	.200	0	0	1.89
1988	Greensboro	A	23	23	3	0	120.1	515	82	60	55	2	3	9	11	84	0	135	9	19	8	4	.667	3	0	4.11
1989	Cedar Rapids	A	27	27	2	0	140.2	581	87	72	61	9	1	9	6	81	2	128	19	8	9	10	.474	1	0	3.90
1990	Cedar Rapids	A	22	22	7	0	137.2	579	99	51	43	8	6	4	7	68	1	123	13	3	8	9	.471	1	0	2.81
1991	Chattanooga	AA	19	19	3	0	108.1	465	81	48	38	3	3	6	9	60	2	77	5	5	5	7	.417	0	0	3.16
	Nashville	AAA	8	8	1	0	44	199	45	27	24	7	3	1	1	26	1	32	3	0	3	5	.375	0	0	4.91
1992	Indianapolis	AAA	25	15	0	1	95.2	434	105	69	68	11	3	5	4	47	0	64	2	4	5	8	.385	0	0	6.40
1993	Ottawa	AAA	41	0	0	12	63.2	277	51	26	18	7	6	3	3	34	3	74	5	0	2	4	.333	0	1	2.54
1994	Calgary	AAA	6	1	0	2	12	56	13	5	4	1	1	1	4	4	1	15	1	0	0	0	.000	0	1	3.00
1992	Montreal	NL	1	1	0	0	5	19	4	1	1	1	0	1	0	1	0	2	1	0	0	0	1.000	0	0	1.80
1993	Montreal	NL	2	0	0	1	3	14	2	3	2	1	1	0	1	2	0	2	0	0	0	0	.000	0	0	6.00
1994	Seattle	AL	37	0	0	7	52.1	203	31	20	20	7	0	2	0	19	4	61	2	0	9	6	.600	0	0	3.44
3 ML YEARS			40	1	0	8	60.1	236	37	24	23	8	2	2	1	22	4	65	2	0	10	6	.625	0	0	3.43

Kevin Ritz

Pitches: Right **Bats:** Right **Pos:** SP **Ht:** 6' 4" **Wt:** 220 **Born:** 06/08/65 **Age:** 30

Year	Team	Lg	G	GS	CG	GF	IP	BFP	H	R	ER	HR	SH	SF	HB	TBB	IBB	SO	WP	Bk	W	L	Pct.	ShO	Sv	ERA
1994	Colo. Sprng *	AAA	9	3	1	2	35	131	26	6	5	2	1	0	0	6	0	27	0	0	5	0	1.000	1	0	1.29
1989	Detroit	AL	12	12	1	0	74	334	75	41	36	2	1	5	1	44	5	56	6	0	4	6	.400	0	0	4.38
1990	Detroit	AL	4	4	0	0	7.1	52	14	12	9	0	3	0	0	14	2	3	3	0	0	4	.000	0	0	11.05
1991	Detroit	AL	11	5	0	3	15.1	86	17	22	20	1	1	2	2	22	1	9	0	0	0	3	.000	0	0	11.74
1992	Detroit	AL	23	11	0	4	80.1	368	88	52	50	4	1	4	3	44	4	57	7	1	2	5	.286	0	0	5.60
1994	Colorado	NL	15	15	0	0	73.2	335	88	49	46	5	4	2	4	35	4	53	6	1	5	6	.455	0	0	5.62
5 ML YEARS			65	47	1	7	250.2	1175	282	176	161	12	10	13	10	159	16	178	22	2	11	24	.314	0	0	5.78

Ben Rivera

Pitches: Right **Bats:** Right **Pos:** SP **Ht:** 6' 6" **Wt:** 250 **Born:** 01/11/68 **Age:** 27

Year	Team	Lg	G	GS	CG	GF	IP	BFP	H	R	ER	HR	SH	SF	HB	TBB	IBB	SO	WP	Bk	W	L	Pct.	ShO	Sv	ERA
1994	Clearwater *	A	4	4	0	0	16	60	11	4	4	2	0	0	0	4	0	9	1	0	1	2	.333	0	0	2.25
	Scranton-Wb *	AAA	3	3	0	0	15	65	15	7	7	0	1	1	1	5	0	13	1	0	1	1	.500	0	0	4.20
1992	2 ML Teams		28	14	4	7	117.1	487	99	40	40	9	5	2	4	45	4	77	5	0	7	4	.636	1	0	3.07
1993	Philadelphia	NL	30	28	1	0	163	742	175	99	91	16	5	5	6	85	4	123	13	0	13	9	.591	1	0	5.02
1994	Philadelphia	NL	9	7	0	1	38	176	40	29	29	7	6	1	1	22	0	19	3	0	3	4	.429	0	0	6.87
1992	Atlanta	NL	8	0	0	3	15.1	78	21	8	8	1	0	1	2	13	2	11	0	0	0	0	.000	0	0	4.70
	Philadelphia	NL	20	14	4	4	102	409	78	32	32	8	5	1	2	32	2	66	5	0	7	3	.700	1	0	2.82
3 ML YEARS			67	49	5	9	318.1	1405	314	168	160	32	16	8	11	152	8	219	21	0	23	17	.575	2	0	4.52

Luis Rivera

Bats: Right **Throws:** Right **Pos:** SS **Ht:** 5'10" **Wt:** 175 **Born:** 01/03/64 **Age:** 31

Year	Team	Lg	G	AB	H	2B	3B	HR	(Hm	Rd)	TB	R	RBI	TBB	IBB	SO	HBP	SH	SF	SB	CS	SB%	GDP	Avg	OBP	SLG
1986	Montreal	NL	55	166	34	11	1	0	(0	0)	47	20	13	17	0	33	2	1	1	1	1	.50	1	.205	.285	.283
1987	Montreal	NL	18	32	5	2	0	0	(0	0)	7	0	1	1	0	8	0	0	0	0	0	.00	0	.156	.182	.219
1988	Montreal	NL	123	371	83	17	3	4	(2	2)	118	35	30	24	4	69	1	3	3	3	4	.43	9	.224	.271	.318
1989	Boston	AL	93	323	83	17	1	5	(4	1)	117	35	29	20	1	60	1	4	1	2	3	.40	7	.257	.301	.362
1990	Boston	AL	118	346	78	20	0	7	(4	3)	119	38	45	25	0	58	1	12	1	4	3	.57	10	.225	.279	.344
1991	Boston	AL	129	414	107	22	3	8	(4	4)	159	64	40	35	0	86	3	12	4	4	4	.50	10	.258	.318	.384
1992	Boston	AL	102	288	62	11	1	0	(0	0)	75	17	29	26	0	56	3	5	0	4	3	.57	5	.215	.287	.260
1993	Boston	AL	62	130	27	8	1	1	(1	0)	40	13	7	11	0	36	1	2	1	1	2	.33	2	.208	.273	.308
1994	New York	NL	32	43	12	2	1	3	(2	1)	25	11	5	4	0	14	2	0	0	0	1	.00	1	.279	.367	.581
	9 ML YEARS		732	2113	491	110	11	28	(17	11)	707	233	199	163	5	420	14	39	11	19	21	.48	45	.232	.290	.335

Kevin Roberson

Bats: Both **Throws:** Right **Pos:** RF **Ht:** 6'4" **Wt:** 210 **Born:** 01/29/68 **Age:** 27

Year	Team	Lg	G	AB	H	2B	3B	HR	(Hm	Rd)	TB	R	RBI	TBB	IBB	SO	HBP	SH	SF	SB	CS	SB%	GDP	Avg	OBP	SLG
1988	Wytheville	R	63	225	47	12	2	3	--	--	72	39	29	40	0	86	3	0	2	3	2	.60	0	.209	.333	.320
1989	Chston-Wv	A	126	429	109	19	1	13	--	--	169	49	57	70	4	149	5	2	3	3	6	.33	7	.254	.363	.394
1990	Winston-Sal	A	85	313	84	23	3	5	--	--	128	49	45	25	0	70	3	1	2	7	3	.70	6	.268	.327	.409
	Charlotte	AA	31	119	29	6	2	5	--	--	54	14	16	8	0	23	0	1	2	2	0	1.00	3	.244	.287	.454
1991	Charlotte	AA	136	507	130	23	2	19	--	--	214	77	67	39	1	125	9	0	5	17	3	.85	10	.256	.318	.422
1992	Iowa	AAA	51	197	60	15	4	6	--	--	101	25	34	5	1	46	2	1	1	0	0	.00	4	.305	.327	.513
1993	Iowa	AAA	67	263	80	20	1	16	--	--	150	48	50	19	3	66	4	0	3	3	2	.60	4	.304	.356	.570
1994	Iowa	AAA	19	67	21	8	0	3	--	--	38	9	17	4	1	19	3	0	3	0	1	.00	0	.313	.364	.567
1993	Chicago	NL	62	180	34	4	1	9	(4	5)	67	23	27	12	0	48	3	0	0	0	1	.00	2	.189	.251	.372
1994	Chicago	NL	44	55	12	4	0	4	(2	2)	28	8	9	2	0	14	2	0	0	0	0	.00	3	.218	.271	.509
	2 ML YEARS		106	235	46	8	1	13	(6	7)	95	31	36	14	0	62	5	0	0	0	1	.00	5	.196	.256	.404

Bip Roberts

Bats: Both **Throws:** Right **Pos:** 2B/LF **Ht:** 5'7" **Wt:** 165 **Born:** 10/27/63 **Age:** 31

Year	Team	Lg	G	AB	H	2B	3B	HR	(Hm	Rd)	TB	R	RBI	TBB	IBB	SO	HBP	SH	SF	SB	CS	SB%	GDP	Avg	OBP	SLG
1986	San Diego	NL	101	241	61	5	2	1	(0	1)	73	34	12	14	1	29	0	2	1	14	12	.54	2	.253	.293	.303
1988	San Diego	NL	5	9	3	0	0	0	(0	0)	3	1	0	1	0	2	0	0	0	0	2	.00	0	.333	.400	.333
1989	San Diego	NL	117	329	99	15	8	3	(2	1)	139	81	25	49	0	45	1	6	2	21	11	.66	3	.301	.391	.422
1990	San Diego	NL	149	556	172	36	3	9	(4	5)	241	104	44	55	1	65	6	8	4	46	12	.79	8	.309	.375	.433
1991	San Diego	NL	117	424	119	13	3	3	(3	0)	147	66	32	37	0	71	4	4	3	26	11	.70	6	.281	.342	.347
1992	Cincinnati	NL	147	532	172	34	6	4	(3	1)	230	92	45	62	4	54	2	1	4	44	16	.73	7	.323	.393	.432
1993	Cincinnati	NL	83	292	70	13	0	1	(0	1)	86	46	18	38	1	46	3	0	3	26	6	.81	2	.240	.330	.295
1994	San Diego	NL	105	403	129	15	5	2	(1	1)	160	52	31	39	1	57	3	2	2	21	7	.75	7	.320	.383	.397
	8 ML YEARS		824	2786	825	131	27	23	(13	10)	1079	476	207	295	8	369	19	23	19	198	77	.72	35	.296	.365	.387

Rich Robertson

Pitches: Left **Bats:** Left **Pos:** RP **Ht:** 6'4" **Wt:** 170 **Born:** 09/15/68 **Age:** 26

			HOW MUCH HE PITCHED					WHAT HE GAVE UP										THE RESULTS					
Year	Team	Lg	G	GS	CG	GF	IP	BFP	H	R	ER	HR	SH	SF	HB	TBB	IBB	SO	WP	Bk	W	L	Pct.	ShO	Sv	ERA
1990	Welland	A	16	13	0	0	64.1	293	51	34	22	4	1	2	1	55	2	80	6	2	3	4	.429	0	0	3.08
1991	Salem	A	12	11	0	0	45.2	210	34	32	25	4	1	0	3	42	0	32	6	0	2	4	.333	0	0	4.93
	Augusta	A	13	12	1	0	74	348	73	52	41	4	2	1	1	51	0	62	3	1	4	7	.364	0	0	4.99
1992	Salem	A	6	6	0	0	37	152	29	18	14	6	0	1	1	10	0	27	1	1	3	0	1.000	0	0	3.41
	Carolina	AA	20	20	1	0	124.2	534	127	51	42	7	1	2	4	41	2	107	4	1	6	7	.462	1	0	3.03
1993	Buffalo	AAA	23	23	2	0	132.1	569	141	67	63	9	3	5	2	52	2	71	10	1	9	8	.529	0	0	4.28
1994	Buffalo	AAA	18	17	0	0	118.2	487	112	47	41	6	3	5	3	36	0	71	0	0	5	10	.333	0	0	3.11
1993	Pittsburgh	NL	9	0	0	2	9	44	15	6	6	0	1	0	0	4	0	5	0	0	0	0	.000	0	0	6.00
1994	Pittsburgh	NL	8	0	0	1	15.2	76	20	12	12	2	1	1	0	10	4	8	0	0	0	0	.000	0	0	6.89
	2 ML YEARS		17	0	0	3	24.2	120	35	18	18	2	2	1	0	14	4	13	0	0	0	0	.000	0	0	6.57

Alex Rodriguez

Bats: Right **Throws:** Right **Pos:** SS **Ht:** 6'2" **Wt:** 190 **Born:** 07/27/75 **Age:** 19

Year	Team	Lg	G	AB	H	2B	3B	HR	(Hm	Rd)	TB	R	RBI	TBB	IBB	SO	HBP	SH	SF	SB	CS	SB%	GDP	Avg	OBP	SLG
1994	Appleton	A	65	248	79	17	6	14	--	--	150	49	55	24	4	44	2	1	3	16	5	.76	7	.319	.379	.605
	Jacksonville	AA	17	59	17	4	1	1	--	--	26	7	8	10	0	13	0	0	0	2	1	.67	1	.288	.391	.441
	Calgary	AAA	32	119	37	7	4	6	--	--	70	22	21	8	0	25	1	0	0	2	4	.33	1	.311	.359	.588
1994	Seattle	AL	17	54	11	0	0	0	(0	0)	11	4	2	3	0	20	0	1	1	3	0	1.00	0	.204	.241	.204

Carlos Rodriguez

Bats: Both **Throws:** Right **Pos:** SS/2B **Ht:** 5' 9" **Wt:** 160 **Born:** 11/01/67 **Age:** 27

								BATTING										BASERUNNING				PERCENTAGES		
Year	Team	Lg	G	AB	H	2B	3B	HR	(Hm	Rd)	TB	R	RBI	TBB	IBB	SO	HBP	SH	SF	SB	CS	SB%	GDP	Avg	OBP	SLG
1987	Yankees	R	50	115	18	0	0	0	--	--	18	15	11	23	0	8	1	6	1	2	1	.67	1	.157	.300	.157
1988	Ft.Laudrdle	A	124	461	110	15	1	0	--	--	127	39	36	23	2	30	2	20	4	3	2	.60	16	.239	.276	.275
1989	Ft.Laudrdle	A	102	353	85	15	1	0	--	--	102	48	26	49	1	25	3	21	3	9	8	.53	7	.241	.336	.289
	Albany	AA	36	107	27	4	2	0	--	--	35	15	8	13	0	4	0	3	1	1	1	.50	3	.252	.331	.327
1990	Albany	AA	18	75	21	4	0	0	--	--	25	10	7	2	0	2	1	0	0	1	1	.50	2	.280	.308	.333
	Columbus	AAA	71	220	60	12	0	0	--	--	72	31	16	30	2	8	2	2	2	3	1	.75	5	.273	.362	.327
1991	Columbus	AAA	73	212	54	9	3	0	--	--	69	32	21	42	1	13	1	5	5	1	4	.20	10	.255	.373	.325
1992	Albany	AA	112	381	100	18	2	2	--	--	128	37	38	29	0	26	4	5	3	3	4	.43	5	.262	.319	.336
	Columbus	AAA	1	4	0	0	0	0	--	--	0	0	0	0	0	1	0	0	0	0	0	.00	0	.000	.000	.000
1993	Columbus	AAA	57	154	39	9	1	1	--	--	53	25	11	20	0	10	3	2	1	2	1	.67	7	.253	.348	.344
	Albany	AA	38	152	56	14	1	0	--	--	72	16	30	12	1	9	2	5	0	2	1	.33	5	.368	.422	.474
1994	Pawtucket	AAA	47	165	46	5	1	3	--	--	62	24	25	17	0	14	1	4	3	4	3	.57	3	.279	.344	.376
1991	New York	AL	15	37	7	0	0	0	(0	0)	7	1	2	1	0	2	0	1	0	0	0	.00	3	.189	.211	.189
1994	Boston	AL	57	174	50	14	1	1	(0	1)	69	15	13	11	0	13	0	7	0	1	0	1.00	3	.287	.330	.397
	2 ML YEARS		72	211	57	14	1	1	(0	1)	76	16	15	12	0	15	0	8	0	1	0	1.00	6	.270	.309	.360

Henry Rodriguez

Bats: Left **Throws:** Left **Pos:** LF/1B **Ht:** 6' 1" **Wt:** 210 **Born:** 11/08/67 **Age:** 27

								BATTING										BASERUNNING				PERCENTAGES		
Year	Team	Lg	G	AB	H	2B	3B	HR	(Hm | Rd)	TB	R	RBI	TBB	IBB	SO	HBP	SH	SF	SB	CS	SB%	GDP	Avg	OBP	SLG
1992	Los Angeles	NL	53	146	32	7	0	3	(2 | 1)	48	11	14	8	0	30	0	1	1	0	0	.00	2	.219	.258	.329
1993	Los Angeles	NL	76	176	39	10	0	8	(5 | 3)	73	20	23	11	2	39	0	0	1	1	0	1.00	1	.222	.266	.415
1994	Los Angeles	NL	104	306	82	14	2	8	(5 | 3)	124	33	49	17	2	58	2	1	4	0	1	.00	9	.268	.307	.405
	3 ML YEARS		233	628	153	31	2	19	(12 | 7)	245	64	86	36	4	127	2	2	6	1	1	.50	12	.244	.284	.390

Ivan Rodriguez

Bats: Right **Throws:** Right **Pos:** C **Ht:** 5' 9" **Wt:** 205 **Born:** 11/30/71 **Age:** 23

								BATTING										BASERUNNING				PERCENTAGES		
Year	Team	Lg	G	AB	H	2B	3B	HR	(Hm | Rd)	TB	R	RBI	TBB	IBB	SO	HBP	SH	SF	SB	CS	SB%	GDP	Avg	OBP	SLG
1991	Texas	AL	88	280	74	16	0	3	(3 | 0)	99	24	27	5	0	42	0	2	1	0	1	.00	10	.264	.276	.354
1992	Texas	AL	123	420	109	16	1	8	(4 | 4)	151	39	37	24	2	73	1	7	2	0	0	.00	15	.260	.300	.360
1993	Texas	AL	137	473	129	28	4	10	(7 | 3)	195	56	66	29	3	70	4	5	8	8	7	.53	16	.273	.315	.412
1994	Texas	AL	99	363	108	19	1	16	(7 | 9)	177	56	57	31	5	42	7	0	4	6	3	.67	10	.298	.360	.488
	4 ML YEARS		447	1536	420	79	6	37	(21 | 16)	622	175	187	89	10	227	12	14	15	14	11	.56	51	.273	.315	.405

Rich Rodriguez

Pitches: Left **Bats:** Right **Pos:** RP **Ht:** 6' 0" **Wt:** 200 **Born:** 03/01/63 **Age:** 32

			HOW MUCH HE PITCHED					WHAT HE GAVE UP										THE RESULTS					
Year	Team	Lg	G	GS	CG	GF	IP	BFP	H	R	ER	HR	SH	SF	HB	TBB	IBB	SO	WP	Bk	W	L	Pct.	ShO	Sv	ERA
1990	San Diego	NL	32	0	0	15	47.2	201	52	17	15	2	2	1	1	16	4	22	1	1	1	1	.500	0	1	2.83
1991	San Diego	NL	64	0	0	19	80	335	66	31	29	8	7	2	0	44	8	40	4	1	3	1	.750	0	0	3.26
1992	San Diego	NL	61	1	0	15	91	369	77	28	24	4	2	2	0	29	4	64	1	1	6	3	.667	0	0	2.37
1993	2 ML Teams		70	0	0	21	76	331	73	38	32	10	5	0	2	33	8	43	3	0	2	4	.333	0	3	3.79
1994	St. Louis	NL	56	0	0	15	60.1	260	62	30	27	6	2	1	1	26	4	43	4	0	3	5	.375	0	0	4.03
1993	San Diego	NL	34	0	0	10	30	133	34	15	11	2	2	0	1	9	3	22	1	0	2	3	.400	0	2	3.30
	Florida	NL	36	0	0	11	46	198	39	23	21	8	3	0	1	24	5	21	2	0	0	1	.000	0	1	4.11
	5 ML YEARS		283	2	0	85	355	1496	330	144	127	30	18	6	4	148	28	212	13	3	15	14	.517	0	4	3.22

Kenny Rogers

Pitches: Left **Bats:** Left **Pos:** SP **Ht:** 6' 1" **Wt:** 205 **Born:** 11/10/64 **Age:** 30

			HOW MUCH HE PITCHED					WHAT HE GAVE UP										THE RESULTS					
Year	Team	Lg	G	GS	CG	GF	IP	BFP	H	R	ER	HR	SH	SF	HB	TBB	IBB	SO	WP	Bk	W	L	Pct.	ShO	Sv	ERA
1989	Texas	AL	73	0	0	24	73.2	314	60	28	24	2	6	3	4	42	9	63	6	0	3	4	.429	0	2	2.93
1990	Texas	AL	69	3	0	46	97.2	428	93	40	34	6	7	4	1	42	5	74	5	0	10	6	.625	0	15	3.13
1991	Texas	AL	63	9	0	20	109.2	511	121	80	66	14	9	5	6	61	7	73	3	1	10	10	.500	0	5	5.42
1992	Texas	AL	81	0	0	38	78.2	337	80	32	27	7	4	1	0	26	8	70	4	1	3	6	.333	0	6	3.09
1993	Texas	AL	35	33	5	0	208.1	885	210	108	95	18	7	5	4	71	2	140	6	5	16	10	.615	0	0	4.10
1994	Texas	AL	24	24	6	0	167.1	714	169	93	83	24	3	6	3	52	1	120	3	1	11	8	.579	2	0	4.46
	6 ML YEARS		345	69	11	128	735.1	3189	733	381	329	71	36	24	18	294	32	540	27	8	53	44	.546	2	28	4.03

Kevin Rogers

Pitches: Left **Bats:** Both **Pos:** RP **Ht:** 6' 2" **Wt:** 198 **Born:** 08/20/68 **Age:** 26

		HOW MUCH HE PITCHED					WHAT HE GAVE UP										THE RESULTS					
Year	Team	Lg	G	GS	CG	GF	IP	BFP	H	R	ER	HR	SH	SF	HB	TBB	IBB	SO	WP	Bk	W	L	Pct.	ShO	Sv	ERA
1992	San Francisco	NL	6	6	0	0	34	148	37	17	16	4	2	0	1	13	1	26	2	0	0	2	.000	0	0	4.24
1993	San Francisco	NL	64	0	0	24	80.2	334	71	28	24	3	0	1	4	28	5	62	3	0	2	2	.500	0	0	2.68
1994	San Francisco	NL	9	0	0	2	10.1	46	10	4	4	1	0	0	0	6	0	7	0	0	0	0	.000	0	0	3.48
	3 ML YEARS		79	6	0	26	125	528	118	49	44	8	2	1	5	47	6	95	5	0	2	4	.333	0	0	3.17

Mel Rojas

Pitches: Right **Bats:** Right **Pos:** RP **Ht:** 5'11" **Wt:** 195 **Born:** 12/10/66 **Age:** 28

		HOW MUCH HE PITCHED					WHAT HE GAVE UP										THE RESULTS					
Year	Team	Lg	G	GS	CG	GF	IP	BFP	H	R	ER	HR	SH	SF	HB	TBB	IBB	SO	WP	Bk	W	L	Pct.	ShO	Sv	ERA
1990	Montreal	NL	23	0	0	5	40	173	34	17	16	5	2	0	2	24	4	26	2	0	3	1	.750	0	1	3.60
1991	Montreal	NL	37	0	0	13	48	200	42	21	20	4	0	2	1	13	1	37	3	0	3	3	.500	0	6	3.75
1992	Montreal	NL	68	0	0	26	100.2	399	71	17	16	2	4	2	2	34	8	70	2	0	7	1	.875	0	10	1.43
1993	Montreal	NL	66	0	0	25	88.1	378	80	39	29	6	8	6	4	30	3	48	5	0	5	8	.385	0	10	2.95
1994	Montreal	NL	58	0	0	27	84	341	71	35	31	11	2	1	4	21	0	84	3	0	3	2	.600	0	16	3.32
	5 ML YEARS		252	0	0	96	361	1491	298	129	112	28	16	11	13	122	16	265	15	0	21	15	.583	0	43	2.79

John Roper

Pitches: Right **Bats:** Right **Pos:** SP **Ht:** 6' 0" **Wt:** 175 **Born:** 11/21/71 **Age:** 23

		HOW MUCH HE PITCHED					WHAT HE GAVE UP										THE RESULTS					
Year	Team	Lg	G	GS	CG	GF	IP	BFP	H	R	ER	HR	SH	SF	HB	TBB	IBB	SO	WP	Bk	W	L	Pct.	ShO	Sv	ERA
1990	Reds	R	13	13	0	0	74	281	41	10	8	1	0	0	3	31	0	76	2	0	7	2	.778	0	0	0.97
1991	Chston-Wv	A	27	27	5	0	186.2	741	133	59	48	5	1	5	4	67	0	189	8	1	14	9	.609	3	0	2.31
1992	Chattanooga	AA	20	20	1	0	120.2	513	115	57	55	11	5	6	4	37	2	99	15	5	10	9	.526	1	0	4.10
1993	Indianapols	AAA	12	12	0	0	54.2	248	56	33	27	12	0	0	3	30	1	42	2	2	3	5	.375	0	0	4.45
1994	Indianapols	AAA	8	8	1	0	58	228	48	17	14	0	0	2	2	10	0	33	4	1	7	0	1.000	0	0	2.17
1993	Cincinnati	NL	16	15	0	0	80	360	92	51	50	10	5	3	4	36	3	54	5	1	2	5	.286	0	0	5.63
1994	Cincinnati	NL	16	15	0	0	92	390	90	49	46	16	0	3	4	30	0	51	4	1	6	2	.750	0	0	4.50
	2 ML YEARS		32	30	0	0	172	750	182	100	96	26	5	6	8	66	3	105	9	2	8	7	.533	0	0	5.02

Rich Rowland

Bats: Right **Throws:** Right **Pos:** C **Ht:** 6' 1" **Wt:** 215 **Born:** 02/25/67 **Age:** 28

			BATTING															BASERUNNING				PERCENTAGES		
Year	Team	Lg	G	AB	H	2B	3B	HR	(Hm	Rd)	TB	R	RBI	TBB	IBB	SO	HBP	SH	SF	SB	CS	SB%	GDP	Avg	OBP	SLG
1988	Bristol	R	56	186	51	10	1	4	--	--	75	29	41	27	1	39	1	0	3	1	2	.33	2	.274	.364	.403
1989	Fayetteville	A	108	375	102	17	1	9	--	--	148	43	59	54	2	98	3	3	3	4	1	.80	8	.272	.366	.395
1990	London	AA	47	161	46	10	0	8	--	--	80	22	30	20	3	33	3	0	1	1	1	.50	7	.286	.373	.497
	Toledo	AAA	62	192	50	12	0	7	--	--	83	28	22	15	0	33	1	3	2	2	3	.40	3	.260	.314	.432
1991	Toledo	AAA	109	383	104	25	0	13	--	--	168	56	68	60	3	77	3	0	1	4	2	.67	8	.272	.374	.439
1992	Toledo	AAA	136	473	111	19	1	25	--	--	207	75	82	56	6	112	3	0	4	9	3	.75	20	.235	.317	.438
1993	Toledo	AAA	96	325	87	24	2	21	--	--	178	58	59	51	3	72	5	0	3	1	6	.14	11	.268	.369	.548
1990	Detroit	AL	7	19	3	1	0	0	(0	0)	4	3	0	2	1	4	0	0	0	0	0	.00	1	.158	.238	.211
1991	Detroit	AL	4	4	1	0	0	0	(0	0)	1	0	1	1	0	2	0	0	1	0	0	.00	0	.250	.333	.250
1992	Detroit	AL	6	14	3	0	0	0	(0	0)	3	2	0	3	0	3	0	0	0	0	0	.00	0	.214	.353	.214
1993	Detroit	AL	21	46	10	3	0	0	(0	0)	13	2	4	5	0	16	0	1	0	0	0	.00	1	.217	.294	.283
1994	Boston	AL	46	118	27	3	0	9	(3	6)	57	14	20	11	0	35	0	0	0	0	0	.00	2	.229	.295	.483
	5 ML YEARS		84	201	44	7	0	9	(3	6)	78	21	25	22	1	60	0	1	1	0	0	.00	5	.219	.295	.388

Stan Royer

Bats: Right **Throws:** Right **Pos:** 1B **Ht:** 6' 3" **Wt:** 221 **Born:** 08/31/67 **Age:** 27

			BATTING															BASERUNNING				PERCENTAGES		
Year	Team	Lg	G	AB	H	2B	3B	HR	(Hm	Rd)	TB	R	RBI	TBB	IBB	SO	HBP	SH	SF	SB	CS	SB%	GDP	Avg	OBP	SLG
1988	Sou Oregon	A	73	286	91	19	3	6	--	--	134	47	48	33	1	71	2	1	4	1	0	1.00	6	.318	.388	.469
1989	Tacoma	AAA	6	19	5	1	0	0	--	--	6	2	2	2	0	6	0	0	0	0	0	.00	1	.263	.333	.316
	Modesto	A	127	476	120	28	1	11	--	--	183	54	69	58	3	132	1	2	2	3	2	.60	11	.252	.333	.384
1990	Huntsville	AA	137	527	136	29	3	14	--	--	213	69	89	43	0	113	3	8	4	4	1	.80	13	.258	.315	.404
	Louisville	AAA	4	15	4	1	1	0	--	--	7	1	4	2	0	5	0	0	0	0	0	.00	0	.267	.353	.467
1991	Louisville	AAA	138	523	133	29	6	14	--	--	216	48	74	43	1	126	3	0	6	1	2	.33	13	.254	.311	.413
1992	Louisville	AAA	124	444	125	31	2	11	--	--	193	55	77	32	2	74	4	4	4	0	0	.00	17	.282	.333	.435
1993	Louisville	AAA	98	368	103	19	0	16	--	--	170	46	54	33	2	74	0	3	4	2	0	1.00	9	.280	.335	.462
1991	St. Louis	NL	9	21	6	1	0	0	(0	0)	7	1	1	1	0	2	0	0	0	0	0	.00	0	.286	.318	.333
1992	St. Louis	NL	13	31	10	2	0	2	(1	1)	18	6	9	1	0	7	0	0	0	0	0	.00	1	.323	.333	.581
1993	St. Louis	NL	24	46	14	2	0	1	(0	1)	19	4	8	1	0	14	0	0	0	0	1	.00	2	.304	.333	.413
1994	2 ML Teams		43	66	11	5	0	1	(0	1)	19	3	3	0	0	21	0	0	0	0	0	.00	1	.167	.167	.288
1994	St. Louis	NL	39	57	10	5	0	1	(0	1)	18	3	2	0	0	18	0	0	0	0	0	.00	1	.175	.175	.316
	Boston	AL	4	9	1	0	0	0	(0	0)	1	0	1	0	0	3	0	0	0	0	0	.00	0	.111	.111	.111
	4 ML YEARS		89	164	41	10	0	4	(1	3)	63	14	21	4	0	41	0	0	0	0	1	.00	3	.250	.266	.384

Kirk Rueter

Pitches: Left **Bats:** Left **Pos:** SP **Ht:** 6' 3" **Wt:** 195 **Born:** 12/01/70 **Age:** 24

Year	Team	Lg	G	GS	CG	GF	IP	BFP	H	R	ER	HR	SH	SF	HB	TBB	IBB	SO	WP	Bk	W	L	Pct.	ShO	Sv	ERA
1991	Expos	R	5	4	0	0	19	76	16	5	2	0	2	1	0	4	0	19	1	0	1	1	.500	0	0	0.95
	Sumter	A	8	5	0	1	40.2	160	32	8	6	3	1	0	0	10	0	27	1	0	3	1	.750	0	0	1.33
1992	Rockford	A	26	26	6	0	174.1	697	150	68	50	5	10	3	1	36	2	153	4	1	11	9	.550	2	0	2.58
1993	Harrisburg	AA	9	8	1	1	59.2	225	47	10	9	4	2	0	0	7	0	36	1	0	5	0	1.000	1	0	1.36
	Ottawa	AAA	7	7	1	0	43.1	174	46	20	13	7	1	1	0	3	0	27	0	0	4	2	.667	0	0	2.70
1994	Ottawa	AAA	1	1	0	0	2	7	1	1	1	0	0	0	0	0	0	1	0	0	0	0	.000	0	0	4.50
1993	Montreal	NL	14	14	1	0	85.2	341	85	33	26	5	1	0	0	18	1	31	0	0	8	0	1.000	0	0	2.73
1994	Montreal	NL	20	20	0	0	92.1	397	106	60	53	11	6	6	2	23	1	50	2	0	7	3	.700	0	0	5.17
	2 ML YEARS		34	34	1	0	178	738	191	93	79	16	7	6	2	41	2	81	2	0	15	3	.833	0	0	3.99

Scott Ruffcorn

Pitches: Right **Bats:** Right **Pos:** SP **Ht:** 6' 4" **Wt:** 210 **Born:** 12/29/69 **Age:** 25

Year	Team	Lg	G	GS	CG	GF	IP	BFP	H	R	ER	HR	SH	SF	HB	TBB	IBB	SO	WP	Bk	W	L	Pct.	ShO	Sv	ERA
1991	White Sox	R	4	2	0	1	11.1	49	8	7	4	0	0	0	0	5	0	15	1	1	0	0	.000	0	0	3.18
	South Bend	A	9	9	0	0	43.2	193	35	26	19	1	2	1	2	25	0	45	1	2	1	3	.250	0	0	3.92
1992	Sarasota	A	25	24	2	0	160.1	642	122	53	39	7	4	5	3	39	0	140	3	1	14	5	.737	2	0	2.19
1993	Birmingham	AA	20	20	3	0	135	563	108	47	41	6	5	0	4	52	0	141	7	0	9	4	.692	3	0	2.73
	Nashville	AAA	7	6	1	0	45	172	30	16	14	5	2	1	0	8	1	44	3	0	2	2	.500	0	0	2.80
1994	Nashville	AAA	24	24	3	0	165.2	672	139	57	50	5	3	6	6	40	1	144	6	0	15	3	.833	3	0	2.72
1993	Chicago	AL	3	2	0	1	10	46	9	11	9	2	1	1	0	10	0	2	1	0	0	2	.000	0	0	8.10
1994	Chicago	AL	2	2	0	0	6.1	39	15	11	9	1	0	1	0	5	0	3	0	0	0	2	.000	0	0	12.79
	2 ML YEARS		5	4	0	1	16.1	85	24	22	18	3	1	2	0	15	0	5	1	0	0	4	.000	0	0	9.92

Bruce Ruffin

Pitches: Left **Bats:** Both **Pos:** RP **Ht:** 6' 2" **Wt:** 212 **Born:** 10/04/63 **Age:** 31

Year	Team	Lg	G	GS	CG	GF	IP	BFP	H	R	ER	HR	SH	SF	HB	TBB	IBB	SO	WP	Bk	W	L	Pct.	ShO	Sv	ERA
1986	Philadelphia	NL	21	21	6	0	146.1	600	138	53	40	6	2	4	1	44	6	70	0	1	9	4	.692	0	0	2.46
1987	Philadelphia	NL	35	35	3	0	204.2	884	236	118	99	17	8	10	2	73	4	93	6	0	11	14	.440	1	0	4.35
1988	Philadelphia	NL	55	15	3	14	144.1	646	151	86	71	7	10	3	3	80	6	82	12	0	6	10	.375	0	3	4.43
1989	Philadelphia	NL	24	23	1	0	125.2	576	152	69	62	10	8	1	0	62	6	70	8	0	6	10	.375	0	0	4.44
1990	Philadelphia	NL	32	25	2	1	149	678	178	99	89	14	10	6	1	62	7	79	3	2	6	13	.316	1	0	5.38
1991	Philadelphia	NL	31	15	1	2	119	508	125	52	50	6	6	4	1	38	3	85	4	0	4	7	.364	1	0	3.78
1992	Milwaukee	AL	25	6	1	8	58	272	66	43	43	7	3	3	0	41	3	45	2	0	1	6	.143	0	0	6.67
1993	Colorado	NL	59	12	0	8	139.2	619	145	71	60	10	4	5	1	69	9	126	8	0	6	5	.545	0	2	3.87
1994	Colorado	NL	56	0	0	39	55.2	252	55	28	25	6	1	3	1	30	2	65	5	0	4	5	.444	0	16	4.04
	9 ML YEARS		338	152	17	70	1142.1	5035	1246	619	539	83	52	39	10	499	46	715	48	3	53	74	.417	3	21	4.25

Johnny Ruffin

Pitches: Right **Bats:** Right **Pos:** RP **Ht:** 6' 3" **Wt:** 170 **Born:** 07/29/71 **Age:** 23

Year	Team	Lg	G	GS	CG	GF	IP	BFP	H	R	ER	HR	SH	SF	HB	TBB	IBB	SO	WP	Bk	W	L	Pct.	ShO	Sv	ERA
1988	White Sox	R	13	11	1	0	58.2	246	43	27	15	3	1	2	4	22	0	31	9	2	4	2	.667	0	0	2.30
1989	Utica	A	15	15	0	0	88.1	376	67	43	33	3	5	1	1	46	0	92	8	0	4	8	.333	0	0	3.36
1990	South Bend	A	24	24	0	0	123	568	117	86	57	7	1	5	3	82	0	92	17	4	7	6	.538	0	0	4.17
1991	Sarasota	A	26	26	6	0	158.2	655	126	68	57	9	3	5	5	62	0	117	10	2	11	4	.733	2	0	3.23
1992	Birmingham	AA	10	10	0	0	47.2	228	51	48	32	3	1	5	1	34	0	44	9	0	0	7	.000	0	0	6.04
	Sarasota	A	23	8	0	6	62.2	290	56	46	41	5	2	1	4	41	0	61	10	2	3	7	.300	0	0	5.89
1993	Birmingham	AA	11	0	0	10	22.1	92	16	9	7	2	2	1	0	9	1	23	0	0	0	0	.000	0	2	2.82
	Nashville	AAA	29	0	0	11	60	242	48	24	22	5	2	2	1	16	4	69	10	0	3	4	.429	0	3	3.30
	Indianapols	AAA	3	0	0	3	6.2	25	3	1	1	0	2	0	0	2	0	6	0	0	1	1	.500	0	1	1.35
1993	Cincinnati	NL	21	0	0	5	37.2	159	36	16	15	4	1	0	1	11	1	30	2	0	2	1	.667	0	2	3.58
1994	Cincinnati	NL	51	0	0	13	70	287	57	26	24	7	2	2	0	27	3	44	5	1	7	2	.778	0	1	3.09
	2 ML YEARS		72	0	0	18	107.2	446	93	42	39	11	3	2	1	38	4	74	7	1	9	3	.750	0	3	3.26

Jeff Russell

Pitches: Right **Bats:** Right **Pos:** RP **Ht:** 6' 3" **Wt:** 205 **Born:** 09/02/61 **Age:** 33

Year	Team	Lg	G	GS	CG	GF	IP	BFP	H	R	ER	HR	SH	SF	HB	TBB	IBB	SO	WP	Bk	W	L	Pct.	ShO	Sv	ERA
1983	Cincinnati	NL	10	10	2	0	68.1	282	58	30	23	7	6	5	0	22	3	40	1	1	4	5	.444	0	0	3.03
1984	Cincinnati	NL	33	30	4	1	181.2	787	186	97	86	15	8	3	4	65	8	101	3	3	6	18	.250	2	0	4.26
1985	Texas	AL	13	13	0	0	62	295	85	55	52	10	1	3	2	27	1	44	2	0	3	6	.333	0	0	7.55
1986	Texas	AL	37	0	0	9	82	338	74	40	31	11	1	2	1	31	2	54	5	0	5	2	.714	0	2	3.40
1987	Texas	AL	52	2	0	12	97.1	442	109	56	48	9	0	5	2	52	5	56	6	1	5	4	.556	0	3	4.44
1988	Texas	AL	34	24	5	1	188.2	793	183	86	80	15	4	3	7	66	3	88	5	7	10	9	.526	0	0	3.82
1989	Texas	AL	71	0	0	66	72.2	278	45	21	16	4	1	3	3	24	5	77	6	0	6	4	.600	0	38	1.98
1990	Texas	AL	27	0	0	22	25.1	111	23	15	12	1	3	1	0	16	5	16	2	0	1	5	.167	0	10	4.26
1991	Texas	AL	68	0	0	56	79.1	336	71	36	29	11	3	4	1	26	1	52	6	0	6	4	.600	0	30	3.29
1992	2 ML Teams		59	0	0	46	66.1	276	55	14	12	3	1	2	2	25	3	48	3	0	4	3	.571	0	30	1.63
1993	Boston	AL	51	0	0	48	46.2	189	39	16	14	1	4	1	4	14	1	45	2	0	1	4	.200	0	33	2.70
1994	2 ML Teams		42	0	0	36	40.2	179	43	25	23	5	0	2	1	16	2	28	1	0	1	6	.143	0	17	5.09
1992	Texas	AL	51	0	0	42	56.2	241	51	14	12	3	1	2	2	22	3	43	3	0	2	3	.400	0	28	1.91
	Oakland	AL	8	0	0	4	9.2	35	4	0	0	0	0	0	0	3	0	5	0	0	2	0	1.000	0	2	0.00
1994	Boston	AL	29	0	0	25	28	127	30	17	16	3	0	2	1	13	2	18	1	0	0	5	.000	0	12	5.14
	Cleveland	AL	13	0	0	11	12.2	52	13	8	7	2	0	0	0	3	0	10	0	0	1	1	.500	0	5	4.97
	12 ML YEARS		497	79	11	297	1011	4306	971	491	426	92	29	37	24	384	39	649	42	12	52	70	.426	2	163	3.79

Ken Ryan

Pitches: Right **Bats:** Right **Pos:** RP **Ht:** 6' 3" **Wt:** 230 **Born:** 10/24/68 **Age:** 26

Year	Team	Lg	G	GS	CG	GF	IP	BFP	H	R	ER	HR	SH	SF	HB	TBB	IBB	SO	WP	Bk	W	L	Pct.	ShO	Sv	ERA
1994	Sarasota *	A	8	0	0	8	7.1	30	6	3	3	0	0	0	0	2	0	11	2	0	0	0	.000	0	1	3.68
1992	Boston	AL	7	0	0	6	7	30	4	5	5	2	1	1	0	5	0	5	0	0	0	0	.000	0	1	6.43
1993	Boston	AL	47	0	0	26	50	223	43	23	20	2	4	4	3	29	5	49	3	0	7	2	.778	0	1	3.60
1994	Boston	AL	42	0	0	26	48	202	46	14	13	1	4	0	1	17	3	32	2	0	2	3	.400	0	13	2.44
	3 ML YEARS		96	0	0	58	105	455	93	42	38	5	9	5	4	51	8	86	5	0	9	5	.643	0	15	3.26

Bret Saberhagen

Pitches: Right **Bats:** Right **Pos:** SP **Ht:** 6' 1" **Wt:** 190 **Born:** 04/11/64 **Age:** 31

Year	Team	Lg	G	GS	CG	GF	IP	BFP	H	R	ER	HR	SH	SF	HB	TBB	IBB	SO	WP	Bk	W	L	Pct.	ShO	Sv	ERA
1984	Kansas City	AL	38	18	2	9	157.2	634	138	71	61	13	8	5	2	36	4	73	7	1	10	11	.476	1	1	3.48
1985	Kansas City	AL	32	32	10	0	235.1	931	211	85	75	19	9	7	1	38	1	158	1	3	20	6	.769	1	0	2.87
1986	Kansas City	AL	30	25	4	4	156	652	165	77	72	15	3	3	2	29	1	112	1	1	7	12	.368	2	0	4.15
1987	Kansas City	AL	33	33	15	0	257	1048	246	99	96	27	8	5	6	53	2	163	6	1	18	10	.643	4	0	3.36
1988	Kansas City	AL	35	35	9	0	260.2	1089	271	122	110	18	8	10	4	59	5	171	9	0	14	16	.467	0	0	3.80
1989	Kansas City	AL	36	35	12	0	262.1	1021	209	74	63	13	9	6	2	43	6	193	8	1	23	6	.793	4	0	2.16
1990	Kansas City	AL	20	20	5	0	135	561	146	52	49	9	4	4	1	28	1	87	1	0	5	9	.357	0	0	3.27
1991	Kansas City	AL	28	28	7	0	196.1	789	165	76	67	12	8	3	9	45	5	136	8	0	13	8	.619	2	0	3.07
1992	New York	NL	17	15	1	0	97.2	397	84	39	38	6	3	3	4	27	1	81	1	2	3	5	.375	1	0	3.50
1993	New York	NL	19	19	4	0	139.1	576	131	55	51	11	6	6	3	17	4	93	2	2	7	7	.500	1	0	3.29
1994	New York	NL	24	24	4	0	177.1	696	169	58	54	13	9	5	4	13	0	143	0	0	14	4	.778	0	0	2.74
	11 ML YEARS		312	284	73	13	2074.2	8374	1935	802	736	156	75	57	38	388	30	1410	44	12	134	94	.588	16	1	3.19

Chris Sabo

Bats: Right **Throws:** Right **Pos:** 3B/RF **Ht:** 6' 0" **Wt:** 185 **Born:** 01/19/62 **Age:** 33

Year	Team	Lg	G	AB	H	2B	3B	HR	(Hm	Rd)	TB	R	RBI	TBB	IBB	SO	HBP	SH	SF	SB	CS	SB%	GDP	Avg	OBP	SLG
1988	Cincinnati	NL	137	538	146	40	2	11	(8	3)	223	74	44	29	1	52	6	5	4	46	14	.77	12	.271	.314	.414
1989	Cincinnati	NL	82	304	79	21	1	6	(3	3)	120	40	29	25	2	33	1	4	2	14	9	.61	2	.260	.316	.395
1990	Cincinnati	NL	148	567	153	38	2	25	(15	10)	270	95	71	61	7	58	4	1	3	25	10	.71	8	.270	.343	.476
1991	Cincinnati	NL	153	582	175	35	3	26	(15	11)	294	91	88	44	3	79	6	5	3	19	6	.76	13	.301	.354	.505
1992	Cincinnati	NL	96	344	84	19	3	12	(8	4)	145	42	43	30	1	54	1	1	6	4	5	.44	12	.244	.302	.422
1993	Cincinnati	NL	148	552	143	33	2	21	(12	9)	243	86	82	43	5	105	6	2	6	6	4	.60	10	.259	.315	.440
1994	Baltimore	AL	68	258	66	15	3	11	(3	8)	120	41	42	20	2	38	5	4	1	1	1	.50	8	.256	.320	.465
	7 ML YEARS		832	3145	846	201	16	112	(64	48)	1415	469	399	252	21	419	29	22	27	115	49	.70	65	.269	.326	.450

Olmedo Saenz

Bats: Right **Throws:** Right **Pos:** 3B **Ht:** 6'0" **Wt:** 175 **Born:** 10/08/70 **Age:** 24

						BATTING												BASERUNNING				PERCENTAGES		
Year	Team	Lg	G	AB	H	2B	3B	HR	(Hm	Rd)	TB	R	RBI	TBB	IBB	SO	HBP	SH	SF	SB	CS	SB%	GDP	Avg	OBP	SLG
1991	Sarasota	A	5	19	2	0	1	0	--	--	4	1	2	2	0	0	0	0	0	0	1	.00	1	.105	.190	.211
	South Bend	A	56	192	47	10	1	2	--	--	65	23	22	21	0	48	5	1	2	5	3	.63	3	.245	.332	.339
1992	South Bend	A	132	493	121	26	4	7	--	--	176	66	59	36	4	52	11	2	3	16	13	.55	16	.245	.309	.357
1993	South Bend	A	13	50	18	4	1	0	--	--	24	3	7	7	0	7	0	0	0	1	1	.50	1	.360	.439	.480
	Sarasota	A	33	121	31	9	4	0	--	--	48	13	27	9	0	18	2	1	1	3	1	.75	1	.256	.316	.397
	Birmingham	AA	49	173	60	17	2	6	--	--	99	30	29	20	2	21	5	0	1	2	1	.67	7	.347	.427	.572
1994	Nashville	AAA	107	383	100	27	2	12	--	--	167	48	59	30	0	57	9	2	5	3	2	.60	6	.261	.326	.436
1994	Chicago	AL	5	14	2	0	1	0	(0	0)	4	2	0	0	0	5	0	1	0	0	0	.00	1	.143	.143	.286

A.J. Sager

Pitches: Right **Bats:** Right **Pos:** RP/SP **Ht:** 6'4" **Wt:** 220 **Born:** 03/03/65 **Age:** 30

			HOW MUCH HE PITCHED					WHAT HE GAVE UP										THE RESULTS					
Year	Team	Lg	G	GS	CG	GF	IP	BFP	H	R	ER	HR	SH	SF	HB	TBB	IBB	SO	WP	Bk	W	L	Pct.	ShO	Sv	ERA
1988	Spokane	A	15	15	2	0	98.2	443	123	67	56	3	2	5	4	27	1	74	3	2	8	3	.727	0	0	5.11
1989	Chston-Sc	A	26	25	6	0	167.2	708	166	77	63	4	4	5	7	40	1	105	10	1	14	9	.609	2	0	3.38
1990	Wichita	AA	26	26	2	0	154.1	686	200	105	94	7	8	4	3	29	0	79	3	3	11	12	.478	1	0	5.48
1991	Wichita	AA	10	10	1	0	65.1	275	69	35	30	5	3	2	0	16	0	31	1	0	4	3	.571	0	0	4.13
	Las Vegas	AAA	18	18	3	0	109	458	127	63	57	5	1	4	1	20	3	61	4	1	7	5	.583	2	0	4.71
1992	Las Vegas	AAA	30	3	0	7	60	282	89	57	53	8	0	4	1	17	3	40	3	0	1	7	.125	0	1	7.95
1993	Wichita	AA	11	11	2	0	73.1	298	69	30	26	5	3	3	1	16	0	49	1	0	5	3	.625	1	0	3.19
	Las Vegas	AAA	21	11	2	3	90	379	91	49	37	7	5	2	5	18	1	58	5	2	6	5	.545	1	1	3.70
1994	Las Vegas	AAA	23	2	0	13	40.2	180	57	24	20	3	1	0	1	8	3	23	1	0	1	4	.200	0	5	4.43
1994	San Diego	NL	22	3	0	4	46.2	217	62	34	31	4	6	2	2	16	5	26	0	0	1	4	.200	0	0	5.98

Roger Salkeld

Pitches: Right **Bats:** Right **Pos:** SP **Ht:** 6'5" **Wt:** 215 **Born:** 03/06/71 **Age:** 24

			HOW MUCH HE PITCHED					WHAT HE GAVE UP										THE RESULTS					
Year	Team	Lg	G	GS	CG	GF	IP	BFP	H	R	ER	HR	SH	SF	HB	TBB	IBB	SO	WP	Bk	W	L	Pct.	ShO	Sv	ERA
1989	Bellingham	A	8	6	0	1	42	168	27	17	6	0	0	1	4	10	0	55	3	3	2	2	.500	0	0	1.29
1990	San Berndno	A	25	25	2	0	153.1	677	140	77	58	3	7	1	3	83	0	167	9	2	11	5	.688	0	0	3.40
1991	Jacksnville	AA	23	23	5	0	153.2	634	131	56	52	9	5	5	10	55	1	159	12	2	8	8	.500	0	0	3.05
	Calgary	AAA	4	4	0	0	19.1	90	18	16	11	2	1	0	4	13	0	21	1	0	2	1	.667	0	0	5.12
1993	Jacksnville	AA	14	14	0	0	77	334	71	39	28	8	3	5	5	29	1	56	2	1	4	3	.571	0	0	3.27
1994	Calgary	AAA	13	13	0	0	67.1	315	74	54	46	11	0	5	4	39	2	54	5	0	3	7	.300	0	0	6.15
1993	Seattle	AL	3	2	0	0	14.1	61	13	4	4	0	0	0	1	4	0	13	0	0	0	0	.000	0	0	2.51
1994	Seattle	AL	13	13	0	0	59	291	76	47	47	7	0	3	1	45	1	46	2	0	2	5	.286	0	0	7.17
	2 ML YEARS		16	15	0	0	73.1	352	89	51	51	7	0	3	2	49	1	59	2	0	2	5	.286	0	0	6.26

Tim Salmon

Bats: Right **Throws:** Right **Pos:** RF **Ht:** 6'3" **Wt:** 220 **Born:** 08/24/68 **Age:** 26

						BATTING												BASERUNNING				PERCENTAGES		
Year	Team	Lg	G	AB	H	2B	3B	HR	(Hm | Rd)	TB	R	RBI	TBB	IBB	SO	HBP	SH	SF	SB	CS	SB%	GDP	Avg	OBP	SLG
1992	California	AL	23	79	14	1	0	2	(1 | 1)	21	8	6	11	1	23	1	0	1	1	1	.50	1	.177	.283	.266
1993	California	AL	142	515	146	35	1	31	(23 | 8)	276	93	95	82	5	135	5	0	8	5	6	.45	6	.283	.382	.536
1994	California	AL	100	373	107	18	2	23	(12 | 11)	198	67	70	54	2	102	5	0	3	1	3	.25	3	.287	.382	.531
	3 ML YEARS		265	967	267	54	3	56	(36 | 20)	495	168	171	147	8	260	11	0	12	7	10	.41	10	.276	.374	.512

Bill Sampen

Pitches: Right **Bats:** Right **Pos:** RP **Ht:** 6'2" **Wt:** 200 **Born:** 01/18/63 **Age:** 32

			HOW MUCH HE PITCHED					WHAT HE GAVE UP										THE RESULTS					
Year	Team	Lg	G	GS	CG	GF	IP	BFP	H	R	ER	HR	SH	SF	HB	TBB	IBB	SO	WP	Bk	W	L	Pct.	ShO	Sv	ERA
1994	Vancouver*	AAA	14	0	0	8	15.1	78	22	17	13	1	0	2	1	12	0	8	2	0	0	2	.000	0	0	7.63
1990	Montreal	NL	59	0	0	26	90.1	394	94	34	30	7	5	3	2	33	6	69	4	0	12	7	.632	0	2	2.99
1991	Montreal	NL	43	8	0	13	92.1	409	96	49	41	13	4	4	3	46	7	52	3	1	9	5	.643	0	0	4.00
1992	2 ML Teams		52	2	0	13	83	348	83	32	30	4	6	3	0	32	7	37	2	2	1	6	.143	0	0	3.25
1993	Kansas City	AL	18	0	0	3	18.1	89	25	12	12	1	2	0	4	9	0	9	2	1	2	2	.500	0	0	5.89
1994	California	AL	10	0	0	4	15.1	75	14	11	11	1	1	0	3	13	0	9	0	0	1	1	.500	0	0	6.46
1992	Montreal	NL	44	1	0	10	63.1	267	62	22	22	4	5	1	0	29	6	23	1	2	1	4	.200	0	0	3.13
	Kansas City	AL	8	1	0	3	19.2	81	21	10	8	0	1	2	0	3	1	14	1	0	0	2	.000	0	0	3.66
	5 ML YEARS		182	14	0	54	299.1	1315	312	138	124	26	18	10	16	133	20	176	11	3	25	21	.543	0	2	3.73

Juan Samuel

Bats: Right **Throws:** Right **Pos:** CF   **Ht:** 5'11" **Wt:** 180 **Born:** 12/09/60 **Age:** 34

Year	Team	Lg	G	AB	H	2B	3B	HR	(Hm	Rd)	TB	R	RBI	TBB	IBB	SO	HBP	SH	SF	SB	CS	SB%	GDP	Avg	OBP	SLG
1983	Philadelphia	NL	18	65	18	1	2	2	(1	1)	29	14	5	4	1	16	1	0	1	3	2	.60	1	.277	.324	.446
1984	Philadelphia	NL	160	701	191	36	19	15	(8	7)	310	105	69	28	2	168	7	0	1	72	15	.83	6	.272	.307	.442
1985	Philadelphia	NL	161	663	175	31	13	19	(8	11)	289	101	74	33	2	141	6	2	5	53	19	.74	8	.264	.303	.436
1986	Philadelphia	NL	145	591	157	36	12	16	(10	6)	265	90	78	26	3	142	8	1	7	42	14	.75	8	.266	.302	.448
1987	Philadelphia	NL	160	655	178	37	15	28	(15	13)	329	113	100	60	5	162	5	0	6	35	15	.70	12	.272	.335	.502
1988	Philadelphia	NL	157	629	153	32	9	12	(7	5)	239	68	67	39	6	151	12	0	5	33	10	.77	8	.243	.298	.380
1989	2 ML Teams		137	532	125	16	2	11	(5	6)	178	69	48	42	2	120	11	2	2	42	12	.78	7	.235	.303	.335
1990	Los Angeles	NL	143	492	119	24	3	13	(6	7)	188	62	52	51	5	126	5	5	5	38	20	.66	8	.242	.316	.382
1991	Los Angeles	NL	153	594	161	22	6	12	(4	8)	231	74	58	49	4	133	3	10	3	23	8	.74	8	.271	.328	.389
1992	2 ML Teams		76	224	61	8	4	0	(0	0)	77	22	23	14	4	49	2	4	2	8	3	.73	2	.272	.318	.344
1993	Cincinnati	NL	103	261	60	10	4	4	(1	3)	90	31	26	23	3	53	3	0	2	9	7	.56	2	.230	.298	.345
1994	Detroit	AL	59	136	42	9	5	5	(4	1)	76	32	21	10	0	26	3	0	2	5	2	.71	4	.309	.364	.559
1989	Philadelphia	NL	51	199	49	3	1	8	(3	5)	78	32	20	18	1	45	1	0	1	11	3	.79	2	.246	.311	.392
	New York	NL	86	333	76	13	1	3	(2	1)	100	37	28	24	1	75	10	2	1	31	9	.78	5	.228	.299	.300
1992	Los Angeles	NL	47	122	32	3	1	0	(0	0)	37	7	15	7	3	22	1	4	2	2	2	.50	0	.262	.303	.303
	Kansas City	AL	29	102	29	5	3	0	(0	0)	40	15	8	7	1	27	1	0	0	6	1	.86	2	.284	.336	.392
12 ML YEARS			1472	5543	1440	262	94	137	(69	68)	2301	781	621	379	37	1287	66	24	41	363	127	.74	74	.260	.313	.415

Rey Sanchez

Bats: Right **Throws:** Right **Pos:** 2B/3B/SS   **Ht:** 5' 9" **Wt:** 170 **Born:** 10/05/67 **Age:** 27

Year	Team	Lg	G	AB	H	2B	3B	HR	(Hm	Rd)	TB	R	RBI	TBB	IBB	SO	HBP	SH	SF	SB	CS	SB%	GDP	Avg	OBP	SLG
1991	Chicago	NL	13	23	6	0	0	0	(0	0)	6	1	2	4	0	3	0	0	0	0	0	.00	0	.261	.370	.261
1992	Chicago	NL	74	255	64	14	3	1	(1	0)	87	24	19	10	1	17	3	5	2	2	1	.67	7	.251	.285	.341
1993	Chicago	NL	105	344	97	11	2	0	(0	0)	112	35	28	15	7	22	3	9	2	1	1	.50	8	.282	.316	.326
1994	Chicago	NL	96	291	83	13	1	0	(0	0)	98	26	24	20	4	29	7	4	1	2	5	.29	9	.285	.345	.337
4 ML YEARS			288	913	250	38	6	1	(1	0)	303	86	73	49	12	71	13	18	5	5	7	.42	24	.274	.318	.332

Ryne Sandberg

Bats: Right **Throws:** Right **Pos:** 2B   **Ht:** 6' 2" **Wt:** 190 **Born:** 09/18/59 **Age:** 35

Year	Team	Lg	G	AB	H	2B	3B	HR	(Hm	Rd)	TB	R	RBI	TBB	IBB	SO	HBP	SH	SF	SB	CS	SB%	GDP	Avg	OBP	SLG
1981	Philadelphia	NL	13	6	1	0	0	0	(0	0)	1	2	0	0	0	1	0	0	0	0	0	.00	0	.167	.167	.167
1982	Chicago	NL	156	635	172	33	5	7	(5	2)	236	103	54	36	3	90	4	7	5	32	12	.73	7	.271	.312	.372
1983	Chicago	NL	158	633	165	25	4	8	(4	4)	222	94	48	51	3	79	3	7	5	37	11	.77	8	.261	.316	.351
1984	Chicago	NL	156	636	200	36	19	19	(11	8)	331	114	84	52	3	101	3	5	4	32	7	.82	7	.314	.367	.520
1985	Chicago	NL	153	609	186	31	6	26	(17	9)	307	113	83	57	5	97	1	2	4	54	11	.83	10	.305	.364	.504
1986	Chicago	NL	154	627	178	28	5	14	(8	6)	258	68	76	46	6	79	0	3	6	34	11	.75	11	.284	.330	.411
1987	Chicago	NL	132	523	154	25	2	16	(8	8)	231	81	59	59	4	79	2	1	2	21	2	.91	11	.294	.367	.442
1988	Chicago	NL	155	618	163	23	8	19	(10	9)	259	77	69	54	3	91	1	1	5	25	10	.71	14	.264	.322	.419
1989	Chicago	NL	157	606	176	25	5	30	(16	14)	301	104	76	59	8	85	4	1	2	15	5	.75	9	.290	.356	.497
1990	Chicago	NL	155	615	188	30	3	40	(25	15)	344	116	100	50	8	84	1	0	0	25	7	.78	8	.306	.354	.559
1991	Chicago	NL	158	585	170	32	2	26	(15	11)	284	104	100	87	4	89	2	1	9	22	8	.73	9	.291	.379	.485
1992	Chicago	NL	158	612	186	32	8	26	(16	10)	312	100	87	68	4	73	1	0	6	17	6	.74	13	.304	.371	.510
1993	Chicago	NL	117	456	141	20	0	9	(5	4)	188	67	45	37	1	62	2	2	6	9	2	.82	12	.309	.359	.412
1994	Chicago	NL	57	223	53	9	5	5	(3	2)	87	36	24	23	0	40	1	0	0	2	3	.40	6	.238	.312	.390
14 ML YEARS			1879	7384	2133	349	72	245	(143	102)	3361	1179	905	679	52	1050	25	30	63	325	95	.77	125	.289	.348	.455

Deion Sanders

Bats: Left **Throws:** Left **Pos:** CF   **Ht:** 6' 1" **Wt:** 195 **Born:** 08/09/67 **Age:** 27

Year	Team	Lg	G	AB	H	2B	3B	HR	(Hm	Rd)	TB	R	RBI	TBB	IBB	SO	HBP	SH	SF	SB	CS	SB%	GDP	Avg	OBP	SLG
1989	New York	AL	14	47	11	2	0	2	(0	2)	19	7	7	3	1	8	0	0	0	1	0	1.00	0	.234	.280	.404
1990	New York	AL	57	133	21	2	2	3	(1	2)	36	24	9	13	0	27	1	1	1	8	2	.80	2	.158	.236	.271
1991	Atlanta	NL	54	110	21	1	2	4	(2	2)	38	16	13	12	0	23	0	0	0	11	3	.79	1	.191	.270	.345
1992	Atlanta	NL	97	303	92	6	14	8	(5	3)	150	54	28	18	0	52	2	1	1	26	9	.74	5	.304	.346	.495
1993	Atlanta	NL	95	272	75	18	6	6	(1	5)	123	42	28	16	3	42	3	1	2	19	7	.73	3	.276	.321	.452
1994	2 ML Teams		92	375	106	17	4	4	(2	2)	143	58	28	32	1	63	3	2	2	38	16	.70	5	.283	.342	.381
1994	Atlanta	NL	46	191	55	10	4	4	(2	2)	77	32	21	16	1	28	1	1	2	19	7	.73	4	.288	.343	.403
	Cincinnati	NL	46	184	51	7	4	0	(0	0)	66	26	7	16	0	35	2	1	0	19	9	.68	1	.277	.342	.359
6 ML YEARS			409	1240	326	46	28	27	(11	16)	509	201	113	94	5	215	9	5	6	103	37	.74	16	.263	.318	.410

Reggie Sanders

Bats: Right **Throws:** Right **Pos:** RF **Ht:** 6' 1" **Wt:** 186 **Born:** 12/01/67 **Age:** 27

						BATTING											BASERUNNING				PERCENTAGES		
Year	Team	Lg	G	AB	H	2B	3B	HR	(Hm | Rd)	TB	R	RBI	TBB	IBB	SO	HBP	SH	SF	SB	CS	SB%	GDP	Avg	OBP	SLG
1991	Cincinnati	NL	9	40	8	0	0	1	(0 | 1)	11	6	3	0	0	9	0	0	0	1	1	.50	1	.200	.200	.275
1992	Cincinnati	NL	116	385	104	26	6	12	(6 | 6)	178	62	36	48	2	98	4	0	1	16	7	.70	6	.270	.356	.462
1993	Cincinnati	NL	138	496	136	16	4	20	(8 | 12)	220	90	83	51	7	118	5	3	8	27	10	.73	10	.274	.343	.444
1994	Cincinnati	NL	107	400	105	20	8	17	(10 | 7)	192	66	62	41	1	114	2	1	3	21	9	.70	2	.263	.332	.480
	4 ML YEARS		370	1321	353	62	18	50	(24 | 26)	601	224	184	140	10	339	11	4	12	65	27	.71	19	.267	.340	.455

Scott Sanders

Pitches: Right **Bats:** Right **Pos:** SP **Ht:** 6' 4" **Wt:** 215 **Born:** 03/25/69 **Age:** 26

			HOW MUCH HE PITCHED					WHAT HE GAVE UP										THE RESULTS					
Year	Team	Lg	G	GS	CG	GF	IP	BFP	H	R	ER	HR	SH	SF	HB	TBB	IBB	SO	WP	Bk	W	L	Pct.	ShO	Sv	ERA
1990	Spokane	A	3	3	0	0	19	70	12	3	2	0	1	0	2	5	0	21	0	1	2	1	.667	0	0	0.95
	Waterloo	A	7	7	0	0	37	166	43	21	20	2	2	2	1	21	0	28	0	0	2	2	.500	0	0	4.86
1991	Waterloo	A	4	4	0	0	26.1	102	17	2	2	0	1	0	1	6	0	18	0	0	3	0	1.000	0	0	0.68
	High Desert	A	21	21	4	0	132.2	569	114	72	54	7	4	2	7	72	2	93	8	2	9	6	.600	2	0	3.66
1992	Wichita	AA	14	14	0	0	87.2	377	85	35	34	7	5	4	3	37	2	95	4	0	7	5	.583	0	0	3.49
	Las Vegas	AAA	14	12	1	1	72	340	97	49	44	7	3	1	3	31	1	51	6	0	3	6	.333	1	0	5.50
1993	Las Vegas	AAA	24	24	4	0	152.1	687	170	101	84	19	13	4	6	62	2	161	8	1	5	10	.333	0	0	4.96
1993	San Diego	NL	9	9	0	0	52.1	231	54	32	24	4	1	2	1	23	1	37	0	1	3	3	.500	0	0	4.13
1994	San Diego	NL	23	20	0	2	111	485	103	63	59	10	6	5	5	48	4	109	10	1	4	8	.333	0	0	4.78
	2 ML YEARS		32	29	0	2	163.1	716	157	95	83	14	7	7	6	71	5	146	10	2	7	11	.389	0	1	4.57

Scott Sanderson

Pitches: Right **Bats:** Right **Pos:** SP **Ht:** 6' 5" **Wt:** 192 **Born:** 07/22/56 **Age:** 38

			HOW MUCH HE PITCHED					WHAT HE GAVE UP										THE RESULTS					
Year	Team	Lg	G	GS	CG	GF	IP	BFP	H	R	ER	HR	SH	SF	HB	TBB	IBB	SO	WP	Bk	W	L	Pct.	ShO	Sv	ERA
1978	Montreal	NL	10	9	1	1	61	251	52	20	17	3	3	2	1	21	0	50	2	0	4	2	.667	1	0	2.51
1979	Montreal	NL	34	24	5	3	168	696	148	69	64	16	5	7	3	54	4	138	2	3	9	8	.529	3	1	3.43
1980	Montreal	NL	33	33	7	0	211	875	206	76	73	18	11	5	3	56	3	125	6	0	16	11	.593	3	0	3.11
1981	Montreal	NL	22	22	4	0	137	560	122	50	45	10	7	4	1	31	2	77	2	0	9	7	.563	1	0	2.96
1982	Montreal	NL	32	32	7	0	224	922	212	98	86	24	9	6	3	58	5	158	2	1	12	12	.500	0	0	3.46
1983	Montreal	NL	18	16	0	1	81.1	346	98	50	42	12	2	1	0	20	0	55	0	0	6	7	.462	0	1	4.65
1984	Chicago	NL	24	24	3	0	140.2	571	140	54	49	5	6	8	2	24	3	76	3	2	8	5	.615	0	0	3.14
1985	Chicago	NL	19	19	2	0	121	480	100	49	42	13	7	7	0	27	4	80	1	0	5	6	.455	0	0	3.12
1986	Chicago	NL	37	28	1	2	169.2	697	165	85	79	21	6	5	2	37	2	124	3	1	9	11	.450	1	1	4.19
1987	Chicago	NL	32	22	0	5	144.2	631	156	72	69	23	4	5	3	50	5	106	1	0	8	9	.471	0	2	4.29
1988	Chicago	NL	11	0	0	3	15.1	62	13	9	9	1	0	3	0	3	1	6	0	0	1	2	.333	0	0	5.28
1989	Chicago	NL	37	23	2	2	146.1	611	155	69	64	16	8	3	2	31	6	86	1	3	11	9	.550	0	0	3.94
1990	Oakland	AL	34	34	2	0	206.1	885	205	99	89	27	4	8	4	66	2	128	7	1	17	11	.607	1	0	3.88
1991	New York	AL	34	34	2	0	208	837	200	95	88	22	5	5	3	29	0	130	4	1	16	10	.615	2	0	3.81
1992	New York	AL	33	33	2	0	193.1	851	220	116	106	28	3	11	4	64	5	104	4	1	12	11	.522	1	0	4.93
1993	2 ML Teams		32	29	4	1	184	777	201	97	86	27	9	10	6	34	7	102	1	5	11	13	.458	0	0	4.21
1994	Chicago	AL	18	14	1	0	92	389	110	57	52	20	3	1	2	12	1	36	0	1	8	4	.667	0	0	5.09
1993	California	AL	21	21	4	0	135.1	576	153	77	67	15	6	8	5	27	5	66	1	2	7	11	.389	1	0	4.46
	San Francisco	NL	11	8	0	1	48.2	201	48	20	19	12	3	2	1	7	2	36	0	3	4	2	.667	0	0	3.51
	17 ML YEARS		460	396	43	18	2503.2	10441	2503	1165	1060	286	92	91	39	617	50	1581	39	19	162	138	.540	14	5	3.81

Benito Santiago

Bats: Right **Throws:** Right **Pos:** C **Ht:** 6' 1" **Wt:** 185 **Born:** 03/09/65 **Age:** 30

						BATTING											BASERUNNING				PERCENTAGES		
Year	Team	Lg	G	AB	H	2B	3B	HR	(Hm | Rd)	TB	R	RBI	TBB	IBB	SO	HBP	SH	SF	SB	CS	SB%	GDP	Avg	OBP	SLG
1986	San Diego	NL	17	62	18	2	0	3	(2 | 1)	29	10	6	2	0	12	0	0	1	0	1	.00	0	.290	.308	.468
1987	San Diego	NL	146	546	164	33	2	18	(11 | 7)	255	64	79	16	2	112	5	1	4	21	12	.64	12	.300	.324	.467
1988	San Diego	NL	139	492	122	22	2	10	(3 | 7)	178	49	46	24	2	82	1	5	5	15	7	.68	18	.248	.282	.362
1989	San Diego	NL	129	462	109	16	3	16	(8 | 8)	179	50	62	26	6	89	1	3	2	11	6	.65	9	.236	.277	.387
1990	San Diego	NL	100	344	93	8	5	11	(5 | 6)	144	42	53	27	2	55	3	0	7	5	5	.50	4	.270	.323	.419
1991	San Diego	NL	152	580	155	22	3	17	(6 | 11)	234	60	87	23	5	114	4	0	7	8	10	.44	21	.267	.296	.403
1992	San Diego	NL	106	386	97	21	0	10	(8 | 2)	148	37	42	21	1	52	0	0	4	2	5	.29	14	.251	.287	.383
1993	Florida	NL	139	469	108	19	6	13	(6 | 7)	178	49	50	37	2	88	5	0	4	10	7	.59	9	.230	.291	.380
1994	Florida	NL	101	337	92	14	2	11	(4 | 7)	143	35	41	25	1	57	1	0	2	1	2	.33	11	.273	.322	.424
	9 ML YEARS		1029	3678	958	157	23	109	(53 | 56)	1488	396	466	201	21	661	20	12	38	73	55	.57	98	.260	.299	.405

Mackey Sasser

Bats: Left **Throws:** Right **Pos:** C **Ht:** 6'1" **Wt:** 210 **Born:** 08/03/62 **Age:** 32

Year	Team	Lg	G	AB	H	2B	3B	HR	(Hm	Rd)	TB	R	RBI	TBB	IBB	SO	HBP	SH	SF	SB	CS	SB%	GDP	Avg	OBP	SLG
1994	Calgary*	AAA	8	29	8	2	0	1	--	--	13	2	1	0	0	3	2	0	0	0	0	.00	1	.276	.323	.448
	Wichita*	AA	28	104	29	5	0	4	--	--	46	13	13	6	0	7	0	0	4	2	3	.40	4	.279	.307	.442
1987	2 ML Teams		14	27	5	0	0	0	(0	0)	5	2	2	0	0	2	0	0	0	0	0	.00	1	.185	.185	.185
1988	New York	NL	60	123	35	10	1	1	(0	1)	50	9	17	6	4	9	0	0	2	0	0	.00	4	.285	.313	.407
1989	New York	NL	72	182	53	14	2	1	(1	0)	74	17	22	7	4	15	0	1	1	0	1	.00	3	.291	.316	.407
1990	New York	NL	100	270	83	14	0	6	(3	3)	115	31	41	15	9	19	1	0	2	0	0	.00	7	.307	.344	.426
1991	New York	NL	96	228	62	14	2	5	(3	2)	95	18	35	9	2	19	1	1	4	0	2	.00	6	.272	.298	.417
1992	New York	NL	92	141	34	6	0	2	(1	1)	46	7	18	3	0	10	0	0	5	0	0	.00	4	.241	.248	.326
1993	Seattle	AL	83	188	41	10	2	1	(0	1)	58	18	21	15	6	30	1	0	4	1	0	1.00	7	.218	.274	.309
1994	Seattle		3	4	0	0	0	0	(0	0)	0	0	0	0	0	0	0	0	0	0	0	.00	0	.000	.000	.000
1987	San Francisco	NL	2	4	0	0	0	0	(0	0)	0	0	0	0	0	0	0	0	0	0	0	.00	0	.000	.000	.000
	Pittsburgh	NL	12	23	5	0	0	0	(0	0)	5	2	2	0	0	2	0	0	0	0	0	.00	1	.217	.217	.217
	8 ML YEARS		520	1163	313	68	7	16	(8	8)	443	102	156	55	25	104	3	2	18	1	3	.25	32	.269	.299	.381

Steve Sax

Bats: Right **Throws:** Right **Pos:** 2B **Ht:** 5'11" **Wt:** 189 **Born:** 01/29/60 **Age:** 35

Year	Team	Lg	G	AB	H	2B	3B	HR	(Hm	Rd)	TB	R	RBI	TBB	IBB	SO	HBP	SH	SF	SB	CS	SB%	GDP	Avg	OBP	SLG
1994	Birmingham*	AA	7	22	7	2	0	0	--	--	9	5	1	5	0	2	1	0	0	0	0	.00	2	.318	.464	.409
1981	Los Angeles	NL	31	119	33	2	0	2	(0	2)	41	15	9	7	1	14	0	1	0	5	7	.42	2	.277	.317	.345
1982	Los Angeles	NL	150	638	180	23	7	4	(2	2)	229	88	47	49	1	53	2	10	0	49	19	.72	10	.282	.335	.359
1983	Los Angeles	NL	155	623	175	18	5	5	(3	2)	218	94	41	58	3	73	1	8	2	56	30	.65	8	.281	.342	.350
1984	Los Angeles	NL	145	569	138	24	4	1	(1	0)	173	70	35	47	3	53	1	2	3	34	19	.64	12	.243	.300	.304
1985	Los Angeles	NL	136	488	136	8	4	1	(1	0)	155	62	42	54	12	43	3	3	3	27	11	.71	15	.279	.352	.318
1986	Los Angeles	NL	157	633	210	43	4	6	(1	5)	279	91	56	59	5	58	3	6	3	40	17	.70	12	.332	.390	.441
1987	Los Angeles	NL	157	610	171	22	7	6	(2	4)	225	84	46	44	5	61	3	5	1	37	11	.77	13	.280	.331	.369
1988	Los Angeles	NL	160	632	175	19	4	5	(2	3)	217	70	57	45	6	51	1	5	7	42	12	.78	11	.277	.325	.343
1989	New York	AL	158	651	205	26	3	5	(2	3)	252	88	63	52	2	44	1	8	5	43	17	.72	19	.315	.364	.387
1990	New York	AL	155	615	160	24	2	4	(3	1)	200	70	42	49	3	46	4	6	6	43	9	.83	13	.260	.316	.325
1991	New York	AL	158	652	198	38	2	10	(6	4)	270	85	56	41	2	38	3	5	6	31	11	.74	15	.304	.345	.414
1992	Chicago	AL	143	567	134	26	4	4	(1	3)	180	74	47	43	4	42	2	12	6	30	12	.71	17	.236	.290	.317
1993	Chicago	AL	57	119	28	5	0	1	(1	0)	36	20	8	8	0	6	0	2	0	7	3	.70	1	.235	.283	.303
1994	Oakland	AL	7	24	6	0	1	0	(0	0)	8	2	1	0	0	2	0	0	0	0	0	.00	0	.250	.250	.333
	14 ML YEARS		1769	6940	1949	278	47	54	(25	29)	2483	913	550	556	47	584	24	75	37	444	178	.71	146	.281	.335	.358

Bob Scanlan

Pitches: Right **Bats:** Right **Pos:** RP/SP **Ht:** 6'8" **Wt:** 215 **Born:** 08/09/66 **Age:** 28

Year	Team	Lg	G	GS	CG	GF	IP	BFP	H	R	ER	HR	SH	SF	HB	TBB	IBB	SO	WP	Bk	W	L	Pct.	ShO	Sv	ERA
1991	Chicago	NL	40	13	0	16	111	482	114	60	48	5	8	6	3	40	3	44	5	1	7	8	.467	0	1	3.89
1992	Chicago	NL	69	0	0	41	87.1	360	76	32	28	4	4	2	1	30	6	42	6	4	3	6	.333	0	14	2.89
1993	Chicago	NL	70	0	0	13	75.1	323	79	41	38	6	2	6	3	28	7	44	0	2	4	5	.444	0	0	4.54
1994	Milwaukee	AL	30	12	0	9	103	441	117	53	47	11	1	2	4	28	2	65	3	1	2	6	.250	0	2	4.11
	4 ML YEARS		209	25	0	79	376.2	1606	386	186	161	26	15	16	11	126	18	195	14	8	16	25	.390	0	17	3.85

Steve Scarsone

Bats: Right **Throws:** Right **Pos:** 2B **Ht:** 6'2" **Wt:** 195 **Born:** 04/11/66 **Age:** 29

Year	Team	Lg	G	AB	H	2B	3B	HR	(Hm	Rd)	TB	R	RBI	TBB	IBB	SO	HBP	SH	SF	SB	CS	SB%	GDP	Avg	OBP	SLG
1992	2 ML Teams		18	30	5	0	0	0	(0	0)	5	3	0	2	0	12	0	1	0	0	0	.00	0	.167	.219	.167
1993	San Francisco	NL	44	103	26	9	0	2	(1	1)	41	16	15	4	0	32	0	4	1	0	1	.00	0	.252	.278	.398
1994	San Francisco	NL	52	103	28	8	0	2	(0	2)	42	21	13	10	1	20	0	3	2	0	2	.00	1	.272	.330	.408
1992	Philadelphia	NL	7	13	2	0	0	0	(0	0)	2	1	0	1	0	6	0	0	0	0	0	.00	0	.154	.214	.154
	Baltimore	AL	11	17	3	0	0	0	(0	0)	3	2	0	1	0	6	0	1	0	0	0	.00	0	.176	.222	.176
	3 ML YEARS		114	236	59	17	0	4	(1	3)	88	40	28	16	1	64	0	8	3	0	3	.00	1	.250	.294	.373

Jeff Schaefer

Bats: Right **Throws:** Right **Pos:** 3B **Ht:** 5'10" **Wt:** 170 **Born:** 05/31/60 **Age:** 35

Year	Team	Lg	G	AB	H	2B	3B	HR	(Hm	Rd)	TB	R	RBI	TBB	IBB	SO	HBP	SH	SF	SB	CS	SB%	GDP	Avg	OBP	SLG
1994	Rochester*	AAA	14	51	11	2	0	0	--	--	13	7	1	0	0	0	0	1	0	1	0	1.00	1	.216	.216	.255
	Tacoma*	AAA	61	218	46	11	0	1	--	--	62	19	21	9	0	33	2	7	1	3	5	.38	3	.211	.248	.284
1989	Chicago	AL	15	10	1	0	0	0	(0	0)	1	2	0	0	0	2	0	1	0	1	1	.50	0	.100	.100	.100
1990	Seattle	AL	55	107	22	3	0	0	(0	0)	25	11	6	3	0	11	0	2	2	4	1	.80	1	.206	.239	.234

Year	Team	Lg	G	AB	H	2B	3B	HR	(Hm	Rd)	TB	R	RBI	TBB	IBB	SO	HBP	SH	SF	SB	CS	SB%	GDP	Avg	OBP	SLG
1991	Seattle	AL	84	164	41	7	1	1	(0	1)	53	19	11	5	0	25	0	6	0	3	1	.75	7	.250	.272	.323
1992	Seattle	AL	65	70	8	2	0	1	(0	1)	13	5	3	2	0	10	0	6	0	0	1	.00	2	.114	.139	.186
1994	Oakland	AL	6	8	1	0	0	0	(0	0)	1	0	0	0	0	1	0	0	0	0	0	.00	0	.125	.125	.125
	5 ML YEARS		225	359	73	12	1	2	(0	2)	93	37	20	10	0	49	2	15	1	8	4	.67	10	.203	.228	.259

Rich Scheid

Pitches: Left **Bats:** Left **Pos:** SP **Ht:** 6' 3" **Wt:** 185 **Born:** 02/03/65 **Age:** 30

			HOW MUCH HE PITCHED						WHAT HE GAVE UP										THE RESULTS				
Year	Team	Lg	G	GS	CG	GF	IP	BFP	H	R	ER	HR	SH	SF	HB	TBB	IBB	SO	WP	Bk	W	L	Pct.	ShO	Sv	ERA
1986	Oneonta	A	15	15	3	0	93	368	62	30	23	2	1	0	3	32	1	100	6	2	9	3	.750	1	0	2.23
1987	Ft.Laudrdle	A	9	8	1	1	55	236	43	25	18	1	1	3	0	29	0	49	3	0	7	0	1.000	1	0	2.95
	Albany	AA	9	9	1	0	48	221	44	33	29	2	1	4	5	33	1	33	5	3	2	3	.400	1	0	5.44
	Pittsfield	AA	11	6	0	2	28	145	44	27	23	1	0	2	1	19	0	13	2	0	2	0	1.000	0	0	7.39
1988	Pittsfield	AA	24	20	1	1	118.1	522	119	58	49	6	9	6	1	62	3	75	10	10	6	6	.500	0	1	3.73
1989	Iowa	AAA	7	0	0	2	7.1	42	8	6	4	0	0	0	0	10	1	7	0	1	0	0	.000	0	0	4.91
	Charlotte	AA	17	6	1	2	46.1	209	43	30	21	8	1	1	2	27	2	37	7	7	4	1	.800	0	0	4.08
1990	Birmingham	AA	25	0	0	13	44.2	192	37	17	11	0	0	5	1	21	4	37	4	3	2	1	.667	0	4	2.22
	Vancouver	AAA	20	2	0	10	39.1	173	37	19	14	2	1	0	0	24	1	38	2	3	2	2	.500	0	0	3.20
1991	Vancouver	AAA	47	0	0	20	66.2	293	65	46	45	7	4	1	2	33	4	57	6	0	6	7	.462	0	3	6.08
1992	Vancouver	AAA	29	0	0	6	35.1	160	29	13	11	0	2	1	0	28	4	24	3	0	1	2	.333	0	0	2.80
	Tucson	AAA	12	8	0	1	57	236	49	23	16	4	2	2	1	23	2	34	4	3	2	3	.400	0	1	2.53
1993	Edmonton	AAA	38	0	0	15	110	490	130	68	62	9	4	0	4	38	1	84	4	2	5	7	.417	0	0	5.07
1994	Edmonton	AAA	17	17	2	0	102.1	441	110	50	46	7	3	4	0	41	0	86	2	3	9	4	.692	2	0	4.05
1992	Houston	NL	7	1	0	3	12	56	14	8	8	2	0	0	0	6	1	8	1	0	0	1	.000	0	0	6.00
1994	Florida	NL	8	5	0	1	32.1	142	35	18	12	6	2	0	2	8	0	17	2	1	1	3	.250	0	0	3.34
	2 ML YEARS		15	6	0	4	44.1	198	49	26	20	8	2	0	2	14	1	25	3	1	1	4	.200	0	0	4.06

Curt Schilling

Pitches: Right **Bats:** Right **Pos:** SP **Ht:** 6' 4" **Wt:** 225 **Born:** 11/14/66 **Age:** 28

			HOW MUCH HE PITCHED						WHAT HE GAVE UP										THE RESULTS				
Year	Team	Lg	G	GS	CG	GF	IP	BFP	H	R	ER	HR	SH	SF	HB	TBB	IBB	SO	WP	Bk	W	L	Pct.	ShO	Sv	ERA
1994	Reading *	AA	1	1	0	0	4	17	6	0	0	0	0	0	0	1	0	4	1	0	0	0	.000	0	0	0.00
	Scranton-Wb *	AAA	2	2	0	0	10	41	6	2	2	0	1	0	0	5	0	6	0	0	0	0	.000	0	1	1.80
1988	Baltimore	AL	4	4	0	0	14.2	76	22	19	16	3	0	3	1	10	1	4	2	0	0	3	.000	0	0	9.82
1989	Baltimore	AL	5	1	0	0	8.2	38	10	6	6	2	0	0	0	3	0	6	1	0	0	1	.000	0	0	6.23
1990	Baltimore	AL	35	0	0	16	46	191	38	13	13	1	2	4	0	19	0	32	0	0	1	2	.333	0	3	2.54
1991	Houston	NL	56	0	0	34	75.2	336	79	35	32	2	5	1	0	39	7	71	4	1	3	5	.375	0	8	3.81
1992	Philadelphia	NL	42	26	10	10	226.1	895	165	67	59	11	7	8	1	59	4	147	4	0	14	11	.560	4	2	2.35
1993	Philadelphia	NL	34	34	7	0	235.1	982	234	114	105	23	9	7	4	57	6	186	9	3	16	7	.696	2	0	4.02
1994	Philadelphia	NL	13	13	1	0	82.1	360	87	42	41	10	6	1	3	28	3	58	3	1	2	8	.200	0	0	4.48
	7 ML YEARS		189	78	18	60	689	2878	635	296	272	52	29	24	9	215	21	504	23	5	36	37	.493	6	13	3.55

Dick Schofield

Bats: Right **Throws:** Right **Pos:** SS **Ht:** 5'10" **Wt:** 179 **Born:** 11/21/62 **Age:** 32

			BATTING																BASERUNNING				PERCENTAGES		
Year	Team	Lg	G	AB	H	2B	3B	HR	(Hm	Rd)	TB	R	RBI	TBB	IBB	SO	HBP	SH	SF	SB	CS	SB%	GDP	Avg	OBP	SLG
1983	California	AL	21	54	11	2	0	3	(2	1)	22	4	4	6	0	8	1	1	0	0	0	.00	2	.204	.295	.407
1984	California	AL	140	400	77	10	3	4	(0	4)	105	39	21	33	0	79	6	13	0	5	2	.71	7	.193	.264	.263
1985	California	AL	147	438	96	19	3	8	(5	3)	145	50	41	35	0	70	8	12	3	11	4	.73	6	.219	.287	.331
1986	California	AL	139	458	114	17	6	13	(6	7)	182	67	57	48	2	55	5	9	9	23	5	.82	8	.249	.321	.397
1987	California	AL	134	479	120	17	3	9	(4	5)	170	52	46	37	0	63	2	10	3	19	3	.86	4	.251	.305	.355
1988	California	AL	155	527	126	11	6	6	(3	3)	167	61	34	40	0	57	9	11	2	20	5	.80	5	.239	.303	.317
1989	California	AL	91	302	69	11	2	4	(1	3)	96	42	26	28	0	47	3	11	2	9	3	.75	4	.228	.299	.318
1990	California	AL	99	310	79	8	1	1	(1	0)	92	41	18	52	3	61	2	13	2	3	4	.43	3	.255	.363	.297
1991	California	AL	134	427	96	9	3	0	(0	0)	111	44	31	50	2	69	3	7	0	8	4	.67	3	.225	.310	.260
1992	2 ML Teams		143	423	87	18	2	4	(3	1)	121	52	36	61	4	82	5	10	3	11	4	.73	11	.206	.311	.286
1993	Toronto	AL	36	110	21	1	2	0	(0	0)	26	11	5	16	0	25	0	2	0	3	0	1.00	1	.191	.294	.236
1994	Toronto	AL	95	325	83	14	1	4	(2	2)	111	38	32	34	0	62	4	8	2	7	7	.50	0	.255	.332	.342
1992	California	AL	1	3	1	0	0	0	(0	0)	1	0	0	0	0	0	0	0	0	0	0	.00	0	.333	.500	.333
	New York	NL	142	420	86	18	2	4	(3	1)	120	52	36	60	4	82	5	10	3	11	4	.73	11	.205	.309	.286
	12 ML YEARS		1334	4253	979	137	32	56	(28	28)	1348	501	351	440	11	678	48	107	26	119	41	.74	58	.230	.308	.317

Pete Schourek

Pitches: Left **Bats:** Left **Pos:** RP/SP **Ht:** 6' 5" **Wt:** 205 **Born:** 05/10/69 **Age:** 26

			HOW MUCH HE PITCHED					WHAT HE GAVE UP										THE RESULTS				
Year	Team	Lg	G	GS	CG	GF	IP	BFP	H	R	ER	HR	SH	SF	HB	TBB	IBB	SO	WP	Bk	W	L	Pct.	ShO	Sv	ERA
1991	New York	NL	35	8	1	7	86.1	385	82	49	41	7	5	4	2	43	4	67	1	0	5	4	.556	1	2	4.27
1992	New York	NL	22	21	0	0	136	578	137	60	55	9	4	4	2	44	6	60	4	2	6	8	.429	0	0	3.64
1993	New York	NL	41	18	0	6	128.1	586	168	90	85	13	3	8	3	45	7	72	1	2	5	12	.294	0	0	5.96
1994	Cincinnati	NL	22	10	0	3	81.1	354	90	39	37	11	6	2	3	29	4	69	0	0	7	2	.778	0	0	4.09
	4 ML YEARS		120	57	1	16	432	1903	477	238	218	40	18	18	10	161	21	268	6	4	23	26	.469	1	2	4.54

Erik Schullstrom

Pitches: Right **Bats:** Right **Pos:** RP **Ht:** 6' 5" **Wt:** 220 **Born:** 03/25/69 **Age:** 26

			HOW MUCH HE PITCHED					WHAT HE GAVE UP										THE RESULTS				
Year	Team	Lg	G	GS	CG	GF	IP	BFP	H	R	ER	HR	SH	SF	HB	TBB	IBB	SO	WP	Bk	W	L	Pct.	ShO	Sv	ERA
1990	Wausau	A	5	5	0	0	19.1	82	20	12	10	3	0	1	0	7	0	21	0	2	0	2	.000	0	0	4.66
	Frederick	A	2	2	0	0	13	54	9	5	5	0	1	2	1	6	0	8	0	0	2	0	1.000	0	0	3.46
1991	Frederick	A	19	17	1	0	86	361	70	32	29	5	4	1	1	45	1	73	4	2	5	6	.455	1	0	3.03
	Hagerstown	AA	2	2	0	0	13	54	11	5	4	0	1	0	1	3	0	9	1	0	1	0	1.000	0	0	2.77
1992	Hagerstown	AA	23	22	2	0	127	556	120	66	51	7	6	2	3	63	0	128	7	3	5	9	.357	0	0	3.61
	Las Vegas	AAA	1	1	0	0	5	20	3	0	0	0	0	0	0	3	0	4	0	0	1	0	1.000	0	0	0.00
1993	Bowie	AA	24	14	2	4	109.2	480	119	63	52	6	6	3	3	45	0	97	7	0	5	10	.333	0	1	4.27
	Nashville	AA	4	3	0	0	13	61	16	7	7	1	0	1	0	6	0	11	1	0	1	0	1.000	0	0	4.85
1994	Nashville	AA	26	0	0	17	41	164	36	14	12	2	4	1	1	6	0	43	2	0	1	2	.333	0	8	2.63
	Salt Lake	AAA	8	0	0	7	11.1	47	12	5	5	0	0	0	0	3	2	8	0	0	0	1	.000	0	2	3.97
1994	Minnesota	AL	9	0	0	5	13	57	13	7	4	0	1	0	1	5	0	13	0	0	0	0	.000	0	1	2.77

Jeff Schwarz

Pitches: Right **Bats:** Right **Pos:** RP **Ht:** 6' 5" **Wt:** 190 **Born:** 05/20/64 **Age:** 31

			HOW MUCH HE PITCHED					WHAT HE GAVE UP										THE RESULTS				
Year	Team	Lg	G	GS	CG	GF	IP	BFP	H	R	ER	HR	SH	SF	HB	TBB	IBB	SO	WP	Bk	W	L	Pct.	ShO	Sv	ERA
1984	Quad City	A	27	24	2	1	130	606	106	88	73	11	11	3	11	111	2	123	17	0	4	14	.222	0	0	5.05
1985	Peoria	A	27	19	6	3	143.1	605	99	60	51	4	3	7	9	79	2	140	9	0	7	9	.438	2	0	3.20
1986	Winston-Sal	A	4	2	0	1	12	57	10	10	10	3	0	0	1	12	0	11	3	2	0	1	.000	0	0	7.50
1987	Peoria	A	20	13	2	1	92.1	418	79	59	47	7	6	6	8	59	1	91	9	1	5	7	.417	2	0	4.58
1988	Winston-Sal	A	24	24	2	0	151.1	689	133	93	76	10	3	8	6	110	1	153	12	4	7	12	.368	2	0	4.52
	Pittsfield	AA	3	3	0	0	14.1	72	19	9	9	1	0	0	0	11	0	5	1	3	0	1	.000	0	0	5.65
1989	Hagerstown	AA	17	9	0	5	69	311	66	45	30	3	4	4	4	41	0	78	7	5	0	6	.000	0	1	3.91
	Rochester	AAA	9	0	0	4	12.1	62	5	9	8	0	2	0	1	16	0	12	2	0	0	2	.000	0	2	5.84
1990	Rochester	AAA	5	1	0	0	12.2	60	10	10	10	1	0	3	0	19	0	4	4	0	0	0	.000	0	0	7.11
	Stockton	A	19	8	0	3	56.1	265	59	36	30	1	2	0	9	36	0	59	5	1	3	3	.500	0	2	4.79
1991	El Paso	AA	27	24	3	1	141.2	650	139	91	77	11	7	8	8	97	1	134	18	3	11	8	.579	1	0	4.89
1992	Birmingham	AA	21	0	0	16	38.2	147	16	5	5	1	0	0	4	9	2	53	2	0	2	1	.667	0	6	1.16
	Vancouver	AAA	23	0	0	17	36	162	26	18	12	0	1	1	0	31	4	42	5	0	1	3	.250	0	3	3.00
1993	Nashville	AAA	7	0	0	2	11	43	1	3	3	0	0	0	2	12	1	8	0	1	0	0	.000	0	0	2.45
1994	Nashville	AAA	14	0	0	6	16.1	89	18	22	21	0	0	0	4	20	0	21	3	0	0	1	.000	0	0	11.57
1993	Chicago	AL	41	0	0	10	51	218	35	21	21	1	0	3	3	38	2	41	5	1	2	2	.500	0	0	3.71
1994	2 ML Teams		13	0	0	5	18	88	14	13	11	0	1	1	0	22	0	18	3	0	0	0	.000	0	0	5.50
1994	Chicago	AL	9	0	0	5	11.1	60	9	10	8	0	0	1	0	16	0	14	2	0	0	0	.000	0	0	6.35
	California	AL	4	0	0	0	6.2	28	5	3	3	0	1	0	0	6	0	4	1	0	0	0	.000	0	0	4.05
	2 ML YEARS		54	0	0	15	69	306	49	34	32	1	1	4	3	60	2	59	8	1	2	2	.500	0	0	4.17

Tim Scott

Pitches: Right **Bats:** Right **Pos:** RP **Ht:** 6' 2" **Wt:** 205 **Born:** 11/16/66 **Age:** 28

			HOW MUCH HE PITCHED					WHAT HE GAVE UP										THE RESULTS				
Year	Team	Lg	G	GS	CG	GF	IP	BFP	H	R	ER	HR	SH	SF	HB	TBB	IBB	SO	WP	Bk	W	L	Pct.	ShO	Sv	ERA
1991	San Diego	NL	2	0	0	0	1	5	2	1	1	0	0	0	0	0	0	1	0	0	0	0	.000	0	0	9.00
1992	San Diego	NL	34	0	0	16	37.2	173	39	24	22	4	4	1	0	21	6	30	0	1	4	1	.800	0	0	5.26
1993	2 ML Teams		56	0	0	18	71.2	317	69	28	24	4	3	2	4	34	2	65	2	1	7	2	.778	0	1	3.01
1994	Montreal	NL	40	0	0	8	53.1	223	51	17	16	0	0	0	2	18	3	37	1	1	5	2	.714	0	0	2.70
1993	San Diego	NL	24	0	0	2	37.2	169	38	13	10	1	2	2	4	15	0	30	1	1	2	0	1.000	0	0	2.39
	Montreal	NL	32	0	0	16	34	148	31	15	14	3	1	0	0	19	2	35	1	0	5	2	.714	0	1	3.71
	4 ML YEARS		132	0	0	42	163.2	718	161	71	63	8	7	3	7	73	11	133	3	3	16	5	.762	0	2	3.46

Rudy Seanez

Pitches: Right **Bats:** Right **Pos:** RP **Ht:** 5'10" **Wt:** 185 **Born:** 10/20/68 **Age:** 26

			HOW MUCH HE PITCHED					WHAT HE GAVE UP										THE RESULTS				
Year	Team	Lg	G	GS	CG	GF	IP	BFP	H	R	ER	HR	SH	SF	HB	TBB	IBB	SO	WP	Bk	W	L	Pct.	ShO	Sv	ERA
1994	Albuquerque*	AAA	20	0	0	16	22	105	28	14	13	3	0	1	0	13	1	26	8	0	2	1	.667	0	9	5.32
1989	Cleveland	AL	5	0	0	2	5	20	1	2	2	0	0	2	0	4	1	7	1	1	0	0	.000	0	0	3.60
1990	Cleveland	AL	24	0	0	12	27.1	127	22	17	17	2	0	1	1	25	1	24	5	0	2	1	.667	0	0	5.60
1991	Cleveland	AL	5	0	0	0	5	33	10	12	9	2	0	0	0	7	0	7	2	0	0	0	.000	0	0	16.20
1993	San Diego	NL	3	0	0	3	3.1	20	8	6	5	1	1	0	0	2	0	1	0	0	0	0	.000	0	0	13.50
1994	Los Angeles	NL	17	0	0	6	23.2	104	24	7	7	2	4	2	1	9	1	18	3	0	1	1	.500	0	0	2.66
	5 ML YEARS		54	0	0	23	64.1	304	65	44	40	7	5	5	2	47	3	57	11	1	3	2	.600	0	0	5.60

David Segui

Bats: Both **Throws:** Left **Pos:** 1B/LF **Ht:** 6'1" **Wt:** 202 **Born:** 07/19/66 **Age:** 28

							BATTING											BASERUNNING			PERCENTAGES		
Year	Team	Lg	G	AB	H	2B	3B	HR	(Hm | Rd)	TB	R	RBI	TBB	IBB	SO	HBP	SH	SF	SB	CS	SB%	GDP	Avg	OBP	SLG
1990	Baltimore	AL	40	123	30	7	0	2	(1 | 1)	43	14	15	11	2	15	1	1	0	0	0	.00	12	.244	.311	.350
1991	Baltimore	AL	86	212	59	7	0	2	(1 | 1)	72	15	22	12	2	19	0	3	1	1	1	.50	7	.278	.316	.340
1992	Baltimore	AL	115	189	44	9	0	1	(1 | 0)	56	21	17	20	3	23	0	2	0	1	0	1.00	4	.233	.306	.296
1993	Baltimore	AL	146	450	123	27	0	10	(6 | 4)	180	54	60	58	4	53	0	3	8	2	1	.67	18	.273	.351	.400
1994	New York	NL	92	336	81	17	1	10	(5 | 5)	130	46	43	33	6	43	1	1	3	0	0	.00	6	.241	.308	.387
	5 ML YEARS		479	1310	337	67	1	25	(14 | 11)	481	150	157	134	17	153	2	10	12	4	2	.67	47	.257	.324	.367

Kevin Seitzer

Bats: Right **Throws:** Right **Pos:** 3B/1B **Ht:** 5'11" **Wt:** 190 **Born:** 03/26/62 **Age:** 33

							BATTING											BASERUNNING			PERCENTAGES		
Year	Team	Lg	G	AB	H	2B	3B	HR	(Hm	Rd)	TB	R	RBI	TBB	IBB	SO	HBP	SH	SF	SB	CS	SB%	GDP	Avg	OBP	SLG
1994	Beloit*		3	12	4	3	0	0	--	--	7	3	3	0	0	0	0	0	0	2	0	1.00	2	.333	.333	.583
1986	Kansas City	AL	28	96	31	4	1	2	(1	1)	43	16	11	19	0	14	1	0	0	0	0	.00	0	.323	.440	.448
1987	Kansas City	AL	161	641	207	33	8	15	(7	8)	301	105	83	80	0	85	2	1	1	12	7	.63	18	.323	.399	.470
1988	Kansas City	AL	149	559	170	32	5	5	(4	1)	227	90	60	72	4	64	6	3	3	10	8	.56	15	.304	.388	.406
1989	Kansas City	AL	160	597	168	17	2	4	(2	2)	201	78	48	102	7	76	5	4	7	17	8	.68	16	.281	.387	.337
1990	Kansas City	AL	158	622	171	31	5	6	(5	1)	230	91	38	67	2	66	2	4	2	7	5	.58	11	.275	.346	.370
1991	Kansas City	AL	85	234	62	11	3	1	(0	1)	82	28	25	29	3	21	2	1	1	4	1	.80	4	.265	.350	.350
1992	Milwaukee	AL	148	540	146	35	1	5	(2	3)	198	74	71	57	4	44	2	7	9	13	11	.54	16	.270	.337	.367
1993	2 ML Teams		120	417	112	16	2	11	(6	5)	165	45	57	44	1	48	2	3	5	7	7	.50	14	.269	.338	.396
1994	Milwaukee	AL	80	309	97	24	2	5	(4	1)	140	44	49	30	1	38	2	4	3	2	1	.67	7	.314	.375	.453
1993	Oakland	AL	73	255	65	10	2	4	(2	2)	91	24	27	27	1	33	1	2	4	4	7	.36	7	.255	.324	.357
	Milwaukee	AL	47	162	47	6	0	7	(4	3)	74	21	30	17	0	15	1	1	1	3	0	1.00	7	.290	.359	.457
	9 ML YEARS		1089	4015	1164	203	29	54	(31	23)	1587	571	442	500	22	456	24	27	31	72	48	.60	101	.290	.369	.395

Aaron Sele

Pitches: Right **Bats:** Right **Pos:** SP **Ht:** 6'5" **Wt:** 218 **Born:** 06/25/70 **Age:** 25

				HOW MUCH HE PITCHED					WHAT HE GAVE UP										THE RESULTS				
Year	Team	Lg	G	GS	CG	GF	IP	BFP	H	R	ER	HR	SH	SF	HB	TBB	IBB	SO	WP	Bk	W	L	Pct.	ShO	Sv	ERA
1991	Winter Havn	A	13	11	4	1	69	303	65	42	38	2	2	0	6	32	2	51	5	6	3	6	.333	0	1	4.96
1992	Lynchburg	A	20	19	2	0	127	535	104	51	41	5	3	2	14	46	0	112	5	3	13	5	.722	1	0	2.91
	New Britain	AA	7	6	1	0	33	162	43	29	23	2	1	0	5	15	0	29	4	1	2	1	.667	0	0	6.27
1993	Pawtucket	AAA	14	14	2	0	94.1	373	74	30	23	8	2	0	5	23	0	87	1	0	8	2	.800	1	0	2.19
1993	Boston	AL	18	18	0	0	111.2	484	100	42	34	5	2	5	7	48	2	93	5	0	7	2	.778	0	0	2.74
1994	Boston	AL	22	22	0	0	143.1	615	140	68	61	13	4	5	9	60	2	105	4	0	8	7	.533	0	0	3.83
	2 ML YEARS		40	40	2	0	255	1099	240	110	95	18	6	10	16	108	4	198	9	0	15	9	.625	0	0	3.35

Frank Seminara

Pitches: Right **Bats:** Right **Pos:** RP **Ht:** 6'2" **Wt:** 205 **Born:** 05/16/67 **Age:** 28

				HOW MUCH HE PITCHED					WHAT HE GAVE UP										THE RESULTS				
Year	Team	Lg	G	GS	CG	GF	IP	BFP	H	R	ER	HR	SH	SF	HB	TBB	IBB	SO	WP	Bk	W	L	Pct.	ShO	Sv	ERA
1994	Norfolk*	AAA	20	13	0	3	100.2	431	108	55	49	11	2	4	10	31	0	43	2	3	4	7	.364	0	0	4.38
1992	San Diego	NL	19	18	0	0	100.1	435	98	46	41	5	3	2	3	46	3	61	1	1	9	4	.692	0	0	3.68
1993	San Diego	NL	18	7	0	0	46.1	212	53	30	23	5	6	2	3	21	3	22	1	0	3	3	.500	0	0	4.47
1994	New York	NL	10	1	0	5	17	75	20	12	11	2	0	1	0	8	0	7	1	1	0	2	.000	0	0	5.82
	3 ML YEARS		47	26	0	5	163.2	722	171	88	75	12	9	5	6	75	6	90	3	2	12	9	.571	0	0	4.12

Scott Servais

Bats: Right **Throws:** Right **Pos:** C **Ht:** 6' 2" **Wt:** 195 **Born:** 06/04/67 **Age:** 28

					BATTING												BASERUNNING				PERCENTAGES		
Year	Team	Lg	G	AB	H	2B	3B	HR	(Hm | Rd)	TB	R	RBI	TBB	IBB	SO	HBP	SH	SF	SB	CS	SB%	GDP	Avg	OBP	SLG
1991	Houston	NL	16	37	6	3	0	0	(0 | 0)	9	0	6	4	0	8	0	1	0	0	0	.00	0	.162	.244	.243
1992	Houston	NL	77	205	49	9	0	0	(0 | 0)	58	12	15	11	2	25	5	6	0	0	0	.00	7	.239	.294	.283
1993	Houston	NL	85	258	63	11	0	11	(5 | 6)	107	24	32	22	2	45	5	3	3	0	0	.00	6	.244	.313	.415
1994	Houston	NL	78	251	49	15	1	9	(3 | 6)	93	27	41	10	0	44	4	7	3	0	0	.00	6	.195	.235	.371
	4 ML YEARS		256	751	167	38	1	20	(8 | 12)	267	63	94	47	4	122	14	17	6	0	0	.00	19	.222	.279	.356

Scott Service

Pitches: Right **Bats:** Right **Pos:** RP **Ht:** 6' 6" **Wt:** 226 **Born:** 02/26/67 **Age:** 28

			HOW MUCH HE PITCHED					WHAT HE GAVE UP										THE RESULTS					
Year	Team	Lg	G	GS	CG	GF	IP	BFP	H	R	ER	HR	SH	SF	HB	TBB	IBB	SO	WP	Bk	W	L	Pct.	ShO	Sv	ERA
1994	Indianapols*	AAA	40	0	0	31	58.1	239	35	16	15	1	4	2	3	27	9	67	3	0	5	5	.500	0	13	2.31
1988	Philadelphia	NL	5	0	0	1	5.1	23	7	1	1	0	0	0	1	1	0	6	0	0	0	0	.000	0	0	1.69
1992	Montreal	NL	5	0	0	0	7	41	15	11	11	1	0	0	0	5	0	11	0	0	0	0	.000	0	0	14.14
1993	2 ML Teams		29	0	0	7	46	197	44	24	22	6	2	4	2	16	4	43	0	0	2	2	.500	0	2	4.30
1994	Cincinnati	NL	6	0	0	2	7.1	35	8	9	6	2	2	0	0	3	0	5	0	0	1	2	.333	0	0	7.36
1993	Colorado	NL	3	0	0	0	4.2	24	8	5	5	1	0	2	1	1	0	3	0	0	0	0	.000	0	0	9.64
	Cincinnati	NL	26	0	0	7	41.1	173	36	19	17	5	2	2	1	15	4	40	0	0	2	2	.500	0	2	3.70
	4 ML YEARS		45	0	0	10	65.2	296	74	45	40	9	4	4	3	25	4	65	0	0	3	4	.429	0	2	5.48

Jeff Shaw

Pitches: Right **Bats:** Right **Pos:** RP **Ht:** 6' 2" **Wt:** 200 **Born:** 07/07/66 **Age:** 28

			HOW MUCH HE PITCHED					WHAT HE GAVE UP										THE RESULTS					
Year	Team	Lg	G	GS	CG	GF	IP	BFP	H	R	ER	HR	SH	SF	HB	TBB	IBB	SO	WP	Bk	W	L	Pct.	ShO	Sv	ERA
1990	Cleveland	AL	12	9	0	0	48.2	229	73	38	36	11	1	3	0	20	0	25	3	0	3	4	.429	0	0	6.66
1991	Cleveland	AL	29	1	0	9	72.1	311	72	34	27	6	1	4	4	27	5	31	6	0	0	5	.000	0	0	3.36
1992	Cleveland	AL	2	1	0	1	7.2	33	7	7	7	2	0	0	0	4	0	3	0	0	0	1	.000	0	0	8.22
1993	Montreal	NL	55	8	0	13	95.2	404	91	47	44	12	5	2	7	32	2	50	2	0	2	7	.222	0	0	4.14
1994	Montreal	NL	46	0	0	15	67.1	287	67	32	29	8	2	4	2	15	2	47	5	0	5	2	.714	0	2	3.88
	5 ML YEARS		144	19	0	38	291.2	1264	310	158	143	39	11	13	13	98	9	156	16	0	10	19	.345	0	2	4.41

Danny Sheaffer

Bats: Right **Throws:** Right **Pos:** C **Ht:** 6' 0" **Wt:** 202 **Born:** 08/02/61 **Age:** 33

					BATTING												BASERUNNING				PERCENTAGES		
Year	Team	Lg	G	AB	H	2B	3B	HR	(Hm | Rd)	TB	R	RBI	TBB	IBB	SO	HBP	SH	SF	SB	CS	SB%	GDP	Avg	OBP	SLG
1987	Boston	AL	25	66	8	1	0	1	(0 | 1)	12	5	5	0	0	14	0	1	1	0	0	.00	2	.121	.119	.182
1989	Cleveland	AL	7	16	1	0	0	0	(0 | 0)	1	0	2	0	0	2	0	1	0	0	0	.00	0	.063	.167	.063
1993	Colorado	NL	82	216	60	9	1	4	(2 | 2)	83	26	32	8	0	15	1	2	6	2	3	.40	9	.278	.299	.384
1994	Colorado	NL	44	110	24	4	0	1	(0 | 1)	31	11	12	10	0	11	0	0	0	0	2	.00	2	.218	.283	.282
	4 ML YEARS		158	408	93	14	1	6	(2 | 4)	127	43	49	20	0	42	1	4	7	2	5	.29	13	.228	.261	.311

Gary Sheffield

Bats: Right **Throws:** Right **Pos:** RF **Ht:** 5'11" **Wt:** 190 **Born:** 11/18/68 **Age:** 26

					BATTING												BASERUNNING				PERCENTAGES		
Year	Team	Lg	G	AB	H	2B	3B	HR	(Hm	Rd)	TB	R	RBI	TBB	IBB	SO	HBP	SH	SF	SB	CS	SB%	GDP	Avg	OBP	SLG
1994	Portland*	AA	2	7	2	1	0	0	--	--	3	1	0	3	0	0	0	0	0	0	0	.00	0	.286	.375	.429
1988	Milwaukee	AL	24	80	19	1	0	4	(1	3)	32	12	12	7	0	7	0	1	1	3	1	.75	5	.238	.295	.400
1989	Milwaukee	AL	95	368	91	18	0	5	(2	3)	124	34	32	27	0	33	4	3	3	10	6	.63	4	.247	.303	.337
1990	Milwaukee	AL	125	487	143	30	1	10	(3	7)	205	67	67	44	0	41	3	4	9	25	10	.71	11	.294	.350	.421
1991	Milwaukee	AL	50	175	34	12	2	2	(2	0)	56	25	22	19	1	15	3	1	5	5	5	.50	3	.194	.277	.320
1992	San Diego	NL	146	557	184	34	3	33	(23	10)	323	87	100	48	5	40	6	0	7	5	6	.45	19	.330	.385	.580
1993	2 ML Teams		140	494	145	20	5	20	(10	10)	235	67	73	47	6	64	9	0	7	17	5	.77	11	.294	.361	.476
1994	Florida	NL	87	322	89	16	1	27	(15	12)	188	61	78	51	11	50	6	0	5	12	6	.67	10	.276	.380	.584
1993	San Diego	NL	68	258	76	12	2	10	(6	4)	122	34	36	18	0	30	3	0	3	5	1	.83	5	.295	.344	.473
	Florida	NL	72	236	69	8	3	10	(4	6)	113	33	37	29	6	34	6	0	4	12	4	.75	2	.292	.378	.479
	7 ML YEARS		667	2483	705	131	12	101	(56	45)	1163	353	384	243	24	250	31	9	37	77	39	.66	63	.284	.350	.468

Craig Shipley

Bats: Right **Throws:** Right **Pos:** 3B/2B/SS **Ht:** 6' 1" **Wt:** 190 **Born:** 01/07/63 **Age:** 32

					BATTING												BASERUNNING				PERCENTAGES		
Year	Team	Lg	G	AB	H	2B	3B	HR	(Hm | Rd)	TB	R	RBI	TBB	IBB	SO	HBP	SH	SF	SB	CS	SB%	GDP	Avg	OBP	SLG
1986	Los Angeles	NL	12	27	3	1	0	0	(0 | 0)	4	3	4	2	1	5	1	1	0	0	0	.00	0	.111	.200	.148
1987	Los Angeles	NL	26	35	9	1	0	0	(0 | 0)	10	3	2	0	0	6	0	0	0	0	0	.00	2	.257	.257	.286
1989	New York	NL	4	7	1	0	0	0	(0 | 0)	1	3	0	0	0	1	0	0	0	0	0	.00	0	.143	.143	.143
1991	San Diego	NL	37	91	25	3	0	1	(1 | 0)	31	6	6	2	0	14	1	1	0	0	1	.00	1	.275	.298	.341

Year	Team	Lg	G	GS	CG	GF	IP	BFP	(Hm	Rd)	H	R	ER	HR	SH	SF	HB	TBB	IBB	SO	WP	Bk	W	L	Pct.	ShO	Sv	ERA
1992	San Diego	NL	52	105	26	6	0	0	(0 | 0)	32	7	7	2	1	21	0	1	0				1	1	.50	2	.248	.262	.305
1993	San Diego	NL	105	230	54	9	0	4	(2 | 2)	75	25	22	10	0	31	3	1	1				12	3	.80	3	.235	.275	.326
1994	San Diego	NL	81	240	80	14	4	4	(2 | 2)	114	32	30	9	1	28	3	4	2				6	6	.50	3	.333	.362	.475
	7 ML YEARS		317	735	198	34	4	9	(4 | 5)	267	79	71	25	3	106	8	8	3				19	11	.63	12	.269	.300	.363

Paul Shuey

Pitches: Right **Bats:** Right **Pos:** RP   **Ht:** 6'3" **Wt:** 215 **Born:** 09/16/70 **Age:** 24

			HOW MUCH HE PITCHED						WHAT HE GAVE UP											THE RESULTS						
Year	Team	Lg	G	GS	CG	GF	IP	BFP	H	R	ER	HR	SH	SF	HB	TBB	IBB	SO	WP	Bk	W	L	Pct.	ShO	Sv	ERA
1992	Columbus	A	14	14	0	0	78	335	62	35	29	2	2	2	3	47	2	73	5	5	5	5	.500	0	0	3.35
1993	Canton-Akrn	AA	27	7	0	10	61.2	291	76	50	50	13	1	4	3	36	3	41	5	0	4	8	.333	0	0	7.30
	Kinston	A	15	0	0	7	22.1	99	29	12	12	1	0	1	1	8	0	27	4	1	1	0	1.000	0	0	4.84
1994	Kinston	A	13	0	0	12	12	49	10	5	5	1	1	1	0	3	0	16	1	0	1	0	1.000	0	8	3.75
	Charlotte	AAA	20	0	0	18	23.1	95	15	9	5	1	1	0	1	10	0	25	3	0	2	1	.667	0	10	1.93
1994	Cleveland	AL	14	0	0	11	11.2	62	14	11	11	1	0	0	0	12	1	16	4	0	0	1	.000	0	5	8.49

Terry Shumpert

Bats: Right **Throws:** Right **Pos:** 2B/3B   **Ht:** 5'11" **Wt:** 185 **Born:** 08/16/66 **Age:** 28

			BATTING															BASERUNNING				PERCENTAGES		
Year	Team	Lg	G	AB	H	2B	3B	HR	(Hm | Rd)	TB	R	RBI	TBB	IBB	SO	HBP	SH	SF	SB	CS	SB%	GDP	Avg	OBP	SLG
1990	Kansas City	AL	32	91	25	6	1	0	(0 | 0)	33	7	8	2	0	17	1	0	2	3	3	.50	4	.275	.292	.363
1991	Kansas City	AL	144	369	80	16	4	5	(1 | 4)	119	45	34	30	0	75	5	10	3	17	11	.61	10	.217	.283	.322
1992	Kansas City	AL	36	94	14	5	1	1	(0 | 1)	24	6	11	3	0	17	0	2	0	2	2	.50	2	.149	.175	.255
1993	Kansas City	AL	8	10	1	0	0	0	(0 | 0)	1	0	0	2	0	2	0	0	1	0	1	0.00	0	.100	.250	.100
1994	Kansas City	AL	64	183	44	6	2	8	(2 | 6)	78	28	24	13	0	39	0	5	1	18	3	.86	5	.240	.289	.426
	5 ML YEARS		284	747	164	33	8	14	(3 | 11)	255	86	77	50	0	150	6	17	6	41	19	.68	16	.220	.272	.341

Ruben Sierra

Bats: Both **Throws:** Right **Pos:** RF   **Ht:** 6'1" **Wt:** 200 **Born:** 10/06/65 **Age:** 29

			BATTING															BASERUNNING				PERCENTAGES		
Year	Team	Lg	G	AB	H	2B	3B	HR	(Hm | Rd)	TB	R	RBI	TBB	IBB	SO	HBP	SH	SF	SB	CS	SB%	GDP	Avg	OBP	SLG
1986	Texas	AL	113	382	101	13	10	16	(8 | 8)	182	50	55	22	3	65	1	1	5	7	8	.47	8	.264	.302	.476
1987	Texas	AL	158	643	169	35	4	30	(15 | 15)	302	97	109	39	4	114	2	0	12	16	11	.59	16	.263	.302	.470
1988	Texas	AL	156	615	156	32	2	23	(15 | 8)	261	77	91	44	10	91	1	0	8	18	4	.82	15	.254	.301	.424
1989	Texas	AL	162	634	194	35	14	29	(21 | 8)	344	101	119	43	2	82	2	0	10	8	2	.80	7	.306	.347	.543
1990	Texas	AL	159	608	170	37	2	16	(10 | 6)	259	70	96	49	13	86	1	0	8	9	0	1.00	15	.280	.330	.426
1991	Texas	AL	161	661	203	44	5	25	(12 | 13)	332	110	116	56	7	91	0	0	9	16	4	.80	17	.307	.357	.502
1992	2 ML Teams		151	601	167	34	7	17	(10 | 7)	266	83	87	45	12	68	0	0	10	14	4	.78	11	.278	.323	.443
1993	Oakland	AL	158	630	147	23	5	22	(9 | 13)	246	77	101	52	16	97	0	0	10	25	5	.83	17	.233	.288	.390
1994	Oakland	AL	110	426	114	21	1	23	(11 | 12)	206	71	92	23	4	64	0	0	11	8	5	.62	15	.268	.298	.484
1992	Texas	AL	124	500	139	30	6	14	(8 | 6)	223	66	70	31	6	59	0	0	8	12	4	.75	9	.278	.315	.446
	Oakland	AL	27	101	28	4	1	3	(2 | 1)	43	17	17	14	6	9	0	0	2	2	0	1.00	2	.277	.359	.426
	9 ML YEARS		1328	5200	1421	274	50	201	(111 | 90)	2398	736	866	373	71	758	7	1	83	121	43	.74	123	.273	.318	.461

Dave Silvestri

Bats: Right **Throws:** Right **Pos:** 2B   **Ht:** 6'0" **Wt:** 180 **Born:** 09/29/67 **Age:** 27

			BATTING															BASERUNNING				PERCENTAGES		
Year	Team	Lg	G	AB	H	2B	3B	HR	(Hm	Rd)	TB	R	RBI	TBB	IBB	SO	HBP	SH	SF	SB	CS	SB%	GDP	Avg	OBP	SLG
1989	Osceola	A	129	437	111	20	1	2	--	--	139	67	50	68	1	72	6	8	0	28	13	.68	15	.254	.355	.318
1990	Pr William	A	131	465	120	30	7	5	--	--	179	74	56	77	0	90	6	5	5	37	13	.74	9	.258	.367	.385
	Albany	AA	2	7	2	0	0	0	--	--	2	0	2	0	0	1	0	0	0	0	0	.00	0	.286	.286	.286
1991	Albany	AA	140	512	134	31	8	19	--	--	238	97	83	83	3	126	2	2	2	20	13	.61	18	.262	.366	.465
1992	Columbus	AAA	118	420	117	25	5	13	--	--	191	83	58	73	1	110	8	0	5	19	11	.63	10	.279	.373	.455
1993	Columbus	AAA	120	428	115	26	4	20	--	--	209	76	65	68	4	127	3	0	4	6	9	.40	10	.269	.370	.488
1994	Columbus	AAA	114	394	99	19	2	25	--	--	197	72	83	83	2	129	4	0	4	18	11	.62	11	.251	.380	.500
1992	New York	AL	7	13	4	0	2	0	(0	0)	8	3	1	0	0	3	0	0	0	0	0	.00	1	.308	.308	.615
1993	New York	AL	7	21	6	1	0	1	(0	1)	10	4	4	5	0	3	0	0	0	0	0	.00	0	.286	.423	.476
1994	New York	AL	12	18	2	0	1	0	(1	0)	7	3	2	4	0	9	0	0	1	0	0	.00	1	.111	.261	.389
	3 ML YEARS		26	52	12	1	3	2	(1	1)	25	10	7	9	0	15	0	0	1	0	0	.00	2	.231	.339	.481

Mike Simms

Bats: Right **Throws:** Right **Pos:** RF   **Ht:** 6'4" **Wt:** 185 **Born:** 01/12/67 **Age:** 28

			BATTING															BASERUNNING				PERCENTAGES		
Year	Team	Lg	G	AB	H	2B	3B	HR	(Hm	Rd)	TB	R	RBI	TBB	IBB	SO	HBP	SH	SF	SB	CS	SB%	GDP	Avg	OBP	SLG
1994	Buffalo *	AAA	18	55	13	5	0	4	--	--	30	10	8	4	0	13	0	1	1	0	0	.00	2	.236	.283	.545
	Tucson *	AAA	100	373	107	34	6	20	--	--	213	76	85	51	0	79	8	1	7	9	5	.64	11	.287	.378	.571
1990	Houston	NL	12	13	4	1	0	1	(0	1)	8	3	2	0	0	4	0	0	0	0	0	.00	1	.308	.308	.615

Year	Team	Lg	G	AB	H	2B	3B	HR	(Hm	Rd)	TB	R	RBI	TBB	IBB	SO	HBP	SH	SF	SB	CS	SB%	GDP	Avg	OBP	SLG
1991	Houston	NL	49	123	25	5	0	3	(1	2)	39	18	16	18	0	38	0	0	2	1	0	1.00	2	.203	.301	.317
1992	Houston	NL	15	24	6	1	0	1	(0	1)	10	1	3	2	0	9	1	0	0	0	0	.00	1	.250	.333	.417
1994	Houston	NL	6	12	1	1	0	0	(0	0)	2	1	0	0	0	5	0	0	0	1	0	1.00	0	.083	.083	.167
	4 ML YEARS		82	172	36	8	0	5	(1	4)	59	23	21	20	0	56	1	0	2	2	0	1.00	4	.209	.292	.343

Duane Singleton

Bats: Left **Throws:** Right **Pos:** CF **Ht:** 6' 1" **Wt:** 170 **Born:** 08/06/72 **Age:** 22

Year	Team	Lg	G	AB	H	2B	3B	HR	(Hm	Rd)	TB	R	RBI	TBB	IBB	SO	HBP	SH	SF	SB	CS	SB%	GDP	Avg	OBP	SLG
1990	Brewers	R	46	134	31	6	1	1	--	--	42	30	13	41	0	39	1	1	1	5	9	.36	1	.231	.412	.313
1991	Beloit	A	101	388	112	13	7	3	--	--	148	57	44	40	7	57	3	5	2	42	17	.71	7	.289	.358	.381
1992	Salinas	A	19	72	22	5	2	1	--	--	34	6	8	6	0	11	0	0	0	4	1	.80	0	.306	.359	.472
	Stockton	A	97	389	112	15	10	5	--	--	162	73	50	39	0	66	3	3	6	34	15	.69	7	.288	.352	.416
1993	El Paso	AA	125	456	105	21	6	2	--	--	144	52	61	34	0	90	3	2	5	23	19	.55	4	.230	.285	.316
1994	Stockton	A	38	134	39	6	0	4	--	--	57	31	13	18	0	23	0	0	0	15	6	.71	1	.291	.375	.425
	El Paso	AA	39	139	40	11	3	2	--	--	63	25	24	19	0	33	2	1	0	10	5	.67	6	.288	.381	.453
	New Orleans	AAA	41	133	37	4	5	0	--	--	51	26	14	18	0	26	0	5	1	6	4	.60	1	.278	.362	.383
1994	Milwaukee	AL	2	0	0	0	0	0	(0	0)	0	0	0	0	0	0	0	0	0	0	0	.00	0	.000	.000	.000

Don Slaught

Bats: Right **Throws:** Right **Pos:** C **Ht:** 6' 1" **Wt:** 185 **Born:** 09/11/58 **Age:** 36

Year	Team	Lg	G	AB	H	2B	3B	HR	(Hm	Rd)	TB	R	RBI	TBB	IBB	SO	HBP	SH	SF	SB	CS	SB%	GDP	Avg	OBP	SLG
1982	Kansas City	AL	43	115	32	6	0	3	(0	3)	47	14	8	9	0	12	0	2	0	0	0	.00	3	.278	.331	.409
1983	Kansas City	AL	83	276	86	13	4	0	(0	0)	107	21	28	11	0	27	0	1	2	3	1	.75	8	.312	.336	.388
1984	Kansas City	AL	124	409	108	27	4	4	(1	3)	155	48	42	20	4	55	2	8	7	0	0	.00	8	.264	.297	.379
1985	Texas	AL	102	343	96	17	4	8	(4	4)	145	34	35	20	1	41	6	1	0	5	4	.56	8	.280	.331	.423
1986	Texas	AL	95	314	83	17	1	13	(5	8)	141	39	46	16	0	59	5	3	3	3	2	.60	8	.264	.308	.449
1987	Texas	AL	95	237	53	15	2	8	(5	3)	96	25	16	24	3	51	1	4	0	0	3	.00	7	.224	.298	.405
1988	New York	AL	97	322	91	25	1	9	(7	2)	145	33	43	24	3	54	3	5	4	1	0	1.00	10	.283	.334	.450
1989	New York	AL	117	350	88	21	3	5	(3	2)	130	34	38	30	3	57	5	2	5	1	1	.50	9	.251	.315	.371
1990	Pittsburgh	NL	84	230	69	18	3	4	(1	3)	105	27	29	27	2	27	3	3	3	0	1	.00	2	.300	.375	.457
1991	Pittsburgh	NL	77	220	65	17	1	1	(0	1)	87	19	29	21	7	32	3	5	1	1	0	1.00	6	.295	.363	.395
1992	Pittsburgh	NL	87	255	88	17	3	4	(2	2)	123	26	37	17	5	23	2	6	5	2	2	.50	6	.345	.384	.482
1993	Pittsburgh	NL	116	377	113	19	2	10	(1	9)	166	34	55	29	2	56	6	4	4	2	1	.67	13	.300	.356	.440
1994	Pittsburgh	NL	76	240	69	7	0	2	(1	1)	82	21	21	34	2	31	3	1	1	0	0	.00	5	.288	.381	.342
	13 ML YEARS		1196	3688	1041	219	28	71	(30	41)	1529	375	427	282	26	525	39	45	36	18	15	.55	93	.282	.337	.415

Heathcliff Slocumb

Pitches: Right **Bats:** Right **Pos:** RP **Ht:** 6' 3" **Wt:** 220 **Born:** 06/07/66 **Age:** 29

Year	Team	Lg	G	GS	CG	GF	IP	BFP	H	R	ER	HR	SH	SF	HB	TBB	IBB	SO	WP	Bk	W	L	Pct.	ShO	Sv	ERA
1991	Chicago	NL	52	0	0	21	62.2	274	53	29	24	3	6	6	3	30	6	34	9	0	2	1	.667	0	1	3.45
1992	Chicago	NL	30	0	0	11	36	174	52	27	26	3	2	2	1	21	3	27	1	0	0	3	.000	0	0	6.50
1993	2 ML Teams		30	0	0	9	38	164	35	19	17	3	1	3	0	20	2	22	0	0	4	1	.800	0	0	4.03
1994	Philadelphia	NL	52	0	0	16	72.1	322	75	32	23	0	2	4	2	28	4	58	9	0	5	1	.833	0	0	2.86
1993	Chicago	NL	10	0	0	4	10.2	42	7	5	4	0	0	1	0	4	0	4	0	0	1	0	1.000	0	0	3.38
	Cleveland	AL	20	0	0	5	27.1	122	28	14	13	3	1	2	0	16	2	18	0	0	3	1	.750	0	0	4.28
	4 ML YEARS		164	0	0	57	209	934	215	107	90	9	11	15	6	99	15	141	19	0	11	6	.647	0	2	3.88

Aaron Small

Pitches: Right **Bats:** Right **Pos:** RP **Ht:** 6' 5" **Wt:** 200 **Born:** 11/23/71 **Age:** 23

Year	Team	Lg	G	GS	CG	GF	IP	BFP	H	R	ER	HR	SH	SF	HB	TBB	IBB	SO	WP	Bk	W	L	Pct.	ShO	Sv	ERA
1989	Medicne Hat	R	15	14	0	0	70.2	326	80	55	46	2	3	2	3	31	1	40	9	5	1	7	.125	0	0	5.86
1990	Myrtle Bch	A	27	27	1	0	147.2	643	150	72	46	6	2	7	4	56	2	96	16	5	9	9	.500	0	0	2.80
1991	Dunedin	A	24	23	1	0	148.1	595	129	51	45	5	5	5	5	42	1	92	7	0	8	7	.533	0	0	2.73
1992	Knoxville	AA	27	24	2	0	135	610	152	94	79	13	2	4	6	61	0	79	14	0	5	12	.294	1	0	5.27
1993	Knoxville	AA	48	9	0	32	93	408	99	44	35	5	3	0	2	40	4	44	8	0	4	4	.500	0	16	3.39
1994	Syracuse	AAA	13	0	0	6	24.1	99	19	8	6	2	2	0	1	9	2	15	2	0	3	2	.600	0	0	2.22
	Knoxville	AA	29	11	1	13	96.1	405	92	37	32	4	3	5	3	38	0	75	5	1	5	5	.500	1	5	2.99
1994	Toronto	AL	1	0	0	1	2	13	5	2	2	1	0	1	0	2	0	0	0	0	0	0	.000	0	0	9.00

John Smiley

Pitches: Left   **Bats:** Left   **Pos:** SP   **Ht:** 6' 4"   **Wt:** 212   **Born:** 03/17/65   **Age:** 30

			HOW MUCH HE PITCHED					WHAT HE GAVE UP									THE RESULTS				
Year	Team	Lg	G	GS	CG	GF	IP	BFP	H	R	ER	HR	SH	SF	HB	TBB	IBB	SO	WP	Bk	W	L	Pct.	ShO	Sv	ERA
1986	Pittsburgh	NL	12	0	0	2	11.2	42	4	6	5	2	0	0	0	4	0	9	0	0	1	0	1.000	0	0	3.86
1987	Pittsburgh	NL	63	0	0	19	75	336	69	49	48	7	0	3	0	50	8	58	5	1	5	5	.500	0	4	5.76
1988	Pittsburgh	NL	34	32	5	0	205	835	185	81	74	15	11	8	3	46	4	129	6	6	13	11	.542	1	0	3.25
1989	Pittsburgh	NL	28	28	8	0	205.1	835	174	78	64	22	5	7	4	49	5	123	5	2	12	8	.600	1	0	2.81
1990	Pittsburgh	NL	26	25	2	0	149.1	632	161	83	77	15	5	4	2	36	1	86	2	2	9	10	.474	0	0	4.64
1991	Pittsburgh	NL	33	32	2	0	207.2	836	194	78	71	17	11	4	3	44	0	129	3	1	20	8	.714	1	0	3.08
1992	Minnesota	AL	34	34	5	0	241	970	205	93	86	17	4	9	6	65	0	163	4	0	16	9	.640	2	0	3.21
1993	Cincinnati	NL	18	18	2	0	105.2	455	117	69	66	15	10	3	2	31	0	60	2	1	3	9	.250	0	0	5.62
1994	Cincinnati	NL	24	24	1	0	158.2	672	169	80	68	18	16	0	4	37	3	112	4	2	11	10	.524	1	0	3.86
	9 ML YEARS		272	193	25	21	1359.1	5613	1278	617	559	128	62	38	24	362	21	869	31	15	90	70	.563	6	4	3.70

Dan Smith

Pitches: Left   **Bats:** Left   **Pos:** RP   **Ht:** 6' 5"   **Wt:** 195   **Born:** 04/20/69   **Age:** 26

			HOW MUCH HE PITCHED					WHAT HE GAVE UP									THE RESULTS				
Year	Team	Lg	G	GS	CG	GF	IP	BFP	H	R	ER	HR	SH	SF	HB	TBB	IBB	SO	WP	Bk	W	L	Pct.	ShO	Sv	ERA
1990	Butte	R	5	5	0	0	24.2	102	23	10	10	3	2	0	0	6	0	27	3	1	2	0	1.000	0	0	3.65
	Tulsa	AA	7	7	0	0	38.1	151	27	16	16	2	0	3	0	16	0	32	0	0	3	2	.600	0	0	3.76
1991	Okla City	AAA	28	27	3	1	151.2	713	195	114	93	10	6	8	4	75	1	85	5	5	4	17	.190	0	0	5.52
1992	Tulsa	AA	24	23	4	0	146.1	571	110	48	41	4	9	3	6	34	0	122	3	3	11	7	.611	3	0	2.52
1993	Charlotte	A	1	1	0	0	7	24	3	0	0	0	0	0	0	0	0	5	1	0	1	0	1.000	0	0	0.00
	Okla City	AAA	3	3	0	0	15.1	66	16	11	8	2	1	1	1	5	0	12	0	0	1	2	.333	0	0	4.70
1994	Charlotte	A	2	0	0	0	3.2	13	2	0	0	0	1	1	0	2	0	3	0	0	0	0	.000	0	0	0.00
	Okla City	AAA	10	2	0	3	25.1	110	27	9	8	2	0	2	2	9	0	15	0	0	2	1	.667	0	0	2.84
1992	Texas	AL	4	2	0	1	14.1	67	18	8	8	1	2	1	0	8	1	5	0	0	0	3	.000	0	0	5.02
1994	Texas	AL	13	0	0	2	14.2	76	18	11	7	2	0	0	0	12	0	9	2	0	1	2	.333	0	0	4.30
	2 ML YEARS		17	2	0	3	29	143	36	19	15	3	2	1	0	20	1	14	2	0	1	5	.167	0	0	4.66

Dwight Smith

Bats: Left   **Throws:** Right   **Pos:** LF   **Ht:** 5'11"   **Wt:** 195   **Born:** 11/08/63   **Age:** 31

			BATTING														BASERUNNING				PERCENTAGES		
Year	Team	Lg	G	AB	H	2B	3B	HR	(Hm | Rd)	TB	R	RBI	TBB	IBB	SO	HBP	SH	SF	SB	CS	SB%	GDP	Avg	OBP	SLG
1989	Chicago	NL	109	343	111	19	6	9	(5 | 4)	169	52	52	31	0	51	2	4	1	9	4	.69	4	.324	.382	.493
1990	Chicago	NL	117	290	76	15	0	6	(3 | 3)	109	34	27	28	2	46	2	0	2	11	6	.65	1	.262	.329	.376
1991	Chicago	NL	90	167	38	7	2	3	(2 | 1)	58	16	21	11	2	32	1	1	0	2	3	.40	2	.228	.279	.347
1992	Chicago	NL	109	217	60	10	3	3	(3 | 0)	85	28	24	13	0	40	1	0	2	9	8	.53	1	.276	.318	.392
1993	Chicago	NL	111	310	93	17	5	11	(6 | 5)	153	51	35	25	1	51	3	1	3	8	6	.57	3	.300	.355	.494
1994	2 ML Teams		73	196	55	7	2	8	(2 | 6)	90	31	30	12	1	37	1	0	1	2	4	.33	3	.281	.324	.459
1994	California	AL	45	122	32	5	1	5	(2 | 3)	54	19	18	7	0	20	0	0	1	2	3	.40	1	.262	.300	.443
	Baltimore	AL	28	74	23	2	1	3	(0 | 3)	36	12	12	5	1	17	1	0	0	0	1	.00	2	.311	.363	.486
	6 ML YEARS		609	1523	433	75	18	40	(21 | 19)	664	212	189	120	6	257	10	6	9	41	31	.57	20	.284	.339	.436

Lee Smith

Pitches: Right   **Bats:** Right   **Pos:** RP   **Ht:** 6' 6"   **Wt:** 269   **Born:** 12/04/57   **Age:** 37

			HOW MUCH HE PITCHED					WHAT HE GAVE UP									THE RESULTS				
Year	Team	Lg	G	GS	CG	GF	IP	BFP	H	R	ER	HR	SH	SF	HB	TBB	IBB	SO	WP	Bk	W	L	Pct.	ShO	Sv	ERA
1980	Chicago	NL	18	0	0	6	22	97	21	9	7	0	1	1	0	14	5	17	0	0	2	0	1.000	0	0	2.86
1981	Chicago	NL	40	1	0	12	67	280	57	31	26	2	8	2	1	31	8	50	7	1	3	6	.333	0	1	3.49
1982	Chicago	NL	72	5	0	38	117	480	105	38	35	5	6	5	3	37	5	99	6	1	2	5	.286	0	17	2.69
1983	Chicago	NL	66	0	0	56	103.1	413	70	23	19	5	9	2	1	41	14	91	5	2	4	10	.286	0	29	1.65
1984	Chicago	NL	69	0	0	59	101	428	98	42	41	6	4	5	0	35	7	86	6	0	9	7	.563	0	33	3.65
1985	Chicago	NL	65	0	0	57	97.2	397	87	35	33	9	3	1	1	32	6	112	4	0	7	4	.636	0	33	3.04
1986	Chicago	NL	66	0	0	59	90.1	372	69	32	31	7	6	3	0	42	11	93	2	0	9	9	.500	0	31	3.09
1987	Chicago	NL	62	0	0	55	83.2	360	84	30	29	4	4	0	0	32	5	96	4	0	4	10	.286	0	36	3.12
1988	Boston	AL	64	0	0	57	83.2	363	72	34	26	7	3	2	1	37	6	96	2	0	4	5	.444	0	29	2.80
1989	Boston	AL	64	0	0	50	70.2	290	53	30	28	6	2	2	0	33	6	96	1	0	6	1	.857	0	25	3.57
1990	2 ML Teams		64	0	0	53	83	344	71	24	19	3	2	3	0	29	7	87	2	0	5	5	.500	0	31	2.06
1991	St. Louis	NL	67	0	0	61	73	300	70	19	19	5	5	1	0	13	5	67	1	0	6	3	.667	0	47	2.34
1992	St. Louis	NL	70	0	0	55	75	310	62	28	26	4	2	1	0	26	4	60	2	0	4	9	.308	0	43	3.12
1993	2 ML Teams		63	0	0	56	58	239	53	25	25	11	0	3	0	14	2	60	1	0	2	4	.333	0	46	3.88
1994	Baltimore	AL	41	0	0	39	38.1	160	34	16	14	6	5	2	0	11	1	42	0	0	1	4	.200	0	33	3.29
1990	Boston	AL	11	0	0	8	14.1	64	13	4	3	0	0	0	0	9	2	17	1	0	2	1	.667	0	4	1.88
	St. Louis	NL	53	0	0	45	68.2	280	58	20	16	3	2	3	0	20	5	70	1	0	3	4	.429	0	27	2.10
1993	St. Louis	NL	55	0	0	48	50	206	49	25	25	11	0	2	0	9	1	49	1	0	2	4	.333	0	43	4.50
	New York	AL	8	0	0	8	8	33	4	0	0	0	0	1	0	5	1	11	0	0	0	0	.000	0	3	0.00
	15 ML YEARS		891	6	0	713	1163.2	4833	1006	416	378	80	60	33	7	427	92	1152	43	4	68	82	.453	0	434	2.92

Lonnie Smith

Bats: Right **Throws:** Right **Pos:** DH   **Ht:** 5' 9" **Wt:** 195 **Born:** 12/22/55 **Age:** 39

							BATTING										BASERUNNING				PERCENTAGES		
Year	Team	Lg	G	AB	H	2B	3B	HR	(Hm | Rd)	TB	R	RBI	TBB	IBB	SO	HBP	SH	SF	SB	CS	SB%	GDP	Avg	OBP	SLG
1978	Philadelphia	NL	17	4	0	0	0	0	(0 | 0)	0	6	0	4	0	3	0	0	0	4	0	1.00	0	.000	.500	.000
1979	Philadelphia	NL	17	30	5	2	0	0	(0 | 0)	7	4	3	1	0	7	0	0	0	2	1	.67	0	.167	.194	.233
1980	Philadelphia	NL	100	298	101	14	4	3	(2 | 1)	132	69	20	26	2	48	4	1	2	33	13	.72	5	.339	.397	.443
1981	Philadelphia	NL	62	176	57	14	3	2	(1 | 1)	83	40	11	18	1	14	5	3	0	21	10	.68	1	.324	.402	.472
1982	St. Louis	NL	156	592	182	35	8	8	(3 | 5)	257	120	69	64	2	74	9	3	4	68	26	.72	11	.307	.381	.434
1983	St. Louis	NL	130	492	158	31	5	8	(4 | 4)	223	83	45	41	2	55	9	1	4	43	18	.70	11	.321	.381	.453
1984	St. Louis	NL	145	504	126	20	4	6	(3 | 3)	172	77	49	70	0	90	9	3	4	50	13	.79	7	.250	.349	.341
1985	2 ML Teams		148	544	140	25	6	6	(2 | 4)	195	92	48	56	0	89	7	1	5	52	13	.80	4	.257	.332	.358
1986	Kansas City	AL	134	508	146	25	7	8	(2 | 6)	209	80	44	46	0	78	10	2	2	26	9	.74	10	.287	.357	.411
1987	Kansas City	AL	48	167	42	7	1	3	(1 | 2)	60	26	8	24	0	31	4	0	2	9	4	.69	1	.251	.355	.359
1988	Atlanta	NL	43	114	27	3	0	3	(2 | 1)	39	14	9	10	0	25	0	0	1	4	2	.67	0	.237	.296	.342
1989	Atlanta	NL	134	482	152	34	4	21	(10 | 11)	257	89	79	76	3	95	11	1	7	25	12	.68	7	.315	**.415**	.533
1990	Atlanta	NL	135	466	142	27	9	9	(2 | 7)	214	72	42	58	3	69	6	1	6	10	10	.50	2	.305	.384	.459
1991	Atlanta	NL	122	353	97	19	1	7	(6 | 1)	139	58	44	50	3	64	9	2	2	9	5	.64	4	.275	.377	.394
1992	Atlanta	NL	84	158	39	8	2	6	(3 | 3)	69	23	33	17	1	37	3	0	4	4	0	1.00	1	.247	.324	.437
1993	2 ML Teams		103	223	62	6	4	8	(6 | 2)	100	43	27	51	2	52	5	3	2	9	4	.69	3	.278	.420	.448
1994	Baltimore	AL	35	59	12	3	0	0	(0 | 0)	15	13	2	11	0	18	1	0	1	1	0	1.00	2	.203	.333	.254
1985	St. Louis	NL	28	96	25	2	2	0	(0 | 0)	31	15	7	15	0	20	3	1	0	12	6	.67	2	.260	.377	.323
	Kansas City	AL	120	448	115	23	4	6	(2 | 4)	164	77	41	41	0	69	4	0	5	40	7	.85	2	.257	.321	.366
1993	Pittsburgh	NL	94	199	57	5	4	6	(4 | 2)	88	35	24	43	2	42	5	3	2	9	4	.69	3	.286	.422	.442
	Baltimore	AL	9	24	5	1	0	2	(2 | 0)	12	8	3	8	0	10	0	0	0	0	0	.00	0	.208	.406	.500
	17 ML YEARS		1613	5170	1488	273	58	98	(47 | 51)	2171	909	533	623	19	849	92	21	46	370	140	.73	69	.288	.371	.420

Mark Smith

Bats: Right **Throws:** Right **Pos:** RF   **Ht:** 6' 3" **Wt:** 205 **Born:** 05/07/70 **Age:** 25

							BATTING										BASERUNNING				PERCENTAGES		
Year	Team	Lg	G	AB	H	2B	3B	HR	(Hm	Rd)	TB	R	RBI	TBB	IBB	SO	HBP	SH	SF	SB	CS	SB%	GDP	Avg	OBP	SLG
1991	Frederick	A	38	148	37	5	1	4	--	--	56	20	29	9	0	24	2	0	3	1	3	.25	4	.250	.296	.378
1992	Hagerstown	AA	128	472	136	32	6	4	--	--	192	51	62	45	5	55	4	0	6	15	5	.75	17	.288	.351	.407
1993	Rochester	AAA	129	485	136	27	1	12	--	--	201	69	68	37	3	90	9	0	2	4	6	.40	9	.280	.341	.414
1994	Rochester	AAA	114	437	108	27	1	19	--	--	194	69	66	35	2	88	7	1	3	4	3	.57	13	.247	.311	.444
1994	Baltimore	AL	3	7	1	0	0	0	(0	0)	1	0	2	0	0	2	0	0	0	0	0	.00	0	.143	.143	.143

Ozzie Smith

Bats: Both **Throws:** Right **Pos:** SS   **Ht:** 5'10" **Wt:** 168 **Born:** 12/26/54 **Age:** 40

							BATTING										BASERUNNING				PERCENTAGES		
Year	Team	Lg	G	AB	H	2B	3B	HR	(Hm | Rd)	TB	R	RBI	TBB	IBB	SO	HBP	SH	SF	SB	CS	SB%	GDP	Avg	OBP	SLG
1978	San Diego	NL	159	590	152	17	6	1	(0 | 1)	184	69	46	47	0	43	0	**28**	3	40	12	.77	11	.258	.311	.312
1979	San Diego	NL	156	587	124	18	6	0	(0 | 0)	154	77	27	37	5	37	2	22	1	28	7	.80	11	.211	.260	.262
1980	San Diego	NL	158	609	140	18	5	0	(0 | 0)	168	67	35	71	1	49	5	**23**	4	57	15	.79	9	.230	.313	.276
1981	San Diego	NL	110	**450**	100	11	2	0	(0 | 0)	115	53	21	41	1	37	5	10	1	22	12	.65	8	.222	.294	.256
1982	St. Louis	NL	140	488	121	24	1	2	(0 | 2)	153	58	43	68	12	32	2	4	5	25	5	.83	10	.248	.339	.314
1983	St. Louis	NL	159	552	134	30	6	3	(1 | 2)	185	69	50	64	9	36	1	7	2	34	7	.83	10	.243	.321	.335
1984	St. Louis	NL	124	412	106	20	5	1	(1 | 0)	139	53	44	56	5	17	2	11	3	35	7	.83	8	.257	.347	.337
1985	St. Louis	NL	158	537	148	22	3	6	(2 | 4)	194	70	54	65	11	27	2	9	2	31	8	.79	13	.276	.355	.361
1986	St. Louis	NL	153	514	144	19	4	0	(0 | 0)	171	67	54	79	13	27	2	11	3	31	7	.82	9	.280	.376	.333
1987	St. Louis	NL	158	600	182	40	4	0	(0 | 0)	230	104	75	89	3	36	1	12	4	43	9	.83	9	.303	.392	.383
1988	St. Louis	NL	153	575	155	27	1	3	(2 | 1)	193	80	51	74	2	43	1	12	7	57	9	.86	7	.270	.350	.336
1989	St. Louis	NL	155	593	162	30	8	2	(1 | 1)	214	82	50	55	3	37	2	11	3	29	7	.81	10	.273	.335	.361
1990	St. Louis	NL	143	512	130	21	1	1	(0 | 1)	156	61	50	61	4	33	2	7	10	32	6	.84	8	.254	.330	.305
1991	St. Louis	NL	150	550	157	30	3	3	(2 | 1)	202	96	50	83	2	36	1	6	1	35	9	.80	8	.285	.380	.367
1992	St. Louis	NL	132	518	153	20	2	0	(0 | 0)	177	73	31	59	4	34	0	12	1	43	9	.83	11	.295	.367	.342
1993	St. Louis	NL	141	545	157	22	6	1	(1 | 0)	194	75	53	43	1	18	1	7	7	21	8	.72	11	.288	.337	.356
1994	St. Louis	NL	98	381	100	18	3	3	(1 | 2)	133	51	30	38	3	26	0	10	4	6	3	.67	3	.262	.326	.349
	17 ML YEARS		2447	9013	2365	387	66	26	(11 | 15)	2962	1205	764	1030	79	568	29	202	61	569	140	.80	156	.262	.338	.329

Pete Smith

Pitches: Right **Bats:** Right **Pos:** SP   **Ht:** 6' 2" **Wt:** 200 **Born:** 02/27/66 **Age:** 29

			HOW MUCH HE PITCHED					WHAT HE GAVE UP									THE RESULTS				
Year	Team	Lg	G	GS	CG	GF	IP	BFP	H	R	ER	HR	SH	SF	HB	TBB	IBB	SO	WP	Bk	W	L	Pct.	ShO	Sv	ERA
1987	Atlanta	NL	6	6	0	0	31.2	143	39	21	17	3	0	2	0	14	0	11	3	1	1	2	.333	0	0	4.83
1988	Atlanta	NL	32	32	5	0	195.1	837	183	89	80	15	12	4	1	88	3	124	5	7	7	15	.318	3	0	3.69
1989	Atlanta	NL	28	27	1	0	142	613	144	83	75	13	4	5	0	57	2	115	3	7	5	14	.263	0	0	4.75
1990	Atlanta	NL	13	13	3	0	77	327	77	45	41	11	4	3	0	24	2	56	2	1	5	6	.455	0	0	4.79
1991	Atlanta	NL	14	10	0	2	48	211	48	33	27	5	2	4	0	22	3	29	1	4	1	3	.250	0	0	5.06
1992	Atlanta	NL	12	11	2	0	79	323	63	19	18	3	4	1	0	28	2	43	2	1	7	0	1.000	1	0	2.05
1993	Atlanta	NL	20	14	0	2	90.2	390	92	45	44	15	6	5	2	36	3	53	1	1	4	8	.333	0	0	4.37
1994	New York	NL	21	21	1	0	131.1	565	145	83	81	25	5	7	2	42	4	62	3	1	4	10	.286	0	0	5.55
	8 ML YEARS		146	134	12	4	795	3409	791	418	383	90	37	31	5	311	19	493	20	23	34	58	.370	4	0	4.34

Willie Smith

Pitches: Right **Bats:** Right **Pos:** RP   **Ht:** 6' 6" **Wt:** 250 **Born:** 08/27/67 **Age:** 27

			HOW MUCH HE PITCHED					WHAT HE GAVE UP									THE RESULTS				
Year	Team	Lg	G	GS	CG	GF	IP	BFP	H	R	ER	HR	SH	SF	HB	TBB	IBB	SO	WP	Bk	W	L	Pct.	ShO	Sv	ERA
1986	Pirates	R	7	2	0	3	21.2	88	16	8	6	0	0	1	1	6	0	13	0	0	1	0	1.000	0	1	2.49
1987	Pirates	R	10	1	0	5	19.1	82	12	4	3	0	0	0	1	11	1	27	2	0	2	1	.667	0	4	1.40
	Watertown	A	5	4	0	1	20.1	89	15	13	10	1	0	3	3	10	0	24	1	0	2	0	1.000	0	1	4.43
1988	Augusta	A	30	1	0	23	48.1	212	35	20	16	0	3	1	4	29	0	48	2	1	1	4	.200	0	6	2.98
1989	Salem	A	23	9	0	13	64.1	278	46	26	21	4	2	2	2	40	2	58	6	2	4	5	.444	0	4	2.94
	Harrisburg	AA	12	0	0	6	18.1	78	11	5	5	1	1	0	3	10	0	21	0	0	3	0	1.000	0	0	2.45
1990	Albany	AA	9	0	0	9	8.2	36	6	1	0	0	1	1	0	5	1	12	1	1	1	1	.500	0	4	0.00
	Columbus	AAA	33	0	0	21	34.2	167	38	24	24	3	0	1	0	29	0	47	6	1	3	1	.750	0	7	6.23
1991	Albany	AA	21	21	3	1	108.1	495	99	65	50	7	6	9	4	72	0	104	7	3	7	7	.500	0	0	4.15
1992	Canton-Akrn	AA	9	7	0	0	32.2	142	33	18	17	0	4	1	1	14	0	28	2	1	1	4	.200	0	0	4.68
	Colo Sprngs	AAA	19	0	0	9	41.2	178	39	24	22	4	0	4	0	25	2	30	3	0	3	0	1.000	0	1	4.75
1994	Louisville	AAA	44	0	0	42	46.2	187	25	13	12	2	1	2	1	25	1	54	7	1	2	3	.400	0	29	2.31
1994	St. Louis	NL	8	0	0	2	7	33	9	7	7	4	0	0	0	3	0	7	0	0	1	1	.500	0	0	9.00

Zane Smith

Pitches: Left **Bats:** Left **Pos:** SP   **Ht:** 6' 1" **Wt:** 207 **Born:** 12/28/60 **Age:** 34

			HOW MUCH HE PITCHED					WHAT HE GAVE UP									THE RESULTS				
Year	Team	Lg	G	GS	CG	GF	IP	BFP	H	R	ER	HR	SH	SF	HB	TBB	IBB	SO	WP	Bk	W	L	Pct.	ShO	Sv	ERA
1984	Atlanta	NL	3	3	0	0	20	87	16	7	5	1	4	1	0	13	2	16	0	0	1	0	1.000	0	0	2.25
1985	Atlanta	NL	42	18	2	3	147	631	135	70	62	4	16	1	3	80	5	85	2	0	9	10	.474	2	0	3.80
1986	Atlanta	NL	38	32	3	2	204.2	889	209	109	92	8	13	6	5	105	6	139	8	0	8	16	.333	1	1	4.05
1987	Atlanta	NL	36	36	9	0	242	1035	245	130	110	19	12	5	5	91	6	130	5	1	15	10	.600	3	0	4.09
1988	Atlanta	NL	23	22	3	0	140.1	609	159	72	67	8	15	2	3	44	4	59	2	2	5	10	.333	0	0	4.30
1989	2 ML Teams		48	17	0	10	147	634	141	76	57	7	15	5	3	52	7	93	4	0	1	13	.071	0	2	3.49
1990	2 ML Teams		33	31	4	1	215.1	860	196	77	61	15	3	3	3	50	4	130	2	0	12	9	.571	2	0	2.55
1991	Pittsburgh	NL	35	35	6	0	228	916	234	95	81	15	7	5	2	29	3	120	1	0	16	10	.615	3	0	3.20
1992	Pittsburgh	NL	23	22	4	0	141	566	138	56	48	8	12	4	2	19	3	56	0	0	8	8	.500	3	0	3.06
1993	Pittsburgh	NL	14	14	1	0	83	353	97	43	42	5	6	0	0	22	3	32	2	0	3	7	.300	0	0	4.55
1994	Pittsburgh	NL	25	24	2	0	157	645	162	67	57	18	7	3	0	34	7	57	2	0	10	8	.556	1	0	3.27
1989	Atlanta	NL	17	17	0	0	99	432	102	65	49	5	10	5	2	33	3	58	3	0	1	12	.077	0	0	4.45
	Montreal	NL	31	0	0	10	48	202	39	11	8	2	5	0	1	19	4	35	1	0	0	1	.000	0	2	1.50
1990	Montreal	NL	22	21	1	0	139.1	578	141	57	50	11	2	2	3	41	3	80	1	0	6	7	.462	0	0	3.23
	Pittsburgh	NL	11	10	3	1	76	282	55	20	11	4	1	1	0	9	1	50	1	0	6	2	.750	2	0	1.30
	11 ML YEARS		320	254	34	16	1725.1	7225	1732	802	682	108	107	34	26	539	50	917	28	3	88	101	.466	15	3	3.56

Roger Smithberg

Pitches: Right **Bats:** Right **Pos:** RP   **Ht:** 6' 3" **Wt:** 210 **Born:** 03/21/66 **Age:** 29

			HOW MUCH HE PITCHED					WHAT HE GAVE UP									THE RESULTS				
Year	Team	Lg	G	GS	CG	GF	IP	BFP	H	R	ER	HR	SH	SF	HB	TBB	IBB	SO	WP	Bk	W	L	Pct.	ShO	Sv	ERA
1988	Riverside	A	15	15	5	0	103.1	426	90	52	38	2	1	0	2	32	0	72	12	5	9	2	.818	0	0	3.31
1989	Las Vegas	AAA	22	22	4	0	137	604	159	79	68	9	7	4	4	35	2	58	3	4	7	7	.500	0	0	4.47
1990	Riverside	A	3	3	0	0	13	53	12	7	6	1	0	1	0	2	0	5	0	1	1	2	.333	0	0	4.15
	Las Vegas	AAA	13	13	0	0	66	325	91	63	51	8	0	4	6	39	0	30	6	1	2	7	.222	0	0	6.95
1991	High Desert	A	3	3	0	0	18	75	12	6	3	0	2	1	1	6	0	11	0	0	1	1	.500	0	0	1.50
	Wichita	AA	7	7	0	0	41.1	190	49	28	22	3	2	1	1	16	1	23	3	0	2	3	.400	0	0	4.79
	Las Vegas	AAA	17	15	1	0	79	374	112	65	58	8	5	6	3	33	1	34	8	0	3	7	.300	0	0	6.61
1992	Reno	A	10	0	0	5	16.2	80	23	10	6	0	1	1	0	10	3	11	2	0	2	1	.667	0	2	3.24
	Huntsville	AA	20	0	0	8	36	159	42	17	16	4	2	2	2	12	1	19	1	0	3	3	.500	0	1	4.00

Year	Team	Lg	G	GS	CG	GF	IP	BFP	H	R	ER	HR	SH	SF	HB	TBB	IBB	SO	WP	Bk	W	L	Pct.	ShO	Sv	ERA
1993	Huntsville	AA	27	0	0	13	36.2	162	34	15	9	3	2	2	2	16	1	36	2	0	4	2	.667	0	0	2.21
	Tacoma	AAA	28	0	0	12	50.2	211	50	14	10	1	5	3	2	11	1	25	2	0	3	3	.500	0	4	1.78
1994	Tacoma	AAA	51	0	0	26	75	330	75	31	24	4	2	5	3	37	4	31	2	1	0	6	.000	0	7	2.88
1993	Oakland	AL	13	0	0	9	19.2	76	13	7	6	2	2	0	1	7	2	4	1	0	1	2	.333	0	3	2.75
1994	Oakland	AL	2	0	0	2	2.1	13	6	4	4	1	0	0	0	1	0	3	0	0	0	0	.000	0	0	15.43
	2 ML YEARS		15	0	0	11	22	89	19	11	10	3	2	0	1	8	2	7	1	0	1	2	.333	0	3	4.09

John Smoltz

Pitches: Right **Bats:** Right **Pos:** SP **Ht:** 6'3" **Wt:** 185 **Born:** 05/15/67 **Age:** 28

			HOW MUCH HE PITCHED						WHAT HE GAVE UP											THE RESULTS					
Year	Team	Lg	G	GS	CG	GF	IP	BFP	H	R	ER	HR	SH	SF	HB	TBB	IBB	SO	WP	Bk	W	L	Pct.	ShO	Sv	ERA
1988	Atlanta	NL	12	12	0	0	64	297	74	40	39	10	2	0	2	33	4	37	2	1	2	7	.222	0	0	5.48
1989	Atlanta	NL	29	29	5	0	208	847	160	79	68	15	10	7	2	72	2	168	8	3	12	11	.522	0	0	2.94
1990	Atlanta	NL	34	34	6	0	231.1	966	206	109	99	20	9	8	1	90	3	170	14	3	14	11	.560	2	0	3.85
1991	Atlanta	NL	36	36	5	0	229.2	947	206	101	97	16	9	9	3	77	1	148	20	2	14	13	.519	0	0	3.80
1992	Atlanta	NL	35	35	9	0	246.2	1021	206	90	78	17	7	8	5	80	5	215	17	1	15	12	.556	3	0	2.85
1993	Atlanta	NL	35	35	3	0	243.2	1028	208	104	98	23	13	4	6	100	12	208	13	1	15	11	.577	1	0	3.62
1994	Atlanta	NL	21	21	1	0	134.2	568	120	69	62	15	7	6	4	48	4	113	7	0	6	10	.375	0	0	4.14
	7 ML YEARS		202	202	29	0	1358	5674	1180	592	541	116	57	42	23	500	31	1059	81	11	78	75	.510	6	0	3.59

J.T. Snow

Bats: Both **Throws:** Left **Pos:** 1B **Ht:** 6'2" **Wt:** 202 **Born:** 02/26/68 **Age:** 27

							BATTING												BASERUNNING				PERCENTAGES		
Year	Team	Lg	G	AB	H	2B	3B	HR	(Hm | Rd)	TB	R	RBI	TBB	IBB	SO	HBP	SH	SF	SB	CS	SB%	GDP	Avg	OBP	SLG
1994	Vancouver*	AAA	53	189	56	13	2	8	--	--	97	35	43	22	1	32	0	0	3	1	2	.33	5	.296	.364	.513
1992	New York	AL	7	14	2	1	0	0	(0 | 0)	3	1	2	5	1	5	0	0	0	0	0	.00	0	.143	.368	.214
1993	California	AL	129	419	101	18	2	16	(10 | 6)	171	60	57	55	4	88	2	7	6	3	0	1.00	5	.241	.328	.408
1994	California	AL	61	223	49	4	0	8	(7 | 1)	77	22	30	19	1	48	3	2	1	0	1	.00	2	.220	.289	.345
	3 ML YEARS		197	656	152	23	2	24	(17 | 7)	251	83	89	79	6	141	5	9	7	3	1	.75	12	.232	.316	.383

Cory Snyder

Bats: Right **Throws:** Right **Pos:** LF/RF **Ht:** 6'3" **Wt:** 205 **Born:** 11/11/62 **Age:** 32

							BATTING												BASERUNNING				PERCENTAGES		
Year	Team	Lg	G	AB	H	2B	3B	HR	(Hm | Rd)	TB	R	RBI	TBB	IBB	SO	HBP	SH	SF	SB	CS	SB%	GDP	Avg	OBP	SLG
1986	Cleveland	AL	103	416	113	21	1	24	(12 | 12)	208	58	69	16	0	123	0	1	0	2	3	.40	8	.272	.299	.500
1987	Cleveland	AL	157	577	136	24	2	33	(17 | 16)	263	74	82	31	4	166	1	0	1	5	1	.83	3	.236	.273	.456
1988	Cleveland	AL	142	511	139	24	3	26	(11 | 15)	247	71	75	42	7	101	1	0	6	5	1	.83	12	.272	.326	.483
1989	Cleveland	AL	132	489	105	17	0	18	(6 | 12)	176	49	59	23	1	134	2	0	4	6	5	.55	11	.215	.251	.360
1990	Cleveland	AL	123	438	102	27	3	14	(3 | 11)	177	46	55	21	3	118	2	1	6	1	4	.20	11	.233	.268	.404
1991	2 ML Teams		71	166	29	4	1	3	(2 | 1)	44	14	17	9	1	60	0	4	1	0	0	.00	6	.175	.216	.265
1992	San Francisco	NL	124	390	105	22	2	14	(8 | 6)	173	48	57	23	2	96	2	2	3	4	4	.50	10	.269	.311	.444
1993	Los Angeles	NL	143	516	137	33	1	11	(5 | 6)	205	61	56	47	3	147	4	2	1	4	1	.80	8	.266	.331	.397
1994	Los Angeles	NL	73	153	36	6	0	6	(1 | 5)	60	18	18	14	4	47	1	1	2	1	0	1.00	5	.235	.300	.392
1991	Chicago	AL	50	117	22	4	0	3	(0 | 3)	35	10	11	6	1	41	0	3	0	0	0	.00	5	.188	.228	.299
	Toronto	AL	21	49	7	0	1	0	(0 | 0)	9	4	6	3	0	19	0	1	1	0	0	.00	1	.143	.189	.184
	9 ML YEARS		1068	3656	902	178	13	149	(65 | 84)	1553	439	488	226	25	992	13	11	27	28	19	.60	74	.247	.291	.425

Luis Sojo

Bats: Right **Throws:** Right **Pos:** 2B/SS **Ht:** 5'11" **Wt:** 174 **Born:** 01/03/66 **Age:** 29

							BATTING												BASERUNNING				PERCENTAGES		
Year	Team	Lg	G	AB	H	2B	3B	HR	(Hm | Rd)	TB	R	RBI	TBB	IBB	SO	HBP	SH	SF	SB	CS	SB%	GDP	Avg	OBP	SLG
1994	Calgary*	AAA	24	102	33	9	3	1	--	--	51	19	18	10	0	7	0	0	2	5	0	1.00	3	.324	.377	.500
1990	Toronto	AL	33	80	18	3	0	1	(0 | 1)	24	14	9	5	0	5	0	0	0	1	1	.50	1	.225	.271	.300
1991	California	AL	113	364	94	14	1	3	(1 | 2)	119	38	20	14	0	26	5	19	1	4	2	.67	12	.258	.295	.327
1992	California	AL	106	368	100	12	3	7	(2 | 5)	139	37	43	14	0	24	0	12	1	7	11	.39	14	.272	.299	.378
1993	Toronto	AL	19	47	8	2	0	0	(0 | 0)	10	5	6	4	0	2	0	2	1	0	0	.00	3	.170	.231	.213
1994	Seattle	AL	63	213	59	9	2	6	(4 | 2)	90	32	22	8	0	25	2	3	1	2	1	.67	2	.277	.308	.423
	5 ML YEARS		334	1072	279	40	6	17	(7 | 10)	382	126	100	45	0	82	8	31	8	14	15	.48	32	.260	.294	.356

Paul Sorrento

Bats: Left **Throws:** Right **Pos:** 1B **Ht:** 6'2" **Wt:** 220 **Born:** 11/17/65 **Age:** 29

							BATTING												BASERUNNING				PERCENTAGES		
Year	Team	Lg	G	AB	H	2B	3B	HR	(Hm | Rd)	TB	R	RBI	TBB	IBB	SO	HBP	SH	SF	SB	CS	SB%	GDP	Avg	OBP	SLG
1989	Minnesota	AL	14	21	5	0	0	0	(0 | 0)	5	2	1	5	1	4	0	0	0	0	0	.00	0	.238	.370	.238
1990	Minnesota	AL	41	121	25	4	1	5	(2 | 3)	46	11	13	12	0	31	1	0	1	1	1	.50	3	.207	.281	.380
1991	Minnesota	AL	26	47	12	2	0	4	(2 | 2)	26	6	13	4	2	11	0	0	0	0	0	.00	3	.255	.314	.553
1992	Cleveland	AL	140	458	123	24	1	18	(11 | 7)	203	52	60	51	7	89	1	1	3	0	3	.00	13	.269	.341	.443

Year	Team	Lg	G	AB	H	2B	3B	HR	(Hm	Rd)	TB	R	RBI	TBB	IBB	SO	HBP	SH	SF	SB	CS	SB%	GDP	Avg	OBP	SLG
1993	Cleveland	AL	148	463	119	26	1	18	(8	10)	201	75	65	58	11	121	2	0	4	3	1	.75	10	.257	.340	.434
1994	Cleveland	AL	95	322	90	14	0	14	(8	6)	146	43	62	34	6	68	0	1	3	0	1	.00	7	.280	.345	.453
	6 ML YEARS		464	1432	374	70	3	59	(31	28)	627	189	214	164	27	324	4	2	12	4	6	.40	36	.261	.336	.438

Sammy Sosa

Bats: Right **Throws:** Right **Pos:** RF/CF   **Ht:** 6' 0" **Wt:** 185 **Born:** 11/12/68 **Age:** 26

Year	Team	Lg	G	AB	H	2B	3B	HR	(Hm	Rd)	TB	R	RBI	TBB	IBB	SO	HBP	SH	SF	SB	CS	SB%	GDP	Avg	OBP	SLG
1989	2 ML Teams		58	183	47	8	0	4	(1	3)	67	27	13	11	2	47	2	5	2	7	5	.58	6	.257	.303	.366
1990	Chicago	AL	153	532	124	26	10	15	(10	5)	215	72	70	33	4	150	6	2	6	32	16	.67	10	.233	.282	.404
1991	Chicago	AL	116	316	64	10	1	10	(3	7)	106	39	33	14	2	98	2	5	1	13	6	.68	5	.203	.240	.335
1992	Chicago	NL	67	262	68	7	2	8	(4	4)	103	41	25	19	1	63	4	4	2	15	7	.68	4	.260	.317	.393
1993	Chicago	NL	159	598	156	25	5	33	(23	10)	290	92	93	38	6	135	4	0	1	36	11	.77	14	.261	.309	.485
1994	Chicago	NL	105	426	128	17	6	25	(11	14)	232	59	70	25	1	92	2	1	4	22	13	.63	7	.300	.339	.545
1989	Texas	AL	25	84	20	3	0	1	(0	1)	26	8	3	0	0	20	0	4	0	0	2	.00	3	.238	.238	.310
	Chicago	AL	33	99	27	5	0	3	(1	2)	41	19	10	11	2	27	2	1	2	7	3	.70	3	.273	.351	.414
	6 ML YEARS		658	2317	587	93	24	95	(52	43)	1013	330	304	140	16	585	20	17	16	125	58	.68	46	.253	.300	.437

Tim Spehr

Bats: Right **Throws:** Right **Pos:** C   **Ht:** 6' 2" **Wt:** 200 **Born:** 07/02/66 **Age:** 28

Year	Team	Lg	G	AB	H	2B	3B	HR	(Hm	Rd)	TB	R	RBI	TBB	IBB	SO	HBP	SH	SF	SB	CS	SB%	GDP	Avg	OBP	SLG
1991	Kansas City	AL	37	74	14	5	0	3	(1	2)	28	7	14	9	0	18	1	3	1	1	0	1.00	2	.189	.282	.378
1993	Montreal	NL	53	87	20	6	0	2	(0	2)	32	14	10	6	1	20	1	3	2	2	0	1.00	0	.230	.281	.368
1994	Montreal	NL	52	36	9	3	1	0	(0	0)	14	8	5	4	0	11	0	1	0	2	0	1.00	0	.250	.325	.389
	3 ML YEARS		142	197	43	14	1	5	(1	4)	74	29	29	19	1	49	2	7	3	5	0	1.00	2	.218	.290	.376

Bill Spiers

Bats: Left **Throws:** Right **Pos:** 3B/SS   **Ht:** 6' 2" **Wt:** 190 **Born:** 06/05/66 **Age:** 29

Year	Team	Lg	G	AB	H	2B	3B	HR	(Hm	Rd)	TB	R	RBI	TBB	IBB	SO	HBP	SH	SF	SB	CS	SB%	GDP	Avg	OBP	SLG
1989	Milwaukee	AL	114	345	88	9	3	4	(1	3)	115	44	33	21	1	63	1	4	2	10	2	.83	2	.255	.298	.333
1990	Milwaukee	AL	112	363	88	15	3	2	(0	2)	115	44	36	16	0	45	1	6	3	11	6	.65	12	.242	.274	.317
1991	Milwaukee	AL	133	414	117	13	6	8	(1	7)	166	71	54	34	0	55	2	10	4	14	8	.64	9	.283	.337	.401
1992	Milwaukee	AL	12	16	5	2	0	0	(0	0)	7	2	2	1	0	4	0	1	0	1	1	.50	0	.313	.353	.438
1993	Milwaukee	AL	113	340	81	8	4	2	(2	0)	103	43	36	29	2	51	4	9	4	9	8	.53	11	.238	.302	.303
1994	Milwaukee	AL	73	214	54	10	1	0	(0	0)	66	27	17	19	1	42	1	3	0	7	1	.88	5	.252	.316	.308
	6 ML YEARS		557	1692	433	57	17	16	(6	10)	572	231	178	120	4	260	9	33	13	52	26	.67	39	.256	.306	.338

Paul Spoljaric

Pitches: Left **Bats:** Right **Pos:** SP   **Ht:** 6' 3" **Wt:** 205 **Born:** 09/24/70 **Age:** 24

Year	Team	Lg	G	GS	CG	GF	IP	BFP	H	R	ER	HR	SH	SF	HB	TBB	IBB	SO	WP	Bk	W	L	Pct.	ShO	Sv	ERA
1990	Medicne Hat	R	15	13	0	2	66.1	291	57	43	32	6	0	3	0	35	0	62	3	3	3	7	.300	0	1	4.34
1991	St.Cathrnes	A	4	4	0	0	18.2	85	21	14	10	1	0	0	1	9	0	21	0	0	0	2	.000	0	0	4.82
1992	Myrtle Bch	A	26	26	1	0	162.2	647	111	68	51	7	4	4	5	58	0	161	7	1	10	8	.556	0	0	2.82
1993	Dunedin	A	4	4	0	0	26	99	16	5	4	1	0	0	2	12	0	29	2	0	3	0	1.000	0	0	1.38
	Knoxville	AA	7	7	0	0	43.1	175	30	12	11	3	1	0	1	22	0	51	2	1	4	1	.800	0	0	2.28
	Syracuse	AAA	18	18	1	0	95.1	424	97	63	56	14	1	6	2	52	0	88	8	1	8	7	.533	1	0	5.29
1994	Syracuse	AAA	8	8	0	0	47.1	224	47	37	30	7	1	3	0	28	1	38	4	0	1	5	.167	0	0	5.70
	Knoxville	AA	17	16	0	0	102	446	88	50	41	12	2	5	7	48	0	79	4	1	6	5	.545	0	0	3.62
1994	Toronto	AL	2	1	0	0	2.1	21	5	10	10	3	0	0	0	9	1	2	0	0	0	1	.000	0	0	38.57

Jerry Spradlin

Pitches: Right **Bats:** Both **Pos:** RP   **Ht:** 6' 7" **Wt:** 240 **Born:** 06/14/67 **Age:** 28

Year	Team	Lg	G	GS	CG	GF	IP	BFP	H	R	ER	HR	SH	SF	HB	TBB	IBB	SO	WP	Bk	W	L	Pct.	ShO	Sv	ERA
1988	Billings	R	17	5	0	2	47.2	201	45	25	17	2	1	2	2	14	1	23	3	0	4	1	.800	0	0	3.21
1989	Greensboro	A	42	1	0	22	94.2	389	88	35	29	5	3	7	3	23	5	56	4	0	7	2	.778	0	2	2.76
1990	Cedar Rapids	A	5	0	0	0	12	57	13	8	4	1	1	0	0	5	1	6	0	0	0	1	.000	0	0	3.00
	Chston-Wv	A	43	1	0	34	74.1	308	74	23	21	1	4	2	1	17	5	39	3	1	3	4	.429	0	17	2.54
1991	Chattanooga	AA	48	1	0	22	96	406	95	38	33	2	1	5	4	32	7	73	9	0	7	3	.700	0	4	3.09
1992	Cedar Rapids	A	1	0	0	0	2.1	11	5	2	2	0	0	0	0	0	0	4	0	0	1	0	1.000	0	0	7.71
	Chattanooga	AA	59	0	0	53	65.1	248	52	11	10	1	6	1	0	13	3	35	3	0	3	3	.500	0	34	1.38
1993	Indianapols	AAA	34	0	0	8	56.2	239	58	24	22	4	2	0	0	12	2	46	2	0	3	2	.600	0	1	3.49

Year	Team	Lg	G	GS	CG	GF	IP	BFP	H	R	ER	HR	SH	SF	HB	TBB	IBB	SO	WP	Bk	W	L	Pct.	ShO	Sv	ERA
1994	Indianapolis	AAA	28	5	0	7	73.1	319	87	36	30	5	3	2	5	16	1	49	3	1	3	3	.500	0	3	3.68
	Edmonton	AAA	6	0	0	1	10.2	45	12	3	3	0	2	1	0	4	0	3	0	0	1	0	1.000	0	1	2.53
1993	Cincinnati	NL	37	0	0	16	49	193	44	20	19	4	3	4	0	9	0	24	3	1	2	1	.667	0	2	3.49
1994	Cincinnati	NL	6	0	0	2	8	38	12	11	9	2	0	2	0	2	0	4	0	0	0	0	.000	0	0	10.13
	2 ML YEARS		43	0	0	18	57	231	56	31	28	6	3	6	0	11	0	28	3	1	2	1	.667	0	2	4.42

Ed Sprague

Bats: Right **Throws:** Right **Pos:** 3B **Ht:** 6' 2" **Wt:** 210 **Born:** 07/25/67 **Age:** 27

Year	Team	Lg	G	AB	H	2B	3B	HR	(Hm	Rd)	TB	R	RBI	TBB	IBB	SO	HBP	SH	SF	SB	CS	SB%	GDP	Avg	OBP	SLG
1991	Toronto	AL	61	160	44	7	0	4	(3	1)	63	17	20	19	2	43	3	0	1	0	3	.00	2	.275	.361	.394
1992	Toronto	AL	22	47	11	2	0	1	(1	0)	16	6	7	3	0	7	0	0	0	0	0	.00	0	.234	.280	.340
1993	Toronto	AL	150	546	142	31	1	12	(8	4)	211	50	73	32	1	85	10	2	6	1	0	1.00	23	.260	.310	.386
1994	Toronto	AL	109	405	97	19	1	11	(6	5)	151	38	44	23	1	95	11	2	4	1	0	1.00	11	.240	.296	.373
	4 ML YEARS		342	1158	294	59	2	28	(18	10)	441	111	144	77	4	230	24	4	11	2	3	.40	36	.254	.311	.381

Russ Springer

Pitches: Right **Bats:** Right **Pos:** RP/SP **Ht:** 6' 4" **Wt:** 195 **Born:** 11/07/68 **Age:** 26

Year	Team	Lg	G	GS	CG	GF	IP	BFP	H	R	ER	HR	SH	SF	HB	TBB	IBB	SO	WP	Bk	W	L	Pct.	ShO	Sv	ERA
1994	Vancouver*	AAA	12	12	4	0	83	346	77	35	28	7	1	7	1	19	0	58	2	0	7	4	.636	0	0	3.04
1992	New York	AL	14	0	0	5	16	75	18	11	11	0	0	0	1	10	2	12	0	0	0	0	.000	0	0	6.19
1993	California	AL	14	9	1	3	60	278	73	48	48	11	1	1	3	32	1	31	6	0	1	6	.143	0	0	7.20
1994	California	AL	18	3	0	6	45.2	198	53	28	28	9	1	1	0	14	0	28	2	0	2	2	.500	0	2	5.52
	3 ML YEARS		46	14	1	14	121.2	551	144	87	87	20	2	2	4	56	1	71	8	0	3	8	.273	0	2	6.44

Randy St. Claire

Pitches: Right **Bats:** Right **Pos:** RP **Ht:** 6' 2" **Wt:** 190 **Born:** 08/23/60 **Age:** 34

Year	Team	Lg	G	GS	CG	GF	IP	BFP	H	R	ER	HR	SH	SF	HB	TBB	IBB	SO	WP	Bk	W	L	Pct.	ShO	Sv	ERA
1994	Syracuse*	AAA	65	0	0	59	63	267	57	24	21	3	2	1	1	16	1	59	0	0	3	1	.750	0	33	3.00
1984	Montreal	NL	4	0	0	4	8	38	11	4	4	0	1	2	1	2	1	4	0	0	0	0	.000	0	0	4.50
1985	Montreal	NL	42	0	0	14	68.2	294	69	32	30	3	6	1	1	26	7	25	1	0	5	3	.625	0	0	3.93
1986	Montreal	NL	11	0	0	2	19	76	13	5	5	2	0	0	0	6	1	21	1	0	2	0	1.000	0	1	2.37
1987	Montreal	NL	44	0	0	24	67	282	64	31	30	9	3	1	0	20	4	43	4	0	3	3	.500	0	7	4.03
1988	2 ML Teams		16	0	0	9	21	98	24	13	9	5	0	2	0	10	3	14	0	1	1	0	1.000	0	0	3.86
1989	Minnesota	AL	14	0	0	8	22.1	98	19	13	13	4	1	1	2	10	2	14	1	0	1	0	1.000	0	1	5.24
1991	Atlanta	NL	19	0	0	5	28.2	123	31	17	13	4	3	1	0	9	3	30	4	0	0	0	.000	0	0	4.08
1992	Atlanta	NL	10	0	0	1	15.1	68	17	11	10	1	0	0	0	8	3	7	0	0	0	0	.000	0	0	5.87
1994	Toronto	AL	2	0	0	2	2	12	4	4	2	0	1	0	0	2	1	2	0	0	0	0	.000	0	0	9.00
1988	Montreal	NL	6	0	0	3	7.1	38	11	5	5	2	0	0	0	5	1	6	0	0	0	0	.000	0	0	6.14
	Cincinnati	NL	10	0	0	6	13.2	60	13	8	4	3	0	1	0	5	2	8	0	0	1	0	1.000	0	0	2.63
	9 ML YEARS		162	0	0	69	252	1089	252	130	116	28	13	10	5	93	25	160	11	1	12	6	.667	0	9	4.14

Andy Stankiewicz

Bats: Right **Throws:** Right **Pos:** SS **Ht:** 5' 9" **Wt:** 165 **Born:** 08/10/64 **Age:** 30

Year	Team	Lg	G	AB	H	2B	3B	HR	(Hm	Rd)	TB	R	RBI	TBB	IBB	SO	HBP	SH	SF	SB	CS	SB%	GDP	Avg	OBP	SLG
1994	Jackson*	AA	5	12	5	0	0	0	--	--	5	1	3	0	0	0	0	0	0	0	0	.00	1	.417	.385	.417
1992	New York	AL	116	400	107	22	2	2	(2	0)	139	52	25	38	0	42	5	7	1	9	5	.64	13	.268	.338	.348
1993	New York	AL	16	9	0	0	0	0	(0	0)	0	5	0	1	0	0	0	0	0	0	0	.00	0	.000	.100	.000
1994	Houston	NL	37	54	14	3	0	1	(1	0)	20	10	5	12	0	12	1	2	0	1	1	.50	2	.259	.403	.370
	3 ML YEARS		169	463	121	25	2	3	(3	0)	159	67	30	51	0	55	6	9	1	10	6	.63	15	.261	.342	.343

Mike Stanley

Bats: Right **Throws:** Right **Pos:** C **Ht:** 6' 0" **Wt:** 190 **Born:** 06/25/63 **Age:** 32

Year	Team	Lg	G	AB	H	2B	3B	HR	(Hm	Rd)	TB	R	RBI	TBB	IBB	SO	HBP	SH	SF	SB	CS	SB%	GDP	Avg	OBP	SLG
1986	Texas	AL	15	30	10	3	0	1	(0	1)	16	4	1	3	0	7	0	0	0	1	0	1.00	0	.333	.394	.533
1987	Texas	AL	78	216	59	8	1	6	(3	3)	87	34	37	31	0	48	1	1	4	3	0	1.00	6	.273	.361	.403
1988	Texas	AL	94	249	57	8	0	3	(1	2)	74	21	27	37	0	62	0	1	5	0	0	.00	6	.229	.323	.297
1989	Texas	AL	67	122	30	3	1	1	(1	0)	38	9	11	12	1	29	2	1	0	1	0	1.00	5	.246	.324	.311
1990	Texas	AL	103	189	47	8	1	2	(1	1)	63	21	19	30	2	25	0	0	6	1	0	1.00	4	.249	.350	.333
1991	Texas	AL	95	181	45	13	1	3	(1	2)	69	25	25	34	2	44	2	5	1	0	0	.00	2	.249	.372	.381
1992	New York	AL	68	173	43	7	0	8	(5	3)	74	24	27	33	0	45	1	0	0	0	0	.00	6	.249	.372	.428
1993	New York	AL	130	423	129	17	1	26	(17	9)	226	70	84	57	4	85	5	0	6	1	1	.50	10	.305	.389	.534
1994	New York	AL	82	290	87	20	0	17	(8	9)	158	54	57	39	2	56	2	0	0	0	0	.00	10	.300	.384	.545
	9 ML YEARS		732	1873	507	87	5	67	(37	30)	805	262	288	276	9	401	13	14	19	7	1	.88	49	.271	.365	.430

Mike Stanton

Pitches: Left **Bats:** Left **Pos:** RP **Ht:** 6' 1" **Wt:** 190 **Born:** 06/02/67 **Age:** 28

			HOW MUCH HE PITCHED					WHAT HE GAVE UP									THE RESULTS				
Year	Team	Lg	G	GS	CG	GF	IP	BFP	H	R	ER	HR	SH	SF	HB	TBB	IBB	SO	WP	Bk	W	L	Pct.	ShO	Sv	ERA
1989	Atlanta	NL	20	0	0	10	24	94	17	4	4	0	4	0	0	8	1	27	1	0	0	1	.000	0	7	1.50
1990	Atlanta	NL	7	0	0	4	7	42	16	16	14	1	1	0	1	4	2	7	1	0	0	3	.000	0	2	18.00
1991	Atlanta	NL	74	0	0	20	78	314	62	27	25	6	6	0	1	21	6	54	0	0	5	5	.500	0	7	2.88
1992	Atlanta	NL	65	0	0	23	63.2	264	59	32	29	6	1	2	2	20	2	44	3	0	5	4	.556	0	8	4.10
1993	Atlanta	NL	63	0	0	41	52	236	51	35	27	4	5	2	0	29	7	43	1	0	4	6	.400	0	27	4.67
1994	Atlanta	NL	49	0	0	15	45.2	197	41	18	18	2	2	1	3	26	3	35	1	0	3	1	.750	0	3	3.55
	6 ML YEARS		278	0	0	113	270.1	1147	246	132	117	19	19	5	7	108	21	210	7	0	17	20	.459	0	54	3.90

Dave Staton

Bats: Right **Throws:** Right **Pos:** 1B **Ht:** 6' 5" **Wt:** 225 **Born:** 04/12/68 **Age:** 27

			BATTING															BASERUNNING				PERCENTAGES		
Year	Team	Lg	G	AB	H	2B	3B	HR	(Hm	Rd)	TB	R	RBI	TBB	IBB	SO	HBP	SH	SF	SB	CS	SB%	GDP	Avg	OBP	SLG
1989	Spokane	A	70	260	94	18	0	17	--	--	163	52	72	39	4	49	8	0	2	1	1	.50	13	.362	.456	.627
1990	Riverside	A	92	335	97	16	1	20	--	--	175	56	64	52	5	78	2	0	4	4	1	.80	11	.290	.384	.522
	Wichita	AA	45	164	50	11	0	6	--	--	79	26	31	22	0	37	1	0	1	0	0	.00	6	.305	.388	.482
1991	Las Vegas	AAA	107	375	100	19	1	22	--	--	187	61	74	44	4	89	3	0	1	0	1	1.00	12	.267	.346	.499
1992	Las Vegas	AAA	96	335	94	20	0	19	--	--	171	47	76	34	2	95	6	0	5	0	0	.00	14	.281	.353	.510
1993	Wichita	AA	5	12	5	3	0	0	--	--	8	2	2	2	0	3	0	0	0	0	0	.00	0	.417	.500	.667
	Rancho Cuca	A	58	221	70	21	0	18	--	--	145	37	58	30	1	52	1	0	1	0	0	.00	6	.317	.399	.656
	Las Vegas	AAA	11	37	10	0	0	7	--	--	31	8	11	3	0	9	0	0	1	0	0	.00	3	.270	.317	.838
1994	Las Vegas	AAA	79	271	75	10	2	12	--	--	125	39	47	44	3	62	5	0	5	0	0	.00	14	.277	.382	.461
1993	San Diego	NL	17	42	11	3	0	5	(3	2)	29	7	9	3	0	12	1	0	0	0	0	.00	2	.262	.326	.690
1994	San Diego	NL	29	66	12	2	0	4	(2	2)	26	6	6	10	0	18	0	0	0	0	0	.00	3	.182	.289	.394
	2 ML YEARS		46	108	23	5	0	9	(5	4)	55	13	15	13	0	30	1	0	0	0	0	.00	5	.213	.303	.509

Terry Steinbach

Bats: Right **Throws:** Right **Pos:** C **Ht:** 6' 1" **Wt:** 195 **Born:** 03/02/62 **Age:** 33

			BATTING															BASERUNNING				PERCENTAGES		
Year	Team	Lg	G	AB	H	2B	3B	HR	(Hm | Rd)	TB	R	RBI	TBB	IBB	SO	HBP	SH	SF	SB	CS	SB%	GDP	Avg	OBP	SLG
1986	Oakland	AL	6	15	5	0	0	2	(0 | 2)	11	3	4	1	0	0	0	0	0	0	0	.00	0	.333	.375	.733
1987	Oakland	AL	122	391	111	16	3	16	(6 | 10)	181	66	56	32	2	66	9	3	3	1	2	.33	10	.284	.349	.463
1988	Oakland	AL	104	351	93	19	1	9	(6 | 3)	141	42	51	33	2	47	6	3	5	3	0	1.00	13	.265	.334	.402
1989	Oakland	AL	130	454	124	13	1	7	(5 | 2)	160	37	42	30	2	66	2	2	3	1	2	.33	14	.273	.319	.352
1990	Oakland	AL	114	379	95	15	2	9	(3 | 6)	141	32	57	19	1	66	4	5	3	0	1	.00	11	.251	.291	.372
1991	Oakland	AL	129	456	125	31	1	6	(1 | 5)	176	50	67	22	4	70	7	0	9	2	2	.50	15	.274	.312	.386
1992	Oakland	AL	128	438	122	20	1	12	(3 | 9)	180	48	53	45	3	58	1	0	3	2	3	.40	12	.279	.345	.411
1993	Oakland	AL	104	389	111	19	1	10	(5 | 5)	162	47	43	25	2	65	3	0	1	3	3	.50	13	.285	.333	.416
1994	Oakland	AL	103	369	105	21	2	11	(5 | 6)	163	51	57	26	4	62	0	1	6	2	1	.67	10	.285	.327	.442
	9 ML YEARS		940	3242	891	154	12	82	(34 | 48)	1315	376	430	233	19	500	32	14	33	14	14	.50	106	.275	.327	.406

Dave Stevens

Pitches: Right **Bats:** Right **Pos:** RP **Ht:** 6' 3" **Wt:** 210 **Born:** 03/04/70 **Age:** 25

			HOW MUCH HE PITCHED					WHAT HE GAVE UP									THE RESULTS				
Year	Team	Lg	G	GS	CG	GF	IP	BFP	H	R	ER	HR	SH	SF	HB	TBB	IBB	SO	WP	Bk	W	L	Pct.	ShO	Sv	ERA
1990	Huntington	R	13	11	0	1	56.2	274	47	44	29	3	2	3	7	47	0	55	6	8	2	4	.333	0	0	4.61
1991	Geneva	A	9	9	1	0	47.1	197	49	20	15	3	4	3	2	14	0	44	2	0	2	3	.400	0	0	2.85
1992	Charlotte	AA	26	26	2	0	149.2	642	147	79	65	16	5	6	5	53	1	89	8	1	9	13	.409	0	0	3.91
1993	Orlando	AA	11	11	1	0	70.1	304	69	36	33	7	1	0	2	35	0	49	1	0	6	1	.857	1	0	4.22
	Iowa	AAA	24	0	0	15	34.1	137	24	16	16	3	2	1	0	14	2	29	1	0	4	0	1.000	0	4	4.19
1994	Salt Lake	AAA	23	0	0	20	43	183	41	13	8	2	2	2	1	16	1	30	1	0	6	2	.750	0	3	1.67
1994	Minnesota	AL	24	0	0	6	45	208	55	35	34	6	2	0	1	23	2	24	3	0	5	2	.714	0	0	6.80

Dave Stewart

Pitches: Right **Bats:** Right **Pos:** SP **Ht:** 6' 2" **Wt:** 230 **Born:** 02/19/57 **Age:** 38

			HOW MUCH HE PITCHED					WHAT HE GAVE UP									THE RESULTS				
Year	Team	Lg	G	GS	CG	GF	IP	BFP	H	R	ER	HR	SH	SF	HB	TBB	IBB	SO	WP	Bk	W	L	Pct.	ShO	Sv	ERA
1978	Los Angeles	NL	1	0	0	1	2	6	1	0	0	0	0	0	0	0	1	0	0	0	0	0	.000	0	0	0.00
1981	Los Angeles	NL	32	0	0	14	43	184	40	13	12	3	7	3	0	14	5	29	4	0	4	3	.571	0	6	2.51
1982	Los Angeles	NL	45	14	0	9	146.1	616	137	72	62	14	10	5	2	49	11	80	3	0	9	8	.529	0	1	3.81
1983	2 ML Teams		54	9	2	25	135	565	117	43	39	6	9	4	4	50	7	78	3	0	10	4	.714	0	8	2.60
1984	Texas	AL	32	27	3	2	192.1	847	193	106	101	26	4	5	4	87	3	119	12	0	7	14	.333	0	0	4.73
1985	2 ML Teams		46	5	0	32	85.2	383	91	57	52	13	5	2	2	41	5	66	7	1	0	6	.000	0	4	5.46

193

Year	Team	Lg	G	GS	CG	GF	IP	BFP	H	R	ER	HR	SH	SF	HB	TBB	IBB	SO	WP	Bk	W	L	Pct.	ShO	Sv	ERA
1986	2 ML Teams		37	17	4	4	161.2	700	152	76	71	16	4	7	3	69	0	111	10	3	9	5	.643	1	0	3.95
1987	Oakland	AL	37	37	8	0	261.1	1103	224	121	107	24	7	5	6	105	2	205	11	0	20	13	.606	1	0	3.68
1988	Oakland	AL	37	37	14	0	275.2	1156	240	111	99	14	7	9	3	110	5	192	14	16	21	12	.636	2	0	3.23
1989	Oakland	AL	36	36	8	0	257.2	1081	260	105	95	23	9	10	6	69	0	155	13	0	21	9	.700	0	0	3.32
1990	Oakland	AL	36	36	11	0	267	1088	226	84	76	16	10	10	5	83	1	166	8	0	22	11	.667	4	0	2.56
1991	Oakland	AL	35	35	2	0	226	1014	245	135	130	24	5	15	9	105	1	144	12	0	11	11	.500	1	0	5.18
1992	Oakland	AL	31	31	2	0	199.1	838	175	96	81	25	5	8	8	79	1	130	3	1	12	10	.545	2	0	3.66
1993	Toronto	AL	26	26	0	0	162	687	146	86	80	23	3	4	4	72	0	96	4	1	12	8	.600	0	0	4.44
1994	Toronto	AL	22	22	1	0	133.1	602	151	89	87	26	2	4	4	62	4	111	6	0	7	8	.467	0	0	5.87
1983	Los Angeles	NL	46	1	0	25	76	328	67	28	25	4	7	3	2	33	7	54	2	0	5	2	.714	0	8	2.96
	Texas	AL	8	8	2	0	59	237	50	15	14	2	2	1	2	17	0	24	1	0	5	2	.714	0	0	2.14
1985	Texas	AL	42	5	0	29	81.1	361	86	53	49	13	5	2	2	37	5	64	5	1	0	6	.000	0	4	5.42
	Philadelphia	NL	4	0	0	3	4.1	22	5	4	3	0	0	0	0	4	0	2	2	0	0	0	.000	0	0	6.23
1986	Philadelphia	NL	8	0	0	2	12.1	56	15	9	9	1	0	3	0	4	0	9	1	3	0	0	.000	0	0	6.57
	Oakland	AL	29	17	4	2	149.1	644	137	67	62	15	4	4	3	65	0	102	9	0	9	5	.643	1	0	3.74
	15 ML YEARS		507	332	55	87	2548.1	10870	2398	1194	1092	253	87	91	60	995	45	1683	110	22	165	122	.575	9	19	3.86

Phil Stidham

Pitches: Right Bats: Right Pos: RP Ht: 6' 0" Wt: 180 Born: 11/18/68 Age: 26

			HOW MUCH HE PITCHED						WHAT HE GAVE UP											THE RESULTS					
Year	Team	Lg	G	GS	CG	GF	IP	BFP	H	R	ER	HR	SH	SF	HB	TBB	IBB	SO	WP	Bk	W	L	Pct.	ShO	Sv	ERA
1991	Fayetteville	A	28	0	0	26	33.2	139	25	10	6	0	1	2	0	16	0	20	3	3	0	1	.000	0	8	1.60
1992	Lakeland	A	45	0	0	27	53.2	252	61	28	22	3	2	1	3	28	2	47	4	1	2	7	.222	0	6	3.69
1993	Lakeland	A	25	0	0	23	29.2	119	22	6	5	2	2	0	1	9	1	24	0	0	2	1	.667	0	9	1.52
	London	AA	33	0	0	8	34	164	40	18	9	3	1	0	2	19	3	39	1	0	2	2	.500	0	2	2.38
1994	Trenton	AA	6	0	0	6	6	22	4	0	0	0	0	0	0	0	0	6	2	0	0	0	.000	0	3	0.00
	Toledo	AAA	49	0	0	16	69	278	48	25	24	3	4	2	1	31	3	57	1	0	3	3	.500	0	3	3.13
1994	Detroit	AL	5	0	0	0	4.1	26	12	12	12	3	0	1	0	4	1	4	0	0	0	0	.000	0	0	24.92

Kelly Stinnett

Bats: Right Throws: Right Pos: C Ht: 5'11" Wt: 195 Born: 02/14/70 Age: 25

							BATTING												BASERUNNING			PERCENTAGES		
Year	Team	Lg	G	AB	H	2B	3B	HR	(Hm	Rd)	TB	R	RBI	TBB	IBB	SO	HBP	SH	SF	SB	CS	SB%	GDP	Avg	OBP	SLG
1990	Watertown	A	60	192	46	9	2	2	--	--	65	29	21	40	2	43	4	2	2	3	7	.30	8	.240	.378	.339
1991	Columbus	A	102	384	101	15	1	14	--	--	160	49	74	26	2	70	9	1	5	4	1	.80	17	.263	.321	.417
1992	Canton-Akrn	AA	91	296	84	10	0	6	--	--	112	37	32	16	0	43	4	5	3	7	6	.54	8	.284	.326	.378
1993	Charlotte	AAA	98	288	79	10	3	6	--	--	113	42	33	17	1	52	2	0	1	0	0	.00	5	.274	.318	.392
1994	New York	NL	47	150	38	6	2	2	(0	2)	54	20	14	11	1	28	5	0	1	2	0	1.00	3	.253	.323	.360

Kevin Stocker

Bats: Both Throws: Right Pos: SS Ht: 6' 1" Wt: 170 Born: 02/13/70 Age: 25

							BATTING												BASERUNNING			PERCENTAGES		
Year	Team	Lg	G	AB	H	2B	3B	HR	(Hm	Rd)	TB	R	RBI	TBB	IBB	SO	HBP	SH	SF	SB	CS	SB%	GDP	Avg	OBP	SLG
1992	Clearwater	A	63	244	69	13	4	1	--	--	93	43	33	27	2	31	4	5	3	15	9	.63	4	.283	.360	.381
	Reading	AA	62	240	60	9	2	1	--	--	76	31	9	22	1	30	2	3	0	17	4	.81	2	.250	.318	.317
1993	Scranton/wb	AAA	83	313	73	14	1	3	--	--	98	54	17	29	2	56	7	8	0	17	6	.74	7	.233	.312	.313
1994	Scranton-Wb	AAA	4	13	4	1	0	0	--	--	5	1	2	1	0	0	0	0	0	0	0	.00	0	.308	.357	.385
1993	Philadelphia	NL	70	259	84	12	3	2	(1	1)	108	46	31	30	11	43	8	4	1	5	0	1.00	6	.324	.409	.417
1994	Philadelphia	NL	82	271	74	11	2	2	(2	0)	95	38	28	44	8	41	7	4	4	2	2	.50	3	.273	.383	.351
	2 ML YEARS		152	530	158	23	5	4	(3	1)	203	84	59	74	19	84	15	8	5	7	2	.78	11	.298	.396	.383

Todd Stottlemyre

Pitches: Right Bats: Left Pos: SP/RP Ht: 6' 3" Wt: 200 Born: 05/20/65 Age: 30

			HOW MUCH HE PITCHED						WHAT HE GAVE UP											THE RESULTS					
Year	Team	Lg	G	GS	CG	GF	IP	BFP	H	R	ER	HR	SH	SF	HB	TBB	IBB	SO	WP	Bk	W	L	Pct.	ShO	Sv	ERA
1988	Toronto	AL	28	16	0	2	98	443	109	70	62	15	3	4	3	46	5	67	2	3	4	8	.333	0	0	5.69
1989	Toronto	AL	27	18	0	4	127.2	545	137	56	55	11	3	7	5	44	4	63	4	0	7	7	.500	0	0	3.88
1990	Toronto	AL	33	33	4	0	203	866	214	101	98	18	3	5	8	69	4	115	6	1	13	17	.433	0	0	4.34
1991	Toronto	AL	34	34	1	0	219	921	194	97	92	21	0	8	12	75	3	116	6	0	15	8	.652	0	0	3.78
1992	Toronto	AL	28	27	6	0	174	755	175	99	87	20	2	11	10	63	4	98	7	0	12	11	.522	2	0	4.50
1993	Toronto	AL	30	28	1	0	176.2	786	204	107	95	11	5	11	3	69	5	98	7	1	11	12	.478	1	0	4.84
1994	Toronto	AL	26	19	3	5	140.2	605	149	67	66	19	4	7	7	48	2	105	0	0	7	7	.500	1	1	4.22
	7 ML YEARS		206	175	15	11	1139	4921	1182	597	555	115	22	50	49	414	27	662	30	6	69	70	.496	4	1	4.39

Doug Strange

Bats: Both **Throws:** Right **Pos:** 2B/3B **Ht:** 6'1" **Wt:** 185 **Born:** 04/13/64 **Age:** 31

					BATTING												BASERUNNING				PERCENTAGES		
Year	Team	Lg	G	AB	H	2B	3B	HR	(Hm | Rd)	TB	R	RBI	TBB	IBB	SO	HBP	SH	SF	SB	CS	SB%	GDP	Avg	OBP	SLG
1989	Detroit	AL	64	196	42	4	1	1	(1 | 0)	51	16	14	17	0	36	1	3	0	3	3	.50	6	.214	.280	.260
1991	Chicago	NL	3	9	4	1	0	0	(0 | 0)	5	0	1	0	0	1	1	0	1	1	0	1.00	0	.444	.455	.556
1992	Chicago	NL	52	94	15	1	0	1	(0 | 1)	19	7	5	10	2	15	0	2	0	1	0	1.00	2	.160	.240	.202
1993	Texas	AL	145	484	124	29	0	7	(4 | 3)	174	58	60	43	3	69	3	8	4	6	4	.60	12	.256	.318	.360
1994	Texas	AL	73	226	48	12	1	5	(3 | 2)	77	26	26	15	0	38	3	4	2	1	3	.25	6	.212	.268	.341
5 ML YEARS			337	1009	233	47	2	14	(8 | 6)	326	107	106	85	5	159	8	17	7	12	10	.55	26	.231	.294	.323

Darryl Strawberry

Bats: Left **Throws:** Left **Pos:** RF **Ht:** 6'6" **Wt:** 215 **Born:** 03/12/62 **Age:** 33

					BATTING												BASERUNNING				PERCENTAGES		
Year	Team	Lg	G	AB	H	2B	3B	HR	(Hm	Rd)	TB	R	RBI	TBB	IBB	SO	HBP	SH	SF	SB	CS	SB%	GDP	Avg	OBP	SLG
1994	Phoenix *	AAA	3	10	3	0	0	2	--	--	9	3	3	0	0	4	0	0	1	0	0	.00	0	.300	.273	.900
1983	New York	NL	122	420	108	15	7	26	(10	16)	215	63	74	47	9	128	4	0	2	19	6	.76	5	.257	.336	.512
1984	New York	NL	147	522	131	27	4	26	(8	18)	244	75	97	75	15	131	0	1	4	27	8	.77	8	.251	.343	.467
1985	New York	NL	111	393	109	15	4	29	(14	15)	219	78	79	73	13	96	1	0	3	26	11	.70	9	.277	.389	.557
1986	New York	NL	136	475	123	27	5	27	(11	16)	241	76	93	72	9	141	6	0	9	28	12	.70	4	.259	.358	.507
1987	New York	NL	154	532	151	32	5	39	(20	19)	310	108	104	97	13	122	7	0	4	36	12	.75	4	.284	.398	.583
1988	New York	NL	153	543	146	27	3	39	(21	18)	296	101	101	85	21	127	3	0	9	29	14	.67	6	.269	.366	.545
1989	New York	NL	134	476	107	26	1	29	(15	14)	222	69	77	61	13	105	1	0	3	11	4	.73	4	.225	.312	.466
1990	New York	NL	152	542	150	18	1	37	(24	13)	281	92	108	70	15	110	4	0	5	15	8	.65	5	.277	.361	.518
1991	Los Angeles	NL	139	505	134	22	4	28	(14	14)	248	86	99	75	4	125	3	0	5	10	8	.56	8	.265	.361	.491
1992	Los Angeles	NL	43	156	37	8	0	5	(3	2)	60	20	25	19	4	34	1	0	1	3	1	.75	2	.237	.322	.385
1993	Los Angeles	NL	32	100	14	2	0	5	(3	2)	31	12	12	16	1	19	2	0	2	1	0	1.00	1	.140	.267	.310
1994	San Francisco	NL	29	92	22	3	1	4	(2	2)	39	13	17	19	4	22	0	3	0	0	3	.00	2	.239	.363	.424
12 ML YEARS			1352	4756	1232	222	35	294	(145	149)	2406	793	886	709	121	1160	32	1	49	205	87	.70	58	.259	.356	.506

B.J. Surhoff

Bats: Left **Throws:** Right **Pos:** 3B/C **Ht:** 6'1" **Wt:** 200 **Born:** 08/04/64 **Age:** 30

					BATTING												BASERUNNING				PERCENTAGES		
Year	Team	Lg	G	AB	H	2B	3B	HR	(Hm	Rd)	TB	R	RBI	TBB	IBB	SO	HBP	SH	SF	SB	CS	SB%	GDP	Avg	OBP	SLG
1994	El Paso *	AA	3	12	3	1	0	0	--	--	4	2	0	0	0	0	0	0	0	0	0	.00	0	.250	.250	.333
	New Orleans *		5	19	6	2	0	0	--	--	8	3	1	1	0	2	0	0	0	0	0	.00	0	.316	.350	.421
1987	Milwaukee	AL	115	395	118	22	3	7	(5	2)	167	50	68	36	1	30	0	5	9	11	10	.52	13	.299	.350	.423
1988	Milwaukee	AL	139	493	121	21	0	5	(2	3)	157	47	38	31	9	49	3	11	3	21	6	.78	12	.245	.292	.318
1989	Milwaukee	AL	126	436	108	17	4	5	(4	1)	148	42	55	25	1	29	3	3	10	14	12	.54	8	.248	.287	.339
1990	Milwaukee	AL	135	474	131	21	4	6	(4	2)	178	55	59	41	5	37	1	7	7	18	7	.72	8	.276	.331	.376
1991	Milwaukee	AL	143	505	146	19	4	5	(3	2)	188	57	68	26	2	33	0	13	9	5	8	.38	21	.289	.319	.372
1992	Milwaukee	AL	139	480	121	19	1	4	(3	1)	154	63	62	46	8	41	2	5	10	14	8	.64	9	.252	.314	.321
1993	Milwaukee	AL	148	552	151	38	3	7	(4	3)	216	66	79	36	5	47	2	4	5	12	9	.57	9	.274	.318	.391
1994	Milwaukee	AL	40	134	35	11	2	5	(2	3)	65	20	22	16	0	14	0	2	0	0	1	.00	5	.261	.336	.485
8 ML YEARS			985	3469	931	168	21	44	(26	18)	1273	400	451	257	31	280	11	50	55	95	61	.61	85	.268	.316	.367

Rick Sutcliffe

Pitches: Right **Bats:** Left **Pos:** SP **Ht:** 6'7" **Wt:** 240 **Born:** 06/21/56 **Age:** 39

			HOW MUCH HE PITCHED					WHAT HE GAVE UP										THE RESULTS					
Year	Team	Lg	G	GS	CG	GF	IP	BFP	H	R	ER	HR	SH	SF	HB	TBB	IBB	SO	WP	Bk	W	L	Pct.	ShO	Sv	ERA
1994	Louisville	AAA	3	3	0	0	17	81	25	14	11	1	0	0	0	9	1	7	1	0	0	1	.000	0	0	5.82
1976	Los Angeles	NL	1	1	0	0	5	17	2	0	0	0	0	0	0	1	0	3	0	0	0	0	.000	0	0	0.00
1978	Los Angeles	NL	2	0	0	0	2	9	2	0	0	0	0	0	1	1	0	0	0	0	0	0	.000	0	0	0.00
1979	Los Angeles	NL	39	30	5	2	242	1016	217	104	93	16	16	9	2	97	6	117	8	6	17	10	.630	1	0	3.46
1980	Los Angeles	NL	42	10	1	19	110	491	122	73	68	10	4	3	1	55	2	59	4	5	3	9	.250	1	5	5.56
1981	Los Angeles	NL	14	6	0	5	47	197	41	24	21	5	1	2	2	20	2	16	0	0	2	2	.500	0	0	4.02
1982	Cleveland	AL	34	27	6	3	216	887	174	81	71	16	7	8	4	98	2	142	6	1	14	8	.636	1	1	2.96
1983	Cleveland	AL	36	35	10	0	243.1	1061	251	131	116	23	8	9	6	102	5	160	7	3	17	11	.607	2	0	4.29
1984	2 ML Teams		35	35	9	0	244.2	1030	234	113	99	16	5	4	3	85	3	213	6	3	20	6	.769	3	0	3.64
1985	Chicago	NL	20	20	6	0	130	549	119	51	46	12	3	4	3	44	3	102	6	0	8	8	.500	3	0	3.18
1986	Chicago	NL	28	27	4	0	176.2	764	166	92	91	18	6	2	1	96	8	122	13	1	5	14	.263	1	0	4.64
1987	Chicago	NL	34	34	6	0	237.1	1012	223	106	97	24	9	8	4	106	14	174	9	4	18	10	.643	1	0	3.68
1988	Chicago	NL	32	32	12	0	226	958	232	97	97	18	17	5	2	70	9	144	11	4	13	14	.481	2	0	3.86
1989	Chicago	NL	35	34	5	0	229	938	202	98	93	18	15	10	2	69	8	153	12	6	16	11	.593	1	0	3.66
1990	Chicago	NL	5	5	0	0	21.1	97	25	14	14	2	1	0	2	12	0	7	4	0	0	2	.000	0	0	5.91
1991	Chicago	NL	19	18	0	0	96.2	422	96	52	44	4	5	8	2	45	2	52	2	2	6	5	.545	0	0	4.10

Year Team	Lg	G	GS	CG	GF	IP	BFP	H	R	ER	HR	SH	SF	HB	TBB	IBB	SO	WP	Bk	W	L	Pct.	ShO	Sv	ERA
1992 Baltimore	AL	36	36	5	0	237.1	1018	251	123	118	20	6	11	7	74	4	109	7	2	16	15	.516	2	0	4.47
1993 Baltimore	AL	29	28	3	0	166	763	212	112	106	23	4	3	6	74	5	80	1	0	10	10	.500	0	0	5.75
1994 St. Louis	NL	16	14	0	1	67.2	319	93	53	49	11	3	1	2	32	2	26	4	1	6	4	.600	0	0	6.52
1984 Cleveland	AL	15	15	2	0	94.1	428	111	60	54	7	4	3	2	46	3	58	3	1	4	5	.444	0	0	5.15
Chicago	NL	20	20	7	0	150.1	602	123	53	45	9	1	1	1	39	0	155	3	2	16	1	.941	3	0	2.69
18 ML YEARS		457	392	72	30	2698	11548	2662	1324	1223	236	110	89	46	1081	75	1679	100	38	171	139	.552	18	6	4.08

Dale Sveum

Bats: Both **Throws:** Right **Pos:** DH **Ht:** 6' 3" **Wt:** 185 **Born:** 11/23/63 **Age:** 31

				BATTING														BASERUNNING				PERCENTAGES		
Year Team	Lg	G	AB	H	2B	3B	HR	(Hm | Rd)	TB	R	RBI	TBB	IBB	SO	HBP	SH	SF	SB	CS	SB%	GDP	Avg	OBP	SLG
1994 Calgary *	AAA	102	393	111	21	3	22	--	--	204	71	78	49	4	98	2	0	5	1	0	1.00	12	.282	.361	.519
1986 Milwaukee	AL	91	317	78	13	2	7	(4 | 3)	116	35	35	32	0	63	1	5	1	4	3	.57	7	.246	.316	.366
1987 Milwaukee	AL	153	535	135	27	3	25	(9 | 16)	243	86	95	40	4	133	1	5	5	2	6	.25	11	.252	.303	.454
1988 Milwaukee	AL	129	467	113	14	4	9	(2 | 7)	162	41	51	21	0	122	1	3	3	1	0	1.00	6	.242	.274	.347
1990 Milwaukee	AL	48	117	23	7	0	1	(1 | 0)	33	15	12	12	0	30	2	0	2	0	1	.00	2	.197	.278	.282
1991 Milwaukee	AL	90	266	64	19	1	4	(3 | 1)	97	33	43	32	0	78	1	5	4	2	4	.33	8	.241	.320	.365
1992 2 ML Teams		94	249	49	13	0	4	(1 | 3)	74	28	28	28	4	68	0	2	5	1	1	.50	6	.197	.273	.297
1993 Oakland	AL	30	79	14	2	1	2	(0 | 2)	24	12	6	16	1	21	0	1	0	0	0	.00	2	.177	.316	.304
1994 Seattle	AL	10	27	5	0	0	1	(0 | 1)	8	3	2	2	0	10	0	0	0	0	0	.00	1	.185	.241	.296
1992 Philadelphia	NL	54	135	24	4	0	2	(0 | 2)	34	13	16	16	4	39	0	0	2	0	0	.00	5	.178	.261	.252
Chicago	AL	40	114	25	9	0	2	(1 | 1)	40	15	12	12	0	29	0	2	3	1	1	.50	1	.219	.287	.351
8 ML YEARS		645	2057	481	95	11	53	(20 | 33)	757	253	272	183	9	525	6	21	20	10	15	.40	43	.234	.296	.368

Russ Swan

Pitches: Left **Bats:** Left **Pos:** RP **Ht:** 6' 4" **Wt:** 210 **Born:** 01/03/64 **Age:** 31

		HOW MUCH HE PITCHED						WHAT HE GAVE UP												THE RESULTS					
Year Team	Lg	G	GS	CG	GF	IP	BFP	H	R	ER	HR	SH	SF	HB	TBB	IBB	SO	WP	Bk	W	L	Pct.	ShO	Sv	ERA
1994 Charlotte *	AAA	21	2	0	1	39.1	186	53	34	31	4	4	1	1	18	2	13	5	0	1	3	.250	0	0	7.09
1989 San Francisco	NL	2	2	0	0	6.2	34	11	10	8	4	2	0	2	4	0	2	0	0	0	2	.000	0	0	10.80
1990 2 ML Teams		13	9	0	0	49.1	213	48	26	20	3	2	3	0	22	2	16	1	1	2	4	.333	0	0	3.65
1991 Seattle	AL	63	0	0	11	78.2	336	81	35	30	8	6	1	0	28	7	33	8	0	6	2	.750	0	2	3.43
1992 Seattle	AL	55	9	1	26	104.1	457	104	60	55	8	7	5	3	45	7	45	6	0	3	10	.231	0	9	4.74
1993 Seattle	AL	23	0	0	6	19.2	100	25	20	20	2	1	0	2	18	1	10	0	0	3	3	.500	0	0	9.15
1994 Cleveland	AL	12	0	0	2	8	43	13	11	10	1	2	0	0	7	1	2	0	0	0	0	.000	0	0	11.25
1990 San Francisco	NL	2	1	0	0	2.1	18	6	4	1	0	0	0	0	4	0	1	0	1	0	1	.000	0	0	3.86
Seattle	AL	11	8	0	0	47	195	42	22	19	3	2	3	0	18	2	15	0	1	2	3	.400	0	0	3.64
6 ML YEARS		168	20	1	45	266.2	1183	282	162	143	26	20	9	5	124	18	108	15	1	14	22	.389	0	11	4.83

Bill Swift

Pitches: Right **Bats:** Right **Pos:** SP **Ht:** 6' 0" **Wt:** 191 **Born:** 10/27/61 **Age:** 33

		HOW MUCH HE PITCHED						WHAT HE GAVE UP												THE RESULTS					
Year Team	Lg	G	GS	CG	GF	IP	BFP	H	R	ER	HR	SH	SF	HB	TBB	IBB	SO	WP	Bk	W	L	Pct.	ShO	Sv	ERA
1985 Seattle	AL	23	21	0	0	120.2	532	131	71	64	8	6	3	5	48	5	55	5	3	6	10	.375	0	0	4.77
1986 Seattle	AL	29	17	1	3	115.1	534	148	85	70	5	5	2	5	55	2	55	2	1	2	9	.182	0	0	5.46
1988 Seattle	AL	38	24	6	4	174.2	757	199	99	89	10	5	3	8	65	3	47	6	2	8	12	.400	1	0	4.59
1989 Seattle	AL	37	16	0	7	130	551	140	72	64	7	4	3	2	38	4	45	4	1	7	3	.700	0	1	4.43
1990 Seattle	AL	55	8	0	18	128	533	135	46	34	4	5	4	7	21	6	42	8	3	6	4	.600	0	6	2.39
1991 Seattle	AL	71	0	0	30	90.1	359	74	22	20	3	2	0	1	26	4	48	2	0	1	2	.333	0	17	1.99
1992 San Francisco	NL	30	22	3	2	164.2	655	144	41	38	6	5	2	3	43	3	77	0	1	10	4	.714	2	1	**2.08**
1993 San Francisco	NL	34	34	1	0	232.2	928	195	82	73	18	4	2	6	55	5	157	4	0	21	8	.724	1	0	2.82
1994 San Francisco	NL	17	17	0	0	109.1	457	109	49	41	10	7	2	1	31	6	62	2	0	8	7	.533	0	0	3.38
9 ML YEARS		334	159	11	64	1265.2	5306	1275	567	493	71	43	22	40	382	38	588	33	12	69	59	.539	4	25	3.51

Greg Swindell

Pitches: Left **Bats:** Right **Pos:** SP **Ht:** 6' 3" **Wt:** 225 **Born:** 01/02/65 **Age:** 30

		HOW MUCH HE PITCHED						WHAT HE GAVE UP												THE RESULTS					
Year Team	Lg	G	GS	CG	GF	IP	BFP	H	R	ER	HR	SH	SF	HB	TBB	IBB	SO	WP	Bk	W	L	Pct.	ShO	Sv	ERA
1986 Cleveland	AL	9	9	1	0	61.2	255	57	35	29	9	3	1	1	15	0	46	3	2	5	2	.714	0	0	4.23
1987 Cleveland	AL	16	15	4	0	102.1	441	112	62	58	18	4	3	1	37	1	97	0	1	3	8	.273	1	0	5.10
1988 Cleveland	AL	33	33	12	0	242	988	234	97	86	18	9	5	1	45	3	180	5	0	18	14	.563	4	0	3.20
1989 Cleveland	AL	28	28	5	0	184.1	749	170	71	69	16	4	4	0	51	1	129	3	1	13	6	.684	2	0	3.37
1990 Cleveland	AL	34	34	3	0	214.2	912	245	110	105	27	8	6	1	47	2	135	3	2	12	9	.571	0	0	4.40
1991 Cleveland	AL	33	33	7	0	238	971	241	112	92	21	**13**	8	3	31	1	169	3	1	9	16	.360	1	0	3.48
1992 Cincinnati	NL	31	30	5	0	213.2	867	210	72	64	14	9	7	2	41	4	138	3	2	12	8	.600	3	0	2.70
1993 Houston	NL	31	30	1	0	190.1	818	215	98	78	24	13	3	1	40	3	124	2	2	12	13	.480	1	0	4.16
1994 Houston	NL	24	24	1	0	148.1	623	175	80	72	20	9	7	1	26	2	74	1	1	8	9	.471	0	0	4.37
9 ML YEARS		239	236	39	0	1595.1	6624	1659	737	663	167	72	44	11	333	17	1092	23	12	92	85	.520	11	0	3.74

Jeff Tabaka

Pitches: Left **Bats:** Right **Pos:** RP **Ht:** 6' 2" **Wt:** 195 **Born:** 01/17/64 **Age:** 31

			HOW MUCH HE PITCHED					WHAT HE GAVE UP										THE RESULTS					
Year	Team	Lg	G	GS	CG	GF	IP	BFP	H	R	ER	HR	SH	SF	HB	TBB	IBB	SO	WP	Bk	W	L	Pct.	ShO	Sv	ERA
1986	Jamestown	A	13	9	0	3	52.1	238	51	31	25	5	3	1	1	34	1	57	5	0	2	4	.333	0	0	4.30
1987	Wst Plm Bch	A	28	15	0	8	95	421	90	46	44	3	2	6	3	58	3	71	6	0	8	6	.571	0	5	4.17
1988	Wst Plm Bch	A	16	16	2	0	95	387	71	38	18	0	4	6	1	34	1	52	8	1	7	5	.583	2	0	1.71
	Jacksonville	AA	2	2	0	0	11	48	14	8	8	1	0	1	0	5	0	7	0	0	1	0	1.000	0	0	6.55
1989	Scr Wil-Bar	AAA	6	6	0	0	31.1	148	32	26	22	2	2	3	2	23	0	15	1	1	0	4	.000	0	0	6.32
	Reading	AA	21	17	6	1	100.2	461	109	59	52	8	3	3	4	54	3	80	9	0	8	7	.533	1	0	4.65
1990	Clearwater	A	8	5	0	1	35.2	163	38	17	12	1	2	1	0	18	0	22	2	1	5	2	.714	0	0	3.03
1991	Reading	AA	21	20	1	0	108.1	495	117	65	61	8	3	10	4	78	2	68	11	0	4	8	.333	1	0	5.07
	Stockton	A	4	4	0	0	17.1	82	19	11	10	1	2	0	0	16	0	19	2	0	0	2	.000	0	0	5.19
1992	El Paso	AA	50	0	0	23	82	332	67	23	23	1	3	7	4	38	1	75	5	0	9	5	.643	0	10	2.52
1993	New Orleans	AAA	53	0	0	22	58.1	254	50	26	21	3	1	4	3	30	2	63	7	1	6	6	.500	0	1	3.24
1994	Buffalo	AAA	9	0	0	5	5.1	23	3	2	2	0	0	0	0	4	0	4	0	0	1	0	1.000	0	1	3.38
1994	2 ML Teams		39	0	0	10	41	181	32	29	24	1	3	1	0	27	3	32	1	0	3	1	.750	0	1	5.27
1994	Pittsburgh	NL	5	0	0	2	4	24	4	8	8	1	0	0	0	8	0	2	0	0	0	0	.000	0	0	18.00
	San Diego	NL	34	0	0	8	37	157	28	21	16	0	3	1	0	19	3	30	1	0	3	1	.750	0	1	3.89

Jeff Tackett

Bats: Right **Throws:** Right **Pos:** C **Ht:** 6' 2" **Wt:** 206 **Born:** 12/01/65 **Age:** 29

							BATTING												BASERUNNING				PERCENTAGES		
Year	Team	Lg	G	AB	H	2B	3B	HR	(Hm | Rd)	TB	R	RBI	TBB	IBB	SO	HBP	SH	SF	SB	CS	SB%	GDP	Avg	OBP	SLG
1991	Baltimore	AL	6	8	1	0	0	0	(0 | 0)	1	1	0	2	0	2	0	1	0	0	0	.00	0	.125	.300	.125
1992	Baltimore	AL	65	179	43	8	1	5	(4 | 1)	68	21	24	17	1	28	2	6	4	0	0	.00	11	.240	.307	.380
1993	Baltimore	AL	39	87	15	3	0	0	(0 | 0)	18	8	9	13	0	28	0	2	1	0	0	.00	5	.172	.277	.207
1994	Baltimore	AL	26	53	12	3	1	2	(0 | 2)	23	5	9	5	0	13	2	0	0	0	0	.00	4	.226	.317	.434
	4 ML YEARS		136	327	71	14	2	7	(4 | 3)	110	35	42	37	1	71	4	9	5	0	0	.00	20	.217	.300	.336

Kevin Tapani

Pitches: Right **Bats:** Right **Pos:** SP **Ht:** 6' 0" **Wt:** 188 **Born:** 02/18/64 **Age:** 31

				HOW MUCH HE PITCHED					WHAT HE GAVE UP											THE RESULTS					
Year	Team	Lg	G	GS	CG	GF	IP	BFP	H	R	ER	HR	SH	SF	HB	TBB	IBB	SO	WP	Bk	W	L	Pct.	ShO	Sv	ERA
1989	2 ML Teams		8	5	0	1	40	169	39	18	17	3	1	2	0	12	1	23	0	1	2	2	.500	0	0	3.83
1990	Minnesota	AL	28	28	1	0	159.1	659	164	75	72	12	3	4	2	29	2	101	1	0	12	8	.600	1	0	4.07
1991	Minnesota	AL	34	34	4	0	244	974	225	84	81	23	9	6	2	40	0	135	3	3	16	9	.640	1	0	2.99
1992	Minnesota	AL	34	34	4	0	220	911	226	103	97	17	8	11	5	48	2	138	4	0	16	11	.593	1	0	3.97
1993	Minnesota	AL	36	35	3	0	225.2	964	243	123	111	21	3	5	6	57	1	150	4	0	12	15	.444	1	0	4.43
1994	Minnesota	AL	24	24	0	0	156	672	181	86	80	13	2	5	4	39	0	91	1	0	11	7	.611	1	0	4.62
1989	New York	NL	3	0	0	1	7.1	31	5	3	3	1	0	1	0	4	0	2	0	1	0	0	.000	0	0	3.68
	Minnesota	AL	5	5	0	0	32.2	138	34	15	14	2	1	1	0	8	1	21	0	0	2	2	.500	0	0	3.86
	6 ML YEARS		164	160	16	1	1045	4349	1078	489	458	89	26	33	19	225	6	638	13	4	69	52	.570	5	0	3.94

Tony Tarasco

Bats: Left **Throws:** Right **Pos:** LF/RF **Ht:** 6' 1" **Wt:** 205 **Born:** 12/09/70 **Age:** 24

								BATTING												BASERUNNING				PERCENTAGES		
Year	Team	Lg	G	AB	H	2B	3B	HR	(Hm | Rd)	TB	R	RBI	TBB	IBB	SO	HBP	SH	SF	SB	CS	SB%	GDP	Avg	OBP	SLG
1988	Idaho Falls	R	7	14	0	0	0	0	--	--	0	1	1	5	0	2	0	0	0	1	0	1.00	1	.000	.333	.000
	Braves	R	21	64	15	6	1	0	--	--	23	10	4	7	0	7	1	1	0	3	2	.60	4	.234	.319	.359
1989	Pulaski	R	49	156	53	8	2	2	--	--	71	22	22	21	2	20	0	2	2	7	2	.78	2	.340	.413	.455
1990	Sumter	A	107	355	94	13	3	3	--	--	122	42	37	37	1	57	1	5	3	9	5	.64	6	.265	.333	.344
1991	Durham	A	78	248	62	8	2	12	--	--	110	31	38	21	2	64	1	4	3	11	9	.55	3	.250	.308	.444
1992	Greenville	AA	133	489	140	22	2	15	--	--	211	73	54	27	2	84	1	3	7	33	19	.63	9	.286	.321	.431
1993	Richmond	AAA	93	370	122	15	7	15	--	--	196	73	53	36	3	54	1	4	3	19	11	.63	1	.330	.388	.530
1993	Atlanta	NL	24	35	8	2	0	0	(0 | 0)	10	6	2	0	0	5	1	0	1	0	1	.00	1	.229	.243	.286
1994	Atlanta	NL	87	132	36	6	0	5	(2 | 3)	57	16	19	9	1	17	0	0	3	5	0	1.00	5	.273	.313	.432
	2 ML YEARS		111	167	44	8	0	5	(2 | 3)	67	22	21	9	1	22	1	0	4	5	1	.83	6	.263	.298	.401

Danny Tartabull

Bats: Right **Throws:** Right **Pos:** DH/RF **Ht:** 6' 1" **Wt:** 204 **Born:** 10/30/62 **Age:** 32

								BATTING												BASERUNNING				PERCENTAGES		
Year	Team	Lg	G	AB	H	2B	3B	HR	(Hm | Rd)	TB	R	RBI	TBB	IBB	SO	HBP	SH	SF	SB	CS	SB%	GDP	Avg	OBP	SLG
1984	Seattle	AL	10	20	6	1	0	2	(1 | 1)	13	3	7	2	0	3	1	0	1	0	0	.00	0	.300	.375	.650
1985	Seattle	AL	19	61	20	7	1	1	(0 | 1)	32	8	7	8	0	14	0	0	1	1	0	1.00	3	.328	.406	.525
1986	Seattle	AL	137	511	138	25	6	25	(13 | 12)	250	76	96	61	2	157	1	2	3	4	8	.33	10	.270	.347	.489
1987	Kansas City	AL	158	582	180	27	3	34	(15 | 19)	315	95	101	79	2	136	1	0	5	9	4	.69	14	.309	.390	.541

Year	Team	Lg	G	AB	H	2B	3B	HR	(Hm	Rd)	TB	R	RBI	TBB	IBB	SO	HBP	SH	SF	SB	CS	SB%	GDP	Avg	OBP	SLG
1988	Kansas City	AL	146	507	139	38	3	26	(15	11)	261	80	102	76	4	119	4	0	6	8	5	.62	10	.274	.369	.515
1989	Kansas City	AL	133	441	118	22	0	18	(9	9)	194	54	62	69	2	123	3	0	2	4	2	.67	12	.268	.369	.440
1990	Kansas City	AL	88	313	84	19	0	15	(5	10)	148	41	60	36	0	93	0	0	3	1	1	.50	9	.268	.341	.473
1991	Kansas City	AL	132	484	153	35	3	31	(13	18)	287	78	100	65	6	121	3	0	5	6	3	.67	9	.316	.397	.593
1992	New York	AL	123	421	112	19	0	25	(11	14)	206	72	85	103	14	115	0	0	2	2	2	.50	7	.266	.409	.489
1993	New York	AL	138	513	128	33	2	31	(11	20)	258	87	102	92	9	156	2	0	4	0	0	.00	8	.250	.363	.503
1994	New York	AL	104	399	102	24	1	19	(10	9)	185	68	67	66	3	111	1	0	4	1	1	.50	11	.256	.360	.464
	11 ML YEARS		1188	4252	1180	250	19	227	(103	124)	2149	662	789	657	42	1148	16	2	35	36	26	.58	91	.278	.374	.505

Eddie Taubensee

Bats: Left **Throws:** Right **Pos:** C **Ht:** 6' 4" **Wt:** 205 **Born:** 10/31/68 **Age:** 26

Year	Team	Lg	G	AB	H	2B	3B	HR	(Hm	Rd)	TB	R	RBI	TBB	IBB	SO	HBP	SH	SF	SB	CS	SB%	GDP	Avg	OBP	SLG
1991	Cleveland	AL	26	66	16	2	1	0	(0	0)	20	5	8	5	1	16	0	0	2	0	0	.00	1	.242	.288	.303
1992	Houston	NL	104	297	66	15	0	5	(2	3)	96	23	28	31	3	78	2	0	1	2	1	.67	4	.222	.299	.323
1993	Houston	NL	94	288	72	11	1	9	(4	5)	112	26	42	21	5	44	0	1	2	1	0	1.00	8	.250	.299	.389
1994	2 ML Teams		66	187	53	8	2	6	(2	6)	89	29	21	15	2	31	0	1	2	2	0	1.00	2	.283	.333	.476
1994	Houston	NL	5	10	1	0	0	0	(0	0)	1	0	0	0	0	3	0	0	0	0	0	.00	1	.100	.100	.100
	Cincinnati	NL	61	177	52	8	2	6	(2	6)	88	29	21	15	2	28	0	1	2	2	0	1.00	1	.294	.345	.497
	4 ML YEARS		290	838	207	36	4	22	(8	14)	317	83	99	72	11	169	2	2	7	5	1	.83	15	.247	.306	.378

Jesus Tavarez

Bats: Both **Throws:** Right **Pos:** RF **Ht:** 6' 0" **Wt:** 170 **Born:** 03/26/71 **Age:** 24

Year	Team	Lg	G	AB	H	2B	3B	HR	(Hm	Rd)	TB	R	RBI	TBB	IBB	SO	HBP	SH	SF	SB	CS	SB%	GDP	Avg	OBP	SLG
1990	Peninsula	A	108	379	90	10	1	0	--	--	102	39	32	20	0	79	0	2	4	40	12	.77	4	.237	.274	.269
1991	San Berndno	A	124	466	132	11	3	5	--	--	164	80	41	39	1	77	4	13	1	69	20	.78	4	.283	.343	.352
1992	Jacksnville	AA	105	392	101	9	2	3	--	--	123	38	25	23	0	54	1	4	4	29	14	.67	4	.258	.298	.314
1993	High Desert	A	109	444	130	21	8	7	--	--	188	104	71	57	0	66	4	3	5	47	14	.77	6	.293	.375	.423
1994	Portland	AA	89	353	101	11	8	2	--	--	134	60	32	35	2	63	1	7	1	20	8	.71	1	.286	.351	.380
1994	Florida	NL	17	39	7	0	0	0	(0	0)	7	4	4	1	0	5	0	1	0	1	1	.50	0	.179	.200	.179

Julian Tavarez

Pitches: Right **Bats:** Right **Pos:** SP **Ht:** 6' 2" **Wt:** 165 **Born:** 05/22/73 **Age:** 22

Year	Team	Lg	G	GS	CG	GF	IP	BFP	H	R	ER	HR	SH	SF	HB	TBB	IBB	SO	WP	Bk	W	L	Pct.	ShO	Sv	ERA
1992	Burlington	R	14	14	2	0	87.1	370	86	41	26	3	2	1	10	12	0	69	5	1	6	3	.667	2	0	2.68
1993	Kinston	A	18	18	2	0	119	489	102	48	32	6	3	4	7	28	0	107	3	1	11	5	.688	0	0	2.42
	Canton-Akrn	AA	3	2	1	0	19	69	14	2	2	0	0	0	2	1	0	11	0	1	2	1	.667	1	0	0.95
1994	Charlotte	AAA	26	26	2	0	176	737	167	79	68	15	7	3	8	43	0	102	9	0	15	6	.714	2	0	3.48
1993	Cleveland	AL	8	7	0	0	37	172	53	29	27	7	0	1	2	13	2	19	3	1	2	2	.500	0	0	6.57
1994	Cleveland	AL	1	1	0	0	1.2	14	6	8	4	1	0	1	0	1	1	0	0	0	0	1	.000	0	0	21.60
	2 ML YEARS		9	8	0	0	38.2	186	59	37	31	8	0	2	2	14	3	19	3	1	2	3	.400	0	0	7.22

Billy Taylor

Pitches: Right **Bats:** Right **Pos:** RP **Ht:** 6' 8" **Wt:** 200 **Born:** 10/16/61 **Age:** 33

Year	Team	Lg	G	GS	CG	GF	IP	BFP	H	R	ER	HR	SH	SF	HB	TBB	IBB	SO	WP	Bk	W	L	Pct.	ShO	Sv	ERA
1984	Tulsa	AA	42	2	0	28	80	345	65	38	34	8	3	5	2	51	6	80	7	2	5	3	.625	0	7	3.83
1985	Tulsa	AA	20	17	2	0	103.2	441	84	55	40	7	1	5	2	48	1	87	4	4	3	9	.250	0	0	3.47
1986	Tulsa	AA	11	11	2	0	68.1	307	65	40	30	6	2	2	2	37	3	64	3	0	3	7	.300	1	0	3.95
	Okla City	AAA	16	16	1	0	101.2	447	94	56	52	7	2	2	1	57	0	68	4	6	5	5	.500	0	0	4.60
1987	Okla City	AAA	28	28	0	0	168.1	769	198	122	105	10	0	4	2	91	0	100	8	2	12	9	.571	0	0	5.61
1988	Okla City	AAA	20	12	1	4	82	373	98	55	50	4	1	8	2	35	1	42	2	6	4	8	.333	1	1	5.49
1989	Las Vegas	AAA	47	0	0	22	79	352	93	48	45	5	4	1	2	27	5	71	1	3	7	4	.636	0	1	5.13
1990	Durham	A	5	0	0	3	8.1	36	8	3	3	1	0	1	0	1	0	10	0	0	0	0	.000	0	0	3.24
	Richmond	AAA	2	0	0	0	2.2	13	4	0	0	0	0	0	0	0	0	0	0	0	0	0	.000	0	0	0.00
1991	Greenville	AA	59	0	0	44	77.2	295	49	16	13	1	5	1	3	15	2	65	3	1	6	2	.750	0	22	1.51
1992	Richmond	AAA	47	0	0	27	79	332	72	27	20	5	4	3	0	27	3	82	0	0	2	3	.400	0	12	2.28
1993	Richmond	AAA	59	0	0	55	68.1	282	56	19	15	3	2	2	7	26	7	81	1	0	2	4	.333	0	26	1.98
1994	Oakland	AL	41	0	0	11	46.1	195	38	24	18	4	1	1	2	18	5	48	0	0	1	3	.250	0	1	3.50

Kerry Taylor

Pitches: Right **Bats:** Right **Pos:** SP **Ht:** 6' 3" **Wt:** 200 **Born:** 01/25/71 **Age:** 24

		HOW MUCH HE PITCHED					WHAT HE GAVE UP											THE RESULTS				
Year Team	Lg	G	GS	CG	GF	IP	BFP	H	R	ER	HR	SH	SF	HB	TBB	IBB	SO	WP	Bk	W	L	Pct.	ShO	Sv	ERA
1989 Elizabethtn	R	9	8	0	0	36	157	26	11	6	1	3	1	2	22	0	24	1	0	3	0	1.000	0	0	1.50
1990 Twins	R	14	13	1	1	63	275	57	37	25	2	0	4	4	33	0	59	5	4	3	1	.750	1	0	3.57
1991 Kenosha	A	26	26	2	0	132	586	121	74	56	4	2	5	10	84	0	84	11	1	7	11	.389	1	0	3.82
1992 Kenosha	A	27	27	2	0	170.1	733	150	71	52	3	6	2	10	68	0	158	11	1	10	9	.526	1	0	2.75
1994 Las Vegas	AAA	27	27	1	0	156	719	175	105	96	15	2	7	10	81	2	142	14	0	9	9	.500	1	0	5.54
1993 San Diego	NL	36	7	0	9	68.1	326	72	53	49	5	10	3	4	49	0	45	4	0	0	5	.000	0	0	6.45
1994 San Diego	NL	1	1	0	0	4.1	24	9	4	4	1	0	0	1	1	0	3	0	0	0	0	.000	0	0	8.31
2 ML YEARS		37	8	0	9	72.2	350	81	57	53	6	10	3	5	50	0	48	4	0	0	5	.000	0	0	6.56

Dave Telgheder

Pitches: Right **Bats:** Right **Pos:** RP **Ht:** 6' 3" **Wt:** 212 **Born:** 11/11/66 **Age:** 28

		HOW MUCH HE PITCHED					WHAT HE GAVE UP											THE RESULTS				
Year Team	Lg	G	GS	CG	GF	IP	BFP	H	R	ER	HR	SH	SF	HB	TBB	IBB	SO	WP	Bk	W	L	Pct.	ShO	Sv	ERA
1989 Pittsfield	A	14	7	4	4	58.2	233	43	18	16	2	1	1	2	9	1	65	2	0	5	3	.625	1	2	2.45
1990 Columbia	A	14	13	5	1	99.1	380	79	22	17	2	0	0	0	10	0	81	0	0	9	3	.750	1	0	1.54
St. Lucie	A	14	14	3	0	96	382	84	38	32	3	3	4	3	14	0	77	3	0	9	4	.692	0	0	3.00
1991 Williamsprt	AA	28	26	1	1	167.2	711	185	81	67	7	7	11	5	33	3	90	4	1	13	11	.542	0	0	3.60
1992 Tidewater	AAA	28	27	3	1	169	698	173	87	79	16	4	7	0	36	4	118	1	1	6	14	.300	2	0	4.21
1993 Norfolk	AAA	13	12	0	1	76.1	313	81	29	25	6	3	0	3	19	1	52	1	0	7	3	.700	0	1	2.95
1994 Norfolk	AAA	23	23	3	0	158.2	643	156	65	60	14	3	3	3	26	0	83	5	2	8	10	.444	2	0	3.40
1993 New York	NL	24	7	0	7	75.2	325	82	40	40	10	2	1	4	21	2	35	1	0	6	2	.750	0	0	4.76
1994 New York	NL	6	0	0	0	10	48	11	8	8	2	1	0	0	8	2	4	0	0	0	1	.000	0	0	7.20
2 ML YEARS		30	7	0	7	85.2	373	93	48	48	12	3	1	4	29	4	39	1	0	6	3	.667	0	0	5.04

Mickey Tettleton

Bats: Both **Throws:** Right **Pos:** C/1B/RF/DH **Ht:** 6' 2" **Wt:** 212 **Born:** 09/16/60 **Age:** 34

		BATTING																BASERUNNING				PERCENTAGES		
Year Team	Lg	G	AB	H	2B	3B	HR	(Hm | Rd)	TB	R	RBI	TBB	IBB	SO	HBP	SH	SF	SB	CS	SB%	GDP	Avg	OBP	SLG
1984 Oakland	AL	33	76	20	2	1	1	(1 | 0)	27	10	5	11	0	21	0	0	1	0	0	.00	3	.263	.352	.355
1985 Oakland	AL	78	211	53	12	0	3	(1 | 2)	74	23	15	28	0	59	2	5	0	2	2	.50	6	.251	.344	.351
1986 Oakland	AL	90	211	43	9	0	10	(4 | 6)	82	26	35	39	0	51	1	7	4	7	1	.88	3	.204	.325	.389
1987 Oakland	AL	82	211	41	3	0	8	(5 | 3)	68	19	26	30	0	65	0	5	2	1	1	.50	3	.194	.292	.322
1988 Baltimore	AL	86	283	74	11	1	11	(7 | 4)	120	31	37	28	2	70	2	1	2	0	1	.00	9	.261	.330	.424
1989 Baltimore	AL	117	411	106	21	2	26	(15 | 11)	209	72	65	73	4	117	1	1	3	3	2	.60	8	.258	.369	.509
1990 Baltimore	AL	135	444	99	21	2	15	(8 | 7)	169	68	51	106	3	160	5	0	4	2	4	.33	7	.223	.376	.381
1991 Detroit	AL	154	501	132	17	2	31	(15 | 16)	246	85	89	101	9	131	2	0	4	3	3	.50	12	.263	.387	.491
1992 Detroit	AL	157	525	125	25	0	32	(18 | 14)	246	82	83	122	18	137	1	0	6	0	0	.00	5	.238	.379	.469
1993 Detroit	AL	152	522	128	25	4	32	(16 | 16)	257	79	110	109	12	139	0	0	0	3	7	.30	5	.245	.372	.492
1994 Detroit	AL	107	339	84	18	2	17	(9 | 8)	157	57	51	97	10	98	5	0	3	0	1	.00	0	.248	.419	.463
11 ML YEARS		1191	3734	905	164	14	186	(99 | 87)	1655	552	567	744	58	1048	19	19	35	21	28	.43	65	.242	.368	.443

Bob Tewksbury

Pitches: Right **Bats:** Right **Pos:** SP **Ht:** 6' 4" **Wt:** 208 **Born:** 11/30/60 **Age:** 34

		HOW MUCH HE PITCHED					WHAT HE GAVE UP											THE RESULTS				
Year Team	Lg	G	GS	CG	GF	IP	BFP	H	R	ER	HR	SH	SF	HB	TBB	IBB	SO	WP	Bk	W	L	Pct.	ShO	Sv	ERA
1986 New York	AL	23	20	2	0	130.1	558	144	58	48	8	4	7	2	31	0	49	3	2	9	5	.643	0	0	3.31
1987 2 ML Teams		15	9	0	4	51.1	242	79	41	38	6	5	1	1	20	3	22	1	2	1	8	.111	0	0	6.66
1988 Chicago	NL	1	1	0	0	3.1	18	6	5	3	1	0	1	0	2	0	1	0	0	0	0	.000	0	0	8.10
1989 St. Louis	NL	7	4	1	2	30	125	25	11	11	2	1	1	2	10	2	17	0	0	1	0	1.000	1	0	3.30
1990 St. Louis	NL	28	20	3	1	145.1	595	151	67	56	7	5	7	3	15	3	50	2	0	10	9	.526	2	1	3.47
1991 St. Louis	NL	30	30	3	0	191	798	206	86	69	13	12	10	5	38	2	75	0	0	11	12	.478	0	0	3.25
1992 St. Louis	NL	33	32	5	1	233	915	217	63	56	15	9	7	3	20	1	91	2	0	16	5	.762	0	0	2.16
1993 St. Louis	NL	32	32	6	0	213.2	907	258	99	91	15	15	9	6	20	1	97	2	0	17	10	.630	0	0	3.83
1994 St. Louis	NL	24	24	4	0	155.2	667	190	97	92	19	12	4	3	22	1	79	1	0	12	10	.545	1	0	5.32
1987 New York	AL	8	6	0	1	33.1	149	47	26	25	5	2	1	1	7	0	12	0	1	1	4	.200	0	0	6.75
Chicago	NL	7	3	0	3	18	93	32	15	13	1	3	0	0	13	3	10	1	0	2	4	.000	0	0	6.50
9 ML YEARS		193	172	20	8	1153.2	4825	1276	528	464	86	63	47	28	178	13	481	11	4	77	59	.566	4	1	3.62

Bobby Thigpen

Pitches: Right **Bats:** Right **Pos:** RP **Ht:** 6' 3" **Wt:** 220 **Born:** 07/17/63 **Age:** 31

		HOW MUCH HE PITCHED					WHAT HE GAVE UP											THE RESULTS				
Year	Team	Lg	G	GS	CG	GF	IP	BFP	H	R	ER	HR	SH	SF	HB	TBB	IBB	SO	WP	Bk	W	L	Pct.	ShO	Sv	ERA
1986	Chicago	AL	20	0	0	14	35.2	142	26	7	7	1	1	1	1	12	0	20	0	0	2	0	1.000	0	7	1.77
1987	Chicago	AL	51	0	0	37	89	369	86	30	27	10	6	0	3	24	5	52	0	0	7	5	.583	0	16	2.73
1988	Chicago	AL	68	0	0	59	90	398	96	38	33	6	4	5	4	33	3	62	6	2	5	8	.385	0	34	3.30
1989	Chicago	AL	61	0	0	56	79	336	62	34	33	10	5	5	1	40	3	47	2	1	2	6	.250	0	34	3.76
1990	Chicago	AL	77	0	0	73	88.2	347	60	20	18	5	4	3	1	32	3	70	2	0	4	6	.400	0	57	1.83
1991	Chicago	AL	67	0	0	58	69.2	309	63	32	27	10	7	3	4	38	8	47	2	0	7	5	.583	0	30	3.49
1992	Chicago	AL	55	0	0	40	55	253	58	29	29	4	2	4	3	33	5	45	0	0	1	3	.250	0	22	4.75
1993	2 ML Teams		42	0	0	16	54	254	74	38	35	7	2	4	6	21	1	29	0	1	3	1	.750	0	1	5.83
1994	Seattle	AL	7	0	0	3	7.2	40	12	9	8	3	1	0	0	5	0	4	0	0	0	2	.000	0	0	9.39
1993		AL	25	0	0	11	34.2	166	51	25	22	5	0	3	5	12	0	19	0	0	0	0	.000	0	1	5.71
	Philadelphia	NL	17	0	0	5	19.1	88	23	13	13	2	2	1	1	9	1	10	0	1	3	1	.750	0	0	6.05
	9 ML YEARS		448	0	0	356	568.2	2448	537	237	217	56	32	25	23	238	28	376	12	4	31	36	.463	0	201	3.43

Frank Thomas

Bats: Right **Throws:** Right **Pos:** 1B/DH **Ht:** 6' 5" **Wt:** 257 **Born:** 05/27/68 **Age:** 27

					BATTING													BASERUNNING				PERCENTAGES		
Year	Team	Lg	G	AB	H	2B	3B	HR	(Hm | Rd)	TB	R	RBI	TBB	IBB	SO	HBP	SH	SF	SB	CS	SB%	GDP	Avg	OBP	SLG
1990	Chicago	AL	60	191	63	11	3	7	(2 | 5)	101	39	31	44	0	54	2	0	3	0	1	.00	5	.330	.454	.529
1991	Chicago	AL	158	559	178	31	2	32	(24 | 8)	309	104	109	138	13	112	1	0	11	1	2	.33	20	.318	.453	.553
1992	Chicago	AL	160	573	185	46	2	24	(10 | 14)	307	108	115	122	6	88	5	0	11	6	3	.67	19	.323	.439	.536
1993	Chicago	AL	153	549	174	36	0	41	(26 | 15)	333	106	128	112	23	54	2	0	13	4	2	.67	10	.317	.426	.607
1994	Chicago	AL	113	399	141	34	1	38	(22 | 16)	291	106	101	109	12	61	2	0	7	2	3	.40	15	.353	.487	.729
	5 ML YEARS		644	2271	741	158	8	142	(84 | 58)	1341	463	484	525	54	369	12	0	36	13	11	.54	69	.326	.449	.590

Jim Thome

Bats: Left **Throws:** Right **Pos:** 3B **Ht:** 6' 4" **Wt:** 220 **Born:** 08/27/70 **Age:** 24

					BATTING													BASERUNNING				PERCENTAGES		
Year	Team	Lg	G	AB	H	2B	3B	HR	(Hm | Rd)	TB	R	RBI	TBB	IBB	SO	HBP	SH	SF	SB	CS	SB%	GDP	Avg	OBP	SLG
1991	Cleveland	AL	27	98	25	4	2	1	(0 | 1)	36	7	9	5	1	16	1	0	0	1	1	.50	4	.255	.298	.367
1992	Cleveland	AL	40	117	24	3	1	2	(1 | 1)	35	8	12	10	2	34	2	0	2	2	0	1.00	3	.205	.275	.299
1993	Cleveland	AL	47	154	41	11	0	7	(5 | 2)	73	28	22	29	1	36	4	0	5	2	1	.67	3	.266	.385	.474
1994	Cleveland	AL	98	321	86	20	1	20	(10 | 10)	168	58	52	46	5	84	0	1	1	3	3	.50	11	.268	.359	.523
	4 ML YEARS		212	690	176	38	4	30	(16 | 14)	312	101	95	90	9	170	7	1	8	8	5	.62	21	.255	.343	.452

Mark Thompson

Pitches: Right **Bats:** Right **Pos:** SP **Ht:** 6' 2" **Wt:** 205 **Born:** 04/07/71 **Age:** 24

			HOW MUCH HE PITCHED						WHAT HE GAVE UP											THE RESULTS				
Year	Team	Lg	G	GS	CG	GF	IP	BFP	H	R	ER	HR	SH	SF	HB	TBB	IBB	SO	WP	Bk	W	L	Pct.	ShO	Sv	ERA
1992	Bend	A	16	16	4	0	106.1	421	81	32	23	2	1	2	4	31	1	102	6	4	8	4	.667	0	0	1.95
1993	Central Val	A	11	11	0	0	69.2	279	46	19	17	3	1	4	5	18	0	72	3	2	3	2	.600	0	0	2.20
	Colo Sprngs	AAA	4	4	2	0	33.1	137	31	13	10	1	1	0	1	11	0	22	3	0	3	0	1.000	0	0	2.70
1994	Colo. Spmg	AAA	23	23	6	0	140.1	629	169	83	70	11	2	5	8	57	2	82	6	2	8	9	.471	1	0	4.49
1994	Colorado	NL	2	2	0	0	9	49	16	9	9	2	0	0	1	8	0	5	0	0	1	1	.500	0	0	9.00

Milt Thompson

Bats: Left **Throws:** Right **Pos:** LF/CF **Ht:** 5'11" **Wt:** 190 **Born:** 01/05/59 **Age:** 36

					BATTING													BASERUNNING				PERCENTAGES		
Year	Team	Lg	G	AB	H	2B	3B	HR	(Hm | Rd)	TB	R	RBI	TBB	IBB	SO	HBP	SH	SF	SB	CS	SB%	GDP	Avg	OBP	SLG
1984	Atlanta	NL	25	99	30	1	0	2	(0 | 2)	37	16	4	11	1	11	0	1	0	14	2	.88	1	.303	.373	.374
1985	Atlanta	NL	73	182	55	7	2	0	(0 | 0)	66	17	6	7	0	36	3	1	0	9	4	.69	1	.302	.339	.363
1986	Philadelphia	NL	96	299	75	7	1	6	(4 | 2)	102	38	23	26	1	62	1	4	3	19	4	.83	1	.251	.311	.341
1987	Philadelphia	NL	150	527	159	26	9	7	(3 | 4)	224	86	43	42	2	87	0	3	3	46	10	.82	5	.302	.351	.425
1988	Philadelphia	NL	122	378	109	16	2	2	(1 | 1)	135	53	33	39	6	59	1	2	3	17	9	.65	8	.288	.354	.357
1989	St. Louis	NL	155	545	158	28	8	4	(2 | 2)	214	60	68	39	5	91	4	0	3	27	8	.77	12	.290	.340	.393
1990	St. Louis	NL	135	418	91	14	7	6	(3 | 3)	137	42	30	39	5	60	5	1	0	25	5	.83	4	.218	.292	.328
1991	St. Louis	NL	115	326	100	16	5	6	(4 | 2)	144	55	34	32	7	53	0	2	1	16	9	.64	2	.307	.368	.442
1992	St. Louis	NL	109	208	61	9	1	4	(1 | 3)	84	31	17	16	3	39	2	0	0	18	6	.75	3	.293	.350	.404
1993	Philadelphia	NL	129	340	89	14	2	4	(2 | 2)	119	42	44	40	9	57	2	3	2	9	4	.69	8	.262	.341	.350
1994	2 ML Teams		96	241	66	7	0	4	(4 | 0)	85	34	33	24	3	30	3	1	2	9	2	.82	6	.274	.346	.353
1994	Philadelphia	NL	87	220	60	7	0	3	(3 | 0)	76	29	30	23	4	28	3	1	1	7	2	.78	5	.273	.348	.345
	Houston	NL	9	21	6	0	0	1	(1 | 0)	9	5	3	1	0	2	0	0	1	2	0	1.00	1	.286	.318	.429
	11 ML YEARS		1205	3563	993	145	37	45	(24 | 21)	1347	474	335	315	43	585	21	18	15	209	63	.77	56	.279	.340	.378

Robby Thompson

Bats: Right **Throws:** Right **Pos:** 2B **Ht:** 5'11" **Wt:** 173 **Born:** 05/10/62 **Age:** 33

Year	Team	Lg	G	AB	H	2B	3B	HR	(Hm	Rd)	TB	R	RBI	TBB	IBB	SO	HBP	SH	SF	SB	CS	SB%	GDP	Avg	OBP	SLG
1994	Phoenix*	AAA	4	11	4	2	0	0	--	--	6	2	1	2	0	4	0	0	1	1	0	1.00	0	.364	.429	.545
1986	San Francisco	NL	149	549	149	27	3	7	(0	7)	203	73	47	42	0	112	5	18	1	12	15	.44	11	.271	.328	.370
1987	San Francisco	NL	132	420	110	26	5	10	(7	3)	176	62	44	40	3	91	8	6	0	16	11	.59	8	.262	.338	.419
1988	San Francisco	NL	138	477	126	24	6	7	(3	4)	183	66	48	40	0	111	4	14	5	14	5	.74	7	.264	.323	.384
1989	San Francisco	NL	148	547	132	26	11	13	(7	6)	219	91	50	51	0	133	13	9	0	12	2	.86	6	.241	.321	.400
1990	San Francisco	NL	144	498	122	22	3	15	(8	7)	195	67	56	34	1	96	6	8	3	14	4	.78	9	.245	.299	.392
1991	San Francisco	NL	144	492	129	24	5	19	(11	8)	220	74	48	63	2	95	6	11	1	14	7	.67	5	.262	.352	.447
1992	San Francisco	NL	128	443	115	25	1	14	(8	6)	184	54	49	43	1	75	8	7	4	5	9	.36	8	.260	.333	.415
1993	San Francisco	NL	128	494	154	30	2	19	(13	6)	245	85	65	45	0	97	7	9	4	10	4	.71	7	.312	.375	.496
1994	San Francisco	NL	35	129	27	8	2	2	(1	1)	45	13	7	15	0	32	0	5	1	3	1	.75	2	.209	.290	.349
	9 ML YEARS		1146	4049	1064	212	38	106	(58	48)	1670	585	414	373	7	842	57	87	19	100	58	.63	63	.263	.332	.412

Ryan Thompson

Bats: Right **Throws:** Right **Pos:** CF **Ht:** 6'3" **Wt:** 200 **Born:** 11/04/67 **Age:** 27

Year	Team	Lg	G	AB	H	2B	3B	HR	(Hm	Rd)	TB	R	RBI	TBB	IBB	SO	HBP	SH	SF	SB	CS	SB%	GDP	Avg	OBP	SLG
1992	New York	NL	30	108	24	7	1	3	(3	0)	42	15	10	8	0	24	0	0	1	2	2	.50	2	.222	.274	.389
1993	New York	NL	80	288	72	19	2	11	(5	6)	128	34	26	19	4	81	3	5	1	2	7	.22	5	.250	.302	.444
1994	New York	NL	98	334	75	14	1	18	(5	13)	145	39	59	28	7	94	10	3	4	1	1	.50	8	.225	.301	.434
	3 ML YEARS		208	730	171	40	4	32	(13	19)	315	88	95	55	11	199	13	8	6	5	10	.33	15	.234	.297	.432

Mike Timlin

Pitches: Right **Bats:** Right **Pos:** RP **Ht:** 6'4" **Wt:** 210 **Born:** 03/10/66 **Age:** 29

			HOW MUCH HE PITCHED					WHAT HE GAVE UP									THE RESULTS					
Year	Team	Lg	G	GS	CG	GF	IP	BFP	H	R	ER	HR	SH	SF	HB	TBB	IBB	SO	WP	Bk	W	L	Pct.	ShO	Sv	ERA
1991	Toronto	AL	63	3	0	17	108.1	463	94	43	38	6	6	2	1	50	11	85	5	0	11	6	.647	0	3	3.16
1992	Toronto	AL	26	0	0	14	43.2	190	45	23	20	0	2	1	1	20	5	35	0	0	0	2	.000	0	1	4.12
1993	Toronto	AL	54	0	0	27	55.2	254	63	32	29	7	1	3	1	27	3	49	1	0	4	2	.667	0	1	4.69
1994	Toronto	AL	34	0	0	16	40	179	41	25	23	5	0	0	2	20	0	38	3	0	0	1	.000	0	2	5.18
	4 ML YEARS		177	3	0	74	247.2	1086	243	123	110	18	9	6	5	117	19	207	9	0	15	11	.577	0	7	4.00

Ron Tingley

Bats: Right **Throws:** Right **Pos:** C **Ht:** 6'2" **Wt:** 194 **Born:** 05/27/59 **Age:** 36

Year	Team	Lg	G	AB	H	2B	3B	HR	(Hm	Rd)	TB	R	RBI	TBB	IBB	SO	HBP	SH	SF	SB	CS	SB%	GDP	Avg	OBP	SLG
1994	Nashville*	AAA	6	16	2	1	0	0	--	--	3	1	1	1	0	7	0	0	0	0	0	.00	0	.125	.176	.188
1982	San Diego	NL	8	20	2	0	0	0	(0	0)	2	0	0	0	0	7	0	1	0	0	0	.00	0	.100	.100	.100
1988	Cleveland	AL	9	24	4	0	0	1	(0	1)	7	1	2	2	0	8	0	0	0	0	0	.00	0	.167	.231	.292
1989	California	AL	4	3	1	0	0	0	(0	0)	1	0	0	1	0	0	0	0	0	0	0	.00	0	.333	.500	.333
1990	California	AL	5	3	0	0	0	0	(0	0)	0	0	0	1	0	1	0	0	0	0	0	.00	1	.000	.250	.000
1991	California	AL	45	115	23	7	0	1	(1	0)	33	11	13	8	0	34	1	4	0	1	1	.50	1	.200	.258	.287
1992	California	AL	71	127	25	2	1	3	(2	1)	38	15	8	13	0	35	2	5	0	0	1	.00	4	.197	.282	.299
1993	California	AL	58	90	18	7	0	0	(0	0)	25	7	12	9	0	22	1	3	1	1	2	.33	4	.200	.277	.278
1994	2 ML Teams		24	57	9	3	1	1			17	4	2	5	0	20	0	0	0	0	0	.00	2	.158	.226	.298
1994	Florida	NL	19	52	9	3	1	1	(0	1)	17	4	2	5	0	18	0	0	0	0	0	.00	2	.173	.246	.327
	Chicago	AL	5	5	0	0	0	0	(0	0)	0	0	0	0	0	2	0	0	0	0	0	.00	0	.000	.000	.000
	8 ML YEARS		224	439	82	19	2	6	(3	3)	123	38	37	39	0	127	4	13	1	2	4	.33	13	.187	.259	.280

Lee Tinsley

Bats: Both **Throws:** Right **Pos:** LF/CF/RF **Ht:** 5'10" **Wt:** 185 **Born:** 03/04/69 **Age:** 26

Year	Team	Lg	G	AB	H	2B	3B	HR	(Hm	Rd)	TB	R	RBI	TBB	IBB	SO	HBP	SH	SF	SB	CS	SB%	GDP	Avg	OBP	SLG
1987	Medford	A	45	132	23	3	2	0	--	--	30	22	13	35	0	57	2	1	4	9	3	.75	1	.174	.347	.227
1988	Sou Oregon	A	72	256	64	8	2	3	--	--	85	56	28	66	1	106	5	1	1	42	10	.81	1	.250	.412	.332
1989	Madison	A	123	397	72	10	2	6	--	--	104	51	31	67	1	177	9	3	1	19	11	.63	6	.181	.312	.262
1990	Madison	A	132	482	121	14	11	12	--	--	193	88	59	78	7	175	5	3	2	44	11	.80	3	.251	.360	.400
1991	Huntsville	AA	92	303	68	7	6	2	--	--	93	47	24	52	1	97	3	1	4	36	14	.72	6	.224	.340	.307
	Canton-Akrn	AA	38	139	41	7	2	3	--	--	61	26	8	18	2	37	4	2	0	18	5	.78	2	.295	.391	.439
1992	Colo Spngs	AAA	27	81	19	2	1	0	--	--	23	19	4	16	0	19	1	1	1	3	3	.50	3	.235	.364	.284
	Canton-Akrn	AA	96	349	100	9	8	5	--	--	140	65	38	42	4	82	2	5	2	18	5	.78	13	.287	.365	.401
1993	Calgary	AAA	111	450	136	25	18	10	--	--	227	94	63	50	5	98	2	3	4	34	11	.76	3	.302	.373	.504
1993	Seattle	AL	11	19	3	1	0	1	(0	1)	7	2	2	2	0	9	0	0	0	0	0	.00	1	.158	.238	.368
1994	Boston	AL	78	144	32	4	0	2	(1	1)	42	27	14	19	1	36	1	3	3	13	0	1.00	2	.222	.315	.292
	2 ML YEARS		89	163	35	5	0	3	(1	2)	49	29	16	21	1	45	1	3	3	13	0	1.00	3	.215	.306	.301

Andy Tomberlin

Bats: Left **Throws:** Left **Pos:** RF **Ht:** 5'11" **Wt:** 160 **Born:** 11/07/66 **Age:** 28

Year	Team	Lg	G	AB	H	2B	3B	HR	(Hm	Rd)	TB	R	RBI	TBB	IBB	SO	HBP	SH	SF	SB	CS	SB%	GDP	Avg	OBP	SLG
1986	Sumter	A	13	1	0	0	0	0	--	--	0	0	0	1	0	1	0	0	0	0	0	.00	0	.000	.500	.000
	Pulaski	R	3	4	1	0	0	0	--	--	1	2	0	2	0	1	0	0	0	0	0	.00	0	.250	.500	.250
1987	Pulaski	R	14	7	2	0	0	0	--	--	2	1	1	0	0	0	0	0	0	0	0	.00	0	.286	.286	.286
1988	Burlington	A	43	134	46	7	3	3	--	--	68	24	18	22	2	33	2	1	1	7	4	.64	0	.343	.440	.507
	Durham	A	83	256	77	16	3	6	--	--	117	43	35	49	3	42	1	2	1	16	8	.67	2	.301	.414	.457
1989	Durham	A	119	363	102	13	2	16	--	--	167	63	61	54	7	82	5	3	1	35	12	.74	1	.281	.381	.460
1990	Greenville	AA	60	196	61	9	1	4	--	--	84	31	25	20	0	35	5	4	1	9	4	.69	1	.311	.387	.429
	Richmond	AAA	80	283	86	19	3	4	--	--	123	36	31	39	7	43	1	4	2	11	4	.73	7	.304	.388	.435
1991	Richmond	AAA	93	329	77	13	2	2	--	--	100	47	24	41	3	85	8	9	1	10	6	.63	6	.234	.332	.304
1992	Richmond	AAA	118	406	110	16	5	9	--	--	163	69	47	41	1	102	8	10	2	12	12	.50	2	.271	.348	.401
1993	Buffalo	AAA	68	221	63	11	6	12	--	--	122	41	45	18	3	48	4	1	2	3	0	1.00	5	.285	.347	.552
1994	Pawtucket	AAA	54	189	63	12	2	13	--	--	118	38	39	22	1	60	3	1	2	11	1	.92	1	.333	.407	.624
1993	Pittsburgh	NL	27	42	12	0	1	1	(0	1)	17	4	5	2	0	14	1	0	0	0	0	.00	0	.286	.333	.405
1994	Boston	AL	17	36	7	0	1	1	(1	0)	12	1	1	6	0	12	0	0	0	1	0	1.00	0	.194	.310	.333
	2 ML YEARS		44	78	19	0	2	2	(1	1)	29	5	6	8	0	26	1	0	0	1	0	1.00	0	.244	.322	.372

Randy Tomlin

Pitches: Left **Bats:** Left **Pos:** RP/SP **Ht:** 5'10" **Wt:** 182 **Born:** 06/14/66 **Age:** 29

			HOW MUCH HE PITCHED					WHAT HE GAVE UP										THE RESULTS					
Year	Team	Lg	G	GS	CG	GF	IP	BFP	H	R	ER	HR	SH	SF	HB	TBB	IBB	SO	WP	Bk	W	L	Pct.	ShO	Sv	ERA
1994	Buffalo *	AAA	11	11	0	0	52.2	232	70	32	31	5	1	3	1	17	1	28	2	0	2	2	.500	0	0	5.30
1990	Pittsburgh	NL	12	12	2	0	77.2	297	62	24	22	5	2	2	1	12	1	42	1	3	4	4	.500	0	0	2.55
1991	Pittsburgh	NL	31	27	4	0	175	736	170	75	58	9	2	5	2	54	4	104	2	3	8	7	.533	2	0	2.98
1992	Pittsburgh	NL	35	33	1	0	208.2	866	226	85	79	11	13	5	5	42	4	90	7	2	14	9	.609	1	0	3.41
1993	Pittsburgh	NL	18	18	1	0	98.1	411	109	57	53	11	8	8	5	15	0	44	4	2	4	8	.333	0	0	4.85
1994	Pittsburgh	NL	10	4	0	1	20.2	89	23	9	9	1	0	0	0	10	0	17	0	0	0	3	.000	0	0	3.92
	5 ML YEARS		106	94	8	1	580.1	2399	590	250	221	37	28	17	17	133	9	297	14	10	30	31	.492	3	0	3.43

Salomon Torres

Pitches: Right **Bats:** Right **Pos:** SP **Ht:** 5'11" **Wt:** 165 **Born:** 03/11/72 **Age:** 23

			HOW MUCH HE PITCHED					WHAT HE GAVE UP										THE RESULTS					
Year	Team	Lg	G	GS	CG	GF	IP	BFP	H	R	ER	HR	SH	SF	HB	TBB	IBB	SO	WP	Bk	W	L	Pct.	ShO	Sv	ERA
1991	Clinton	A	28	28	8	0	210.2	814	148	48	33	4	4	4	1	47	2	214	6	4	16	5	.762	3	0	1.41
1992	Shreveport	AA	25	25	4	0	162.1	680	167	93	76	10	4	5	2	34	2	151	9	1	6	10	.375	2	0	4.21
1993	Shreveport	AA	12	12	2	0	83.1	324	67	27	25	6	1	1	3	12	0	67	3	0	7	4	.636	1	0	2.70
	Phoenix	AAA	14	14	4	0	105.1	437	105	43	41	5	3	2	2	27	0	99	7	2	7	4	.636	1	0	3.50
1994	Phoenix	AAA	13	13	0	0	79	347	85	49	37	7	2	3	1	31	0	64	3	2	5	6	.455	0	0	4.22
1993	San Francisco	NL	8	8	0	0	44.2	196	37	21	20	5	7	1	1	27	3	23	3	1	3	5	.375	0	0	4.03
1994	San Francisco	NL	16	14	1	2	84.1	378	95	55	51	10	4	8	7	34	2	42	4	1	2	8	.200	0	0	5.44
	2 ML YEARS		24	22	1	2	129	574	132	76	71	15	11	9	8	61	5	65	7	2	5	13	.278	0	0	4.95

Steve Trachsel

Pitches: Right **Bats:** Right **Pos:** SP **Ht:** 6'4" **Wt:** 205 **Born:** 10/31/70 **Age:** 24

			HOW MUCH HE PITCHED					WHAT HE GAVE UP										THE RESULTS					
Year	Team	Lg	G	GS	CG	GF	IP	BFP	H	R	ER	HR	SH	SF	HB	TBB	IBB	SO	WP	Bk	W	L	Pct.	ShO	Sv	ERA
1991	Geneva	A	2	2	0	0	14.1	52	10	2	2	0	0	0	0	6	0	7	0	1	1	0	1.000	0	0	1.26
	Winston-Sal	A	12	12	1	0	73.2	312	70	38	30	3	5	1	1	19	0	69	1	3	4	4	.500	0	0	3.67
1992	Charlotte	AA	29	29	5	0	191	768	180	76	65	19	6	3	4	35	3	135	7	1	13	8	.619	2	0	3.06
1993	Iowa	AAA	27	26	1	1	170.2	703	170	78	75	20	4	4	6	45	0	135	4	1	13	6	.684	1	0	3.96
1994	Iowa	AAA	2	2	0	0	9	46	11	10	10	1	0	1	0	7	0	8	0	0	0	2	.000	0	0	10.00
1993	Chicago	NL	3	3	0	0	19.2	78	16	10	10	4	1	1	0	3	0	14	1	0	2	0	1.000	0	0	4.58
1994	Chicago	NL	22	22	1	0	146	612	133	57	52	19	3	3	3	54	4	108	6	0	9	7	.563	0	0	3.21
	2 ML YEARS		25	25	1	0	165.2	690	149	67	62	23	4	4	3	57	4	122	7	0	9	9	.500	0	0	3.37

Alan Trammell

Bats: Right **Throws:** Right **Pos:** SS **Ht:** 6'0" **Wt:** 185 **Born:** 02/21/58 **Age:** 37

Year	Team	Lg	G	AB	H	2B	3B	HR	(Hm	Rd)	TB	R	RBI	TBB	IBB	SO	HBP	SH	SF	SB	CS	SB%	GDP	Avg	OBP	SLG
1977	Detroit	AL	19	43	8	0	0	0	(0	0)	8	6	0	4	0	12	0	1	0	0	0	.00	1	.186	.255	.186
1978	Detroit	AL	139	448	120	14	6	2	(0	2)	152	49	34	45	0	56	2	6	3	3	1	.75	12	.268	.335	.339
1979	Detroit	AL	142	460	127	11	4	6	(4	2)	164	68	50	43	0	55	0	12	5	17	14	.55	6	.276	.335	.357
1980	Detroit	AL	146	560	168	21	5	9	(5	4)	226	107	65	69	2	63	3	13	7	12	12	.50	10	.300	.376	.404
1981	Detroit	AL	105	392	101	15	3	2	(2	0)	128	52	31	49	2	31	3	16	1	10	3	.77	10	.258	.342	.327
1982	Detroit	AL	157	489	126	34	3	9	(5	4)	193	66	57	52	0	47	0	9	6	19	8	.70	5	.258	.325	.395

Year	Team	Lg	G	AB	H	2B	3B	HR	(Hm	Rd)	TB	R	RBI	TBB	IBB	SO	HBP	SH	SF	SB	CS	SB%	GDP	Avg	OBP	SLG
1983	Detroit	AL	142	505	161	31	2	14	(8	6)	238	83	66	57	2	64	0	15	4	30	10	.75	7	.319	.385	.471
1984	Detroit	AL	139	555	174	34	5	14	(7	7)	260	85	69	60	2	63	3	6	2	19	13	.59	8	.314	.382	.468
1985	Detroit	AL	149	605	156	21	7	13	(7	6)	230	79	57	50	4	71	2	11	9	14	5	.74	6	.258	.312	.380
1986	Detroit	AL	151	574	159	33	7	21	(8	13)	269	107	75	59	4	57	5	11	4	25	12	.68	7	.277	.347	.469
1987	Detroit	AL	151	597	205	34	3	28	(13	15)	329	109	105	60	8	47	3	2	6	21	2	.91	11	.343	.402	.551
1988	Detroit	AL	128	466	145	24	1	15	(7	8)	216	73	69	46	8	46	4	0	7	7	4	.64	14	.311	.373	.464
1989	Detroit	AL	121	449	109	20	3	5	(2	3)	150	54	43	45	1	45	4	3	5	10	2	.83	9	.243	.314	.334
1990	Detroit	AL	146	559	170	37	1	14	(9	5)	251	71	89	68	7	55	1	3	6	12	10	.55	11	.304	.377	.449
1991	Detroit	AL	101	375	93	20	0	9	(6	3)	140	57	55	37	1	39	3	5	1	11	2	.85	7	.248	.320	.373
1992	Detroit	AL	29	102	28	7	1	1	(0	1)	40	11	11	15	0	4	1	1	1	2	2	.50	6	.275	.370	.392
1993	Detroit	AL	112	401	132	25	3	12	(6	6)	199	72	60	38	2	38	2	4	2	12	8	.60	7	.329	.388	.496
1994	Detroit	AL	76	292	78	17	1	8	(6	2)	121	38	28	16	1	35	1	2	0	3	0	1.00	8	.267	.307	.414
	18 ML YEARS		2153	7872	2260	398	55	182	(95	87)	3314	1187	964	813	44	828	37	120	71	227	108	.68	145	.287	.354	.421

Jeff Treadway

Bats: Left **Throws:** Right **Pos:** 2B   **Ht:** 5'11" **Wt:** 170 **Born:** 01/22/63 **Age:** 32

Year	Team	Lg	G	AB	H	2B	3B	HR	(Hm	Rd)	TB	R	RBI	TBB	IBB	SO	HBP	SH	SF	SB	CS	SB%	GDP	Avg	OBP	SLG
1987	Cincinnati	NL	23	84	28	4	0	2	(2	0)	38	9	4	2	0	6	1	3	0	1	0	1.00	1	.333	.356	.452
1988	Cincinnati	NL	103	301	76	19	4	2	(2	0)	109	30	23	27	7	30	3	4	6	2	0	1.00	4	.252	.315	.362
1989	Atlanta	NL	134	473	131	18	3	8	(2	6)	179	58	40	30	3	38	0	6	5	3	2	.60	9	.277	.317	.378
1990	Atlanta	NL	128	474	134	20	2	11	(6	5)	191	56	59	25	1	42	3	5	4	3	4	.43	10	.283	.320	.403
1991	Atlanta	NL	106	306	98	17	2	3	(1	2)	128	41	32	23	1	19	2	2	3	2	2	.50	8	.320	.368	.418
1992	Atlanta	NL	61	126	28	6	1	0	(0	0)	36	5	5	9	4	16	0	1	0	1	2	.33	3	.222	.274	.286
1993	Cleveland	AL	97	221	67	14	1	2	(0	2)	89	25	27	14	2	21	2	1	2	1	1	.50	6	.303	.347	.403
1994	Los Angeles	NL	52	67	20	3	0	0	(0	0)	23	14	5	5	0	8	1	4	1	1	1	.50	1	.299	.351	.343
	8 ML YEARS		704	2052	582	101	13	28	(12	16)	793	238	195	135	18	180	12	26	21	14	12	.54	42	.284	.328	.386

Ricky Trlicek

Pitches: Right **Bats:** Right **Pos:** RP   **Ht:** 6'2" **Wt:** 200 **Born:** 04/26/69 **Age:** 26

			HOW MUCH HE PITCHED					WHAT HE GAVE UP									THE RESULTS					
Year	Team	Lg	G	GS	CG	GF	IP	BFP	H	R	ER	HR	SH	SF	HB	TBB	IBB	SO	WP	Bk	W	L	Pct.	ShO	Sv	ERA
1994	New Britain *	AA	6	6	0	0	24.2	88	12	3	2	0	1	1	0	6	0	13	0	0	0	1	.000	0	0	0.73
	Pawtucket	AAA	11	3	0	1	27.1	112	19	11	8	2	0	2	0	13	0	19	2	0	2	1	.667	0	0	2.63
1992	Toronto	AL	2	0	0	0	1.2	9	2	2	2	0	0	0	0	2	0	1	0	0	0	0	.000	0	0	10.80
1993	Los Angeles	NL	41	0	0	18	64	267	59	32	29	3	2	0	2	21	4	41	4	1	1	2	.333	0	1	4.08
1994	Boston	AL	12	1	0	2	22.1	113	32	21	20	5	0	0	0	16	2	7	1	2	1	1	.500	0	0	8.06
	3 ML YEARS		55	1	0	20	88	389	93	55	51	8	2	0	2	39	6	49	5	3	2	3	.400	0	1	5.22

Mike Trombley

Pitches: Right **Bats:** Right **Pos:** RP   **Ht:** 6'2" **Wt:** 208 **Born:** 04/14/67 **Age:** 28

			HOW MUCH HE PITCHED					WHAT HE GAVE UP									THE RESULTS					
Year	Team	Lg	G	GS	CG	GF	IP	BFP	H	R	ER	HR	SH	SF	HB	TBB	IBB	SO	WP	Bk	W	L	Pct.	ShO	Sv	ERA
1994	Salt Lake *	AAA	11	10	0	0	60.2	275	75	37	34	7	0	3	4	20	1	63	7	1	4	4	.500	0	0	5.04
1992	Minnesota	AL	10	7	0	0	46.1	194	43	20	17	5	2	0	1	17	0	38	0	0	3	2	.600	0	0	3.30
1993	Minnesota	AL	44	10	0	8	114.1	506	131	72	62	15	3	7	3	41	4	85	5	0	6	6	.500	0	2	4.88
1994	Minnesota	AL	24	0	0	8	48.1	219	56	36	34	10	1	2	3	18	2	32	3	0	2	0	1.000	0	0	6.33
	3 ML YEARS		78	17	0	16	209	919	230	128	113	30	6	9	7	76	6	155	8	0	11	8	.579	0	2	4.87

Brian Turang

Bats: Right **Throws:** Right **Pos:** LF/CF   **Ht:** 5'10" **Wt:** 170 **Born:** 06/14/67 **Age:** 28

Year	Team	Lg	G	AB	H	2B	3B	HR	(Hm	Rd)	TB	R	RBI	TBB	IBB	SO	HBP	SH	SF	SB	CS	SB%	GDP	Avg	OBP	SLG
1989	Bellingham	A	60	207	59	10	3	4	--	--	87	42	11	33	0	50	12	2	0	9	6	.60	1	.285	.413	.420
1990	San Berndno	A	132	487	144	25	5	12	--	--	215	86	67	69	7	6	4	25	16	.61	8	.296	.388	.441
	Calgary	AAA	3	9	2	0	0	0	--	--	2	1	1	2	0	4	0	0	0	0	0	.00	0	.222	.364	.222
1991	Jacksonville	AA	41	130	28	6	2	0	--	--	38	14	7	13	1	33	2	2	0	5	2	.71	1	.215	.297	.292
	San Berndno	A	34	100	18	2	1	0	--	--	22	9	4	15	0	31	3	1	0	6	6	.50	1	.180	.305	.220
1992	Jacksonville	AA	129	483	121	21	3	14	--	--	190	67	63	44	1	61	12	2	3	19	5	.68	12	.251	.327	.393
1993	Calgary	AAA	110	423	137	20	11	8	--	--	203	84	54	40	2	48	3	5	4	24	8	.75	7	.324	.383	.480
1994	Jacksonville	AA	3	13	4	1	0	0	--	--	5	1	1	0	0	3	0	0	0	0	0	.00	0	.308	.308	.385
	Calgary	AAA	65	259	95	16	5	5	--	--	136	51	40	37	0	37	0	4	3	5	4	.56	7	.343	.377	.491
1993	Seattle	AL	40	140	35	11	1	0	(0	0)	48	22	7	17	0	20	2	1	0	6	2	.75	3	.250	.340	.343
1994	Seattle	AL	38	112	21	5	1	1	(0	1)	31	9	8	7	0	25	1	3	0	3	1	.75	0	.188	.242	.277
	2 ML YEARS		78	252	56	16	2	1	(0	1)	79	31	15	24	0	45	3	4	0	9	3	.75	3	.222	.297	.313

Chris Turner

Bats: Right **Throws:** Right **Pos:** C   **Ht:** 6' 1" **Wt:** 190 **Born:** 03/23/69 **Age:** 26

								BATTING										BASERUNNING			PERCENTAGES		
Year	Team	Lg	G	AB	H	2B	3B	HR	(Hm	Rd)	TB	R	RBI	TBB	IBB	SO	HBP	SH	SF	SB	CS	SB%	GDP	Avg	OBP	SLG
1991	Boise	A	52	163	37	5	0	2	--	--	48	26	29	32	0	32	2	2	5	10	2	.83	3	.227	.351	.294
1992	Quad City	A	109	330	83	18	1	9	--	--	130	66	53	85	5	65	8	6	6	8	7	.53	3	.252	.410	.394
1993	Vancouver	AAA	90	283	78	12	1	4	--	--	104	50	57	49	1	44	3	8	5	6	1	.86	7	.276	.382	.367
1994	Vancouver	AAA	3	10	2	1	0	0	--	--	3	1	1	0	0	2	1	0	0	0	0	.00	0	.200	.273	.300
1993	California	AL	25	75	21	5	0	1	(0	1)	29	9	13	9	0	16	1	0	1	1	1	.50	1	.280	.360	.387
1994	California	AL	58	149	36	7	1	1	(1	0)	48	23	12	10	0	29	1	1	2	3	0	1.00	2	.242	.290	.322
	2 ML YEARS		83	224	57	12	1	2	(1	1)	77	32	25	19	0	45	2	1	3	4	1	.80	3	.254	.315	.344

Matt Turner

Pitches: Right **Bats:** Right **Pos:** RP   **Ht:** 6' 5" **Wt:** 215 **Born:** 02/18/67 **Age:** 28

			HOW MUCH HE PITCHED					WHAT HE GAVE UP									THE RESULTS					
Year	Team	Lg	G	GS	CG	GF	IP	BFP	H	R	ER	HR	SH	SF	HB	TBB	IBB	SO	WP	Bk	W	L	Pct.	ShO	Sv	ERA
1986	Pulaski	R	18	5	0	7	48.2	229	55	36	25	6	2	2	2	28	1	48	2	0	1	3	.250	0	2	4.62
1987	Sumter	A	39	9	0	17	93.2	423	91	61	49	8	5	4	5	48	2	102	8	6	2	3	.400	0	0	4.71
1988	Burlington	A	7	6	0	1	34.1	161	43	27	25	9	0	1	3	16	0	26	0	3	1	3	.250	0	0	6.55
	Sumter	A	7	0	0	4	15.2	65	17	8	8	0	0	0	2	3	0	7	1	0	1	0	1.000	0	0	4.60
1989	Durham	A	53	3	0	19	118	499	95	38	32	11	3	5	5	47	9	114	5	3	9	9	.500	0	1	2.44
1990	Greenville	AA	40	0	0	26	67.2	289	59	24	20	6	0	1	3	29	2	60	4	2	6	4	.600	0	4	2.66
	Richmond	AAA	22	1	0	11	42	175	44	20	18	6	1	1	2	16	1	36	6	1	2	3	.400	0	2	3.86
1991	Richmond	AAA	23	0	0	17	36	161	33	21	19	5	2	4	2	20	0	33	4	0	1	3	.250	0	5	4.75
	Tucson	AAA	13	0	0	5	26	115	27	12	12	0	0	1	1	14	2	25	1	2	1	1	.500	0	1	4.15
1992	Tucson	AAA	63	0	0	38	100	436	93	52	39	2	7	4	2	40	3	84	5	3	2	8	.200	0	14	3.51
1993	Edmonton	AAA	12	0	0	12	13.2	51	9	1	1	1	0	1	0	2	0	15	0	0	0	0	.000	0	10	0.66
1994	Charlotte	AAA	4	0	0	0	4.1	18	2	0	0	0	0	0	0	3	0	4	0	0	0	0	.000	0	0	0.00
1993	Florida	NL	55	0	0	26	68	279	55	23	22	7	6	4	1	26	9	59	6	1	4	5	.444	0	0	2.91
1994	Cleveland	AL	9	0	0	2	12.2	65	13	6	3	0	1	0	3	7	0	5	0	0	1	0	1.000	0	0	2.13
	2 ML YEARS		64	0	0	28	80.2	344	68	29	25	7	7	4	4	33	9	64	6	1	5	5	.500	0	0	2.79

Tom Urbani

Pitches: Left **Bats:** Left **Pos:** SP/RP   **Ht:** 6' 1" **Wt:** 190 **Born:** 01/21/68 **Age:** 27

			HOW MUCH HE PITCHED					WHAT HE GAVE UP									THE RESULTS					
Year	Team	Lg	G	GS	CG	GF	IP	BFP	H	R	ER	HR	SH	SF	HB	TBB	IBB	SO	WP	Bk	W	L	Pct.	ShO	Sv	ERA
1990	Johnson Cy	R	9	9	0	0	48.1	217	44	35	18	2	1	0	1	15	0	40	4	0	4	3	.571	0	0	3.35
	Hamilton	A	5	5	0	0	26.1	125	33	26	18	4	0	3	3	15	1	17	1	0	0	4	.000	0	0	6.15
1991	Springfield	A	8	8	0	0	47.2	195	45	20	11	2	2	2	2	6	0	42	1	1	3	2	.600	0	0	2.08
	St. Pete	A	19	19	2	0	118.2	474	109	39	31	3	8	5	2	25	0	64	3	1	8	7	.533	1	0	2.35
1992	Arkansas	AA	10	10	2	0	65.1	263	49	23	14	3	3	0	2	15	1	41	1	0	4	6	.400	1	0	1.93
	Louisville	AAA	16	16	0	0	88.2	384	91	50	46	9	3	4	7	37	1	46	5	1	4	5	.444	0	0	4.67
1993	Louisville	AAA	18	13	0	2	94.2	377	86	29	26	4	0	3	2	23	1	65	2	0	9	5	.643	0	1	2.47
1994	Louisville	AAA	7	7	0	0	43.2	196	51	31	28	6	3	2	4	11	0	42	4	0	4	2	.667	0	0	5.77
1993	St. Louis	NL	18	9	0	2	62	283	73	44	32	4	4	6	0	26	2	33	1	1	1	3	.250	0	0	4.65
1994	St. Louis	NL	20	10	0	2	80.1	354	98	48	46	12	3	2	3	21	0	43	4	1	3	7	.300	0	0	5.15
	2 ML YEARS		38	19	0	4	142.1	637	171	92	78	16	7	8	3	47	2	76	5	2	4	10	.286	0	0	4.93

Ismael Valdes

Pitches: Right **Bats:** Right **Pos:** RP   **Ht:** 6' 3" **Wt:** 183 **Born:** 08/21/73 **Age:** 21

			HOW MUCH HE PITCHED					WHAT HE GAVE UP									THE RESULTS					
Year	Team	Lg	G	GS	CG	GF	IP	BFP	H	R	ER	HR	SH	SF	HB	TBB	IBB	SO	WP	Bk	W	L	Pct.	ShO	Sv	ERA
1991	Dodgers	R	10	10	0	0	50.1	204	44	15	13	0	2	0	0	13	0	44	0	1	2	2	.500	0	0	2.32
1993	San Antonio	AA	3	3	0	0	13	50	12	2	2	0	0	0	0	0	0	11	0	0	1	0	1.000	0	0	1.38
1994	San Antonio	AA	8	8	0	0	53.1	218	54	22	20	4	0	0	2	9	0	55	3	0	2	3	.400	0	0	3.38
	Albuquerque	AAA	8	8	0	0	45	188	44	21	17	1	0	0	3	13	0	39	1	0	4	1	.800	0	0	3.40
1994	Los Angeles	NL	21	1	0	7	28.1	115	21	10	10	2	3	0	0	10	2	28	1	2	3	1	.750	0	0	3.18

Sergio Valdez

Pitches: Right **Bats:** Right **Pos:** RP   **Ht:** 6' 1" **Wt:** 190 **Born:** 09/07/65 **Age:** 29

			HOW MUCH HE PITCHED					WHAT HE GAVE UP									THE RESULTS					
Year	Team	Lg	G	GS	CG	GF	IP	BFP	H	R	ER	HR	SH	SF	HB	TBB	IBB	SO	WP	Bk	W	L	Pct.	ShO	Sv	ERA
1994	Sarasota *	A	5	5	0	0	31.1	140	45	17	15	1	1	1	1	3	0	25	2	1	1	2	.333	0	0	4.31
	Pawtucket *	AAA	26	9	1	10	99.1	418	94	42	36	11	2	1	3	29	1	67	4	1	8	6	.571	0	0	3.26
1986	Montreal	NL	5	5	0	0	25	120	39	20	19	2	0	1	0	11	0	20	2	0	0	4	.000	0	0	6.84
1989	Atlanta	NL	19	9	0	8	32.2	145	31	24	22	5	2	0	0	17	3	26	2	0	1	2	.333	0	0	6.06
1990	2 ML Teams		30	13	0	7	107.2	466	115	66	58	17	5	5	1	38	2	66	4	0	6	6	.500	0	0	4.85
1991	Cleveland	AL	6	0	0	1	16.1	70	15	11	10	3	1	1	0	5	1	11	0	0	1	0	1.000	0	0	5.51

Year	Team	Lg	G	GS	CG	GF	IP	BFP	H	R	ER	HR	SH	SF	HB	TBB	IBB	SO	WP	Bk	W	L	Pct.	ShO	Sv	ERA
1992	Montreal	NL	27	0	0	9	37.1	148	25	12	10	2	1	0	0	12	1	32	4	0	0	2	.000	0	0	2.41
1993	Montreal	NL	4	0	0	1	3	14	4	4	3	1	0	0	0	1	0	2	0	0	0	0	.000	0	0	9.00
1994	Boston	AL	12	1	0	2	14.1	72	25	14	13	4	0	0	0	8	1	4	1	0	0	1	.000	0	0	8.16
1990	Atlanta	NL	6	0	0	3	5.1	26	6	4	4	0	1	0	0	3	0	3	1	0	0	0	.000	0	0	6.75
	Cleveland	AL	24	13	0	4	102.1	440	109	62	54	17	4	5	1	35	2	63	3	0	6	6	.500	0	0	4.75
	7 ML YEARS		103	20	0	28	236.1	1035	254	151	135	34	9	6	2	92	8	161	14	0	8	15	.348	0	0	5.14

John Valentin

Bats: Right **Throws:** Right **Pos:** SS **Ht:** 6' 0" **Wt:** 185 **Born:** 02/18/67 **Age:** 28

Year	Team	Lg	G	AB	H	2B	3B	HR	(Hm	Rd)	TB	R	RBI	TBB	IBB	SO	HBP	SH	SF	SB	CS	SB%	GDP	Avg	OBP	SLG
1994	Pawtucket*	AAA	5	18	6	0	0	1	--	--	9	2	2	3	0	4	0	0	0	0	0	.00	0	.333	.409	.500
1992	Boston	AL	58	185	51	13	0	5	(1	4)	79	21	25	20	0	17	2	4	1	1	0	1.00	5	.276	.351	.427
1993	Boston	AL	144	468	130	40	3	11	(7	4)	209	50	66	49	2	77	2	16	4	3	4	.43	9	.278	.346	.447
1994	Boston	AL	84	301	95	26	2	9	(6	3)	152	53	49	42	1	38	3	5	4	3	1	.75	3	.316	.400	.505
	3 ML YEARS		286	954	276	79	5	25	(14	11)	440	124	140	111	3	132	7	25	9	7	5	.58	17	.289	.364	.461

Jose Valentin

Bats: Both **Throws:** Right **Pos:** SS/2B **Ht:** 5'10" **Wt:** 175 **Born:** 10/12/69 **Age:** 25

Year	Team	Lg	G	AB	H	2B	3B	HR	(Hm	Rd)	TB	R	RBI	TBB	IBB	SO	HBP	SH	SF	SB	CS	SB%	GDP	Avg	OBP	SLG
1987	Spokane	A	70	244	61	8	2	2	--	--	79	52	24	35	2	38	1	3	0	8	5	.62	4	.250	.346	.324
1988	Chston-Sc	A	133	444	103	20	1	6	--	--	143	56	44	45	1	83	3	9	4	11	4	.73	10	.232	.304	.322
1989	Riverside	A	114	381	74	10	5	10	--	--	124	40	41	37	1	93	5	5	2	8	7	.53	4	.194	.273	.325
	Wichita	AA	18	49	12	1	0	2	--	--	19	8	5	5	1	12	0	3	0	1	0	1.00	1	.245	.315	.388
1990	Wichita	AA	11	36	10	2	0	0	--	--	12	4	2	5	0	7	0	1	0	2	1	.67	1	.278	.366	.333
1991	Wichita	AA	129	447	112	22	5	17	--	--	195	73	68	55	1	115	4	4	5	8	6	.57	5	.251	.335	.436
1992	Denver	AAA	139	492	118	19	11	3	--	--	168	78	45	53	2	99	5	9	6	9	4	.69	8	.240	.317	.341
1993	New Orleans	AAA	122	389	96	22	5	9	--	--	155	56	53	47	2	87	8	14	4	9	10	.47	3	.247	.337	.398
1992	Milwaukee	AL	4	3	0	0	0	0	(0	0)	0	1	1	0	0	0	0	0	1	0	0	.00	0	.000	.000	.000
1993	Milwaukee	AL	19	53	13	1	2	1	(1	0)	21	10	7	7	1	16	1	2	0	1	0	1.00	1	.245	.344	.396
1994	Milwaukee	AL	97	285	68	19	0	11	(8	3)	120	47	46	38	1	75	2	4	2	12	3	.80	1	.239	.330	.421
	3 ML YEARS		120	341	81	20	2	12	(9	3)	141	58	54	45	2	91	3	6	3	13	3	.81	2	.238	.329	.413

Fernando Valenzuela

Pitches: Left **Bats:** Left **Pos:** SP **Ht:** 5'11" **Wt:** 202 **Born:** 11/01/60 **Age:** 34

Year	Team	Lg	G	GS	CG	GF	IP	BFP	H	R	ER	HR	SH	SF	HB	TBB	IBB	SO	WP	Bk	W	L	Pct.	ShO	Sv	ERA
1980	Los Angeles	NL	10	0	0	4	18	66	8	2	0	0	1	1	0	5	0	16	0	1	2	0	1.000	0	1	0.00
1981	Los Angeles	NL	25	25	11	0	192	758	140	55	53	11	9	3	1	61	4	180	4	0	13	7	.650	8	0	2.48
1982	Los Angeles	NL	37	37	18	0	285	1156	247	105	91	13	19	6	2	83	12	199	4	0	19	13	.594	4	0	2.87
1983	Los Angeles	NL	35	35	9	0	257	1094	245	122	107	16	27	5	3	99	10	189	12	1	15	10	.600	4	0	3.75
1984	Los Angeles	NL	34	34	12	0	261	1078	218	109	88	14	11	7	2	106	4	240	11	1	12	17	.414	2	0	3.03
1985	Los Angeles	NL	35	35	14	0	272.1	1109	211	92	74	14	13	8	1	101	5	208	10	1	17	10	.630	5	0	2.45
1986	Los Angeles	NL	34	34	20	0	269.1	1102	226	104	94	18	15	3	5	85	5	242	13	0	21	11	.656	3	0	3.14
1987	Los Angeles	NL	34	34	12	0	251	1116	254	120	111	25	18	2	4	124	4	190	14	1	14	14	.500	1	0	3.98
1988	Los Angeles	NL	23	22	3	1	142.1	626	142	71	67	11	15	5	0	76	4	64	7	1	5	8	.385	0	1	4.24
1989	Los Angeles	NL	31	31	3	0	196.2	852	185	89	75	11	7	7	2	98	6	116	6	4	10	13	.435	0	0	3.43
1990	Los Angeles	NL	33	33	5	0	204	900	223	112	104	19	11	4	0	77	4	115	13	1	13	13	.500	2	0	4.59
1991	California	AL	2	2	0	0	6.2	36	14	10	9	3	1	1	0	3	0	5	1	0	0	2	.000	0	0	12.15
1993	Baltimore	AL	32	31	5	0	178.2	768	179	104	98	18	4	7	4	79	2	78	8	0	8	10	.444	2	0	4.94
1994	Philadelphia	NL	8	7	0	0	45	182	42	16	15	8	3	2	0	7	1	19	1	0	1	2	.333	0	0	3.00
	14 ML YEARS		373	360	112	5	2579	10843	2334	1111	986	181	154	61	20	1004	61	1861	104	11	150	130	.536	31	2	3.44

Dave Valle

Bats: Right **Throws:** Right **Pos:** C **Ht:** 6' 2" **Wt:** 220 **Born:** 10/30/60 **Age:** 34

Year	Team	Lg	G	AB	H	2B	3B	HR	(Hm	Rd)	TB	R	RBI	TBB	IBB	SO	HBP	SH	SF	SB	CS	SB%	GDP	Avg	OBP	SLG
1984	Seattle	AL	13	27	8	1	0	1	(1	0)	12	4	4	1	0	5	0	0	0	0	0	.00	0	.296	.321	.444
1985	Seattle	AL	31	70	11	1	0	0	(0	0)	12	2	4	1	0	17	1	1	0	0	0	.00	1	.157	.181	.171
1986	Seattle	AL	22	53	18	3	0	5	(4	1)	36	10	15	7	0	7	0	0	0	0	0	.00	2	.340	.417	.679
1987	Seattle	AL	95	324	83	16	3	12	(8	4)	141	40	53	15	2	46	3	0	4	2	0	1.00	13	.256	.292	.435
1988	Seattle	AL	93	290	67	15	2	10	(5	5)	116	29	50	18	0	38	9	2	2	0	1	.00	13	.231	.295	.400
1989	Seattle	AL	94	316	75	10	3	7	(1	6)	112	32	34	29	2	32	6	1	3	0	0	.00	13	.237	.311	.354
1990	Seattle	AL	107	308	66	15	0	7	(1	6)	102	37	33	45	0	48	7	4	0	1	2	.33	11	.214	.328	.331
1991	Seattle	AL	132	324	63	8	1	8	(0	8)	97	38	32	34	0	49	9	6	3	0	2	.00	19	.194	.286	.299
1992	Seattle	AL	124	367	88	16	1	9	(7	2)	133	39	30	27	1	58	8	7	1	0	0	.00	7	.240	.305	.362

Year Team	Lg	G	AB	H	2B	3B	HR	(Hm	Rd)	TB	R	RBI	TBB	IBB	SO	HBP	SH	SF	SB	CS	SB%	GDP	Avg	OBP	SLG
1993 Seattle	AL	135	423	109	19	0	13	(4	9)	167	48	63	48	4	56	17	8	4	1	0	1.00	18	.258	.354	.395
1994 2 ML Teams		46	112	26	8	1	2	(1	1)	42	14	10	18	2	22	2	2	0	0	2	.00	3	.232	.348	.375
1994 Boston	AL	30	76	12	2	1	1	(0	1)	19	6	5	9	1	18	1	2	0	0	1	.00	2	.158	.256	.250
Milwaukee	AL	16	36	14	6	0	1	(1	0)	23	8	5	9	1	4	1	0	0	0	1	.00	1	.389	.522	.639
11 ML YEARS		892	2614	614	112	11	74	(32	42)	970	293	328	243	11	378	62	32	17	4	7	.36	100	.235	.313	.371

Ty Van Burkleo

Bats: Left **Throws:** Left **Pos:** 1B **Ht:** 6' 5" **Wt:** 225 **Born:** 10/07/63 **Age:** 31

Year Team	Lg	G	AB	H	2B	3B	HR	(Hm	Rd)	TB	R	RBI	TBB	IBB	SO	HBP	SH	SF	SB	CS	SB%	GDP	Avg	OBP	SLG
1992 Edmonton	AAA	135	458	125	28	7	19	--	--	224	83	88	75	6	100	5	0	3	20	5	.80	10	.273	.379	.489
1993 Vancouver	AAA	105	361	99	19	2	6	--	--	140	47	56	51	3	89	2	1	4	7	3	.70	9	.274	.364	.388
1994 Colo. Spmg	AAA	128	428	116	28	3	21	--	--	213	90	86	82	2	111	4	0	5	4	4	.50	11	.271	.389	.498
1993 California	AL	12	33	5	3	0	1	(1	0)	11	2	1	6	0	9	0	0	0	1	0	1.00	0	.152	.282	.333
1994 Colorado	NL	2	5	0	0	0	0	(0	0)	0	0	0	0	0	1	0	0	0	0	0	.00	0	.000	.000	.000
2 ML YEARS		14	38	5	3	0	1	(1	0)	11	2	1	6	0	10	0	0	0	1	0	1.00	0	.132	.250	.289

Todd Van Poppel

Pitches: Right **Bats:** Right **Pos:** SP **Ht:** 6' 5" **Wt:** 210 **Born:** 12/09/71 **Age:** 23

Year Team	Lg	G	GS	CG	GF	IP	BFP	H	R	ER	HR	SH	SF	HB	TBB	IBB	SO	WP	Bk	W	L	Pct.	ShO	Sv	ERA
1991 Oakland	AL	1	1	0	0	4.2	21	7	5	5	1	0	0	0	2	0	6	0	0	0	0	.000	0	0	9.64
1993 Oakland	AL	16	16	0	0	84	380	76	50	47	10	1	2	2	62	0	47	3	0	6	6	.500	0	0	5.04
1994 Oakland	AL	23	23	0	0	116.2	532	108	80	79	20	4	4	3	89	2	83	3	1	7	10	.412	0	0	6.09
3 ML YEARS		40	40	0	0	205.1	933	191	135	131	31	5	6	5	153	2	136	6	1	13	16	.448	0	0	5.74

Andy Van Slyke

Bats: Left **Throws:** Right **Pos:** CF **Ht:** 6' 2" **Wt:** 198 **Born:** 12/21/60 **Age:** 34

Year Team	Lg	G	AB	H	2B	3B	HR	(Hm	Rd)	TB	R	RBI	TBB	IBB	SO	HBP	SH	SF	SB	CS	SB%	GDP	Avg	OBP	SLG
1983 St. Louis	NL	101	309	81	15	5	8	(3	5)	130	51	38	46	5	64	1	2	3	21	7	.75	4	.262	.357	.421
1984 St. Louis	NL	137	361	88	16	4	7	(3	4)	133	45	50	63	9	71	0	1	2	28	5	.85	5	.244	.354	.368
1985 St. Louis	NL	146	424	110	25	6	13	(5	8)	186	61	55	47	6	54	2	1	0	34	6	.85	7	.259	.335	.439
1986 St. Louis	NL	137	418	113	23	7	13	(6	7)	189	48	61	47	5	85	1	1	3	21	8	.72	2	.270	.343	.452
1987 Pittsburgh	NL	157	564	165	36	11	21	(11	10)	286	93	82	56	4	122	4	3	3	34	8	.81	6	.293	.359	.507
1988 Pittsburgh	NL	154	587	169	23	15	25	(16	9)	297	101	100	57	2	126	1	1	13	30	9	.77	8	.288	.345	.506
1989 Pittsburgh	NL	130	476	113	18	9	9	(4	5)	176	64	53	47	3	100	3	1	4	16	4	.80	13	.237	.308	.370
1990 Pittsburgh	NL	136	493	140	26	6	17	(6	11)	229	67	77	66	2	89	1	3	4	14	4	.78	6	.284	.367	.465
1991 Pittsburgh	NL	138	491	130	24	7	17	(9	8)	219	87	83	71	1	85	4	0	11	10	3	.77	5	.265	.355	.446
1992 Pittsburgh	NL	154	614	199	45	12	14	(6	8)	310	103	89	58	4	99	4	0	9	12	3	.80	9	.324	.381	.505
1993 Pittsburgh	NL	83	323	100	13	4	8	(5	3)	145	42	50	24	5	40	2	0	1	11	2	.85	13	.310	.357	.449
1994 Pittsburgh	NL	105	374	92	18	3	6	(4	2)	134	41	30	52	7	72	2	0	2	7	0	1.00	9	.246	.340	.358
12 ML YEARS		1578	5434	1500	282	89	158	(78	80)	2434	803	768	634	53	1007	25	12	59	238	59	.80	87	.276	.351	.448

John VanderWal

Bats: Left **Throws:** Left **Pos:** 1B **Ht:** 6' 2" **Wt:** 190 **Born:** 04/29/66 **Age:** 29

Year Team	Lg	G	AB	H	2B	3B	HR	(Hm	Rd)	TB	R	RBI	TBB	IBB	SO	HBP	SH	SF	SB	CS	SB%	GDP	Avg	OBP	SLG
1991 Montreal	NL	21	61	13	4	1	1	(0	1)	22	4	8	1	0	18	0	0	1	0	0	.00	2	.213	.222	.361
1992 Montreal	NL	105	213	51	8	2	4	(2	2)	75	21	20	24	2	36	0	0	0	3	0	1.00	2	.239	.316	.352
1993 Montreal	NL	106	215	50	7	4	5	(1	4)	80	34	30	27	2	30	1	0	1	6	3	.67	4	.233	.320	.372
1994 Colorado	NL	91	110	27	3	1	5	(1	4)	47	12	15	16	0	31	0	0	1	2	1	.67	4	.245	.339	.427
4 ML YEARS		323	599	141	22	8	15	(4	11)	224	71	73	68	4	115	1	0	3	11	4	.73	12	.235	.313	.374

Tim Vanegmond

Pitches: Right **Bats:** Right **Pos:** SP **Ht:** 6' 2" **Wt:** 185 **Born:** 05/31/69 **Age:** 26

Year Team	Lg	G	GS	CG	GF	IP	BFP	H	R	ER	HR	SH	SF	HB	TBB	IBB	SO	WP	Bk	W	L	Pct.	ShO	Sv	ERA
1991 Red Sox	R	3	2	0	1	15	54	6	1	1	0	0	0	1	1	0	20	2	0	2	0	1.000	0	1	0.60
Winter Havn	A	13	10	4	2	68.1	292	69	32	23	2	1	0	2	23	1	47	2	0	4	5	.444	2	2	3.03
1992 Lynchburg	A	28	27	2	0	173.2	727	161	73	66	12	4	1	8	52	0	140	18	1	12	4	.750	1	0	3.42
1993 New Britain	AA	29	29	1	0	190.1	794	182	99	84	18	3	2	14	44	1	163	11	3	6	12	.333	1	0	3.97
1994 Pawtucket	AAA	20	20	1	0	119.1	510	110	58	50	9	0	3	7	42	0	87	5	0	9	5	.643	0	0	3.77
1994 Boston	AL	7	7	1	0	38.1	173	38	27	27	7	0	3	0	21	3	22	1	0	2	3	.400	0	0	6.34

William VanLandingham

Pitches: Right Bats: Right Pos: SP Ht: 6' 2" Wt: 210 Born: 07/16/70 Age: 24

		HOW MUCH HE PITCHED						WHAT HE GAVE UP										THE RESULTS				
Year	Team	Lg	G	GS	CG	GF	IP	BFP	H	R	ER	HR	SH	SF	HB	TBB	IBB	SO	WP	Bk	W	L	Pct.	ShO	Sv	ERA
1991	Everett	A	15	15	0	0	77	353	58	43	35	0	1	1	5	79	0	86	25	2	8	4	.667	0	0	4.09
1992	San Jose	A	6	6	0	0	21	96	22	18	13	1	0	0	0	13	0	18	4	1	1	3	.250	0	0	5.57
	Clinton	A	10	10	0	0	54	240	49	40	34	1	0	3	5	29	0	59	6	2	0	4	.000	0	0	5.67
1993	San Jose	A	27	27	1	0	163.1	724	167	103	93	7	5	6	1	87	0	171	15	4	14	8	.636	0	0	5.12
	Phoenix	AAA	1	1	0	0	7	29	8	6	5	0	1	0	0	0	0	2	0	0	0	1	.000	0	0	6.43
1994	Shreveport	AA	8	8	1	0	51.1	200	41	21	16	4	0	2	0	11	0	45	5	1	4	3	.571	0	0	2.81
	Phoenix	AAA	5	5	0	0	29	126	21	15	8	0	0	1	2	14	0	29	4	0	1	1	.500	0	0	2.48
1994	San Francisco	NL	16	14	0	1	84	363	70	37	33	4	3	1	2	43	4	56	3	3	8	2	.800	0	0	3.54

Gary Varsho

Bats: Left Throws: Right Pos: LF/RF Ht: 5'11" Wt: 185 Born: 06/20/61 Age: 34

					BATTING													BASERUNNING				PERCENTAGES		
Year	Team	Lg	G	AB	H	2B	3B	HR	(Hm	Rd)	TB	R	RBI	TBB	IBB	SO	HBP	SH	SF	SB	CS	SB%	GDP	Avg	OBP	SLG
1994	Buffalo *	AAA	18	57	19	1	2	2	--	--	30	7	8	1	0	5	1	0	1	1	0	1.00	1	.333	.350	.526
1988	Chicago	NL	46	73	20	3	0	0	(0	0)	23	6	5	1	0	6	0	0	1	5	0	1.00	0	.274	.280	.315
1989	Chicago	NL	61	87	16	4	2	0	(0	0)	24	10	6	4	1	13	0	0	0	3	0	1.00	0	.184	.220	.276
1990	Chicago	NL	46	48	12	4	0	0	(0	0)	16	10	1	1	0	6	0	0	0	2	0	1.00	1	.250	.265	.333
1991	Pittsburgh	NL	99	187	51	11	2	4	(1	3)	78	23	23	19	2	34	2	1	1	9	2	.82	2	.273	.344	.417
1992	Pittsburgh	NL	103	162	36	6	3	4	(3	1)	60	22	22	10	1	32	0	0	1	5	2	.71	1	.222	.266	.370
1993	Cincinnati	NL	77	95	22	6	0	2	(1	1)	34	8	11	9	0	19	1	3	1	1	0	1.00	1	.232	.302	.358
1994	Pittsburgh	NL	67	82	21	6	3	0			33	15	5	4	1	19	2	2	0	0	1	1.00	1	.256	.307	.402
	7 ML YEARS		499	734	178	40	10	10	(5	5)	268	94	73	48	6	129	5	6	4	25	5	.83	7	.243	.292	.365

Greg Vaughn

Bats: Right Throws: Right Pos: LF/DH Ht: 6' 0" Wt: 205 Born: 07/03/65 Age: 29

					BATTING													BASERUNNING				PERCENTAGES		
Year	Team	Lg	G	AB	H	2B	3B	HR	(Hm	Rd)	TB	R	RBI	TBB	IBB	SO	HBP	SH	SF	SB	CS	SB%	GDP	Avg	OBP	SLG
1994	Beloit *	A	2	6	1	0	0	0	--	--	1	1	0	4	0	1	0	0	0	0	0	.00	0	.167	.500	.167
1989	Milwaukee	AL	38	113	30	3	0	5	(1	4)	48	18	23	13	0	23	0	0	2	4	1	.80	0	.265	.336	.425
1990	Milwaukee	AL	120	382	84	26	2	17	(9	8)	165	51	61	33	1	91	1	7	6	7	4	.64	11	.220	.280	.432
1991	Milwaukee	AL	145	542	132	24	5	27	(16	11)	247	81	98	62	2	125	1	2	7	2	2	.50	5	.244	.319	.456
1992	Milwaukee	AL	141	501	114	18	2	23	(11	12)	205	77	78	60	1	123	5	2	5	15	15	.50	8	.228	.313	.409
1993	Milwaukee	AL	154	569	152	28	2	30	(12	18)	274	97	97	89	14	118	5	0	4	10	7	.59	6	.267	.369	.482
1994	Milwaukee	AL	95	370	94	24	1	19	(9	10)	177	59	55	51	6	93	1	0	1	9	5	.64	6	.254	.345	.478
	6 ML YEARS		693	2477	606	123	12	121	(58	63)	1116	383	412	308	24	573	13	11	25	47	34	.58	36	.245	.328	.451

Mo Vaughn

Bats: Left Throws: Right Pos: 1B Ht: 6' 1" Wt: 230 Born: 12/15/67 Age: 27

					BATTING													BASERUNNING				PERCENTAGES		
Year	Team	Lg	G	AB	H	2B	3B	HR	(Hm | Rd)	TB	R	RBI	TBB	IBB	SO	HBP	SH	SF	SB	CS	SB%	GDP	Avg	OBP	SLG
1991	Boston	AL	74	219	57	12	0	4	(1 | 3)	81	21	32	26	2	43	2	0	4	2	1	.67	7	.260	.339	.370
1992	Boston	AL	113	355	83	16	2	13	(8 | 5)	142	42	57	47	7	67	3	0	3	3	3	.50	8	.234	.326	.400
1993	Boston	AL	152	539	160	34	1	29	(13 | 16)	283	86	101	79	23	130	8	0	7	4	3	.57	14	.297	.390	.525
1994	Boston	AL	111	394	122	25	1	26	(15 | 11)	227	65	82	57	20	112	10	0	2	4	4	.50	7	.310	.408	.576
	4 ML YEARS		450	1507	422	87	4	72	(37 | 35)	733	214	272	209	52	352	23	0	16	13	11	.54	36	.280	.373	.486

Randy Velarde

Bats: Right Throws: Right Pos: SS/3B Ht: 6' 0" Wt: 192 Born: 11/24/62 Age: 32

					BATTING													BASERUNNING				PERCENTAGES		
Year	Team	Lg	G	AB	H	2B	3B	HR	(Hm | Rd)	TB	R	RBI	TBB	IBB	SO	HBP	SH	SF	SB	CS	SB%	GDP	Avg	OBP	SLG
1987	New York	AL	8	22	4	0	0	0	(0 | 0)	4	1	1	0	0	6	0	0	0	0	0	.00	1	.182	.182	.182
1988	New York	AL	48	115	20	6	0	5	(2 | 3)	41	18	12	8	0	24	2	0	0	1	1	.50	3	.174	.240	.357
1989	New York	AL	33	100	34	4	2	2	(1 | 1)	48	12	11	7	0	14	1	3	0	0	3	.00	0	.340	.389	.480
1990	New York	AL	95	229	48	6	2	5	(1 | 4)	73	21	19	20	0	53	1	2	1	0	3	.00	6	.210	.275	.319
1991	New York	AL	80	184	45	11	1	1	(0 | 1)	61	19	15	18	0	43	3	5	0	3	1	.75	6	.245	.322	.332
1992	New York	AL	121	412	112	24	1	7	(2 | 5)	159	57	46	38	1	78	2	4	5	7	2	.78	13	.272	.333	.386
1993	New York	AL	85	226	68	13	2	7	(4 | 3)	106	28	24	18	2	39	4	3	2	2	2	.50	12	.301	.360	.469
1994	New York	AL	77	280	78	16	1	9	(3 | 6)	123	47	34	22	0	61	4	2	2	4	2	.67	7	.279	.338	.439
	8 ML YEARS		547	1568	409	80	9	36	(13 | 23)	615	203	162	131	3	318	17	19	10	17	14	.55	48	.261	.323	.392

Robin Ventura

Bats: Left **Throws:** Right **Pos:** 3B   **Ht:** 6' 1" **Wt:** 198 **Born:** 07/14/67 **Age:** 27

							BATTING											BASERUNNING				PERCENTAGES		
Year	Team	Lg	G	AB	H	2B	3B	HR	(Hm | Rd)	TB	R	RBI	TBB	IBB	SO	HBP	SH	SF	SB	CS	SB%	GDP	Avg	OBP	SLG
1989	Chicago	AL	16	45	8	3	0	0	(0 | 0)	11	5	7	8	0	6	1	1	3	0	0	.00	1	.178	.298	.244
1990	Chicago	AL	150	493	123	17	1	5	(2 | 3)	157	48	54	55	2	53	1	13	3	1	4	.20	5	.249	.324	.318
1991	Chicago	AL	157	606	172	25	1	23	(16 | 7)	268	92	100	80	3	67	4	8	7	2	4	.33	22	.284	.367	.442
1992	Chicago	AL	157	592	167	38	1	16	(7 | 9)	255	85	93	93	9	71	0	1	8	2	4	.33	14	.282	.375	.431
1993	Chicago	AL	157	554	145	27	1	22	(12 | 10)	240	85	94	105	16	82	3	1	6	1	6	.14	18	.262	.379	.433
1994	Chicago	AL	109	401	113	15	1	18	(8 | 10)	184	57	78	61	15	69	2	2	8	3		.75	8	.282	.373	.459
	6 ML YEARS		746	2691	728	125	5	84	(45 | 39)	1115	372	426	402	45	348	11	26	35	9	19	.32	68	.271	.363	.414

Dave Veres

Pitches: Right **Bats:** Right **Pos:** RP   **Ht:** 6' 1" **Wt:** 195 **Born:** 10/19/66 **Age:** 28

			HOW MUCH HE PITCHED					WHAT HE GAVE UP										THE RESULTS					
Year	Team	Lg	G	GS	CG	GF	IP	BFP	H	R	ER	HR	SH	SF	HB	TBB	IBB	SO	WP	Bk	W	L	Pct.	ShO	Sv	ERA
1986	Medford	A	15	15	0	0	77.1	0	58	38	28	5	0	0	3	57	0	60	3	1	5	2	.714	0	0	3.26
1987	Modesto	A	26	26	2	0	148.1	667	124	90	79	9	10	6	6	108	3	124	29	0	8	9	.471	0	0	4.79
1988	Modesto	A	19	19	3	0	125	543	100	61	46	7	10	4	4	78	1	91	10	6	4	11	.267	2	0	3.31
	Huntsville	AA	8	8	0	0	39	180	50	20	18	1	1	0	3	15	2	17	3	2	3	4	.429	0	0	4.15
1989	Huntsville	AA	29	28	2	1	159.1	709	160	93	86	15	6	4	4	83	1	105	16	2	8	11	.421	1	0	4.86
1990	Tacoma	AAA	32	23	2	2	151.2	654	136	90	79	13	8	9	3	88	1	88	7	2	11	8	.579	0	1	4.69
1991	Albuquerque	AAA	57	3	0	16	100.2	440	89	52	50	8	6	4	3	52	5	81	9	4	7	6	.538	0	5	4.47
1992	Tucson	AAA	29	1	0	10	52.2	225	60	36	31	1	4	1	0	17	1	46	6	0	2	3	.400	0	0	5.30
1993	Tucson	AAA	43	15	1	18	130.1	578	156	88	71	7	5	4	2	32	1	122	5	3	6	10	.375	0	5	4.90
1994	Tucson	AAA	16	0	0	4	24	101	17	8	5	0	1	0	0	10	2	19	1	0	1	1	.500	0	1	1.88
1994	Houston	NL	32	0	0	7	41	168	39	13	11	4	0	2	1	7	3	28	2	0	3	3	.500	0	1	2.41

Randy Veres

Pitches: Right **Bats:** Right **Pos:** RP   **Ht:** 6' 3" **Wt:** 190 **Born:** 11/25/65 **Age:** 29

			HOW MUCH HE PITCHED					WHAT HE GAVE UP										THE RESULTS					
Year	Team	Lg	G	GS	CG	GF	IP	BFP	H	R	ER	HR	SH	SF	HB	TBB	IBB	SO	WP	Bk	W	L	Pct.	ShO	Sv	ERA
1994	Iowa *	AAA	33	3	0	17	55.1	221	43	25	18	4	1	1	3	11	2	42	4	0	5	6	.455	0	5	2.93
1989	Milwaukee	AL	3	1	0	1	8.1	36	9	5	4	0	0	1	0	4	0	8	0	0	0	1	.000	0	0	4.32
1990	Milwaukee	AL	26	0	0	12	41.2	175	38	17	17	5	2	2	1	16	3	16	3	0	0	3	.000	0	1	3.67
1994	Chicago	NL	10	0	0	1	9.2	43	12	6	6	3	0	1	1	2	0	5	0	0	1	1	.500	0	0	5.59
	3 ML YEARS		39	1	0	14	59.2	254	59	28	27	8	2	4	2	22	3	29	3	0	1	5	.167	0	1	4.07

Fernando Vina

Bats: Left **Throws:** Right **Pos:** 2B/3B   **Ht:** 5' 9" **Wt:** 170 **Born:** 04/16/69 **Age:** 26

							BATTING											BASERUNNING				PERCENTAGES		
Year	Team	Lg	G	AB	H	2B	3B	HR	(Hm	Rd)	TB	R	RBI	TBB	IBB	SO	HBP	SH	SF	SB	CS	SB%	GDP	Avg	OBP	SLG
1991	Columbia	A	129	498	135	23	6	6	--	--	188	77	50	46	1	27	13	5	7	42	22	.66	5	.271	.344	.378
1992	Tidewater	AAA	11	30	6	0	0	0	--	--	6	3	2	0	0	2	0	2	1	0	0	.00	1	.200	.194	.200
	St. Lucie	A	111	421	124	15	5	1	--	--	152	61	42	32	2	26	3	4	2	36	17	.68	7	.295	.347	.361
1993	Norfolk	AAA	73	287	66	6	4	4	--	--	92	24	27	7	2	17	4	4	4	16	11	.59	12	.230	.258	.321
1994	Norfolk	AAA	6	17	3	0	0	0	--	--	3	2	1	1	0	1	0	1	0	1	1	.50	0	.176	.250	.176
1993	Seattle	AL	24	45	10	2	0	0	(0	0)	12	5	2	4	0	3	3	1	0	6	0	1.00	0	.222	.327	.267
1994	New York	NL	79	124	31	6	0	0	(0	0)	37	20	6	12	0	11	12	2	0	3	1	.75	4	.250	.372	.298
	2 ML YEARS		103	169	41	8	0	0	(0	0)	49	25	8	16	0	14	15	3	0	9	1	.90	4	.243	.360	.290

Frank Viola

Pitches: Left **Bats:** Left **Pos:** SP   **Ht:** 6' 4" **Wt:** 210 **Born:** 04/19/60 **Age:** 35

			HOW MUCH HE PITCHED					WHAT HE GAVE UP										THE RESULTS					
Year	Team	Lg	G	GS	CG	GF	IP	BFP	H	R	ER	HR	SH	SF	HB	TBB	IBB	SO	WP	Bk	W	L	Pct.	ShO	Sv	ERA
1982	Minnesota	AL	22	22	3	0	126	543	152	77	73	22	2	2	0	38	2	84	4	1	4	10	.286	1	0	5.21
1983	Minnesota	AL	35	34	4	0	210	949	242	141	128	34	5	2	8	92	7	127	6	2	7	15	.318	0	0	5.49
1984	Minnesota	AL	35	35	10	0	257.2	1047	225	101	92	28	1	5	4	73	1	149	6	1	18	12	.600	4	0	3.21
1985	Minnesota	AL	36	36	9	0	250.2	1059	262	136	114	26	5	5	2	68	3	135	6	2	18	14	.563	0	0	4.09
1986	Minnesota	AL	37	37	7	0	245.2	1053	257	136	123	37	4	5	3	83	0	191	12	0	16	13	.552	1	0	4.51
1987	Minnesota	AL	36	36	7	0	251.2	1037	230	91	81	29	7	3	6	66	1	197	1	1	17	10	.630	1	0	2.90
1988	Minnesota	AL	35	35	7	0	255.1	1031	236	80	75	20	6	6	3	54	2	193	5	1	24	7	.774	2	0	2.64
1989	2 ML Teams		36	36	9	0	261	1082	246	122	106	22	12	6	4	74	4	211	8	1	13	17	.433	2	0	3.66
1990	New York	NL	35	35	7	0	249.2	1016	227	83	74	15	13	7	2	60	2	182	11	0	20	12	.625	3	0	2.67
1991	New York	NL	35	35	3	0	231.1	980	259	112	102	25	15	5	1	54	4	132	6	0	13	15	.464	0	0	3.97
1992	Boston	AL	35	35	6	0	238	999	214	99	91	13	7	10	7	89	4	121	12	2	13	12	.520	1	0	3.44
1993	Boston	AL	29	29	2	0	183.2	787	180	76	64	12	8	7	6	72	5	91	5	0	11	8	.579	1	0	3.14

1994 Boston	AL	6	6	0	0	31	136	34	17	16	2	2	2	0	17	0	9	2	0	1	1	.500	0	0	4.65
1989 Minnesota	AL	24	24	7	0	175.2	731	171	80	74	17	9	4	3	47	1	138	5	1	8	12	.400	1	0	3.79
New York	NL	12	12	2	0	85.1	351	75	35	32	5	3	2	1	27	3	73	3	0	5	5	.500	1	0	3.38
13 ML YEARS		412	411	74	0	2791.2	11719	2764	1264	1139	285	87	59	46	840	35	1822	84	12	175	146	.545	16	0	3.67

Jose Vizcaino

Bats: Both **Throws:** Right **Pos:** SS   **Ht:** 6' 1" **Wt:** 180 **Born:** 03/26/68 **Age:** 27

						BATTING													BASERUNNING				PERCENTAGES		
Year Team	Lg	G	AB	H	2B	3B	HR	(Hm	Rd)	TB	R	RBI	TBB	IBB	SO	HBP	SH	SF	SB	CS	SB%	GDP	Avg	OBP	SLG
1989 Los Angeles	NL	7	10	2	0	0	0	(0	0)	2	0	0	0	1	0	1	0	0	0	0	.00	0	.200	.200	.200
1990 Los Angeles	NL	37	51	14	1	1	0	(0	0)	17	3	2	4	1	8	0	0	1	1	1	.50	1	.275	.327	.333
1991 Chicago	NL	93	145	38	5	0	0	(0	0)	43	7	10	5	0	18	0	2	0	2	1	.67	1	.262	.283	.297
1992 Chicago	NL	86	285	64	10	4	1	(0	1)	85	25	17	14	2	35	0	5	1	3	0	1.00	4	.225	.260	.298
1993 Chicago	NL	151	551	158	19	4	4	(1	3)	197	74	54	46	2	71	3	8	9	12	9	.57	9	.287	.340	.358
1994 New York	NL	103	410	105	13	3	3	(1	2)	133	47	33	33	3	62	2	5	6	1	11	.08	5	.256	.310	.324
6 ML YEARS		477	1452	381	48	12	8	(2	6)	477	158	116	102	8	195	5	21	18	19	22	.46	20	.262	.309	.329

Omar Vizquel

Bats: Both **Throws:** Right **Pos:** SS   **Ht:** 5' 9" **Wt:** 165 **Born:** 04/24/67 **Age:** 28

						BATTING													BASERUNNING				PERCENTAGES		
Year Team	Lg	G	AB	H	2B	3B	HR	(Hm	Rd)	TB	R	RBI	TBB	IBB	SO	HBP	SH	SF	SB	CS	SB%	GDP	Avg	OBP	SLG
1994 Charlotte *	AAA	7	26	7	1	0	0	--	--	8	3	1	2	1	1	0	0	0	1	0	1.00	0	.269	.321	.308
1989 Seattle	AL	143	387	85	7	3	1	(1	0)	101	45	20	28	0	40	1	13	2	1	4	.20	6	.220	.273	.261
1990 Seattle	AL	81	255	63	3	2	2	(0	2)	76	19	18	18	0	22	0	10	2	4	1	.80	7	.247	.295	.298
1991 Seattle	AL	142	426	98	16	4	1	(1	0)	125	42	41	45	0	37	0	8	3	7	2	.78	8	.230	.302	.293
1992 Seattle	AL	136	483	142	20	4	0	(0	0)	170	49	21	32	0	38	2	9	1	15	13	.54	14	.294	.340	.352
1993 Seattle	AL	158	560	143	14	2	2	(1	1)	167	68	31	50	2	71	4	13	3	12	14	.46	12	.255	.319	.298
1994 Cleveland	AL	69	286	78	10	1	1	(0	1)	93	39	33	23	0	23	0	11	2	13	4	.76	4	.273	.325	.325
6 ML YEARS		729	2397	609	70	16	7	(3	4)	732	262	164	196	2	231	7	64	13	52	38	.58	46	.254	.311	.305

Jack Voigt

Bats: Right **Throws:** Right **Pos:** RF/LF   **Ht:** 6' 1" **Wt:** 175 **Born:** 05/17/66 **Age:** 29

						BATTING													BASERUNNING				PERCENTAGES		
Year Team	Lg	G	AB	H	2B	3B	HR	(Hm	Rd)	TB	R	RBI	TBB	IBB	SO	HBP	SH	SF	SB	CS	SB%	GDP	Avg	OBP	SLG
1994 Bowie *	AA	41	154	48	9	1	6	--	--	77	26	35	26	1	26	2	0	2	5	5	.50	2	.312	.413	.500
1992 Baltimore	AL	1	0	0	0	0	0	(0	0)	0	0	0	0	0	0	0	0	0	0	0	.00	0	.000	.000	.000
1993 Baltimore	AL	64	152	45	11	1	6	(5	1)	76	32	23	25	0	33	0	0	0	1	0	1.00	3	.296	.395	.500
1994 Baltimore	AL	59	141	34	5	0	3	(1	2)	48	15	20	18	1	25	1	1	2	0	0	.00	0	.241	.327	.340
3 ML YEARS		124	293	79	16	1	9	(6	3)	124	47	43	43	1	58	1	1	2	1	0	1.00	3	.270	.363	.423

Ed Vosberg

Pitches: Left **Bats:** Left **Pos:** RP   **Ht:** 6' 1" **Wt:** 190 **Born:** 09/28/61 **Age:** 33

		HOW MUCH HE PITCHED						WHAT HE GAVE UP									THE RESULTS					
Year Team	Lg	G	GS	CG	GF	IP	BFP	H	R	ER	HR	SH	SF	HB	TBB	IBB	SO	WP	Bk	W	L	Pct.	ShO	Sv	ERA
1994 Tacoma *	AAA	26	1	0	9	53.2	205	39	21	20	4	1	2	1	19	0	54	4	3	4	2	.667	0	3	3.35
1986 San Diego	NL	5	3	0	0	13.2	65	17	11	10	1	0	0	0	9	1	8	0	1	0	1	.000	0	0	6.59
1990 San Francisco	NL	18	0	0	5	24.1	104	21	16	15	3	2	0	0	12	2	12	0	0	1	1	.500	0	0	5.55
1994 Oakland	AL	16	0	0	2	13.2	56	16	7	6	2	1	0	0	5	0	12	1	1	0	2	.000	0	0	3.95
3 ML YEARS		39	3	0	7	51.2	225	54	34	31	6	3	0	0	26	3	32	1	2	1	4	.200	0	0	5.40

Paul Wagner

Pitches: Right **Bats:** Right **Pos:** SP/RP   **Ht:** 6' 1" **Wt:** 202 **Born:** 11/14/67 **Age:** 27

		HOW MUCH HE PITCHED						WHAT HE GAVE UP									THE RESULTS					
Year Team	Lg	G	GS	CG	GF	IP	BFP	H	R	ER	HR	SH	SF	HB	TBB	IBB	SO	WP	Bk	W	L	Pct.	ShO	Sv	ERA
1992 Pittsburgh	NL	6	1	0	1	13	52	9	1	1	0	0	0	0	5	0	5	1	0	2	0	1.000	0	0	0.69
1993 Pittsburgh	NL	44	17	1	9	141.1	599	143	72	67	15	6	7	1	42	2	114	12	0	8	8	.500	1	2	4.27
1994 Pittsburgh	NL	29	17	1	4	119.2	534	136	69	61	7	8	4	8	50	4	86	4	0	7	8	.467	0	0	4.59
3 ML YEARS		79	35	2	14	274	1185	288	142	129	22	14	11	9	97	6	205	17	0	17	16	.515	1	2	4.24

Matt Walbeck

Bats: Both **Throws:** Right **Pos:** C   **Ht:** 5'11" **Wt:** 195 **Born:** 10/02/69 **Age:** 25

						BATTING													BASERUNNING				PERCENTAGES		
Year Team	Lg	G	AB	H	2B	3B	HR	(Hm	Rd)	TB	R	RBI	TBB	IBB	SO	HBP	SH	SF	SB	CS	SB%	GDP	Avg	OBP	SLG
1987 Wytheville	R	51	169	53	9	3	1	--	--	71	24	28	22	0	39	0	0	3	0	1	.00	4	.314	.387	.420
1988 Chston-Wv	A	104	312	68	9	0	2	--	--	83	28	24	30	1	44	3	6	1	7	5	.58	8	.218	.292	.266
1989 Peoria	A	94	341	86	19	0	4	--	--	117	38	47	20	1	47	3	1	3	5	2	.71	7	.252	.297	.343

			G	AB	H	2B	3B	HR	(Hm	Rd)	TB	R	RBI	TBB	IBB	SO	HBP	SH	SF	SB	CS	SB%	GDP	Avg	OBP	SLG
1990	Peoria	A	25	66	15	1	0	0	--	--	16	2	5	5	0	7	2	2	0	1	0	1.00	1	.227	.301	.242
1991	Winston-Sal	A	91	259	70	11	0	3	--	--	90	25	41	20	3	23	2	3	10	3	2	.60	7	.270	.316	.347
1992	Charlotte	AA	105	385	116	22	1	7	--	--	161	48	42	33	3	56	2	3	2	0	7	.00	6	.301	.358	.418
1993	Iowa	AAA	87	331	93	18	2	6	--	--	133	31	43	18	4	47	2	2	2	1	2	.33	6	.281	.320	.402
1993	Chicago	NL	11	30	6	2	0	1	(1	0)	11	2	6	1	0	6	0	0	0	0	0	.00	0	.200	.226	.367
1994	Minnesota	AL	97	338	69	12	0	5	(0	5)	96	31	35	17	1	37	2	1	1	1	1	.50	7	.204	.246	.284
	2 ML YEARS		108	368	75	14	0	6	(1	5)	107	33	41	18	1	43	2	1	1	1	1	.50	7	.204	.244	.291

Larry Walker

Bats: Left **Throws:** Right **Pos:** RF/1B **Ht:** 6' 3" **Wt:** 215 **Born:** 12/01/66 **Age:** 28

									BATTING											BASERUNNING				PERCENTAGES		
Year	Team	Lg	G	AB	H	2B	3B	HR	(Hm	Rd)	TB	R	RBI	TBB	IBB	SO	HBP	SH	SF	SB	CS	SB%	GDP	Avg	OBP	SLG
1989	Montreal	NL	20	47	8	0	0	0	(0	0)	8	4	4	5	0	13	1	3	0	1	1	.50	0	.170	.264	.170
1990	Montreal	NL	133	419	101	18	3	19	(9	10)	182	59	51	49	5	112	5	3	2	21	7	.75	8	.241	.326	.434
1991	Montreal	NL	137	487	141	30	2	16	(5	11)	223	59	64	42	2	102	5	1	4	14	9	.61	7	.290	.349	.458
1992	Montreal	NL	143	528	159	31	4	23	(13	10)	267	85	93	41	10	97	6	0	8	18	6	.75	9	.301	.353	.506
1993	Montreal	NL	138	490	130	24	5	22	(13	9)	230	85	86	80	20	76	6	0	6	29	7	.81	8	.265	.371	.469
1994	Montreal	NL	103	395	127	44	2	19	(7	12)	232	76	86	47	5	74	4	0	6	15	5	.75	8	.322	.394	.587
	6 ML YEARS		674	2366	666	147	16	99	(47	52)	1142	368	384	264	42	474	27	7	26	98	35	.74	40	.281	.357	.483

Tim Wallach

Bats: Right **Throws:** Right **Pos:** 3B **Ht:** 6' 3" **Wt:** 205 **Born:** 09/14/57 **Age:** 37

									BATTING											BASERUNNING				PERCENTAGES		
Year	Team	Lg	G	AB	H	2B	3B	HR	(Hm	Rd)	TB	R	RBI	TBB	IBB	SO	HBP	SH	SF	SB	CS	SB%	GDP	Avg	OBP	SLG
1980	Montreal	NL	5	11	2	0	0	1	(0	1)	5	1	2	1	0	5	0	0	0	0	0	.00	0	.182	.250	.455
1981	Montreal	NL	71	212	50	9	1	4	(1	3)	73	19	13	15	2	37	4	0	0	0	1	.00	3	.236	.299	.344
1982	Montreal	NL	158	596	160	31	3	28	(11	17)	281	89	97	36	4	81	4	5	4	6	4	.60	15	.268	.313	.471
1983	Montreal	NL	156	581	156	33	3	19	(9	10)	252	54	70	55	8	97	6	0	5	0	3	.00	9	.269	.335	.434
1984	Montreal	NL	160	582	143	25	4	18	(4	14)	230	55	72	50	6	101	7	0	4	3	7	.30	12	.246	.311	.395
1985	Montreal	NL	155	569	148	36	3	22	(9	13)	256	70	81	38	8	79	5	0	5	9	9	.50	17	.260	.310	.450
1986	Montreal	NL	134	480	112	22	1	18	(6	12)	190	50	71	44	8	72	10	0	5	8	4	.67	16	.233	.308	.396
1987	Montreal	NL	153	593	177	42	4	26	(13	13)	305	89	123	37	5	98	7	0	7	9	5	.64	6	.298	.343	.514
1988	Montreal	NL	159	592	152	32	5	12	(3	9)	230	52	69	38	7	88	3	0	7	2	6	.25	19	.257	.302	.389
1989	Montreal	NL	154	573	159	42	0	13	(6	7)	240	76	77	58	10	81	1	0	7	3	7	.30	21	.277	.341	.419
1990	Montreal	NL	161	626	185	37	5	21	(9	12)	295	69	98	42	11	80	3	0	7	6	9	.40	12	.296	.339	.471
1991	Montreal	NL	151	577	130	22	1	13	(5	8)	193	60	73	50	8	100	6	0	4	2	4	.33	12	.225	.292	.334
1992	Montreal	NL	150	537	120	29	1	9	(5	4)	178	53	59	50	2	90	8	0	7	2	2	.50	10	.223	.296	.331
1993	Los Angeles	NL	133	477	106	19	1	12	(4	8)	163	42	62	32	2	70	3	1	9	0	2	.00	10	.222	.271	.342
1994	Los Angeles	NL	113	414	116	21	1	23	(7	16)	208	68	78	46	2	80	4	0	2	0	2	.00	12	.280	.356	.502
	15 ML YEARS		2013	7420	1916	400	33	239	(92	147)	3099	847	1045	592	83	1159	71	6	73	50	65	.43	174	.258	.316	.418

Bruce Walton

Pitches: Right **Bats:** Right **Pos:** RP **Ht:** 6' 2" **Wt:** 195 **Born:** 12/25/62 **Age:** 32

			HOW MUCH HE PITCHED						WHAT HE GAVE UP											THE RESULTS				
Year	Team	Lg	G	GS	CG	GF	IP	BFP	H	R	ER	HR	SH	SF	HB	TBB	IBB	SO	WP	Bk	W	L	Pct.	ShO	Sv	ERA
1985	Pocatello	R	18	9	2	6	76.2	0	89	46	35	2	0	0	1	27	3	69	2	0	3	7	.300	0	3	4.11
1986	Modesto	A	27	27	4	0	176	778	204	96	80	16	10	5	9	41	1	107	7	1	13	7	.650	0	0	4.09
	Madison	A	1	1	0	0	5	21	5	3	3	0	0	0	0	1	0	1	0	0	0	0	.000	0	0	5.40
1987	Modesto	A	16	16	3	0	106.1	437	97	44	34	6	1	3	4	27	0	84	2	0	8	6	.571	1	0	2.88
	Huntsville	AA	18	2	0	6	58	248	61	24	20	4	2	3	1	13	1	40	4	2	2	2	.500	0	2	3.10
1988	Huntsville	AA	42	3	0	17	116.1	502	126	64	59	10	5	3	5	23	7	82	2	6	4	5	.444	0	3	4.56
1989	Tacoma	AAA	32	14	1	7	107.2	461	118	59	45	7	4	4	1	27	1	76	3	2	8	6	.571	1	0	3.76
1990	Tacoma	AAA	46	5	0	21	98.1	403	103	42	34	12	4	7	2	23	5	67	1	5	5	5	.500	0	7	3.11
1991	Tacoma	AAA	38	0	0	38	46.2	184	39	11	7	0	2	0	0	5	1	49	2	0	1	1	.500	0	20	1.35
1992	Tacoma	AAA	35	7	2	22	81.1	333	76	29	25	6	1	2	3	21	4	60	1	0	8	2	.800	1	8	2.77
1993	Ottawa	AAA	40	0	0	38	42.2	167	32	12	5	2	2	1	0	8	2	40	0	0	4	4	.500	0	16	1.05
	Tucson	AAA	13	0	0	12	15	59	12	4	3	0	0	1	0	3	1	14	1	0	2	0	1.000	0	7	1.80
1994	Colo. Sprng	AAA	51	0	0	33	57.2	259	74	34	31	5	1	2	0	16	2	39	2	0	3	4	.429	0	13	4.84
1991	Oakland	AL	12	0	0	5	13	56	11	9	9	3	0	1	1	6	0	10	3	0	1	0	1.000	0	0	6.23
1992	Oakland	AL	7	0	0	2	10	49	17	11	11	1	0	1	0	3	0	7	0	1	0	0	.000	0	0	9.90
1993	Montreal	NL	4	0	0	3	5.2	32	11	6	6	1	2	0	0	3	0	0	0	0	0	0	.000	0	0	9.53
1994	Colorado	NL	4	0	0	2	5.1	26	6	5	5	1	0	0	0	3	1	1	0	0	1	0	1.000	0	0	8.44
	4 ML YEARS		27	0	0	12	34	163	45	31	31	6	2	2	1	15	1	18	3	1	2	0	1.000	0	0	8.21

Jerome Walton

Bats: Right Throws: Right Pos: LF Ht: 6' 1" Wt: 185 Born: 07/08/65 Age: 29

Year	Team	Lg	G	AB	H	2B	3B	HR	(Hm	Rd)	TB	R	RBI	TBB	IBB	SO	HBP	SH	SF	SB	CS	SB%	GDP	Avg	OBP	SLG
1989	Chicago	NL	116	475	139	23	3	5	(3	2)	183	64	46	27	1	77	6	2	5	24	7	.77	6	.293	.335	.385
1990	Chicago	NL	101	392	103	16	2	2	(2	0)	129	63	21	50	1	70	4	1	2	14	7	.67	4	.263	.350	.329
1991	Chicago	NL	123	270	59	13	1	5	(3	2)	89	42	17	19	0	55	3	3	3	7	3	.70	7	.219	.275	.330
1992	Chicago	NL	30	55	7	0	1	0	(0	0)	9	7	1	9	0	13	2	3	0	1	2	.33	1	.127	.273	.164
1993	California	AL	5	2	0	0	0	0	(0	0)	0	2	0	1	0	2	0	0	0	1	0	1.00	0	.000	.333	.000
1994	Cincinnati	NL	46	68	21	4	0	1	(1	0)	28	10	9	4	0	12	0	1	0	1	3	.25	2	.309	.347	.412
	6 ML YEARS		421	1262	329	56	7	13	(9	4)	438	188	94	110	2	229	15	10	10	48	22	.69	20	.261	.325	.347

Duane Ward

Pitches: Right Bats: Right Pos: RP Ht: 6' 4" Wt: 225 Born: 05/28/64 Age: 31

Year	Team	Lg	G	GS	CG	GF	IP	BFP	H	R	ER	HR	SH	SF	HB	TBB	IBB	SO	WP	Bk	W	L	Pct.	ShO	Sv	ERA
1994	Dunedin*	A	3	1	0	0	4.0	16	4	2	2	0	0	0	0	0	0	4	0	0	0	0	.000	0	0	4.50
1986	2 ML Teams		12	1	0	7	18	88	25	17	16	2	2	0	1	12	0	9	1	1	0	2	.000	0	0	8.00
1987	Toronto	AL	12	1	0	4	11.2	57	14	9	9	0	1	1	0	12	2	10	0	0	1	0	1.000	0	0	6.94
1988	Toronto	AL	64	0	0	32	111.2	487	101	46	41	5	4	5	5	60	8	91	10	3	9	3	.750	0	15	3.30
1989	Toronto	AL	66	0	0	39	114.2	494	94	55	48	4	12	1	5	58	11	122	13	0	4	10	.286	0	15	3.77
1990	Toronto	AL	73	0	0	39	127.2	508	101	51	49	9	6	2	1	42	10	112	5	0	2	8	.200	0	11	3.45
1991	Toronto	AL	81	0	0	46	107.1	428	80	36	33	3	3	4	2	33	3	132	6	0	7	6	.538	0	23	2.77
1992	Toronto	AL	79	0	0	35	101.1	414	76	27	22	5	3	4	1	39	3	103	7	0	7	4	.636	0	12	1.95
1993	Toronto	AL	71	0	0	70	71.2	282	49	17	17	4	0	2	1	25	2	97	7	0	2	3	.400	0	45	2.13
1986	Atlanta	NL	10	0	0	6	16	73	22	13	13	2	2	0	0	8	0	8	0	1	0	1	.000	0	0	7.31
	Toronto	AL	2	1	0	1	2	15	3	4	3	0	0	0	1	4	0	1	1	0	0	1	.000	0	0	13.50
	8 ML YEARS		458	2	0	272	664	2758	540	258	235	32	31	29	16	281	39	676	49	4	32	36	.471	0	121	3.19

Turner Ward

Bats: Both Throws: Right Pos: CF/LF/RF Ht: 6' 2" Wt: 182 Born: 04/11/65 Age: 30

Year	Team	Lg	G	AB	H	2B	3B	HR	(Hm	Rd)	TB	R	RBI	TBB	IBB	SO	HBP	SH	SF	SB	CS	SB%	GDP	Avg	OBP	SLG
1990	Cleveland	AL	14	46	16	2	1	1	(0	1)	23	10	10	3	0	8	0	0	0	3	0	1.00	1	.348	.388	.500
1991	2 ML Teams		48	113	27	7	0	0	(0	0)	34	12	7	11	0	18	0	4	0	0	1	.00	2	.239	.306	.301
1992	Toronto	AL	18	29	10	3	0	1	(0	1)	16	7	3	4	0	4	0	0	0	0	1	.00	1	.345	.424	.552
1993	Toronto	AL	72	167	32	4	2	4	(0	4)	52	20	28	23	2	26	1	3	4	3	3	.50	7	.192	.287	.311
1994	Milwaukee	AL	102	367	85	15	2	9	(3	6)	131	55	45	52	4	68	3	0	5	6	2	.75	9	.232	.328	.357
1991	Cleveland	AL	40	100	23	7	0	0	(0	0)	30	11	5	10	0	16	0	4	0	0	0	.00	1	.230	.300	.300
	Toronto	AL	8	13	4	0	0	0	(0	0)	4	1	2	1	0	2	0	0	0	0	1	.00	1	.308	.357	.308
	5 ML YEARS		254	722	170	31	5	15	(5	10)	256	104	93	93	6	124	4	7	9	12	6	.67	20	.235	.322	.355

Allen Watson

Pitches: Left Bats: Left Pos: SP Ht: 6' 3" Wt: 190 Born: 11/18/70 Age: 24

Year	Team	Lg	G	GS	CG	GF	IP	BFP	H	R	ER	HR	SH	SF	HB	TBB	IBB	SO	WP	Bk	W	L	Pct.	ShO	Sv	ERA
1991	Hamilton	A	8	8	0	0	39.1	156	22	14	10	1	0	1	0	17	0	46	1	0	1	1	.500	0	0	2.29
	Savannah	A	3	3	0	0	13.2	62	16	7	6	1	0	2	0	8	0	12	1	1	1	1	.500	0	0	3.95
1992	St. Pete	A	14	14	2	0	89.2	374	81	31	19	0	4	1	2	18	2	80	1	0	5	4	.556	0	0	1.91
	Arkansas	AA	14	14	3	0	96.1	376	77	24	23	4	4	0	2	23	1	93	0	3	8	5	.615	1	0	2.15
	Louisville	AAA	2	2	0	0	12.1	53	8	4	2	1	0	0	0	5	0	9	2	0	1	0	1.000	0	0	1.46
1993	Louisville	AAA	17	17	2	0	120.2	483	101	46	39	13	5	0	4	31	0	86	2	3	5	4	.556	0	0	2.91
1993	St. Louis	NL	16	15	0	1	86	373	90	53	44	11	6	4	3	28	2	49	2	1	6	7	.462	0	0	4.60
1994	St. Louis	NL	22	22	0	0	115.2	523	130	73	71	15	7	0	8	53	0	74	2	2	6	5	.545	0	0	5.52
	2 ML YEARS		38	37	0	1	201.2	896	220	126	115	26	13	4	11	81	2	123	4	3	12	12	.500	0	0	5.13

Gary Wayne

Pitches: Left Bats: Left Pos: RP Ht: 6' 3" Wt: 200 Born: 11/30/62 Age: 32

Year	Team	Lg	G	GS	CG	GF	IP	BFP	H	R	ER	HR	SH	SF	HB	TBB	IBB	SO	WP	Bk	W	L	Pct.	ShO	Sv	ERA
1994	Albuquerque*	AAA	22	5	0	4	49.1	236	74	45	27	6	6	0	1	16	2	38	3	0	5	5	.500	0	0	4.93
1989	Minnesota	AL	60	0	0	20	71	302	55	28	26	4	4	2	1	36	4	41	7	0	3	4	.429	0	1	3.30
1990	Minnesota	AL	38	0	0	12	38.2	166	38	19	18	5	1	2	1	13	0	28	4	0	1	1	.500	0	1	4.19
1991	Minnesota	AL	8	0	0	2	12.1	52	11	7	7	1	1	1	0	4	0	7	0	0	1	0	1.000	0	0	5.11
1992	Minnesota	AL	41	0	0	13	48	210	46	18	14	2	8	3	0	19	5	29	1	1	3	3	.500	0	0	2.63
1993	Colorado	NL	65	0	0	21	62.1	283	68	40	35	8	3	7	1	26	8	49	9	1	5	3	.625	0	1	5.05
1994	Los Angeles	NL	19	0	0	4	17.1	79	19	13	9	2	1	1	3	6	2	10	1	0	1	3	.250	0	0	4.67
	6 ML YEARS		231	0	0	73	249.2	1092	237	125	109	22	18	16	10	104	19	164	22	2	14	14	.500	0	4	3.93

Dave Weathers

Pitches: Right **Bats:** Right **Pos:** SP **Ht:** 6' 3" **Wt:** 205 **Born:** 09/25/69 **Age:** 25

		HOW MUCH HE PITCHED						WHAT HE GAVE UP										THE RESULTS				
Year	Team	Lg	G	GS	CG	GF	IP	BFP	H	R	ER	HR	SH	SF	HB	TBB	IBB	SO	WP	Bk	W	L	Pct.	ShO	Sv	ERA
1991	Toronto	AL	15	0	0	4	14.2	79	15	9	8	1	2	1	2	17	3	13	0	0	1	0	1.000	0	0	4.91
1992	Toronto	AL	2	0	0	0	3.1	15	5	3	3	1	0	0	0	2	0	3	0	0	0	0	.000	0	0	8.10
1993	Florida	NL	14	6	0	2	45.2	202	57	26	26	3	2	0	1	13	1	34	6	0	2	3	.400	0	0	5.12
1994	Florida	NL	24	24	0	0	135	621	166	87	79	13	12	4	4	59	9	72	7	1	8	12	.400	0	0	5.27
	4 ML YEARS		55	30	0	6	198.2	917	243	125	116	18	16	5	7	91	13	122	13	1	11	15	.423	0	0	5.26

Lenny Webster

Bats: Right **Throws:** Right **Pos:** C **Ht:** 5' 9" **Wt:** 195 **Born:** 02/10/65 **Age:** 30

							BATTING													BASERUNNING			PERCENTAGES		
Year	Team	Lg	G	AB	H	2B	3B	HR	(Hm | Rd)	TB	R	RBI	TBB	IBB	SO	HBP	SH	SF	SB	CS	SB%	GDP	Avg	OBP	SLG
1989	Minnesota	AL	14	20	6	2	0	0	(0 | 0)	8	3	1	3	0	2	0	0	0	0	0	.00	0	.300	.391	.400
1990	Minnesota	AL	2	6	2	1	0	0	(0 | 0)	3	1	0	1	0	1	0	0	0	0	0	.00	0	.333	.429	.500
1991	Minnesota	AL	18	34	10	1	0	3	(1 | 2)	20	7	8	6	0	10	0	0	1	0	0	.00	2	.294	.390	.588
1992	Minnesota	AL	53	118	33	10	1	1	(1 | 0)	48	10	13	9	0	11	0	2	0	0	2	.00	3	.280	.331	.407
1993	Minnesota	AL	49	106	21	2	0	1	(1 | 0)	26	14	8	11	1	8	0	0	0	1	0	1.00	1	.198	.274	.245
1994	Montreal	NL	57	143	39	10	0	5	(2 | 3)	64	13	23	16	1	24	6	1	0	0	0	.00	7	.273	.370	.448
	6 ML YEARS		193	427	111	26	1	10	(5 | 5)	169	48	53	46	2	56	6	3	1	1	2	.33	13	.260	.340	.396

Mitch Webster

Bats: Both **Throws:** Left **Pos:** LF **Ht:** 6' 1" **Wt:** 191 **Born:** 05/16/59 **Age:** 36

							BATTING													BASERUNNING			PERCENTAGES		
Year	Team	Lg	G	AB	H	2B	3B	HR	(Hm | Rd)	TB	R	RBI	TBB	IBB	SO	HBP	SH	SF	SB	CS	SB%	GDP	Avg	OBP	SLG
1983	Toronto	AL	11	11	2	0	0	0	(0 | 0)	2	2	0	1	0	1	0	0	0	0	0	.00	0	.182	.250	.182
1984	Toronto	AL	26	22	5	2	1	0	(0 | 0)	9	9	4	1	0	7	0	0	0	0	0	.00	1	.227	.261	.409
1985	2 ML Teams		78	213	58	8	2	11	(3 | 8)	103	32	30	20	3	33	0	1	1	15	10	.60	3	.272	.333	.484
1986	Montreal	NL	151	576	167	31	13	8	(2 | 6)	248	89	49	57	4	78	4	3	5	36	15	.71	9	.290	.355	.431
1987	Montreal	NL	156	588	165	30	8	15	(9 | 6)	256	101	63	70	5	95	6	8	4	33	10	.77	6	.281	.361	.435
1988	2 ML Teams		151	523	136	16	8	6	(3 | 3)	186	69	39	55	2	87	8	5	4	22	14	.61	5	.260	.337	.356
1989	Chicago	NL	98	272	70	12	4	3	(1 | 2)	99	40	19	30	5	55	1	3	2	14	2	.88	3	.257	.331	.364
1990	Cleveland	AL	128	437	110	20	6	12	(6 | 6)	178	58	55	20	1	61	3	11	6	22	6	.79	5	.252	.285	.407
1991	3 ML Teams		107	203	42	8	5	2	(2 | 0)	66	23	19	21	1	61	0	2	0	2	3	.40	3	.207	.281	.325
1992	Los Angeles	NL	135	262	70	12	5	6	(1 | 5)	110	33	35	27	3	49	2	8	5	11	5	.69	1	.267	.334	.420
1993	Los Angeles	NL	88	172	42	6	2	2	(1 | 1)	58	26	14	11	2	24	2	4	3	4	6	.40	3	.244	.293	.337
1994	Los Angeles	NL	82	84	23	4	0	4	(1 | 3)	39	16	12	8	1	13	1	0	0	1	2	.33	2	.274	.344	.464
1985	Toronto	AL	4	1	0	0	0	0	(0 | 0)	0	0	0	0	0	0	0	0	0	0	1	.00	0	.000	.000	.000
	Montreal	NL	74	212	58	8	2	11	(3 | 8)	103	32	30	20	3	33	0	1	1	15	9	.63	3	.274	.335	.486
1988	Montreal	NL	81	259	66	5	2	2	(0 | 2)	81	33	13	36	2	37	5	4	2	12	10	.55	5	.255	.354	.313
	Chicago	NL	70	264	70	11	6	4	(3 | 1)	105	36	26	19	0	50	3	1	2	10	4	.71	2	.265	.319	.398
1991	Cleveland	AL	13	32	4	0	0	0	(0 | 0)	4	2	0	3	0	9	0	1	0	2	2	.50	0	.125	.200	.125
	Pittsburgh	NL	36	97	17	3	4	1	(1 | 0)	31	9	9	9	1	31	0	0	0	0	0	.00	0	.175	.245	.320
	Los Angeles	NL	58	74	21	5	1	1	(1 | 0)	31	12	10	9	0	21	0	1	0	0	1	.00	0	.284	.361	.419
	12 ML YEARS		1211	3363	890	149	54	69	(29 | 40)	1354	498	339	321	27	564	27	45	30	160	73	.69	41	.265	.331	.403

Eric Wedge

Bats: Right **Throws:** Right **Pos:** DH **Ht:** 6' 3" **Wt:** 215 **Born:** 01/27/68 **Age:** 27

							BATTING													BASERUNNING			PERCENTAGES		
Year	Team	Lg	G	AB	H	2B	3B	HR	(Hm | Rd)	TB	R	RBI	TBB	IBB	SO	HBP	SH	SF	SB	CS	SB%	GDP	Avg	OBP	SLG
1989	Elmira	A	41	145	34	6	2	7	--	--	65	20	22	15	0	21	0	0	1	1	1	.50	3	.234	.306	.448
	New Britain	AA	14	40	8	2	0	0	--	--	10	3	2	5	0	10	0	2	0	0	0	.00	1	.200	.289	.250
1990	New Britain	AA	103	339	77	13	1	5	--	--	107	36	48	51	2	54	1	0	5	1	3	.25	14	.227	.326	.316
1991	New Britain	AA	2	8	2	0	0	0	--	--	2	0	2	0	0	2	0	0	1	0	0	.00	0	.250	.222	.250
	Winter Havn	A	8	21	5	0	0	1	--	--	8	2	1	3	0	7	0	0	1	0	1	1.00	0	.238	.333	.381
	Pawtucket	AAA	53	163	38	14	1	5	--	--	69	24	18	25	0	26	1	2	5	1	2	.33	3	.233	.330	.423
1992	Pawtucket	AAA	65	211	63	9	0	11	--	--	105	28	40	32	3	40	1	0	3	0	0	.00	6	.299	.389	.498
1993	Central Val	A	6	23	7	0	0	3	--	--	16	6	11	2	1	6	0	0	0	0	0	.00	1	.304	.360	.696
	Colo Spmgs	AAA	38	90	24	6	0	3	--	--	39	17	13	16	1	22	0	0	0	0	0	.00	4	.267	.389	.433
1994	Pawtucket	AAA	77	255	73	14	0	19	--	--	144	44	59	51	5	48	2	0	2	0	1	.00	6	.286	.406	.565
1991	Boston	AL	1	1	1	0	0	0	(0 | 0)	1	0	0	0	0	0	0	0	0	0	0	.00	0	1.000	1.000	1.000
1992	Boston	AL	27	68	17	2	0	5	(3 | 2)	34	11	11	13	0	18	0	0	0	0	0	.00	0	.250	.370	.500
1993	Colorado	NL	9	11	2	0	0	0	(0 | 0)	2	2	1	0	0	4	0	0	0	0	0	.00	0	.182	.182	.182
1994	Boston	AL	2	6	0	0	0	0	(0 | 0)	0	0	1	1	0	3	0	0	0	0	0	.00	0	.000	.143	.000
	4 ML YEARS		39	86	20	2	0	5	(3 | 2)	37	13	12	14	0	25	0	0	0	0	0	.00	0	.233	.340	.430

Bill Wegman

Pitches: Right **Bats:** Right **Pos:** SP **Ht:** 6' 5" **Wt:** 220 **Born:** 12/19/62 **Age:** 32

			HOW MUCH HE PITCHED					WHAT HE GAVE UP									THE RESULTS					
Year	Team	Lg	G	GS	CG	GF	IP	BFP	H	R	ER	HR	SH	SF	HB	TBB	IBB	SO	WP	Bk	W	L	Pct.	ShO	Sv	ERA
1985	Milwaukee	AL	3	3	0	0	17.2	73	17	8	7	3	0	1	0	3	0	6	0	1	2	0	1.000	0	0	3.57
1986	Milwaukee	AL	35	32	2	1	198.1	836	217	120	113	32	4	5	7	43	2	82	5	2	5	12	.294	0	0	5.13
1987	Milwaukee	AL	34	33	7	0	225	934	229	113	106	31	4	6	6	53	2	102	0	2	12	11	.522	0	0	4.24
1988	Milwaukee	AL	32	31	4	0	199	847	207	104	91	24	3	10	4	50	5	84	1	1	13	13	.500	1	0	4.12
1989	Milwaukee	AL	11	8	0	1	51	240	69	44	38	6	0	4	0	21	2	27	2	0	2	6	.250	0	0	6.71
1990	Milwaukee	AL	8	5	1	0	29.2	132	37	21	16	6	1	1	0	6	1	20	0	0	2	2	.500	1	0	4.85
1991	Milwaukee	AL	28	28	7	0	193.1	785	176	76	61	16	6	4	7	40	0	89	6	0	15	7	.682	2	0	2.84
1992	Milwaukee	AL	35	35	7	0	261.2	1079	251	104	93	28	7	4	9	55	3	127	1	2	13	14	.481	0	0	3.20
1993	Milwaukee	AL	20	18	5	0	120.2	514	135	70	60	13	3	11	2	34	5	50	0	0	4	14	.222	0	0	4.48
1994	Milwaukee	AL	19	19	0	0	115.2	500	140	64	58	14	4	6	2	26	0	59	3	0	8	4	.667	0	0	4.51
10 ML YEARS			225	212	33	2	1412	5940	1478	724	643	173	32	52	37	331	20	646	18	8	76	83	.478	4	0	4.10

John Wehner

Bats: Right **Throws:** Right **Pos:** 3B **Ht:** 6' 3" **Wt:** 205 **Born:** 06/29/67 **Age:** 28

						BATTING													BASERUNNING				PERCENTAGES		
Year	Team	Lg	G	AB	H	2B	3B	HR	(Hm | Rd)	TB	R	RBI	TBB	IBB	SO	HBP	SH	SF	SB	CS	SB%	GDP	Avg	OBP	SLG
1994	Buffalo *	AAA	88	330	100	19	3	7	--	--	146	52	44	32	8	36	2	4	2	21	7	.75	11	.303	.366	.442
1991	Pittsburgh	NL	37	106	36	7	0	0	(0 | 0)	43	15	7	7	0	17	0	0	0	3	0	1.00	0	.340	.381	.406
1992	Pittsburgh	NL	55	123	22	6	0	0	(0 | 0)	28	11	4	12	2	22	0	0	2	0	0	.00	0	.179	.252	.228
1993	Pittsburgh	NL	29	35	5	0	0	0	(0 | 0)	5	3	0	6	1	10	0	2	0	0	0	.00	0	.143	.268	.143
1994	Pittsburgh	NL	2	4	1	1	0	0	(0 | 0)	2	1	3	0	0	1	0	0	0	0	0	.00	0	.250	.250	.500
4 ML YEARS			123	268	64	14	0	0	(0 | 0)	78	30	14	25	3	50	0	4	0	6	0	1.00	4	.239	.304	.291

Walt Weiss

Bats: Both **Throws:** Right **Pos:** SS **Ht:** 6' 0" **Wt:** 175 **Born:** 11/28/63 **Age:** 31

						BATTING													BASERUNNING				PERCENTAGES		
Year	Team	Lg	G	AB	H	2B	3B	HR	(Hm | Rd)	TB	R	RBI	TBB	IBB	SO	HBP	SH	SF	SB	CS	SB%	GDP	Avg	OBP	SLG
1987	Oakland	AL	16	26	12	4	0	0	(0 | 0)	16	3	1	2	0	2	0	1	0	1	2	.33	0	.462	.500	.615
1988	Oakland	AL	147	452	113	17	3	3	(0 | 3)	145	44	39	35	1	56	9	8	7	4	4	.50	9	.250	.312	.321
1989	Oakland	AL	84	236	55	11	0	3	(2 | 1)	75	30	21	21	0	39	1	5	0	6	1	.86	5	.233	.298	.318
1990	Oakland	AL	138	445	118	17	1	2	(1 | 1)	143	50	35	46	5	53	4	6	4	9	3	.75	7	.265	.337	.321
1991	Oakland	AL	40	133	30	6	1	0	(0 | 0)	38	15	13	12	0	14	0	1	2	6	0	1.00	3	.226	.286	.286
1992	Oakland	AL	103	316	67	5	2	0	(0 | 0)	76	36	21	43	1	39	1	11	4	6	3	.67	10	.212	.305	.241
1993	Florida	NL	158	500	133	14	2	1	(0 | 1)	154	50	39	79	13	73	3	5	4	7	3	.70	5	.266	.367	.308
1994	Colorado	NL	110	423	106	11	4	1	(1 | 0)	128	58	32	56	0	58	0	4	3	12	7	.63	6	.251	.336	.303
8 ML YEARS			796	2531	634	85	13	10	(4 | 6)	775	286	201	294	20	334	18	41	24	51	23	.69	45	.250	.330	.306

Bob Welch

Pitches: Right **Bats:** Right **Pos:** RP/SP **Ht:** 6' 3" **Wt:** 198 **Born:** 11/03/56 **Age:** 38

				HOW MUCH HE PITCHED					WHAT HE GAVE UP									THE RESULTS					
Year	Team	Lg	G	GS	CG	GF	IP	BFP	H	R	ER	HR	SH	SF	HB	TBB	IBB	SO	WP	Bk	W	L	Pct.	ShO	Sv	ERA
1978	Los Angeles	NL	23	13	4	6	111	439	92	26	25	6	4	6	1	26	2	66	2	2	7	4	.636	3	3	2.03
1979	Los Angeles	NL	25	12	1	10	81	349	82	42	36	7	4	1	0	32	4	64	0	0	5	6	.455	0	5	4.00
1980	Los Angeles	NL	32	32	3	0	214	889	190	85	78	15	12	10	3	79	6	141	7	5	14	9	.609	2	0	3.28
1981	Los Angeles	NL	23	23	2	0	141	601	141	56	54	11	9	4	3	41	0	88	2	0	9	5	.643	1	0	3.45
1982	Los Angeles	NL	36	36	9	0	235.2	965	199	94	88	19	7	4	5	81	5	176	5	1	16	11	.593	3	0	3.36
1983	Los Angeles	NL	31	31	4	0	204	828	164	73	60	13	8	7	3	72	4	156	4	6	15	12	.556	3	0	2.65
1984	Los Angeles	NL	31	29	3	0	178.2	771	191	86	75	11	10	2	2	58	7	126	4	2	13	13	.500	1	0	3.78
1985	Los Angeles	NL	23	23	8	0	167.1	675	141	49	43	16	6	2	6	35	2	96	7	4	14	4	.778	3	0	2.31
1986	Los Angeles	NL	33	33	7	0	235.2	981	227	95	86	14	7	8	7	55	6	183	2	1	7	13	.350	3	0	3.28
1987	Los Angeles	NL	35	35	6	0	251.2	1027	204	94	90	21	10	6	4	86	6	196	4	4	15	9	.625	4	0	3.22
1988	Oakland	AL	36	36	4	0	244.2	1034	237	107	99	22	12	8	10	81	1	158	3	13	17	9	.654	2	0	3.64
1989	Oakland	AL	33	33	1	0	209.2	884	191	82	70	13	3	4	6	78	3	137	5	0	17	8	.680	0	0	3.00
1990	Oakland	AL	35	35	2	0	238	979	214	90	78	26	6	5	5	77	4	127	2	2	27	6	.818	2	0	2.95
1991	Oakland	AL	35	35	7	0	220	950	220	124	112	25	6	6	11	91	3	101	3	2	12	13	.480	1	0	4.58
1992	Oakland	AL	20	20	0	0	123.2	513	114	47	45	13	3	3	2	43	0	47	1	0	11	7	.611	0	0	3.27
1993	Oakland	AL	30	28	0	0	166.2	746	208	102	98	25	10	3	7	56	5	63	1	0	9	11	.450	0	0	5.29
1994	Oakland	AL	25	8	0	4	68.2	325	79	56	54	10	5	4	1	43	2	44	3	3	3	6	.333	0	0	7.08
17 ML YEARS			506	462	61	20	3091.1	12956	2894	1310	1191	267	122	83	79	1034	60	1969	55	45	211	146	.591	28	8	3.47

Bob Wells

Pitches: Right **Bats:** Right **Pos:** RP **Ht:** 6' 0" **Wt:** 180 **Born:** 11/01/66 **Age:** 28

Year	Team	Lg	G	GS	CG	GF	IP	BFP	H	R	ER	HR	SH	SF	HB	TBB	IBB	SO	WP	Bk	W	L	Pct.	ShO	Sv	ERA
1989	Martinsvlle	R	4	0	0	2	6	27	8	5	3	1	0	0	0	2	0	3	1	1	0	0	.000	0	0	4.50
1990	Spartanburg	A	20	19	2	0	113	476	94	47	36	6	2	1	5	40	0	73	4	0	5	8	.385	0	0	2.87
	Clearwater	A	6	1	0	2	14.2	64	17	9	8	0	0	0	1	6	1	11	0	0	0	2	.000	0	1	4.91
1991	Clearwater	A	24	9	1	3	75.1	297	63	27	26	5	5	1	4	19	4	66	6	4	7	2	.778	0	0	3.11
	Reading	AA	1	1	0	0	5	20	4	2	2	1	0	0	0	1	0	3	0	0	1	0	1.000	0	0	3.60
1992	Clearwater	A	9	0	0	8	9.1	40	10	4	4	0	0	0	0	3	2	9	3	0	1	0	1.000	0	5	3.86
	Reading	AA	3	3	0	0	15.1	60	12	2	2	0	1	0	0	5	0	11	0	0	0	1	.000	0	0	1.17
1993	Clearwater	A	12	1	0	7	27.2	109	23	5	3	0	1	0	2	6	1	24	0	0	1	0	1.000	0	2	0.98
	Scranton/wb	AAA	11	0	0	3	19.1	80	19	7	6	1	0	0	1	5	0	8	0	0	1	1	.500	0	0	2.79
1994	Reading	AA	14	0	0	12	19.1	82	18	6	6	3	0	0	4	3	1	19	0	0	1	3	.250	0	4	2.79
	Scranton-Wb	AAA	11	0	0	4	14.2	70	18	6	4	1	0	2	2	6	1	13	1	0	0	2	.000	0	0	2.45
	Calgary	AAA	6	6	0	0	31.2	149	43	27	23	9	1	3	5	9	0	17	2	0	3	2	.600	0	0	6.54
1994	2 ML Teams		7	0	0	2	9	38	8	2	2	0	0	0	1	4	0	6	0	0	2	0	1.000	0	0	2.00
1994	Philadelphia	NL	6	0	0	2	5	21	4	1	1	0	0	0	1	3	0	3	0	0	1	0	1.000	0	0	1.80
	Seattle	AL	1	0	0	0	4	17	4	1	1	0	0	0	0	1	0	3	0	0	1	0	1.000	0	0	2.25

David Wells

Pitches: Left **Bats:** Left **Pos:** SP **Ht:** 6' 4" **Wt:** 225 **Born:** 05/20/63 **Age:** 32

Year	Team	Lg	G	GS	CG	GF	IP	BFP	H	R	ER	HR	SH	SF	HB	TBB	IBB	SO	WP	Bk	W	L	Pct.	ShO	Sv	ERA
1994	Lakeland*	A	2	2	0	0	6	23	5	1	0	0	0	0	0	0	0	3	1	0	0	0	.000	0	0	0.00
1987	Toronto	AL	18	2	0	6	29.1	132	37	14	13	0	1	0	0	12	0	32	4	0	4	3	.571	0	1	3.99
1988	Toronto	AL	41	0	0	15	64.1	279	65	36	33	12	2	2	2	31	9	56	6	2	3	5	.375	0	4	4.62
1989	Toronto	AL	54	0	0	19	86.1	352	66	25	23	5	3	2	0	28	0	78	6	3	7	4	.636	0	2	2.40
1990	Toronto	AL	43	25	0	8	189	759	165	72	66	14	9	2	2	45	3	115	7	1	11	6	.647	0	3	3.14
1991	Toronto	AL	40	28	2	3	198.1	811	188	88	82	24	6	6	2	49	1	106	10	3	15	10	.600	0	1	3.72
1992	Toronto	AL	41	14	0	14	120	529	138	84	72	16	3	4	8	36	6	62	3	1	7	9	.438	0	2	5.40
1993	Detroit	AL	32	30	0	0	187	776	183	93	87	26	3	3	7	42	6	139	13	0	11	9	.550	0	0	4.19
1994	Detroit	AL	16	16	5	0	111.1	464	113	54	49	13	3	1	2	24	6	71	5	0	5	7	.417	1	0	3.96
	8 ML YEARS		285	115	7	65	985.2	4102	955	466	425	110	30	20	23	267	38	659	54	10	63	53	.543	1	13	3.88

Turk Wendell

Pitches: Right **Bats:** Left **Pos:** RP **Ht:** 6' 2" **Wt:** 190 **Born:** 05/19/67 **Age:** 28

Year	Team	Lg	G	GS	CG	GF	IP	BFP	H	R	ER	HR	SH	SF	HB	TBB	IBB	SO	WP	Bk	W	L	Pct.	ShO	Sv	ERA
1988	Pulaski	R	14	14	6	0	101	418	85	50	43	3	5	2	6	30	0	87	7	6	3	8	.273	1	0	3.83
1989	Burlington	A	22	22	9	0	159	643	127	63	39	7	2	0	3	41	1	153	1	6	9	11	.450	5	0	2.21
	Greenville	AA	1	1	0	0	3.2	19	7	5	4	3	0	0	0	1	0	3	0	0	0	0	.000	0	0	9.82
	Durham	A	3	3	1	0	24	89	13	4	3	0	0	0	0	6	0	27	0	0	1	0	1.000	0	0	1.13
1990	Greenville	AA	36	13	1	13	91	434	105	70	58	5	5	6	11	48	2	85	8	2	4	9	.308	1	2	5.74
	Durham	A	6	5	1	0	38.2	154	24	10	8	3	0	0	2	15	1	26	2	0	1	3	.250	0	0	1.86
1991	Greenville	AA	25	20	1	3	147.2	613	130	47	42	4	2	2	6	51	5	122	11	0	11	3	.786	1	0	2.56
	Richmond	AAA	3	3	1	0	21	97	20	9	8	3	1	0	3	16	0	18	2	0	0	2	.000	0	0	3.43
1992	Iowa	AAA	4	4	0	0	25	107	17	7	4	3	2	1	0	15	0	12	1	0	2	0	1.000	0	0	1.44
1993	Iowa	AAA	25	25	3	0	148.2	639	148	88	76	9	4	6	0	47	0	110	9	3	10	8	.556	0	0	4.60
1994	Iowa	AAA	23	23	6	0	168	662	141	58	55	12	9	4	9	28	1	118	4	2	11	6	.647	3	0	2.95
1993	Chicago	NL	7	4	0	1	22.2	98	24	13	11	0	2	0	0	8	1	15	1	1	1	2	.333	0	0	4.37
1994	Chicago	NL	6	2	0	1	14.1	76	22	20	19	3	2	1	0	10	1	9	1	0	0	1	.000	0	0	11.93
	2 ML YEARS		13	6	0	2	37	174	46	33	30	3	4	1	0	18	2	24	2	1	1	3	.250	0	0	7.30

Bill Wertz

Pitches: Right **Bats:** Right **Pos:** RP **Ht:** 6' 6" **Wt:** 220 **Born:** 01/15/67 **Age:** 28

Year	Team	Lg	G	GS	CG	GF	IP	BFP	H	R	ER	HR	SH	SF	HB	TBB	IBB	SO	WP	Bk	W	L	Pct.	ShO	Sv	ERA
1989	Indians	R	12	15	1	0	66	282	57	23	23	0	1	4	4	36	0	56	11	0	4	3	.571	1	0	3.14
1990	Reno	A	17	9	0	1	61.1	295	61	58	45	6	3	4	5	52	0	52	12	0	1	3	.250	0	0	6.60
	Watertown	A	14	14	2	0	100.2	431	81	39	32	3	2	3	3	48	0	92	6	0	10	2	.833	0	0	2.86
1991	Columbus	A	49	0	0	31	91	391	81	41	30	6	6	4	6	32	3	95	5	0	6	8	.429	0	7	2.97
1992	Canton-Akrn	AA	57	0	0	24	97.1	382	75	16	13	1	3	2	8	30	6	69	3	0	8	4	.667	0	8	1.20
1993	Charlotte	AAA	28	1	0	9	50.2	207	42	18	11	4	3	0	0	14	4	47	1	0	7	2	.778	0	0	1.95
1994	Charlotte	AAA	44	2	0	8	66	278	53	30	23	5	2	2	2	34	3	60	5	0	4	3	.571	0	1	3.14
1993	Cleveland	AL	34	0	0	7	59.2	262	54	28	24	5	1	1	1	32	2	53	0	0	2	3	.400	0	0	3.62
1994	Cleveland	AL	1	0	0	0	4.1	23	9	5	5	0	0	0	0	1	0	1	0	0	0	0	.000	0	0	10.38
	2 ML YEARS		35	0	0	7	64	285	63	33	29	5	1	1	1	33	2	54	0	0	2	3	.400	0	0	4.08

David West

Pitches: Left **Bats:** Left **Pos:** RP/SP **Ht:** 6' 6" **Wt:** 255 **Born:** 09/01/64 **Age:** 30

		HOW MUCH HE PITCHED						WHAT HE GAVE UP										THE RESULTS					
Year Team	Lg	G	GS	CG	GF	IP	BFP	H	R	ER	HR	SH	SF	HB	TBB	IBB	SO	WP	Bk	W	L	Pct.	ShO	Sv	ERA
1988 New York	NL	2	1	0	0	6	25	6	2	2	0	0	0	0	3	0	3	0	2	1	0	1.000	0	0	3.00
1989 2 ML Teams		21	7	0	4	63.2	294	73	49	48	9	2	3	3	33	3	50	2	0	3	4	.429	0	0	6.79
1990 Minnesota	AL	29	27	2	0	146.1	646	142	88	83	21	6	4	4	78	1	92	4	1	7	9	.438	0	0	5.10
1991 Minnesota	AL	15	12	0	0	71.1	305	66	37	36	13	2	3	1	28	0	52	3	0	4	4	.500	0	0	4.54
1992 Minnesota	AL	9	3	0	1	28.1	139	32	24	22	3	0	2	1	20	0	19	2	0	1	3	.250	0	0	6.99
1993 Philadelphia	NL	76	0	0	27	86.1	375	60	37	28	6	8	2	5	51	4	87	3	0	6	4	.600	0	3	2.92
1994 Philadelphia	NL	31	14	0	7	99	429	74	44	39	7	4	2	1	61	2	83	9	0	4	10	.286	0	0	3.55
1989 New York	NL	11	2	0	0	24.1	112	25	20	20	4	0	1	1	14	2	19	1	0	0	2	.000	0	0	7.40
Minnesota	AL	10	5	0	4	39.1	182	48	29	28	5	2	2	2	19	1	31	1	0	3	2	.600	0	0	6.41
7 ML YEARS		183	64	2	39	501	2213	453	281	258	59	22	16	15	274	10	386	23	3	26	34	.433	0	3	4.63

John Wetteland

Pitches: Right **Bats:** Right **Pos:** RP **Ht:** 6' 2" **Wt:** 215 **Born:** 08/21/66 **Age:** 28

		HOW MUCH HE PITCHED						WHAT HE GAVE UP										THE RESULTS					
Year Team	Lg	G	GS	CG	GF	IP	BFP	H	R	ER	HR	SH	SF	HB	TBB	IBB	SO	WP	Bk	W	L	Pct.	ShO	Sv	ERA
1989 Los Angeles	NL	31	12	0	7	102.2	411	81	46	43	8	4	2	0	34	4	96	16	1	5	8	.385	0	1	3.77
1990 Los Angeles	NL	22	5	0	7	43	190	44	28	23	6	1	1	4	17	3	36	8	0	2	4	.333	0	0	4.81
1991 Los Angeles	NL	6	0	0	3	9	36	5	2	0	0	0	1	1	3	0	9	1	0	1	0	1.000	0	0	0.00
1992 Montreal	NL	67	0	0	58	83.1	347	64	27	27	6	5	1	4	36	3	99	4	0	4	4	.500	0	37	2.92
1993 Montreal	NL	70	0	0	58	85.1	344	58	17	13	3	5	1	2	28	3	113	7	0	9	3	.750	0	43	1.37
1994 Montreal	NL	52	0	0	43	63.2	261	46	22	20	5	5	4	3	21	4	68	0	0	4	6	.400	0	25	2.83
6 ML YEARS		248	17	0	176	387	1589	298	142	126	28	20	10	14	139	17	421	36	1	25	25	.500	0	106	2.93

Lou Whitaker

Bats: Left **Throws:** Right **Pos:** 2B **Ht:** 5'11" **Wt:** 185 **Born:** 05/12/57 **Age:** 38

		BATTING															BASERUNNING				PERCENTAGES		
Year Team	Lg	G	AB	H	2B	3B	HR	(Hm | Rd)	TB	R	RBI	TBB	IBB	SO	HBP	SH	SF	SB	CS	SB%	GDP	Avg	OBP	SLG
1977 Detroit	AL	11	32	8	1	0	0	(0 | 0)	9	5	2	4	0	6	0	1	0	2	2	.50	0	.250	.333	.281
1978 Detroit	AL	139	484	138	12	7	3	(2 | 1)	173	71	58	61	0	65	1	13	8	7	7	.50	9	.285	.361	.357
1979 Detroit	AL	127	423	121	14	8	3	(3 | 0)	160	75	42	78	2	66	1	14	4	20	10	.67	10	.286	.395	.378
1980 Detroit	AL	145	477	111	19	1	1	(0 | 1)	135	68	45	73	0	79	0	12	6	8	4	.67	9	.233	.331	.283
1981 Detroit	AL	109	335	88	14	4	5	(4 | 1)	125	48	36	40	3	42	1	3	3	5	3	.63	5	.263	.340	.373
1982 Detroit	AL	152	560	160	22	8	15	(9 | 6)	243	76	65	48	4	58	1	6	4	11	3	.79	8	.286	.341	.434
1983 Detroit	AL	161	643	206	40	6	12	(7 | 5)	294	94	72	67	8	70	0	2	8	17	10	.63	9	.320	.380	.457
1984 Detroit	AL	143	558	161	25	1	13	(8 | 5)	227	90	56	62	5	63	0	4	5	6	5	.55	9	.289	.357	.407
1985 Detroit	AL	152	609	170	29	8	21	(11 | 10)	278	102	73	80	9	56	2	5	5	6	4	.60	3	.279	.362	.456
1986 Detroit	AL	144	584	157	26	6	20	(8 | 12)	255	95	73	63	5	70	0	0	4	13	8	.62	20	.269	.338	.437
1987 Detroit	AL	149	604	160	38	6	16	(10 | 6)	258	110	59	71	2	108	1	4	4	13	5	.72	5	.265	.341	.427
1988 Detroit	AL	115	403	111	18	2	12	(8 | 4)	169	54	55	66	5	61	0	6	2	2	0	1.00	8	.275	.376	.419
1989 Detroit	AL	148	509	128	21	1	28	(15 | 13)	235	77	85	89	6	59	3	1	9	6	3	.67	7	.251	.361	.462
1990 Detroit	AL	132	472	112	22	2	18	(8 | 10)	192	75	60	74	7	71	0	1	5	8	2	.80	10	.237	.338	.407
1991 Detroit	AL	138	470	131	26	2	23	(15 | 8)	230	94	78	90	6	45	2	2	8	4	2	.67	3	.279	.391	.489
1992 Detroit	AL	130	453	126	26	0	19	(11 | 8)	209	77	71	81	5	46	1	5	4	6	4	.60	9	.278	.386	.461
1993 Detroit	AL	119	383	111	32	1	9	(5 | 4)	172	72	67	78	4	46	4	7	4	3	3	.50	5	.290	.412	.449
1994 Detroit	AL	92	322	97	21	2	12	(8 | 4)	158	67	43	41	4	47	1	3	5	2	0	1.00	8	.301	.377	.491
18 ML YEARS		2306	8321	2296	406	65	230	(135 | 95)	3522	1350	1040	1166	75	1058	18	89	88	139	75	.65	137	.276	.363	.423

Devon White

Bats: Both **Throws:** Right **Pos:** CF **Ht:** 6' 2" **Wt:** 190 **Born:** 12/29/62 **Age:** 32

		BATTING															BASERUNNING				PERCENTAGES		
Year Team	Lg	G	AB	H	2B	3B	HR	(Hm | Rd)	TB	R	RBI	TBB	IBB	SO	HBP	SH	SF	SB	CS	SB%	GDP	Avg	OBP	SLG
1985 California	AL	21	7	1	0	0	0	(0 | 0)	1	7	0	1	0	3	1	0	0	3	1	.75	0	.143	.333	.143
1986 California	AL	29	51	12	1	1	1	(0 | 1)	18	8	3	6	0	8	0	0	0	6	0	1.00	0	.235	.316	.353
1987 California	AL	159	639	168	33	5	24	(11 | 13)	283	103	87	39	2	135	2	14	2	32	11	.74	6	.263	.306	.443
1988 California	AL	122	455	118	22	2	11	(3 | 8)	177	76	51	23	1	84	2	5	1	17	8	.68	5	.259	.297	.389
1989 California	AL	156	636	156	18	13	12	(9 | 3)	236	86	56	31	3	129	2	7	2	44	16	.73	12	.245	.282	.371
1990 California	AL	125	443	96	17	3	11	(5 | 6)	152	57	44	44	5	116	3	10	3	21	6	.78	6	.217	.290	.343
1991 Toronto	AL	156	642	181	40	10	17	(9 | 8)	292	110	60	55	1	135	7	5	6	33	10	.77	7	.282	.342	.455
1992 Toronto	AL	153	641	159	26	7	17	(7 | 10)	250	98	60	47	0	133	5	0	3	37	4	.90	6	.248	.303	.390
1993 Toronto	AL	146	598	163	42	6	15	(10 | 5)	262	116	52	57	1	127	7	3	3	34	4	.89	3	.273	.341	.438
1994 Toronto	AL	100	403	109	24	6	13	(5 | 8)	184	67	49	21	3	80	5	4	2	11	3	.79	4	.270	.313	.457
10 ML YEARS		1167	4515	1163	223	53	121	(59 | 62)	1855	728	462	324	16	950	34	48	22	238	63	.79	54	.258	.311	.411

Gabe White

Pitches: Left **Bats:** Left **Pos:** SP **Ht:** 6' 2" **Wt:** 200 **Born:** 11/20/71 **Age:** 23

Year	Team	Lg	G	GS	CG	GF	IP	BFP	H	R	ER	HR	SH	SF	HB	TBB	IBB	SO	WP	Bk	W	L	Pct.	ShO	Sv	ERA
1990	Expos	R	11	11	1	0	57.1	233	50	21	20	3	1	1	3	12	0	42	5	1	4	2	.667	0	0	3.14
1991	Sumter	A	24	24	5	0	149	626	129	73	54	7	7	6	5	53	0	138	8	0	6	9	.400	0	0	3.26
1992	Rockford	A	27	27	7	0	187	774	148	73	59	10	9	4	11	61	0	176	9	9	14	8	.636	0	0	2.84
1993	Harrisburg	AA	16	16	2	0	100	394	80	30	24	4	1	1	2	28	0	80	5	2	7	2	.778	1	0	2.16
	Ottawa	AAA	6	6	1	0	40.1	165	38	15	14	3	0	1	1	6	0	28	2	0	2	1	.667	1	0	3.12
1994	W. Palm Bch	A	1	1	0	0	6	20	2	2	1	0	0	0	0	1	0	4	1	0	1	0	1.000	0	0	1.50
	Ottawa	AAA	14	14	0	0	73	320	77	49	41	11	2	3	2	28	2	63	2	0	8	3	.727	0	0	5.05
1994	Montreal	NL	7	5	0	2	23.2	106	24	16	16	4	1	1	1	11	0	17	0	0	1	1	.500	0	1	6.08

Rick White

Pitches: Right **Bats:** Right **Pos:** RP/SP **Ht:** 6' 4" **Wt:** 215 **Born:** 12/23/68 **Age:** 26

Year	Team	Lg	G	GS	CG	GF	IP	BFP	H	R	ER	HR	SH	SF	HB	TBB	IBB	SO	WP	Bk	W	L	Pct.	ShO	Sv	ERA
1990	Pirates	R	7	6	0	0	35.2	142	26	11	2	0	1	1	2	4	0	27	2	2	3	1	.750	0	0	0.50
	Welland	A	9	5	1	1	38.2	165	38	19	14	2	0	2	2	14	2	43	4	0	1	4	.200	0	0	3.26
1991	Augusta	A	34	0	0	18	63	280	68	26	21	2	0	3	1	18	2	52	4	3	4	4	.500	0	6	3.00
	Salem	A	13	5	1	4	46.1	189	41	27	24	2	3	1	0	9	3	36	2	0	2	3	.400	0	1	4.66
1992	Salem	A	18	18	5	0	120.2	490	116	58	51	15	2	4	5	24	1	70	5	0	7	9	.438	0	0	3.80
	Carolina	AA	10	10	1	0	57.2	247	59	32	27	8	2	1	3	18	1	45	6	0	1	7	.125	0	0	4.21
1993	Carolina	AA	12	12	1	0	69.1	275	59	29	27	5	2	2	4	12	0	52	4	1	4	3	.571	0	0	3.50
	Buffalo	AAA	7	3	0	1	28	117	25	13	11	1	2	0	0	8	0	16	1	0	0	3	.000	0	0	3.54
1994	Pittsburgh	NL	43	5	0	23	75.1	317	79	35	32	9	7	5	6	17	3	38	2	2	4	5	.444	0	6	3.82

Rondell White

Bats: Right **Throws:** Right **Pos:** LF **Ht:** 6' 1" **Wt:** 205 **Born:** 02/23/72 **Age:** 23

Year	Team	Lg	G	AB	H	2B	3B	HR	(Hm	Rd)	TB	R	RBI	TBB	IBB	SO	HBP	SH	SF	SB	CS	SB%	GDP	Avg	OBP	SLG
1990	Expos	R	57	222	66	8	4	5	--	--	97	33	34	16	0	33	5	0	0	7	.59	4	.297	.358	.437
1991	Sumter	A	123	465	121	23	6	12	--	--	192	80	67	57	3	109	8	1	3	51	17	.75	7	.260	.349	.413
1992	Wst Plm Bch	A	111	450	142	10	12	4	--	--	188	80	41	46	4	78	5	3	1	42	16	.72	7	.316	.384	.418
	Harrisburg	AA	21	89	27	7	1	2	--	--	42	22	7	6	0	14	4	0	0	6	1	.86	3	.303	.374	.472
1993	Harrisburg	AA	90	372	122	16	10	12	--	--	194	72	52	22	1	72	5	0	3	21	6	.78	3	.328	.371	.522
	Ottawa	AAA	37	150	57	8	2	7	--	--	90	28	32	12	1	20	3	0	0	10	1	.91	4	.380	.436	.600
1994	Ottawa	AAA	42	169	46	7	0	7	--	--	74	23	18	15	2	17	4	0	1	9	2	.82	5	.272	.344	.438
1993	Montreal	NL	23	73	19	3	1	2	(1	1)	30	9	15	7	0	16	0	2	1	1	2	.33	2	.260	.321	.411
1994	Montreal	NL	40	97	27	10	1	2	(1	1)	45	16	13	9	0	18	3	0	0	1	1	.50	1	.278	.358	.464
	2 ML YEARS		63	170	46	13	2	4	(2	2)	75	25	28	16	0	34	3	2	1	2	3	.40	3	.271	.342	.441

Wally Whitehurst

Pitches: Right **Bats:** Right **Pos:** SP **Ht:** 6' 3" **Wt:** 200 **Born:** 04/11/64 **Age:** 31

Year	Team	Lg	G	GS	CG	GF	IP	BFP	H	R	ER	HR	SH	SF	HB	TBB	IBB	SO	WP	Bk	W	L	Pct.	ShO	Sv	ERA
1989	New York	NL	9	1	0	4	14	64	17	7	7	2	0	1	0	5	0	9	1	0	0	1	.000	0	0	4.50
1990	New York	NL	38	0	0	16	65.2	263	63	27	24	5	3	0	0	9	2	46	2	0	1	0	1.000	0	2	3.29
1991	New York	NL	36	20	0	6	133.1	556	142	67	62	12	6	3	4	25	3	87	3	4	7	12	.368	0	0	4.18
1992	New York	NL	44	11	0	7	97	421	99	45	39	4	6	3	4	33	5	70	2	1	3	9	.250	0	0	3.62
1993	San Diego	NL	21	19	0	1	105.2	441	109	47	45	11	5	8	3	30	5	57	5	1	4	7	.364	0	0	3.83
1994	San Diego	NL	13	13	0	0	64	294	84	37	35	8	4	0	1	26	4	43	2	0	4	7	.364	0	0	4.92
	6 ML YEARS		161	64	0	34	479.2	2039	514	230	212	42	24	15	12	128	19	312	15	6	19	36	.345	0	3	3.98

Mark Whiten

Bats: Both **Throws:** Right **Pos:** RF **Ht:** 6' 3" **Wt:** 215 **Born:** 11/25/66 **Age:** 28

Year	Team	Lg	G	AB	H	2B	3B	HR	(Hm	Rd)	TB	R	RBI	TBB	IBB	SO	HBP	SH	SF	SB	CS	SB%	GDP	Avg	OBP	SLG
1994	Louisville *	AAA	3	10	3	1	0	1	--	--	7	2	3	1	0	1	0	0	0	0	0	.00	0	.300	.364	.700
1990	Toronto	AL	33	88	24	1	1	2	(1	1)	33	12	7	7	0	14	0	0	1	2	0	1.00	2	.273	.323	.375
1991	2 ML Teams		116	407	99	18	7	9	(4	5)	158	46	45	30	2	85	3	0	5	4	3	.57	13	.243	.297	.388
1992	Cleveland	AL	148	508	129	19	4	9	(6	3)	183	73	43	72	10	102	2	3	6	16	12	.57	12	.254	.347	.360
1993	St. Louis	NL	152	562	142	13	4	25	(12	13)	238	81	99	58	9	110	2	0	4	15	8	.65	11	.253	.323	.423
1994	St. Louis	NL	92	334	98	18	2	14	(6	8)	162	57	53	37	9	75	1	0	2	10	5	.67	8	.293	.364	.485
1991	Toronto	AL	46	149	33	4	2	2	(2	0)	49	12	19	11	1	35	1	0	3	1	0	1.00	5	.221	.274	.329
	Cleveland	AL	70	258	66	14	4	7	(2	5)	109	34	26	19	1	50	2	0	2	4	2	.67	8	.256	.310	.422
	5 ML YEARS		541	1899	492	69	18	59	(29	30)	774	269	247	204	30	386	8	3	15	47	28	.63	46	.259	.331	.408

Matt Whiteside

Pitches: Right **Bats:** Right **Pos:** RP **Ht:** 6' 0" **Wt:** 205 **Born:** 08/08/67 **Age:** 27

			HOW MUCH HE PITCHED					WHAT HE GAVE UP									THE RESULTS				
Year	Team	Lg	G	GS	CG	GF	IP	BFP	H	R	ER	HR	SH	SF	HB	TBB	IBB	SO	WP	Bk	W	L	Pct.	ShO	Sv	ERA
1992	Texas	AL	20	0	0	8	28	118	26	8	6	1	0	1	0	11	2	13	2	0	1	1	.500	0	4	1.93
1993	Texas	AL	60	0	0	10	73	305	78	37	35	7	2	1	1	23	6	39	0	2	2	1	.667	0	1	4.32
1994	Texas	AL	47	0	0	16	61	272	68	40	34	6	3	2	1	28	3	37	1	0	2	2	.500	0	1	5.02
	3 ML YEARS		127	0	0	34	162	695	172	85	75	14	5	4	2	62	11	89	3	2	5	4	.556	0	6	4.17

Darrell Whitmore

Bats: Left **Throws:** Right **Pos:** LF **Ht:** 6' 1" **Wt:** 210 **Born:** 11/18/68 **Age:** 26

						BATTING												BASERUNNING				PERCENTAGES		
Year	Team	Lg	G	AB	H	2B	3B	HR	(Hm	Rd)	TB	R	RBI	TBB	IBB	SO	HBP	SH	SF	SB	CS	SB%	GDP	Avg	OBP	SLG
1990	Burlington	R	30	112	27	3	2	0	--	--	34	18	13	9	0	30	2	0	1	9	5	.64	0	.241	.306	.304
1991	Watertown	A	6	19	7	2	1	0	--	--	11	2	3	3	0	2	0	0	0	0	0	.00	0	.368	.455	.579
1992	Kinston	A	121	443	124	22	2	10	--	--	180	71	52	56	5	92	5	0	5	17	9	.65	8	.280	.363	.406
1993	Edmonton	AAA	73	273	97	24	2	9	--	--	152	52	62	22	0	53	0	0	3	11	8	.58	12	.355	.399	.557
1994	Edmonton	AAA	115	421	119	24	5	20	--	--	213	72	61	41	3	76	2	0	3	14	3	.82	12	.283	.347	.506
1993	Florida	NL	76	250	51	8	2	4	(3	1)	75	24	19	10	0	72	5	2	0	4	2	.67	8	.204	.249	.300
1994	Florida	NL	9	22	5	1	0	0	(0	0)	6	1	0	3	0	5	0	0	0	0	1	.00	0	.227	.320	.273
	2 ML YEARS		85	272	56	9	2	4	(3	1)	81	25	19	13	0	77	5	2	0	4	3	.57	8	.206	.255	.298

Bob Wickman

Pitches: Right **Bats:** Right **Pos:** RP **Ht:** 6' 1" **Wt:** 212 **Born:** 02/06/69 **Age:** 26

			HOW MUCH HE PITCHED						WHAT HE GAVE UP												THE RESULTS				
Year	Team	Lg	G	GS	CG	GF	IP	BFP	H	R	ER	HR	SH	SF	HB	TBB	IBB	SO	WP	Bk	W	L	Pct.	ShO	Sv	ERA
1992	New York	AL	8	8	0	0	50.1	213	51	25	23	2	1	3	2	20	0	21	3	0	6	1	.857	0	0	4.11
1993	New York	AL	41	19	1	9	140	629	156	82	72	13	4	1	5	69	7	70	2	0	14	4	.778	1	4	4.63
1994	New York	AL	53	0	0	19	70	286	54	26	24	3	0	5	1	27	3	56	2	0	5	4	.556	0	6	3.09
	3 ML YEARS		102	27	1	28	260.1	1128	261	133	119	18	5	9	8	116	10	147	7	0	25	9	.735	1	10	4.11

Rick Wilkins

Bats: Left **Throws:** Right **Pos:** C **Ht:** 6' 2" **Wt:** 210 **Born:** 06/04/67 **Age:** 28

						BATTING												BASERUNNING				PERCENTAGES		
Year	Team	Lg	G	AB	H	2B	3B	HR	(Hm | Rd)	TB	R	RBI	TBB	IBB	SO	HBP	SH	SF	SB	CS	SB%	GDP	Avg	OBP	SLG
1991	Chicago	NL	86	203	45	9	0	6	(2 | 4)	72	21	22	19	2	56	6	7	0	3	3	.50	3	.222	.307	.355
1992	Chicago	NL	83	244	66	9	1	8	(3 | 5)	101	20	22	28	7	53	0	1	1	0	2	.00	6	.270	.344	.414
1993	Chicago	NL	136	446	135	23	1	30	(10 | 20)	250	78	73	50	13	99	3	0	1	2	1	.67	6	.303	.376	.561
1994	Chicago	NL	100	313	71	25	2	7	(4 | 3)	121	44	39	40	5	86	2	1	2	4	3	.57	3	.227	.317	.387
	4 ML YEARS		405	1206	317	66	4	51	(19 | 32)	544	163	156	137	27	294	11	9	4	9	9	.50	18	.263	.342	.451

Jerry Willard

Bats: Left **Throws:** Right **Pos:** C **Ht:** 6' 2" **Wt:** 195 **Born:** 03/14/60 **Age:** 35

						BATTING												BASERUNNING				PERCENTAGES		
Year	Team	Lg	G	AB	H	2B	3B	HR	(Hm	Rd)	TB	R	RBI	TBB	IBB	SO	HBP	SH	SF	SB	CS	SB%	GDP	Avg	OBP	SLG
1994	Calgary *	AAA	110	371	107	28	1	23	--	--	206	86	80	88	7	70	4	1	8	0	0	.00	14	.288	.423	.555
1984	Cleveland	AL	87	246	55	8	1	10	(5	5)	95	21	37	26	0	55	0	0	3	1	0	1.00	6	.224	.295	.386
1985	Cleveland	AL	104	300	81	13	0	7	(4	3)	115	39	36	28	1	59	1	4	1	0	0	.00	3	.270	.333	.383
1986	Oakland	AL	75	161	43	7	0	4	(2	2)	62	17	26	22	0	28	2	4	0	1	0	.00	4	.267	.354	.385
1987	Oakland	AL	7	6	1	0	0	0	(0	0)	1	1	0	2	0	1	0	0	0	0	0	.00	0	.167	.375	.167
1990	Chicago	AL	3	3	0	0	0	0	(0	0)	0	0	0	0	0	2	0	0	0	0	0	.00	0	.000	.000	.000
1991	Atlanta	NL	17	14	3	0	0	1	(1	0)	6	1	4	2	0	5	0	0	0	0	0	.00	0	.214	.313	.429
1992	2 ML Teams		47	48	11	1	0	2	(1	1)	18	2	8	2	1	10	0	0	0	0	0	.00	5	.229	.260	.375
1994	Seattle	AL	6	5	1	0	0	1	(1	0)	4	1	3	1	0	1	0	0	0	0	0	.00	0	.200	.333	.800
1992	Atlanta	NL	26	23	8	1	0	2	(1	1)	15	2	7	1	1	3	0	0	0	0	0	.00	3	.348	.375	.652
	Montreal	NL	21	25	3	0	0	0	(0	0)	3	0	1	1	0	7	0	0	0	0	0	.00	2	.120	.154	.120
	8 ML YEARS		346	783	195	29	1	25	(14	11)	301	82	114	83	2	161	3	8	8	1	0	1.00	18	.249	.320	.384

Bernie Williams

Bats: Both **Throws:** Right **Pos:** CF **Ht:** 6' 2" **Wt:** 205 **Born:** 09/13/68 **Age:** 26

						BATTING												BASERUNNING				PERCENTAGES		
Year	Team	Lg	G	AB	H	2B	3B	HR	(Hm | Rd)	TB	R	RBI	TBB	IBB	SO	HBP	SH	SF	SB	CS	SB%	GDP	Avg	OBP	SLG
1991	New York	AL	85	320	76	19	4	3	(1 | 2)	112	43	34	48	0	57	1	2	3	10	5	.67	4	.238	.336	.350
1992	New York	AL	62	261	73	14	2	5	(3 | 2)	106	39	26	29	1	36	1	2	0	7	6	.54	5	.280	.354	.406
1993	New York	AL	139	567	152	31	4	12	(5 | 7)	227	67	68	53	4	106	4	1	3	9	9	.50	17	.268	.333	.400
1994	New York	AL	108	408	118	29	1	12	(4 | 8)	185	80	57	61	2	54	3	1	3	16	9	.64	11	.289	.384	.453
	4 ML YEARS		394	1556	419	93	11	32	(13 | 19)	630	229	185	191	7	253	9	6	8	42	29	.59	37	.269	.351	.405

Brian Williams

Pitches: Right **Bats:** Right **Pos:** SP/RP **Ht:** 6'2" **Wt:** 195 **Born:** 02/15/69 **Age:** 26

		HOW MUCH HE PITCHED						WHAT HE GAVE UP										THE RESULTS					
Year	Team	Lg	G	GS	CG	GF	IP	BFP	H	R	ER	HR	SH	SF	HB	TBB	IBB	SO	WP	Bk	W	L	Pct.	ShO	Sv	ERA
1994	Tucson *	AAA	3	3	0	0	20.1	86	22	6	5	0	0	0	0	9	0	17	1	0	2	0	1.000	0	0	2.21
1991	Houston	NL	2	2	0	0	12	49	11	5	5	2	0	0	1	4	0	4	0	0	0	1	.000	0	0	3.75
1992	Houston	NL	16	16	0	0	96.1	413	92	44	42	10	7	3	0	42	1	54	2	1	7	6	.538	0	0	3.92
1993	Houston	NL	42	5	0	12	82	357	76	48	44	7	5	3	4	38	4	56	9	2	4	4	.500	0	3	4.83
1994	Houston	NL	20	13	0	2	78.1	384	112	64	50	9	7	5	4	41	4	49	3	1	6	5	.545	0	0	5.74
	4 ML YEARS		80	36	0	14	268.2	1203	291	161	141	28	19	11	9	125	9	163	14	4	17	16	.515	0	3	4.72

Eddie Williams

Bats: Right **Throws:** Right **Pos:** 1B **Ht:** 6'0" **Wt:** 175 **Born:** 11/01/64 **Age:** 30

					BATTING														BASERUNNING				PERCENTAGES		
Year	Team	Lg	G	AB	H	2B	3B	HR	(Hm | Rd)	TB	R	RBI	TBB	IBB	SO	HBP	SH	SF	SB	CS	SB%	GDP	Avg	OBP	SLG
1994	Las Vegas *	AAA	59	219	77	12	1	20	--	--	151	48	54	24	2	34	2	0	2	0	0	.00	12	.352	.417	.689
1986	Cleveland	AL	5	7	1	0	0	0	(0 | 0)	1	2	1	0	0	3	0	0	0	0	0	.00	0	.143	.143	.143
1987	Cleveland	AL	22	64	11	4	0	1	(0 | 1)	18	9	4	9	0	19	1	0	1	0	0	.00	0	.172	.280	.281
1988	Cleveland	AL	10	21	4	0	0	0	(0 | 0)	4	3	1	0	0	3	1	1	0	0	0	.00	0	.190	.227	.190
1989	Chicago	AL	66	201	55	8	0	3	(2 | 1)	72	25	10	18	3	31	4	3	3	1	2	.33	4	.274	.341	.358
1990	San Diego	NL	14	42	12	3	0	3	(1 | 2)	24	5	4	5	2	6	0	0	0	0	1	.00	1	.286	.362	.571
1994	San Diego	NL	49	175	58	11	1	11	(5 | 6)	104	32	42	15	1	26	3	2	1	0	1	.00	10	.331	.392	.594
	6 ML YEARS		166	510	141	26	1	18	(8 | 10)	223	76	62	47	6	88	9	6	5	1	4	.20	18	.276	.345	.437

Gerald Williams

Bats: Right **Throws:** Right **Pos:** LF/RF **Ht:** 6'2" **Wt:** 190 **Born:** 08/10/66 **Age:** 28

					BATTING														BASERUNNING				PERCENTAGES		
Year	Team	Lg	G	AB	H	2B	3B	HR	(Hm | Rd)	TB	R	RBI	TBB	IBB	SO	HBP	SH	SF	SB	CS	SB%	GDP	Avg	OBP	SLG
1987	Oneonta	A	29	115	42	6	2	2	--	--	58	26	29	16	0	18	1	0	0	6	2	.75	3	.365	.447	.504
1988	Pr William	A	54	159	29	3	0	2	--	--	38	20	18	15	0	47	0	1	1	6	1	.86	4	.182	.251	.239
	Ft.Laudrdle	A	63	212	40	7	2	2	--	--	57	21	17	16	0	56	3	1	0	4	3	.57	4	.189	.255	.269
1989	Pr William	A	134	454	104	19	6	13	--	--	174	63	69	51	1	120	7	5	1	15	10	.60	7	.229	.316	.383
1990	Ft.Laudrdle	A	50	204	59	4	5	7	--	--	94	25	43	16	1	52	2	0	2	19	5	.79	1	.289	.344	.461
	Albany	AA	96	324	81	17	2	13	--	--	141	54	58	35	1	75	2	1	3	18	8	.69	7	.250	.284	.435
1991	Albany	AA	45	175	50	15	0	5	--	--	80	28	32	18	2	26	0	1	3	18	3	.86	5	.286	.347	.457
	Columbus	AAA	61	198	51	8	3	2	--	--	71	20	27	16	1	39	1	0	5	9	12	.43	3	.258	.309	.359
1992	Columbus	AAA	142	547	156	31	6	16	--	--	247	92	86	38	2	98	5	0	5	36	14	.72	12	.285	.334	.452
1993	Columbus	AAA	87	336	95	19	6	8	--	--	150	53	38	20	1	66	2	1	6	29	12	.71	7	.283	.321	.446
1992	New York	AL	15	27	8	2	0	3	(2 | 1)	19	7	6	0	0	3	0	0	0	2	0	1.00	0	.296	.296	.704
1993	New York	AL	42	67	10	2	3	0	(0 | 0)	18	11	6	1	0	14	2	0	1	2	0	1.00	2	.149	.183	.269
1994	New York	AL	57	86	25	8	0	4	(2 | 2)	45	19	13	4	0	17	0	0	1	1	3	.25	6	.291	.319	.523
	3 ML YEARS		114	180	43	12	3	7	(4 | 3)	82	37	25	5	0	34	2	0	2	5	3	.63	8	.239	.265	.456

Matt Williams

Bats: Right **Throws:** Right **Pos:** 3B **Ht:** 6'2" **Wt:** 216 **Born:** 11/28/65 **Age:** 29

					BATTING														BASERUNNING				PERCENTAGES		
Year	Team	Lg	G	AB	H	2B	3B	HR	(Hm | Rd)	TB	R	RBI	TBB	IBB	SO	HBP	SH	SF	SB	CS	SB%	GDP	Avg	OBP	SLG
1987	San Francisco	NL	84	245	46	9	2	8	(5 | 3)	83	28	21	16	4	68	1	3	1	4	3	.57	5	.188	.240	.339
1988	San Francisco	NL	52	156	32	6	1	8	(7 | 1)	64	17	19	8	0	41	2	3	1	0	1	.00	7	.205	.251	.410
1989	San Francisco	NL	84	292	59	18	1	18	(10 | 8)	133	31	50	14	1	72	2	0	1	1	2	.33	2	.202	.242	.455
1990	San Francisco	NL	159	617	171	27	2	33	(20 | 13)	301	87	**122**	33	9	138	7	2	5	7	4	.64	13	.277	.319	.488
1991	San Francisco	NL	157	589	158	24	5	34	(17 | 17)	294	72	98	33	6	128	6	0	7	5	5	.50	11	.268	.310	.499
1992	San Francisco	NL	146	529	120	13	5	20	(9 | 11)	203	58	66	39	11	109	6	0	2	7	7	.50	15	.227	.286	.384
1993	San Francisco	NL	145	579	170	33	4	38	(19 | 19)	325	105	110	27	4	80	5	0	9	1	3	.25	12	.294	.325	.561
1994	San Francisco	NL	112	445	119	16	3	**43**	(20 | 23)	270	74	96	33	7	87	2	0	3	1	0	1.00	11	.267	.319	.607
	8 ML YEARS		939	3452	875	146	23	202	(107 | 95)	1673	472	582	203	42	723	30	9	30	26	25	.51	79	.253	.298	.485

Mike Williams

Pitches: Right **Bats:** Right **Pos:** SP **Ht:** 6'3" **Wt:** 199 **Born:** 07/29/68 **Age:** 26

		HOW MUCH HE PITCHED						WHAT HE GAVE UP										THE RESULTS					
Year	Team	Lg	G	GS	CG	GF	IP	BFP	H	R	ER	HR	SH	SF	HB	TBB	IBB	SO	WP	Bk	W	L	Pct.	ShO	Sv	ERA
1994	Scranton-Wb *	AAA	14	14	1	0	84	371	91	55	54	14	2	3	0	36	0	53	6	0	2	7	.222	0	0	5.79
1992	Philadelphia	NL	5	5	1	0	28.2	121	29	20	17	3	1	1	0	7	0	5	0	0	1	1	.500	0	0	5.34
1993	Philadelphia	NL	17	4	0	2	51	221	50	32	30	5	1	0	0	22	2	33	2	0	1	3	.250	0	0	5.29
1994	Philadelphia	NL	12	8	0	2	50.1	222	61	31	28	7	2	3	0	20	3	29	0	0	2	4	.333	0	0	5.01
	3 ML YEARS		34	17	1	4	130	564	140	83	75	15	4	4	0	49	5	67	2	0	4	8	.333	0	0	5.19

Mitch Williams

Pitches: Left **Bats:** Left **Pos:** RP **Ht:** 6' 4" **Wt:** 205 **Born:** 11/17/64 **Age:** 30

Year	Team	Lg	G	GS	CG	GF	IP	BFP	H	R	ER	HR	SH	SF	HB	TBB	IBB	SO	WP	Bk	W	L	Pct.	ShO	Sv	ERA
1986	Texas	AL	80	0	0	38	98	435	69	39	39	8	1	3	11	79	8	90	5	5	8	6	.571	0	8	3.58
1987	Texas	AL	85	1	0	32	108.2	469	63	47	39	9	4	3	7	94	7	129	4	2	8	6	.571	0	6	3.23
1988	Texas	AL	67	0	0	51	68	296	48	38	35	4	3	4	6	47	3	61	5	6	2	7	.222	0	18	4.63
1989	Chicago	NL	76	0	0	61	81.2	365	71	27	24	6	2	5	8	52	4	67	6	4	4	4	.500	0	36	2.64
1990	Chicago	NL	59	2	0	39	66.1	310	60	38	29	4	5	3	1	50	6	55	4	2	1	8	.111	0	16	3.93
1991	Philadelphia	NL	69	0	0	60	88.1	386	56	24	23	4	4	4	8	62	5	84	4	1	12	5	.706	0	30	2.34
1992	Philadelphia	NL	66	0	0	56	81	368	69	39	34	4	8	3	6	64	2	74	5	3	5	8	.385	0	29	3.78
1993	Philadelphia	NL	65	0	0	57	62	281	56	30	23	3	4	2	2	44	1	60	6	0	3	7	.300	0	43	3.34
1994	Houston	NL	25	0	0	18	20	106	21	17	17	4	2	1	1	24	2	21	0		1	4	.200	0	6	7.65
	9 ML YEARS		592	3	0	412	674	3016	513	299	263	46	33	28	50	516	38	641	40	23	44	55	.444	0	192	3.51

Woody Williams

Pitches: Right **Bats:** Right **Pos:** RP **Ht:** 6' 0" **Wt:** 190 **Born:** 08/19/66 **Age:** 28

Year	Team	Lg	G	GS	CG	GF	IP	BFP	H	R	ER	HR	SH	SF	HB	TBB	IBB	SO	WP	Bk	W	L	Pct.	ShO	Sv	ERA
1988	St.Cathmes	A	12	12	2	0	76	294	48	22	13	1	0	1	3	21	0	58	4	1	8	2	.800	0	0	1.54
	Knoxville	AA	6	4	0	0	28.1	120	27	13	12	1	0	0	0	12	0	25	1	0	2	2	.500	0	0	3.81
1989	Dunedin	A	20	9	0	8	81.1	325	63	26	21	3	3	3	2	27	1	60	5	2	3	5	.375	0	2	2.32
	Knoxville	AA	14	12	2	1	71	302	61	32	28	6	3	4	2	33	2	51	1	1	3	5	.375	2	1	3.55
1990	Syracuse	AAA	3	0	0	0	9	46	15	10	10	1	0	2	0	4	0	8	1	0	0	1	.000	0	0	10.00
	Knoxville	AA	42	12	0	19	126	519	111	55	44	7	3	4	2	39	3	74	6	4	7	9	.438	0	5	3.14
1991	Knoxville	AA	18	1	0	8	42.2	177	42	18	17	1	0	1	1	14	0	37	0	0	3	2	.600	0	3	3.59
	Syracuse	AAA	31	0	0	16	54.2	243	52	27	25	2	4	1	3	27	3	37	4	1	3	4	.429	0	6	4.12
1992	Syracuse	AAA	25	16	1	3	120.2	503	115	46	42	4	2	2	3	41	0	81	5	1	6	8	.429	0	1	3.13
1993	Syracuse	AAA	12	0	0	11	16.1	67	15	5	4	2	0	1	0	5	3	16	0	0	1	1	.500	0	3	2.20
	Dunedin	A	2	0	0	0	4	14	0	0	0	0	0	0	0	2	0	2	0	0	0	0	.000	0	0	0.00
1994	Syracuse	AAA	1	0	0	1	1.2	5	0	0	0	0	0	0	0	0	0	1	0	0	0	0	.000	0	1	0.00
1993	Toronto	AL	30	0	0	9	37	172	40	18	18	2	2	1	1	22	3	24	2	1	3	1	.750	0	0	4.38
1994	Toronto	AL	38	0	0	14	59.1	253	44	24	24	5	1	2	2	33	1	56	4	0	1	3	.250	0	0	3.64
	2 ML YEARS		68	0	0	23	96.1	425	84	42	42	7	3	3	3	55	4	80	6	1	4	4	.500	0	0	3.92

Mark Williamson

Pitches: Right **Bats:** Right **Pos:** RP **Ht:** 6' 0" **Wt:** 177 **Born:** 07/21/59 **Age:** 35

Year	Team	Lg	G	GS	CG	GF	IP	BFP	H	R	ER	HR	SH	SF	HB	TBB	IBB	SO	WP	Bk	W	L	Pct.	ShO	Sv	ERA
1987	Baltimore	AL	61	2	0	36	125	520	122	59	56	12	5	3	3	41	15	73	3	0	8	9	.471	0	3	4.03
1988	Baltimore	AL	37	10	2	11	117.2	507	125	70	64	14	4	2	2	40	8	69	5	3	5	8	.385	0	2	4.90
1989	Baltimore	AL	65	0	0	38	107.1	445	105	35	35	4	7	3	2	30	9	55	0	0	10	5	.667	0	9	2.93
1990	Baltimore	AL	49	0	0	15	85.1	343	65	25	21	8	6	7	0	28	2	60	1	0	8	2	.800	0	1	2.21
1991	Baltimore	AL	65	0	0	21	80.1	357	87	42	40	9	1	5	0	35	7	53	7	0	5	5	.500	0	4	4.48
1992	Baltimore	AL	12	0	0	5	18.2	78	16	3	2	1	1	0	0	10	1	14	1	0	0	0	.000	0	1	0.96
1993	Baltimore	AL	48	1	0	12	88	386	106	54	48	5	6	6	0	25	8	45	2	0	7	5	.583	0	0	4.91
1994	Baltimore	AL	28	2	0	4	67.1	291	75	33	30	9	0	2	2	17	1	28	0	0	3	1	.750	0	1	4.01
	8 ML YEARS		365	15	2	142	689.2	2927	701	321	296	62	30	28	9	226	51	397	19	3	46	35	.568	0	21	3.86

Carl Willis

Pitches: Right **Bats:** Left **Pos:** RP **Ht:** 6' 4" **Wt:** 213 **Born:** 12/28/60 **Age:** 34

Year	Team	Lg	G	GS	CG	GF	IP	BFP	H	R	ER	HR	SH	SF	HB	TBB	IBB	SO	WP	Bk	W	L	Pct.	ShO	Sv	ERA
1984	2 ML Teams		17	2	0	5	25.2	113	33	17	17	2	1	0	0	7	2	7	0	0	0	3	.000	0	1	5.96
1985	Cincinnati	NL	11	0	0	6	13.2	69	21	18	14	3	1	2	0	5	0	6	1	0	1	0	1.000	0	1	9.22
1986	Cincinnati	NL	29	0	0	7	52.1	233	54	29	26	4	5	1	1	32	9	24	3	1	1	3	.250	0	0	4.47
1988	Chicago	AL	6	0	0	0	12	55	17	12	11	3	0	1	0	7	1	6	2	0	0	0	.000	0	0	8.25
1991	Minnesota	AL	40	0	0	9	89	355	76	31	26	4	3	4	1	19	2	53	4	1	8	3	.727	0	2	2.63
1992	Minnesota	AL	59	0	0	21	79.1	313	73	25	24	4	2	3	0	11	1	45	2	1	7	3	.700	0	1	2.72
1993	Minnesota	AL	53	0	0	21	58	236	56	23	20	2	2	1	0	17	5	44	3	0	3	0	1.000	0	5	3.10
1994	Minnesota	AL	49	0	0	12	59.1	282	89	48	39	6	1	3	0	12	5	37	5	0	2	4	.333	0	3	5.92
1984	Detroit	AL	10	2	0	4	16	74	25	13	13	1	0	0	0	5	2	4	0	0	0	2	.000	0	0	7.31
	Cincinnati	NL	7	0	0	1	9.2	39	8	4	4	1	1	0	0	2	0	3	0	0	0	1	.000	0	1	3.72
	8 ML YEARS		264	2	0	81	389.1	1656	419	203	177	28	15	15	2	110	25	222	20	3	22	16	.579	0	13	4.09

Dan Wilson

Bats: Right **Throws:** Right **Pos:** C **Ht:** 6' 3" **Wt:** 190 **Born:** 03/25/69 **Age:** 26

							BATTING											BASERUNNING				PERCENTAGES		
Year	Team	Lg	G	AB	H	2B	3B	HR	(Hm | Rd)	TB	R	RBI	TBB	IBB	SO	HBP	SH	SF	SB	CS	SB%	GDP	Avg	OBP	SLG
1992	Cincinnati	NL	12	25	9	1	0	0	(0 | 0)	10	2	3	3	0	8	0	0	0	0	0	.00	2	.360	.429	.400
1993	Cincinnati	NL	36	76	17	3	0	0	(0 | 0)	20	6	8	9	4	16	0	2	1	0	0	.00	2	.224	.302	.263
1994	Seattle	AL	91	282	61	14	2	3	(1 | 2)	88	24	27	10	0	57	1	8	2	1	2	.33	11	.216	.244	.312
	3 ML YEARS		139	383	87	18	2	3	(1 | 2)	118	32	38	22	4	81	1	10	3	1	2	.33	15	.227	.269	.308

Trevor Wilson

Pitches: Left **Bats:** Left **Pos:** SP **Ht:** 6' 0" **Wt:** 204 **Born:** 06/07/66 **Age:** 29

			HOW MUCH HE PITCHED						WHAT HE GAVE UP									THE RESULTS					
Year	Team	Lg	G	GS	CG	GF	IP	BFP	H	R	ER	HR	SH	SF	HB	TBB	IBB	SO	WP	Bk	W	L	Pct.	ShO	Sv	ERA
1988	San Francisco	NL	4	4	0	0	22	96	25	14	10	1	3	1	0	8	0	15	0	1	0	2	.000	0	0	4.09
1989	San Francisco	NL	14	4	0	2	39.1	167	28	20	19	2	3	1	4	24	0	22	0	1	2	3	.400	0	0	4.35
1990	San Francisco	NL	27	17	3	3	110.1	457	87	52	49	11	6	2	1	49	3	66	5	2	8	7	.533	2	0	4.00
1991	San Francisco	NL	44	29	2	6	202	841	173	87	80	13	14	5	5	77	4	139	5	3	13	11	.542	1	0	3.56
1992	San Francisco	NL	26	26	1	0	154	661	152	82	72	18	11	6	6	64	5	88	2	7	8	14	.364	1	0	4.21
1993	San Francisco	NL	22	18	1	1	110	455	110	45	44	8	6	3	6	40	3	57	0	0	7	5	.583	0	0	3.60
	6 ML YEARS		137	98	7	12	637.2	2677	575	300	274	53	43	18	22	262	15	387	12	14	38	42	.475	4	0	3.87

Willie Wilson

Bats: Both **Throws:** Right **Pos:** CF **Ht:** 6' 2" **Wt:** 200 **Born:** 07/09/55 **Age:** 39

							BATTING											BASERUNNING				PERCENTAGES		
Year	Team	Lg	G	AB	H	2B	3B	HR	(Hm | Rd)	TB	R	RBI	TBB	IBB	SO	HBP	SH	SF	SB	CS	SB%	GDP	Avg	OBP	SLG
1976	Kansas City	AL	12	6	1	0	0	0	(0 | 0)	1	0	0	0	0	2	0	0	0	2	1	.67	0	.167	.167	.167
1977	Kansas City	AL	13	34	11	2	0	0	(0 | 0)	13	10	1	1	0	8	0	2	0	6	3	.67	1	.324	.343	.382
1978	Kansas City	AL	127	198	43	8	2	0	(0 | 0)	55	43	16	16	0	33	2	5	2	46	12	.79	2	.217	.280	.278
1979	Kansas City	AL	154	588	185	18	13	6	(3 | 3)	247	113	49	28	3	92	7	13	4	83	12	.87	1	.315	.351	.420
1980	Kansas City	AL	161	705	230	28	15	3	(2 | 1)	297	133	49	28	3	81	6	5	1	79	10	.89	4	.326	.357	.421
1981	Kansas City	AL	102	439	133	10	7	1	(0 | 1)	160	54	32	18	3	42	4	3	1	34	8	.81	5	.303	.335	.364
1982	Kansas City	AL	136	585	194	19	15	3	(2 | 1)	252	87	46	26	2	81	6	2	2	37	11	.77	4	.332	.365	.431
1983	Kansas City	AL	137	576	159	22	8	2	(2 | 0)	203	90	33	33	2	75	1	1	0	59	8	.88	3	.276	.316	.352
1984	Kansas City	AL	128	541	163	24	9	2	(1 | 1)	211	81	44	39	2	56	3	2	3	47	5	.90	7	.301	.350	.390
1985	Kansas City	AL	141	605	168	25	21	4	(1 | 3)	247	87	43	29	3	94	5	2	1	43	11	.80	4	.278	.316	.408
1986	Kansas City	AL	156	631	170	20	7	9	(5 | 4)	231	77	44	31	1	97	9	3	1	34	8	.81	6	.269	.313	.366
1987	Kansas City	AL	146	610	170	18	15	4	(0 | 4)	230	97	30	32	2	88	6	4	1	59	11	.84	9	.279	.320	.377
1988	Kansas City	AL	147	591	155	17	11	1	(0 | 1)	197	81	37	22	1	106	2	8	5	35	7	.83	5	.262	.289	.333
1989	Kansas City	AL	112	383	97	17	7	3	(1 | 2)	137	58	43	27	0	78	1	6	6	24	6	.80	8	.253	.300	.358
1990	Kansas City	AL	115	307	89	13	3	2	(1 | 1)	114	49	42	30	1	57	2	6	3	24	6	.80	4	.290	.354	.371
1991	Oakland	AL	113	294	70	14	4	0	(0 | 0)	92	38	28	18	2	43	4	1	1	20	5	.80	11	.238	.290	.313
1992	Oakland	AL	132	396	107	15	5	0	(0 | 0)	132	38	37	35	2	65	1	2	3	28	8	.78	11	.270	.329	.333
1993	Chicago	NL	105	221	57	11	3	1	(0 | 1)	77	29	11	11	1	40	3	1	1	7	2	.78	2	.258	.301	.348
1994	Chicago	NL	17	21	5	0	2	0	(0 | 0)	9	4	0	1	0	6	0	1	0	1	0	1.00	0	.238	.273	.429
	19 ML YEARS		2154	7731	2207	281	147	41	(18 | 23)	2905	1169	585	425	27	1144	62	64	35	668	134	.83	90	.285	.326	.376

Dave Winfield

Bats: Right **Throws:** Right **Pos:** DH **Ht:** 6' 6" **Wt:** 245 **Born:** 10/03/51 **Age:** 43

							BATTING											BASERUNNING				PERCENTAGES		
Year	Team	Lg	G	AB	H	2B	3B	HR	(Hm | Rd)	TB	R	RBI	TBB	IBB	SO	HBP	SH	SF	SB	CS	SB%	GDP	Avg	OBP	SLG
1973	San Diego	NL	56	141	39	4	1	3	(2 | 1)	54	9	12	12	1	19	0	0	1	0	0	.00	5	.277	.331	.383
1974	San Diego	NL	145	498	132	18	4	20	(12 | 8)	218	57	75	40	2	96	1	0	5	9	7	.56	14	.265	.318	.438
1975	San Diego	NL	143	509	136	20	2	15	(7 | 8)	205	74	76	69	14	82	3	3	7	23	4	.85	11	.267	.354	.403
1976	San Diego	NL	137	492	139	26	4	13	(4 | 9)	212	81	69	65	8	78	3	2	5	26	7	.79	14	.283	.366	.431
1977	San Diego	NL	157	615	169	29	7	25	(12 | 13)	287	104	92	58	10	75	0	0	5	16	7	.70	12	.275	.335	.467
1978	San Diego	NL	158	587	181	30	5	24	(11 | 13)	293	88	97	55	20	81	2	0	5	21	9	.70	13	.308	.367	.499
1979	San Diego	NL	159	597	184	27	10	34	(16 | 18)	333	97	118	85	24	71	2	0	8	15	9	.63	9	.308	.395	.558
1980	San Diego	NL	162	558	154	25	6	20	(7 | 13)	251	89	87	79	14	83	2	0	4	23	7	.77	13	.276	.365	.450
1981	New York	AL	105	388	114	25	1	13	(4 | 9)	180	52	68	43	3	41	1	1	7	11	1	.92	13	.294	.360	.464
1982	New York	AL	140	539	151	24	8	37	(14 | 23)	302	84	106	45	7	64	0	5	8	5	3	.63	20	.280	.331	.560
1983	New York	AL	152	598	169	26	8	32	(13 | 19)	307	99	116	58	2	77	2	0	6	15	6	.71	20	.283	.345	.513
1984	New York	AL	141	567	193	34	4	19	(9 | 10)	292	106	100	53	9	71	0	0	4	6	4	.60	14	.340	.393	.515
1985	New York	AL	155	633	174	34	6	26	(15 | 11)	298	105	114	52	8	96	0	0	4	19	7	.73	17	.275	.328	.471
1986	New York	AL	154	565	148	31	5	24	(12 | 12)	261	90	104	77	9	106	2	2	6	6	5	.55	20	.262	.349	.462
1987	New York	AL	156	575	158	22	1	27	(11 | 16)	263	83	97	76	5	96	0	1	3	5	6	.45	20	.275	.358	.457

Year	Team	Lg	G	AB	H	2B	3B	HR	(Hm	Rd)	TB	R	RBI	TBB	IBB	SO	HBP	SH	SF	SB	CS	SB%	GDP	Avg	OBP	SLG
1988	New York	AL	149	559	180	37	2	25	(12	13)	296	96	107	69	10	88	2	0	1	9	4	.69	19	.322	.398	.530
1990	2 ML Teams		132	475	127	21	2	21	(13	8)	215	70	78	52	3	81	2	1	7	0	1	.00	17	.267	.338	.453
1991	California	AL	150	568	149	27	4	28	(13	15)	268	75	86	56	4	109	1	2	6	7	2	.78	21	.262	.326	.472
1992	Toronto	AL	156	583	169	33	3	26	(13	13)	286	92	108	82	10	89	1	1	3	2	3	.40	10	.290	.377	.491
1993	Minnesota	AL	143	547	148	27	2	21	(12	9)	242	72	76	45	2	106	0	0	2	2	3	.40	15	.271	.325	.442
1994	Minnesota	AL	77	294	74	15	3	10	(5	5)	125	35	43	31	5	51	0	1	2	2	1	.67	7	.252	.321	.425
1990	New York	AL	20	61	13	3	0	2	(0	2)	22	7	6	4	0	13	1	0	1	0	0	.00	2	.213	.269	.361
	California	AL	112	414	114	18	2	19	(13	6)	193	63	72	48	3	68	1	1	6	0	1	.00	15	.275	.348	.466
21 ML YEARS			2927	10888	3088	535	88	463	(217	246)	5188	1658	1829	1202	170	1660	24	19	95	222	96	.70	314	.284	.353	.476

Bobby Witt

Pitches: Right **Bats:** Right **Pos:** SP **Ht:** 6' 2" **Wt:** 205 **Born:** 05/11/64 **Age:** 31

			HOW MUCH HE PITCHED					WHAT HE GAVE UP										THE RESULTS					
Year	Team	Lg	G	GS	CG	GF	IP	BFP	H	R	ER	HR	SH	SF	HB	TBB	IBB	SO	WP	Bk	W	L	Pct.	ShO	Sv	ERA
1986	Texas	AL	31	31	0	0	157.2	741	130	104	96	18	3	9	3	**143**	2	174	**22**	3	11	9	.550	0	0	5.48
1987	Texas	AL	26	25	1	0	143	673	114	82	78	10	5	5	3	**140**	1	160	7	2	8	10	.444	0	0	4.91
1988	Texas	AL	22	22	13	0	174.1	736	134	83	76	13	7	6	1	101	2	148	**16**	8	8	10	.444	2	0	3.92
1989	Texas	AL	31	31	5	0	194.1	869	182	123	**111**	14	11	8	2	**114**	3	166	7	4	12	13	.480	1	0	5.14
1990	Texas	AL	33	32	7	1	222	954	197	98	83	12	5	6	4	110	3	221	11	2	17	10	.630	1	0	3.36
1991	Texas	AL	17	16	1	0	88.2	413	84	66	60	4	3	4	1	74	1	82	8	0	3	7	.300	1	0	6.09
1992	2 ML Teams		31	31	0	0	193	848	183	99	92	16	7	10	2	114	2	125	9	1	10	14	.417	0	0	4.29
1993	Oakland	AL	35	33	5	0	220	950	226	112	103	16	9	8	3	91	5	131	8	1	14	13	.519	1	0	4.21
1994	Oakland	AL	24	24	5	0	135.2	618	151	88	76	22	2	7	5	70	4	111	6	1	8	10	.444	3	0	5.04
1992	Texas	AL	25	25	0	0	161.1	708	152	87	80	14	5	8	2	95	1	100	6	1	9	13	.409	0	0	4.46
	Oakland	AL	6	6	0	0	31.2	140	31	12	12	2	2	2	0	19	1	25	3	0	1	1	.500	0	0	3.41
9 ML YEARS			250	245	37	1	1528.2	6802	1401	855	775	125	52	63	24	957	23	1318	94	22	91	96	.487	9	0	4.56

Mark Wohlers

Pitches: Right **Bats:** Right **Pos:** RP **Ht:** 6' 4" **Wt:** 207 **Born:** 01/23/70 **Age:** 25

			HOW MUCH HE PITCHED					WHAT HE GAVE UP										THE RESULTS					
Year	Team	Lg	G	GS	CG	GF	IP	BFP	H	R	ER	HR	SH	SF	HB	TBB	IBB	SO	WP	Bk	W	L	Pct.	ShO	Sv	ERA
1991	Atlanta	NL	17	0	0	4	19.2	89	17	7	7	1	2	1	2	13	3	13	0	0	3	1	.750	0	2	3.20
1992	Atlanta	NL	32	0	0	16	35.1	140	28	11	10	0	5	1	1	14	4	17	1	0	1	2	.333	0	4	2.55
1993	Atlanta	NL	46	0	0	13	48	199	37	25	24	2	5	1	1	22	3	45	0	0	6	2	.750	0	0	4.50
1994	Atlanta	NL	51	0	0	15	51	236	51	35	26	1	4	6	0	33	9	58	2	0	7	2	.778	0	1	4.59
4 ML YEARS			146	0	0	48	154	664	133	78	67	4	16	9	4	82	19	133	3	0	17	7	.708	0	7	3.92

Tony Womack

Bats: Left **Throws:** Right **Pos:** 2B **Ht:** 5' 9" **Wt:** 153 **Born:** 09/25/69 **Age:** 25

									BATTING											BASERUNNING				PERCENTAGES		
Year	Team	Lg	G	AB	H	2B	3B	HR	(Hm	Rd)	TB	R	RBI	TBB	IBB	SO	HBP	SH	SF	SB	CS	SB%	GDP	Avg	OBP	SLG
1991	Welland	A	45	166	46	3	0	1	--	--	52	30	8	17	0	39	0	2	0	26	5	.84	1	.277	.344	.313
1992	Augusta	A	102	380	93	8	3	0	--	--	107	62	18	41	0	59	5	4	2	50	25	.67	2	.245	.325	.282
1993	Salem	A	72	304	91	11	3	2	--	--	114	41	18	13	0	34	2	2	1	28	14	.67	2	.299	.331	.375
	Carolina	AA	60	247	75	7	2	0	--	--	86	41	23	17	2	34	1	4	4	21	6	.78	3	.304	.346	.348
1994	Buffalo	AAA	106	421	93	9	2	0	--	--	106	40	18	19	2	76	0	12	2	41	10	.80	2	.221	.253	.252
1993	Pittsburgh	NL	15	24	2	0	0	0	(0	0)	2	5	0	3	0	3	0	1	0	2	0	1.00	0	.083	.185	.083
1994	Pittsburgh	NL	5	12	4	0	0	0	(0	0)	4	4	1	2	0	3	0	0	0	0	0	.00	0	.333	.429	.333
2 ML YEARS			20	36	6	0	0	0	(0	0)	6	9	1	5	0	6	0	1	0	2	0	1.00	0	.167	.268	.167

Brad Woodall

Pitches: Left **Bats:** Both **Pos:** SP **Ht:** 6' 0" **Wt:** 175 **Born:** 06/25/69 **Age:** 26

			HOW MUCH HE PITCHED					WHAT HE GAVE UP										THE RESULTS					
Year	Team	Lg	G	GS	CG	GF	IP	BFP	H	R	ER	HR	SH	SF	HB	TBB	IBB	SO	WP	Bk	W	L	Pct.	ShO	Sv	ERA
1991	Idaho Falls	R	28	0	0	23	39.1	160	29	9	6	1	2	1	0	19	1	57	7	1	4	1	.800	0	11	1.37
	Durham	A	4	0	0	2	7.1	29	4	3	2	1	0	0	0	4	0	14	0	0	0	0	.000	0	0	2.45
1992	Durham	A	24	0	0	16	42.1	163	30	11	10	3	3	1	1	11	1	51	1	2	1	2	.333	0	4	2.13
	Greenville	AA	21	1	0	10	39.1	155	26	15	14	1	0	2	0	17	2	45	4	0	3	4	.429	0	1	3.20
1993	Durham	A	6	5	1	0	30	120	21	10	10	2	0	1	2	6	1	27	4	0	3	1	.750	1	0	3.00
	Greenville	AA	8	7	1	1	53.1	220	43	24	20	1	6	0	2	24	0	38	6	1	2	4	.333	0	0	3.38
	Richmond	AAA	10	9	0	0	57.2	246	59	32	27	6	1	2	1	16	0	45	1	0	5	3	.625	0	0	4.21
1994	Richmond	AAA	27	27	4	0	185.2	750	159	62	50	14	2	0	2	49	2	137	7	0	15	6	.714	3	0	2.42
1994	Atlanta	NL	1	1	0	0	6	24	5	3	3	2	0	0	0	2	0	2	0	0	0	1	.000	0	0	4.50

Tim Worrell

Pitches: Right **Bats:** Right **Pos:** SP **Ht:** 6' 4" **Wt:** 220 **Born:** 07/05/67 **Age:** 27

			HOW MUCH HE PITCHED					WHAT HE GAVE UP								THE RESULTS					
Year	Team	Lg	G	GS	CG	GF	IP	BFP	H	R	ER	HR	SH	SF	HB	TBB	IBB	SO	WP	Bk	W	L	Pct.	ShO	Sv	ERA
1990	Chston-Sc	A	20	19	3	0	110.2	478	120	65	57	6	4	4	1	28	2	68	9	1	5	8	.385	0	0	4.64
1991	Waterloo	A	14	14	3	0	86.1	359	70	36	32	5	0	1	3	33	0	83	1	1	8	4	.667	2	0	3.34
	High Desert	A	11	11	2	0	63.2	283	65	32	30	2	3	2	2	33	0	70	3	0	5	2	.714	0	0	4.24
1992	Wichita	AA	19	19	1	0	125.2	508	115	46	40	8	1	3	2	32	0	109	1	3	8	6	.571	1	0	2.86
	Las Vegas	AAA	10	10	1	0	63.1	266	61	32	30	4	0	3	3	19	0	32	3	1	4	2	.667	1	0	4.26
1993	Las Vegas	AAA	15	14	2	0	87	382	102	61	53	13	2	5	2	26	1	89	2	0	5	6	.455	0	0	5.48
1993	San Diego	NL	21	16	0	1	100.2	443	104	63	55	11	8	5	0	43	5	52	3	0	2	7	.222	0	0	4.92
1994	San Diego	NL	3	3	0	0	14.2	59	9	7	6	0	0	1	0	5	0	14	0	0	0	1	.000	0	0	3.68
	2 ML YEARS		24	19	0	1	115.1	502	113	70	61	11	8	6	0	48	5	66	3	0	2	8	.200	0	0	4.76

Todd Worrell

Pitches: Right **Bats:** Right **Pos:** RP **Ht:** 6' 5" **Wt:** 230 **Born:** 09/28/59 **Age:** 35

			HOW MUCH HE PITCHED					WHAT HE GAVE UP								THE RESULTS					
Year	Team	Lg	G	GS	CG	GF	IP	BFP	H	R	ER	HR	SH	SF	HB	TBB	IBB	SO	WP	Bk	W	L	Pct.	ShO	Sv	ERA
1985	St. Louis	NL	17	0	0	11	21.2	88	17	7	7	2	0	2	0	7	2	17	2	0	3	0	1.000	0	5	2.91
1986	St. Louis	NL	74	0	0	60	103.2	430	86	29	24	9	7	6	1	41	16	73	1	0	9	10	.474	0	36	2.08
1987	St. Louis	NL	75	0	0	54	94.2	395	86	29	28	8	4	2	0	34	11	92	1	0	8	6	.571	0	33	2.66
1988	St. Louis	NL	68	0	0	54	90	366	69	32	30	7	3	5	1	34	14	78	6	2	5	9	.357	0	32	3.00
1989	St. Louis	NL	47	0	0	39	51.2	219	42	21	17	4	3	1	0	26	13	41	3	3	3	5	.375	0	20	2.96
1992	St. Louis	NL	67	0	0	14	64	256	45	15	15	4	3	0	1	25	5	64	1	1	5	3	.625	0	3	2.11
1993	Los Angeles	NL	35	0	0	22	38.2	167	46	28	26	6	3	6	0	11	1	31	1	0	1	1	.500	0	5	6.05
1994	Los Angeles	NL	38	0	0	27	42	173	37	21	20	4	1	2	1	12	1	44	1	0	6	5	.545	0	11	4.29
	8 ML YEARS		421	0	0	281	506.1	2094	428	182	167	44	24	24	4	190	63	440	16	6	40	39	.506	0	145	2.97

Rick Wrona

Bats: Right **Throws:** Right **Pos:** C **Ht:** 6' 0" **Wt:** 195 **Born:** 12/10/63 **Age:** 31

			BATTING															BASERUNNING				PERCENTAGES		
Year	Team	Lg	G	AB	H	2B	3B	HR	(Hm	Rd)	TB	R	RBI	TBB	IBB	SO	HBP	SH	SF	SB	CS	SB%	GDP	Avg	OBP	SLG
1994	Indianapols *	AAA	6	21	6	0	0	0	--	--	6	2	0	0	0	6	2	0	0	0	0	.00	1	.286	.348	.286
	New Orleans *	AAA	53	158	39	8	3	1	--	--	56	20	21	7	0	33	2	2	1	2	1	.67	8	.247	.286	.354
1988	Chicago	NL	4	6	0	0	0	0	(0	0)	0	0	0	0	0	1	0	0	0	0	0	.00	0	.000	.000	.000
1989	Chicago	NL	38	92	26	2	1	2	(0	2)	36	11	14	2	0	21	1	0	0	0	0	.00	1	.283	.299	.391
1990	Chicago	NL	16	29	5	0	0	0	(0	0)	5	3	0	2	1	11	0	1	0	1	0	1.00	0	.172	.226	.172
1992	Cincinnati	NL	11	23	4	0	0	0	(0	0)	4	0	0	0	0	3	0	0	0	0	0	.00	2	.174	.174	.174
1993	Chicago	AL	4	8	1	0	0	0	(0	0)	1	0	1	0	0	4	0	0	0	0	0	.00	0	.125	.125	.125
1994	Milwaukee	AL	6	10	5	4	0	1	(0	1)	12	2	3	1	0	1	0	1	0	0	0	.00	0	.500	.545	1.200
	6 ML YEARS		79	168	41	6	1	3	(0	3)	58	16	18	5	2	41	1	2	2	1	0	1.00	3	.244	.267	.345

Anthony Young

Pitches: Right **Bats:** Right **Pos:** SP **Ht:** 6' 2" **Wt:** 200 **Born:** 01/19/66 **Age:** 29

			HOW MUCH HE PITCHED					WHAT HE GAVE UP								THE RESULTS					
Year	Team	Lg	G	GS	CG	GF	IP	BFP	H	R	ER	HR	SH	SF	HB	TBB	IBB	SO	WP	Bk	W	L	Pct.	ShO	Sv	ERA
1991	New York	NL	10	8	0	2	49.1	202	48	20	17	4	1	1	1	12	1	20	1	0	2	5	.286	0	0	3.10
1992	New York	NL	52	13	2	26	121	517	134	66	56	8	11	4	1	31	5	64	3	1	2	14	.125	0	15	4.17
1993	New York	NL	39	10	1	19	100.1	445	103	62	42	8	11	3	1	42	9	62	0	2	1	16	.059	0	3	3.77
1994	Chicago	NL	20	19	0	0	114.2	474	103	57	50	12	6	3	0	46	2	65	4	1	4	6	.400	0	0	3.92
	4 ML YEARS		121	50	2	47	385.1	1638	388	205	165	32	29	11	3	131	17	211	8	4	9	41	.180	0	18	3.85

Eric Young

Bats: Right **Throws:** Right **Pos:** LF **Ht:** 5' 9" **Wt:** 180 **Born:** 05/18/67 **Age:** 28

			BATTING															BASERUNNING				PERCENTAGES		
Year	Team	Lg	G	AB	H	2B	3B	HR	(Hm | Rd)	TB	R	RBI	TBB	IBB	SO	HBP	SH	SF	SB	CS	SB%	GDP	Avg	OBP	SLG
1992	Los Angeles	NL	49	132	34	1	0	1	(0 | 1)	38	9	11	8	0	9	0	4	0	6	1	.86	3	.258	.300	.288
1993	Colorado	NL	144	490	132	16	8	3	(3 | 0)	173	82	42	63	3	41	4	4	4	42	19	.69	9	.269	.355	.353
1994	Colorado	NL	90	228	62	13	1	7	(6 | 1)	98	37	30	38	1	17	2	5	2	18	7	.72	3	.272	.378	.430
	3 ML YEARS		283	850	228	30	9	11	(9 | 2)	309	128	83	109	4	67	6	13	6	66	27	.71	15	.268	.353	.364

Ernie Young

Bats: Right **Throws:** Right **Pos:** LF **Ht:** 6' 1" **Wt:** 190 **Born:** 07/08/69 **Age:** 25

					BATTING														BASERUNNING				PERCENTAGES		
Year	Team	Lg	G	AB	H	2B	3B	HR	(Hm | Rd)	TB	R	RBI	TBB	IBB	SO	HBP	SH	SF	SB	CS	SB%	GDP	Avg	OBP	SLG
1990	Sou Oregon	A	50	168	47	6	2	6	--	--	75	34	23	28	2	53	3	0	2	4	4	.50	2	.280	.388	.446
1991	Madison	A	114	362	92	19	2	15	--	--	160	75	71	58	0	115	9	9	6	20	9	.69	4	.254	.366	.442
1992	Modesto	A	74	253	63	12	4	11	--	--	116	55	33	47	1	74	6	2	1	11	3	.79	5	.249	.378	.458
1993	Modesto	A	85	301	92	18	6	23	--	--	191	83	71	72	0	92	4	0	3	23	7	.77	2	.306	.442	.635
	Huntsville	AA	45	120	25	5	0	5	--	--	45	26	15	24	0	36	2	2	2	8	5	.62	1	.208	.345	.375
1994	Tacoma	AAA	29	102	29	4	0	6	--	--	51	19	16	13	0	27	2	0	2	0	5	.00	3	.284	.370	.500
	Huntsville	AA	72	257	89	19	4	14	--	--	158	45	55	37	2	45	2	2	4	5	6	.45	6	.346	.427	.615
1994	Oakland	AL	11	30	2	1	0	0	(0 | 0)	3	2	3	1	0	8	0	0	0	0	0	.00	1	.067	.097	.100

Gerald Young

Bats: Both **Throws:** Right **Pos:** CF **Ht:** 6' 2" **Wt:** 185 **Born:** 10/22/64 **Age:** 30

					BATTING														BASERUNNING				PERCENTAGES		
Year	Team	Lg	G	AB	H	2B	3B	HR	(Hm | Rd)	TB	R	RBI	TBB	IBB	SO	HBP	SH	SF	SB	CS	SB%	GDP	Avg	OBP	SLG
1994	Louisville*	AAA	83	321	99	29	3	5	--	--	149	57	35	49	0	28	0	0	3	12	11	.52	4	.308	.397	.464
1987	Houston	NL	71	274	88	9	2	1	(0 | 1)	104	44	15	26	0	27	1	0	2	26	9	.74	1	.321	.380	.380
1988	Houston	NL	149	576	148	21	9	0	(0 | 0)	187	79	37	66	1	66	3	5	5	65	27	.71	10	.257	.334	.325
1989	Houston	NL	146	533	124	17	3	0	(0 | 0)	147	71	38	74	4	60	2	6	5	34	25	.58	7	.233	.326	.276
1990	Houston	NL	57	154	27	4	1	0	(1 | 0)	36	15	4	20	0	23	0	4	1	6	3	.67	3	.175	.269	.234
1991	Houston	NL	108	142	31	3	1	1	(0 | 1)	39	26	11	24	0	17	0	1	2	16	5	.76	3	.218	.327	.275
1992	Houston	NL	74	76	14	1	1	0	(0 | 0)	17	14	4	10	0	11	0	4	0	6	2	.75	2	.184	.279	.224
1993	Colorado	NL	19	19	1	0	0	0	(0 | 0)	1	5	1	4	0	1	0	0	0	0	1	.00	2	.053	.217	.053
1994	St. Louis	NL	16	41	13	3	2	0	(0 | 0)	20	5	3	3	0	8	0	0	0	2	1	.67	1	.317	.364	.488
	8 ML YEARS		640	1815	446	58	19	3	(1 | 2)	551	259	113	227	5	213	6	20	15	155	73	.68	29	.246	.329	.304

Kevin Young

Bats: Right **Throws:** Right **Pos:** 1B/3B **Ht:** 6' 2" **Wt:** 219 **Born:** 06/16/69 **Age:** 26

					BATTING														BASERUNNING				PERCENTAGES		
Year	Team	Lg	G	AB	H	2B	3B	HR	(Hm | Rd)	TB	R	RBI	TBB	IBB	SO	HBP	SH	SF	SB	CS	SB%	GDP	Avg	OBP	SLG
1994	Buffalo*	AAA	60	228	63	14	5	5	--	--	102	26	27	15	0	45	3	0	2	6	2	.75	5	.276	.327	.447
1992	Pittsburgh	NL	10	7	4	0	0	0	(0 | 0)	4	2	4	2	0	0	0	0	0	1	0	1.00	0	.571	.667	.571
1993	Pittsburgh	NL	141	449	106	24	3	6	(6 | 0)	154	38	47	36	3	82	9	5	9	2	2	.50	10	.236	.300	.343
1994	Pittsburgh	NL	59	122	25	7	2	1	(1 | 0)	39	15	11	8	2	34	1	2	1	0	2	.00	3	.205	.258	.320
	3 ML YEARS		210	578	135	31	5	7	(7 | 0)	197	55	62	46	5	116	10	7	10	3	4	.43	13	.234	.297	.341

Eddie Zambrano

Bats: Right **Throws:** Right **Pos:** RF **Ht:** 6' 3" **Wt:** 200 **Born:** 02/01/66 **Age:** 29

					BATTING														BASERUNNING				PERCENTAGES		
Year	Team	Lg	G	AB	H	2B	3B	HR	(Hm | Rd)	TB	R	RBI	TBB	IBB	SO	HBP	SH	SF	SB	CS	SB%	GDP	Avg	OBP	SLG
1990	Kinston	A	63	204	50	7	2	3	--	--	70	26	30	29	1	36	1	1	2	1	3	.25	6	.245	.339	.343
1991	Carolina	AA	83	269	68	17	3	3	--	--	100	28	39	22	0	57	4	2	7	4	2	.67	4	.253	.311	.372
	Buffalo	AAA	48	144	49	8	5	3	--	--	76	19	35	17	1	25	2	2	4	1	1	.50	1	.340	.407	.528
1992	Buffalo	AAA	126	394	112	22	4	16	--	--	190	47	79	51	2	75	4	3	5	3	2	.60	7	.284	.368	.482
1993	Iowa	AAA	133	469	142	29	2	32	--	--	271	95	115	54	11	93	6	2	7	10	7	.59	10	.303	.377	.578
1993	Chicago	NL	8	17	5	0	0	0	(0 | 0)	5	1	2	1	0	3	0	0	0	0	0	.00	1	.294	.333	.294
1994	Chicago	NL	67	116	30	7	0	6	(1 | 5)	55	17	18	16	0	29	1	0	0	2	1	.67	3	.259	.353	.474
	2 ML YEARS		75	133	35	7	0	6	(1 | 5)	60	18	20	17	0	32	1	0	0	2	1	.67	4	.263	.351	.451

Todd Zeile

Bats: Right **Throws:** Right **Pos:** 3B **Ht:** 6' 1" **Wt:** 190 **Born:** 09/09/65 **Age:** 29

					BATTING														BASERUNNING				PERCENTAGES		
Year	Team	Lg	G	AB	H	2B	3B	HR	(Hm | Rd)	TB	R	RBI	TBB	IBB	SO	HBP	SH	SF	SB	CS	SB%	GDP	Avg	OBP	SLG
1989	St. Louis	NL	28	82	21	3	1	1	(0 | 1)	29	7	8	9	1	14	0	1	1	0	0	.00	1	.256	.326	.354
1990	St. Louis	NL	144	495	121	25	3	15	(8 | 7)	197	62	57	67	3	77	2	0	6	2	4	.33	11	.244	.333	.398
1991	St. Louis	NL	155	565	158	36	3	11	(7 | 4)	233	76	81	62	3	94	5	0	6	17	11	.61	15	.280	.353	.412
1992	St. Louis	NL	126	439	113	18	4	7	(4 | 3)	160	51	48	68	4	70	0	0	7	7	10	.41	11	.257	.352	.364
1993	St. Louis	NL	157	571	158	36	1	17	(8 | 9)	247	82	103	70	5	76	0	0	6	5	4	.56	15	.277	.352	.433
1994	St. Louis	NL	113	415	111	25	1	19	(9 | 10)	195	62	75	52	3	56	3	0	7	1	3	.25	13	.267	.348	.470
	6 ML YEARS		723	2567	682	143	13	70	(36 | 34)	1061	340	372	328	19	387	10	1	33	32	32	.50	66	.266	.347	.413

Bob Zupcic

Bats: Right **Throws:** Right **Pos:** LF/RF **Ht:** 6' 4" **Wt:** 220 **Born:** 08/18/66 **Age:** 28

									BATTING										BASERUNNING				PERCENTAGES		
Year	Team	Lg	G	AB	H	2B	3B	HR	(Hm | Rd)	TB	R	RBI	TBB	IBB	SO	HBP	SH	SF	SB	CS	SB%	GDP	Avg	OBP	SLG
1994	Pawtucket*	AAA	9	25	7	0	0	0	--	--	7	7	3	4	1	4	0	0	0	0	1	.00	0	.280	.379	.280
	Nashville*	AAA	5	18	6	1	0	1	--	--	10	3	3	3	0	4	0	0	0	1	1	.50	1	.333	.429	.556
1991	Boston	AL	18	25	4	0	0	1	(1 | 0)	7	3	3	1	0	6	0	1	0	0	0	.00	0	.160	.192	.280
1992	Boston	AL	124	392	108	19	1	3	(3 | 0)	138	46	43	25	1	60	4	7	4	2	2	.50	6	.276	.322	.352
1993	Boston	AL	141	286	69	24	2	2	(1 | 1)	103	40	26	27	2	54	2	8	3	5	2	.71	7	.241	.308	.360
1994	2 ML Teams		36	92	18	4	1	1	(0 | 1)	27	10	8	4	0	17	0	4	1	0	1	.00	2	.196	.227	.293
1994	Boston	AL	4	4	0	0	0	0	(0 | 0)	0	0	0	0	0	1	0	0	0	0	1	.00	0	.000	.000	.000
	Chicago	AL	32	88	18	4	1	1	(0 | 1)	27	10	8	4	0	16	0	4	1	0	0	.00	2	.205	.237	.307
	4 ML YEARS		319	795	199	47	4	7	(5 | 2)	275	99	80	57	3	137	6	20	8	7	5	.58	15	.250	.303	.346

1994 Team Statistics

American League Batting

Team	G	AB	H	2B	3B	HR	(Hm	Rd)	TB	R	RBI	TBB	IBB	SO	HBP	SH	SF	SB	CS	SB%	GDP	Avg	OBP	SLG
Cleveland	113	4022	1165	240	20	167	(87	80)	1946	679	647	382	40	629	18	33	38	131	48	.73	81	.290	.351	.484
New York	113	3986	1155	238	16	139	(63	76)	1842	670	632	530	34	660	31	27	37	55	40	.58	111	.290	.374	.462
Detroit	115	3955	1048	216	25	161	(85	76)	1797	652	622	520	28	897	34	17	48	46	33	.58	85	.265	.352	.454
Chicago	113	3942	1133	175	39	121	(62	59)	1749	633	602	497	47	568	20	51	46	77	27	.74	89	.287	.366	.444
Texas	114	3983	1114	198	27	124	(63	61)	1738	613	582	437	37	730	36	41	34	82	35	.70	94	.280	.353	.436
Minnesota	113	3952	1092	239	23	103	(48	55)	1686	594	556	359	26	635	41	22	34	94	30	.76	93	.276	.340	.427
Baltimore	112	3856	1047	185	20	139	(75	64)	1689	589	557	438	23	655	39	16	35	69	13	.84	89	.272	.349	.438
Kansas City	115	3911	1051	211	38	100	(41	59)	1638	574	538	376	23	698	33	32	38	140	62	.69	72	.269	.335	.419
Seattle	112	3883	1045	211	18	153	(63	90)	1751	569	549	372	42	652	26	48	32	48	21	.70	86	.269	.335	.451
Toronto	115	3962	1064	210	30	115	(63	52)	1679	566	534	387	34	691	38	30	44	79	26	.75	96	.269	.336	.424
Boston	115	3940	1038	222	19	120	(68	52)	1658	552	523	404	40	723	31	38	33	81	38	.68	86	.263	.334	.421
Oakland	114	3885	1009	178	13	113	(51	62)	1552	549	515	417	21	686	18	24	51	91	39	.70	78	.260	.330	.399
Milwaukee	115	3978	1045	238	21	99	(48	51)	1622	547	510	417	30	680	33	28	38	59	37	.61	84	.263	.335	.408
California	115	3943	1042	178	16	120	(74	46)	1612	543	518	402	24	715	27	42	29	65	54	.55	84	.264	.334	.409
American	797	55198	15048	2939	325	1774	(891	883)	23959	8330	7885	5938	449	9619	425	449	537	1117	503	.69	1228	.273	.345	.434

American League Pitching

Team	G	GS	CG	GF	IP	BFP	H	R	ER	HR	SH	SF	HB	TBB	IBB	SO	WP	Bk	W	L	Pct.	ShO	Sv	ERA
Baltimore	112	112	13	99	997.2	4265	1005	497	478	131	35	36	26	351	25	666	18	1	63	49	.563	4	37	4.31
Chicago	113	113	13	100	1011.1	4310	964	498	445	115	32	32	17	377	24	754	19	3	67	46	.593	9	20	3.96
Kansas City	115	115	5	110	1031.2	4428	1018	532	485	95	34	49	33	392	31	717	60	5	64	51	.557	6	38	4.23
New York	113	113	8	105	1019.2	4406	1045	534	492	120	31	36	21	398	24	656	46	4	70	43	.619	2	31	4.34
Cleveland	113	113	17	96	1018.2	4488	1097	562	494	94	25	36	41	404	28	666	58	6	66	47	.584	5	21	4.36
Toronto	115	115	13	102	1025	4536	1053	579	535	127	29	38	32	482	23	832	54	7	55	60	.478	4	26	4.70
Milwaukee	115	115	11	104	1036	4493	1071	586	532	127	24	37	29	421	28	577	30	6	53	62	.461	3	23	4.62
Oakland	114	114	12	102	1003.1	4423	979	589	535	128	37	36	34	510	30	732	42	12	51	63	.447	9	23	4.80
Seattle	112	112	13	99	984	4411	1051	616	546	109	28	33	28	486	39	763	41	1	49	63	.438	7	21	4.99
Boston	115	115	6	109	1029.1	4553	1104	621	564	120	34	42	31	450	46	729	46	4	54	61	.470	3	30	4.93
California	115	115	11	104	1027	4566	1149	660	618	150	35	41	45	436	28	682	48	8	47	68	.409	4	21	5.42
Detroit	115	115	15	100	1018	4572	1169	671	609	148	35	31	25	449	74	560	59	2	53	62	.461	1	20	5.38
Minnesota	113	113	6	107	1005	4507	1197	688	634	153	34	44	31	388	20	602	43	4	53	60	.469	4	29	5.68
Texas	114	114	10	104	1023	4595	1176	697	620	157	36	46	32	394	29	683	50	5	52	62	.456	4	26	5.45
American	797	797	153	644	14229.2	62553	15048	8330	7587	1774	449	537	425	5938	449	9619	614	68	797	797	.500	65	366	4.80

American League Fielding

Team	G	PO	A	E	TC	DP	AVG
Baltimore	112	2993	1127	57	4177	103	.986
California	115	3081	1196	76	4353	110	.983
Minnesota	113	3015	1186	75	4276	99	.982
New York	113	3059	1326	80	4465	122	.982
Kansas City	115	3095	1253	80	4428	102	.982
Boston	115	3088	1193	81	4362	124	.981
Detroit	115	3054	1261	82	4397	90	.981
Milwaukee	115	3108	1302	85	4495	130	.981
Toronto	115	3075	1058	81	4214	105	.981
Chicago	113	3034	991	79	4104	91	.981
Cleveland	113	3056	1289	90	4435	119	.980
Oakland	114	3010	1122	88	4220	105	.979
Seattle	112	2952	1167	95	4214	102	.977
Texas	114	3069	1262	106	4437	106	.976
American	797	42689	16733	1155	60577	1508	.981

National League Batting

Team	G	AB	H	2B	3B	HR	(Hm	Rd)	TB	R	RBI	TBB	IBB	SO	HBP	SH	SF	SB	CS	SB%	GDP	Avg	OBP	SLG
Cincinnati	115	3999	1142	211	36	124	(59	65)	1797	609	569	388	51	738	29	53	42	119	51	.70	81	.286	.350	.449
Houston	115	3955	1099	252	25	120	(57	63)	1761	602	573	394	58	718	43	73	35	124	44	.74	73	.278	.347	.445
Montreal	114	4000	1111	246	30	108	(42	66)	1741	585	542	379	39	669	40	53	42	137	36	.79	76	.278	.343	.435
Colorado	117	4006	1098	206	39	125	(59	66)	1757	573	540	378	33	761	23	50	36	91	53	.63	96	.274	.337	.439
Atlanta	114	3861	1031	198	18	137	(61	76)	1676	542	510	377	39	668	22	60	29	48	31	.61	103	.267	.333	.434
St. Louis	115	3902	1026	213	27	108	(50	58)	1617	535	506	434	48	686	33	44	37	76	46	.62	77	.263	.339	.414
Los Angeles	114	3904	1055	160	29	115	(47	68)	1618	532	505	366	33	687	19	51	31	74	37	.67	89	.270	.333	.414
Philadelphia	115	3927	1028	208	28	80	(45	35)	1532	521	484	396	44	711	31	51	31	67	24	.74	94	.262	.332	.390
New York	113	3869	966	164	21	117	(53	64)	1523	506	477	336	40	807	52	59	31	25	26	.49	70	.250	.316	.394
San Francisco	115	3869	963	159	32	123	(56	67)	1555	504	472	364	47	719	39	65	27	114	40	.74	72	.249	.318	.402
Chicago	113	3918	1015	189	26	109	(47	62)	1583	500	464	364	26	750	27	54	23	69	53	.57	84	.259	.325	.404
San Diego	117	4068	1117	200	19	92	(51	41)	1631	479	445	319	47	762	31	67	33	79	37	.68	112	.275	.330	.401
Florida	115	3926	1043	180	24	94	(46	48)	1553	468	451	349	25	746	40	42	30	65	26	.71	82	.266	.330	.396
Pittsburgh	114	3864	1001	198	23	80	(45	35)	1485	466	435	349	29	725	22	36	28	53	25	.68	88	.259	.322	.384
National	803	55068	14695	2784	377	1532	(718	814)	22829	7422	6973	5193	559	10147	451	758	455	1141	529	.68	1197	.267	.333	.415

National League Pitching

Team	G	GS	CG	GF	IP	BFP	H	R	ER	HR	SH	SF	HB	TBB	IBB	SO	WP	Bk	W	L	Pct.	ShO	Sv	ERA
Atlanta	114	114	16	98	1026.1	4322	929	448	407	76	48	37	22	378	52	865	35	10	68	46	.596	8	26	3.57
Montreal	114	114	4	110	1036.2	4329	970	454	410	100	44	36	38	288	28	805	32	2	74	40	.649	8	46	3.56
Cincinnati	115	115	6	109	1038.1	4411	1037	490	436	117	56	24	27	339	23	799	41	10	66	48	.579	6	27	3.78
Philadelphia	115	115	7	108	1024.1	4438	1028	497	438	98	63	34	28	377	28	699	45	6	54	61	.470	6	30	3.85
San Francisco	115	115	2	113	1025.1	4369	1014	500	454	122	53	38	37	372	40	655	32	8	55	60	.478	4	33	3.99
Houston	115	115	9	106	1029.2	4412	1043	503	454	102	50	31	34	367	34	739	35	6	66	49	.574	6	29	3.97
Los Angeles	114	114	14	100	1014	4369	1041	509	470	90	52	31	33	354	36	732	42	7	58	56	.509	5	20	4.17
New York	113	113	7	106	1023	4383	1069	526	470	117	51	33	21	332	48	640	26	6	55	58	.487	3	35	4.13
San Diego	117	117	8	109	1045.2	4503	1008	531	474	99	66	24	25	393	62	862	48	5	47	70	.402	6	27	4.08
Chicago	113	113	5	108	1023.2	4413	1054	549	508	120	46	27	19	392	35	717	41	6	49	64	.434	5	27	4.47
Florida	115	115	5	110	1015	4474	1069	576	507	120	68	38	39	428	50	649	57	13	51	64	.443	7	30	4.50
Pittsburgh	114	114	8	106	1005.2	4393	1094	580	518	117	51	37	41	370	52	650	24	11	53	61	.465	2	24	4.64
St. Louis	115	115	7	108	1018	4470	1154	621	581	134	57	31	38	355	28	632	40	5	53	61	.465	7	29	5.14
Colorado	117	117	4	113	1031	4644	1185	638	590	120	53	34	49	448	43	703	50	11	53	64	.453	5	28	5.15
National	803	803	102	701	14356.2	61930	14695	7422	6717	1532	758	455	451	5193	559	10147	548	106	802	802	.500	78	411	4.21

National League Fielding

Team	G	PO	A	E	TC	DP	AVG
San Francisco	115	3076	1275	68	4419	113	.985
Cincinnati	115	3115	1180	73	4368	91	.983
Houston	115	3089	1263	76	4428	110	.983
St. Louis	115	3054	1260	80	4394	119	.982
Chicago	113	3071	1257	81	4409	110	.982
Atlanta	114	3079	1232	81	4392	85	.982
Colorado	117	3093	1259	84	4436	117	.981
New York	113	3069	1285	89	4443	112	.980
Los Angeles	114	3042	1244	88	4374	104	.980
Pittsburgh	114	3017	1337	91	4445	131	.980
Montreal	114	3110	1178	94	4382	90	.979
Philadelphia	115	3073	1144	94	4311	96	.978
Florida	115	3045	1208	95	4348	111	.978
San Diego	117	3137	1201	111	4449	81	.975
National	803	43070	17323	1205	61598	1471	.980

1994 Fielding Stats

"Big League Fielding Statistics Do Make Sense." That was the title of a Bill James article in *Baseball Digest* nearly two decades ago, and we hope it applies to the following section as well. Bill's piece was an early espousal of range factors as a legitimate method of evaluating defensive prowess. The original range factor was simply total chances per game played, but the range factor (Rng) you'll find here is a bit more precise: total chances per nine innings. You'll also find all the old standards, like assists, errors, double plays . . . you know the drill. One thing you won't find in other sources are our "special" catcher stats, including stolen-base data and one of our personal favorites, Catcher ERA.

The only important things you need to know before digging in are these: All the fielding stats are unofficial—an assist here or a putout there may change when the official stats arrive in December, but these are very close as they are. The regulars are sorted by range factor, except for the first basemen and the catchers in the first catcher section, who are sorted by fielding percentage. The catchers in the special catcher section are sorted by Catcher ERA (CERA). Remember to consider the pitching staff when looking at those CERAs. (No matter how good you call pitches, it's tough to have a good CERA if you play for the Rockies.) And finally, ties in range or percentage are, in reality, not ties at all, just numbers that don't show enough digits to be unique.

First Basemen - Regulars

Player	Tm	G	Inn	PO	A	E	DP	Pct.	Rng
Mattingly, Don	NYA	97	836.2	916	66	2	95	.998	---
Martinez, Tino	Sea	82	699.2	705	45	2	62	.997	---
Hrbek, Kent	Min	72	578.2	567	41	2	51	.997	---
Snow, J.T.	Cal	61	540.1	489	37	2	56	.996	---
Palmeiro, Rafael	Bal	111	976.2	958	67	4	86	.996	---
Segui, David	NYN	78	625.0	665	51	3	65	.996	---
Sorrento, Paul	Cle	86	759.2	798	58	4	79	.995	---
Kruk, John	Phi	69	585.1	540	46	3	45	.995	---
Benzinger, Todd	SF	99	757.0	781	55	5	69	.994	---
Morris, Hal	Cin	112	964.1	899	77	6	76	.994	---
McGriff, Fred	Atl	112	996.1	1004	66	7	73	.994	---
Olerud, John	Tor	104	900.0	823	68	6	82	.993	---
Grace, Mark	ChN	103	905.2	925	76	7	90	.993	---
Fielder, Cecil	Det	102	852.0	887	108	7	72	.993	---
Jefferies, Gregg	StL	102	865.1	890	52	7	91	.993	---
Galarraga, Andres	Col	103	901.1	954	64	8	89	.992	---
Bagwell, Jeff	Hou	109	945.2	923	117	9	93	.991	---
Floyd, Cliff	Mon	77	563.2	527	40	5	43	.991	---
Karros, Eric	LA	109	930.1	896	116	9	80	.991	---
Thomas, Frank	ChA	99	867.0	735	45	7	74	.991	---
Joyner, Wally	KC	86	744.0	779	64	8	68	.991	---
Clark, Will	Tex	107	920.0	968	73	10	85	.990	---
Vaughn, Mo	Bos	107	920.1	879	57	10	103	.989	---
Jaha, John	Mil	73	626.0	660	47	8	60	.989	---
Average	---	94	802.1	798	64	5	74	.993	---

First Basemen - The Rest

Player	Tm	G	Inn	PO	A	E	DP	Pct.	Rng
Aldrete, Mike	Oak	27	184.0	171	14	1	15	.995	---
Amaral, Rich	Sea	2	3.0	4	0	0	0	1.000	---
Ausmus, Brad	SD	1	2.0	3	0	0	0	1.000	---
Barnes, Skeeter	Det	15	23.1	19	1	0	2	1.000	---
Bean, Billy	SD	16	69.0	50	5	0	3	1.000	---
Benavides, Freddie	Mon	3	7.0	8	0	0	1	1.000	---
Berroa, Geronimo	Oak	9	52.0	51	1	1	5	.981	---
Blowers, Mike	Sea	20	127.0	98	10	0	11	1.000	---
Bogar, Tim	NYN	14	58.2	57	6	0	6	1.000	---
Boggs, Wade	NYA	4	28.1	26	4	0	2	1.000	---
Bowie, Jim	Oak	6	37.0	44	2	0	5	1.000	---
Branson, Jeff	Cin	2	6.0	5	0	0	0	1.000	---
Bream, Sid	Hou	10	62.1	60	11	1	8	.986	---
Brogna, Rico	NYN	35	296.1	308	28	1	29	.997	---
Brooks, Hubie	KC	4	27.1	33	1	0	3	1.000	---
Brosius, Scott	Oak	1	9.0	10	0	0	1	1.000	---
Brunansky, Tom	Mil	2	20.0	22	1	0	3	1.000	---
Brunansky, Tom	Bos	5	31.0	34	0	0	4	1.000	---
Buechele, Steve	ChN	6	43.2	45	7	0	1	1.000	---
Castilla, Vinny	Col	2	13.0	12	0	0	2	1.000	---
Cianfrocco, Archi	SD	16	43.2	37	6	0	5	1.000	---
Clark, Phil	SD	24	148.0	115	13	1	14	.992	---
Colbrunn, Greg	Fla	41	329.2	303	26	4	28	.988	---
Coles, Darnell	Tor	10	62.0	48	2	2	6	.962	---
Conine, Jeff	Fla	46	223.0	227	20	1	19	.996	---
Coolbaugh, Scott	StL	4	21.0	24	0	0	3	1.000	---
Destrade, Orestes	Fla	37	292.1	273	19	5	29	.983	---
Donnels, Chris	Hou	4	17.2	24	2	0	2	1.000	---
Dorsett, Brian	Cin	1	3.0	1	0	0	0	1.000	---
Duncan, Mariano	Phi	6	29.0	25	2	0	1	1.000	---
Dunn, Steve	Min	12	81.0	91	8	1	11	.990	---
Edmonds, Jim	Cal	22	162.1	156	11	0	10	1.000	---
Espinoza, Alvaro	Cle	3	6.0	2	0	0	0	1.000	---
Foley, Tom	Pit	3	5.1	5	2	0	1	1.000	---
Franco, Julio	ChA	14	115.0	88	7	3	9	.969	---
Frazier, Lou	Mon	1	0.1	1	0	0	0	1.000	---
Gaetti, Gary	KC	9	48.0	38	4	0	5	1.000	---
Gallagher, Dave	Atl	1	8.0	6	3	0	1	1.000	---
Gates, Brent	Oak	1	7.0	7	0	1	0	.875	---
Gomez, Leo	Bal	1	2.0	2	2	0	0	1.000	---
Gonzales, Rene	Cle	4	6.0	9	0	0	2	1.000	---
Greer, Rusty	Tex	9	67.0	57	2	2	8	.967	---
Hale, Chip	Min	7	31.1	28	1	0	3	1.000	---
Hamelin, Bob	KC	24	212.1	234	18	2	11	.992	---
Harris, Lenny	Cin	4	15.0	17	1	0	0	1.000	---
Hemond, Scott	Oak	7	39.0	35	2	1	4	.974	---
Howitt, Dann	ChA	4	14.0	11	1	0	1	1.000	---
Hudler, Rex	Cal	1	2.0	4	0	0	1	1.000	---
Hunter, Brian	Pit	59	438.1	488	38	5	48	.991	---
Hunter, Brian	Cin	1	9.0	12	1	0	0	1.000	---
Hyers, Tim	SD	41	254.2	258	23	4	19	.986	---
Javier, Stan	Oak	1	3.0	3	0	0	1	1.000	---
Jefferson, Reggie	Sea	13	94.1	92	10	2	14	.981	---
Johnson, Brian	SD	5	3.2	3	0	0	1	1.000	---
Johnson, Howard	Col	1	9.0	8	0	0	0	1.000	---
Jordan, Brian	StL	1	2.0	0	1	0	0	1.000	---
Jordan, Ricky	Phi	49	410.0	430	14	3	41	.993	---
Kingery, Mike	Col	1	3.0	2	0	0	1	1.000	---
Klesko, Ryan	Atl	6	22.0	22	0	1	1	.957	---
Kreuter, Chad	Det	1	1.0	1	0	0	0	1.000	---
Leyritz, Jim	NYA	10	70.0	80	5	0	6	1.000	---
Lindeman, Jim	NYN	4	23.0	20	1	1	4	.955	---
Litton, Greg	Bos	3	8.0	6	2	0	1	1.000	---
Livingstone, Scott	Det	6	7.0	6	0	0	1	1.000	---
Magadan, Dave	Fla	16	104.1	106	7	0	7	1.000	---
Maksudian, Mike	ChN	3	19.0	13	2	0	3	1.000	---
Martinez, Dave	SF	25	170.0	169	15	3	16	.984	---
McCarty, Dave	Min	32	234.0	228	26	5	19	.981	---
McClendon, Lloyd	Pit	2	12.0	18	1	0	5	1.000	---
McGwire, Mark	Oak	40	302.1	311	17	4	25	.988	---
McKnight, Jeff	NYN	2	6.0	8	0	0	0	1.000	---
Melvin, Bob	NYA	4	12.0	7	0	0	2	1.000	---
Merced, Orlando	Pit	55	401.2	409	26	3	45	.993	---
Milligan, Randy	Mon	33	168.1	157	19	4	16	.978	---
Mitchell, Kevin	Cin	1	8.0	7	1	0	0	1.000	---
Molitor, Paul	Tor	5	44.0	47	3	0	6	1.000	---
Morman, Russ	Fla	8	65.2	66	9	1	9	.987	---
Murray, Eddie	Cle	26	226.0	241	14	3	25	.988	---
Naehring, Tim	Bos	8	60.0	60	3	0	6	1.000	---
Neel, Troy	Oak	45	331.0	295	23	2	34	.994	---
Nilsson, Dave	Mil	5	26.0	20	0	0	4	1.000	---
Nokes, Matt	NYA	4	24.2	31	4	1	7	.972	---
Orsulak, Joe	NYN	6	14.0	19	0	0	1	1.000	---
Owen, Spike	Cal	4	16.0	17	1	0	1	1.000	---
Pagnozzi, Tom	StL	1	1.0	1	0	0	0	1.000	---
Parrish, Lance	Pit	1	6.0	3	0	1	0	.750	---

First Basemen - The Rest

Player	Tm	G	Inn	PO	A	E	DP	Pct.	Rng
Pasqua,Dan	ChA	3	6.0	2	0	2	1	.500	---
Perez,Eduardo	Cal	38	306.1	305	15	1	29	.997	---
Perry,Gerald	StL	13	93.0	96	4	1	9	.990	---
Perry,Herbert	Cle	2	21.0	22	3	0	1	1.000	---
Petagine,Roberto	Hou	2	4.0	3	0	0	0	1.000	---
Phillips,J.R.	SF	10	76.0	79	10	1	7	.989	---
Pirkl,Greg	Sea	7	60.0	56	1	1	3	.983	---
Reboulet,Jeff	Min	10	80.0	77	2	1	8	.988	---
Redus,Gary	Tex	5	32.0	33	2	0	3	1.000	---
Ripken,Billy	Tex	1	4.0	5	0	0	0	1.000	---
Rodriguez,Henry	LA	17	61.2	57	5	0	3	1.000	---
Rowland,Rich	Bos	1	3.0	1	0	0	0	1.000	---
Royer,Stan	StL	11	35.2	32	3	1	2	.972	---
Royer,Stan	Bos	1	3.0	5	0	0	0	1.000	---
Samuel,Juan	Det	2	11.0	11	3	0	1	1.000	---
Scarsone,Steve	SF	6	22.1	21	4	0	4	1.000	---
Schaefer,Jeff	Oak	1	2.0	2	0	0	0	1.000	---
Seitzer,Kevin	Mil	35	293.0	304	32	3	45	.991	---
Sheaffer,Danny	Col	2	3.0	4	0	0	2	1.000	---
Shipley,Craig	SD	1	0.1	0	0	0	0	.000	---
Snyder,Cory	LA	9	22.0	22	5	0	5	1.000	---
Spiers,Bill	Mil	1	1.0	0	0	0	0	.000	---
Sprague,Ed	Tor	3	19.0	19	0	0	2	1.000	---
Stanley,Mike	NYA	7	48.0	53	3	2	2	.966	---
Staton,Dave	SD	20	151.2	152	20	0	9	1.000	---
Steinbach,Terry	Oak	5	37.0	24	1	0	5	1.000	---
Surhoff,B.J.	Mil	8	69.0	72	9	0	11	1.000	---
Tettleton,Mickey	Det	24	123.2	103	10	3	7	.974	---
Valle,Dave	Bos	2	6.0	4	1	0	0	1.000	---
Van Burkleo,Ty	Col	2	9.0	15	1	0	1	1.000	---
VanderWal,John	Col	14	92.2	96	3	0	11	1.000	---
Varsho,Gary	Pit	1	1.0	0	0	0	0	.000	---
Ventura,Robin	ChA	3	8.1	6	0	0	0	1.000	---
Voigt,Jack	Bal	6	19.0	26	3	1	2	.967	---
Walker,Larry	Mon	35	297.1	283	24	5	20	.984	---
Walton,Jerome	Cin	7	33.0	36	0	1	2	.973	---
Wilkins,Rick	ChN	2	4.0	4	0	0	0	1.000	---
Williams,Eddie	SD	46	372.2	382	29	5	28	.988	---
Wrona,Rick	Mil	1	1.0	0	0	0	0	.000	---
Young,Kevin	Pit	37	141.1	166	8	0	20	1.000	---
Zambrano,Eddie	ChN	9	51.1	51	4	0	6	1.000	---
Zupcic,Bob	ChA	1	1.0	0	0	0	0	.000	---

Second Basemen - Regulars

Player	Tm	G	Inn	PO	A	E	DP	Pct.	Rng
Garcia,Carlos	Pit	98	855.0	226	316	12	78	.978	5.71
Barberie,Bret	Fla	106	861.0	223	320	14	61	.975	5.68
Reed,Jody	Mil	106	931.1	231	351	3	72	.995	5.62
Sandberg,Ryne	ChN	57	489.2	96	202	4	35	.987	5.48
Baerga,Carlos	Cle	102	891.2	205	334	15	70	.973	5.44
Morandini,Mickey	Phi	79	634.0	167	216	6	39	.985	5.44
DeShields,Delino	LA	88	715.1	155	277	6	48	.986	5.44
Pena,Geronimo	StL	59	481.0	119	170	3	42	.990	5.41
Kent,Jeff	NYN	107	937.2	221	338	14	76	.976	5.37
Whitaker,Lou	Det	83	641.2	135	246	12	43	.969	5.34
McLemore,Mark	Bal	96	816.0	202	270	9	55	.981	5.21

Second Basemen - Regulars

Player	Tm	G	Inn	PO	A	E	DP	Pct.	Rng
Biggio,Craig	Hou	113	979.2	225	339	7	63	.988	5.18
Patterson,John	SF	63	492.2	120	163	6	32	.979	5.17
Kelly,Pat	NYA	93	768.1	182	257	10	69	.978	5.14
Lemke,Mark	Atl	103	899.0	208	300	3	54	.994	5.09
Liriano,Nelson	Col	79	648.2	144	222	10	43	.973	5.08
Lansing,Mike	Mon	82	653.0	144	206	6	46	.983	4.82
Lind,Jose	KC	84	750.2	149	252	5	45	.988	4.81
Cora,Joey	ChA	84	675.1	161	195	8	47	.978	4.74
Alomar,Roberto	Tor	106	873.1	176	275	4	69	.991	4.65
Roberts,Bip	SD	90	715.0	147	221	9	41	.976	4.63
Gates,Brent	Oak	63	515.1	105	160	7	28	.974	4.63
Boone,Bret	Cin	106	892.1	191	267	12	57	.974	4.62
Knoblauch,Chuck	Min	109	928.0	190	284	3	60	.994	4.60
Reynolds,Harold	Cal	65	485.0	116	130	1	24	.996	4.56
Average	---	88	741.0	169	252	7	51	.982	5.12

Second Basemen - The Rest

Player	Tm	G	Inn	PO	A	E	DP	Pct.	Rng
Alicea,Luis	StL	53	412.1	124	148	4	38	.986	5.94
Amaral,Rich	Sea	42	312.2	81	102	11	19	.943	5.27
Bell,Juan	Mon	25	181.0	38	71	1	15	.991	5.42
Belliard,Rafael	Atl	18	126.1	28	42	0	7	1.000	4.99
Beltre,Esteban	Tex	1	8.0	2	6	0	1	1.000	9.00
Benavides,Freddie	Mon	36	175.1	41	42	2	9	.976	4.26
Benjamin,Mike	SF	10	59.1	18	19	1	3	.974	5.61
Bogar,Tim	NYN	1	2.0	1	1	0	1	1.000	9.00
Bordick,Mike	Oak	4	29.0	8	12	1	3	.952	6.21
Branson,Jeff	Cin	19	103.1	26	24	0	4	.980	4.35
Browne,Jerry	Fla	15	97.2	24	36	3	4	.952	5.53
Brumley,Mike	Oak	4	26.0	5	8	1	2	.929	4.50
Buechele,Steve	ChN	1	2.0	1	1	0	1	1.000	9.00
Castilla,Vinny	Col	14	92.2	28	28	1	10	.982	5.44
Cedeno,Domingo	Tor	28	151.2	26	46	5	8	.935	4.27
Cirillo,Jeff	Mil	1	2.0	0	1	0	0	1.000	4.50
Correia,Rod	Cal	5	37.0	11	6	0	2	1.000	4.14
Cruz,Fausto	Oak	1	5.0	1	2	1	0	.750	5.40
Diaz,Alex	Mil	2	8.0	1	6	1	0	.875	7.88
Diaz,Mario	Fla	7	34.1	6	12	0	4	1.000	4.72
Donnels,Chris	Hou	4	28.0	8	7	0	3	1.000	4.82
Duncan,Mariano	Phi	37	295.1	77	100	5	22	.973	5.39
Easley,Damion	Cal	40	338.1	83	95	1	32	.994	4.73
Espinoza,Alvaro	Cle	20	122.0	26	62	1	14	.989	6.49
Fermin,Felix	Sea	25	209.0	53	71	2	17	.984	5.34
Fernandez,Tony	Cin	5	33.2	7	12	0	1	1.000	5.08
Fletcher,Scott	Bos	54	444.1	118	163	1	40	.996	5.69
Foley,Tom	Pit	17	120.2	27	44	1	15	.986	5.30
Frazier,Lou	Mon	6	11.2	5	2	1	0	.875	5.40
Frye,Jeff	Tex	54	431.1	89	135	4	28	.982	4.67
Gallego,Mike	NYA	26	172.1	35	66	0	16	1.000	5.27
Gardner,Jeff	Mon	4	15.2	3	2	0	1	1.000	2.87
Gomez,Chris	Det	30	249.1	64	76	4	18	.972	5.05
Gonzales,Rene	Cle	1	4.0	2	2	0	0	1.000	9.00
Grebeck,Craig	ChA	14	119.0	24	32	1	4	.982	4.24
Gutierrez,Ricky	SD	7	47.0	8	16	0	1	1.000	4.60
Hale,Chip	Min	5	16.0	7	5	1	2	.923	6.75
Haney,Todd	ChN	11	79.0	19	27	1	8	.979	5.24

230

Second Basemen - The Rest

Player	Tm	G	Inn	PO	A	E	DP	Pct.	Rng
Harris, Lenny	Cin	2	9.0	1	3	0	0	1.000	4.00
Hemond, Scott	Oak	25	210.0	37	66	5	13	.954	4.41
Hernandez, Jose	ChN	8	31.0	10	12	0	2	1.000	6.39
Howard, Dave	KC	3	3.2	2	1	0	0	1.000	7.36
Hudler, Rex	Cal	22	163.2	45	56	3	19	.971	5.55
Hulett, Tim	Bal	23	181.2	54	77	1	23	.992	6.49
Ingram, Garey	LA	23	184.1	44	68	2	14	.982	5.47
Johnson, Erik	SF	2	18.0	8	6	0	3	1.000	7.00
King, Jeff	Pit	1	9.0	2	5	1	2	.875	7.00
Lee, Manuel	Tex	13	108.1	20	26	0	4	1.000	3.82
Lewis, Mark	Cle	1	1.0	0	0	0	0	.000	.00
Litton, Greg	Bos	4	23.0	6	6	0	0	1.000	4.70
Lockhart, Keith	SD	5	27.1	5	14	1	2	.950	6.26
Lopez, Luis	SD	29	177.1	35	56	3	3	.968	4.62
Lovullo, Torey	Sea	20	116.1	18	41	0	8	1.000	4.56
Martin, Norberto	ChA	28	217.0	53	59	2	10	.982	4.65
Matos, Francisco	Oak	12	74.0	13	24	3	4	.925	4.50
Mejia, Roberto	Col	34	287.2	70	93	7	19	.959	5.10
Miller, Orlando	Hou	3	7.2	0	2	0	0	1.000	2.35
Naehring, Tim	Bos	49	405.1	106	148	5	33	.981	5.64
Noboa, Junior	Oak	14	94.0	19	31	3	7	.943	4.79
Oquendo, Jose	StL	16	124.2	35	47	0	14	1.000	5.92
Owen, Spike	Cal	1	3.0	1	0	0	0	1.000	3.00
Pecota, Bill	Atl	1	1.0	0	2	0	0	1.000	18.00
Phillips, Tony	Det	12	75.0	18	36	1	6	.982	6.48
Pye, Eddie	LA	3	5.2	1	4	0	1	1.000	7.94
Ready, Randy	Phi	11	95.0	18	27	0	3	1.000	4.26
Reboulet, Jeff	Min	14	61.0	13	23	0	7	1.000	5.31
Renteria, Rich	Fla	6	22.0	8	9	0	4	1.000	6.95
Ripken, Billy	Tex	12	68.1	16	26	1	6	.977	5.53
Rivera, Luis	NYN	5	16.0	8	7	1	2	.938	8.44
Rodriguez, Carlos	Bos	20	156.2	40	64	2	19	.981	5.97
Samuel, Juan	Det	8	52.0	11	24	1	3	.972	6.06
Sanchez, Rey	ChN	50	422.0	109	162	2	26	.993	5.78
Sax, Steve	Oak	6	50.0	16	20	0	3	1.000	6.48
Scarsone, Steve	SF	22	154.1	40	64	1	18	.990	6.06
Shipley, Craig	SD	13	79.0	21	19	1	5	.976	4.56
Shumpert, Terry	KC	38	277.1	61	100	6	14	.964	5.22
Silvestri, Dave	NYA	9	38.0	10	10	0	2	1.000	4.74
Snyder, Cory	LA	3	16.2	2	3	2	0	.714	2.70
Sojo, Luis	Sea	40	309.0	67	115	5	23	.973	5.30
Stankiewicz, Andy	Hou	6	14.1	1	5	0	1	1.000	3.77
Strange, Doug	Tex	53	407.2	78	146	7	36	.970	4.95
Thompson, Robby	SF	35	301.0	67	121	2	24	.989	5.62
Treadway, Jeff	LA	24	92.0	21	36	3	7	.950	5.58
Turang, Brian	Sea	5	37.0	8	9	1	3	.944	4.14
Valentin, Jose	Mil	18	94.2	21	50	0	11	1.000	6.75
Velarde, Randy	NYA	5	41.0	15	18	2	8	.943	7.24
Vina, Fernando	NYN	13	67.1	19	28	1	5	.979	6.28
Womack, Tony	Pit	3	21.0	3	3	2	1	.750	2.57
Young, Eric	Col	1	2.0	0	0	0	0	.000	.00

Third Basemen - Regulars

Player	Tm	G	Inn	PO	A	E	DP	Pct.	Rng
King, Jeff	Pit	91	772.1	59	193	12	24	.955	2.94
Williams, Matt D.	SF	110	965.1	79	234	12	21	.963	2.92
Boggs, Wade	NYA	93	783.1	40	213	10	19	.962	2.91
Bonilla, Bobby	NYN	107	917.2	77	217	18	24	.942	2.88
Gaetti, Gary	KC	85	708.1	61	162	4	15	.982	2.83
Martinez, Edgar	Sea	65	549.0	44	127	9	8	.950	2.80
Thome, Jim	Cle	94	754.2	62	173	15	12	.940	2.80
Cooper, Scott	Bos	104	882.0	51	219	16	20	.944	2.76
Pendleton, Terry	Atl	77	676.2	60	147	11	12	.950	2.75
Caminiti, Ken	Hou	108	924.1	79	201	9	17	.969	2.73
Zeile, Todd	StL	112	960.0	66	224	12	24	.960	2.72
Hayes, Charlie	Col	110	955.1	72	216	17	19	.944	2.71
Leius, Scott	Min	95	824.0	63	184	8	13	.969	2.70
Palmer, Dean	Tex	91	775.2	50	181	22	8	.913	2.68
Fryman, Travis	Det	114	1009.0	78	222	14	12	.955	2.68
Gomez, Leo	Bal	78	666.0	54	139	5	12	.975	2.61
Brosius, Scott	Oak	93	773.1	69	154	13	18	.945	2.60
Fernandez, Tony	Cin	93	762.0	54	165	2	10	.991	2.59
Owen, Spike	Cal	70	593.1	42	128	8	14	.955	2.58
Ventura, Robin	ChA	108	930.0	80	176	18	21	.934	2.48
Browne, Jerry	Fla	62	479.1	44	87	10	9	.929	2.46
Berry, Sean	Mon	100	786.2	66	147	14	8	.938	2.44
Wallach, Tim	LA	113	947.0	81	174	11	9	.959	2.42
Sprague, Ed	Tor	107	942.1	99	147	14	18	.946	2.35
Buechele, Steve	ChN	99	787.1	55	136	5	13	.974	2.18
Average	---	95	805.0	63	174	11	15	.954	2.66

Third Basemen - The Rest

Player	Tm	G	Inn	PO	A	E	DP	Pct.	Rng
Arias, Alex	Fla	15	54.2	7	14	1	1	.955	3.46
Batiste, Kim	Phi	42	343.1	31	71	9	4	.919	2.67
Bell, Juan	Mon	3	6.0	2	0	0	0	1.000	3.00
Beltre, Esteban	Tex	5	34.1	4	5	2	1	.818	2.36
Benavides, Freddie	Mon	5	8.1	0	2	0	0	1.000	2.16
Benjamin, Mike	SF	5	19.0	0	5	0	1	1.000	2.37
Blowers, Mike	Sea	48	391.0	25	98	8	4	.939	2.83
Bogar, Tim	NYN	22	40.2	3	7	1	0	.909	2.21
Boone, Bret	Cin	2	11.0	1	2	0	0	1.000	2.45
Branson, Jeff	Cin	18	87.0	4	21	0	2	1.000	2.59
Brumley, Mike	Oak	4	17.0	2	0	1	0	.667	1.06
Castilla, Vinny	Col	9	65.0	3	11	0	0	1.000	1.94
Cedeno, Domingo	Tor	6	33.0	3	4	0	1	1.000	1.91
Cianfrocco, Archi	SD	37	269.0	21	59	7	2	.920	2.68
Cirillo, Jeff	Mil	37	308.0	23	59	3	7	.965	2.40
Clark, Phil	SD	1	4.0	0	0	0	0	.000	.00
Coles, Darnell	Tor	7	49.2	6	6	1	1	.923	2.17
Coolbaugh, Scott	StL	4	21.0	0	6	0	0	1.000	2.57
Cruz, Fausto	Oak	4	21.0	6	6	0	0	1.000	5.57
Dalesandro, Mark	Cal	5	23.1	3	4	1	1	.875	2.70
Davis, Russ	NYA	4	31.1	2	6	0	1	1.000	2.30
Diaz, Mario	Fla	11	73.1	11	16	1	3	.964	3.31
Donnels, Chris	Hou	14	96.1	10	18	0	1	1.000	2.62
Duncan, Mariano	Phi	28	225.1	16	42	4	2	.935	2.32
Easley, Damion	Cal	47	386.1	39	83	6	3	.953	2.84
Espinoza, Alvaro	Cle	37	154.1	12	30	4	2	.913	2.45
Foley, Tom	Pit	14	83.2	12	24	1	3	.973	3.87

Third Basemen - The Rest

Player	Tm	G	Inn	PO	A	E	DP	Pct.	Rng
Frye,Jeff	Tex	1	1.1	0	0	0	0	.000	.00
Gardner,Jeff	Mon	9	41.1	3	2	2	0	.714	1.09
Gonzales,Rene	Cle	13	50.2	4	16	1	0	.952	3.55
Grebeck,Craig	ChA	7	20.1	5	5	0	2	1.000	4.43
Greene,Willie	Cin	13	90.2	2	21	1	1	.958	2.28
Hale,Chip	Min	21	147.2	9	45	2	2	.964	3.29
Haney,Todd	ChN	3	5.0	1	1	0	0	1.000	3.60
Hansen,Dave	LA	7	36.0	0	6	1	0	.857	1.50
Harris,Lenny	Cin	15	87.2	8	25	6	2	.846	3.39
Hemond,Scott	Oak	12	55.0	3	10	0	1	1.000	2.13
Hernandez,Jose	ChN	28	122.1	8	22	2	0	.938	2.21
Hollins,Dave	Phi	43	357.0	37	47	11	1	.884	2.12
Howard,Dave	KC	25	134.0	13	32	0	0	1.000	3.02
Hudler,Rex	Cal	4	24.0	2	5	2	0	.778	2.63
Hulett,Tim	Bal	9	41.0	4	12	2	0	.889	3.51
Jackson,Chuck	Tex	1	4.0	0	0	0	0	.000	.00
Javier,Stan	Oak	1	3.0	1	1	0	0	1.000	6.00
Lansing,Mike	Mon	28	194.1	10	64	3	3	.961	3.43
Lewis,Mark	Cle	6	50.0	3	8	1	1	.917	1.98
Liriano,Nelson	Col	2	10.2	2	1	0	0	1.000	2.53
Litton,Greg	Bos	3	18.0	2	4	0	1	1.000	3.00
Livingstone,Scott	Det	1	9.0	0	3	0	0	1.000	3.00
Livingstone,Scott	SD	50	376.2	20	78	6	6	.942	2.34
Lockhart,Keith	SD	13	51.2	3	6	0	0	1.000	1.57
Lopez,Luis	SD	5	22.0	4	5	0	0	1.000	3.68
Lovullo,Torey	Sea	5	23.0	1	8	1	0	.900	3.52
Magadan,Dave	Fla	48	353.2	21	71	4	5	.958	2.34
Maksudian,Mike	ChN	2	10.0	2	2	0	0	1.000	3.60
Martin,Norberto	ChA	5	12.0	1	4	0	0	1.000	3.75
Miller,Keith	KC	2	10.0	0	1	0	0	1.000	0.90
Naehring,Tim	Bos	11	91.1	9	10	1	0	.950	1.87
Oliva,Jose	Atl	16	140.0	9	32	3	2	.932	2.64
Paquette,Craig	Oak	14	116.0	14	22	0	3	1.000	2.79
Pecota,Bill	Atl	31	209.2	16	59	2	4	.974	3.22
Pena,Geronimo	StL	1	2.0	0	0	0	0	.000	.00
Perry,Herbert	Cle	2	9.0	3	2	1	0	.833	5.00
Quinlan,Tom	Phi	20	96.2	9	19	1	1	.966	2.61
Ready,Randy	Phi	1	2.0	0	0	0	0	.000	.00
Reboulet,Jeff	Min	6	33.1	4	5	0	2	1.000	2.43
Renteria,Rich	Fla	14	54.0	0	13	1	3	.929	2.17
Ripken,Billy	Tex	18	114.2	8	24	1	4	.970	2.51
Rodriguez,Carlos	Bos	4	19.0	1	3	1	0	.800	1.89
Royer,Stan	StL	5	35.0	2	8	1	0	.909	2.57
Royer,Stan	Bos	3	19.0	2	3	1	0	.833	2.37
Sabo,Chris	Bal	37	290.2	20	47	3	4	.957	2.07
Saenz,Olmedo	ChA	5	36.0	3	6	0	1	1.000	2.25
Sanchez,Rey	ChN	17	91.0	6	31	2	2	.949	3.66
Scarsone,Steve	SF	8	41.0	5	11	1	0	.941	3.51
Schaefer,Jeff	Oak	3	18.0	2	2	1	0	.800	2.00
Seitzer,Kevin	Mil	43	349.1	25	72	8	6	.924	2.50
Shipley,Craig	SD	53	317.1	25	63	6	3	.936	2.50
Shumpert,Terry	KC	24	179.1	7	27	2	1	.944	1.71
Silvestri,Dave	NYA	2	10.0	2	2	0	0	1.000	3.60
Snyder,Cory	LA	6	26.0	4	4	1	0	.889	2.77
Sojo,Luis	Sea	1	2.0	0	1	0	0	1.000	4.50
Spiers,Bill	Mil	35	230.2	22	50	4	4	.947	2.81
Stankiewicz,Andy	Hou	1	9.0	0	0	0	0	.000	.00
Strange,Doug	Tex	13	93.0	6	28	4	3	.895	3.29

Third Basemen - The Rest

Player	Tm	G	Inn	PO	A	E	DP	Pct.	Rng
Surhoff,B.J.	Mil	18	144.0	8	16	2	0	.923	1.50
Sveum,Dale	Sea	3	19.0	2	8	1	0	.909	4.74
Treadway,Jeff	LA	3	5.0	0	1	0	0	1.000	1.80
Valentin,Jose	Mil	1	3.0	0	1	0	0	1.000	3.00
Velarde,Randy	NYA	27	195.0	12	42	6	3	.900	2.49
Vina,Fernando	NYN	12	64.2	4	14	3	0	.857	2.51
Ward,Turner	Mil	1	1.0	0	1	0	0	1.000	9.00
Wehner,John	Pit	1	7.0	0	2	0	0	1.000	2.57
Williams,Eddie	SD	1	5.0	0	0	0	0	.000	.00
Young,Kevin	Pit	17	142.2	11	37	3	1	.941	3.03
Zambrano,Eddie	ChN	4	8.0	0	0	0	0	.000	.00
Zupcic,Bob	ChA	2	13.0	0	2	0	0	1.000	1.38

Shortstops - Regulars

Player	Tm	G	Inn	PO	A	E	DP	Pct.	Rng
Valentin,Jose	Mil	83	697.1	129	285	20	60	.954	5.34
Gallego,Mike	NYA	72	610.0	106	245	11	53	.970	5.18
Bell,Jay	Pit	110	943.2	152	380	15	67	.973	5.07
Gagne,Greg	KC	106	922.0	189	323	12	64	.977	5.00
Trammell,Alan	Det	63	540.0	117	180	10	43	.967	4.95
Clayton,Royce	SF	108	930.0	178	331	14	62	.973	4.93
Meares,Pat	Min	79	629.1	134	209	13	45	.963	4.91
Lee,Manuel	Tex	85	713.1	132	255	13	49	.968	4.88
DiSarcina,Gary	Cal	110	982.0	160	359	9	66	.983	4.76
Weiss,Walt	Col	110	910.1	157	318	13	68	.973	4.70
Smith,Ozzie	StL	96	822.0	136	292	8	65	.982	4.69
Offerman,Jose	LA	72	610.1	123	194	11	45	.966	4.67
Vizquel,Omar	Cle	69	612.2	114	204	6	53	.981	4.67
Valentin,John	Bos	83	719.2	134	239	8	54	.979	4.66
Abbott,Kurt	Fla	99	825.1	165	258	15	58	.966	4.61
Bordick,Mike	Oak	112	959.1	182	308	13	64	.974	4.60
Larkin,Barry	Cin	110	960.1	178	312	10	56	.980	4.59
Stocker,Kevin	Phi	82	727.1	118	253	16	46	.959	4.59
Blauser,Jeff	Atl	96	838.2	126	289	13	44	.970	4.45
Cedeno,Andujar	Hou	95	832.2	130	280	23	69	.947	4.43
Vizcaino,Jose	NYN	102	871.1	137	291	13	55	.971	4.42
Dunston,Shawon	ChN	84	696.2	121	219	12	47	.966	4.39
Schofield,Dick	Tor	95	834.1	150	235	11	58	.972	4.15
Fermin,Felix	Sea	77	640.0	115	180	8	40	.974	4.15
Ripken,Cal	Bal	112	986.2	130	321	7	70	.985	4.11
Cordero,Wil	Mon	109	968.2	124	316	22	55	.952	4.09
Gomez,Chris	Det	57	478.0	77	134	4	21	.981	3.97
Gutierrez,Ricky	SD	78	619.1	85	186	22	33	.925	3.94
Guillen,Ozzie	ChA	99	860.1	141	235	16	44	.959	3.93
Average	---	91	784.0	135	263	12	53	.969	4.58

Shortstops - The Rest

Player	Tm	G	Inn	PO	A	E	DP	Pct.	Rng
Amaral,Rich	Sea	7	48.0	10	14	3	5	.889	4.50
Arias,Alex	Fla	20	154.0	30	38	1	8	.986	3.97
Batiste,Kim	Phi	17	133.1	21	45	3	10	.957	4.46
Bell,Juan	Mon	1	8.0	3	1	1	0	.800	4.50
Belliard,Rafael	Atl	26	176.2	17	44	1	9	.984	3.11
Beltre,Esteban	Tex	41	307.1	53	121	7	21	.961	5.10

Shortstops - The Rest

Player	Tm	G	Inn	PO	A	E	DP	Pct.	Rng
Benavides,Freddie	Mon	3	8.0	3	3	0	2	1.000	6.75
Benjamin,Mike	SF	18	87.0	15	45	2	10	.968	6.21
Bogar,Tim	NYN	7	48.0	16	23	0	9	1.000	7.31
Bournigal,Rafael	LA	40	336.0	56	97	3	21	.981	4.10
Branson,Jeff	Cin	8	28.0	4	7	0	0	1.000	3.54
Brumley,Mike	Oak	1	1.0	0	1	0	0	1.000	9.00
Castilla,Vinny	Col	18	113.2	24	37	1	11	.984	4.83
Cedeno,Domingo	Tor	8	61.0	10	14	3	2	.889	3.54
Cianfrocco,Archi	SD	1	4.0	0	2	0	0	1.000	4.50
Correia,Rod	Cal	1	9.0	1	3	0	1	1.000	4.00
Cromer,Tripp	StL	2	3.0	0	0	1	0	.000	.00
Cruz,Fausto	Oak	10	39.0	10	14	1	3	.960	5.54
DeShields,Delino	LA	10	17.1	1	5	1	1	.857	3.12
Diaz,Mario	Fla	7	35.2	2	12	0	4	1.000	3.53
Duncan,Mariano	Phi	19	163.2	30	44	3	13	.961	4.07
Eenhoorn,Robert	NYA	3	7.0	0	1	0	1	1.000	1.29
Elster,Kevin	NYA	7	59.0	5	27	0	7	1.000	4.88
Espinoza,Alvaro	Cle	36	290.0	53	117	5	26	.971	5.28
Fernandez,Tony	Cin	9	50.0	6	17	2	2	.920	4.14
Foley,Tom	Pit	8	57.0	7	24	1	6	.969	4.89
Gonzales,Rene	Cle	4	10.0	2	3	0	0	1.000	4.50
Gonzalez,Alex	Tor	15	129.2	18	49	6	5	.918	4.65
Grebeck,Craig	ChA	14	98.0	15	28	1	7	.977	3.95
Hernandez,Jose	ChN	21	137.2	28	51	2	13	.975	5.16
Hocking,Denny	Min	10	79.0	11	27	0	5	1.000	4.33
Holbert,Ray	SD	1	2.0	0	0	0	0	.000	.00
Howard,Dave	KC	15	107.2	12	46	1	7	.983	4.85
Hulett,Tim	Bal	6	11.0	3	4	0	2	1.000	5.73
Johnson,Erik	SF	1	6.0	0	1	0	0	1.000	1.50
Knoblauch,Chuck	Min	1	1.0	0	1	0	0	1.000	9.00
Lansing,Mike	Mon	12	52.0	10	13	1	5	.958	3.98
Leius,Scott	Min	2	2.0	0	0	0	0	.000	.00
Lewis,Mark	Cle	13	106.0	14	32	5	3	.902	3.91
Liriano,Nelson	Col	3	7.0	0	2	0	0	1.000	2.57
Listach,Pat	Mil	16	125.0	19	51	3	10	.959	5.04
Lockhart,Keith	SD	1	1.0	1	1	0	1	1.000	18.00
Lopez,Luis	SD	43	328.1	62	113	11	20	.941	4.80
Martin,Norberto	ChA	6	46.0	3	14	0	1	1.000	3.33
Miller,Orlando	Hou	11	84.2	12	28	0	4	1.000	4.25
Mordecai,Mike	Atl	4	11.0	1	4	0	0	1.000	4.09
Naehring,Tim	Bos	9	68.0	15	21	0	6	1.000	4.76
Noboa,Junior	Oak	1	2.0	0	1	0	0	1.000	4.50
Noboa,Junior	Pit	1	1.0	0	1	0	0	1.000	9.00
Oquendo,Jose	StL	28	193.0	18	51	4	8	.945	3.22
Owen,Spike	Cal	5	36.0	4	8	0	4	1.000	3.00
Pye,Eddie	LA	3	21.0	3	9	0	3	1.000	5.14
Reboulet,Jeff	Min	42	293.2	56	101	6	12	.963	4.81
Ripken,Billy	Tex	2	2.1	0	0	0	0	.000	.00
Rivera,Luis	NYN	11	52.2	11	22	1	7	.971	5.64
Rodriguez,Alex	Sea	17	142.0	20	45	6	9	.915	4.12
Rodriguez,Carlos	Bos	32	241.2	46	65	3	17	.974	4.13
Sanchez,Rey	ChN	30	189.1	37	82	5	24	.960	5.66
Scarsone,Steve	SF	3	2.1	0	1	0	1	1.000	3.86
Schaefer,Jeff	Oak	2	2.0	0	0	0	0	.000	.00
Shipley,Craig	SD	14	91.0	17	26	2	4	.956	4.25
Shumpert,Terry	KC	1	2.0	1	2	0	1	1.000	13.50
Silvestri,Dave	NYA	1	8.0	2	4	1	1	.857	6.75
Snyder,Cory	LA	4	29.1	7	10	2	4	.895	5.22

Shortstops - The Rest

Player	Tm	G	Inn	PO	A	E	DP	Pct.	Rng
Sojo,Luis	Sea	24	154.0	30	70	2	13	.980	5.84
Spiers,Bill	Mil	35	213.2	48	78	4	22	.969	5.31
Stankiewicz,Andy	Hou	17	112.1	11	40	0	6	1.000	4.09
Velarde,Randy	NYA	49	335.2	58	127	11	26	.944	4.96
Ventura,Robin	ChA	1	7.0	2	4	2	1	.750	7.71
Vina,Fernando	NYN	9	51.0	8	17	0	0	1.000	4.41
Womack,Tony	Pit	2	4.0	0	3	0	1	1.000	6.75

Left Fielders - Regulars

Player	Tm	G	Inn	PO	A	E	DP	Pct.	Rng
Mack,Shane	Min	66	501.1	151	2	2	0	.987	2.75
Henderson,Rickey	Oak	66	518.1	147	4	4	0	.974	2.62
Phillips,Tony	Det	104	852.1	236	6	5	1	.980	2.56
Gonzalez,Luis	Hou	111	927.2	228	5	2	1	.991	2.26
Gonzalez,Juan	Tex	107	932.0	223	9	2	2	.991	2.24
Anderson,Brady	Bal	76	621.2	153	1	0	0	1.000	2.23
Raines,Tim	ChA	97	832.1	203	3	4	1	.981	2.23
Anthony,Eric	Sea	62	486.0	113	3	2	0	.983	2.15
Vaughn,Greg	Mil	81	701.0	162	5	3	0	.982	2.14
Conine,Jeff	Fla	97	783.0	182	4	5	0	.974	2.14
Rodriguez,Henry	LA	85	575.2	132	3	2	0	.985	2.11
Belle,Albert	Cle	104	933.2	205	8	6	0	.973	2.05
Polonia,Luis	NYA	84	723.2	154	9	4	2	.976	2.03
Young,Eric	Col	60	465.1	97	4	2	0	.981	1.95
Bonds,Barry	SF	112	959.1	198	10	3	0	.986	1.95
Greenwell,Mike	Bos	84	708.2	141	10	1	1	.993	1.92
May,Derrick	ChN	92	742.2	154	4	1	0	.994	1.91
Plantier,Phil	SD	91	773.0	159	5	2	0	.988	1.91
Gilkey,Bernard	StL	102	850.0	168	9	3	3	.983	1.87
Mitchell,Kevin	Cin	89	706.0	132	9	4	2	.972	1.80
Coleman,Vince	KC	99	871.1	163	11	7	2	.961	1.80
Incaviglia,Pete	Phi	63	469.0	90	2	2	0	.979	1.77
Martin,Al	Pit	67	539.0	97	6	2	1	.981	1.72
Alou,Moises	Mon	63	540.2	97	1	1	0	.990	1.63
Klesko,Ryan	Atl	74	470.1	67	3	6	0	.921	1.34
Average	---	85	699.1	154	5	3	0	.982	2.05

Left Fielders - The Rest

Player	Tm	G	Inn	PO	A	E	DP	Pct.	Rng
Aldrete,Mike	Oak	21	100.0	22	0	0	0	1.000	1.98
Alicea,Luis	StL	2	14.0	2	0	0	0	1.000	1.29
Amaral,Rich	Sea	14	77.0	11	0	1	0	.917	1.29
Amaro,Ruben	Cle	1	2.0	1	0	0	0	1.000	4.50
Anderson,Garret	Cal	4	28.0	10	0	0	0	1.000	3.21
Ashley,Billy	LA	2	17.0	3	0	0	0	1.000	1.59
Barnes,Skeeter	Det	4	17.0	1	1	1	0	.667	1.06
Bass,Kevin	Hou	11	77.0	11	0	2	0	.846	1.29
Bean,Billy	SD	17	64.1	12	0	0	0	1.000	1.68
Becker,Rich	Min	1	8.0	2	0	0	0	1.000	2.25
Berroa,Geronimo	Oak	36	254.0	71	4	0	1	1.000	2.66
Blosser,Greg	Bos	1	4.0	0	0	0	0	.000	.00
Blowers,Mike	Sea	8	60.0	18	0	1	0	.947	2.70
Bogar,Tim	NYN	1	0.0	0	0	0	0	.000	.00
Boston,Daryl	NYA	7	10.0	1	0	0	0	1.000	0.90

Left Fielders - The Rest

Player	Tm	G	Inn	PO	A	E	DP	Pct.	Rng
Bragg, Darren	Sea	3	10.0	1	0	0	0	1.000	0.90
Brosius, Scott	Oak	2	3.0	1	0	0	0	1.000	3.00
Brown, Jarvis	Atl	3	5.1	2	0	0	0	1.000	3.38
Browne, Jerry	Fla	23	104.2	31	1	0	0	1.000	2.75
Brumfield, Jacob	Cin	14	40.2	11	0	0	0	1.000	2.43
Brumley, Mike	Oak	3	13.0	3	0	0	0	1.000	2.08
Brunansky, Tom	Bos	14	112.1	19	0	1	0	.950	1.52
Buford, Damon	Bal	1	2.0	0	0	0	0	.000	.00
Butler, Rob	Tor	18	83.0	14	0	0	0	1.000	1.52
Cangelosi, John	NYN	24	102.0	22	3	0	0	1.000	2.21
Carreon, Mark	SF	10	44.0	11	0	0	0	1.000	2.25
Carrillo, Matias	Fla	20	68.1	12	0	0	0	1.000	1.58
Cedeno, Domingo	Tor	1	1.0	1	0	0	0	1.000	9.00
Clark, Dave	Pit	9	68.2	11	0	0	0	1.000	1.44
Clark, Phil	SD	12	74.0	18	0	1	0	.947	2.19
Cole, Alex	Min	16	130.2	41	0	1	0	.976	2.82
Coles, Darnell	Tor	24	175.1	40	0	1	0	.976	2.05
Cummings, Midre	Pit	19	153.1	33	0	2	0	.943	1.94
Cuyler, Milt	Det	13	61.0	17	1	1	0	.947	2.66
Dalesandro, Mark	Cal	2	5.0	0	0	0	0	.000	.00
Davis, Chili	Cal	2	18.0	5	0	0	0	1.000	2.50
Delgado, Carlos	Tor	41	329.2	55	2	2	0	.966	1.56
Edmonds, Jim	Cal	59	345.1	91	4	2	0	.979	2.48
Everett, Carl	Fla	1	5.0	0	0	0	0	.000	.00
Felder, Mike	Hou	8	19.0	4	0	0	0	1.000	1.89
Felix, Junior	Det	5	28.0	11	1	1	0	.923	3.86
Floyd, Cliff	Mon	17	118.0	27	1	0	0	1.000	2.14
Frazier, Lou	Mon	31	203.2	43	2	0	1	1.000	1.99
Gallagher, Dave	Atl	71	322.0	73	1	1	0	.987	2.07
Green, Shawn	Tor	10	71.0	11	2	0	0	1.000	1.65
Greene, Willie	Cin	1	2.0	0	0	0	0	.000	.00
Greer, Rusty	Tex	11	75.0	21	0	0	0	1.000	2.52
Gwynn, Chris	LA	19	81.0	14	0	0	0	1.000	1.56
Hall, Joe	ChA	7	44.0	11	0	1	0	.917	2.25
Hammonds, Jeffrey	Bal	9	74.0	16	0	1	0	.941	1.95
Hare, Shawn	NYN	14	84.1	23	0	0	0	1.000	2.45
Harper, Brian	Mil	1	6.0	1	0	0	0	1.000	1.50
Hatcher, Billy	Phi	7	24.0	10	1	0	0	1.000	4.13
Hemond, Scott	Oak	1	1.0	0	0	0	0	.000	.00
Henderson, Dave	KC	17	131.0	30	0	1	0	.968	2.06
Hill, Glenallen	ChN	31	185.1	38	0	0	0	1.000	1.85
Howard, Dave	KC	1	4.0	0	0	0	0	.000	.00
Howard, Thomas	Cin	41	232.1	43	2	2	1	.957	1.74
Howitt, Dann	ChA	1	1.0	0	0	0	0	.000	.00
Hubbard, Trent	Col	2	10.0	1	0	0	0	1.000	0.90
Hudler, Rex	Cal	18	87.1	20	0	0	0	1.000	2.06
Huff, Michael	Tor	56	354.0	84	2	1	0	.989	2.19
Hunter, Brian	Pit	5	33.1	7	0	0	0	1.000	1.89
Hunter, Brian	Cin	1	9.0	4	0	0	0	1.000	4.00
Ingram, Riccardo	Det	7	48.1	12	1	0	0	1.000	2.42
Jackson, Bo	Cal	43	314.0	73	3	3	0	.962	2.18
James, Chris	Tex	1	1.0	0	0	0	0	.000	.00
Javier, Stan	Oak	12	62.0	13	0	0	0	1.000	1.89
Jefferson, Reggie	Sea	2	11.0	3	0	0	0	1.000	2.45
Johnson, Howard	Col	62	433.1	90	2	2	0	.979	1.91
Jones, Chris	Col	4	7.0	2	0	0	0	1.000	2.57
Jordan, Brian	StL	18	135.1	27	2	1	0	.967	1.93
Kelly, Mike	Atl	19	124.1	19	0	1	0	.950	1.38
Kingery, Mike	Col	20	88.1	14	1	0	0	1.000	1.53
Kirby, Wayne	Cle	8	55.0	15	0	2	0	.882	2.45
Kreuter, Chad	Det	1	2.0	1	0	0	0	1.000	4.50
Leonard, Mark	SF	2	4.0	1	0	0	0	1.000	2.25
Lindeman, Jim	NYN	21	145.1	29	0	2	0	.935	1.80
Longmire, Tony	Phi	13	94.0	11	2	1	0	.929	1.24
Mack, Quinn	Sea	3	23.0	3	0	0	0	1.000	1.17
Maldonado, Candy	Cle	5	28.0	6	0	0	0	1.000	1.93
Marsh, Tom	Phi	3	3.0	0	0	0	0	.000	.00
Martin, Norberto	ChA	2	3.0	1	0	0	0	1.000	3.00
Martinez, Dave	SF	3	18.0	5	2	0	0	1.000	3.50
McCarty, Dave	Min	9	49.0	13	0	0	0	1.000	2.39
McClendon, Lloyd	Pit	12	70.0	17	1	0	0	1.000	2.13
McDavid, Ray	SD	4	27.0	5	0	0	0	1.000	1.67
McReynolds, Kevin	NYN	47	394.2	91	1	0	1	1.000	2.10
Mieske, Matt	Mil	6	14.1	6	0	0	0	1.000	3.77
Miller, Keith	KC	4	28.1	7	1	0	0	1.000	2.54
Mitchell, Keith	Sea	27	176.0	30	0	1	0	.968	1.53
Mouton, James	Hou	1	6.0	1	0	0	0	1.000	1.50
Munoz, Pedro	Min	42	315.0	71	1	2	0	.973	2.06
Newfield, Marc	Sea	3	18.0	2	0	0	0	1.000	1.00
Newson, Warren	ChA	9	23.0	3	1	0	1	1.000	1.57
Nieves, Melvin	SD	2	14.0	5	1	0	0	1.000	3.86
O'Leary, Troy	Mil	13	74.0	17	0	0	0	1.000	2.07
O'Neill, Paul	NYA	12	86.0	13	1	0	0	1.000	1.47
Orsulak, Joe	NYN	18	82.0	14	0	0	0	1.000	1.54
Parker, Rick	NYN	4	19.0	9	0	0	0	1.000	4.26
Pasqua, Dan	ChA	1	2.0	0	0	0	0	.000	.00
Pecota, Bill	Atl	1	1.0	0	0	0	0	.000	.00
Pegues, Steve	Cin	3	9.2	4	0	1	0	.800	3.72
Pegues, Steve	Pit	5	42.0	4	0	0	0	1.000	0.86
Pennyfeather, William	Pit	1	1.0	0	0	0	0	.000	.00
Perez, Robert	Tor	2	11.0	2	0	0	0	1.000	1.64
Reboulet, Jeff	Min	1	1.0	0	0	0	0	.000	.00
Renteria, Rich	Fla	2	4.0	2	0	0	0	1.000	4.50
Rhodes, Karl	ChN	15	33.2	9	1	0	0	1.000	2.67
Roberts, Bip	SD	16	92.1	19	0	0	0	1.000	1.85
Sabo, Chris	Bal	9	71.0	9	0	0	0	1.000	1.27
Samuel, Juan	Det	2	1.1	0	0	0	0	.000	.00
Sasser, Mackey	Sea	1	6.0	0	0	0	0	.000	.00
Segui, David	NYN	19	158.2	29	1	2	0	.938	1.70
Sheaffer, Danny	Col	1	2.0	0	0	0	0	.000	.00
Shipley, Craig	SD	1	1.0	1	0	0	0	1.000	9.00
Smith, Dwight	Cal	31	229.1	50	2	5	1	.912	2.04
Smith, Dwight	Bal	20	143.0	24	0	2	0	.923	1.51
Snyder, Cory	LA	40	219.0	43	1	2	0	.957	1.81
Spehr, Tim	Mon	2	3.0	2	0	0	0	1.000	6.00
Strange, Doug	Tex	2	15.0	4	0	0	0	1.000	2.40
Tarasco, Tony	Atl	26	103.1	15	0	0	0	1.000	1.31
Tavarez, Jesus	Fla	1	2.0	0	0	0	0	.000	.00
Tettleton, Mickey	Det	1	8.0	3	0	0	0	1.000	3.38
Thompson, Milt	Phi	72	434.1	90	1	0	1	1.000	1.89
Tinsley, Lee	Bos	27	167.0	44	1	0	1	1.000	2.43
Tomberlin, Andy	Bos	5	25.1	4	1	0	0	1.000	1.78
Turang, Brian	Sea	20	117.0	24	1	1	0	.962	1.92
VanderWal, John	Col	5	25.0	8	0	0	0	1.000	2.88
Varsho, Gary	Pit	18	87.2	19	0	1	0	.950	1.95
Velarde, Randy	NYA	6	46.0	9	1	0	0	1.000	1.96

Left Fielders - The Rest

Player	Tm	G	Inn	PO	A	E	DP	Pct.	Rng
Vina, Fernando	NYN	6	37.0	15	0	0	0	1.000	3.65
Voigt, Jack	Bal	17	86.0	18	0	0	0	1.000	1.88
Walton, Jerome	Cin	16	38.2	6	0	0	0	1.000	1.40
Ward, Turner	Mil	35	240.2	66	3	2	0	.972	2.58
Webster, Mitch	LA	45	121.1	26	0	0	0	1.000	1.93
White, Rondell	Mon	25	171.1	29	1	2	0	.938	1.58
Whitmore, Darrell	Fla	5	48.0	14	0	0	0	1.000	2.63
Williams, Gerald	NYA	26	154.0	29	1	2	0	.938	1.75
Young, Ernie	Oak	7	52.0	18	1	1	0	.950	3.29
Young, Gerald	StL	3	18.2	5	0	0	0	1.000	2.41
Young, Kevin	Pit	1	4.2	1	0	0	0	1.000	1.93
Zambrano, Eddie	ChN	9	62.0	10	1	0	0	1.000	1.60
Zupcic, Bob	Bos	2	12.0	2	0	0	0	1.000	1.50
Zupcic, Bob	ChA	15	106.0	22	0	0	0	1.000	1.87

Center Fielders - Regulars

Player	Tm	G	Inn	PO	A	E	DP	Pct.	Rng
Johnson, Lance	ChA	103	899.0	317	1	0	0	1.000	3.18
Carr, Chuck	Fla	104	880.0	297	4	6	0	.980	3.08
Curtis, Chad	Cal	114	1000.0	331	9	4	0	.988	3.06
Grissom, Marquis	Mon	109	979.2	321	7	5	0	.985	3.01
White, Devon	Tor	98	813.2	267	3	6	1	.978	2.99
Dykstra, Lenny	Phi	83	725.1	235	4	4	0	.984	2.97
Cole, Alex	Min	84	635.1	204	4	7	0	.967	2.95
Thompson, Ryan	NYN	98	855.2	274	5	3	1	.989	2.93
Javier, Stan	Oak	102	836.1	257	3	4	1	.985	2.80
Williams, Bernie	NYA	107	938.2	277	7	3	1	.990	2.72
Devereaux, Mike	Bal	84	687.1	203	3	1	1	.995	2.70
Nixon, Otis	Bos	103	865.1	254	4	3	1	.989	2.68
Lofton, Kenny	Cle	112	974.2	276	13	2	3	.993	2.67
Van Slyke, Andy	Pit	99	843.2	238	9	2	1	.992	2.63
Lankford, Ray	StL	104	902.0	259	5	6	1	.978	2.63
Lewis, Darren	SF	113	991.2	281	5	2	1	.993	2.60
Butler, Brett	LA	111	943.2	260	8	2	1	.993	2.56
Kingery, Mike	Col	77	605.2	167	4	4	0	.977	2.54
Finley, Steve	Hou	92	791.2	214	9	4	0	.982	2.54
Hulse, David	Tex	76	650.0	179	0	4	0	.978	2.48
Griffey Jr, Ken	Sea	103	862.0	223	12	4	1	.983	2.45
Bell, Derek	SD	108	929.0	247	3	10	0	.962	2.42
Kelly, Roberto	TOT	110	939.2	247	5	3	0	.988	2.41
Sanders, Deion	TOT	91	787.0	209	2	2	0	.991	2.41
McRae, Brian	KC	110	978.2	252	2	3	0	.988	2.34
Rhodes, Karl	ChN	67	521.0	131	3	5	1	.964	2.31
Average	---	98	839.2	246	5	3	0	.985	2.70

Center Fielders - The Rest

Player	Tm	G	Inn	PO	A	E	DP	Pct.	Rng
Amaral, Rich	Sea	2	7.0	2	1	0	0	1.000	3.86
Amaro, Ruben	Cle	10	19.0	7	0	1	0	.875	3.32
Anderson, Brady	Bal	38	298.1	82	2	2	0	.988	2.53
Anthony, Eric	Sea	5	23.0	3	0	0	0	1.000	1.17
Bautista, Daniel	Det	14	112.0	41	0	0	0	1.000	3.29
Bean, Billy	SD	7	45.2	17	0	0	0	1.000	3.35
Becker, Rich	Min	23	208.2	80	2	1	0	.988	3.54
Boston, Daryl	NYA	7	56.0	13	1	0	0	1.000	2.25
Brosius, Scott	Oak	2	3.0	1	0	0	0	1.000	3.00
Brown, Jarvis	Atl	4	22.0	6	0	0	0	1.000	2.45
Browne, Jerry	Fla	7	35.0	16	1	2	0	.895	4.37
Brumfield, Jacob	Cin	24	184.0	61	0	1	0	.984	3.03
Buhner, Jay	Sea	1	8.0	2	0	0	0	1.000	2.25
Burks, Ellis	Col	39	330.1	79	2	3	0	.964	2.21
Butler, Rob	Tor	12	86.0	26	0	1	0	.963	2.72
Cangelosi, John	NYN	13	66.0	19	0	0	0	1.000	2.59
Carrillo, Matias	Fla	8	43.0	9	1	1	0	.909	2.09
Cummings, Midre	Pit	5	33.0	8	1	0	1	1.000	2.45
Cuyler, Milt	Det	29	228.0	58	0	0	0	1.000	2.29
Davis, Eric	Det	35	279.0	85	1	1	1	.989	2.77
Diaz, Alex	Mil	59	357.1	110	2	0	0	1.000	2.82
Edmonds, Jim	Cal	5	27.0	13	0	0	0	1.000	4.33
Eisenreich, Jim	Phi	5	29.0	9	0	0	0	1.000	2.79
Everett, Carl	Fla	8	42.0	16	0	0	0	1.000	3.43
Faneyte, Rikkert	SF	2	15.0	6	0	1	0	.857	3.60
Felder, Mike	Hou	6	35.0	6	0	0	0	1.000	1.54
Felix, Junior	Det	2	8.0	1	0	0	0	1.000	1.13
Fox, Eric	Oak	16	75.0	23	1	0	0	1.000	2.88
Frazier, Lou	Mon	5	34.0	12	0	0	0	1.000	3.18
Gallagher, Dave	Atl	5	14.2	3	0	0	0	1.000	1.84
Gibson, Kirk	Det	23	180.0	48	1	1	0	.980	2.45
Greer, Rusty	Tex	23	159.2	51	0	1	0	.981	2.87
Gwynn, Tony	SD	1	9.0	1	0	0	0	1.000	1.00
Hamilton, Darryl	Mil	32	253.1	60	2	0	1	1.000	2.20
Hatcher, Billy	Phi	26	179.0	38	3	0	0	1.000	2.06
Henderson, Dave	KC	6	51.0	11	2	1	0	.929	2.29
Henderson, Rickey	Oak	10	68.0	19	0	0	0	1.000	2.51
Hernandez, Jose	ChN	1	1.0	0	0	0	0	.000	.00
Hill, Glenallen	ChN	44	372.1	103	0	1	0	.990	2.49
Howard, Thomas	Cin	7	49.0	21	0	0	0	1.000	3.86
Howitt, Dann	ChA	1	2.0	1	0	0	0	1.000	4.50
Hubbard, Trent	Col	3	19.0	3	0	0	0	1.000	1.42
Huff, Michael	Tor	20	125.1	36	2	0	1	1.000	2.73
Hunter, Brian L.	Hou	6	54.0	13	1	1	1	.933	2.33
Ingram, Riccardo	Det	1	6.0	1	0	0	0	1.000	1.50
Jackson, Darrin	ChA	16	110.1	35	1	0	1	1.000	2.94
Jones, Chris	Col	13	76.0	14	0	1	0	.933	1.66
Jordan, Brian	StL	9	69.0	24	0	0	0	1.000	3.13
Kelly, Mike	Atl	6	37.0	6	0	0	0	1.000	1.46
Kelly, Roberto	Cin	47	394.0	119	2	1	0	.992	2.76
Kelly, Roberto	Atl	63	545.2	128	3	2	0	.985	2.16
Kirby, Wayne	Cle	6	25.0	8	0	0	0	1.000	2.88
Koslofski, Kevin	KC	1	2.0	1	1	1	0	.667	9.00
Mack, Quinn	Sea	1	8.0	3	0	0	0	1.000	3.38
Mack, Shane	Min	24	156.0	50	0	0	0	1.000	2.88
Martin, Al	Pit	13	108.0	32	2	1	0	.971	2.83
Martinez, Dave	SF	3	18.2	8	0	0	0	1.000	3.86
McDavid, Ray	SD	2	22.0	6	0	0	0	1.000	2.45
McDowell, Oddibe	Tex	31	195.2	67	1	2	0	.971	3.13
Mitchell, Keith	Sea	3	6.0	1	0	0	0	1.000	1.50
Mondesi, Raul	LA	15	70.1	19	1	1	0	.952	2.56
Mouton, James	Hou	19	149.0	34	0	3	0	.919	2.05
Orsulak, Joe	NYN	13	100.1	23	0	0	0	1.000	2.06
Parker, Rick	NYN	1	1.0	0	0	0	0	.000	.00
Pegues, Steve	Pit	2	18.0	4	0	0	0	1.000	2.00

Center Fielders - The Rest

Player	Tm	G	Inn	PO	A	E	DP	Pct.	Rng
Puckett,Kirby	Min	3	5.0	1	1	0	0	1.000	3.60
Redus,Gary	Tex	3	17.2	6	0	0	0	1.000	3.06
Roberts,Bip	SD	5	38.0	11	0	0	0	1.000	2.61
Samuel,Juan	Det	25	205.0	60	1	0	0	1.000	2.68
Sanders,Deion	Atl	46	407.0	99	0	2	0	.980	2.19
Sanders,Deion	Cin	45	380.0	110	2	0	0	1.000	2.65
Shipley,Craig	SD	1	2.0	1	0	0	0	1.000	4.50
Sierra,Ruben	Oak	1	8.0	2	0	0	0	1.000	2.25
Singleton,Duane	Mil	2	4.0	1	0	0	0	1.000	2.25
Smith,Dwight	Bal	2	11.0	7	0	0	0	1.000	5.73
Sosa,Sammy	ChN	15	89.2	29	1	1	0	.968	3.01
Tavarez,Jesus	Fla	2	15.0	10	0	0	0	1.000	6.00
Thompson,Milt	Phi	12	91.0	20	1	0	0	1.000	2.07
Tinsley,Lee	Bos	26	164.0	60	0	1	0	.984	3.29
Turang,Brian	Sea	12	70.0	20	0	0	0	1.000	2.57
Varsho,Gary	Pit	2	3.0	0	0	0	0	.000	.00
Vaughn,Greg	Mil	1	1.0	0	0	0	0	.000	.00
Voigt,Jack	Bal	1	1.0	0	0	0	0	.000	.00
Walton,Jerome	Cin	5	31.1	8	1	0	0	1.000	2.59
Ward,Turner	Mil	52	420.1	149	3	1	1	.993	3.25
White,Rondell	Mon	4	23.0	5	0	0	0	1.000	1.96
Williams,Gerald	NYA	8	25.0	5	0	0	0	1.000	1.80
Wilson,Willie	ChN	10	39.2	9	0	0	0	1.000	2.04
Young,Ernie	Oak	3	13.0	3	0	0	0	1.000	2.08
Young,Gerald	StL	6	47.0	13	0	0	0	1.000	2.49

Right Fielders - Regulars

Player	Tm	G	Inn	PO	A	E	DP	Pct.	Rng
Whiten,Mark	StL	90	780.1	234	9	9	0	.964	2.80
Hammonds,Jeffrey	Bal	58	499.0	131	5	5	0	.965	2.45
Felix,Junior	Det	75	659.0	176	3	3	0	.984	2.44
Jackson,Darrin	ChA	92	705.0	190	1	1	0	.995	2.44
Eisenreich,Jim	Phi	90	643.0	169	4	2	2	.989	2.42
Sosa,Sammy	ChN	98	840.2	219	4	6	1	.974	2.39
Puckett,Kirby	Min	95	818.2	203	12	3	1	.986	2.36
Salmon,Tim	Cal	99	871.2	219	9	8	1	.966	2.35
O'Neill,Paul	NYA	90	753.1	190	6	1	0	.995	2.34
Mouton,James	Hou	80	519.0	128	5	0	2	1.000	2.31
Mieske,Matt	Mil	80	621.0	149	7	4	1	.975	2.26
Sanders,Reggie	Cin	104	912.0	217	12	6	2	.974	2.26
Walker,Larry	Mon	68	607.0	140	5	4	1	.973	2.15
Ramirez,Manny	Cle	84	675.2	150	7	1	2	.994	2.09
Buhner,Jay	Sea	95	822.0	177	11	2	2	.989	2.06
Jose,Felix	KC	98	875.2	193	7	4	2	.980	2.06
Justice,Dave	Atl	102	879.0	193	6	11	0	.948	2.04
Carter,Joe	Tor	110	945.0	205	4	2	1	.991	1.99
Mondesi,Raul	LA	109	915.1	187	15	7	1	.967	1.99
Bichette,Dante	Col	116	1004.0	210	10	2	3	.991	1.97
Gwynn,Tony	SD	105	899.2	190	6	3	1	.985	1.96
Orsulak,Joe	NYN	63	467.2	92	9	3	2	.971	1.94
Sheffield,Gary	Fla	87	743.2	153	7	5	2	.970	1.94
Merced,Orlando	Pit	68	486.1	100	3	2	1	.981	1.91
Sierra,Ruben	Oak	97	817.1	153	8	9	2	.947	1.77
Average	---	90	750.0	174	7	4	1	.978	2.18

Right Fielders - The Rest

Player	Tm	G	Inn	PO	A	E	DP	Pct.	Rng
Aldrete,Mike	Oak	15	87.0	14	0	0	0	1.000	1.45
Alou,Moises	Mon	45	381.2	104	3	2	0	.982	2.52
Amaro,Ruben	Cle	1	2.0	2	0	0	0	1.000	9.00
Anderson,Brady	Bal	5	44.0	12	1	0	0	1.000	2.66
Anthony,Eric	Sea	10	58.0	10	1	0	0	1.000	1.71
Bagwell,Jeff	Hou	1	7.0	1	1	0	0	1.000	2.57
Bass,Kevin	Hou	47	311.2	71	3	0	1	1.000	2.14
Bautista,Daniel	Det	16	104.0	25	0	0	0	1.000	2.16
Bean,Billy	SD	15	75.1	17	0	0	1	1.000	2.03
Becker,Rich	Min	2	11.0	5	0	0	0	1.000	4.09
Berroa,Geronimo	Oak	7	46.0	9	0	0	0	1.000	1.76
Blosser,Greg	Bos	2	15.0	8	0	3	0	.727	4.80
Blowers,Mike	Sea	1	6.0	0	0	0	0	.000	.00
Boston,Daryl	NYA	2	2.0	1	0	0	0	1.000	4.50
Brosius,Scott	Oak	4	10.0	0	0	0	0	.000	.00
Brown,Jarvis	Atl	2	11.0	2	0	0	0	1.000	1.64
Browne,Jerry	Fla	4	9.1	2	0	0	0	1.000	1.93
Brumfield,Jacob	Cin	6	17.1	2	0	0	0	1.000	1.04
Brunansky,Tom	Mil	6	18.0	2	0	0	0	1.000	1.00
Brunansky,Tom	Bos	33	257.2	65	1	0	1	1.000	2.31
Burnitz,Jeromy	NYN	42	344.2	63	1	2	0	.970	1.67
Butler,Rob	Tor	2	9.0	3	0	0	0	1.000	3.00
Cangelosi,John	NYN	19	78.2	23	2	0	1	1.000	2.86
Carreon,Mark	SF	24	151.0	33	0	1	0	.971	1.97
Carrillo,Matias	Fla	25	144.2	28	4	0	1	1.000	1.99
Chamberlain,Wes	Phi	18	127.0	27	3	0	1	1.000	2.13
Chamberlain,Wes	Bos	34	287.1	69	5	0	0	1.000	2.32
Clark,Dave	Pit	49	383.1	96	5	3	1	.971	2.37
Clark,Phil	SD	5	35.0	7	0	2	0	.778	1.80
Coles,Darnell	Tor	5	30.0	9	1	0	0	1.000	3.00
Cummings,Midre	Pit	3	23.0	7	0	0	0	1.000	2.74
Cuyler,Milt	Det	8	17.0	3	0	1	0	.750	1.59
Davis,Butch	Tex	4	34.0	6	1	0	0	1.000	1.85
Diaz,Alex	Mil	20	113.0	27	3	1	0	.968	2.39
Ducey,Rob	Tex	10	73.0	15	0	2	0	.882	1.85
Edmonds,Jim	Cal	19	138.1	41	5	1	0	.979	2.99
Everett,Carl	Fla	8	63.1	12	2	0	1	1.000	1.99
Faneyte,Rikkert	SF	4	13.0	3	0	0	0	1.000	2.08
Felder,Mike	Hou	21	130.0	26	2	1	0	.966	1.94
Floyd,Cliff	Mon	9	48.0	11	0	1	0	.917	2.06
Fox,Eric	Oak	8	32.0	9	0	0	0	1.000	2.53
Gallagher,Dave	Atl	8	24.1	11	0	0	0	1.000	4.07
Gibson,Kirk	Det	15	104.0	28	2	0	0	1.000	2.60
Goodwin,Tom	KC	1	3.0	1	0	0	0	1.000	3.00
Green,Shawn	Tor	5	9.0	1	0	0	0	1.000	1.00
Greer,Rusty	Tex	53	388.0	87	2	3	2	.967	2.06
Griffey Jr,Ken	Sea	4	6.0	2	0	0	0	1.000	3.00
Gwynn,Chris	LA	1	2.0	0	0	0	0	.000	.00
Hale,Chip	Min	1	1.0	1	0	0	0	1.000	9.00
Hall,Joe	ChA	2	8.0	0	0	0	0	.000	.00
Harper,Brian	Mil	3	13.0	1	0	0	0	1.000	0.69
Harris,Lenny	Cin	3	7.0	1	0	0	0	1.000	1.29
Haselman,Bill	Sea	2	6.0	2	0	0	0	1.000	3.00
Hatcher,Billy	Bos	43	364.1	87	3	3	1	.968	2.22
Hatcher,Billy	Phi	11	72.2	20	0	0	0	1.000	2.48
Hemond,Scott	Oak	1	1.0	0	0	0	0	.000	.00
Henderson,Dave	KC	17	144.0	31	2	1	0	.971	2.06
Hill,Glenallen	ChN	7	24.0	9	0	1	0	.900	3.38

Right Fielders - The Rest

Player	Tm	G	Inn	PO	A	E	DP	Pct.	Rng
Hollins, Dave	Phi	1	6.1	1	0	0	0	1.000	1.42
Howard, Thomas	Cin	12	59.1	16	0	1	0	.941	2.43
Howitt, Dann	ChA	5	18.0	3	0	0	0	1.000	1.50
Huff, Michael	Tor	8	20.0	6	0	0	0	1.000	2.70
Hunter, Brian	Cin	4	22.2	4	0	0	0	1.000	1.59
Hyers, Tim	SD	2	3.2	0	0	0	0	.000	.00
Jackson, Bo	Cal	3	17.0	4	0	0	0	1.000	2.12
James, Chris	Tex	47	308.1	63	2	0	0	1.000	1.90
Javier, Stan	Oak	1	1.0	0	0	0	0	.000	.00
Jordan, Brian	StL	22	180.2	54	3	0	1	1.000	2.84
Kelly, Mike	Atl	1	2.0	0	0	0	0	.000	.00
Kingery, Mike	Col	2	15.0	4	0	0	0	1.000	2.40
Kirby, Wayne	Cle	55	341.0	69	2	2	1	.973	1.87
Koslofski, Kevin	KC	1	9.0	1	0	0	0	1.000	1.00
Lindeman, Jim	NYN	14	100.0	25	1	1	0	.963	2.34
Lockhart, Keith	SD	1	2.0	1	0	0	0	1.000	4.50
Longmire, Tony	Phi	21	141.1	34	1	2	1	.946	2.23
Mabry, John	StL	6	47.0	16	0	0	0	1.000	3.06
Marsh, Tom	Phi	4	34.0	8	0	1	0	.889	2.12
Martinez, Dave	SF	53	300.2	73	1	0	1	1.000	2.22
McCarty, Dave	Min	5	22.0	3	1	0	0	1.000	1.64
McClendon, Lloyd	Pit	9	66.2	11	0	1	0	.917	1.49
McDavid, Ray	SD	1	8.0	0	0	0	0	.000	.00
McDowell, Oddibe	Tex	27	210.2	46	1	0	0	1.000	2.01
McGee, Willie	SF	42	351.0	79	2	1	0	.988	2.08
McLemore, Mark	Bal	7	49.0	18	0	0	0	1.000	3.31
Mitchell, Keith	Sea	11	86.0	18	0	0	0	1.000	1.88
Munoz, Pedro	Min	19	138.1	39	0	2	0	.951	2.54
Newson, Warren	ChA	26	154.0	42	0	1	0	.977	2.45
Nieves, Melvin	SD	4	22.0	6	0	0	0	1.000	2.45
O'Leary, Troy	Mil	10	74.0	20	2	0	1	1.000	2.68
Parker, Rick	NYN	3	23.0	5	1	0	0	1.000	2.35
Pasqua, Dan	ChA	5	37.0	13	0	2	0	.867	3.16
Pegues, Steve	Cin	1	3.0	1	0	0	0	1.000	3.00
Perez, Robert	Tor	2	12.0	1	1	0	0	1.000	1.50
Reboulet, Jeff	Min	3	5.0	0	0	0	0	.000	.00
Redus, Gary	Tex	4	8.0	2	0	0	0	1.000	2.25
Rhodes, Karl	ChN	1	2.0	2	0	0	0	1.000	9.00
Roberson, Kevin	ChN	9	46.2	7	1	2	0	.800	1.54
Rodriguez, Henry	LA	6	27.1	9	1	0	0	1.000	3.29
Sabo, Chris	Bal	13	101.0	23	1	1	1	.960	2.14
Segui, David	NYN	2	9.0	2	0	0	0	1.000	2.00
Simms, Mike	Hou	3	24.0	6	0	1	0	.857	2.25
Smith, Dwight	Bal	1	9.0	0	0	0	0	.000	.00
Smith, Lonnie	Bal	2	14.0	2	1	0	0	1.000	1.93
Smith, Mark	Bal	3	18.0	8	0	0	0	1.000	4.00
Snyder, Cory	LA	13	54.2	14	0	0	0	1.000	2.30
Spiers, Bill	Mil	2	3.0	0	0	0	0	.000	.00
Strange, Doug	Tex	1	1.0	0	0	0	0	.000	.00
Strawberry, Darryl	SF	27	209.2	61	1	2	1	.969	2.66
Surhoff, B.J.	Mil	3	19.0	7	1	2	1	.800	3.79
Tarasco, Tony	Atl	22	110.0	27	1	0	0	1.000	2.29
Tartabull, Danny	NYA	26	224.0	43	1	0	0	1.000	1.77
Tavarez, Jesus	Fla	8	52.0	18	1	0	0	1.000	3.29
Tettleton, Mickey	Det	17	134.0	24	0	0	0	1.000	1.61
Thompson, Milt	Hou	6	38.0	7	1	0	0	1.000	1.89
Tinsley, Lee	Bos	11	60.0	10	0	0	0	1.000	1.50
Tomberlin, Andy	Bos	6	45.0	8	1	0	1	1.000	1.80
VanderWal, John	Col	2	12.0	2	0	0	0	1.000	1.50
Varsho, Gary	Pit	18	43.0	6	0	1	0	.857	1.26
Velarde, Randy	NYA	1	1.0	0	0	0	0	.000	.00
Voigt, Jack	Bal	37	263.2	70	2	1	0	.986	2.46
Walton, Jerome	Cin	6	17.0	8	0	0	0	1.000	4.24
Ward, Turner	Mil	25	175.0	45	2	1	0	.979	2.42
Webster, Mitch	LA	6	14.2	3	0	0	0	1.000	1.84
Whitmore, Darrell	Fla	1	2.0	0	0	0	0	.000	.00
Williams, Gerald	NYA	12	39.1	9	1	0	0	1.000	2.29
Winfield, Dave	Min	1	9.0	3	0	0	0	1.000	3.00
Young, Ernie	Oak	1	9.0	1	0	0	0	1.000	1.00
Young, Gerald	StL	2	10.0	1	0	0	0	1.000	0.90
Young, Kevin	Pit	1	3.1	0	0	0	0	.000	.00
Zambrano, Eddie	ChN	18	110.1	23	0	2	0	.920	1.88
Zupcic, Bob	ChA	14	89.1	25	2	0	0	1.000	2.72

Catchers - Regulars

Player	Tm	G	Inn	PO	A	E	DP	PB	Pct.
Steinbach,Terry	Oak	93	754.1	568	59	1	2	4	.998
Pagnozzi,Tom	StL	70	593.0	369	41	1	3	1	.998
Servais,Scott	Hou	78	626.2	481	29	2	1	9	.996
Fletcher,Darrin	Mon	81	619.0	479	20	2	2	0	.996
Alomar Jr,Sandy	Cle	78	685.2	453	40	2	0	3	.996
Berryhill,Damon	Bos	67	536.2	409	29	2	2	8	.995
Lopez,Javy	Atl	75	643.1	560	35	3	0	10	.995
Daulton,Darren	Phi	68	589.1	435	41	3	2	7	.994
Nilsson,Dave	Mil	60	484.2	295	15	2	0	3	.994
Slaught,Don	Pit	74	626.1	425	36	3	4	4	.994
Wilkins,Rick	ChN	95	754.0	546	51	4	2	9	.993
Manwaring,Kirt	SF	97	829.1	540	53	4	4	5	.993
Karkovice,Ron	ChA	76	554.2	417	19	3	1	6	.993
Stanley,Mike	NYA	72	584.2	391	30	3	1	3	.993
Walbeck,Matt	Min	95	787.0	496	45	4	0	5	.993
Macfarlane,Mike	KC	81	690.0	498	39	4	5	4	.993
Rodriguez,Ivan	Tex	99	837.2	600	44	5	2	7	.992
Girardi,Joe	Col	93	757.0	548	55	5	6	3	.992
Santiago,Benito	Fla	97	786.2	511	64	5	4	6	.991
Dorsett,Brian	Cin	73	538.1	412	34	4	2	9	.991
Ausmus,Brad	SD	99	833.2	684	59	7	2	7	.991
Taubensee,Eddie	TOT	66	474.2	380	19	4	1	8	.990
Hundley,Todd	NYN	82	659.0	448	28	5	0	7	.990
Hoiles,Chris	Bal	98	838.2	615	36	7	5	4	.989
Borders,Pat	Tor	85	713.0	583	59	8	2	9	.988
Kreuter,Chad	Det	64	459.0	278	22	4	1	3	.987
Wilson,Dan	Sea	91	722.0	602	41	9	2	4	.986
Piazza,Mike	LA	104	860.0	640	38	10	4	8	.985
Average	---	82	672.2	487	38	4	2	5	.992

Catchers - The Rest

Player	Tm	G	Inn	PO	A	E	DP	PB	Pct.
Clark,Phil	SD	5	14.1	8	1	0	0	1	1.000
Dalesandro,Mark	Cal	11	28.0	16	1	0	0	1	1.000
Delgado,Carlos	Tor	1	2.0	1	0	0	0	0	1.000
Eusebio,Tony	Hou	52	379.0	263	24	2	1	5	.993
Fabregas,Jorge	Cal	41	299.2	217	16	3	1	7	.987
Flaherty,John	Det	33	127.0	78	9	0	0	0	1.000
Goff,Jerry	Pit	7	61.0	34	4	2	0	0	.950
Harper,Brian	Mil	25	216.0	141	13	3	2	3	.981
Haselman,Bill	Sea	33	195.0	155	5	3	0	3	.982
Helfand,Eric	Oak	6	10.0	12	2	0	0	0	1.000
Hemond,Scott	Oak	39	239.0	170	15	0	1	1	1.000
Hernandez,Carlos	LA	27	140.1	104	12	0	0	4	1.000
Howard,Chris	Sea	9	64.0	44	3	0	0	1	1.000
Johnson,Brian	SD	24	197.2	182	15	0	0	1	1.000
Johnson,Charles	Fla	4	25.0	18	2	0	0	0	1.000
Knorr,Randy	Tor	40	310.0	247	21	2	1	5	.993
LaValliere,Mike	ChA	58	383.1	305	21	3	1	5	.991
Leyritz,Jim	NYA	37	303.2	202	10	0	0	6	1.000
Lieberthal,Mike	Phi	22	185.0	122	5	4	0	2	.969
Maksudian,Mike	ChN	2	5.1	3	1	0	0	0	1.000
Matheny,Mike	Mil	27	144.2	81	8	1	1	4	.989
Mayne,Brent	KC	42	341.2	246	13	1	1	1	.996
McGriff,Terry	StL	39	296.0	207	23	2	0	4	.991
Melvin,Bob	NYA	4	16.0	9	0	0	0	1	1.000
Melvin,Bob	ChA	11	54.1	48	0	0	0	0	1.000
Merullo,Matt	Cle	4	33.0	22	0	1	0	0	.957
Myers,Greg	Cal	41	310.0	194	28	2	1	1	.991
Natal,Bob	Fla	8	73.0	50	9	1	1	2	.983
Nokes,Matt	NYA	17	115.1	75	2	2	0	0	.975
O'Brien,Charlie	Atl	48	383.0	308	26	3	1	1	.991
O'Halloran,Greg	Fla	1	1.0	2	0	0	0	0	1.000
Oliver,Joe	Cin	6	49.1	48	2	1	0	2	.980
Ortiz,Junior	Tex	28	185.1	106	18	1	1	2	.992
Owens,Jayhawk	Col	6	38.1	25	3	0	1	0	1.000
Pappas,Erik	StL	15	129.0	80	4	4	1	1	.955
Parent,Mark	ChN	37	264.1	184	21	5	2	1	.976
Parks,Derek	Min	31	218.0	119	16	1	0	0	.993
Parrish,Lance	Pit	38	318.1	225	15	3	1	7	.988
Pena,Tony	Cle	40	300.0	209	17	1	0	4	.996
Pratt,Todd	Phi	28	250.0	172	9	0	3	2	1.000
Prince,Tom	LA	3	13.0	11	1	0	0	1	1.000
Reed,Jeff	SF	33	196.0	138	9	1	1	1	.993
Rowland,Rich	Bos	39	281.0	195	12	6	0	6	.972
Sasser,Mackey	Sea	1	1.0	0	0	0	0	0	.000
Sheaffer,Danny	Col	30	235.2	177	17	1	1	2	.995
Spehr,Tim	Mon	46	99.2	102	6	0	1	2	1.000
Stinnett,Kelly	NYN	47	364.0	211	20	5	2	3	.979
Surhoff,B.J.	Mil	12	79.2	34	3	0	0	0	1.000
Tackett,Jeff	Bal	26	159.0	86	11	2	0	1	.980
Taubensee,Eddie	Hou	5	24.0	19	2	0	0	2	1.000
Taubensee,Eddie	Cin	61	450.2	361	17	4	1	6	.990
Tettleton,Mickey	Det	53	432.0	237	20	2	0	5	.992
Tingley,Ron	Fla	18	129.1	91	10	1	1	10	.990
Tingley,Ron	ChA	5	19.0	16	0	0	0	1	1.000
Turner,Chris	Cal	57	389.1	268	29	1	1	2	.997
Valle,Dave	Bos	28	211.2	156	5	3	1	2	.982
Valle,Dave	Mil	12	84.0	47	2	0	0	1	1.000
Webster,Lenny	Mon	46	318.0	237	19	1	0	1	.996
Willard,Jerry	Sea	1	2.0	0	0	0	0	0	.000
Wrona,Rick	Mil	5	27.0	10	2	1	0	0	.923

Catchers - Regulars - Special

Player	Tm	G	Inn	SBA	CS	PCS	CS%	ER	CERA
Lopez,Javy	Atl	75	643.1	86	20	4	.23	232	3.25
Dorsett,Brian	Cin	73	538.1	51	20	3	.39	204	3.41
Fletcher,Darrin	Mon	81	619.0	77	18	7	.23	250	3.63
Ausmus,Brad	SD	99	833.2	104	32	7	.31	346	3.74
Servais,Scott	Hou	78	626.2	66	14	3	.21	267	3.83
Manwaring,Kirt	SF	97	829.1	90	31	3	.34	355	3.85
Karkovice,Ron	ChA	76	554.2	45	14	1	.31	242	3.93
Piazza,Mike	LA	104	860.2	102	26	4	.25	376	3.93
Daulton,Darren	Phi	68	589.1	83	22	4	.27	259	3.96
Hundley,Todd	NYN	82	659.0	65	22	1	.34	301	4.11
Taubensee,Eddie	TOT	66	474.2	60	17	7	.28	220	4.17
Alomar Jr,Sandy	Cle	78	685.2	65	22	1	.34	322	4.23
Hoiles,Chris	Bal	98	838.2	74	24	3	.32	395	4.24
Macfarlane,Mike	KC	81	690.0	83	19	2	.23	332	4.33
Nilsson,Dave	Mil	60	484.2	64	10	0	.16	234	4.35
Wilkins,Rick	ChN	95	754.0	81	30	3	.37	370	4.42
Santiago,Benito	Fla	97	786.2	85	40	6	.47	395	4.52
Slaught,Don	Pit	74	626.1	70	18	6	.26	318	4.57
Stanley,Mike	NYA	72	584.2	50	21	6	.42	300	4.62
Steinbach,Terry	Oak	93	754.1	87	38	5	.44	397	4.74
Borders,Pat	Tor	85	713.0	100	33	2	.33	382	4.82
Berryhill,Damon	Bos	67	536.2	81	21	3	.26	289	4.85
Wilson,Dan	Sea	91	722.0	76	29	7	.38	392	4.89
Pagnozzi,Tom	StL	70	593.0	50	25	3	.50	344	5.22
Rodriguez,Ivan	Tex	99	837.2	60	23	4	.38	486	5.22
Girardi,Joe	Col	93	757.0	93	32	2	.34	444	5.28
Kreuter,Chad	Det	64	459.0	46	20	3	.43	278	5.45
Walbeck,Matt	Min	95	787.0	107	42	11	.39	485	5.55
Average	---	82	672.2	75	24	3	.32	329	4.40

Catchers - The Rest - Special

Player	Tm	G	Inn	SBA	CS	PCS	CS%	ER	CERA
Clark,Phil	SD	5	14.1	3	0	0	0	7	4.40
Dalesandro,Mark	Cal	11	28.0	1	0	0	0	15	4.82
Delgado,Carlos	Tor	1	2.0	0	0	0	0	3	13.50
Eusebio,Tony	Hou	52	379.0	53	21	8	.40	171	4.06
Fabregas,Jorge	Cal	41	299.2	37	9	3	.24	180	5.41
Flaherty,John	Det	33	127.0	20	5	0	.25	79	5.60
Goff,Jerry	Pit	7	61.0	6	2	1	.33	49	7.23
Harper,Brian	Mil	25	216.0	39	9	0	.23	129	5.38
Haselman,Bill	Sea	33	195.0	30	8	3	.27	111	5.12
Helfand,Eric	Oak	6	10.0	0	0	0	0	8	7.20
Hemond,Scott	Oak	39	239.0	18	7	0	.39	130	4.90
Hernandez,Carlos	LA	27	140.1	21	7	0	.33	82	5.26
Howard,Chris	Sea	9	64.0	2	2	0	1.00	38	5.34
Johnson,Brian	SD	24	197.2	37	13	6	.35	121	5.51
Johnson,Charles	Fla	4	25.0	1	1	0	1.00	16	5.76
Knorr,Randy	Tor	40	310.0	44	10	3	.23	150	4.35
LaValliere,Mike	ChA	58	383.1	55	16	1	.29	166	3.90
Leyritz,Jim	NYA	37	303.2	21	5	2	.24	120	3.56
Lieberthal,Mike	Phi	22	185.0	16	2	0	.13	100	4.86
Maksudian,Mike	ChN	2	5.1	0	0	0	0	1	1.69
Matheny,Mike	Mil	27	144.2	19	5	1	.26	82	5.10
Mayne,Brent	KC	42	341.2	38	11	0	.29	153	4.03
McGriff,Terry	StL	39	296.0	44	14	2	.32	155	4.71
Melvin,Bob	NYA	4	16.0	3	1	1	.33	9	5.06

Catchers - The Rest - Special

Player	Tm	G	Inn	SBA	CS	PCS	CS%	ER	CERA
Melvin,Bob	ChA	11	54.1	8	0	0	0	28	4.64
Merullo,Matt	Cle	4	33.0	7	0	0	0	18	4.91
Myers,Greg	Cal	41	310.0	37	17	4	.46	169	4.91
Natal,Bob	Fla	8	73.0	12	4	0	.33	41	5.05
Nokes,Matt	NYA	17	115.1	10	2	1	.20	63	4.92
O'Brien,Charlie	Atl	48	383.0	36	12	1	.33	175	4.11
O'Halloran,Greg	Fla	1	1.0	0	0	0	0	3	27.00
Oliver,Joe	Cin	6	49.1	8	3	0	.38	28	5.11
Ortiz,Junior	Tex	28	185.1	20	10	2	.50	134	6.51
Owens,Jayhawk	Col	6	38.1	5	3	1	.60	19	4.46
Pappas,Erik	StL	15	129.0	16	1	0	.06	82	5.72
Parent,Mark	ChN	37	264.1	40	16	2	.40	137	4.66
Parks,Derek	Min	31	218.0	31	11	3	.35	149	6.15
Parrish,Lance	Pit	38	318.1	33	11	4	.33	151	4.27
Pena,Tony	Cle	40	300.0	36	11	0	.31	154	4.62
Pratt,Todd	Phi	28	250.0	18	6	1	.33	79	2.84
Prince,Tom	LA	3	13.0	0	0	0	0	12	8.31
Reed,Jeff	SF	33	196.0	21	4	0	.19	99	4.55
Rowland,Rich	Bos	39	281.0	33	12	3	.36	173	5.54
Sasser,Mackey	Sea	1	1.0	0	0	0	0	0	0.00
Sheaffer,Danny	Col	30	235.2	34	10	3	.29	127	4.85
Spehr,Tim	Mon	46	99.2	8	1	0	.13	37	3.34
Stinnett,Kelly	NYN	44	364.0	37	12	1	.32	169	4.18
Surhoff,B.J.	Mil	12	79.2	12	2	1	.17	35	3.95
Tackett,Jeff	Bal	26	159.0	15	4	0	.27	83	4.70
Taubensee,Eddie	Hou	5	24.0	2	1	0	.50	16	6.00
Taubensee,Eddie	Cin	61	450.2	58	16	7	.28	204	4.07
Tettleton,Mickey	Det	53	432.0	64	11	2	.17	252	5.25
Tingley,Ron	Fla	18	129.1	13	7	4	.54	52	3.62
Tingley,Ron	ChA	5	19.0	3	0	0	0	9	4.26
Turner,Chris	Cal	57	389.1	46	12	3	.26	254	5.87
Valle,Dave	Bos	28	211.2	22	5	1	.23	102	4.34
Valle,Dave	Mil	12	84.0	10	2	0	.20	43	4.61
Webster,Lenny	Mon	46	318.0	46	13	5	.28	123	3.48
Willard,Jerry	Sea	1	2.0	0	0	0	0	5	22.50
Wrona,Rick	Mil	5	27.0	1	0	0	0	9	3.00

Pitchers Hitting & Fielding, and Hitters Pitching

These sections are almost identical to those in last year's book, save for one minor, though not necessarily insignificant, change. For the first time, we're listing pitcher pickoffs with the pitchers' fielding data.

Both sections include data for all active players. Well, let's say all active "non-zero" players. Any active pitcher who ever hit and any active hitter who ever pitched is shown along with his 1994 and career stats.

It might have been the Year of the Hitter, but not too many N.L. hurlers got in on the fun, though Mark Portugal (.354, 8 RBI) did get in some pretty good licks. The Red Sox ran through a platoon of relief pitchers, including outfielder Andy Tomberlin, who tossed a couple of scoreless innings at the Twins on May 20. There's lots of keen stuff in here, so read on. . .

Pitchers Hitting, Fielding and Holding Runners

Pitcher	1994 Hitting Avg	AB	H	HR	RBI	SH	Career Hitting Avg	AB	H	2B	3B	HR	RBI	BB	SO	SH	1994 Fielding and Holding Runners G	Inn	PO	A	E	DP	Pct.	SBA	CS	PCS	PPO	CS%
Abbott, Jim	.000	0	0	0	0	0	.000	0	0	0	0	0	0	0	0	0	24	160.1	8	23	1	1	.969	20	2	5	0	.35
Acre, Mark	.000	0	0	0	0	0	.000	0	0	0	0	0	0	0	0	0	34	34.1	0	3	1	0	.750	4	3	0	0	.75
Aguilera, Rick	.000	0	0	0	0	0	.203	138	28	3	0	3	11	6	37	16	44	44.2	4	9	0	0	1.000	3	0	0	0	.00
Alvarez, Wilson	.000	0	0	0	0	0	.000	0	0	0	0	0	0	0	0	0	24	161.2	6	13	0	1	1.000	7	3	1	3	.57
Andersen, Larry	.000	0	0	0	0	0	.132	38	5	0	0	0	0	3	15	4	29	32.2	2	3	1	0	.833	4	0	0	0	.00
Anderson, Brian	.000	0	0	0	0	0	.000	0	0	0	0	0	0	0	0	0	18	101.2	6	10	1	0	.941	9	3	2	1	.56
Anderson, Mike	.000	0	0	0	0	0	.000	1	0	0	0	0	0	0	0	0	0	0.00	0	0	0	0	.000	0	0	0	0	.00
Appier, Kevin	.000	0	0	0	0	0	.000	0	0	0	0	0	0	0	0	0	23	155.0	7	13	0	1	1.000	20	6	0	0	.30
Aquino, Luis	.167	6	1	0	0	1	.097	31	3	0	0	0	0	0	7	5	29	50.2	5	10	0	2	1.000	4	0	0	0	.00
Armstrong, Jack	.000	0	0	0	0	0	.114	185	21	2	0	0	8	2	83	26	2	10.0	1	0	0	0	1.000	0	0	0	0	.00
Arocha, Rene	.111	9	1	0	0	3	.104	67	7	2	0	0	3	3	29	10	45	83.0	3	11	0	0	1.000	10	5	0	0	.50
Ashby, Andy	.163	49	8	0	0	9	.139	108	15	2	0	0	2	3	44	14	24	164.1	14	22	0	1	1.000	29	2	0	0	.07
Assenmacher, Paul	.000	0	0	0	0	0	.083	36	3	1	0	0	0	5	12	7	44	33.0	2	5	0	2	1.000	3	0	0	0	.00
Astacio, Pedro	.064	47	3	0	0	4	.120	133	16	0	0	0	3	0	62	16	23	149.0	19	13	0	0	1.000	13	5	0	0	.38
Ausanio, Joe	.000	0	0	0	0	0	.000	0	0	0	0	0	0	0	0	0	13	15.2	1	2	0	0	1.000	2	0	0	0	.00
Avery, Steve	.102	49	5	0	5	6	.165	309	51	9	2	0	16	10	95	30	24	151.2	4	26	1	0	.968	17	2	1	3	.18
Ayala, Bobby	.000	0	0	0	0	0	.067	30	2	1	0	0	1	0	13	3	46	56.2	2	5	2	0	.778	2	0	0	0	.00
Bailey, Cory	.000	0	0	0	0	0	.000	0	0	0	0	0	0	0	0	0	5	4.1	0	0	0	0	.000	0	0	0	0	.00
Ballard, Jeff	.500	2	1	0	0	0	.385	13	5	1	0	0	4	0	4	1	28	24.1	1	3	0	0	1.000	1	0	0	0	.00
Bankhead, Scott	.000	0	0	0	0	0	.222	9	2	0	0	0	0	0	7	2	27	37.2	1	0	0	0	1.000	5	1	0	0	.20
Banks, Willie	.122	41	5	0	0	7	.122	41	5	1	0	0	0	1	13	7	23	138.1	9	13	1	0	.957	13	6	1	0	.54
Barnes, Brian	.000	0	0	0	0	0	.140	107	15	0	0	0	4	10	51	11	11	18.1	1	2	1	0	.750	2	0	0	0	.00
Bautista, Jose	.000	2	0	0	0	0	.174	23	4	0	0	0	1	0	4	2	58	69.1	5	9	0	0	1.000	9	3	0	0	.33
Beck, Rod	.000	0	0	0	0	0	.182	11	2	0	0	0	0	0	6	1	48	48.2	4	4	0	0	1.000	3	1	0	0	.33
Bedrosian, Steve	.500	2	1	0	0	0	.098	153	15	0	0	0	2	3	58	12	46	46.0	3	4	1	0	.875	9	1	0	0	.11
Belcher, Tim	.000	0	0	0	0	0	.124	372	46	8	0	2	25	2	142	41	25	162.0	19	25	4	4	.917	22	5	0	2	.23
Belinda, Stan	.000	0	0	0	0	0	.125	16	2	1	0	0	3	2	9	3	37	49.0	0	4	0	0	1.000	5	1	0	0	.20
Benes, Andy	.163	49	8	0	7	13	.123	334	41	7	0	4	21	15	150	45	25	172.1	21	19	0	2	1.000	21	7	2	0	.43
Benitez, Armando	.000	0	0	0	0	0	.000	0	0	0	0	0	0	0	0	0	3	10.0	0	1	0	0	1.000	1	1	0	1	1.00
Bere, Jason	.000	0	0	0	0	0	.000	0	0	0	0	0	0	0	0	0	24	141.2	9	12	2	1	.913	32	7	0	0	.22
Bergman, Sean	.000	0	0	0	0	0	.000	0	0	0	0	0	0	0	0	0	3	17.2	2	1	0	0	1.000	2	1	0	0	.50
Bielecki, Mike	.000	3	0	0	0	1	.078	270	21	0	0	0	12	11	138	35	19	27.0	3	4	0	1	1.000	9	3	0	0	.33
Birkbeck, Mike	.000	0	0	0	0	0	.000	2	0	0	0	0	0	0	0	0	0	0.00	0	0	0	0	.000	0	0	0	0	.00
Black, Bud	.059	17	1	0	1	5	.145	179	26	4	0	0	12	4	49	27	10	54.1	3	7	0	1	1.000	7	1	2	1	.43
Blair, Willie	.000	6	0	0	0	0	.085	59	5	1	0	0	4	2	38	4	47	77.2	3	7	1	0	.909	8	5	0	0	.63
Boever, Joe	.000	0	0	0	0	0	.125	16	2	0	0	0	0	0	3	0	46	81.1	10	13	1	1	.958	17	4	0	0	.24
Bohanon, Brian	.000	0	0	0	0	0	.000	0	0	0	0	0	0	0	0	0	11	37.1	3	6	0	0	1.000	3	0	0	0	.00
Bolton, Rodney	.000	0	0	0	0	0	.000	0	0	0	0	0	0	0	0	0	0	0.00	0	0	0	0	.000	0	0	0	0	.00
Bolton, Tom	.000	0	0	0	0	0	.000	14	0	0	0	0	0	0	5	1	22	23.1	3	3	0	1	1.000	6	1	0	0	.17
Bones, Ricky	.000	0	0	0	0	0	.077	13	1	0	0	0	1	2	5	4	24	170.2	8	14	1	2	.957	9	4	1	2	.56
Borland, Toby	.000	3	0	0	1	0	.000	3	0	0	0	0	1	0	0	0	24	34.1	5	1	0	0	1.000	2	1	0	0	.50
Bosio, Chris	.000	0	0	0	0	0	.000	0	0	0	0	0	0	0	0	0	19	125.0	11	24	0	3	1.000	10	4	0	0	.40
Boskie, Shawn	.115	26	3	0	2	1	.184	141	26	5	2	1	8	8	42	9	22	90.2	8	13	1	2	.955	8	1	2	1	.38
Bottalico, Ricky	.000	0	0	0	0	0	.000	0	0	0	0	0	0	0	0	0	3	3.0	0	0	0	0	.000	0	0	0	0	.00
Bottenfield, Kent	.000	1	0	0	0	0	.237	59	14	0	0	0	3	1	18	4	16	26.1	2	1	0	0	.750	1	0	0	0	.00
Boucher, Denis	.333	3	1	0	0	1	.222	9	2	2	0	0	0	0	4	3	10	16.2	1	3	0	0	1.000	2	0	2	0	1.00
Bowen, Ryan	.357	14	5	0	0	1	.167	96	16	4	1	0	3	5	33	5	8	47.1	0	3	1	0	.750	6	3	0	0	.50
Brantley, Jeff	.000	3	0	0	0	0	.125	64	8	1	0	0	5	2	22	9	50	65.1	2	10	0	1	1.000	5	2	0	0	.40
Brewer, Billy	.000	0	0	0	0	0	.000	0	0	0	0	0	0	0	0	0	50	38.2	2	6	1	0	.889	4	1	1	0	.50
Brink, Brad	.000	1	0	0	0	0	.071	14	1	0	0	0	0	0	5	1	4	8.1	1	0	0	0	1.000	0	0	0	0	.00
Briscoe, John	.000	0	0	0	0	0	.000	0	0	0	0	0	0	0	0	0	37	49.1	2	2	0	1	1.000	2	1	0	0	.50
Brocail, Doug	.000	2	0	0	0	0	.175	40	7	0	0	0	0	9	11	1	12	17.0	1	2	1	0	.750	1	0	0	0	.00
Bronkey, Jeff	.000	0	0	0	0	0	.000	1	0	0	0	0	0	0	0	0	16	20.2	1	4	0	0	1.000	4	0	0	0	.00
Brow, Scott	.000	0	0	0	0	0	.000	0	0	0	0	0	0	0	0	0	18	29.0	1	4	0	0	1.000	5	2	0	0	.40
Brown, Kevin	.000	0	0	0	0	0	.000	0	0	0	0	0	0	0	0	0	26	170.0	20	29	4	2	.925	16	6	1	0	.56
Browning, Tom	.143	14	2	0	0	2	.153	621	95	14	1	2	32	25	200	72	7	40.2	1	6	0	0	1.000	3	1	0	0	.33
Brumley, Duff	.000	0	0	0	0	0	.000	0	0	0	0	0	0	0	0	0	2	3.1	0	0	0	0	.000	0	0	0	0	.00
Brummett, Greg	.000	0	0	0	0	0	.000	15	0	0	0	0	0	1	5	2	10	12.0	2	2	0	0	1.000	1	0	0	0	.00
Buckels, Gary	.000	1	0	0	0	0	.000	1	0	0	0	0	0	0	0	0	33	100.0	6	11	0	0	1.000	16	3	0	0	.31
Bullinger, Jim	.136	22	3	0	4	5	.186	43	8	2	0	0	6	3	15	6	57	74.0	3	5	0	1	1.000	9	4	0	0	.44
Burba, Dave	.000	3	0	0	0	0	.171	35	6	1	0	0	3	2	17	6	25	159.1	14	23	0	1	1.000	19	6	0	4	.32
Burkett, John	.059	51	3	0	0	3	.070	301	21	2	0	0	10	18	138	40	1	1.0	0	0	0	0	.000	0	0	0	0	.00
Burrows, Terry	.000	0	0	0	0	0	.000	0	0	0	0	0	0	0	0	0	33	29.2	0	9	0	3	1.000	4	1	0	0	.25
Butcher, Mike	.000	0	0	0	0	0	.000	2	0	0	0	0	0	0	1	0	38	40.0	2	7	0	1	1.000	9	1	1	0	.22
Cadaret, Greg	.000	0	0	0	0	0	.000	0	0	0	0	0	0	0	0	0	14	24.2	0	7	0	0	1.000	2	0	1	1	.50
Campbell, Kevin	.000	0	0	0	0	0	.000	0	0	0	0	0	0	0	0	0	3	8.1	0	0	0	0	.000	3	0	0	0	.00
Campbell, Mike	.333	3	1	0	2	0	.333	3	1	0	0	0	2	0	1	0	23	153.0	14	22	0	1	1.000	21	5	0	0	.24
Candiotti, Tom	.140	50	7	0	3	7	.127	166	21	4	0	0	6	3	31	28	47	59.0	2	8	1	0	.909	5	3	0	0	.60
Carpenter, Cris	.000	0	0	0	0	0	.267	30	8	0	0	0	5	0	6	7	45	77.0	3	7	1	0	.909	4	1	0	0	.25
Carrasco, Hector	.000	6	0	0	0	0	.000	6	0	0	0	0	0	4	3	0	20	34.1	1	2	0	0	1.000	4	0	0	0	.00
Carter, Andy	.000	6	0	0	0	0	.000	0	0	0	0	0	0	0	0	0	40	49.0	2	14	0	0	1.000	2	1	1	0	1.00
Casian, Larry	.000	0	0	0	0	0	.000	0	0	0	0	0	0	0	0	0												

	1994 Hitting					Career Hitting										1994 Fielding and Holding Runners										
Pitcher	Avg	AB	H	HR	RBI	SH	Avg	AB	H	2B	3B	HR	RBI	BB	SO	SH	G	Inn	PO	A	E	DP	Pct.	SBA	CS	PCS	PPO	CS%
Castillo, Frank	.000	9	0	0	0	0	.118	152	18	0	0	0	5	7	41	19	4	23.0	1	3	2	0	.667	4	0	0	1	.00
Castillo, Juan	.200	5	1	0	1	0	.200	5	1	0	0	0	1	0	1	0	2	11.2	3	6	0	1	1.000	3	1	0	0	.33
Castillo, Tony	.000	0	0	0	0	0	.083	12	1	0	0	0	1	6	4	41	68.0	4	16	1	0	.952	8	2	0	0	.25
Charlton, Norm	.000	0	0	0	0	0	.082	85	7	1	0	0	0	3	50	10	0	0.00	0	0	0	0	.000	0	0	0	0	.00
Cimorelli, Frank	.000	2	0	0	0	0	.000	2	0	0	0	0	0	0	0	0	11	13.1	1	1	2	0	.500	1	0	0	0	.00
Clark, Mark	.000	0	0	0	0	0	.116	43	5	0	0	0	1	0	20	5	20	127.1	5	23	0	3	1.000	11	6	0	0	.55
Clemens, Roger	.000	0	0	0	0	0	.000	0	0	0	0	0	0	0	0	0	24	170.2	8	19	2	2	.931	27	12	1	2	.48
Cone, David	.000	0	0	0	0	0	.154	395	61	8	0	0	20	16	86	36	23	171.2	20	18	3	3	.927	13	3	1	2	.31
Converse, Jim	.000	0	0	0	0	0	.000	0	0	0	0	0	0	0	0	0	13	48.2	3	6	1	0	.900	7	4	0	0	.57
Cook, Dennis	.000	0	0	0	0	0	.250	96	24	2	1	1	7	3	12	8	38	33.0	2	2	0	0	1.000	2	1	0	0	.50
Cooke, Steve	.190	42	8	0	0	5	.172	116	20	3	0	0	6	0	29	13	25	134.1	3	16	1	1	.950	17	1	2	0	.18
Cormier, Rheal	.286	14	4	0	1	0	.184	141	26	4	0	0	8	1	31	17	7	39.2	1	3	1	0	.800	2	1	0	0	.50
Cornett, Brad	.000	0	0	0	0	0	.000	0	0	0	0	0	0	0	0	0	9	31.0	0	5	0	0	1.000	3	1	1	0	.67
Cox, Danny	.000	0	0	0	0	0	.109	359	39	3	1	0	12	13	152	41	10	18.2	2	1	0	0	1.000	4	1	0	0	.25
Crim, Chuck	.000	2	0	0	0	0	.000	2	0	0	0	0	0	0	0	0	49	64.1	6	8	0	1	1.000	9	1	0	0	.11
Cummings, John	.000	0	0	0	0	0	.000	0	0	0	0	0	0	0	0	0	17	64.0	2	5	0	0	1.000	5	2	0	0	.40
Czajkowski, Jim	.000	0	0	0	0	0	.000	0	0	0	0	0	0	0	0	0	5	8.2	1	3	0	0	1.000	0	0	0	0	.00
Daal, Omar	.000	0	0	0	0	0	.000	0	0	0	0	0	0	1	0	0	24	13.2	1	2	1	0	.750	1	0	0	0	.00
Darling, Ron	.000	1	0	0	0	0	.144	526	76	21	2	2	21	15	175	65	25	160.0	3	27	2	1	.938	13	5	1	1	.46
Darwin, Danny	.000	0	0	0	0	0	.124	193	24	5	2	1	16	5	103	8	13	75.2	5	8	0	0	1.000	6	0	0	0	.00
Darwin, Jeff	.000	0	0	0	0	0	.000	0	0	0	0	0	0	0	0	0	2	4.0	0	0	0	0	.000	0	0	0	0	.00
Davis, Mark	.000	0	0	0	0	0	.156	167	26	3	4	1	9	8	54	24	20	16.1	0	3	0	0	1.000	2	0	0	0	.00
Davis, Storm	.000	0	0	0	0	0	.063	16	1	0	0	0	0	0	10	1	35	48.0	6	9	0	1	1.000	7	0	0	0	.00
Davis, Tim	.000	0	0	0	0	0	.000	0	0	0	0	0	0	0	0	0	42	49.1	2	8	0	0	1.000	4	2	0	0	.50
DeJesus, Jose	.000	0	0	0	0	0	.110	100	11	1	0	0	6	6	60	8	5	26.2	2	1	0	0	1.000	6	1	0	0	.17
DeLeon, Jose	.000	0	0	0	0	0	.091	419	38	1	1	0	9	15	171	51	42	67.0	1	6	0	0	1.000	4	0	0	0	.00
DeLucia, Rich	.000	0	0	0	0	0	.000	0	0	0	0	0	0	0	0	0	8	10.2	1	0	0	0	1.000	0	0	0	0	.00
Deshaies, Jim	.000	0	0	0	0	0	.089	372	33	0	0	0	12	23	185	44	25	130.1	3	15	1	1	.947	26	5	3	2	.31
Dettmer, John	.000	0	0	0	0	0	.000	0	0	0	0	0	0	0	0	0	11	54.0	5	6	0	0	1.000	4	1	0	0	.25
Dewey, Mark	1.000	1	1	0	0	0	.333	3	1	0	0	0	0	2	2	0	45	51.1	4	4	1	0	.889	5	2	0	0	.40
Dibble, Rob	.000	0	0	0	0	0	.120	25	3	0	0	0	2	0	5	6	0	0.00	0	0	0	0	.000	0	0	0	0	.00
DiPoto, Jerry	.000	0	0	0	0	0	.000	0	0	0	0	0	0	0	0	0	7	15.2	0	1	0	0	1.000	3	1	0	0	.33
Dixon, Steve	.000	0	0	0	0	0	.000	0	0	0	0	0	0	0	0	0	2	2.1	0	0	0	0	.000	1	0	0	0	.00
Doherty, John	.000	0	0	0	0	0	.000	0	0	0	0	0	0	0	0	0	18	101.1	6	25	0	4	1.000	4	4	0	0	1.00
Dopson, John	.000	0	0	0	0	0	.055	55	3	1	0	0	1	3	34	4	21	58.2	3	10	0	0	1.000	5	1	0	0	.20
Downs, Kelly	.000	0	0	0	0	0	.123	211	26	3	1	0	11	7	76	21	0	0.00	0	0	0	0	.000	0	0	0	0	.00
Drabek, Doug	.241	58	14	0	6	4	.159	598	95	13	3	2	35	15	176	50	23	164.2	21	28	3	2	.942	18	5	0	1	.28
Drahman, Brian	.000	0	0	0	0	0	.000	0	0	0	0	0	0	0	0	0	9	13.0	1	2	0	1	1.000	6	1	0	0	.00
Dreifort, Darren	1.000	1	1	0	1	1	1.000	1	1	0	0	0	1	0	0	1	27	29.0	2	8	2	0	.833	6	1	2	0	.50
Dreyer, Steve	.000	0	0	0	0	0	.000	0	0	0	0	0	0	0	0	0	5	17.1	2	0	0	0	1.000	2	1	0	0	.50
Dyer, Mike	.000	1	0	0	0	0	.000	1	0	0	0	0	0	0	0	0	14	15.1	0	1	0	0	1.000	6	1	0	0	.17
Eckersley, Dennis	.000	0	0	0	0	0	.133	180	24	3	0	3	12	9	84	5	45	44.1	2	1	0	0	1.000	5	1	0	0	.20
Edens, Tom	.000	2	0	0	0	1	.000	6	0	0	0	0	0	0	5	1	42	54.0	6	13	0	1	1.000	9	0	2	0	.22
Eichhorn, Mark	.000	0	0	0	0	0	.000	2	0	0	0	0	0	0	1	1	43	71.0	3	19	0	1	1.000	5	1	0	0	.20
Eischen, Joey	.000	0	0	0	0	0	.000	0	0	0	0	0	0	0	0	0	1	0.2	0	0	0	0	.000	0	0	0	0	.00
Eldred, Cal	.000	0	0	0	0	0	.000	0	0	0	0	0	0	0	0	0	25	179.0	20	23	0	2	1.000	33	5	0	0	.15
Elliott, Donnie	.000	1	0	0	0	1	.000	1	0	0	0	0	0	0	1	1	30	33.0	4	3	0	0	1.000	7	0	0	0	.00
Erickson, Scott	.000	0	0	0	0	0	.000	0	0	0	0	0	0	0	0	0	23	144.0	9	23	4	4	.889	22	8	0	2	.36
Eversgerd, Bryan	.000	6	0	0	0	2	.000	6	0	0	0	0	0	0	3	2	40	67.2	5	13	0	2	1.000	4	3	0	0	.75
Fajardo, Hector	.000	3	0	0	0	0	.000	3	0	0	0	0	0	0	1	0	18	83.1	3	11	0	0	1.000	4	1	1	0	.50
Farr, Steve	.000	0	0	0	0	0	.000	0	0	0	0	0	0	0	0	0	30	28.1	2	2	1	0	.800	4	2	0	0	.50
Farrell, John	.000	0	0	0	0	0	.000	0	0	0	0	0	0	0	0	0	3	13.0	1	6	1	1	.875	3	0	0	1	.00
Fassero, Jeff	.068	44	3	0	0	9	.070	86	6	2	1	0	0	4	55	17	21	138.2	9	33	0	1	1.000	15	1	3	0	.27
Fernandez, Alex	.000	0	0	0	0	0	.000	0	0	0	0	0	0	0	0	0	24	170.1	16	39	1	4	.982	12	6	0	1	.50
Fernandez, Sid	.000	0	0	0	0	0	.192	496	95	14	2	1	31	12	183	64	19	115.1	1	9	0	0	1.000	11	3	0	0	.27
Fetters, Mike	.000	0	0	0	0	0	.000	0	0	0	0	0	0	0	0	0	42	46.0	3	5	1	0	.889	4	0	0	0	.00
Finley, Chuck	.000	0	0	0	0	0	.000	0	0	0	0	0	0	0	0	0	25	183.1	9	17	4	1	.867	29	7	2	0	.31
Finnvold, Gar	.000	0	0	0	0	0	.000	0	0	0	0	0	0	0	0	0	8	36.1	3	2	1	0	.833	13	3	0	0	.23
Fleming, Dave	.000	0	0	0	0	0	.000	0	0	0	0	0	0	0	0	0	23	117.0	8	15	1	1	.958	13	4	2	1	.30
Florie, Bryce	.000	0	0	0	0	0	.000	0	0	0	0	0	0	0	0	0	9	9.1	2	3	0	0	1.000	2	1	0	0	.50
Fortugno, Tim	.333	3	1	0	0	0	.333	3	1	0	0	0	0	2	2	0	25	30.0	2	6	0	1	1.000	5	1	0	3	.20
Fossas, Tony	.000	0	0	0	0	0	.000	0	0	0	0	0	0	0	0	0	44	34.0	5	2	0	0	.714	1	0	0	0	.00
Foster, Kevin	.074	27	2	0	0	3	.069	29	2	0	0	0	0	1	12	3	13	81.0	4	5	0	0	1.000	16	6	0	0	.38
Foster, Steve	.000	0	0	0	0	0	.200	5	1	0	0	0	0	0	1	1	0	0.00	0	0	0	0	.000	0	0	0	0	.00
Franco, John	.000	3	0	0	0	0	.100	30	3	0	0	0	1	0	11	3	47	50.0	4	7	0	1	1.000	2	0	2	1	.00
Frascatore, John	.000	1	0	0	0	0	.000	1	0	0	0	0	0	0	1	0	1	3.1	0	1	0	0	1.000	1	1	0	0	1.00
Fraser, Willie	.000	0	0	0	0	0	.000	2	0	0	0	0	0	0	2	0	9	12.1	0	1	0	0	1.000	0	0	0	0	.00
Freeman, Marvin	.111	36	4	1	3	3	.118	76	9	1	0	1	3	1	46	9	19	112.2	8	20	0	0	1.000	18	5	0	0	.28
Frey, Steve	.000	0	0	0	0	0	.000	3	0	0	0	0	0	1	2	0	44	31.0	2	4	0	0	1.000	5	0	0	0	.00
Frohwirth, Todd	.000	0	0	0	0	0	.000	2	0	0	0	0	0	0	2	2	22	26.2	1	8	1	0	.900	3	0	0	0	.00
Garagozzo, Keith	.000	0	0	0	0	0	.000	0	0	0	0	0	0	0	0	0	7	9.1	0	2	0	0	1.000	2	0	1	0	.50
Gardiner, Mike	.000	0	0	0	0	0	.000	4	0	0	0	0	0	1	3	0	38	58.2	6	2	0	0	1.000	1	0	0	0	.00
Gardner, Mark	.040	25	1	0	0	4	.106	180	19	1	2	0	7	4	73	25	20	92.1	8	8	0	0	1.000	15	10	1	1	.73
Gibson, Paul	.000	0	0	0	0	0	.000	6	0	0	0	0	0	0	3	1	30	29.0	0	0	0	0	1.000	3	0	0	0	.00

Pitcher	1994 Hitting						Career Hitting										1994 Fielding and Holding Runners											
	Avg	AB	H	HR	RBI	SH	Avg	AB	H	2B	3B	HR	RBI	BB	SO	SH	G	Inn	PO	A	E	DP	Pct.	SBA	CS	PCS	PPO	CS%
Glavine, Tom	.179	56	10	0	3	9	.183	493	90	7	2	0	33	35	134	63	25	165.1	11	33	1	1	.978	14	1	0	0	.07
Glinatsis, George	.000	0	0	0	0	0	.000	0	0	0	0	0	0	0	0	0	2	5.1	0	0	0	0	.000	0	0	0	0	.00
Gohr, Greg	.000	0	0	0	0	0	.000	0	0	0	0	0	0	0	0	0	8	34.0	2	1	0	0	1.000	4	0	0	0	.00
Gomez, Pat	.000	2	0	0	0	1	.000	7	0	0	0	0	0	0	1	1	26	33.1	3	2	1	0	.833	2	1	0	0	.50
Gooden, Dwight	.167	12	2	0	2	4	.197	730	144	15	5	7	65	13	131	85	7	41.1	1	11	1	1	.923	14	3	0	0	.21
Gordon, Tom	.000	0	0	0	0	0	.000	0	0	0	0	0	0	0	0	0	24	155.1	12	25	2	3	.949	40	8	0	0	.20
Gossage, Goose	.000	0	0	0	0	0	.106	85	9	1	0	0	2	4	37	0	36	47.1	2	2	0	1	1.000	6	1	0	0	.17
Gott, Jim	.000	0	0	0	0	0	.181	72	13	2	0	4	5	1	40	5	37	36.1	3	6	2	1	.818	4	2	0	0	.50
Gozzo, Mauro	.250	16	4	0	1	1	.250	16	4	1	0	0	1	1	3	1	23	69.0	3	9	0	0	1.000	9	3	0	0	.33
Grahe, Joe	.000	0	0	0	0	0	.000	0	0	0	0	0	0	0	0	0	40	43.1	3	8	0	0	1.000	5	0	0	0	.00
Granger, Jeff	.000	0	0	0	0	0	.000	0	0	0	0	0	0	0	0	0	2	9.1	0	2	0	0	1.000	2	0	0	0	.00
Greene, Tommy	.385	13	5	0	1	1	.228	202	46	6	0	4	18	10	55	13	7	35.2	1	4	0	2	1.000	6	3	0	0	.50
Grimsley, Jason	.000	0	0	0	0	0	.105	38	4	0	0	0	2	3	10	5	14	82.2	6	9	0	1	1.000	9	2	0	0	.22
Groom, Buddy	.000	0	0	0	0	0	.000	0	0	0	0	0	0	0	0	0	40	32.0	0	0	0	0	.000	2	0	0	0	.00
Gross, Kevin	.149	47	7	1	3	4	.161	659	106	19	1	6	36	31	276	66	25	157.1	14	29	1	1	.977	32	5	0	0	.16
Gross, Kip	.000	0	0	0	0	0	.167	24	4	0	0	0	2	0	6	4	0	0.00	0	0	0	0	.000	0	0	0	0	.00
Guardado, Eddie	.000	0	0	0	0	0	.000	0	0	0	0	0	0	0	0	0	4	17.0	0	0	0	0	.000	2	0	0	0	.00
Gubicza, Mark	.000	0	0	0	0	0	.000	0	0	0	0	0	0	0	0	22	22	130.0	17	20	3	1	.925	11	4	0	0	.36
Gullickson, Bill	.000	0	0	0	0	0	.141	576	81	16	0	3	27	20	152	63	21	115.1	15	14	1	0	.967	11	3	0	0	.27
Gunderson, Eric	.000	0	0	0	0	0	.000	6	0	0	0	0	0	0	4	0	14	9.0	0	1	0	0	1.000	1	0	1	0	1.00
Guthrie, Mark	.000	0	0	0	0	0	.000	0	0	0	0	0	0	0	0	0	50	51.1	3	8	0	0	1.000	6	1	0	0	.17
Guzman, Jose	.000	8	0	0	0	0	.099	71	7	0	0	0	2	2	19	9	4	19.2	1	1	0	0	1.000	1	1	0	0	1.00
Guzman, Juan	.000	0	0	0	0	0	.000	0	0	0	0	0	0	0	0	0	25	147.1	5	12	2	1	.895	26	3	0	1	.12
Habyan, John	.000	0	0	0	0	0	.000	0	0	0	0	0	0	1	0	0	52	47.1	4	8	1	0	.923	4	0	0	1	.00
Hall, Darren	.000	0	0	0	0	0	.000	0	0	0	0	0	0	0	0	0	30	31.2	2	6	0	2	1.000	3	0	0	0	.00
Hamilton, Joey	.000	40	0	0	1	5	.000	40	0	0	0	0	1	2	24	5	16	108.2	7	16	1	3	.958	3	2	0	0	.67
Hammaker, Atlee	.000	0	0	0	0	0	.118	305	36	1	0	0	10	10	99	21	2	1.1	0	0	0	0	.000	0	0	0	0	.00
Hammond, Chris	.136	22	3	0	1	3	.199	166	33	5	1	3	10	19	69	12	13	73.1	1	6	1	0	.875	3	1	1	0	.67
Hampton, Mike	.000	1	0	0	0	0	.000	1	0	0	0	0	0	0	1	0	44	41.1	6	11	0	2	1.000	7	2	1	0	.43
Haney, Chris	.000	0	0	0	0	0	.114	35	4	0	0	0	4	0	4	4	6	28.1	3	5	0	2	1.000	5	2	0	0	.40
Hanson, Erik	.154	39	6	0	3	2	.154	39	6	1	0	0	3	0	17	2	22	122.2	11	16	0	1	1.000	12	6	0	0	.50
Harkey, Mike	.182	22	4	0	3	4	.184	163	30	5	0	0	7	3	50	19	24	91.2	10	15	0	3	1.000	13	6	0	0	.46
Harnisch, Pete	.171	35	6	0	0	2	.130	231	30	11	0	0	14	8	62	24	17	95.0	11	8	0	0	1.000	13	1	0	1	.08
Harris, Gene	.000	1	0	0	0	0	.167	6	1	0	0	0	0	0	2	1	24	23.2	1	2	0	0	1.000	1	1	0	0	1.00
Harris, Greg	.000	0	0	0	0	0	.215	65	14	2	2	0	4	1	28	2	38	50.2	1	7	1	1	.889	4	0	0	0	.00
Harris, Greg W.	.175	40	7	0	2	4	.119	218	26	6	1	0	9	15	88	26	29	130.0	8	22	1	1	.938	22	6	1	2	.32
Harvey, Bryan	.000	0	0	0	0	0	.000	0	0	0	0	0	0	0	0	0	12	10.1	1	0	0	0	1.000	3	0	0	0	.00
Haynes, Heath	.000	0	0	0	0	0	.000	0	0	0	0	0	0	0	0	0	4	3.2	0	0	0	0	.000	1	0	0	0	.00
Helling, Rick	.000	0	0	0	0	0	.000	0	0	0	0	0	0	0	0	0	9	52.0	2	3	0	0	1.000	5	1	0	0	.20
Henderson, Rodney	.000	1	0	0	0	0	.000	1	0	0	0	0	0	0	1	0	3	6.2	1	2	0	0	1.000	4	0	0	0	.00
Henke, Tom	.000	0	0	0	0	0	.000	0	0	0	0	0	0	0	0	0	37	38.0	2	2	0	0	1.000	2	1	0	0	.50
Henneman, Mike	.000	0	0	0	0	0	.000	1	0	0	0	0	0	0	1	0	30	34.2	6	4	0	0	1.000	1	0	0	0	.00
Henry, Butch	.290	31	9	0	2	5	.174	109	19	1	0	1	11	5	19	13	24	107.1	8	13	0	3	1.000	12	3	1	0	.33
Henry, Doug	.000	1	0	0	0	0	.000	1	0	0	0	0	0	0	1	0	25	31.1	2	5	0	0	1.000	5	0	0	0	.00
Hentgen, Pat	.000	0	0	0	0	0	.000	0	0	0	0	0	0	0	0	0	24	174.2	12	21	0	2	1.000	21	8	2	0	.48
Heredia, Gil	.313	16	5	0	1	0	.244	45	11	1	0	0	1	1	7	5	39	75.1	5	12	1	0	.944	5	2	1	0	.60
Hernandez, Jeremy	.000	1	0	0	0	0	.000	6	0	0	0	0	0	0	2	0	21	23.1	0	2	0	0	1.000	4	2	0	0	.50
Hernandez, Roberto	.000	0	0	0	0	0	.000	0	0	0	0	0	0	0	0	0	45	47.2	0	2	1	0	.667	3	0	0	0	.00
Hernandez, Xavier	.000	0	0	0	0	0	.037	27	1	0	0	0	0	2	15	3	31	40.0	2	8	0	3	1.000	5	1	0	0	.20
Hershiser, Orel	.205	44	9	0	4	3	.214	672	144	26	2	0	46	23	145	89	21	135.1	22	24	2	3	.958	14	2	1	0	.21
Hesketh, Joe	.000	0	0	0	0	0	.070	86	6	0	0	0	2	10	58	9	25	114.0	5	9	4	0	.778	15	1	1	0	.13
Hibbard, Greg	.000	0	0	0	0	0	.092	65	6	1	0	0	3	2	17	3	15	80.2	3	15	1	1	.947	5	0	0	0	.00
Hickerson, Bryan	.185	27	5	0	0	2	.127	71	9	0	0	0	4	2	31	7	28	98.1	1	9	0	1	1.000	4	2	0	0	.50
Higuera, Teddy	.000	0	0	0	0	0	.000	0	0	0	0	0	0	0	0	0	17	58.2	1	10	0	3	1.000	10	1	1	0	.20
Hill, Ken	.146	48	7	0	2	16	.143	293	42	6	1	1	16	22	83	60	23	154.2	15	33	2	2	.960	24	4	1	2	.21
Hill, Milt	.000	0	0	0	0	0	.000	3	0	0	0	0	0	0	3	0	23	35.0	2	3	0	0	1.000	3	1	0	0	.33
Hillman, Eric	.000	8	0	0	0	1	.123	65	8	1	0	0	0	0	25	12	11	34.2	2	4	0	0	1.000	2	2	0	0	1.00
Hitchcock, Sterling	.000	0	0	0	0	0	.000	0	0	0	0	0	0	0	0	0	23	49.1	1	7	2	0	.800	7	1	4	0	.71
Hoffman, Trevor	.000	3	0	0	0	1	.100	10	1	0	0	0	0	0	4	1	47	56.0	4	5	0	1	1.000	2	0	0	0	.00
Holman, Brian	.000	0	0	0	0	0	.108	37	4	0	0	0	1	1	20	4	0	0.00	0	0	0	0	.000	0	0	0	0	.00
Holmes, Darren	.000	1	0	0	0	0	.000	1	0	0	0	0	0	0	1	0	29	28.1	2	3	1	0	.833	7	1	0	0	.14
Honeycutt, Rick	.000	0	0	0	0	0	.133	181	24	3	0	0	8	16	43	28	42	25.0	2	7	1	0	.900	5	0	1	0	.20
Hope, John	.333	3	1	0	0	0	.125	16	2	0	0	0	0	0	8	0	9	14.0	1	3	0	0	1.000	0	0	0	0	.00
Horsman, Vince	.000	0	0	0	0	0	.000	0	0	0	0	0	0	0	0	0	33	29.1	2	6	0	1	1.000	4	2	1	0	.75
Hough, Charlie	.121	33	4	0	0	4	.146	226	33	4	0	1	13	5	53	18	21	113.2	5	20	0	0	1.000	15	3	4	0	.47
Howard, Chris	.000	0	0	0	0	0	.000	0	0	0	0	0	0	0	0	0	37	39.2	2	4	0	0	1.000	6	1	0	0	.17
Howe, Steve	.000	0	0	0	0	0	.074	27	2	0	0	0	2	0	10	1	40	40.0	2	4	0	0	1.000	3	0	0	0	.00
Howell, Jay	.000	0	0	0	0	0	.000	9	0	0	0	0	0	1	1	2	40	43.0	5	6	2	1	.846	3	1	0	1	.33
Hudek, John	.000	0	0	0	0	0	.000	0	0	0	0	0	0	0	0	0	42	39.1	0	0	0	0	.000	0	0	0	0	.00
Hurst, Bruce	.000	0	0	0	0	0	.113	274	31	5	0	8	20	141	37	37	8	38.0	0	3	0	0	1.000	3	1	0	0	.33
Hurst, James	.000	0	0	0	0	0	.000	0	0	0	0	0	0	0	0	0	18	10.2	0	2	0	0	1.000	0	0	0	0	.00
Hurst, Jon	.000	0	0	0	0	0	.000	4	0	0	0	0	0	0	2	2	7	10.0	1	0	0	0	1.000	0	0	0	0	.00
Hutton, Mark	.000	0	0	0	0	0	.000	0	0	0	0	0	0	0	0	0	2	3.2	0	0	0	0	.000	0	0	0	0	.00
Ignasiak, Mike	.000	0	0	0	0	0	.000	0	0	0	0	0	0	0	0	0	23	47.2	2	4	0	1	1.000	5	1	0	0	.20

	1994 Hitting						Career Hitting									1994 Fielding and Holding Runners										
Pitcher	Avg	AB	H	HR	RBI	SH	Avg	AB	H	2B	3B	HR	RBI	BB	SO	SH	G	Inn	PO	A	E	DP	Pct.	SBA	CS	PCS	PPO	CS%
Ilsley, Blaise	.000	1	0	0	0	0	.000	1	0	0	0	0	0	0	0	0	10	15.0	4	1	0	0	1.000	1	0	0	0	.00
Jackson, Danny	.158	57	9	0	7	9	.120	368	44	8	2	0	22	8	194	48	25	179.1	12	30	0	3	1.000	16	2	0	0	.13
Jackson, Mike	.000	1	0	0	0	0	.174	23	4	2	0	0	1	1	4	4	36	42.1	0	7	0	1	1.000	3	2	0	0	.67
Jacome, Jason	.063	16	1	0	1	1	.063	16	1	0	0	0	1	0	9	1	8	54.0	4	9	0	2	1.000	4	2	0	0	.50
James, Mike	.000	0	0	0	0	0	.000	0	0	0	0	0	0	0	0	0	0	0.00	0	0	0	0	.000	0	0	0	0	.00
Jarvis, Kevin	.250	4	1	0	1	2	.250	4	1	0	0	0	1	0	1	2	6	17.2	2	3	1	0	.833	3	0	0	0	.00
Jean, Domingo	.000	0	0	0	0	0	.000	0	0	0	0	0	0	0	0	0	0	0.00	0	0	0	0	.000	0	0	0	0	.00
Jeffcoat, Mike	.000	0	0	0	0	0	.500	2	1	1	0	0	1	1	0	0	4	2.2	0	0	0	0	.000	0	0	0	0	.00
Jimenez, Miguel	.000	0	0	0	0	0	.000	0	0	0	0	0	0	0	0	0	8	34.0	2	6	1	1	.889	6	2	0	0	.33
Johnson, Dane	.000	0	0	0	0	0	.000	0	0	0	0	0	0	0	0	0	15	12.1	0	1	0	0	1.000	4	0	0	0	.00
Johnson, Randy	.000	0	0	0	0	0	.125	16	2	0	0	0	0	0	9	2	23	172.0	12	27	0	0	1.000	37	7	8	1	.41
Johnston, Joel	.000	0	0	0	0	0	.333	6	2	1	0	0	0	0	2	1	4	3.1	0	1	2	0	.333	2	0	0	0	.00
Johnstone, John	.000	0	0	0	0	1	.000	0	0	0	0	0	0	0	0	1	17	21.1	0	3	0	0	1.000	4	2	0	0	.50
Jones, Bobby	.109	46	5	0	1	8	.091	66	6	1	0	0	1	0	26	10	24	160.0	11	33	0	3	1.000	13	3	0	1	.23
Jones, Doug	1.000	1	1	0	0	0	.200	5	1	0	0	0	0	0	2	0	47	54.2	0	10	2	0	.857	2	1	0	0	.50
Jones, Todd	.400	5	2	0	0	0	.400	5	2	0	0	0	0	0	0	0	48	72.2	4	3	0	0	1.000	7	1	0	0	.14
Juden, Jeff	.111	9	1	0	1	2	.071	14	1	0	0	0	1	0	10	2	6	27.2	1	3	1	0	.800	6	0	1	0	.17
Kamieniecki, Scott	.000	0	0	0	0	0	.000	0	0	0	0	0	0	0	0	0	22	117.1	8	17	1	1	.962	8	3	0	0	.28
Karsay, Steve	.000	0	0	0	0	0	.000	0	0	0	0	0	0	0	0	0	4	28.0	3	4	0	0	1.000	1	1	0	0	1.00
Key, Jimmy	.000	0	0	0	0	0	.000	0	0	0	0	0	0	0	0	0	25	168.0	6	40	2	3	.958	12	2	1	1	.25
Kiefer, Mark	.000	0	0	0	0	0	.000	0	0	0	0	0	0	0	0	0	7	10.2	1	0	1	0	1.000	2	1	0	0	.50
Kile, Darryl	.149	47	7	0	2	9	.100	170	17	5	0	1	6	9	86	26	24	147.2	9	19	1	0	.966	17	5	0	0	.29
Kilgus, Paul	.000	0	0	0	0	0	.087	46	4	0	0	0	2	1	11	4	0	0.00	0	0	0	0	.000	0	0	0	0	.00
King, Kevin	.000	0	0	0	0	0	.000	0	0	0	0	0	0	0	0	0	19	15.1	1	3	0	0	1.000	1	0	0	0	.00
Klingenbeck, Scott	.000	0	0	0	0	0	.000	0	0	0	0	0	0	0	0	0	1	7.0	1	0	0	0	1.000	0	0	0	0	.00
Knudsen, Kurt	.000	0	0	0	0	0	.000	0	0	0	0	0	0	0	0	0	4	5.1	0	0	0	0	.000	0	0	0	0	.00
Kramer, Tom	.000	0	0	0	0	0	.000	0	0	0	0	0	0	0	0	0	0	0.00	0	0	0	0	.000	0	0	0	0	.00
Krueger, Bill	.500	12	6	0	0	2	.400	15	6	1	0	0	0	0	5	3	24	60.2	1	11	0	1	1.000	11	1	1	0	.18
Langston, Mark	.000	0	0	0	0	0	.167	66	11	2	0	3	0	28	1	18	119.1	3	27	2	1	.938	14	4	3	6	.50
Leary, Tim	.000	0	0	0	0	0	.221	163	36	6	0	1	19	5	57	28	6	21.0	3	0	0	0	1.00	3	0	0	1	.00
Lefferts, Craig	.000	0	0	0	0	0	.121	132	16	2	0	1	3	1	64	14	30	34.2	1	3	1	0	.800	4	1	0	0	.25
Leftwich, Phil	.000	0	0	0	0	0	.000	0	0	0	0	0	0	0	0	0	20	114.0	9	15	3	0	.889	11	3	1	0	.36
Leiper, Dave	.000	0	0	0	0	0	.333	3	1	0	0	0	1	0	2	0	26	18.2	0	1	0	1	1.000	0	0	0	0	.00
Leiter, Al	.000	0	0	0	0	0	.000	0	0	0	0	0	0	0	0	0	20	111.2	3	13	0	1	1.000	7	3	1	0	.57
Leiter, Mark	.000	0	0	0	0	0	.000	0	0	0	0	0	0	0	0	0	40	95.1	5	16	1	0	.955	11	2	2	3	.36
Leskanic, Curt	.167	6	1	0	2	0	.158	19	3	2	0	0	3	1	8	1	8	22.1	1	2	0	0	1.000	4	3	0	0	.75
Lewis, Richie	.000	5	0	0	0	0	.143	7	1	0	0	0	1	1	2	1	45	54.0	6	5	2	1	.846	8	0	0	1	.00
Lewis, Scott	.000	0	0	0	0	0	.000	0	0	0	0	0	0	0	0	0	20	31.0	0	5	0	0	1.000	5	1	0	0	.20
Lieber, Jon	.103	39	4	0	0	2	.103	39	4	1	0	0	0	1	14	2	17	108.2	10	8	2	1	.900	7	5	0	0	.71
Lilliquist, Derek	.000	0	0	0	0	0	.213	108	23	1	0	2	8	1	20	5	36	29.1	0	2	0	0	1.000	1	1	0	0	1.00
Lima, Jose	.000	0	0	0	0	0	.000	0	0	0	0	0	0	0	0	0	3	6.2	1	0	0	0	1.000	1	0	0	0	.00
Linton, Doug	.000	7	0	0	0	2	.000	7	0	0	0	0	0	0	3	2	32	50.1	1	6	1	0	.875	6	1	0	0	.17
Lloyd, Graeme	.000	0	0	0	0	0	.000	0	0	0	0	0	0	0	0	0	43	47.0	6	2	0	1	1.000	3	1	0	0	.33
Looney, Brian	.000	0	0	0	0	0	.000	1	0	0	0	0	0	0	1	0	1	2.0	0	0	0	0	.000	0	0	0	0	.00
Lopez, Albie	.000	0	0	0	0	0	.000	0	0	0	0	0	0	0	0	0	4	17.0	2	0	1	0	.667	2	2	0	0	1.00
Lorraine, Andrew	.000	0	0	0	0	0	.000	0	0	0	0	0	0	0	0	0	4	18.2	2	3	0	0	1.000	2	0	0	0	.00
Maddux, Greg	.222	63	14	0	2	9	.185	644	119	13	0	2	35	8	178	64	25	202.0	20	37	4	4	.934	28	5	1	1	.21
Maddux, Mike	.000	3	0	0	0	0	.068	88	6	1	0	0	4	6	31	0	27	44.0	2	11	1	2	.929	8	0	0	0	.00
Magnante, Mike	.000	0	0	0	0	0	.000	0	0	0	0	0	0	0	0	0	36	47.0	4	7	1	1	.917	7	0	0	0	.00
Magrane, Joe	.000	0	0	0	0	0	.139	280	39	9	0	4	13	13	99	36	20	74.0	2	10	0	1	1.000	11	1	0	0	.09
Mahomes, Pat	.000	0	0	0	0	0	.000	0	0	0	0	0	0	0	0	0	21	120.0	11	12	1	2	.958	21	8	2	1	.48
Manzanillo, Josias	.000	4	0	0	0	1	.000	5	0	0	0	0	0	0	0	3	1	37	47.1	7	3	1	0	.909	2	2	0	0	1.00
Manzanillo, Ravelo	.667	3	2	0	2	0	.667	3	2	1	0	0	2	0	0	0	46	50.0	2	8	1	0	.909	5	0	2	0	.40
Martinez, Dennis	.000	0	0	0	0	0	.143	509	73	11	0	0	30	14	161	64	24	176.2	11	33	0	2	1.000	11	3	0	0	.27
Martinez, Jose	.000	2	0	0	0	0	.000	2	0	0	0	0	0	0	1	0	4	12.0	0	2	0	0	1.000	3	1	1	0	.67
Martinez, Pedro	.091	44	4	0	5	5	.080	50	4	0	1	0	5	3	24	7	24	142.1	9	15	4	0	.857	14	3	0	2	.21
Martinez, Pedro A.	.000	5	0	0	0	0	.000	9	0	0	0	0	1	0	4	2	48	68.1	5	17	4	1	.846	11	2	6	0	.73
Martinez, Ramon	.273	66	18	0	3	5	.150	387	58	6	0	1	25	4	129	37	24	170.0	21	17	3	0	.927	10	7	0	1	.70
Mason, Roger	.000	0	0	0	0	0	.071	56	4	0	0	0	3	28	2	47	60.0	3	3	0	0	1.000	9	1	0	0	.11
Mathews, Terry	.500	6	3	0	0	0	.500	6	3	0	0	0	0	2	0	1	24	43.0	5	6	0	1	1.000	6	2	0	1	.33
Mauser, Tim	.250	4	1	0	0	1	.077	13	1	0	0	0	2	8	1	35	49.0	2	5	0	2	1.000	8	1	0	1	.13
McCaskill, Kirk	.000	0	0	0	0	0	.000	0	0	0	0	0	0	0	0	0	40	52.2	4	8	0	0	1.000	3	1	0	1	.33
McDonald, Ben	.000	0	0	0	0	0	.000	0	0	0	0	0	0	0	0	0	24	157.1	7	25	0	1	1.000	22	7	1	1	.36
McDowell, Jack	.000	0	0	0	0	0	.000	0	0	0	0	0	0	0	0	0	25	181.0	8	24	0	0	1.000	23	5	0	3	.22
McDowell, Roger	.000	1	0	0	0	0	.222	72	16	5	0	0	6	5	28	5	32	41.1	9	7	0	0	1.000	6	2	0	0	.00
McElroy, Chuck	.167	6	1	0	1	0	.286	28	8	3	1	0	4	0	9	0	52	57.2	1	5	0	0	1.000	5	4	1	0	1.00
McMichael, Greg	.000	1	0	0	0	0	.000	5	0	0	0	0	0	0	2	0	51	58.2	2	6	2	0	.800	4	1	0	0	.25
Meacham, Rusty	.000	0	0	0	0	0	.000	0	0	0	0	0	0	0	0	0	36	50.2	1	9	0	1	1.000	1	0	0	0	.00
Melendez, Jose	.000	0	0	0	0	0	.080	25	2	1	0	0	1	1	18	0	10	16.1	0	0	0	0	1.000	0	0	0	0	.00
Menendez, Tony	.000	0	0	0	0	0	.000	0	0	0	0	0	0	0	1	0	6	3.1	0	0	0	0	.000	1	0	0	0	.00
Mercedes, Jose	.000	0	0	0	0	0	.000	0	0	0	0	0	0	0	0	0	19	31.0	1	3	1	0	.800	0	0	0	0	.00
Mercker, Kent	.054	37	2	0	2	3	.043	69	3	0	0	0	4	3	39	5	20	112.0	4	15	0	1	1.000	16	6	1	0	.44
Merriman, Brett	.000	0	0	0	0	0	.000	0	0	0	0	0	0	0	0	0	15	17.0	0	1	0	0	1.000	0	0	0	0	.00
Mesa, Jose	.000	0	0	0	0	0	.000	0	0	0	0	0	0	0	0	0	51	73.0	3	11	2	0	.875	3	0	0	0	.00

Pitcher	1994 Hitting						Career Hitting									1994 Fielding and Holding Runners										
	Avg	AB	H	HR	RBI	SH	Avg	AB	H	2B	3B	HR	RBI	BB	SO	SH	G	Inn	PO	A	E	DP	Pct.	SBA	CS	PCS	PPO	CS%
Miceli, Danny	.000	3	0	0	0	0	.000	3	0	0	0	0	0	0	2	0	28	27.1	1	5	0	0	1.000	7	2	0	0	.29
Milacki, Bob	.000	0	0	0	0	0	.000	0	0	0	0	0	0	0	0	0	10	55.2	8	13	1	0	.955	3	0	0	0	.00
Miller, Kurt	.167	6	1	0	0	1	.167	6	1	0	0	0	0	0	2	1	4	20.0	3	4	0	2	1.000	0	0	0	1	.00
Mills, Alan	.000	0	0	0	0	0	.000	0	0	0	0	0	0	0	0	0	47	45.1	3	2	0	0	1.000	3	0	0	0	.00
Minchey, Nate	.000	0	0	0	0	0	.000	0	0	0	0	0	0	0	0	0	6	23.0	0	4	0	0	1.000	1	0	1	0	1.00
Minor, Blas	.000	0	0	0	0	1	.200	10	2	1	0	0	0	0	7	1	17	19.0	1	2	0	0	1.000	1	0	0	1	.00
Miranda, Angel	.000	0	0	0	0	0	.000	0	0	0	0	0	0	0	0	0	8	46.0	1	3	0	0	1.000	9	0	0	0	.00
Mohler, Mike	.000	0	0	0	0	0	.000	0	0	0	0	0	0	0	0	0	1	2.1	0	0	0	0	.000	0	0	0	0	.00
Monteleone, Rich	.000	3	0	0	0	0	.000	3	0	0	0	0	0	0	1	0	39	45.1	2	3	0	0	1.000	2	0	0	0	.00
Montgomery, Jeff	.000	0	0	0	0	0	.000	2	0	0	0	0	0	0	1	0	42	44.2	2	2	1	0	.800	1	0	0	0	.00
Moore, Marcus	.000	1	0	0	0	0	.000	2	0	0	0	0	0	0	2	0	29	33.2	2	3	0	0	1.000	0	0	0	0	.00
Moore, Mike	.000	0	0	0	0	0	.000	0	0	0	0	0	0	0	0	0	25	154.1	21	30	0	2	1.000	31	9	1	1	.32
Morgan, Mike	.125	24	3	0	0	1	.095	347	33	2	0	0	12	9	90	33	15	80.2	3	8	3	0	.786	8	2	0	0	.25
Morris, Jack	.000	0	0	0	0	0	.000	1	0	0	0	0	0	0	0	0	23	141.1	12	19	4	1	.886	24	9	0	0	.38
Moyer, Jamie	.000	0	0	0	0	0	.139	151	21	2	0	0	4	14	51	19	23	149.0	12	17	0	1	1.000	10	3	0	0	.30
Mulholland, Terry	.000	0	0	0	0	0	.079	356	28	3	0	0	6	8	158	27	24	120.2	4	15	1	0	.950	1	1	0	1	1.00
Munoz, Bobby	.206	34	7	1	6	2	.206	34	7	0	0	1	6	1	11	2	21	104.1	8	18	1	1	.963	11	0	0	1	.00
Munoz, Mike	.000	0	0	0	0	0	.000	1	0	0	0	0	0	0	1	0	57	45.2	6	12	1	2	.947	4	0	2	0	.50
Murphy, Rob	.000	0	0	0	0	0	.182	11	2	0	0	0	0	0	4	3	53	42.0	0	7	0	1	1.000	2	2	0	0	1.00
Mussina, Mike	.000	0	0	0	0	0	.000	0	0	0	0	0	0	0	0	0	24	176.1	14	28	1	1	.977	13	6	0	1	.46
Mutis, Jeff	.000	3	0	0	0	0	.000	3	0	0	0	0	0	0	1	0	35	38.1	2	6	1	0	.889	0	0	0	0	.00
Myers, Randy	.000	1	0	0	0	0	.186	59	11	3	0	0	6	2	32	5	38	40.1	0	3	1	0	.750	1	1	0	0	1.00
Nabholz, Chris	.000	0	0	0	0	0	.107	177	19	3	0	0	4	6	44	15	14	53.0	1	9	0	2	1.000	16	1	4	1	.31
Nagy, Charles	.000	0	0	0	0	0	.000	0	0	0	0	0	0	0	0	0	23	169.1	9	26	2	1	.946	12	3	0	0	.25
Navarro, Jaime	.000	0	0	0	0	0	.000	0	0	0	0	0	0	0	0	0	29	89.2	4	7	0	1	1.000	26	5	0	1	.19
Neagle, Denny	.190	42	8	1	7	5	.119	67	8	0	0	1	7	0	19	9	24	137.0	3	21	1	2	.960	18	3	2	1	.28
Nelson, Jeff	.000	0	0	0	0	0	.000	0	0	0	0	0	0	0	0	0	28	42.1	1	5	2	1	.750	7	4	0	0	.57
Nen, Robb	.000	3	0	0	0	0	.000	7	0	0	0	0	0	0	1	0	44	58.0	3	6	1	0	.900	5	1	0	0	.20
Nied, Dave	.100	40	4	0	0	3	.143	70	10	0	0	0	2	4	25	6	22	122.0	4	12	0	2	1.000	16	3	2	1	.31
Nunez, Edwin	.000	0	0	0	0	0	.000	0	0	0	0	0	0	0	0	0	15	15.0	0	4	0	0	1.000	0	0	0	0	.00
Ogea, Chad	.000	0	0	0	0	0	.000	0	0	0	0	0	0	0	0	0	4	16.1	0	2	0	0	1.000	2	0	0	0	.00
Ojeda, Bobby	.000	0	0	0	0	0	.127	347	44	2	1	0	9	11	102	30	2	3.0	0	1	0	0	1.000	1	0	0	0	.00
Olivares, Omar	.214	28	6	1	3	2	.229	192	44	6	0	3	19	4	54	12	14	73.2	7	14	1	1	.955	7	2	0	0	.29
Oliver, Darren	.000	0	0	0	0	0	.000	0	0	0	0	0	0	0	0	0	43	50.0	5	14	0	3	1.000	4	1	0	0	.25
Olson, Gregg	.000	1	0	0	0	0	.000	2	0	0	0	0	0	0	2	0	16	14.2	0	0	0	0	.000	1	0	0	0	.00
Ontiveros, Steve	.000	0	0	0	0	0	.083	12	1	1	0	0	3	1	2	0	27	115.1	15	22	0	2	1.000	7	2	0	0	.29
Oquist, Mike	.000	0	0	0	0	0	.000	0	0	0	0	0	0	0	0	0	15	58.1	6	7	0	0	1.000	1	0	0	0	.00
Orosco, Jesse	.000	0	0	0	0	0	.169	59	10	0	0	0	4	6	25	7	40	39.0	3	3	0	1	1.000	8	0	0	1	.00
Osborne, Donovan	.000	0	0	0	0	0	.159	107	17	1	1	0	3	3	34	9	0	0.00	0	0	0	0	.000	0	0	0	0	.00
Osuna, Al	.000	0	0	0	0	0	.000	2	0	0	0	0	0	1	0	1	15	8.2	0	0	0	0	.000	0	0	0	0	.00
Otto, Dave	.000	2	0	0	0	0	.200	20	4	1	1	0	4	0	6	1	36	45.0	1	5	1	1	.857	6	3	0	0	.50
Painter, Lance	.143	21	3	0	2	3	.194	31	6	1	1	0	3	1	15	0	15	73.2	5	11	0	0	1.000	10	1	1	1	.20
Palacios, Vince	.000	33	0	0	0	3	.037	82	3	0	0	0	0	2	39	10	31	117.2	6	16	2	0	.917	11	7	0	1	.64
Pall, Donn	.000	0	0	0	0	0	.000	0	0	0	0	0	0	0	0	0	28	39.0	4	4	0	0	1.000	4	2	0	0	.50
Park, Chan Ho	.000	0	0	0	0	0	.000	0	0	0	0	0	0	0	0	0	2	4.0	0	0	0	0	.000	0	0	0	0	.00
Patterson, Bob	.000	0	0	0	0	0	.115	52	6	1	0	0	4	2	22	6	47	42.0	2	1	0	0	1.000	2	2	0	0	1.00
Patterson, Ken	.000	0	0	0	0	0	.000	1	0	0	0	0	0	0	1	1	1	0.2	0	0	0	0	.000	0	0	0	0	.00
Pavlik, Roger	.000	0	0	0	0	0	.000	0	0	0	0	0	0	0	0	0	11	50.1	2	8	0	1	1.000	4	1	1	0	.50
Pena, Alejandro	.000	1	0	0	0	0	.111	180	20	3	0	1	7	3	72	9	22	28.2	1	1	1	0	.667	2	0	0	0	.00
Pennington, Brad	.000	0	0	0	0	0	.000	0	0	0	0	0	0	0	0	0	8	6.0	0	0	1	0	.000	2	1	0	0	.50
Perez, Melido	.000	0	0	0	0	0	.000	0	0	0	0	0	0	0	0	0	22	151.1	15	15	1	1	.968	16	7	0	2	.44
Perez, Mike	.000	0	0	0	0	0	.000	6	0	0	0	0	0	1	2	2	36	31.0	1	4	2	1	.714	2	0	0	0	.00
Perez, Yorkis	.000	2	0	0	0	0	.000	2	0	0	0	0	0	0	2	0	44	40.2	5	1	0	0	1.000	1	0	0	0	.00
Phoenix, Steve	.000	0	0	0	0	0	.000	0	0	0	0	0	0	0	0	0	2	4.1	0	0	0	0	.000	1	1	0	0	1.00
Pichardo, Hipolito	.000	0	0	0	0	0	.000	0	0	0	0	0	0	0	0	0	45	67.2	4	16	5	2	.800	3	2	0	1	.67
Plantenberg, Erik	.000	0	0	0	0	0	.000	0	0	0	0	0	0	0	0	0	6	7.0	0	3	1	0	.750	1	0	1	0	1.00
Plesac, Dan	.000	4	0	0	0	0	.000	5	0	0	0	0	0	0	4	0	54	54.2	0	3	0	0	1.000	4	2	0	0	.50
Plunk, Eric	.000	0	0	0	0	0	.000	0	0	0	0	0	0	0	0	0	41	71.0	8	3	0	0	1.000	15	3	0	0	.20
Poole, Jim	.000	0	0	0	0	0	.000	0	0	0	0	0	0	0	0	0	31	20.1	3	4	0	0	1.000	2	0	2	0	1.00
Portugal, Mark	.354	48	17	0	8	4	.209	287	60	9	1	2	26	10	51	34	21	137.1	10	12	1	1	.957	18	5	0	1	.28
Powell, Ross	.000	0	0	0	0	0	.000	1	0	0	0	0	0	0	1	0	12	7.1	0	2	0	0	1.000	0	0	0	0	.00
Pugh, Tim	.357	14	5	0	2	1	.222	81	18	2	0	0	3	3	26	9	10	47.2	5	7	1	0	.923	6	1	0	0	.17
Pulido, Carlos	.000	0	0	0	0	0	.000	0	0	0	0	0	0	0	0	0	19	84.1	2	11	1	2	.929	11	3	4	0	.64
Quantrill, Paul	.000	3	0	0	0	0	.000	3	0	0	0	0	0	0	1	0	35	53.0	2	8	1	1	.909	6	3	0	0	.50
Rapp, Pat	.122	41	5	0	2	4	.149	74	11	2	0	0	4	1	26	7	24	133.1	8	15	0	1	1.000	23	10	3	0	.57
Reardon, Jeff	.000	0	0	0	0	0	.088	57	5	1	0	0	2	1	38	7	11	9.2	1	0	0	0	1.000	0	0	0	0	.00
Reed, Rick	.000	0	0	0	0	0	.171	35	6	1	0	0	3	3	12	5	4	16.2	2	2	0	0	1.000	1	1	0	0	1.00
Reed, Steve	.000	2	0	0	0	0	.000	11	0	0	0	0	0	4	2	0	61	64.0	0	5	0	0	1.000	6	2	0	0	.33
Remlinger, Mike	.000	16	0	0	1	3	.000	23	0	0	0	0	0	1	2	8	10	54.2	1	4	0	0	1.000	5	2	0	0	.40
Reyes, Carlos	.000	0	0	0	0	0	.000	0	0	0	0	0	0	0	0	0	27	78.0	3	7	0	1	1.000	12	4	1	0	.42
Reynolds, Shane	.091	33	3	0	2	7	.154	39	6	1	0	0	2	1	15	9	33	124.0	10	16	0	1	1.000	10	2	1	2	.30
Reynoso, Armando	.176	17	3	0	0	3	.124	89	11	0	0	2	4	5	30	10	9	52.1	1	20	0	0	1.000	3	2	0	5	.67
Rhodes, Arthur	.000	0	0	0	0	0	.000	0	0	0	0	0	0	0	0	0	10	52.2	0	2	1	0	.667	5	1	0	0	.20
Righetti, Dave	.000	0	0	0	0	0	.182	11	2	0	0	0	1	0	6	5	20	20.1	0	3	0	0	1.000	4	1	0	0	.25

Pitcher	1994 Hitting						Career Hitting										1994 Fielding and Holding Runners										
	Avg	AB	H	HR	RBI	SH	Avg	AB	H	2B	3B	HR	RBI	BB	SO	SH	G	Inn	PO	A	E	DP	Pct.	SBA	CS	PCS	PPO	CS%
Rijo, Jose	.204	49	10	0	3	10	.197	407	80	12	0	2	26	8	91	53	26	172.1	14	27	0	0	1.000	30	5	3	4	.27
Risley, Bill	.000	0	0	0	0	0	.000	2	0	0	0	0	0	0	0	0	37	52.1	5	2	1	1	.875	4	0	0	0	.00
Ritz, Kevin	.000	20	0	0	0	5	.000	20	0	0	0	0	0	0	13	5	15	73.2	6	13	0	3	1.000	9	3	0	1	.33
Rivera, Ben	.000	9	0	0	0	3	.086	93	8	0	0	0	2	6	40	18	9	38.0	1	6	0	1	1.000	8	2	1	0	.38
Robertson, Rich	.250	4	1	0	0	0	.250	4	1	0	0	0	0	0	3	0	8	15.2	0	2	0	0	1.000	2	0	0	0	.00
Rodriguez, Rich	.000	1	0	0	0	0	.000	17	0	0	0	0	0	2	3	2	56	60.1	1	3	1	0	.800	5	2	0	0	.40
Rogers, Kenny	.000	0	0	0	0	0	.000	0	0	0	0	0	0	0	0	0	24	167.1	9	33	4	4	.913	10	4	2	1	.60
Rogers, Kevin	.000	0	0	0	0	0	.167	12	2	0	0	0	0	0	8	3	9	10.1	0	1	0	0	1.000	0	0	0	0	.00
Rojas, Mel	.200	10	2	0	0	0	.091	44	4	0	0	0	0	0	26	4	58	84.0	8	10	0	1	1.000	11	1	0	0	.09
Roper, John	.182	33	6	0	2	2	.180	61	11	1	0	0	4	1	23	3	16	92.0	5	13	2	2	.900	9	1	0	0	.11
Rueter, Kirk	.118	34	4	0	1	2	.100	60	6	0	0	0	4	5	18	10	20	92.1	4	17	1	0	.955	9	2	3	1	.56
Ruffcorn, Scott	.000	0	0	0	0	0	.000	0	0	0	0	0	0	0	0	0	2	6.1	0	0	0	0	.000	4	0	0	0	.00
Ruffin, Bruce	.250	4	1	0	1	0	.082	292	24	4	0	0	7	22	140	23	56	55.2	2	10	0	0	1.000	6	1	0	0	.17
Ruffin, Johnny	.000	8	0	0	0	0	.091	11	1	0	0	0	0	0	4	0	51	70.0	10	2	0	0	1.000	2	0	0	0	.00
Russell, Jeff	.000	0	0	0	0	0	.139	79	11	3	0	1	10	5	33	7	42	40.2	1	2	0	0	1.000	3	0	0	0	.00
Ryan, Ken	.000	0	0	0	0	0	.000	0	0	0	0	0	0	0	0	0	42	48.0	2	4	0	0	1.000	5	1	0	0	.20
Saberhagen, Bret	.172	58	10	0	1	8	.137	131	18	3	0	0	1	10	33	19	24	177.1	13	34	2	1	.959	12	4	0	4	.33
Sager, A.J.	.100	10	1	0	2	1	.100	10	1	0	1	0	2	0	5	1	22	46.2	6	15	0	1	1.000	7	2	0	1	.29
Salkeld, Roger	.000	0	0	0	0	0	.000	0	0	0	0	0	0	0	0	0	13	59.0	1	3	0	0	1.000	7	2	0	0	.29
Sampen, Bill	.000	0	0	0	0	0	.111	27	3	0	0	0	1	0	15	5	10	15.1	1	3	0	0	1.000	0	0	0	0	.00
Sanders, Scott	.125	32	4	0	1	6	.104	48	5	0	0	0	2	3	22	10	23	111.0	9	15	0	0	1.000	23	7	3	0	.43
Sanderson, Scott	.000	0	0	0	0	0	.097	474	46	13	0	2	26	26	224	66	18	92.0	4	18	0	1	1.000	14	5	1	1	.43
Scanlan, Bob	.000	0	0	0	0	0	.067	30	2	0	0	0	3	1	12	3	30	103.0	8	12	1	1	.952	18	4	0	1	.22
Scheid, Rich	.000	7	0	0	0	1	.000	8	0	0	0	0	0	0	3	1	8	32.1	0	4	1	0	.800	3	3	0	1	1.00
Schilling, Curt	.107	28	3	0	1	1	.147	170	25	2	0	0	7	4	51	22	13	82.1	2	11	1	0	.929	7	1	0	0	.14
Schourek, Pete	.174	23	4	1	1	1	.134	119	16	1	0	1	9	6	36	6	22	81.1	1	13	0	2	1.000	9	2	4	0	.67
Schullstrom, Erik	.000	0	0	0	0	0	.000	0	0	0	0	0	0	0	0	0	9	13.0	1	0	1	0	.500	1	0	0	0	.00
Schwarz, Jeff	.000	0	0	0	0	0	.000	0	0	0	0	0	0	0	0	0	13	18.0	0	1	0	0	1.000	1	0	0	0	.00
Scott, Darryl	.000	0	0	0	0	0	.000	0	0	0	0	0	0	0	0	0	0	0.00	0	0	0	0	.000	0	0	0	0	.00
Scott, Tim	.000	2	0	0	0	0	.000	6	0	0	0	0	0	0	5	1	40	53.1	2	0	0	0	1.000	14	2	0	0	.14
Seanez, Rudy	.000	1	0	0	0	0	.000	1	0	0	0	0	0	0	1	0	17	23.2	0	4	0	0	1.000	5	0	0	0	.00
Sele, Aaron	.000	0	0	0	0	0	.000	0	0	0	0	0	0	0	0	0	22	143.1	6	14	0	0	1.000	13	7	0	0	.54
Seminara, Frank	.000	3	0	0	0	0	.128	47	6	0	0	0	0	1	11	3	10	17.0	2	0	2	0	.500	4	1	0	0	.25
Service, Scott	.000	0	0	0	0	0	.111	9	1	0	0	0	1	0	5	0	6	7.1	0	3	0	0	1.000	0	0	0	0	.00
Shaw, Jeff	.286	7	2	0	0	1	.136	22	3	0	0	0	0	1	8	1	46	67.1	8	12	0	0	1.000	8	1	1	0	.25
Shepherd, Keith	.000	0	0	0	0	0	.000	2	0	0	0	0	0	0	0	0	0	0.00	0	0	0	0	.000	0	0	0	0	.00
Shuey, Paul	.000	0	0	0	0	0	.000	0	0	0	0	0	0	0	0	0	14	11.2	0	0	0	0	.000	4	0	0	0	.00
Slocumb, Heathcliff	.250	4	1	0	2	1	.100	10	1	0	0	0	2	0	6	1	52	72.1	2	13	3	1	.833	9	4	0	0	.44
Small, Aaron	.000	0	0	0	0	0	.000	0	0	0	0	0	0	0	0	0	1	2.0	0	1	0	0	1.000	0	0	0	0	.00
Smiley, John	.200	55	11	0	2	5	.138	341	47	10	0	0	22	17	125	33	24	158.2	8	19	2	1	.931	23	5	2	0	.30
Smith, Dan	.000	0	0	0	0	0	.000	0	0	0	0	0	0	0	0	0	13	14.2	1	0	0	0	1.000	2	0	0	0	.00
Smith, Lee	.000	0	0	0	0	0	.047	64	3	0	0	0	1	2	42	4	41	38.1	2	2	1	0	.800	3	0	0	0	.00
Smith, Pete	.135	37	5	0	1	6	.117	230	27	3	1	0	11	14	58	31	21	131.1	12	21	0	1	1.000	11	7	0	0	.64
Smith, Willie	.000	0	0	0	0	0	.000	0	0	0	0	0	0	0	0	0	8	7.0	0	0	0	0	.000	1	0	0	0	.00
Smith, Zane	.211	57	12	0	2	2	.158	525	83	12	2	0	29	13	102	70	25	157.0	8	40	0	1	1.000	17	1	3	0	.24
Smithberg, Roger	.000	0	0	0	0	0	.000	0	0	0	0	0	0	0	0	2	2	2.1	0	0	0	0	.000	0	0	0	0	.00
Smoltz, John	.162	37	6	1	1	6	.147	401	59	9	1	3	22	37	161	51	21	134.2	10	18	1	1	.966	6	4	0	1	.67
Spoljaric, Paul	.000	0	0	0	0	0	.000	0	0	0	0	0	0	0	0	0	2	2.1	0	2	1	0	.667	2	0	1	0	.50
Spradlin, Jerry	.000	0	0	0	0	0	.000	2	0	0	0	0	0	0	1	0	6	8.0	1	1	0	0	1.000	1	0	0	0	.00
Springer, Russ	.000	0	0	0	0	0	.000	0	0	0	0	0	0	0	0	0	18	45.2	2	3	0	0	1.000	5	2	0	0	.40
St. Claire, Randy	.000	0	0	0	0	0	.267	15	4	0	0	0	0	2	6	4	2	2.0	1	0	1	0	.500	1	1	0	1	1.00
Stanton, Mike	.667	3	2	0	1	1	.545	11	6	1	0	0	2	1	1	1	49	45.2	2	10	0	1	1.000	7	2	2	3	.57
Stevens, Dave	.000	0	0	0	0	0	.000	0	0	0	0	0	0	0	0	0	24	45.0	2	5	0	0	1.000	7	3	1	0	.57
Stewart, Dave	.000	0	0	0	0	0	.196	51	10	1	1	0	4	3	17	6	22	133.1	11	6	0	0	1.000	21	6	0	0	.29
Stidham, Phil	.000	0	0	0	0	0	.000	0	0	0	0	0	0	0	0	0	5	4.1	0	0	0	0	.000	1	1	0	0	1.00
Stottlemyre, Todd	.000	0	0	0	0	0	.000	0	0	0	0	0	0	0	0	0	26	140.2	10	12	0	0	1.000	28	9	0	1	.32
Sutcliffe, Rick	.130	23	3	0	1	3	.181	562	102	22	1	4	55	34	143	54	16	67.2	5	16	0	1	1.000	10	2	1	0	.30
Swan, Russ	.000	0	0	0	0	0	.000	3	0	0	0	0	0	0	1	0	12	8.0	0	2	1	0	1.000	1	0	0	0	.00
Swift, Bill	.188	32	6	0	2	5	.215	163	35	7	0	0	9	9	42	20	17	109.1	8	12	2	1	.909	12	3	1	0	.33
Swindell, Greg	.250	44	11	0	0	12	.174	184	32	6	0	0	8	1	45	27	24	148.1	6	13	1	0	.950	21	4	7	2	.52
Swingle, Paul	.000	0	0	0	0	0	.000	0	0	0	0	0	0	0	0	0	0	0.00	0	0	0	0	.000	0	0	0	0	.00
Tabaka, Jeff	1.000	1	1	0	0	0	1.000	1	1	0	0	0	0	1	0	0	39	41.0	3	4	1	0	.875	5	1	0	0	.20
Tapani, Kevin	.000	0	0	0	0	0	.000	2	0	0	0	0	0	0	1	0	24	156.0	11	27	1	2	.974	23	6	1	0	.30
Tavarez, Julian	.000	0	0	0	0	0	.000	0	0	0	0	0	0	0	0	0	1	0.2	0	0	0	0	.000	1	0	0	0	.00
Taylor, Billy	.000	0	0	0	0	0	.000	0	0	0	0	0	0	0	0	0	41	46.1	2	3	0	0	1.000	5	0	0	0	.00
Taylor, Kerry	.000	2	0	0	0	0	.000	14	0	0	0	0	0	0	9	1	4	4.1	0	0	0	0	.000	1	0	0	0	.00
Telgheder, Dave	.000	0	0	0	0	0	.067	15	1	0	0	0	0	1	8	4	6	10.0	0	0	0	0	.000	0	0	0	0	.00
Tewksbury, Bob	.185	54	10	0	3	4	.153	308	47	6	0	0	16	18	118	33	24	155.2	12	31	1	1	.977	17	3	0	0	.18
Thigpen, Bobby	.000	0	0	0	0	0	.000	1	0	0	0	0	0	0	0	0	7	7.2	0	1	0	0	1.000	0	0	0	1	.00
Thompson, Mark	.000	4	0	0	0	1	.000	4	0	0	0	0	0	0	4	1	2	9.0	1	0	0	0	1.000	3	0	0	0	.00
Timlin, Mike	.000	0	0	0	0	0	.000	0	0	0	0	0	0	0	0	0	34	40.0	5	5	0	0	1.000	3	0	0	0	.00
Tomlin, Randy	.500	6	3	0	1	0	.160	181	29	0	0	5	7	46	24	10	20.2	1	3	0	0	1.000	2	0	2	0	1.00
Torres, Salomon	.154	26	4	0	0	3	.179	39	7	0	0	0	16	6	16	84.1	4	7	1	0	.917	8	4	0	0	.50
Trachsel, Steve	.186	43	8	0	2	8	.184	49	9	1	0	0	2	1	11	8	22	146.0	10	33	2	0	.956	15	6	2	2	.40

Pitcher	1994 Hitting					Career Hitting										1994 Fielding and Holding Runners										
	Avg	AB	H	HR	RBI	SH	Avg	AB	H	2B	3B	HR	RBI	BB	SO	SH	G	Inn	PO	A	E	DP	Pct.	SBA	CS	PCS	PPO	CS%
Trlicek, Ricky	.000	0	0	0	0	0	.250	4	1	0	0	0	1	0	3	0	12	22.1	4	1	0	0	1.000	1	0	0	0	.00
Trombley, Mike	.000	0	0	0	0	0	.000	0	0	0	0	0	0	0	0	0	24	48.1	5	3	1	0	.889	5	2	0	0	.40
Turner, Matt	.000	0	0	0	0	0	.000	2	0	0	0	0	0	0	2	0	9	12.2	0	0	0	0	.000	2	1	0	0	.50
Urbani, Tom	.250	24	6	0	1	3	.225	40	9	0	0	0	1	4	11	5	20	80.1	0	15	0	1	1.000	9	5	1	0	.67
Valdes, Ismael	.000	2	0	0	0	0	.000	2	0	0	0	0	0	0	1	0	21	28.1	1	8	0	0	1.000	4	0	0	0	.00
Valdez, Sergio	.000	0	0	0	0	0	.167	12	2	0	0	0	0	0	5	0	12	14.1	1	4	0	0	1.000	5	1	0	1	.20
Valenzuela, F	.250	12	3	0	0	4	.203	819	166	23	1	8	72	8	121	81	8	45.0	2	8	0	0	1.000	4	1	1	0	.50
Valera, Julio	.000	0	0	0	0	0	.200	5	1	0	0	0	2	0	1	0	0	0.00	0	0	0	0	.000	0	0	0	0	.00
Van Poppel, Todd	.000	0	0	0	0	0	.000	0	0	0	0	0	0	0	0	0	23	116.2	1	11	0	1	1.000	12	3	0	1	.25
Vanegmond, Tim	.000	0	0	0	0	0	.000	0	0	0	0	0	0	0	0	0	7	38.1	0	2	0	0	1.000	6	0	0	0	.00
VanLandingham, W	.065	31	2	0	1	4	.065	31	2	0	0	0	1	0	17	4	16	84.0	4	9	0	0	1.000	18	3	0	0	.17
Veres, Dave	.500	2	1	0	0	1	.500	2	1	0	0	0	0	1	1	1	32	41.0	5	2	0	0	1.000	5	1	0	0	.20
Veres, Randy	.000	1	0	0	0	0	.000	1	0	0	0	0	0	0	0	0	10	9.2	0	2	0	0	1.000	1	0	0	0	.00
Viola, Frank	.000	0	0	0	0	0	.140	179	25	2	0	0	6	3	40	22	6	31.0	0	4	0	1	1.000	6	2	1	0	.50
Vosberg, Ed	.000	0	0	0	0	0	.000	2	0	0	0	0	0	0	1	0	16	13.2	2	5	0	1	1.000	3	0	2	1	.67
Wagner, Paul	.162	37	6	0	2	2	.183	82	15	1	0	0	3	1	25	6	29	119.2	14	22	0	3	1.000	17	5	0	1	.29
Wakefield, Tim	.000	0	0	0	0	0	.127	71	9	2	0	1	3	1	20	8	0	0.00	0	0	0	0	.000	0	0	0	0	.00
Walton, Bruce	.000	0	0	0	0	0	.000	0	0	0	0	0	0	0	0	0	4	5.1	0	1	1	0	.500	1	0	0	0	.00
Ward, Duane	.000	0	0	0	0	0	.000	1	0	0	0	0	0	0	0	0	0	0.00	0	0	0	0	.000	0	0	0	0	.00
Watson, Allen	.158	38	6	0	5	7	.188	64	12	5	1	0	7	2	6	8	22	115.2	4	14	1	0	.947	22	2	3	1	.23
Wayne, Gary	.000	1	0	0	0	0	.500	2	1	0	0	0	2	0	0	0	19	17.1	2	3	1	0	.833	1	0	1	0	1.00
Weathers, Dave	.068	44	3	0	0	4	.074	54	4	0	0	0	0	3	32	7	24	135.0	2	21	1	0	.958	9	4	1	0	.56
Wegman, Bill	.000	0	0	0	0	0	.000	0	0	0	0	0	0	0	0	0	19	115.2	12	21	1	4	.971	9	4	0	3	.44
Welch, Bob	.000	1	0	0	0	0	.151	582	88	7	1	2	30	22	171	59	25	68.2	4	6	1	0	.909	9	4	0	0	.44
Wells, Bob	.000	0	0	0	0	0	.000	0	0	0	0	0	0	0	0	0	7	9.0	0	0	0	0	.000	2	1	0	0	.50
Wells, David	.000	0	0	0	0	0	.000	0	0	0	0	0	0	0	0	0	16	111.1	6	11	0	0	1.000	14	4	2	1	.43
Wendell, Turk	.000	2	0	0	0	0	.111	9	1	0	0	0	0	1	3	0	6	14.1	1	3	0	0	1.000	1	0	0	0	.00
Wertz, Bill	.000	0	0	0	0	0	.000	0	0	0	0	0	0	0	0	0	1	4.1	1	0	0	0	1.000	0	0	0	0	.00
West, David	.071	28	2	0	0	1	.175	40	7	2	0	0	2	0	16	1	31	99.0	3	6	0	1	1.000	12	2	0	0	.17
Wetteland, John	.250	4	1	0	1	1	.146	41	6	1	0	1	7	0	19	9	52	63.2	3	4	1	0	.875	6	0	0	0	.00
White, Gabe	.000	4	0	0	0	1	.000	4	0	0	0	0	0	1	1	1	7	23.2	0	2	0	0	1.000	6	1	0	0	.17
White, Rick	.077	13	1	0	0	0	.077	13	1	0	0	0	0	0	4	0	43	75.1	3	10	2	1	.867	4	0	0	0	.00
Whitehurst, Wally	.105	19	2	0	0	0	.150	107	16	2	0	0	3	7	31	18	13	64.0	4	10	1	0	.933	10	4	1	0	.50
Whiteside, Matt	.000	0	0	0	0	0	.000	0	0	0	0	0	0	0	0	0	47	61.0	4	6	1	0	.909	4	2	0	0	.50
Wickman, Bob	.000	0	0	0	0	0	.000	0	0	0	0	0	0	0	0	0	53	70.0	3	7	1	0	1.000	3	1	0	0	.33
Williams, Brian	.261	23	6	0	3	5	.182	66	12	2	0	0	7	0	21	15	20	78.1	8	9	4	0	.810	10	4	0	0	.40
Williams, Mike	.167	12	2	0	3	5	.206	34	7	1	0	0	5	0	14	9	12	50.1	3	7	0	3	1.000	7	3	0	0	.43
Williams, Mitch	.000	0	0	0	0	0	.188	16	3	0	0	1	4	1	4	0	25	20.0	1	1	0	0	1.000	2	0	0	0	.00
Williams, Woody	.000	0	0	0	0	0	.000	0	0	0	0	0	0	0	0	0	38	59.1	2	6	1	2	.889	6	1	0	0	.17
Williamson, Mark	.000	0	0	0	0	0	.000	0	0	0	0	0	0	0	0	0	28	67.1	8	3	0	0	1.000	5	1	0	0	.20
Willis, Carl	.000	0	0	0	0	0	.250	4	1	0	0	0	0	0	0	0	49	59.1	2	5	0	0	1.000	5	2	0	0	.40
Wilson, Trevor	.000	0	0	0	0	0	.166	163	27	2	0	2	11	11	59	29	0	0.00	0	0	0	0	.000	0	0	0	0	.00
Witt, Bobby	.000	0	0	0	0	0	.000	1	0	0	0	0	0	0	1	0	24	135.2	7	13	4	2	.833	20	10	0	0	.50
Wohlers, Mark	1.000	1	1	0	0	1	.250	4	1	0	0	0	0	0	3	1	51	51.0	3	7	1	0	.909	9	2	0	0	.22
Woodall, Brad	.500	2	1	0	0	0	.500	2	1	0	0	0	0	0	0	0	1	6.0	0	3	0	1	1.000	1	0	0	0	.00
Worrell, Tim	.500	2	1	0	0	1	.061	33	2	1	0	0	1	1	16	3	3	14.2	4	2	0	0	1.000	1	0	0	0	.00
Worrell, Todd	.000	0	0	0	0	0	.080	25	2	0	1	0	0	1	18	2	38	42.0	3	3	0	0	1.000	6	0	0	0	.00
Young, Anthony	.176	34	6	0	4	5	.146	89	13	2	0	0	4	2	31	10	20	114.2	13	18	1	1	.969	15	6	0	0	.40

Hitters Pitching

Player	1994 Pitching											Career Pitching								
	G	W	L	Sv	IP	H	R	ER	BB	SO	ERA	G	W	L	Sv	IP	H	R	ER	BB	SO	ERA
Brewer, Rod	0	0	0	0	0.0	0	0	0	0	0	0.00	1	0	0	0	1.0	3	5	5	2	1	45.00
Cangelosi, John	0	0	0	0	0.0	0	0	0	0	0	0.00	1	0	0	0	2.0	1	0	0	0	0	0.00
Canseco, Jose	0	0	0	0	0.0	0	0	0	0	0	0.00	1	0	0	0	1.0	2	3	3	3	0	27.00
Davis, Chili	0	0	0	0	0.0	0	0	0	0	0	0.00	1	0	0	0	2.0	0	0	0	0	0	0.00
Espinoza, Alvaro	0	0	0	0	0.0	0	0	0	0	0	0.00	1	0	0	0	0.2	0	0	0	0	0	0.00
Foley, Tom	0	0	0	0	0.0	0	0	0	0	0	0.00	1	0	0	0	0.1	1	1	1	0	0	27.00
Gonzales, Rene	0	0	0	0	0.0	0	0	0	0	0	0.00	1	0	0	0	1.0	0	0	0	0	0	0.00
Howard, Dave	1	0	0	0	2.0	2	1	1	5	0	4.50	1	0	0	0	2.0	2	1	1	5	0	4.50
Jackson, Darrin	0	0	0	0	0.0	0	0	0	0	0	0.00	1	0	0	0	2.0	3	2	2	2	0	9.00
Litton, Greg	0	0	0	0	0.0	0	0	0	0	0	0.00	1	0	0	0	1.0	1	1	1	3	0	9.00
Martinez, Dave	0	0	0	0	0.0	0	0	0	0	0	0.00	1	0	0	0	0.1	2	2	2	2	0	54.00
Noboa, Junior	0	0	0	0	0.0	0	0	0	0	0	0.00	1	0	0	0	0.2	0	0	0	1	0	0.00
O'Neill, Paul	0	0	0	0	0.0	0	0	0	0	0	0.00	1	0	0	0	2.0	2	3	3	4	2	13.50
Oquendo, Jose	0	0	0	0	0.0	0	0	0	0	0	0.00	3	0	1	0	6.0	10	8	8	9	2	12.00
Pecota, Bill	0	0	0	0	0.0	0	0	0	0	0	0.00	2	0	0	0	3.0	5	2	2	0	0	6.00
Seitzer, Kevin	0	0	0	0	0.0	0	0	0	0	0	0.00	1	0	0	0	0.1	0	0	0	0	1	0.00
Teckett, Jeff	0	0	0	0	0.0	0	0	0	0	0	0.00	1	0	0	0	1.0	1	0	0	1	0	0.00
Tomberlin, Andy	1	0	0	0	2.0	1	0	0	1	1	0.00	1	0	0	0	2.0	1	0	0	1	1	0.00
Wallach, Tim	0	0	0	0	0.0	0	0	0	0	0	0.00	2	0	0	0	2.0	3	1	1	0	0	4.50

Park Data

Two new parks later, we present another year's worth of park data. We heard all season that left field in The Ballpark in Arlington (catchy name, huh?) is a new version of Yankee Stadium's famous Death Valley. Now you can see just what effect it had on right-handed hitters (it had plenty). Also new to this year's book is Jacobs Field, the home of the Indians.

This is the third year we've done these, so there's not a whole lot to say about the ballpark numbers. We did add one more category this edition: walks. We already had strikeouts, and it seemed to us that if a ballpark could have an effect on strikeouts, it could affect walks as well. You be the judge.

In the charts that follow, the first block of columns shows how much the featured team totaled at home, how much opponents totaled against the featured team at home and the grand totals of both. The second block of columns shows how much the featured team totaled in away games, how much opponents totaled in away games and the grand totals of both. By combining both the featured team's and opponent totals, most team variance is negated and only the park variance is left. For example, if the featured team has a big slugger who hit 20 homers at home and 20 on the road, his numbers won't affect the park factor for homers one iota. However, if this guy hit 39 dingers at home and only one on the road, the park factor will be affected tremendously, and rightly so.

Now for the Index. In a nutshell, the Index tells you whether the park favors the stat you happen to be looking at. For example, how much of an advantage did Rockies right-handed power hitters (Bichette, Galarraga, Burks, Hayes) have hitting in Mile High Stadium? To determine the Index, you need to determine the frequency of the stat — in this case, home runs — at Home vs. the frequency of the stat on the Road. Since 1993, right-handed batters have hit 235 home runs in 6,614 at-bats at Mile High, a frequency of .0355 HR per AB; in Rockies road games, the frequency is .0273 HR per AB (174/6,383). Dividing the Home frequency by the Road Frequency gives us a figure of 1.30. This number is multiplied by 100 to make it more recognizable: 130. What does an Index of 130 mean? In this case it means it was 30% easier for righties to hit home runs in Mile High than it was in other National League parks.

The greater the Index is over 100, the more favorable the park is for that statistic. The lower the Index is under 100, the less favorable the park is for that statistic. A park that was neutral in a category will have an Index of 100. The only question left to answer is, what is *E-Infield*? This is infield *fielding* errors. Obviously, a ballpark itself doesn't have any effect on throwing errors, although there can be some official scoring bias that can affect the number of throwing errors charged.

For those of you who can stand even further technicalities: The indices for the following categories are determined on a per at-bat basis: 2B, 3B, HR, BB, SO, LHB-HR and RHB-HR. The indices for AB, R, H, E and E-Infield are determined using per-game ratios. All the other indices are based on the raw figures shown in the chart.

Finally, for most parks you'll notice that we include 1994 data as well as three-year totals (1992-1994). However, for parks where there have been changes over the last three years, we never combine data. For example, for Florida, where they changed the dimensions in center field prior to the 1994 season, 1994 data is shown, but is not combined with previous years. Instead, 1993 data is shown for comparison purposes.

Atlanta Braves

	1994 Season							1992-1994						
	Home Games			Away Games				Home Games			Away Games			
	Braves	Opp	Total	Braves	Opp	Total	Index	Braves	Opp	Total	Braves	Opp	Total	Index
G	55	55	110	59	59	118	---	217	217	434	221	221	442	---
Avg	.266	.246	.256	.268	.239	.254	101	.262	.246	.254	.259	.236	.248	102
AB	1809	1901	3710	2052	1936	3988	100	7138	7479	14617	7718	7219	14937	100
R	230	231	461	312	217	529	93	939	812	1751	1052	764	1816	98
H	481	467	948	550	462	1012	100	1867	1840	3707	1999	1707	3706	102
2B	87	83	170	111	92	203	90	309	331	640	351	320	671	97
3B	5	11	16	13	6	19	91	39	28	67	56	40	96	71
HR	61	37	98	76	39	115	92	211	134	345	233	132	365	97
BB	170	185	355	207	193	400	95	720	657	1377	710	690	1400	101
SO	295	433	728	373	432	805	97	1161	1408	2569	1377	1441	2818	93
E	42	35	77	62	50	112	74	183	192	375	159	218	377	101
E-Infield	26	25	51	32	38	70	78	123	145	268	105	174	279	98
LHB-Avg	.286	.234	.264	.276	.262	.271	98	.267	.254	.262	.259	.242	.252	104
LHB-HR	37	11	48	49	8	57	87	122	52	174	126	37	163	109
RHB-Avg	.245	.252	.249	.260	.227	.242	103	.255	.241	.247	.259	.233	.245	101
RHB-HR	24	26	50	27	31	58	95	89	82	171	107	95	202	87

ATLANTA

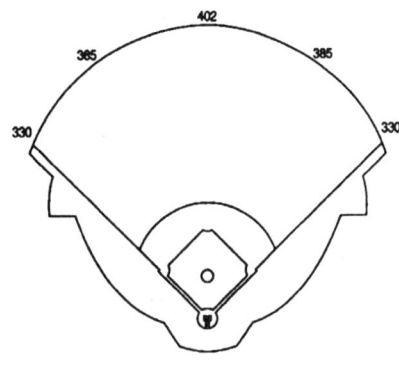

BALTIMORE

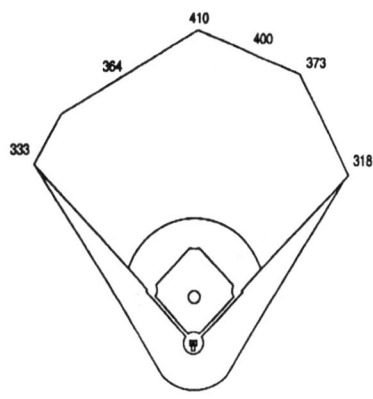

Baltimore Orioles

	1994 Season							1992-1994						
	Home Games			Away Games				Home Games			Away Games			
	Orioles	Opp	Total	Orioles	Opp	Total	Index	Orioles	Opp	Total	Orioles	Opp	Total	Index
G	55	55	110	57	57	114	---	217	217	434	219	219	438	---
Avg	.272	.270	.271	.271	.256	.264	103	.268	.258	.263	.263	.262	.262	100
AB	1830	1925	3755	2026	1892	3918	99	7231	7586	14817	7618	7235	14853	101
R	294	272	566	295	225	520	113	1067	976	2043	1013	922	1935	107
H	498	520	1018	549	485	1034	102	1936	1959	3895	2004	1892	3896	101
2B	82	92	174	103	107	210	86	338	351	689	377	382	759	91
3B	6	9	15	14	9	23	68	36	38	74	44	41	85	87
HR	75	70	145	64	61	125	121	237	220	457	207	188	395	116
BB	214	167	381	224	184	408	97	885	718	1603	855	730	1585	101
SO	320	324	644	335	342	677	99	1181	1203	2384	1231	1209	2440	98
E	40	41	81	29	42	71	118	139	135	274	139	146	285	97
E-Infield	24	35	59	21	32	53	115	98	114	212	102	109	211	101
LHB-Avg	.300	.270	.285	.278	.258	.269	106	.289	.257	.272	.270	.257	.264	103
LHB-HR	31	23	54	26	12	38	146	76	70	146	69	53	122	120
RHB-Avg	.253	.270	.262	.266	.256	.261	100	.255	.259	.257	.259	.264	.262	98
RHB-HR	44	47	91	38	49	87	110	161	150	311	138	135	273	114

Boston Red Sox

	1994 Season							1992-1994						
	Home Games			Away Games				Home Games			Away Games			
	Red Sox	Opp	Total	Red Sox	Opp	Total	Index	Red Sox	Opp	Total	Red Sox	Opp	Total	Index
G	64	64	128	51	51	102	---	226	226	452	213	213	426	---
Avg	.277	.280	.279	.247	.271	.259	108	.272	.268	.270	.242	.250	.246	110
AB	2164	2283	4447	1776	1710	3486	102	7591	7990	15581	7306	6982	14288	103
R	320	353	673	232	268	500	107	1041	1057	2098	796	931	1727	114
H	600	640	1240	438	464	902	110	2066	2140	4206	1766	1746	3512	113
2B	133	112	245	89	95	184	104	475	418	893	325	330	655	125
3B	12	11	23	7	12	19	95	37	42	79	32	42	74	98
HR	68	67	135	52	53	105	101	167	166	333	151	188	339	90
BB	245	249	494	159	201	360	108	823	791	1614	680	746	1426	104
SO	390	421	811	333	308	641	99	1224	1424	2648	1235	1245	2480	98
E	60	64	124	33	46	79	125	222	183	405	145	160	305	125
E-Infield	44	46	90	25	36	61	118	178	140	318	115	121	236	127
LHB-Avg	.286	.290	.288	.262	.283	.272	106	.285	.274	.279	.252	.251	.251	111
LHB-HR	38	25	63	20	18	38	132	82	57	130	67	60	105	93
RHB-Avg	.269	.274	.272	.233	.263	.248	109	.264	.264	.264	.236	.250	.242	109
RHB-HR	30	42	72	32	35	67	83	85	109	194	84	120	204	88

BOSTON

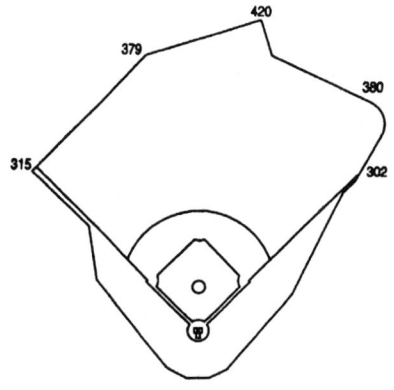

CALIFORNIA

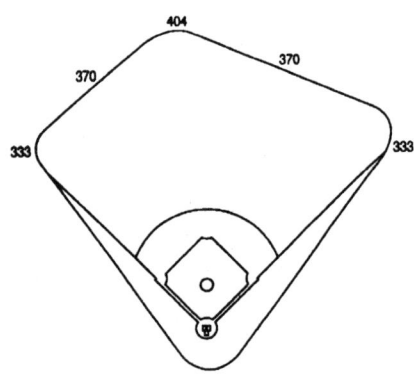

California Angels

	1994 Season							1992-1994						
	Home Games			Away Games				Home Games			Away Games			
	Angels	Opp	Total	Angels	Opp	Total	Index	Angels	Opp	Total	Angels	Opp	Total	Index
G	63	63	126	52	52	104	---	225	225	450	214	214	428	---
Avg	.258	.288	.274	.271	.285	.278	98	.257	.273	.265	.253	.272	.262	101
AB	2122	2293	4415	1821	1716	3537	103	7413	7964	15377	7285	7017	14302	102
R	286	389	675	257	271	528	106	960	1127	2087	846	974	1820	109
H	548	660	1208	494	489	983	101	1907	2174	4081	1840	1906	3746	104
2B	93	129	222	85	107	192	93	311	367	678	328	358	686	92
3B	9	7	16	7	12	19	67	31	18	49	29	33	62	74
HR	74	93	167	46	57	103	130	182	237	419	140	196	336	116
BB	225	233	458	177	203	380	97	699	761	1460	683	757	1440	94
SO	402	387	789	313	295	608	104	1254	1298	2552	1273	1115	2388	99
E	60	46	106	39	49	88	99	213	210	423	163	175	338	119
E-Infield	32	36	68	21	37	58	97	140	163	303	119	141	260	111
LHB-Avg	.271	.315	.293	.276	.294	.284	103	.255	.283	.268	.259	.286	.271	99
LHB-HR	21	36	57	15	19	34	127	53	77	130	50	53	103	118
RHB-Avg	.250	.274	.263	.269	.281	.275	96	.259	.269	.264	.249	.265	.257	103
RHB-HR	53	57	110	31	38	69	131	129	160	289	90	143	233	115

Chicago Cubs

	1994 Season							1992-1994						
	Home Games			Away Games				Home Games			Away Games			
	Cubs	Opp	Total	Cubs	Opp	Total	Index	Cubs	Opp	Total	Cubs	Opp	Total	Index
G	59	59	118	54	54	108	--	222	222	444	216	216	432	--
Avg	.244	.268	.256	.274	.269	.272	94	.263	.256	.260	.260	.268	.264	99
AB	1996	2102	4098	1922	1826	3748	100	7533	7776	15309	7602	7137	14739	101
R	216	287	503	284	262	546	84	912	966	1878	919	946	1865	98
H	488	563	1051	527	491	1018	94	1983	1993	3976	1973	1912	3885	100
2B	81	94	175	108	91	199	80	332	371	703	337	360	697	97
3B	12	11	23	14	15	29	73	53	56	109	46	43	89	118
HR	47	71	118	62	49	111	97	182	214	396	192	166	358	106
BB	191	194	385	173	198	371	95	652	725	1377	575	712	1287	103
SO	372	382	754	378	335	713	97	1236	1333	2569	1253	1190	2443	101
E	44	51	95	56	68	124	70	183	193	376	182	211	393	93
E-Infield	30	43	73	32	40	72	93	120	148	268	113	149	262	100
LHB-Avg	.259	.286	.274	.264	.268	.266	103	.287	.262	.274	.268	.264	.266	103
LHB-HR	20	27	47	12	19	31	144	67	94	161	82	82	164	94
RHB-Avg	.236	.255	.246	.280	.270	.275	89	.247	.252	.249	.254	.272	.262	95
RHB-HR	27	44	71	50	30	80	79	115	120	235	110	84	194	117

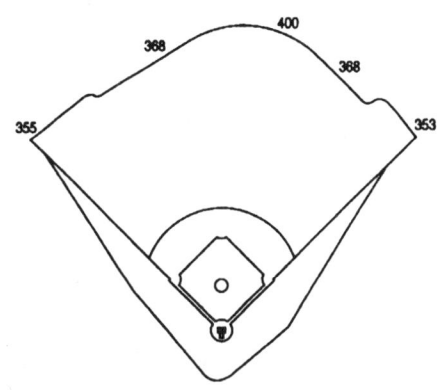

CHICAGO CUBS

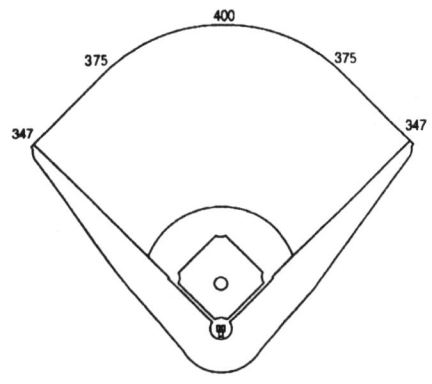

CHICAGO WHITE SOX

Chicago White Sox

	1994 Season							1992-1994						
	Home Games			Away Games				Home Games			Away Games			
	White Sox	Opp	Total	White Sox	Opp	Total	Index	White Sox	Opp	Total	White Sox	Opp	Total	Index
G	53	53	106	60	60	120	--	216	216	432	221	221	442	--
Avg	.296	.236	.266	.280	.263	.272	98	.272	.245	.259	.267	.260	.264	98
AB	1798	1823	3621	2144	2029	4173	98	7149	7441	14590	7774	7434	15208	98
R	296	206	502	337	292	629	90	1048	853	1901	1099	999	2098	93
H	533	430	963	600	534	1134	96	1946	1826	3772	2075	1936	4011	96
2B	82	76	158	93	95	188	97	320	256	576	352	356	708	85
3B	17	4	21	22	9	31	78	56	28	84	63	41	104	84
HR	62	43	105	59	72	131	92	198	175	373	195	188	383	102
BB	223	153	376	274	224	498	87	848	697	1545	875	796	1671	96
SO	241	361	602	327	393	720	96	974	1285	2259	1212	1253	2465	96
E	38	32	70	50	65	115	69	167	155	322	179	197	376	88
E-Infield	32	26	58	38	37	75	88	134	116	250	144	128	272	94
LHB-Avg	.268	.221	.247	.291	.275	.284	87	.269	.247	.258	.277	.267	.272	95
LHB-HR	19	16	35	20	35	55	74	61	65	126	61	77	138	97
RHB-Avg	.326	.246	.282	.268	.254	.261	108	.275	.245	.259	.258	.256	.257	101
RHB-HR	43	27	70	39	37	76	106	137	110	247	134	111	245	103

Cincinnati Reds

	1994 Season							1992-1994						
	Home Games			Away Games				Home Games			Away Games			
	Reds	Opp	Total	Reds	Opp	Total	Index	Reds	Opp	Total	Reds	Opp	Total	Index
G	60	60	120	55	55	110	---	222	222	444	217	217	434	---
Avg	.283	.250	.267	.288	.274	.281	95	.269	.253	.261	.268	.271	.269	97
AB	2037	2097	4134	1962	1867	3829	99	7321	7647	14968	7655	7285	14940	98
R	306	263	569	303	227	530	98	1024	935	1959	967	949	1916	100
H	577	525	1102	565	512	1077	94	1969	1938	3907	2048	1971	4019	95
2B	109	103	212	102	78	180	109	389	336	725	364	333	697	104
3B	15	13	28	21	9	30	86	43	56	99	65	68	133	74
HR	59	65	124	65	52	117	98	188	206	394	172	178	350	112
BB	215	183	398	173	156	329	112	758	681	1439	678	636	1314	109
SO	351	426	777	387	373	760	95	1267	1488	2755	1384	1367	2751	100
E	44	61	105	45	38	83	116	160	205	365	177	199	376	95
E-Infield	24	37	61	33	28	61	92	98	139	237	127	149	276	84
LHB-Avg	.285	.262	.274	.295	.289	.292	94	.275	.267	.271	.269	.274	.271	100
LHB-HR	14	23	37	21	21	42	77	47	82	129	44	67	111	112
RHB-Avg	.282	.243	.262	.284	.266	.275	95	.266	.244	.255	.267	.269	.268	95
RHB-HR	45	42	87	44	31	75	112	141	124	265	128	111	239	113

CINCINNATI

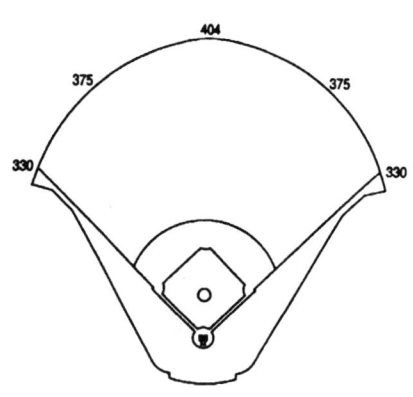

CLEVELAND

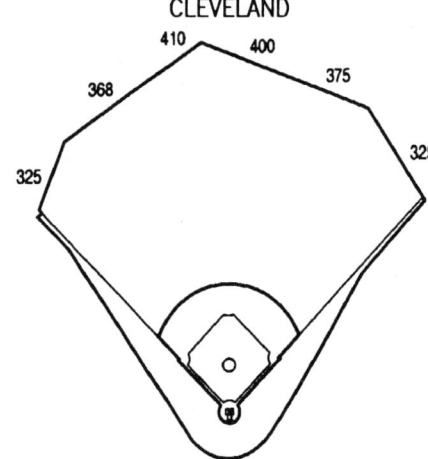

Cleveland Indians

	1994 Season							1992-1993						
	Home Games			Away Games				Home Games			Away Games			
	Indians	Opp	Total	Indians	Opp	Total	Index	Indians	Opp	Total	Indians	Opp	Total	Index
G	51	51	102	62	62	124	---	162	162	324	162	162	324	---
Avg	.300	.270	.285	.281	.280	.281	101	.278	.269	.273	.264	.280	.272	100
AB	1805	1875	3680	2217	2107	4324	103	5448	5758	11206	5791	5521	11312	99
R	335	248	583	344	314	658	108	753	748	1501	711	811	1522	99
H	541	506	1047	624	591	1215	105	1512	1550	3062	1530	1548	3078	99
2B	122	98	220	118	96	214	121	223	258	481	268	265	533	91
3B	10	7	17	10	15	25	80	34	15	49	21	33	54	92
HR	87	44	131	80	50	130	118	131	177	308	137	164	301	103
BB	184	173	357	198	231	429	98	504	567	1071	432	590	1022	106
SO	248	292	540	381	374	755	84	813	910	1723	915	868	1783	98
E	45	53	98	59	51	110	108	159	124	283	156	124	280	101
E-Infield	33	37	70	43	37	80	106	122	87	209	114	89	203	103
LHB-Avg	.311	.270	.291	.297	.290	.294	99	.284	.269	.277	.276	.287	.281	99
LHB-HR	43	17	60	32	23	55	121	60	58	118	53	53	106	108
RHB-Avg	.288	.270	.278	.266	.272	.269	103	.272	.269	.270	.255	.276	.266	102
RHB-HR	44	27	71	48	27	75	118	71	119	190	84	111	195	102

Colorado Rockies

	1994 Season							1993-1994						
	Home Games			Away Games				Home Games			Away Games			
	Rockies	Opp	Total	Rockies	Opp	Total	Index	Rockies	Opp	Total	Rockies	Opp	Total	Index
G	57	57	114	60	60	120	---	138	138	276	141	141	282	---
Avg	.298	.305	.302	.251	.278	.264	114	.303	.307	.305	.245	.279	.262	117
AB	1940	2057	3997	2066	2003	4069	103	4694	5005	9699	4829	4715	9544	104
R	317	356	673	256	282	538	132	806	907	1713	525	698	1223	143
H	579	628	1207	519	557	1076	118	1422	1535	2957	1183	1314	2497	121
2B	105	121	226	101	119	220	105	263	263	526	221	257	478	108
3B	34	31	65	5	14	19	348	82	68	150	16	31	47	314
HR	59	61	120	66	59	125	98	136	168	304	131	133	264	113
BB	180	220	400	198	228	426	96	408	540	948	358	517	875	107
SO	331	351	682	430	352	782	89	741	834	1575	964	782	1746	89
E	60	64	124	38	52	90	145	186	178	364	108	112	220	169
E-Infield	42	48	90	28	38	66	144	126	128	254	82	76	158	164
LHB-Avg	.274	.303	.292	.256	.306	.285	102	.268	.309	.296	.251	.290	.276	107
LHB-HR	5	24	29	15	30	45	69	9	60	69	30	60	90	79
RHB-Avg	.308	.307	.307	.249	.257	.252	122	.312	.305	.309	.243	.270	.254	121
RHB-HR	54	37	91	51	29	80	112	127	108	235	101	73	174	130

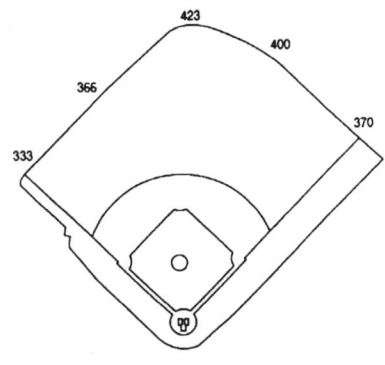

COLORADO

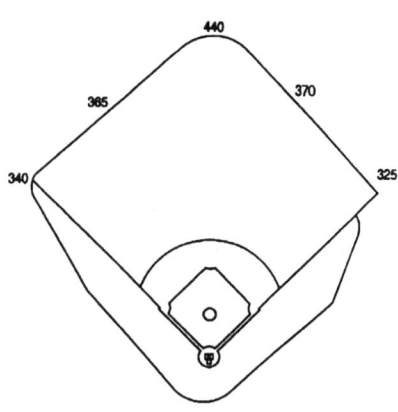

DETROIT

Detroit Tigers

	1994 Season							1992-1994						
	Home Games			Away Games				Home Games			Away Games			
	Tigers	Opp	Total	Tigers	Opp	Total	Index	Tigers	Opp	Total	Tigers	Opp	Total	Index
G	58	58	116	57	57	114	---	219	219	438	220	220	440	---
Avg	.273	.277	.275	.257	.288	.272	101	.266	.274	.270	.265	.282	.273	99
AB	1954	2080	4034	2001	1952	3953	100	7322	7767	15089	7768	7416	15184	100
R	350	324	674	302	347	649	102	1196	1131	2327	1146	1171	2317	101
H	533	577	1110	515	562	1077	101	1950	2131	4081	2055	2089	4144	99
2B	103	106	209	113	119	232	88	366	352	718	388	390	778	93
3B	18	11	29	7	14	21	135	46	36	82	33	50	83	99
HR	85	76	161	76	72	148	107	279	265	544	242	226	468	117
BB	280	217	497	240	232	472	103	1020	763	1783	940	792	1732	104
SO	446	307	753	451	253	704	105	1495	1113	2608	1579	968	2547	103
E	54	48	102	42	39	81	124	195	162	357	179	189	368	97
E-Infield	32	36	68	36	21	57	117	126	127	253	135	134	269	94
LHB-Avg	.274	.267	.270	.281	.289	.285	95	.267	.281	.274	.271	.282	.277	99
LHB-HR	39	29	68	36	26	62	108	104	110	214	93	78	171	124
RHB-Avg	.272	.286	.279	.240	.287	.263	106	.266	.270	.268	.260	.281	.270	99
RHB-HR	46	47	93	40	46	86	106	175	155	330	149	148	297	113

Florida Marlins

	1994 Season							1993 Season						
	Home Games			Away Games				Home Games			Away Games			
	Marlins	Opp	Total	Marlins	Opp	Total	Index	Marlins	Opp	Total	Marlins	Opp	Total	Index
G	59	59	118	56	56	112	---	81	81	162	81	81	162	---
Avg	.270	.291	.281	.261	.255	.258	109	.251	.261	.257	.244	.261	.252	102
AB	1991	2098	4089	1935	1803	3738	104	2706	2861	5567	2769	2640	5409	103
R	245	341	586	223	235	458	121	299	369	668	282	355	637	105
H	537	610	1147	506	459	965	113	680	748	1428	676	689	1365	105
2B	93	99	192	87	81	168	104	98	137	235	99	127	226	101
3B	17	28	45	7	19	26	158	16	15	31	15	18	33	91
HR	46	70	116	48	50	98	108	44	72	116	50	63	113	100
BB	190	235	425	159	193	352	110	275	308	583	223	290	513	110
SO	371	341	712	375	308	683	95	544	525	1069	510	420	930	112
E	72	41	113	42	33	75	143	77	88	165	71	76	147	112
E-Infield	44	29	73	32	29	61	114	55	60	115	47	46	93	124
LHB-Avg	.274	.292	.284	.254	.270	.263	108	.258	.261	.259	.234	.257	.245	106
LHB-HR	6	24	30	6	17	23	115	20	33	53	16	32	48	106
RHB-Avg	.267	.290	.278	.265	.242	.255	109	.246	.262	.254	.252	.264	.258	98
RHB-HR	40	46	86	42	33	75	107	24	39	63	34	31	65	95

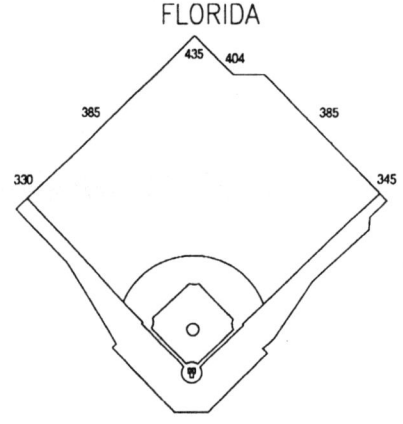

FLORIDA

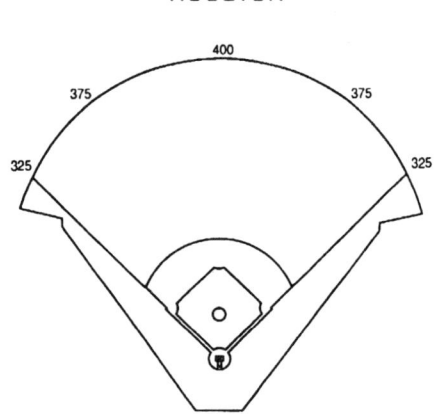

HOUSTON

Houston Astros

	1994 Season							1992-1993						
	Home Games			Away Games				Home Games			Away Games			
	Astros	Opp	Total	Astros	Opp	Total	Index	Astros	Opp	Total	Astros	Opp	Total	Index
G	59	59	118	56	56	112	---	162	162	324	162	162	324	---
Avg	.282	.255	.269	.274	.276	.275	98	.258	.239	.249	.255	.264	.259	96
AB	1983	2020	4003	1972	1910	3882	98	5358	5594	10952	5586	5348	10934	100
R	307	241	548	295	262	557	93	665	578	1243	659	720	1379	90
H	559	516	1075	540	527	1067	96	1385	1337	2722	1424	1412	2836	96
2B	138	85	223	114	106	220	98	287	216	503	256	265	521	96
3B	11	10	21	14	9	23	89	41	32	73	34	42	76	96
HR	57	56	113	63	46	109	101	111	97	208	123	134	257	81
BB	184	186	370	210	181	391	92	519	482	1001	484	533	1017	98
SO	377	404	781	341	335	676	112	976	1109	2085	960	925	1885	110
E	35	50	85	55	52	107	75	111	110	221	149	126	275	80
E-Infield	25	42	67	37	36	73	87	82	82	164	118	102	220	75
LHB-Avg	.295	.286	.290	.251	.271	.262	111	.252	.240	.246	.265	.274	.269	91
LHB-HR	15	28	43	24	11	35	115	44	41	85	61	64	125	71
RHB-Avg	.274	.233	.254	.286	.280	.283	90	.264	.238	.251	.246	.254	.250	100
RHB-HR	42	28	70	39	35	74	94	67	56	123	62	70	132	90

Kansas City Royals

	1994 Season							1992-1994						
	Home Games			Away Games			Index	Home Games			Away Games			Index
	Royals	Opp	Total	Royals	Opp	Total		Royals	Opp	Total	Royals	Opp	Total	
G	59	59	118	56	56	112	---	221	221	442	218	218	436	---
Avg	.297	.255	.276	.239	.265	.252	109	.278	.257	.267	.247	.257	.252	106
AB	2006	2060	4066	1905	1859	3764	103	7447	7738	15185	7487	7119	14606	103
R	325	287	612	249	245	494	118	1009	977	1986	850	916	1766	111
H	596	525	1121	455	493	948	112	2068	1991	4059	1849	1832	3681	109
2B	133	110	243	78	99	177	127	450	430	880	339	336	675	125
3B	27	17	44	11	14	25	163	75	53	128	40	34	74	166
HR	41	48	89	59	47	106	78	115	138	253	185	168	353	69
BB	210	187	397	166	205	371	99	632	676	1308	611	799	1410	89
SO	327	355	682	371	362	733	86	1055	1242	2297	1320	1294	2614	85
E	59	56	115	39	49	88	124	190	195	385	147	162	309	123
E-Infield	35	38	73	27	33	60	115	140	133	273	106	122	228	118
LHB-Avg	.305	.266	.285	.239	.277	.258	111	.281	.260	.271	.255	.263	.259	105
LHB-HR	18	17	35	28	24	52	63	43	50	93	88	79	167	54
RHB-Avg	.291	.246	.268	.239	.255	.247	109	.274	.255	.264	.239	.253	.246	107
RHB-HR	23	31	54	31	23	54	92	72	88	160	97	89	186	82

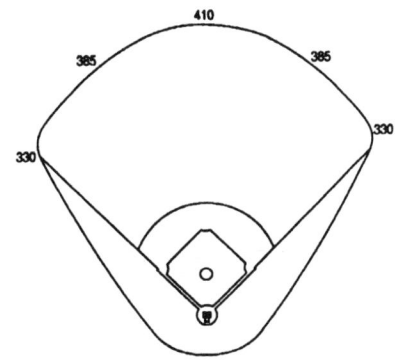

KANSAS CITY

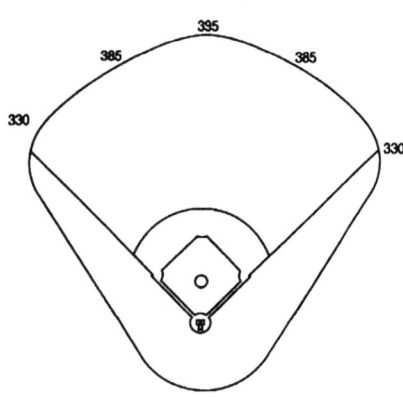

LOS ANGELES

Los Angeles Dodgers

	1994 Season							1992-1994						
	Home Games			Away Games			Index	Home Games			Away Games			Index
	Dodgers	Opp	Total	Dodgers	Opp	Total		Dodgers	Opp	Total	Dodgers	Opp	Total	
G	55	55	110	59	59	118	---	217	217	434	221	221	442	---
Avg	.265	.240	.252	.275	.292	.283	89	.264	.249	.256	.254	.268	.261	98
AB	1820	1891	3711	2084	2008	4092	97	7163	7479	14642	7697	7421	15118	99
R	230	209	439	302	300	602	78	837	808	1645	918	999	1917	87
H	482	454	936	573	587	1160	87	1893	1859	3752	1953	1989	3942	97
2B	61	77	138	99	113	212	72	261	289	550	334	350	684	83
3B	9	7	16	20	24	44	40	35	33	68	56	64	120	59
HR	47	49	96	68	41	109	97	139	130	269	178	145	323	86
BB	175	144	319	191	210	401	88	684	653	1337	677	821	1498	92
SO	315	373	688	372	359	731	104	1156	1411	2567	1367	1345	2712	98
E	40	47	87	62	46	108	86	206	200	406	221	183	404	102
E-Infield	30	27	57	44	32	76	80	167	146	313	171	127	298	107
LHB-Avg	.276	.241	.255	.275	.294	.286	89	.272	.253	.261	.245	.272	.259	101
LHB-HR	8	28	36	15	23	38	103	30	76	106	44	74	118	90
RHB-Avg	.259	.239	.250	.275	.291	.282	89	.259	.244	.252	.260	.265	.262	96
RHB-HR	39	21	60	53	18	71	94	109	54	163	134	71	205	84

Milwaukee Brewers

	1994 Season							1992-1994						
	Home Games			Away Games				Home Games			Away Games			
	Brewers	Opp	Total	Brewers	Opp	Total	Index	Brewers	Opp	Total	Brewers	Opp	Total	Index
G	56	56	112	59	59	118	---	218	218	436	221	221	442	---
Avg	.271	.267	.269	.255	.271	.262	103	.266	.256	.261	.260	.267	.264	99
AB	1928	2008	3936	2050	1974	4024	103	7212	7607	14819	7795	7420	15215	99
R	275	311	586	272	275	547	113	985	946	1931	1035	1036	2071	95
H	523	537	1060	522	534	1056	106	1918	1945	3863	2030	1981	4011	98
2B	119	112	231	119	109	228	104	342	372	714	408	389	797	92
3B	11	11	22	10	14	24	94	45	41	86	36	58	94	94
HR	48	63	111	51	64	115	99	136	179	315	170	228	398	81
BB	206	225	431	211	196	407	108	779	667	1446	704	711	1415	105
SO	321	300	621	359	277	636	100	1124	1107	2231	1267	1073	2340	98
E	54	41	95	45	42	87	115	183	192	375	154	183	337	113
E-Infield	36	21	57	35	30	65	92	146	132	278	120	137	257	110
LHB-Avg	.279	.275	.277	.241	.272	.257	108	.266	.254	.260	.252	.277	.264	98
LHB-HR	17	22	39	22	34	56	76	53	65	118	55	94	149	82
RHB-Avg	.266	.262	.264	.264	.270	.267	99	.266	.257	.261	.267	.259	.263	99
RHB-HR	31	41	72	29	30	59	119	83	114	197	115	134	249	81

MILWAUKEE

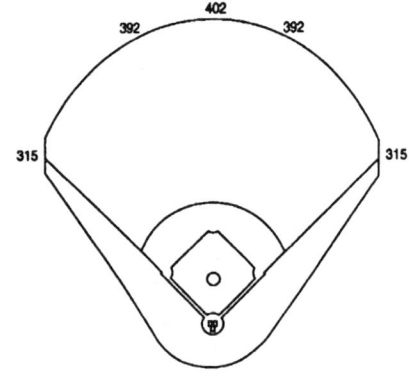

MINNESOTA

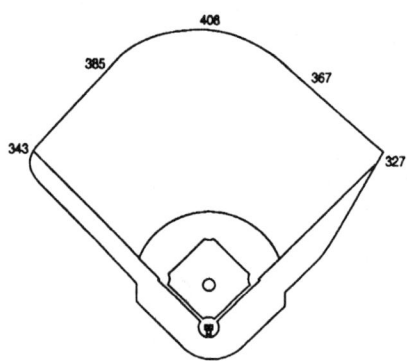

Minnesota Twins

	1994 Season							1992-1993						
	Home Games			Away Games				Home Games			Away Games			
	Twins	Opp	Total	Twins	Opp	Total	Index	Twins	Opp	Total	Twins	Opp	Total	Index
G	59	59	118	54	54	108	---	162	162	324	162	162	324	---
Avg	.290	.282	.286	.262	.318	.289	99	.276	.267	.271	.265	.271	.268	101
AB	2023	2117	4140	1929	1892	3821	99	5491	5726	11217	5692	5364	11056	101
R	319	339	658	275	349	624	97	735	759	1494	705	724	1429	105
H	587	596	1183	505	601	1106	98	1515	1528	3043	1509	1454	2963	103
2B	135	132	267	104	143	247	100	273	353	626	263	268	531	116
3B	15	8	23	8	16	24	88	35	38	73	19	34	53	136
HR	48	88	136	55	65	120	105	112	126	238	113	143	256	92
BB	208	199	407	151	189	340	110	546	487	1033	474	506	980	104
SO	327	328	655	308	274	582	104	831	995	1826	853	829	1682	107
E	36	35	71	57	50	107	61	97	107	204	117	140	257	79
E-Infield	22	27	49	35	40	75	60	74	79	153	88	109	197	78
LHB-Avg	.272	.272	.272	.243	.302	.275	99	.263	.279	.274	.248	.283	.270	101
LHB-HR	7	27	34	13	23	36	89	35	50	85	28	53	81	101
RHB-Avg	.297	.288	.293	.270	.328	.297	99	.280	.258	.270	.270	.263	.267	101
RHB-HR	41	61	102	42	42	84	111	77	76	153	85	90	175	87

Montreal Expos

	1994 Season							1992-1994						
	Home Games			Away Games				Home Games			Away Games			
	Expos	Opp	Total	Expos	Opp	Total	Index	Expos	Opp	Total	Expos	Opp	Total	Index
G	52	52	104	62	62	124	—	214	214	428	225	225	450	—
Avg	.289	.260	.275	.269	.236	.253	109	.266	.244	.255	.256	.244	.250	102
AB	1773	1825	3598	2227	2098	4325	99	7037	7379	14416	7933	7497	15430	98
R	266	227	493	319	227	546	108	964	876	1840	1001	841	1842	105
H	513	475	988	598	495	1093	108	1875	1802	3677	2027	1833	3860	100
2B	130	89	219	116	84	200	132	405	384	789	374	307	681	124
3B	12	14	26	18	11	29	108	42	53	95	61	36	97	105
HR	42	47	89	66	53	119	90	154	145	299	178	166	344	93
BB	174	131	305	205	157	362	101	673	654	1327	711	680	1391	102
SO	305	350	655	364	455	819	96	1146	1334	2480	1359	1419	2778	96
E	51	47	98	58	64	122	96	188	171	359	223	225	448	84
E-Infield	35	31	66	44	46	90	87	150	133	283	176	170	346	86
LHB-Avg	.279	.265	.271	.273	.221	.246	110	.268	.254	.261	.252	.240	.246	106
LHB-HR	13	19	32	22	19	41	97	53	72	125	65	63	128	104
RHB-Avg	.295	.257	.276	.266	.246	.257	108	.265	.237	.251	.258	.248	.253	99
RHB-HR	29	28	57	44	34	78	86	101	73	174	113	103	216	87

MONTREAL

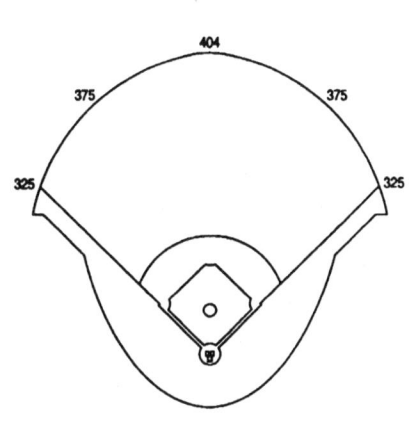

NEW YORK METS

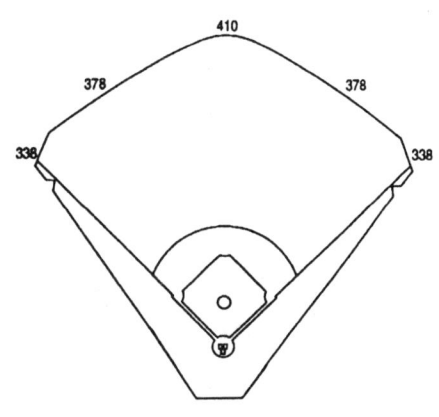

New York Mets

	1994 Season							1992-1994						
	Home Games			Away Games				Home Games			Away Games			
	Mets	Opp	Total	Mets	Opp	Total	Index	Mets	Opp	Total	Mets	Opp	Total	Index
G	53	53	106	60	60	120	—	215	215	430	222	222	444	—
Avg	.252	.276	.265	.248	.266	.257	103	.242	.262	.252	.245	.268	.256	98
AB	1773	1907	3680	2096	2039	4135	101	7026	7556	14582	7631	7386	15017	100
R	235	271	506	271	255	526	109	840	952	1792	937	971	1908	97
H	447	527	974	519	542	1061	104	1699	1980	3679	1871	1976	3847	99
2B	65	98	163	99	113	212	86	290	364	654	361	389	750	90
3B	13	10	23	8	15	23	112	40	50	90	35	60	95	98
HR	53	60	113	64	57	121	105	170	181	351	198	173	371	97
BB	158	168	326	178	164	342	107	642	612	1254	714	636	1350	96
SO	369	302	671	438	338	776	97	1258	1284	2542	1384	1248	2632	99
E	66	61	127	36	43	79	182	213	169	382	182	164	346	114
E-Infield	48	37	85	28	29	57	169	166	116	282	147	110	257	113
LHB-Avg	.271	.276	.273	.249	.280	.264	104	.250	.259	.254	.248	.279	.262	97
LHB-HR	24	28	52	27	20	47	118	92	72	164	107	57	164	102
RHB-Avg	.232	.276	.256	.247	.254	.250	102	.233	.264	.251	.242	.259	.251	100
RHB-HR	29	32	61	37	37	74	97	78	109	187	91	116	207	94

New York Yankees

	1994 Season							1992-1994						
	Home Games			Away Games				Home Games			Away Games			
	Yankees	Opp	Total	Yankees	Opp	Total	Index	Yankees	Opp	Total	Yankees	Opp	Total	Index
G	57	57	114	56	56	112	—	219	219	438	218	218	436	—
Avg	.282	.262	.272	.297	.271	.284	96	.274	.257	.266	.277	.273	.275	97
AB	1920	1988	3908	2066	1932	3998	96	7329	7594	14923	7865	7365	15230	98
R	291	260	551	379	274	653	83	1065	989	2054	1159	1052	2211	92
H	542	521	1063	613	524	1137	92	2009	1955	3964	2176	2010	4186	94
2B	111	103	214	127	113	240	91	385	329	714	428	419	847	86
3B	5	12	17	11	10	21	83	23	37	60	35	48	83	74
HR	63	62	125	76	58	134	95	239	217	456	241	202	443	105
BB	230	178	408	300	220	520	80	822	753	1575	873	809	1682	96
SO	313	335	648	347	321	668	99	1130	1245	2375	1343	1161	2504	97
E	48	40	88	42	59	101	86	166	160	326	163	175	338	96
E-Infield	38	28	66	32	37	69	94	126	120	246	125	128	253	97
LHB-Avg	.314	.277	.299	.306	.252	.286	105	.292	.266	.280	.278	.270	.275	102
LHB-HR	29	16	45	27	18	45	102	105	77	182	91	60	151	126
RHB-Avg	.254	.256	.255	.289	.279	.283	90	.259	.253	.256	.276	.274	.275	93
RHB-HR	34	46	80	49	40	89	92	134	140	274	150	142	292	94

NY YANKEES

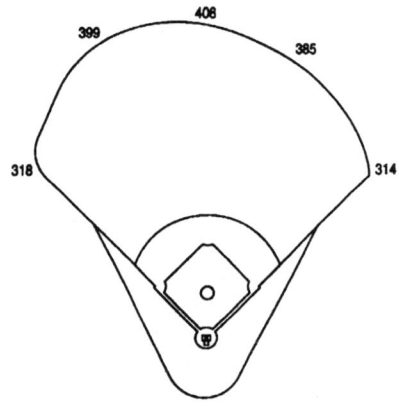

OAKLAND

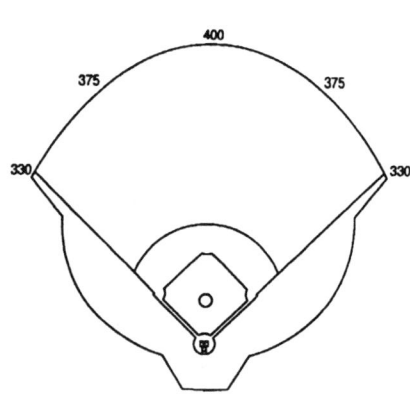

Oakland Athletics

	1994 Season							1992-1994						
	Home Games			Away Games				Home Games			Away Games			
	Athletics	Opp	Total	Athletics	Opp	Total	Index	Athletics	Opp	Total	Athletics	Opp	Total	Index
G	56	56	112	58	58	116	—	218	218	436	220	220	440	—
Avg	.252	.246	.249	.267	.269	.268	93	.251	.254	.253	.262	.275	.268	94
AB	1846	1907	3753	2039	1899	3938	99	7095	7506	14601	7720	7369	15089	98
R	241	262	503	308	327	635	82	939	975	1914	1070	1132	2202	88
H	465	469	934	544	510	1054	92	1784	1903	3687	2022	2023	4045	92
2B	78	77	155	100	95	195	83	280	315	595	377	375	752	82
3B	11	8	19	2	16	18	111	30	34	64	28	56	84	79
HR	51	54	105	62	74	136	81	205	205	410	208	209	417	102
BB	226	250	476	191	260	451	111	904	853	1757	842	938	1780	102
SO	333	371	704	353	361	714	103	1264	1312	2576	1301	1127	2428	110
E	52	60	112	54	65	119	97	187	191	378	177	189	366	104
E-Infield	32	40	72	38	45	83	90	125	141	266	136	143	279	96
LHB-Avg	.230	.246	.240	.256	.296	.279	86	.253	.262	.259	.257	.292	.277	93
LHB-HR	16	28	44	25	40	65	77	56	84	140	65	95	160	94
RHB-Avg	.261	.246	.255	.272	.239	.259	98	.251	.246	.248	.264	.258	.262	95
RHB-HR	35	26	61	37	34	71	85	149	121	270	143	114	257	106

Philadelphia Phillies

	1994 Season							1992-1994						
	Home Games			Away Games				Home Games			Away Games			
	Phillies	Opp	Total	Phillies	Opp	Total	Index	Phillies	Opp	Total	Phillies	Opp	Total	Index
G	60	60	120	55	55	110	---	222	222	444	217	217	434	---
Avg	.267	.250	.259	.256	.273	.265	98	.267	.249	.258	.260	.263	.261	99
AB	1997	2092	4089	1930	1843	3773	99	7475	7764	15239	7637	7214	14851	100
R	268	243	511	253	254	507	92	1078	945	2023	1006	1009	2015	98
H	534	524	1058	494	504	998	97	1993	1934	3927	1982	1900	3882	99
2B	113	108	221	95	84	179	114	389	368	757	371	334	705	105
3B	13	5	18	15	4	19	87	58	51	109	57	39	96	111
HR	45	40	85	35	58	93	84	192	146	338	162	194	356	93
BB	200	198	398	196	179	375	98	791	738	1529	779	761	1540	97
SO	331	380	711	380	319	699	94	1356	1483	2839	1463	1184	2647	105
E	52	51	103	54	52	106	89	200	196	396	197	190	387	100
E-Infield	42	33	75	40	30	70	98	165	141	306	149	140	289	103
LHB-Avg	.298	.247	.277	.259	.293	.273	101	.283	.255	.271	.267	.276	.271	100
LHB-HR	21	11	32	17	20	37	84	105	54	159	83	68	151	107
RHB-Avg	.233	.252	.244	.252	.261	.257	95	.248	.246	.247	.250	.255	.253	98
RHB-HR	24	29	53	18	38	56	84	87	92	179	79	126	205	82

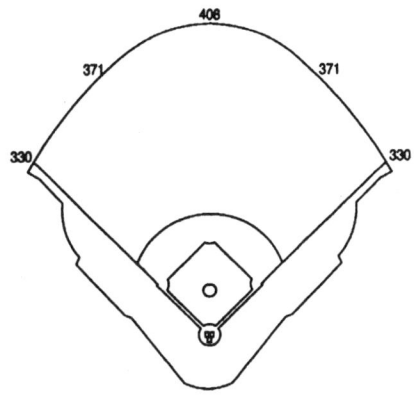

PHILADELPHIA

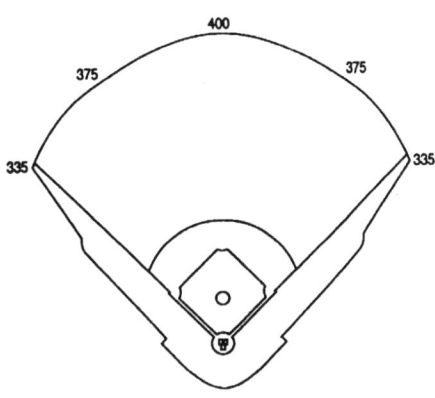

PITTSBURGH

Pittsburgh Pirates

	1994 Season							1992-1994						
	Home Games			Away Games				Home Games			Away Games			
	Pirates	Opp	Total	Pirates	Opp	Total	Index	Pirates	Opp	Total	Pirates	Opp	Total	Index
G	61	61	122	53	53	106	---	223	223	446	215	215	430	---
Avg	.273	.271	.272	.243	.293	.268	102	.265	.267	.266	.256	.274	.265	101
AB	2057	2129	4186	1807	1765	3572	102	7452	7832	15284	7488	7178	14666	100
R	271	291	562	195	289	484	101	1006	956	1962	860	1025	1885	100
H	562	577	1139	439	517	956	104	1977	2094	4071	1915	1967	3882	101
2B	118	117	235	80	114	194	103	390	426	816	347	386	733	107
3B	14	9	23	9	16	25	79	69	53	122	58	56	114	103
HR	45	61	106	35	56	91	99	160	165	325	136	206	342	91
BB	189	174	363	160	196	356	87	774	645	1419	680	665	1345	101
SO	358	364	722	367	286	653	94	1256	1242	2498	1313	1084	2397	100
E	49	64	113	57	28	85	116	167	204	371	175	145	320	112
E-Infield	33	38	71	43	20	63	98	119	140	259	115	104	219	114
LHB-Avg	.271	.260	.266	.244	.308	.271	98	.276	.265	.271	.265	.276	.270	100
LHB-HR	25	18	43	14	16	30	124	90	55	145	64	71	135	105
RHB-Avg	.275	.276	.276	.242	.285	.266	104	.257	.269	.264	.249	.273	.261	101
RHB-HR	20	43	63	21	40	61	87	70	110	180	72	135	207	82

San Diego Padres

	1994 Season							1992-1994						
	Home Games			Away Games				Home Games			Away Games			
	Padres	Opp	Total	Padres	Opp	Total	Index	Padres	Opp	Total	Padres	Opp	Total	Index
G	57	57	114	60	60	120	---	219	219	438	222	222	444	---
Avg	.271	.234	.252	.278	.270	.274	92	.265	.252	.259	.253	.269	.261	99
AB	1915	1969	3884	2153	2026	4179	93	7352	7662	15014	7695	7388	15083	101
R	240	251	491	239	280	519	100	924	961	1885	851	978	1829	104
H	519	461	980	598	547	1145	90	1950	1933	3883	1949	1989	3938	100
2B	101	84	185	99	94	193	103	332	296	628	362	340	702	90
3B	9	18	27	10	24	34	85	37	52	89	40	57	97	92
HR	51	57	108	41	42	83	140	225	200	425	155	158	313	136
BB	176	187	363	143	206	349	112	640	670	1310	575	720	1295	102
SO	387	436	823	375	426	801	111	1307	1460	2767	1365	1330	2695	103
E	62	42	104	67	64	131	84	209	169	378	219	192	411	93
E-Infield	48	34	82	45	48	93	93	165	129	294	160	135	295	101
LHB-Avg	.276	.238	.256	.304	.293	.299	86	.263	.258	.260	.276	.283	.279	93
LHB-HR	16	17	33	20	14	34	109	79	90	169	73	68	141	122
RHB-Avg	.267	.231	.250	.256	.252	.254	98	.267	.248	.258	.236	.259	.247	104
RHB-HR	35	40	75	21	28	49	160	146	110	256	82	90	172	148

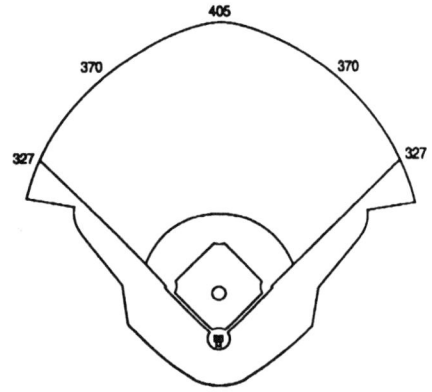

SAN DIEGO

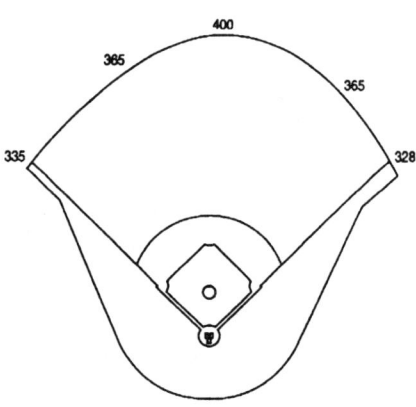

SAN FRANCISCO

San Francisco Giants

	1994 Season							1993-1994						
	Home Games			Away Games				Home Games			Away Games			
	Giants	Opp	Total	Giants	Opp	Total	Index	Giants	Opp	Total	Giants	Opp	Total	Index
G	60	60	120	55	55	110	---	141	141	282	136	136	272	---
Avg	.248	.260	.254	.250	.265	.257	99	.258	.250	.254	.271	.264	.268	95
AB	1968	2065	4033	1901	1804	3705	100	4631	4829	9460	4795	4512	9307	98
R	259	258	517	245	242	487	97	621	551	1172	691	585	1276	89
H	488	536	1024	475	478	953	98	1196	1209	2405	1301	1190	2491	93
2B	86	98	184	73	102	175	97	213	190	403	215	195	410	97
3B	14	5	19	18	9	27	65	27	13	40	38	24	62	63
HR	56	74	130	67	48	115	104	138	155	293	153	135	288	100
BB	201	201	402	163	171	334	111	428	436	864	452	378	830	102
SO	386	384	770	333	271	604	117	819	910	1729	830	727	1557	109
E	53	60	113	25	55	80	129	104	144	248	89	148	237	101
E-Infield	39	42	81	19	39	58	128	74	112	186	71	110	181	99
LHB-Avg	.253	.250	.251	.272	.269	.270	93	.258	.248	.252	.290	.275	.282	89
LHB-HR	26	24	50	35	17	52	88	59	60	119	83	52	135	86
RHB-Avg	.245	.267	.256	.237	.262	.248	103	.259	.252	.256	.261	.255	.258	99
RHB-HR	30	50	80	32	31	63	117	79	95	174	70	83	153	113

Seattle Mariners

	1994 Season							1992-1994						
	Home Games			Away Games				Home Games			Away Games			
	Mariners	Opp	Total	Mariners	Opp	Total	Index	Mariners	Opp	Total	Mariners	Opp	Total	Index
G	44	44	88	68	68	136	—	206	206	412	230	230	460	—
Avg	.274	.260	.267	.266	.283	.275	97	.266	.261	.263	.262	.270	.266	99
AB	1494	1549	3043	2389	2287	4676	101	6934	7241	14175	8007	7597	15604	101
R	248	244	492	321	372	693	110	983	992	1975	999	1154	2153	102
H	409	403	812	636	648	1284	98	1844	1887	3731	2096	2052	4148	100
2B	100	94	194	111	117	228	131	414	410	824	347	380	727	125
3B	8	12	20	10	15	25	123	31	36	67	35	47	82	90
HR	63	44	107	90	65	155	106	215	173	388	248	200	448	95
BB	184	186	370	188	300	488	117	779	799	1578	691	953	1644	106
SO	274	324	598	378	439	817	112	1136	1416	2552	1258	1324	2582	109
E	35	37	72	72	49	121	92	130	157	287	196	176	372	86
E-Infield	31	27	58	52	39	91	99	118	124	242	141	137	278	97
LHB-Avg	.296	.262	.279	.268	.304	.286	98	.273	.271	.272	.264	.278	.270	101
LHB-HR	36	9	45	46	23	69	99	105	52	157	121	57	178	97
RHB-Avg	.262	.259	.261	.265	.273	.269	97	.261	.255	.258	.260	.266	.263	98
RHB-HR	27	35	62	44	42	86	112	110	121	231	127	143	270	94

SEATTLE

ST. LOUIS

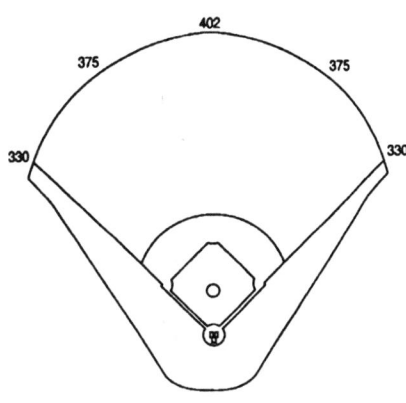

St. Louis Cardinals

	1994 Season							1992-1994						
	Home Games			Away Games				Home Games			Away Games			
	Cardinals	Opp	Total	Cardinals	Opp	Total	Index	Cardinals	Opp	Total	Cardinals	Opp	Total	Index
G	56	56	112	59	59	118	—	218	218	436	221	221	442	—
Avg	.264	.288	.276	.262	.291	.276	100	.271	.263	.267	.261	.278	.269	99
AB	1866	1990	3856	2036	1997	4033	101	7312	7682	14994	7735	7522	15257	100
R	248	315	563	287	306	593	100	952	933	1885	972	1036	2008	95
H	493	573	1066	533	581	1114	101	1980	2022	4002	2018	2090	4108	99
2B	106	135	241	107	122	229	110	350	412	762	387	379	766	101
3B	15	12	27	12	18	30	94	59	46	105	46	62	108	99
HR	50	66	116	58	68	126	96	164	177	341	156	227	383	91
BB	199	185	384	235	170	405	99	728	559	1287	789	579	1368	96
SO	338	335	673	348	297	645	109	1221	1156	2377	1343	1093	2436	99
E	42	40	82	57	67	124	70	176	151	327	208	187	395	84
E-Infield	26	26	52	35	39	74	74	114	113	227	150	133	283	81
LHB-Avg	.285	.303	.294	.269	.270	.269	109	.276	.263	.270	.261	.274	.267	101
LHB-HR	28	22	50	27	23	50	104	73	67	140	64	80	144	98
RHB-Avg	.246	.279	.264	.256	.303	.281	94	.266	.263	.265	.261	.280	.271	98
RHB-HR	22	44	66	31	45	76	91	91	110	201	92	147	239	86

Texas Rangers

	1994 Season							1992-1993						
	Home Games			Away Games				Home Games			Away Games			
	Rangers	Opp	Total	Rangers	Opp	Total	Index	Rangers	Opp	Total	Rangers	Opp	Total	Index
G	63	63	126	51	51	102	---	162	162	324	162	162	324	---
Avg	.281	.284	.283	.278	.292	.285	99	.263	.254	.258	.255	.277	.266	97
AB	2138	2274	4412	1845	1813	3658	98	5412	5642	11054	5635	5461	11096	100
R	334	353	687	279	344	623	89	731	717	1448	786	787	1573	92
H	601	646	1247	513	530	1043	97	1423	1432	2855	1436	1515	2951	97
2B	98	119	217	100	95	195	92	272	270	542	278	295	573	95
3B	15	21	36	12	10	22	136	37	25	62	25	33	58	107
HR	63	67	130	61	90	151	71	161	135	296	179	122	301	99
BB	252	199	451	185	195	380	98	499	558	1057	534	602	1136	93
SO	379	390	769	351	293	644	99	1014	1085	2099	1006	906	1912	110
E	65	70	135	55	31	86	127	157	115	272	153	143	296	92
E-Infield	51	46	97	41	25	66	119	113	83	196	111	104	215	91
LHB-Avg	.277	.317	.297	.288	.301	.295	101	.260	.244	.252	.254	.277	.265	95
LHB-HR	18	38	56	14	40	54	88	55	39	94	51	42	93	100
RHB-Avg	.284	.263	.273	.271	.286	.278	98	.265	.260	.262	.255	.278	.267	98
RHB-HR	45	29	74	47	50	97	62	106	96	202	128	80	208	98

TEXAS 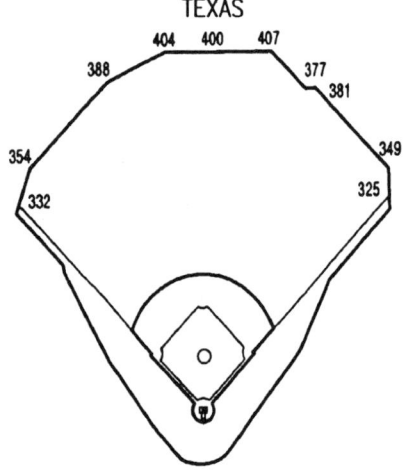 TORONTO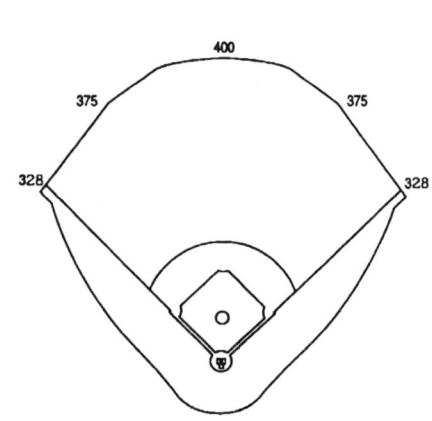

Toronto Blue Jays

	1994 Season							1992-1994						
	Home Games			Away Games				Home Games			Away Games			
	Blue Jays	Opp	Total	Blue Jays	Opp	Total	Index	Blue Jays	Opp	Total	Blue Jays	Opp	Total	Index
G	59	59	118	56	56	112	---	221	221	442	218	218	436	---
Avg	.272	.251	.261	.265	.283	.274	95	.273	.254	.263	.269	.262	.265	99
AB	1948	2040	3988	2014	1914	3928	96	7323	7662	14985	7754	7251	15005	99
R	293	275	568	273	304	577	93	1120	999	2119	1073	1004	2077	101
H	530	512	1042	534	541	1075	92	1996	1943	3939	2082	1897	3979	98
2B	100	90	190	110	99	209	90	390	372	762	402	317	719	106
3B	15	8	23	15	13	28	81	69	36	105	43	34	77	137
HR	63	64	127	52	63	115	109	232	205	437	205	180	385	114
BB	193	242	435	194	240	434	99	770	833	1603	766	810	1576	102
SO	354	449	803	337	383	720	110	1197	1476	2673	1288	1333	2621	102
E	48	39	87	46	57	103	80	139	169	308	174	199	373	81
E-Infield	40	29	69	28	33	61	107	109	125	234	119	151	270	85
LHB-Avg	.269	.272	.271	.268	.280	.275	99	.288	.264	.274	.288	.269	.278	99
LHB-HR	18	37	55	16	15	31	162	54	87	141	72	62	134	100
RHB-Avg	.274	.233	.255	.264	.285	.273	93	.265	.245	.256	.259	.256	.258	99
RHB-HR	45	27	72	36	48	84	88	178	118	296	133	118	251	122

1994 Lefty-Righty Stats

Those of us who have been in the stats business for a decade or so remember what a big deal it was when Bill James began publishing batter and pitcher platoon breakdowns in his *Baseball Abstract*. Hey, Eddie Murray's a switch-hitter, but he's a lot better hitting lefty! And that Von Hayes—should he really be playing every day, when he has so much trouble against southpaws? Real breakthrough stuff. Well, lefty-righty splits are pretty common now, thanks in good part to Bill and STATS. But platoon differentials are still one of the most useful things to know about a player, and if you study the following pages carefully enough, you'll find out a few things you didn't know before. Have fun.

Batters vs. Left-Handed and Right-Handed Pitchers

Batter	vs	Avg	AB	H	2B	3B	HR	BI	BB	SO	OBP	SLG
Abbott,Kurt	L	.262	107	28	8	1	2	7	6	22	.298	.411
Bats Right	R	.244	238	58	9	2	7	26	10	76	.287	.387
Aldrete,Mike	L	.250	16	4	0	0	0	0	3	3	.368	.250
Bats Left	R	.241	162	39	5	0	4	18	17	32	.308	.346
Alicea,Luis	L	.308	39	12	4	0	0	5	6	4	.391	.410
Bats Both	R	.271	166	45	8	5	5	24	24	34	.369	.470
Alomar,R	L	.254	114	29	6	0	4	14	12	15	.331	.412
Bats Both	R	.327	278	91	19	4	4	24	39	26	.408	.468
Alomar Jr,S	L	.189	74	14	1	0	0	3	9	12	.277	.203
Bats Right	R	.321	218	70	14	1	14	40	16	19	.371	.587
Alou,Moises	L	.365	104	38	8	0	5	16	11	18	.426	.587
Bats Right	R	.330	318	105	23	5	17	62	31	45	.388	.594
Amaral,Rich	L	.297	101	30	4	1	4	12	12	16	.368	.475
Bats Right	R	.236	127	30	6	1	0	6	12	12	.305	.299
Amaro,Ruben	L	.333	6	2	1	0	1	1	1	0	.429	1.000
Bats Both	R	.176	17	3	0	0	1	4	1	3	.222	.353
Anderson,B	L	.248	125	31	7	1	1	15	15	23	.347	.344
Bats Left	R	.268	328	88	18	4	11	33	42	52	.360	.448
Anderson,G	L	.000	1	0	0	0	0	0	0	0	.000	.000
Bats Left	R	.417	12	5	0	0	0	1	0	2	.417	.417
Anthony,Eric	L	.245	49	12	5	1	0	3	4	19	.302	.388
Bats Left	R	.235	213	50	9	0	10	27	19	47	.296	.418
Arias,Alex	L	.233	30	7	1	0	0	4	4	4	.314	.267
Bats Right	R	.241	83	20	2	0	0	11	5	15	.292	.289
Ashley,Billy	L	.333	6	2	1	0	0	0	0	2	.333	.500
Bats Right	R	.000	0	0	0	0	0	0	0	0	.000	.000
Ausmus,Brad	L	.244	86	21	4	0	1	9	8	18	.309	.326
Bats Right	R	.253	241	61	8	1	6	15	22	45	.316	.369
Baerga,Carlos	L	.261	161	42	10	0	8	25	4	25	.284	.472
Bats Both	R	.345	281	97	22	2	11	55	6	20	.360	.555
Bagwell,Jeff	L	.457	105	48	11	1	18	43	20	9	.544	1.095
Bats Right	R	.336	295	99	21	1	21	73	45	56	.418	.627
Baines,Harold	L	.176	51	9	1	0	1	6	2	13	.208	.255
Bats Left	R	.316	275	87	11	1	15	48	28	36	.382	.527
Barberie,Bret	L	.319	119	38	7	1	0	6	5	21	.362	.395
Bats Both	R	.292	253	74	13	1	5	25	18	44	.354	.411
Barnes,S	L	.300	10	3	0	0	0	1	0	1	.300	.300
Bats Right	R	.273	11	3	0	0	1	3	0	1	.273	.545
Bass,Kevin	L	.420	69	29	7	0	3	22	9	7	.481	.652
Bats Both	R	.254	134	34	8	1	3	13	19	17	.348	.396
Batiste,Kim	L	.127	63	8	1	0	0	0	0	11	.127	.143
Bats Right	R	.281	146	41	5	0	1	13	1	21	.287	.336
Bautista,D	L	.250	40	10	3	1	2	9	1	3	.268	.525
Bats Right	R	.220	59	13	1	0	2	6	2	15	.246	.339
Bean,Billy	L	.200	5	1	0	0	0	0	1	.200	.200	
Bats Left	R	.215	130	28	5	1	0	14	7	24	.250	.269
Becker,Rich	L	.313	16	5	1	0	0	0	3	5	.421	.375
Bats Both	R	.256	82	21	2	0	1	8	10	20	.337	.317
Bell,Derek	L	.299	117	35	3	0	4	17	13	18	.369	.427
Bats Right	R	.315	317	100	17	0	10	37	16	70	.348	.464
Bell,Jay	L	.377	106	40	14	2	4	13	11	13	.432	.660
Bats Right	R	.242	318	77	21	2	5	32	38	69	.327	.368
Bell,Juan	L	.353	17	6	1	0	0	3	1	5	.389	.412
Bats Both	R	.263	80	21	3	0	2	7	14	16	.368	.375
Belle,Albert	L	.367	120	44	10	0	9	24	28	16	.480	.675
Bats Right	R	.353	292	103	25	2	27	77	30	55	.419	.729
Belliard,R	L	.355	31	11	3	0	0	2	0	7	.355	.452
Bats Right	R	.202	89	18	4	1	0	7	2	22	.234	.270
Beltre,E	L	.326	43	14	1	0	0	3	5	6	.396	.349
Bats Right	R	.261	88	23	4	0	0	9	11	19	.340	.307
Benavides,F	L	.143	21	3	0	1	0	2	1	6	.208	.238
Bats Right	R	.203	64	13	5	0	0	4	2	9	.227	.281
Benjamin,Mike	L	.318	22	7	4	0	0	5	0	3	.318	.500
Bats Right	R	.225	40	9	1	1	1	4	5	13	.354	.375
Benzinger,T	L	.245	98	24	4	1	1	9	6	10	.292	.337
Bats Both	R	.274	230	63	9	1	8	22	11	74	.309	.426
Berroa,G	L	.341	135	46	7	1	7	33	17	21	.411	.563
Bats Right	R	.283	205	58	11	1	6	32	24	41	.356	.434
Berry,Sean	L	.316	76	24	2	0	6	13	12	12	.409	.579
Bats Right	R	.266	244	65	17	2	5	28	20	38	.327	.414
Berryhill,D	L	.364	66	24	6	0	2	11	4	7	.394	.545
Bats Both	R	.228	189	43	11	2	4	23	15	52	.283	.370
Bichette,D	L	.400	105	42	15	1	10	34	3	18	.413	.848
Bats Right	R	.277	379	105	18	1	17	61	16	52	.313	.464
Biggio,Craig	L	.294	109	32	12	1	0	13	27	8	.439	.422
Bats Right	R	.326	328	107	32	4	6	43	35	50	.400	.503
Blauser,Jeff	L	.267	116	31	7	1	1	9	11	21	.326	.371
Bats Right	R	.254	264	67	14	3	5	36	27	43	.330	.386
Blosser,Greg	L	.000	0	0	0	0	0	0	0	0	.000	.000
Bats Left	R	.091	11	1	0	0	0	1	4	4	.333	.091
Blowers,Mike	L	.290	131	38	6	0	5	24	9	28	.336	.450
Bats Right	R	.288	139	40	7	0	4	25	16	32	.358	.424
Bogar,Tim	L	.179	39	7	0	0	2	3	3	6	.238	.333
Bats Right	R	.077	13	1	0	0	0	2	1	5	.133	.077
Boggs,Wade	L	.315	108	34	4	0	1	11	18	8	.409	.380
Bats Left	R	.353	258	91	15	1	10	44	43	21	.443	.535
Bonds,Barry	L	.291	117	34	4	0	11	24	18	14	.400	.607
Bats Left	R	.321	274	88	14	1	26	57	56	29	.437	.664
Bonilla,Bobby	L	.261	119	31	6	0	9	18	14	24	.338	.538
Bats Both	R	.303	284	86	18	1	11	49	41	77	.388	.489
Boone,Bret	L	.270	89	24	5	1	2	14	6	15	.316	.416
Bats Right	R	.336	292	98	20	1	10	54	18	59	.383	.514
Borders,Pat	L	.253	75	19	1	0	1	5	3	12	.282	.307
Bats Right	R	.245	220	54	12	1	2	21	12	38	.284	.336
Bordick,Mike	L	.252	135	34	6	2	1	15	17	14	.333	.348
Bats Right	R	.254	256	65	12	2	1	22	21	30	.313	.328
Boston,Daryl	L	.000	1	0	0	0	0	0	0	1	.000	.000
Bats Left	R	.184	76	14	2	0	4	14	6	19	.253	.368
Bournigal,R	L	.174	46	8	1	0	0	4	1	1	.191	.196
Bats Right	R	.257	70	18	2	1	0	7	8	4	.350	.314

Batters vs. Left-Handed and Right-Handed Pitchers

Batter	vs	Avg	AB	H	2B	3B	HR	BI	BB	SO	OBP	SLG	Batter	vs	Avg	AB	H	2B	3B	HR	BI	BB	SO	OBP	SLG
Bowie, Jim	L	.167	6	1	0	0	0	0	0	2	.167	.167	Carter, Joe	L	.298	114	34	7	0	9	31	10	14	.346	.596
Bats Left	R	.250	8	2	0	0	0	0	0	0	.250	.250	Bats Right	R	.262	321	84	18	2	18	72	23	50	.306	.498
Bragg, Darren	L	.333	3	1	0	0	0	0	0	1	.333	.333	Castilla, V	L	.222	36	8	2	0	0	6	2	6	.250	.278
Bats Left	R	.125	16	2	1	0	0	2	2	4	.222	.188	Bats Right	R	.372	94	35	9	1	3	12	5	17	.400	.585
Branson, Jeff	L	.250	16	4	1	0	1	4	4	1	.400	.500	Cedeno, A	L	.287	108	31	10	0	3	21	10	24	.353	.463
Bats Left	R	.290	93	27	3	1	5	12	1	15	.298	.505	Bats Right	R	.252	234	59	16	0	6	28	19	55	.326	.397
Bream, Sid	L	.167	6	1	0	0	0	0	2	2	.375	.167	Cedeno, D	L	.167	30	5	1	0	0	2	1	7	.188	.200
Bats Left	R	.364	55	20	5	0	0	7	7	7	.435	.455	Bats Both	R	.209	67	14	1	3	0	8	9	24	.291	.313
Brogna, Rico	L	.385	26	10	1	0	0	2	0	9	.385	.423	Chamberlain, W	L	.321	84	27	7	0	2	11	8	16	.380	.476
Bats Left	R	.343	105	36	10	2	7	18	6	20	.378	.676	Bats Right	R	.228	149	34	7	1	4	15	7	34	.263	.369
Brooks, Hubie	L	.273	33	9	1	0	1	11	1	4	.270	.394	Cianfrocco, A	L	.196	51	10	3	0	0	2	2	16	.241	.255
Bats Right	R	.179	28	5	1	0	0	3	1	6	.200	.214	Bats Right	R	.232	95	22	5	0	4	11	1	23	.257	.411
Brosius, Scott	L	.229	118	27	3	0	7	23	8	21	.282	.432	Cirillo, Jeff	L	.256	39	10	6	0	0	3	3	3	.310	.410
Bats Right	R	.243	206	50	11	1	7	26	16	36	.293	.408	Bats Right	R	.230	87	20	3	0	3	9	8	13	.309	.368
Brown, Jarvis	L	.000	9	0	0	0	0	0	0	1	.000	.000	Clark, Dave	L	.231	26	6	1	0	0	6	3	9	.300	.269
Bats Right	R	.333	6	2	1	0	1	1	0	1	.333	1.000	Bats Left	R	.305	197	60	10	1	10	40	19	39	.362	.518
Browne, Jerry	L	.327	104	34	6	1	2	9	15	8	.413	.462	Clark, Phil	L	.244	78	19	2	0	3	11	3	9	.274	.385
Bats Both	R	.280	225	63	11	3	1	21	37	15	.383	.369	Bats Right	R	.183	71	13	4	0	2	9	2	8	.224	.324
Brumfield, J	L	.286	49	14	2	1	3	6	4	7	.333	.551	Clark, Will	L	.314	118	37	13	0	1	26	11	19	.370	.449
Bats Right	R	.329	73	24	8	1	1	5	11	11	.412	.507	Bats Left	R	.336	271	91	11	2	12	54	60	40	.455	.524
Brumley, Mike	L	.200	5	1	0	0	0	0	0	2	.200	.200	Clayton, Royce	L	.176	85	15	4	2	2	3	7	21	.255	.341
Bats Both	R	.250	20	5	0	0	0	2	1	6	.286	.250	Bats Right	R	.253	300	76	10	4	1	27	23	53	.307	.323
Brunansky, Tom	L	.190	58	11	5	0	1	8	12	18	.324	.328	Colbrunn, Greg	L	.347	49	17	2	0	2	11	4	6	.389	.510
Bats Right	R	.252	147	37	7	1	9	26	12	39	.302	.497	Bats Right	R	.283	106	30	8	0	4	20	5	21	.325	.472
Buechele, S	L	.235	85	20	4	1	2	12	13	22	.330	.376	Cole, Alex	L	.104	48	5	0	0	0	0	8	10	.232	.104
Bats Right	R	.244	254	62	7	0	12	40	26	58	.323	.413	Bats Left	R	.327	297	97	15	5	4	23	36	50	.399	.451
Buford, Damon	L	.000	0	0	0	0	0	0	0	0	.000	.000	Coleman, Vince	L	.262	126	33	4	3	2	10	6	15	.293	.389
Bats Right	R	.500	2	1	0	0	0	0	1	0	.500	.500	Bats Both	R	.231	312	72	10	9	0	23	23	57	.282	.321
Buhner, Jay	L	.336	110	37	9	1	8	20	19	13	.439	.655	Coles, Darnell	L	.203	59	12	2	1	3	7	2	10	.226	.424
Bats Right	R	.254	248	63	14	3	13	48	47	50	.374	.492	Bats Right	R	.214	84	18	4	0	1	8	8	15	.287	.298
Burks, Ellis	L	.343	35	12	1	1	4	6	3	8	.395	.771	Conine, Jeff	L	.316	136	43	12	2	6	23	14	25	.375	.566
Bats Right	R	.316	114	36	7	2	9	18	13	31	.386	.649	Bats Right	R	.321	315	101	15	4	12	59	26	67	.372	.508
Burnitz, J	L	.111	36	4	1	0	0	1	5	14	.220	.139	Coolbaugh, S	L	.273	11	3	0	0	2	4	0	2	.273	.818
Bats Left	R	.280	107	30	3	0	3	14	18	31	.389	.393	Bats Right	R	.100	10	1	0	0	0	2	1	2	.167	.100
Butler, Brett	L	.281	128	36	6	1	1	7	21	17	.388	.367	Cooper, Scott	L	.194	108	21	0	0	3	13	8	28	.252	.278
Bats Left	R	.329	289	95	7	8	7	26	47	35	.421	.481	Bats Left	R	.318	261	83	16	4	10	40	22	37	.367	.525
Butler, Rob	L	.000	13	0	0	0	0	0	2	7	.133	.000	Cora, Joey	L	.269	67	18	1	1	0	5	5	9	.319	.313
Bats Left	R	.213	61	13	0	1	0	5	5	1	.275	.246	Bats Both	R	.278	245	68	12	3	2	25	33	23	.361	.376
Caminiti, Ken	L	.266	128	34	11	1	5	28	13	14	.331	.484	Cordero, Wil	L	.356	101	36	8	0	5	16	13	12	.440	.584
Bats Both	R	.291	278	81	17	1	13	47	30	57	.362	.500	Bats Right	R	.274	314	86	22	3	10	47	28	50	.338	.459
Cangelosi, J	L	.229	48	11	3	0	0	1	8	9	.339	.292	Correia, Rod	L	.125	8	1	0	0	0	0	0	0	.222	.125
Bats Both	R	.270	63	17	1	0	0	3	11	11	.395	.286	Bats Right	R	.333	9	3	1	0	0	0	0	0	.400	.444
Canseco, Jose	L	.293	92	27	2	1	7	20	22	22	.426	.565	Cromer, Tripp	L	.000	0	0	0	0	0	0	0	0	.000	.000
Bats Right	R	.279	337	94	17	1	24	70	47	92	.374	.549	Bats Right	R	.000	0	0	0	0	0	0	0	0	.000	.000
Carr, Chuck	L	.228	136	31	8	1	1	18	6	25	.267	.324	Cruz, Fausto	L	.000	14	0	0	0	0	0	3	4	.176	.000
Bats Both	R	.279	297	83	11	1	1	12	16	46	.323	.333	Bats Right	R	.214	14	3	0	0	0	0	1	2	.267	.214
Carreon, Mark	L	.214	42	9	2	0	1	6	1	9	.227	.333	Cummings, M	L	.167	18	3	1	0	0	3	0	6	.200	.222
Bats Right	R	.310	58	18	2	0	2	14	6	11	.388	.448	Bats Left	R	.265	68	18	3	0	1	9	4	12	.306	.353
Carrillo, M	L	.125	16	2	0	0	0	1	0	4	.125	.125	Curtis, Chad	L	.280	132	37	10	2	2	7	15	18	.367	.432
Bats Left	R	.267	120	32	7	0	0	8	9	27	.315	.325	Bats Right	R	.246	321	79	13	2	9	43	22	51	.295	.383

Batters vs. Left-Handed and Right-Handed Pitchers

Batter	vs	Avg	AB	H	2B	3B	HR	BI	BB	SO	OBP	SLG	Batter	vs	Avg	AB	H	2B	3B	HR	BI	BB	SO	OBP	SLG
Cuyler,Milt	L	.310	29	9	1	0	0	2	3	7	.364	.345	Eisenreich,J	L	.264	53	14	3	0	0	5	4	6	.316	.321
Bats Both	R	.218	87	19	2	1	1	9	10	14	.303	.299	Bats Left	R	.308	237	73	12	4	4	38	29	25	.383	.443
Dalesandro,M	L	.143	14	2	0	0	1	1	1	3	.200	.357	Elster,Kevin	L	.000	10	0	0	0	0	0	1	3	.091	.000
Bats Right	R	.273	11	3	1	0	0	1	1	1	.333	.364	Bats Right	R	.000	10	0	0	0	0	0	0	3	.000	.000
Daulton,D	L	.289	90	26	5	0	4	18	7	17	.347	.478	Espinoza,A	L	.271	85	23	6	0	1	9	1	13	.276	.376
Bats Left	R	.305	167	51	12	1	11	38	26	26	.397	.587	Bats Right	R	.219	146	32	7	0	0	10	5	20	.248	.267
Davis,Butch	L	.200	15	3	2	0	0	0	0	2	.200	.333	Eusebio,Tony	L	.426	61	26	7	1	3	18	3	7	.439	.721
Bats Right	R	.500	2	1	1	0	0	0	0	1	.500	1.000	Bats Right	R	.214	98	21	2	0	2	12	5	26	.245	.296
Davis,Chili	L	.319	116	37	6	0	8	29	21	25	.414	.578	Everett,Carl	L	.158	19	3	1	0	1	3	2	7	.238	.368
Bats Both	R	.308	276	85	12	1	18	55	48	59	.409	.554	Bats Both	R	.250	32	8	0	0	1	3	1	8	.273	.344
Davis,Eric	L	.125	24	3	0	0	0	2	7	7	.323	.125	Fabregas,J	L	.316	19	6	0	0	0	3	0	4	.316	.316
Bats Right	R	.198	96	19	4	0	3	11	11	38	.280	.333	Bats Left	R	.278	108	30	3	0	0	13	7	14	.322	.306
Davis,Russ	L	.200	10	2	0	0	0	1	0	3	.200	.200	Faneyte,R	L	.182	11	2	2	0	0	0	2	8	.308	.364
Bats Right	R	.000	4	0	0	0	0	0	0	1	.000	.000	Bats Right	R	.067	15	1	1	0	0	4	1	3	.125	.133
Dawson,Andre	L	.288	80	23	6	0	6	14	5	16	.329	.588	Felder,Mike	L	.257	35	9	0	2	0	5	0	3	.257	.371
Bats Right	R	.222	212	47	12	0	10	34	4	37	.249	.420	Bats Both	R	.232	82	19	2	0	0	8	4	9	.267	.256
Delgado,C	L	.176	34	6	0	0	3	7	1	13	.194	.441	Felix,Junior	L	.298	84	25	6	0	4	13	3	20	.318	.512
Bats Left	R	.229	96	22	2	0	6	17	24	33	.398	.438	Bats Both	R	.309	217	67	19	1	9	36	23	56	.390	.530
DeShields,D	L	.276	98	27	4	1	0	11	20	16	.398	.337	Fermin,Felix	L	.400	105	42	7	0	0	14	2	4	.409	.467
Bats Left	R	.239	222	53	7	2	2	22	34	37	.339	.315	Bats Right	R	.285	274	78	14	0	1	21	9	18	.311	.347
Destrade,O	L	.263	38	10	1	0	2	5	10	10	.440	.447	Fernandez,T	L	.290	100	29	4	2	3	16	8	11	.342	.460
Bats Both	R	.185	92	17	3	0	3	10	9	22	.255	.315	Bats Both	R	.274	266	73	14	4	5	34	36	29	.368	.414
Devereaux,M	L	.235	81	19	4	0	2	7	4	16	.267	.358	Fielder,Cecil	L	.260	77	20	5	1	6	13	16	16	.387	.584
Bats Right	R	.191	220	42	4	2	7	26	18	56	.252	.323	Bats Right	R	.259	348	90	11	1	22	77	34	94	.325	.486
Diaz,Alex	L	.233	43	10	1	1	0	5	3	5	.277	.302	Finley,Steve	L	.204	108	22	2	0	1	4	11	18	.283	.250
Bats Both	R	.257	144	37	4	6	1	12	7	14	.288	.389	Bats Left	R	.306	265	81	14	5	10	29	17	34	.349	.509
Diaz,Mario	L	.393	28	11	2	1	0	7	2	3	.433	.536	Flaherty,John	L	.111	27	3	0	0	0	2	1	9	.143	.111
Bats Right	R	.286	49	14	2	1	0	4	4	3	.345	.367	Bats Right	R	.231	13	3	1	0	0	2	0	2	.214	.308
DiSarcina,G	L	.274	117	32	4	1	2	13	5	7	.303	.376	Fletcher,D	L	.139	36	5	0	0	2	8	1	4	.162	.361
Bats Right	R	.254	272	69	10	1	1	20	13	21	.291	.309	Bats Left	R	.277	249	69	16	1	8	49	24	19	.333	.446
Donnels,Chris	L	.111	9	1	0	0	1	1	2	2	.273	.444	Fletcher,S	L	.206	68	14	5	1	1	6	4	6	.250	.353
Bats Left	R	.286	77	22	5	0	2	4	11	16	.375	.429	Bats Right	R	.239	117	28	4	0	2	5	12	8	.321	.325
Dorsett,Brian	L	.284	74	21	4	0	1	5	10	8	.376	.378	Floyd,Cliff	L	.319	47	15	1	0	0	4	4	9	.365	.340
Bats Right	R	.225	142	32	4	0	4	21	11	25	.277	.338	Bats Left	R	.275	287	79	18	4	4	37	20	54	.327	.408
Ducey,Rob	L	.000	0	0	0	0	0	0	0	0	.000	.000	Foley,Tom	L	.333	15	5	2	0	1	2	1	3	.375	.667
Bats Left	R	.172	29	5	1	0	0	1	2	1	.226	.207	Bats Left	R	.222	108	24	5	0	2	13	12	15	.298	.324
Duncan,M	L	.297	111	33	10	0	4	18	7	22	.345	.495	Fox,Eric	L	.267	15	4	1	0	1	1	0	2	.267	.533
Bats Right	R	.254	236	60	12	1	4	30	10	50	.289	.364	Bats Both	R	.172	29	5	1	0	0	0	3	6	.250	.207
Dunn,Steve	L	.000	1	0	0	0	0	0	1	1	.500	.000	Franco,Julio	L	.364	99	36	8	1	7	27	27	18	.496	.677
Bats Left	R	.235	34	8	5	0	0	4	0	11	.235	.382	Bats Right	R	.305	334	102	11	1	13	71	35	57	.376	.461
Dunston,S	L	.267	90	24	8	0	6	9	5	12	.302	.556	Frazier,Lou	L	.071	14	1	0	0	0	1	1	1	.133	.071
Bats Right	R	.282	241	68	11	0	5	26	11	36	.318	.390	Bats Both	R	.294	126	37	3	1	0	13	17	22	.382	.333
Dykstra,Lenny	L	.231	91	21	6	0	1	6	24	12	.388	.330	Frye,Jeff	L	.326	46	15	4	1	0	5	9	5	.429	.457
Bats Left	R	.290	224	65	20	5	4	18	44	32	.411	.478	Bats Right	R	.327	159	52	16	2	0	13	20	18	.401	.453
Easley,Damion	L	.189	106	20	6	0	3	10	11	20	.263	.330	Fryman,Travis	L	.255	94	24	9	0	7	24	8	18	.311	.574
Bats Right	R	.229	210	48	10	1	3	20	18	28	.300	.329	Bats Right	R	.265	370	98	25	5	11	61	37	110	.330	.449
Edmonds,Jim	L	.289	76	22	4	0	2	9	3	16	.325	.421	Gaetti,Gary	L	.263	95	25	7	2	5	21	8	15	.317	.537
Bats Left	R	.268	213	57	9	1	3	28	27	56	.349	.362	Bats Right	R	.297	232	69	8	1	7	36	11	48	.332	.431
Eenhoorn,R	L	.000	0	0	0	0	0	0	0	0	.000	.000	Gagne,Greg	L	.233	90	21	4	0	1	9	7	16	.289	.311
Bats Right	R	.500	4	2	1	0	0	0	0	0	.500	.750	Bats Right	R	.267	285	76	19	3	6	42	20	63	.323	.418

Batters vs. Left-Handed and Right-Handed Pitchers

Batter	vs	Avg	AB	H	2B	3B	HR	BI	BB	SO	OBP	SLG	Batter	vs	Avg	AB	H	2B	3B	HR	BI	BB	SO	OBP	SLG
Galarraga,A	L	.386	88	34	8	0	12	29	5	17	.406	.886	Guillen,Ozzie	L	.261	115	30	1	1	1	15	6	13	.298	.313
Bats Right	R	.301	329	99	13	0	19	56	14	76	.343	.514	Bats Left	R	.300	250	75	8	4	0	24	8	22	.317	.364
Gallagher,D	L	.208	96	20	3	0	1	3	16	8	.327	.271	Gutierrez,R	L	.258	93	24	4	2	1	10	7	20	.311	.376
Bats Right	R	.250	56	14	2	0	1	11	6	9	.323	.339	Bats Right	R	.231	182	42	7	0	0	18	25	34	.325	.269
Gallego,Mike	L	.275	80	22	7	0	3	13	11	13	.370	.475	Gwynn,Chris	L	.400	5	2	0	0	0	1	0	0	.400	.400
Bats Right	R	.226	226	51	10	1	3	28	27	33	.312	.319	Bats Left	R	.258	66	17	0	0	3	12	7	7	.329	.394
Garcia,Carlos	L	.314	105	33	6	0	3	10	3	22	.333	.457	Gwynn,Tony	L	.374	139	52	12	0	2	17	13	11	.429	.504
Bats Right	R	.264	307	81	9	2	3	18	13	45	.302	.336	Bats Left	R	.404	280	113	23	1	10	47	35	8	.466	.600
Gardner,Jeff	L	.500	2	1	0	0	0	0	0	1	.500	.500	Hale,Chip	L	.429	7	3	2	0	1	2	0	2	.429	1.143
Bats Left	R	.200	30	6	0	1	0	1	3	4	.273	.267	Bats Left	R	.252	111	28	7	0	0	9	16	12	.346	.315
Gates,Brent	L	.344	64	22	5	1	0	8	4	13	.361	.453	Hall,Joe	L	.421	19	8	3	0	0	2	2	2	.500	.579
Bats Both	R	.260	169	44	6	0	2	16	17	19	.328	.331	Bats Right	R	.333	9	3	0	0	1	3	0	2	.333	.667
Gibson,Kirk	L	.273	33	9	1	0	3	10	5	9	.350	.576	Hamelin,Bob	L	.255	51	13	5	0	0	4	6	11	.333	.353
Bats Left	R	.276	297	82	16	2	20	62	37	60	.359	.545	Bats Left	R	.287	261	75	20	1	24	61	50	51	.397	.648
Gilkey,B	L	.279	104	29	3	1	2	12	20	18	.395	.385	Hamilton,D	L	.258	31	8	2	1	0	1	3	3	.324	.387
Bats Right	R	.243	276	67	19	0	4	33	19	47	.313	.355	Bats Left	R	.264	110	29	8	0	1	12	12	14	.333	.364
Girardi,Joe	L	.324	71	23	1	0	1	7	7	8	.392	.380	Hammonds,J	L	.238	63	15	3	0	2	6	7	8	.301	.381
Bats Right	R	.263	259	68	8	4	3	27	14	40	.301	.359	Bats Right	R	.316	187	59	15	2	6	25	10	31	.353	.513
Goff,Jerry	L	.000	3	0	0	0	0	0	0	2	.000	.000	Haney,Todd	L	.250	12	3	0	0	0	0	2	1	.357	.250
Bats Left	R	.091	22	2	0	0	0	1	0	9	.091	.091	Bats Right	R	.120	25	3	0	0	1	2	1	2	.179	.240
Gomez,Chris	L	.349	86	30	8	0	1	16	10	14	.429	.477	Hansen,Dave	L	.500	4	2	1	0	0	1	0	0	.500	.750
Bats Right	R	.219	210	46	11	0	7	37	23	50	.298	.371	Bats Left	R	.325	40	13	2	0	0	4	5	5	.400	.375
Gomez,Leo	L	.306	72	22	6	0	5	13	9	13	.383	.597	Hare,Shawn	L	.000	3	0	0	0	0	0	2	1	.400	.000
Bats Right	R	.263	213	56	14	0	10	43	32	42	.361	.469	Bats Left	R	.243	37	9	1	0	2	2	10	.282	.324
Gonzales,Rene	L	.143	7	1	1	0	0	0	3	0	.400	.286	Harper,Brian	L	.367	49	18	3	0	1	6	4	4	.415	.490
Bats Right	R	.438	16	7	0	1	1	5	2	3	.474	.750	Bats Right	R	.272	202	55	12	0	3	26	5	14	.294	.376
Gonzalez,Alex	L	.167	18	3	1	1	0	1	2	5	.250	.333	Harris,Lenny	L	.545	11	6	0	0	0	3	1	3	.583	.545
Bats Right	R	.143	35	5	2	0	0	0	2	18	.211	.200	Bats Left	R	.281	89	25	3	1	0	11	4	10	.309	.337
Gonzalez,Juan	L	.298	94	28	4	1	5	24	11	15	.382	.521	Haselman,Bill	L	.171	35	6	5	1	0	6	1	5	.194	.371
Bats Right	R	.268	328	88	14	3	14	61	19	51	.314	.457	Bats Right	R	.208	48	10	2	0	1	2	2	6	.255	.313
Gonzalez,Luis	L	.267	101	27	7	0	1	22	11	23	.347	.366	Hatcher,Billy	L	.198	106	21	3	0	1	10	6	10	.233	.255
Bats Left	R	.275	291	80	22	4	7	45	38	34	.355	.450	Bats Right	R	.271	192	52	11	2	2	21	11	18	.311	.380
Goodwin,Tom	L	.000	0	0	0	0	0	0	0	0	.000	.000	Hayes,Charlie	L	.270	89	24	6	1	4	9	6	14	.316	.494
Bats Left	R	.000	2	0	0	0	0	0	0	1	.000	.000	Bats Right	R	.293	334	98	17	3	6	41	30	57	.356	.416
Grace,Mark	L	.295	122	36	9	0	1	11	10	20	.343	.393	Helfand,Eric	L	.000	0	0	0	0	0	0	0	0	.000	.000
Bats Left	R	.299	281	84	14	3	5	33	38	21	.381	.423	Bats Left	R	.167	6	1	0	0	0	1	0	1	.167	.167
Grebeck,Craig	L	.222	45	10	2	0	0	1	6	3	.327	.267	Hemond,Scott	L	.207	87	18	5	0	1	6	6	18	.258	.299
Bats Right	R	.385	52	20	3	0	0	4	6	2	.448	.442	Bats Right	R	.234	111	26	6	0	2	14	10	33	.298	.342
Green,Shawn	L	.000	0	0	0	0	0	0	0	0	.000	.000	Henderson,D	L	.298	84	25	7	0	3	16	9	9	.362	.488
Bats Left	R	.091	33	3	1	0	0	1	1	8	.118	.121	Bats Right	R	.211	114	24	7	1	2	15	7	19	.260	.342
Greene,Willie	L	.143	7	1	1	0	0	1	1	2	.250	.286	Henderson,R	L	.248	105	26	0	0	3	11	29	20	.407	.371
Bats Left	R	.233	30	7	1	0	0	2	5	12	.333	.267	Bats Right	R	.267	191	51	9	0	3	9	43	25	.413	.361
Greenwell,M	L	.288	104	30	7	0	5	16	3	5	.313	.500	Hernandez,C	L	.300	30	9	1	0	1	5	0	3	.300	.433
Bats Left	R	.260	223	58	18	1	6	29	35	21	.363	.430	Bats Right	R	.147	34	5	1	0	1	1	1	11	.171	.265
Greer,Rusty	L	.264	72	19	5	0	3	13	5	15	.313	.458	Hernandez,J	L	.290	31	9	0	1	1	3	1	5	.313	.452
Bats Left	R	.332	205	68	11	1	7	33	41	31	.442	.498	Bats Right	R	.228	101	23	2	2	0	6	7	24	.284	.287
Griffey Jr,K	L	.296	162	48	6	2	16	46	12	29	.343	.654	Hill,G	L	.281	114	32	2	1	3	13	9	19	.333	.395
Bats Left	R	.339	271	92	18	2	24	44	44	44	.434	.686	Bats Right	R	.310	155	48	10	0	7	25	20	38	.386	.510
Grissom,M	L	.250	112	28	5	1	4	11	12	14	.323	.420	Hocking,Denny	L	.300	10	3	0	0	0	0	0	2	.300	.300
Bats Right	R	.300	363	109	20	3	7	34	29	52	.350	.430	Bats Both	R	.333	21	7	3	0	0	2	0	2	.333	.476

Batters vs. Left-Handed and Right-Handed Pitchers

Batter	vs	Avg	AB	H	2B	3B	HR	BI	BB	SO	OBP	SLG
Hoiles,Chris	L	.289	76	22	2	0	8	15	11	14	.375	.632
Bats Right	R	.234	256	60	8	0	11	38	52	59	.370	.395
Holbert,Ray	L	.333	3	1	0	0	0	0	0	2	.333	.333
Bats Right	R	.000	2	0	0	0	0	0	0	2	.000	.000
Hollins,Dave	L	.193	57	11	2	1	1	5	6	9	.266	.316
Bats Both	R	.238	105	25	5	0	3	21	17	23	.359	.371
Howard,Chris	L	.333	9	3	1	0	0	0	0	2	.333	.444
Bats Right	R	.125	16	2	0	0	0	2	1	4	.211	.125
Howard,Dave	L	.200	15	3	3	0	0	5	3	1	.300	.400
Bats Both	R	.235	68	16	1	0	1	8	8	22	.312	.294
Howard,Thomas	L	.214	28	6	1	0	0	1	2	9	.267	.250
Bats Both	R	.273	150	41	10	0	5	23	8	21	.308	.440
Howitt,Dann	L	1.000	1	1	0	0	0	0	0	0	1.000	1.000
Bats Left	R	.308	13	4	3	0	0	1	1	7	.357	.538
Hrbek,Kent	L	.282	39	11	1	0	2	12	5	5	.378	.462
Bats Left	R	.268	235	63	10	0	8	41	32	23	.349	.413
Hubbard,Trent	L	.364	11	4	1	0	0	1	1	0	.417	.455
Bats Right	R	.214	14	3	0	1	1	2	2	4	.313	.571
Hudler,Rex	L	.307	75	23	7	0	3	9	2	14	.316	.520
Bats Right	R	.286	49	14	1	0	5	11	4	14	.340	.612
Huff,Michael	L	.297	74	22	5	1	1	7	12	10	.395	.432
Bats Right	R	.308	133	41	10	2	2	18	15	17	.391	.459
Hulett,Tim	L	.313	32	10	1	0	1	5	7	6	.436	.438
Bats Right	R	.183	60	11	1	1	1	10	5	18	.242	.283
Hulse,David	L	.200	60	12	4	1	0	5	9	19	.314	.300
Bats Left	R	.268	250	67	4	3	1	14	12	34	.303	.320
Hundley,Todd	L	.204	49	10	0	0	2	5	6	15	.286	.327
Bats Both	R	.244	242	59	10	1	14	37	19	58	.307	.467
Hunter,Brian	L	.198	81	16	2	0	4	17	8	19	.267	.370
Bats Right	R	.251	175	44	14	1	11	40	9	37	.282	.531
Hunter,Brian L.	L	.333	3	1	0	0	0	0	0	1	.333	.333
Bats Right	R	.238	21	5	1	0	0	1	5	5	.273	.286
Hyers,Tim	L	.125	16	2	0	0	0	1	2	2	.222	.125
Bats Left	R	.275	102	28	3	0	0	6	7	13	.321	.304
Incaviglia,P	L	.252	103	26	5	0	4	6	9	24	.319	.417
Bats Right	R	.213	141	30	5	1	9	26	7	47	.247	.454
Ingram,Garey	L	.364	22	8	0	0	1	4	4	7	.462	.500
Bats Right	R	.250	56	14	1	0	2	7	3	15	.288	.375
Ingram,R	L	.167	12	2	0	0	0	1	1	1	.231	.167
Bats Right	R	.273	11	3	0	0	0	1	0	1	.250	.273
Jackson,Bo	L	.289	97	28	4	0	6	19	10	37	.352	.515
Bats Right	R	.269	104	28	3	0	7	24	10	35	.336	.500
Jackson,Chuck	L	.000	0	0	0	0	0	0	0	0	.000	.000
Bats Right	R	.000	2	0	0	0	0	0	0	0	.000	.000
Jackson,D	L	.317	123	39	4	1	5	14	10	16	.368	.488
Bats Right	R	.309	246	76	13	2	5	37	17	40	.358	.439
Jaha,John	L	.283	60	17	3	0	5	8	12	12	.403	.583
Bats Right	R	.229	231	53	11	0	7	31	20	63	.313	.368
James,Chris	L	.349	63	22	7	2	5	15	10	19	.434	.762
Bats Right	R	.171	70	12	1	2	2	4	10	19	.293	.329
Javier,Stan	L	.318	154	49	13	0	3	19	16	24	.386	.461
Bats Both	R	.245	265	65	10	0	7	25	33	52	.328	.362
Jefferies,G	L	.301	123	37	7	1	2	11	11	6	.350	.423
Bats Both	R	.336	274	92	20	0	10	44	34	20	.410	.518
Jefferson,R	L	.000	9	0	0	0	0	0	1	2	.100	.000
Bats Both	R	.346	153	53	11	0	8	32	16	30	.409	.575
Johnson,Brian	L	.296	27	8	2	0	1	2	3	6	.367	.481
Bats Right	R	.227	66	15	2	1	2	14	2	15	.246	.379
Johnson,C	L	.500	2	1	0	0	0	0	0	1	.500	.500
Bats Right	R	.444	9	4	1	0	1	4	1	3	.455	.889
Johnson,Erik	L	.000	1	0	0	0	0	0	0	0	.000	.000
Bats Right	R	.167	12	2	0	0	0	0	0	4	.167	.167
Johnson,H	L	.176	34	6	3	0	1	5	6	16	.300	.353
Bats Both	R	.218	193	42	7	2	9	35	33	57	.328	.415
Johnson,Lance	L	.298	131	39	2	3	1	20	8	11	.338	.382
Bats Left	R	.267	281	75	9	11	2	34	18	12	.312	.399
Jones,Chris	L	.231	26	6	1	0	0	0	1	11	.259	.269
Bats Right	R	.429	14	6	1	1	0	2	1	3	.467	.643
Jordan,Brian	L	.262	61	16	2	1	2	6	4	14	.313	.426
Bats Right	R	.256	117	30	1	1	3	9	12	26	.323	.402
Jordan,Ricky	L	.299	77	23	2	1	3	10	3	10	.321	.468
Bats Right	R	.273	143	39	12	1	5	27	3	22	.293	.476
Jose,Felix	L	.324	105	34	9	1	3	11	7	24	.363	.514
Bats Right	R	.295	261	77	19	0	8	44	28	51	.362	.460
Joyner,Wally	L	.306	124	38	6	0	1	16	13	15	.367	.379
Bats Left	R	.314	239	75	14	3	7	41	34	28	.395	.485
Justice,Dave	L	.287	122	35	6	1	4	20	26	17	.416	.451
Bats Left	R	.326	230	75	10	1	15	39	43	28	.433	.574
Karkovice,Ron	L	.241	79	19	3	0	6	12	17	28	.367	.506
Bats Right	R	.195	128	25	6	1	5	17	19	40	.297	.375
Karros,Eric	L	.265	102	27	3	0	4	14	12	9	.331	.412
Bats Right	R	.266	304	81	18	1	10	32	17	44	.303	.431
Kelly,Mike	L	.278	54	15	7	0	2	9	1	10	.304	.519
Bats Right	R	.261	23	6	3	1	0	0	1	7	.292	.478
Kelly,Pat	L	.305	95	29	5	1	1	12	5	16	.347	.411
Bats Right	R	.267	191	51	16	1	2	29	14	35	.322	.393
Kelly,Roberto	L	.296	108	32	5	0	2	12	11	18	.361	.398
Bats Right	R	.291	326	95	18	3	7	33	24	53	.343	.429
Kent,Jeff	L	.373	110	41	9	1	4	13	10	16	.434	.582
Bats Right	R	.262	305	80	15	4	10	55	13	68	.307	.436
King,Jeff	L	.244	86	21	6	0	2	10	10	9	.323	.384
Bats Right	R	.269	253	68	17	0	3	32	20	29	.314	.372
Kingery,Mike	L	.378	37	14	1	0	1	11	2	6	.415	.486
Bats Left	R	.345	264	91	26	8	3	30	28	20	.400	.538
Kirby,Wayne	L	.273	33	9	3	0	0	3	1	8	.294	.364
Bats Left	R	.297	158	47	3	0	5	20	12	22	.351	.411
Klesko,Ryan	L	.227	22	5	1	1	0	2	3	6	.320	.364
Bats Left	R	.283	223	63	12	2	17	45	23	42	.347	.583
Knoblauch,C	L	.286	105	30	10	0	2	10	10	21	.348	.438
Bats Right	R	.321	340	109	35	3	3	41	31	35	.391	.468

Batters vs. Left-Handed and Right-Handed Pitchers

Batter	vs	Avg	AB	H	2B	3B	HR	BI	BB	SO	OBP	SLG	Batter	vs	Avg	AB	H	2B	3B	HR	BI	BB	SO	OBP	SLG
Knorr,Randy	L	.333	42	14	1	0	4	11	5	10	.404	.643	Longmire,Tony	L	.192	26	5	2	0	0	5	1	5	.250	.269
Bats Right	R	.195	82	16	1	0	3	8	5	25	.247	.317	Bats Left	R	.248	113	28	9	0	0	12	9	22	.298	.327
Koslofski,K	L	.000	0	0	0	0	0	0	0	0	.000	.000	Lopez,Javy	L	.211	95	20	3	0	5	10	4	22	.250	.400
Bats Left	R	.250	4	1	0	0	0	0	2	1	.500	.250	Bats Right	R	.264	182	48	6	0	8	25	13	39	.323	.429
Kreuter,Chad	L	.114	35	4	1	0	0	3	5	5	.214	.143	Lopez,Luis	L	.333	45	15	2	0	0	5	4	4	.400	.378
Bats Both	R	.252	135	34	7	0	1	16	23	31	.356	.326	Bats Both	R	.263	190	50	14	1	2	15	11	35	.307	.379
Kruk,John	L	.219	73	16	1	0	1	10	11	18	.321	.274	Lovullo,Torey	L	.364	11	4	0	0	0	0	2	2	.462	.364
Bats Left	R	.335	182	61	16	0	4	28	31	33	.424	.489	Bats Both	R	.197	61	12	5	0	2	7	7	11	.279	.377
Lankford,Ray	L	.190	105	20	3	1	3	9	19	41	.317	.324	Mabry,John	L	.000	2	0	0	0	0	0	1	0	.333	.000
Bats Left	R	.293	311	91	22	4	16	48	39	72	.374	.543	Bats Left	R	.333	21	7	3	0	0	3	1	4	.364	.476
Lansing,Mike	L	.308	91	28	6	1	3	8	4	8	.337	.495	Macfarlane,M	L	.260	104	27	6	2	3	16	12	23	.350	.442
Bats Right	R	.254	303	77	15	1	2	27	26	29	.325	.330	Bats Right	R	.252	210	53	11	1	11	31	23	48	.364	.471
Larkin,Barry	L	.284	102	29	5	1	3	13	18	10	.382	.412	Mack,Quinn	L	1.000	1	1	0	0	0	0	0	0	1.000	1.000
Bats Right	R	.277	325	90	18	4	6	39	46	48	.365	.412	Bats Left	R	.200	20	4	3	0	0	2	1	3	.238	.350
LaValliere,M	L	.304	23	7	2	0	0	7	5	2	.414	.391	Mack,Shane	L	.418	79	33	8	1	5	15	9	9	.467	.734
Bats Left	R	.276	116	32	2	0	1	17	15	13	.358	.319	Bats Right	R	.304	224	68	13	1	10	46	23	42	.379	.504
Lee,Manuel	L	.296	71	21	4	0	0	5	6	11	.351	.352	Magadan,Dave	L	.269	67	18	3	0	0	4	5	9	.315	.313
Bats Both	R	.273	264	72	14	2	2	33	15	55	.311	.364	Bats Left	R	.278	144	40	4	0	1	13	34	16	.414	.326
Leius,Scott	L	.242	91	22	4	0	1	12	11	12	.324	.319	Maksudian,M	L	.000	3	0	0	0	0	1	1	0	.250	.000
Bats Right	R	.247	259	64	12	1	13	37	26	46	.316	.452	Bats Left	R	.304	23	7	2	0	0	3	9	4	.500	.391
Lemke,Mark	L	.294	102	30	5	0	3	13	10	11	.357	.431	Maldonado,C	L	.211	76	16	5	1	5	11	18	24	.362	.500
Bats Both	R	.294	248	73	10	0	0	18	28	26	.366	.335	Bats Right	R	.125	16	2	0	0	0	1	1	7	.176	.125
Leonard,Mark	L	.500	2	1	0	0	0	0	0	0	.500	.500	Manwaring,K	L	.200	80	16	3	0	1	3	11	16	.304	.275
Bats Left	R	.333	9	3	1	1	0	2	3	2	.500	.667	Bats Right	R	.267	236	63	14	1	0	26	14	34	.310	.335
Levis,Jesse	L	.000	0	0	0	0	0	0	0	0	.000	.000	Marsh,Tom	L	.188	16	3	1	1	0	2	0	1	.188	.375
Bats Left	R	1.000	1	1	0	0	0	0	0	0	1.000	1.000	Bats Right	R	1.000	2	2	0	0	0	1	1	0	1.000	1.000
Lewis,Darren	L	.217	115	25	3	1	1	10	13	9	.297	.287	Martin,Al	L	.288	52	15	4	0	1	6	4	12	.339	.423
Bats Right	R	.271	336	91	12	8	3	19	40	41	.354	.381	Bats Left	R	.286	224	64	8	4	8	27	30	44	.374	.464
Lewis,Mark	L	.184	38	7	1	0	1	2	1	7	.205	.342	Martin,N	L	.250	80	20	5	0	1	11	4	9	.282	.350
Bats Right	R	.229	35	8	4	0	0	6	1	6	.250	.343	Bats Right	R	.314	51	16	2	1	0	5	5	7	.368	.392
Leyritz,Jim	L	.246	118	29	5	0	6	19	19	34	.357	.441	Martinez,Dave	L	.250	28	7	2	0	0	0	1	1	.300	.321
Bats Right	R	.282	131	37	7	0	11	39	16	27	.373	.588	Bats Left	R	.246	207	51	7	3	4	27	20	21	.316	.367
Lieberthal,M	L	.267	15	4	1	0	0	2	1	1	.313	.333	Martinez,E	L	.329	82	27	8	0	4	16	22	6	.471	.573
Bats Right	R	.266	64	17	2	1	1	3	2	4	.299	.375	Bats Right	R	.270	244	66	15	1	9	35	31	36	.356	.451
Lind,Jose	L	.257	74	19	6	2	1	7	7	5	.321	.432	Martinez,Tino	L	.273	77	21	4	0	4	15	8	22	.345	.481
Bats Right	R	.273	216	59	10	0	0	24	9	29	.301	.319	Bats Left	R	.258	252	65	17	0	16	46	21	30	.313	.516
Lindeman,Jim	L	.254	67	17	2	0	5	11	1	17	.261	.507	Matheny,Mike	L	.421	19	8	2	0	1	1	2	2	.476	.684
Bats Right	R	.286	70	20	6	1	2	9	5	18	.342	.486	Bats Right	R	.118	34	4	1	0	0	1	1	11	.189	.147
Liriano,N	L	.150	40	6	1	0	1	4	12	5	.346	.250	Matos,F	L	.222	9	2	0	0	0	1	1	0	.300	.222
Bats Both	R	.274	215	59	16	5	2	27	30	39	.359	.423	Bats Right	R	.263	19	5	1	0	0	1	0	2	.250	.316
Listach,Pat	L	.476	21	10	2	0	0	0	0	1	.476	.571	Mattingly,Don	L	.299	134	40	7	0	1	19	19	10	.378	.373
Bats Both	R	.182	33	6	1	0	0	2	3	7	.250	.212	Bats Left	R	.307	238	73	13	1	5	32	41	14	.407	.433
Litton,Greg	L	.111	9	1	0	0	0	0	0	1	.111	.111	May,Derrick	L	.313	67	21	3	0	2	14	1	4	.324	.448
Bats Right	R	.083	12	1	0	0	0	1	0	4	.077	.083	Bats Left	R	.277	278	77	16	2	6	37	29	30	.343	.414
Livingstone,S	L	.167	12	2	0	0	1	1	0	3	.167	.417	Mayne,Brent	L	.250	16	4	0	0	0	1	1	4	.294	.250
Bats Left	R	.272	191	52	13	1	1	10	7	23	.296	.366	Bats Left	R	.258	128	33	5	1	2	19	13	23	.326	.359
Lockhart,K	L	.000	3	0	0	0	0	0	2	0	.400	.000	McCarty,Dave	L	.304	56	17	4	1	1	8	5	13	.400	.464
Bats Left	R	.225	40	9	0	0	2	6	2	10	.273	.375	Bats Right	R	.227	75	17	1	0	4	2	19	.256	.307
Lofton,Kenny	L	.331	169	56	10	5	3	18	23	35	.409	.503	McClendon,L	L	.226	62	14	1	0	3	8	3	6	.273	.387
Bats Left	R	.359	290	104	22	4	9	39	29	21	.414	.555	Bats Right	R	.267	30	8	3	0	1	4	1	5	.290	.467

Batters vs. Left-Handed and Right-Handed Pitchers

Batter	vs	Avg	AB	H	2B	3B	HR	BI	BB	SO	OBP	SLG	Batter	vs	Avg	AB	H	2B	3B	HR	BI	BB	SO	OBP	SLG
McDavid,Ray	L	.250	4	1	0	0	0	0	0	2	.250	.250	Morman,Russ	L	.375	8	3	0	0	1	2	1	0	.444	.750
Bats Left	R	.250	24	6	1	0	0	2	1	6	.280	.292	Bats Right	R	.160	25	4	0	1	0	0	1	9	.222	.240
McDowell,O	L	.308	26	8	0	0	0	3	8	10	.444	.308	Morris,Hal	L	.255	110	28	8	0	0	18	10	20	.331	.327
Bats Left	R	.255	157	40	5	1	1	12	20	29	.337	.318	Bats Left	R	.362	326	118	22	4	10	60	24	42	.403	.546
McGee,Willie	L	.279	43	12	1	0	2	7	3	6	.326	.442	Mouton,James	L	.315	108	34	3	0	1	6	11	24	.375	.370
Bats Both	R	.283	113	32	2	0	3	16	12	18	.341	.381	Bats Right	R	.208	202	42	8	0	1	10	16	45	.283	.262
McGriff,Fred	L	.293	157	46	6	0	10	35	15	25	.351	.522	Munoz,Pedro	L	.284	88	25	6	2	5	13	11	26	.360	.568
Bats Left	R	.333	267	89	19	1	24	59	35	51	.411	.682	Bats Right	R	.301	156	47	9	0	6	23	8	41	.341	.474
McGriff,Terry	L	.250	36	9	2	0	0	5	7	5	.372	.306	Murray,Eddie	L	.216	153	33	8	0	5	26	6	18	.242	.366
Bats Right	R	.205	78	16	4	0	0	8	6	6	.276	.256	Bats Both	R	.275	280	77	13	1	12	50	25	35	.333	.457
McGwire,Mark	L	.194	62	12	1	0	4	13	23	18	.412	.403	Myers,Greg	L	.333	21	7	1	0	0	0	2	4	.391	.381
Bats Right	R	.301	73	22	2	0	5	12	14	22	.414	.534	Bats Left	R	.229	105	24	5	0	2	8	8	23	.281	.333
McKnight,Jeff	L	.200	5	1	0	0	0	1	0	1	.200	.200	Naehring,Tim	L	.255	94	24	8	1	2	15	10	21	.330	.426
Bats Both	R	.136	22	3	1	0	0	1	4	11	.259	.182	Bats Right	R	.286	203	58	10	0	5	27	20	35	.358	.409
McLemore,Mark	L	.167	54	9	1	0	0	3	12	11	.318	.185	Natal,Bob	L	.400	10	4	2	0	0	2	1	2	.455	.600
Bats Both	R	.273	289	79	10	1	3	26	39	39	.361	.346	Bats Right	R	.211	19	4	0	0	0	0	4	3	.348	.211
McRae,Brian	L	.307	127	39	6	3	1	9	13	18	.380	.425	Neel,Troy	L	.350	80	28	3	0	7	21	9	13	.424	.650
Bats Both	R	.259	309	80	16	3	3	31	41	49	.350	.359	Bats Left	R	.232	198	46	10	0	8	27	29	48	.330	.404
McReynolds,K	L	.279	43	12	4	1	1	7	9	4	.404	.488	Newfield,Marc	L	.176	17	3	0	0	1	2	0	2	.176	.353
Bats Right	R	.248	137	34	7	1	3	14	11	30	.302	.380	Bats Right	R	.190	21	4	1	0	0	2	2	2	.261	.238
Meares,Pat	L	.242	62	15	2	0	0	8	4	17	.294	.274	Newson,Warren	L	.400	5	2	0	0	0	0	0	3	.400	.400
Bats Right	R	.275	167	46	10	1	2	16	10	33	.317	.383	Bats Left	R	.247	97	24	5	0	2	7	14	20	.342	.361
Mejia,Roberto	L	.115	26	3	0	0	1	3	4	9	.233	.231	Nieves,Melvin	L	.333	12	4	1	0	1	2	1	5	.385	.667
Bats Right	R	.278	90	25	8	1	3	11	11	24	.353	.489	Bats Left	R	.143	7	1	0	0	0	0	5	5	.333	.143
Melvin,Bob	L	.318	22	7	0	0	1	3	0	3	.318	.455	Nilsson,Dave	L	.228	92	21	5	0	2	14	1	20	.232	.348
Bats Right	R	.000	11	0	0	0	0	1	1	4	.083	.000	Bats Left	R	.289	305	88	23	3	10	55	33	41	.352	.482
Merced,O	L	.281	96	27	3	1	3	20	12	16	.361	.427	Nixon,Otis	L	.231	108	25	2	1	0	4	11	15	.303	.269
Bats Left	R	.269	290	78	18	2	6	31	30	42	.337	.407	Bats Both	R	.290	290	84	13	0	0	21	44	50	.381	.334
Merullo,Matt	L	.000	1	0	0	0	0	0	0	0	.000	.000	Noboa,Junior	L	.333	21	7	0	1	0	5	1	1	.364	.429
Bats Left	R	.111	9	1	0	0	0	0	2	1	.273	.111	Bats Right	R	.286	21	6	1	0	0	1	1	4	.318	.333
Mieske,Matt	L	.299	67	20	3	0	7	19	7	8	.368	.657	Nokes,Matt	L	.500	10	5	1	0	1	1	1	3	.545	.900
Bats Right	R	.245	192	47	10	1	3	19	14	54	.303	.354	Bats Left	R	.261	69	18	2	0	6	18	4	13	.297	.551
Miller,Keith	L	.000	7	0	0	0	0	0	0	1	.000	.000	O'Brien,C	L	.306	36	11	5	0	2	7	3	3	.359	.611
Bats Right	R	.250	8	2	0	0	0	0	0	2	.250	.250	Bats Right	R	.224	116	26	6	0	6	21	12	21	.311	.431
Miller,O	L	.200	10	2	0	1	0	3	1	4	.273	.400	O'Halloran,G	L	.000	0	0	0	0	0	0	0	0	.000	.000
Bats Right	R	.367	30	11	0	0	2	6	1	8	.424	.567	Bats Left	R	.182	11	2	0	0	0	1	0	1	.167	.182
Milligan,R	L	.260	50	13	2	0	1	7	8	12	.362	.360	O'Leary,Troy	L	.000	1	0	0	0	0	0	0	0	.000	.000
Bats Right	R	.188	32	6	0	0	1	5	6	9	.300	.281	Bats Left	R	.277	65	18	1	1	2	7	5	12	.333	.415
Mitchell,Keith	L	.190	63	12	1	0	2	6	11	10	.311	.302	O'Neill,Paul	L	.305	105	32	7	0	7	31	26	21	.439	.571
Bats Right	R	.262	65	17	1	0	3	9	7	12	.338	.415	Bats Left	R	.380	263	100	18	1	14	52	46	35	.469	.616
Mitchell,Kevin	L	.346	78	27	4	1	9	19	14	12	.441	.769	Offerman,Jose	L	.162	68	11	2	1	0	6	8	17	.250	.221
Bats Right	R	.319	232	74	14	0	21	58	45	50	.425	.651	Bats Both	R	.229	175	40	6	3	1	19	30	21	.338	.314
Molitor,Paul	L	.391	110	43	7	2	5	19	20	9	.481	.627	Olerud,John	L	.264	121	32	5	0	3	28	14	27	.353	.380
Bats Right	R	.326	344	112	23	2	9	56	35	39	.385	.483	Bats Left	R	.312	263	82	24	2	9	39	47	26	.411	.521
Mondesi,Raul	L	.262	122	32	7	1	4	12	3	24	.278	.434	Oliva,Jose	L	.200	25	5	1	0	2	4	3	4	.286	.480
Bats Right	R	.324	312	101	20	7	12	44	13	54	.354	.548	Bats Right	R	.353	34	12	4	0	4	7	4	6	.421	.824
Morandini,M	L	.235	51	12	4	1	0	3	8	7	.361	.353	Oliver,Joe	L	.400	5	2	0	0	1	2	0	0	.400	1.000
Bats Left	R	.305	223	68	12	4	2	23	26	26	.382	.422	Bats Right	R	.143	14	2	0	0	0	3	2	3	.250	.143
Mordecai,Mike	L	.000	1	0	0	0	0	0	0	0	.000	.000	Oquendo,Jose	L	.343	35	12	1	0	0	5	3	3	.385	.371
Bats Both	R	.333	3	1	0	0	1	3	1	0	.500	1.333	Bats Both	R	.234	94	22	1	2	0	4	18	13	.357	.287

Batters vs. Left-Handed and Right-Handed Pitchers

Batter	vs	Avg	AB	H	2B	3B	HR	BI	BB	SO	OBP	SLG	Batter	vs	Avg	AB	H	2B	3B	HR	BI	BB	SO	OBP	SLG
Orsulak,Joe	L	.214	42	9	1	0	0	3	0	3	.261	.238	Perry,Herbert	L	.125	8	1	0	0	0	1	1	1	.273	.125
Bats Left	R	.268	250	67	2	0	8	39	16	18	.305	.372	Bats Right	R	.000	1	0	0	0	0	0	2	0	.667	.000
Ortiz,Junior	L	.381	21	8	0	0	0	3	0	1	.409	.381	Petagine,R	L	.000	0	0	0	0	0	0	0	0	.000	.000
Bats Right	R	.236	55	13	2	0	0	6	5	10	.300	.273	Bats Left	R	.000	7	0	0	0	0	0	1	3	.125	.000
Ortiz,Luis	L	.143	7	1	1	0	0	3	1	3	.222	.286	Phillips,J.R.	L	.000	3	0	0	0	0	1	0	1	.000	.000
Bats Right	R	.182	11	2	1	0	0	3	0	2	.154	.273	Bats Left	R	.143	35	5	0	0	1	2	1	12	.167	.229
Owen,Spike	L	.289	83	24	8	0	3	15	17	6	.416	.494	Phillips,Tony	L	.269	108	29	5	1	4	19	31	15	.429	.444
Bats Both	R	.319	185	59	9	2	0	22	32	11	.419	.389	Bats Both	R	.285	330	94	14	2	15	42	64	90	.402	.476
Owens,Jayhawk	L	.000	2	0	0	0	0	0	1	0	.333	.000	Piazza,Mike	L	.351	94	33	6	0	7	23	10	19	.413	.638
Bats Right	R	.300	10	3	0	1	0	1	2	3	.417	.500	Bats Right	R	.309	311	96	12	0	17	69	23	46	.356	.511
Pagnozzi,Tom	L	.333	57	19	3	0	1	6	8	6	.415	.439	Pirkl,Greg	L	.316	38	12	3	0	5	9	1	7	.333	.789
Bats Right	R	.253	186	47	9	1	6	34	13	33	.299	.409	Bats Right	R	.133	15	2	0	0	1	2	0	5	.176	.333
Palmeiro,R	L	.352	145	51	12	0	10	30	19	20	.424	.641	Plantier,Phil	L	.152	92	14	0	0	6	9	10	24	.248	.348
Bats Left	R	.302	291	88	20	1	13	46	35	43	.375	.505	Bats Left	R	.245	249	61	21	0	12	32	26	67	.323	.474
Palmer,Dean	L	.276	76	21	2	0	4	13	7	24	.337	.461	Polonia,Luis	L	.185	54	10	2	0	0	4	7	16	.290	.222
Bats Right	R	.237	266	63	12	2	15	46	19	65	.292	.466	Bats Left	R	.334	296	99	19	6	1	32	30	20	.400	.449
Pappas,Erik	L	.125	8	1	0	0	0	4	2	2	.250	.125	Pratt,Todd	L	.235	34	8	2	0	0	0	4	4	.316	.294
Bats Right	R	.083	36	3	1	0	0	1	8	11	.261	.111	Bats Right	R	.176	68	12	4	1	2	9	8	25	.263	.353
Paquette,C	L	.111	18	2	1	0	0	0	0	8	.111	.167	Prince,Tom	L	.000	3	0	0	0	0	0	1	2	.250	.000
Bats Right	R	.161	31	5	1	0	0	0	0	6	.161	.194	Bats Right	R	.667	3	2	0	0	0	1	0	1	.667	.667
Parent,Mark	L	.242	62	15	1	0	2	9	11	11	.351	.355	Puckett,Kirby	L	.359	103	37	13	1	8	28	7	14	.389	.738
Bats Right	R	.297	37	11	3	0	1	7	2	13	.341	.459	Bats Right	R	.304	336	102	19	2	12	84	21	33	.353	.479
Parker,Rick	L	.071	14	1	0	0	0	0	0	2	.071	.071	Pye,Eddie	L	.333	3	1	0	0	0	0	0	1	.333	.333
Bats Right	R	.000	2	0	0	0	0	0	0	0	.000	.000	Bats Right	R	.000	7	0	0	0	0	0	1	3	.125	.000
Parks,Derek	L	.211	38	8	2	0	1	6	4	9	.302	.342	Quinlan,Tom	L	.083	12	1	0	0	0	0	0	7	.083	.083
Bats Right	R	.176	51	9	4	0	0	3	0	11	.192	.255	Bats Right	R	.261	23	6	2	0	1	3	3	6	.346	.478
Parrish,Lance	L	.265	34	9	2	0	1	2	1	5	.286	.412	Raines,Tim	L	.208	96	20	2	0	1	8	12	7	.303	.260
Bats Right	R	.272	92	25	3	0	2	14	17	23	.387	.370	Bats Both	R	.285	288	82	13	5	9	44	49	36	.385	.458
Pasqua,Dan	L	.000	0	0	0	0	0	0	0	0	.000	.000	Ramirez,Manny	L	.361	119	43	10	0	8	27	20	22	.447	.647
Bats Left	R	.217	23	5	2	0	2	4	0	9	.217	.565	Bats Right	R	.205	171	35	12	0	9	33	22	50	.292	.433
Patterson,J	L	.088	34	3	1	0	0	3	5	7	.225	.118	Ready,Randy	L	.433	30	13	1	0	1	3	5	3	.514	.567
Bats Both	R	.262	206	54	9	1	3	29	11	36	.330	.359	Bats Right	R	.250	12	3	0	0	0	0	3	3	.400	.250
Pecota,Bill	L	.179	39	7	3	0	0	5	4	6	.256	.256	Reboulet,Jeff	L	.302	63	19	2	0	2	9	3	4	.333	.429
Bats Right	R	.233	73	17	2	0	2	11	12	10	.337	.342	Bats Right	R	.238	126	30	9	1	1	14	15	19	.324	.349
Pegues,Steve	L	.421	19	8	2	0	0	1	2	1	.476	.526	Redus,Gary	L	.375	16	6	0	0	0	0	3	3	.474	.375
Bats Right	R	.294	17	5	0	0	0	1	0	4	.294	.294	Bats Right	R	.176	17	3	1	0	0	2	1	3	.222	.235
Pena,Geronimo	L	.280	75	21	5	0	4	10	9	23	.353	.507	Reed,Jeff	L	.133	15	2	0	0	0	0	1	3	.188	.133
Bats Both	R	.239	138	33	8	1	7	24	15	31	.340	.464	Bats Left	R	.182	88	16	3	0	1	7	10	18	.265	.250
Pena,Tony	L	.352	54	19	4	1	2	8	4	3	.390	.574	Reed,Jody	L	.218	78	17	4	0	0	1	22	7	.390	.269
Bats Right	R	.241	58	14	4	0	0	2	5	8	.297	.310	Bats Right	R	.283	321	91	18	0	2	36	35	27	.355	.358
Pendleton,T	L	.278	97	27	6	1	1	9	1	10	.286	.392	Renteria,Rich	L	.250	24	6	0	0	2	3	1	0	.333	.500
Bats Both	R	.241	212	51	12	2	6	21	11	48	.278	.401	Bats Right	R	.200	25	5	0	0	0	1	0	4	.200	.200
Pennyfeather,W	L	.000	0	0	0	0	0	0	0	0	.000	.000	Reynolds,H	L	.235	17	4	0	0	2	4	4	1	.381	.235
Bats Right	R	.000	3	0	0	0	0	0	0	0	.000	.000	Bats Both	R	.232	190	44	10	0	9	19	17	.303	.295
Perez,Eduardo	L	.250	44	11	3	0	2	8	4	5	.313	.455	Rhodes,Karl	L	.289	38	11	3	0	1	3	6	11	.386	.447
Bats Right	R	.188	85	16	4	0	3	8	8	24	.255	.341	Bats Left	R	.225	231	52	14	0	7	16	27	53	.307	.377
Perez,Robert	L	.000	6	0	0	0	0	0	1	0	.000	.000	Ripken,Billy	L	.387	31	12	2	0	0	1	1	4	.406	.452
Bats Right	R	.500	2	1	0	0	0	0	0	0	.500	.500	Bats Right	R	.260	50	13	3	0	0	5	2	7	.288	.320
Perry,Gerald	L	.000	4	0	0	0	0	1	2	2	.333	.000	Ripken,Cal	L	.345	110	38	3	0	2	16	6	10	.381	.427
Bats Left	R	.342	73	25	7	0	3	17	13	10	.442	.562	Bats Right	R	.305	334	102	16	3	11	59	26	31	.358	.470

Batters vs. Left-Handed and Right-Handed Pitchers

Batter	vs	Avg	AB	H	2B	3B	HR	BI	BB	SO	OBP	SLG	Batter	vs	Avg	AB	H	2B	3B	HR	BI	BB	SO	OBP	SLG
Rivera,Luis	L	.261	23	6	2	0	1	2	0	10	.292	.478	Servais,Scott	L	.254	67	17	8	0	2	10	6	9	.311	.463
Bats Right	R	.300	20	6	0	1	2	3	4	4	.440	.700	Bats Right	R	.174	184	32	7	1	7	31	4	35	.206	.337
Roberson,K	L	.250	12	3	2	0	1	2	0	1	.250	.667	Sheaffer,D	L	.227	22	5	1	0	0	3	4	0	.346	.273
Bats Both	R	.209	43	9	2	0	3	7	2	13	.277	.465	Bats Right	R	.216	88	19	3	0	1	9	6	11	.266	.284
Roberts,Bip	L	.302	126	38	5	1	2	13	17	19	.385	.405	Sheffield,G	L	.212	104	22	1	0	8	17	12	17	.299	.452
Bats Both	R	.329	277	91	10	4	0	18	22	38	.382	.394	Bats Right	R	.307	218	67	15	1	19	61	39	33	.416	.647
Rodriguez,A	L	.176	17	3	0	0	0	1	1	4	.222	.176	Shipley,Craig	L	.383	94	36	7	1	0	9	5	11	.412	.479
Bats Right	R	.216	37	8	0	0	0	2	1	16	.250	.216	Bats Right	R	.301	146	44	7	3	4	21	4	17	.329	.473
Rodriguez,C	L	.317	41	13	6	0	0	1	2	0	.349	.463	Shumpert,T	L	.241	58	14	2	0	5	11	6	13	.313	.534
Bats Both	R	.278	133	37	8	1	1	12	9	13	.324	.376	Bats Right	R	.240	125	30	4	2	3	13	7	26	.278	.376
Rodriguez,H	L	.357	14	5	1	0	2	4	1	3	.400	.857	Sierra,Ruben	L	.327	156	51	11	1	10	38	14	25	.374	.603
Bats Left	R	.264	292	77	13	2	6	45	16	55	.303	.384	Bats Both	R	.233	270	63	10	0	13	54	9	39	.252	.415
Rodriguez,I	L	.300	70	21	3	0	4	11	10	6	.388	.514	Silvestri,D	L	.111	9	1	0	0	1	2	1	3	.182	.444
Bats Right	R	.297	293	87	16	1	12	46	21	36	.354	.481	Bats Right	R	.111	9	1	0	1	0	0	3	6	.333	.333
Rowland,Rich	L	.245	49	12	0	0	4	7	4	13	.302	.490	Simms,Mike	L	.000	3	0	0	0	0	0	0	1	.000	.000
Bats Right	R	.217	69	15	3	0	5	13	7	22	.289	.478	Bats Right	R	.111	9	1	1	0	0	0	0	4	.111	.222
Royer,Stan	L	.235	34	8	4	0	1	2	0	11	.235	.441	Singleton,D	L	.000	0	0	0	0	0	0	0	0	.000	.000
Bats Right	R	.094	32	3	1	0	0	1	0	10	.094	.125	Bats Left	R	.000	0	0	0	0	0	0	0	0	.000	.000
Sabo,Chris	L	.278	72	20	3	1	4	11	9	5	.373	.514	Slaught,Don	L	.367	60	22	4	0	0	1	10	6	.457	.433
Bats Right	R	.247	186	46	12	2	7	31	11	33	.299	.446	Bats Right	R	.261	180	47	3	0	2	20	24	25	.356	.311
Saenz,Olmedo	L	.000	12	0	0	0	0	0	0	5	.000	.000	Smith,Dwight	L	.375	8	3	0	0	0	2	3	1	.500	.375
Bats Right	R	1.000	2	2	0	1	0	0	0	0	1.000	2.000	Bats Left	R	.277	188	52	7	2	8	28	9	36	.313	.463
Salmon,Tim	L	.259	85	22	5	0	5	13	17	22	.387	.494	Smith,Lonnie	L	.286	42	12	3	0	0	1	8	10	.404	.357
Bats Right	R	.295	288	85	13	2	18	57	37	80	.380	.542	Bats Right	R	.000	17	0	0	0	0	1	3	8	.150	.000
Samuel,Juan	L	.269	52	14	2	2	1	7	5	13	.322	.442	Smith,Mark	L	.000	0	0	0	0	0	0	0	0	.000	.000
Bats Right	R	.333	84	28	7	3	4	14	5	13	.391	.631	Bats Right	R	.143	7	1	0	0	0	2	0	2	.143	.143
Sanchez,Rey	L	.254	71	18	1	0	0	5	5	9	.338	.268	Smith,Ozzie	L	.262	126	33	10	0	2	9	10	10	.309	.389
Bats Right	R	.295	220	65	12	1	0	19	15	20	.347	.359	Bats Both	R	.263	255	67	8	3	1	21	28	16	.335	.329
Sandberg,Ryne	L	.154	65	10	1	1	2	6	10	9	.267	.292	Snow,J.T.	L	.226	84	19	3	0	2	8	8	17	.301	.333
Bats Right	R	.272	158	43	8	4	3	18	13	31	.331	.430	Bats Both	R	.216	139	30	1	0	6	22	11	31	.281	.353
Sanders,Deion	L	.233	103	24	5	0	1	6	13	21	.316	.311	Snyder,Cory	L	.250	100	25	4	0	5	16	8	34	.300	.440
Bats Left	R	.301	272	82	12	4	3	22	19	42	.353	.408	Bats Right	R	.208	53	11	2	0	1	2	6	13	.300	.302
Sanders,R	L	.330	91	30	4	4	6	24	9	14	.386	.659	Sojo,Luis	L	.333	45	15	4	0	2	7	2	4	.362	.556
Bats Right	R	.243	309	75	16	4	11	38	32	100	.316	.427	Bats Right	R	.262	168	44	5	2	4	15	6	21	.294	.387
Santiago,B	L	.340	100	34	6	0	3	15	9	12	.391	.490	Sorrento,Paul	L	.270	74	20	5	0	3	18	7	15	.329	.459
Bats Right	R	.245	237	58	8	2	8	26	16	45	.292	.397	Bats Left	R	.282	248	70	9	0	11	44	27	53	.350	.452
Sasser,Mackey	L	.000	0	0	0	0	0	0	0	0	.000	.000	Sosa,Sammy	L	.336	113	38	1	2	9	17	11	22	.395	.619
Bats Left	R	.000	4	0	0	0	0	0	0	0	.000	.000	Bats Right	R	.288	313	90	16	4	16	53	14	70	.318	.518
Sax,Steve	L	.455	11	5	0	0	0	0	0	0	.455	.455	Spehr,Tim	L	.143	14	2	0	0	0	0	2	2	.250	.143
Bats Right	R	.077	13	1	0	1	0	1	0	2	.077	.231	Bats Right	R	.318	22	7	3	0	1	5	2	9	.375	.545
Scarsone,S	L	.302	53	16	4	0	1	7	7	10	.377	.434	Spiers,Bill	L	.114	35	4	0	0	0	2	2	7	.184	.114
Bats Right	R	.240	50	12	4	0	1	6	3	10	.278	.380	Bats Left	R	.279	179	50	10	1	0	15	17	35	.342	.346
Schaefer,Jeff	L	.000	1	0	0	0	0	0	0	0	.000	.000	Sprague,Ed	L	.288	118	34	9	0	3	14	12	24	.356	.441
Bats Right	R	.143	7	1	0	0	0	0	1	.143	.143		Bats Right	R	.220	287	63	10	1	8	30	11	71	.270	.345
Schofield,D	L	.253	87	22	5	1	1	8	15	.320	.368		Stankiewicz,A	L	.278	18	5	2	0	1	5	5	3	.435	.556
Bats Right	R	.256	238	61	9	0	3	21	26	47	.336	.332	Bats Right	R	.250	36	9	1	0	0	0	7	9	.386	.278
Segui,David	L	.190	100	19	4	0	5	13	8	16	.250	.380	Stanley,Mike	L	.316	114	36	6	0	9	27	15	20	.400	.605
Bats Both	R	.263	236	62	13	1	5	30	25	27	.332	.390	Bats Right	R	.290	176	51	14	0	8	30	24	36	.374	.506
Seitzer,Kevin	L	.267	60	16	4	1	1	11	15	6	.413	.417	Staton,Dave	L	.250	28	7	2	0	3	4	2	10	.300	.643
Bats Right	R	.325	249	81	20	1	4	38	15	32	.364	.462	Bats Right	R	.132	38	5	0	0	1	2	8	8	.283	.211

Batters vs. Left-Handed and Right-Handed Pitchers

Batter	vs	Avg	AB	H	2B	3B	HR	BI	BB	SO	OBP	SLG
Steinbach,T	L	.343	140	48	11	1	6	24	13	23	.394	.564
Bats Right	R	.249	229	57	10	1	5	33	13	39	.285	.367
Stinnett,K	L	.229	83	19	3	1	2	9	6	10	.278	.361
Bats Right	R	.284	67	19	3	1	0	5	5	18	.377	.358
Stocker,Kevin	L	.268	71	19	6	0	1	5	8	8	.350	.394
Bats Both	R	.275	200	55	5	2	1	23	36	33	.394	.335
Strange,Doug	L	.065	31	2	2	0	0	1	3	5	.143	.129
Bats Both	R	.236	195	46	10	1	5	25	12	33	.289	.374
Strawberry,D	L	.207	29	6	0	0	1	3	5	8	.324	.310
Bats Left	R	.254	63	16	3	1	3	14	14	14	.380	.476
Surhoff,B.J.	L	.324	34	11	4	0	2	9	5	3	.400	.618
Bats Left	R	.240	100	24	7	2	3	13	11	11	.313	.440
Sveum,Dale	L	.500	2	1	0	0	0	1	0	1	.500	.500
Bats Both	R	.160	25	4	0	0	1	1	2	9	.222	.280
Tackett,Jeff	L	.455	11	5	2	1	0	6	1	1	.500	.818
Bats Right	R	.167	42	7	1	0	2	3	4	12	.271	.333
Tarasco,Tony	L	.158	19	3	1	0	1	3	1	5	.200	.368
Bats Left	R	.292	113	33	5	0	4	16	8	12	.331	.442
Tartabull,D	L	.339	121	41	10	0	9	25	36	30	.490	.645
Bats Right	R	.219	278	61	14	1	10	42	30	81	.294	.385
Taubensee,E	L	.200	15	3	0	0	1	2	2	4	.294	.400
Bats Left	R	.291	172	50	8	2	7	19	13	27	.337	.483
Tavarez,Jesus	L	.150	20	3	0	0	0	1	0	4	.150	.150
Bats Both	R	.211	19	4	0	0	0	3	1	1	.250	.211
Tettleton,M	L	.235	81	19	5	0	3	10	19	29	.376	.407
Bats Both	R	.252	258	65	13	2	14	41	78	69	.431	.481
Thomas,Frank	L	.385	104	40	5	1	12	23	26	12	.504	.798
Bats Right	R	.342	295	101	29	0	26	78	83	49	.482	.705
Thome,Jim	L	.167	84	14	5	0	2	9	9	27	.247	.298
Bats Left	R	.304	237	72	15	1	18	43	37	57	.396	.603
Thompson,Milt	L	.194	36	7	0	0	0	4	2	4	.256	.194
Bats Left	R	.288	205	59	7	0	4	29	22	26	.361	.380
Thompson,R	L	.286	42	12	4	0	2	2	4	11	.348	.524
Bats Right	R	.172	87	15	4	2	0	5	11	21	.263	.264
Thompson,Ryan	L	.242	91	22	5	0	5	13	5	24	.303	.462
Bats Right	R	.218	243	53	9	1	13	46	23	70	.300	.424
Tingley,Ron	L	.211	19	4	2	0	0	0	1	5	.250	.316
Bats Right	R	.132	38	5	1	1	1	2	4	15	.214	.289
Tinsley,Lee	L	.214	56	12	2	0	0	3	8	13	.318	.250
Bats Both	R	.227	88	20	2	0	2	11	11	23	.313	.318
Tomberlin,A	L	.000	2	0	0	0	0	0	1	1	.333	.000
Bats Left	R	.206	34	7	0	1	1	1	5	11	.308	.353
Trammell,Alan	L	.297	91	27	6	0	3	7	6	11	.340	.462
Bats Right	R	.254	201	51	11	1	5	21	10	24	.292	.393
Treadway,Jeff	L	.143	14	2	0	0	0	0	1	2	.200	.143
Bats Left	R	.340	53	18	3	0	0	5	4	6	.390	.396
Turang,Brian	L	.176	51	9	4	0	1	4	3	12	.222	.314
Bats Right	R	.197	61	12	1	1	0	4	4	13	.258	.246
Turner,Chris	L	.262	84	22	3	1	1	6	7	17	.319	.357
Bats Right	R	.215	65	14	4	0	0	6	3	12	.254	.277

Batter	vs	Avg	AB	H	2B	3B	HR	BI	BB	SO	OBP	SLG
Valentin,John	L	.324	68	22	6	2	3	8	16	9	.448	.603
Bats Right	R	.313	233	73	20	0	6	41	26	29	.384	.476
Valentin,Jose	L	.135	52	7	2	0	0	3	8	17	.246	.173
Bats Both	R	.262	233	61	17	0	11	43	30	58	.350	.476
Valle,Dave	L	.265	34	9	3	1	1	6	8	3	.405	.500
Bats Right	R	.218	78	17	5	0	1	4	10	19	.322	.321
Van Burkleo,T	L	.000	0	0	0	0	0	0	0	0	.000	.000
Bats Left	R	.000	5	0	0	0	0	0	0	1	.000	.000
Van Slyke,A	L	.255	106	27	6	2	1	8	12	19	.333	.377
Bats Left	R	.243	268	65	12	1	5	22	40	53	.342	.351
VanderWal,J	L	.500	4	2	0	0	0	0	0	1	.500	.500
Bats Left	R	.236	106	25	3	1	5	15	16	30	.333	.425
Varsho,Gary	L	.231	13	3	1	0	0	1	0	3	.286	.308
Bats Left	R	.261	69	18	5	3	0	4	4	16	.311	.420
Vaughn,Greg	L	.266	64	17	4	0	7	14	13	9	.390	.656
Bats Right	R	.252	306	77	20	1	12	41	38	84	.335	.441
Vaughn,Mo	L	.310	126	39	8	0	11	31	10	38	.386	.635
Bats Left	R	.310	268	83	17	1	15	51	47	74	.418	.549
Velarde,Randy	L	.278	126	35	7	0	5	10	9	25	.331	.452
Bats Right	R	.279	154	43	9	1	4	24	13	36	.343	.429
Ventura,Robin	L	.270	122	33	4	1	4	27	8	27	.311	.418
Bats Left	R	.287	279	80	11	0	14	51	53	42	.398	.477
Vina,Fernando	L	.600	5	3	1	0	0	1	2	0	.714	.800
Bats Left	R	.235	119	28	5	0	0	5	10	11	.355	.277
Vizcaino,Jose	L	.280	107	30	2	0	0	11	8	16	.325	.299
Bats Both	R	.248	303	75	11	3	3	22	25	46	.305	.333
Vizquel,Omar	L	.226	115	26	4	0	1	14	8	10	.274	.287
Bats Both	R	.304	171	52	6	1	0	19	15	13	.358	.351
Voigt,Jack	L	.293	41	12	0	2	8	3	8		.348	.488
Bats Right	R	.220	100	22	3	0	1	12	15	17	.319	.280
Walbeck,Matt	L	.254	59	15	4	0	1	10	1	5	.262	.373
Bats Both	R	.194	279	54	8	0	4	25	16	32	.242	.265
Walker,Larry	L	.330	115	38	12	2	4	30	15	29	.410	.574
Bats Left	R	.318	280	89	32	0	15	56	32	45	.387	.593
Wallach,Tim	L	.279	111	31	9	0	8	20	11	17	.341	.577
Bats Right	R	.281	303	85	12	1	15	58	35	63	.362	.475
Walton,Jerome	L	.394	33	13	4	0	0	4	3	8	.444	.515
Bats Right	R	.229	35	8	0	0	1	5	1	4	.250	.314
Ward,Turner	L	.198	91	18	5	0	2	11	11	16	.286	.319
Bats Both	R	.243	276	67	10	2	7	34	41	52	.342	.370
Webster,Lenny	L	.303	76	23	0	0	2	12	7	8	.384	.487
Bats Right	R	.239	67	16	2	0	3	11	9	16	.354	.403
Webster,Mitch	L	.295	61	18	4	0	3	8	4	7	.348	.508
Bats Both	R	.217	23	5	0	0	1	4	4	6	.333	.348
Wedge,Eric	L	.000	3	0	0	0	0	0	1	1	.250	.000
Bats Right	R	.000	3	0	0	0	0	0	0	2	.000	.000
Wehner,John	L	.250	4	1	1	0	0	3	0	0	.250	.500
Bats Right	R	.000	0	0	0	0	0	0	0	0	.000	.000
Weiss,Walt	L	.323	96	31	3	0	1	8	13	8	.400	.385
Bats Both	R	.229	327	75	8	4	0	24	43	50	.317	.278

Batters vs. Left-Handed and Right-Handed Pitchers

Batter	vs	Avg	AB	H	2B	3B	HR	BI	BB	SO	OBP	SLG	Batter	vs	Avg	AB	H	2B	3B	HR	BI	BB	SO	OBP	SLG
Whitaker,Lou	L	.278	36	10	2	0	1	8	5	7	.349	.417	MLB	L	.272	--	--	--	--	--	--	--	--	.342	.436
Bats Left	R	.304	286	87	19	2	11	35	36	40	.380	.500		R	.269	--	--	--	--	--	--	--	--	.337	.420
White,Devon	L	.306	124	38	7	3	4	15	4	22	.328	.508													
Bats Both	R	.254	279	71	17	3	9	34	17	58	.307	.434													
White,Rondell	L	.270	37	10	6	0	0	0	3	3	.341	.432													
Bats Right	R	.283	60	17	4	1	2	13	6	15	.368	.483													
Whiten,Mark	L	.293	99	29	3	0	4	8	6	20	.336	.444													
Bats Both	R	.294	235	69	15	2	10	45	31	55	.375	.502													
Whitmore,D	L	.500	4	2	1	0	0	0	0	1	.500	.750													
Bats Left	R	.167	18	3	0	0	0	0	3	4	.286	.167													
Wilkins,Rick	L	.154	52	8	3	0	1	4	8	26	.267	.269													
Bats Left	R	.241	261	63	22	2	6	35	32	60	.327	.410													
Willard,Jerry	L	.000	0	0	0	0	0	0	0	0	.000	.000													
Bats Left	R	.200	5	1	0	0	1	3	1	1	.333	.800													
Williams,B	L	.366	145	53	14	1	6	27	16	18	.426	.600													
Bats Both	R	.247	263	65	15	0	6	30	45	36	.362	.373													
Williams,E	L	.377	53	20	5	0	3	11	2	8	.393	.642													
Bats Right	R	.311	122	38	6	1	8	31	13	18	.391	.574													
Williams,G	L	.277	65	18	7	0	3	11	4	14	.314	.523													
Bats Right	R	.333	21	7	1	0	1	2	0	3	.333	.524													
Williams,Matt	L	.298	104	31	3	0	16	27	12	16	.373	.788													
Bats Right	R	.258	341	88	13	3	27	69	21	71	.301	.551													
Wilson,Dan	L	.225	71	16	4	1	2	7	4	11	.273	.394													
Bats Right	R	.213	211	45	10	1	1	20	6	46	.234	.284													
Wilson,Willie	L	.214	14	3	0	2	0	0	0	4	.214	.500													
Bats Both	R	.286	7	2	0	0	0	0	1	2	.375	.286													
Winfield,Dave	L	.343	67	23	4	1	5	16	16	14	.470	.657													
Bats Right	R	.225	227	51	11	2	5	27	15	37	.270	.357													
Womack,Tony	L	.333	3	1	0	0	0	0	0	2	.333	.333													
Bats Left	R	.333	9	3	0	0	0	1	2	1	.455	.333													
Wrona,Rick	L	.333	3	1	1	0	0	0	0	0	.333	.667													
Bats Right	R	.571	7	4	3	0	1	3	1	1	.625	1.429													
Young,Eric	L	.215	65	14	2	0	1	3	10	7	.329	.292													
Bats Right	R	.294	163	48	11	1	6	27	28	10	.397	.485													
Young,Ernie	L	.063	16	1	0	0	0	1	1	3	.118	.063													
Bats Right	R	.071	14	1	1	0	0	2	0	5	.071	.143													
Young,Gerald	L	.278	18	5	2	1	0	3	1	4	.316	.500													
Bats Both	R	.348	23	8	1	1	0	0	2	4	.400	.478													
Young,Kevin	L	.118	34	4	1	0	0	0	3	11	.189	.147													
Bats Right	R	.239	88	21	6	2	1	11	5	23	.284	.386													
Zambrano,E	L	.279	68	19	3	0	4	13	12	12	.395	.500													
Bats Right	R	.229	48	11	4	0	2	5	4	17	.288	.438													
Zeile,Todd	L	.299	107	32	9	0	7	24	16	8	.389	.579													
Bats Right	R	.256	308	79	16	1	12	51	36	48	.333	.432													
Zupcic,Bob	L	.191	68	13	4	0	1	7	4	14	.233	.294													
Bats Right	R	.208	24	5	0	1	0	1	0	3	.208	.292													
AL	L	.277	--	--	--	--	--	--	--	--	.351	.451													
	R	.271	--	--	--	--	--	--	--	--	.342	.427													
NL	L	.267	--	--	--	--	--	--	--	--	.333	.420													
	R	.267	--	--	--	--	--	--	--	--	.332	.413													

Pitchers vs. Left-Handed and Right-Handed Batters

Pitcher	vs	Avg	AB	H	2B	3B	HR	BI	BB	SO	OBP	SLG
Abbott,Jim	L	.295	95	28	5	1	3	11	5	12	.330	.463
Throws Left	R	.269	517	139	31	1	21	73	59	78	.343	.455
Acre,Mark	L	.260	50	13	2	0	2	7	13	10	.413	.420
Throws Right	R	.159	69	11	4	1	2	9	10	11	.272	.333
Aguilera,Rick	L	.242	95	23	2	0	3	10	8	29	.301	.358
Throws Right	R	.374	91	34	3	0	4	14	2	17	.383	.538
Alvarez,W	L	.232	95	22	4	0	1	10	8	16	.288	.305
Throws Left	R	.242	516	125	17	0	15	56	54	92	.313	.362
Andersen,L	L	.306	72	22	4	0	2	12	6	11	.359	.444
Throws Right	R	.193	57	11	3	1	0	3	9	16	.303	.281
Anderson,B	L	.333	84	28	6	0	4	14	1	13	.360	.548
Throws Left	R	.291	316	92	30	0	9	41	26	34	.344	.472
Appier,Kevin	L	.279	290	81	17	3	3	29	43	61	.370	.390
Throws Right	R	.200	280	56	5	3	8	34	20	84	.259	.325
Aquino,Luis	L	.152	79	12	0	1	1	5	11	9	.264	.215
Throws Right	R	.252	107	27	8	1	2	13	11	13	.328	.402
Armstrong,J	L	.111	18	2	0	0	0	0	1	5	.158	.111
Throws Right	R	.333	21	7	2	0	3	4	1	2	.364	.857
Arocha,Rene	L	.271	129	35	10	0	1	15	12	22	.331	.372
Throws Right	R	.296	199	59	13	3	8	29	9	40	.340	.513
Ashby,Andy	L	.249	313	78	17	2	8	34	26	48	.308	.393
Throws Right	R	.217	309	67	12	2	8	32	17	73	.261	.346
Assenmacher,P	L	.200	50	10	1	0	1	4	3	12	.246	.280
Throws Left	R	.242	66	16	4	0	1	3	10	17	.342	.348
Astacio,Pedro	L	.268	269	72	17	3	10	41	26	49	.330	.465
Throws Right	R	.238	294	70	13	1	8	25	21	59	.295	.371
Ausanio,Joe	L	.370	27	10	1	0	2	2	2	5	.414	.630
Throws Right	R	.167	36	6	0	0	1	2	4	10	.250	.250
Avery,Steve	L	.200	80	16	5	0	1	6	9	23	.293	.300
Throws Left	R	.232	479	111	29	0	14	52	46	99	.299	.380
Ayala,Bobby	L	.219	114	25	4	0	1	16	14	46	.305	.281
Throws Right	R	.183	93	17	3	0	1	10	12	30	.271	.247
Bailey,Cory	L	.625	8	5	1	0	1	2	2	0	.700	1.125
Throws Right	R	.385	13	5	1	0	1	4	1	4	.429	.692
Ballard,Jeff	L	.344	32	11	5	0	1	12	5	6	.421	.594
Throws Left	R	.313	67	21	2	2	4	12	5	5	.370	.582
Bankhead,S	L	.260	50	13	2	1	2	5	5	7	.327	.460
Throws Right	R	.228	92	21	2	0	3	13	7	18	.277	.348
Banks,Willie	L	.278	252	70	14	3	5	32	19	37	.330	.417
Throws Right	R	.246	281	69	7	1	11	41	37	54	.334	.395
Barnes,Brian	L	.227	22	5	1	0	0	4	5	4	.357	.273
Throws Left	R	.315	54	17	2	1	3	10	14	6	.456	.556
Bautista,Jose	L	.315	108	34	2	1	5	14	10	15	.375	.491
Throws Right	R	.263	156	41	5	0	5	20	7	30	.298	.391
Beck,Rod	L	.250	88	22	1	1	2	6	11	16	.327	.352
Throws Right	R	.270	100	27	5	0	8	17	2	23	.282	.560
Bedrosian,S	L	.304	69	21	8	0	2	13	5	15	.364	.507
Throws Right	R	.200	100	20	2	0	2	13	13	28	.289	.280
Belcher,Tim	L	.294	347	102	16	3	8	55	41	39	.366	.427
Throws Right	R	.286	315	90	24	4	13	55	37	37	.368	.511

Pitcher	vs	Avg	AB	H	2B	3B	HR	BI	BB	SO	OBP	SLG
Belinda,Stan	L	.242	62	15	4	1	1	10	13	12	.367	.387
Throws Right	R	.254	126	32	10	1	5	24	11	25	.333	.468
Benes,Andy	L	.224	322	72	16	4	5	27	31	81	.292	.345
Throws Right	R	.251	331	83	19	2	15	39	20	108	.295	.456
Benitez,A	L	.294	17	5	1	0	0	1	2	7	.368	.353
Throws Right	R	.150	20	3	0	0	0	0	2	7	.261	.150
Bere,Jason	L	.224	250	56	10	1	8	29	50	60	.353	.368
Throws Right	R	.234	269	63	12	0	9	26	30	67	.309	.379
Bergman,Sean	L	.231	39	9	1	0	1	8	5	6	.326	.333
Throws Right	R	.382	34	13	4	0	1	3	2	6	.417	.588
Bielecki,Mike	L	.163	49	8	0	0	0	1	4	8	.241	.163
Throws Right	R	.385	52	20	2	1	2	10	8	10	.467	.577
Black,Bud	L	.313	32	10	2	0	0	4	3	4	.389	.375
Throws Left	R	.233	172	40	12	1	9	21	13	24	.291	.471
Blair,Willie	L	.343	137	47	9	2	2	18	24	26	.441	.482
Throws Right	R	.282	181	51	7	3	7	37	15	42	.348	.470
Boever,Joe	L	.214	140	30	2	1	3	16	17	27	.296	.307
Throws Right	R	.305	164	50	8	0	9	39	20	22	.387	.518
Bohanon,Brian	L	.444	36	16	3	0	3	7	1	8	.459	.778
Throws Left	R	.285	123	35	6	0	4	19	7	18	.328	.431
Bolton,Tom	L	.222	45	10	3	0	1	10	7	9	.321	.356
Throws Left	R	.388	49	19	5	0	2	9	6	3	.455	.612
Bones,Ricky	L	.255	321	82	14	2	8	27	26	18	.309	.386
Throws Right	R	.255	330	84	23	3	9	40	19	39	.299	.424
Borland,Toby	L	.276	58	16	2	1	0	7	8	8	.364	.345
Throws Right	R	.224	67	15	1	0	1	7	6	18	.325	.284
Bosio,Chris	L	.301	279	84	17	2	5	30	20	30	.344	.430
Throws Right	R	.245	216	53	14	0	10	38	20	37	.311	.449
Boskie,Shawn	L	.264	174	46	8	0	4	18	22	30	.350	.379
Throws Right	R	.254	181	46	10	0	11	35	8	31	.289	.492
Bottalico,R	L	.429	7	3	0	0	0	0	0	2	.429	.429
Throws Right	R	.000	5	0	0	0	0	0	1	1	.167	.000
Bottenfield,K	L	.321	53	17	4	1	1	8	4	6	.390	.491
Throws Right	R	.291	55	16	2	3	1	13	6	9	.361	.491
Boucher,Denis	L	.200	20	4	0	0	2	4	0	4	.200	.500
Throws Left	R	.370	54	20	3	1	4	14	7	13	.435	.685
Bowen,Ryan	L	.258	93	24	6	1	5	12	9	13	.324	.505
Throws Right	R	.289	90	26	4	0	4	11	10	19	.365	.467
Brantley,Jeff	L	.206	97	20	5	0	1	6	13	28	.300	.289
Throws Right	R	.198	131	26	1	1	5	18	15	35	.279	.336
Brewer,Billy	L	.246	57	14	2	0	4	13	5	9	.313	.491
Throws Left	R	.179	78	14	2	2	0	9	11	16	.286	.256
Brink,Brad	L	.091	11	1	0	0	1	2	3	2	.286	.364
Throws Right	R	.176	17	3	2	0	0	1	1	1	.222	.294
Briscoe,John	L	.230	87	20	3	0	4	14	21	20	.380	.402
Throws Right	R	.136	81	11	1	0	3	9	18	25	.297	.259
Brocail,Doug	L	.414	29	12	3	2	0	9	3	3	.485	.655
Throws Right	R	.225	40	9	2	1	1	7	2	8	.273	.400
Bronkey,Jeff	L	.235	34	8	0	0	0	4	8	4	.381	.235
Throws Right	R	.255	47	12	4	0	3	12	4	9	.314	.532

Pitchers vs. Left-Handed and Right-Handed Batters

Pitcher	vs	Avg	AB	H	2B	3B	HR	BI	BB	SO	OBP	SLG	Pitcher	vs	Avg	AB	H	2B	3B	HR	BI	BB	SO	OBP	SLG
Brow,Scott	L	.292	48	14	2	0	2	10	7	6	.375	.458	Converse,Jim	L	.342	111	38	4	4	3	22	28	21	.479	.532
Throws Right	R	.286	70	20	2	0	2	20	12	9	.393	.400	Throws Right	R	.365	96	35	8	2	2	21	12	18	.423	.552
Brown,Kevin	L	.332	379	126	19	6	9	49	30	60	.379	.485	Cook,Dennis	L	.245	49	12	0	0	2	9	5	8	.315	.367
Throws Right	R	.291	316	92	11	1	9	40	20	63	.341	.418	Throws Left	R	.221	77	17	4	0	2	12	9	18	.302	.351
Browning,Tom	L	.083	24	2	0	0	1	2	5	4	.233	.208	Cooke,Steve	L	.294	85	25	4	0	3	10	16	15	.408	.447
Throws Left	R	.248	129	32	2	0	7	14	8	18	.295	.426	Throws Left	R	.299	442	132	25	4	18	56	30	59	.347	.495
Brumley,Duff	L	.500	8	4	1	0	1	5	3	1	.583	1.000	Cormier,Rheal	L	.269	26	7	4	0	0	1	2	6	.321	.423
Throws Right	R	.286	7	2	1	0	0	2	2	3	.400	.429	Throws Left	R	.254	130	33	6	2	6	20	5	20	.293	.469
Buckels,Gary	L	.154	13	2	1	0	1	2	3	3	.313	.462	Cornett,Brad	L	.333	63	21	9	2	1	15	6	15	.400	.587
Throws Right	R	.200	30	6	2	0	1	2	4	6	.294	.367	Throws Right	R	.328	58	19	1	1	0	8	5	7	.388	.379
Bullinger,Jim	L	.224	174	39	6	2	2	14	21	33	.310	.316	Cox,Danny	L	.094	32	3	1	0	0	1	4	5	.189	.125
Throws Right	R	.244	197	48	11	2	4	22	13	39	.288	.381	Throws Right	R	.133	30	4	0	0	0	1	3	9	.235	.133
Burba,Dave	L	.178	101	18	6	0	1	7	21	27	.325	.267	Crim,Chuck	L	.307	101	31	3	1	3	19	9	10	.364	.446
Throws Right	R	.247	166	41	10	2	4	25	24	57	.357	.404	Throws Right	R	.248	153	38	6	0	6	19	15	33	.320	.405
Burkett,John	L	.274	321	88	14	0	4	27	21	43	.325	.355	Cummings,John	L	.371	70	26	6	0	1	8	8	8	.436	.500
Throws Right	R	.298	295	88	25	0	10	35	15	42	.335	.485	Throws Left	R	.230	174	40	4	0	6	25	29	25	.335	.356
Burrows,Terry	L	.000	1	0	0	0	0	0	0	0	.000	.000	Czajkowski,J	L	.353	17	6	1	0	1	2	3	0	.450	.588
Throws Left	R	.333	3	1	0	0	1	1	1	0	.500	1.333	Throws Right	R	.200	15	3	0	0	1	2	3	2	.429	.400
Butcher,Mike	L	.314	35	11	2	0	2	7	7	5	.455	.543	Daal,Omar	L	.185	27	5	2	0	1	6	2	5	.241	.370
Throws Right	R	.256	78	20	5	1	0	15	16	14	.383	.346	Throws Left	R	.318	22	7	1	0	0	2	3	4	.400	.364
Cadaret,Greg	L	.291	55	16	2	0	0	6	13	12	.426	.327	Darling,Ron	L	.255	298	76	10	0	12	43	33	55	.330	.409
Throws Left	R	.243	103	25	5	0	4	16	20	17	.366	.408	Throws Right	R	.279	308	86	18	3	6	34	26	53	.343	.416
Campbell,K	L	.268	41	11	3	0	2	9	3	5	.304	.488	Darwin,Danny	L	.369	157	58	12	1	7	28	14	15	.414	.592
Throws Right	R	.200	45	9	2	0	0	3	2	10	.245	.244	Throws Right	R	.265	162	43	10	1	6	23	10	39	.309	.451
Campbell,Mike	L	.222	9	2	0	0	2	6	5	4	.500	.889	Darwin,Jeff	L	.182	11	2	1	0	0	1	3	1	.357	.273
Throws Right	R	.393	28	11	2	0	3	8	0	6	.393	.786	Throws Right	R	.714	7	5	0	0	1	6	0	0	.750	1.143
Candiotti,Tom	L	.251	287	72	13	4	4	29	30	50	.322	.366	Davis,Mark	L	.217	23	5	1	0	0	3	6	6	.379	.261
Throws Right	R	.266	289	77	18	1	5	40	24	52	.325	.388	Throws Left	R	.341	44	15	1	0	4	9	7	9	.431	.636
Carpenter,C	L	.363	102	37	5	0	4	23	12	15	.426	.529	Davis,Storm	L	.116	69	8	2	1	1	4	17	18	.291	.217
Throws Right	R	.237	135	32	5	1	3	18	8	24	.276	.356	Throws Right	R	.267	105	28	5	1	2	12	17	20	.366	.390
Carrasco,H	L	.198	96	19	2	1	1	7	9	16	.280	.271	Davis,Tim	L	.308	65	20	3	0	2	12	9	9	.387	.446
Throws Right	R	.221	104	23	2	0	2	8	21	25	.352	.298	Throws Left	R	.289	128	37	6	0	2	14	16	19	.367	.383
Carter,Andy	L	.294	51	15	3	0	4	11	5	8	.362	.588	DeJesus,Jose	L	.268	41	11	2	0	1	3	9	7	.400	.390
Throws Left	R	.250	76	19	6	0	1	4	7	10	.344	.368	Throws Right	R	.281	57	16	4	1	1	10	4	5	.328	.439
Casian,Larry	L	.324	68	22	3	0	3	17	1	9	.333	.500	DeLeon,Jose	L	.228	92	21	5	1	2	8	14	17	.339	.370
Throws Left	R	.375	136	51	9	2	9	30	15	11	.441	.669	Throws Right	R	.182	148	27	5	0	3	22	17	50	.277	.277
Castillo,F	L	.304	46	14	2	1	2	6	2	10	.333	.522	DeLucia,Rich	L	.400	10	4	1	0	2	5	3	1	.538	1.100
Throws Right	R	.250	44	11	1	0	1	4	3	9	.298	.341	Throws Right	R	.156	32	5	1	0	2	3	2	14	.206	.375
Castillo,Juan	L	.391	23	9	3	1	1	4	3	0	.462	.739	Deshaies,Jim	L	.338	68	23	4	0	4	16	11	14	.422	.574
Throws Right	R	.333	24	8	0	1	1	5	2	1	.385	.542	Throws Left	R	.318	462	147	35	5	26	76	43	64	.376	.584
Castillo,Tony	L	.237	59	14	2	0	2	6	3	11	.297	.373	Dettmer,John	L	.276	98	27	6	1	5	16	16	12	.376	.510
Throws Left	R	.267	195	52	7	1	5	20	25	32	.348	.390	Throws Right	R	.295	122	36	7	2	5	21	4	15	.321	.508
Cimorelli,F	L	.400	20	8	4	0	0	8	3	0	.440	.600	Dewey,Mark	L	.299	67	20	2	2	3	13	11	8	.405	.522
Throws Right	R	.316	38	12	4	1	0	6	7	1	.447	.474	Throws Right	R	.306	134	41	8	0	1	21	8	22	.352	.388
Clark,Mark	L	.252	218	55	10	0	5	29	20	26	.314	.367	DiPoto,Jerry	L	.360	25	9	1	0	0	5	6	2	.469	.400
Throws Right	R	.290	269	78	10	3	9	29	20	34	.341	.450	Throws Right	R	.436	39	17	3	0	1	15	4	7	.468	.590
Clemens,Roger	L	.219	319	70	13	2	7	23	43	84	.315	.339	Dixon,Steve	L	.500	2	1	0	0	0	1	1	0	.667	.500
Throws Right	R	.186	290	54	12	0	8	30	28	84	.259	.310	Throws Left	R	.286	7	2	1	0	0	5	7	1	.600	.429
Cone,David	L	.238	340	81	16	2	9	31	40	61	.319	.376	Doherty,John	L	.328	195	64	11	0	6	23	18	18	.381	.477
Throws Right	R	.173	283	49	12	0	6	18	14	71	.224	.279	Throws Right	R	.344	218	75	19	0	7	42	8	10	.368	.528

Pitchers vs. Left-Handed and Right-Handed Batters

Pitcher	vs	Avg	AB	H	2B	3B	HR	BI	BB	SO	OBP	SLG
Dopson,John	L	.248	105	26	4	0	1	9	9	16	.310	.314
Throws Right	R	.320	128	41	10	0	5	25	17	17	.408	.516
Drabek,Doug	L	.220	305	67	12	0	6	26	27	56	.283	.318
Throws Right	R	.221	294	65	10	1	8	20	18	65	.266	.344
Drahman,Brian	L	.250	20	5	0	0	0	1	3	1	.348	.250
Throws Right	R	.333	30	10	1	1	2	8	3	6	.371	.633
Dreifort,D	L	.316	57	18	4	1	0	9	9	5	.418	.421
Throws Right	R	.391	69	27	2	0	0	11	6	17	.462	.420
Dreyer,Steve	L	.205	39	8	1	0	0	6	5	10	.289	.231
Throws Right	R	.355	31	11	2	1	1	6	3	1	.429	.581
Dyer,Mike	L	.304	23	7	2	0	0	5	8	4	.515	.391
Throws Right	R	.242	33	8	1	0	1	6	4	9	.325	.364
Eckersley,D	L	.322	87	28	6	1	2	10	11	21	.398	.483
Throws Right	R	.231	91	21	5	2	3	20	2	26	.255	.429
Edens,Tom	L	.273	88	24	7	1	0	12	7	18	.327	.375
Throws Right	R	.299	117	35	11	1	3	17	11	21	.362	.487
Eichhorn,Mark	L	.177	96	17	4	0	0	7	9	9	.250	.219
Throws Right	R	.278	162	45	10	1	1	20	10	26	.331	.370
Eischen,Joey	L	.500	2	1	1	0	0	4	0	0	.667	1.000
Throws Left	R	.750	4	3	0	0	0	0	0	1	.750	.750
Eldred,Cal	L	.221	367	81	16	1	11	41	46	57	.309	.360
Throws Right	R	.255	302	77	22	0	12	47	38	41	.337	.447
Elliott,D	L	.286	49	14	1	0	2	5	9	4	.397	.429
Throws Right	R	.227	75	17	3	0	1	12	12	20	.341	.307
Erickson,S	L	.338	308	104	20	2	10	49	40	40	.415	.513
Throws Right	R	.255	271	69	18	0	5	34	19	64	.318	.376
Eversgerd,B	L	.274	73	20	3	0	2	9	9	13	.357	.397
Throws Left	R	.304	181	55	9	1	6	28	11	34	.345	.464
Fajardo,H	L	.331	175	58	10	3	10	41	16	20	.383	.594
Throws Right	R	.233	159	37	7	2	5	24	10	25	.283	.396
Farr,Steve	L	.360	50	18	3	0	2	9	8	6	.458	.540
Throws Right	R	.333	69	23	4	0	3	13	10	14	.420	.522
Farrell,John	L	.361	36	13	2	0	2	9	6	6	.465	.583
Throws Right	R	.188	16	3	1	0	0	2	2	4	.278	.250
Fassero,Jeff	L	.204	93	19	4	0	2	6	9	24	.272	.312
Throws Left	R	.235	426	100	17	1	11	43	31	95	.288	.357
Fernandez,A	L	.240	325	78	10	3	14	37	33	63	.309	.418
Throws Right	R	.261	326	85	16	0	11	39	17	59	.295	.411
Fernandez,Sid	L	.255	55	14	4	0	1	7	4	13	.305	.382
Throws Left	R	.247	384	95	21	4	26	57	42	82	.323	.526
Fetters,Mike	L	.269	78	21	4	0	0	6	13	8	.366	.321
Throws Right	R	.220	91	20	3	0	0	8	14	23	.327	.253
Finley,Chuck	L	.288	111	32	6	0	5	12	19	22	.392	.477
Throws Left	R	.254	574	146	32	2	16	73	52	126	.317	.401
Finnvold,Gar	L	.278	72	20	2	1	0	8	11	7	.376	.333
Throws Right	R	.329	76	25	4	1	4	16	4	10	.378	.566
Fleming,Dave	L	.279	68	19	3	0	3	11	12	13	.383	.456
Throws Left	R	.317	420	133	27	4	14	64	53	52	.393	.500
Florie,Bryce	L	.444	9	4	0	0	0	1	1	0	.455	.444
Throws Right	R	.167	24	4	1	1	0	1	2	8	.231	.292
Fortugno,Tim	L	.270	37	10	1	0	0	2	3	9	.341	.297
Throws Left	R	.297	74	22	9	0	2	15	11	20	.398	.500
Fossas,Tony	L	.182	55	10	2	0	1	8	8	22	.286	.273
Throws Left	R	.321	78	25	6	1	5	20	7	9	.384	.615
Foster,Kevin	L	.257	140	36	6	0	4	14	16	23	.333	.386
Throws Right	R	.214	159	34	10	0	3	11	19	52	.300	.333
Franco,John	L	.306	49	15	2	0	0	8	2	10	.340	.347
Throws Left	R	.222	144	32	5	1	2	13	17	32	.304	.313
Frascatore,J	L	.333	6	2	1	0	1	3	2	0	.500	1.000
Throws Right	R	.500	10	5	1	0	3	3	0	2	.500	.900
Fraser,Willie	L	.400	20	8	1	0	1	7	2	3	.455	.600
Throws Right	R	.353	34	12	2	0	1	4	4	4	.410	.412
Freeman,M	L	.280	207	58	12	2	4	17	11	29	.326	.415
Throws Right	R	.244	225	55	8	0	6	19	12	38	.288	.360
Frey,Steve	L	.238	42	10	1	0	3	10	4	8	.306	.476
Throws Left	R	.370	73	27	8	0	3	10	11	12	.448	.603
Frohwirth,T	L	.375	48	18	4	1	0	8	6	4	.444	.500
Throws Right	R	.314	70	22	3	0	3	18	11	9	.422	.486
Garagozzo,K	L	.750	4	3	2	0	0	3	5	0	.889	1.250
Throws Left	R	.207	29	6	0	0	3	6	8	3	.368	.517
Gardiner,Mike	L	.245	106	26	5	1	4	16	11	14	.314	.425
Throws Right	R	.223	121	27	5	0	6	19	12	17	.291	.413
Gardner,Mark	L	.327	162	53	11	3	4	19	14	22	.380	.506
Throws Right	R	.233	189	44	10	1	10	36	16	35	.288	.455
Gibson,Paul	L	.243	37	9	1	0	1	8	4	8	.318	.351
Throws Left	R	.233	73	17	5	0	4	12	13	13	.349	.466
Glavine,Tom	L	.323	124	40	8	1	1	16	15	27	.396	.427
Throws Left	R	.255	521	133	26	2	9	53	55	113	.324	.365
Glinatsis,G	L	.455	11	5	1	0	1	3	4	0	.600	.818
Throws Right	R	.400	10	4	2	0	1	4	2	1	.462	.900
Gohr,Greg	L	.268	71	19	2	0	1	12	14	13	.384	.338
Throws Right	R	.258	66	17	4	1	2	5	7	8	.329	.439
Gomez,Pat	L	.061	33	2	0	0	0	2	1	2	.088	.061
Throws Left	R	.276	76	21	3	0	2	14	19	12	.412	.395
Gooden,Dwight	L	.256	78	20	1	1	6	13	9	21	.333	.526
Throws Right	R	.306	85	26	6	0	3	14	6	19	.359	.482
Gordon,Tom	L	.248	282	70	13	2	6	33	41	60	.346	.372
Throws Right	R	.226	292	66	11	2	9	37	46	66	.328	.370
Gossage,Goose	L	.205	78	16	5	0	2	14	5	7	.253	.346
Throws Right	R	.289	97	28	8	1	4	18	10	22	.366	.515
Gott,Jim	L	.333	66	22	4	0	1	8	10	13	.423	.439
Throws Right	R	.312	77	24	3	0	2	14	10	16	.404	.429
Gozzo,Mauro	L	.336	143	48	14	0	3	20	18	11	.405	.497
Throws Right	R	.271	140	38	9	1	2	17	10	22	.318	.393
Grahe,Joe	L	.405	84	34	2	0	5	25	7	11	.469	.607
Throws Right	R	.327	104	34	3	1	0	18	11	15	.395	.375
Granger,Jeff	L	.000	3	0	0	0	0	0	0	1	.000	.000
Throws Left	R	.351	37	13	4	1	2	8	6	2	.432	.676
Greene,Tommy	L	.295	61	18	1	0	0	3	11	11	.397	.311
Throws Right	R	.253	75	19	3	1	5	11	11	17	.349	.520

Pitchers vs. Left-Handed and Right-Handed Batters

Pitcher	vs	Avg	AB	H	2B	3B	HR	BI	BB	SO	OBP	SLG
Grimsley,J	L	.299	147	44	10	0	3	15	18	19	.377	.429
Throws Right	R	.269	175	47	10	2	4	26	16	40	.345	.417
Groom,Buddy	L	.286	42	12	2	0	1	7	2	8	.319	.405
Throws Left	R	.241	79	19	1	1	3	8	11	19	.337	.392
Gross,Kevin	L	.272	323	88	19	1	8	36	35	60	.344	.412
Throws Right	R	.253	292	74	8	2	3	25	8	64	.276	.325
Guardado,E	L	.400	5	2	0	0	0	1	0	0	.400	.400
Throws Left	R	.348	69	24	9	1	3	15	4	8	.373	.638
Gubicza,Mark	L	.291	261	76	19	1	4	33	14	25	.326	.418
Throws Right	R	.311	264	82	14	1	7	33	12	34	.336	.451
Gullickson,B	L	.335	245	82	13	4	10	40	15	24	.379	.543
Throws Right	R	.310	239	74	14	2	14	39	10	41	.340	.561
Gunderson,E	L	.176	17	3	1	0	0	1	1	4	.222	.235
Throws Left	R	.200	10	2	1	0	0	1	3	0	.385	.300
Guthrie,Mark	L	.284	67	19	5	1	1	10	9	14	.363	.433
Throws Left	R	.331	139	46	18	2	7	36	9	24	.368	.640
Guzman,Jose	L	.344	32	11	2	0	0	5	11	2	.523	.406
Throws Right	R	.250	44	11	2	1	1	10	2	9	.277	.409
Guzman,Juan	L	.309	311	96	13	2	9	49	37	54	.381	.450
Throws Right	R	.252	274	69	12	1	11	46	39	70	.346	.423
Habyan,John	L	.313	67	21	7	1	1	9	10	12	.403	.493
Throws Right	R	.252	115	29	10	0	1	15	10	34	.312	.365
Hall,Darren	L	.203	59	12	2	0	1	6	7	11	.299	.288
Throws Right	R	.250	56	14	2	0	5	17	5	17	.333	.393
Hamilton,Joey	L	.233	202	47	3	2	2	10	16	36	.290	.297
Throws Right	R	.250	204	51	7	3	5	22	13	25	.311	.387
Hammaker,A	L	.000	3	0	0	0	0	0	0	1	.000	.000
Throws Left	R	.500	2	1	0	0	0	0	0	0	.500	.500
Hammond,Chris	L	.284	74	21	3	0	1	4	4	8	.321	.365
Throws Left	R	.280	207	58	8	3	4	25	19	32	.341	.406
Hampton,Mike	L	.324	71	23	5	0	2	11	7	12	.392	.479
Throws Left	R	.250	92	23	3	1	2	9	9	12	.324	.370
Haney,Chris	L	.444	18	8	1	1	1	6	2	2	.500	.778
Throws Left	R	.311	90	28	8	2	1	15	9	16	.365	.478
Hanson,Erik	L	.275	222	61	6	4	6	29	14	51	.317	.419
Throws Right	R	.290	262	76	16	0	4	26	9	50	.318	.397
Harkey,Mike	L	.373	177	66	19	2	5	29	21	15	.437	.588
Throws Right	R	.303	195	59	12	0	5	25	14	24	.351	.441
Harnisch,Pete	L	.274	168	46	8	4	4	20	20	21	.349	.440
Throws Right	R	.265	204	54	9	0	9	32	19	41	.335	.441
Harris,Gene	L	.419	43	18	3	0	1	8	6	2	.490	.558
Throws Right	R	.271	59	16	5	2	2	12	6	17	.348	.525
Harris,Greg W.	L	.287	94	27	7	0	1	17	17	21	.396	.394
Throws Right	R	.333	111	37	6	0	8	34	9	27	.392	.604
Harris,G	L	.301	259	78	11	5	15	47	28	41	.372	.556
Throws Right	R	.299	254	76	21	3	7	37	24	41	.360	.488
Harvey,Bryan	L	.348	23	8	1	0	0	4	3	6	.423	.391
Throws Right	R	.200	20	4	0	0	1	1	1	4	.238	.350
Haynes,Heath	L	.200	5	1	0	1	0	2	2	0	.375	.600
Throws Right	R	.250	8	2	0	0	0	0	1	1	.333	.250

Pitcher	vs	Avg	AB	H	2B	3B	HR	BI	BB	SO	OBP	SLG
Helling,Rick	L	.398	98	39	7	2	11	22	15	9	.478	.847
Throws Right	R	.205	112	23	2	0	3	10	3	16	.226	.304
Henderson,R	L	.385	13	5	0	2	0	4	3	0	.500	.692
Throws Right	R	.286	14	4	1	0	1	4	4	3	.444	.571
Henke,Tom	L	.208	72	15	4	2	4	15	9	20	.293	.486
Throws Right	R	.257	70	18	2	1	2	10	3	19	.288	.400
Henneman,Mike	L	.281	64	18	4	0	2	13	12	9	.397	.438
Throws Right	R	.309	81	25	5	0	3	15	5	18	.356	.481
Henry,Butch	L	.241	87	21	3	0	3	7	6	11	.290	.379
Throws Left	R	.241	316	76	13	2	7	21	14	59	.275	.361
Henry,Doug	L	.340	53	18	4	0	7	16	7	6	.417	.811
Throws Right	R	.215	65	14	2	0	0	5	16	14	.378	.246
Hentgen,Pat	L	.266	346	92	14	1	11	33	27	73	.321	.408
Throws Right	R	.212	311	66	12	0	10	35	32	74	.287	.347
Heredia,Gil	L	.262	149	39	4	0	1	12	7	32	.293	.309
Throws Right	R	.299	154	46	9	0	6	26	6	30	.327	.474
Hernandez,J	L	.206	34	7	2	1	0	8	12	6	.417	.324
Throws Right	R	.205	44	9	3	1	0	4	2	7	.255	.318
Hernandez,R	L	.217	92	20	1	0	2	18	10	33	.291	.293
Throws Right	R	.258	93	24	4	1	3	19	9	17	.330	.419
Hernandez,X	L	.283	60	17	4	1	3	12	11	14	.389	.533
Throws Right	R	.310	100	31	7	1	4	16	10	23	.381	.520
Hershiser,O	L	.297	273	81	18	3	9	26	31	28	.368	.484
Throws Right	R	.259	251	65	15	0	6	33	11	44	.292	.390
Hesketh,Joe	L	.222	63	14	1	0	1	3	6	12	.282	.286
Throws Left	R	.275	375	103	32	2	8	50	40	71	.343	.435
Hibbard,Greg	L	.240	75	18	2	0	4	17	7	9	.310	.427
Throws Left	R	.351	276	97	16	2	7	47	24	30	.404	.500
Hickerson,B	L	.299	67	20	5	1	2	13	9	7	.382	.493
Throws Left	R	.302	325	98	17	0	18	43	29	52	.360	.520
Higuera,Teddy	L	.224	49	11	0	1	2	9	8	11	.328	.388
Throws Left	R	.333	189	63	17	2	11	38	28	24	.423	.619
Hill,Ken	L	.270	296	80	14	6	5	26	27	34	.330	.409
Throws Right	R	.225	289	65	11	1	7	25	17	51	.277	.343
Hill,Milt	L	.400	50	20	7	1	2	13	9	9	.492	.700
Throws Right	R	.289	97	28	8	1	5	22	8	17	.340	.546
Hillman,Eric	L	.325	40	13	4	0	3	8	3	4	.386	.650
Throws Left	R	.320	100	32	9	1	6	18	8	16	.373	.610
Hitchcock,S	L	.200	45	9	2	1	0	6	7	13	.296	.289
Throws Left	R	.287	136	39	4	0	3	14	22	24	.374	.382
Hoffman,T	L	.212	104	22	6	0	9	12	31	.293	.308
Throws Right	R	.173	98	17	3	2	4	14	8	37	.231	.367
Holmes,Darren	L	.353	51	18	2	0	3	11	12	11	.484	.569
Throws Right	R	.279	61	17	7	0	2	14	12	22	.392	.492
Honeycutt,R	L	.412	51	21	7	0	1	10	1	9	.423	.608
Throws Left	R	.291	55	16	3	0	3	7	8	9	.400	.509
Hope,John	L	.409	22	9	5	0	0	5	3	3	.480	.636
Throws Right	R	.250	36	9	1	0	1	2	1	3	.308	.361
Horsman,Vince	L	.265	49	13	2	0	0	10	5	12	.339	.306
Throws Left	R	.267	60	16	3	0	2	10	6	8	.324	.417

Pitchers vs. Left-Handed and Right-Handed Batters

Pitcher	vs	Avg	AB	H	2B	3B	HR	BI	BB	SO	OBP	SLG
Hough,Charlie	L	.256	195	50	6	3	3	24	17	27	.327	.364
Throws Right	R	.289	235	68	15	3	14	41	35	38	.385	.557
Howard,Chris	L	.231	52	12	3	0	2	8	3	9	.273	.404
Throws Left	R	.235	98	23	2	0	3	8	9	13	.294	.347
Howe,Steve	L	.205	44	9	0	0	0	6	1	10	.222	.205
Throws Left	R	.190	100	19	6	0	2	9	6	8	.236	.310
Howell,Jay	L	.278	72	20	2	0	7	12	9	12	.358	.597
Throws Right	R	.250	96	24	5	1	3	23	7	10	.299	.417
Hudek,John	L	.161	62	10	1	0	5	14	11	16	.293	.419
Throws Right	R	.184	76	14	2	0	0	5	7	23	.250	.211
Hurst,Bruce	L	.280	25	7	2	0	3	8	2	4	.333	.720
Throws Left	R	.354	130	46	11	1	5	20	14	20	.405	.569
Hurst,James	L	.316	19	6	0	0	1	3	5	4	.440	.474
Throws Left	R	.393	28	11	2	0	0	5	3	1	.452	.464
Hurst,Jon	L	.211	19	4	0	1	1	4	4	3	.333	.474
Throws Right	R	.440	25	11	1	0	4	12	1	3	.462	.960
Hutton,Mark	L	.000	3	0	0	0	0	0	0	1	.000	.000
Throws Right	R	.308	13	4	2	1	0	3	0	0	.308	.615
Ignasiak,Mike	L	.360	86	31	7	0	2	13	6	7	.402	.512
Throws Right	R	.202	99	20	8	0	3	13	7	17	.259	.374
Ilsley,Blaise	L	.167	18	3	1	0	0	1	3	3	.286	.222
Throws Left	R	.468	47	22	5	0	2	17	6	6	.528	.702
Jackson,Danny	L	.240	96	23	2	0	0	7	3	27	.260	.260
Throws Left	R	.271	591	160	32	3	13	60	43	102	.320	.401
Jackson,Mike	L	.194	67	13	1	0	2	11	7	16	.267	.299
Throws Right	R	.137	73	10	1	0	2	7	4	35	.203	.233
Jacome,Jason	L	.219	32	7	2	0	2	4	6	8	.342	.469
Throws Left	R	.278	169	47	8	2	1	13	11	22	.320	.367
Jarvis,Kevin	L	.313	32	10	3	0	2	7	2	5	.353	.594
Throws Right	R	.293	41	12	3	0	2	5	3	5	.341	.512
Jeffcoat,Mike	L	.250	4	1	0	0	1	1	0	1	.250	1.000
Throws Left	R	.429	7	3	0	0	1	3	0	0	.375	.857
Jimenez,M	L	.260	77	20	4	0	5	13	16	11	.387	.506
Throws Right	R	.295	61	18	3	0	4	13	16	11	.443	.541
Johnson,Dane	L	.333	12	4	0	0	1	4	3	2	.438	.583
Throws Right	R	.324	37	12	0	0	1	11	8	5	.444	.405
Johnson,Randy	L	.235	51	12	5	0	0	5	4	18	.316	.333
Throws Left	R	.214	561	120	22	3	14	52	68	186	.303	.339
Johnston,Joel	L	.556	9	5	2	0	0	4	3	1	.667	.778
Throws Right	R	.600	15	9	2	0	0	6	1	4	.667	.733
Johnstone,J	L	.303	33	10	2	2	2	10	9	10	.465	.667
Throws Right	R	.241	54	13	3	2	2	9	7	13	.328	.481
Jones,Bobby	L	.267	330	88	17	0	5	32	34	41	.332	.364
Throws Right	R	.246	280	69	8	1	5	30	22	39	.309	.336
Jones,Doug	L	.327	110	36	3	0	2	16	3	16	.345	.409
Throws Right	R	.179	106	19	1	0	0	7	3	22	.202	.189
Jones,Todd	L	.265	113	30	10	1	1	10	14	23	.344	.398
Throws Right	R	.153	144	22	5	0	2	18	12	40	.223	.229
Juden,Jeff	L	.391	46	18	4	0	3	11	7	9	.463	.674
Throws Right	R	.186	59	11	0	0	1	8	5	13	.258	.237
Kamieniecki,S	L	.276	214	59	13	0	6	24	24	29	.351	.421
Throws Right	R	.248	226	56	15	1	7	24	35	42	.350	.416
Karsay,Steve	L	.191	47	9	1	0	0	2	4	9	.250	.213
Throws Right	R	.304	56	17	1	1	1	4	4	6	.361	.411
Key,Jimmy	L	.238	126	30	10	0	1	14	3	16	.273	.341
Throws Left	R	.281	523	147	22	2	9	48	49	81	.341	.382
Kiefer,Mark	L	.550	20	11	0	2	4	11	3	0	.560	1.350
Throws Right	R	.182	22	4	2	0	0	2	5	8	.333	.273
Kile,Darryl	L	.269	283	76	17	0	7	35	45	42	.372	.403
Throws Right	R	.281	274	77	13	4	6	32	37	63	.379	.423
King,Kevin	L	.214	28	6	2	0	2	9	9	2	.421	.286
Throws Left	R	.429	35	15	1	0	0	7	8	4	.535	.457
Klingenbeck,S	L	.182	11	2	1	0	1	4	3	1	.375	.545
Throws Right	R	.286	14	4	1	0	0	0	1	4	.333	.357
Knudsen,Kurt	L	.400	5	2	0	0	1	3	4	0	.667	1.000
Throws Right	R	.278	18	5	0	0	1	5	7	1	.480	.444
Krueger,Bill	L	.254	59	15	3	1	2	8	9	15	.353	.441
Throws Left	R	.288	184	53	7	3	6	30	15	32	.341	.457
Langston,Mark	L	.214	70	15	1	0	3	11	4	18	.247	.357
Throws Left	R	.277	382	106	20	3	16	51	50	91	.357	.471
Leary,Tim	L	.333	45	15	4	1	2	9	9	4	.436	.600
Throws Right	R	.275	40	11	3	0	2	11	2	5	.311	.500
Lefferts,C	L	.341	44	15	2	0	2	13	4	9	.380	.523
Throws Left	R	.354	99	35	9	0	5	15	8	18	.398	.596
Leftwich,Phil	L	.272	239	65	12	2	8	32	29	32	.349	.439
Throws Right	R	.297	209	62	17	2	8	35	13	35	.342	.512
Leiper,Dave	L	.176	34	6	1	0	0	3	3	8	.263	.206
Throws Left	R	.241	29	7	0	0	0	5	3	6	.294	.241
Leiter,Al	L	.269	67	18	3	2	1	10	6	21	.316	.418
Throws Left	R	.288	371	107	26	1	5	50	59	79	.384	.404
Leiter,Mark	L	.303	165	50	9	3	8	26	23	33	.396	.539
Throws Right	R	.236	208	49	12	0	5	24	12	38	.293	.365
Leskanic,Curt	L	.242	33	8	0	0	1	6	9	6	.405	.333
Throws Right	R	.358	53	19	2	1	1	5	1	11	.370	.491
Lewis,Richie	L	.353	102	36	5	2	4	23	22	19	.468	.559
Throws Right	R	.224	116	26	4	3	3	18	16	26	.321	.388
Lewis,Scott	L	.408	49	20	6	0	2	6	5	1	.463	.653
Throws Right	R	.329	79	26	7	0	3	22	5	9	.384	.532
Lieber,Jon	L	.308	237	73	22	1	8	35	18	40	.355	.511
Throws Right	R	.225	191	43	8	1	4	22	7	31	.254	.340
Lilliquist,D	L	.205	39	8	3	0	1	10	3	8	.273	.359
Throws Left	R	.356	73	26	3	0	5	14	5	7	.388	.603
Lima,Jose	L	.267	15	4	0	0	0	0	1	4	.313	.267
Throws Right	R	.438	16	7	1	0	2	8	2	3	.500	.875
Linton,Doug	L	.419	93	39	5	0	2	17	14	9	.495	.538
Throws Right	R	.282	124	35	8	0	2	16	6	20	.313	.395
Lloyd,Graeme	L	.222	63	14	1	1	0	10	7	10	.310	.270
Throws Left	R	.294	119	35	6	2	4	26	8	21	.344	.479
Looney,Brian	L	.500	2	1	0	0	0	0	0	0	.667	.500
Throws Left	R	.375	8	3	1	0	1	4	0	2	.375	.875

Pitchers vs. Left-Handed and Right-Handed Batters

Pitcher	vs	Avg	AB	H	2B	3B	HR	BI	BB	SO	OBP	SLG	Pitcher	vs	Avg	AB	H	2B	3B	HR	BI	BB	SO	OBP	SLG
Lopez, Albie	L	.400	35	14	0	0	3	8	5	6	.488	.657	Menendez, Tony	L	.500	10	5	0	1	1	4	1	1	.545	1.000
Throws Right	R	.176	34	6	0	0	0	0	1	12	.200	.176	Throws Right	R	.429	7	3	1	0	1	2	1	1	.500	1.000
Lorraine, A	L	.481	27	13	2	0	0	5	3	5	.533	.556	Mercedes, Jose	L	.225	40	9	2	0	0	0	5	5	.326	.275
Throws Left	R	.309	55	17	1	1	7	14	8	5	.391	.745	Throws Right	R	.210	62	13	0	0	4	8	11	6	.338	.403
Maddux, Greg	L	.201	374	75	9	0	3	23	22	92	.249	.249	Mercker, Kent	L	.206	63	13	4	1	1	4	8	17	.288	.349
Throws Right	R	.213	352	75	13	2	1	15	9	64	.238	.270	Throws Left	R	.223	346	77	11	0	15	38	37	94	.297	.384
Maddux, Mike	L	.291	79	23	7	0	5	16	8	14	.352	.570	Merriman, B	L	.192	26	5	2	0	0	5	8	6	.371	.269
Throws Right	R	.239	92	22	1	1	2	11	5	18	.276	.337	Throws Right	R	.317	41	13	2	0	0	8	6	4	.442	.366
Magnante, Mike	L	.273	66	18	2	0	1	9	7	7	.342	.348	Mesa, Jose	L	.269	119	32	4	0	1	15	13	28	.346	.328
Throws Left	R	.298	124	37	5	2	4	19	9	14	.338	.468	Throws Right	R	.244	160	39	8	0	2	27	13	35	.301	.331
Magrane, Joe	L	.370	54	20	2	2	4	12	8	6	.460	.704	Miceli, Danny	L	.243	37	9	3	0	2	8	4	7	.317	.486
Throws Left	R	.284	243	69	9	2	14	49	43	27	.398	.510	Throws Right	R	.279	68	19	3	0	3	14	7	20	.354	.456
Mahomes, Pat	L	.293	232	68	9	1	12	33	45	23	.407	.496	Milacki, Bob	L	.264	110	29	2	2	3	15	11	8	.323	.400
Throws Right	R	.244	217	53	12	1	10	31	17	30	.297	.447	Throws Right	R	.331	118	39	16	0	3	18	9	9	.380	.542
Manzanillo, J	L	.256	82	21	3	1	2	11	8	21	.337	.390	Miller, Kurt	L	.231	39	9	0	1	1	6	4	7	.318	.359
Throws Right	R	.148	88	13	4	0	2	11	5	27	.202	.261	Throws Right	R	.395	43	17	3	0	2	9	3	4	.438	.605
Manzanillo, R	L	.177	62	11	1	0	1	7	16	18	.354	.242	Mills, Alan	L	.292	65	19	4	0	0	8	10	16	.387	.354
Throws Left	R	.279	122	34	11	2	3	22	26	21	.401	.475	Throws Right	R	.226	106	24	3	0	7	20	14	28	.325	.453
Martinez, D	L	.273	359	98	12	3	9	31	21	45	.311	.398	Minchey, Nate	L	.460	50	23	6	1	0	9	6	8	.509	.620
Throws Right	R	.218	312	68	20	3	5	33	23	47	.285	.349	Throws Right	R	.396	53	21	5	0	1	13	8	7	.460	.547
Martinez, Jose	L	.375	16	6	1	0	0	2	2	3	.444	.438	Minor, Blas	L	.320	25	8	2	0	1	3	5	6	.452	.520
Throws Right	R	.375	32	12	3	1	2	6	3	4	.429	.719	Throws Right	R	.365	52	19	8	0	3	16	4	11	.404	.692
Martinez, P	L	.250	292	73	18	2	9	32	24	66	.316	.418	Miranda, Angel	L	.208	24	5	1	0	1	4	2	3	.269	.375
Throws Right	R	.182	231	42	11	2	2	20	21	76	.266	.273	Throws Left	R	.238	143	34	8	0	7	21	25	21	.349	.441
Martinez, PA	L	.206	68	14	2	1	0	8	13	14	.333	.265	Mohler, Mike	L	.250	4	1	0	0	1	2	0	2	.250	1.000
Throws Left	R	.211	180	38	9	1	4	24	36	38	.344	.339	Throws Left	R	.125	8	1	1	0	0	0	2	2	.300	.250
Martinez, R	L	.233	305	71	9	2	10	34	31	51	.300	.374	Monteleone, R	L	.297	74	22	3	0	3	15	9	8	.365	.459
Throws Right	R	.264	337	89	11	4	8	30	25	68	.323	.392	Throws Right	R	.219	96	21	8	1	3	11	4	8	.245	.417
Mason, Roger	L	.243	107	26	6	0	3	10	19	15	.357	.383	Montgomery, J	L	.302	96	29	5	1	3	18	10	27	.364	.469
Throws Right	R	.244	119	29	4	0	5	19	6	18	.289	.403	Throws Right	R	.244	78	19	5	0	2	5	5	23	.298	.385
Mathews, Terry	L	.338	80	27	11	1	2	7	5	5	.376	.575	Moore, Marcus	L	.242	62	15	6	0	1	10	11	21	.373	.387
Throws Right	R	.205	88	18	2	0	2	9	4	16	.247	.295	Throws Right	R	.261	69	18	3	1	3	14	10	12	.378	.464
Mauser, Tim	L	.259	81	21	3	1	0	12	12	11	.347	.321	Moore, Mike	L	.260	300	78	16	1	12	40	54	25	.375	.440
Throws Right	R	.276	105	29	3	0	3	13	7	21	.325	.390	Throws Right	R	.265	279	74	20	1	15	45	35	37	.347	.505
McCaskill, K	L	.221	77	17	4	0	3	10	13	16	.330	.390	Morgan, Mike	L	.386	145	56	9	0	6	26	20	29	.450	.572
Throws Right	R	.272	125	34	7	1	3	16	9	21	.316	.416	Throws Right	R	.301	183	55	11	1	6	31	15	28	.361	.470
McDonald, Ben	L	.244	307	75	9	2	8	35	27	52	.309	.365	Morris, Jack	L	.302	301	91	18	4	8	42	31	43	.365	.468
Throws Right	R	.267	285	76	15	1	6	26	27	42	.330	.389	Throws Right	R	.279	258	72	17	0	6	40	36	57	.373	.415
McDowell, Jack	L	.268	343	92	17	3	6	38	22	62	.317	.388	Moyer, Jamie	L	.286	84	24	4	0	5	16	7	11	.347	.512
Throws Right	R	.263	357	94	19	1	6	35	20	65	.303	.373	Throws Left	R	.268	500	134	33	2	18	57	31	76	.311	.450
McDowell, R	L	.333	72	24	1	2	1	13	14	9	.448	.444	Mulholland, T	L	.338	68	23	5	0	4	17	5	13	.390	.588
Throws Right	R	.280	93	26	7	0	2	19	8	20	.337	.419	Throws Left	R	.297	427	127	32	4	20	72	32	59	.346	.532
McElroy, Chuck	L	.237	76	18	5	0	0	10	9	12	.318	.303	Munoz, Bobby	L	.222	189	42	6	0	2	14	20	32	.290	.286
Throws Left	R	.248	137	34	4	1	3	11	6	26	.280	.358	Throws Right	R	.278	212	59	12	1	6	23	15	27	.329	.429
McMichael, G	L	.288	118	34	5	1	1	12	10	25	.344	.373	Munoz, Mike	L	.225	71	16	5	0	1	6	11	15	.329	.338
Throws Right	R	.271	118	32	6	0	0	12	9	22	.320	.322	Throws Left	R	.221	95	21	2	1	2	16	20	17	.353	.326
Meacham, Rusty	L	.297	74	22	6	0	4	9	5	8	.342	.541	Murphy, Rob	L	.246	61	15	4	0	3	11	2	14	.270	.459
Throws Right	R	.242	120	29	6	1	3	19	7	28	.286	.383	Throws Left	R	.232	99	23	3	0	6	15	11	11	.309	.444
Melendez, Jose	L	.385	26	10	2	1	1	6	6	3	.500	.654	Mussina, Mike	L	.241	361	87	13	0	7	30	23	52	.284	.335
Throws Right	R	.278	36	10	1	0	2	8	2	6	.350	.472	Throws Right	R	.257	296	76	18	2	12	31	19	47	.299	.453

Pitchers vs. Left-Handed and Right-Handed Batters

Pitcher	vs	Avg	AB	H	2B	3B	HR	BI	BB	SO	OBP	SLG	Pitcher	vs	Avg	AB	H	2B	3B	HR	BI	BB	SO	OBP	SLG
Mutis,Jeff	L	.250	72	18	1	0	1	16	5	18	.295	.306	Patterson,Ken	L	.000	1	0	0	0	0	0	0	0	.000	.000
Throws Left	R	.402	82	33	2	0	5	15	10	12	.468	.610	Throws Left	R	.000	1	0	0	0	0	0	0	1	.000	.000
Myers,Randy	L	.138	29	4	1	0	0	4	3	8	.212	.172	Pavlik,Roger	L	.291	110	32	4	2	4	22	19	15	.392	.473
Throws Left	R	.288	125	36	5	0	3	21	13	24	.355	.400	Throws Right	R	.312	93	29	7	0	4	15	11	16	.396	.516
Nabholz,Chris	L	.333	27	9	1	2	0	10	4	9	.438	.519	Pena,A	L	.179	56	10	4	0	2	6	8	12	.281	.357
Throws Left	R	.315	184	58	9	1	6	32	34	19	.423	.473	Throws Right	R	.235	51	12	3	0	2	6	2	15	.278	.412
Nagy,Charles	L	.224	330	74	12	1	5	23	26	50	.285	.312	Pennington,B	L	.875	8	7	2	0	1	6	2	0	.900	1.500
Throws Right	R	.306	330	101	8	1	10	42	22	58	.353	.427	Throws Left	R	.111	18	2	0	0	1	4	6	7	.333	.278
Navarro,Jaime	L	.344	183	63	10	3	7	39	13	36	.387	.546	Perez,Melido	L	.247	263	65	13	1	10	33	35	51	.337	.418
Throws Right	R	.284	183	52	12	1	3	29	22	29	.367	.410	Throws Right	R	.230	300	69	19	3	6	35	23	58	.287	.373
Neagle,Denny	L	.271	96	26	4	2	2	11	7	30	.327	.417	Perez,Mike	L	.390	59	23	4	0	3	11	8	10	.479	.610
Throws Left	R	.256	426	109	26	3	16	54	42	92	.321	.444	Throws Right	R	.392	74	29	4	1	2	18	2	10	.388	.554
Nelson,Jeff	L	.354	48	17	2	0	1	8	10	11	.500	.458	Perez,Yorkis	L	.194	67	13	1	1	2	10	4	23	.239	.328
Throws Right	R	.168	107	18	5	1	2	18	10	33	.262	.290	Throws Left	R	.241	83	20	6	0	2	8	10	18	.330	.386
Nen,Robb	L	.161	93	15	5	0	1	2	12	30	.257	.247	Phoenix,Steve	L	.250	12	3	0	1	0	1	0	2	.250	.417
Throws Right	R	.272	114	31	6	2	5	18	5	30	.300	.491	Throws Right	R	.200	5	1	0	0	0	0	2	1	.429	.200
Nied,Dave	L	.300	220	66	14	1	7	31	30	28	.383	.468	Pichardo,H	L	.322	121	39	8	2	1	14	8	10	.366	.446
Throws Right	R	.276	257	71	14	3	8	31	17	46	.327	.447	Throws Right	R	.299	144	43	10	0	3	26	16	26	.389	.431
Nunez,Edwin	L	.500	36	18	2	1	1	13	9	6	.600	.694	Plantenberg,E	L	.250	4	1	0	0	0	1	4	0	.625	.250
Throws Right	R	.250	32	8	3	0	1	8	1	9	.265	.438	Throws Left	R	.158	19	3	0	0	0	3	1	.304	.158
Ogea,Chad	L	.375	32	12	5	0	0	2	5	6	.459	.531	Plesac,Dan	L	.188	69	13	3	0	1	6	4	23	.243	.275
Throws Right	R	.243	37	9	3	0	2	10	5	5	.349	.486	Throws Left	R	.320	150	48	8	1	8	25	9	30	.356	.547
Ojeda,Bobby	L	.500	2	1	0	0	0	0	0	0	.500	.500	Plunk,Eric	L	.298	124	37	6	2	2	11	21	31	.408	.427
Throws Left	R	.625	16	10	1	0	1	7	6	3	.696	.875	Throws Right	R	.171	140	24	4	2	1	13	16	42	.255	.250
Olivares,Omar	L	.336	140	47	11	2	5	20	22	12	.423	.550	Poole,Jim	L	.421	38	16	4	1	0	7	4	7	.476	.579
Throws Right	R	.253	146	37	5	0	5	22	15	14	.335	.390	Throws Left	R	.333	48	16	1	0	4	13	7	11	.397	.604
Oliver,Darren	L	.119	59	7	0	0	1	6	13	25	.278	.169	Portugal,Mark	L	.244	258	63	5	1	11	35	30	42	.322	.399
Throws Left	R	.275	120	33	4	0	3	22	22	25	.412	.383	Throws Right	R	.276	261	72	14	1	6	23	15	45	.326	.406
Olson,Gregg	L	.174	23	4	3	0	1	3	4	4	.321	.435	Powell,Ross	L	.273	11	3	0	0	0	2	2	3	.429	.273
Throws Right	R	.405	37	15	4	1	0	8	9	6	.511	.568	Throws Left	R	.214	14	3	0	0	0	0	3	2	.353	.214
Ontiveros,S	L	.186	237	44	8	1	1	12	18	32	.243	.241	Pugh,Tim	L	.298	94	28	2	3	2	15	14	7	.389	.447
Throws Right	R	.257	191	49	4	0	6	22	8	24	.306	.372	Throws Right	R	.330	97	32	5	0	3	20	12	17	.402	.474
Oquist,Mike	L	.325	114	37	6	0	3	17	19	17	.416	.456	Pulido,Carlos	L	.222	54	12	2	0	1	5	9	8	.323	.315
Throws Right	R	.314	121	38	9	0	4	19	11	22	.391	.488	Throws Left	R	.283	265	75	23	2	16	45	31	24	.358	.566
Orosco,Jesse	L	.263	57	15	2	0	1	6	7	14	.344	.351	Quantrill,P	L	.326	86	28	8	0	5	18	9	12	.398	.593
Throws Left	R	.195	87	17	3	0	3	15	19	22	.345	.333	Throws Right	R	.295	122	36	7	0	2	18	6	16	.338	.402
Osuna,Al	L	.350	20	7	1	0	0	3	2	5	.409	.400	Rapp,Pat	L	.316	256	81	10	5	6	33	38	29	.405	.465
Throws Left	R	.316	19	6	1	1	0	3	2	2	.381	.474	Throws Right	R	.213	240	51	11	2	7	27	31	46	.314	.363
Otto,Dave	L	.296	54	16	0	0	0	5	10	5	.406	.296	Reardon,Jeff	L	.412	17	7	1	0	2	5	0	1	.412	.824
Throws Left	R	.277	119	33	8	3	4	15	12	14	.348	.496	Throws Right	R	.370	27	10	1	1	5	3	3	.433	.593
Painter,Lance	L	.257	35	9	2	0	0	4	4	3	.333	.314	Reed,Rick	L	.278	36	10	3	0	2	9	5	5	.366	.528
Throws Left	R	.308	266	82	17	3	9	42	22	38	.357	.496	Throws Right	R	.226	31	7	2	0	1	4	2	7	.294	.387
Palacios,V	L	.240	196	47	5	1	9	27	19	42	.311	.413	Reed,Steve	L	.379	95	36	4	1	5	21	14	16	.456	.600
Throws Right	R	.251	227	57	16	1	7	31	24	53	.319	.423	Throws Right	R	.264	163	43	8	6	4	27	12	35	.322	.460
Pall,Donn	L	.333	54	18	3	0	1	5	3	7	.379	.444	Remlinger,M	L	.220	50	11	1	0	1	3	5	7	.286	.300
Throws Right	R	.300	110	33	3	2	3	15	7	16	.339	.445	Throws Left	R	.273	161	44	12	0	8	24	30	26	.387	.497
Park,Chan Ho	L	.222	9	2	1	0	0	3	5	3	.533	.333	Reyes,Carlos	L	.272	151	41	14	2	3	15	28	23	.388	.450
Throws Right	R	.375	8	3	0	0	1	2	0	3	.375	.750	Throws Right	R	.211	142	30	6	0	7	21	16	34	.289	.401
Patterson,Bob	L	.229	70	16	6	0	1	8	5	13	.289	.357	Reynolds,S	L	.306	235	72	6	2	4	15	9	50	.345	.400
Throws Left	R	.229	83	19	4	0	5	14	10	17	.319	.458	Throws Right	R	.223	251	56	7	2	6	22	12	60	.261	.339

Pitchers vs. Left-Handed and Right-Handed Batters

Pitcher	vs	Avg	AB	H	2B	3B	HR	BI	BB	SO	OBP	SLG	Pitcher	vs	Avg	AB	H	2B	3B	HR	BI	BB	SO	OBP	SLG
Reynoso,A	L	.277	101	28	5	0	3	16	11	8	.364	.416	Scanlan,Bob	L	.269	197	53	8	2	5	24	17	43	.327	.406
Throws Right	R	.280	93	26	5	3	2	13	11	17	.368	.462	Throws Right	R	.306	209	64	13	0	6	28	11	22	.350	.455
Rhodes,Arthur	L	.316	19	6	1	1	1	4	4	4	.417	.632	Scheid,Rich	L	.176	17	3	0	0	0	2	2	3	.300	.176
Throws Left	R	.247	182	45	8	1	7	25	26	43	.344	.418	Throws Left	R	.283	113	32	6	1	6	17	6	14	.325	.513
Righetti,Dave	L	.321	28	9	2	0	3	10	6	7	.441	.714	Schilling,C	L	.248	161	40	9	0	3	16	11	30	.299	.360
Throws Left	R	.255	51	13	1	1	2	12	13	7	.403	.431	Throws Right	R	.292	161	47	6	0	7	22	17	28	.367	.460
Rijo,Jose	L	.275	316	87	16	2	7	36	36	75	.354	.405	Schourek,Pete	L	.413	80	33	6	0	4	12	6	12	.448	.638
Throws Right	R	.256	351	90	15	2	9	32	16	96	.290	.387	Throws Left	R	.244	234	57	8	0	7	23	23	57	.318	.368
Risley,Bill	L	.184	87	16	5	1	2	7	11	20	.276	.333	Schullstrom,E	L	.200	20	4	2	0	0	3	3	6	.304	.300
Throws Right	R	.158	95	15	4	1	5	16	8	41	.219	.379	Throws Right	R	.300	30	9	2	0	0	0	2	7	.364	.367
Ritz,Kevin	L	.273	139	38	15	0	3	19	21	26	.374	.446	Schwarz,Jeff	L	.103	29	3	1	0	0	3	11	12	.350	.138
Throws Right	R	.331	151	50	10	2	2	21	14	27	.393	.464	Throws Right	R	.314	35	11	2	0	0	11	11	6	.468	.371
Rivera,Ben	L	.290	69	20	5	1	2	14	6	10	.347	.478	Scott,Tim	L	.177	96	17	3	0	0	3	12	22	.275	.208
Throws Right	R	.260	77	20	3	0	5	11	16	9	.389	.494	Throws Right	R	.318	107	34	5	1	0	9	6	15	.360	.383
Robertson,R	L	.214	14	3	0	0	0	1	3	1	.353	.214	Seanez,Rudy	L	.256	39	10	3	0	1	4	5	5	.348	.410
Throws Left	R	.340	50	17	6	1	2	12	7	7	.414	.620	Throws Right	R	.286	49	14	0	1	1	5	4	13	.333	.388
Rodriguez,R	L	.183	60	11	1	0	1	4	7	16	.269	.250	Sele,Aaron	L	.293	270	79	13	3	8	38	36	46	.383	.452
Throws Left	R	.300	170	51	13	2	5	26	19	27	.372	.488	Throws Right	R	.229	266	61	6	0	5	27	24	59	.300	.308
Rogers,Kenny	L	.311	90	28	4	1	8	19	4	20	.344	.644	Seminara,F	L	.303	33	10	3	0	1	5	4	3	.378	.485
Throws Left	R	.252	560	141	34	3	16	64	48	100	.311	.409	Throws Right	R	.303	33	10	1	1	1	6	4	4	.368	.485
Rogers,Kevin	L	.333	9	3	2	0	0	1	5	2	.571	.556	Service,Scott	L	.222	9	2	0	1	1	1	2	1	.364	.778
Throws Left	R	.226	31	7	1	0	1	4	1	5	.250	.355	Throws Right	R	.286	21	6	2	0	1	5	1	4	.318	.524
Rojas,Mel	L	.225	169	38	4	0	7	23	15	47	.294	.373	Shaw,Jeff	L	.267	101	27	5	0	4	14	10	20	.327	.436
Throws Right	R	.229	144	33	3	0	4	17	6	37	.270	.333	Throws Right	R	.245	163	40	8	1	4	23	5	27	.273	.380
Roper,John	L	.321	159	51	13	1	10	23	18	17	.391	.604	Shuey,Paul	L	.292	24	7	3	0	0	3	9	8	.485	.417
Throws Right	R	.201	194	39	12	0	6	17	12	34	.256	.356	Throws Right	R	.269	26	7	2	0	1	3	3	8	.345	.462
Rueter,Kirk	L	.213	75	16	2	0	1	11	7	11	.286	.280	Slocumb,H	L	.242	128	31	3	0	0	13	15	24	.326	.266
Throws Left	R	.316	285	90	18	0	10	39	16	39	.349	.484	Throws Right	R	.278	158	44	12	0	0	24	13	34	.330	.354
Ruffcorn,S	L	.450	20	9	2	0	1	4	1	2	.455	.700	Small,Aaron	L	.714	7	5	0	0	1	1	1	0	.750	1.143
Throws Right	R	.462	13	6	0	1	0	4	4	1	.588	.615	Throws Right	R	.000	3	0	0	0	0	1	1	0	.200	.000
Ruffin,Bruce	L	.286	49	14	1	0	2	8	11	13	.417	.429	Smiley,John	L	.248	109	27	3	0	3	11	12	16	.322	.358
Throws Left	R	.244	168	41	8	0	4	22	19	52	.319	.363	Throws Left	R	.281	506	142	29	2	15	60	25	96	.320	.435
Ruffin,Johnny	L	.240	100	24	2	2	3	11	14	16	.330	.390	Smith,Dan	L	.313	16	5	1	0	3	2	4	.389	.563
Throws Right	R	.212	156	33	6	1	4	15	13	28	.271	.340	Throws Left	R	.271	48	13	3	0	1	4	10	5	.397	.396
Russell,Jeff	L	.304	69	21	4	0	2	8	8	8	.385	.449	Smith,Lee	L	.306	72	22	3	1	4	11	8	21	.366	.542
Throws Right	R	.242	91	22	3	0	3	13	8	20	.297	.374	Throws Right	R	.171	70	12	1	0	2	5	3	21	.205	.271
Ryan,Ken	L	.250	80	20	4	0	0	5	11	12	.341	.300	Smith,Pete	L	.302	235	71	10	2	8	27	25	18	.365	.464
Throws Right	R	.260	100	26	5	1	1	8	6	20	.308	.360	Throws Right	R	.270	274	74	19	2	17	47	17	44	.313	.540
Saberhagen,B	L	.238	366	87	23	5	6	30	10	82	.256	.377	Smith,Willie	L	.222	9	2	0	0	1	1	2	3	.364	.556
Throws Right	R	.274	299	82	14	2	7	25	3	61	.289	.405	Throws Right	R	.333	21	7	1	0	3	6	1	4	.364	.810
Sager,A.J.	L	.324	74	24	4	0	2	11	10	11	.400	.459	Smith,Zane	L	.217	92	20	3	1	2	9	4	18	.245	.337
Throws Right	R	.325	117	38	11	1	2	23	6	15	.365	.487	Throws Left	R	.279	509	142	23	1	16	50	30	39	.319	.422
Salkeld,Roger	L	.336	140	47	9	4	6	28	27	20	.444	.586	Smithberg,R	L	.500	6	3	0	0	0	2	1	1	.571	.500
Throws Right	R	.284	102	29	6	0	1	16	18	26	.385	.373	Throws Right	R	.500	6	3	0	0	1	2	0	2	.500	1.000
Sampen,Bill	L	.276	29	8	1	0	1	7	4	5	.364	.414	Smoltz,John	L	.271	240	65	15	0	6	38	32	40	.357	.408
Throws Right	R	.207	29	6	0	0	0	0	9	4	.439	.207	Throws Right	R	.209	263	55	4	3	9	27	16	73	.256	.350
Sanders,Scott	L	.305	203	62	7	3	5	30	33	47	.397	.443	Spoljaric,P	L	.500	2	1	0	0	1	4	1	0	.667	2.000
Throws Right	R	.188	218	41	9	0	5	21	15	62	.254	.298	Throws Left	R	.400	10	4	2	0	2	4	8	2	.667	1.200
Sanderson,S	L	.324	173	56	12	1	10	20	8	15	.361	.578	Spradlin,J	L	.571	14	8	1	1	1	4	1	3	.600	1.000
Throws Right	R	.273	198	54	14	0	10	28	4	21	.286	.495	Throws Right	R	.200	20	4	0	0	1	5	1	1	.217	.350

Pitchers vs. Left-Handed and Right-Handed Batters

Pitcher	vs	Avg	AB	H	2B	3B	HR	BI	BB	SO	OBP	SLG	Pitcher	vs	Avg	AB	H	2B	3B	HR	BI	BB	SO	OBP	SLG
Springer,Russ	L	.347	95	33	7	0	7	17	6	12	.382	.642	Trombley,Mike	L	.263	76	20	2	0	4	14	7	9	.325	.447
Throws Right	R	.230	87	20	6	0	2	9	8	16	.295	.368	Throws Right	R	.303	119	36	11	0	6	23	11	23	.370	.546
St. Claire,R	L	.400	5	2	1	0	0	3	1	1	.500	.600	Turner,Matt	L	.333	15	5	2	0	0	6	4	1	.474	.467
Throws Right	R	.500	4	2	0	0	0	2	1	1	.600	.500	Throws Right	R	.205	39	8	2	0	0	8	3	4	.311	.256
Stanton,Mike	L	.200	60	12	1	0	1	8	6	15	.290	.267	Urbani,Tom	L	.288	66	19	6	1	0	4	4	11	.342	.409
Throws Left	R	.276	105	29	3	1	1	13	20	20	.397	.352	Throws Left	R	.305	259	79	16	1	12	39	17	32	.349	.514
Stevens,Dave	L	.268	71	19	5	0	0	10	13	4	.381	.338	Valdes,Ismael	L	.260	50	13	4	1	2	6	5	10	.327	.500
Throws Right	R	.324	111	36	5	2	6	23	10	20	.385	.568	Throws Right	R	.154	52	8	0	1	0	2	5	18	.228	.192
Stewart,Dave	L	.284	250	71	12	1	12	39	39	51	.378	.484	Valdez,Sergio	L	.435	23	10	2	0	2	5	1	1	.458	.783
Throws Right	R	.286	280	80	14	2	14	45	23	60	.346	.500	Throws Right	R	.366	41	15	1	0	2	7	7	3	.458	.537
Stidham,Phil	L	.667	6	4	0	0	1	3	3	2	.778	1.167	Valenzuela,F	L	.212	33	7	1	0	1	3	0	4	.206	.333
Throws Right	R	.533	15	8	2	0	2	11	1	2	.529	1.067	Throws Left	R	.255	137	35	7	0	7	13	7	15	.290	.460
Stottlemyre,T	L	.288	274	79	16	1	10	32	27	49	.356	.464	Van Poppel,T	L	.269	216	58	13	1	14	46	57	44	.415	.532
Throws Right	R	.263	266	70	15	4	9	36	21	56	.323	.451	Throws Right	R	.231	216	50	10	1	6	26	32	39	.339	.370
Sutcliffe,R	L	.354	127	45	9	1	6	18	18	12	.434	.583	Vanegmond,Tim	L	.250	60	15	4	1	3	14	14	9	.387	.500
Throws Right	R	.312	154	48	8	2	5	29	14	14	.374	.487	Throws Right	R	.258	89	23	2	1	4	11	7	13	.306	.438
Swan,Russ	L	.400	15	6	1	0	0	3	2	1	.471	.467	VanLandingham	L	.242	149	36	10	0	0	12	17	14	.325	.309
Throws Left	R	.368	19	7	1	0	1	6	5	1	.500	.579	Throws Right	R	.206	165	34	8	1	4	19	26	42	.314	.339
Swift,Bill	L	.268	228	61	9	1	5	29	19	18	.324	.382	Veres,Dave	L	.254	63	16	2	0	2	7	5	10	.304	.381
Throws Right	R	.255	188	48	3	0	5	13	12	44	.300	.351	Throws Right	R	.242	95	23	3	1	2	13	2	18	.263	.358
Swindell,Greg	L	.350	100	35	6	0	2	8	8	13	.398	.470	Veres,Randy	L	.462	13	6	0	0	3	7	1	0	.533	1.154
Throws Left	R	.292	480	140	30	0	18	60	18	61	.314	.467	Throws Right	R	.231	26	6	1	0	0	5	1	5	.250	.269
Tabaka,Jeff	L	.321	56	18	5	1	0	14	14	7	.457	.446	Viola,Frank	L	.222	18	4	1	0	0	2	0	2	.222	.278
Throws Left	R	.149	94	14	3	2	1	8	13	25	.250	.255	Throws Left	R	.309	97	30	7	2	2	15	17	7	.405	.485
Tapani,Kevin	L	.271	325	88	23	2	5	41	20	58	.311	.400	Vosberg,Ed	L	.321	28	9	1	1	1	3	1	5	.345	.536
Throws Right	R	.314	296	93	21	3	8	35	19	33	.361	.486	Throws Left	R	.318	22	7	1	0	1	6	4	7	.423	.500
Tavarez,J	L	.556	9	5	2	0	1	4	1	0	.600	1.111	Wagner,Paul	L	.313	230	72	12	1	5	39	21	36	.375	.439
Throws Right	R	.333	3	1	0	0	0	2	0	0	.250	.333	Throws Right	R	.274	234	64	15	0	2	29	29	50	.363	.363
Taylor,Billy	L	.277	65	18	4	0	2	10	13	6	.405	.431	Walton,Bruce	L	.444	9	4	2	0	0	2	2	0	.545	.667
Throws Right	R	.185	108	20	4	0	2	17	5	42	.226	.278	Throws Right	R	.154	13	2	0	0	1	3	1	1	.214	.385
Taylor,Kerry	L	.400	10	4	0	1	0	1	1	1	.455	.600	Watson,Allen	L	.227	88	20	4	0	3	9	11	12	.333	.375
Throws Right	R	.417	12	5	0	0	1	2	0	2	.462	.667	Throws Left	R	.300	367	110	30	4	12	57	42	62	.379	.501
Telgheder,D	L	.333	15	5	1	0	0	0	2	2	.412	.400	Wayne,Gary	L	.233	30	7	1	0	1	7	3	4	.351	.367
Throws Right	R	.250	24	6	1	1	2	8	6	2	.400	.625	Throws Left	R	.316	38	12	2	1	1	7	3	6	.366	.500
Tewksbury,Bob	L	.295	329	97	21	3	8	42	11	39	.316	.450	Weathers,Dave	L	.317	312	99	11	5	6	44	35	30	.389	.442
Throws Right	R	.313	297	93	21	3	11	48	11	40	.342	.515	Throws Right	R	.291	230	67	10	1	7	35	24	42	.359	.435
Thigpen,Bobby	L	.273	11	3	2	0	0	0	1	2	.333	.455	Wegman,Bill	L	.307	218	67	11	2	8	33	12	22	.340	.486
Throws Right	R	.391	23	9	2	0	3	11	4	2	.481	.870	Throws Right	R	.299	244	73	18	3	6	23	14	37	.337	.471
Thompson,Mark	L	.294	17	5	1	0	1	2	7	1	.500	.529	Welch,Bob	L	.331	139	46	9	3	5	35	27	24	.435	.547
Throws Right	R	.478	23	11	3	2	1	6	1	4	.520	.913	Throws Right	R	.248	133	33	7	0	5	20	16	20	.329	.414
Timlin,Mike	L	.296	71	21	5	0	1	6	10	19	.390	.408	Wells,Bob	L	.333	12	4	0	0	0	2	1	2	.385	.500
Throws Right	R	.233	86	20	2	0	4	14	10	19	.320	.395	Throws Right	R	.190	21	4	0	0	0	4	3	4	.320	.190
Tomlin,Randy	L	.259	27	7	0	1	0	5	3	10	.333	.333	Wells,David	L	.253	75	19	1	0	2	12	0	17	.253	.347
Throws Left	R	.308	52	16	3	0	1	5	7	7	.390	.423	Throws Left	R	.262	359	94	22	2	11	40	24	54	.311	.426
Torres,S	L	.323	158	51	10	3	5	27	17	12	.380	.519	Wendell,Turk	L	.333	33	11	3	0	1	6	6	3	.436	.515
Throws Right	R	.263	167	44	11	0	5	22	17	30	.349	.419	Throws Right	R	.367	30	11	3	0	2	14	4	6	.429	.667
Trachsel,S	L	.212	250	53	8	1	6	22	26	50	.284	.324	Wertz,Bill	L	.286	14	4	3	0	0	2	1	1	.333	.500
Throws Right	R	.268	299	80	12	5	13	29	28	58	.335	.472	Throws Right	R	.625	8	5	2	0	0	4	0	0	.625	.875
Trlicek,Ricky	L	.327	52	17	1	0	3	15	7	2	.407	.519	West,David	L	.156	64	10	3	0	1	9	15	21	.321	.250
Throws Right	R	.333	45	15	3	0	2	7	9	5	.444	.533	Throws Left	R	.215	297	64	17	0	6	29	46	62	.320	.333

Pitchers vs. Left-Handed and Right-Handed Batters

Pitcher	vs	Avg	AB	H	2B	3B	HR	BI	BB	SO	OBP	SLG
Wetteland,J	L	.205	132	27	2	2	4	16	12	35	.284	.341
Throws Right	R	.198	96	19	3	1	1	13	9	33	.259	.281
White,Gabe	L	.273	11	3	2	0	0	1	3	5	.467	.455
Throws Left	R	.259	81	21	8	2	4	12	8	12	.322	.556
White,Rick	L	.268	142	38	6	1	4	19	6	18	.296	.408
Throws Right	R	.293	140	41	7	2	5	21	11	20	.361	.479
Whitehurst,W	L	.333	126	42	5	1	3	9	18	21	.417	.460
Throws Right	R	.307	137	42	7	1	5	23	8	22	.349	.482
Whiteside,M	L	.297	91	27	7	0	1	9	10	13	.366	.407
Throws Right	R	.279	147	41	5	0	5	30	18	24	.357	.415
Wickman,Bob	L	.236	89	21	5	2	1	11	17	13	.355	.371
Throws Right	R	.201	164	33	5	0	2	15	10	43	.246	.268
Williams,B	L	.397	156	62	16	0	5	28	19	24	.466	.596
Throws Right	R	.292	171	50	8	1	4	32	22	25	.372	.421
Williams,Mike	L	.304	115	35	10	0	3	16	14	19	.374	.470
Throws Right	R	.317	82	26	2	1	4	11	6	10	.360	.512
Williams,Mitch	L	.148	27	4	0	0	1	3	5	8	.303	.259
Throws Left	R	.333	51	17	2	0	3	12	19	13	.507	.549
Williams,W	L	.184	98	18	3	0	0	6	17	28	.304	.214
Throws Right	R	.222	117	26	8	1	5	16	16	28	.321	.436
Williamson,M	L	.257	101	26	2	1	3	9	5	8	.296	.386
Throws Right	R	.290	169	49	13	1	6	25	12	20	.339	.485
Willis,Carl	L	.267	101	27	6	0	5	22	6	16	.306	.475
Throws Right	R	.376	165	62	15	0	1	35	6	21	.393	.485
Witt,Bobby	L	.310	294	91	14	4	12	47	45	59	.395	.507
Throws Right	R	.250	240	60	6	1	10	33	25	52	.331	.408
Wohlers,Mark	L	.314	86	27	5	3	1	11	17	26	.419	.477
Throws Right	R	.224	107	24	5	1	0	28	16	32	.315	.290
Woodall,Brad	L	.500	2	1	1	0	0	0	0	0	.500	1.000
Throws Left	R	.200	20	4	1	0	2	3	2	2	.273	.550
Worrell,Tim	L	.212	33	7	2	1	0	3	5	7	.316	.333
Throws Right	R	.100	20	2	1	0	0	3	0	7	.095	.150
Worrell,Todd	L	.230	87	20	2	1	3	11	6	21	.287	.379
Throws Right	R	.243	70	17	7	0	1	14	6	23	.295	.386
Young,Anthony	L	.310	197	61	17	0	8	24	30	29	.401	.518
Throws Right	R	.189	222	42	9	3	4	27	16	36	.241	.311
AL	L	.279	--	--	--	--	--	--	--	--	.355	.435
	R	.268	--	--	--	--	--	--	--	--	.337	.434
NL	L	.273	--	--	--	--	--	--	--	--	.346	.413
	R	.263	--	--	--	--	--	--	--	--	.323	.415
MLB	L	.276	--	--	--	--	--	--	--	--	.351	.424
	R	.266	--	--	--	--	--	--	--	--	.330	.425

Leader Boards

While the off-field adventures engaged in by baseball's owners and players resembled those of 1981, the on-field performances were quite different in many respects. For example, Mike Schmidt of the Phillies led all major leaguers in home runs (31) and RBI (91) in 1981; the AL leaders had 22 HR and 78 RBI. In 1994, with roughly the same number of games played by each team, *ten* players wound up with 30 or more home runs and *fourteen* players finished with 90 or more RBI. Was it the ball? the bats? bad pitching? Extremely negative reaction to the Clinton Health Care Plan? Who cares. It was a lot of fun . . . while it lasted.

Offense was the story in 1994, as you'll be able to tell by looking at the Leader Boards on the ensuing pages. Before the strike hit, it appeared that many single-season records were in jeopardy of falling. Roger Maris' 61 home runs was the record being chased by no less than three pursuers (Matt Williams, Ken Griffey Jr and Frank Thomas). Albert Belle of the Indians and Frank Thomas of the White Sox are prominently featured in this year's Leader Boards section—both were contenders for the first Triple Crown since Carl Yastrzemski won it in 1967. Tony Gwynn of the Padres finished with the highest single-season batting average (.394) since that other Red Sox left fielder, Ted Williams, batted .406 in 1941. Gwynn's average was the highest by any National Leaguer since Bill Terry hit .401 in 1930. All in all, five players finished the season with batting averages of .350 or higher. The last season that happened? 1937!

Pitching? Well, we had some of that, too: Greg Maddux fashioned a miniscule ERA of 1.56, the third lowest mark since 1920. Maddux also outpaced his nearest competitor for the ERA championship (Bret Saberhagen of the Mets) by 1.18 points, a margin between the top two spots surpassed only once in the history of baseball previously, when Dazzy Vance (2.61) bested Carl Hubbell (3.87) by 1.27 in 1930. While Maddux dominated the NL, first or second in practically every important category, the AL honors were spread out among a group of pitchers: Jimmy Key was on his way to his first 20-win season, Randy Johnson was on his way to 300 strikeouts, and a journeyman righthander from the A's, Steve Ontiveros, sneaked past all the contenders to wear the AL ERA crown. Back in 1981, another journeyman A's righthander named Steve, Steve McCatty, copped the ERA title.

"It's deja vu all over again," as Yogi says.

1994 American League Batting Leaders

Batting Average

Player, Team	AB	H	AVG
P O'NEILL, NYA	368	132	.359
A Belle, Cle	412	147	.357
F Thomas, ChA	399	141	.353
K Lofton, Cle	459	160	.349
W Boggs, NYA	366	125	.342
P Molitor, Tor	454	155	.341
W Clark, Tex	389	128	.329
K Griffey Jr, Sea	433	140	.323
R Palmeiro, Bal	436	139	.319
J Franco, ChA	433	138	.319

On-Base Percentage

Player, Team	PA	OB	OBP
F THOMAS, ChA	517	252	.487
P O'Neill, NYA	443	204	.461
A Belle, Cle	479	210	.438
W Boggs, NYA	432	187	.433
W Clark, Tex	469	202	.431
M Tettleton, Det	444	186	.419
K Lofton, Cle	519	214	.412
R Henderson, Oak	375	154	.411
C Davis, Cal	468	192	.410
P Molitor, Tor	515	211	.410

Slugging Percentage

Player, Team	AB	TB	SLG
F THOMAS, ChA	399	291	.729
A Belle, Cle	412	294	.714
K Griffey Jr, Sea	433	292	.674
P O'Neill, NYA	368	222	.603
B Hamelin, KC	312	187	.599
M Vaughn, Bos	394	227	.576
C Davis, Cal	392	220	.561
J Canseco, Tex	429	237	.552
R Palmeiro, Bal	436	240	.550
K Gibson, Det	330	181	.548

Games

P MOLITOR, Tor	115
C Curtis, Cal	114
M Bordick, Oak	114
T Phillips, Det	114
T Fryman, Det	114
B McRae, KC	114

Plate Appearances

T PHILLIPS, Det	538
T Fryman, Det	528
B Anderson, Bal	525
K Lofton, Cle	523
F Thomas, ChA	517

At Bats

T FRYMAN, Det	464
K Lofton, Cle	459
P Molitor, Tor	454
C Curtis, Cal	453
B Anderson, Bal	453

Hits

K LOFTON, Cle	160
P Molitor, Tor	155
A Belle, Cle	147
F Thomas, ChA	141
K Griffey Jr, Sea	140
C Ripken, Bal	140

Singles

P MOLITOR, Tor	107
K LOFTON, Cle	107
C Ripken, Bal	105
F Fermin, Sea	98
J Franco, ChA	97

Doubles

C KNOBLAUCH, Min	45
A Belle, Cle	35
F Thomas, ChA	34
T Fryman, Det	34
4 players tied with	32

Triples

L JOHNSON, ChA	14
V Coleman, KC	12
K Lofton, Cle	9
A Diaz, Mil	7
3 players tied with	6

Home Runs

K GRIFFEY JR, Sea	40
F Thomas, ChA	38
A Belle, Cle	36
J Canseco, Tex	31
C Fielder, Det	28

Total Bases

A BELLE, Cle	294
K Griffey Jr, Sea	292
F Thomas, ChA	291
K Lofton, Cle	246
R Palmeiro, Bal	240

Runs Scored

F THOMAS, ChA	106
K Lofton, Cle	105
K Griffey Jr, Sea	94
T Phillips, Det	91
A Belle, Cle	90

Runs Batted In

K PUCKETT, Min	112
J Carter, Tor	103
F Thomas, ChA	101
A Belle, Cle	101
J Franco, ChA	98

Ground Double Play

J CANSECO, Tex	20
J Gonzalez, Tex	18
C Fielder, Det	17
C Ripken, Bal	17
3 players tied with	15

Sacrifice Hits

P KELLY, NYA	14
F Fermin, Sea	12
O Vizquel, Cle	11
J Cora, ChA	11
G DiSarcina, Cal	10

Sacrifice Flies

J CARTER, Tor	13
T FRYMAN, Det	13
R Sierra, Oak	11
3 players tied with	8

Stolen Bases

K LOFTON, Cle	60
V Coleman, KC	50
O Nixon, Bos	42
C Knoblauch, Min	35
B Anderson, Bal	31

Caught Stealing

G GAGNE, KC	17
K Lofton, Cle	12
L Polonia, NYA	12
F Jose, KC	12
C Curtis, Cal	11

Walks

F THOMAS, ChA	109
M Tettleton, Det	97
T Phillips, Det	95
P O'Neill, NYA	72
R Henderson, Oak	72

Intentional Walks

M VAUGHN, Bos	20
K Griffey Jr, Sea	19
R Ventura, ChA	15
P O'Neill, NYA	13
F Thomas, ChA	12
J Olerud, Tor	12

Hit by Pitch

M MACFARLANE, KC	18
E Sprague, Tor	11
M Vaughn, Bos	10
B Anderson, Bal	10
J Jaha, Mil	10
C Knoblauch, Min	10

Strikeouts

T FRYMAN, Det	128
J Canseco, Tex	114
M Vaughn, Bos	112
D Tartabull, NYA	111
C Fielder, Det	110

1994 National League Batting Leaders

Batting Average

Player, Team	AB	H	AVG
T GWYNN, SD	419	165	.394
J Bagwell, Hou	400	147	.368
M Alou, Mon	422	143	.339
H Morris, Cin	436	146	.335
K Mitchell, Cin	310	101	.326
G Jefferies, StL	397	129	.325
L Walker, Mon	395	127	.322
B Boone, Cin	381	122	.320
B Roberts, SD	403	129	.320
J Conine, Fla	451	144	.319

On-Base Percentage

Player, Team	PA	OB	OBP
T GWYNN, SD	474	215	.454
J Bagwell, Hou	479	216	.451
K Mitchell, Cin	380	163	.429
D Justice, Atl	424	181	.427
B Bonds, SF	474	202	.426
B Butler, LA	489	201	.411
C Biggio, Hou	509	209	.411
L Dykstra, Phi	386	156	.404
M Alou, Mon	471	187	.397
L Walker, Mon	452	178	.394

Slugging Percentage

Player, Team	AB	TB	SLG
J BAGWELL, Hou	400	300	.750
K Mitchell, Cin	310	211	.681
B Bonds, SF	391	253	.647
F McGriff, Atl	424	264	.623
M Williams, SF	445	270	.607
M Alou, Mon	422	250	.592
A Galarraga, Col	417	247	.592
L Walker, Mon	395	232	.587
G Sheffield, Fla	322	188	.584
T Gwynn, SD	419	238	.568

Games

D BICHETTE, Col	116
J Conine, Fla	115
C Biggio, Hou	114
D Lewis, SF	114
4 players tied with	113

Plate Appearances

M GRISSOM, Mon	521
D Lewis, SF	513
C Biggio, Hou	511
D Bichette, Col	509
B Larkin, Cin	501

At Bats

D BICHETTE, Col	484
M Grissom, Mon	475
D Lewis, SF	451
J Conine, Fla	451
M Williams, SF	445

Hits

T GWYNN, SD	165
J Bagwell, Hou	147
D Bichette, Col	147
H Morris, Cin	146
J Conine, Fla	144

Singles

T GWYNN, SD	117
B Roberts, SD	107
H Morris, Cin	102
B Butler, LA	101
D Bell, SD	101

Doubles

C BIGGIO, Hou	44
L WALKER, Mon	44
J Bell, Pit	35
T Gwynn, SD	35
D Bichette, Col	33

Triples

B BUTLER, LA	9
D LEWIS, SF	9
R Mondesi, LA	8
M Kingery, Col	8
R Sanders, Cin	8

Home Runs

M WILLIAMS, SF	43
J Bagwell, Hou	39
B Bonds, SF	37
F McGriff, Atl	34
A Galarraga, Col	31

Total Bases

J BAGWELL, Hou	300
M Williams, SF	270
D Bichette, Col	265
F McGriff, Atl	264
B Bonds, SF	253

Runs Scored

J BAGWELL, Hou	104
M Grissom, Mon	96
B Bonds, SF	89
R Lankford, StL	89
C Biggio, Hou	88

Runs Batted In

J BAGWELL, Hou	116
M Williams, SF	96
D Bichette, Col	95
F McGriff, Atl	94
M Piazza, LA	92

Ground Double Play

T GWYNN, SD	20
O Merced, Pit	17
D Bichette, Col	17
H Morris, Cin	16
J Bell, Pit	15

Sacrifice Hits

K HILL, Mon	16
A Benes, SD	13
S Finley, Hou	13
G Swindell, Hou	12
O Smith, StL	10
J Rijo, Cin	10

Sacrifice Flies

D FLETCHER, Mon	12
E Karros, LA	11
J Bagwell, Hou	10
M Kingery, Col	8
K Mitchell, Cin	8

Stolen Bases

C BIGGIO, Hou	39
D Sanders, Cin	38
M Grissom, Mon	36
C Carr, Fla	32
D Lewis, SF	30

Caught Stealing

D SANDERS, Cin	16
L Gonzalez, Hou	13
S Sosa, ChN	13
D Lewis, SF	13
R Kelly, Atl	11
J Vizcaino, NYN	11

Walks

B BONDS, SF	74
D Justice, Atl	69
B Butler, LA	68
L Dykstra, Phi	68
J Bagwell, Hou	65

Intentional Walks

B BONDS, SF	18
T Gwynn, SD	16
A Cedeno, Hou	15
K Mitchell, Cin	15
J Bagwell, Hou	14

Hit by Pitch

F VINA, NYN	12
J Patterson, SF	11
J Kent, NYN	10
B Gilkey, StL	10
R Thompson, NYN	10

Strikeouts

R SANDERS, Cin	114
R Lankford, StL	113
B Bonilla, NYN	101
K Abbott, Fla	98
R Thompson, NYN	94

1994 American League Pitching Leaders

Earned Run Average
Pitcher, Team	IP	ER	ERA
S ONTIVEROS, Oak	115.1	34	2.65
R Clemens, Bos	170.2	54	2.85
D Cone, KC	171.2	56	2.94
M Mussina, Bal	176.1	60	3.06
R Johnson, Sea	172.0	61	3.19
J Key, NYA	168.0	61	3.27
P Hentgen, Tor	174.2	66	3.40
R Bones, Mil	170.2	65	3.43
W Alvarez, ChA	161.2	62	3.45
C Nagy, Cle	169.1	65	3.45

Won-Lost Percentage
Pitcher, Team	W	L	WL%
J BERE, ChA	12	2	.857
J Key, NYA	17	4	.810
J Boever, Det	9	2	.818
M Clark, Cle	11	3	.786
M Mussina, Bal	16	5	.762
D Cone, KC	16	5	.762
M Perez, NYA	9	4	.692
R Johnson, Sea	13	6	.684
B McDonald, Bal	14	7	.667
S Sanderson, ChA	8	4	.667
B Wegman, Mil	8	4	.667

Opposition Average
Pitcher, Team	AB	H	AVG
R CLEMENS, Bos	609	124	.204
D Cone, KC	623	130	.209
R Johnson, Sea	612	132	.216
S Ontiveros, Oak	428	93	.217
J Bere, ChA	519	119	.229
C Eldred, Mil	669	158	.236
T Gordon, KC	574	136	.237
M Perez, NYA	563	134	.238
K Appier, KC	570	137	.240
P Hentgen, Tor	657	158	.240

Games
B WICKMAN, NYA	53
J Mesa, Cle	51
B Brewer, KC	50
M Guthrie, Min	50
C Willis, Min	49

Games Started
10 players tied with 25

Complete Games
R JOHNSON, Sea	9
D Martinez, Cle	7
C Finley, Cal	7
P Hentgen, Tor	6
C Eldred, Mil	6
K Rogers, Tex	6
J McDowell, ChA	6

Games Finished
R HERNANDEZ, ChA	43
R Aguilera, Min	40
B Ayala, Sea	40
L Smith, Bal	39
D Eckersley, Oak	39

Wins
J KEY, NYA	17
M Mussina, Bal	16
D Cone, KC	16
B McDonald, Bal	14
P Hentgen, Tor	13
R Johnson, Sea	13

Losses
T BELCHER, Det	15
J Deshaies, Min	12
R Darling, Oak	11
C Eldred, Mil	11
S Erickson, Min	11
D Fleming, Sea	11
J Guzman, Tor	11

Saves
L SMITH, Bal	33
J Montgomery, KC	27
R Aguilera, Min	23
D Eckersley, Oak	19
B Ayala, Sea	18

Shutouts
R JOHNSON, Sea	4
A Fernandez, ChA	3
D Martinez, Cle	3
D Cone, KC	3
P Hentgen, Tor	3
B Witt, Oak	3

Hits Allowed
K BROWN, Tex	218
T Belcher, Det	192
J McDowell, ChA	186
K Tapani, Min	181
C Finley, Cal	178

Doubles Allowed
K TAPANI, Min	44
T Belcher, Det	40
J Deshaies, Min	39
C Eldred, Mil	38
C Finley, Cal	38
S Erickson, Min	38
K Rogers, Tex	38

Triples Allowed
T BELCHER, Det	7
K BROWN, Tex	7
4 players tied with	6

Home Runs Allowed
J DESHAIES, Min	30
S Fernandez, Bal	27
M Moore, Det	27
D Stewart, Tor	26
A Fernandez, ChA	25

Batters Faced
C FINLEY, Cal	774
C Eldred, Mil	769
K Brown, Tex	760
J McDowell, ChA	755
T Belcher, Det	750

Innings Pitched
C FINLEY, Cal	183.1
J McDowell, ChA	181.0
C Eldred, Mil	179.0
D Martinez, Cle	176.2
M Mussina, Bal	176.1

Runs Allowed
T BELCHER, Det	124
J Deshaies, Min	109
K Brown, Tex	109
J Guzman, Tor	102
M Moore, Det	97

Strikeouts
R JOHNSON, Sea	204
R Clemens, Bos	168
C Finley, Cal	148
P Hentgen, Tor	147
K Appier, KC	145

Walks Allowed
T VAN POPPEL, Oak	89
M MOORE, Det	89
T Gordon, KC	87
C Eldred, Mil	84
J Bere, ChA	80

Hit Batters
S ERICKSON, Min	9
A SELE, Bos	9
M LEITER, Cal	9
J Nelson, Sea	8
5 players tied with	7

Wild Pitches
J MORRIS, Cle	13
J GUZMAN, Tor	13
T Gordon, KC	12
K Appier, KC	11
4 players tied with	10

Balks
B ANDERSON, Cal	5
A LEITER, Tor	5
3 players tied with	3

1994 National League Pitching Leaders

Earned Run Average
Pitcher, Team	IP	ER	ERA
G MADDUX, Atl	202.0	35	1.56
B Saberhagen, NYN	177.1	54	2.74
D Drabek, Hou	164.2	52	2.84
J Fassero, Mon	138.2	46	2.99
S Reynolds, Hou	124.0	42	3.05
J Rijo, Cin	172.1	59	3.08
B Jones, NYN	160.0	56	3.15
S Trachsel, ChN	146.0	52	3.21
D Jackson, Phi	179.1	65	3.26
Z Smith, Pit	157.0	57	3.27

Won-Lost Percentage
Pitcher, Team	W	L	WL%
M FREEMAN, Col	10	2	.833
W VanLandingham, SF	8	2	.800
B Saberhagen, NYN	14	4	.778
K Hill, Mon	16	5	.762
G Maddux, Atl	16	6	.727
B Henry, Mon	8	3	.727
S Avery, Atl	8	3	.727
D Jackson, Phi	14	6	.700
K Rueter, Mon	7	3	.700
K Mercker, Atl	9	4	.692

Opposition Average
Pitcher, Team	AB	H	AVG
G MADDUX, Atl	726	150	.207
P Martinez, Mon	523	115	.220
D Drabek, Hou	599	132	.220
S Avery, Atl	559	127	.227
J Fassero, Mon	519	119	.229
A Ashby, SD	622	145	.233
A Benes, SD	653	155	.237
J Smoltz, Atl	503	120	.239
S Trachsel, ChN	549	133	.242
V Palacios, StL	423	104	.246

Games
S REED, Col	61
M Rojas, Mon	58
J Bautista, ChN	58
M Munoz, Col	57
D Burba, SF	57

Games Started
J RIJO, Cin	26
A Benes, SD	25
G Maddux, Atl	25
J Burkett, SF	25
T Glavine, Atl	25
D Jackson, Phi	25

Complete Games
G MADDUX, Atl	10
D Drabek, Hou	6
T Candiotti, LA	5
5 players tied with	4

Games Finished
R BECK, SF	47
J Franco, NYN	43
J Wetteland, Mon	43
D Jones, Phi	42
G McMichael, Atl	41
T Hoffman, SD	41

Wins
K HILL, Mon	16
G MADDUX, Atl	16
D Jackson, Phi	14
B Saberhagen, NYN	14
T Glavine, Atl	13

Losses
A BENES, SD	14
W Banks, ChN	12
D Weathers, Fla	12
G Harris, Col	12
2 players tied with	11

Saves
J FRANCO, NYN	30
R Beck, SF	28
D Jones, Phi	27
J Wetteland, Mon	25
G McMichael, Atl	21
R Myers, ChN	21

Shutouts
G MADDUX, Atl	3
R MARTINEZ, LA	3
D Drabek, Hou	2
A Benes, SD	2

Hits Allowed
B TEWKSBURY, StL	190
D Jackson, Phi	183
J Rijo, Cin	177
J Burkett, SF	176
G Swindell, Hou	175

Doubles Allowed
B TEWKSBURY, StL	42
J Burkett, SF	39
B Saberhagen, NYN	37
G Swindell, Hou	36
A Benes, SD	35

Triples Allowed
G HARRIS, Col	8
K Hill, Mon	7
B Saberhagen, NYN	7
P Rapp, Fla	7
S Reed, Col	7

Home Runs Allowed
P SMITH, NYN	25
G Harris, Col	22
S Cooke, Pit	21
B Hickerson, SF	20
G Swindell, Hou	20
A Benes, SD	20

Batters Faced
G MADDUX, Atl	774
D Jackson, Phi	755
J Rijo, Cin	733
T Glavine, Atl	731
R Martinez, LA	718

Innings Pitched
G MADDUX, Atl	202.0
D Jackson, Phi	179.1
B Saberhagen, NYN	177.1
J Rijo, Cin	172.1
A Benes, SD	172.1

Runs Allowed
G HARRIS, Col	99
B Tewksbury, StL	97
W Banks, ChN	88
D Weathers, Fla	87
D Kile, Hou	84

Strikeouts
A BENES, SD	189
J Rijo, Cin	171
G Maddux, Atl	156
B Saberhagen, NYN	143
P Martinez, Mon	142

Walks Allowed
D KILE, Hou	82
T Glavine, Atl	70
P Rapp, Fla	69
D West, Phi	61
D Weathers, Fla	59

Hit Batters
P MARTINEZ, Mon	11
C Hough, Fla	10
D Kile, Hou	9
P Wagner, Pit	8
A Watson, StL	8

Wild Pitches
D KILE, Hou	10
S SANDERS, SD	10
R LEWIS, Fla	10
4 players tied with	9

Balks
R MANZANILLO, Pit	5
C Hough, Fla	4
3 players tied with	3

1994 American League Special Batting Leaders

Scoring Position				Leadoff On-Base%				Cleanup Slugging%			
Player, Team	AB	H	AVG	Player, Team	PA	OB	OBP	Player, Team	AB	TB	SLG
P MOLITOR, Tor	112	46	.411	R HENDERSON, Oak	362	150	.414	A BELLE, Cle	412	294	.714
K Seitzer, Mil	77	31	.403	K Lofton, Cle	518	214	.413	M Vaughn, Bos	199	129	.648
P O'Neill, NYA	109	42	.385	B Williams, NYA	138	57	.413	B Hamelin, KC	159	99	.623
L Gomez, Bal	66	25	.379	T Phillips, Det	537	219	.408	S Mack, Min	110	68	.618
O Vizquel, Cle	84	31	.369	C Knoblauch, Min	403	153	.380	C Davis, Cal	392	220	.561
W Clark, Tex	115	42	.365	T Raines, ChA	230	87	.378	J Buhner, Sea	352	188	.534
K Puckett, Min	140	51	.364	J Frye, Tex	104	39	.375	J Carter, Tor	434	228	.525
C Ripken, Bal	121	44	.364	L Polonia, NYA	345	129	.374	A Dawson, Bos	171	89	.520
C Knoblauch, Min	94	34	.362	S Owen, Cal	118	44	.373	J Franco, ChA	433	221	.510
P Sorrento, Cle	89	32	.360	O Nixon, Bos	452	163	.361	C Fielder, Det	425	214	.504

Vs LHP		Vs RHP		Late & Close		Bases Loaded	
S MACK, Min	.418	P O'NEILL, NYA	.380	P O'NEILL, NYA	.418	A BELLE, Cle	.750
F Fermin, Sea	.400	K Lofton, Cle	.359	O McDowell, Tex	.406	W Clark, Tex	.700
P Molitor, Tor	.391	A Belle, Cle	.353	M Huff, Tor	.400	F Jose, KC	.667
F Thomas, ChA	.385	W Boggs, NYA	.353	B Harper, Mil	.372	J Olerud, Tor	.636
A Belle, Cle	.367	C Baerga, Cle	.345	E Martinez, Sea	.366	R Greer, Tex	.625

OBP vs LHP		OBP vs RHP		BA at Home		BA on the Road	
F THOMAS, ChA	.504	F THOMAS, ChA	.482	A BELLE, Cle	.413	C DAVIS, Cal	.362
J Franco, ChA	.496	P O'Neill, NYA	.469	P O'Neill, NYA	.409	K Seitzer, Mil	.343
D Tartabull, NYA	.490	W Clark, Tex	.455	F Thomas, ChA	.385	K Lofton, Cle	.336
P Molitor, Tor	.481	W Boggs, NYA	.443	P Molitor, Tor	.378	C Baerga, Cle	.333
A Belle, Cle	.480	K Griffey Jr, Sea	.434	K Puckett, Min	.366	G Berroa, Oak	.333

SLG vs LHP		SLG vs RHP		SB Success %		Times on Base	
F THOMAS, ChA	.798	A BELLE, Cle	.729	P MOLITOR, Tor	100.0	F THOMAS, ChA	252
K Puckett, Min	.738	F Thomas, ChA	.705	B Anderson, Bal	96.9	T Phillips, Det	220
S Mack, Min	.734	K Griffey Jr, Sea	.686	D Hulse, Tex	90.0	K Lofton, Cle	214
J Franco, ChA	.677	B Hamelin, KC	.648	O McDowell, Tex	87.5	P Molitor, Tor	211
A Belle, Cle	.675	P O'Neill, NYA	.616	V Coleman, KC	86.2	A Belle, Cle	210

AB per HR		Ground/Fly Ratio		GDP/GDP Opp		% CS by Catchers	
F THOMAS, ChA	10.5	O NIXON, Bos	4.42	O NIXON, Bos	0.0	T STEINBACH, Oak	43.7
K Griffey Jr, Sea	10.8	F Fermin, Sea	3.01	R Karkovice, ChA	0.0	M Stanley, NYA	42.0
A Belle, Cle	11.4	L Polonia, NYA	2.36	J Valentin, Mil	1.6	M Walbeck, Min	39.3
B Hamelin, KC	13.0	M Lee, Tex	2.16	D Hulse, Tex	1.8	I Rodriguez, Tex	38.3
J Canseco, Tex	13.8	J Franco, ChA	2.01	K Gibson, Det	2.3	D Wilson, Sea	38.2

Pitches Seen		Pitches per PA		% Pitches Taken		Steals of Third	
T PHILLIPS, Det	2357	R HENDERSON, Oak	4.60	R HENDERSON, Oak	70.6	K LOFTON, Cle	16
J Canseco, Tex	2216	M Tettleton, Det	4.45	M Tettleton, Det	67.1	V Coleman, KC	11
T Fryman, Det	2180	J Canseco, Tex	4.39	W Boggs, NYA	66.9	C Knoblauch, Min	10
F Thomas, ChA	2125	T Phillips, Det	4.38	S Owen, Cal	64.2	R Alomar, Tor	8
J Franco, ChA	2048	W Boggs, NYA	4.22	F Thomas, ChA	64.2	O Nixon, Bos	7

1994 National League Special Batting Leaders

Scoring Position

Player, Team	AB	H	AVG
K BASS, Hou	57	22	**.386**
D Justice, Atl	83	32	.386
J Kent, NYN	104	40	.385
H Rodriguez, LA	79	30	.380
M Thompson, Hou	67	25	.373
B Boone, Cin	109	40	.367
M Piazza, LA	120	44	.367
R Mondesi, LA	91	33	.363
B Roberts, SD	75	27	.360
T Fernandez, Cin	87	31	.356

Leadoff On-Base%

Player, Team	PA	OB	OBP
C BIGGIO, Hou	177	79	**.446**
J Browne, Fla	135	57	.422
L Dykstra, Phi	385	155	.403
B Butler, LA	410	165	.402
B Larkin, Cin	157	63	.401
E Young, Col	157	63	.401
A Martin, Pit	111	43	.387
B Roberts, SD	421	155	.368
R Lankford, StL	307	113	.368
S Dunston, ChN	148	54	.365

Cleanup Slugging%

Player, Team	AB	TB	SLG
K MITCHELL, Cin	305	207	**.679**
M Williams, SF	345	231	.670
J Bagwell, Hou	220	140	.636
F McGriff, Atl	423	264	.624
A Galarraga, Col	417	247	.592
L Walker, Mon	394	232	.589
D Bell, SD	153	89	.582
T Wallach, LA	362	191	.528
D Clark, Pit	160	84	.525
J Conine, Fla	428	224	.523

Vs LHP

J BAGWELL, Hou	**.457**
D Bichette, Col	.400
A Galarraga, Col	.386
C Shipley, SD	.383
J Bell, Pit	.377

Vs RHP

T GWYNN, SD	**.404**
H Morris, Cin	.362
M Kingery, Col	.345
G Jefferies, StL	.336
B Boone, Cin	.336

Late & Close

C SHIPLEY, SD	**.435**
T Gwynn, SD	.421
M Grissom, Mon	.414
R Kelly, Atl	.377
B Butler, LA	.375

Bases Loaded

B LARKIN, Cin	**.714**
A Cedeno, Hou	.667
D Fletcher, Mon	.667
T Pagnozzi, StL	.667
G Pena, StL	.600

OBP vs LHP

J BAGWELL, Hou	**.544**
K Mitchell, Cin	.441
W Cordero, Mon	.440
C Biggio, Hou	.439
J Kent, NYN	.434

OBP vs RHP

T GWYNN, SD	**.466**
B Bonds, SF	.437
D Justice, Atl	.433
K Mitchell, Cin	.425
B Butler, LA	.421

BA at Home

T GWYNN, SD	**.403**
J Bagwell, Hou	.373
M Alou, Mon	.371
D Bichette, Col	.353
A Galarraga, Col	.348

BA on the Road

T GWYNN, SD	**.387**
M Kingery, Col	.362
J Bagwell, Hou	.362
M Piazza, LA	.358
J Conine, Fla	.357

SLG vs LHP

J BAGWELL, Hou	**1.095**
A Galarraga, Col	.886
D Bichette, Col	.848
M Williams, SF	.788
K Mitchell, Cin	.769

SLG vs RHP

F McGRIFF, Atl	**.682**
B Bonds, SF	.664
K Mitchell, Cin	.651
J Bagwell, Hou	.627
T Gwynn, SD	.600

SB Success %

S BERRY, Mon	**100.0**
B Larkin, Cin	92.9
C Biggio, Hou	90.7
R Clayton, SF	88.5
M Grissom, Mon	85.7

Times on Base

J BAGWELL, Hou	**216**
T Gwynn, SD	215
C Biggio, Hou	209
B Bonds, SF	202
B Butler, LA	201

AB per HR

J BAGWELL, Hou	**10.3**
M Williams, SF	10.4
K Mitchell, Cin	10.3
B Bonds, SF	10.6
G Sheffield, Fla	11.9

Ground/Fly Ratio

D BELL, SD	**3.24**
D DeShields, LA	2.76
B Roberts, SD	2.66
W Weiss, Col	2.50
T Gwynn, SD	2.44

GDP/GDP Opp

R LANKFORD, StL	**0.0**
L Alicea, StL	2.4
R Sanders, Cin	2.6
O Smith, StL	2.8
H Johnson, Col	3.4

% CS by Catchers

T PAGNOZZI, StL	**50.0**
B Santiago, Fla	47.1
T Eusebio, Hou	39.6
B Dorsett, Cin	39.2
R Wilkins, ChN	37.0

Pitches Seen

B LARKIN, Cin	**2071**
B Butler, LA	2010
J Bell, Pit	1974
R Lankford, StL	1953
C Biggio, Hou	1939

Pitches per PA

D DeSHIELDS, LA	**4.24**
B Larkin, Cin	4.13
P Plantier, SD	4.06
J Bell, Pit	4.05
B Butler, LA	4.05

% Pitches Taken

D DeSHIELDS, LA	**66.2**
L Dykstra, Phi	65.0
T Zeile, StL	64.5
J Offerman, LA	63.4
J Browne, Fla	62.9

Steals of Third

C BIGGIO, Hou	**12**
B Larkin, Cin	9
D Bell, SD	8
4 players tied with	7

1994 American League Special Pitching Leaders

Baserunners Per 9 IP

Player, Team	IP	BR	BR/9
S ONTIVEROS, Oak	115.1	125	9.75
D Cone, KC	171.2	191	10.01
R Clemens, Bos	170.2	199	10.49
M Mussina, Bal	176.1	206	10.51
R Johnson, Sea	172.0	210	10.99
D Martinez, Cle	176.2	217	11.05
R Bones, Mil	170.2	214	11.29
A Fernandez, ChA	170.1	214	11.31
P Hentgen, Tor	174.2	220	11.34
J McDowell, ChA	181.0	233	11.59

Run Support Per 9 IP

Player, Team	IP	R	R/9
J KEY, NYA	168.0	139	7.45
S Kamieniecki, NYA	117.1	96	7.36
J Guzman, Tor	147.1	119	7.27
P Mahomes, Min	120.0	94	7.05
J Morris, Cle	141.1	110	7.00
D Fleming, Sea	117.0	88	6.77
C Nagy, Cle	169.1	127	6.75
B McDonald, Bal	157.1	116	6.64
T Mulholland, NYA	120.2	86	6.41
A Fernandez, ChA	170.1	120	6.34

Save Percentage

Player, Team	OP	SV	SV%
D HALL, Tor	20	17	.850
M FETTERS, Mil	20	17	.850
L Smith, Bal	39	33	.846
J Montgomery, KC	32	27	.844
K Ryan, Bos	16	13	.813
R Aguilera, Min	29	23	.793
S Howe, NYA	19	15	.789
D Eckersley, Oak	25	19	.760
B Ayala, Sea	24	18	.750
J Russell, Cle	23	17	.739

Hits per 9 IP

R CLEMENS, Bos	6.54
D Cone, KC	6.82
R Johnson, Sea	6.91
S Ontiveros, Oak	7.26
J Bere, ChA	7.56

Home Runs per 9 IP

J KEY, NYA	.54
S Ontiveros, Oak	.55
J McDowell, ChA	.60
K Appier, KC	.64
D Martinez, Cle	.71

Strikeouts per 9 IP

R JOHNSON, Sea	10.7
R Clemens, Bos	8.9
K Appier, KC	8.4
M Langston, Cal	8.2
J Bere, ChA	8.1

GDP per 9 IP

S KAM'N'CKI, NYA	1.3
K Brown, Tex	1.2
R Darling, Oak	1.2
J Key, NYA	1.2
P Mahomes, Min	1.1

Vs LHB

M EICHHORN, Bal	.177
W Williams, Tor	.184
B Risley, Sea	.184
S Ontiveros, Oak	.186
J Boever, Det	.214

Vs RHB

D CONE, KC	.173
R Clemens, Bos	.186
K Appier, KC	.200
P Hentgen, Tor	.212
R Johnson, Sea	.214

OBP Leadoff Inning

A FERN'ND'Z, ChA	.236
R Johnson, Sea	.243
R Bones, Mil	.243
C Nagy, Cle	.269
M Mussina, Bal	.271

BA Allowed ScPos

D CONE, KC	.150
R Clemens, Bos	.157
J Bere, ChA	.191
E Plunk, Cle	.198
S Fernandez, Bal	.200

SLG Allowed

S ONTIVEROS, Oak	.299
R Clemens, Bos	.325
D Cone, KC	.332
R Johnson, Sea	.338
W Alvarez, ChA	.354

OBP Allowed

S ONTIVEROS, Oak	.271
D Cone, KC	.277
R Clemens, Bos	.289
M Mussina, Bal	.291
D Martinez, Cle	.298

PkOf Throw/Runner

S KAM'N'CKI, NYA	1.52
J Abbott, NYA	1.52
M Perez, NYA	1.41
T Gordon, KC	1.35
M Langston, Cal	1.33

SB% Allowed

T MULH'L'ND, NYA	0.0
K Rogers, Tex	40.0
W Alvarez, ChA	42.9
K Brown, Tex	43.8
R Bones, Mil	44.4

Pitches per Batter

M MOORE, Det	3.44
D Martinez, Cle	3.50
K Tapani, Min	3.52
T Mulholland, NYA	3.53
C Bosio, Sea	3.56

Grd/Fly Ratio Off

K BROWN, Tex	3.20
S Ontiveros, Oak	2.48
M Gubicza, KC	2.41
C Nagy, Cle	2.19
S Erickson, Min	1.96

K/BB Ratio

J McDOWELL, ChA	3.02
R Johnson, Sea	2.83
P Hentgen, Tor	2.49
K Brown, Tex	2.46
D Cone, KC	2.44

Wins in Relief

J BOEVER, Det	9
B RISLEY, Sea	9
J Mesa, Cle	7
E Plunk, Cle	7
M Eichhorn, Bal	6

Holds

P ASS'NM'CH'R, ChA	14
A MILLS, Bal	14
T Castillo, Tor	13
M Guthrie, Min	12
B Brewer, KC	12

Blown Saves

9 players tied with	6
C CARPENTER, Tex	6
D ECKERSLEY, Oak	6
R AGUILERA, Min	6
L SMITH, Bal	6

% Inherited Scored

M LEITER, Cal	12.0
S BANKHEAD, NYA	12.0
B Groom, Det	15.4
A Mills, Bal	17.0
P Assenmacher, ChA	17.2

1st Batter OBP

B RISLEY, Sea	.129
M Henneman, Det	.138
M Gardiner, Det	.147
M Acre, Oak	.154
J Briscoe, Oak	.156

1994 National League Special Pitching Leaders

Baserunners Per 9 IP

Player, Team	IP	BR	BR/9
G MADDUX, Atl	202.0	187	8.33
B Saberhagen, NYN	177.1	186	9.44
D Drabek, Hou	164.2	179	9.78
J Fassero, Mon	138.2	160	10.38
A Ashby, SD	164.1	191	10.46
P Martinez, Mon	144.2	171	10.64
A Benes, SD	172.1	207	10.81
S Avery, Atl	151.2	186	11.04
Z Smith, Pit	157.0	196	11.24
S Reynolds, Hou	124.0	155	11.25

Run Support Per 9 IP

Player, Team	IP	R	R/9
D JACKSON, Phi	179.1	132	6.62
K Hill, Mon	154.2	110	6.40
J Smiley, Cin	158.2	109	6.18
T Glavine, Atl	165.1	110	5.99
D Kile, Hou	147.2	93	5.67
R Martinez, LA	170.0	105	5.56
D Nied, Col	122.0	75	5.53
D Drabek, Hou	164.2	101	5.52
M Portugal, SF	137.1	84	5.50
A Watson, StL	115.2	69	5.37

Save Percentage

Player, Team	OP	SV	SV%
R BECK, SF	28	28	1.000
R Nen, Fla	15	15	1.000
D Jones, Phi	29	27	.931
J Hudek, Hou	18	16	.889
M Rojas, Mon	18	16	.889
T Hoffman, SD	23	20	.870
M Perez, StL	14	12	.857
J Franco, NYN	36	30	.833
R Myers, ChN	26	21	.808
B Ruffin, Col	21	16	.762

Hits per 9 IP

G MADDUX, Atl	6.68
P Martinez, Mon	7.15
D Drabek, Hou	7.21
S Avery, Atl	7.54
J Fassero, Mon	7.72

Home Runs per 9 IP

G MADDUX, Atl	0.18
P Wagner, Pit	0.53
T Candiotti, LA	0.53
T Glavine, Atl	0.54
B Jones, NYN	0.56

Strikeouts per 9 IP

A BENES, SD	9.9
J Rijo, Cin	8.9
P Martinez, Mon	8.8
D Neagle, Pit	8.0
S Reynolds, Hou	8.0

GDP per 9 IP

D WEATHERS, Fla	1.2
S Cooke, Pit	1.1
A Young, ChN	1.1
Z Smith, Pit	1.1
P Rapp, Fla	1.1

Vs LHB

L AQUINO, Fla	.152
R Nen, Fla	.161
T Scott, Mon	.177
D Burba, SF	.178
H Carrasco, Cin	.198

Vs RHB

J SMOLTZ, Atl	.209
P Rapp, Fla	.213
G Maddux, Atl	.213
D West, Phi	.215
A Ashby, SD	.217

OBP Leadoff Inning

B MUNOZ, Phi	.222
C Hough, Fla	.254
A Ashby, SD	.265
S Avery, Atl	.267
M Freeman, Col	.267

BA Allowed ScPos

S TRACHSEL, ChN	.140
D Drabek, Hou	.151
G Maddux, Atl	.162
B Munoz, Phi	.182
D Jackson, Phi	.195

SLG Allowed

G MADDUX, Atl	.259
D Drabek, Hou	.331
J Fassero, Mon	.349
B Jones, NYN	.351
P Martinez, Mon	.354

OBP Allowed

G MADDUX, Atl	.243
B Saberhagen, NYN	.271
D Drabek, Hou	.275
A Ashby, SD	.285
J Fassero, Mon	.285

PkOf Throw/Runner

S TRACHSEL, ChN	2.77
J Burkett, SF	2.26
G Swindell, Hou	1.56
M Portugal, SF	1.54
P Smith, NYN	1.48

SB% Allowed

R MARTINEZ, LA	30.0
J Smoltz, Atl	33.3
P Smith, NYN	36.4
V Palacios, StL	36.4
P Rapp, Fla	43.5

Pitches per Batter

B TEWKSBURY, StL	3.25
Z Smith, Pit	3.39
O Hershiser, LA	3.39
M Portugal, SF	3.40
G Maddux, Atl	3.40

Grd/Fly Ratio Off

G MADDUX, Atl	2.62
Z Smith, Pit	2.59
S Reynolds, Hou	2.55
O Hershiser, LA	2.18
J Fassero, Mon	2.12

K/BB Ratio

B SAB'RH'N, NYN	11.00
S Reynolds, Hou	5.24
G Maddux, Atl	5.03
E Hanson, Cin	4.39
A Benes, SD	3.71

Wins in Relief

M WOHLERS, Atl	7
J RUFFIN, Cin	7
J Brantley, Cin	6
T Worrell, LA	6
J Gott, LA	5

Holds

M ROJAS, Mon	19
H Slocumb, Phi	18
R Rodriguez, StL	15
Y Perez, Fla	15
3 players tied with	14

Blown Saves

G McMICHAEL, Atl	10
J WETTELAND, Mon	10
T Worrell, LA	8
S Reed, Col	7
3 players tied with	6

% Inherited Scored

R NEN, Fla	3.6
D Otto, ChN	17.2
J Tabaka, SD	19.2
B Ruffin, Col	20.0
T Jones, Hou	20.9

1st Batter OBP

H SLOCUMB, Phi	.146
Y Perez, Fla	.146
R Murphy, NYA	.159
M Munoz, Col	.163
M Rojas, Mon	.170

1994 Active Career Batting Leaders

Batting Average

Player, Team	AB	H	AVG
W BOGGS	7139	2392	**.335**
T Gwynn	6609	2204	.333
F Thomas	2271	741	.326
K Puckett	6706	2135	.318
H Morris	2035	637	.313
M Piazza	1021	319	.312
K Lofton	1678	524	.312
J Bagwell	2075	641	.309
D Mattingly	6545	2021	.309
P Molitor	8610	2647	.307
K Griffey Jr	3180	972	.306
M Greenwell	3847	1170	.304
M Grace	3804	1153	.303
C Baerga	2628	796	.303
E Martinez	2266	686	.303
W Clark	4658	1406	.302
J Franco	6381	1922	.301
M Alou	1265	381	.301
J Kruk	3738	1121	.300
S Mack	2518	754	.299
J Conine	1157	346	.299
R Palmeiro	4303	1283	.298
W McGee	6300	1876	.298
R Alomar	3943	1174	.298
J Olerud	2213	658	.297

On-Base Percentage

Player, Team	PA	OB	OBP
F THOMAS	2844	1278	**.449**
W Boggs	8375	3554	.424
R Henderson	9240	3753	.406
J Olerud	2634	1046	.397
J Kruk	4403	1746	.397
J Bagwell	2432	959	.394
B Bonds	5400	2126	.394
E Martinez	2626	1026	.391
R Milligan	2594	1013	.391
F McGriff	4712	1832	.389
D Magadan	3263	1267	.388
T Gwynn	7260	2809	.387
K Lofton	1900	735	.387
T Raines	8416	3250	.386
K Griffey Jr	3601	1364	.379
B Butler	8282	3136	.379
W Clark	5334	2018	.378
M Grace	4319	1626	.376
L Dykstra	4802	1803	.375
D Tartabull	4960	1853	.374
D Justice	2693	1006	.374
M Vaughn	1755	654	.373
M Greenwell	4320	1609	.372
P Molitor	9609	3572	.372
L Smith	5931	2203	.371

Slugging Percentage

Player, Team	AB	TB	SLG
F THOMAS	2271	1341	**.590**
A Belle	2293	1243	.542
F McGriff	3984	2156	.541
K Griffey Jr	3180	1720	.541
M Piazza	1021	548	.537
B Bonds	4514	2422	.537
K Mitchell	3742	1979	.529
J Gonzalez	2237	1170	.523
J Bagwell	2075	1078	.520
J Canseco	4315	2208	.512
M Alou	1265	644	.509
M McGwire	3342	1695	.507
D Strawberry	4756	2406	.506
D Tartabull	4252	2149	.505
D Justice	2307	1156	.501
C Fielder	3295	1650	.501
W Clark	4658	2324	.499
M Vaughn	1507	733	.486
J Olerud	2213	1075	.486
M Williams	3452	1673	.485
A Dawson	9643	4665	.484
L Walker	2366	1142	.483
K Hrbek	6192	2976	.481
E Murray	10167	4883	.480
R Palmeiro	4303	2064	.480

Games

D WINFIELD	**2927**
E Murray	2706
A Dawson	2506
O Smith	2447
L Whitaker	2306
W Wilson	2154
A Trammell	2153
P Molitor	2131
R Henderson	2080
C Ripken	2074
H Baines	2056
T Wallach	2013
B Butler	1945
T Raines	1920
L Parrish	1918

Runs Scored

D WINFIELD	**1658**
R Henderson	1652
P Molitor	1482
E Murray	1477
L Whitaker	1350
A Dawson	1337
T Raines	1293
W Boggs	1211
B Butler	1207
O Smith	1205
C Ripken	1201
A Trammell	1187
R Sandberg	1179
W Wilson	1169
T Gwynn	991

Runs Batted In

D WINFIELD	**1829**
E Murray	1738
A Dawson	1540
H Baines	1198
C Ripken	1179
J Carter	1097
K Hrbek	1086
D Mattingly	1050
L Parrish	1048
T Wallach	1045
L Whitaker	1040
C Davis	1014
K Puckett	986
G Gaetti	979
P Molitor	976

Stolen Bases

R HENDERSON	**1117**
T Raines	764
V Coleman	698
W Wilson	668
O Smith	569
B Butler	503
P Molitor	454
S Sax	444
O Nixon	394
L Smith	370
J Samuel	363
R Sandberg	325
G Redus	322
W McGee	320
A Dawson	314

Hits		Home Runs		Strikeouts		AB per HR	
D WINFIELD	3088	D WINFIELD	463	D WINFIELD	1660	M McGWIRE	14.0
E Murray	2930	E Murray	458	L Parrish	1475	C Fielder	15.0
A Dawson	2700	A Dawson	428	A Dawson	1451	F McGriff	15.2
P Molitor	2647	L Parrish	320	E Murray	1338	J Canseco	15.6
W Boggs	2392	C Ripken	310	C Davis	1306	A Belle	15.9
O Smith	2365	J Carter	302	J Samuel	1287	J Gonzalez	16.0
L Whitaker	2296	D Strawberry	294	K Gibson	1224	F Thomas	16.0
A Trammell	2260	K Hrbek	293	G Gaetti	1210	D Strawberry	16.2
C Ripken	2227	H Baines	277	T Brunansky	1187	B Jackson	17.0
R Henderson	2216	J Canseco	276	J Canseco	1174	K Mitchell	17.0
W Wilson	2207	T Brunansky	271	D Strawberry	1160	M Piazza	17.0
T Gwynn	2204	F McGriff	262	T Wallach	1159	M Williams	17.1
H Baines	2156	B Bonds	259	D Tartabull	1148	B Bonds	17.4
T Raines	2152	G Gaetti	257	W Wilson	1144	D Justice	17.7
K Puckett	2135	C Davis	250	P Incaviglia	1132	E Davis	18.0

Doubles		Walks		K/BB Ratio		GDP/GDP Opp	
D WINFIELD	535	R HENDERSON	1478	W BOGGS	.48	D VALLE	26.1
E Murray	511	E Murray	1218	O Smith	.55	G Myers	26.3
A Dawson	491	D Winfield	1202	T Gwynn	.56	D Segui	27.9
P Molitor	472	L Whitaker	1166	M Grace	.65	T Pena	27.9
W Boggs	467	W Boggs	1139	R Henderson	.70	J Franco	28.5
C Ripken	414	T Raines	1064	F Thomas	.70	R Gonzales	28.5
D Mattingly	410	O Smith	1030	T Raines	.71	B Harper	29.4
L Whitaker	406	B Butler	1011	D Magadan	.72	I Rodriguez	30.1
T Wallach	400	P Molitor	887	J Reed	.73	J Leyritz	30.4
A Trammell	398	T Phillips	861	M LaValliere	.73	T Steinbach	30.6
O Smith	387	C Ripken	849	D Mattingly	.75	P Borders	31.4
K Puckett	375	C Davis	847	M Greenwell	.75	R Milligan	31.6
H Baines	368	K Hrbek	838	G Jefferies	.76	E Sprague	32.2
R Henderson	364	A Trammell	813	L Dykstra	.77	F Fermin	32.3
T Gwynn	351	B Bonds	811	B Butler	.79	C Fielder	32.3

Triples		Intentional Walks		SB Success %		AB per RBI	
W WILSON	147	E MURRAY	211	E DAVIS	87.2	F THOMAS	4.7
B Butler	118	B Bonds	174	T Raines	85.1	A Belle	4.8
T Raines	105	D Winfield	170	M Grissom	84.7	M Piazza	4.8
A Dawson	95	W Boggs	157	B Larkin	83.9	C Fielder	4.8
P Molitor	95	T Gwynn	155	K Lofton	83.5	J Canseco	5.0
J Samuel	94	A Dawson	142	W Wilson	83.3	M McGwire	5.1
A Van Slyke	89	H Baines	142	S Javier	82.6	J Gonzalez	5.2
D Winfield	88	C Davis	141	V Coleman	81.4	D Strawberry	5.4
T Fernandez	87	T Raines	138	R Henderson	81.4	D Tartabull	5.4
W McGee	84	D Mattingly	129	L Dykstra	80.5	K Mitchell	5.4
V Coleman	82	W Clark	123	O Smith	80.3	J Bagwell	5.4
T Gwynn	79	D Strawberry	121	A Van Slyke	80.1	D Justice	5.5
R Sandberg	72	K Hrbek	110	G Redus	79.5	M Vaughn	5.5
O Smith	66	H Johnson	105	P Molitor	79.2	F McGriff	5.6
L Johnson	66	K Griffey Jr	100	G Jefferies	79.1	J Carter	5.7

1994 Active Career Pitching Leaders

Wins		Losses		Saves		Shutouts	
J MORRIS	**254**	**C HOUGH**	**216**	**L SMITH**	**434**	**R CLEMENS**	**36**
D Martinez	219	J Morris	186	J Reardon	367	F Valenzuela	31
C Hough	216	D Martinez	171	G Gossage	310	B Welch	28
B Welch	211	M Moore	161	D Eckersley	294	J Morris	28
D Eckersley	188	D Eckersley	153	T Henke	275	D Martinez	26
F Viola	175	B Welch	146	J Franco	266	O Hershiser	24
R Clemens	172	F Viola	146	D Righetti	252	B Hurst	23
R Sutcliffe	171	R Honeycutt	141	D Jones	217	D Gooden	23
D Stewart	165	D Darwin	140	R Myers	205	D Eckersley	20
B Gullickson	162	R Sutcliffe	139	B Thigpen	201	D Drabek	20
S Sanderson	162	S Sanderson	138	M Williams	192	D Cone	19
D Gooden	157	M Morgan	137	J Montgomery	187	R Sutcliffe	18
M Moore	156	B Gullickson	136	S Bedrosian	184	M Langston	17
M Langston	151	K Gross	134	R Aguilera	179	G Maddux	17
J Key	151	M Langston	134	B Harvey	177	6 players tied with	16

Games		Games Started		CG Freq		Innings Pitched	
G GOSSAGE	**1002**	**J MORRIS**	**527**	**J MORRIS**	**0.33**	**J MORRIS**	**3824.2**
L Smith	891	D Martinez	500	F Valenzuela	0.31	C Hough	3800.1
J Reardon	880	B Welch	462	R Clemens	0.29	D Martinez	3561.0
C Hough	858	C Hough	440	D Eckersley	0.28	B Welch	3091.1
D Eckersley	849	M Moore	415	B Saberhagen	0.26	D Eckersley	3082.2
J Orosco	754	F Viola	411	J McDowell	0.26	F Viola	2791.2
D Righetti	708	S Sanderson	396	T Higuera	0.24	M Moore	2699.0
S Bedrosian	703	R Sutcliffe	392	C Hough	0.24	R Sutcliffe	2698.0
L Andersen	699	B Gullickson	390	D Martinez	0.23	F Valenzuela	2579.0
C Lefferts	696	D Eckersley	361	B Hurst	0.23	B Gullickson	2559.2
R Honeycutt	682	F Valenzuela	360	T Mulholland	0.23	D Stewart	2548.1
G Harris	658	B Hurst	359	G Maddux	0.22	S Sanderson	2503.2
R McDowell	618	M Langston	349	D Gooden	0.22	M Langston	2448.1
J Franco	613	R Darling	343	M Langston	0.22	D Darwin	2447.2
M Davis	605	D Stewart	332	T Candiotti	0.22	B Hurst	2417.2

Batters Faced		Home Runs Allowed		Walks Allowed		Strikeouts	
C HOUGH	**16170**	**J MORRIS**	**389**	**C HOUGH**	**1665**	**J MORRIS**	**2478**
J Morris	16120	C Hough	383	J Morris	1390	C Hough	2362
D Martinez	14865	D Martinez	327	M Moore	1088	D Eckersley	2245
B Welch	12956	D Eckersley	319	R Sutcliffe	1081	R Clemens	2201
D Eckersley	12682	S Sanderson	286	M Langston	1081	M Langston	2110
F Viola	11719	F Viola	285	B Welch	1034	B Welch	1969
M Moore	11571	B Gullickson	282	D Martinez	1034	D Martinez	1923
R Sutcliffe	11548	B Welch	267	F Valenzuela	1004	D Gooden	1875
D Stewart	10870	M Moore	267	D Stewart	995	F Valenzuela	1861
F Valenzuela	10843	B Hurst	258	B Witt	957	F Viola	1822
B Gullickson	10744	D Stewart	253	R Darling	860	B Hurst	1689
S Sanderson	10441	M Langston	244	F Viola	840	D Stewart	1683
M Langston	10305	R Sutcliffe	236	K Gross	827	R Sutcliffe	1679
D Darwin	10239	T Browning	234	J DeLeon	806	D Darwin	1615
B Hurst	10204	D Darwin	231	B Hurst	740	M Moore	1603

Earned Run Average

Player, Team	IP	ER	ERA
J FRANCO	**770.1**	**225**	**2.63**
L Smith	1163.2	378	2.92
M Eichhorn	855.0	278	2.93
R Clemens	2393.1	780	2.93
J Orosco	971.1	318	2.95
O Hershiser	2156.0	719	3.00
G Gossage	1809.1	605	3.01
A Pena	998.0	334	3.01
G Maddux	1911.0	641	3.02
K Appier	1017.0	349	3.09
D Gooden	2169.2	747	3.10
D Cone	1692.2	587	3.12
J Rijo	1717.0	596	3.12
L Andersen	996.0	348	3.14
J Reardon	1132.1	397	3.16

Winning Percentage

Player, Team	W	L	W%
R CLEMENS	**172**	**93**	**.649**
D Gooden	157	85	.649
J Key	151	91	.624
J Burkett	67	42	.615
D Cone	111	70	.613
J McDowell	91	58	.611
K Appier	66	44	.600
T Higuera	94	64	.595
B Welch	211	146	.591
T Glavine	108	75	.590
G Maddux	131	91	.590
B Saberhagen	134	94	.588
T Browning	123	88	.583
J Morris	254	186	.577
D Stewart	165	122	.575

Opposition Batting

Player, Team	AB	H	AVG
S FERNANDEZ	**6183**	**1283**	**.208**
R Johnson	4483	966	.215
J DeLeon	6660	1489	.224
D Cone	6228	1394	.224
J Orosco	3555	797	.224
R Clemens	8865	2002	.226
G Gossage	6554	1497	.228
S Bedrosian	4303	986	.229
C Hough	14080	3283	.233
J Smoltz	5052	1180	.234
L Smith	4306	1006	.234
D Gooden	8078	1898	.235
T Gordon	3557	836	.235
E Plunk	2950	695	.236
P Harnisch	3909	921	.236

Hits Per 9 Innings

Player, Team	IP	H	H/9
S FERNANDEZ	**1706.0**	**1283**	**6.77**
R Johnson	1245.1	966	6.98
J DeLeon	1821.1	1489	7.36
J Orosco	971.1	797	7.38
D Cone	1692.2	1394	7.41
G Gossage	1809.1	1497	7.45
R Clemens	2393.1	2002	7.53
S Bedrosian	1162.2	986	7.63
C Hough	3800.1	3283	7.77
L Smith	1163.2	1006	7.78
J Smoltz	1358.0	1180	7.82
T Gordon	960.2	836	7.83
E Plunk	795.2	695	7.86
D Gooden	2169.2	1898	7.87
M Langston	2448.1	2158	7.93

Home Runs Per 9 Innings

Player, Team	IP	HR	HR/9
R McDOWELL	**905.2**	**38**	**0.38**
G Maddux	1911.0	100	0.47
M Eichhorn	855.0	46	0.48
J Franco	770.1	42	0.49
B Swift	1265.2	71	0.50
D Gooden	2169.2	123	0.51
K Appier	1017.0	58	0.51
L Andersen	996.0	58	0.52
M Gubicza	1886.0	110	0.52
D Jackson	1868.0	109	0.53
O Hershiser	2156.0	126	0.53
K Hill	1027.0	63	0.55
Z Smith	1725.1	108	0.56
A Pena	998.0	65	0.59
D Righetti	1353.2	89	0.59

Baserunners Per 9 Innings

Player, Team	IP	BR	BR/9
B SAB'RH'G'N	**2074.2**	**2361**	**10.24**
R Clemens	2393.1	2760	10.38
S Fernandez	1706.0	1971	10.40
D Eckersley	3082.2	3634	10.61
D Drabek	1896.2	2248	10.67
D Gooden	2169.2	2590	10.74
J Key	2100.1	2547	10.91
G Maddux	1911.0	2324	10.95
J Reardon	1132.1	1385	11.01
D Cone	1692.2	2071	11.01
J Smiley	1359.1	1664	11.02
O Hershiser	2156.0	2641	11.02
A Pena	998.0	1224	11.04
A Benes	1116.1	1380	11.13
L Smith	1163.2	1440	11.14

Strikeouts per 9 Innings

Player, Team	IP	K	K/9
R JOHNSON	**1245.1**	**1330**	**9.61**
L Smith	1163.2	1152	8.91
R Clemens	2393.1	2201	8.28
T Gordon	960.2	880	8.24
D Cone	1692.2	1550	8.24
S Fernandez	1706.0	1553	8.19
E Plunk	795.2	722	8.17
J Orosco	971.1	862	7.99
M Davis	1128.2	993	7.92
J Rijo	1717.0	1494	7.83
D Gooden	2169.2	1875	7.78
B Witt	1528.2	1318	7.76
M Langston	2448.1	2110	7.76
J DeLeon	1821.1	1529	7.56
G Gossage	1809.1	1502	7.47

Walks per 9 Innings

Player, Team	IP	BB	BB/9
B TEWKSBURY	**1153.2**	**178**	**1.39**
B Saberhagen	2074.2	388	1.68
G Swindell	1595.1	333	1.88
K Tapani	1045.2	225	1.94
D Eckersley	3082.2	705	2.06
B Wegman	1412.0	331	2.11
J Key	2100.1	499	2.14
B Gullickson	2559.2	622	2.19
J Burkett	997.1	245	2.21
S Sanderson	2503.2	617	2.22
T Mulholland	1169.1	292	2.25
D Drabek	1896.2	492	2.33
A Hammaker	1072.1	279	2.34
C Bosio	1479.1	388	2.36
T Browning	1911.0	506	2.38

Strikeout to Walk Ratio

Player, Team	K	BB	K/BB
B SAB'RH'G'N	**1410**	**388**	**3.63**
G Swindell	1092	333	3.28
R Clemens	2201	690	3.19
D Eckersley	2245	705	3.18
D Gooden	1875	651	2.88
K Tapani	638	225	2.84
R Aguilera	687	244	2.82
E Hanson	841	308	2.73
B Tewksbury	481	178	2.70
L Smith	1152	427	2.70
S Sanderson	1581	617	2.56
A Benes	910	357	2.55
A Pena	770	311	2.48
D Wells	659	267	2.47
D Cone	1550	628	2.47

1994 American League Bill James Leaders

Top Game Scores of the Year

Pitcher	Date	Opp	IP	H	R	ER	BB	K	SC
B Witt	6/23	KC	9.0	1	0	0	0	14	99
P Hentgen	5/3	KC	9.0	2	0	0	2	14	95
K Rogers	7/28	Cal	9.0	0	0	0	0	8	95
R Clemens	4/20	Oak	9.0	2	0	0	2	10	91

Top Game Scores of the Year

Pitcher	Date	Opp	IP	H	R	ER	BB	K	SC
R Johnson	5/30	Min	9.0	2	0	0	2	10	91
R Johnson	6/20	Cal	9.0	3	0	0	1	11	91
B McDonald	8/5	Mil	9.0	1	0	0	4	9	90

Offensive Winning %

F THOMAS, ChA	.876
A Belle, Cle	.852
P O'Neill, NYA	.803
K Griffey Jr, Sea	.796
K Lofton, Cle	.756
W Clark, Tex	.747
M Vaughn, Bos	.744
B Hamelin, KC	.733
P Molitor, Tor	.728
C Davis, Cal	.726

Runs Created

F THOMAS, ChA	145
A Belle, Cle	131
K Griffey Jr, Sea	117
K Lofton, Cle	111
P O'Neill, NYA	101
P Molitor, Tor	100
R Palmeiro, Bal	95
M Vaughn, Bos	94
J Franco, ChA	92
C Davis, Cal	91
W Clark, Tex	91
T Phillips, Det	91

Isolated Power

F THOMAS, ChA	.376
A Belle, Cle	.357
K Griffey Jr, Sea	.351
B Hamelin, KC	.317
K Gibson, Det	.273
J Canseco, Tex	.270
M Vaughn, Bos	.266
J Buhner, Sea	.263
J Thome, Cle	.255
J Carter, Tor	.253

Power/Speed Number

J CANSECO, Tex	20.2
K Lofton, Cle	20.0
B Anderson, Bal	17.3
K Griffey Jr, Sea	17.3
P Molitor, Tor	16.5
J Carter, Tor	15.6
T Phillips, Det	15.4
C Curtis, Cal	15.3
A Belle, Cle	14.4
S Javier, Oak	14.1

Secondary Average

F THOMAS, ChA	.647
A Belle, Cle	.505
B Hamelin, KC	.500
K Griffey Jr, Sea	.499
M Tettleton, Det	.499
J Canseco, Tex	.448
J Buhner, Sea	.444
P O'Neill, NYA	.443
C Davis, Cal	.429
T Phillips, Det	.422

Cheap Wins

J GUZMAN	5
P MAHOMES	5
J Morris	4
J Key	4
B Wegman	4
T Mulholland	4
T Belcher	4
10 players tied with	3

Tough Losses

R BONES	6
R Clemens	4
K Rogers	4
W Alvarez	4
9 players tied with	3

Slow Hooks

Brewers	16
Rangers	16
Tigers	14
Angels	11
Indians	11
Royals	11
Mariners	11
Blue Jays	11
Orioles	8
Yankees	7
Red Sox	5
Twins	4
Athletics	4
White Sox	2

Quick Hooks

Athletics	11
Brewers	9
Orioles	6
Indians	6
Red Sox	5
Royals	5
Yankees	5
Mariners	5
Rangers	5
Angels	4
White Sox	4
Blue Jays	3
Twins	2
Tigers	0

1994 National League Bill James Leaders

Top Game Scores of the Year

Pitcher	Date	Opp	IP	H	R	ER	BB	K	SC
A Benes	7/3	NYN	9.0	1	0	0	1	13	97
K Mercker	4/8	LA	9.0	0	0	0	4	10	93
B Saberhagen	7/15	SD	10.0	5	0	0	0	11	93
G Maddux	4/24	Pit	9.0	3	0	0	0	11	92

Top Game Scores of the Year

Pitcher	Date	Opp	IP	H	R	ER	BB	K	SC
V Palacios	7/19	Hou	9.0	1	0	0	1	8	92
A Benes	7/15	NYN	8.0	2	0	0	1	14	91
J Fassero	7/5	LA	9.0	2	1	0	1	10	90
S Reynolds	7/23	Pit	9.0	4	0	0	0	11	90

Offensive Winning %

J BAGWELL, Hou	.891
B Bonds, SF	.847
K Mitchell, Cin	.843
T Gwynn, SD	.826
F McGriff, Atl	.797
M Alou, Mon	.788
L Walker, Mon	.785
D Justice, Atl	.779
C Biggio, Hou	.773
B Butler, LA	.730

Power/Speed Number

B BONDS, SF	32.5
D Bichette, Col	23.6
S Sosa, ChN	23.4
J Bagwell, Hou	21.7
R Sanders, Cin	18.8
D Bell, SD	17.7
M Grissom, Mon	16.9
L Walker, Mon	16.8
G Sheffield, Fla	16.6
W Cordero, Mon	15.5

Tough Losses

A BENES	7
J Smoltz	5
D West	5
S Trachsel	5
J Rijo	4
G Maddux	4
J Smiley	4
V Palacios	4
P Rapp	4
S Cooke	4
10 players tied with	3

Runs Created

J BAGWELL, Hou	137
B Bonds, SF	115
T Gwynn, SD	104
F McGriff, Atl	103
C Biggio, Hou	98
M Alou, Mon	98
L Walker, Mon	94
K Mitchell, Cin	91
J Conine, Fla	88
B Butler, LA	86

Secondary Average

B BONDS, SF	.575
J Bagwell, Hou	.572
K Mitchell, Cin	.552
G Sheffield, Fla	.484
F McGriff, Atl	.432
M Williams, SF	.416
L Dykstra, Phi	.413
L Walker, Mon	.410
D Justice, Atl	.409
C Biggio, Hou	.387

Slow Hooks

Dodgers	7
Mets	7
Pirates	6
Cardinals	5
Rockies	5
Braves	4
Cubs	4
Giants	4
Reds	3
Astros	3
Padres	2
Expos	1
Phillies	1
Marlins	1

Isolated Power

J BAGWELL, Hou	.382
K Mitchell, Cin	.355
M Williams, SF	.339
B Bonds, SF	.335
G Sheffield, Fla	.307
F McGriff, Atl	.304
A Galarraga, Col	.273
L Walker, Mon	.266
M Alou, Mon	.254
S Sosa, ChN	.244

Cheap Wins

T GLAVINE	5
M Portugal	4
B Tewksbury	4
J Smiley	4
D Jackson	3
K Hill	3
M Freeman	3
D Weathers	3
K Rueter	3
8 players tied with	2

Quick Hooks

Rockies	10
Expos	9
Phillies	8
Pirates	7
Cardinals	7
Cubs	6
Marlins	6
Reds	5
Astros	5
Padres	5
Braves	4
Giants	3
Dodgers	2
Mets	2

Player Profiles

As is our custom each year, we include in the *Major League Handbook* statistical profiles of several among the elite in professional baseball. His season halted just days prior to the strike, Jeff Bagwell was having one of the better years in recent National League history. Greg Maddux... well, what can you say about Greg Maddux? In context, his campaign might have been better than Bob Gibson's legendary 1968 season. And Lee Smith, given up for dead by some, led the majors with 33 saves.

We have another custom; we compile these profiles into book form. It's called the *STATS 1995 Player Profiles* and has statistical breakdowns like these for every player who played in the majors this past season. That's over 500,000 statistics in just one book! If you'd like your very own copy, just head to the back of this book and make use of the handy order form. All these stats for less than the price of a box-seat ticket!

Jeff Bagwell — Astros
Age 27 – Bats Right

	Avg	G	AB	R	H	2B	3B	HR	RBI	BB	SO	HBP	GDP	SB	CS	OBP	SLG	IBB	SH	SF	#Pit	#P/PA	GB	FB	G/F
1994 Season	.368	110	400	104	147	32	2	39	116	65	65	4	12	15	4	.451	.750	14	0	10	1836	3.83	118	150	0.79
Career (1991-1994)	.309	570	2075	346	641	129	16	92	382	266	351	32	62	45	18	.394	.520	38	3	39	9118	3.74	693	647	1.07

1994 Season

	Avg	AB	H	2B	3B	HR	RBI	BB	SO	OBP	SLG		Avg	AB	H	2B	3B	HR	RBI	BB	SO	OBP	SLG
vs. Left	.457	105	48	11	1	18	43	20	9	.544	1.095	Scoring Posn	.341	126	43	10	1	8	74	33	18	.456	.627
vs. Right	.336	295	99	21	1	21	73	45	56	.418	.627	Close & Late	.280	50	14	4	0	2	9	13	15	.429	.480
Groundball	.321	137	44	11	0	8	31	19	26	.394	.577	None on/out	.455	101	46	9	1	14	14	11	12	.513	.980
Flyball	.345	55	19	0	2	8	19	12	10	.471	.855	Batting #3	.417	180	75	19	0	22	57	32	28	.505	.889
Home	.373	201	75	16	2	23	58	30	35	.459	.816	Batting #4	.327	220	72	13	2	17	59	33	37	.406	.636
Away	.362	199	72	16	0	16	58	35	30	.443	.683	Other	.000	0	0	0	0	0	0	0	0	.000	.000
Day	.339	112	38	9	0	10	32	12	22	.400	.688	April	.360	89	32	5	1	6	26	9	18	.406	.640
Night	.378	288	109	23	2	29	84	53	43	.470	.774	May	.301	93	28	5	1	6	22	20	15	.415	.570
Grass	.358	109	39	9	0	10	30	21	18	.445	.716	June	.394	99	39	11	0	13	28	10	12	.455	.899
Turf	.371	291	108	23	2	29	86	44	47	.453	.763	July	.409	88	36	8	0	11	29	20	14	.509	.875
First Pitch	.417	60	25	2	0	11	25	11	0	.500	1.000	August	.387	31	12	3	0	3	11	6	6	.500	.774
Ahead in Count	.506	89	45	11	0	12	33	23	0	.586	1.034	September/October	.000	0	0	0	0	0	0	0	0	.000	.000
Behind in Count	.267	172	46	12	1	7	30	0	54	.270	.471	Pre-All Star	.348	305	106	22	2	27	82	46	51	.425	.698
Two Strikes	.283	184	52	11	1	11	42	31	65	.390	.533	Post-All Star	.432	95	41	10	0	12	34	19	14	.530	.916

1994 By Position

Position	Avg	AB	H	2B	3B	HR	RBI	BB	SO	OBP	SLG	G	GS	Innings	PO	A	E	DP	Fld Pct	Rng Fctr	In Zone	Outs	Zone Rtg	MLB Zone
As 1b	.368	397	146	32	2	38	115	63	64	.449	.746	109	107	945.2	923	117	9	93	.991	---	211	182	.863	.818

Career (1991-1994)

	Avg	AB	H	2B	3B	HR	RBI	BB	SO	OBP	SLG		Avg	AB	H	2B	3B	HR	RBI	BB	SO	OBP	SLG
vs. Left	.331	700	232	51	5	45	150	121	97	.427	.611	Scoring Posn	.297	583	173	27	6	22	280	118	108	.404	.477
vs. Right	.297	1375	409	78	11	47	232	165	254	.377	.473	Close & Late	.310	319	99	23	2	14	59	62	61	.430	.527
Groundball	.298	724	216	45	5	24	133	83	128	.377	.474	None on/out	.333	469	156	36	4	24	24	49	78	.404	.580
Flyball	.267	382	102	15	3	22	68	64	64	.374	.495	Batting #3	.313	1292	404	83	10	62	241	170	202	.394	.536
Home	.309	1036	320	69	9	46	184	145	169	.399	.526	Batting #4	.308	556	171	35	5	25	112	88	88	.404	.523
Away	.309	1039	321	60	7	46	198	141	182	.390	.513	Other	.291	227	66	11	1	5	29	28	61	.370	.414
Day	.298	561	167	31	2	28	103	64	98	.370	.510	April	.301	312	94	19	3	13	61	44	65	.385	.506
Night	.313	1514	474	98	14	64	279	222	253	.403	.523	May	.298	389	116	18	2	20	77	56	77	.388	.509
Grass	.322	605	195	27	5	31	127	88	107	.403	.537	June	.311	396	123	27	2	20	60	48	56	.383	.540
Turf	.303	1470	446	102	11	61	255	198	244	.391	.512	July	.311	373	116	24	5	21	78	58	61	.402	.571
First Pitch	.366	287	105	16	2	26	78	30	0	.425	.707	August	.298	349	104	24	4	10	62	52	56	.393	.476
Ahead in Count	.389	506	197	45	6	29	103	119	0	.501	.674	September/October	.344	256	88	17	0	8	44	28	36	.423	.504
Behind in Count	.241	883	213	40	5	19	119	0	290	.252	.362	Pre-All Star	.306	1224	375	71	11	58	227	172	221	.390	.525
Two Strikes	.237	920	218	47	5	29	146	137	351	.340	.393	Post-All Star	.313	851	266	58	5	34	155	114	130	.400	.512

Batter vs. Pitcher (career)

Hits Best Against	Avg	AB	H	2B	3B	HR	RBI	BB	SO	OBP	SLG	Hits Worst Against	Avg	AB	H	2B	3B	HR	RBI	BB	SO	OBP	SLG
Bryan Hickerson	.769	13	10	3	0	4	7	2	1	.800	1.923	Frank Castillo	.000	15	0	0	0	0	0	1	1	.118	.000
Steve Cooke	.636	11	7	1	0	2	5	1	0	.667	1.273	Rene Arocha	.000	11	0	0	0	0	0	1	4	.083	.000
Greg W. Harris	.500	14	7	0	0	2	4	7	1	.682	.929	Jim Gott	.000	9	0	0	0	0	0	1	3	.182	.000
Norm Charlton	.500	8	4	1	0	1	2	3	1	.636	1.000	Bruce Ruffin	.000	9	0	0	0	0	0	2	4	.182	.000
Randy Myers	.455	11	5	3	0	2	5	1	3	.500	1.273	Donovan Osborne	.111	9	1	0	0	0	3	1	2	.182	.111

Greg Maddux — Braves
Age 29 – Pitches Right (groundball pitcher)

	ERA	W	L	Sv	G	GS	IP	BB	SO	Avg	H	2B	3B	HR	RBI	OBP	SLG	CG	ShO	Sup	QS	#P/S	SB	CS	GB	FB	G/F
1994 Season	1.56	16	6	0	25	25	202.0	31	156	.207	150	22	2	4	38	.243	.259	10	3	4.23	24	105	22	6	335	128	2.62
Last Five Years	2.61	86	53	0	168	168	1237.0	290	894	.231	1053	172	21	54	369	.281	.313	42	12	4.17	128	101	113	36	2095	812	2.58

1994 Season

	ERA	W	L	Sv	G	GS	IP	H	HR	BB	SO		Avg	AB	H	2B	3B	HR	RBI	BB	SO	OBP	SLG
Home	1.76	6	4	0	12	12	97.0	71	2	9	74	vs. Left	.201	374	75	9	0	3	23	22	92	.249	.249
Away	1.37	10	2	0	13	13	105.0	79	2	22	82	vs. Right	.213	352	75	13	2	1	15	9	64	.238	.270
Day	0.94	7	0	0	7	7	57.2	44	1	3	48	Inning 1-6	.195	534	104	19	1	2	22	23	123	.232	.245
Night	1.81	9	6	0	18	18	144.1	106	3	28	108	Inning 7+	.240	192	46	3	1	2	16	8	33	.274	.297
Grass	1.40	13	4	0	19	19	154.0	108	3	22	119	None on	.209	469	98	15	2	3	3	18	98	.241	.269
Turf	2.06	3	2	0	6	6	48.0	42	1	9	37	Runners on	.202	257	52	7	0	1	35	13	58	.247	.241
April	1.12	4	2	0	6	6	48.1	32	1	7	37	Scoring Posn	.162	148	24	4	0	1	33	10	36	.228	.209
May	1.91	4	0	0	5	5	37.2	27	1	6	34	Close & Late	.287	108	31	2	0	2	13	6	21	.336	.361
June	2.63	2	2	0	6	6	48.0	47	1	13	35	None on/out	.263	198	52	7	0	1	1	8	43	.291	.313
July	1.07	3	2	0	5	5	42.0	30	0	3	31	vs. 1st Batr (relief)	.000	0	0	0	0	0	0	0	0	.000	.000
August	0.69	3	0	0	3	3	26.0	14	1	2	19	First Inning Pitched	.180	89	16	3	0	0	1	4	18	.223	.213
September/October	0.00	0	0	0	0	0	0.0	0	0	0	0	First 75 Pitches	.200	501	100	18	1	2	21	16	106	.230	.251
Starter	1.56	16	6	0	25	25	202.0	150	4	31	156	Pitch 76-90	.240	104	25	2	1	1	9	4	26	.270	.308
Reliever	0.00	0	0	0	0	0	0.0	0	0	0	0	Pitch 91-105	.235	81	19	2	0	1	6	9	16	.304	.296
0-3 Days Rest (St)	1.00	1	0	0	1	1	9.0	5	0	0	8	Pitch 106+	.150	40	6	0	0	2	2	2	8	.205	.150
4 Days Rest	1.73	10	4	0	16	16	124.2	86	3	26	98	First Pitch	.237	131	31	2	0	0	5	3	0	.265	.252
5+ Days Rest	1.32	5	2	0	8	8	68.1	59	1	5	50	Ahead in Count	.131	352	46	4	0	2	13	0	130	.140	.159
Pre-All Star	1.80	11	5	0	19	19	150.0	116	3	28	118	Behind in Count	.357	115	41	8	1	1	14	14	0	.420	.470
Post-All Star	0.87	5	1	0	6	6	52.0	34	1	3	38	Two Strikes	.125	313	39	5	0	3	8	14	156	.170	.169

Last Five Years

	ERA	W	L	Sv	G	GS	IP	H	HR	BB	SO		Avg	AB	H	2B	3B	HR	RBI	BB	SO	OBP	SLG
Home	2.59	41	23	0	79	79	600.2	505	25	148	437	vs. Left	.246	2609	641	95	14	34	235	203	499	.302	.332
Away	2.63	45	30	0	89	89	636.1	548	29	142	457	vs. Right	.211	1952	412	77	7	20	134	87	395	.252	.288
Day	2.83	34	20	0	65	65	468.0	436	22	128	342	Inning 1-6	.225	3585	806	140	17	38	286	223	724	.275	.305
Night	2.48	52	33	0	103	103	769.0	617	32	162	552	Inning 7+	.253	976	247	32	4	16	83	67	170	.303	.343
Grass	2.63	66	37	0	122	122	903.0	760	44	220	659	None on	.222	2813	624	98	9	32	32	156	567	.267	.297
Turf	2.56	20	16	0	46	46	334.0	293	10	70	235	Runners on	.245	1748	429	74	12	22	337	134	327	.302	.339
April	2.42	14	7	0	24	24	175.0	138	7	35	119	Scoring Posn	.227	1013	230	35	10	12	296	105	203	.303	.317
May	2.87	12	11	0	28	28	206.2	166	10	50	159	Close & Late	.260	576	150	17	2	9	56	50	109	.324	.344
June	3.24	10	13	0	31	31	216.1	194	11	61	161	None on/out	.249	1201	299	39	3	17	17	78	228	.301	.329
July	2.66	17	6	0	29	29	213.1	192	11	43	150	vs. 1st Batr (relief)	.000	0	0	0	0	0	0	0	0	.000	.000
August	2.06	18	7	0	29	29	227.2	184	8	55	151	First Inning Pitched	.237	628	149	27	2	6	56	57	142	.305	.315
September/October	2.41	15	9	0	27	27	198.0	179	7	46	154	First 75 Pitches	.227	3276	743	120	17	35	242	195	642	.275	.305
Starter	2.61	86	53	0	168	168	1237.0	1053	54	290	894	Pitch 76-90	.231	629	145	25	1	7	56	34	130	.274	.307
Reliever	0.00	0	0	0	0	0	0.0	0	0	0	0	Pitch 91-105	.247	421	104	14	1	8	48	37	82	.308	.342
0-3 Days Rest (St)	1.93	12	2	0	17	17	130.2	101	3	24	89	Pitch 106+	.260	235	61	13	2	4	23	24	40	.332	.357
4 Days Rest	2.71	56	42	0	117	117	847.0	714	40	217	644	First Pitch	.275	759	209	34	3	8	80	25	0	.305	.360
5+ Days Rest	2.64	18	9	0	34	34	259.1	238	11	49	161	Ahead in Count	.162	2043	330	44	6	14	99	0	743	.171	.209
Pre-All Star	2.93	39	35	0	93	93	663.2	564	32	160	495	Behind in Count	.333	948	316	55	6	18	119	153	0	.424	.461
Post-All Star	2.24	47	18	0	75	75	573.1	489	22	130	399	Two Strikes	.140	1907	267	38	7	11	84	112	894	.192	.185

Pitcher vs. Batter (career)

Pitches Best Vs.	Avg	AB	H	2B	3B	HR	RBI	BB	SO	OBP	SLG	Pitches Worst Vs.	Avg	AB	H	2B	3B	HR	RBI	BB	SO	OBP	SLG
Eric Karros	.000	17	0	0	0	0	1	1	3	.056	.000	Bip Roberts	.485	33	16	4	0	0	3	7	4	.575	.606
Felix Jose	.000	16	0	0	0	0	0	1	7	.059	.000	Hal Morris	.471	34	16	4	0	0	2	1	3	.486	.588
Andy Benes	.000	14	0	0	0	0	0	0	9	.000	.000	Tony Gwynn	.444	54	24	3	1	0	7	8	0	.516	.537
Jose Rijo	.000	11	0	0	0	0	0	1	4	.000	.000	Andy Van Slyke	.344	64	22	7	0	4	11	11	12	.440	.641
Bob Melvin	.000	11	0	0	0	0	0	1	4	.083	.000	Luis Gonzalez	.333	39	13	4	0	3	9	3	4	.381	.667

Lee Smith — Orioles
Age 37 – Pitches Right (flyball pitcher)

	ERA	W	L	Sv	G	GS	IP	BB	SO	Avg	H	2B	3B	HR	RBI	OBP	SLG	GF	IR	IRS	Hld	SvOp	SB	CS	GB	FB	G/F
1994 Season	3.29	1	4	33	41	0	38.1	11	42	.239	34	4	1	6	16	.290	.408	39	9	2	0	39	3	0	49	36	1.36
Last Five Years	2.83	18	25	200	305	0	327.1	93	316	.235	290	45	12	29	133	.286	.361	264	222	59	1	233	51	10	334	389	0.86

1994 Season

	ERA	W	L	Sv	G	GS	IP	H	HR	BB	SO		Avg	AB	H	2B	3B	HR	RBI	BB	SO	OBP	SLG
Home	3.00	0	2	15	19	0	18.0	17	2	5	18	vs. Left	.306	72	22	3	1	4	11	8	21	.366	.542
Away	3.54	1	2	18	22	0	20.1	17	4	6	24	vs. Right	.171	70	12	1	0	2	5	3	21	.205	.271
Day	4.76	0	2	10	13	0	11.1	10	3	4	12	Inning 1-6	.000	0	0	0	0	0	0	0	0	.000	.000
Night	2.67	1	2	23	28	0	27.0	24	3	7	30	Inning 7+	.239	142	34	4	1	6	16	11	42	.290	.408
Grass	3.21	1	3	29	36	0	33.2	32	6	9	37	None on	.270	74	20	4	0	4	4	8	21	.341	.486
Turf	3.86	0	1	4	5	0	4.2	2	0	2	5	Runners on	.206	68	14	0	1	2	12	3	21	.233	.324
April	0.00	0	0	12	12	0	10.2	4	0	1	9	Scoring Posn	.200	40	8	0	0	1	9	1	11	.209	.275
May	3.86	1	0	8	10	0	9.1	9	3	3	11	Close & Late	.218	119	26	1	1	5	15	11	36	.280	.370
June	1.00	0	1	7	9	0	9.0	7	0	1	13	None on/out	.303	33	10	2	0	0	0	4	13	.378	.364
July	8.10	0	2	5	7	0	6.2	9	2	4	8	vs. 1st Batr (relief)	.306	36	11	2	0	1	4	15	.366	.361
August	10.13	0	1	1	3	0	2.2	5	1	2	1	First Inning Pitched	.239	142	34	4	1	6	16	11	42	.290	.408
September/October	0.00	0	0	0	0	0	0.0	0	0	0	0	First 15 Pitches	.253	99	25	3	0	3	9	9	29	.309	.374
Starter	0.00	0	0	0	0	0	0.0	0	0	0	0	Pitch 16-30	.225	40	9	1	1	3	7	2	13	.262	.525
Reliever	3.29	1	4	33	41	0	38.1	34	6	11	42	Pitch 31-45	.000	3	0	0	0	0	0	0	0	.000	.000
0 Days rest (Re)	3.38	0	0	7	8	0	8.0	8	1	1	8	Pitch 46+	.000	0	0	0	0	0	0	0	0	.000	.000
1 or 2 Days rest	1.32	0	1	14	15	0	13.2	9	1	2	16	First Pitch	.545	11	6	0	0	0	1	0	.583	.545
3+ Days rest	4.86	1	3	12	18	0	16.2	17	4	8	18	Ahead in Count	.218	87	19	2	1	4	10	0	36	.218	.402
Pre-All Star	2.25	1	2	29	34	0	32.0	25	4	6	37	Behind in Count	.250	16	4	1	0	0	2	7	0	.440	.313
Post-All Star	8.53	0	2	4	7	0	6.1	9	2	5	5	Two Strikes	.179	95	17	1	1	5	11	3	42	.204	.368

Last Five Years

	ERA	W	L	Sv	G	GS	IP	H	HR	BB	SO		Avg	AB	H	2B	3B	HR	RBI	BB	SO	OBP	SLG
Home	2.70	13	17	94	165	0	183.0	170	11	51	180	vs. Left	.239	700	167	26	8	18	82	72	188	.307	.376
Away	2.99	5	8	106	140	0	144.1	120	18	42	136	vs. Right	.229	536	123	19	4	11	51	21	128	.257	.341
Day	2.69	8	7	62	100	0	107.0	87	9	35	110	Inning 1-6	.000	0	0	0	0	0	0	0	0	.000	.000
Night	2.90	10	18	138	205	0	220.1	203	20	58	206	Inning 7+	.235	1236	290	45	12	29	133	93	316	.286	.361
Grass	2.61	5	5	83	114	0	117.1	100	11	39	110	None on	.233	682	159	28	10	14	14	44	151	.280	.365
Turf	2.96	13	20	117	191	0	210.0	190	18	54	206	Runners on	.236	554	131	17	2	15	119	49	165	.294	.356
April	1.39	4	2	41	52	0	58.1	35	1	16	56	Scoring Posn	.223	354	79	7	1	8	99	40	115	.295	.316
May	3.83	5	4	27	51	0	51.2	44	9	14	57	Close & Late	.234	1014	237	30	6	26	119	82	266	.289	.352
June	2.97	2	4	38	58	0	66.2	66	4	17	68	None on/out	.234	291	68	14	3	6	6	17	68	.276	.367
July	2.97	5	3	34	51	0	57.2	53	7	11	59	vs. 1st Batr (relief)	.248	286	71	14	1	6	19	16	69	.286	.367
August	3.42	1	7	35	49	0	50.0	56	5	14	39	First Inning Pitched	.239	1069	255	39	11	26	119	83	281	.291	.369
September/October	2.51	1	5	25	44	0	43.0	36	3	21	37	First 15 Pitches	.245	899	220	37	10	21	86	61	210	.291	.378
Starter	0.00	0	0	0	0	0	0.0	0	0	0	0	Pitch 16-30	.209	287	60	5	2	7	38	27	92	.274	.314
Reliever	2.83	18	25	200	305	0	327.1	290	29	93	316	Pitch 31-45	.200	45	9	2	0	1	8	5	13	.280	.311
0 Days rest (Re)	2.54	1	8	66	90	0	92.0	82	5	28	89	Pitch 46+	.200	5	1	1	0	0	1	0	1	.200	.400
1 or 2 Days rest	2.16	9	6	85	123	0	137.2	114	11	31	135	First Pitch	.320	147	47	6	3	5	22	16	0	.384	.503
3+ Days rest	4.05	8	11	49	92	0	97.2	94	13	34	92	Ahead in Count	.190	690	131	18	5	13	64	0	274	.189	.287
Pre-All Star	2.72	12	12	120	182	0	198.2	162	18	53	198	Behind in Count	.296	179	53	8	2	5	21	37	0	.409	.447
Post-All Star	3.01	6	13	80	123	0	128.2	128	11	40	118	Two Strikes	.168	677	114	16	6	14	61	40	316	.214	.272

Pitcher vs. Batter (since 1984)

Pitches Best Vs.	Avg	AB	H	2B	3B	HR	RBI	BB	SO	OBP	SLG	Pitches Worst Vs.	Avg	AB	H	2B	3B	HR	RBI	BB	SO	OBP	SLG
John Kruk	.000	15	0	0	0	0	0	1	6	.063	.000	Mariano Duncan	.500	16	8	0	2	1	7	0	1	.500	.938
Jay Bell	.000	10	0	0	0	0	0	1	5	.091	.000	Dwight Smith	.400	10	4	0	0	1	3	2	3	.462	.700
Rickey Henderson	.000	9	0	0	0	0	0	3	5	.250	.000	Barry Bonds	.400	10	4	0	0	2	4	1	3	.455	1.100
Kevin Bass	.105	19	2	0	0	0	0	0	5	.105	.105	Paul O'Neill	.333	6	2	0	0	1	2	5	1	.636	.833
Hubie Brooks	.118	17	2	1	0	0	0	0	7	.118	.176	Bobby Bonilla	.308	13	4	0	0	2	3	0	2	.308	.769

Manager Tendencies

So many questions. . .

What if Tony La Russa had been able to take the A's down the stretch?

Would Buck Showalter's lineup usage have prevented the Yankees from fatiguing in September?

Would Hal McRae and Johnny Oates have saved their jobs with a trip to the playoffs?

Could Felipe Alou have taken his youngsters to the top?

We'll never know the answers, of course, but we can have fun speculating. And the *Handbook* wants to help, with an improved analysis of the managers.

Once again, the *Handbook* takes an objective look at how managers use strategy. The skippers are compared based on offense, defense, lineups, and pitching use. Ranking the managers is not attempted; there is plenty of room for argument on whether certain moves are good or bad. We are simply providing fodder for the discussion.

Offensively, managers have control over bunting, stealing and the timing of hit-and-runs. The *Handbook* looks at the quantity, timing and success of these moves.

Defensively, the Handbook looks at the success of pitchouts, the frequency of intentional walks, and the pattern of defensive substitutions.

Making out the starting lineup may be the most important task a manager has each day. The *Handbook* shows the number of lineups used, as well as the platoon percentage. The use of pinch hitters and pinch runners is also explored.

Finally, how does the manager use pitchers? For starters, the *Handbook* shows slow and quick hooks, along with the number of times a starter was allowed to throw more than 120 pitches. For relievers, the number of relief appearances, and how often a pitcher gets a save going more than one inning (a rare occurence these days).

Some explanation of the categories:

Stolen Base Success Percentage: SB/Attempts

Favorite count: A combination of the most common ball-strike count for the event, as well as how frequently that count is used when seen.

Out Percentage: The proportion of stolen bases on that count.

Sacrifice Bunt Attempts: A bunt is considered a sac attempt if no runner is on third, there are no outs, or the pitcher attempts a bunt.

Sacrifice Bunt Success%: A bunt that results in a sacrifice or a hit, divided by the number of attempts.

Favorite inning: The most common inning in which an event occurred.

Hit and Run Success: The hit and run results in baserunner advancement with no double play.

Intentional Walk Situation: Runners on base, first base open, and anyone but the pitcher up.

Defensive Substitutions: Straight defensive substitutions, with the team leading by four runs or less.

Number of Lineups: Based on batting order, 1-8 for National Leaguers, 1-9 for American Leaguers.

Percent LHB vs. RHSP and RHB vs. LHSP: A measure of platooning. A batter is considered to always have the platoon advantage if he is a switch hitter.

Percent PH platoon: Frequency the manager gets his pinch-hitter the platoon advantage. Switch hitters always have the advantage.

Score Diff: The most common score differential on which an intentional walk is called for.

Slow and Quick hooks: See the glossary for complete information. This measures how often a pitcher is left in longer than is standard practice, or pulled earlier than normal.

3 Pitchers (2 runs or less): The club gives up two runs or less in a game, but uses at least three pitchers.

Offense

	Stolen Bases						Sacrifice Bunts				Hit and Run		
			Favorite	---------- Out Percentage ----------				Success	Favorite			Success	Favorite
	Attempts	SB%	Count	0	1	2	Attempts	%	Inning	Squeezes	Attempts	%	Count
AL Managers													
Anderson, Sparky, Det	79	58.2	1-1	16.5	53.2	30.4	29	69.0	7	0	63	39.7	0-0
Garner, Phil, Mil	96	61.5	2-2	22.9	24.0	53.1	46	67.4	5	4	77	44.2	2-1
Gaston, Cito, Tor	105	75.2	1-2	15.2	37.1	47.6	44	81.8	3	5	47	25.5	2-2
Hargrove, Mike, Cle	179	73.2	0-0	26.8	31.8	41.3	43	90.7	1	2	62	40.3	2-2
Hobson, Butch, Bos	119	68.1	2-2	18.5	42.9	38.7	60	76.7	5	3	66	40.9	1-1
Kelly, Tom, Min	124	75.8	1-2	25.0	27.4	47.6	31	90.3	8	1	84	33.3	1-1
Kennedy, Kevin, Tex	117	70.1	1-1	19.7	41.0	39.3	61	78.7	6	3	62	37.1	1-0
La Russa, Tony, Oak	130	70.0	3-2	23.8	37.7	38.5	31	90.3	5	2	73	39.7	2-1
Lachemann, Marcel, Cal	71	57.7	1-2	14.1	43.7	42.3	40	80.0	8	4	63	42.9	2-1
Lamont, Gene, ChA	104	74.0	3-2	21.2	33.7	45.2	67	86.6	7	8	70	34.3	1-0
McRae, Hal, KC	202	69.3	0-0	21.3	37.1	41.6	44	77.3	8	2	85	31.8	1-1
Oates, Johnny, Bal	82	84.1	3-2	11.0	45.1	43.9	24	83.3	8	0	46	23.9	2-1
Piniella, Lou, Sea	69	69.6	1-0	24.6	37.7	37.7	54	90.7	7	2	55	41.8	1-0
Rodgers, Buck, Cal	47	48.9	2-2	14.9	48.9	36.2	13	100.0	7	1	23	52.2	2-2
Showalter, Buck, NYA	95	57.9	0-0	15.8	44.2	40.0	34	91.2	8	3	41	48.8	2-2
NL Managers													
Alou, Felipe, Mon	173	79.2	3-1	25.4	37.6	37.0	72	76.4	3	5	85	38.8	2-1
Baker, Dusty, SF	154	74.0	1-0	24.0	38.3	37.7	88	81.8	4	3	133	34.6	1-0
Baylor, Don, Col	144	63.2	0-0	16.7	38.2	45.1	65	80.0	5	6	114	36.0	2-0
Collins, Terry, Hou	168	73.8	0-0	22.0	44.0	33.9	90	87.8	5	10	88	38.6	2-1
Cox, Bobby, Atl	79	60.8	3-2	25.3	24.1	50.6	83	75.9	3	8	60	35.0	2-1
Fregosi, Jim, Phi	91	73.6	0-0	19.8	40.7	39.6	59	89.8	2	6	56	42.9	2-1
Green, Dallas, NYN	51	49.0	3-1	21.6	21.6	56.9	67	88.1	3	2	63	46.0	2-1
Johnson, Davy, Cin	170	70.0	2-2	21.2	38.2	40.6	74	78.4	3	6	94	35.1	2-1
Lachemann, Rene, Fla	91	71.4	1-0	28.6	37.4	34.1	63	76.2	2	1	44	43.2	2-1
Lasorda, Tom, LA	111	66.7	2-2	19.8	43.2	36.9	66	83.3	7	6	64	37.5	1-0
Leyland, Jim, Pit	78	67.9	0-0	28.2	34.6	37.2	48	75.0	3	4	65	36.9	1-0
Riggleman, Jim, SD	116	68.1	0-0	24.1	31.0	44.8	80	86.3	3	9	73	50.7	1-0
Torre, Joe, StL	122	62.3	2-2	18.0	35.2	46.7	57	80.7	3	1	89	39.3	2-1
Trebelhorn, Tom, ChN	122	56.6	3-2	23.8	41.0	35.2	76	77.6	3	5	83	36.1	2-1

Defense

	Pitchout				Intentional BB			Defensive Subs				
		Runners		Non-POut		Percent of	Favorite		Favorite			
	Total	Moving	CS%	CS%	IBB	Situations	Score Diff.	Total	Inning	Pos. 1	Pos. 2	Pos. 3
AL Managers												
Anderson, Sparky, Det	69	11	54.5	25.2	51	10.3	-2	10	8	lf-4	rf-3	c-1
Garner, Phil, Mil	23	5	20.0	19.3	16	3.1	0	24	7	rf-10	cf-8	ss-4
Gaston, Cito, Tor	48	14	28.6	30.0	16	3.3	-2	21	8	lf-13	cf-3	rf-2
Hargrove, Mike, Cle	40	11	45.5	28.9	22	4.3	-1	31	8	3b-23	rf-6	c-2
Hobson, Butch, Bos	60	14	42.9	26.2	30	5.9	-1	11	8	lf-4	2b-2	3b-2
Kelly, Tom, Min	28	11	36.4	38.6	10	2.0	-1	6	8	cf-3	c-1	1b-1
Kennedy, Kevin, Tex	9	1	100.0	40.5	17	3.5	-2	14	9	rf-4	2b-3	c-2
La Russa, Tony, Oak	32	8	75.0	40.2	23	5.2	-1	14	9	1b-4	cf-4	rf-4
Lachemann, Marcel, Cal	4	0	0.0	28.4	10	3.3	-2	8	8	lf-5	1b-2	c-1
Lamont, Gene, ChA	56	14	57.1	22.7	16	3.7	-2	16	8	rf-8	c-2	3b-2
McRae, Hal, KC	61	12	50.0	22.0	22	4.0	-2	15	7	3b-8	1b-3	c-2
Oates, Johnny, Bal	11	3	66.7	30.2	16	3.8	-2	18	9	c-4	lf-4	rf-4
Piniella, Lou, Sea	37	6	66.7	34.3	28	6.7	-2	6	9	lf-4	c-1	3b-1
Rodgers, Buck, Cal	17	3	66.7	33.3	2	1.1	0	6	8	lf-4	1b-2	None
Showalter, Buck, NYA	22	6	83.3	30.8	18	3.7	-2	3	9	cf-3	None	None
NL Managers												
Alou, Felipe, Mon	20	6	16.7	24.8	24	4.9	0	7	6	3b-3	c-1	1b-1
Baker, Dusty, SF	78	15	53.3	28.1	24	5.4	-1	9	9	1b-3	cf-2	2b-1
Baylor, Don, Col	52	14	78.6	28.2	30	5.5	0	12	8	lf-6	cf-3	c-2
Collins, Terry, Hou	37	10	50.0	27.9	28	6.0	-2	13	9	rf-6	ss-3	c-2
Cox, Bobby, Atl	44	10	30.0	25.9	39	8.1	0	25	7	lf-19	rf-5	ss-1
Fregosi, Jim, Phi	12	3	33.3	25.4	24	4.8	-1	19	8	3b-7	lf-5	rf-5
Green, Dallas, NYN	53	11	45.5	31.9	33	6.7	-2	15	7	lf-6	3b-4	1b-2
Johnson, Davy, Cin	47	8	37.5	33.0	22	4.6	0	12	5	lf-4	3b-2	1b-1
Lachemann, Rene, Fla	21	8	75.0	44.7	33	7.1	-1	6	8	3b-2	lf-2	ss-1
Lasorda, Tom, LA	13	2	50.0	26.4	21	4.2	-1	14	7	lf-5	rf-4	3b-2
Leyland, Jim, Pit	38	11	72.7	23.5	31	6.0	-2	13	9	1b-5	rf-4	lf-2
Riggleman, Jim, SD	52	19	36.8	30.4	41	7.9	-1	19	9	1b-7	2b-5	lf-3
Torre, Joe, StL	33	5	60.0	35.2	13	2.6	-2	0	0	None	None	None
Trebelhorn, Tom, ChN	45	9	44.4	37.5	21	4.5	-1	8	8	c-2	lf-2	2b-1

Lineups

	Starting Lineup			Substitutes					
	Lineups Used	% LHB Vs. RHSP	%RHB vs. LHSP	#PH	#PR	Percent PH Platoon	PH BA	PR SB	PR SB%
AL Managers									
Anderson, Sparky, Det	75	58.6	100.0	64	35	87.5	0.226	3	75.0
Garner, Phil, Mil	94	49.0	84.8	53	33	69.8	0.159	2	33.3
Gaston, Cito, Tor	59	39.2	88.9	41	16	70.7	0.125	1	50.0
Hargrove, Mike, Cle	53	66.3	82.8	79	16	84.8	0.227	5	83.3
Hobson, Butch, Bos	100	55.3	74.8	69	44	71.0	0.217	3	75.0
Kelly, Tom, Min	86	37.6	96.0	95	22	83.2	0.363	2	66.7
Kennedy, Kevin, Tex	76	48.9	77.4	61	17	57.4	0.180	1	100.0
La Russa, Tony, Oak	97	45.3	95.0	89	28	75.3	0.141	2	100.0
Lachemann, Marcel, Cal	53	55.1	92.9	61	12	80.3	0.236	0	0.0
Lamont, Gene, ChA	55	62.3	74.5	102	15	85.3	0.232	1	100.0
McRae, Hal, KC	87	57.8	88.9	57	15	57.9	0.255	0	0.0
Oates, Johnny, Bal	67	46.2	79.0	45	26	75.6	0.205	2	66.7
Piniella, Lou, Sea	98	40.4	81.1	113	24	86.7	0.278	2	100.0
Rodgers, Buck, Cal	26	46.3	96.3	39	13	61.5	0.321	0	0.0
Showalter, Buck, NYA	79	58.1	78.6	95	31	86.3	0.232	0	0.0
NL Managers									
Alou, Felipe, Mon	72	42.3	84.2	143	33	69.9	0.207	3	75.0
Baker, Dusty, SF	76	44.1	84.1	177	16	72.9	0.227	0	0.0
Baylor, Don, Col	76	34.8	98.1	224	12	77.2	0.246	2	100.0
Collins, Terry, Hou	74	39.0	83.3	185	20	96.2	0.275	3	100.0
Cox, Bobby, Atl	64	62.4	69.0	163	30	73.6	0.224	0	0.0
Fregosi, Jim, Phi	85	64.4	74.9	169	15	64.5	0.270	0	0.0
Green, Dallas, NYN	77	62.0	89.9	200	19	88.0	0.212	0	0.0
Johnson, Davy, Cin	79	43.2	80.6	195	22	84.1	0.228	4	100.0
Lachemann, Rene, Fla	92	43.7	93.2	183	11	78.1	0.290	1	100.0
Lasorda, Tom, LA	55	42.2	79.0	209	25	87.1	0.306	2	66.7
Leyland, Jim, Pit	94	49.4	68.7	170	16	69.4	0.223	0	0.0
Riggleman, Jim, SD	93	49.9	82.3	184	28	73.4	0.274	1	100.0
Torre, Joe, StL	79	59.3	87.6	192	9	83.3	0.246	0	0.0
Trebelhorn, Tom, ChN	75	40.1	84.0	201	21	73.1	0.257	1	100.0

Pitching

	Starters				Relievers			
	Slow Hooks	Quick Hooks	3 Days Rest	> 120 Pitches	Relief Apperances	Save > 1 IP	1st Batter Platoon Pct	3 Pitchers (2 runs or less)
AL Managers								
Anderson, Sparky, Det	21	7	20	7	246	6	60.2	9
Garner, Phil, Mil	22	13	13	0	252	5	57.9	7
Gaston, Cito, Tor	14	7	31	2	221	5	54.3	8
Hargrove, Mike, Cle	14	7	23	3	222	4	65.6	7
Hobson, Butch, Bos	10	14	19	1	308	4	64.9	15
Kelly, Tom, Min	10	6	13	4	272	7	59.9	11
Kennedy, Kevin, Tex	23	9	22	4	301	5	64.5	6
La Russa, Tony, Oak	9	16	13	5	308	4	61.0	17
Lachemann, Marcel, Cal	14	1	16	0	164	6	66.5	3
Lamont, Gene, ChA	6	4	27	9	239	9	62.8	20
McRae, Hal, KC	12	11	26	0	247	12	65.0	15
Oates, Johnny, Bal	12	13	22	0	234	2	65.7	8
Piniella, Lou, Sea	16	12	21	4	252	9	63.1	12
Rodgers, Buck, Cal	4	4	9	0	89	4	73.0	0
Showalter, Buck, NYA	11	6	14	0	241	7	63.9	12
NL Managers								
Alou, Felipe, Mon	3	22	6	0	259	26	45.9	20
Baker, Dusty, SF	7	9	2	2	288	12	59.2	24
Baylor, Don, Col	9	16	7	1	329	8	60.5	17
Collins, Terry, Hou	6	6	10	0	268	4	59.3	13
Cox, Bobby, Atl	7	8	15	5	244	5	57.8	15
Fregosi, Jim, Phi	3	17	12	2	243	9	59.3	12
Green, Dallas, NYN	14	6	6	4	238	8	50.8	7
Johnson, Davy, Cin	5	13	7	2	261	12	64.8	12
Lachemann, Rene, Fla	6	12	4	0	300	9	63.9	14
Lasorda, Tom, LA	13	2	23	3	239	7	60.7	9
Leyland, Jim, Pit	9	12	9	1	285	4	64.9	17
Riggleman, Jim, SD	5	11	11	3	273	10	55.9	12
Torre, Joe, StL	11	13	7	6	330	4	53.9	14
Trebelhorn, Tom, ChN	7	12	10	0	286	6	57.7	10

1995 Player Projections

This is one of the annual tasks which I normally enjoy—to review the projections that we made last year, to confess frankly where we went awry, and brag a little about the places where we were right. I come to the task this year, for obvious reasons, with a heavy heart.

First, the lively ball season, whatever its cause, diminished the accuracy of the projections, as a group. We didn't predict that anybody would have a .600 slugging percentage, let alone .700. We predicted good seasons for Frank Thomas, Albert Belle, Ken Griffey Jr., Barry Bonds and Matt Williams; we didn't project anything like the numbers that actually came.

We talked about it, actually; we talked about where hitting levels were going. 1993, at the time, was thought to be a big hitter's year. Our projection system projects players based on what they have done over a period of years, and thus, in effect, assumes that hitting standards will recede toward historic norms. We talked about it: Is this a reasonable assumption? We thought it was.

It wasn't.

And then, of course, the strike hit, so we were just completely wrong on everything. This isn't literally true, I'm sure; I'm certain that if I worked at it, I could find the usual cases where, despite everything, we projected the guy pretty well. Brad Ausmus, maybe:

	G	AB	R	H	2B	3B	HR	RBI	BB	SO	SB	Avg
Projected	101	300	34	71	11	1	7	34	25	47	11	.237
Actual	101	327	45	82	12	1	7	24	30	63	5	.251

But while I am sure we could find a list of such cases, where our miscalculations pretty much balanced out, I am not at all sure that we could compel anybody to read it.

So we'll hope for better luck next year. Let us not root for 65 homers and 200 RBI; let us root for normalcy. We may have a league, next year, with hundreds of "rookies" and a few dozen minor league veterans, who have suddenly become major league superstars. Jeff Manto may be the National League MVP, and Mike Birkbeck may win the Cy Young Award. Let us root for normalcy.

— *Bill James*

1995 Pitcher Projections

As Bill said in the previous section, we'd normally talk about some of our more successful predictions from last year here. However, due to the strike, any "correct" projections would be a coincidence, since we certainly didn't incorporate a strike into our projections last season. A comparison of cumulative totals just isn't worth much. We did do well on some players as long as the season lasted—Ron Darling (4.48 projected ERA vs. 4.50 actual), Ken Hill (3.37 vs. 3.32 actual), and Todd Stottlemyre (4.24 vs. 4.22 actual), for example. Who knows what they would have looked like had the season continued? (Hey, you can get some idea by looking at the next section of this book, *The Season That Might Have Been*.)

Overall, if player performance had continued the same without a strike (that's a big if, of course), our results from last year were, overall, disappointing at first glance. However, as Daryl Morey (one of our statistics gurus) points out, the main problem we had was our inability to predict last year's offensive explosion continuing. Simply by making all of our projections geared towards this year's level of scoring, the overall success rate was much better—especially considering that pitchers are impossible to predict!

— *John Dewan and Michael Canter*

Projections for 1995 Batters

Batter	Age	Avg	G	AB	R	H	2B	3B	HR	RBI	BB	SO	SB	CS	OBP	SLG
Abbott,Kurt	26	.257	138	487	56	125	22	4	11	51	23	113	10	5	.290	.386
Aldrete,Mike	34	.239	70	184	21	44	9	0	3	20	22	44	1	1	.320	.337
Alicea,Luis	29	.257	133	381	48	98	18	6	5	45	52	57	8	5	.346	.375
Alomar,Roberto	27	.311	154	585	111	182	32	6	13	77	84	60	51	14	.398	.453
Alomar Jr,Sandy	29	.269	116	394	48	106	21	1	11	49	25	43	6	4	.313	.411
Alou,Moises	28	.298	152	593	96	177	32	5	22	96	55	75	20	10	.358	.481
Amaral,Rich	33	.266	100	304	42	81	20	1	2	23	29	50	17	7	.330	.359
Anderson,Brady	31	.248	152	602	89	149	24	4	14	61	87	100	40	12	.343	.370
Anderson,Garret	23	.273	97	297	31	81	18	1	4	40	14	59	2	2	.305	.380
Anthony,Eric	27	.245	131	416	51	102	19	2	15	59	41	89	5	4	.313	.409
Arias,Alex	27	.250	89	240	23	60	11	1	2	21	23	23	3	2	.316	.329
Ashley,Billy	24	.264	137	398	51	105	18	1	18	57	21	125	5	4	.301	.450
Ausmus,Brad	26	.238	112	349	39	83	12	1	7	32	28	57	9	5	.294	.338
Baerga,Carlos	26	.319	155	637	103	203	32	3	24	109	29	65	12	4	.348	.491
Bagwell,Jeff	27	.310	153	575	101	178	36	4	30	113	84	91	14	6	.398	.543
Baines,Harold	36	.268	116	392	51	105	20	2	13	62	46	59	1	1	.345	.429
Barberie,Bret	27	.278	155	550	57	153	22	2	8	53	54	99	7	6	.343	.369
Bass,Kevin	36	.253	121	300	34	76	19	2	6	38	28	50	7	4	.317	.390
Batiste,Kim	27	.250	63	168	15	42	7	1	2	18	3	27	1	1	.263	.339
Bautista,Danny	23	.263	69	213	23	56	10	1	5	28	11	36	8	4	.299	.390
Becker,Rich	23	.280	139	411	63	115	23	4	7	42	53	93	14	6	.362	.406
Bell,Derek	26	.279	149	531	69	148	19	4	16	65	33	109	26	8	.321	.420
Bell,Jay	29	.268	158	622	93	167	33	6	12	57	69	115	10	7	.342	.399
Bell,Juan	27	.224	53	161	20	36	6	1	2	14	19	33	4	2	.306	.311
Belle,Albert	28	.298	157	594	100	177	35	3	40	126	75	108	15	8	.377	.569
Belliard,Rafael	33	.207	73	111	8	23	3	1	0	7	5	21	0	0	.241	.252
Beltre,Esteban	27	.248	69	210	25	52	7	1	1	19	15	43	5	3	.298	.305
Benzinger,Todd	32	.243	103	243	25	59	14	1	5	25	15	54	1	1	.287	.370
Berroa,Geronimo	30	.283	145	537	74	152	26	2	17	80	49	107	8	6	.343	.434
Berry,Sean	29	.258	139	415	53	107	22	3	14	56	41	82	11	4	.325	.427
Berryhill,Damon	31	.235	98	264	22	62	13	1	6	32	17	59	0	0	.281	.360
Bichette,Dante	31	.281	141	544	69	153	30	2	20	77	25	97	21	9	.313	.454
Biggio,Craig	29	.281	160	619	102	174	35	4	12	58	92	92	38	15	.374	.409
Blauser,Jeff	29	.272	150	529	88	144	26	3	13	63	70	102	9	5	.357	.406
Blosser,Greg	24	.231	90	286	34	66	15	1	9	34	31	84	2	1	.306	.385
Blowers,Mike	30	.265	126	374	50	99	23	2	10	52	42	91	2	3	.339	.417
Boggs,Wade	37	.314	136	513	81	161	33	2	8	65	75	40	1	1	.401	.433
Bonds,Barry	30	.294	160	551	125	162	35	4	38	106	132	75	38	12	.430	.579
Bonilla,Bobby	32	.255	141	505	73	129	29	3	22	79	74	103	3	3	.351	.455
Boone,Bret	26	.280	155	550	69	154	26	2	18	80	40	111	7	9	.329	.433
Borders,Pat	32	.249	116	401	35	100	21	1	8	42	21	61	1	1	.287	.367
Bordick,Mike	29	.250	155	523	55	131	18	2	3	44	50	58	10	7	.316	.310
Bournigal,Rafael	29	.243	63	181	14	44	5	0	0	14	7	7	1	1	.271	.271
Branson,Jeff	28	.252	108	258	29	65	12	1	4	23	13	44	2	1	.288	.353
Bream,Sid	34	.252	83	131	13	33	7	0	3	17	16	20	2	1	.333	.374
Brogna,Rico	25	.248	115	351	36	87	16	2	11	43	21	76	2	2	.290	.399
Brosius,Scott	28	.236	123	399	46	94	21	1	13	50	28	77	8	6	.286	.391
Browne,Jerry	29	.275	91	276	37	76	12	2	3	26	36	25	3	2	.359	.366
Brumfield,Jacob	30	.274	113	285	49	78	17	2	6	26	28	41	22	8	.339	.411
Brunansky,Tom	34	.213	79	249	24	53	11	1	8	33	33	64	2	2	.305	.361

Projections for 1995 Batters

Batter	Age	Avg	G	AB	R	H	2B	3B	HR	RBI	BB	SO	SB	CS	OBP	SLG
Buechele,Steve	33	.240	140	484	48	116	19	1	13	60	51	106	2	1	.312	.364
Buhner,Jay	30	.260	155	557	89	145	26	3	28	91	93	134	2	3	.366	.469
Burks,Ellis	30	.266	126	410	67	109	23	4	15	57	50	87	7	5	.346	.451
Burnitz,Jeromy	26	.227	88	295	43	67	12	3	10	36	36	70	10	6	.311	.390
Butler,Brett	38	.279	153	581	81	162	18	6	4	34	92	76	37	17	.377	.351
Caminiti,Ken	32	.262	145	545	71	143	28	1	13	69	51	87	8	4	.326	.389
Canseco,Jose	30	.259	135	513	91	133	24	1	30	96	71	141	12	9	.349	.485
Carr,Chuck	26	.259	141	528	72	137	19	4	4	39	39	82	50	18	.310	.333
Carreon,Mark	31	.261	74	165	18	43	7	0	5	25	12	27	1	1	.311	.394
Carter,Joe	35	.252	156	608	88	153	31	3	28	112	44	106	10	4	.302	.451
Castilla,Vinny	27	.265	106	332	35	88	19	3	7	34	16	50	2	2	.299	.404
Cedeno,Andujar	25	.255	147	498	53	127	27	4	12	62	39	109	6	5	.309	.398
Cedeno,Domingo	26	.229	57	166	18	38	5	3	1	13	11	36	4	3	.277	.313
Chamberlain,Wes	29	.256	110	351	35	90	21	2	10	48	19	66	3	2	.295	.413
Cianfrocco,Archi	28	.245	82	233	23	57	11	1	6	30	11	56	2	1	.279	.378
Cirillo,Jeff	25	.277	121	394	59	109	25	1	10	54	37	57	2	1	.339	.421
Clark,Dave	32	.270	111	319	48	86	15	1	12	55	39	65	3	2	.349	.436
Clark,Phil	27	.263	62	152	15	40	8	0	4	17	7	18	1	1	.296	.395
Clark,Will	31	.297	146	529	84	157	31	3	19	85	79	78	6	4	.388	.474
Clayton,Royce	25	.252	153	548	56	138	20	6	6	53	42	94	18	9	.305	.343
Colbrunn,Greg	25	.279	128	419	43	117	25	0	12	62	16	75	4	3	.306	.425
Cole,Alex	29	.268	103	257	42	69	7	3	1	18	30	46	21	9	.345	.331
Coleman,Vince	33	.251	104	374	54	94	11	4	2	25	28	64	40	13	.303	.318
Coles,Darnell	33	.229	43	96	11	22	6	0	2	12	6	16	0	0	.275	.354
Conine,Jeff	29	.287	162	600	74	172	32	4	18	86	54	124	3	3	.346	.443
Cooper,Scott	27	.277	146	501	61	139	26	2	12	60	53	73	3	2	.347	.409
Cora,Joey	30	.262	114	423	70	111	14	6	2	37	53	44	15	7	.345	.338
Cordero,Wil	23	.281	154	597	82	168	33	3	16	77	50	97	17	7	.337	.427
Cummings,Midre	23	.277	127	423	53	117	24	2	9	49	26	65	5	3	.318	.407
Curtis,Chad	26	.273	153	550	84	150	25	4	10	61	61	82	45	22	.345	.387
Cuyler,Milt	26	.255	106	321	50	82	10	5	2	31	22	61	14	8	.303	.336
Daulton,Darren	33	.240	126	429	64	103	21	1	17	75	83	92	6	2	.363	.413
Davis,Chili	35	.254	142	504	70	128	24	1	18	83	77	111	3	2	.353	.413
Davis,Eric	33	.238	81	273	37	65	10	1	11	40	36	75	19	4	.327	.403
Davis,Russ	25	.244	116	324	45	79	16	1	13	44	32	77	2	2	.312	.420
Dawson,Andre	40	.258	80	287	27	74	14	2	9	42	13	43	2	1	.290	.415
Delgado,Carlos	23	.290	137	473	75	137	20	0	29	84	73	103	3	2	.385	.516
DeShields,Delino	26	.290	136	517	85	150	20	6	6	52	73	88	48	14	.378	.387
Devereaux,Mike	32	.243	120	461	52	112	19	3	13	62	33	85	5	4	.294	.382
Diaz,Alex	26	.249	86	237	29	59	8	2	1	19	11	21	17	7	.282	.312
Diaz,Mario	33	.279	75	204	19	57	9	0	2	19	6	17	1	0	.300	.353
DiSarcina,Gary	27	.245	152	550	60	135	19	2	5	47	25	47	7	8	.278	.315
Donnels,Chris	29	.256	101	227	24	58	15	1	3	23	35	43	4	1	.355	.370
Dorsett,Brian	34	.255	53	161	17	41	9	0	6	24	13	27	0	0	.310	.422
Duncan,Mariano	32	.253	132	525	61	133	23	3	10	58	17	100	13	4	.277	.366
Dunn,Steve	25	.265	64	151	18	40	9	0	5	22	9	36	0	0	.306	.424
Dunston,Shawon	32	.251	128	403	46	101	19	3	10	41	20	64	5	6	.286	.387
Dykstra,Lenny	32	.280	131	507	94	142	30	3	10	45	93	56	34	10	.392	.410
Easley,Damion	25	.256	126	402	49	103	17	1	5	37	33	51	14	9	.313	.341
Edmonds,Jim	25	.281	104	345	45	97	19	2	8	47	31	88	4	5	.340	.417

Projections for 1995 Batters

Batter	Age	Avg	G	AB	R	H	2B	3B	HR	RBI	BB	SO	SB	CS	OBP	SLG
Eisenreich,Jim	36	.279	134	373	44	104	21	3	4	45	32	41	7	3	.336	.383
Espinoza,Alvaro	33	.249	82	209	21	52	11	0	2	21	6	28	1	2	.270	.330
Eusebio,Tony	28	.279	97	319	31	89	14	1	4	40	17	58	0	0	.315	.367
Everett,Carl	25	.268	63	198	27	53	10	1	6	22	13	52	9	7	.313	.419
Fabregas,Jorge	25	.249	122	337	36	84	13	0	3	37	17	46	1	1	.285	.315
Felder,Mike	32	.242	50	95	10	23	3	1	1	7	6	9	4	2	.287	.326
Felix,Junior	27	.264	114	402	56	106	20	4	11	54	28	100	5	5	.312	.415
Fermin,Felix	31	.259	129	444	45	115	13	1	2	34	21	23	3	3	.292	.306
Fernandez,Tony	33	.269	143	543	68	146	26	5	6	52	55	56	18	13	.336	.368
Fielder,Cecil	31	.252	154	584	82	147	20	1	34	118	78	143	0	0	.340	.464
Finley,Steve	30	.271	146	560	75	152	21	8	8	50	43	67	28	9	.323	.380
Fletcher,Darrin	28	.247	135	393	32	97	21	1	9	59	33	41	1	1	.305	.374
Fletcher,Scott	36	.254	89	284	39	72	13	1	2	25	22	24	10	4	.307	.327
Floyd,Cliff	22	.288	141	503	76	145	23	4	17	82	47	95	17	8	.349	.451
Franco,Julio	33	.283	140	501	71	142	23	2	12	81	63	89	7	3	.363	.409
Frazier,Lou	30	.241	95	203	30	49	5	1	1	16	26	40	19	6	.328	.291
Frye,Jeff	28	.281	116	395	60	111	28	4	2	37	50	45	9	6	.362	.387
Fryman,Travis	26	.282	158	641	96	181	39	4	25	103	65	144	7	4	.348	.473
Gaetti,Gary	36	.227	119	405	41	92	20	1	11	52	24	94	1	1	.270	.363
Gagne,Greg	33	.245	149	493	53	121	25	3	9	52	30	96	9	11	.289	.363
Galarraga,Andres	34	.289	141	533	72	154	29	2	22	84	24	108	6	5	.320	.475
Gallagher,Dave	34	.253	64	99	15	25	7	1	1	12	11	10	1	1	.327	.374
Gallego,Mike	34	.234	105	337	43	79	11	1	5	36	42	53	1	1	.319	.318
Garcia,Carlos	27	.267	147	561	74	150	24	4	10	55	27	85	20	12	.301	.378
Gates,Brent	25	.296	142	523	66	155	30	2	7	67	54	69	6	3	.362	.402
Gibson,Kirk	38	.248	98	314	50	78	13	2	12	48	37	74	9	5	.328	.417
Gilkey,Bernard	28	.271	130	457	67	124	25	3	9	52	49	64	17	12	.342	.398
Girardi,Joe	30	.274	129	434	48	119	16	3	3	37	32	59	5	4	.324	.346
Gomez,Chris	24	.252	113	349	36	88	18	1	4	37	32	53	4	4	.315	.344
Gomez,Leo	28	.241	119	399	56	96	19	1	17	57	57	78	2	2	.336	.421
Gonzalez,Alex	22	.268	132	503	73	135	27	4	13	57	39	105	25	9	.321	.416
Gonzalez,Juan	25	.284	152	582	92	165	30	3	38	112	41	110	4	2	.331	.541
Gonzalez,Luis	27	.279	159	559	80	156	34	5	16	83	57	82	18	12	.346	.444
Grace,Mark	31	.299	154	589	76	176	32	3	11	75	69	43	5	3	.372	.419
Grebeck,Craig	30	.258	85	236	27	61	11	1	2	22	30	25	1	1	.342	.339
Green,Shawn	22	.293	83	222	29	65	11	1	5	24	15	36	5	4	.338	.419
Greene,Willie	23	.266	148	523	75	139	28	2	26	80	61	120	6	7	.342	.476
Greenwell,Mike	31	.289	142	526	76	152	31	3	14	68	56	46	5	4	.357	.439
Greer,Rusty	26	.278	147	503	69	140	29	3	12	60	62	87	3	2	.358	.419
Griffey Jr,Ken	25	.320	159	613	114	196	37	4	41	116	82	87	16	8	.400	.594
Grissom,Marquis	28	.282	157	650	108	183	30	5	15	73	52	81	62	14	.335	.412
Guillen,Ozzie	31	.263	138	457	48	120	17	3	2	47	13	41	5	4	.283	.326
Gutierrez,Ricky	25	.241	135	427	54	103	11	3	2	34	46	85	7	7	.315	.295
Gwynn,Tony	35	.324	133	527	73	171	28	4	7	55	50	23	7	3	.383	.433
Hale,Chip	30	.255	75	208	26	53	11	1	1	20	24	20	1	1	.332	.332
Hall,Joe	29	.244	58	135	16	33	6	1	2	15	17	19	2	2	.329	.348
Hamelin,Bob	27	.247	155	550	78	136	23	1	27	82	80	94	5	4	.343	.440
Hamilton,Darryl	30	.287	133	449	64	129	18	3	5	48	44	48	26	12	.351	.374
Hammonds,Jeffrey	24	.300	127	450	69	135	28	3	14	60	23	68	10	5	.334	.469
Harper,Brian	35	.287	95	331	32	95	17	0	6	44	17	19	1	1	.322	.393

Projections for 1995 Batters

Batter	Age	Avg	G	AB	R	H	2B	3B	HR	RBI	BB	SO	SB	CS	OBP	SLG
Harris,Lenny	30	.271	110	207	22	56	9	1	1	20	15	17	9	4	.320	.338
Haselman,Bill	29	.243	59	177	24	43	11	0	6	22	18	44	1	1	.313	.407
Hatcher,Billy	34	.256	96	316	40	81	15	2	4	31	17	33	7	5	.294	.354
Hayes,Charlie	30	.267	158	581	68	155	28	2	18	72	44	96	7	6	.318	.415
Hemond,Scott	29	.225	111	258	33	58	15	0	5	26	32	62	11	6	.310	.341
Henderson,Dave	36	.223	55	166	16	37	9	0	5	21	13	44	1	1	.279	.367
Henderson,Rickey	36	.263	129	437	87	115	20	2	12	42	110	71	43	12	.411	.400
Hernandez,Carlos	28	.259	77	162	12	42	7	0	3	16	7	19	0	0	.290	.358
Hernandez,Jose	25	.250	70	204	25	51	6	2	2	19	10	44	5	3	.285	.328
Hill,Glenallen	30	.254	129	410	52	104	17	2	17	57	31	92	17	7	.306	.429
Hoiles,Chris	30	.281	144	477	79	134	22	0	27	74	88	105	2	1	.393	.497
Hollins,Dave	29	.256	140	516	95	132	25	4	18	80	78	101	5	4	.354	.424
Howard,Thomas	30	.263	121	308	40	81	16	2	5	34	19	56	10	6	.306	.377
Huff,Michael	31	.261	93	230	32	60	12	2	3	21	31	36	5	3	.349	.370
Hulse,David	27	.276	106	384	58	106	11	5	2	26	22	68	21	8	.315	.346
Hundley,Todd	26	.230	136	417	48	96	18	2	12	49	27	81	2	1	.277	.369
Hunter,Brian	27	.224	92	228	28	51	12	1	11	39	16	48	1	1	.275	.430
Hunter,Brian L.	24	.295	144	533	77	157	24	4	8	48	31	79	32	13	.333	.400
Hyers,Tim	23	.274	38	95	11	26	4	0	1	10	7	10	2	1	.324	.347
Incaviglia,Pete	31	.251	115	338	41	85	18	1	16	57	22	90	1	1	.297	.453
Jackson,Bo	32	.244	115	349	40	85	14	2	18	59	29	126	1	1	.302	.450
Jackson,Darrin	31	.252	134	481	49	121	16	2	14	57	28	91	7	3	.293	.380
Jaha,John	29	.263	141	471	75	124	25	1	19	70	55	106	10	6	.340	.442
James,Chris	32	.238	103	227	29	54	15	2	6	29	22	51	2	1	.305	.401
Javier,Stan	31	.254	132	406	55	103	14	2	5	38	47	66	22	6	.331	.335
Jefferies,Gregg	27	.311	152	589	80	183	32	3	16	83	60	33	31	12	.374	.457
Jefferson,Reggie	26	.286	122	398	53	114	22	2	13	50	34	77	1	1	.343	.450
Johnson,Brian	27	.268	73	220	22	59	14	1	5	27	15	32	0	0	.315	.409
Johnson,Charles	23	.227	125	432	48	98	25	0	19	59	45	110	3	4	.300	.417
Johnson,Howard	34	.225	99	280	39	63	16	1	9	39	48	70	12	5	.338	.386
Johnson,Lance	31	.278	152	562	69	156	16	9	2	50	35	33	39	12	.320	.349
Jones,Chipper	23	.310	118	407	58	126	23	5	11	55	27	49	12	4	.353	.472
Jordan,Brian	28	.271	91	292	33	79	13	3	8	39	20	49	12	6	.317	.418
Jordan,Ricky	30	.267	98	243	28	65	16	1	5	31	7	40	1	0	.288	.403
Jose,Felix	30	.272	149	540	71	147	30	3	11	65	46	108	27	14	.329	.400
Joyner,Wally	33	.275	142	524	70	144	29	1	13	66	62	60	7	5	.352	.408
Justice,Dave	29	.284	145	507	86	144	23	3	29	91	85	78	3	4	.387	.513
Karkovice,Ron	31	.223	124	355	46	79	15	1	13	45	36	105	5	3	.294	.380
Karros,Eric	27	.266	156	590	73	157	32	2	22	83	38	88	2	2	.311	.439
Kelly,Mike	25	.235	53	166	22	39	7	1	7	20	13	47	4	2	.291	.416
Kelly,Pat	27	.263	147	525	65	138	31	3	10	62	36	100	14	11	.310	.390
Kelly,Roberto	30	.289	137	539	79	156	25	3	14	61	36	86	27	9	.334	.425
Kent,Jeff	27	.267	153	589	79	157	31	2	22	88	38	120	4	5	.311	.438
King,Jeff	30	.256	157	566	67	145	28	2	12	76	47	58	6	5	.313	.376
Kingery,Mike	34	.272	113	327	40	89	16	3	4	30	27	24	6	5	.328	.376
Kirby,Wayne	31	.271	89	247	38	67	9	2	4	27	17	27	13	6	.318	.372
Klesko,Ryan	24	.247	128	437	60	108	21	2	19	63	42	84	2	2	.313	.435
Knoblauch,Chuck	26	.291	155	608	100	177	37	5	5	60	73	59	40	13	.367	.393
Knorr,Randy	26	.255	76	231	26	59	10	0	9	29	17	51	0	0	.306	.416
Kreuter,Chad	30	.241	113	320	42	77	14	1	7	35	43	71	1	1	.331	.356

Projections for 1995 Batters

Batter	Age	Avg	G	AB	R	H	2B	3B	HR	RBI	BB	SO	SB	CS	OBP	SLG
Kruk,John	34	.291	136	467	71	136	22	3	10	63	88	84	4	3	.404	.415
Lankford,Ray	28	.260	150	578	96	150	30	6	17	73	90	149	27	19	.359	.420
Lansing,Mike	27	.273	151	550	68	150	29	2	5	53	47	56	28	11	.330	.360
Larkin,Barry	31	.282	137	525	80	148	25	4	11	63	70	58	21	4	.366	.408
LaValliere,Mike	34	.250	78	200	14	50	9	0	1	23	27	20	1	1	.339	.310
Lee,Manuel	30	.256	127	399	50	102	12	2	3	37	40	76	5	3	.323	.318
Leius,Scott	29	.241	111	352	49	85	14	2	7	37	34	58	4	3	.308	.352
Lemke,Mark	29	.245	152	550	55	135	16	2	7	47	69	54	2	2	.330	.320
Lewis,Darren	27	.253	153	572	84	145	16	6	3	44	49	59	49	19	.312	.318
Lewis,Mark	25	.265	95	253	35	67	13	1	5	25	17	39	3	3	.311	.383
Leyritz,Jim	31	.267	104	285	43	76	17	0	13	54	40	60	0	0	.357	.463
Lieberthal,Mike	23	.240	103	313	25	75	15	0	3	31	16	28	1	0	.277	.316
Lind,Jose	31	.248	128	420	38	104	18	2	1	38	20	35	5	3	.282	.307
Lindeman,Jim	33	.259	68	189	21	49	8	0	4	23	13	44	1	0	.307	.365
Liriano,Nelson	31	.269	109	346	46	93	18	5	4	36	41	48	8	7	.346	.384
Listach,Pat	27	.277	143	513	79	142	18	3	3	44	52	95	40	17	.343	.341
Livingstone,Scott	29	.272	103	305	33	83	15	1	4	32	17	33	2	2	.311	.367
Lofton,Kenny	28	.311	157	620	122	193	27	9	8	58	80	76	78	18	.390	.423
Longmire,Tony	26	.274	63	164	19	45	12	1	2	21	13	27	3	1	.328	.396
Lopez,Javy	24	.279	115	387	46	108	21	1	15	52	15	54	2	2	.306	.455
Lopez,Luis	24	.240	105	337	30	81	15	1	2	27	14	51	4	2	.271	.309
Macfarlane,Mike	31	.242	133	434	57	105	25	2	16	60	41	93	2	3	.307	.419
Mack,Shane	31	.295	141	539	77	159	24	3	15	69	52	91	17	9	.357	.434
Magadan,Dave	32	.270	112	348	39	94	17	1	3	34	63	46	1	1	.382	.351
Manwaring,Kirt	29	.245	128	416	36	102	14	2	4	37	37	64	2	1	.307	.317
Martin,Al	27	.269	117	375	63	101	17	5	12	45	35	89	15	8	.332	.437
Martin,Norberto	28	.258	60	209	26	54	6	1	1	17	10	21	7	4	.292	.311
Martinez,Dave	30	.271	131	358	42	97	16	5	6	38	38	45	10	7	.341	.394
Martinez,Edgar	32	.301	137	481	74	145	32	1	16	62	63	59	8	3	.382	.472
Martinez,Tino	27	.264	155	550	66	145	30	1	23	83	58	81	2	2	.334	.447
Mattingly,Don	34	.292	142	558	83	163	35	1	15	82	63	41	1	0	.364	.439
May,Derrick	26	.289	141	457	58	132	24	1	10	66	29	44	6	4	.331	.411
Mayne,Brent	27	.248	86	234	24	58	10	1	2	25	19	33	2	2	.304	.325
McCarty,Dave	25	.264	91	307	44	81	14	2	7	36	28	60	4	4	.325	.391
McDavid,Ray	23	.247	129	434	55	107	18	2	9	43	45	101	18	8	.317	.359
McDowell,Oddibe	32	.243	87	255	39	62	13	2	5	30	35	55	13	6	.334	.369
McGee,Willie	36	.277	97	329	35	91	16	3	3	31	25	58	7	4	.328	.371
McGriff,Fred	31	.292	153	558	95	163	27	1	36	103	82	105	7	5	.383	.538
McGwire,Mark	31	.242	127	438	74	106	18	0	29	81	96	105	1	1	.378	.482
McLemore,Mark	30	.254	137	449	60	114	16	3	3	46	53	67	18	10	.333	.323
McRae,Brian	27	.262	159	614	84	161	30	8	9	63	54	100	25	12	.322	.381
McReynolds,Kevin	35	.244	92	270	31	66	13	1	8	31	38	43	3	1	.338	.389
Meares,Pat	26	.264	126	394	44	104	21	2	2	36	15	69	6	6	.291	.343
Mejia,Roberto	23	.263	137	438	60	115	28	4	14	52	30	90	10	6	.310	.441
Merced,Orlando	28	.280	152	550	75	154	27	4	11	76	82	81	5	4	.373	.404
Mieske,Matt	27	.243	92	300	42	73	15	2	10	38	24	57	5	5	.299	.407
Mitchell,Keith	25	.239	55	159	22	38	8	0	3	20	22	22	3	2	.331	.346
Mitchell,Kevin	33	.286	118	399	61	114	21	2	21	74	54	67	1	1	.371	.506
Molitor,Paul	38	.301	146	574	86	173	29	4	13	80	69	71	23	5	.376	.434
Mondesi,Raul	24	.276	156	561	71	155	25	6	15	65	19	110	14	12	.300	.422

Projections for 1995 Batters

Batter	Age	Avg	G	AB	R	H	2B	3B	HR	RBI	BB	SO	SB	CS	OBP	SLG
Morandini,Mickey	29	.263	135	449	56	118	19	7	4	38	39	66	12	5	.322	.363
Morris,Hal	30	.310	144	523	65	162	29	3	11	81	52	68	6	4	.372	.440
Mouton,James	26	.266	78	248	40	66	13	2	4	25	23	44	18	6	.328	.383
Munoz,Pedro	26	.276	122	391	48	108	22	2	14	57	25	96	2	2	.320	.450
Murray,Eddie	39	.266	135	473	54	126	21	1	16	76	39	61	4	2	.322	.416
Myers,Greg	29	.245	99	274	22	67	13	0	6	32	17	46	2	2	.289	.358
Naehring,Tim	28	.272	112	368	45	100	22	0	8	46	41	57	1	1	.345	.397
Neel,Troy	29	.268	146	529	68	142	28	0	20	75	66	125	4	5	.350	.435
Newfield,Marc	22	.278	121	413	50	115	31	0	14	54	27	57	1	2	.323	.455
Newson,Warren	30	.276	90	185	32	51	8	0	4	21	38	44	3	2	.399	.384
Nieves,Melvin	23	.272	137	463	63	126	19	2	21	67	44	145	4	4	.335	.458
Nilsson,Dave	25	.289	155	550	72	159	34	4	13	85	53	61	7	5	.352	.436
Nixon,Otis	36	.255	126	463	65	118	9	1	1	21	53	69	41	15	.331	.285
Nokes,Matt	31	.242	104	306	37	74	11	0	15	50	25	50	0	0	.299	.425
O'Brien,Charlie	34	.224	76	201	20	45	11	0	4	22	18	22	1	1	.288	.338
O'Leary,Troy	25	.284	77	243	36	69	14	2	4	33	24	41	7	3	.348	.407
O'Neill,Paul	32	.283	144	505	73	143	28	1	20	80	70	76	5	4	.370	.461
Offerman,Jose	26	.264	127	450	56	119	13	4	2	41	55	73	18	11	.345	.324
Olerud,John	26	.319	158	555	88	177	38	1	24	96	98	69	1	1	.421	.521
Oliva,Jose	24	.241	133	461	56	111	24	3	21	65	31	126	2	2	.289	.443
Oliver,Joe	29	.247	95	243	20	60	13	0	6	32	17	42	1	1	.296	.374
Orsulak,Joe	33	.265	101	302	38	80	12	2	5	30	19	25	4	3	.308	.368
Ortiz,Junior	35	.250	63	148	11	37	6	0	1	15	8	16	1	1	.288	.311
Owen,Spike	34	.247	121	393	45	97	17	3	4	34	52	32	5	4	.335	.336
Pagnozzi,Tom	32	.253	117	396	31	100	18	1	6	42	27	50	1	1	.300	.348
Palmeiro,Rafael	30	.282	160	611	103	172	36	3	25	92	77	85	12	4	.362	.473
Palmer,Dean	26	.246	138	492	76	121	23	2	28	80	51	134	9	6	.317	.472
Pappas,Erik	29	.223	56	148	20	33	7	0	2	16	21	29	1	1	.320	.311
Paquette,Craig	26	.236	71	203	22	48	9	1	6	26	8	52	4	3	.265	.379
Parent,Mark	33	.236	50	123	12	29	6	0	4	16	11	24	0	0	.299	.382
Parks,Derek	26	.243	43	115	13	28	6	0	4	16	11	19	0	0	.310	.400
Parrish,Lance	39	.224	74	196	17	44	10	1	6	20	23	49	1	1	.306	.378
Patterson,John	28	.245	96	294	35	72	16	3	3	32	18	42	11	5	.288	.350
Pegues,Steve	27	.248	58	149	16	37	7	1	3	16	3	26	4	2	.263	.369
Pena,Geronimo	28	.262	101	305	43	80	17	2	9	39	34	67	16	8	.336	.420
Pena,Tony	38	.238	58	143	13	34	5	0	2	12	10	22	1	1	.288	.315
Pendleton,Terry	34	.261	144	570	65	149	27	2	13	68	30	85	4	2	.298	.384
Perez,Eduardo	25	.252	112	310	36	78	14	2	8	41	24	69	12	7	.305	.387
Perry,Gerald	34	.238	78	105	13	25	4	0	2	14	16	21	2	2	.339	.333
Phillips,J.R.	25	.236	115	386	45	91	23	2	15	55	26	111	3	3	.284	.422
Phillips,Tony	36	.255	147	553	105	141	22	2	10	53	121	111	14	9	.389	.356
Piazza,Mike	26	.318	152	550	77	175	28	1	30	107	47	85	2	3	.372	.536
Pirkl,Greg	24	.260	61	154	16	40	8	0	5	20	5	27	1	0	.283	.409
Plantier,Phil	26	.259	135	440	64	114	22	1	25	71	58	109	4	4	.345	.484
Polonia,Luis	30	.289	142	540	83	156	19	7	2	42	48	55	46	21	.347	.361
Pratt,Todd	28	.263	67	186	22	49	11	0	6	27	25	38	0	0	.351	.419
Puckett,Kirby	34	.300	151	603	87	181	34	3	18	101	42	86	10	6	.346	.456
Raines,Tim	35	.280	132	489	89	137	23	5	9	54	74	48	26	6	.375	.403
Ramirez,Manny	23	.295	152	555	100	164	44	1	36	111	69	113	4	3	.373	.573
Reboulet,Jeff	31	.237	107	241	30	57	14	1	2	22	35	34	3	3	.333	.328

Projections for 1995 Batters

Batter	Age	Avg	G	AB	R	H	2B	3B	HR	RBI	BB	SO	SB	CS	OBP	SLG
Reed,Jody	32	.267	142	521	63	139	33	1	4	44	60	43	5	5	.343	.357
Reynolds,Harold	34	.248	78	210	29	52	10	1	1	16	26	20	7	5	.331	.319
Rhodes,Karl	26	.261	84	211	33	55	12	2	6	24	25	41	5	4	.339	.422
Ripken,Cal	34	.266	162	639	86	170	32	2	21	93	61	59	2	2	.330	.421
Roberts,Bip	31	.290	131	473	69	137	21	3	4	37	56	59	34	11	.365	.372
Rodriguez,Alex	19	.214	103	318	26	68	10	2	3	25	17	112	8	3	.254	.286
Rodriguez,Carlos	27	.262	90	286	25	75	17	1	2	28	19	21	2	2	.308	.350
Rodriguez,Henry	27	.238	116	345	35	82	16	2	9	43	20	66	1	1	.279	.374
Rodriguez,Ivan	23	.279	145	516	64	144	26	2	15	69	36	73	6	5	.326	.424
Rowland,Rich	28	.233	97	275	37	64	16	0	11	38	32	71	2	2	.313	.411
Sabo,Chris	33	.248	119	428	60	106	28	1	14	58	34	76	4	4	.303	.416
Salmon,Tim	26	.289	155	550	103	159	29	2	34	103	94	147	6	6	.393	.535
Samuel,Juan	34	.252	101	246	35	62	17	4	5	32	19	53	7	4	.306	.415
Sanchez,Rey	27	.275	134	448	45	123	16	3	2	37	23	29	4	3	.310	.337
Sanders,Deion	27	.288	142	527	87	152	22	10	12	51	39	77	47	19	.337	.436
Sanders,Reggie	27	.268	152	563	93	151	25	6	22	78	63	148	28	13	.342	.451
Santiago,Benito	30	.253	137	466	48	118	20	3	13	52	33	77	6	5	.303	.393
Scarsone,Steve	29	.251	87	239	31	60	13	1	5	28	17	53	4	3	.301	.377
Schofield,Dick	32	.212	79	203	23	43	6	1	2	16	26	42	5	3	.301	.281
Sequi,David	28	.254	110	276	35	70	15	0	5	33	34	34	1	0	.335	.362
Seitzer,Kevin	33	.281	134	488	62	137	25	2	7	65	53	54	9	7	.351	.383
Servais,Scott	28	.223	103	291	26	65	14	0	6	32	19	42	0	0	.271	.333
Sheaffer,Danny	33	.255	40	94	10	24	4	0	1	11	5	7	1	1	.293	.330
Sheffield,Gary	26	.293	142	518	78	152	28	2	26	88	59	58	13	8	.366	.506
Shipley,Craig	32	.264	105	258	28	68	11	1	3	23	10	32	8	5	.291	.349
Shumpert,Terry	28	.231	79	242	28	56	12	1	5	26	16	40	14	6	.279	.351
Sierra,Ruben	29	.270	159	626	88	169	33	5	25	109	47	85	18	6	.321	.458
Silvestri,Dave	27	.237	62	169	28	40	8	1	6	25	26	53	4	4	.338	.402
Slaught,Don	36	.272	111	334	30	91	20	2	6	41	35	47	1	1	.341	.398
Smith,Dwight	31	.281	116	274	38	77	14	2	7	32	19	47	7	6	.328	.423
Smith,Ozzie	40	.249	121	458	54	114	17	2	1	31	44	27	19	6	.315	.301
Snow,J.T.	27	.255	99	333	44	85	15	1	11	47	40	60	1	1	.335	.405
Snyder,Cory	32	.240	119	283	31	68	13	1	9	35	23	77	2	1	.297	.389
Sojo,Luis	29	.252	87	282	32	71	12	1	4	30	13	26	4	4	.285	.344
Sorrento,Paul	29	.260	142	453	63	118	26	1	17	65	56	99	2	1	.342	.435
Sosa,Sammy	26	.279	154	603	90	168	23	6	30	88	40	127	37	16	.323	.486
Spiers,Bill	29	.248	110	314	39	78	12	3	2	30	28	54	9	6	.310	.325
Sprague,Ed	27	.252	136	480	49	121	24	1	14	60	35	97	1	0	.303	.394
Stanley,Mike	32	.271	113	350	54	95	14	0	15	58	52	72	0	0	.366	.440
Steinbach,Terry	33	.262	130	461	50	121	20	1	11	54	37	74	3	3	.317	.382
Stinnett,Kelly	25	.257	76	218	26	56	7	1	4	21	11	36	3	2	.293	.353
Stocker,Kevin	25	.274	134	457	67	125	20	2	4	41	52	67	11	5	.348	.352
Strange,Doug	31	.245	94	273	31	67	16	1	4	30	20	43	3	2	.297	.355
Strawberry,Darryl	33	.247	123	413	62	102	18	2	19	72	70	97	5	5	.356	.438
Surhoff,B.J.	30	.259	98	340	42	88	16	2	4	43	29	30	8	6	.317	.353
Tarasco,Tony	24	.287	107	307	44	88	13	1	9	36	17	45	12	6	.324	.423
Tartabull,Danny	32	.260	136	493	82	128	28	1	25	94	98	139	1	1	.382	.473
Taubensee,Eddie	26	.268	116	339	38	91	18	2	10	43	30	61	2	1	.328	.422
Tettleton,Mickey	34	.230	147	491	73	113	20	1	24	76	118	141	2	4	.379	.422
Thomas,Frank	27	.333	159	565	122	188	39	2	40	128	136	76	4	3	.462	.621

Projections for 1995 Batters

Batter	Age	Avg	G	AB	R	H	2B	3B	HR	RBI	BB	SO	SB	CS	OBP	SLG
Thome,Jim	24	.279	135	462	75	129	27	2	18	74	69	120	3	3	.373	.463
Thompson,Milt	36	.264	107	246	33	65	12	2	3	30	25	42	10	4	.332	.366
Thompson,Robby	33	.258	129	449	58	116	23	3	12	45	44	90	8	6	.325	.403
Thompson,Ryan	27	.233	155	550	71	128	24	3	21	63	45	163	7	7	.291	.402
Tinsley,Lee	26	.257	110	249	38	64	9	3	4	25	24	59	10	4	.322	.365
Trammell,Alan	37	.264	96	337	43	89	17	1	7	36	28	39	6	4	.321	.383
Treadway,Jeff	32	.268	61	97	11	26	8	1	1	9	7	10	1	1	.317	.402
Turang,Brian	28	.251	51	167	21	42	8	1	2	16	12	23	5	3	.302	.347
Turner,Chris	26	.243	71	189	26	46	8	0	2	24	22	31	2	1	.322	.317
Valentin,John	28	.271	142	479	59	130	34	1	12	58	58	69	3	2	.350	.422
Valentin,Jose	25	.239	117	364	52	87	18	3	8	43	41	84	8	5	.316	.371
Valle,Dave	34	.224	63	161	16	36	7	0	4	17	17	25	0	0	.298	.342
Van Slyke,Andy	34	.275	131	501	65	138	23	5	11	59	52	85	11	3	.344	.407
VanderWal,John	29	.264	131	250	37	66	20	4	8	36	32	47	4	2	.348	.472
Vaughn,Greg	29	.240	155	555	88	133	28	2	26	89	79	135	13	10	.334	.438
Vaughn,Mo	27	.276	157	558	80	154	31	1	29	101	79	137	4	3	.366	.491
Velarde,Randy	32	.261	116	371	50	97	17	1	9	39	33	72	5	3	.322	.385
Ventura,Robin	27	.271	156	571	83	155	27	1	21	92	98	82	3	4	.378	.433
Vina,Fernando	26	.219	70	169	17	37	5	1	1	13	8	11	8	5	.254	.278
Vizcaino,Jose	27	.268	153	564	65	151	18	3	4	47	44	76	8	8	.321	.332
Vizquel,Omar	28	.259	136	494	56	128	14	2	2	35	41	47	14	11	.316	.308
Voigt,Jack	29	.256	87	246	36	63	12	1	7	32	32	54	3	2	.342	.398
Walbeck,Matt	25	.250	96	328	30	82	16	1	6	36	19	42	1	2	.291	.360
Walker,Larry	28	.291	155	550	94	160	35	3	25	100	73	99	24	8	.374	.502
Wallach,Tim	37	.235	139	503	56	118	27	1	14	68	45	93	1	1	.297	.376
Ward,Turner	30	.242	92	281	41	68	12	1	6	30	42	46	6	4	.341	.356
Webster,Lenny	30	.251	95	223	25	56	17	0	4	25	20	23	1	1	.313	.381
Weiss,Walt	31	.244	141	479	57	117	15	2	2	38	69	63	8	5	.339	.296
Whitaker,Lou	38	.262	123	409	61	107	20	2	10	53	69	52	3	2	.368	.394
White,Devon	32	.255	147	611	97	156	28	5	16	56	45	124	32	7	.306	.396
White,Rondell	23	.293	151	556	88	163	30	5	16	76	36	91	20	8	.336	.451
Whiten,Mark	28	.261	149	532	80	139	21	4	18	75	65	105	16	10	.342	.417
Whitmore,Darrell	26	.251	89	207	24	52	10	1	5	23	13	44	5	3	.295	.382
Wilkins,Rick	28	.251	145	458	58	115	22	1	17	57	54	116	2	2	.330	.415
Williams,Bernie	26	.278	153	601	93	167	33	4	15	74	74	94	18	11	.357	.421
Williams,Eddie	30	.280	129	415	55	116	21	0	17	66	31	58	0	0	.330	.453
Williams,Gerald	28	.254	93	272	42	69	15	2	7	36	14	53	13	6	.290	.401
Williams,Matt	29	.258	156	608	92	157	24	3	38	105	40	110	4	3	.304	.495
Wilson,Dan	26	.239	107	330	27	79	18	1	3	31	23	57	1	1	.289	.327
Winfield,Dave	43	.251	104	375	45	94	17	2	11	50	42	71	2	1	.326	.395
Young,Eric	28	.279	133	416	60	116	16	4	5	42	48	29	30	13	.353	.373
Young,Ernie	25	.259	64	189	30	49	9	1	7	28	22	45	4	6	.336	.429
Young,Kevin	26	.269	71	208	27	56	12	2	3	24	20	35	4	3	.333	.389
Zambrano,Eddie	29	.275	91	251	37	69	15	1	11	43	29	49	3	2	.350	.474
Zeile,Todd	29	.263	160	578	80	152	31	2	18	86	76	82	5	6	.349	.417
Zupcic,Bob	28	.231	57	134	16	31	8	0	2	13	11	24	1	1	.290	.336

Projections for 1995 Pitchers

Pitcher	Age	ERA	W	L	Sv	G	GS	IP	H	HR	BB	SO	BR/9
Abbott,Jim	27	4.01	13	11	0	32	32	213	212	19	74	103	12.1
Aguilera,Rick	33	3.14	5	3	40	62	0	63	56	7	14	56	10.0
Alvarez,Wilson	25	3.67	14	11	0	33	33	218	194	22	80	153	11.3
Andersen,Larry	42	3.83	3	3	2	51	0	54	54	4	20	52	12.3
Appier,Kevin	27	3.26	14	12	0	33	33	229	197	13	91	194	11.3
Aquino,Luis	30	3.62	4	4	4	45	5	92	91	6	34	40	12.2
Armstrong,Jack	30	4.38	4	4	0	13	12	72	78	11	14	44	11.5
Assenmacher,Paul	34	3.42	4	3	0	66	0	50	46	4	18	44	11.5
Avery,Steve	25	3.35	15	11	0	34	34	220	198	17	70	150	11.0
Ballard,Jeff	31	5.29	1	2	0	27	2	34	43	4	11	12	14.3
Bankhead,Scott	31	3.97	3	3	0	41	0	59	58	7	24	43	12.5
Bautista,Jose	30	3.90	5	5	0	68	2	97	100	12	23	60	11.4
Beck,Rod	26	2.63	5	3	38	64	0	65	54	7	12	61	9.1
Bedrosian,Steve	37	2.95	5	3	5	60	0	61	49	6	19	49	10.0
Belcher,Tim	33	4.85	10	15	0	34	34	206	215	18	104	117	13.9
Belinda,Stan	28	3.31	4	4	0	56	0	68	57	7	24	54	10.7
Benes,Andy	27	3.37	14	13	0	34	34	238	216	22	68	216	10.7
Bielecki,Mike	35	4.20	3	3	0	30	1	60	67	4	21	40	13.2
Black,Bud	38	3.98	6	7	0	20	19	113	107	16	32	59	11.1
Blair,Willie	29	5.38	4	7	0	57	7	117	149	14	42	82	14.7
Boever,Joe	34	3.83	6	5	5	66	0	108	102	10	46	66	12.3
Bolton,Tom	33	5.09	2	3	0	32	3	53	62	6	25	33	14.8
Bones,Ricky	26	4.19	12	14	0	33	32	221	232	28	56	68	11.7
Bosio,Chris	32	3.67	10	7	0	24	22	147	138	13	49	94	11.4
Brantley,Jeff	31	3.58	5	4	23	63	4	93	79	11	41	77	11.6
Brown,Kevin	30	4.13	14	13	0	35	35	231	251	16	70	151	12.5
Browning,Tom	35	5.26	3	5	0	12	11	65	81	8	21	32	14.1
Burba,Dave	28	4.05	5	6	0	71	2	100	95	10	48	90	12.9
Burkett,John	30	3.63	14	13	0	35	35	228	237	20	44	132	11.1
Cadaret,Greg	33	4.88	3	4	0	52	0	48	48	4	35	32	15.6
Candiotti,Tom	37	3.68	12	12	0	31	30	203	197	13	71	140	11.9
Carpenter,Cris	30	3.20	5	3	0	63	0	76	67	7	24	47	10.8
Castillo,Frank	26	3.73	6	6	0	19	16	99	96	9	28	62	11.3
Castillo,Tony	32	4.31	4	4	0	55	0	71	74	8	29	42	13.1
Clemens,Roger	32	3.25	15	11	0	32	32	230	190	17	93	211	11.1
Cone,David	32	2.83	17	11	0	33	33	248	201	18	76	193	10.1
Cook,Dennis	32	4.08	3	3	0	44	2	53	51	8	17	35	11.5
Cox,Danny	35	3.50	3	2	5	30	0	54	48	4	21	46	11.5
Crim,Chuck	33	4.64	3	4	0	49	1	64	73	7	21	33	13.2
Darling,Ron	34	4.08	12	12	0	33	32	205	206	22	66	123	11.9
Darwin,Danny	39	4.25	7	8	0	20	20	127	124	18	40	77	11.6
Davis,Storm	33	4.06	4	4	0	48	3	82	79	7	42	57	13.3
DeLeon,Jose	34	3.32	5	3	0	53	1	84	70	7	39	68	11.7
Deshaies,Jim	35	5.19	8	13	0	31	30	163	179	25	66	84	13.5
Dopson,John	31	4.45	3	4	0	27	13	95	105	10	33	48	13.1
Drabek,Doug	32	3.24	15	11	0	33	33	236	220	17	62	165	10.8
Eckersley,Dennis	40	3.98	4	4	28	59	0	61	63	8	14	69	11.4
Edens,Tom	34	3.22	4	3	0	50	0	67	63	3	27	46	12.1
Eichhorn,Mark	34	2.75	6	3	0	56	0	85	78	3	23	51	10.7
Eldred,Cal	27	3.89	14	14	0	34	34	243	213	25	106	154	11.8

Projections for 1995 Pitchers

Pitcher	Age	ERA	W	L	Sv	G	GS	IP	H	HR	BB	SO	BR/9
Erickson, Scott	27	4.44	11	14	0	33	33	209	223	18	81	125	13.1
Farr, Steve	38	6.20	2	4	0	47	0	45	55	8	28	36	16.6
Fassero, Jeff	32	2.87	15	9	0	30	30	210	183	11	58	187	10.3
Fernandez, Alex	25	3.99	14	13	0	34	34	237	229	29	73	165	11.5
Fernandez, Sid	32	3.66	11	8	0	25	25	155	125	22	60	113	10.7
Fetters, Mike	30	3.41	4	3	31	52	0	58	53	3	27	34	12.4
Finley, Chuck	32	4.03	13	14	0	34	34	241	235	24	87	185	12.0
Fleming, Dave	25	4.91	9	12	0	31	31	174	190	17	78	87	13.9
Fossas, Tony	37	4.71	3	4	0	62	0	42	43	6	21	39	13.7
Franco, John	34	3.76	3	4	40	52	0	55	55	4	21	44	12.4
Freeman, Marvin	32	3.38	13	11	0	30	30	213	211	19	40	152	10.6
Frey, Steve	31	4.50	3	4	0	58	0	42	43	5	21	22	13.7
Frohwirth, Todd	32	3.35	3	2	0	39	0	51	45	2	23	27	12.0
Gardner, Mark	33	4.23	6	8	0	24	19	115	112	14	43	73	12.1
Gibson, Paul	35	4.74	2	3	0	37	0	38	41	5	15	30	13.3
Glavine, Tom	29	3.64	14	12	0	35	35	230	213	13	96	152	12.1
Gooden, Dwight	30	3.71	5	6	0	14	14	97	93	7	35	73	11.9
Gordon, Tom	27	3.81	12	14	0	32	32	227	192	20	114	193	12.1
Gossage, Goose	43	3.96	3	3	0	40	0	50	49	5	20	42	12.4
Gott, Jim	35	3.57	4	4	0	57	0	63	61	4	25	53	12.3
Grahe, Joe	27	4.21	3	4	6	54	0	62	68	4	26	31	13.6
Greene, Tommy	28	4.05	6	7	0	18	18	111	103	9	53	91	12.6
Gross, Kevin	34	3.58	13	12	0	34	32	216	218	14	57	165	11.5
Gubicza, Mark	32	3.98	8	10	0	37	23	156	181	10	28	85	12.1
Gullickson, Bill	36	4.82	8	11	0	27	26	153	176	27	28	76	12.0
Guthrie, Mark	29	4.50	3	4	0	56	1	52	56	6	21	42	13.3
Guzman, Jose	32	5.03	3	6	0	13	13	77	75	7	51	63	14.7
Guzman, Juan	28	4.05	14	11	0	34	34	211	188	16	114	183	12.9
Habyan, John	31	3.63	4	4	0	61	0	62	62	4	22	46	12.2
Hammond, Chris	29	4.02	7	8	0	23	20	121	125	9	41	68	12.3
Hanson, Erik	30	3.65	10	8	0	25	24	153	163	13	29	120	11.3
Harkey, Mike	28	5.24	5	10	0	28	21	127	153	15	44	53	14.0
Harnisch, Pete	28	3.46	12	10	0	29	29	177	151	18	65	139	11.0
Harris, Gene	30	4.30	3	3	0	42	0	46	47	3	25	33	14.1
Harris, Greg W.	31	4.69	9	13	0	36	30	192	196	26	79	110	12.9
Harvey, Bryan	32	2.10	3	1	11	28	0	30	21	2	8	33	8.7
Henke, Tom	37	3.10	5	3	26	57	0	61	47	8	22	64	10.2
Henneman, Mike	33	3.63	4	3	25	51	0	57	56	4	21	45	12.2
Henry, Doug	31	4.13	3	3	0	42	0	48	46	6	22	34	12.8
Hentgen, Pat	26	3.79	15	11	0	33	33	235	220	30	68	171	11.0
Hernandez, Roberto	30	2.65	6	2	34	63	0	68	54	5	19	65	9.7
Hernandez, Xavier	29	3.27	5	3	0	51	0	66	58	5	25	62	11.3
Hershiser, Orel	36	3.88	12	12	0	32	32	204	207	19	58	122	11.7
Hesketh, Joe	36	4.50	6	8	0	31	18	116	125	10	45	80	13.2
Hibbard, Greg	30	4.75	5	6	0	15	15	91	100	10	35	41	13.4
Hickerson, Bryan	31	5.02	5	9	0	39	17	122	133	16	51	72	13.6
Hill, Ken	29	2.92	16	9	0	31	31	213	187	13	57	113	10.3
Holmes, Darren	29	4.21	3	3	4	47	0	47	49	4	19	42	13.0
Honeycutt, Rick	41	4.11	3	3	0	49	0	35	36	3	16	23	13.4
Howe, Steve	37	2.77	5	2	28	54	0	52	46	5	9	23	9.5

Projections for 1995 Pitchers

Pitcher	Age	ERA	W	L	Sv	G	GS	IP	H	HR	BB	SO	BR/9
Howell, Jay	39	3.88	4	3	0	53	0	58	53	8	21	33	11.5
Jackson, Danny	33	3.71	13	14	0	34	34	235	244	15	64	153	11.8
Jackson, Mike	30	2.57	5	3	0	60	0	70	52	6	22	69	9.5
Johnson, Randy	31	2.94	18	9	0	33	32	242	183	19	97	286	10.4
Jones, Doug	38	3.84	4	5	34	64	0	75	86	5	15	54	12.1
Kamieniecki, Scott	31	4.57	10	10	0	31	24	181	180	18	89	94	13.4
Key, Jimmy	34	3.84	15	12	0	34	34	232	229	21	73	154	11.7
Kile, Darryl	26	4.77	9	13	0	33	31	183	180	17	107	138	14.1
Krueger, Bill	37	4.71	2	4	0	32	11	84	100	8	31	63	14.0
Langston, Mark	34	3.91	11	12	0	30	30	205	180	21	94	167	12.0
Leary, Tim	36	5.31	5	7	0	20	15	95	107	11	45	38	14.4
Lefferts, Craig	37	6.00	2	4	0	37	3	51	66	10	17	37	14.6
Leiper, Dave	33	2.31	3	1	0	42	0	35	31	1	12	19	11.1
Leiter, Mark	32	4.21	4	5	0	42	13	126	125	15	49	88	12.4
Lilliquist, Derek	29	3.50	4	3	0	53	1	54	52	6	15	35	11.2
Maddux, Greg	29	2.12	23	7	0	35	35	272	222	12	45	198	8.8
Maddux, Mike	33	3.05	4	3	2	45	0	65	58	4	21	49	10.9
Magrane, Joe	30	5.84	4	9	0	27	18	114	124	16	70	45	15.3
Martinez, Dennis	40	3.48	16	10	0	33	33	225	214	23	56	126	10.8
Martinez, Ramon	27	3.55	13	12	0	33	33	228	212	19	75	143	11.3
Mason, Roger	36	3.90	4	5	0	65	0	83	79	10	32	53	12.0
McCaskill, Kirk	34	4.19	4	4	0	51	5	88	92	8	36	50	13.1
McDonald, Ben	27	3.85	14	11	0	33	33	220	208	24	70	149	11.4
McDowell, Jack	29	3.30	17	11	0	35	35	256	247	20	57	167	10.7
McDowell, Roger	34	4.35	3	4	0	49	0	62	69	2	31	34	14.5
McElroy, Chuck	27	3.22	5	3	5	68	0	67	58	4	31	53	12.0
Mercker, Kent	27	3.00	10	6	0	34	20	147	110	12	60	139	10.4
Mesa, Jose	29	4.30	5	5	0	65	0	92	101	8	33	53	13.1
Milacki, Bob	30	4.71	2	3	0	8	7	42	46	5	15	14	13.1
Mills, Alan	28	3.70	5	3	2	53	0	73	59	8	38	50	12.0
Monteleone, Rich	32	3.77	4	4	0	57	0	74	71	9	23	41	11.4
Montgomery, Jeff	33	2.78	5	3	43	61	0	68	57	4	20	57	10.2
Moore, Mike	35	5.33	10	15	0	35	35	206	213	30	111	85	14.2
Morgan, Mike	35	4.17	7	8	0	21	21	123	121	10	53	72	12.7
Morris, Jack	40	5.52	7	10	0	24	24	145	174	16	69	100	15.1
Moyer, Jamie	32	3.89	12	10	0	30	30	192	199	22	43	104	11.3
Mulholland, Terry	32	4.14	10	9	0	31	24	163	166	16	56	101	12.3
Munoz, Mike	29	4.09	3	4	0	67	0	55	52	4	33	36	13.9
Murphy, Rob	35	4.15	4	3	0	64	0	52	53	6	18	36	12.3
Mussina, Mike	26	3.05	18	9	0	34	34	242	220	22	49	148	10.0
Myers, Randy	32	3.55	4	4	38	62	0	66	62	5	25	62	11.9
Nabholz, Chris	28	4.33	6	8	0	24	21	108	103	7	61	64	13.7
Nagy, Charles	28	3.65	15	9	0	30	30	212	219	15	53	139	11.5
Navarro, Jaime	27	3.87	5	5	0	38	19	151	159	12	47	77	12.3
Nelson, Jeff	28	3.68	4	3	0	55	0	66	57	5	34	55	12.4
Nunez, Edwin	32	4.89	2	2	0	29	0	35	41	3	14	29	14.1
Olivares, Omar	27	4.62	5	7	0	35	14	111	111	11	56	51	13.5
Olson, Gregg	28	3.60	2	2	6	35	0	35	33	1	17	31	12.9
Ontiveros, Steve	34	2.72	13	7	0	24	24	172	147	12	40	90	9.8
Orosco, Jesse	38	3.29	4	3	0	57	0	52	45	4	23	55	11.8

Projections for 1995 Pitchers

Pitcher	Age	ERA	W	L	Sv	G	GS	IP	H	HR	BB	SO	BR/9
Pall, Donn	33	3.65	4	4	0	47	0	69	69	7	18	34	11.3
Patterson, Bob	36	4.02	3	4	1	58	0	56	56	8	17	40	11.7
Perez, Melido	29	3.65	13	9	0	29	29	200	179	20	70	165	11.2
Perez, Mike	30	3.40	3	3	0	46	0	45	43	3	14	28	11.4
Plesac, Dan	33	4.06	4	5	4	67	0	71	72	9	23	57	12.0
Plunk, Eric	31	3.99	5	4	10	63	0	88	85	8	42	82	13.0
Poole, Jim	29	3.18	3	2	0	50	0	34	29	3	14	24	11.4
Portugal, Mark	32	3.52	10	9	0	25	25	161	149	14	53	102	11.3
Reed, Steve	29	4.40	5	6	4	81	0	92	96	12	34	64	12.7
Rijo, Jose	30	3.23	16	11	0	34	34	231	206	17	71	212	10.8
Rodriguez, Rich	32	3.60	5	4	2	70	0	75	68	7	30	48	11.8
Rogers, Kenny	30	3.87	15	12	0	34	34	235	234	25	63	163	11.4
Rojas, Mel	28	2.88	7	4	8	73	0	100	85	7	31	76	10.4
Ruffin, Bruce	31	4.64	4	6	28	70	4	95	100	9	52	88	14.4
Russell, Jeff	33	3.57	4	3	19	56	0	53	49	5	18	42	11.4
Saberhagen, Bret	31	2.70	14	10	0	29	28	213	198	14	25	157	9.4
Sanderson, Scott	38	4.62	8	10	0	27	24	148	167	26	20	74	11.4
Scanlan, Bob	28	4.03	7	7	0	50	15	134	142	11	38	84	12.1
Schilling, Curt	28	3.56	10	10	0	27	27	172	158	14	59	130	11.4
Shaw, Jeff	28	3.92	4	4	0	58	3	85	85	10	25	51	11.6
Slocumb, Heathcliff	29	3.91	4	4	0	55	0	76	80	3	33	54	13.4
Smiley, John	30	3.62	12	10	0	29	29	184	180	19	43	123	10.9
Smith, Lee	37	3.57	4	3	41	56	0	53	46	8	14	55	10.2
Smith, Pete	29	4.18	7	11	0	26	24	153	153	22	41	75	11.4
Smith, Zane	34	3.58	11	10	0	28	27	176	182	15	35	67	11.1
Smoltz, John	28	3.22	13	9	0	29	28	193	165	16	63	162	10.6
Stanton, Mike	28	3.57	4	4	10	69	0	63	57	5	29	46	12.3
Stewart, Dave	38	4.85	10	12	0	30	30	193	190	31	88	141	13.0
Stottlemyre, Todd	30	4.14	12	11	0	34	29	202	205	20	69	138	12.2
Sutcliffe, Rick	39	6.39	4	9	0	20	19	100	131	15	48	46	16.1
Swift, Bill	33	3.03	14	9	0	30	30	196	176	13	52	123	10.5
Swindell, Greg	30	3.75	12	11	0	31	31	192	203	19	35	111	11.2
Tapani, Kevin	31	3.85	13	12	0	35	34	220	229	20	54	138	11.6
Tewksbury, Bob	34	3.71	12	12	0	32	31	211	232	17	33	97	11.3
Timlin, Mike	29	4.09	4	3	5	51	0	55	55	4	27	49	13.4
Tomlin, Randy	29	3.44	4	3	0	20	14	102	107	6	21	47	11.3
Valenzuela, Fernando	34	3.93	5	6	0	16	15	87	88	9	22	39	11.4
Viola, Frank	35	4.17	5	5	0	14	14	82	77	5	45	38	13.4
Wayne, Gary	32	4.22	2	2	0	34	0	32	33	3	13	22	12.9
Wegman, Bill	32	3.80	9	9	0	25	25	154	160	16	32	71	11.2
Welch, Bob	38	5.56	3	5	0	31	15	115	140	17	49	54	14.8
Wells, David	32	3.83	11	10	0	27	27	181	179	23	42	123	11.0
West, David	30	3.85	5	5	0	57	12	117	95	11	74	103	13.0
Wetteland, John	28	2.41	7	3	48	69	0	82	60	5	29	96	9.8
Whitehurst, Wally	31	4.62	4	6	0	16	15	78	85	7	32	46	13.5
Williamson, Mark	35	4.29	4	4	0	43	2	86	96	8	26	41	12.8
Willis, Carl	34	3.63	4	5	0	62	0	72	81	4	14	47	11.9
Witt, Bobby	31	4.84	10	14	0	34	34	201	209	18	105	139	14.1
Wohlers, Mark	25	3.30	4	3	5	61	0	60	53	2	30	53	12.4
Worrell, Todd	35	3.05	4	3	19	50	0	56	48	5	17	52	10.4

These Guys Can Play Too and Might Get A Shot

The players below didn't see any major-league action last year, but they played well in the minors and, we think, have good chances to win major-league jobs in 1995. We must stress, however, that the numbers below are NOT projections. Rather, they are Major League Equivalencies. For the details, we refer you to this book's companion, the *Minor League Handbook*. But briefly, MLEs represent the major league equivalent of what the player did in the minors last year. Does that mean he'll do the same thing in the majors this year? No, but it does suggest a certain level of talent. By the way, a few years ago we took some hits when Jeff Bagwell, who had yet to play in the majors, appeared on this list with a .318 batting average. Again, it wasn't a true projection, but since it appeared here, people wondered how we could "predict" that Bagwell would hit .318, and beat out Tony Gwynn for the N.L. batting title.

Of course, Bagwell didn't win the batting title in 1991. But he *has* turned into a pretty decent player, wouldn't you say?

Batter	Age	Avg	G	AB	R	H	2B	3B	HR	RBI	BB	SO	SB	CS	OBP	SLG
Alfonzo, Edgardo	21	.262	127	477	70	125	29	1	11	59	43	58	9	11	.323	.396
Battle, Allen	26	.290	132	503	86	146	40	5	4	57	49	83	17	6	.353	.414
Bell, David	22	.275	134	469	57	129	16	2	16	76	35	55	1	5	.325	.420
Bragg, Darren	25	.297	126	462	71	137	29	3	11	54	44	78	18	6	.358	.444
Clark, Tony	23	.274	132	485	63	133	24	0	29	105	49	149	1	4	.341	.503
Cordova, Martin	25	.318	103	362	46	115	22	3	12	44	26	66	11	6	.363	.494
Deak, Darrel	25	.250	133	472	54	118	21	1	14	61	41	106	0	1	.310	.388
Durham, Ray	23	.271	133	509	74	138	28	7	13	55	37	92	24	9	.321	.430
Giles, Brian	24	.296	128	423	64	125	17	2	14	50	47	62	6	5	.366	.444
Jeter, Derek	21	.342	69	240	37	82	12	1	3	25	29	31	16	6	.413	.438
Laker, Tim	25	.282	118	408	54	115	30	1	8	56	37	100	8	5	.342	.419
Malave, Jose	24	.290	122	459	75	133	39	4	20	79	38	87	2	6	.344	.523
Obando, Sherman	25	.297	109	384	53	114	30	4	16	54	23	54	0	1	.337	.521
Palmeiro, Orlando	26	.287	117	432	59	124	22	2	0	35	42	48	13	6	.350	.347
Perry, Herb	25	.307	102	365	58	112	19	2	11	60	35	56	6	4	.368	.460
Pozo, Arquimedez	21	.269	119	435	59	117	31	0	11	46	23	47	8	7	.306	.416
Vitiello, Joe	25	.313	98	336	34	105	26	2	6	45	41	62	2	2	.387	.455

The Season That Might Have Been

What if? As you all know, a number of players were having great campaigns when the season was so rudely halted on August 11. But what if they had kept playing? STATS decided to find out. Using three sophisticated game simulations—Strat-O-Matic, Pursue the Pennant, and Tony La Russa Baseball—we played out the rest of the 1994 season, game by game, inning by inning, pitch by pitch.

The following pages contain the final statistics, *as if the season had gone on as scheduled.* Included are postseason results, leader boards and, best of all, "complete" season stats for all position players with 225 or more plate apperances, and all pitchers with at least 55 innings or 45 games. For those of you who don't have "time" to wade through the data, here are a few highlights:

In Game 154, Matt Williams hit his 61st home run to tie Roger Maris. He then went seven straight games without a dinger and, like Maris 33 years earlier, needed to homer in his last game to break the record. Williams was up to the task, going deep in his third at-bat off a Tom Candiotti knuckleball.

Williams wasn't the only one to pile up big power numbers. Though no season in history had seen more than two men hit more than 50 homers, 1994 saw *five*: Williams (62), Barry Bonds (55), Ken Griffey Jr. (54), Frank Thomas (53) and Albert Belle (52).

Speaking of our man Albert Belle, he missed the Triple Crown by just two homers, since he paced the A.L. in both batting average (.372) and RBI (153). As if that wasn't enough, Belle finished with 55 doubles, and was the first player in major league history to top 50 doubles and 50 homers in the same season. And remember, all that included a seven-game suspension for bat-corking.

Yes, it was a tough season for the pitchers. both before and after August 11. But on September 25 in Oakland, Royals hurler Kevin Appier threw the simulation's only no-hitter to beat the Athletics, 1-0.

Of course, we didn't stop at the end of the regular season. We played it *all* the way through. In the first round of playoffs, the White Sox swept the Mariners, the Indians topped the Yankees, the Dodgers upset the Expos, and the Braves beat the Reds. The White Sox and Braves then won their LCS to advance to the World Series. And in six games, the White Sox won their first World Championship since 1917. Darrin Jackson was named Series MVP after hitting .417 with two homers and seven RBI.

The Season That Might Have Been — Final Results

American League Final Standings

East	Total		Pct	GB	Avg	R/G	ERA	Home	Away
New York	108	54	.667	—	.294	6.13	4.11	55-26	53-28
Baltimore	89	71	.556	18	.270	5.16	4.25	42-38	47-33
Toronto	80	82	.494	28	.269	4.99	4.60	47-37	33-45
Detroit	79	83	.488	29	.264	5.50	5.20	49-35	30-48
Boston	71	91	.438	37	.259	4.61	4.96	37-49	34-42

Central	Total		Pct	GB	Avg	R/G	ERA	Home	Away
Chicago	97	65	.599	—	.280	5.32	3.91	53-31	44-34
Cleveland	94	68	.580	3	.289	5.84	4.50	54-30	40-38
Kansas City	87	75	.537	10	.259	4.65	4.21	47-37	40-38
Milwaukee	72	90	.444	25	.263	4.73	4.68	36-48	36-42
Minnesota	68	94	.420	29	.268	4.75	5.31	39-46	29-48

West	Total		Pct	GB	Avg	R/G	ERA	Home	Away
Seattle	76	84	.475	—	.271	4.99	4.64	22-22	54-62
Texas	75	87	.463	2	.278	5.23	5.12	42-42	33-45
California	70	92	.432	7	.267	4.80	5.18	33-51	37-41
Oakland	66	96	.407	11	.247	4.31	4.59	30-54	36-42

National League Final Standings

East	Total		Pct	GB	Avg	R/G	ERA	Home	Away
Montreal	103	59	.636	—	.280	5.20	3.44	49-32	54-27
Atlanta	97	65	.599	6	.272	4.90	3.56	47-34	50-31
New York	77	85	.475	26	.248	4.28	4.16	37-44	40-41
Philadelphia	71	91	.438	32	.263	4.48	3.97	43-38	28-53
Florida	65	97	.401	38	.261	3.93	4.84	31-50	34-47

Central	Total		Pct	GB	Avg	R/G	ERA	Home	Away
Cincinnati	96	66	.593	—	.287	5.29	3.94	53-28	43-38
Houston	94	68	.580	2	.274	5.09	3.83	53-28	41-40
Pittsburgh	83	79	.512	13	.270	4.42	4.52	44-37	39-42
Chicago	79	83	.488	17	.261	4.59	4.17	31-50	48-33
St. Louis	72	90	.444	24	.265	4.64	5.08	36-45	36-45

West	Total		Pct	GB	Avg	R/G	ERA	Home	Away
Los Angeles	82	80	.506	—	.269	4.56	3.44	48-33	34-47
San Francisco	75	87	.463	7	.253	4.53	4.11	38-43	37-44
San Diego	70	92	.432	12	.276	4.22	4.11	38-43	32-49
Colorado	70	92	.432	12	.270	4.73	4.97	35-46	35-46

American League Playoffs Round One

Chicago defeats Seattle, 3-0

	Gm 1	Gm 2	Gm 3
Seattle	1	3	1
Chicago	3	8	4

Cleveland defeats New York, 3-2

	Gm 1	Gm 2	Gm 3	Gm 4	Gm 5
Cleveland	4	18	5	3	9
New York	5(10)	10	0	4(11)	4

National League Playoffs Round One

Los Angeles defeats Montreal, 3-2

	Gm 1	Gm 2	Gm 3	Gm 4	Gm 5
Montreal	3	11	8	2	1
Los Angeles	11	3	3	3	5

Atlanta defeats Cincinnati, 3-2

	Gm 1	Gm 2	Gm 3	Gm 4	Gm 5
Atlanta	5	3	8	4	2
Cincinnati	3	9	0	6	0

American League Championship Series

Chicago defeats Cleveland, 4-1

	Gm 1	Gm 2	Gm 3	Gm 4	Gm 5
Cleveland	4	4(17)	0	4	0
Chicago	11	3	5	9	2

National League Championship Series

Atlanta defeats Los Angeles, 4-3

	Gm 1	Gm 2	Gm 3	Gm 4	Gm 5	Gm 6	Gm 7
Atlanta	4	1	6	5	4	2	4
Los Angeles	3	0	0	8	7	4	3

World Series

Game 1	1	2	3	4	5	6	7	8	9		R	H	E
Atlanta	0	0	0	4	0	0	0	0	0	-	4	7	0
Chicago	4	0	0	0	1	0	1	0	x	-	6	13	0

Glavine, Bedrosian (6)
McDowell, Assenmacher (9), Hernandez (9) (sv)
HR - Justice (Atl), Jackson (Chi)

Game 2	1	2	3	4	5	6	7	8	9		R	H	E
Atlanta	0	0	5	0	0	0	0	0	2	-	7	12	0
Chicago	1	0	0	0	0	3	1	0	0	-	5	9	1

Avery, Bielecki (6), Stanton (6), **Wohlers** (7), McMichael (9) (sv)
Alvarez, DeLeon (3), McCaskill (7), Assenmacher (7), **Sanderson** (9), Cook (9)
HR - Raines (Chi), McGriff (Atl) Blauser (Atl)

Game 3	1	2	3	4	5	6	7	8	9	10	11	R	H	E
Chicago	1	0	0	0	0	2	3	0	0	1	-	7	15	0
Atlanta	0	0	2	0	0	4	0	0	0	0	-	6	10	0

Fernandez, McCaskill (7), As'n'macher (8), DeLeon (9), **Cook** (10), Hernandez (11) (sv)
Maddux, Stanton (8), Bedrosian (8), **Olson** (10), Wohlers (11)
HR - Klesko (Atl), Lemke (Atl)

Game 4	1	2	3	4	5	6	7	8	9		R	H	E
Chicago	2	0	0	0	0	0	0	0	0	-	2	6	2
Atlanta	0	2	0	0	1	0	3	2	x	-	8	8	0

McDowell, DeLeon (7), Assenmacher (8)
Mercker
HR - Ventura (Chi), McGriff (Atl), Justice (Atl), Lemke (Atl)

Game 5	1	2	3	4	5	6	7	8	9		R	H	E
Chicago	1	0	1	0	0	0	0	3	1	-	6	17	2
Atlanta	0	0	0	0	0	0	0	0	0	-	0	6	0

Alvarez, Hernandez (9)
Glavine, Wohlers (6), Stanton (8), Bedrosian (8), Woodall (8)
HR - none

Game 6	1	2	3	4	5	6	7	8	9		R	H	E
Atlanta	0	0	0	0	0	1	0	0	0	-	1	3	1
Chicago	1	2	0	0	0	1	1	3	x	-	8	8	0

Avery, Wohlers (7), Olson (8)
Fernandez
HR - Thomas (Chi), Ventura (Chi), Jackson (Chi)

1994 American League Simulation Batting Leaders

Batting Average				On-Base Percentage				Slugging Percentage			
Player, Team	AB	H	AVG	Player, Team	PA	OB	OBP	Player, Team	AB	TB	SLG
A BELLE, Cle	584	217	.372	F THOMAS, ChA	725	341	.470	A BELLE, Cle	584	434	.743
P O'Neill, NYA	527	190	.361	A Belle, Cle	678	306	.451	F Thomas, ChA	561	393	.701
W Boggs, NYA	558	197	.353	P O'Neill, NYA	620	278	.448	K Griffey Jr, Sea	615	414	.673
K Lofton, Cle	654	225	.344	W Boggs, NYA	652	286	.439	P O'Neill, NYA	527	323	.613
F Thomas, ChA	561	188	.335	T Phillips, Det	744	308	.414	B Hamelin, KC	473	272	.575

Walks		Runs Scored		Runs Batted In		Hits	
F THOMAS, ChA	151	K LOFTON, Cle	147	A BELLE, Cle	153	K LOFTON, Cle	225
T Phillips, Det	133	F Thomas, ChA	141	J Carter, Tor	146	A Belle, Cle	217
M Tettleton, Det	130	K Griffey Jr, Sea	132	K Puckett, Min	144	P Molitor, Tor	212
R Henderson, Oak	112	A Belle, Cle	129	F Thomas, ChA	140	K Griffey Jr, Sea	202
W Clark, Tex	96	T Phillips, Det	122	J Franco, ChA	134	C Baerga, Cle	202

Doubles		Triples		Stolen Bases		Home Runs	
A BELLE, Cle	55	L JOHNSON, ChA	20	K LOFTON, Cle	81	K GRIFFEY JR, Sea	54
T Fryman, Det	54	V Coleman, KC	14	V Coleman, KC	53	F Thomas, ChA	53
C Knoblauch, Min	53	K Lofton, Cle	13	O Nixon, Bos	53	A Belle, Cle	52
K Puckett, Min	45	3 players tied with	9	C Knoblauch, Min	50	J Canseco, Tex	43
2 players with	43			R Alomar, Tor	39	J Carter, Tor	40

1994 American League Simulation Pitching Leaders

Earned Run Average				Won-Lost Percentage				Opposition Average			
Pitcher, Team	IP	ER	ERA	Pitcher, Team	W	L	WL%	Pitcher, Team	AB	H	AVG
S ONTIVEROS, Oak	171.2	48	2.52	M PEREZ, NYA	18	4	.818	D CONE, KC	897	187	.208
M Mussina, Bal	256.2	85	2.98	J Key, NYA	23	6	.793	S Ontiveros, Oak	638	136	.213
D Cone, KC	244.2	86	3.16	J Boever, Det	13	5	.722	J Bere, ChA	763	163	.214
R Clemens, Bos	249.1	90	3.25	M Mussina, Bal	20	8	.714	R Clemens, Bos	908	195	.215
P Hentgen, Tor	245.0	91	3.34	J Bere, ChA	17	7	.708	R Johnson, Sea	849	191	.225

Wins		Innings Pitched		Saves		Home Runs Allowed	
J KEY, NYA	23	M MUSSINA, Bal	256.2	L SMITH, Bal	43	S FERNANDEZ, Bal	45
M Mussina, Bal	20	J McDowell, ChA	255.1	J Montgomery, KC	39	A Fernandez, ChA	40
D Cone, KC	19	R Clemens, Bos	249.1	B Ayala, Sea	35	M Moore, Det	38
B McDonald, Bal	19	K Rogers, Tex	247.2	R Aguilera, Min	31	D Stewart, Tor	36
P Hentgen, Tor	19	C Nagy, Cle	245.2	S Howe, NYA	28	J Deshaies, Min	34

Losses		Complete Games		Shutouts		Strikeouts	
T BELCHER, Det	19	R JOHNSON, Sea	12	D CONE, KC	4	R JOHNSON, Sea	273
T Van Poppel, Oak	17	J McDowell, ChA	10	R JOHNSON, Sea	4	R Clemens, Bos	244
B Witt, Oak	16	K Rogers, Tex	10	8 players tied with	3	P Hentgen, Tor	214
S Erickson, Min	15	C Finley, Cal	10			K Appier, KC	206
R Darling, Oak	15	3 players tied with	9			D Cone, KC	197
J Deshaies, Min	15						

1994 National League Simulation Batting Leaders

Batting Average
Player, Team	AB	H	AVG
T GWYNN, SD	607	232	.382
H Morris, Cin	586	203	.346
M Alou, Mon	605	209	.345
D Justice, Atl	445	153	.344
J Bagwell, Hou	481	163	.339

On-Base Percentage
Player, Team	PA	OB	OBP
D JUSTICE, Atl	534	240	.449
T Gwynn, SD	683	302	.442
K Mitchell, Cin	561	243	.433
J Bagwell, Hou	574	246	.429
B Bonds, SF	688	293	.426

Slugging Percentage
Player, Team	AB	TB	SLG
J BAGWELL, Hou	481	334	.694
B Bonds, SF	568	376	.662
K Mitchell, Cin	457	300	.656
F McGriff, Atl	601	375	.624
M Alou, Mon	605	360	.595

Walks
B BONDS, SF	107
L Dykstra, Phi	100
B Butler, LA	93
C Biggio, Hou	92
K Mitchell, Cin	91

Runs Scored
B BONDS, SF	139
M Grissom, Mon	127
C Biggio, Hou	125
R Lankford, StL	122
M Alou, Mon	120

Runs Batted In
M WILLIAMS, SF	144
J Bagwell, Hou	130
F McGriff, Atl	128
M Piazza, LA	127
L Walker, Mon	123

Hits
T GWYNN, SD	232
M Alou, Mon	209
J Conine, Fla	206
H Morris, Cin	203
C Biggio, Hou	198

Doubles
L WALKER, Mon	60
C Biggio, Hou	59
T Gwynn, SD	57
W Cordero, Mon	50
L Dykstra, Phi	47

Triples
B BUTLER, LA	14
D Lewis, SF	13
T Fernandez, Cin	11
C Biggio, Hou	10
S Finley, Hou	10

Stolen Bases
C BIGGIO, Hou	54
D Lewis, SF	50
D Sanders, Cin	50
M Grissom, Mon	47
B Butler, LA	43

Home Runs
M WILLIAMS, SF	62
B Bonds, SF	55
F McGriff, Atl	47
J Bagwell, Hou	45
K Mitchell, Cin	41

1994 National League Simulation Pitching Leaders

Earned Run Average
Pitcher, Team	IP	ER	ERA
G MADDUX, Atl	274.0	53	1.74
B Henry, Mon	175.0	39	2.01
D Drabek, Hou	235.2	67	2.56
B Saberhagen, NYN	250.0	77	2.77
K Mercker, Atl	187.1	61	2.93

Won-Lost Percentage
Pitcher, Team	W	L	WL%
K RUETER, Mon	13	4	.765
B HENRY, Mon	13	4	.765
K Hill, Mon	21	7	.750
D Drabek, Hou	17	6	.739
G Maddux, Atl	20	8	.714

Opposition Average
Pitcher, Team	AB	H	AVG
K MERCKER, Atl	673	138	.205
G Maddux, Atl	991	214	.216
S Avery, Atl	798	177	.222
D Drabek, Hou	866	193	.223
P Martinez, Mon	789	179	.227

Wins
K HILL, Mon	21
D Jackson, Phi	20
G Maddux, Atl	20
T Glavine, Atl	18
3 players tied with	17

Innings Pitched
G MADDUX, Atl	274.0
B Saberhagen, NYN	250.0
D Jackson, Phi	246.2
A Benes, SD	241.2
R Martinez, LA	236.0

Saves
J FRANCO, NYN	42
R Beck, SF	36
J Wetteland, Mon	34
D Jones, Phi	32
R Myers, ChN	32

Home Runs Allowed
P SMITH, NYN	34
J Smiley, Cin	32
Z Smith, Pit	28
P Harnisch, Hou	27
6 players tied with	26

Losses
D WEATHERS, Fla	17
A BENES, SD	17
6 players tied with	14

Complete Games
G MADDUX, Atl	14
D Drabek, Hou	8
B Saberhagen, NYN	7
R Martinez, LA	6
D Jackson, Phi	6
B Tewksbury, StL	6

Shutouts
G MADDUX, Atl	5
R Martinez, LA	4
D Drabek, Hou	3
A Benes, SD	3
8 tied with	2

Strikeouts
A BENES, SD	250
P Martinez, Mon	223
J Rijo, Cin	210
G Maddux, Atl	198
B Saberhagen, NYN	193

1994 Batting — STATS Simulated Season

Player	G	AB	H	2B	3B	HR	TB	R	RBI	TBB	IBB	SO	HBP	SH	SF	SB	CS	SB%	GDP	Avg	OBP	SLG
Abbott, Kurt, Fla	142	480	120	25	4	13	192	53	45	19	1	133	7	3	3	3	0	1.00	6	.250	.287	.400
Aldrete, Mike, Oak	100	256	54	6	0	4	72	29	19	26	1	55	0	1	3	3	0	1.00	3	.211	.281	.281
Alicea, Luis, StL	127	311	85	16	6	8	137	46	44	43	3	51	4	2	3	8	5	.62	2	.273	.366	.441
Alomar, Roberto, Tor	151	572	177	33	8	15	271	115	64	69	4	60	5	7	4	39	10	.80	18	.309	.386	.474
Alomar Jr, Sandy, Cle	118	424	121	23	2	22	214	67	63	32	2	50	2	0	6	8	4	.67	12	.285	.337	.505
Alou, Moises, Mon	154	605	209	44	7	31	360	120	111	64	10	81	3	0	6	12	13	.48	13	.345	.407	.595
Amaral, Rich, Sea	111	288	75	15	2	4	106	45	20	28	2	37	1	8	3	11	4	.73	5	.260	.325	.368
Anderson, Brady, Bal	159	649	161	30	5	18	255	108	64	80	4	108	11	3	3	38	4	.90	8	.248	.339	.393
Anthony, Eric, Sea	115	349	84	19	2	13	146	39	37	32	5	88	0	2	2	6	2	.75	4	.241	.303	.418
Ausmus, Brad, SD	118	387	96	13	1	8	135	51	29	33	12	71	1	11	3	5	2	.71	10	.248	.307	.349
Baerga, Carlos, Cle	151	643	202	43	2	30	339	114	116	14	1	59	10	3	11	10	3	.77	15	.314	.333	.527
Bagwell, Jeff, Hou	133	481	163	32	2	45	334	118	130	77	17	83	6	0	10	15	4	.79	14	.339	.429	.694
Baines, Harold, Bal	139	474	124	17	1	22	209	65	71	41	7	76	1	0	2	1	1	.50	12	.262	.320	.441
Barberie, Bret, Fla	147	483	148	27	2	7	200	51	43	32	4	84	10	5	1	2	2	.50	6	.306	.361	.414
Bass, Kevin, Hou	112	281	83	20	2	8	131	45	51	33	6	39	1	1	3	4	3	.57	7	.295	.368	.466
Batiste, Kim, Phi	83	231	53	6	0	1	62	19	16	2	0	35	2	2	2	1	1	.50	11	.229	.241	.268
Bell, Derek, SD	142	558	168	23	1	17	244	67	65	37	6	111	1	0	2	28	8	.78	6	.301	.344	.437
Bell, Jay, Pit	157	621	170	46	6	15	273	99	64	65	1	118	3	14	3	6	4	.60	18	.274	.344	.440
Belle, Albert, Cle	153	584	217	55	3	52	434	129	153	83	12	97	6	1	5	13	7	.65	9	.372	.451	.743
Benzinger, Todd, SF	143	402	105	16	2	12	161	42	37	24	4	104	2	3	2	2	1	.67	9	.261	.305	.400
Berroa, Geronimo, Oak	130	468	132	20	2	17	207	66	80	51	0	93	4	1	8	12	2	.86	5	.282	.352	.442
Berry, Sean, Mon	136	440	121	24	3	18	205	56	63	43	7	67	4	2	3	16	0	1.00	6	.275	.343	.466
Berryhill, Damon, Bos	123	411	105	27	3	10	168	50	51	30	0	103	1	0	2	0	1	.00	10	.255	.306	.409
Bichette, Dante, Col	161	678	196	43	2	36	351	95	119	28	4	113	4	1	2	28	9	.76	24	.289	.320	.518
Biggio, Craig, Hou	161	629	198	59	10	8	301	125	74	92	4	86	8	4	3	54	8	.87	7	.315	.407	.479
Blauser, Jeff, Atl	139	554	149	30	5	7	210	80	63	58	0	98	7	5	7	3	3	.50	15	.269	.342	.379
Blowers, Mike, Sea	108	314	90	17	0	11	140	44	55	30	2	67	1	1	4	2	2	.50	3	.287	.347	.446
Boggs, Wade, NYA	145	558	197	33	2	18	288	112	89	87	3	36	2	2	5	3	1	.75	11	.353	.439	.516
Bonds, Barry, SF	159	568	179	30	1	55	376	139	122	107	25	66	7	0	6	37	11	.77	8	.315	.426	.662
Bonilla, Bobby, NYN	154	572	157	30	1	29	276	81	93	78	14	139	1	0	3	4	2	.33	14	.274	.360	.483
Boone, Bret, Cin	154	554	179	23	4	19	277	81	102	35	1	102	8	9	7	3	6	.33	13	.323	.368	.500
Borders, Pat, Tor	119	403	101	16	2	4	131	35	34	19	0	68	0	1	1	1	1	.50	10	.251	.284	.325
Bordick, Mike, Oak	155	531	126	23	4	3	166	51	42	45	1	57	3	4	6	7	3	.70	14	.237	.297	.313
Bournigal, Rafael, LA	72	228	49	3	1	0	54	5	21	13	1	13	2	5	1	0	0	.00	5	.215	.262	.237
Brogna, Rico, NYN	74	261	76	18	3	14	142	32	40	14	0	51	1	1	3	1	0	1.00	5	.291	.326	.544
Brosius, Scott, Oak	140	485	115	24	1	19	198	47	58	31	0	81	2	4	6	3	6	.33	15	.237	.282	.408
Browne, Jerry, Fla	148	508	149	24	5	6	201	80	40	76	3	42	3	2	1	6	3	.67	5	.293	.387	.396
Brunansky, Tom, Bos-Mil	92	302	66	16	2	15	131	38	46	37	1	89	0	0	4	0	2	.00	3	.219	.300	.434
Buechele, Steve, ChN	144	480	129	17	1	19	205	55	74	52	2	117	4	4	3	2	1	.67	9	.269	.343	.427
Buhner, Jay, Sea	149	550	156	34	5	34	302	106	107	93	3	108	5	2	7	0	2	.00	11	.284	.388	.549
Burnitz, Jeromy, NYN	65	200	46	7	0	4	65	33	20	38	0	59	1	1	0	1	1	.50	5	.230	.356	.325
Butler, Brett, LA	155	597	188	23	14	9	266	113	38	93	0	74	2	7	3	43	15	.74	7	.315	.407	.446
Caminiti, Ken, Hou	158	595	170	39	4	23	286	92	96	59	15	106	4	0	5	6	3	.67	10	.286	.351	.481
Canseco, Jose, Tex	159	623	169	28	2	43	330	121	117	91	9	165	7	0	4	16	9	.64	24	.271	.368	.530
Carr, Chuck, Fla	146	552	142	22	7	4	180	73	41	30	1	92	5	7	2	39	11	.78	7	.257	.301	.326
Carter, Joe, Tor	158	621	173	34	4	40	333	104	146	49	6	88	2	0	19	11	1	.92	9	.279	.324	.536
Castilla, Vinny, Col	79	211	70	20	1	5	107	24	26	10	1	35	0	2	4	2	1	.67	6	.332	.356	.507
Cedeno, Andujar, Hou	139	484	120	35	0	12	191	49	68	37	17	111	10	0	3	1	4	.20	9	.248	.313	.395
Chamberlain, W, Bos-Phi	90	283	76	17	1	10	125	28	38	15	2	61	0	0	1	0	2	.00	10	.269	.304	.442
Cirillo, Jeff, Mil	71	252	78	18	0	5	91	29	27	17	0	35	3	1	1	0	1	.00	1	.230	.285	.361
Clark, Dave, Pit	126	374	119	22	1	23	212	72	84	39	1	71	1	1	1	2	2	.50	7	.318	.379	.567
Clark, Will, Tex	158	574	180	33	3	21	282	104	103	96	13	84	3	0	7	5	2	.71	11	.314	.410	.491
Clayton, Royce, SF	155	580	133	22	7	3	178	56	42	43	2	110	6	4	3	24	4	.86	7	.229	.288	.307
Colbrunn, Greg, Fla	81	251	72	15	0	9	114	27	40	13	0	48	3	2	3	1	1	.50	4	.287	.326	.454
Cole, Alex, Min	134	437	127	19	5	5	171	82	27	49	2	68	1	10	2	38	13	.75	9	.291	.362	.391
Coleman, Vince, KC	121	499	116	15	14	2	165	71	35	33	0	83	1	7	0	53	10	.84	3	.232	.278	.331
Coles, Darnell, Tor	72	208	41	8	1	7	72	19	24	13	0	41	1	0	4	0	0	.00	4	.197	.243	.346
Conine, Jeff, Fla	162	648	206	37	7	25	332	78	113	47	4	124	1	0	6	3	2	.60	10	.318	.362	.512
Cooper, Scott, Bos	104	369	104	16	4	13	167	49	53	30	2	65	1	1	5	0	3	.00	6	.282	.333	.453
Cora, Joey, ChA	128	443	127	19	2	6	170	71	40	48	0	44	2	13	6	10	4	.71	9	.287	.355	.384
Cordero, Wil, Mon	158	609	185	50	5	19	302	99	95	50	4	88	7	2	5	23	4	.85	16	.304	.361	.496
Cummings, Midre, Pit	72	259	78	13	2	6	113	31	40	12	1	48	1	4	2	1	2	.33	2	.301	.332	.436
Curtis, Chad, Cal	149	529	135	26	6	11	206	77	58	42	0	78	5	7	5	30	13	.70	12	.255	.313	.389
Cuyler, Milt, Det	92	255	69	4	3	2	85	37	30	23	0	42	3	6	3	11	7	.61	7	.271	.335	.333
Daulton, Darren, Phi	69	257	77	17	1	15	141	43	56	33	2	43	1	0	4	4	1	.80	7	.300	.380	.549
Davis, Chili, Cal	151	560	174	22	2	38	314	103	123	91	12	122	3	0	8	3	2	.60	16	.311	.405	.561
Dawson, Andre, Bos	96	370	86	22	0	17	159	39	53	16	4	69	4	0	1	2	4	.33	16	.232	.271	.430
Delgado, Carlos, Tor	64	200	48	4	0	16	100	28	34	33	5	62	3	0	2	1	1	.50	7	.240	.353	.500
DeShields, Delino, LA	129	473	124	11	5	6	164	78	54	74	0	87	1	3	1	42	9	.82	11	.262	.362	.347
Devereaux, Mike, Bal	126	442	97	12	3	15	160	48	55	28	1	105	1	2	2	3	4	.40	8	.219	.265	.362
DiSarcina, Gary, Cal	159	558	146	20	3	6	190	74	40	29	0	40	2	13	2	3	9	.25	12	.262	.299	.341
Dorsett, Brian, Cin	99	272	66	9	0	7	96	26	34	23	7	41	1	2	2	0	0	.00	12	.243	.302	.353
Duncan, Mariano, Phi	134	534	138	32	4	12	214	70	73	23	4	110	4	3	4	12	2	.86	9	.258	.292	.401
Dunston, Shawon, ChN	130	486	120	21	0	18	195	57	56	25	4	77	3	11	5	3	8	.27	4	.247	.285	.401
Dykstra, Lenny, Phi	131	502	146	47	6	7	226	104	41	100	14	66	2	0	1	33	8	.80	8	.291	.410	.450
Easley, Damion, Cal	89	317	68	16	1	6	104	41	30	29	0	48	4	4	2	4	5	.44	8	.215	.287	.328
Edmonds, Jim, Cal	133	420	112	16	1	8	154	45	53	38	3	98	2	4	3	4	3	.57	4	.267	.328	.367

1994 Batting — STATS Simulated Season

Player	G	AB	H	2B	3B	HR	TB	R	RBI	TBB	IBB	SO	HBP	SH	SF	SB	CS	SB%	GDP	Avg	OBP	SLG
Eisenreich, Jim, Phi	148	452	139	22	7	6	193	66	67	47	3	45	1	3	2	8	3	.73	13	.308	.373	.427
Espinoza, Alvaro, Cle	107	263	61	14	0	1	78	28	23	7	0	36	1	7	3	1	4	.20	11	.232	.252	.297
Eusebio, Tony, Hou	92	269	74	14	1	8	114	30	47	12	0	61	1	3	5	0	1	.00	7	.275	.303	.424
Felix, Junior, Det	118	399	118	30	3	14	196	65	57	30	1	100	10	0	5	1	7	.13	7	.296	.356	.491
Fermin, Felix, Sea	147	577	163	30	0	3	202	67	48	16	0	41	4	15	6	4	5	.44	16	.282	.303	.350
Fernandez, Tony, Cin	137	507	142	23	11	11	220	70	68	51	8	56	5	5	3	13	8	.62	5	.280	.350	.434
Fielder, Cecil, Det	156	604	147	20	3	36	281	92	117	69	4	159	4	0	7	0	0	.00	19	.243	.322	.465
Finley, Steve, Hou	140	565	162	25	10	14	249	85	61	39	0	80	3	16	3	20	7	.74	5	.287	.334	.441
Fletcher, Darrin, Mon	122	365	94	24	1	14	162	38	75	33	4	29	3	0	13	0	1	.00	8	.258	.314	.444
Fletcher, Scott, Bos	76	210	48	9	1	3	68	33	12	17	1	16	2	4	0	8	1	.89	7	.229	.293	.324
Floyd, Cliff, Mon	142	485	138	27	5	9	202	67	40	40	1	88	3	2	3	11	4	.73	8	.285	.341	.416
Franco, Julio, ChA	160	613	195	26	3	27	308	94	134	78	5	103	7	0	8	9	2	.82	22	.318	.397	.502
Frazier, Lou, Mon	108	224	61	4	5	0	75	39	25	27	0	36	1	2	1	25	5	.83	2	.272	.352	.335
Frye, Jeff, Tex	100	350	102	31	3	0	139	55	37	51	1	42	2	6	5	10	2	.83	3	.291	.380	.397
Fryman, Travis, Det	159	650	175	54	5	22	305	95	108	64	3	171	6	1	14	2	3	.40	14	.269	.334	.469
Gaetti, Gary, KC	136	490	130	23	3	15	204	63	78	31	4	106	3	1	3	0	2	.00	9	.265	.311	.416
Gagne, Greg, KC	154	544	138	35	4	10	211	56	79	38	0	109	4	3	1	10	17	.37	10	.254	.307	.388
Galarraga, Andres, Col	103	417	133	21	0	31	247	77	85	19	8	93	8	0	5	8	3	.73	10	.319	.356	.592
Gallagher, Dave, Atl	107	203	44	7	0	3	60	33	18	24	2	24	1	2	0	0	2	.00	5	.217	.303	.296
Gallego, Mike, NYA	115	382	87	20	1	7	130	49	52	47	1	58	4	7	7	0	1	.00	6	.228	.314	.340
Garcia, Carlos, Pit	144	612	167	23	2	8	218	74	45	24	2	100	7	2	1	20	16	.56	10	.273	.307	.356
Gates, Brent, Oak	64	233	66	11	1	2	85	29	24	21	1	32	1	3	6	3	0	1.00	3	.283	.337	.365
Gibson, Kirk, Det	136	441	122	20	6	32	250	94	95	57	3	96	4	2	5	8	6	.57	4	.277	.361	.567
Gilkey, Bernard, StL	140	503	126	30	1	9	185	64	59	53	2	85	13	0	2	17	13	.57	7	.250	.336	.368
Girardi, Joe, Col	134	473	134	13	5	5	172	63	43	32	4	64	4	6	3	4	4	.50	15	.283	.332	.364
Gomez, Chris, Det	121	392	101	22	0	8	147	44	57	43	0	77	4	3	1	5	4	.56	11	.258	.336	.375
Gomez, Leo, Bal	121	408	102	23	1	22	193	64	76	57	1	79	0	0	7	1	3	.25	9	.250	.341	.473
Gonzalez, Juan, Tex	152	601	167	24	8	29	294	86	114	43	12	94	7	0	4	7	4	.64	22	.278	.331	.489
Gonzalez, Luis, Hou	159	570	161	40	6	14	255	88	93	74	8	84	4	0	9	19	15	.56	15	.282	.364	.447
Grace, Mark, ChN	154	592	175	36	5	9	248	85	62	63	6	62	1	5	4	2	4	.33	11	.296	.362	.419
Greenwell, Mike, Bos	95	327	88	25	1	11	148	60	45	38	6	26	4	0	5	2	2	.50	12	.269	.348	.453
Greer, Rusty, Tex	124	436	131	27	1	13	199	62	66	65	3	79	2	2	5	0	0	.00	6	.300	.390	.456
Griffey Jr, Ken, Sea	159	615	202	34	8	54	414	132	125	85	28	99	3	0	5	14	4	.78	13	.328	.410	.673
Grissom, Marquis, Mon	154	667	191	35	5	13	275	127	59	55	5	85	2	0	5	47	12	.80	11	.286	.340	.412
Guillen, Ozzie, ChA	142	514	152	13	7	1	182	69	57	18	3	44	0	9	4	5	7	.42	7	.296	.317	.354
Gutierrez, Ricky, SD	123	362	91	13	2	1	111	38	36	40	1	70	2	3	4	2	6	.25	4	.251	.326	.307
Gwynn, Tony, SD	155	607	232	57	3	16	343	107	93	68	23	33	2	1	6	5	0	1.00	25	.382	.442	.565
Hamelin, Bob, KC	145	473	129	33	1	36	272	88	99	72	4	85	1	0	6	1	0	.57	10	.273	.365	.575
Hammonds, Jeffrey, Bal	115	457	138	31	6	14	223	79	54	27	1	71	3	0	6	7	2	.78	5	.302	.341	.488
Harper, Brian, Mil	64	251	73	15	0	4	100	23	32	9	1	18	3	0	4	0	2	.00	8	.291	.318	.398
Hatcher, Billy, Bos-Phi	119	368	92	16	3	6	132	51	40	19	0	33	1	5	6	9	6	.60	6	.250	.284	.359
Hayes, Charlie, Col	157	593	167	30	6	14	251	68	63	51	4	94	6	1	1	4	6	.40	14	.282	.344	.423
Hemond, Scott, Oak	134	325	64	19	0	6	101	35	32	35	0	85	0	4	0	9	7	.56	7	.197	.274	.311
Henderson, Dave, KC	63	220	52	14	1	5	83	28	31	17	1	33	1	1	2	2	0	1.00	4	.236	.292	.377
Henderson, Rickey, Oak	131	454	113	18	0	10	161	94	30	112	0	76	6	4	3	36	14	.72	3	.249	.402	.355
Hernandez, Jose, ChN	87	221	57	5	4	1	73	27	17	11	0	46	3	6	0	6	3	.67	5	.258	.302	.330
Hill, Glenallen, ChN	128	424	119	20	2	14	185	67	59	38	0	90	2	0	7	25	7	.78	12	.281	.341	.436
Hoiles, Chris, Bal	144	491	141	17	0	31	251	75	80	92	3	114	6	1	6	2	1	.67	7	.287	.402	.511
Howard, Thomas, Cin	108	208	56	12	1	6	88	29	29	12	1	38	0	4	1	5	2	.71	2	.269	.308	.423
Hrbek, Kent, Min	116	387	96	16	0	10	142	41	60	55	6	42	2	0	6	1	1	.50	11	.248	.340	.367
Huff, Michael, Tor	113	316	91	21	5	4	134	43	34	35	2	42	1	3	0	3	2	.60	8	.288	.363	.424
Hulse, David, Tex	82	325	83	8	5	1	104	59	20	23	0	56	2	8	2	19	2	.90	2	.255	.308	.320
Hundley, Todd, NYN	126	395	89	14	2	19	164	57	55	31	6	97	3	3	2	2	1	.67	6	.225	.285	.415
Hunter, Brian, Cin-Pit	110	299	69	16	1	17	138	38	67	17	2	64	0	0	1	0	0	.00	5	.231	.266	.462
Incaviglia, Pete, Phi	114	315	73	12	2	19	146	40	48	21	5	95	1	0	4	1	0	1.00	5	.232	.279	.463
Jackson, Bo, Cal	113	334	97	11	1	23	179	44	69	28	3	117	1	0	4	1	0	1.00	3	.290	.343	.536
Jackson, Darrin, ChA	151	547	160	24	5	15	239	61	78	44	3	82	3	2	4	7	1	.88	10	.296	.350	.442
Jaha, John, Mil	129	462	109	19	0	22	194	69	69	46	3	112	11	3	4	3	4	.43	12	.236	.316	.420
James, Chris, Tex	77	202	55	11	7	9	107	36	30	25	0	51	4	1	2	1	0	1.00	3	.272	.361	.530
Javier, Stan, Oak	156	603	164	30	1	13	235	99	64	69	1	104	3	7	3	33	9	.79	11	.272	.348	.390
Jefferies, Gregg, StL	151	587	194	35	2	17	284	80	88	64	14	35	1	0	5	26	13	.67	12	.330	.394	.484
Jefferson, Reggie, Sea	107	331	101	23	0	14	166	51	48	31	5	62	2	0	1	0	0	.00	6	.305	.362	.502
Johnson, Howard, Col	123	296	65	14	2	13	122	41	50	51	5	91	0	0	0	13	4	.76	2	.220	.330	.412
Johnson, Lance, ChA	153	590	156	17	20	3	222	81	70	34	5	35	4	2	3	38	9	.81	11	.264	.307	.376
Jordan, Brian, StL	75	219	57	11	2	5	87	18	19	20	1	50	1	0	3	4	4	.60	6	.260	.322	.397
Jordan, Ricky, Phi	103	291	77	19	2	8	124	34	44	8	2	45	1	0	0	0	0	.00	10	.265	.286	.426
Jose, Felix, KC	143	530	152	41	2	13	236	78	69	47	6	114	0	0	3	15	12	.56	9	.287	.343	.445
Joyner, Wally, KC	141	524	160	29	3	10	225	74	78	64	3	59	1	2	7	3	3	.50	15	.305	.378	.429
Justice, Dave, Atl	131	445	153	20	2	28	261	84	86	84	7	58	3	0	3	2	5	.29	10	.344	.449	.587
Karkovice, Ron, ChA	95	260	58	11	1	12	107	38	35	40	2	82	0	4	1	1	3	.25	0	.223	.327	.412
Karros, Eric, LA	152	574	155	28	2	21	250	70	68	36	2	75	3	0	12	2	0	1.00	17	.270	.310	.436
Kelly, Pat, NYA	130	409	122	29	2	7	176	57	57	25	1	73	7	19	5	7	6	.54	12	.298	.345	.430
Kelly, Roberto, Atl-Cin	153	621	191	34	4	21	296	105	74	40	1	105	4	0	3	26	12	.68	9	.308	.351	.477
Kent, Jeff, NYN	154	601	172	33	6	20	277	73	88	29	3	121	10	2	5	1	5	.17	11	.286	.327	.461
King, Jeff, Pit	140	529	139	37	2	9	207	59	66	42	5	57	1	3	7	3	2	.60	9	.263	.319	.391
Kingery, Mike, Col	146	460	145	32	8	8	217	71	59	38	2	34	5	6	9	9	8	.53	14	.315	.367	.472
Kirby, Wayne, Cle	106	283	80	8	1	7	111	46	31	17	0	43	1	2	0	11	4	.73	3	.283	.326	.392

1994 Batting — STATS Simulated Season

Player	G	AB	H	2B	3B	HR	TB	R	RBI	TBB	IBB	SO	HBP	SH	SF	SB	CS	SB%	GDP	Avg	OBP	SLG
Klesko, Ryan, Atl	125	380	98	20	5	23	197	60	62	37	3	74	1	0	5	1	0	1.00	12	.258	.322	.518
Knoblauch, Chuck, Min	152	609	177	53	3	9	263	106	71	54	2	76	12	1	8	50	8	.86	13	.291	.356	.432
Kreuter, Chad, Det	85	219	50	9	2	2	69	27	26	32	0	44	0	3	4	0	1	.00	3	.228	.322	.315
Kruk, John, Phi	115	379	113	24	0	6	155	51	55	64	5	71	2	0	6	5	2	.71	11	.298	.397	.409
Lankford, Ray, StL	156	590	164	36	5	25	285	122	83	83	3	152	5	1	6	14	12	.54	4	.278	.368	.483
Lansing, Mike, Mon	151	551	148	31	2	5	198	66	50	42	6	44	9	3	5	19	9	.68	11	.269	.328	.359
Larkin, Barry, Cin	158	615	170	32	9	12	256	115	69	87	3	79	2	5	6	33	3	.92	11	.276	.365	.416
LaValliere, Mike, ChA	81	205	49	5	0	1	57	13	27	30	0	24	1	10	3	0	2	.00	6	.239	.335	.278
Lee, Manuel, Tex	136	472	138	22	3	2	172	57	49	30	1	93	0	11	5	6	1	.86	7	.292	.334	.364
Leius, Scott, Min	135	460	112	25	2	17	192	73	61	45	0	81	1	3	4	2	4	.33	9	.243	.310	.417
Lemke, Mark, Atl	147	487	140	18	0	6	176	53	48	53	17	48	3	6	2	0	0	.00	12	.287	.360	.361
Lewis, Darren, SF	157	637	169	20	13	5	230	100	48	68	0	67	7	6	2	50	18	.74	11	.265	.342	.361
Leyritz, Jim, NYA	103	346	101	21	0	25	197	64	84	51	1	77	9	0	4	0	0	.00	11	.292	.393	.569
Lind, Jose, KC	126	423	110	20	2	1	137	46	36	22	1	44	0	11	5	9	5	.64	10	.260	.295	.324
Lindeman, Jim, NYN	85	247	63	15	2	11	115	31	34	10	2	61	2	0	1	0	0	.00	2	.255	.288	.466
Liriano, Nelson, Col	118	358	91	25	7	4	142	49	46	50	5	53	0	6	5	0	2	.00	7	.254	.341	.397
Livingstone, Scott, Det-SD	104	308	78	18	1	4	110	24	17	11	0	38	0	0	1	2	2	.50	6	.253	.277	.357
Lofton, Kenny, Cle	159	654	225	42	13	17	344	147	82	71	5	83	3	4	7	81	20	.80	7	.344	.407	.526
Lopez, Javy, Atl	113	403	95	16	0	19	168	45	50	22	2	83	5	2	2	0	2	.00	15	.236	.282	.417
Lopez, Luis, SD	120	395	113	26	2	5	158	52	42	24	2	58	3	11	3	5	4	.56	10	.286	.329	.400
Macfarlane, Mike, KC	133	463	111	21	4	20	200	69	74	47	2	96	19	0	7	1	0	1.00	9	.240	.330	.432
Mack, Shane, Min	129	486	152	30	4	22	256	76	81	45	2	86	8	1	5	6	3	.67	3	.313	.377	.527
Magadan, Dave, Fla	82	239	63	8	0	1	74	32	19	43	0	28	1	1	4	0	0	.00	8	.264	.373	.310
Manwaring, Kirt, SF	139	460	98	20	2	2	128	40	41	36	5	72	5	4	5	1	1	.50	14	.213	.275	.278
Martin, Al, Pit	82	276	79	12	4	9	126	48	33	34	3	56	2	0	1	15	6	.71	3	.286	.367	.457
Martinez, Dave, SF	138	363	103	17	6	6	150	40	41	32	1	32	3	2	5	7	6	.54	9	.284	.344	.413
Martinez, Edgar, Sea	135	510	153	37	1	26	270	75	79	69	3	66	5	2	4	6	2	.75	6	.300	.386	.529
Martinez, Tino, Sea	145	509	142	34	0	28	260	65	91	52	3	71	2	4	4	2	2	.50	12	.279	.346	.511
Mattingly, Don, NYA	146	552	176	40	2	9	247	95	79	91	9	38	2	0	4	0	6	.00	13	.319	.413	.447
May, Derrick, ChN	137	450	129	24	2	10	187	61	61	32	4	43	0	1	3	3	3	.50	12	.287	.332	.416
McDowell, Oddibe, Tex	103	325	88	13	1	1	106	52	31	43	0	65	0	8	5	26	8	.76	4	.271	.351	.326
McGriff, Fred, Atl	158	601	193	37	2	47	375	114	128	72	9	103	1	0	5	8	5	.62	13	.321	.392	.624
McLemore, Mark, Bal	148	501	135	15	2	5	169	62	45	63	4	77	3	7	4	21	9	.70	9	.269	.352	.337
McRae, Brian, KC	161	627	172	31	9	7	242	99	56	70	3	99	10	7	3	31	12	.72	4	.274	.355	.386
McReynolds, Kevin, NYN	71	203	56	12	2	4	84	25	24	24	2	37	0	0	1	2	0	1.00	2	.276	.351	.414
Meares, Pat, Min	116	338	93	17	2	2	120	41	33	21	0	73	3	12	5	6	6	.50	3	.275	.321	.355
Merced, Orlando, Pit	155	561	165	34	6	12	247	81	80	71	6	82	1	1	5	4	3	.57	22	.294	.371	.440
Mieske, Matt, Mil	109	321	78	17	1	12	133	46	48	27	0	73	4	2	4	3	5	.38	7	.243	.306	.414
Mitchell, Kevin, Cin	138	457	148	27	1	41	300	89	107	91	23	90	4	0	6	2	1	.67	17	.324	.433	.656
Molitor, Paul, Tor	162	647	212	43	4	22	329	120	110	72	4	78	2	0	5	32	3	.91	17	.328	.393	.509
Mondesi, Raul, LA	150	572	176	35	9	19	286	82	69	22	6	103	2	0	3	13	9	.59	13	.308	.334	.500
Morandini, Mickey, Phi	129	412	127	24	8	5	182	58	42	45	5	47	4	6	0	13	5	.72	5	.308	.382	.442
Morris, Hal, Cin	156	586	203	39	8	15	303	81	115	51	12	72	5	2	9	7	2	.78	17	.346	.398	.517
Mouton, James, Hou	116	315	77	11	0	2	94	48	17	28	0	71	6	2	1	32	7	.82	6	.244	.317	.298
Munoz, Pedro, Min	111	365	107	22	0	16	181	50	47	26	0	95	2	0	1	0	1	.00	5	.293	.342	.496
Murray, Eddie, Cle	155	621	153	32	1	23	256	80	105	38	7	75	1	0	4	8	4	.67	14	.246	.289	.412
Myers, Greg, Cal	79	249	55	12	1	5	84	19	22	14	4	56	1	5	2	0	0	.00	2	.221	.263	.337
Naehring, Tim, Bos	124	458	125	31	1	10	188	60	57	45	1	81	5	8	3	1	4	.20	13	.273	.342	.410
Neel, Troy, Oak	117	402	99	17	1	17	169	49	60	50	5	92	2	1	1	3	3	.50	10	.246	.332	.420
Nilsson, Dave, Mil	149	544	159	42	5	16	259	73	93	43	9	77	0	1	0	2	1	.67	12	.292	.339	.476
Nixon, Otis, Bos	150	592	162	22	4	0	192	86	32	69	1	88	2	10	3	53	16	.77	4	.274	.350	.324
O'Brien, Charlie, Atl	71	216	55	20	1	10	107	32	36	19	2	34	4	1	2	0	0	.00	5	.255	.324	.495
O'Neill, Paul, NYA	144	527	190	33	2	32	323	105	121	86	16	76	2	0	5	5	7	.42	16	.361	.448	.613
Offerman, Jose, LA	93	308	68	10	5	2	94	31	37	42	4	49	0	7	3	3	2	.60	7	.221	.312	.305
Olerud, John, Tor	155	566	172	40	2	21	279	72	98	80	12	76	3	0	7	1	2	.33	10	.304	.389	.493
Orsulak, Joe, NYN	133	404	101	7	1	10	140	50	47	20	3	35	3	2	7	5	3	.63	14	.250	.286	.347
Owen, Spike, Cal	121	431	132	30	5	4	184	51	53	69	0	31	1	6	2	2	8	.20	5	.306	.402	.427
Pagnozzi, Tom, StL	89	306	80	13	1	8	119	27	46	26	5	48	0	0	4	0	0	.00	6	.261	.315	.389
Palmeiro, Rafael, Bal	158	622	191	39	1	31	325	104	102	75	1	86	2	0	9	12	4	.75	13	.307	.379	.523
Palmer, Dean, Tex	121	449	111	18	2	25	208	66	75	34	0	117	3	1	2	3	4	.43	10	.247	.303	.463
Patterson, John, SF	118	354	84	18	1	4	116	43	49	21	1	53	11	9	0	14	3	.82	7	.237	.301	.328
Pena, Geronimo, StL	83	213	54	13	1	11	102	33	34	24	1	54	6	4	1	9	1	.90	3	.254	.344	.479
Pendleton, Terry, Atl	123	494	140	27	5	17	228	52	56	17	3	69	1	3	0	6	2	.75	11	.283	.309	.462
Phillips, Tony, Det	159	603	173	30	3	25	284	122	80	133	4	132	2	3	5	19	8	.70	10	.287	.414	.471
Piazza, Mike, LA	149	555	179	29	0	32	304	85	127	51	16	96	2	0	3	1	3	.25	19	.323	.379	.548
Plantier, Phil, SD	120	392	90	22	1	19	171	51	47	47	8	103	6	1	1	3	1	.75	10	.230	.320	.436
Polonia, Luis, NYA	126	483	152	28	9	3	207	90	48	47	2	49	5	2	1	28	13	.68	12	.315	.381	.429
Puckett, Kirby, Min	157	634	195	45	3	28	330	101	144	38	7	71	9	1	11	7	4	.64	13	.308	.350	.521
Raines, Tim, ChA	142	531	138	20	9	14	218	103	68	78	3	59	5	4	4	16	0	1.00	11	.260	.358	.411
Ramirez, Manny, Cle	127	397	109	29	1	26	218	68	79	54	5	92	0	0	4	4	2	.67	8	.275	.358	.549
Reboulet, Jeff, Min	93	228	57	12	3	3	84	32	24	23	0	27	1	4	0	0	0	.00	6	.250	.321	.368
Reed, Jody, Mil	149	566	151	31	1	3	193	73	54	76	1	46	2	9	4	5	5	.50	12	.267	.353	.341
Reynolds, Harold, Cal	111	355	95	19	1	2	122	67	24	44	0	30	1	7	2	15	9	.63	6	.268	.348	.344
Rhodes, Karl, ChN	129	312	76	21	0	10	127	47	29	41	1	71	2	4	2	7	6	.54	1	.244	.333	.407
Ripken, Cal, Bal	160	638	187	26	5	21	286	98	111	50	4	63	5	0	1	1	1	.50	18	.293	.346	.448
Roberts, Bip, SD	142	536	166	21	5	3	206	70	48	58	2	70	4	3	5	27	7	.79	9	.310	.378	.384
Rodriguez, Carlos, Bos	99	321	87	22	3	4	127	25	35	17	0	44	3	8	2	2	3	.40	7	.271	.308	.396

332

1994 Batting -- STATS Simulated Season

Player	G	AB	H	2B	3B	HR	TB	R	RBI	TBB	IBB	SO	HBP	SH	SF	SB	CS	SB%	GDP	Avg	OBP	SLG
Rodriguez, Henry, LA	144	422	107	19	2	10	160	44	60	24	3	73	3	1	5	0	1	.00	12	.254	.295	.379
Rodriguez, Ivan, Tex	141	536	153	27	2	25	259	79	89	41	5	67	8	0	5	6	5	.55	14	.285	.342	.483
Sabo, Chris, Bal	89	327	84	20	3	13	149	48	51	22	3	50	6	4	2	1	1	.50	11	.257	.314	.456
Salmon, Tim, Cal	147	552	160	22	3	38	302	108	112	90	5	157	6	0	6	2	3	.40	6	.290	.391	.547
Sanchez, Rey, ChN	136	454	125	16	3	1	150	45	39	26	4	41	8	8	2	2	5	.29	10	.275	.324	.330
Sandberg, Ryne, ChN	57	223	53	9	5	5	87	36	24	23	0	40	1	0	0	2	3	.40	6	.238	.312	.390
Sanders, Deion, Atl-Cin	135	552	162	26	8	9	231	93	47	45	1	86	5	2	2	50	19	.72	7	.293	.351	.418
Sanders, Reggie, Cin	154	574	149	24	8	27	270	87	87	55	2	166	4	1	5	24	12	.67	4	.260	.326	.470
Santiago, Benito, Fla	123	408	104	16	2	12	160	40	45	28	1	70	1	2	4	1	2	.33	13	.255	.302	.392
Schofield, Dick, Tor	132	439	105	17	1	5	139	51	40	43	0	94	5	9	3	8	8	.50	2	.239	.312	.317
Segui, David, NYN	125	422	102	21	1	12	161	58	54	45	6	55	1	1	4	0	0	.00	10	.242	.314	.382
Seitzer, Kevin, Mil	127	497	158	38	4	6	222	77	76	54	2	62	2	4	5	4	1	.80	11	.318	.384	.447
Servais, Scott, Hou	103	299	59	18	1	9	106	32	41	14	0	52	5	7	3	0	0	.00	6	.197	.243	.355
Sheffield, Gary, Fla	133	485	133	24	1	34	261	81	102	72	13	72	10	1	7	16	10	.62	15	.274	.375	.538
Shipley, Craig, SD	115	362	107	20	4	5	150	47	36	15	4	43	4	5	2	7	8	.47	5	.296	.329	.414
Shumpert, Terry, KC	72	205	48	7	2	8	83	30	25	14	0	51	0	5	1	20	3	.87	2	.234	.282	.405
Sierra, Ruben, Oak	158	609	163	27	2	30	284	85	122	34	5	86	0	0	16	12	5	.71	18	.268	.299	.466
Slaught, Don, Pit	114	348	100	13	0	5	128	37	38	54	7	47	3	2	2	0	0	.00	7	.287	.386	.368
Smith, Dwight, Bal-Cal	90	233	69	11	3	8	110	33	37	14	1	39	1	0	2	2	4	.33	3	.296	.336	.472
Smith, Ozzie, StL	134	503	132	21	4	3	170	64	39	46	3	32	0	13	4	12	3	.80	2	.262	.322	.338
Snow, J.T., Cal	101	373	87	8	0	12	131	34	51	36	3	73	3	2	2	0	3	.00	6	.233	.304	.351
Snyder, Cory, LA	99	211	52	8	0	10	90	26	33	18	5	61	1	1	2	1	0	1.00	9	.246	.306	.427
Sojo, Luis, Sea	83	261	70	9	2	7	104	36	26	9	0	31	2	6	1	2	1	.67	2	.268	.297	.398
Sorrento, Paul, Cle	129	415	112	20	0	16	180	56	70	49	7	82	0	1	3	1	1	.50	11	.270	.345	.434
Sosa, Sammy, ChN	148	605	184	25	9	36	335	86	102	36	2	122	4	1	5	32	16	.67	10	.304	.345	.554
Spiers, Bill, Mil	100	300	78	16	1	0	96	36	22	25	1	58	1	5	0	9	2	.82	6	.260	.319	.320
Sprague, Ed, Tor	148	531	123	27	2	11	185	50	59	30	2	132	3	4	2	0	0	1.00	12	.232	.286	.348
Stanley, Mike, NYA	105	370	112	25	0	24	209	72	80	52	2	69	2	0	3	0	0	.00	13	.303	.389	.565
Steinbach, Terry, Oak	147	534	139	25	2	16	216	62	76	38	4	86	0	1	6	2	4	.33	14	.260	.306	.404
Stinnett, Kelly, NYN	70	223	56	8	3	4	82	29	21	14	2	44	5	0	2	4	0	1.00	6	.251	.307	.368
Stocker, Kevin, Phi	129	427	123	19	2	3	155	56	45	63	10	62	8	4	4	2	4	.33	10	.288	.386	.363
Strange, Doug, Tex	110	323	69	18	1	5	104	33	33	20	0	56	4	9	4	2	3	.40	11	.214	.265	.322
Strawberry, Darryl, SF	74	243	62	6	4	10	106	39	42	51	4	56	1	0	3	1	6	.14	7	.255	.383	.436
Tarasco, Tony, Atl	121	222	64	9	1	8	99	29	34	12	1	31	0	0	4	6	0	1.00	4	.288	.319	.446
Tartabull, Danny, NYA	138	524	134	31	1	26	245	88	98	88	4	141	2	0	6	1	1	.50	16	.256	.361	.468
Taubensee, Ed, Cin-Hou	103	304	88	15	4	12	147	46	38	23	3	49	0	1	2	3	0	1.00	7	.289	.337	.484
Tettleton, Mickey, Det	150	486	116	22	3	29	231	84	78	130	11	147	5	0	3	0	1	.00	7	.239	.402	.475
Thomas, Frank, ChA	161	561	188	42	2	53	393	141	140	151	16	85	2	0	11	2	3	.40	17	.335	.470	.701
Thome, Jim, Cle	144	480	124	27	1	29	240	80	75	61	5	135	0	1	1	3	4	.43	6	.258	.341	.500
Thompson, Milt, Hou-Phi	135	352	99	9	0	4	120	50	46	34	5	45	1	2	1	16	2	.89	14	.281	.350	.341
Thompson, Ryan, NYN	147	511	113	20	2	29	224	61	81	39	7	147	10	4	5	3	2	.60	14	.221	.287	.438
Tinsley, Lee, Bos	113	277	59	6	2	6	87	44	33	33	1	73	1	6	2	13	1	.93	5	.213	.297	.314
Trammell, Alan, Det	113	431	112	27	1	12	177	56	45	22	1	58	1	2	0	5	2	.71	12	.260	.297	.411
Valentin, John, Bos	130	479	144	37	2	15	230	75	70	61	1	62	4	5	8	3	2	.60	5	.301	.379	.480
Valentin, Jose, Mil	144	439	116	31	4	14	189	64	66	53	2	109	2	11	3	13	4	.76	3	.264	.344	.431
Van Slyke, Andy, Pit	153	571	161	31	6	14	237	73	59	73	8	104	2	0	5	13	1	.93	12	.282	.363	.415
VanderWal, John, Col	128	228	59	7	2	14	112	29	32	29	0	58	0	0	1	2	1	.67	2	.259	.341	.491
Vaughn, Greg, Mil	142	550	136	37	1	28	259	85	98	70	6	154	1	0	5	11	6	.65	11	.247	.331	.471
Vaughn, Mo, Bos	157	569	165	31	1	39	315	91	115	76	23	162	10	0	6	4	4	.50	12	.290	.380	.554
Velarde, Randy, NYA	112	401	108	24	2	16	184	69	52	34	0	86	6	2	4	5	2	.71	9	.269	.333	.459
Ventura, Robin, ChA	153	564	158	22	1	29	269	79	104	80	16	91	3	2	9	3	3	.50	14	.280	.367	.477
Vizcaino, Jose, NYN	150	591	164	28	5	5	217	70	48	46	4	87	4	5	8	3	12	.20	11	.277	.330	.367
Vizquel, Omar, Cle	112	444	123	17	5	2	148	60	53	39	0	33	0	15	3	15	5	.75	6	.277	.333	.333
Walbeck, Matt, Min	140	466	95	15	0	7	131	41	48	27	1	52	2	9	1	1	1	.50	9	.204	.250	.281
Walker, Larry, Mon	149	553	174	60	2	26	316	103	123	77	8	111	5	0	8	18	5	.78	8	.315	.398	.571
Wallach, Tim, LA	159	596	159	28	2	32	287	96	105	59	2	113	4	0	2	0	2	.00	15	.267	.336	.482
Ward, Turner, Mil	149	549	141	30	2	14	217	87	59	79	5	93	4	1	6	12	4	.75	11	.257	.351	.395
Webster, Lenny, Mon	84	230	65	18	0	5	98	27	29	19	1	33	8	1	1	0	0	.00	8	.283	.357	.426
Weiss, Walt, Col	153	598	155	17	5	3	191	85	52	79	0	75	1	7	3	12	8	.60	10	.259	.345	.319
Whitaker, Lou, Det	129	444	137	34	3	15	222	77	60	54	5	58	1	3	6	2	0	1.00	9	.309	.380	.500
White, Devon, Tor	147	615	172	32	7	19	275	105	72	29	3	117	6	5	2	27	8	.77	8	.280	.317	.447
Whiten, Mark, StL	140	513	152	27	2	23	252	83	86	55	10	103	1	0	2	16	8	.67	5	.296	.364	.491
Wilkins, Rick, ChN	141	451	103	32	2	10	169	58	57	54	0	130	4	1	3	4	3	.57	7	.228	.314	.375
Williams, Bernie, NYA	155	598	165	40	1	17	258	107	77	83	2	84	3	1	2	18	9	.67	5	.276	.366	.431
Williams, Eddie, SD	88	343	108	18	1	18	182	52	75	24	1	51	3	2	3	0	1	.00	16	.315	.362	.531
Williams, Matt, SF	159	644	170	21	3	62	383	105	144	44	11	127	2	0	4	1	0	1.00	14	.264	.311	.595
Wilson, Dan, Sea	134	423	94	19	5	5	138	36	38	17	1	82	2	19	1	1	2	.33	10	.222	.254	.326
Winfield, Dave, Cle-Min	105	369	94	19	3	12	155	43	50	38	5	64	0	1	3	2	1	.67	10	.255	.322	.420
Young, Eric, Col	112	302	80	15	2	9	126	46	37	43	1	21	2	5	3	22	8	.73	5	.265	.357	.417
Zeile, Todd, StL	160	598	158	30	1	25	265	90	98	65	3	80	6	0	10	1	4	.20	20	.264	.337	.443

1994 Pitching — STATS Simulated Season

Player	G	GS	CG	GF	IP	BFP	H	R	ER	HR	SH	SF	HB	TBB	IBB	SO	WP	Bk	W	L	Pct.	ShO	Sv	ERA
Abbott, Jim, NYA	32	32	3	0	212	912	225	113	106	32	9	8	2	74	1	111	8	2	13	11	.542	0	0	4.50
Acre, Mark, Oak	56	0	0	11	60	271	40	27	24	7	4	2	1	49	4	32	3	0	5	1	.833	0	1	3.60
Aguilera, Rick, Min	61	0	0	55	58	260	74	31	26	10	6	1	0	13	3	64	2	0	1	7	.125	0	31	4.03
Alvarez, Wilson, ChA	34	34	3	0	223.2	946	205	96	84	25	8	5	0	82	1	147	4	0	16	10	.615	1	0	3.38
Anderson, Brian, Cal	27	27	1	0	161	683	180	89	84	19	5	9	4	35	0	76	7	6	12	8	.600	0	0	4.70
Appier, Kevin, KC	33	33	2	0	224	940	200	105	103	18	9	7	4	89	7	206	13	1	13	8	.619	1	0	4.14
Aquino, Luis, Fla	48	1	0	10	82.1	346	66	33	30	5	2	3	3	35	8	35	3	0	5	2	.714	0	2	3.28
Arocha, Rene, StL	61	7	1	34	105.1	464	130	58	53	11	6	1	4	26	4	78	2	0	4	6	.400	1	14	4.53
Ashby, Andy, SD	34	34	5	0	227.1	949	218	109	93	23	13	7	3	54	13	163	6	0	10	14	.417	0	0	3.68
Assenmacher, Paul, ChA	63	0	0	18	46.1	184	40	18	18	2	2	3	1	14	2	39	1	0	2	3	.400	0	3	3.50
Astacio, Pedro, LA	33	33	5	0	218.2	905	202	104	92	26	9	8	4	66	5	153	3	0	12	10	.545	1	0	3.79
Avery, Steve, Atl	34	34	1	0	218	897	177	93	89	21	10	12	8	69	4	177	7	2	11	6	.647	0	0	3.67
Ayala, Bobby, Sea	68	0	0	59	80.2	324	56	24	23	4	1	2	0	29	0	106	2	0	4	4	.500	0	35	2.57
Bankhead, S, Bos-NYA	42	0	0	11	57	243	56	32	30	9	0	2	0	20	5	40	9	0	4	5	.444	0	1	4.74
Banks, Willie, ChN	32	32	2	0	187.1	806	189	115	106	20	7	3	2	73	3	118	10	1	10	14	.417	1	0	5.09
Bautista, Jose, ChN	73	0	0	30	89.2	378	94	40	35	13	6	4	3	21	7	61	3	1	9	6	.600	0	1	3.51
Beck, Rod, SF	58	0	0	57	58.1	245	59	20	18	11	3	3	0	13	2	41	0	0	2	5	.286	0	36	2.78
Bedrosian, Steve, Atl	66	0	0	18	67	280	82	32	27	7	6	2	2	22	5	60	2	0	1	5	.167	0	1	3.63
Belcher, Tim, Det	34	34	3	0	204.2	963	249	170	149	28	6	7	5	103	11	99	9	1	8	19	.296	0	0	6.55
Belinda, Stan, KC	53	0	0	20	67.1	300	68	40	32	6	0	6	7	28	3	53	2	0	2	2	.500	0	1	4.28
Benes, Andy, SD	34	34	3	0	241.2	1001	217	105	96	25	17	2	4	69	2	250	5	0	8	17	.320	3	0	3.58
Bere, Jason, ChA	34	34	1	0	210.1	886	163	92	82	23	5	6	2	110	0	189	4	0	17	7	.708	0	0	3.51
Bergman, Sean, Det	13	13	1	0	88	364	74	35	29	9	4	3	1	25	1	71	3	0	6	4	.600	1	0	2.97
Bielecki, Mike, Atl	26	5	0	9	55.1	243	63	30	30	5	1	1	3	22	1	38	0	4	3	2	.600	0	0	4.88
Black, Bud, SF	22	21	0	1	122.2	515	116	59	53	18	5	3	3	35	1	68	5	2	6	5	.545	0	0	3.89
Blair, Willie, Col	63	1	0	16	102.2	500	147	84	74	12	3	2	5	50	6	96	7	0	0	6	.000	0	3	6.49
Boever, Joe, Det	69	0	0	36	111	492	105	56	51	18	7	2	4	48	15	69	6	0	13	5	.722	0	4	4.14
Bones, Ricky, Mil	33	33	4	0	229.2	958	236	101	88	24	7	7	4	58	1	70	13	0	11	13	.458	1	0	3.45
Bosio, Chris, Sea	21	21	4	0	137.2	599	147	78	66	16	3	7	2	46	3	74	4	0	5	11	.313	0	0	4.31
Boskie, S, Sea-ChNPhi	23	15	1	2	91.2	397	92	58	51	15	2	3	3	30	3	62	7	0	4	7	.364	0	0	5.01
Bowen, Ryan, Fla	18	18	1	0	100.1	452	115	61	54	14	7	5	4	46	7	65	2	0	3	10	.231	0	0	4.84
Brantley, Jeff, Cin	68	0	0	45	83	342	67	29	26	9	6	1	1	35	5	77	1	0	8	7	.533	0	21	2.82
Brewer, Billy, KC	65	0	0	21	47.1	196	38	17	17	7	2	2	3	20	1	30	3	0	4	3	.571	0	3	3.23
Briscoe, John, Oak	65	0	0	21	90.2	369	46	40	35	11	4	4	3	58	2	85	15	2	5	4	.556	0	0	3.47
Brown, Kevin, Tex	36	35	5	1	229.2	1037	299	159	130	23	4	11	8	70	2	161	12	0	10	14	.417	0	0	5.09
Bullinger, Jim, ChN	43	20	2	10	167.1	690	156	71	66	9	3	4	3	46	2	117	5	1	9	3	.750	0	2	3.55
Burba, Dave, SF	79	0	0	18	102	435	82	55	52	7	4	2	6	60	3	108	6	0	4	9	.308	0	1	4.59
Burkett, John, SF	35	35	2	0	225.2	951	229	105	91	24	13	6	7	48	8	121	5	0	11	11	.500	0	0	3.63
Cadaret, Greg, Det-Tor	55	0	0	19	47.2	233	55	32	28	7	0	0	0	40	7	34	6	0	1	1	.500	0	2	5.29
Candiotti, Tom, LA	30	29	5	0	198	848	208	102	94	15	12	8	6	69	2	129	16	0	9	10	.474	0	0	4.27
Carpenter, Cris, Tex	66	0	0	23	79	335	82	40	37	7	3	5	0	22	7	47	1	0	5	6	.455	0	5	4.22
Carrasco, Hector, Cin	66	0	0	39	76.2	320	55	21	17	4	8	1	4	42	1	57	3	1	7	6	.538	0	9	2.00
Casian, Larry, Cle-Min	56	0	0	13	63.2	296	91	50	46	14	8	3	2	19	3	23	2	0	1	6	.143	0	1	6.50
Castillo, Frank, ChN	14	12	1	0	77.2	315	75	35	32	6	2	0	0	22	2	54	0	0	5	4	.556	0	0	3.71
Castillo, Tony, Tor	57	0	0	15	80.2	354	87	31	28	10	5	6	3	32	1	50	0	0	5	3	.625	0	0	3.12
Clark, Mark, Cle	20	20	4	0	127.1	540	133	61	54	14	2	7	4	40	0	60	9	1	11	3	.786	1	0	3.82
Clemens, Roger, Bos	34	34	6	0	249.1	1025	195	101	90	27	3	7	5	101	1	244	6	0	14	11	.560	4	0	3.25
Cone, David, KC	33	33	6	0	244.2	986	187	93	86	22	1	5	8	75	0	197	8	3	19	12	.613	4	0	3.16
Converse, Jim, Sea	23	16	0	3	94.2	468	130	80	75	10	2	4	2	64	4	67	6	0	1	7	.125	0	0	7.13
Cook, Dennis, ChA	54	0	0	9	53	223	40	23	18	7	3	3	2	20	2	45	0	1	4	1	.800	0	0	3.06
Cooke, Steve, Pit	36	26	3	4	164.1	715	192	95	90	26	9	6	6	51	8	83	3	0	5	13	.278	1	0	4.93
Cormier, Rheal, StL	16	16	1	0	92	402	93	56	49	12	7	4	6	28	1	60	4	0	5	5	.500	0	0	4.79
Crim, Chuck, ChN	68	1	0	24	88	381	91	47	43	11	4	0	2	29	7	59	2	0	8	4	.667	0	2	4.40
Cummings, John, Sea	27	17	1	2	118.2	525	118	68	64	15	4	3	1	65	2	58	8	2	5	8	.385	0	1	4.85
Darling, Ron, Oak	34	34	5	0	218	939	220	116	104	26	8	7	9	70	3	143	11	2	12	15	.444	0	0	4.29
Darwin, Danny, Bos	13	13	0	0	75.2	350	101	54	53	13	1	5	1	24	6	54	0	1	7	5	.583	0	0	6.30
Davis, Storm, Det	50	0	0	14	73.1	316	49	30	24	7	3	4	1	50	7	56	10	0	4	5	.444	0	0	2.95
Davis, Tim, Sea	51	5	0	13	70.2	323	86	40	37	5	4	4	1	33	6	41	7	0	2	4	.333	0	2	4.71
DeJesus, Jose, KC	11	9	0	0	59.1	255	64	32	32	6	1	0	2	23	1	35	4	0	4	2	.667	0	0	4.85
DeLeon, Jose, ChA	62	0	0	15	98	410	63	35	32	6	1	5	7	47	5	99	1	0	5	3	.625	0	3	2.94
Deshaies, Jim, Min	31	29	0	0	153	693	200	123	121	34	5	8	2	62	0	89	1	2	6	15	.286	0	0	7.12
Dettmer, John, Tex	20	18	0	0	111.1	499	123	72	54	16	5	7	3	43	4	65	1	0	2	10	.167	0	0	4.37
Dewey, Mark, Pit	65	0	0	22	82	348	90	28	26	5	5	2	1	25	4	44	0	0	4	1	.800	0	0	2.85
Doherty, John, Det	18	17	2	1	101.1	454	139	75	73	13	5	7	3	26	6	28	4	0	6	7	.462	0	0	6.48
Dopson, John, Cal	23	5	0	5	64.1	286	72	41	40	6	1	1	3	27	4	39	4	1	1	4	.200	0	1	5.60
Drabek, Doug, Hou	33	33	8	0	235.2	944	193	75	67	18	6	8	3	62	3	173	3	0	17	6	.739	3	0	2.56
Eckersley, Dennis, Oak	57	0	0	50	57.2	249	61	32	27	9	3	0	2	16	5	61	1	0	6	6	.500	0	24	4.21
Edens, Tom, Hou-Phi	56	0	0	21	76.1	319	73	30	30	3	3	3	3	25	4	40	7	0	5	1	.833	0	3	3.54
Eichhorn, Mark, Bal	57	0	0	27	91.2	372	80	22	20	2	5	3	1	22	4	44	1	0	8	6	.571	0	1	1.96
Eldred, Cal, Mil	33	33	9	0	235	999	208	122	118	26	6	9	5	103	1	133	9	0	15	14	.517	2	0	4.52
Erickson, Scott, Min	33	33	2	0	204.1	924	243	131	119	23	10	5	11	79	2	136	13	0	10	15	.400	1	0	5.24
Eversgerd, Bryan, StL	60	1	0	12	87.2	360	94	44	42	10	6	2	2	22	2	60	3	1	2	5	.286	0	0	4.31
Fajardo, Hector, Tex	18	12	0	0	83.1	370	95	67	64	15	4	4	2	26	0	45	0	4	5	7	.417	0	0	6.91
Farr, Steve, Bos-Cle	46	0	0	24	44	226	67	36	30	8	2	2	4	28	3	33	2	0	3	5	.375	0	1	6.14
Fassero, Jeff, Mon	24	24	2	0	157.1	647	139	65	55	14	8	1	3	42	4	134	6	0	9	7	.563	0	0	3.15
Fernandez, Alex, ChA	34	34	5	0	231.1	981	225	121	105	40	5	7	3	71	5	164	7	3	13	11	.542	3	0	4.09
Fernandez, Sid, Bal	28	28	2	0	172.1	736	166	102	102	45	4	5	4	67	2	133	2	0	8	11	.421	0	0	5.33

1994 Pitching — STATS Simulated Season

Player	G	GS	CG	GF	IP	BFP	H	R	ER	HR	SH	SF	HB	TBB	IBB	SO	WP	Bk	W	L	Pct.	ShO	Sv	ERA
Fetters, Mike, Mil	55	0	0	41	57.1	259	55	26	21	1	3	4	1	37	7	40	3	2	2	6	.250	0	23	3.30
Finley, Chuck, Cal	34	34	10	0	235.1	998	237	119	107	23	10	7	4	85	0	187	15	0	14	14	.500	3	0	4.09
Fleming, Dave, Sea	33	33	0	0	177	806	213	123	109	28	4	4	1	79	4	97	5	0	12	13	.480	0	0	5.54
Fossas, Tony, Bos	57	0	0	15	42.2	201	47	31	29	7	2	0	1	26	2	39	2	0	2	2	.500	0	1	6.12
Foster, Kevin, ChN	24	22	0	0	137.1	578	128	60	52	15	5	2	1	55	1	119	2	2	7	7	.500	0	0	3.41
Franco, John, NYN	61	0	0	56	63.2	270	57	23	18	4	2	1	1	21	0	57	2	0	1	5	.167	0	42	2.54
Freeman, Marvin, Col	29	28	0	0	174.1	732	186	73	65	17	9	1	5	33	3	116	10	0	11	4	.733	0	0	3.36
Frey, Steve, SF	60	0	0	17	39.1	180	52	29	29	11	1	4	2	19	3	22	1	0	1	0	1.000	0	0	6.64
Gardiner, Mike, Det	53	1	0	18	73	326	80	54	46	18	2	4	0	29	5	36	1	0	2	2	.500	0	5	5.67
Gardner, Mark, Fla	28	20	0	3	126.1	559	144	88	79	19	6	5	1	47	7	84	5	1	4	8	.333	0	0	5.63
Glavine, Tom, Atl	34	34	3	0	225.2	994	232	108	102	13	12	7	3	94	10	187	13	1	18	10	.643	0	0	4.07
Gordon, Tom, KC	34	34	0	0	224.2	950	186	105	100	21	3	9	3	113	3	181	15	1	16	11	.593	0	0	4.01
Gossage, Goose, Sea	55	0	0	27	72.1	304	68	32	30	6	3	2	4	23	1	61	2	0	4	0	1.000	0	1	3.73
Gott, Jim, LA	54	0	0	24	55.2	261	70	35	35	5	7	3	5	29	5	45	6	0	5	5	.500	0	2	5.66
Gozzo, Mauro, NYN	37	9	0	9	96.2	440	113	55	43	5	7	5	1	37	10	44	5	0	5	6	.455	0	0	4.00
Grahe, Joe, Cal	59	0	0	40	65	312	94	47	46	7	3	4	6	25	4	37	5	1	4	7	.364	0	15	6.37
Greene, Tommy, Phi	12	12	0	0	67	298	71	33	29	6	6	2	1	32	0	51	3	0	2	3	.400	0	0	3.90
Grimsley, Jason, Cle	23	22	3	0	137	610	155	83	74	10	5	4	7	56	1	90	9	1	9	5	.643	1	0	4.86
Groom, Buddy, Det	54	0	0	15	50.2	221	50	25	24	8	0	3	2	21	3	40	0	0	2	2	.500	0	1	4.26
Gross, Kevin, LA	34	32	2	2	222.1	941	223	82	78	14	7	1	4	59	3	175	5	0	14	9	.609	0	1	3.16
Gubicza, Mark, KC	31	31	1	0	181.1	770	211	97	86	15	6	5	1	33	5	76	12	2	9	12	.429	1	0	4.27
Gullickson, Bill, Det	27	25	1	0	150	665	198	100	96	31	7	1	5	27	2	83	5	0	5	6	.455	0	0	5.76
Guthrie, Mark, Min	73	2	0	20	68	306	83	53	45	11	3	7	2	27	3	42	9	0	4	5	.444	0	1	5.96
Guzman, Juan, Tor	34	34	2	0	206.2	932	219	132	120	27	2	10	4	111	3	177	20	0	16	14	.533	0	0	5.23
Habyan, John, Stl	68	0	0	12	64.2	280	68	24	24	3	3	1	1	27	11	60	1	0	1	1	.500	0	1	3.34
Hall, Darren, Tor	45	0	0	42	43.1	179	36	15	14	4	1	1	1	18	1	38	1	0	2	4	.333	0	24	2.91
Hamilton, Joey, SD	23	23	1	0	150	619	142	65	56	12	8	2	7	34	3	86	6	0	9	8	.529	1	0	3.36
Hammond, Chris, Fla	19	14	1	1	85.1	366	94	37	30	5	5	2	1	29	2	48	4	0	5	4	.556	1	0	3.16
Hampton, Mike, Hou	53	0	0	13	52.2	234	63	22	20	5	0	0	2	20	2	28	5	1	2	2	.500	0	0	3.42
Hanson, Erik, Cin	22	21	0	1	122.2	519	137	60	56	10	5	4	3	23	3	101	8	1	5	5	.500	0	0	4.11
Harkey, Mike, Cal	28	17	1	3	111.1	502	150	77	73	14	5	2	1	39	4	46	0	2	2	8	.200	0	0	5.90
Harnisch, Pete, Hou	27	27	1	0	156	680	158	95	89	27	9	4	5	57	1	110	2	0	12	7	.632	0	0	5.13
Harris, Greg W., Col	37	27	2	2	175	782	196	122	117	25	13	7	6	72	4	106	6	2	6	14	.300	1	1	6.02
Helling, Rick, Tex	10	10	1	0	59.2	263	72	38	38	15	3	0	0	20	0	31	5	1	4	2	.667	1	0	5.73
Henke, Tom, Tex	53	0	0	47	54	221	43	21	20	9	2	2	0	19	2	55	3	0	4	8	.333	0	26	3.33
Henneman, Mike, Det	45	0	0	35	49	229	56	35	24	7	3	1	3	21	7	41	7	0	1	4	.200	0	18	4.41
Henry, Butch, Mon	33	24	2	1	175	698	149	44	39	12	9	5	3	33	1	106	2	1	13	4	.765	2	1	2.01
Hentgen, Pat, Tor	33	33	9	0	245	1008	217	105	91	31	9	6	3	71	1	214	7	2	19	10	.655	3	0	3.34
Heredia, Gil, Mon	47	10	2	8	125.2	524	132	55	47	11	4	5	1	19	3	107	6	2	9	5	.643	1	0	3.37
Hernandez, Roberto, ChA	59	0	0	57	62.1	258	52	30	27	6	1	1	1	19	2	64	1	0	5	4	.556	0	26	3.90
Hershiser, Orel, LA	31	31	0	0	198.2	855	223	104	86	26	8	5	7	56	9	106	10	2	9	11	.450	0	0	3.90
Hesketh, Joe, Bos	32	24	1	1	147.1	642	153	91	74	11	2	9	3	57	4	105	12	1	9	6	.600	0	0	4.52
Hibbard, Greg, Sea	15	14	0	0	80.2	392	115	78	60	11	6	2	2	31	1	39	5	0	1	5	.167	0	0	6.69
Hickerson, Bryan, SF	35	18	0	2	122.2	551	150	78	76	26	4	4	1	51	7	74	2	1	6	9	.400	0	1	5.58
Higuera, Teddy, Mil	19	12	0	0	66.2	311	82	57	48	13	2	2	2	38	0	40	0	1	1	5	.167	0	0	6.48
Hill, Ken, Mon	33	33	3	0	227	946	217	90	82	14	11	8	7	61	8	128	4	0	21	7	.750	2	0	3.25
Hitchcock, Sterling, NYA	32	14	1	4	105.1	461	107	53	50	8	1	9	0	50	1	74	12	0	8	3	.727	0	2	4.27
Hoffman, Trevor, SD	61	0	0	53	70	290	54	27	26	7	1	2	0	29	7	80	4	0	7	5	.583	0	27	3.34
Honeycutt, Rick, Tex	47	0	0	9	32.1	157	45	24	23	5	6	0	2	13	1	27	0	0	1	2	.333	0	1	6.40
Horsman, Vince, Oak	46	0	0	8	42.2	186	44	27	23	4	3	3	1	16	2	23	1	1	0	2	.000	0	0	4.85
Hough, Charlie, Fla	21	21	1	0	113.2	515	118	74	65	17	14	9	10	52	1	65	9	4	5	9	.357	1	0	5.15
Howard, Chris, Bos	54	0	0	19	59.1	243	53	25	22	8	3	0	2	16	4	32	3	0	2	0	1.000	0	1	3.34
Howe, Steve, NYA	55	0	0	39	53.1	199	34	9	9	2	1	0	0	8	2	27	2	0	3	0	1.000	0	28	1.52
Howell, Jay, Tex	53	0	0	22	57.2	257	59	39	35	13	2	3	1	26	4	30	2	0	4	1	.800	0	2	5.46
Hudek, John, Hou	59	0	0	45	62.2	251	39	18	17	6	1	3	1	28	2	65	0	0	3	2	.600	0	25	2.44
Ignasiak, Mike, Mil	33	5	0	10	56	240	65	33	31	7	3	1	1	14	2	31	1	1	3	2	.600	0	1	4.98
Jackson, Danny, Phi	35	35	6	0	246.2	1039	245	104	94	21	19	8	2	67	1	179	3	0	20	9	.690	2	0	3.43
Jackson, Mike, SF	50	0	0	18	66	245	38	14	11	6	5	1	3	13	0	72	0	3	3	2	.600	0	4	1.50
Jacome, Jason, NYN	17	16	1	0	102	417	102	39	36	6	6	2	2	24	2	53	3	0	6	5	.545	1	0	3.18
Jarvis, Kevin, Cin	14	14	0	0	60	249	61	39	34	11	1	1	2	15	1	36	1	0	4	4	.500	0	0	5.10
Johnson, Randy, Sea	32	31	12	0	235	960	191	98	93	20	5	4	8	94	2	273	5	0	17	9	.654	4	0	3.56
Jones, Bobby, NYN	34	34	1	0	230.1	973	224	99	79	15	12	7	5	74	9	119	4	0	16	10	.615	0	0	3.09
Jones, Doug, Phi	60	0	0	50	69.1	292	75	25	22	3	5	1	5	2	2	46	2	0	2	6	.250	0	32	2.86
Jones, Todd, Hou	72	0	0	34	112.2	445	75	34	31	3	5	2	2	39	4	98	2	0	10	6	.625	0	9	2.48
Kamieniecki, Scott, NYA	32	26	0	2	193.2	823	180	77	72	21	4	6	3	95	5	110	4	0	15	8	.652	0	0	3.35
Key, Jimmy, NYA	34	34	1	0	229.2	983	248	107	97	19	6	8	5	72	0	137	10	1	23	6	.793	0	0	3.80
Kile, Darryl, Hou	33	33	0	0	189.1	868	207	122	111	22	15	5	10	110	9	131	11	0	11	10	.524	0	0	5.28
Krueger, Bill, Det-SD	32	13	1	0	85.1	396	108	74	67	10	6	6	2	31	3	65	5	1	3	7	.300	0	0	7.07
Langston, Mark, Cal	27	27	4	0	178.2	786	183	103	102	27	4	11	4	82	1	160	12	0	10	12	.455	1	0	5.14
Leary, Tim, Tex	13	9	0	0	57.1	277	81	52	51	11	2	5	2	27	2	23	12	0	1	4	.200	0	0	8.01
Leftwich, Phil, Cal	30	30	2	0	173	757	201	117	113	27	5	7	4	54	2	96	3	1	9	11	.450	0	0	5.88
Leiter, Al, Tor	29	29	2	0	158.2	713	185	113	105	8	3	9	2	107	3	130	15	7	8	12	.400	0	0	5.96
Leiter, Mark, Cal	49	13	1	15	135	596	136	74	68	17	5	4	11	50	6	103	3	0	5	8	.385	0	2	4.53
Lewis, Richie, Fla	63	0	0	14	72.1	361	95	66	56	17	3	2	3	49	10	56	13	1	2	4	.333	0	1	6.97
Lieber, Jon, Pit	27	27	2	0	177	731	178	87	76	17	5	5	1	40	3	111	2	7	9	8	.529	0	0	3.46
Lilliquist, Derek, Cle	51	0	0	18	49.2	208	52	24	23	8	4	4	1	12	1	26	0	0	3	3	.500	0	1	4.17
Linton, Doug, NYN	40	7	0	10	81.2	382	109	47	41	7	3	4	2	34	3	47	2	0	6	5	.545	0	0	4.52

1994 Pitching — STATS Simulated Season

	HOW MUCH HE PITCHED						WHAT HE GAVE UP										THE RESULTS				
Player	G	GS	CG	GF	IP	BFP	H	R	ER	HR	SH	SF	HB	TBB	IBB	SO	WP	Bk	W	L	Pct.	ShO	Sv	ERA
Lloyd, Graeme, Mil	60	0	0	26	61	265	67	34	32	6	2	5	4	18	7	42	3	0	2	4	.333	0	3	4.72
Maddux, Greg, Atl	34	34	14	0	274	1065	214	67	53	8	13	6	10	45	4	198	3	2	20	8	.714	5	0	1.74
Maddux, Mike, NYN	38	0	0	19	60	257	62	36	36	9	1	2	0	19	4	44	2	0	2	3	.400	0	2	5.40
Magnante, Mike, KC	49	1	0	13	63.1	298	83	49	44	8	2	4	0	25	1	27	6	0	2	3	.400	0	0	6.25
Magrane, Joe, Cal	25	13	1	5	89.1	418	101	71	68	20	1	4	6	55	0	38	8	0	2	7	.222	0	0	6.85
Mahomes, Pat, Min	22	22	0	0	124.2	537	127	72	67	25	1	4	1	63	1	53	3	0	9	6	.600	0	0	4.84
Manzanillo, Josias, NYN	46	0	0	17	60	233	42	17	16	4	0	0	3	16	1	63	3	0	7	3	.700	0	2	2.40
Manzanillo, Ravelo, Pit	69	0	0	22	70	318	54	38	31	5	2	5	3	59	6	49	3	6	6	3	.667	0	7	3.99
Martinez, Dennis, Cle	32	32	9	0	225.2	942	216	102	90	18	4	6	7	56	2	113	4	5	14	8	.636	3	0	3.59
Martinez, Pedro, Mon	34	33	2	1	214	882	179	99	90	18	2	5	18	68	4	223	7	0	15	10	.600	1	1	3.79
Martinez, Pedro A., SD	68	1	0	24	98.2	434	73	40	29	5	13	1	2	64	10	75	4	1	3	4	.429	0	6	2.65
Martinez, Ramon, LA	33	33	6	0	236	999	227	108	95	23	12	11	8	78	4	153	2	0	14	12	.538	4	0	3.62
Mason, Roger, NYN-Phi	63	0	0	18	75	335	79	50	42	10	3	2	3	34	5	40	0	0	4	8	.333	0	2	5.04
Mathews, Terry, Fla	42	3	0	8	68	297	83	36	33	6	2	2	1	16	2	32	2	0	3	2	.600	0	1	4.37
Mauser, Tim, SD	53	0	0	18	72.2	324	86	39	37	7	3	3	2	28	4	50	6	2	4	7	.364	0	2	4.58
McCaskill, Kirk, ChA	62	0	0	26	75.1	324	73	32	30	11	3	4	0	30	6	53	1	0	6	4	.600	0	3	3.58
McDonald, Ben, Bal	33	33	7	0	219.1	931	226	109	103	23	7	4	4	70	2	127	5	4	19	10	.655	1	0	4.23
McDowell, Jack, ChA	35	35	10	0	255.1	1071	271	118	111	20	4	6	6	57	2	177	5	0	15	11	.577	3	0	3.91
McDowell, Roger, LA	46	0	0	15	58.2	276	71	33	31	3	6	1	2	32	8	38	4	0	2	3	.400	0	0	4.76
McElroy, Chuck, Cin	77	0	0	19	77.1	308	69	21	21	3	2	0	0	20	4	51	5	0	2	2	.500	0	6	2.44
McMichael, Greg, Atl	65	0	0	48	70.1	316	87	40	35	2	3	2	0	20	6	60	3	2	4	8	.333	0	28	4.48
Meacham, Rusty, KC	55	0	0	21	67.2	281	65	31	27	9	2	4	3	17	3	50	8	0	6	5	.545	0	4	3.59
Mercker, Kent, Atl	30	27	3	0	187.1	760	138	70	61	22	6	3	0	77	3	181	5	2	13	7	.650	2	0	2.93
Mesa, Jose, Cle	70	0	0	26	97.2	422	99	45	43	5	6	4	3	33	7	88	4	0	7	7	.500	0	4	3.96
Miceli, Danny, Pit	51	0	0	20	55	230	51	31	29	8	1	2	2	16	3	56	5	0	4	1	.800	0	6	4.75
Milacki, Bob, KC	10	10	0	0	55.2	254	68	43	38	6	1	4	1	20	3	17	2	0	0	5	.000	0	0	6.14
Mills, Alan, Bal	57	0	0	19	58.2	254	52	32	32	12	1	1	3	30	2	51	2	0	3	3	.500	0	2	4.91
Miranda, Angel, Mil	15	15	1	0	89.1	384	86	52	50	14	2	1	2	47	0	40	3	1	4	6	.400	0	0	5.04
Monteleone, Rich, SF	64	0	0	13	67.2	288	73	31	28	9	3	4	2	16	3	25	4	2	5	7	.417	0	0	3.72
Montgomery, Jeff, KC	57	0	0	52	59	249	59	22	21	6	2	3	1	17	1	58	2	0	3	3	.500	0	39	3.20
Moore, Mike, Det	34	34	4	0	201.2	889	204	135	129	38	4	4	5	109	8	83	14	0	12	13	.480	0	0	5.76
Morgan, Mike, ChN	15	15	1	0	80.2	380	111	65	60	12	7	6	4	35	2	57	5	0	2	10	.167	0	0	6.69
Morris, Jack, Cle	23	23	1	0	141.1	636	163	96	88	14	2	4	4	67	2	100	13	0	10	6	.625	0	0	5.60
Moyer, Jamie, Bal	32	32	2	0	212.2	879	217	108	106	29	6	3	2	47	3	108	2	0	10	9	.526	1	0	4.49
Mulholland, Terry, NYA	32	22	2	8	149.1	669	180	112	104	28	3	1	2	51	1	95	7	0	8	8	.500	1	1	6.27
Munoz, Bobby, Phi	31	23	1	2	156.2	684	162	76	57	13	8	8	2	49	0	89	9	2	9	10	.474	0	2	3.27
Munoz, Mike, Col	86	0	0	11	72.1	313	58	29	26	6	2	4	1	45	5	53	2	0	5	3	.625	0	1	3.24
Murphy, Rob, NYA-StL	60	0	0	17	45.1	189	41	22	21	9	1	0	0	15	2	31	2	0	4	3	.571	0	2	4.17
Mussina, Mike, Bal	34	34	7	0	256.2	1028	232	88	85	24	6	10	3	52	1	143	0	0	20	8	.714	2	0	2.98
Myers, Randy, ChN	56	0	0	49	61.2	263	61	24	22	5	4	2	2	23	2	51	2	0	4	6	.400	0	32	3.21
Nabholz, Chris, Bos-Cle	23	21	0	1	104.1	496	131	82	70	11	2	9	5	59	1	57	12	0	5	9	.357	0	0	6.04
Nagy, Charles, Cle	33	33	6	0	245.2	1022	243	105	92	22	4	2	5	61	1	163	6	1	16	9	.640	3	0	3.37
Navarro, Jaime, Mil	40	12	1	13	118.2	531	141	77	72	11	3	4	4	43	6	82	4	0	5	10	.333	1	0	5.46
Neagle, Denny, Pit	35	35	2	0	191.2	839	203	121	115	26	9	6	3	69	5	174	3	0	12	14	.462	0	0	5.40
Nelson, Jeff, Sea	47	0	0	14	68.1	287	54	24	19	5	2	9	2	30	4	69	3	0	2	3	.400	0	0	2.50
Nen, Robb, Fla	58	0	0	38	72.2	295	62	26	24	7	4	2	0	26	8	71	5	0	7	5	.583	0	20	2.97
Nied, Dave, Col	31	31	2	0	173	762	194	96	87	20	9	5	4	66	2	89	9	4	13	9	.591	1	0	4.53
Ogea, Chad, Cle	13	9	0	0	69.1	314	87	40	37	11	1	1	2	26	2	53	0	0	4	3	.571	0	0	4.80
Olivares, Omar, StL	23	16	1	4	107	490	121	76	68	15	4	4	4	54	4	40	6	0	7	7	.500	0	1	5.72
Oliver, Darren, Tex	61	0	0	15	66.1	301	59	28	23	5	6	4	4	43	4	64	3	5	5	1	.833	0	2	3.12
Ontiveros, Steve, Oak	36	22	2	5	171.2	688	136	59	48	13	3	2	7	38	2	86	7	0	8	7	.533	0	2	2.52
Oquist, Mike, Bal	15	9	0	3	58.1	278	75	41	40	7	3	4	6	30	4	39	3	0	3	3	.500	0	0	6.17
Orosco, Jesse, Mil	57	0	0	6	49.2	221	44	28	24	6	0	3	2	30	2	46	0	0	4	1	.800	0	6	4.35
Otto, Dave, ChN	53	0	0	12	62.1	277	69	28	27	4	4	2	1	31	5	24	5	0	0	0	.000	0	1	3.90
Painter, Lance, Col	23	18	0	2	95	437	123	68	67	14	5	7	1	32	4	52	5	1	5	9	.357	0	0	6.35
Palacios, Vince, StL	46	17	1	14	135.1	558	122	71	69	19	8	7	4	49	5	109	4	0	4	11	.267	1	5	4.59
Pall, Donn, NYA-ChN	47	0	0	12	64.2	276	71	25	21	6	0	1	1	16	0	38	0	0	1	3	.250	0	1	2.92
Patterson, Bob, Cal	61	0	0	22	57.1	239	56	29	27	9	0	0	0	19	2	35	1	0	2	5	.286	0	7	4.24
Pavlik, Roger, Tex	19	17	0	0	80.1	396	108	78	74	14	4	6	4	43	1	47	14	1	3	8	.273	0	0	8.29
Perez, Melido, NYA	31	31	3	0	218.1	910	190	100	95	25	7	4	9	77	5	166	5	1	18	4	.818	2	0	3.92
Perez, Yorkis, Fla	67	0	0	13	56	232	47	27	25	5	2	0	1	20	6	52	6	0	3	1	.750	0	0	4.02
Pichardo, Hipolito, KC	57	0	0	25	86.2	384	105	53	48	7	5	3	3	28	5	47	4	0	6	5	.545	0	4	4.98
Plesac, Dan, ChN	72	0	0	19	75.1	320	83	39	36	12	5	2	2	15	0	72	0	0	3	4	.429	0	2	4.30
Plunk, Eric, Cle	59	0	0	27	97	415	87	38	33	4	2	2	7	47	5	96	8	0	10	2	.833	0	5	3.06
Poole, Jim, Bal	47	0	0	11	26	127	42	17	17	4	0	3	0	11	2	25	1	0	2	0	1.000	0	0	5.88
Portugal, Mark, SF	21	21	1	0	137.1	580	135	68	60	17	6	4	6	45	2	87	5	0	10	8	.556	0	0	3.93
Pugh, Tim, Cin	15	10	1	0	62.1	299	74	40	38	9	3	5	3	38	5	34	4	0	4	3	.571	0	0	5.49
Pulido, Carlos, Min	30	23	0	1	133.1	578	133	83	82	27	4	5	4	60	1	52	3	0	5	13	.278	0	0	5.54
Rapp, Pat, Fla	33	32	2	1	180	821	205	111	98	17	11	7	7	97	8	102	6	1	8	14	.364	1	0	4.90
Reed, Rick, Tex-Cin	11	10	1	0	62.1	256	63	28	26	5	1	0	1	13	0	37	0	0	5	2	.714	0	0	3.75
Reed, Steve, Col	89	0	0	20	95.2	434	111	47	41	10	3	7	6	39	8	75	2	0	5	5	.500	0	5	3.86
Remlinger, Mike, NYN	15	9	0	1	59.2	280	64	37	34	12	4	4	3	38	4	38	3	0	1	6	.143	0	0	5.13
Reyes, Carlos, Oak	33	15	0	8	110.2	476	97	47	45	13	4	3	2	60	1	74	3	0	3	4	.429	0	1	3.66
Reynolds, Shane, Hou	43	24	1	5	189	796	208	73	65	13	7	2	7	28	3	166	5	2	12	8	.600	1	0	3.10
Rhodes, Arthur, Bal	19	19	3	0	109.1	489	107	64	63	12	2	3	4	58	1	87	5	0	6	7	.462	2	0	5.19
Rijo, Jose, Cin	33	33	3	0	217.1	927	227	99	82	22	8	3	5	67	1	210	2	2	12	8	.600	0	0	3.40
Risley, Bill, Sea	58	0	0	10	76.1	295	51	26	23	8	1	2	0	24	0	89	2	0	13	7	.650	0	0	2.71

1994 Pitching — STATS Simulated Season

Player	HOW MUCH HE PITCHED						WHAT HE GAVE UP										THE RESULTS					
	G	GS	CG	GF	IP	BFP	H	R	ER	HR	SH	SF	HB	TBB	IBB	SO	WP	Bk	W	L	Pct.	ShO	Sv	ERA
Ritz, Kevin, Col	21	18	0	1	98.1	446	115	67	62	8	6	4	6	46	4	63	6	1	5	9	.357	0	0	5.67
Rivera, Ben, Phi	22	8	0	5	63.2	303	80	56	53	12	9	3	1	34	2	35	4	0	4	7	.364	0	0	7.49
Rodriguez, Rich, StL	70	0	0	22	74	323	75	41	37	10	2	1	1	34	4	47	4	0	4	6	.400	0	2	4.50
Rogers, Kenny, Tex	34	34	10	0	247.2	1029	232	112	102	30	7	10	3	67	1	177	3	1	18	11	.621	3	0	3.71
Rojas, Mel, Mon	76	0	0	31	106.1	445	99	49	43	13	2	3	6	28	0	106	4	0	4	3	.571	0	16	3.64
Roper, John, Cin	26	25	1	0	160.1	677	153	78	70	22	2	9	4	49	0	95	5	1	10	5	.667	0	0	3.93
Rueter, Kirk, Mon	29	29	2	0	152.2	630	150	79	68	16	8	7	3	31	1	76	3	0	13	4	.765	0	0	4.01
Ruffin, Bruce, Col	76	0	0	55	73.1	332	76	39	36	12	3	4	1	38	3	79	6	0	6	7	.462	0	23	4.42
Ruffin, Johnny, Cin	69	1	0	16	104.1	432	94	39	36	11	2	3	0	35	4	71	8	1	8	4	.667	0	1	3.11
Russell, Jeff, Bos-Cle	59	0	0	50	55.2	248	65	33	30	8	2	2	1	19	2	40	1	0	4	7	.364	0	21	4.85
Ryan, Ken, Bos	53	0	0	37	57.2	246	60	19	18	2	4	0	1	20	3	38	3	0	2	4	.333	0	19	2.81
Saberhagen, Bret, NYN	34	33	7	0	250	996	239	84	77	17	14	9	5	24	0	193	0	0	17	8	.680	2	0	2.77
Salkeld, Roger, Sea	14	14	0	0	63.2	318	86	52	52	8	0	4	2	49	1	46	2	0	2	6	.250	0	0	7.35
Sanders, Scott, SD	32	29	1	2	171.1	742	157	92	85	18	11	6	8	69	4	164	15	3	9	11	.450	1	1	4.46
Sanderson, Scott, ChA	25	21	1	0	130	553	154	80	75	29	4	2	2	18	1	55	0	0	11	6	.647	0	0	5.19
Scanlan, Bob, Mil	40	22	0	9	163	710	193	104	96	22	3	3	5	46	2	105	4	2	3	9	.250	0	2	5.30
Scheid, Rich, Fla	20	12	0	1	73	326	79	46	36	12	3	0	4	24	4	46	6	2	1	9	.100	0	0	4.44
Schilling, Curt, Phi	23	23	1	0	140	608	145	71	68	20	8	1	4	48	4	98	4	1	2	12	.143	0	0	4.37
Schourek, Pete, Cin	27	15	0	3	100.2	454	127	67	62	17	7	4	3	35	4	83	0	0	7	6	.538	0	0	5.54
Scott, Tim, Mon	56	0	0	16	75	320	77	24	21	1	0	1	3	24	3	50	1	0	6	4	.600	0	2	2.52
Sele, Aaron, Bos	31	31	3	0	202.1	861	194	101	91	18	7	5	11	84	2	139	6	0	11	10	.524	0	0	4.05
Shaw, Jeff, Mon	59	0	0	21	80.1	347	86	42	39	11	3	5	2	18	2	56	7	0	6	3	.667	0	1	4.37
Slocumb, Heathcliff, Phi	67	0	0	20	94.1	417	104	43	32	0	2	4	2	33	6	72	12	0	7	2	.778	0	1	3.05
Smiley, John, Cin	34	34	2	0	223.2	955	243	118	105	32	20	1	5	52	3	159	5	3	17	12	.586	1	0	4.23
Smith, Lee, Bal	53	0	0	50	50.1	207	42	19	17	6	5	2	0	15	1	53	0	0	1	5	.167	0	43	3.04
Smith, Pete, NYN	29	29	1	0	184.1	786	200	116	112	34	7	8	3	49	4	82	5	1	6	12	.333	0	0	5.47
Smith, Zane, Pit	35	34	2	0	223	911	228	101	90	28	9	4	0	44	7	85	2	0	15	12	.556	1	0	3.63
Smoltz, John, Atl	26	25	2	0	167	693	142	79	72	18	8	7	6	55	4	138	9	0	9	10	.474	0	0	3.88
Springer, Russ, Cal	32	5	0	9	79	341	86	49	45	15	1	3	0	25	0	50	4	0	2	4	.333	0	5	5.13
Stanton, Mike, Atl	72	0	0	27	68.2	298	66	24	24	3	4	1	4	36	3	47	2	0	6	1	.857	0	6	3.15
Stevens, Dave, Min	44	0	0	13	72.1	320	80	46	45	9	2	1	2	32	5	41	5	0	6	2	.750	0	0	5.60
Stewart, Dave, Tor	32	32	4	0	209	922	218	127	125	36	4	6	5	95	5	174	5	0	11	10	.524	1	0	5.38
Stottlemyre, Todd, Tor	36	29	5	5	214.2	934	222	106	99	27	7	7	10	73	2	169	0	0	12	11	.522	1	1	4.15
Sutcliffe, Rick, StL	16	14	0	1	67.2	319	93	53	49	11	3	1	2	32	2	26	4	1	6	4	.600	0	0	6.52
Swift, Bill, SF	28	28	0	0	178	752	184	76	65	18	8	4	4	47	5	101	3	0	13	11	.542	0	0	3.29
Swindell, Greg, Hou	31	31	2	0	179.1	801	215	93	85	23	14	7	1	35	2	98	1	1	11	11	.500	0	0	3.96
Tabaka, Jeff, Pit-SD	53	0	0	13	54.1	239	44	33	27	3	2	0	4	34	3	45	2	0	4	1	.800	0	1	4.47
Tapani, Kevin, Min	34	34	6	0	217.2	944	250	129	119	21	2	8	8	53	0	127	1	0	12	12	.500	2	0	4.92
Tewksbury, Bob, StL	32	31	6	1	210.1	895	251	122	116	25	13	5	3	33	3	98	2	0	16	14	.533	1	0	4.96
Timlin, Mike, Tor	49	0	0	24	55.1	246	57	30	28	7	1	0	2	27	0	54	3	0	3	1	.750	0	3	4.55
Torres, Salomon, SF	20	17	1	2	103.1	467	120	72	67	13	5	9	8	41	2	58	4	1	2	10	.167	0	0	5.84
Trachsel, Steve, ChN	32	32	1	0	214.1	901	198	86	80	26	6	5	4	78	7	163	13	0	12	12	.500	0	0	3.36
Trombley, Mike, Min	34	6	0	8	85	385	92	53	49	16	5	2	3	38	3	57	4	0	2	2	.500	0	0	5.19
Urbani, Tom, StL	29	19	0	2	130.2	572	142	74	70	18	6	4	3	38	1	64	4	0	5	7	.417	0	0	4.82
Valenzuela, Fernando, Phi	17	15	1	0	93	388	88	42	35	9	5	4	0	24	1	44	2	0	3	3	.500	1	0	3.39
Van Poppel, Todd, Oak	33	33	1	0	178.1	799	161	116	112	28	4	7	3	127	3	118	3	1	8	17	.320	0	0	5.65
Vanegmond, Tim, Bos	14	14	1	0	76	344	83	54	48	14	0	3	0	34	3	50	4	0	2	8	.200	0	0	5.68
VanLandingham, W, SF	24	22	0	1	124	549	118	73	65	8	4	2	3	66	5	78	3	5	10	5	.667	0	0	4.72
Veres, Dave, Hou	49	0	0	10	75.1	304	67	23	21	6	1	3	2	16	4	49	2	0	5	4	.556	0	1	2.51
Wagner, Paul, Pit	50	17	1	7	146	650	169	89	81	9	7	5	9	58	7	107	6	0	7	10	.412	0	0	4.99
Watson, Allen, StL	31	31	0	0	166	751	189	107	102	23	7	1	9	73	1	104	3	2	8	10	.444	0	0	5.53
Weathers, Dave, Fla	33	33	0	0	181.1	816	239	128	116	18	15	4	5	83	14	95	10	1	9	17	.346	0	0	5.76
Wegman, Bill, Mil	28	28	1	0	171	749	214	101	91	19	5	8	0	36	0	85	3	0	10	7	.588	0	0	4.79
Welch, Bob, Oak	31	8	0	4	88.2	420	104	75	72	13	6	6	1	53	2	57	3	3	4	7	.364	0	0	7.31
Wells, Bob, Sea-Phi	19	6	0	0	57	240	54	19	18	4	2	0	4	19	0	38	0	0	6	1	.857	0	0	2.84
Wells, David, Det	25	25	7	0	178.2	728	164	78	73	22	3	5	3	41	6	108	7	0	11	9	.550	3	0	3.68
West, David, Phi	48	18	0	9	132	580	101	59	53	9	8	3	2	85	3	112	15	0	5	12	.294	0	0	3.61
Wetteland, John, Mon	68	0	0	57	80	327	62	29	24	6	5	4	2	23	4	79	0	0	5	8	.385	0	34	2.70
White, Rick, Pit	54	16	2	23	140.1	597	160	63	58	14	10	7	10	27	3	66	3	3	10	6	.625	1	6	3.72
Whitehurst, Wally, SD	13	13	0	0	64	294	84	37	35	8	4	0	1	26	4	43	2	0	4	7	.364	0	0	4.92
Whiteside, Matt, Tex	64	0	0	20	82	375	96	52	44	8	5	2	1	35	3	48	1	0	2	3	.400	0	1	4.83
Wickman, Bob, NYA	73	0	0	27	97.2	405	75	31	28	4	0	6	1	40	4	77	4	0	7	4	.636	0	8	2.58
Williams, Brian, Hou	22	14	0	2	83.1	414	121	73	58	11	7	5	4	47	4	52	3	2	6	5	.545	0	0	6.26
Williams, Woody, Tor	49	0	0	17	80	338	69	30	30	7	2	4	2	42	2	70	9	0	1	4	.200	0	1	3.38
Williamson, Mark, Bal	41	2	0	13	84.2	363	93	45	42	12	0	3	2	22	2	33	0	0	3	3	.500	0	1	4.46
Willis, Carl, Min	67	0	0	19	79	371	117	53	43	7	2	5	0	14	6	51	8	0	3	4	.429	0	3	4.90
Witt, Bobby, Oak	34	34	5	0	191.2	894	226	132	112	27	2	8	7	100	6	154	9	3	10	16	.385	3	0	5.26
Wohlers, Mark, Atl	69	0	0	19	65.2	307	68	45	36	2	5	6	1	40	10	70	2	0	9	3	.750	0	2	4.93
Worrell, Todd, LA	57	0	0	43	64	256	53	25	23	4	1	2	1	15	1	61	2	0	6	6	.500	0	22	3.23
Young, Anthony, ChN	20	19	0	0	114.2	474	103	57	50	12	6	3	0	46	2	65	4	1	4	6	.400	0	0	3.92

About STATS, Inc.

My name is Rob Neyer, and I envy Steve Moyer. Steve, our longtime Director of Operations, used to have the assignment of writing the annual "About STATS, Inc." I use the word "writing" loosely, because with the change of a few commas here and there, the same "About STATS, Inc." seemed to appear year after year.

It wasn't Steve's fault; it's just that there wasn't much new to report, because STATS' growth was almost entirely related to one sport—baseball.

Now it's my job to write about STATS. Regrettably for me but happily for you, I've got a tougher time than Steve ever did. Why? Well, we're still growing—a year ago, we were ranked 144th on the "Inc. 500" list of fastest-growing privately-held companies—and it's far more than just baseball now. In 1992, we inaugurated our in-depth coverage of football, and you can see the results all over the place, from TNT's and ESPN's NFL coverage to *Pro Football Revealed*, our first football book.

But it goes beyond baseball and football. Starting this fall, STATS has its own reporter networks covering both the NHL *and* the NBA, so you can imagine the kinds of products we'll have available in the near future. Of immediate interest to you will be our real-time coverage, via STATS On-Line. Given a computer, a modem, and a reasonable fee, you can follow literally *any* game in any of the four major professional leagues, *as it happens*.

Of course, STATS is the leader in innovative fantasy games, from *Bill James Fantasy Baseball* to *BJFB: The Winter Game* to *STATS Fantasy Football* to *STATS Fantasy Hoops*. Can *STATS Fantasy Pucks* be far behind?

That's just the start. All the big players are looking to build on-ramps to the info superhighway, and STATS will be both building our own and providing construction materials for the others. How will we do it? Aside from our brilliant staff, everything depends on two things: our customers, and our network of diligent and dedicated reporters. If you'd like to be a customer (again), a reporter, or both, write us at:

STATS, Inc.
8131 Monticello Ave.
Skokie, IL 60076-3300

. . . or call us at 1-800-63-STATS (outside the U.S., make that 708-676-3322). We're looking forward to having you along for the ride.

Glossary

% Inherited Scored
A Relief Pitching statistic indicating the percentage of runners on base at the time a relief pitcher enters a game that he allows to score.

1st Batter OBP
The On-Base Percentage allowed by a relief pitcher to the first batter he faces in a game.

Active Career Batting Leaders
Minimum of 1,000 At Bats required for Batting Average, On-Base Percentage, Slugging Percentage, At Bats Per HR, At Bats Per GDP, At Bats Per RBI, and K/BB Ratio. One hundred (100) Stolen Base Attempts required for Stolen Base Success %. Any player who appeared in 1994 is eligible for inclusion provided he meets the category's minimum requirements.

Active Career Pitching Leaders
Minimum of 750 Innings Pitched required for Earned Run Average, Opponent Batting Average, all of the "Per 9 Innings" categories, and Strikeout to Walk Ratio. Two hundred fifty (250) Games Started required for Complete Game Frequency. One hundred (100) decisions required for Win-Loss Percentage. Any player who appeared in 1994 is eligible for inclusion provided he meets the category's minimum requirements.

BA ScPos Allowed
Batting Average Allowed with Runners in Scoring Position.

Batting Average
Hits divided by At Bats.

Catcher's ERA
The Earned Run Average of a club's pitchers with a particular catcher behind the plate. To figure this for a catcher, multiply the Earned Runs Allowed by the pitchers while he was catching times nine and divide that by his number of Innings Caught.

Cheap Wins/Tough Losses/Top Game Scores
First determine the starting pitcher's Game Score as follows: (1)Start with 50. (2)Add 1 point for each out recorded by the starting pitcher. (3)Add 2 points for each inning the pitcher completes after the fourth inning. (4)Add 1 point for each strikeout. (5)Subtract 2 points for each hit allowed. (6)Subtract 4 points for each earned run allowed. (7)Subtract 2 points for an unearned run. (8)Subtract 1 point for each walk.

If the starting pitcher scores over 50 and loses, it's a Tough Loss. If he wins with a game score under 50, it's a Cheap Win. The top Game Scores of 1994 are listed.

Cleanup Slugging%
The Slugging Percentage of a player when batting fourth in the batting order.

Complete Game Frequency
Complete Games divided by Games Started.

Earned Run Average
(Earned Runs times 9) divided by Innings Pitched.

Fielding Percentage
(Putouts plus Assists) divided by (Putouts plus Assists plus Errors).

Hold

A Hold is credited any time a relief pitcher enters a game in a Save Situation (see definition below), records at least one out, and leaves the game never having relinquished the lead. Note: a pitcher cannot finish the game and receive credit for a Hold, nor can he earn a hold and a save.

Isolated Power

Slugging Percentage minus Batting Average.

K/BB Ratio

Strikeouts divided by Walks.

Late & Close

A Late & Close situation meets the following requirements: (1)the game is in the seventh inning or later, and (2)the batting team is either leading by one run, tied, or has the potential tying run on base, at bat, or on deck. Note: this situation is very similar to the characteristics of a Save Situation.

Leadoff On Base%

The On-Base Percentage of a player when batting first in the batting order.

Offensive Winning Percentage

The Winning Percentage a team of nine Jeff Bagwells (or anybody) would compile against average pitching and defense. The formula: (Runs Created per 27 outs) divided by the League average of runs scored per game. Square the result and divide it by (1+itself).

On Base Percentage

(Hits plus Walks plus Hit by Pitcher) divided by (At Bats plus Walks plus Hit by Pitcher plus Sacrifice Flies).

Opponent Batting Average

Hits Allowed divided by (Batters Faced minus Walks minus Hit Batsmen minus Sacrifice Hits minus Sacrifice Flies minus Catcher's Interference).

PA*

The divisor for On Base Percentage: At Bats plus Walks plus Hit By Pitcher plus Sacrifice Flies; or Plate Appearances minus Sacrifice Hits and Times Reached Base on Defensive Interference.

PCS (Pitchers' Caught Stealing)

The number of runners officially counted as Caught Stealing where the initiator of the fielding play was the pitcher, not the catcher. Note: such plays are often referred to as "pickoffs", but appear in official records as Caught Stealings. The most common "pitcher caught stealing scenario" is a 1-3-6 fielding play, where the runner is officially charged a Caught Stealing because he broke for second base. "Pickoff" (fielding play 1-3 being the most common) is not an official statistic.

PkOf Throw/Runner

The number of pickoff throws made by a pitcher divided by the number of runners on first base.

Plate Appearances

At Bats plus Total Walks plus Hit By Pitcher plus Sacrifice Hits plus Sacrifice Flies plus Times Reached on Defensive Interference.

Power/Speed Number

A way to look at power and speed in one number. A player must score high in both areas to earn a high Power/Speed Number. The formula: (HR x SB x 2) divided by (HR + SB).

Quick Hooks and Slow Hooks

A Quick Hook is the removal of a pitcher who has pitched less than 6 innings and given up 3 runs or less. A Slow Hook goes to a pitcher who pitches more than 9 innings, or allows 7 or more runs, or whose combined innings pitched and runs allowed totals 13 or more.

Range Factor

The number of Chances (Putouts plus Assists) times nine divided by the number of Defensive Innings Played. The average for a Regular Player at each position in 1994:

Second Base: 5.12　　　Left Field: 2.05
Third Base: 2.66　　　Center Field: 2.70
Shortstop: 4.58　　　Right Field: 2.18

Run Support Per 9 IP

The number of runs scored by a pitcher's team while he was still in the game times nine divided by his Innings Pitched.

Runs Created

A way to combine a batter's total offensive contributions into one number. The formula: (H + BB + HBP - CS - GIDP) times (Total Bases + .26(TBB - IBB + HBP) + .52(SH + SF + SB)) divided by (AB + TBB + HBP + SH + SF).

Save Percentage

Saves (SV) divided by Save Opportunities (OP).

Save Situation

A Relief Pitcher is in a Save Situation when:

upon entering the game with his club leading, he has the opportunity to be the finishing pitcher (and is not the winning pitcher of record at the time), and meets any one of the three following conditions:

(1) he has a lead of no more than three runs and has the opportunity to pitch for at least one inning, or

(2) he enters the game, regardless of the count, with the potential tying run either on base, at bat, or on deck; or

(3) he pitches three or more innings regardless of the lead and the official scorer credits him with a save.

SB Success%

Stolen Bases divided by (Stolen Bases plus Caught Stealing).

Secondary Average

A way to look at a player's extra bases gained, independent of Batting Average. The formula: (Total Bases - Hits + TBB + SB) divided by At Bats.

Slugging Percentage

Total Bases divided by At Bats.

Total Bases

Hits plus Doubles plus (2 times Triples) plus (3 times Homeruns).

Win-Loss Percentage or Winning Percentage

Wins divided by (Wins plus Losses).

STATS INC.
Star-Studded Line-Up...

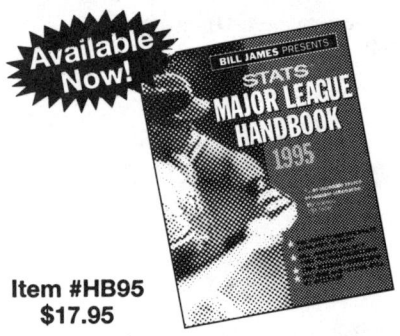

Item #HB95
$17.95

Bill James Presents:
STATS 1995 Major League Handbook

- Career data for every 1994 major leaguer
- STATS' and Bill James' exclusive 1995 projections
- Stadium data: how the ballparks affect the stats
- Lefty/righty pitcher and hitter breakdowns
- Managerial tendencies

Bill James Presents:
STATS 1995 Minor League Handbook

- Year-by-year career statistical data for AAA and AA players
- Bill James' exclusive Major League Equivalencies
- AAA lefty/righty pitching and hitting splits
- 1994 Class A player stats

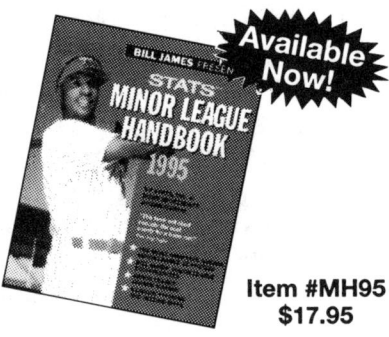

Item #MH95
$17.95

Item #PP95
$17.95

STATS 1995 Player Profiles

- 1994 exclusive breakdowns for pitchers and hitters, over 30 in all: lefty/righty, home/road, clutch situations, ahead/behind in the count, month-by-month, etc.
- Complete breakdowns by player for the last five seasons
- Team and league profiles

STATS 1995 Baseball Scoreboard

- Entertaining and lively essays
- Professional insight into how baseball and statistics really work
- Used by writers, broadcasters and pro teams
- Answers questions fans always ask

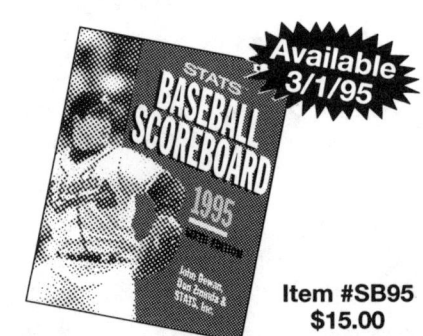

Item #SB95
$15.00

The Scouting Notebook: 1995

- Detailed scouting reports on more than 700 players
- Complete coverage of every major leaguers' strengths and weaknesses
- Essential information on each team's hottest prospects
- Unique pitcher information

Item #SN95
$16.00

STATS 1995 Minor League Scouting Notebook

- Reports on over 300 prospects — well-known and obscure
- Prospects assigned a grade from A to C-minus
- Top 50 prospects rated
- Stat lines for each player

Item #MN95
$12.95

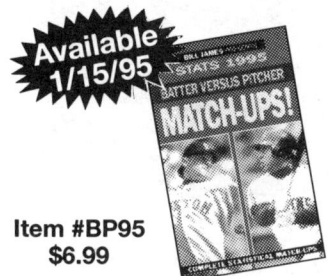

Item #BP95
$6.99

Bill James Presents: STATS 1995 Batter Versus Pitcher Match-Ups!

- Complete stats for pitchers facing batters with 5 or more career at-bats against them
- Player performance by ballpark
- Special leader boards
- Pocket-sized and affordably priced

STATS Basketball Scoreboard 1994-95

- Complete career stats for active players
- Entertaining and lively essays
- Professional insight into how basketball and statistics really work
- Used by broadcasters, writers, and pro teams

Item #SK95
$15.00

Item #PF94
$15.00

Pro Football Revealed: The 100-Yard War

- An in-depth look at each NFL team, complete with stats, analysis and a "favorite play" diagram
- Detailed statistical breakdowns on players, teams and coaches
- Professional insight perfect for fantasy play

Order from STATS INC. Today!
Use Order Form in This Book, or Call 1-800-63-STATS or 708-676-3322!

Bill James Fantasy Baseball
The Winter Game

"Called Shot" II!

"Babe Ruth facing Sandy Koufax...he steps out of the box, points down the right field line, the fans are on their feet here at Camden Yards...HOLY COW!" The days of Bob Gibson, Mickey Mantle, Joe DiMaggio, Grover Cleveland Alexander...and Butch Metzger and Ed Kranepool...are back! You remember them, but now you're their owner and manager. Using players and ballparks from all eras of Major League Baseball, **Bill James Fantasy Baseball: The Winter Game** allows you to operate the team of your dreams.

> *"With The Winter Game there is no off-season."*
> Bill James

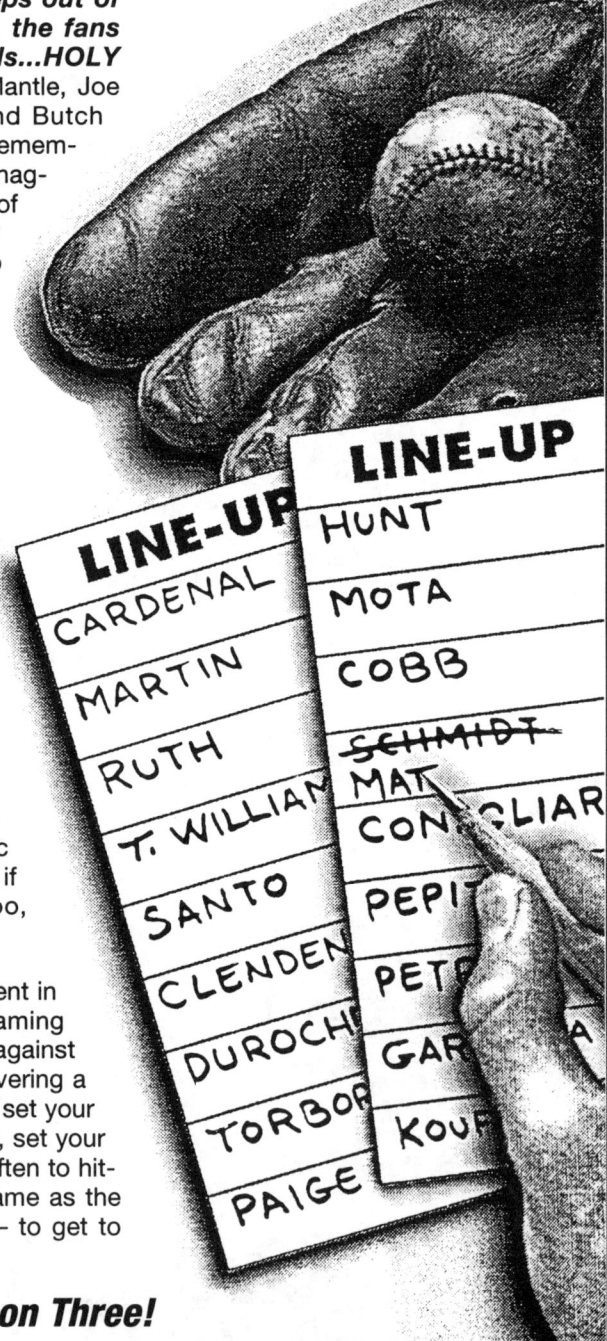

The Winter Game gives you the chance to relive the great and not-so-great players of baseball's past and your memories. Sign your players and manage all aspects of game play. To keep up with your progress, you'll receive a detailed weekly report (including a boxscore from each of your games) and special league newsletter.

The Winter Game is not about numbers, but abilities. For example, Babe Ruth may or may not hit 60 home runs, but he will hit for terrific average and power and walk like crazy, and if you need him to pitch, he can do that, too, though it will cut into his hitting.

You are the owner and Cy Young is a free agent in the most sophisticated pastime in sports gaming today. In *The Winter Game* you'll compete against 11 other owners in a head-to-head format covering a 154-game season. You build your personnel, set your lineups (versus right and left-handed pitchers), set your pitching rotation (and relievers), decide how often to hit-and-run, bunt, steal, etc. Your goal is the same as the thousands of managers throughout history — to get to the World Series!

Leagues Forming Now For Season Three!

Bill James Fantasy Baseball

Bill James Fantasy Baseball enters its seventh season of offering baseball fans the most unique, realistic and exciting game fantasy sports has to offer.

You draft a 25-player roster and can expand to as many as 28. Players aren't "ranked" like in rotisserie leagues — you'll get credit for everything a player does, like hitting homers, driving in runs, turning double plays, pitching quality outings and more!

Also, the team which scores the most points among all leagues, plus wins the World Series, will receive the John McGraw Award — a one-week trip to the Grapefruit League in spring training, a day at the ballpark with Bill James and a new fantasy league named in their honor!

Unique Features Include:

- Live fantasy experts — seven days a week
- The best weekly reports in the business, detailing who is in the lead, win-loss records, MVP's, and team strengths and weaknesses
- On-Line computer system with a world of information including daily updates of fantasy standings and stats
- Over twice as many statistics as rotisserie
- Transactions that are effective the very next day!

All this, all summer long for less than $5 per week!

STATS On-Line

STATS On-Line is your LIVE link to the most accurate, up-to-the-minute sports information available anywhere. All you need is a computer and a modem. **STATS On-Line** will provide the rest!

ALL NEW—STATS On-Line now provides LIVE game boxscores for all sports!

STATS On-Line is the only all-sports on-line with the kind of sports information true fans need: live updates of all player and team results as they happen, play-by-play. Plus, you'll have access to the detailed STATS, Inc. database, including exclusive STATS information, complete player info, transactions... even download stat files for your fantasy league!

Live Boxscores

Get updates from each sporting event as it happens around the country. You'll get complete player stats for every game without waiting for the morning paper!

All Sports, All The Time

Whether you follow baseball, football, basketball, hockey, or all four, **STATS On-Line** has something for you. Detailed football information, updated daily, gives fans the real story behind game day. Basketball and hockey fans have access to all players and teams. And STATS On-Line baseball coverage is unmatched!

Sign up for STATS On-Line today and experience a world of sports information you've never seen before!

Order from STATS INC. Today!
Use Order Form in This Book, or Call 1-800-63-STATS or 708-676-3322!

STATS INC Order Form

Name_____ Phone_____
Address_____ Fax_____
City_____ State_____ Zip_____

Method of Payment (U.S. Funds Only):
☐ Check/Money Order   ☐ Visa   ☐ MasterCard
Cardholder Name_____
Credit Card Number_____ Exp._____
Signature_____

BOOKS

Qty	Product Name	Item #	Price	Total
	STATS 1995 Major League Handbook	HB95	$17.95	
	1995 Major League Hndbk. (Comb-bnd)	HC95	$19.95	
	STATS 1995 Projections Update	PJUP	$9.95	
	The Scouting Notebook: 1995	SN95	$16.00	
	STATS 1995 Player Profiles	PP95	$17.95	
	1995 Player Profiles (Comb-bound)	PC95	$19.95	
	STATS 1995 Minor Lg. Scouting Ntbk.	MN95	$12.95	
	STATS 1995 Minor League Handbook	MH95	$17.95	
	1995 Minor League Hndbk. (Comb-bound)	MC95	$19.95	
	STATS 1995 BVSP Match-Ups!	BP95	$6.99	
	STATS 1995 Baseball Scoreboard	SB95	$15.00	
	STATS 1994-95 Basketball Scoreboard	SK95	$15.00	
	Pro Football Revealed-The 100 Yd. War	PF94	$15.00	
	For previous editions, circle appropriate years:			
	Major League Handbook 91 92 93 94		$9.95	
	The Scouting Report 92 94		$16.00	
	Player Profiles 93 94		$9.95	
	Minor League Handbook 92 93 94		$9.95	
	BVSP Match-Ups! 94		$3.99	
	Baseball Scoreboard 91 92 93 94		$9.95	
	Basketball Scoreboard 94		$9.95	

FANTASY GAMES & STATSfax

Qty	Product Name	Item #	Price	Total
	BJFB: The Winter Game	WG	$129.00	
	How to Win The Winter Game (book)	WGBK	$16.95	
	Winter Game STATSfax	WFX5	$20.00	
	STATS Fantasy Hoops	SFH	$85.00	
	SFH STATSfax/5-day	SFH5	$20.00	
	SFH STATSfax/7-day	SFH7	$25.00	
	STATS Fantasy Football	SFF	$59.00	
	SFF STATSfax/3-day	SFF3	$15.00	
	Bill James Fantasy Baseball	BJFB	$89.00	
	BJFB STATSfax/5-day	SFX5	$20.00	
	BJFB STATSfax/7-day	SFX7	$25.00	

STATS ON-LINE

Qty	Product Name	Item #	Price	Total
	STATS On-Line/Basic Plan	ONLE	$30.00	
	STATS On-Line/Full Access Plan	ONLP	$90.00	

For faster service, call 1-800-63-STATS or 708-676-3322, or fax this form to STATS at 708-676-0821

1st Fantasy Team Name (ex. Colt 45's):_____ _____
   What Fantasy Game is this team for?_____
2nd Fantasy Team Name (ex. Colt 45's):_____ _____
   What Fantasy Game is this team for?_____
NOTE: $1.00/player is charged for all roster moves and transactions.

For Bill James Fantasy Baseball & BJFB: The Winter Game:
Would you like to play in a league drafted by Bill James?   ☐ Yes   ☐ No

TOTALS

	Price	Total
Product Total (excl. Fantasy Games and On-Line)		
For first class mailing in U.S. add:	+$2.50/book	
Canada—all orders—add:	+$3.50/book	
Order 2 or more books—subtract:	-$1.00/book	
IL residents add 8.5% sales tax		
Subtotal		
Fantasy Games & On-Line Total		
GRAND TOTAL		

FREE Information Kits:
☐ STATS Reporter Networks
☐ BJFB: The Winter Game
☐ Bill James Fantasy Baseball
☐ STATS On-Line
☐ STATS Fantasy Hoops
☐ STATS Fantasy Football
☐ STATS Year-end Reports
☐ STATSfax

Mail to: STATS, Inc., 8131 Monticello Ave., Skokie, IL 60076-3300

HB95